中国共产党历史资料丛书

中国手工业合作化和城镇集体工业的发展

第四卷 上册

中华全国手工业合作总社
中共中央党史研究室　编

中共党史出版社

图书在版编目(CIP)数据

中国手工业合作化和城镇集体工业的发展.第4卷/中华
全国手工业合作总社,中共中央党史研究室编著.—北京:
中共党史出版社,2008.8
ISBN 978-7-5098-0051-5

Ⅰ.中… Ⅱ.①中… ②中… Ⅲ.①手工业社会主义改造
—史料—中国 ②社会主义集体所有制—工业史—史料—中国
Ⅳ.F421.32

中国版本图书馆 CIP 数据核字(2008)第 121386 号

书　　名：中国手工业合作化和城镇集体
工业的发展(第四卷)(上下册)

作　　者：中华全国手工业合作总社　中共中央党史研究室
责任编辑：王鸽子
装帧设计：孙玉霞
责任校对：龚秀华
责任印制：谷智宇
出版发行：中共党史出版社
社　　址：北京市海淀区芙蓉里南街6号院1号楼
邮　　编：100080
网　　址：www.dscbs.com.cn
经　　销：新华书店
印　　刷：北京中科印刷有限公司
开　　本：169mm×239mm　1/16
字　　数：1695 千字
印　　张：94.75　10 面插页
印　　数：1—2500 册
版　　次：2008 年 8 月第 1 版
印　　次：2008 年 8 月第 1 次印刷

ISBN 978-7-5098-0051-5
定　　价：200.00 元(上下册)

　　2000年5月10日，中共中央总书记江泽民视察温州大虎打火机厂，勉励该厂争当世界打火机行业的龙头企业

　　2004年8月，中共中央政治局常委、国务院总理温家宝视察中国鞋都康奈集团

　　1997年9月28日，中共中央政治局常委、国务院总理李鹏会见中国工艺美术大师

　　1997年10月，中共中央政治局常委、国务院副总理朱镕基接见出席全
国轻工集体企业第五届职工（社员）代表大会全体代表，并发表重要讲话

　　2004年11月2日，中共中央政治局委员、国务院副总理曾培炎出席中华全国手工业合作总社第六次代表大会,并发表重要讲话

　　2005 年 9 月 20 日，中华全国手工业合作总社在京召开"2005 中国集体经济高层论坛"，总社主任陈士能作主题演讲

　　2004年11月，中华全国手工业合作总社第六届领导班子成员合影，从左至右：李荣钢、范大政、李玉娟、潘蓓蕾、陈士能、杨志海、王世成、刘金良、魏立昌

　　1997年10月，在总社第五届职工（社员）代表大会上，理事会主任于珍（左三）、副主任潘蓓蕾（左二）、杨志海（左四）、步正发（左一）、监事会主任张善梅（左五）和代表一起讨论

　　2000年6月28日，中国工业合作经济学会第三次会员会议在京召开，中华全国手工业合作总社副主任杨志海（左三）出席会议并发表讲话

2003年12月，中华全国手工业合作总社主任陈士能（左四）率团访问西班牙蒙德拉贡合作社联盟（MCC）

2006年7月，吉林省集体合作经济指导委员会第一次会议召开

编 者 说 明

一、本书为《中国共产党历史资料丛书》之一,比较全面系统地反映中国手工业和城镇集体工业发展的历史。本书为多卷本,按时间顺序分为四卷:第一卷,1949年至1956年;第二卷,1957年至1978年;第三卷,1979年至1995年;第四卷,1996年至2006年(前三卷已分别于1992年、1994年和1997年出版)。各卷内容均按分类编排,包括综述、文献资料、典型材料、大事记、历史照片、统计资料等。文献资料包括:中共中央、国务院关于我国手工业的社会主义改造和集体经济、合作经济的发展与改革的重要文件;党和国家领导人的重要讲话、指示;有关部门的重要文件,调查报告、负责人讲话等,按时间先后顺序编排。第四卷分为上下两册,共收入文献资料254篇,其中绝大部分是第一次公开发表。同时还增收补遗文献7篇。

二、本书所收文献资料均保持原貌,只对明显错漏字及标点作了订正。为便于读者阅读和理解,编者作了部分题解和注释。

三、本书编辑过程中,得到中央办公厅、国务院办公厅、全国人大办公厅、全国政协办公厅、国家发改委、财政部、国家税务总局、劳动和社会保障部、中国人民银行、国家安全生产监督管理总局、国家统计局、科技部、农业部、全国总工会、中国轻工业联合会等单位的大力支持,在此一并致谢。

中华全国手工业合作总社
中共中央党史研究室
2008年5月

目　录

（上　册）

综　述 ··· / 1

文献资料

吴邦国副总理对全国城镇集体(合作)经济改革与发展
高级研讨会的书面指示(1996 年 1 月 2 日) ··················· / 25

适应新形势的要求　大力推进城镇集体经济的改革与发展
(1996 年 1 月 5 日) ······························ 徐荣凯 / 26

贯彻五中全会精神　大力发展集体经济
(1996 年 1 月 5 日) ······························· 于　珍 / 32

发展劳服企业　促进就业安置　保障社会稳定
(1996 年 1 月 5 日) ······························· 朱家甄 / 34

适应新形势　探索发展内贸集体经济新思路
(1996 年 1 月 5 日) ······························· 杨树德 / 39

轻工集体经济改革实践与探索(1996 年 1 月 6 日) ······· 张铁诚 / 41

充分运用市场机制　大力发展集体经济
(1996 年 1 月 7 日) ······························· 洪　虎 / 48

解放思想,大胆实践,搞好城镇集体经济
(1996 年 1 月 7 日) ······························· 陈清泰 / 53

总结经验　明确任务　深化改革　加快发展
(1996 年 1 月 21 日) ····························· 于　珍 / 61

李岚清副总理对徐荣凯《发展集体经济是一项大政策》一文的
批示(1996 年 2 月 27 日) ······························· / 72

国家科委　国家国有资产管理局关于印发《集体科技企业产权
界定若干问题的暂行规定》的通知(1996 年 2 月 27 日) ······· / 78

　　附:集体科技企业产权界定若干问题的暂行规定 ··········· / 78

以企业改革为中心积极推进经济体制改革

　　（1996 年 3 月 5 日）……………………………… 李　鹏 / 82

朱镕基副总理在山东省诸城市考察期间的讲话（摘要）

　　（1996 年 3 月 24 日）………………………………… / 85

解放思想，大胆探索，进一步放开放活小企业

　　（1996 年 3 月 27 日）…………………………… 李铁映 / 88

关于发展股份合作制的几个问题（1996 年 4 月 17 日）………… 洪　虎 / 98

深化综合配套改革　搞活轻工集体企业

　　（1996 年 4 月 23 日）…………………………… 于　珍 / 103

中国轻工总会　中华全国手工业合作总社关于转发厦门二轻

　　集体企业联社《学习北京一轻经验　推进综合配套改革

　　壮大集体经济实力》的通知（1996 年 5 月 14 日）…………… / 107

　　　　附：学习北京一轻经验　推进综合配套改革　壮大集体

　　　　　　经济实力 ……………………… 厦门市二轻集体企业联社 / 108

国有企业集体企业及公有资产占主导地位的企业职工既是

　　国家的主人也是企业的主人（1996 年 6 月 25 日）………… 张丁华 / 116

国家经贸委办公厅关于转发《中共甘肃省委、甘肃省人民政府

　　关于"九五"期间进一步加快发展全省城镇集体经济若干

　　政策的决定》的通知（1996 年 6 月 26 日）………………… / 121

国务院办公厅关于在全国城镇集体企业、单位开展清产核资

　　工作的通知（1996 年 7 月 9 日）…………………………… / 124

财政部　国家经济贸易委员会　国家税务总局关于印发《城镇

　　集体所有制企业、单位清产核资试点方案》的通知

　　（1996 年 8 月 14 日）………………………………………… / 126

　　　　附：城镇集体所有制企业、单位清产核资试点方案 ………… / 126

财政部、国家经济贸易委员会、国家税务总局关于印发《城镇

　　集体所有制企业、单位清产核资暂行办法》的通知

　　（1996 年 8 月 14 日）………………………………………… / 132

　　　　附：城镇集体所有制企业、单位清产核资暂行办法 ………… / 132

解放思想　大胆实践　进一步放开搞活小企业

　　（1996 年 8 月 17 日）…………………………… 陈清泰 / 139

财政部关于印发《城镇集体所有制企业、单位清产核资资产

　　价值重估实施细则》的通知（1996 年 8 月 28 日）………… / 154

附：城镇集体所有制企业、单位清产核资资产价值重估实施细则 …… / 154

财政部　国家经贸委　国家税务总局　国家工商局关于开展

　　城镇集体所有制企业、单位户数清理工作的通知

　　（1996 年 8 月 29 日）……………………………………………… / 159

吴邦国副总理给纪念手工业社会主义改造基本完成四十周年

　　暨城镇集体工业经济研讨会的贺信

　　（1996 年 9 月 25 日）…………………………………………… / 163

李铁映　张劲夫　马文瑞　袁宝华等领导同志给纪念手工业

　　社会主义改造基本完成四十周年暨城镇集体工业经济研讨

　　会的题词（1996 年 9 月 25 日）………………………………… / 165

在纪念手工业社会主义改造基本完成四十周年暨城镇集体

　　工业经济研讨会上的讲话（1996 年 9 月 25 日）……… 王忠禹 / 166

适应新形势要求　加快轻工集体经济的改革与发展

　　（1996 年 9 月 25 日）……………………………………… 杨志海 / 170

重温手工业社会主义改造历史经验，促进集体工业持续、健康

　　发展（节录）（1996 年 9 月 25 日）…………………… 季　龙 / 178

中国轻工总会　中华全国手工业合作总社关于做好轻工

　　集体企业、单位清产核资工作的通知

　　（1996 年 9 月 26 日）…………………………………………… / 190

　　附：中国轻工总会　中华全国手工业合作总社轻工集体企业

　　　　清产核资领导小组人员组成及职责 ……………………… / 191

山东省人民政府批转省体改委等部门关于搞好股份合作制

　　企业的报告的通知（1996 年 9 月 28 日）…………………… / 193

中华人民共和国乡镇企业法（1996 年 10 月 29 日第八届全国

　　人民代表大会常务委员会第二十二次会议通过）…………… / 200

农业部乡镇企业集体资产管理办法（1996 年 10 月 30 日）…… / 206

工人阶级始终要在企业中发挥主人翁作用

　　（1996 年 10 月 31 日）…………………………………… 李　鹏 / 212

江西省人民政府关于加快发展城镇集体工业的决定

　　（1996 年 11 月 28 日）………………………………………… / 213

上海市国有资产管理办公室关于转发上海市集体企业产权界定

　　办公室制订的《上海市集体企业产权界定暂行办法》的通知

　　（1996 年 12 月 17 日）………………………………………… / 219

　　　　附:上海市集体企业产权界定暂行办法 ……………………… / 219

提高认识　采取措施　切实做好城镇集体企业清产核资工作

　　(1996 年 12 月 20 日)……………………………… 李永贵 / 225

国家经济贸易委员会、财政部、国家税务总局关于印发《城镇

　　集体所有制企业、单位清产核资产权界定暂行办法》的通知

　　(1996 年 12 月 27 日)…………………………………………… / 232

　　　　附:城镇集体所有制企业、单位清产核资产权界定暂行办法 …… / 232

财政部、国家经贸委、国家税务总局关于印发《城镇集体所有制

　　企业、单位清产核资产权界定工作的具体规定》的通知

　　(1996 年 12 月 28 日)…………………………………………… / 235

　　　　附:城镇集体所有制企业、单位清产核资产权界定工作的

　　　　具体规定 ………………………………………………… / 235

国家税务总局、财政部、国家经济贸易委员会关于印发《城镇

　　集体所有制企业、单位清产核资资金核实具体规定》的通知

　　(1996 年 12 月 31 日)…………………………………………… / 239

　　　　附:城镇集体所有制企业、单位清产核资资金核实具体规定 ……… / 239

国家税务总局、财政部、国家经贸委关于印发《城镇集体所有制

　　企业、单位清产核资财务处理暂行办法》的通知

　　(1996 年 12 月 31 日)…………………………………………… / 242

　　　　附:城镇集体所有制企业、单位清产核资财务处理暂行办法 …… / 242

确立和完善公有制为主体、多种所有制经济共同发展的

　　基本经济制度(1997 年 1 月 17 日)……………………… 江泽民 / 246

天津市人民政府批转市集体经济办关于城市集体企业深化改革

　　加快发展若干问题的意见通知(1997 年 1 月 17 日)……………… / 249

　　　　附:关于城市集体企业深化改革加快发展若干问题的意见

　　　　(1997 年 1 月 2 日)………………………………………… / 249

继续推进轻工集体企业改革与发展　认真做好"全国五代会"

　　筹备工作(1997 年 1 月 19 日)…………………………… 傅立民 / 254

财政部、国家经济贸易委员会、国家税务总局关于印发《1997 年

　　城镇集体企业清产核资扩大试点工作安排意见》的通知

　　(1997 年 1 月 28 日)…………………………………………… / 265

　　　　附:1997 年城镇集体企业清产核资扩大试点工作安排意见 ……… / 265

财政部清产核资办公室关于城镇集体所有制企业、

　　单位户数清理工作的有关规定(1997 年 1 月 30 日) ……………… / 269

国家经贸委、财政部、国家税务总局关于印发《城镇集体所有制
　　企业、单位清产核资集体资产产权登记暂行办法》的通知
　　(1997 年 3 月 25 日) ……………………………………………… / 272
　　　　附:城镇集体所有制企业、单位清产核资集体资产产权登记
　　　　暂行办法 …………………………………………………… / 272

国家经济贸易委员会关于做好城镇集体所有制企业单位清产
　　核资工作的通知(1997 年 4 月 3 日) …………………………… / 275

在1997 年全国城镇集体企业清产核资工作会议上的讲话
　　(1997 年 4 月 8 日) ………………………………………… 张佑才 / 277

在1997 年全国城镇集体企业清产核资工作会议上的讲话
　　(1997 年 4 月 8 日) ………………………………………… 陈清泰 / 289

中国轻工总会、中华全国手工业合作总社关于加快轻工国有
　　小企业、集体企业改革与发展的若干意见(1997 年 4 月 8 日)……… / 298

在1997 年全国城镇集体企业清产核资工作会议结束时的讲话
　　(1997 年 4 月 11 日) ……………………………………… 刘仲藜 / 306

中国轻工总会、中华全国手工业合作总社、国家税务总局关于
　　印发《轻工业企业集体资产管理暂行规定》的通知
　　(1997 年 4 月 14 日) …………………………………………… / 311
　　　　附:轻工业企业集体资产管理暂行规定 ……………………… / 311

中国轻工总会、中华全国手工业合作总社关于印发《全国各级
　　轻工业集体企业联合经济组织清产核资暂行方案》的通知
　　(1997 年 4 月 15 日) …………………………………………… / 319

上海市股份合作制企业暂行办法(1997 年 5 月 17 日上海市
　　人民政府发布) …………………………………………………… / 324

传统工艺美术保护条例(中华人民共和国国务院令　第 217 号
　　1997 年 5 月 20 日) ……………………………………………… / 333

关于青岛二轻企业改革情况的调查(1997 年 5 月 26 日) …… 杨　波 / 336

劳动就业服务企业产权界定规定(1997 年 5 月 29 日劳动部、
　　国家国有资产管理局、国家税务总局颁布) ………………… / 343

中国轻工总会关于重点支持200 家轻工集体大中型企业的通知
　　(1997 年 6 月 5 日) ……………………………………………… / 346
　　　　附:中国轻工总会重点支持的 200 家轻工集体大中型企业名单 …… / 347

国家体改委印发《关于发展城市股份合作制企业的指导意见》的通知

（1997 年 6 月 16 日）……………………………………………… / 351

财政部清产核资办公室、中国轻工总会、中华全国手工业合作

总社关于对全国各级轻工业集体企业联合经济组织开展

清产核资工作有关问题的通知（1997 年 6 月 28 日）……………… / 355

国务院关于建立统一的企业职工基本养老保险制度的决定

（1997 年 7 月 16 日）……………………………………………… / 356

引导股份合作制企业健康发展

（1997 年 8 月 7 日）……………………………… 人民日报评论员 / 359

财政部清产核资办公室关于印发《城镇集体企业清产核资工作

有关问题解答》的通知（1997 年 8 月 8 日） ……………………… / 361

　　附：城镇集体企业清产核资工作有关问题解答 ……………… / 361

国务院关于在全国建立城市居民最低生活保障制度的通知

（1997 年 9 月 2 日） ……………………………………………… / 365

中国轻工总会关于加快轻工集体企业改革与发展若干意见的

报告（1997 年 9 月 10 日）………………………………………… / 368

财政部、国家经济贸易委员会、国家税务总局、中国人民银行、

国家国有资产管理局关于城镇集体企业清产核资工作有关

政策规定（1997 年 9 月 10 日）…………………………………… / 372

经济体制改革和经济发展战略（1997 年 9 月 12 日） ………… 江泽民 / 376

认真贯彻落实《传统工艺美术保护条例》促进中国工艺美术

行业的发展与繁荣（1997 年 9 月 28 日） ………………… 于　珍 / 382

财政部清产核资办公室关于印发《城镇集体企业清产核资工作

有关问题解答（第二期）》的通知（1997 年 10 月 15 日）………… / 385

　　附：城镇集体企业清产核资工作有关问题解答（第二期）………… / 385

吴邦国副总理给全国轻工集体企业第五届职工（社员）代表

大会的贺信（1997 年 10 月 27 日）………………………………… / 389

朱镕基副总理在接见出席全国轻工集体企业第五届职工（社员）

代表大会代表时的讲话（1997 年 10 月 27 日）…………………… / 391

认真贯彻落实党的十五大精神　把轻工集体经济的改革与

发展全面推向新世纪（1997 年 10 月 28 日）……………… 于　珍 / 395

关于修改《中华全国手工业合作总社章程》的说明

（1997 年 10 月 28 日）…………………………………… 潘蓓蕾 / 408

财政部清产核资办公室关于印发《部分省市城镇集体企业

　　清产核资产权界定座谈会会议纪要》的通知

　　(1997 年 10 月 28 日) ……………………………………… / 413

中华全国手工业合作总社章程(1997 年 10 月 30 日总社

　　五代会通过) …………………………………………………… / 417

总社《五代会》闭幕词(1997 年 10 月 30 日) ……………… 于　珍 / 423

湖南省人民政府关于加快城镇集体工业企业发展若干政策的

　　通知(1997 年 11 月 15 日) ………………………………… / 426

中共湖北省委　湖北省人民政府关于加快发展全省城镇集体

　　工业的决定(1997 年 11 月 28 日) ………………………… / 429

坚定信心,扎实工作,打好国有企业改革攻坚战

　　——在中央经济工作会议上讲话的一部分

　　(1997 年 12 月 9 日) ……………………………… 江泽民 / 436

贯彻"十五大"精神积极推进轻工集体企业经济增长方式

　　转变(节录)(1997 年 12 月) ………………… 联合课题组 / 438

优化国有、壮大集体　大力发展非公有制经济

　　(1998 年 1 月 6 日) ………………………………… 于　珍 / 462

财政部、国家经济贸易委员会、国家税务总局关于 1998 年在

　　全国全面开展城镇集体企业清产核资工作的通知

　　(1998 年 1 月 8 日) ………………………………………… / 465

吴邦国要求切实抓好城镇集体企业清产核资

　　(1998 年 2 月 17 日) ……………………………………… / 469

在全国城镇集体企业清产核资工作电视电话会议上的讲话

　　(1998 年 2 月 17 日) ……………………………… 刘仲藜 / 470

煤炭工业部办公厅关于印发《1998 年煤炭集体企业清产核资

　　实施方案》的通知(1998 年 2 月 23 日) ………………… / 476

　　　附:1998 年煤炭集体企业清产核资实施方案

　　　(1998 年 2 月 23 日) …………………………………… / 476

关于一九九八年政府工作的建议(节录)

　　(1998 年 3 月 5 日) ………………………………… 李　鹏 / 481

财政部、国家经济贸易委员会、国家税务总局、国家工商行政

　　管理局关于在全国开展城镇集体企业、单位清产核资

　　工作的公告(1998 年 3 月 6 日) ………………………… / 484

在中国轻工总会、中华全国手工业合作总社直属集体企、事业

　　单位清产核资工作会议上的讲话

　　（1998 年 3 月 17 日）…………………………………………… 步正发／486

财政部、国家工商行政管理局、国家经济贸易委员会、国家税务

　　总局关于印发《清理甄别"挂靠"集体企业工作的意见》的

　　通知（1998 年 3 月 24 日）…………………………………………／491

财政部清产核资办公室明确解释城镇集体企业产权如何界定

　　（1998 年 4 月 8 日）……………………………………………………／497

国家税务总局关于城镇集体所有制企业、单位清产核资若干税收

　　财务处理规定的通知（1998 年 4 月 17 日）…………………………／500

我国的就业是一个战略性问题（摘要）

　　（1998 年 4 月 26 日）……………………………………………… 何　光／503

全党动手，动员全社会力量，共同做好国有企业下岗职工基本

　　生活保障和再就业工作（节录）（1998 年 5 月 14 日）……… 江泽民／509

国有企业下岗职工基本生活保障和再就业工作的几个问题

　　（节录）（1998 年 5 月 16 日）…………………………………… 朱镕基／510

国务院关于在国有中小企业和集体企业改制过程中加强金融

　　债权管理的通知（1998 年 6 月 5 日）…………………………………／514

中共中央、国务院关于切实做好国有企业下岗职工基本生活

　　保障和再就业工作的通知（1998 年 6 月 9 日）………………………／517

城镇集体所有制企业、单位清产核资资金核实操作规程

　　（1998 年 6 月 28 日　国家税务总局印发）…………………………／524

国家轻工业局　中华全国手工业合作总社关于进一步做好

　　全国各级联社清产核资工作的通知（1998 年 6 月 29 日）…………／540

湖北省城镇集体工业企业资产管理办法

　　（1998 年 7 月 8 日省人民政府第 156 号令发布）…………………／542

国务院关于实行企业职工基本养老保险省级统筹和行业统筹

　　移交地方管理有关问题的通知（1998 年 8 月 6 日）………………／547

财政部清产核资办公室关于印发《城镇集体企业清产核资工作

　　有关问题解答（第三期）的通知》（1998 年 9 月 4 日）…………／550

全国城市轻工集体经济研讨会第八次会议纪要

　　（1998 年 9 月 12 日）…………………………………………………／553

重视中小企业的改革与发展（1998 年 9 月 16 日）…………… 陈清泰／558

财政部关于做好日常清产核资工作有关问题的通知

（1998 年 9 月 21 日）……………………………………………… / 562

财政部、国家经贸委、国家税务总局关于印发《全国城镇集体

企业清产核资工作考核办法》的通知（1998 年 9 月 30 日）………… / 566

附：全国城镇集体企业清产核资工作考核办法 ……………… / 566

江泽民同志关于出售企业问题的讲话和批示（摘要）

（1998 年 10 月 30 日）…………………………………………… / 569

朱镕基同志关于出售企业问题的讲话和批示（摘要）

（1998 年 10 月 30 日）…………………………………………… / 571

中国人民银行　国家经济贸易委员会　财政部　国家税务总局

国家工商行政管理局关于认真落实《国务院关于在国有中小企

业和集体企业改制过程中加强金融债权管理的通知》的通知

（1998 年 11 月 26 日）…………………………………………… / 573

改革城镇职工医疗保险制度，建立健全社会保障体系（节录）

（1998 年 11 月 27 日）……………………………… 李岚清 / 576

深化国有企业改革

——在中央经济工作会议上讲话的一部分

（1998 年 12 月 7 日）……………………………… 江泽民 / 581

继续坚定不移地推进改革（节录）

——在中央经济工作会议闭幕时的总结讲话第三部分

（1998 年 12 月 9 日）……………………………… 朱镕基 / 582

国务院关于建立城镇职工基本医疗保险制度的决定

（1998 年 12 月 14 日）…………………………………………… / 584

必须建立和完善适应生产力发展要求的经济制度和经济体制

（1998 年 12 月 18 日）……………………………… 江泽民 / 589

广东省股份合作企业条例

（1998 年 12 月 31 日广东省第九届人民代表大会常务委员会

第七次会议通过）………………………………………………… / 591

深化联社改革　加强联社建设　放开搞活企业　壮大经济实力

努力开创轻工集体经济工作的新局面

（1999 年 1 月 11 日）……………………………… 陈士能 / 599

中华全国手工业合作总社第五届理事会第二次会议纪要

（1999 年 1 月 11 日）…………………………………………… / 612

国务院办公厅关于进一步做好国有企业下岗职工基本生活保障

　　和企业离退休人员养老金发放工作有关问题的通知

　　(1999 年 2 月 3 日) ………………………………………… / 615

中共江苏省委、江苏省人民政府关于进一步加快全省小企业

　　改革与发展的意见(1999 年 3 月 6 日) ……………………… / 620

国家轻工业局关于促进轻工中小企业、集体企业加快改革与

　　发展的意见 (1999 年 3 月 11 日) …………………………… / 626

全国人大第九届二次会议修订的《中华人民共和国宪法》关于

　　集体经济有关法律条款(1999 年 3 月 15 日) ……………… / 633

国家经贸委关于加强中小企业管理人员培训的意见

　　(1999 年 3 月 18 日) ………………………………………… / 635

中华全国手工业合作总社关于加强联社建设,深化联社改革,防止

　　联社资产流失的通知(1999 年 3 月 29 日) ………………… / 638

国务院办公厅转发科技部等部门《关于促进科技成果转化若干

　　规定》的通知(1999 年 3 月 30 日) ………………………… / 641

大力发展社区服务业和小企业积极促进下岗职工再就业

　　(1999 年 4 月 14 日) …………………………… 林用三 / 645

在庆祝"五一"国际劳动节大会上的讲话(节录)

　　(1999 年 4 月 29 日) …………………………… 胡锦涛 / 653

国务院办公厅转发科学技术部　财政部关于科技型中小企业

　　技术创新基金的暂行规定的通知(1999 年 5 月 21 日) …… / 656

北京市人民政府办公厅转发市体改委《关于进一步加快本市

　　城镇集体企业改革若干意见》的通知(1999 年 6 月 4 日) ……… / 660

国家经贸委印发《关于建立中小企业信用担保体系试点的指导

　　意见》的通知(1999 年 6 月 14 日) ………………………… / 665

国家轻工业局　中华全国手工业合作总社关于印发《中华全国

　　手工业合作总社借款转投资实施办法》和《中华全国手工业

　　合作总社借款核销实施办法》的通知 (1999 年 6 月 17 日) … / 672

　　　　附:中华全国手工业合作总社借款转投资实施办法 ……… / 672

　　　　　　中华全国手工业合作总社借款核销实施办法 ………… / 673

要在路线方针政策上始终保持政治上的清醒和坚定

　　(1999 年 6 月 28 日) …………………………… 江泽民 / 675

国家轻工业局　中华全国手工业合作总社《关于加强中华

全国手工业合作总社建设》的通知(1999 年 8 月 3 日) …………… / 677

　　附：中华全国手工业合作总社职责 ……………………………… / 678

福建省人民政府关于做好城镇集体企业下岗职工基本生活保障

　和再就业工作的通知(1999 年 8 月 4 日) ……………………… / 680

北京市城镇企业实行股份合作制办法

　(1999 年 10 月 20 日　北京市人民政府令颁布) ……………… / 683

中国人民银行关于加强和改进对中小企业金融服务的

　指导意见(1999 年 11 月 17 日) ………………………………… / 692

坚定信心　深化改革　促进发展　再创辉煌

　(1999 年 12 月 9 日) …………………………………… 陈士能 / 695

深圳市城镇集体所有制企业管理规定

　(1999 年 12 月 21 日) …………………………………………… / 706

中华全国手工业合作总社、国家轻工业局关于实行政社分开

　加强中华全国手工业合作总社建设的请示

　(1999 年 12 月 30 日) …………………………………………… / 711

国家税务总局关于企业改组改制过程中个人取得的量化资产

　征收个人所得税问题的通知(2000 年 3 月 29 日)……………… / 716

国家经济贸易委员会关于培育中小企业社会化服务体系若干

　问题的意见(2000 年 4 月 25 日)………………………………… / 717

国务院关于切实做好企业离退休人员基本养老金按时足额发放

　和国有企业下岗职工基本生活保障工作的通知

　(2000 年 5 月 28 日) …………………………………………… / 719

加强理论研究和学术交流促进集体工业的健康发展

　(2000 年 6 月 28 日) …………………………………… 季　龙 / 723

适应新形势　开辟新思路　加强学会工作为推进集体工业经济

　发展作出新贡献(2000 年 6 月 28 日) ………………… 杨志海 / 729

国家经贸委印发《关于加强中小企业技术创新服务体系建设的

　意见》的通知(2000 年 7 月 19 日) …………………………… / 736

　　附：关于加强中小企业技术创新服务体系建设的意见 ………… / 736

黑龙江省人民政府关于支持中小企业改革和发展的若干规定

　(2000 年 8 月 2 日) …………………………………………… / 739

国务院办公厅转发国家经贸委关于鼓励和促进中小企业发展

　若干政策意见的通知(2000 年 8 月 24 日) …………………… / 744

财政部　对外贸易经济合作部关于印发《中小企业国际市场

　　开拓资金管理(试行)办法》的通知(2000年10月24日) ………… / 749

　　　　附:中小企业国际市场开拓资金管理(试行)办法 ……………… / 749

劳动和社会保障部关于印发进一步深化企业内部分配制度

　　改革指导意见的通知(2000年11月6日)……………………… / 753

轻工集体企业产权制度改革与创新的研究(节录)

　　(2000年12月) ……………………………………… 联合课题组 / 758

综　　述

　　1996 年至 2006 年的 11 年，是我国胜利完成"九五"、"十五"计划和实施"十一五"计划开局的重要时期。党的十五大、十六大确立了完善社会主义市场经济体制，全面建设小康社会的宏伟目标，我国经济体制改革不断深化，国民经济持续快速、健康发展，城镇集体经济进入一个转型发展的新时期。这一时期，党中央、国务院对城镇集体经济改革发展作出了一系列重要决策和指示，城镇集体企业进行了全面清产核资和产权界定，不断探索放开搞活企业的新路子，深化企业制度改革，积极推进以明晰产权为重点的多种改革形式，发展以劳动者的劳动联合和劳动者的资本联合为主的多种形式集体经济。在两个根本转变和结构调整中，集体企业从传统、分散、粗放的发展方式，逐步向依靠科技进步、制度创新、集约型、"小而精"的方向转变，提高了对市场经济的适应能力。这一时期，城镇集体经济联合组织也不断深化改革、稳定机构、转变职能，积极推进集体企业的改革发展，为我国经济社会发展和构建和谐社会做出了新的贡献。

一、清产核资，摸清家底，为深化改革创造条件

　　改革开放以来，我国城镇集体经济取得了新的发展，是公有制经济不可或缺的重要组成部分。在建立和完善社会主义市场经济体制新形势下，由于长期受计划经济体制的影响，集体企业也面临突出的问题。主要是相当一部分企业产权模糊、权责不清、政企不分、基础薄弱，制约企业的发展。为了尽快改变这种状况，党中央、国务院决定在全国范围内进行清产核资，为明晰产权、深化改革、加快发展奠定基础。

　　早在 1991 年 3 月，国务院专门成立了"清产核资领导小组"，做出"先试点，后铺开，先全民，后集体"的总体安排。1996 年 1 月 8 日，朱镕基副总理在听取全国国有资产管理工作汇报时，指示在完成国有企业清产核资工作任务后，要继续做好城镇集体企业的清产核资工作，并提出了"一不改变企业性质，二不改变隶属关系，三不改变分配关系"的工作原则。同年 4 月 3 日，朱镕基副总理和吴邦国副总理在听取关于全国国有企业清产核资总体工作结果汇报时，明确指示由财政部、国家经贸委、国家税务总局（以下简称三部委）共同组织进行城镇集

体企业的清产核资工作,以便掌握我国公有制经济的全面情况。

(一)集体企业、单位清产核资工作的实施

按照国务院统一部署,城镇集体企业清产核资工作从 1996 年开始,到 1998 年基本结束,按照"先试点,逐步深入,全面铺开"的总方针,分三个阶段进行。

1. 准备和小范围试点阶段(1996 年)。1996 年 7 月 9 日,国务院办公厅下发《国务院办公厅关于在全国城镇集体企业、单位开展清产核资工作的通知》,拉开了全国范围城镇集体企业清产核资工作的序幕。《通知》明确,"经国务院批准,自 1996 年起在全国有计划地开展集体企业、单位清产核资工作。""清产核资的范围是:所有在工商行政管理机关登记注册的集体所有制企业(包括联合经济组织),以及以各种形式占用集体资产的单位"。"清产核资工作的目的是:解决集体企业、单位的资产状况不清,账实不符,资产闲置浪费及被侵占流失的问题,进一步明晰产权关系,为集体企业、单位建立规范的资产(资金)管理创造条件,为促进集体企业的改革与发展及建立现代企业制度打好基础。"清产核资的主要内容是:"全面清查企业资产,清查债权债务;重估主要固定资产价值;对企业有关产权进行界定并组织产权登记;核实集体企业、单位的法人财产占用量;进行资产管理的建章建制工作等"。"通知"要求各地区、各部门对集体清产核资工作要统一步骤,统一政策,统一标准,防止走过场。

全国城镇集体企业、单位清产核资工作在国务院的统一领导下,财政部、国家经贸委、国家税务总局具体组织实施,以联席会议形式协调工作,议定重大事项,并在财政部设立了清产核资办公室。

8 月,三部委下发了关于印发《城镇集体所有制企业、单位清产核资试点方案》的通知,要求各地选择轻工、纺织等行业部分集体企业及供销社系统所属部分单位试点。随后,三部委下发了一系列文件,对集体企业清产核资的组织、试点、范围,以及资产负债清查、资产价值重估、产权界定、资金核实、产权登记、建章建制等六个主要环节作出具体政策规定。

这一阶段,全国有 1.3 万户集体企业完成了试点工作,遍布 226 个市(地),通过试点积累了经验,加强了工作配合,培训了 2.1 万名骨干,并初步摸清了集体企业数量。

2. 扩大试点阶段(1997 年)。1997 年 1 月,三部委下发了《1997 年城镇集体企业清产核资扩大试点工作安排意见》的通知。4 月,召开全国城镇集体企业清产核资工作会议。要求扩大试点工作,重点是摸清集体企业经营管理中的实际情况和存在问题,深入研究补充集体企业清产核资的各项政策规定和制度,进一步探索、完善工作方法和操作程序,为 1998 年全面铺开打好基础。

这期间,清产核资办公室印发了《城镇集体企业清产核资工作有关问题解答》;三部委和中国人民银行、国家国有资产管理局联合下发了《关于城镇集体企业清产核资工作有关政策规定》等文件,明确各种"挂靠"在各级党政机关、事业单位的集体企业都要纳入清产核资范围;劳动部、国家国有资产监督管理局、国家税务总局颁布了《〈劳动就业服务企业产权界定规定〉的通知》。明确"劳动服务企业开办初期和发展过程中,使用主办或扶植单位为解决职工子女和富余人员就业提供的厂房、设备和其他实物资产、无形资产所形成的收益,应归劳服企业集体所有","劳服企业按照国家法律、法规规定所享受的免税、减税、税前还贷和以税还贷等优惠政策,其所得及形成的资产,1993 年 6 月 30 日前形成的,其产权归劳服企业集体所有,1993 年 7 月 1 日以后形成的,国家对其专门规定用途的,从其规定;没有规定的,按集体企业各投资者所拥有财产(含劳动积累)的比例确定产权归属","劳服企业联合经济组织投资及形成的资产,归劳服企业联合经济组织集体所有"。这些规定使劳服企业经过清产核资与主办或扶植单位之间产权关系得到清晰,充分体现了党和国家对安置富裕职工及其子女就业的重视和支持。

10 月,清产核资办公室在福州召开全国部分省(市)参加的城镇集体企业清产核资产权界定工作座谈会。"会议纪要"指出,"城镇集体企业清产核资工作重点是界定国家、集体、个人之间的基本产权关系。"对国家和集体的产权关系在符合基本政策要求前提下,达成一致意见的就可以认定;对集体和个人的产权关系,一定要慎重对待,严格按照政策依法界定。"界定财产关系需要大量的原始资料、文本、文件对界定结果的支撑,必须做许多扎实细致的工作,使界定结果经得起历史的检验。"

1997 年全国参加清产核资扩大试点的集体企业达 18 万户,其中工商企业 14 万户。积累了较为丰富的经验,为全面开展清产核资工作奠定了扎实的基础。

3. 全面铺开阶段(1998 年)。1998 年 1 月,三部委下发《关于 1998 年在全国全面开展城镇集体企业清产核资工作的通知》,明确:1998 年全国城镇集体企业清产核资的范围包括所有在工商行政部门注册为集体所有制性质,而在 1996 年和 1997 年未进行清产核资试点的各类城镇集体企业、单位、集体经济组织。1998 年的主要任务:一是进一步核查集体企业户数,保证清产核资工作全面彻底和不重不漏;二是全面完成资产清查、产权界定、价值重估、资金核实、产权登记、建章建制、报表汇总等各项基础工作;三是做好"挂靠"集体企业的清理和甄别工作;四是已完成清产核资,但工作内容与全国清产核资不一致的有关补课工作;五是按照统一制定的数据衔接调整方法,完成全国集体企业清产核资汇总数据的衔接。

2月,三部委联合召开了全国城镇集体企业清产核资工作电视电话会议。吴邦国副总理在讲话中指出:"国务院决定在全国范围内全面开展城镇集体企业清产核资工作,是进一步推动集体经济发展的举措。这有助于集体企业的改革与发展,有助于整个公有制经济的巩固与提高,将对我国经济生活产生积极和长远的影响。"他强调,清产核资是国家的一项重要决策,要严肃清产核资工作纪律,保证各方面工作顺利进行。一方面,要将清产核资工作和企业改制有机结合起来,着手对集体企业的现有管理体制进行完善,并使集体企业清产核资工作步入"制度化、规范化、经常化"轨道;另一方面,要搞好集体企业建章建制,堵塞各种漏洞,加强日常管理,做好年终财务决算、资产盘点等工作,做到"家底清楚",产权清晰,避免"前清后乱"。

3月,三部委下发了《关于在全国开展城镇集体企业、单位清产核资工作的公告》。随后,国家税务总局印发了《城镇集体所有制企业、单位清产核资资金核实操作规程》等文件,清产核资办公室还就有关问题作出明确解答,对各级工会、会费形成的资产,各级联社按规定收缴的用于集体企业发展的资金等均属于工会或联社组织范围内的所有成员集体所有,应界定为集体资产;在本次清产核资中,对集体企业目前占用和使用的土地,暂不纳入工作范围。

在城镇集体企业清产核资的三年中,国务院办公厅及三部委和清产核资办公室先后印发了几十份文件,对清产核资工作的组织、方法、步骤、政策都做出全面、具体的规定,充分体现了党和国家对集体企业清产核资工作的重视,保证了清产核资工作有计划、有步骤地深入进行。

全国各地区、各部门对集体企业清产核资工作十分重视;35个省(区、市)和有关部委都由主管领导挂帅成立集体清产核资领导小组和办事机构。各地各部门还结合实际制定了大量的具体文件和工作细则,保证了国家有关集体企业清产核资政策的贯彻落实。

中国轻工总会(简称"总会")、中华全国手工业合作总社(简称"总社")对集体企业清产核资工作高度重视。1996年3月成立了轻工集体企业清产核资领导小组,9月,发出《关于做好轻工集体企业、单位清产核资工作的通知》,同时,组织调查组,先后到辽宁、浙江、广东、广西、贵州等省市调查了解轻工集体企业清产核资试点工作情况,有关政策、问题和建议,积极向国家经贸委、财政部、国家税务局反映。

1997年4月,总会、总社印发了《全国各级轻工业集体企业联合经济组织清产核资暂行方案》的通知,要求全国各级轻工集体企业联合经济组织在组织所属企业开展清产核资的同时,自身也要全面开展清产核资工作。要依据有关政策规定进行产权界定和划分资产归属;对于被平调、侵占的资产坚决依法追究,维护集体经济合法权益;出现产权争议、纠纷时要按照有关政策、法规进行界定;对于联社与所属企业资产归属不清、划分不准的,要本着"尊重历史、宜粗不宜细、兼顾双方利益"的原则协商解决。"通知"还要求,各级联社在完成清产核资资金核实以后,须在三个月内办理产权登记手续,凡有联社投资、借款的企业和被平调企业带走的联社资产须经主管联社审核批准后,按规定办理产权登记手续。6月,财政部清产核资办公室和中国轻工总会、中华全国手工业合作总社联合下发《关于对全国各级轻工业集体企业联合经济组织开展清产核资工作有关问题的通知》。明确联社清产核资属于全国城镇集体企业清产核资工作的一个组成部分。1998年3月总会、总社召开直属集体企、事业单位清产核资工作会议,步正发副会长做了具体部署。6月国家轻工局新任局长、总社主任陈士能亲自任清产核资领导小组组长。当月,国家轻工业局、总社下发《关于进一步做好全国各级联社清产核资工作的通知》,再次强调做好划出企业带走的联社资产、被有关部门以各种形式占用、代管的联社资产,以及被侵占、挪用、平调的联社资产的清理界定工作,防止联社资产的流失。事实表明,轻工业集体企业和联社清产核资起步早、范围广、工作扎实,效果明显。

(二)集体企业、单位清产核资取得的积极成果

在历时三年多的城镇集体企业清产核资工作,全国组织了12万人的专业队伍,动员了610万集体企业干部职工参加,是建国以来规模最大、范围最广、影响最深的一次基础性工作。

1999年6月,财政部、国家经贸委、国家税务总局向国务院汇报全国城镇集体企业(单位)清产核资工作情况,李岚清副总理指出:要充分肯定清产核资工作的成绩,并指示,由财政部牵头,国家经贸委、税务总局、轻工局等有关部门参加,在深入调查研究的基础上,提出进一步推动城镇集体企业改革和城镇集体经济发展的意见。

集体企业清产核资的成果和意义是重大的、历史性的:

第一,初步摸清城镇集体企业、单位的"家底"。截止1997年底,全国在工商部门注册具有法人资格,实际开展生产经营活动,在会计上独立核算并能单独编制完整资产负债表的城镇集体企业、单位达72.1万户,其中产权明确属于集体性质并已在1998年底完成清产核资的36.3万户;因权属关系不清,列入清理甄别范围的各类"挂靠"集体企业33.6万户;1999年需要继续进行清产核资补课的约 4 万户。在已完成清产核资的 36.3 万户城镇集体企业、单位中,工商企业为 31.3 万户,占 86.3%(其中工业企业 10.7 万户);集体金融企业 4.7 万户,占 12.9%;集体事业单位 0.3 万户,占 0.8%。集体企业绝大多数为中小企业,占 99.7%。全国 31.3 万户城镇集体工商企业资产总额为 18498.7 亿元,负债总额 14464.7 亿元,所有者权益为 4034 亿元,平均资产负债率为 78.2%。全国轻工行业集体企业资产总额为 2470.16 亿元,负债 1857.58 亿元,资产负债率为 75.2%,净资产为 612.58 亿元。其中:国家轻工局直属集体企、事业单位 21 个,资产总额 15.2 亿元,资产负债率 71.25%,净资产(权益)为 4.51 亿元。

　　第二,认真进行了产权界定。对存在产权关系不明确问题的 26.7 万户城镇集体企业开展了产权界定工作,纳入界定的各类资产为 4372.8 亿元,其中,经界定各方形成一致意见,产权明确的 4141.2 亿元,占 94.7%,暂时意见不一致的 213.6 亿元,占 5.3%。通过产权界定,基本理顺了产权关系,特别是集体企业对外关系,对国家、联社、扶办单位或其它法人单位、个人的财产边界基本上得到了明晰,有效地维护了投资各方的合法权益。特别是在这次产权界定中,对集体企业享受国家减免税优惠政策形成的资产归属问题做出了明确的政策规定,进行了合理的划分;1996 年 12 月,三部委颁发的《城镇集体所有制企业、单位清产核资产权界定暂行办法》中明确规定:"集体企业按照国家法律、法规等有关政策规定享受的优惠,包括以税还贷、税前还贷和各种减免税金所形成的所有者权益,1993 年 6 月 30 日前形成的,其产权归劳动者集体所有;1993 年 7 月 1 日后形成的,国家对其规定了专门用途的,从其规定;没有规定的,按集体企业各投资者所拥有财产(含劳动积累)的比例确定其产权归属"。根据这个规定,解决了上世纪八九十年代长期争论和困扰的国家优惠政策形成的资产产权问题,体现了国家对国家、集体、非公企业的平等政策。

　　第三,对大中型企业主要固定资产进行了价值重估。在清产核资中对达到一定规模的 15.7 万户集体工商企业进行了资产重估,重估的固定资产原值 876.6 亿元,占全部固定资产原值的 22.8%,经重估原值增值 519.9 亿元,净值增值 317.7 亿元,增值率 60.6%。这样,按国家规定集体企业每年可增提折旧 52.8 亿元,从而促进了一部分集体企业资产补偿,解除了部分历史包袱,在一定程度上增强集体大中型企业的发展后劲。

　　第四,对城镇集体企业进行了全面资金核实。在 31.3 万户集体工商企业中,共清理出资产损失和资金挂账 2557.1 亿元,企业经批准分年列入损益处理的损失挂账 496.9 亿元,减轻了企业的部分负担。

　　第五,初步清理甄别"挂靠"集体企业。对全国"挂靠"集体企业 33.6 万户初步清理甄别,其中,确属集体企业的 1.8 万户,属私营(个体)和个人合伙的 23 万户,集体与私营合资的 1.1 万户,集体与国有合资的 0.5 万户,属国有企业的 0.7 万户,需进一步甄别的 6.5 万户。

第六,清产核资促进了集体企业进行产权登记、建章建制,加强管理。如:国务院在 1998 年下发了《关于在国有中小企业和集体企业改制过程中加强金融债权管理的通知》,国家税务总局下发了《企业改组改制中若干所得税业务问题的暂行规定》,中国轻工总会、中华全国手工业合作总社、国家税务总局于 1997 年联合下发《轻工业企业集体资产管理暂行规定》等。各地在清产核资的基础上也制定了很多加强集体资产管理的文件。

(三) 集体企业、单位清产核资存在的主要问题

一是通过清产核资明显暴露出城镇集体企业资本质量差,历史负债重,经营粗放、经济效益低,市场竞争力下降、发展后劲严重不足等问题。具体表现在,资产损失和资金挂账达到所有者权益的 63.4%,31.3 万户企业中,负债率在 100% 以上的 5.5 万户,占 17.6%,空壳企业 10.4 万户,占 33.2%,即半数企业濒临破产;城镇集体企业职工人数 1994—1997 年减少 394 万人,上缴税金从 1994 年到 1997 年一直在 360—390 亿元之间徘徊。

二是由于全国城镇集体企业范围广、情况复杂、发展不平衡,一些地区、一些企业清产核资工作不彻底。面上清产核资汇报后,一些有争议的问题没有明确的说法,集体企业清产核资没有完全达到预期目标。特别是在政府机构改革中,国家对集体企业、集体资产的管理体制不顺、制度不健全,缺乏必要的宏观指导、规划和政策支持,改革中集体资产流失、被侵占的问题屡有发生。

二、适应社会主义市场经济体制,积极推进集体企业改革发展

这一时期,城镇集体企业为适应不断完善的社会主义市场经济体制,不断探索,深化改革,积极推行以“两个联合”为特征的多种形式集体经济;探索以明晰产权为重点,深化企业改革,建立现代企业制度的路径;积极发展集体、职工个人和其他社会资本参股的混合所有制企业,努力发展集体经济、合作经济,改革促进了城镇集体企业深刻变化和新的发展。

(一) 积极推行股份合作制,加快企业制度改革步伐

党和国家从战略高度极为重视中小企业和集体企业的改革发展。早在党的十四届五中全会就提出了“抓好大的,放活小的”,“要大力发展集体经济”,“集

体企业也要不断深化改革,创造条件,积极建立现代企业制度",并提出放活小企业可以"采取改组、联合、兼并、租赁、承包经营和股份合作、出售等形式"。这期间,为了深化改革,搞活企业,党和国家以及各地区采取了一系列措施。

1996年初,由国务院研究室牵头,国家经贸委、劳动部、国内贸易部、中国轻工总会、国务院发展战略研究中心等六部委在京召开全国城镇集体(合作)经济改革与发展高级研讨会。会议以党的十四届五中全会精神为指导,研究在新形势下,进一步推进城镇集体经济的改革与发展问题,会议对于促进集体企业深化改革具有重要的指导意义。吴邦国副总理对大会作了重要指示:"我们既要抓好国有企业,发挥国有经济的主导作用,同时又要大力发展集体经济。只有国有经济和集体经济都发展上去了,公有制经济才能从根本上得到巩固,国民经济的进一步繁荣也才会有基础","国家要帮助解决困难,继续支持城镇集体经济的发展。城镇集体企业本身也要深化改革,努力实现经济增长方式的转变,加快结构调整,加强内部管理,提高效益"。会后,国务院研究室副主任徐荣凯向国务院写了《发展集体经济是一项大政策》的报告。"报告"提出,城镇集体企业是中小企业的主体,占全国中小企业的80%以上。因此,抓住了集体企业,也就抓住了中小企业的主体。"报告"强调,要适应两个根本性转变,按照建立现代企业制度的要求,加快集体企业自身的改革。从各地实践经验看,从集体经济自身特点看,推进股份合作制应是集体企业建立现代企业制度的主要选择。报告还提出国家要保护集体资产不流失,在金融信贷、政策协调等方面支持和壮大集体经济。李岚清副总理作出批示:"这是一个重要命题,希望继续结合实际的经验深入跟踪下去(特别是流通领域小企业很多,如何搞好是个大问题)"。3月,国务委员、国家体改委主任李铁映在部分省市小企业改革座谈会上强调要大力发展集体经济,是我们的一条方针,实现股份合作制是放开搞活小企业的重要形式。

1996年4月以后,国家体改委、国家经贸委、财政部等有关部门就推行股份合作制、放开搞活小企业,先后召开多次研讨会、座谈会;中国工业合作经济学会等学术组织也先后举办理论研讨活动。

党和国家对股份合作制予以高度重视,并作出重要论述。1997年1月,江泽民总书记在党的十五大文件起草组会议讲话中明确指出"股份合作制是一种新的公有制"。9月,党的十五大报告进一步明确指出:"要全面认识公有制经济的含义。公有制经济不仅包括国有经济和集体经济,还包括混合所有制经济中的国有成分和集体成分",并强调指出:"目前城乡大量出现的多种多样股份合作制经济,是改革中的新事物,要支持和引导,不断总结经验,使之逐步完善。劳动者的劳动联合和劳动者的资本联合为主的集体经济,尤其要提倡和鼓励"。

这一重要论述对股份合作制作了充分肯定,促进了股份合作制的深入发展。同时也有力地批评了集体经济"过时论"、"集退私进论"等错误观点。

有关部门和各地采取积极措施,大力推行股份合作制。中国轻工总会、全国手工业合作总社印发《关于加快轻工国有小企业、集体企业改革与发展的若干意见》,要求各地加大推进多种形式股份合作制、结构调整力度,改制、重组一批企业。国家体改委印发《关于发展城市股份合作制的指导意见》,人民日报为此发表《引导股份合作制企业健康发展》的评论员文章。上海、山东等省市党委、政府制定了关于加快发展城镇经济,推行股份合作制的政策性文件,并在明晰产权的基础上,积极探索产权制度改革,各地还着手试行集体资产量化工作。

这一时期,城镇集体企业改革从主要推行承包经营责任制、试行股份合作制、租赁经营,到以推行股份合作制为主,实行多种形式的企业制度改革。在改制中对企业原有集体资产的管理、股份合作制企业的股权构成、干部职工持股比例、企业内部管理体制等一些难点问题,都有新的突破,探索出一些成功经验。1996 年据 23 个省(市)联社对 26235 户轻工集体企业的统计,已进行企业组织形式和经营方式改革的企业达到 17710 户,其中实行股份合作制的企业为 2970 户,占统计企业数的 11%。还有不少国有小企业也改制为股份合作制。通过改革转变了企业经营机制,使大多数集体企业增强了活力。

这一时期,集体企业在调整、改革的探索中也遇到了一些值得注意的新情况和新问题,主要是:一些地方简单地把拍卖、出售企业作为改制的唯一方式;有的脱离实际地推行股份合作制,偏重改革形式,忽视企业经营机制的转换,有的把放小误解为放手不管。对此,党中央、国务院高度重视并采取措施加以纠正。中央领导在讲话中多次强调指出:要正确理解党中央确定的"抓大放小"方针,"抓大"主要是为企业创造自主经营环境,"放小"是把企业放活、搞好,而不是放松、放手不管,不是"一卖就灵"、"一股就灵"。强调搞股份合作制不要刮风,要从实际出发,尊重职工意愿,也要防止股权集中在少数人手里。要坚决刹住"卖企业"之风,防止在改制过程中国有资产、集体资产流失。这些重要指示,为股份合作制的健康发展指明了方向。

(二)采取灵活多样形式放开搞活集体企业

从党的十五大到十六大期间,各地在继续推进以股份合作制为重点的企业改革的同时,打破所有制、行业界限,区别不同情况,采取联合、兼并、租赁、承包、委托经营、引资嫁接、异地改造、"退二进三"、解体重组、转让出售、分块搞活、破产等灵活多样改革形式,推动资产重组,盘活资产存量,放开搞活企业,同时深化企业内部人事、劳动、分配制度改革。积极进行建立现代企业制度试点工作,把改革、改造和加强企业管理结合起来，以市场为导向，以名牌产品为龙头，以资产为纽带，加快调整企业结构、产品结构，形成一批具有较强市场竞争能力的大型企业和企业集团，培育一批具有活力的"小而精"、"小而专"、"小而灵"的"小巨人"企业，改制、淘汰一批困难、落后的小、穷、亏企业。以整体搞活集体企业为目标，促进企业制度和经济增长方式的转变。如厦门市二轻联社，学习北京一轻经验，制定了"一增二转一分流"，再造新二轻的"综合配套改革总体方案"。他们围绕调整结构、优化配置、资产增值、发展生产这个主题，实行"统一规划，统一出让，统一搬迁，统一建设"四个统一，一厂一策，扎实推进。他们充分发挥联社的作用，通过联合、兼并对14家集体企业统一实施"退二进三"，既妥善安置了企业职工，又建起了新的二轻工业园，使集体资产得到较大增值和优化配置。促进了集体企业的改革发展，取得了很好的效果。吴邦国副总理对厦门经验予以充分肯定。1996年5月，中国轻工总会召开现场经验交流会，号召各地集体企业学习借鉴厦门经验。

青岛市二轻集体企业按照"搞好大型企业，培植优势企业，放活中小企业，稳定困难企业"的思路，先后调整兼并了66户弱势企业，组建了澳柯玛集团公司、工艺美术集团公司、双星鞋业集团等十几个以名牌产品为龙头、重点企业为骨干的公司或集团，使原有111户中小企业减少到45户，大中型企业由9户增加到25户，提高了集中度，优化了资源配置，促进了整体发展，连续三年生产、利润以20%的幅度增长。还有一大批中小企业发展成"小巨人"企业。中国轻工总会于1997年印发了重点支持北京百花集团公司等全国200家集体大中型企业的通知。这200家企业是各行各业集体企业的排头兵，对轻工集体经济的快速发展具有举足轻重的作用，总会决定对这些企业在安排技改、基建项目、新产品开发项目等方面给予重点支持，使它们尽快发展壮大起来。

正当全国人民认真学习贯彻党的十五大精神之际，1997年10月，全国轻工集体企业第五届职工(社员)代表大会在北京召开。大会总结了"七五"时期工作经验，共商"八五"时期轻工集体经济发展规划。中共中央政治局常委、国务院副总理朱镕基会前接见了全体与会代表并作重要讲话，他指出"轻工集体企业在历史上起过很大作用，在今后我们国家走向现代化的过程中一定能够发挥更大的作用"，"我们不能忽视它"，并对搞好轻工集体经济提出三条要求，一要坚持实行政企分开，各级政府要致力于减轻企业负担；二是要把轻工集体企业真正办成职工和社员自己的企业；三是要进一步在生产经营管理上下工夫，面向市场，适应市场，切实把轻工产品的质量、品种搞上去。他表示相信，轻工集体企业只要扎扎实实地按党中央、国务院的方针抓下去，一定能在三年内摆脱亏损困境,实现全行业振兴。于珍主任在工作报告中强调,轻工集体企业改革要积极推行股份合作制,要采取多种形式和途径,加大放开搞活"小、穷、亏"集体企业的力度,积极扶持、发展一批"小而专"、"小而精"的"小巨人"企业。对集体企业实施战略性改组和经济结构的战略性调整,坚持推行经济增长方式的转变。大会之后,各地主管部门和集体企业积极贯彻全国"五代会"精神,推动了集体企业的深化改革。广西梧州市联社采取股份合作制、公司制、兼并重组、终止关闭等不同形式和措施,使 51 户集体企业全部完成改制,2300 名职工顺利转换身份,800 人获得经济补偿后自谋职业。改制后,全系统销售收入、上交税金、实现利润和出口交货值大幅增长。浙江湖州市联社系统,在改革中为企业排忧解难,使优势企业得到发展,对 30 多户特困企业实行"联动解困",破产歇业,使 8000 多名职工得到妥善安置,保持了社会稳定。

1998 年 12 月,中央经济工作会议强调继续贯彻"抓大放小"的方针。为促进集体企业加快改革,1999 年初,国家经贸委提出集体企业改革的七条思路,主要是建立现代企业制度,多种形式转换企业经营机制,打破"二国营"模式,理顺产权关系,扭转政府部门干预企业的局面,以及提供必要的信贷等。1 月,新任总社主任陈士能在总社理事会上指出:"要按照集体经济的特点和市场经济规律,推动集体企业制度创新","要采取多种适合企业实际的改革形式,真正达到放开搞活的目的"。会议还对各类集体企业分别提出了改革要求。2000 年 7 月,国务院办公厅批转国家经贸委《关于鼓励和促进中小企业发展的若干政策意见》,要求各地区各部门加大对中小企业特别是高新技术类以及能够增加产品品种,提高产品质量,填补市场空白的中小企业的扶持力度,促进中小企业健康发展。国务院有关部门相继制定加强中小企业社会服务、技术服务、信用担保体系,科技企业创新基金、企业融资以及企业改组改制中个人取得的量化资产征收个人所得税的通知等多个政策性文件。国家轻工业局发出《关于促进轻工中小企业、集体企业加快改革与发展的意见》。

这期间,北京、天津、上海、江西、福建、江苏、安徽、广东、山西、湖南、湖北等省市党委、政府和人大制定了加快发展城镇集体工业的政策、法规文件,支持集体企业的改革与发展。

这些政策措施有力地促进了集体企业产权主体多元化,产权结构开放化,组织形式多样化。通过多种形式放开搞活,使一些企业重新焕发生机和活力。一批重点企业实现了规模经营,做大做强;一大批中小企业走上"专、精、新、特"的路子,提高了市场经济适应能力。据 2000 年总社对 100 多个县级以上联社所属集体企业的调查,改制为股份合作、有限责任公司的企业已占 78%,加快了企业改制转机的步伐。

国有企业举办集体企业（厂办集体），是在特定的历史条件下产生和发展起来的，是我国城镇集体经济的重要组织形式之一，也是主办企业的延伸和有机组成部分。多年来，厂办集体在缓解就业压力，开展协作配套，提供辅助服务，增加地方税收等方面，发挥了积极作用，在经济和社会发展中占有重要地位。厂办集体主要集中在东北等老工业基地的冶金、煤炭、化工、石油天然气、机械、军工等行业，企业和职工数量众多，大多为小型集体工业企业。由于历史原因，厂办集体依附国有企业，独立走向市场能力差，机制不活，经营管理相对落后，社会保障不完备，历史负担过重，很多厂办集体陷入困境。这期间，温家宝总理专门召开振兴东北地区等老工业基地工作座谈会，提出以明晰产权为重点，推进集体企业改革，要求有关部门要抓紧协调政策，提出妥善解决厂办大集体问题的具体方案；鼓励民间资本参与国有、集体企业改革和重组。有关主管部门和地方政府，积极推进厂办集体企业的深化改革和体制创新，采取多种有效形式，促进企业改制转机和重组，发展多种形式的集体企业和投资主体多元化的混合所有制企业，实行与主办企业主辅分离，理顺与主办企业的关系，走向市场，强化社会保障体系建设，取得明显成效。一批企业经过以明晰产权为重点的深化改革和为主业配套、为社会化服务的结构调整，得到新发展，实现了主辅共赢的新局面。如上海宝钢实业总公司、哈飞实业总公司等。

随着经济结构的战略性调整，改革的深化，企业职工下岗分流增加。党中央高度重视，多次召开专门会议研究部署企业下岗职工就业再就业和解决基本生活保障、医疗保险及企业离退休人员养老金发放等问题。明确规定将失业保险覆盖范围扩大到城镇各种所有制的企业事业单位及职工，强调要切实把集体企业等非国有企业及其从业人员，纳入基本养老保险覆盖范围。1998年5月，党中央、国务院召开国有企业下岗职工基本生活保障和再就业工作会议，江泽民总书记指出"要进一步研究如何更充分地发挥中小企业在吸纳就业人员方面的重要作用"，"大力扶植和支持中小企业的发展，对解决下岗职工再就业、缓解就业压力，具有大企业不可替代的作用。搞活中小企业，要从实际出发，采取多种形式"。2001年11月，国务院办公厅印发《关于进一步加强城市居民最低生活保障工作的通知》，通知要求各地政府对企业改组改制和产业结构调整过程中出现的特殊困难人群，特别是中央、省属企业和城镇集体企业的特困职工家庭，以及下岗职工基本生活保障向失业保险并轨中新出现的需要最低生活保障的人员，要作为工作重点，及时纳入最低生活保障范围。这些政策措施有力地保障了城镇集体企业的改革、发展和稳定。

这一时期,《中华人民共和国宪法(修订)》和《中华人民共和国中小企业促进法》的颁布,为集体经济、集体企业和中小企业的改革与发展提供了有力的法律保障。

调整、改革促进了集体经济在市场经济条件下转型发展,据国家统计局资料,2002年全国全部国有和年产品销售收入500万元以上工业企业的工业增加值为32995亿元,其中集体和集体联营企业为2596亿元,占7.87%,在国有、集体、私营三大支柱中,集体仍占第二位。

(三)继续深化改革,发展多种形式的集体经济

2002年11月,江泽民总书记在党的十六大报告中指出:"深化集体企业改革,继续支持和帮助多种形式的集体经济的发展"。2003年10月,党的十六届三中全会通过的《中共中央关于完善社会主义市场经济体制若干问题的决定》中指出:"进一步增强公有制经济活力,大力发展国有资本、集体资本和非公有资本等参股的混合所有制经济,实现投资主体多元化,使股份制成为公有制的主要实现形式","以明晰产权为重点深化集体企业改革,发展多种形式的集体经济"。2004年11月,中华全国手工业合作总社第六次代表大会在京召开,大会总结了"五代会"以来的工作,共商今后集体经济改革发展的思路和主要任务。曾培炎副总理出席大会并作重要讲话,他强调指出:要按照完善社会主义市场经济体制的要求,深化集体企业改革,推进制度创新,做好企业改组改制指导工作,积极发展新型集体经济和合作组织,探索采取社区合作、股份合作、员工持股、公司制等多种形式,把集体经济办成劳动群众互助合作、共同富裕的组织,把合作企业办成市场运行的主体。总社主任陈士能作题为《坚持科学发展观,深化产权制度改革,全面推进集体经济的创新与发展》的工作报告。

为贯彻中央精神,国务院有关部门和集体经济联合组织及有关学术团体,积极开展理论研讨活动,提升集体经济理论和制度创新,促进集体企业深化改革,积极发展多种形式集体经济。这期间,国家发改委中小企业司组织完成《我国城镇集体经济改革与发展的研究报告》,财政部财科所、中国工业合作经济学会等单位也先后完成相关研究课题。全国手工业合作总社、全国城市集体经济研讨组织以及有关学术团体、新闻单位等,就集体企业深化改革议题,举行广泛交流与研讨。总社主任陈士能先后在《求是》杂志、《光明日报》、《经济日报》发表署名文章,并在总社主办的"2005中国集体经济高层论坛"上作"推进集体经济改革创新,巩固公有制的主体地位"的主题报告。一些省市也开展了一系列交流、研讨和课题研究活动。这些研究和交流活动,很好地总结和宣传了集体经济改革实践的新发展,理论创新的新成果,对营造有利于集体经济改革与发展的环

境,起到了积极作用。同时,也提升了对多种形式新型集体经济特征与内涵的认识,取得积极成果。主要是:集体企业是独立的市场主体,不再是政府的附庸;在联合的基础上确立了劳动者个人所有权,实行"个人所有,集体占有",劳动群众对企业有控制权,是企业的主人;建立以劳动合同为基础的新型劳动关系,企业与职工不是雇佣关系,人与人的关系是平等合作关系;实行按劳分配与按生产要素分配并存的多种分配制度,劳动群众在取得工资性收入的同时,还可以取得劳动分红、股金分红等生产要素分配的收益,有利于实现共同富裕;企业组织形式可以多样化,等等。党中央的指示和理论创新,为传统集体经济的改革,多种形式新型集体经济的发展拓展了思路。

党的十六大以后,城镇集体企业改革进一步深化,企业结构由单一向投资主体和产权多元化发展;产业结构由第二产业向第三产业延伸,许多企业利用自身优势,发展一批商贸、餐饮、旅游、房地产、物业管理、科技开发、教育、咨询等产业及社区服务业;产品结构向依靠科技进步,高新技术发展,涌现出新一代家用电器、新型五金制品,新型塑料制品、室内装饰、汽车、电子、建筑业等配套产品等一批新支柱行业和"名、优、新、特"产品;造就了海尔、荣事达、春兰、东宝药业、万家乐、三鹿乳业、上海新工联集团、上海华生化工有限公司等一大批在集体企业基础上发展起来的经济实力较强的知名企业集团;逐步走上规模化、集约化、国际化发展的路子。一些集体企业还为宇宙飞船上天作出了贡献。

新型集体经济在发展中出现了多种形式的企业组织。根据不同的投资主体和产权结构,大致有:以集体共有资产为主的集体企业,如浙江省联社实行联社集体资产投资组建集团公司等;以劳动者"两个联合"为主的多种形式股份合作制企业,如武汉市东风电机公司,企业改制后由130多名与原企业解除劳动关系的职工,自行投资入股成立的创兴电器制造有限公司等;以劳动者个人资产为主的合作制企业,如上海市女子平民教育与姐妹手工编织合作社等;以职工持股为主的有限责任公司,如上海新工联集团有限责任公司,经过三次产权制度改革,到2004年末,成为职工控股、联社和经营者群体参股、社会法人单位入股的投资主体多元化的大型企业集团,其股权结构为市联社持股占34%,职工持股会占33%,离退休职工退管会占10%,经营者群体占8%,重庆市工业合作联社占10%,总社中普科贸公司占5%。下属有100多户控、参股子公司,经营范围涉及内外贸、房地产、工业投资、物业、旅游、餐饮等众多产业。改革促进了经济迅速发展,2005年实现利润5022万元,比2000年增长1.43倍;以集体资本控股、参股的混合所有制企业,如新疆特变电工股份有限公司,经过17年创业发展,由一个街道集体企业发展成为中国变压器行业首家上市公司、国家级重点高新技术企业、国际工程总承包企业,公司每年以 50% 以上的发展速度递增;山西运城制版(集团)股份有限公司,原为一家工艺美术厂,仅有固定资产 32 万元,他们在调整重组中,坚持以高科技为先导,按照现代企业制度实施资本运作,迅速发展为拥有国内 44 家分公司、国外 10 个分公司,总资产 18 亿元、1 万余名职工的大型制版集团,生产规模、制版技术均为世界同行之首;还有互相参股的集体企业联合经济组织,如浙江绍兴市手工业合作联社等。股份合作制、职工持股公司制、多种经济成分参股的混合所有制等正逐步成为城镇集体经济的主要实现形式。深化改革促进集体经济的发展,加快了经济增长方式的转变,推进了产业结构的优化升级,增强了集体企业市场竞争力。到 2006 年底,全国城镇集体企业改制面已达到 70%,其中东部地区达 90%。2003 年规模以上轻工集体、股份合作制企业为 9869 户,占轻工规模以上企业总数的 16.16%,实现销售收入 3733.49 亿元,占轻工行业总销售额的 13.4%;实现利润 158.23 亿元,占 12.6%。总资产贡献率为 14.22%,比轻工行业平均贡献率高 4.62 个百分点;比轻工行业国有企业平均贡献率高出 9.25 个百分点。

这十一年,随着经济体制和发展方式的转变,所有制结构的调整和完善,企业改革的不断深化,城镇集体经济得到新发展。据 2004 年 12 月全国经济普查资料显示,全国工业企业法人单位 145.1 万个,就业人员 9643.8 万人。其中集体企业 15.2 万个、股份合作制企业 5.2 万个、集体联营企业 0.3 万个,合计 20.7 万个,占 14.26%;就业人员集体企业 729.8 万人、股份合作制企业 212.4 万人、集体联营企业 15.1 万人,合计 957.3 万人,占 10%。集体资本创造的工业增加值占全部工业增加值的 9.17%。由于工商部门对企业登记注册类型和统计部门对统计范围的变化,大量年产品销售收入 500 万元以下小型集体企业和多种形式新型集体企业在统计数字上未能全面反映出来,加之经过清产核资、清理甄别、改制以及歇业、倒闭、破产一批企业,从表面看集体企业和职工人数及主要经济指标的绝对数量减少了,但集体经济的内涵和外延更为宽泛,企业制度、产权制度、经营机制更适应市场经济体制,对国民经济和社会发展所作的实际贡献不容忽视,在我国现代化建设和构建和谐社会中继续作出重要贡献。

这一时期,城镇集体经济在改革与发展中遇到一些困难与问题,主要是:党中央、国务院作出的一系列关于发展集体经济的方针政策贯彻落实不到位,一些地方和部门不能正确认识和对待,集体经济成为被"遗忘的角落",体制不顺,法律、法规和政策滞后,许多深层次问题未能得到根本解决。对于这些问题,需要在深化改革中,认真对待,逐步加以解决。

三、在政府机构改革中稳定和加强联合经济组织建设

这一时期,城镇集体企业和联合经济组织的管理体制和环境发生了许多重大变化:如,主管部门撤销、国资委成立、企业下放、中小企业法实施等。根据全国人大九届一次会议批准的国务院机构改革方案,1998 年 6 月撤销中国轻工总会,设置国家轻工局,由国家经贸委管理。国家轻工局的主要职能之一是"研究提出轻工集体经济的政策、法规;协调解决轻工业集体经济有关问题;指导轻工集体经济的发展。"2000 年 12 月,国务院撤销国家轻工局,成立"中国轻工业协会联合会"(后改为中国轻工业联合会,简称"中轻联"),保留"中华全国手工业合作总社"牌子,与"中轻联"合署办公。2003 年 3 月,全国人大十届一次会议通过的国务院机构改革方案,撤销国家经贸委,组建国务院国有资产监督管理委员会(简称"国资委"),中轻联和总社由国资委管理。全国城镇集体经济综合管理和宏观调控部门为国家发展改革委员会(简称"发改委"),内设中小企业司非国有经济处。自此,城镇集体企业和联合经济组织的机构和业务分别由国资委和发改委进行管理。

同时,各级政府机构也相应改革。各省、市经贸委大多被撤销,相继成立国资委,管理国有企业和国有资产。省、市轻工(二轻)厅、局撤并后,有的改为国有资产经营管理性质的集团公司,归同级国资委管,有的改为行业协会,不再具有政府和集体经济管理职能。在体制改革中,各地按照"抓大放小"和"属地化"原则对国有中小企业和集体企业调整隶属关系,大量集体中小企业由市属(联社直属)"下放"到区、县乃至街道、乡镇管理(如上海二轻、重庆轻纺、北京工艺美术联社所属集体企业全部下放到区,北京二轻资产总额 5000 万以下的企业下放到区后,原属集体企业仅留 7 户)。企业调整后,联社成员锐减,集体资产被平调、流失屡有发生。为此,全国总社和各级联社紧紧围绕"稳定机构、管好资产、转变职能、加强服务"做了大量工作,取得明显成效。

(一)稳定联社机构,进行法人登记

党中央、国务院对集体企业联合经济组织一直十分重视,多次指示要加强联社建设,更好地为企业服务。1996 年 9 月,吴邦国副总理给"纪念手工业社会主义改造基本完成 40 周年暨城镇集体工业经济研讨会"的贺信指出"要加强联社工作,建立健全相应的管理体系和管理机构,更好地为基层企业服务"。1997 年 10 月,朱镕基副总理接见"全国轻工集体企业第五届职工(社员)代表大会"全体代表并发表重要讲话,充分肯定集体经济在我国的重要地位和作用,高度评价

总社、联社在促进集体经济发展中所发挥的积极作用。吴邦国在给大会的贺信中明确指出:"四十年来,总社作为集体企业的联合经济组织,与各级联社一起为发展我国集体工业做出了积极的贡献。总社和各级联社要加强工作,建立健全相应的管理体系和管理机构,壮大自身实力,更好地为基层企业服务"。2004年11月,中华全国手工业合作总社召开第六次代表大会,黄菊副总理在给大会的贺信中指出:"十五年来,总社和各级联社通过自己辛勤劳动和不懈努力,为集体经济的发展作出了重要贡献",并要求"充分发挥联社作为政府与企业间桥梁纽带的作用,积极推进总社和各级联社的改革、创新,加强自身建设,使各级联社成为政府部门的好帮手,为发展集体经济做出新的贡献"。曾培炎副总理出席大会并作重要讲话,他要求"在新的形势下,全国手工业合作总社和各级联社要进一步加强自身建设,加强政策法规研究,充分发挥'指导、维护、监督、协调、服务'的职能,发挥好政府与企业间纽带和桥梁的作用,使各级手工业合作社成为党和国家方针政策的宣传者,成为中小企业合作互助的组织者,成为广大职工群众利益的维护者。各级政府有关部门要加强对集体经济与合作经济的支持和帮助,加强对各级手工业合作社与企业改革发展的指导服务,为发展新型集体经济创造良好环境"。

全国总社按照党中央、国务院的指示,通过加大宣传力度,下发文件,组织研讨,总结推广联社建设典型经验,加快总社和联社法人登记步伐,努力保持总社和各级联社机构的稳定并加强思想、组织和作风建设。这一时期,总社先后印发了《关于加强中华全国手工业合作总社建设的通知》等文件,要求各地联社主动向当地党委和政府汇报,争取在政府机构改革中做到联社机构不撤、干部不散、资产不丢、工作不断不乱,同时要抓住改革机遇,实现政社分开,抓紧确立联社法人地位。1999年12月总社、国家轻工局向国务院报送《关于实行政社分开,加强中华全国手工业合作总社建设的请示》,2001年3月总社印发《总社"三定"方案的通知》,同年9月,总社印发《关于中华全国手工业合作总社正式登记为事业法人单位的通知》。总社主任陈士能多次强调"稳定机构,加强联社的组织建设"。并先后与辽宁、黑龙江、哈尔滨、内蒙、山东、山西、海南等省、市党、政主要领导就联社机构和集体资产问题进行沟通。到2004年全国除西藏自治区外各省(市)级联社都保留下来。山西省全省11个市级联社,107个县级联社都被保留。另据对49个省、区、市及计划单列市、副省级省会城市联社统计,有42个进行了不同形式的法人登记,其中登记为事业法人的有天津、山西、内蒙、辽宁、沈阳、吉林、长春、哈尔滨区街、江苏、南京、安徽、福建、江西、山东、济南、河南、湖北、武汉、湖南、广西、四川、贵州、陕西、甘肃、青海、宁夏、新疆等27个。登记为企业法人的有北京工美、大连、黑龙江、哈尔滨轻工、浙江、厦门、青岛、广东、海南、重庆、西安等 11 个；登记为社团法人的有：北京、天津集体经济联合会、宁波等 3 个，上海城镇联社登记为民办非企业单位，正在办理或研究的还有 7 个。

(二)加强资产管理和运营，增强联社经济实力

早在 1992 年总社四届二次理事会就提出了"兴办经济实体，增强经济实力，强化服务功能"的总社和联社改革方向。随着联社与轻工主管部门合署办公，经费由财政拨款或收缴所属企业管理费的体制被打破，各地联社为适应市场经济体制，努力从行政型、管理型转向经济型、服务型，不断增强自身经济实力，这是联社赖以生存的基本保障，也是联社深化改革和自身建设的重要内容。这一时期，总社和各级联社按照国务院统一部署，在认真做好集体企业的清产核资同时，进行联社自身清产核资，明晰产权归属，并采取一系列措施增强自身经济实力。总社先后印发了《中华全国手工业合作总社借款转投资实施办法》等文件，召开"全国联社资产管理经验交流会"，指导、促进各级联社加强资产管理，兴办经济实体。总社成立了轻工集体资产管理委员会，将总社直属的"中华康普"、"中轻贸易"、"北京华信原材料"、"上海轻科"等四个公司整合到"中普科贸有限公司"，"中轻投资有限公司"，对实体公司实行经营目标责任制，完善法人治理结构，促进这些公司经济效益、资产规模较快增长，成为总社实力的重要支柱。总社对各地的借款和投资项目进行了认真的清理和股权置换，盘活了固化资产，夯实了家底，并先后与上海、重庆、河南、新疆、辽宁抚顺等联社进行投资参股，既促进了地方联社深化改革又实现双赢发展。

各地联社运用经济、法律等途径加强资产管理和资本运作，经济效益普遍提高，涌现出许多典型。上海市城镇工业合作联社制定"调整、收缩、改革、发展"的经营方针，进行一系列深化改革，使生产经营迅速发展，2006 年净资产已达 30 亿元，是 1999 年的 10 倍。浙江省联社也实行联社投资的集团公司制，2003 年末所有者权益达到 12.29 亿元，年利润 7335 万元。杭州、绍兴、南京、青岛、武汉、厦门、广州、北京二轻、北京工美、新疆等一大批联社经过改革和兴办实体，经济实力大大增强。

(三)转变职能，强化为企业指导服务功能

这一时期总社和各地联社围绕"指导、维护、监督、协调、服务"的要求，不断转变观念，积极探索职能和工作方式的创新，取得明显进展。

一是强化指导服务功能。总社和各地联社大力宣传集体经济的地位作用和改革发展方向，落实党和国家有关集体经济政策。总社先后下发了多个指导性文件，总结推广了厦门、上海、北京、浙江、吉林、广西、梧州等一批联社和大批集

体企业的改革发展典型经验,增强了各级联社和企业的信心,推进企业加快改革改制步伐,转变发展方式,促进集体经济的发展。如吉林省省联社与经贸委、省财政厅等部门联合制定了《吉林省城镇集体企业深化改革,制度创新促进发展的政策意见》等一系列文件,有力地推动了该省城镇集体企业改革发展。江苏省泰兴市联社指导和扶持 37 家成员企业改革,从 1999 年到 2002 年三年使经济总量翻了两番,由 1.83 亿元增加到 7.5 亿元,2003 年突破 10 亿元。福建省南平市延平区二轻总会和联社按照有为就有位的思路,努力为企业改革争取优惠政策,使 25 户集体企业完成改制 18 家,他们深入调查研究,变"上访"为"下访",做好稳定工作,受到企业和职工的信赖和拥护,得到政府支持,联社被评为福建省先进联社。

二是依法维护集体企业合法权益,加强集体资产监督管理。这期间,中共中央办公厅、国务院办公厅下发了《关于在国有企业、集体企业及其控股企业深入实行厂务公开制度》的通知,总社、中国轻工总会和国家税务局联合印发了《轻工企业集体资产管理暂行规定》等一系列文件,总社多次就"物权法"制定中有关城镇集体财产的合法权益问题向全国人大提出建议,并被采纳。积极配合原国家经贸委、国家发改委等有关部门研究起草"城镇集体企业改革发展若干意见",各省市也先后制定了大量有关集体资产清产核资、产权界定、资产评估、产权交易等政策,从法律、法规和政策上维护联社和集体企业合法权益,总社和各级联社还通过召开会议、具体指导等形式努力加强联社和集体企业资产管理和监督。如广东省联社在 39 个市、县联社推广番禺联社经验,以投资为依据,结合返还改革成本等因素,将集体资产明确到联社法人和企业法人名下,由法人实体范围内劳动群众分享财产权,694 个成员企业实施了产权明晰化,深化了改革,确保了集体企业的资产。

三是积极开展社务活动,充分发挥"联"字作用。这一时期社务活动空前活跃,先后召开了全国轻工集体企业第五届、第六届职工(社员)代表大会。全国总社坚持理事会制度和民主办社制度。各地联社之间交往合作增多,京、津、沪、渝联社联席,东北三省联社联席会,西北五省省会城市联社联席会等活动一直开展较好,互相交流,共同促进。总社和各地联社之间还通过互相参股和经济合作推动发展。总社组织各地联社出国考察进行国际交流和培训。2003 年总社正式恢复国际合作社联盟工业手工业和服务组织(CICOPA)成员,借鉴国外发展合作经济的经验推动工作。

这期间,总社主办的全国性刊物《中国集体经济》杂志和各地联社的集体经济通讯刊物,积极宣传贯彻党的国家有关集体经济的方针政策,对于努力营造良好的社会舆论氛围,传达总社的指示精神,总结推广城镇集体经济改革发展的经验,维护集体资产合法权益,积极开展理论研究与创新,推动集体经济的发展等方面发挥了重要作用。2001 年 5 月,总社主办的《中国合作经济网》正式开通。为了加强对"一刊一网"的领导和管理,于 2006 年 3 月成立《中国集体经济》杂志社理事会;扩大《中国合作经济网》信息队伍,利用现代通讯工具提升刊物的宣传能力和效果,更好地服务于集体经济的发展。总社与国务院有关部门及学术组织联合举办多次不同形式的集体改革与发展研讨会、高层论坛,完成多个课题研究报告,全国城镇集体经济研讨会先后 8 次召开。总社和联社领导亲自撰写署名文章,就《物权法》的制定和多种形式集体经济的发展,向人大和政协会议撰写提案,将新时期城镇集体经济的改革与发展、理论创新提升到一个新水平。

各地联社还在拓展运行空间、扩大服务范围上勇于实践,创造出不少新鲜经验。吉林省于 2006 年成立"省集体、合作经济指导委员会",省委、省政府领导担任主任,下设办公室与省经委城镇集体经济办公室合署办公,统一指导集体经济改革改制,促进新型集体、合作经济发展。北京市手工业合作联社于 1998 年注册为社团法人,他们积极探索,主动争取有关部门的支持,于 2006 年重新组建为"资产管理协会"性质的社团法人,将全资、控股的集体企业和自愿将全部资产纳入联社资产总额的集体企业作为联社会员单位,创建了一种新的联社组织形式。上海市工业合作联社通过壮大自身经济实力,每年拿出一定数额资金开展集体经济公益事业,办好上海市工业合作经济研究所、集体经济研究会,从人力、物力、财力上支持开展新型集体经济理论和多项课题研究。广西自治区联社积极把发展集体经济与发展区域经济、特色经济结合起来,使博白县编织工艺品企业达到 360 多家,年产值达 10 亿多元,占全县工业的三分之一,被授予"中国编织工艺品之都"的荣誉称号。

1996—2006 年这十一年是城镇集体企业联合经济组织经受考验,不断深化自身改革,进行实践和理论探索创新的十一年。经过不懈的努力,各级联社在保持机构基本稳定同时,逐步适应市场经济体制的新形势,对促进集体企业的改革发展发挥了重要作用。但是有的部门,有的地区对联合经济组织的重要性认识不足,一部分联社被撤销,有的有名无实,有的定位不明确,全国县级以上联社由 1997 年的 2231 个(其中省级 31 个、地市级 365 个)工作人员 62822 人,到 2004 年仅剩 1200 余个,2.1 万人;各地联社发展不平衡,相当一些联社经济实力不强,缺乏为企业服务的手段,还有一些联社,出现生存危机,也有少数经济实力较强的联社偏重自身经营,忽视对基层企业的服务。一些地方联社的集体资产被平调、流失的现象时有发生,这些困难和问题需要认真研究,切实解决,使联社在新的历史时期更好地发挥作用。

党的十七大提出高举中国特色社会主义伟大旗帜,为实现全面建设小康社会奋斗目标的新要求,作出了"推进集体企业改革,发展多种形式的集体经济、合作经济"的重要指示,为城镇集体经济的改革与发展提供了新的机遇,提出了更高的要求。坚定不移地贯彻落实十七大精神,坚持和落实科学发展观,加快转变经济发展方式,进一步发挥集体经济互助合作、共同富裕的优势,城镇集体经济就一定能又好又快发展,为夺取全面建设小康社会新胜利做出更大贡献。

文献资料

WENXIANZILIAO

吴邦国副总理对全国城镇集体（合作）经济改革与发展高级研讨会的书面指示

（1996 年 1 月 2 日）

国务院研究室等六个部委联合召开"全国城镇集体（合作）经济改革与发展高级研讨会"，研究进一步促进城镇集体经济改革与发展的问题，是一件有意义的事。希望研讨会开得成功。

在社会主义市场经济条件下，必须坚持以公有制为主体，多种经济成分共同发展的方针。集体经济是公有制经济的重要组成部分，对于发展生产，繁荣市场，扩大就业，提高人民生活，保持社会稳定，起着重要作用。我们既要抓好国有企业，发挥国有经济的主导作用，同时，又要大力发展集体经济。只有国有经济和集体经济都发展上去了，公有制经济才能从根本上得到巩固，国民经济的进一步繁荣也才会有基础。

改革开放以来，城镇集体经济取得了很大成绩。城镇集体经济有广阔的发展前途，但也面临不少困难。国家要帮助解决困难，继续支持城镇集体经济的发展。城镇集体企业本身也要深化改革，努力实现经济增长方式的转变，加快结构调整，加强企业内部管理，提高经济效益。我相信，在国家的支持和集体企业自身努力下，城镇集体经济以及整个集体经济一定会很快上一个新的台阶，为国民经济持续、快速、健康发展做出新的贡献。

（选自国务院研究室工业交通司编：《新时期城镇集体经济的改革与发展》，中国言实出版社 1996 年 4 月第 1 版，第 3—4 页）

适应新形势的要求　大力推进城镇
集体经济的改革与发展①

（1996 年 1 月 5 日）

徐荣凯

国务院研究室与国家经贸委、劳动部、内贸部、轻工总会和国务院发展研究中心六家单位联合举行会议,研讨城镇集体经济改革与发展问题。这次会议的主要目的是,以十四届五中全会精神为指导,总结经验,交流看法,探讨问题,提出建议,以期在新形势下,进一步推进城镇集体经济的改革与发展。

一、十四届五中全会的《建议》,为我国经济未来发展展示了宏伟蓝图,也为城镇集体经济未来发展描绘了广阔前景

我们正在建设有中国特色的社会主义,社会主义的一个根本标志是以公有制为主体。集体经济是社会主义公有制的重要组成部分,发展和壮大集体经济是我党历来坚持的重要方针。十四大以来,特别是这次十四届五中全会,党中央多次提到集体经济,并把它摆到了重要的位置。十四届五中全会《建议》在阐述未来 15 年重要方针的第五条方针时,强调既要发挥国有经济的主导作用,又要"大力发展集体经济";在谈到积极拓宽就业渠道时,再次强调要"大力发展城乡集体经济"。江泽民同志在五中全会上也指出:"坚持公有制的主体地位",首先要把握好的一条就是"在社会总资产中要保持国家所有和集体所有的资产占优势"。江泽民同志还强调,"城乡集体经济是公有制的重要组成部分,具有广阔的前途,要大力发展。"

改革开放以来,我国集体经济发展迅速,在国民经济中的地位日益突出。以工业为例,1978 年,集体工业产值占全国工业总产值的 22%;1993 年,集体工业产值占工业总产值的比例增加到 39.9%;1994 年,集体工业产值达 31434 亿元,

---

① 这是国务院研究室副主任徐荣凯在全国城镇集体(合作)经济改革与发展高级研讨会上的讲话。

占全国工业总产值的 40.9%,已经超过国有工业 26200 亿元的产值。城镇集体经济作为集体经济的基本组成部分,发展也很迅速。到 1994 年底,全国城镇集体经济从业人员 3284 万人,工业产值 5000 多亿元,建筑业总产值 1519 亿元。城镇集体经济在税收、创汇、扩大就业、活跃市场、改善人民生活以及社会稳定等方面,起着难以替代的作用,是城镇中仅次于国有经济的第二大经济力量。

但是,在过去相当长一个时期,在一些同志的思想中,甚至在一些报刊文章中,常把集体经济与私营、个体、三资企业等其它经济成份并列,无形中将集体经济从公有制主体地位中划出,成为一种"从属地位"或"必要补充"。在传统计划经济体制下,城镇集体企业偏离合作制原则,长期以来在思想、政策和管理上被视为"二全民",行政干预严重,企业自主权屡遭侵犯,集体财产常被平调,职工民主权利缺乏保障,这一切严重阻碍了城镇集体企业的正常、健康发展。

党的十四届五中全会再次明确集体经济是公有制的重要组成部分,要加以大力发展。我们要认真贯彻五中全会精神,按照集体经济的本来面目对待集体经济,加快城镇集体经济改革和发展步伐。五中全会《建议》确定了我国未来 5 年和 15 年的中远期发展目标,为我国国民经济的发展描绘了宏伟蓝图,也为城镇集体经济的发展展示了广阔前景。我相信,在五中全会确定的宏伟目标鼓舞下,通过 3000 多万城镇集体经济职工的努力奋斗,在未来的历史进程中,我国城镇集体经济将获得更快更好的发展。

二、"搞好大的,放活小的"战略措施,为国有经济的发展开辟了新路,也为城镇集体经济发展提供了机遇

国有企业改革是我国经济体制改革的中心环节。搞好国有企业改革,增强国有大中型企业活力,是我们今后的工作主题。有的同志担心,国家把主要精力放到国有企业上,对集体经济工作的过问会不会更少了,因此,今后集体经济的发展会不会受到影响。我认为,这种担心是不必要的。当然,首先必须看到,集体经济工作、特别是城镇集体经济工作一直是个薄弱环节,这种状况应当尽快改变。我们几个部门今天召开这样一个会议,就是要推动城镇集体经济工作更好地开展。不过,我们更要看到,随着改革的进一步深入和国民经济的进一步发展,特别是中央提出要"搞好大的、放活小的"战略措施后,不仅为国有经济的发展开辟了新路,也为城镇集体经济的发展提供了机遇。我认为,中央的战略措施,至少从以下几个方面为城镇集体经济的发展创造了新的条件,提供了新的机遇。

　　首先,"搞好大的,放活小的"战略措施,既将推进国有经济企业组织结构的调整,也将推进整个国民经济结构的调整。国民经济结构的优化,可以使国民经济的发展更快地进入良性循环,从而为集体经济的发展提供良好的经济环境。对于"放活小的"是否可以这样来认识:就国有经济而言,"放小"就是要放活国有小企业;就整个国民经济而言,"放小"就是要放活和搞好各种经济成分的中小企业。我国乡及乡以上工业企业53万个,其中国有大中型企业1.37万个,加上非国有大中型企业共约2万个,其余96%以上为小企业。中小企业是国民经济增长的重要生长点,是活跃市场的基本力量,是解决就业的基本场所,是反哺农业、发展农村经济的生力军。少而精的国有大中型企业主导国民经济方向,体现国家实力;数量众多的中小企业壮大国民经济总量,创造市场活力。两者相辅相成,构成合理的国民经济结构和市场主体结构,形成联系密切的专业化分工协作体系。城乡集体企业是我国中小企业的主体,占全国中小企业的80%以上。抓住了集体企业,也就抓住了中小企业的主体。这表明,落实"搞好大的,放活小的"战略措施,推动国民经济的结构调整,建立合理的专业化分工协作体系,必然要求加快集体企业改革,大力发展集体经济。

　　其次,国家将"区别不同情况,采取改组、联合、兼并、股份合作制、租赁、承包经营和出售等形式",对国有小企业进行改革改组。国有小企业数量占国有企业的80%以上,有八、九万家。实行职工集体所有制或股份合作制,是国有小企业改革改组的一条重要途径。股份合作制在本质上是公有制,是一种新型的集体(合作)经济组织形式。国有小企业搞职工集体所有制或股份合作制是一种公有制形式转变为另一种公有制形式的改革。这种改革将劳动者与生产资料直接而紧密地结合起来,符合我国当前生产力发展水平要求,特别是比较适合小型企业的生产经营特点,也容易为企业职工接受。因此,它可能成为国有小企业改革的一种重要选择。这表明,要放开放活为数众多的国有小企业,客观上要求加快集体经济改革和发展步伐。

　　第三,国有企业建立现代企业制度,将改革同改组、改造和加强管理相结合,必须把生产经营职能与一般社会职能分离开来,把富余人员分流出来。为此,要采取多种经济形式,开展多种经营,发展第三产业。而多种经济形式中的一种重要形式就是集体经济。我国1.37万个大中型国有企业,几乎每家都有厂办集体。厂办集体作为劳动就业服务企业过去主要是安置国有大中型企业的待业青年,现在在建立现代企业制度,进一步搞活国有企业的情况下,则不仅要担负安置国有大中型企业分流出来的部分富余人员,而且作为企业重要的经济组织形式,在开展多种经营,开发新产品上,成为支持国有企业发展的不可缺少的重要力量。这种情况表明,国有大中型企业的改革要以集体经济的发展作为一个条件。为了促进国有大中型企业的发展,必须进一步推进集体经济的改革和发展。

三、坚定信心,大胆实践,探索一条有中国特色的社会主义集体(合作)经济发展道路

五中全会明确提出,实现"九五"和2010年的奋斗目标,关键是实行两个具有全局意义的根本性转变,即经济体制从传统的计划经济体制向社会主义市场经济体制转变,经济增长方式从粗放型向集约型转变。这两个转变,对集体经济来讲既是压力也是动力。集体经济必须加快自身改革,加强自身建设,主动适应这两个根本转变,在两个转变中获得更好更快的发展。相对于国有企业而言,集体企业受传统计划经济影响小,较早就进入了市场,从来都是找米下锅,没有国有企业那么多的框框约束。集体经济的优势在于,集体经济与市场经济有着天然联系。这一点在乡村集体经济中表现尤为明显。但是,我们也要看到集体经济的劣势。集体企业,包括现在已发展成为大型企业或企业集团的集体企业,最早都是从小手工业、小作坊、小商品经营开始的,小生产、小商品经济观念影响较深,生产分散,管理粗放,大多数企业技术落后,人员素质差,管理水平低,经济效益不高。集体经济要发挥自己的优势,克服劣势,坚定信心,大胆实践,在两个根本性转变的新的历史阶段,探索出一条有中国特色的社会主义集体(合作)经济发展道路。

怎样走出一条有中国特色的集体(合作)经济发展道路?我认为要研究解决好以下几个重要问题。

(一)要探索建立适应社会主义市场经济的新的集体经济模式。我国的集体经济从组织形式到管理模式都受传统计划经济体制的较深影响,特别是城镇集体经济长期被当作"二全民"。这样的集体经济模式已不适应社会主义市场经济要求,必须被打破,而且正在被打破。旧的模式要打破,适应社会主义市场经济的集体经济新模式怎样建立?

(二)集体企业也要进行现代企业制度建设。产权明晰是现代企业制度的基础。在建立现代企业制度过程中,怎样处理集体企业的产权关系和产权界定?集体经济的企业组织形式怎样选择、怎样规范?

(三)要重新认识集体企业职工的个人产权问题。集体企业怎样与职工个人利益更紧密地结合起来?这在过去是讨论的禁区,现在则应解放思想,允许探索。企业的民主管理和职工个人民主权利如何真正得到保障?这些都与职工个

人产权有密切关系。

（四）集体企业联合经济组织在新形势下的发展。目前的很多集体企业联合经济组织是经济组织、行政机构和事业单位三位一体，随着改革的进一步深化，这样的组织如何逐步减少行政色彩？如何既为集体企业的发展作好服务，又在服务中不断壮大自己？

（五）集体企业要围绕国有大中型骨干企业进行配套生产经营。国家鼓励和支持集体企业发展壮大成为大型企业或企业集团，但这毕竟是极少数，绝大多数企业仍是小规模生产经营，它们要依托和围绕国有大中型骨干企业，这是现代化大生产和合理经济结构的必然要求，这就有一个如何处理好大与小、"红花"与"绿叶"的关系问题。

（六）集体企业既要对国外开放，也要对国内其他经济成分开放。存量资产的重组流动，资源要素的优化配置，对各种经济成分都是必要的。今后，一些集体企业将面临被国有经济、私营经济和外商投资企业及外国公司参股、控股直至兼并的问题。同样，一些实力强的集体企业也会走出去购买其他经济成分企业的股份甚至兼并企业。这就必然形成你中有我，我中有你。在这个相互渗透的过程中，如何既使集体资产不流失，又不囿于自己、独守一隅，实行全方位开放？

（七）政府要加强对集体经济工作的领导，改变集体经济工作的薄弱状况。政府如何在政策上支持和引导集体经济的改革与发展？如何理顺政府与集体企业的关系，建立合理、规范的管理体制？

上述问题都是集体经济改革与发展带根本性的问题，希望从事集体经济理论与实际工作的同志深入研究，大胆探索，走出一条有中国特色的社会主义集体（合作）经济发展道路。

四、总结经验，研究政策，推动城镇集体经济发展上一个新台阶

我国城镇集体经济在发展中经历了不少曲折。我们要认真总结历史经验和教训，为未来的改革与发展提供借鉴。集体经济要发展，根本的还是要加快改革步伐，建立适应社会主义市场经济的新型集体经济。搞好集体经济改革，目前最迫切的任务是，针对集体经济存在的各种问题，深入调查分析，研究并制定将集体（合作）经济与市场经济相结合的政策和法规，以引导和规范集体经济健康、迅速发展。当前迫切需要研究解决的主要问题有：集体企业清产核资如何进行，产权如何界定，集体产权与职工个人产权如何协调，企业组织形式如何选择，股

份合作制怎样定性、规范和推行，职工民主管理权利怎样保证，集体经济管理体制怎样改革，等等。这些问题都研究清楚了，并有了相应配套的政策和法规，集体经济改革和发展就有了保证。制定政策法规很重要，执行政策法规更重要。如果说过去在集体经济政策和法规的研究制定上比较薄弱的话，那么，在落实政策、执行法规上更为薄弱，今后应当改变这种状况。我们从事集体经济管理和企业经营工作的同志，要把集体经济事业当作神圣光荣的事业，勤勤恳恳、扎扎实实地工作，通过自己的不断努力，推动集体经济上一个新的台阶。

以上是我的几点看法，作为这次研讨会的开头语，会上我们将就许多重要问题进行研讨。为了便于讨论，我们提出了几个题目，主要有集体经济的地位与作用，集体企业产权和产权界定，集体企业组织形式选择与建立现代企业制度，集体经济管理体制和发展政策，集体企业与国有大中型企业的关系等。另外，经贸委还提出了《城镇集体企业清产核资暂行办法》和《关于加快小企业改革与发展的意见》两个文件供大家讨论。这次研讨会，有问题研究，也有文件讨论，既务虚又务实，以务实为主。希望大家解放思想，畅所欲言，积极交流，使这次会议开得生动活泼、富有成效，能够对我国城镇集体经济的改革与发展起到积极的推动作用。

（选自国务院研究室工业交通司编：《新时期城镇集体经济的改革与发展》，中国言实出版社 1996 年 4 月第 1 版，第 5—11 页）

贯彻五中全会精神　大力发展集体经济①

（1996 年 1 月 5 日）

于　珍

国务院研究室、国家经贸委、劳动部、内贸部、国务院发展研究中心和中国轻工总会六单位联合举办"全国城镇集体（合作）经济改革与发展高级研讨会"，我代表中国轻工总会向大会表示祝贺，向与会的各位专家、代表表示感谢。

轻工集体经济是在 50 年代手工业合作社基础上发展起来的，经过 40 多年的艰苦创业和自我发展，轻工集体经济在轻工业占有"半壁江山"，处于举足轻重的地位。据 1994 年统计，轻工系统有独立核算的集体企业 4.48 万个，占轻工系统企业总数的 76.5%；职工 560 万人，占 50.5%；完成工业总产值 2011 亿元，占 40.9%；出口交货值 617 亿元，占 72.4%。轻工集体经济的工业总产值约占全国城镇集体工业总产值的 1/3，也是我国城镇集体经济的骨干力量。多年来，轻工集体企业在发展消费品生产，提高有效供给水平，扩大出口创汇，增加财政收入，安排劳动就业，保持社会安定等方面发挥了重要作用。

长期以来，由于受历史主客观条件的影响，集体所有制经济被认为是公有制的低级形式，搞升级过渡，甚至被当作私有经济看待，"割资本主义尾巴"，这样使本来充满生机和活力的轻工集体企业变成了产权模糊、责任不清、政企不分、机制不灵的"二国营"企业。近几年来，我们主要围绕恢复集体经济的性质和特点，适应社会主义市场经济体制需要，进行了一些改革。如清产核资，界定产权，推行以股份合作制为主要形式的企业制度改革；采取联合、兼并、租赁、承包、公有民营、拍卖、破产等形式进行企业改组，这些改革措施收到一定效果。

党的五中全会《建议》中，充分肯定了集体经济作为公有制经济的地位和作用，明确提出要大力发展集体经济。江泽民同志讲话更为具体地提出"城乡集体经济是公有制经济的重要组成部分，具有广阔的前途，要大力发展。集体企业也要不断深化改革，创造条件，积极建立现代企业制度。"这就为集体经济的改

---

① 这是中国轻工总会会长、中华全国手工业合作总社主任于珍在全国城镇集体（合作）经济改革与发展高级研讨会上的讲话。

革与发展指明了方向,提出了要求,我们从事集体经济工作的干部、职工所做的工作是非常光荣的,是大有作为的。

　　集体所有制企业绝大多数是中小型企业,点多面广,实力单薄,基础较差,在改革与发展中需要加强领导,需要加强宏观管理和行业管理,需要扶持政策,也需要理论研究的指导,希望通过这次会议对一些集体经济重大问题的研讨,形成共识,提出建议。

　　感谢国务院各部门、各位专家、各位代表同志多年来对轻工集体经济的关心和支持。祝研讨会圆满成功。

　　　　（选自国务院研究室工业交通司编:《新时期城镇集体
经济的改革与发展》,中国言实出版社 1996 年 4 月第 1 版,
第 23—24 页）

发展劳服企业　促进就业安置
保障社会稳定①

（1996 年 1 月 5 日）

朱家甄

在国务院研究室等有关部门的组织下,我们召开全国城镇集体(合作)经济改革与发展研讨会,共同探讨市场经济下我国集体经济的改革和发展问题,非常及时和必要。改革开放以来,我国城镇集体经济发展迅速,到 1993 年底,全国城镇集体经济从业人员达 3392 万人,占全国城镇就业 1 亿劳动力的三分之一,独立核算工业企业 24 万多家,产值达 5000 多亿元,已成为城镇中仅次于全民所有制经济的第二大经济力量,为我国的经济发展和安置就业作出了重大贡献。作为归口管理我国城镇新兴集体企业——劳动就业服务企业的劳动部门,我们很高兴参加这样的研讨会,并借此机会就劳服企业问题作一简要发言。

一、发展劳服企业,是新时期促进就业、保障社会稳定的重要手段

众所周知,我国是个人口大国,劳动力资源十分丰富,劳动就业问题将始终是我国社会经济发展中一个重要的主题。就业问题解决不好,社会就会不稳定,改革、发展就会受阻。改革开放十几年来,围绕扩大就业门路和增加就业岗位,我们采取了许多措施和办法,兴办劳动就业服务企业发展集体经济就是其中一项重要举措。劳服企业产生于 70 年代末,是由国家和社会扶持承担安置城镇失业人员就业任务,进行生产自救的集体经济组织。作为我国城镇集体经济的重要组成部分,它较好地体现我国集体经济"自愿组合、自主经营、自主分配、自负盈亏、自担风险,自我发展"的特点。同时,在发展过程中,注意把经济效益和安置就业的社会效益结合起来,把失业人员组织起来,发展生产,广开门路,开创了

---

① 这是劳动部副部长朱家甄在全国城镇集体(合作)经济改革与发展高级研讨会上的讲话。

利用劳动力资源推动经济发展,通过劳动积累创造就业岗位的具有中国特色的劳动就业之路。十几年来,劳服企业先后共安置了 2100 万人就业,有效地平抑了我国城镇失业率。到目前,在劳服企业工作的职工总数 900 多万。可以说,70 年代末严峻就业形势的平缓渡过,劳服企业功不可没;80 年代和"八五"期间,全国就业局势的稳定,劳服企业发挥了重要作用。

社会主义市场经济格局的确立,使我国的劳动就业工作局面复杂、困难众多、形势严峻。具体来讲:一是经济发展给就业创造的条件并不宽松,劳动力供大于求的矛盾突出。在城镇,新成长的劳动力、农转非人员和大量就业转失业人员三流合一,五年内共计有 5400 万人需要安排就业。同时国有企业中大量富余职工亟待安置,而社会就业容量有限,按照"八五"经济与就业增长的关系测算,"九五"期间城镇仅能够安排 3800 万人就业。如不采取有力措施,到 2000 年末,失业人员将达到 1600 万人,失业率将达到 7.4%。二是经济转轨给就业带来新的压力。经济增长模式由粗放型向集约型的转变,必然导致现有企业特别是国有大中型企业吸纳就业量减少,并将出现较大规模的劳动力重组和替换,且要求从业人员必须具备高素质,这对于发展就业培训、转业培训和开拓新的就业空间,以及按市场规律对劳动力进行分流和转移都提出新的要求。三是一部分特殊困难群体在就业竞争中处于劣势,就业难度加大。矿区、林区、三边、边远地区等就业难点中,失业青年问题与困难企业职工问题构成区域性、行业性的社会问题。城市中的长期失业者、残疾人员、部分大龄妇女的就业权利难以保证。四是就业投入和就业工作机构的现状与繁重的就业任务不相适应。

从以上情况可以看出,我国的就业压力相当严重,我们不能等到出了大问题再去解决,一定要有忧患意识、危机意识。我们的经济政策、产业政策、企业政策等,都应该既要考虑经济发展,又要有利于就业的促进,尤其是要大力发展劳服企业和就业容量较大的中、小企业。在过去的年代里,劳服企业在国家极少投资的情况下,靠"五自主"的原则和政策的扶持,靠广大职工的自力更生、艰苦奋斗,既发展了经济,又安置了大量劳动力。从统计上看,在各类企业就业安置都不景气的情况下,劳服企业稳步保持着每年 100 万的就业安置量,成为缓解就业局势的重要渠道。

劳服企业之路,是被实践证明了的行之有效的路,是根据我国国情由人民群众自己创造的就业之路,是我国劳动制度改革的重要成果。国际上,一些就业压力较重的国家,也往往采取政府全面扶持中小企业的做法,来提高就业率。这些中小企业,从经济产值上看,所占份额并不大,但在就业安置上却占有绝对的比重,因此,许多国家非常重视中小企业的发展,把扶持中小企业的发展作为一项重要国策。我国扶持发展劳服企业的做法,与国际上目前流行的方式可谓不谋而合。我们要坚定信心,进一步加强扶持劳服企业和其他中小企业的力度,制定相应的法规和扶持政策,继续发挥劳服企业扩大就业和平抑失业率的作用,为改革、发展、稳定创造良好的社会环境。

二、巩固和发展劳服企业是我国建立积极的劳动力市场政策的需要

劳服企业产生伊始是以安置待业青年为主的,进入 90 年代又增加了安置企业富余职工的任务。劳服企业这种安置对象的增加,是它服务于经济转轨、配合深化改革的具体体现,也反映了这一形式在市场经济建立过程中,发挥着吞吐调节劳动力的作用。

劳动力市场的形成,是市场经济健康发展的条件之一。实现了企业自主用人,劳动者自主择业,才能保证企业的高效运转和经济效益的提高。但就整个劳动力市场而言,尤其是在我国这样劳动力资源丰富的国家,实行积极的劳动力市场政策,除了考虑效率原则之外,还必须兼顾劳动力市场中处境不利群体的生存问题。劳动力总量供大于求的矛盾,意味着经济的发展难以消化新增长的劳动力。在此情况下,我们采取什么样的办法去保障失业人员的基本生活呢? 通过社会福利救济无疑是一种途径,但我国的财政状况,决定我们无法采取高福利的政策去解决部分人的生活问题;而采用放任自流,由失业大军去调节劳动力供求的办法,也是我国社会主义制度所不允许的。劳服企业的产生和发展,为我们找到了一条新路,即创造一些经济活动的空间,给一些政策扶持,发挥劳动者自力更生、艰苦奋斗的精神,通过生产自救创造岗位,解决就业问题。

实施劳动力市场政策,包括发展职业介绍、就业训练、失业保险和劳服企业,前三项主要是围绕劳动力市场,为提高就业质量,促进就业实现而运作的,同时必须有既成的就业岗位和保障基金为前提,即使是高效的运作,也很难创造和增加就业岗位。而发展劳服企业比之前三项,更具有直接意义。

经济转轨时期的劳动力市场政策,必须十分谨慎和尽可能地完善。市场竞争将不可避免地带来优胜劣汰,使劳动力要素按效率原则组合。如果我们的劳动力市场政策仅仅是对某些高素质的劳动者有利,而把相当部分素质较低,或称之为市场竞争中的弱者排除在就业群体之外的话,那么由此带来的消极影响将是难以估计的。以企业而论,它应该围绕经济效益展开活动,极少顾及国家的就业局势,但作为政策,必须通盘考虑政策的全面性和公平合理性。科学完善的劳

动力市场政策必须兼顾不同素质、不同群体劳动者的就业。因此,我们既要以经济效益为中心,发展经济,促进社会进步,也要在一定程度上兼顾特殊群体的就业,维持社会的稳定,妥善处理好就业政策与经济改革目标的关系。劳动部正是基于这种考虑,才非常重视劳服企业的生存、发展,并把它作为培育和发展劳动力市场,建立具有中国特色的新型劳动体制的一项重要内容列入劳动工作的"九五"规划和 2010 年远景目标。

三、搞活国有企业,需要有劳服企业的积极配合

计划经济下的统包统配就业制度,以及"低工资、高就业"、"三个人的活五个人干"的就业模式,带来了我国国有企业 1500 多万的富余职工。建立现代企业制度,搞活企业的一个必要条件,就是妥善分流安置企业富余人员。怎么分流安置呢? 一方面要抓紧健全完善社会保障体系,保障他们基本生活,当然这需要付出巨大的财力;另一方面,创办一些新企业,把富余职工安置到新岗位上去,当然这也需要国家巨大的投资;还有一个方面,就是组织他们进行生产自救。国家拿不出钱,但可以给政策,社会方方面面给扶持,共同把富余职工的分流安置办好。——采取这种方式解决富余职工分流问题相当有效,并且为近年来我国劳动就业服务企业的实践所证明。

长期以来,我国企业办社会的现象十分严重,剥离企业的社会职能,使企业轻装上阵,一心一意提高经济效益,势在必行。在现有劳服企业中,厂办劳服企业占 70% 左右,这些劳服企业建立以来,紧紧围绕为主办厂生产配套和生活服务,并在服务中发展壮大自己,现在,许多厂办劳服企业已成为主办厂不可缺少的协作伙伴。实践证明,劳服企业为主办厂分离社会职能服务,既有成功的实践,又有方便有利的优势。在加大企业深化改革力度,推行现代企业制度的今天,劳服企业的这种作用越发显得重要。

我国的劳服企业虽然已初具规模,但其生存和发展还存在着许多制约因素,其现状与它承担的任务还不相适应。如政策扶持问题、产权关系问题、合法经营问题、内部经营机制问题、权益保护问题、分配和社会保障问题等。解决这些问题,必须按照"两个转变"的要求,大力加快劳服企业的改革与发展,使它能更好地体现集体经济的特征和优势。其一是提高对劳服企业的认识,加强政策扶持的力度。劳服企业作为组织失业人员开展生产自救的基地,既要讲求经济效益,更要以安置就业为己任,高度重视社会效益,继续发挥吞吐调节劳动力的"蓄水池"作用。因此,不能把劳服企业视同于一般集体经济对待,要在政策上给予扶

持,以优惠政策对其承担失业人员再就业的社会责任给予一定补偿。其二是要适应现代企业制度要求,稳妥实行股份合作制。股份合作制既不同于一般的合作制,也不同于目前企业改革中出现的股份制,它是兼有股份制和合作制两种制度的特点,适应劳服企业发展水平,劳服企业实行股份合作制有基础、有条件、有优势,最能体现股份合作制劳动合作和资本合作相结合的特点,推动劳服企业改革,完善机制、搞活分配、防止侵权、增强活力,提高经济效益,扩大安置就业。能够进一步明晰产权关系,通过产权纽带、产品纽带、职工纽带与主办单位建立一种新型的经济合作关系,加快劳服企业发展。其三是抓住国家产业结构调整的机遇,大力发展第三产业。加快发展第三产业是我国 90 年代发展的战略部署,劳服企业发展第三产业是国家发展第三产业的一个重要组成部分,已列入国家的总体规划,今后要进一步确定发展目标和重点,提高发展第三产业的质量。其四是广泛开展经济协作和联合,发展外向型经济。现在劳服企业总体上还是内向型的,生产经营上也是停留在自我发展、自我循环的水平上,要解放思想,适应市场经济的要求,大胆实践,加强企业间、地区间、国际间的经济联合,发挥规模经济的优势,提高竞争能力。

我国劳服企业的发展得到了社会各界和各部门的大力支持,今后,希望各级政府和社会各方面进一步关心她、支持她,在深化改革中促进其健康发展。

（选自国务院研究室工业交通司编:《新时期城镇集体经济的改革与发展》,中国言实出版社 1996 年 4 月第 1 版,第 25—30 页）

适应新形势 探索发展内贸集体经济新思路①

（1996 年 1 月 5 日）

杨树德

　　国务院研究室等 6 部委联合召开研讨会,邀请专家、学者和企业代表共同研究和探讨城镇集体(合作)经济的改革与发展问题,这对贯彻中央十四届五中全会精神,促进我国城镇集体(合作)经济实现经济体制和经济增长方式的转变,必将产生积极和深远的影响。内贸部对能作为这次研讨会的参办单位感到非常高兴,并对这次会议寄以很大希望。渴望通过这次研讨会,听取在座的各位专家、教授、学者的高见,以便进一步推进商品流通领域集体经济的改革和发展。

　　改革开放十几年来,商业、物资、粮食、饮食、服务等行业的集体企业得到了很大的发展,已成为我国商品流通领域内一支不可忽视的经济力量。据统计,到 1994 年底,社会集体商业网点达到 131 万个,占社会商业网点的 13.7%;从业人员 820 万人,占社会商业从业人员的 34.5%;消费品零售额达 3375 亿元,占社会消费品零售总额的 20.8%。其中,内贸系统归口管理的集体所有制企业(独立核算单位)5.4 万个,网点 16.2 万个,在职职工 121 万人,离退休职工 60 万人,总人数近 200 万。1994 年净资产 90 亿元,销售额 526 亿元,上交税金 10.7 亿元。更值得一提的是,近几年来,商品流通领域内的国有经济发展速度趋缓,所占市场份额的比重下降,但因集体经济发展较快,因此在总体上并不影响商品流通领域内公有制经济的主体地位。目前,集体与国有流通企业共同构成了我国商品流通领域内的主渠道。

　　商业、饮食、服务业一个很重要的特点是网点多且分散,集体企业占有很大比重。目前这些行业的集体企业在发展过程中,存在不少困难和问题。多年来,城镇集体商业、粮食、物资、饮食、服务业在底子薄、基础差、条件简陋的情况下,为繁荣城镇经济作出了很大的贡献,在增加劳动就业、填补第三产业空白、方便居民生活和维护社会安定方面起了积极的作用,但这些行业的集体经济自身发

---

① 这是内贸部副部长杨树德在全国城镇集体(合作)经济改革与发展高级研讨会上的讲话。

展并不平衡,相当一部分企业处境仍很艰难。特别是商业、饮服业集体企业,现有1956年社会主义改造时期公私合营的老集体,也有1979年发展到现在的新集体。这些企业历史包袱重,社会负担多,自身积累少,抗市场风险能力较差。由于历史的原因,集体企业"二国营"的管理体制,这几年虽有所改进,但还没有从根本上打破,严格讲,集体企业并没有完全按集体经济的性质和特点来办。在经营责任制方面,十几年来试行过多种改革办法,虽都有过阶段性的效果,但从发展的眼光来看,仍不适应建立社会主义市场经济体制和现代企业制度的要求。同时,集体企业自身也存在人员素质低,经营观念相对落后等问题。这种状况,与当前我国由计划经济体制向市场经济体制转变、粗放型经营向集约型经营转变的新形势,极不相适应,亟须改变。

江泽民总书记在十四届五中全会的讲话中指出:"城镇集体经济是公有制经济的重要组成部分,具有广阔的前途,要大力发展。集体企业也要不断深化改革,创造条件,积极建立现代企业制度。"总书记专门为我们提出了一个非常重要的课题,有许多问题需要认真研究,特别是结合行业特点,集体企业的改革与发展应遵循哪些思路,如何选择突破口,具体采取哪些措施,等等。我相信,通过这次研讨会,各位专家、学者、企业代表在一起深入研讨,相互启发,一定能在理论与实践的结合上,对我国城镇集体(合作)经济的改革和发展,提出极有价值的观点和建议。

(选自国务院研究室工业交通司编:《新时期城镇集体经济的改革与发展》,中国言实出版社1996年4月第1版,第31—32页)

轻工集体经济改革实践与探索^①

（1996 年 1 月 6 日）

张铁诚

轻工集体经济是在 50 年代手工业合作社基础上发展起来的,经过 40 多年来的艰苦创业和自我发展,轻工集体经济在轻工业中占有"半壁江山",处于举足轻重的地位。据 1994 年统计,全国轻工系统有独立核算集体工业企业 4.48 万个,占全系统企业总数的 76.5%;职工人数 560 万人,占 50.5%;完成工业总产值 2011 亿元,占 40.9%;出口交货值 617 亿元,占 72.4%;实现利税总额 99.62 亿元。轻工集体经济的企业数、职工人数、工业总产值各约占城镇集体工业的 1/3 左右,也是我国城镇集体经济的骨干力量。轻工集体经济主要生产与人民生活息息相关的日用品、小商品和传统工艺品,属于劳动密集型行业。多年来,轻工集体经济在发展消费品生产,提高有效供给水平,扩大出口创汇,增加财政收入,安排劳动力就业,保持社会稳定等方面发挥了重要作用。

但是,由于受左的思想影响,人们把集体所有制看成是公有制的低级形式,搞升级过渡,甚至作为私有制看待,"割资本主义尾巴",在集体企业中退还股本,取消劳动者入股分红,变自负盈亏为统负盈亏。使本来充满生机和活力的轻工集体企业变成了产权模糊、责权不清、政企不分、机制不灵的"二国营"企业。近几年来,我们主要围绕恢复集体经济的性质和特点,适应社会主义市场经济体制需要,在企业制度、产权关系和联社自身建设等方面,进行改革实践和探索,收到一定效果。

一、以股份合作制为主,形式多样,深化企业改革

股份合作制在轻工集体企业中已试行 10 多年,实践证明具有产权清晰、利益直接、机制灵活、适应范围广的特点,它将是轻工集体企业制度改革所采取的

---

① 这是中华全国手工业合作总社专职副主任张铁诚在全国城镇集体(合作)经济改革与发展高级研讨会上的讲话。

主要形式之一。股份合作制是一种新的企业组织形式,有许多问题需要研究、探索,要提倡大胆实践、创新,逐步形成共识,达到规范。

第一,对股份合作制的性质和内涵的认识形成共识。我们认为,股份合作制是以合作制为基础,吸收股份制的一些做法,实行劳动联合和资金联合的一种新型的社会主义公有制经济的企业组织形式。企业的基本特征:(1)在联合形式上,实行劳动联合与资金联合相结合,企业职工既是劳动者,又是所有者;(2)在产权制度上,实行职工集体共同所有与职工个人按份所有相结合,企业内部资产与外部投资股所有相结合;(3)在经营制度上,实行自负盈亏、自主经营,股东利益共享、风险共担;(4)在分配制度上,实行按劳分配与按资分配相结合;(5)在管理制度上,既保证股东(代表)大会是企业最高权力机构,又坚持职工参与,实行民主管理。

第二,打破资产单一的界限,实行投资多元化,股权设置不搞一种固定模式。轻工集体企业基本上沿用合作社时期形成的资产共有的产权制度。这种封闭式的产权制度,显然不适应社会主义市场经济的要求。发达国家的合作企业也认识到了这一点,打破传统观念和合作社的规定,吸收外部投资(不超过总资产中的10%),增强发展能力,提高市场竞争力。股份合作制企业采纳了股份制的做法,吸收外部投资。因此股权设置上从实际出发,不搞一种固定模式。没有外部投资的,设职工集体股、职工个人股;有外部投资的,增设联社法人股和社会法人股;有国家投资的,还增设国家股。有的同志担心外部投资进入,会不会改变集体企业的性质,提出对外部投资比例作出限制,或外部投资作为优先股,我们没有采用这种办法,而是充分尊重股东的意愿,投资的股份数额不限,可以作为普通股,也可以作为优先股。据调查,试点企业股份结构和比例大体是:职工集体股约占60%～70%、联社股约占20%～38%、职工个人股约占10%、社会法人股约占5%、国家股约占1%,不同的企业有所不同。

第三,明晰存量资产、匹配扩大增量。集体企业的存量资产是职工股金增值和劳动创造积累起来的,其所有权属于他们,为了使集体资产所有者落到实处,体现集体企业劳动者与生产资料的直接结合,改制为股份合作制的企业,采取存量资产集体共有与职工按份所有相结合的处理办法,将历年积累形成的存量资产划出一部分,其量不等,一般不超过50%,按职工工龄长短、技术高低、贡献大小,落实到职工名下,只作为分红的依据,其资产所有权仍属于职工共同所有,对不能转让、不能继承等做了若干规定。这就是所说的虚量化。这样做的好处是:一是企业产权趋向明晰化,有利于增强职工的主人翁责任意识;二是把企业存量资产与职工个人利益直接结合起来,有利于增强企业的凝聚力;三是调动了职工集资入股匹配增量的积极性,优化企业产权结构。我们认为这种做法不是私分集体财产,更不是搞什么私有化,尽管这种做法还不完善,或存有异议,但作为改革探索决不可浅尝辄止,半途而废。坚持入股是股份合作制企业职工必须集资或再投入,对改制企业职工匹配增量一般不低于虚量化存量的50%,为了增强主要经营者的责任和风险,他们投入的股金还要高。

第四,股份合作制企业的管理体制和权力机构根据企业股份构成情况决定。一是企业有外部股份的设立股东(代表)大会作为企业的最高权力机构。表决议案实行一股一票制。职工(代表)大会代表本企业职工利益,组织职工参加民主管理和民主监督,并作为本企业职工集体股代表选派代表参加股东(代表)大会,参与企业的重大决策。设立董事会为常设权力机构,厂长(经理)由董事会聘任,实行厂长(经理)负责制。企业的法定人代表一般由董事长出任,也可以由厂长(经理)为企业法定代表人。二是没有外部股的企业,实行股东(代表)大会和职工(代表)大会合为一体,作为企业最高权力机构,行使两会的双重职权。无论采取何种形式,都要充分考虑集体经济的性质和特点,既要体现股东的意志和利益,又要做到有利于企业的民主管理和灵活经营。

股份合作制在轻工系统中,从试点到扩大推行历经10多年,进度缓慢,也不平衡。据1994年调查统计,上海、福建、江苏、山东、江西等省市轻工系统实行股份合作制的企业占企业总数的12%左右,浙江省二轻系统占21%,全国轻工系统约占6.5%。

在推行股份合作制外,对少数规模较大、基础较好、符合《公司法》规定条件的集体企业,依法组建有限责任公司、股份有限公司或企业集团。对为数众多的"小穷亏"企业,区别不同情况,采取联合、兼并、租赁、承包、公有民营、引资嫁接等多种形式进行改组,对少数扭亏无望的企业采取解体重组、分块搞活、拍卖、破产等多种途径,促使企业整体或局部活起来,这些改革措施也都收到一定效果。

按照党的十四届四中、五中全会要求,在轻工企业中逐步建立产权明晰、责权明确、政企分开、管理科学的现代企业制度,已确定了不同类型的企业进行试点。首先在这批企业中抓好由粗放型经营向集约型经营的转变。

二、清产核资,理顺产权关系,加强集体资产管理

随着我国经济体制和管理体制的变革,轻工集体企业也随之经历了"职工入股—退股—再入股"、"企业自负盈亏—统负盈亏—自负盈亏"、"职工调入调出"、"企业归口划来划去",再加之政企不分、管理粗放等因素,造成轻工集体资

产产权不清的现状,随之产生了集体资产被平调和流失。理顺产权关系,建立相应的产权制度,是建立社会主义市场经济体制的需要,也是建立现代企业制度的基础。近几年来,我们在轻工系统逐步开展了集体资产清理、产权界定和加强集体资产管理一系列工作。

1. 清产核资、理顺产权关系。

对轻工集体企业和各级联社清产核资工作很早就做了布置。经过几年的工作取得很好的效果,基本上搞清了家底。1994 年全国轻工系统近 3 万个独立核算集体企业统计,资产总额 2151 亿元,负债总额 1613 亿元,负债率为 75%。所有者权益(净资产)537 亿元,其中实收资本金 511 亿元,有 80% 为城镇集体资本金。这些资产是轻工集体企业的劳动者创造积累起来的,是轻工集体企业发展生产的重要物质基础。在清产核资中对被平调的资产也进行清理,历年被平调的集体资产 18.55 亿元,其中各级联社资产 11 亿元,平调是轻工集体资产流失的主要形式之一。尽管国家曾多次下发过制止或解决平调集体资产的文件,但屡禁不止,追索困难。但所有者仍不放弃追索权,争取依法解决。

清产核资的同时要做好产权界定,以理顺产权关系。轻工集体企业经历时间长、变迁大,产权关系复杂,界定归属难度很大。根据各地的做法和经验,主要掌握好四条基本原则:一是依据国家法律、法规,实事求是、公平合理,既要维护集体财产所有者的合法权益,又不能侵犯国有财产和其他经济成分财产所有者的合法权益;二是充分尊重政策的严肃性和连续性,要有利于企业生产的发展;三是产权多元化的企业,按照"谁投资、谁受益"的原则,各方按照原始投资同比例增减;四是难以确定各方投资主体的投资比例的,要本着尊重历史、宜粗不宜细、兼顾各方利益的精神协商处理。

轻工集体企业明晰产权关系,主要是理顺四个方面的关系:一是集体企业与国家的资产关系,坚持凡国家投资和投资形成的资产,其产权归国家所有;国家对集体企业减免和税前还贷,不属于投资行为,所形成的资产,归企业财产所有人共有,转为城镇集体资本金。二是集体企业与联社的资产关系,联社资产来自全部所属企业上交的合作事业基金,属于联社范围内劳动群众集体所有。联社作为代表进行运营。据此,凡是联社独资兴办的企事业单位,资产(包括增值)属联社所有;联社投资某一企业形成资产,仍属联社所有。但由于投入时间、比例差别很大,增值减值变化不一,因此要兼顾双方利益,适度处理,协商解决。三是集体企业与扶办单位的资产关系。情况也比较复杂,原则是先理清扶办单位投入的设备、资金、技术等,可作为借贷,也可作为投资,利益分配协商处理。四是集体企业与职工的资产关系。集体企业的存量资产为该企业劳动集体所有,为了进一步明晰产权,实行股份合作制的企业将集体"共同共有"与"按份所有"结合,职工匹配增量。在理顺产权关系的基础上,建立企业法人产权制度。

2. 加强集体资产管理,维护集体资产所有者的合法权益。

为了加强对集体资产的管理,维护集体经济的合法权益,促进公有制经济的巩固和发展,根据《中华人民共和国城镇集体所有制企业条例》和国家有关规定,我们制定了《轻工业企业集体资产管理暂行办法》,包括清产核资、界定产权归属、集体资产产权转让、集体资产的监督管理等。同时拟组建轻工集体资产管理委员会,依法保护轻工集体资产所有者的合法权益,对轻工集体资产进行指导、维护、监督、协调、服务,实现轻工集体资产保值增值。

为适应社会主义市场经济发展的需要,总社成立法律顾问组,各地轻工主管部门、联社、企业陆续建立了法制办公室、法律顾问室、法律事务所等,据统计共设立法律顾问机构和法律咨询服务机构约 1000 多个;配备专职、兼职法律工作者 5000 余名,外聘律师 2000 余名,形成总社系统的法律工作网,在解决产权纠纷、房地产纠纷、经济合同纠纷、债权债务纠纷、民主管理等方面提供服务,发挥一定作用。

三、深化联社改革,加强联社建设,发挥集体企业联合经济组织的作用

中华全国手工业合作总社是全国轻工集体企业联合经济组织,其成员有各省、市(地)、县(市)联社 2500 多个。这些联社分别为该地区的轻工集体企业的联合经济组织。总社和各级联社是在 50 年代创建的,40 多年来,领导我国手工业合作社社会主义改造,组织成员单位发挥互助合作精神、大力发展生产、巩固和壮大集体经济,作出了重要贡献。

总社和联社实行职工代表大会制,选举产生理事会主持处理日常工作,实行民主管理,组织原则是民主集中制。总社和各级联社的根本任务是,贯彻党和国家的路线、方针、政策,发展社会生产力,壮大社会主义公有制经济。职能是"指导、维护、协调、服务",按照这"八字"方针对成员单位开展工作,成为政府联系企业的桥梁和纽带。

在过去实行计划经济体制的年代,联社受这种管理模式的制约和影响,在很大程度上失去了经济联合组织的特点和作用。联社一直沿袭与同级轻工主管部门合署办公体制,造成政社不分,增加行政色彩,采用了某些行政管理手段;联社作为联合经济组织,"经济性"淡化。大量的合作事业基金沉淀,不能保值增值,

经济实力下降;合署办公的结果,联社社会地位和法律地位被削弱,开展工作不那么理直气壮,甚至资产被行政干预而平调。在建设社会主义市场经济体制过程中,联社越来越不适应形势要求,因此必须进行改革。

1991年国务院颁布了《中华人民共和国城镇集体所有制企业条例》,确立了集体企业联合经济组织的法律地位,根据《集体企业条例》的规定,我们制定了《城镇集体企业联合经济组织组建和管理试行办法》。以此为契机,大力宣传联社的地位作用;在党政机构改革中,力争恢复和稳定各级联社机构,加强联社建设;把"兴办经济实体、增强经济实力、强化服务功能"作为各级联社的改革方向,并加快实施。这些措施收到一定效果。我们认为轻工集体企业绝大多数都是中小企业,实力弱、基础差、人才缺乏、信息闭塞,在发展社会主义市场经济体制过程中,仍需要发挥合作精神,仍需要联合经济组织发挥作用。

多年来,联社还办了供销、教育、科研、医疗卫生、文化娱乐、公共福利企事业单位和设施,可充分发挥为企业服务功能。全国各级联社培养形成一批大约7万多人的干部队伍,这些干部具有一定的集体经济理论、政策水平、管理能力、技术特长等,是轻工集体经济的宝贵财富。各级联社只要按照社会主义市场经济的要求坚持改革,充分发挥自身的优势和特点,在轻工集体经济中将更具有凝聚力和向心力。

四、几点建议

1. 进一步提高认识,重视集体经济的发展。

改革开放以来,在我国坚持一条以公有制为主体、多种经济成分并存的方针,集体经济得以迅速发展。1977年在全国工业总产值构成中,国有企业的工业总产值占81.56%,集体企业的工业总产值占18.44%。1994年发生了很大的变化,其构成为,国有为38.23%、集体为38.24%,两者持平,国有和集体经济仍占有主体地位,集体经济得到长足发展。党的五中全会《建议》明确提出,国民经济贯彻"公有制为主体"、"国有经济为主导"的发展方针。集体经济是公有制经济的一种好形式,它既不是公有制的低级形式,也不是过渡形式,对保证公有制为主体的地位起重要作用。有的经济学者预测"九五"期间集体经济仍以较快速度发展。到2000年我国工业所有制结构将是:国有工业占30.7%、集体工业占40%、其他经济成分占29.3%。因此,要很好地贯彻五中全会"大力发展集体经济"的方针,认清集体经济发展趋势和集体经济在保持公有制经济占主体地位的作用,重视集体经济发展。

2. 加强领导和宏观管理,促进集体经济的改革与发展。

国务院颁布的《城镇集体企业条例》是一部法律性文件,对城镇集体经济的发展具有重要意义,但宣传的广度、贯彻的力度、实施的深度,还远远不够,应加强这方面的工作。并随着形势的发展和改革的深化,要逐步制定相关配套的政策文件,加强对集体经济发展的宏观管理和法制建设。

城镇集体企业点多面广,都是地方工业,是地方经济的重要组成部分。需要地方政府的重视和支持,要因地制宜制定政策、采取措施,扶持和鼓励集体经济改革与发展,与国有大中型企业相比,集体企业受计划经济约束少、改革难度小,有的改革政策和措施,可先在集体企业中试行,使这些企业先行进入市场。地方政府和经济管理部门,要搞好统筹规划、分类指导、总体推进,引导集体企业共同发展。

3. 充分发挥行业管理部门作用,为集体企业的改革与发展,搞好组织、指导、协调、服务。我们中国轻工总会和中华全国手工业合作总社为指导轻工集体经济的改革和发展,先后制定了《中华人民共和国城镇集体企业条例轻工业实施细则》、《轻工集体企业股份合作制试行办法》、《关于扩大推行股份合作制的意见》、《轻工业企业集体资产所有权界定的暂行规定》、《手工业合作联社资产管理暂行办法》、《轻工业企业集体资产管理暂行办法》等法规性文件,这些文件遵从国家的法规、方针、政策,符合行业实际需要和特点,得到行业和企业的支持和欢迎,我们还要努力做好这些工作。但作为部门的法规,实施起来力度不够、权威性不大,希望得到国家经济综合管理部门和地方政府的支持。

4. 为集体企业创造改革与发展的良好环境,建议着手研究一些具体问题:(1)合作事业基金在历史上对推动集体经济的快速发展起过巨大作用,但在计划体制下也产生过一些不合理的现象,建议在社会主义市场经济的基础上,根据产权明晰、有偿使用、互助合作的原则,重建合作事业基金制度。(2)建立中小企业(包括集体企业)发展基金,帮助集体企业多渠道筹措发展基金。(3)国家提供一笔低息贷款,用来帮助那些符合国家产业政策、产品适销对路,目前生产经营困难,处于停产、半停产的集体企业,使其恢复生产,确保社会安定团结。(4)遵从国际惯例,对中小企业与大中型企业实行差别税率,以扶持中小企业发展。(5)协调解决集体企业税前还贷优惠政策形成的资产归属问题,使企业的财产所有者合理合法拥有这笔资产的所有权,妥善处理好国家与集体企业的资产关系。

（选自《中国集体工业》杂志 1996 年第 3 期,第 15—20 页）

充分运用市场机制　大力发展集体经济①

(1996 年 1 月 7 日)

洪　虎

非常高兴参加这次研讨会,感谢会议主席给我这个发言机会。下面,我想就对集体经济的一些认识同会议代表交换一下意见。讲四个问题。

一、集体企业要按照建立现代企业制度的方向深化改革

党的十四届五中全会通过了《中共中央关于制定国民经济和社会发展"九五"计划和 2010 年远景目标的建议》,确立了未来 15 年我国经济和社会发展的宏伟奋斗目标,《建议》确定的指导方针其中很重要的一项就是要大力发展集体经济。江泽民总书记在五中全会重要讲话中指出,公有制经济要适应社会主义市场经济发展的要求,不断发展和壮大自己。同时,他还谈到要使国民经济富有活力和效率,必须充分发挥市场机制的作用,指出这是改革开放以来所积累的重要经验。根据这个讲话精神,可以拓宽我们发展壮大集体经济的思路。

集体经济是社会主义公有制经济的重要组成部分,集体经济需要发展壮大,而发展壮大集体经济需要充分发挥市场机制的作用。要充分发挥市场机制对发展壮大集体经济的作用,必须使集体企业按照建立现代企业制度的方向深化改革。江泽民总书记在五中全会的讲话中指出:集体企业也要不断深化改革,创造条件,积极建立现代企业制度。建立现代企业制度的本质要求,就是把集体企业真正塑造成适应市场经济需要的市场主体。

我们确立社会主义市场经济体制做为整个经济体制改革的目标,就是为了充分发挥市场在国家的宏观调控下对资源配置的基础性作用。与这样一个总的改革要求相适应,集体企业需要把自己塑造成为适应社会主义市场经济体制要求的法人实体和市场竞争主体,即把属于劳动群众集体所有的资源(财产),通过市场机制的配置,实现结构优化。建立现代企业制度的基本任务,就是使企业

① 这是国家体改委副主任洪虎在全国城镇集体(合作)经济改革与发展高级研讨会上的讲话。

能够真正实现自主经营、自负盈亏、自我发展、自我约束,成为真正的法人实体和市场竞争主体。简而言之,前面可以叫做"四自",后面可以叫做"二体"。转换企业经营机制,这是从企业的行为方式上提出的要求,就是企业要做到自主经营、自负盈亏、自我发展、自我约束,这样一种行为方式的转变要靠制度来保证。所以我认为,实现"四自"、成为"二体"是建立现代企业制度的基本任务。

建立现代企业制度应着眼于解决企业深层次矛盾,着力进行制度创新。改革不是要人为地构造一种理想的模式,而是着眼于解决企业深层次的矛盾。一方面,要看到改革开放以来我国企业改革不断取得进展,收到了初步成效;另一方面,也要看到,企业改革和我们建立社会主义市场经济体制的要求还不相适应。特别是十四大提出了建立社会主义市场经济体制的目标之后,企业改革要和这个总目标相衔接,这就需要在已有改革的基础上进行制度创新。我理解这不是对原有企业制度的完善和修修补补,而是进行新的探索、新的创造,创造一种新制度。这就是企业改革的基本要求。所以,集体企业也应按照建立现代企业制度的目标不断深化改革,进行制度创新,从传统的集体经济企业制度向与社会主义市场经济体制相适应的新的集体经济企业制度转变。

二、集体企业推行现代企业制度要确立法人制度和出资人制度

很多集体企业,特别是城镇集体企业,大部分带有"二国营"的性质,所以,集体企业改革在某些方面也类似国有企业。在建立新的企业制度中,要确立法人和资本的概念。确立法人这个概念早已提出。《企业法》已明确了全民所有制企业的法人地位,《城镇集体所有制企业条例》也明确了集体企业可以依法取得法人资格。这些已有的法人制度是一种不完善、不健全的法人制度。现在我们需要建立一种真正适应社会主义市场经济体制需要的法人制度。现在的集体企业应该说也是一种法人实体,即法律上赋予了企业这种地位,但企业还不是那种适应社会主义市场经济需要的法人。所以,需要建立真正的法人实体。关于资本的概念,是党的十四届三中全会的《决定》中首先提出的,有了资本,才会有出资者,才会有出资额,才会有资本市场,才有允许属于个人的资本等生产要素参与收益分配的政策。所以,资本这个概念,是建立现代企业制度很重要的一个概念。界定产权主要就是要弄清资本的提供者是谁。出资者中的"资",并非是传统意义上的资金,这里讲的"资"是指资本,出资者是指为企业提供资本的机构或人。所以,界定产权、理顺产权关系,都要追溯到出资者,因此,企业改革要

建立出资人制度。集体经济的本质特征是劳动群众集体所有,最终就要追溯到企业的资本是哪一部分劳动群众集体所有。我觉得理顺企业的财产关系,关键是确立资本的概念,建立法人制度和出资人制度。法人制度的核心是明确法人能够依法独立行使其法人财产权。对此有人尚有异议。有人提出,法人怎么会有财产权呢?法人是依法独立享有民事权利和承担民事义务的组织,民事权最基本的是财产权和人身权。所以说,法人财产权实际上是承认法人是一个依法享有民事权利的组织,确认法人应享有的财产权利。法人财产和原来我们理解的集体财产是有所区别的,法人财产是指企业作为一个法人拥有或支配的能以货币计量的经济资源。法人财产包括通过负债形式取得的资产,而这一块我们过去通常不作为企业财产考虑。国有企业是这样,集体企业也是这样。明确法人财产后,法人对其依法享有财产权利,并受法律保护,这样,企业才能真正成为法人实体,才能做到"四自"。建立出资人制度,才能明晰产权,才能保护出资人的权益,才能正确处理出资人和企业间的关系,才能做到属于不同主体的权利分别由不同的主体行使。这样,才能真正建立起适应社会主义市场经济体制需要的法人实体和市场竞争主体。

三、集体企业推行现代企业制度可选择多种财产组织形式

建立现代企业制度又涉及企业的具体财产组织形式。现代企业制度财产组织形式有哪些呢?多数人普遍认为,公司制是现代企业制度的一种典型组织形式。我认为,公司制确是一种典型形式,但不能把公司制看成是唯一的形式,还有许多其他非公司制的形式,也是现代企业制度的财产组织形式。集体经济可选择适合企业需要的各种各样的组织形式。我国宪法规定,集体经济是劳动群众集体所有。改革开放以来,传统的劳动群众集体所有的形式在不断变化,如农村过去是公社、生产大队、生产队集体所有。随着家庭联产承包责任制的出现,随着乡镇企业的出现,随着投资形式多元化、不同投资者合资形式的出现,集体经济实现形式也随之出现了多样化。八届人大二次会议宪法修正案,就把农村集体经济从人民公社改成以家庭联产承包责任制为主的农村集体经济形式。我们在研究这个问题时,不能停留在过去的那种认识上,要随着改革与发展不断研究新问题。从传统意义上讲,集体经济包含合作经济。但我认为,不能把集体经济等同于合作经济,这样集体经济的范畴就窄了。从历史看,集体经济首先是从合作经济发展起来的。宪法是这样表述的:"农村中的家庭联产承包为主的责任制和生产、供销、信用、消费等各种形式的合作经济,是社会主义劳动群众集体

所有制经济。""城镇中的手工业、工业、建筑业、运输业、商业、服务业等行业的各种形式的合作经济,都是社会主义劳动群众集体所有制经济。"那么,能否理解仅仅合作社这样一种形式是集体经济呢? 我认为不是。集体经济包括的范围更宽一些,一是合作社经济是其一部分,传统的合作经济首先是合作社,宪法上把城镇的、农村的各种形式的合作社都归结为劳动群众集体经济。二是后来建立的"劳服企业"是一部分,是属于企业劳动者集体所有的,其财产界定为企业劳动者集体所有。这是两种传统的典型形式。家庭联产承包为主的责任制归结为农村集体经济,但我认为这是一种新的形式,它不能归结为合作社。上面这几种形式,大家都认为它属于集体经济,已基本形成共识。关于乡镇企业,这是个大概念,里面经济成分很复杂。真正属于乡办或村办的企业属于集体企业,但这种集体所有的概念不是本企业职工群众集体所有,是指一定社区范围内的劳动者集体所有。但这个社区内劳动者并不都在该企业劳动,我们也把它划归为集体经济企业。

另外,有些社团组织投资兴办的企业,也值得我们研究。一些社会团体,其资金并非从国家财政获得,有自己的资产,如果用自己的资产投资办企业,这属于什么性质? 过去的传统观念认为,五种经济成分都各有其对应的具体形式,跟国有经济对应的是国有企业,集体经济对应集体企业,私营经济对应私营企业,个体经济对应个体工商户,外资经济对应外资企业,那么,社会团体投资兴办的企业往哪一类放呢? 随着投资主体的多元化,投资主体相互交叉,不同投资主体共同投资设立的企业越来越多,这就带来一个问题,单纯从一个企业定其成分越来越复杂,越来越困难。正如十四届三中全会的《决定》中所讲的,财产混合所有的经济单位越来越多,特别是企业再次投资以后,要确立其投资的企业的成分是很困难的。这类问题值得很好地研究。

四、集体企业推行现代企业制度要理顺出资者权益与企业法人财产权的关系

要按照十四届三中全会《决定》的精神,理顺出资者权益和企业法人财产权的关系。企业设立要取得独立法人资格时,必须要有最原始的法人财产,这就是出资人提供了注册资本。有了注册资本,符合注册条件,才能取得法人资格,取得法人资格后,才能独立对外去借债。这种资本的投入,原来属于出资者的财产投入企业后,就成为企业法人财产,财产关系发生了变化。出资人不能再随意支配原来属于他的财产,也不能随意抽走,这部分财产已形成了企业法人可以依法

独立支配的财产。但出资人对其投资的资本的财产权利还保留着,出资人依法对其享有的权利,称之为出资者的权益。从财产的权属关系上看,企业的全部法人财产是指企业法人能独立支配的经济资源。现在很多人把法人财产权理解为厂长经理的财产权,这是误解。法人财产权讲的是组织的财产权利,并不是法定代表人的财产权利,但法定代表人可代表法人组织行使其授予的一定的财产权利。按现代企业制度的要求,法人行使财产权是通过一套法人治理结构来实现的。而这个法人治理结构就包括出资者参与到里面行使其权力。法人行使财产权利时受制于出资人,出资人通过法定的形式,按法定程序、在规定权限范围内参与企业的重大决策,行使其财产权利。所以,法人财产权并非是排斥出资人的权利。从企业财产的权属关系来看,企业财产按价值形态可分为所有者权益和负债两大部分,所有者权益是属于出资人的一种权益,负债是属于债权人的一种权益。这就需要处理好法人、出资人、债权人之间的相互关系。出资人拥有财产的权利叫所有者权益,实际上是一种资本权益,资本权益体现的是企业中总资产扣掉总债务后剩下的净资产部分。资本权益是覆盖在整个企业法人财产上的一种权益。企业的总资产可以通过计量统计出来,债务也是一笔一笔可以数出来的,唯独所有者权益数不出来,是计算出来的。资本权益和我们过去理解的企业中的具体实物形态的资产是不同的,是覆盖在所有的总资产之上的、是以价值量体现的资本形态的资产。所以,界定产权关系不是去界定集体企业中具体财产的实物形态,而是以价值去计量所有者权益,去界定资本形态的资产。

（选自国务院研究室工业交通司编:《新时期城镇集体经济的改革与发展》,中国言实出版社 1996 年 4 月第 1 版,第 33—38 页）

解放思想，大胆实践，搞好城镇集体经济[①]

（1996 年 1 月 7 日）

陈清泰

这次国务院研究室与国家经贸委、劳动部、内贸部、轻工总会和国务院发展研究中心联合召开"全国城镇集体（合作）经济改革与发展高级研讨会"，是很有意义的。下面我讲几点意见：

第一，这是一次成功的研讨会。

新年不久，以贯彻党的十四届五中全会精神为指导，国务院研究室牵头 6 部门举办这样一个高层次的研讨会，引起了各方面的重视。五中全会提出，要"大力发展集体经济"，邦国同志对这次会议作了重要指示，洪虎同志、夏家骏同志也作了重要发言。整个会议开得有理论高度，有新鲜经验，另外也提出了很多实际问题和重要建议。大家也深深感到，在深化国有企业改革的同时，认真研究和推进城镇集体企业的改革发展是非常必要的，应该说现在已经到了重要的时刻。许多从事集体经济和集体企业工作第一线的同志，深深感到当前集体经济发展的势头总的来说应该是好的，但是在"九五"全国实行两个转变，在国有企业"搞好大的，放活小的"过程中，集体企业怎么办？集体企业的地位，集体企业改革的方向、目标，国家对发展集体企业的政策、措施等等，都急需进一步研究和明确。很多同志是带着经验也带着问题来参加这次会议的，迫切希望通过这次会议，能够吸取先进经验，澄清一些认识，开拓思路，为搞好城镇集体企业起到推动作用。这次会议在大家的热情支持、积极参与之下，总的看，题目选得好，会议开得及时，讨论热烈，内容充实，有所收获，既是一个研讨会，也是对搞好集体经济的一次促进会。

第二，我想归纳一下多数同志在一些重要问题上的共同认识。

首先，要肯定城镇集体经济是公有制经济的重要组成部分。无论在计划经济体制下，还是在改革开放以来，集体经济都为国民经济的发展作出了巨大的贡

---

① 　这是国家经贸委副主任陈清泰在全国城镇集体（合作）经济改革与发展高级研讨会上的总结讲话。

献。因此,在实现两个转变,发展经济,深化改革的过程中,要进一步肯定城镇集体经济的地位和作用。党的十四届三中全会决定指出,"我们要建立的是社会主义市场经济体制,必须坚持公有制的主体地位。公有制的主体地位主要表现在国家和集体所有的资产在社会资产总量中占有优势"。到1994年,在工业企业中,公有制经济所占的比重是:在资产总量中,公有制占79.7%,其中国有的部分占60.6%,集体的部分占19.1%;在销售收入中,公有制工业所占的比重是79.6%,其中国有的部分占到52.1%,集体的部分占27.5%;在实现利润中,公有制工业占67.6%,其中国有的占46.1%,集体的占21.6%。可以看出集体经济在工业经济总量中大约占1/5到1/4。而在商业企业中(这个我没有找到材料)估计所占的比重可能还高一些。集体经济在繁荣市场,增加就业中功不可没。但是目前不少集体企业活力不足,生产经营比较困难,已经成为当前经济发展当中的一个焦点。面对当前的形势,要保持公有制经济的主体地位,就必须发展公有制经济。

从总体上来看,一方面要不断壮大国有经济,另一方面就必须要积极地发展集体经济,要把发展集体经济当作一项重要的政策。这不仅是发展社会生产力的需要,也是保持社会主义市场经济体制特色的需要。随着改革不断深化和经济的不断发展,不同经济领域的所有制构成会有变化。在那些关系国民经济命脉的基础产业、支柱产业等方面,国有经济无疑仍将处于主体地位,发挥主导作用。但是那些更适合于中小企业经营的,如小商品制造,维修服务,商品零售等,国有的比例会逐步降下来,这恐怕不可避免。在实践中已经出现了这样的情况。就是随着多种经济成份的不断发展,国有经济在经济总量中的比重,每年是有所下降的。国有经济在总量中下降的比例相对来说是大一些,而集体经济在总量当中下降幅度很小,这样,保持了公有制经济仍然在总量方面占有比较大的优势。因此,在我们建立社会主义市场经济体制过程中必须要进一步地明确集体经济的地位、作用,要把发展集体经济当作一项大的政策。

第二个共识,集体经济改革的方向也是要建立现代企业制度。对这一点,有些同志感到似乎有点模糊。会议讨论中大家再次提出:集体经济改革的方向也是要建立现代企业制度。这样说的主要根据就是三中全会《决定》,《决定》在讲到"现代企业制度是国有企业改革的方向"这一段的后面,又讲到,"所有企业都要朝这个方向努力"。另外,江泽民同志在五中全会讲到十二个关系的时候,有这样一段话:集体企业也要不断深化改革,创造条件,积极建立现代企业制度。

改革开放以来,各地为推动集体企业的改革和发展做了大量的工作,而且这些工作是卓有成效的,在很多方面进行了积极的探索,同时也培育和成长出一大批适应市场经济,机制灵活,发展迅速,管理水平高的集体企业,成为改革开放的佼佼者。但是,从总体而言,从传统体制下脱胎而生的集体企业,同样面临着众多的改革任务。在过去一段时间,由于国有企业的问题更集中,对经济发展的影响也更大,因此,各级政府集中了更多的精力,在推动国有企业的改革。相对而言,城镇集体经济工作成了经济管理工作的一个薄弱环节。在经济总量有较快增长的同时,不少集体企业经营状况不佳,历史包袱沉重,亏损严重。而这一切从根本上讲,同样也有待于通过深化改革来解决。传统管理方式不仅严重阻碍着国有企业的转机建制,而且也是阻碍城镇集体经济发展的一大问题。因此,集体企业也要按照产权清晰、权责明确、政企分开、管理科学的原则来深化改革,建立现代企业制度。但什么叫现代企业制度?我们经贸委研究了这个问题:所谓现代企业制度,就是符合社会化大生产的,适应社会主义市场经济体制的,"产权清晰、权责明确、政企分开、管理科学"并依法规范的企业制度。可以认为,这里讲的"企业制度"是指一种新型的企业制度体系,但每种具体的企业制度形式又都是有法律根据的,是依法规范的。就大中型企业而言,公司制是典型的形式,但是就企业的户数而言,大多数是非公司制的企业。其中包括:独资企业、合伙企业、股份合作制企业等等。有的人简单地把建立现代企业制度理解成为公司"化",这个看法显然有所偏颇。现代企业制度都应具有四个特征,但从企业的组织形式上又应该允许多种多样,把所有的企业都搞成公司并不一定都能够适应市场经济。因此从企业的组织形式上说是多种多样的,但是它们所要解决的核心问题是有共性的。首先要明确企业的出资者,根据出资者所选择的财产组织形式,确定企业制度,如公司制企业、合伙制企业、股份合作制企业或独资企业等。确立企业的法律地位,明确企业内外的各种关系。第二要明确债务责任关系。不同类型的企业制度,有不同的债务责任关系,这是依法确定的,是不能含糊的。当企业破产时,是公司制,出资者承担有限责任;是独资企业,出资者承担无限责任。第三要形成科学的领导体制和组织制度。不同类型的企业制度其领导体制和组织制度也各不相同,但都是依法规范的,使决策者承担责任,使经营者受到约束。如果是公司制,就有股东会、董事会、总经理;如果是股份合作制,就有职工(代表)大会、管理委员会。第四企业要以追求经济效益为目标,直接受来自市场的激励与约束。

　　按照建立现代企业制度的四个特征,集体企业有大量的改革内容,也需要转机建制。要产权清晰,要明确企业的投资主体。要政企分开,落实企业的经营自主权。从某种意义上来看,集体企业被侵权的方面可能更多一些。也需要权责明确,首先要落实企业负债制度。另外一个是管理科学,总体上讲集体企业的管理水平是不高的,不切实提高管理水平什么企业制度也解决不了问题。同时,对集体企业当然也要逐渐解脱历史包袱。过去我们把集体企业叫做"二国营",所以多年积累的问题,很多是和国营企业相似,因此要通过建立现代企业制度,来逐步解决这样一些深层次的问题。搞好城镇集体企业,确实像同志们讲的,还是要以建立现代企业制度为方向积极改革。这是第二个大家形成的共识。

第三个共识,股份合作制是我国群众创造的一种重要的企业组织形式。尽管对股份合作制这种企业组织形式目前仍然有不少争议,但是各地许多企业和职工都感到这种集劳动合作与资本合作于一体的股份合作制,和传统的集体企业相比,更适合目前我国经济发展水平和中小企业的管理水平,有利于调动劳动者的积极性,有利于形成约束监督机制,同时又可以筹集到一些闲散的资金。因此,这种企业组织形式,虽然到现在还没有法律加以规范,但是已经得到了迅速的发展。到 1994 年底,城镇股份合作制企业全国总共发展到 14 万户。股份合作制,这种我国群众创造的,在改革实践当中证明是有效的一种企业组织形式,克服了过去曾经发生过的对集体企业搞"一大二公",搞"一平二调"和由集体向国有升级过渡那种挫伤劳动者积极性的错误做法。党中央和国务院及时肯定了这一群众性的创造,在三中全会的决定中三次讲到了股份合作制。一处是在讲到国有企业的时候,说国有小企业有的可以改组为股份合作制;在讲到城镇集体企业的时候,说要区别不同情况,可以改组为股份合作制或合伙企业;在讲到乡镇企业的时候,也讲到乡镇企业要完善经营承包责任制,发展股份合作制。在三中全会决定中,把一个问题分别在三处都加以肯定的,可能只有股份合作制这样一种企业组织形式。在党中央、国务院一些领导同志讲话和各种文件中,也都肯定了股份合作制这样一种形式。

关于股份合作制企业属什么性质还有争议,它是否属于公有制经济有的同志还有怀疑。很可喜的是在国家经贸委第 22 期《经贸情况通报》上刊登了国务院领导同志对何光同志《关于城镇集体经济的汇报》的重要批示。家华同志的批示是这样的:"以合作经济为基础的集体经济很值得重视,属于公有制的组成部分之一。建议各级经贸委把这项工作统筹抓起来。请邦国、岚清、镕基、李鹏同志批示"。吴邦国同志批示:"同意家华同志意见"。岚清同志批示:"从我党历来的政策均将合作制经济列入公有制的范畴,不少地方均有成功的经验,建议将其规范化,促其健康发展"。镕基、李鹏同志分别圈阅。这是何光同志多年潜心研究城镇集体经济所做的一个很大的贡献,国务院领导同志批示对统一认识,消除争议是有重要意义的。

关于股份合作制,可以归纳成这么四条。第一条,股份合作制是社会主义公有制的一种企业组织形式。股份合作制中虽然有了个人的股权,有了资本量化到人的股份,但由于又有劳动合作的特点,有的还有共同共有的财产,因此它仍是一种公有制的企业组织形式。第二条,股份合作制不仅是国有小企业也是城镇集体企业和乡镇企业实现转制的一种重要的但不是唯一的选择。第三条,在明确界定产权的基础上,对于股份合作制企业来说,既要承认共同共有的财产,也要承认劳动者个人的资本投入。三中全会决定中讲到,"要鼓励城乡居民储蓄和投资,允许属于个人的资本等生产要素参与收益分配"。这点应适应于股份合作制企业。第四条,股份合作制企业还在探索和发展过程中,还有许多问题尚待从实践、理论和法规的角度上加以完善和规范。因此,在坚持劳动合作与资本合作结合的前提下,对企业的具体组织形式、管理方式、职工参与、红利分配等等都可以进行大胆探索,就是按照李鹏同志讲的"在企业改革方面,我们还没有形成一个模式。要开阔思路,大胆试验,勇于探索,加大改革力度"。

第四个共识,要把集体企业的清产核资作为一项基础性工作提到议程上来。从深化改革的角度,加强管理的角度,企业发展的角度来看,清产核资都势在必行。三中全会决定中指出"现有城镇集体企业也要理顺产权关系"。由此看出,对城镇集体企业理顺产权关系的问题在三中全会决定中就已经引起了重视。通过清产核资,摸清家底,是当前深化城镇集体企业改革的一项重要基础性工作。各地的实践已为做好清产核资工作积累了不少宝贵经验。由于城镇集体企业的原始积累来源相当复杂,因此在产权界定方面有不少政策性问题。总的是要"尊重历史,面对现实,顾全大局"。在界定产权的过程中,要注意按照国家政策办事,不能将明确的国有资产无偿地量化到私人身上,要防止国有资产的流失;同时,又要承认历史,合情合理。在这次会上,6部门的同志和多数代表认为,在国家有关税收政策和法律范围内,由中央和地方实行的减免税(包括税前还贷)形成的资产应当归企业劳动者集体所有。这类减税让利是国家作为社会经济管理者为了推行某种经济政策或产业政策,或者为了鼓励和扶持某类产业、某些企业发展而实施的行政行为,而非以营利为目的的投资行为。这也是国际通行的一种做法。这正如对三资企业减免了进口税、所得税,但三资企业中并没有由此而增加一份国有财产一样。再有,厂办集体企业中由母企业明确地无偿划拨,或者是借给,或者是作为投资,并且手续完备的那么一部分资产,应该按照国家有关政策来办理。对于母企业支援厂办企业,而这种支援的性质又不明确或者手续不完善,应该按照国务院66号令《劳动就业服务企业管理规定》和国务院88号令《中华人民共和国城镇集体企业所有制企业条例》的有关规定来界定。部门的规定应该服从于国务院的规定。

第五个共识,要创造条件,给厂办集体企业以公平竞争的地位。集体企业在很多地方受到不公平待遇,而厂办集体企业,由于它是依附于母厂而建立的,所以它又有很多特殊的问题。在"九五"期间,要实行两个转变,国家要为各种所有制经济平等地参与市场竞争创造公平的外部环境。现在许多厂办集体企业承担着母厂大量的办社会的职能,分流富余人员的职能。这对于搞好国有企业来说是有重要意义的,也就是把原来国有企业所承担的那些办社会职能,一时要推向社会没有条件,就交给了厂办集体企业。在新旧体制转轨期间,这种做法是不可避免的,也是不得已的。但是,长此以往,厂办集体企业也会被拖垮。这是由于我们社会保障制度还不完善,各级政府的财力还相当困难,另外也是历史传统沿袭下来的认识等各方面困难的积累。最终解决的途径和办法就是社会的事情必须要政府来办,而不是让企业来办。企业的目标必须集中到提高经济效益上来。但是,我们不能超越历史,因此,一种现实的选择就是首先解脱一些国有大中型企业的负担,使它们精干,提高效益,把它们的状况扭转,搞好。这样为财政解困创造条件,也为建立社会保障制度创造条件。然后第二步再来解决厂办集体经济解脱社会负担问题。从总体上来看,必须解决政府管企业,企业办社会这种职能错位的问题。作为一种过渡,政府和母厂应该给厂办集体企业创造必要条件。集体企业最终也必须要进入市场,参与竞争。将来集体企业对母企业所提供的服务应该是有偿服务。要"亲兄弟,明算账",逐渐地把行政性的母子关系变成企业之间的经济关系。长期把社会目标加到集体企业头上,使集体企业处于不平等的地位,而市场经济的优胜劣汰的机制对集体企业却仍将平等地起作用,可以想象,其结果就是集体企业要萎缩。因此,要逐渐创造条件,使集体企业获得平等竞争的地位。

第三,我想谈一谈中小企业问题。

集体企业大多数是中小企业,是城市中小企业重要的组成部分。最近党中央、国务院再一次明确提出搞好国有大企业,放活国有小企业。就整个国民经济而言,放小可以包括搞好各种经济成分的中小企业。之所以要这样理解,就是因为中小企业,在整个国民经济的发展当中,有它不可替代的作用和地位。中小企业得不到相应的发展,社会主义市场经济就难以完善。在计划经济体制下,我们工作中的一个弊端就是忽视了中小企业在经济发展当中的特殊作用,因而使我们的经济结构和企业结构出现了失衡,结果大块头的国有企业就出现了"大而全",不仅在生产上"大而全",而且"全"得已经到覆盖自办小社会的程度。这直接与小企业未得到充分发育,社会生产配套能力差,第三产业不发达有关。现在越来越多的人认识到,实际上控制国家经济命脉的大型企业体现国家的经济和技术实力,而成千上万机制灵活的小企业却创造着市场的活力。这两者是相互依存而不可替代,是相辅相成而不是相互排斥的,由此构成市场经济体制下合理的企业结构。没有大企业的强大,小企业就没有能源、基础设施的保障,缺乏主导企业的依托;但是没有充分发展的小型企业为大型企业配套,大企业也难以摆脱目前"大而全、低效益"的被动局面,也更难以缓解越来越沉重的社会就业压力。所以大力发展、壮大中小企业,形成大、中、小企业的合理结构布局,既是国民经济发展的客观需要,也是改革深化的一种现实选择。企业的结构有它自身规律。大企业有它的优势,在市场经济中它起着主导和支撑作用,但是它不可能把市场经济的全面都加以覆盖。大企业越大,空档也就越大,需要中小企业来填充的空间也越大。因此如果没有一个合理的企业结构,很难有全社会的高效率和高效益。从全国来看,出现了这样一种现实,就是中小企业已经成了经济增长的重要生长点。比如1994年全国工业总产值增长26%,其中国有大中型企业的增长率是5%~6%。工业增长率就是靠中小企业拉上去的。这几年我们经济高速增长重要的一点就是有赖于中小企业的发展。另外,中小企业也是大企业改革与发展的重要依托。一些大企业要摆脱现在的困境,求得健康发展,无论从产业结构的调整上,还是从减人增效机制形成、优胜劣汰机制的建立方面,都需要以众多中小企业为依托。对大企业来说,提高经济效益的重要一条就是专业化生产,就是降低大企业的自制率。像汽车行业就最明显,一辆汽车的成本中,主导汽车公司制造生产的部分,一般只占30%左右,就是说有70%工作量要由各种类型的配套企业来完成。在市场经济条件下企业结构有其规律性。以某个主干企业牵头,为它进行服务配套的可能有几百家企业,为配套企业提供二次配套的可能就有几千家企业,这样就构成了一个金字塔式的结构。金字塔之间可以有交叉。牵头的主干的大型企业,有技术开发的优势,有市场占有的优势,而为之配套的中小企业实际上是以大企业的需求为市场的。另外,大家已经越来越清楚地看到,解决国有企业富余人员的关键在增加就业。随着管理现代化的发展,国有大中型企业的富余人员不是在减少,而是在增加。比如像宝钢,原来它的设计产量是300万吨的时候,它的定员是42000人。今年生产了大约800万吨钢,却只有13000人。产量增加,管理水平提高,但是人员在减少。重庆钢铁公司,也是同样的情况,因此,富余人员到哪里去,怎么办? 现在看来一个重要的办法就是由母企业作为一种孵化器,通过厂办集体企业发展一系列的中小企业,增加就业机会。这些中小企业在条件成熟的时候,逐渐一个一个地走向市场。用这个办法来分流人员,解决减人增效问题是比较现实的。因此,未来的社会新增就业岗位绝大多数不在大型企业,而在中小企业。因此,中小企业的发展,确实非常关键。城镇集体企业主要是中小企业,中央特别强调"抓大放小"时,我们确实应该是大有所为的。

总的来看,这次研讨会开得很成功。当然还有很多问题,并没有论透,有待于我们从理论和实践方面逐渐加以解决。把主管集体经济的各有关方面组织起来,认真地来研究集体经济发展的问题,我认为已经到时候了。国家经贸委作为牵头负责企业工作的部门,要更多地听取大家的意见,积极努力地工作。但是,我想要强调一点的就是,集体企业的情况千差万别,情况相当复杂,我们作为牵头部门,还是要联合各个有关方面来做好这方面的工作,为国家制定政策,提出可行的建议。在具体的管理工作方面,还是要依靠各个部门,依靠各个地方去做,要把权利和责任交给他们。在这项工作上,还是要体现江泽民同志讲的,要"开拓思路,大胆试验,勇于探索",要走出一条有中国特色的搞好城镇集体企业的路子来。

(选自国务院研究室工业交通司编:《新时期城镇集体经济的改革与发展》,中国言实出版社 1996 年 4 月第 1 版,第 12—22 页)①

---

① 编者对本文个别文字略有删节。

总结经验　明确任务
深化改革　加快发展[①]

（1996 年 1 月 21 日）

于　珍

现在,我就 1995 年的工作情况和 1996 年的工作安排报告如下,请予审议。

一、1995 年工作回顾

（一）股份合作制推行面扩大,企业改革逐步深化

第一,股份合作制逐步扩大推行,在一些难点、疑点问题上有所突破,改革逐步深化。据去年不完全统计,全国轻工系统实行股份合作制企业约占轻工集体企业总数的 6.5%,比两年前大约提高了 3 个百分点。其中华东地区进展较快,浙江二轻推行面占 21%,上海、江苏、福建、江西等省二轻(轻工)推行面大约在 12% 左右。实行股份合作制比较早的地区,重点抓了股份合作制企业的巩固和完善,探索解决一些难点和疑点问题。如,采取在新增股、新配股上适当拉开档次,按照岗位职责、技术高低、贡献大小确定比例,增加经营者、技术管理骨干份额和配股比例,以克服新的平均主义和"大锅饭"问题;进一步明晰股份合作制企业产权关系,对存量资产实行共同所有和按份占有相结合,同时进行企业法人股由职工出资收购的试点;完善股份合作制企业内部配套改革,建立起有效的激励机制和制约机制,调动职工积极性等方面都作了积极探索,有的收到了较好的效果。

第二,积极探索放开放活"小穷亏"企业。"小穷亏"企业量大面广是轻工集体企业存在的一个突出问题。各地把解决"小穷亏"企业问题作为企业改革的重要工作来抓,与扭亏增盈、调整企业结构结合进行,采取多种形式,因地制宜,一厂一策,综合治理。一是采取优势企业兼并劣势企业、经营好的企业厂长兼任

---

① 这是于珍在中华全国手工业合作总社第四届理事会第五次会议上的工作报告。

经营差的企业厂长,或企业合并,优势互补的办法;二是实行租赁经营、承包经营;三是引资嫁接、易地改造;四是划小核算单位、分块搞活、一厂多制或解体重组;五是实行"退二进三"产业转移,盘活存量资产。通过这些办法使一批"小穷亏"企业获得了新生。在这方面,浙江、上海、山东、河南,安徽、湖北、江西等地区的轻工系统都有成功的经验。上海工业合作联社组织集体企业,开展存量资产调整和扶贫帮困工作,收到了比较好的效果。

第三,从单项改革转向综合配套改革。不少地区制定和实施了综合配套改革方案,如厦门市二轻实施"一增三转一分流"的改革方案和发展规划。重庆市轻工"抓大放小",实施了"龙虎豹"企业发展规划。目前"龙虎豹"企业达13户,完成改制企业10户,划小核算单位企业50户,实行租赁经营62户,21户优势企业兼并了21户劣势企业,企业解体9户,创办合资企业19家。

第四,着手做好轻工集体企业建立现代企业制度准备工作。按照党的十四届三中全会《决定》提出的深化企业改革,建立现代企业制度的要求,总社办公室承担了轻工集体企业建立现代企业制度的课题研究,组织了浙江、上海、广西、贵州、山东、河北、厦门等10多个省市联社和研究所参加这一课题调研工作,对轻工集体企业改革现状进行分析,总结经验,并结合集体企业特点提出建立现代企业制度的思路、实现形式、操作方法。研究成果有一定理论性,更有实践性,对轻工集体企业建立现代企业制度具有指导性意义,已通过了专家的鉴定。同时,按照总会的统一部署确定了试点企业。

为了推进轻工集体企业改革与发展,总社和各地联社抓住典型,以点带面,及时总结交流经验。去年6月份,总会、总社在宁波市召开了"轻工中小企业改革与发展现场交流会",重点总结和交流了浙江省二轻中小企业改革与发展的经验,并研讨了搞好中小企业的基本思路和有关政策问题,会后将会议材料汇编成册,印发到县级联社。这次会议收到很好效果,促进了各地工作。河北、江西、四川等省先后召开了全省轻工集体企业改革与发展现场经验交流会,通过总结交流典型经验,推动集体企业改革。河南省轻工总会、联社向省政府作了书面汇报,对本省轻工系统中小企业改革与发展提出了思路和政策建议。

(二)清理资财已有成效,依法维护集体经济合法权益工作得到加强

1991年、1992年原轻工业部、总社《手工业合作联社资产管理暂行办法》和《轻工业企业集体资产所有权界定的暂行规定》下发后,各地联社和企业开展清理资财工作,取得一定成效,初步摸清家底。据1994年对全国轻工系统3万多个独立核算集体企业统计,资产总额2151亿元,负债总额1613亿元,负债率为

75%,所有者权益(净资产)537亿元,其中实收资本金511亿元,有80%为城镇集体资本金。这些资产是轻工集体企业劳动者创造积累起来的,是轻工集体企业发展生产的重要物质基础。同时理出历年被平调的集体资产18.55亿元,其中各级联社资产11亿元。

在清理资财的基础上,各地依据《轻工业企业集体资产所有权界定的暂行规定》,进行产权界定,以理顺产权关系。根据各地的做法和经验,主要掌握好四条基本原则:一是依据国家法律、法规,实事求是,公平合理,既要维护集体财产所有者合法权益,又不能侵犯国有资产和其他经济成分财产所有者权益;二是充分尊重政策的严肃性和连续性,要有利于企业生产发展;三是产权多元化的企业,按照"谁投资,谁所有,谁受益"的原则,各方按照原始投资比例增减;四是难以确定各方投资比例的,要本着尊重历史,宜粗不宜细,兼顾各方利益的精神协商处理。根据上述原则,大部分企业理顺了四个方面的产权关系:一是集体企业与国家的资产关系;二是集体企业与联社的资产关系;三是集体企业与扶办单位或其他法人的资产关系;四是集体企业与职工的资产关系。有的地区和企业在清理资财、界定产权后,还进行了法律公证。

在清理资财同时,对平调的集体资产进行了追索,去年各地又加大了这方面工作的力度,取得了一定效果。如湖北省宜昌市联社成立了专门班子,对沉淀在企业的资产进行了逐家的清理,共清理出联社资产2400多万元,并对其中1400多万元进行了法律公证。同时,通过对平调的集体资产向法院起诉,市中院一审、省高院二审,追回联社资金75万元。武汉市联社先后运用法律手段追回联社资金500多万元。河南省洛阳市联社经过不懈地努力,整体收回被平调达8年之久的经济贸易公司,其中固定资产1500万元,流动资金500万元,以及该公司兴办的6个经济实体。安阳市联社通过大力宣传《城镇集体企业条例》,宣传国家保护城镇集体经济组织权力和利益的有关法律规定,得到了市政府的理解和重视,解决了被无偿占用长达20多年的二轻办公楼2175m² 和132间平房、仓库共3885m² 的房产问题,有的退还房产,有的赔偿占用租金,保护了联社资产的合法权益。天津市二轻办公大楼7115m²、二轻党校7573m²、二轻职工大学8233m²,这三处房屋建筑都是二轻联社投资建的,但按当时当地的规定,将建筑物产权和土地使用权交给所在地的房地产管理局或划归全民所有制单位所有。市联社做了大量工作,通过行政协调或法律裁决,联社取得了合法所有权,合理解决了长达十几年的产权纠纷。

近几年来,为了适应社会主义市场经济发展的需要,总社和各地联社加强了轻工集体经济的法律队伍建设。总社成立了法律顾问组,各地轻工主管部门、联社陆续建立了法制办公室、法律顾问室和法律咨询服务机构约 1000 多个,配备了专职、兼职法律工作者 5000 多名,外聘律师 2000 余名,形成了总社系统的法律工作网,积极开展法律咨询服务工作,在解决产权纠纷、房地产纠纷、经济合同纠纷、债权债务纠纷、民主管理等方面提供服务,发挥了一定的作用。浙江、福建、上海、武汉、成都、宁夏等省市联社在这方面工作开展得很有起色。

为了加强集体企业的法律工作,去年 5 月下旬,集体经济部、总社办公室在青岛召开了"轻工集体企业产权纠纷法律问题研讨会",会议交流了各地经验,分析了轻工集体企业产权纠纷类型和原因,研究了如何依法界定资产所有权问题,对各地解决产权纠纷,搞好产权界定工作起了积极作用。

(三)普遍重视调查研究,积极争取解决一些集体经济政策

在社会主义市场经济体制下,国家宏观调控仍是一种主要手段,集体企业要加快发展,必须有各级政府的大力支持。对这一点,各级轻工主管部门、联社已有明确的认识,不同程度地做了不少工作。浙江省二轻总公司、联社在这方面做得比较好,他们积极主动做工作,投入人力,集中精力开展调查研究,提出切合实际、具有可操作性的政策建议,在几个关键发展时期都争得了省政府的大力支持,适时制定政策性文件。浙江二轻之所以集体企业改革搞得好,集体经济发展快,与这些工作抓得早、抓得紧、抓得实有密切关系。去年他们又与省计经委、体改委联合制定了《关于深化城镇集体工业企业改革的若干意见》,为集体企业改革争取政策,其中有两项很具体,一是减免税所形成的资产,归企业财产所有人共有;二是在一定时期,经当地政府授权管理部门审核批准,股份合作制企业职工个人股实行股利、股息并存,这部分分红所得,留在企业发展生产的,暂不征收个人所得税。他们还积极派出人员多次参加国家有关部门召开的会议,讨论修改股份合作制和中小型企业改革等文件。湖北省二轻局、联社加强了调查研究,针对集体经济改革与发展中遇到的问题,及时提出政策建议,争得省政府和有关部门的支持,下发了有关文件,对集体企业改革起了很好的引导作用。江西省轻工厅、联社积极配合省政府有关部门,做好调查研究,起草城镇集体经济发展的政策文件。还有一些省市轻工主管部门、联社从本地实际出发,积极争取地方政府支持,为集体企业改革与发展创造良好的外部环境。

去年,总会、总社在这方面也做了一些工作,取得了一定的效果。(1)集体企业免交"两金"问题。总社资财部一方面积极收集各地区的情况和意见,另一方面通过各种形式和渠道向经贸委、财政部、国家税务总局等部门反映情况、提出要求,同时向国务院汇报反映,经过多方努力,财政部、国家税务总局于 1995 年 1 月 27 日联合以财综字[1995]12 号文明确:从 1995 年 1 月 1 日起,集体企

业免交"两金",使这一政策问题得以解决。（2）联社管理费收取和税前列支政策问题。据1994年统计,全国轻工系统现有各级集体企业主管部门2491个,有职工66538人,承担着行业管理和指导、协调、服务的任务。而这些主管部门、联社的行政经费历来靠向所属企业收取管理费解决。税改后,经向国家税务总局、财政部多次反映,争得支持,税前收取管理费的政策执行到"八五"期末。为了使该项政策在"八五"以后能继续执行,总会经济调节部、总社资财管理部多次向财政部、国家税务总局、经贸委反映,并陪同这些部门的同志赴江苏、浙江、山西等十几个省市进行了专题调研,掌握第一手资料,赢得了理解和支持,现财政部、国家税务总局都基本同意,已报国务院审批。

总会、总社还从发展轻工集体经济出发,进行比较系统的调查研究,向国务院和有关综合部门反映情况,提出政策性建议。去年十一月,向国务院领导报送了《关于搞好轻工中小型企业改革与发展的意见报告》,现已批转给国家经贸委领导。在此之前,我们还给国家经贸委领导报送了《关于依法理顺集体企业产权关系,加强对轻工集体资产管理的有关问题汇报》材料。总会、总社有关人员还参与国家体改委牵头组织的《城镇股份合作企业暂行规定》、《股份合作企业条例》的起草、修改工作;协助国家经贸委起草《关于积极推进小型企业改革与发展的意见》、《城镇集体企事业单位清产核资暂行办法》。积极参与这些工作,是为了把轻工集体经济的情况更多、更直接地反映给有关部门,使他们理解和支持轻工集体企业的改革和发展。

（四）为稳定联社机构做了大量工作,积极开展社务活动

稳定联社机构,加强联社建设,是做好联社工作,为集体企业提供服务的组织保证。我们一再强调,在各级党政机构改革中,不论轻工管理部门机构如何变动,各级联社作为轻工集体企业的联合经济组织不但不能撤销,还要进一步加强。各级联社按照这一要求做了大量工作。因此,在省、地（市）、县三级政府机构改革中,联社机构变动不大,绝大多数联社保留下来了,有的联社还得到了加强。河南、湖北、四川、广西等地的市县在机构改革中,联社都很稳定,发挥较好的作用。河南省17个市（地）、118个县（市）都有联社机构,一些市辖区也建立了联社。又如湖北宜昌市联社在地市合并和一、二轻合并中,不仅没有削弱,反而进一步加强,由原来的局、社合署办公改为联社机构单设;由原来的局长、主任一肩挑,改为配有联社专职主任,副主任;由原来联社机构有名无实,改为联社设有办公室、资产管理部和经营管理部,独立自主地开展各项社务和业务活动。有的县市联社在机构改革中撤销了,经过反复宣传做细致的工作,又得以恢复,辽宁的营口市联社和新疆、内蒙等地的一些旗县联社就是被撤销后又恢复起来的。

他们的主要做法：一是积极主动地宣传联社的性质和在发展城镇集体经济中的地位、作用，争取当地政府和有关部门的理解和支持。二是充分发挥联社为企业服务的作用，让政府各部门能从实际工作中感受到联社是在社会主义市场经济条件下，促进城镇集体经济发展的一种重要组织形式，从而在机构改革中，重视和加强联社组织建设。各地联社还重视自身的调整和建设，如河北省、吉林省轻工厅在内部机构调整中，强化了联社办事机构，充实了人员，增加职能；新疆自治区联社和乌鲁木齐市联社加强联社的思想建设和组织建设，开展多方位的为企业服务。

去年10月，总社在中央党校举办了全国轻工集体企业改革与发展高级研讨班，学员为厂长、经理和联社干部共60人，被国家人事部列入专业技术人员考核培训计划，按人事部培训规定的要求，经考核合格发给了结业证书。在过去的一年里，总社和各地联社还组织了经验交流、理论研究、法律咨询、人才培训、职工休养，开展了信息交流、经济协作、国际交往活动，受到企业的欢迎，密切了联社间的关系。《中国集体工业》、《全国联社动态》以及上海、浙江、新疆、安徽、广东、河南、江西、成都等地方办的集体经济通讯刊物，对推动联社工作，促进集体企业改革与发展起了积极的宣传交流作用。

总之，一年来总社和各级联社的工作取得了一定的成绩，但也存在一些问题和不足，主要表现在：一是集体企业经济效益下降，亏损严重，有相当一部分企业生产和职工生活还很困难。二是集体企业改革力度不够大，股份合作制推行进展缓慢，进度差别很大。三是联社工作开展不平衡，有的地方联社还没有恢复，有的联社办事机构有名无实；有的联社办了经济实体，削弱了服务功能。

二、1996 年工作安排

今年全国总社和各级联社工作的总体要求是：坚持邓小平同志建设有中国特色社会主义的理论和党的基本路线，认真贯彻党的十四届五中全会和中央经济工作会议精神，按照全国轻工业工作会议提出的"积极推进'两个转变'，提高产品质量，扩大出口创汇，大力支援农业，搞好配套服务，改善消费结构，提高供给水平，为稳定和繁荣市场做出新贡献"的指导思想，加大轻工集体企业改革力度，加快结构调整，积极推进经济体制和经济增长方式的转变，搞好联社改革和建设，充分发挥联社在新时期的作用，促进轻工集体经济持续、快速、健康发展，为更好地实现轻工业"九五"计划的各项任务奠定良好基础。

（一）贯彻党的五中全会"大力发展集体经济"方针，加快轻工集体经济发展

改革开放以来，在我国坚持一条以公有制为主体，多种经济成分共同发展的方针，实践证明，只有坚持这条方针才能使我国经济充满生机和活力，集体经济得以迅速发展。1979 年在全国工业总产值构成中，国有企业的工业总产值占 81.5%，集体企业的工业总产值占 18.44%，到 1994 年发生了很大变化，其构成为：国有为 38.23%，集体为 38.24%，两者持平，集体经济得到长足的发展，国有和集体经济共同构成了公有制经济的主体地位。五中全会《建议》明确提出以公有制经济为主体，以国有经济为主导，多种经济成分共同发展作为发展国民经济长期坚持的方针。江泽民同志在五中全会闭幕时的重要讲话中指出："城乡集体经济是公有制经济的重要组成部分，具有广阔的前途，要大力发展。集体企业也要不断深化改革，创造条件，积极建立现代企业制度"。吴邦国副总理对前不久召开的全国城镇集体（合作）经济高级研讨会议作了重要指示，指出"我们既要抓好国有企业，发挥国有经济的主导作用，同时，又要大力发展集体经济。只有国有经济和集体经济都发展上去了，公有制经济才能从根本上得到巩固，国民经济的进一步繁荣也才会有基础"。同时还指出"城镇集体经济有广阔的发展前途，但也面临不少困难。国家要帮助解决困难，继续支持城镇集体经济的发展。城镇集体企业本身也要深化改革，努力实现经济增长方式的转变，加快结构调整，加强企业内部管理，提高经济效益"。这说明了党和国家在新的形势下，在我国国民经济和社会发展的重要时期对集体经济发展的高度重视，也为集体企业改革与发展指明了方向。据经济学家预测，"九五"期间我国集体经济仍以较快速度发展，到 2000 年我国工业所有制结构将是：国有工业产值占 30.7%，集体工业占 40%，其他经济成分工业占 29.3%，这一发展趋势是可能的。轻工集体经济在轻工业中占有"半壁江山"，处于举足轻重的地位，多年来同国有经济并驾齐驱，共同发展。1994 年集体经济工业总产值占 40.9%，超过了国有工业产值 5 个多百分点。我们要认真领会五中全会精神，坚决贯彻"大力发展集体经济"的方针，抓住机遇，深化改革，加快发展。轻工集体企业大多数是中小企业，底子薄、基础差、困难多，这是劣势，但轻工集体企业艰苦创业、自我发展、锐意改革、大胆创新精神是非常宝贵的。吴邦国副总理在听取总会工作汇报时指出，轻工业特点是中小企业多、集体企业多、市场化程度比较高，抓好大的、放活小的企业比较容易操作，对放活小的也要提到议事日程上来，而且加快进度。随着经济体制改革逐步深化和"搞好大的，放活小的"政策逐步落实，中小企业的经营机制将更为灵活，改革步子会加快。我们总的改革与发展的思路是：以改

革为动力促进发展,以调整结构为重点带动发展,以引资为契机加快发展,以统筹规划、总体推进保证整体发展。放开放活轻工中小企业和集体企业,使他们先行进入市场。

(二)继续扩大推行股份合作制,搞好建立现代企业制度试点

股份合作制在轻工集体企业中已试行 10 多年,实践证明,股份合作制具有产权清晰、利益直接、机制灵活、适应范围广的特点,有利于增强企业的凝聚力,激发职工的积极性,促进生产发展,适应社会主义市场经济的要求,它是轻工集体企业制度创新的一种主要形式,要继续扩大推行。在推行中要注重研究难点,根据各地区、企业的不同情况要争取解决有关政策问题。全系统推行面要进一步扩大,东部沿海地区应该更快一些。对已经改为股份合作制的企业,要按照建立现代企业制度的要求,进一步规范和完善。

对有条件的企业可按《公司法》要求组建为有限责任公司,少数规模较大、条件好的企业也可组建股份有限公司。在企业组织结构调整中,发挥优势企业和龙头产品的作用,积极发展企业集团,组建以资产为纽带的企业集团。一般来说这批企业技术和管理水平较高,应首先抓好其由粗放型经营向集约型经营的转变。

对于目前为数众多的"小穷亏"企业,难以实行股份合作制的,要区别不同情况,采取联合、兼并、租赁、承包经营、引资嫁接多种形式进行改组。对扭亏无望的企业采取分块搞活、产业转移、解体重组、拍卖、破产多种途径,使企业整体或局部活起来。要开阔思路、大胆试验、勇于探索,对于那些实践证明方向对、效果好的经验要及时加以总结推广。

企业无论采取哪种形式改革,都必须搞好企业内部配套改革,建立健全劳动、人事和分配为主要改革内容的各项制度,形成激励机制和约束机制。无论采取哪种企业组织形式,都必须加强企业管理,建立起有利于节约资源、降低消耗、增加效益的企业经营管理机制。

按照建立现代企业制度要求,轻工总会在抓好国家确定的轻工 13 家建立现代企业制度试点同时,又同各省厅局协商,已确定 55 个企业作为建立现代企业制度试点企业,其中有十多个是集体企业,按企业组织形式分,有集团、股份有限公司、有限责任公司,也有股份合作制企业。请各地轻工厅局、联社按要求尽快落实试点方案。现代企业制度总体规范要求是"产权清晰,责权明确,政企分开,管理科学",但具体操作将会遇到不少新的问题,要鼓励支持试点企业大胆实践,勇于创新。总会、总社适当时候组织大家交流,做好试点协调服务。

（三）加大结构调整力度，提高企业素质和经济增长质量

目前有相当一批轻工集体企业规模过小，生产集中度偏低，专业化协作程度低；也有相当一部分产品科技含量低、高消耗、低产出、经济效益差，产品开发和企业的改造基本上依靠外延实现扩大再生产，是一种粗放型经济。轻工集体企业要适应社会主义市场经济的要求，实现经济增长方式的转变，必须加大结构调整的力度，提高企业素质和经济增长质量。

轻工集体企业要按照合理规模和产业优势调整企业组织结构，打破行业、产业和所有制界限，宜大则大，宜小则小。企业间可采取合并、兼并、联合等形式，实现生产要素的优化重组，通过企业组织结构的调整壮大和培育一批骨干企业。

轻工集体企业的产品结构调整，要扶持名牌产品、拳头产品、优势产品、出口创汇产品，形成一定生产规模，扩大经济批量和市场覆盖率。所有轻工集体企业都要按市场的需求，开发新产品，不断地调整产品结构，提高产品质量意识和争创名牌意识。一个企业不能搞得"小而全"，要走专业化协作路子，小企业要甘当配角，为大企业、支柱产业搞好配套产品生产。通过产品结构调整培育一批活力较强、"小而精"、"小而专"、"小而灵"的"小型巨人"企业；发展一批多渠道出口创汇企业；淘汰一批产品没销路、扭亏无望的企业。

不少轻工集体企业地处市中心，"退二进三"大有文章可作，根据不同的情况，可以全部转为第三产业；也可以部分转为第三产业，盘活存量资产，分流人员；也可以利用转让土地使用权得到的资金，易地改造，开发新产品，开拓新门类、新领域。不少地区和企业已取得成功的经验，可供借鉴。

结构调整需要资金，轻工集体企业要多渠道筹集资金。当前国内资金相当紧张，要积极地引进外资，这是轻工业自我发展的一条路子。在引资的同时要注意引进先进技术和科学管理方法，促进企业产品的升级换代和机制转换，使企业上台阶、上水平，实现跳跃式发展。

在结构调整中，有的改造项目或局部调整工作是一个企业可以完成的，但是企业间的改组和调整是一个企业难以完成的，需要企业间的优势互补，或优势企业带动劣势企业，特别是拍卖或破产企业问题更复杂，轻工主管部门和联社应发挥作用，从全局出发，搞好统筹规划，在实施中力争做到总体推进，达到共同发展的目的。特别是各级联社要充分利用资产纽带和发扬互助合作精神，调整工作从联社整体运作起来。

（四）搞好清产核资和产权界定，加强轻工集体资产的管理

国有企业的清产核资已近尾声，国家对集体企业清产核资没有做过统一部署。国家经贸委已制定了《城镇集体所有制企业事业单位清产核资暂行办法》，

修改后将要下发。该《暂行办法》规定集体企事业单位清产核资的内容,包括清查资产和负债、界定集体资产所有权、价值重估、核实资金、产权登记、建章建制等。凡占用集体资产的部门和单位也列入清产核资范围。《暂行办法》下发后,各级轻工主管部门、联社要积极会同有关部门,认真做好所属集体企事业单位的清产核资工作,同时各级联社的资产要认真清理核查,不仅要清理系统内的,也要清理系统外的,进一步理顺产权关系。

总会、总社为了加强轻工集体资产管理,制定了《轻工企业集体资产管理暂行规定》,这个文件去年在总社第四届理事会第四次会议征求意见后,进行了修改,经济调节部、总社资财管理部先后召开了财务处长会议、小型座谈会,反复征求意见,会同国家经贸委、税务总局召开定稿会,并商定由国家经贸委、税务总局、轻工总会、全国总社联合发布。现该文件已送经贸委,税务总局会签,即将联合下发。

国有资产管理机构已建立起来,并还授权了监管部门,但集体资产管理体制尚未形成,而我系统在处理集体资产有关问题时遇到较多麻烦,因此,总会、总社拟组建轻工集体资产管理委员会。该委员会承担对集体资产的“指导、维护、监督、协调、服务”管理任务和职能,它依法维护轻工集体资产所有者合法权益,防止集体资产被平调和流失,监督集体资产保值增值。现将这个组建方案(征求意见稿)印发,征求大家意见。随着市场经济体制的逐步建立,组建集体资产管理机构,加强对集体资产的监督管理势在必行,各级轻工主管部门、联社要加强这项工作,根据各自的实际情况,从组织上、制度上加强对集体资产的监督管理。有条件的地区,经授权或批准,组建集体资产经营公司,以促进资产的流动和保值增值。

(五)建设好联社,服务于企业

为稳定联社机构,加强联社建设,总社曾发过文件,我在几次全国轻工业工作会议和总社理事会议上反复讲,这次还得强调讲。主要是吸取历史教训,即每次政府专业管理部门机构改革,联社机构就受到冲击和影响,也是处于我们自身政社合署办公的体制,在过去计划经济时期,更多采用行政手段管理行业和企业,放松联社建设和发挥联合经济组织的作用。现在情况不同了,建立社会主义市场经济体制,各级专业经济管理部门机构、职能必须进行调整,这一改革还在逐步深化。我再次强调,各级联社是集体企业联合经济组织,不是政府机构,无论轻工行业管理部门机构如何改革,联社机构必须保留。联社要适应新的形势,自身也要进行改革。联社是集体企业的联合经济组织,就是要突出她的“经济性”和“服务性”。总社在 1992 年就提出把“兴办经济实体,增强经济实力,强化服务功能"作为各级联社的改革方向,被大家所接受,并付诸实践,取得了显著效果,希望各级联社按照这个路子继续探索和创新,把联社建设好。这次机构改革中,广西撤销自治区二轻工业局,把行业管理任务交给自治区二轻集体工业联社,说明自治区政府要充分发挥联社的作用,相信联社能够承担这一重任,其他省有个别市县也采取这种形式管理行业,属于这种情况的联社,要竭尽全力管好行业。还应该指出,各地联社工作还很不平衡,那些没有恢复或工作处于瘫痪状态的联社,省联社要采取措施改变这种状态。

总社将继续办好《中国集体工业》和《全国联社动态》为各地联社和集体企业传递信息,指导轻工业集体企业改革和发展。拟组织专家和实际工作者研究一些轻工集体企业改革与发展的热点、难点和一些政策性问题。还将继续发挥总社和联社法律工作者的作用,进一步开展法律咨询服务工作;搞好人才培训,提高职工素质。并从实际需要出发,开展更广泛的其他社务活动,希望各级联社给以合作。

根据总社《章程》规定,应在今年召开五届职工代表大会,但考虑到四届职工代表大会以来,轻工集体经济情况变化很大,有很多改革和发展的经验需要很好地总结,也有很多问题需要进一步调查研究。同时各省职代会今年陆续召开,需要各省联社职代会提供一些经验。为了把工作做得更充分一些,初步打算总社五代会在1997年召开,今年做好调查研究和各项准备工作,希望各地联社总结好"八五"经验,开好职代会,为总社五代会召开做好准备。

按照总社《章程》规定和有关理事单位申请,提出调整23位总社理事的建议,请这次理事会审议,我代表总社对不再担任理事的老同志多年来对总社工作的关心和支持表示感谢,并希望今后继续给予支持。

同志们,今年是实施"九五"计划的第一年,是我国经济体制改革继续深化,经济发展迈向新时期的关键一年,希望各级联社认真总结"八五"时期取得的成绩和经验,明确"九五"时期轻工集体经济改革与发展的任务,在新的一年领导和组织轻工集体经济战线的广大职工深化改革、加快发展,为开创轻工集体经济工作的新局面迈出新的步伐。

(原件存中国轻工业联合会办公室文电档案处)

李岚清副总理对徐荣凯《发展集体经济是一项大政策》一文的批示①

（1996 年 2 月 27 日）

李岚清副总理批示："荣凯同志：这是一个重要命题，希望继续结合实践的经验深入跟踪研究下去。（特别是流通领域小企业很多，如何搞好是个大问题）"

发展集体经济是一项大政策

徐荣凯

最近，我们对城镇集体经济进行了调查研究，并和经贸委、劳动部、国内贸易部、轻工总会等 6 部门联合召开了发展集体经济的高级研讨会。大家一致认为，集体经济在国民经济中起着越来越重要的作用。要实现党的十四届五中全会所确定的宏伟目标，必须大力发展集体经济。要把发展集体经济当作一项大政策。在研究大家意见的基础上，现就发展集体经济谈一下自己的看法。

一、集体经济已经成为国民经济中一支不可缺少的重要力量

改革开放以来，我国集体经济发展迅速，在国民经济中的地位越来越重要。以工业为例，1978 年集体工业产值占全国工业总产值的 22%，1994 年增至 40.9%，达 31434 亿元，已超过国有工业 26200 亿元的产值。城镇集体经济作为集体经济的基本组成部分，发展也较快。到 1994 年底，全国城镇集体企业近 100 万户，从业人员 3200 多万人，占城镇职工总数的 25%。其中，工业产值达 5000 多亿元，建筑业产值也有 1500 多亿元。近几年，第三产业发展迅速，城镇集体企业也占了不小比重。城镇集体经济在税收创汇、扩大就业、活跃市场、改善人民生活以及稳定社会等方面，起着难以替代的作用，是城镇中仅次于国有经济的第二大经济力量。因此，从总体情况看，要完成"九五"计划和 2010 年中长

---

① 标题是编者加的。

期目标,集体经济将是一支重要的生力军。

二、公有制为主体是中国特色社会主义的一个根本标志

集体经济和国有经济共同构成国民经济的主体。集体经济的状况关系到社会主义公有制主体地位是否能继续保持并得到巩固。当前,国家正从搞好整个国有经济出发,对国有企业实施战略性改组调整。调整的结果将会是,国有大中型企业实力进一步增强,国有经济在关系国家经济命脉的重要部门和关键领域将仍占支配地位,国家对国民经济的宏观调控进一步得到保证。但国有企业在数量上可能会减少,甚至可能会退出某些领域(例如某些商业、服务领域或某些消费品生产领域)。由于多种经济成分的共同发展,国有经济在整个经济总量中所占的比重将会有所降低。在这种情况下,如何保证公有制经济在国民经济中不仅在质量上,而且在总量上始终占主体地位? 国有经济退出某些领域形成的"空白"由谁来填补? 从改革开放以来的实践和未来经济发展的趋势看,必须而且应当主要由集体经济来填补。因此,集体经济(其中包括股份合作制经济和合作制经济,它们是集体经济不同的组织形式)和国有经济应当互相促进、互相补充,共同保持公有制经济的主体地位。在新的经济发展时期,集体经济在公有制中的作用将会越来越突出。

三、国有企业改革客观上要求积极推进集体企业的改革与发展

国有企业改革是经济体制改革的中心环节。这项工作决不是孤立的,需要各方面工作的配合,其中特别是集体经济改革和发展的配合。从某种意义上说,集体企业的改革和发展是国有企业改革和发展的条件。

首先,国有企业建立现代企业制度,实行"三改一加强",将把生产经营职能与一般社会职能分离开来,把富余人员分流出来。实现分离分流,需要采取多种经济形式,开展多种经营,发展第三产业。而多种经济形式中的一种重要形式就是集体经济。我国1.37万个大中型国有企业,几乎每家都有厂办集体。厂办集体作为劳动就业服务企业,过去主要是安置国有大中型企业的待业青年。今后,在进一步搞活国有企业的情况下,厂办集体企业不仅要担负国有大中型企业分流分离富余人员及部分社会职能,而且作为重要的企业组织形式,在开展多种经营和配套生产上,会成为支持国有企业发展的不可缺少的重要力量。

其次,为了进一步搞活国有企业,中央提出了"搞好大的,放活小的"的战略措施,这既将推进国有企业结构调整,也将推进整个国民经济结构调整,从而使国民经济的发展更快地进入良性循环。就国有经济而言,"放小"就是要放活国

有小企业;就整个国民经济而言,"放小"就是要放活和搞好各种经济成份的中小企业。我国乡及乡以上工业企业约53万个,其中国有大中型企业1.37万个,加上非国有大中型企业共约2万个,其余96%以上为小企业。中小企业是国民经济增长的重要生长点,是活跃市场的基本力量,是解决就业的基本场所,农村集体企业又是反哺农业、发展农村经济的生力军。少而精的国有大中型企业主导国民经济方向,体现国家实力;数量众多的中小企业壮大国民经济总量,创造市场活力。两者相辅相成,构成合理的国民经济结构和市场主体结构,形成联系密切的专业化分工协作体系。城乡集体企业是中小企业的主体,占全国中小企业的80%以上。因此,抓住了集体企业,也就抓住了中小企业的主体。集体企业的改革和发展,可以促进国民经济良性循环,从而成为国有企业深化改革和进一步发展的重要条件。

第三,国家将区别不同情况,采取改组、联合、兼并、股份合作制、租赁、承包经营和出售等形式,对国有小企业进行改制改组。国有小企业数量占国有企业的80%以上,有八、九万家。实行职工集体所有制或股份合作制,是一种公有制形式转变为另一种公有制形式的改革,比较适合小规模生产经营,也容易为职工群众所接受,它可能成为国有小企业改制改组的一条可供选择的途径。国有小企业经过改制改组,绝大部分仍应是不同组织形式的国有经济,或者集体经济;出售给私营企业和个人的是少数。这样,虽然国有企业数量可能少了,但公有制企业的总数不会有大的变化,经过一段时间之后,甚至还会继续增加。这对保持公有制经济主体地位是重要的。

四、适应两个根本性转变,按照建立现代企业制度的要求,加快集体企业自身的改革

集体经济担负着历史重任,但现状却远远不能适应新形势的要求。集体企业虽然没有国有企业那么多的体制约束,较早进入市场,比较能够适应从传统的计划经济体制向市场经济体制的转轨,但传统计划经济思想和小商品经济观念在诸多方面仍然给集体企业打下了深深烙印。仅就体制来说,在企业类型上,组织形式单一,财产和人员自我封闭;在产权关系上,财产归属复杂,产权界限不清,集体财产与职工个人产权被完全割裂开来;在内部管理上,宪法和法律赋予职工的民主管理权利得不到落实;在外部管理上,常受到不必要的行政干预,财产屡遭平调,自主权得不到落实。改革开放以来,集体企业虽已发生较大变化,但仍有许多问题未得到根本改变。特别是城镇集体企业,长期被当作"二全民"对待,在很大程度上失去了集体经济的本来面目。这一切,阻碍了集体经济更快

更好地发展。要改变这种状况,必须按照江泽民同志在五中全会上提出的要求,不断深化改革,创造条件,积极建立现代企业制度。

现代企业制度有多种企业组织形式选择。十四届三中全会《决定》指出:"现有城镇集体企业,也要理顺产权关系,区别不同情况可改组为股份合作制企业或合伙企业。有条件的也可以组建为有限责任公司。少数规模大、效益好的,也可以组建为股份有限公司或企业集团"。从各地实践经验看,从集体经济自身特点看,推行股份合作制应是集体企业建立现代企业制度的主要选择。股份合作制是职工劳动的联合并且在这个基础上实行资本的结合的一种经济组织形式。财产上实行共同共有(即集体资产)和个人拥有,但个人股只能有一定的数额和比例。它在本质上是公有制,是一种新型的集体经济组织形式。股份合作制将劳动者与资本更直接更紧密地结合起来,符合我国生产力发展水平要求,尤其适合一般中小企业的生产经营特点,因此,它应当成为集体企业改革的主要方向。

目前,国家应当明确关于股份合作制的若干政策原则,尽快出台有关法规。恢复集体经济本来面目的关键,是要承认股份合作制企业中劳动者劳动的联合和资本的结合。一些地方和企业,试行企业职工重新带资入股,以使职工人人都拥有企业股份;也有对长期以来所形成的集体资产以及因为长期未分红所积累的资产的一部分,虚拟"量化"到职工个人,即只有分红权,没有所有权;职工不能带走也不能转让等等,还有各种做法。以上种种做法,都是探索在集体企业中实行财产新的组织形式,以使职工和企业结合得更紧密,落实职工的民主管理权利,调动职工主人翁的积极性。这是对"二全民"的一种突破,不应简单地用传统观念将其判定为"瓜分集体财产"。应当允许集体企业大胆探索,大胆实践;允许集体企业的改革比国有企业放得开一些。衡量股份合作制改革,要依照邓小平同志提出的"三个有利于"的标准,在实践中及时总结经验,逐步规范。

集体企业的改革要注意对内对外开放。存量资产的流动重组,资源要素的优化配置,对各种经济成分都是必要的,集体企业也不例外。在竞争中一些集体企业将会被国有经济、私营经济和外商投资企业及外国公司参股、控股和兼并;同样,一些实力强的集体企业也会走出去参股、控股和兼并其他经济成分企业。这就必然形成你中有我,我中有你。当然,在这个过程中,必须遵循现代产权交易的通行规则,不断壮大集体经济实力,注意防止集体资产流失。

五、现在集体企业存在不少困难与问题,国家要采取适当的政策措施,进一步支持和壮大集体经济

我国集体经济,大多数企业生产分散,技术落后,人员素质差,管理水平低,经济效益不高。城镇集体企业还担负着沉重的历史包袱。目前,集体企业生产经营困难很多。1994年,全国城镇集体企业亏损户52.57万户,亏损额达693亿元,亏损面达52.57%。解决集体企业的困难和问题,主要应靠集体企业加快自身改革,加强自身建设,但与此同时,国家也要采取适当的政策措施,鼓励、支持和引导集体经济健康、迅速发展。

1. 大力宣传集体经济的地位和作用。集体经济的重要地位和作用与人们对它的认识存在很大差距。在一些同志的思想中,在一些舆论宣传中,常把集体经济与私营、个体和三资企业并列,无形中将集体经济从公有制主体地位中划出,成为一种"从属"或"必要补充"。还存在一种偏见:似乎抓公有制靠国有经济,抓经济繁荣靠三资企业和其他非公有制经济。集体经济失去了它应有的位置。以上种种认识导致在实际工作中轻视集体经济,使集体经济工作(特别是城镇集体经济工作)成为薄弱环节。今后,应大力宣传集体经济是公有制的重要组成部分,宣传集体经济在社会主义市场经济中的地位和作用,把集体经济作为一个工作重点来抓。

2. 制定集体企业的清产核资办法,保护集体资产不流失。在税收上对集体企业继续采取支持政策。集体资产也是公有资产,应当像保护国有资产一样保护集体资产。集体资产有自己的特点,因此国家应当制定专门的清产核资办法,而不是简单比照国有资产办法进行清产核资。既不能让国有资产流失,也要防止集体资产被随意划走或上收。特别是在组建企业集团以及企业兼并时,要注意防止用行政办法平调集体资产。城镇集体企业减免税形成的财产归属问题应当尽快解决。国家税收减免形成的财产应当归受惠企业,这是国际税收的通行原则。在我国,从来不向三资、乡镇、私营企业要求税收减免形成财产的国家产权,但有的部门至今仍坚持要向城镇集体企业追索减免税和税前还贷形成财产的国家产权。这种状况应当尽快改变。股份合作制企业职工分红属于个人所得。为了鼓励企业转制和尽快使股份合作制恢复本来面目,可否先视同银行存款利息,暂不纳入个人所得税范畴。另外,对国有小企业改制为集体企业、国有大中型企业富余人员组建集体企业以及贫困落后地区、少数民族地区发展集体企业,应当采取扶持政策。

3. 在金融信贷上支持集体经济发展。目前集体企业在信贷资金供应上处于较为不利的地位。改变这种状况,需要集体企业不断提高经济效益,提高借贷信誉,也需要国家采取适当的信贷支持政策。当前需要的支持政策主要有三项:一是集体企业的生产经营和技术改造,凡符合国家产业政策和投资方向的,国家商业银行在信贷资金供应上应与其他经济成份一视同仁。二是在中小城市,要鼓励发展以集体(合作)制为基础的信用合作社,充分发挥信用合作社服务集体经济、服务中小企业的功能。三是大城市将信用合作社改为城市合作银行时,应当强调城市合作银行的主要服务对象是地方集体企业和中小企业,否则,能直接为中小企业服务的金融渠道将受到堵塞,集体企业会更加困难。

4. 对国有企业扶持开办的集体企业继续采取支持政策。厂办集体即劳动就业服务企业的健康发展是国有企业改革与发展顺利推进的一个重要条件。劳动就业服务企业在发展前期得到了国有企业在人财物上的大力支持,发展起来后则对国有企业作出了贡献,两者相互依存和相互支持。应当根据国务院制定的《城镇集体企业条例》和《劳动就业服务企业管理规定》,明确双方的财产关系、人员管理关系和生产经营关系。在执行中,任何部门规章和地方法规都应服从国务院法规。劳服企业承担了安置国有企业富余人员、承办国有企业社会服务等特殊职能,不同于一般的集体企业,国家应采取适当支持政策,国有企业也要对它们继续扶持。

5. 加强政府领导,改进管理方式,搞好政策协调。加强政府领导应当着重体现在思想上重视集体经济;体现在认真贯彻落实国务院制定的《城镇集体企业条例》,研究采取切实措施扶持集体经济的发展;体现在转变职能、改进方法,搞好政策协调,给予集体企业更多的自主权。现在集体经济是分部门管理的。农业部负责乡镇集体企业,劳动部负责厂办集体企业,内贸部负责系统内商业集体企业,轻工总会负责系统内二轻集体企业,民政部负责福利集体企业。主要的政策制定又都在综合经济部门。分部门管理导致政出多门,政策不协调。国务院确定城镇集体经济的主管机构是国家经贸委,地方政府也应明确统筹管理机构,国家从上到下都应切实加强对集体经济工作的领导与政策协调,以利集体经济更快更好地发展。

(原载国务院研究室 1996 年第 4 期《决策参考》)

国家科委 国家国有资产管理局关于印发《集体科技企业产权界定若干问题的暂行规定》的通知

(1996 年 2 月 27 日)

各省、自治区、直辖市及计划单列市科委、国有资产管理局(办公室、处),国务院有关部委、直属机构、行业总公司、直属事业单位:

为了明晰集体科技企业产权关系,维护国家、集体和其他出资者的合法权益,促进集体科技企业健康发展,根据国家有关法律法规,我们制定了《集体科技企业产权界定若干问题的暂行规定》,现印发给你们,请遵照执行。执行中有何问题,请及时告知。

附:

集体科技企业产权界定若干问题的暂行规定

第一条 为了明晰集体科技企业产权关系,维护国家、集体和其他出资者的合法权益,促进集体科技企业健康发展,根据国家有关法律法规,制定本规定。

第二条 本规定所称集体科技企业,是指以科技人员为主体,按照"自筹资金,自愿组合,自主经营,自负盈亏"的原则创办和经营,主要从事技术开发、技术转让、技术咨询、技术服务和科技成果产业化业务,在工商行政管理机关注册为集体所有制性质的企业法人。

本规定适用于经各级科学技术委员会认定或审批的集体科技企业(含高新技术企业)。

第三条 集体科技企业的产权界定工作,应当按照"谁投资、谁所有"和"鼓励改革、支持创业"的原则,客观公正地进行,积极妥善地解决历史遗留问题。

第四条 集体科技企业的产权界定工作,由地(市)级以上科技管理部门会同同级国有资产管理部门组织进行。

第五条　集体科技企业发生下列情形之一的,应当首先进行产权界定:

(一)创办中外合资、中外合作经营企业;

(二)实行兼并、出售、联营、股份制或股份合作制改造;

(三)依法需要进行产权界定的其他情形。

第六条　集体科技企业开办和发展过程中,国有企事业单位拨入的货币、实物及所有权属于国家的土地使用权等资产,已约定投资关系、债权关系或无偿资助关系的,依约定界定产权。没有约定的,按照下列原则处理:

(一)当事人通过协商,依法重新确定投资或债权关系,约定相应的资产权益,经科技管理部门审核后,到国有资产管理部门确认并核准登记;

(二)协商不成的,凡国有企事业单位已经收取资产占用费、管理费、实物资产折旧费等,而未承担企业经营风险的,界定为债权关系;所收费用已超过拨入资产本息总额的,对企业不再拥有资产权益。凡国有企事业单位对企业行使出资者权益、承担出资者风险的,界定为投资关系。

第七条　集体科技企业实施的国有企事业单位拥有的技术成果,已有协议约定投资或债权关系的,依约定界定产权。没有约定的,当事人可依法通过协商重新约定,经科技管理部门审核后,到国有资产管理部门确认并办理产权登记手续。协商不成的,按下列原则处理:

(一)对现已成为企业主营产品核心技术、仍具有市场竞争优势的高新技术成果,由当地科技管理部门会同同级国有资产管理部门,根据技术创新各阶段当事人各方的人力、物资、资金以及其他技术成果的实际投入情况,界定为投资或债权关系。国有企事业单位依据界定结果享有出资者权益或者获得成果转让和使用收益。

(二)对企业仍在实施的一般性技术成果,国有企事业单位获得适当补偿后,对企业不再拥有资产权益。

(三)对现已成为公知技术、已超过专利保护期限或已失去市场竞争能力的技术成果,不再追索国有企事业单位的资产权益。

第八条　集体科技企业与国有企事业单位通过合作、委托等方式研究开发所产生的技术成果,按照协议的约定划分资产权益。未定协议或协议中没有约定的,根据《专利法》、《技术合同法》和国有资产管理等有关法律法规的规定处理。

第九条　与集体科技企业有关的挂靠关系、贷款担保关系等,对企业一般不构成资产权益;但履行了连带责任的,应予追索清偿,或经协商并报国有资产管理部门批准后转为投资。

第十条　集体科技企业按国家有关规定享受的税收减免等优惠政策所得,除明确规定为"国家扶持基金"的,不界定为国有资产。"国家扶持基金"以及因享受税前还贷、以税还贷政策形成的资产中国家税收应收未收部分,界定为扶持性国有资产。

国家对扶持性国有资产保留特定条件下的最终处置权,不参与管理和收益。集体科技企业对扶持性国有资产有义务保持其安全、完整和有效使用。

第十一条　集体科技企业中无明确拨入主体的资产,以及接受无偿资助和捐赠所形成的资产,归企业劳动者共同占有。

第十二条　集体科技企业中属于职工个人投资形成的资产,产权归个人所有。

第十三条　集体科技企业与国有企事业单位之间发生产权争议时,由科技管理部门会同国有资产管理部门组织界定。

科技管理部门会同国有资产管理部门,根据当事人提出的产权界定书面申请,可调解解决产权争议;经调解不能达成协议的,由国有资产管理部门会同科技管理部门,在查清事实的基础上,根据国家有关法律、法规和本规定裁决。当事人对裁决结果不服的,可提请行政复议。

科技管理部门和国有资产管理部门有义务保护产权争议当事人的商业秘密。

第十四条　集体科技企业依据本规定完成产权界定后,已有投资或债权关系协议的,一般应按原协议办理产权登记手续;没有协议的,应根据界定结果签订投资或债权关系协议,办理产权登记手续。

集体科技企业中经界定的国有企事业单位的资产,已确定为投资关系的,集体科技企业在保障国有企事业单位所有者权益的前提下,对其拥有法人财产权,除发生产权转让等法定情形外,可继续使用,国有企事业单位不得抽回;已确定为债权关系的,应允许集体科技企业根据需要继续使用,并定期向权益人交付相关费用。

第十五条　本规定发布后,国有企事业单位向集体科技企业拨入资产时,必须根据国家有关规定,通过协议明确约定投资、债权、无偿资助或其他关系。新开办的集体科技企业,必须依法明晰产权关系。

集体科技企业未经许可不得擅自使用、转让国有企事业单位资产。

第十六条　本规定未尽事宜,执行国家有关规定。

第十七条　省、自治区、直辖市、计划单列市科委会同同级国有资产管理部门可根据本规定制定实施细则。

第十八条　本规定由国家科学技术委员会会同国家国有资产管理局解释。
第十九条　本规定自发布之日起施行。

（此件由国家科委办公厅提供）

以企业改革为中心积极推进经济体制改革①

（1996 年 3 月 5 日）

李　鹏

本世纪末初步建立社会主义市场经济体制,有许多问题需要解决,任务艰巨,时间紧迫。要以更大的决心和魄力,积极探索,勇于创新,扎扎实实地推进改革和开放。

第一,建立现代企业制度,搞好国有企业的改革和发展。这是初步建立社会主义市场经济体制的关键。要按照"产权清晰、权责明确、政企分开、管理科学"的要求,在"九五"末使大多数国有大中型骨干企业建立起现代企业制度。继续抓好中央和地方确定的企业试点工作,务必在重点、难点问题上取得突破。在解决企业内在机制、外部环境和历史遗留问题方面统筹考虑,配套推进。对实践中的成功经验,要及时总结推广,促进面上企业的改革。城市改革试点要与企业改革结合起来。

国有企业改革,要着眼于搞好整个国有经济,突出重点,分类指导。国家近期要集中力量抓好一千户国有大型企业和企业集团的改革与发展,使之成为自主经营、自负盈亏、自我发展、自我约束的法人实体和市场竞争主体,发挥它们在国民经济中的骨干作用。省、自治区、直辖市也要抓好一批国有骨干企业。"九五"期间国家将安排一笔资金,用于鼓励企业兼并,冲销破产企业债务,把相当一部分"拨改贷"形成的债务转为国家资本金,降低企业资产负债率。所有企业都要面向市场,建立商业信誉,减少和避免资金拖欠。放活国有小企业,可以区别不同情况,采取改组、联合、兼并、股份合作制、租赁、承包经营和出售等形式。从一些地方的实践看,国有小企业经过改革改组,绝大部分仍然是国有经济或者集体经济,即不同形式的公有经济,出售给私营企业或个人的是少数。

要把企业改革、改组、改造和加强管理结合起来,把企业内部改革和外部配套改革结合起来。所有企业,都要全心全意依靠工人阶级,建设好领导班子,转

---

① 这是国务院总理李鹏在第八届全国人民代表大会第四次会议上所作的政府工作报告的一部分。

变经营机制,建立科学的管理制度,充分挖掘内部潜力,加快技术进步,生产适销产品,提高经济效益。对企业领导者,既要保证其对生产经营的指挥权,又要建立健全必要的监督制度。要制定和落实深化企业改革的综合配套措施,积极创造条件,多渠道分流企业富余职工,分离企业承担的社会服务职能。城乡集体经济是公有制经济的重要组成部分,要积极推进集体企业的改革与发展。继续发展个体、私营等非公有制经济,加强引导和管理,发挥其有益的补充作用。

第二,积极培育统一开放、竞争有序的市场体系。发展社会主义市场经济,必须采取积极而又稳妥的步骤,形成比较完善的金融市场和房地产、劳动力、技术、信息等要素市场。要继续完善商品市场,发展连锁经营和代理制等新的营销方式。改进粮食等重要产品的购销和储备制度。加强市场管理和质量监督,整顿流通秩序,创造公平竞争环境,保护生产者和消费者的合法权益。

要进一步改革投资体制,确定投资主体,建立资本金制度,逐步发展市场融资方式。由企业作为投资主体的,企业和金融机构承担投资的风险和责任。由政府机构或社会公益机构作为投资主体的,也要明确风险和责任。新开工建设的生产经营项目都要实行项目法人责任制。国家确定的重点建设新项目要逐步向社会招标。

第三,调节个人收入分配,建立健全社会保障体系。坚持和完善按劳分配为主体、多种分配方式并存的制度,按照效率优先、兼顾公平的原则,建立合理的工资形成机制,逐步完善适合企事业单位和行政机关的工资制度。国家保护合法收入,取缔非法收入,打击不正当竞争,通过完善个人所得税,以及开征其他必要税种等措施,调节过高收入。运用法律手段和分配政策,协调城乡之间、地区之间、行业之间、不同社会群体之间的分配关系,逐步解决社会分配差距过大的问题。

"九五"期间,要加快养老保险、失业保险和医疗保险制度改革,发展社会救济、社会福利、优抚安置、社会互助、个人积累等多层次的社会保障,初步形成适合我国国情的社会保障制度。城镇职工养老和医疗保险金由国家、单位和个人共同负担,实行社会统筹和个人账户相结合。积极发展商业保险,发挥其对社会保障的补充作用。扩大失业保险的覆盖面,建立失业救济和再就业相结合的制度。多渠道筹措并切实管好用好各类社会保障资金。推进住房制度改革,建设"安居工程",加快住房商品化的步伐。

第四,转变政府职能,增强国家宏观调控能力。各级政府都要按照发展社会主义市场经济的要求,认真转变职能,实行政企职责分开,加强政府部门自身建设,精简机构,提高管理水平和工作效率。中央政府主要运用经济手段和法律手段,并辅之以必要的行政手段,对国民经济实行宏观调控。要深化计划体制改革,通过制定与实施发展战略、宏观调控目标和经济政策,保持经济总量的基本平衡,促进经济结构优化。要健全财政职能,提高财政收入占国民生产总值的比重,以及中央财政收入占全国财政收入的比重,逐步实行规范的转移支付制度,统一管理政府的国内外债务。严肃财经纪律,加强对预算外资金的管理。强化中央银行对货币供应量的调控职能,加强对金融机构的监管,防范金融风险。进一步调整和改革政府机构,把综合经济部门逐步调整和建设成为职能统一、具有权威的宏观调控部门;把专业经济管理部门逐步改组为不具有政府职能的经济实体,或改为国家授权经营国有资产的单位,或改为行业管理组织;其他政府部门也要进行合理调整。要建立权责明确的国有资产管理、监督和营运体制,促进国有资产保值增值。

第五,提高对外开放水平。要充分利用国内和国际两种资源、两个市场,进一步扩大对外开放。"九五"期间,要适应社会主义市场经济发展的需要,按照国际经济通行规则,初步建立统一规范的对外经济体制。国家对经济特区和上海浦东新区的基本政策不变,在发展社会主义市场经济的过程中,有些具体办法要有所调整和完善。经济特区要增创新优势,更上一层楼。经济特区、沿海开放城市和开放地带要积极参与国际经济合作,充分发挥示范、辐射和带动作用。沿交通干线、沿江、沿边地区和内陆中心城市要发挥各自优势,切实推进对外开放,促进经济开发和振兴。要根据改革和发展的要求,逐步开放国内市场。有步骤地开放金融、商业、旅游等服务领域。搞好智力引进工作。

坚持市场多元化战略,调整和改善进出口贸易结构,着重提高出口商品的质量和附加值,加强售后服务。巩固现有市场,开拓新的市场,拓宽出口渠道。坚持统一政策、平等竞争、工贸结合、推行代理制的方向,继续改革和完善外贸管理体制。

继续积极、合理、有效地利用外资,把重点放到提高成效和水平上来。逐步对外资企业实行国民待遇,规范税制,公平税负,为中外企业创造平等竞争条件。积极引导外资参与能源、交通、农业等基础性项目建设和老企业技术改造。

实行对外开放是我国坚定不移的方针。发展对外经济技术合作不仅对中国有利,也是中国对世界经济发展的积极贡献。某些西方国家处心积虑地把中国排斥在世界贸易组织之外,违背这个世界性组织的宗旨,也有损于它的普遍性和公正性。人们将会看见,中国同世界各个国家和地区经济贸易关系的发展,终究是任何力量也阻挡不了的。

(选自《十五大以来重要文献选编》上册,人民出版社
2001 年 5 月第 1 版,第 1765—1770 页)

朱镕基副总理在山东省诸城市考察期间的讲话（摘要）

（1996 年 3 月 24 日）

要正确理解和贯彻、落实党中央确定的对国有企业实行"抓大放小"的方针。"抓大"，要通过政策，运用经济手段来抓。如果各级政府都来抓，用的又是行政干预的办法，我看大企业会被抓得受不了，越抓越死。普遍推行全行业的控股公司，看来可能不行。集行政手段和产权控股于一身，形成绝对垄断，那就没有市场竞争了。"抓大"，主要是为企业创造自主经营的环境，尽量减少行政干预，不要从外部去搞瞎指挥、乱投资，但是要加强监督、审计。"放小"，是把小企业放活、搞好，而不是放松、放手不管，使国有资产流失，银行贷款收不回来。

这里我特别要强调搞好国有小企业的重要性。目前我国国有企业的亏损主要是小型企业的亏损。去年全国国有企业共亏损 541 亿元，比 1994 年增长 20%；全国国有企业 1.1 亿职工中，亏损企业职工人数达 3000 多万，近 1/3，主要集中在小企业。如果小企业搞不好，连发基本工资都没有保证，社会就难以安定。山东如果要推广"诸城经验"的话，我建议推广诸城市采用多种形式搞活国有小企业的做法。现在看来，搞活国有小企业的一种比较好的形式还是兼并，即由优势企业兼并劣势企业，但也不能千篇一律，更不能以行政手段搞"拉郎配"。

诸城市在搞活国有小企业的多种形式中，有一种形式是把企业净资产卖给职工个人，这种做法可以继续试验。但这种做法也有问题，有些问题可能短时间里还看不出来。你们把这种形式叫作"股份合作制"，说它是公有制的一种形式，是一种"利益共同体"。但是理论界还有不同意见，有的学者认为，股份合作制只是"一种过渡性的企业组织形式"，"一个企业不可能既具有合作制形式，又具有股份制形式"，而且"既承认股份制原则，又承认合作制的一人一票原则，在企业管理的实际操作中也是有困难的"。当然，党的十四届三中全会的《决定》和五中全会的《建议》，已经把股份合作制列为国有小企业改革的一种形式，但究竟怎么搞，还需要在实践中继续探索。我认为在当前改革试点工作中，不必对此进行过多争论，理论界应进行探讨，试点还是要进行。党的十四届三中全会通过的《决定》,明确提出一般小型国有企业"可以实行承包经营、租赁经营","也可以出售给集体或个人"。一部分小型企业卖给个人不会有什么问题,不会影响公有制在国民经济中的主体地位。不管采取什么试点办法,只要符合小平同志讲的"三个有利于"就行。因此,你们可以大胆地试。但是也应看到,这种形式目前还只看到一点初步效应,很难说已经成为"股份合作制"的规范形式,更不具备推广的条件。这两天企业在汇报时,你们把所取得的成绩都归功于"股份合作制",说改制后就形成了"利益共同体",职工积极性就提高了,产生了前所未有的效益,这也说得太绝对了。从你们的汇报来看,搞得好的企业都得有个好的领导班子,有个好的产品,进行了技术改造,通过加强管理,增加投入,才有了这样的综合效果,并不是"一卖就灵"、"一股就灵"。从两天来的汇报和实地考察来看,这种形式(股份合作制)存在的问题也不少。如诸城市泸河轮胎厂,厂长可以买 6 万元的股份,而职工只能买 3000 元,相差 20 倍,分红比例又很高(22%),厂长一年可以分 1 万多元,职工只能分 600 多元,发展下去,不会是什么"利益共同体",工人会说他是在为厂长干活。一人一股、一人一票也麻烦,不是很好操作。企业需要现代化管理,不能搞绝对民主化,也不能搞短期行为,少留多分,否则企业就办不下去了。

对于你们"股份合作制"企业的试点办法,至少有两点我是不赞成的。

第一,把企业净资产出卖给职工收回的钱收归国有资产管理局运营的做法风险很大。国有资产管理局不能管资金的运营,更无能力实现国有资产的保值增值。其结果可能会是按照政府首长的意志或者是随意性加关系学,到处放贷。名为优化存量结构,提高资金效益,实际上把企业行为变成政府行为,投资风险很大,可能以后这些资金很难收回来。我也不赞成把这笔钱交给财政局去管,现在全国财政信贷有一两千亿元,有些县级财政局的科、室也到企业放高利贷,这是违反国家规定的。财政部在去年的财政工作会议上已经明确提出,要清理整顿财政信用,财政系统的钱如果借给企业有偿使用,必须委托银行贷款,不能自己办信贷。现在的金融机构太多了,因此,我也不赞成成立基金会。另外,从诸城的小企业来看,资产负债比例都很高,平均70%左右。如果把出卖净资产的钱收归财政,表面上看来,国有资产不会流失了,实际上收回财政的只有30%,而其他70%是银行贷款,也是国有资产,但收回这笔钱的风险就更大了,因为企业原本无偿使用的净资产现在要给股东分红,股息比银行贷款利息还高,也就是说企业的资产负债比例提高了,企业在这种高负债情况下,是很难办好的。

第二,改制企业职工按所持股份分红问题。现金直接分红,一是扩大了消费基金,二是削弱了企业积累能力。特别是一些负债率很高、贷款风险很大的改制企业,更应明确提出暂时不能实行现金直接分红。如果要分红,银行应该加强监督,并要求企业制订还贷计划,如果不按计划还本付息就不能分红。银行贷款都是老百姓的钱,不能不还。红利可以作为职工扩股留在企业。

我并不要求你们马上改变试点办法,你们可以继续试下去。但是,从实际出发,我建议最好是:第一,出卖净资产给职工所得的钱,不要收归财政或国有资产管理局,而是留在企业里使用。实际上就是,原来的净资产作为国家股,职工集资的钱是扩股,用这个钱还掉部分银行贷款,资产负债比例降低了,企业经营就会好转。第二,说服职工,集资股暂时不实行现金分红。职工股和国家股的红利,都作为扩股留在企业,以扩大企业积累。

企业改革正在进行中,对于存在的许多问题,还需要时间看一看,今天提出的问题就是提醒你们注意。总之,我没有否定"诸城经验",而是充分肯定诸城市采取多种形式放活、搞好国有小型企业的大胆探索精神。希望你们在实践中不断总结、不断提高。

（此件由中共中央党史研究室机要档案处提供）

解放思想，大胆探索，进一步放开放活小企业①

（1996 年 3 月 27 日）

李铁映

去年以来，按照中央关于"搞好大的，放活小的"企业改革的战略部署，我国小企业改革，包括国有小企业和集体企业的改革，发展很快，迈出了很大步伐。已成为改革的一个重大问题。下面，从六个方面谈谈有关小企业改革的问题。

一、小企业在国民经济中的地位和作用不容忽视

我国的小企业数量很大，仅就国有小企业和集体企业而言，仍然是一个庞大的企业群体，广泛分布在工业、商业、建筑业、运输业、服务业等许多领域。尤其是改革开放以后，小企业获得了广阔的发展空间。邓小平同志曾赞誉我国乡镇企业的出现和发展是"异军突起"，城市中各种类型的小企业，也可以说是异军突起，已经形成一支很大的力量，发挥着重要作用。

就工业企业而言，全国乡及乡以上工业企业约 53 万个，其中国有大中型企业 1. 37 万个，加上非国有的大中型企业共约 2 万个，其余 96% 以上为小企业。

再看集体企业，虽然也有一些大型企业，但绝大多数规模都比较小，是我国小企业不可忽视的重要领域。1978 年，集体工业产值占全国工业总产值的22% ，1994 年增至 40.9% 。到 1994 年底，全国城镇集体企业近 100 万户，从业人员 3200 万人，占城镇职工总数的 25% 。

另外，从 70 年代开始，我国兴办了一大批劳动就业服务企业，绝大多数也属小企业行列。17 年来，共安置 2100 万人。近几年，劳动服务企业稳步保持着每年 100 万就业人员的安置量，有的省市劳动服务企业已成了安置就业人员的主渠道。

从以上数据可以看出，小企业可以做出大文章，在增加税收、创汇、扩大就

---

① 这是中共中央政治局委员、国务委员、国家体改委主任李铁映在全国部分省、市小企业座谈会上的讲话。

业、活跃市场、改善人民生活以及稳定社会等方面,有着独特的优势,起着难以替代的作用。当前的任务是做好这篇大文章。

应该指出,对小企业不应该有偏见,现代经济并不排斥小企业。从国际上看,各个国家企业数量居多的都是小企业,吸纳就业人数最多的也是小企业。美国、日本、韩国等国家,在经济发展过程中,都存在着少数大型垄断性企业和中小企业同时并存的局面,这些国有小企业数量占80%以上。世界上小企业发展最快,竞争也最激烈,不少小企业在竞争中取得优势地位,逐步壮大起来,极富生机和活力。我国改革开放以来的大量事实也表明,小企业在市场经济的海洋中,船小好调头,经风雨,见世面,不断提高适应市场的能力,成为真正的法人实体和市场竞争主体,有些可以锤炼得"小而精",变为实力很强的"小巨人",成为地方财政收入的主要贡献者。可以说,在整个社会主义历史阶段,小企业对于壮大公有制经济,促进国民经济发展,维护社会安定,实现共同富裕,都将发挥重大作用。

"抓大"和"放小"是一个问题的两个方面,两者相辅相成。有了一批大型企业和企业集团,就能体现国家实力,就能有效地带动一大批小型企业健康发展,对危困企业的调整余地就大了;小企业进一步放开搞活了,既可以建立和形成为大企业配套服务、从事专业化生产经营的企业群体,也可以吸纳更多的劳动力,创造市场活力,减轻大企业的负担。搞好大企业、放活小企业都很重要,可以构成合理的国民经济结构和市场主体结构,两者不可偏废。目前,小企业发展也遇到一些困难和问题,比如,设备和技术层次不高,产品质量差,管理水平低,亏损面比较大,等等。这些问题说到底,还是体制和机制问题,主要是小企业还不适应社会主义市场经济发展的要求,其生产经营活动还没有真正反映市场的需要。因此,在重点抓好一批大企业和企业集团的同时,必须注意研究和解决小企业改革的问题。这是实现两个根本性转变的一项重要措施。小企业搞不好,同样会影响整个改革的进程。

二、党中央、国务院一直十分关注小企业的改革

改革开放17年来,党中央、国务院制定了一系列搞活小企业的政策。早在80年代,国家就提出,小企业可以实行承包、租赁、出售、兼并。1988年,国务院发布了《企业承包暂行条例》和《小型企业租赁暂行条例》;1989年,国家体改委会同有关部门发布了《企业兼并暂行办法》和《出售国有小企业暂行办法》;1991年,为了促进集体经济发展,国务院发布了《城镇集体企业条例》和《乡村集体企业条例》。另外,国务院还制定了《劳动就业服务企业管理规定》,并对劳动服务

企业实行了减税让利的扶持政策。

党的十四大特别是十四届三中全会以来,随着我国企业改革由扩权让利的政策性调整阶段进入到制度创新阶段,党中央、国务院更加重视小企业改革,采取了一系列措施,引导小企业在制度创新上下工夫,切实转换企业经营机制。

党的十四届三中全会《决定》提出了建立现代企业制度的目标,对国有小企业和集体企业改革提出了具体要求,指出,"一般小型国有企业,有的可以实行承包经营、租赁经营,有的可以改组为股份合作制,也可以出售给集体或个人。""现有城镇集体企业,也要理顺产权关系,区别不同情况可改组为股份合作制企业和合伙企业。有条件的也可以组建为有限责任公司。少数规模大、效益好的,也可以组建为股份有限公司或企业集团。"

党的十四届五中全会《建议》再次提出,要"区别不同情况,采取改组、联合、兼并、股份合作制、租赁、承包经营和出售等形式。加快国有小企业改革步伐。"同时提出,要大力发展集体经济。

江泽民同志对国有小企业和集体企业改革一直非常重视,多次作出重要指示。1995 年 5、6 月份,他在上海、长春召开的企业座谈会上的讲话中指出,"要加快国有中小企业的改革,转换企业的经营机制,建立和形成为大企业配套服务、从事专业化生产经营的企业群体。对一般小型国有企业,要进一步放开、放活,有的可以实行兼并、联合或租赁,有的可以改组为股份合作制,也可以出售。"1995 年 9 月,他在党的十四届五中全会上的重要讲话中再次指出,"要研究制定国有经济的发展战略和布局,按照建立现代企业制度的目标积极推进国有企业改革、集中力量抓好大型国有企业,对一般小型国有企业进一步放开放活。所有国有企业都要加强内部管理,做好基础性工作"。1995 年 12 月,他在中央经济工作会议上的讲话中,对国有小型企业的地位和作用以及改革的形式和需要注意的问题作了详细的阐述,指出,"国有小型企业是国有经济的重要组成部分,特别是在繁荣市场、为民服务、增加劳动就业等方面有着不可替代的作用,要进一步放开放活,以利于更好活跃和发展整个经济。放开放活一般国有小型企业,要因地制宜,区别不同情况,采取改组、联合、兼并、股份合作制、租赁、承包经营和出售等多种方式,不要'一刀切'、一个模式。对那些产品无市场、资不抵债扭亏无望的企业,要下决心实行破产、兼并。小企业放开放活的过程,是一个深化改革的过程,决不意味着一放了之,撒手不管。放开放活小企业的目的,是为了使小企业搞得更好。要切实加强领导,认真执行国家的有关法令和政策,有步骤有秩序地进行,防止一哄而上,避免国有资产流失,并与优化结构和提高管理水平结合起来。"

　　李鹏同志对如何搞好国有小企业和集体企业改革也发表过许多重要讲话，1995 年 9 月，他在党的十四届五中全会上的讲话中指出，"对国有小型企业，可以区别不同情况，采取改组、联合、兼并、股份合作制、租赁制、承包经营和出售等多种形式，加快改革和改组的步伐。特别是县属企业可以放得更开一些。放活小的有利于集中精力搞好大的，也有利于搞活整个国民经济。需要注意的是，不论国有大中型企业还是小型企业，在改革中都要做好国有资产的界定和评估，认真加强管理，切实防止国有资产的流失。"1996 年 3 月，他在八届全国人大四次会议上的《报告》中进一步指出，"放活国有小企业，可以区别不同情况，采取改组、联合、兼并、股份合作制、租赁、承包经营和出售等形式。从一些地方的实践看，国有小企业经过改革、改组，绝大部分仍然是国有经济或者集体经济，即不同形式的公有经济，出售给私营企业或个人的是少数。""城乡集体经济是公有制经济的重要组成部分，要积极推进集体企业的改革与发展。"

　　可以清楚地看出，党中央、国务院对小企业改革是非常重视的。我们必须按照党中央、国务院的要求，增强紧迫感，不失时机地抓紧抓好这项重要改革。

三、加大国有小企业改革力度，是搞好整个国有经济的重要组成部分

　　近几年来，许多地方解放思想，大胆实践。用很大力量抓国有小企业改革，创造了不少好的做法，积累了丰富经验。像山东诸城市、广东顺德市、黑龙江宾县、辽宁海城市、四川宜宾县等。总结全国各地"放开放活"国有小企业的形式，可分为两大类：一类是不涉及产权变更的，如联合、承包、租赁、托管、委托经营等；一类是涉及产权变更的，如收购、兼并、股份制、股份合作制、出售等。对不涉及产权变更的改革，大家看法比较一致，是经营方式的改革。对涉及产权变革的改革，一个时期以来，曾经有一些不同看法。主要是所有制问题、公有制主体地位问题、国有资产流失问题，等等。目前，关键是要进一步解放思想，统一认识，坚持"三个有利于"的原则，鼓励探索和实践。

　　所有制性质与所有制的实现形式没有必然联系。同一所有制性质可以有多种实现形式，不同的所有制性质也可采用同一实现形式。在国有小企业改革中，要坚持公有制为主体。绝不搞私有化，这是毫无疑义的，必须始终坚持这一原则不动摇。在现代经济中，公有制可以通过不同的企业组织形式来实现，有适应高度集中的计划经济体制的公有制实现形式，也有适应社会主义市场经济体制的公有制实现形式。判断公有制的具体实现形式是否有效，要看它能否促进生产

力的发展。我们所进行的改革，不是要改变公有制性质，我们要改变的是，在高度集中计划经济体制下形成的资源配置方式和企业组织形式，企业的组织形式和企业经营方式，是手段，不是目的，不存在姓"资"姓"社"的问题。改革的目的就是积极寻求能够与社会主义市场经济相结合、能够促进生产力快速发展的公有制的有效实现形式。不改革"一大二公"的公有制实现形式，就无法适应市场经济的需要，必将限制生产力的发展，国有经济也不可能发展壮大。公有制经济应该采用一切市场经济条件下被实践证明是成功的、有效的微观实现形式，以创造更高的效率和效益。

所有制反映的是一种生产关系，这是政治经济学的原理。生产资料的归属关系表现为所有权。企业中的国有资产是国家投资行为产生的，由国家享有所有权。但是，对成千上万个企业注入国有资本，不可能由国家集中统一完成，需要通过授权各级政府分别来实现。各级政府即成为其所属企业中的国有资产的投资人，它们对其投资的企业应依法享有产权。在有众多出资人的企业中，产权表现为股权。一般来说，出资人是用属于自己的资本进行投资的。因此，所有权与产权可以是同一主体。但是，国有资产的情况却有所不同，各级政府经国家授权成为国有企业的投资出资人，用属于国家的资产进行投资，财产的所有权主体是国家，而产权主体是各级政府。因此，企业中的国有资产所有权和产权可以不是同一主体，可以分开。

把国有资产的所有权与产权分开，可以在国有经济内部确立众多的有相对利益的投资主体，这样，有利于国有资产的产权进入市场，实现产权的流动和重组，发挥市场在国家宏观调控下对资源配置的基础性作用。企业中的国有资产是资本形态的国有资产，可以称其为国有资本。资本流动是实现资产保值增值的基本方式。资本流动包括联合、收购、兼并、出售和破产等。充分利用这些形式，可以合理配置国有资源、优化国有资本结构、调整国有经济布局、推动国有资产向高效益领域转移、促进经济增长方式的转变。国有资产在流动过程中可以实现保值增值，当然，有时也可能会有损失。我们的任务就是防止非规范的做法，如不评估、低估资产、无偿量化等所造成的流失。但不流动、不重组，使国有资产滞死，自然贬值，甚至坐吃山空，才是最大的流失。

国有企业中资产的所有权是清楚的，归国家所有，由国务院统一行使所有权。但具体到每个国有企业，这就需要依法确立"国家授权投资的机构或部门"，把国有资产保值增值的责任落到实处，做到真正有人负责。

公有制为主体要从总体把握。从全国来说，是指国有资产和集体资产在社会总资产中占优势，并发挥主导作用，地区、产业不同，可以有所差别。发挥国有经济的主导作用,是在市场竞争中体现的。国有经济只有积极参与市场竞争,不断激发活力,才能发展壮大自己。

国有经济的主导作用,既取决于国有经济的数量,更取决于国有经济分布的结构和质量水平,只要国有经济掌握了关系国计民生的经济命脉,其主导作用就不会削弱。即使在这些行业,也并非需要保持100%的国有资本,可以允许非国有资本进入。国有资本通过控股、参股,可以成倍扩大实际支配的资产规模,形成国有经济的新优势。

伴随着国有资本的控股、参股活动,国有经济的实现形式会逐步呈现多元化格局,更多地采用国有独资公司、股份有限公司、有限责任公司等组织形式。我们完全可以根据不同产业在国民经济中,所处的不同地位,决定国有资本在企业占有多少份额比较合适。

四、大力发展集体经济是保持和巩固公有制主体地位的一项大政策

我国《宪法》规定,"中华人民共和国社会主义经济制度的基础是生产资料的社会主义公有制,即全民所有制和劳动群众集体所有制。"同时规定,"国家保护城乡集体经济组织的合法权利和利益,鼓励、指导和帮助集体经济的发展。"

1984年《中共中央关于经济体制改革的决定》指出,"集体经济是社会主义经济的重要组成部分,许多领域的生产建设事业都可以放手依靠集体来兴办。"

江泽民同志在党的十四届五中全会上的重要讲话中指出,"城乡集体经济是公有制经济的重要组成部分,具有广阔的前途,要大力发展。集体企业也要不断深化改革,创造条件,积极建立现代企业制度。"

可以看出,集体经济和国有经济共同构成了公有制经济的主体。集体经济的状况如何,直接关系到社会主义公有制主体地位是否能继续保持并得到巩固。

改革开放以前,片面追求"一大二公",急于向全民所有制过渡,把集体经济作为向全民所有制的过渡形式和社会主义公有制的低级形式看待。不少集体企业向全民企业过渡或看齐,办成了"二全民",失去了集体经济的本质特征,缺乏活力和效率。

改革开放以来,我国集体经济发展迅速,在国民经济中的地位越来越重要。实践证明,集体经济不是公有制的低级形式,不是一种过渡形式,而是公有制经济的重要组成部分,必须鼓励、支持和大力发展。

大力发展集体经济,不断完善集体经济的实现形式,是我们的一条方针。集

体所有是指财产所有权归集体共同共有。目前,主要有以下几种形式:社区集体所有、联社集体所有、企业劳动者集体所有、社团集体所有等。长期以来,由于受"一大二公"思想的影响,各类集体财产有的被平调,有的被挪用,有的被合并,集体财产归属关系非常复杂。

根据党的十四届三中全会《决定》的精神,集体企业在理顺产权关系的基础上,可以采取以下4种形式进行改制:一是改组为股份合作制企业;二是改组为合伙企业;三是有条件的也可以改组为有限责任公司;四是少数规模大、效益好的,也可以改组为股份有限公司或企业集团。通过改制,集体经济的实现形式呈现出多样化格局,可以更加适应市场经济的需要,活力必将大大增强。

要大力宣传集体经济的重要地位和作用,跳出过去的旧框框,认真研究和积极发展社会主义市场经济条件下集体经济新的实现形式。从目前我国生产力发展水平看,集体经济将会有一个大发展的时期。要积极创造条件,促进和支持集体经济的发展。

五、实行股份合作制是放开放活小企业的重要形式

股份合作制是在我国企业改革中出现的一种新生事物,近年来发展很快。据国家工商行政管理局统计,1995年底,在工商行政管理部门注册登记的城市股份合作制企业近14万户,注册资金达783亿元。乡村股份合作制企业,据统计已达300多万户。如何看待股份合作制企业呢? 有人说股份合作制是过渡形式,它要么向股份制发展,要么向合作制发展,不能作为一种独立存在的企业组织形式。

任何一种企业组织形式都反映一定的生产关系,适应一定的生产力发展水平。股份合作制企业在我国出现绝非偶然,它是我国生产力发展水平的客观需要。世界上永恒不变的东西是没有的,一切都在发展,一切都在变化。在现阶段生产力发展水平条件下,股份合作制作为一种独立的企业组织形式,有其客观存在的必然,实行股份合作制是国有小企业和集体企业改制的一种重要形式。

我国《宪法》规定,"城镇中的手工业、工业、建筑业、运输业、商业、服务业等行业的各种形式的合作经济,都是社会主义劳动群众集体所有制。"因此,可以说,股份合作制企业是以合作制为基础,兼有股份制特点,实行劳动合作与资本合作相结合的一种新型集体所有制经济的组织形式。

股份合作制企业有4个特点:

一是职工全员入股,实行劳动合作与资本合作相结合。企业所有在册职工,

都要认购一定数额的股份,职工具有双重身份,既是企业的劳动者,又是企业的股东,劳动合作与资本合作有机结合在一起。

二是股份合作制是一种新型集体经济组织形式,集体企业改制为股份合作制时,原有资产不能无偿分到个人,应拥有一定比例的集体成员共同共有、不可分割的财产。新设股份合作制企业是否必须设共同共有的集体股,要在实践中进一步探索。

三是实行民主管理,职工享有平等权利。职工股东大会表决时,采取一人一票制,而不是像股份制那样实行一股一票制。

四是以按劳分配为主,税后利润实行按劳分红与按股分红相结合。

集体企业改组为股份合作制企业时,需要研究的一个问题是,属于企业劳动者集体所有的资产,是否可以拿出一部分量化到劳动者个人头上去。主张这样做的人认为,职工在企业的劳动积累可以带来资产的增值,对这部分增值的资产,职工享有所有权,可以分掉。这样简单地下结论是错误的。集体所有的资产是企业几代劳动者共同创造的,不能简单地分给现有职工,尤其是社区集体所有的联社集体所有的资产,是社区和联社大范围内的劳动者集体所有,更不能由一个企业的职工分掉。企业的领导者、管理层可以自己掏钱多买一些股份,但不能搞"权力股"。对劳动者集体所有的资产分得的红利,可以按照企业章程的规定,拿出一部分对职工实行按劳分红。

可以相信,我国的集体经济将会迎来一个大发展的时期,跃上一个新的台阶,在总量上占的比重会越来越大,成为公有制经济的一支强大力量,进一步巩固公有制的主体地位。

六、放开放活小企业需要把握的几条原则

(一)认真规范,防止国有资产和集体资产在流动重组中发生流失现象

把好4个关口:一是国有资产和集体资产流动重组要经产权主体同意,企业自己不能卖自己;二要进行严格科学的资产评估;三是坚持依法有偿转让,公开公平,转让价格由市场确定;四是产权转让收入应该用于国有或集体的资本再投入,不能用作任何形式的消费,不能把职工集体所有的资产无偿分配给个人。

(二)坚持"三个有利于",鼓励大胆探索和创造

一些好的做法都是来自实践、由群众创造的。要尊重群众的首创精神,对新出现的改制形式或经营方式,不要过早地下结论。对小企业改革改组、放开放

活,城市这一块比较容易规范,乡镇那一块很复杂,要慎重,有些问题不要定得太死太具体,要留有试验的余地。

(三)不"刮风",不强迫,不搞"一刀切"

各地应因地制宜,从自己的实际出发。小企业改革的形式有多种多样,适合哪种就搞哪种,不要脱离企业实际,片面追求某种模式。小企业的改革必须坚持各种形式,这是一条主要经验,也是小企业的状况和差异所决定的。各地要加强对小企业改革的组织领导,尽可能地防止出现偏差,要及时总结经验,制定一些地方性的法规,引导小企业改革健康发展。

(四)充分发挥企业党组织的政治核心作用和职工民主管理的作用

这是我们办社会主义企业的政治优势,是几十年积累的宝贵财富。

邓小平同志指出:"我们要坚持党的领导,不能放弃这一条,但是党要善于领导。"这一点对企业尤其重要。要注意研究在社会主义市场经济条件下,企业党组织如何改变过去传统的活动方式和工作方法,适应新情况,更好地发挥政治核心作用。要按照社会主义市场经济的要求,正确认识工人的主人翁地位,探索职工民主管理的新形式。

(五)加强内部严格科学的管理

严格科学的管理是现代企业的基本特征和属性,一个企业没有严格科学的管理,就不会有高素质的职工队伍,就不会生产出高质量的产品,就会在竞争中失利。国有小企业和集体企业改制后,如果不抓严格管理和科学管理,还是不能真正活起来。国有企业转换经营机制,建立了现代企业制度,进行了公司制改组等改革,只能使企业获得一个好机制,并不能保证企业一定经营成功。一个好的企业组织形式不是万灵之药,不是"一股就灵"。江泽民同志在上海、长春召开的企业座谈会上的讲话指出:"部分国有企业缺少活力。不是由于所有制问题,而是由于企业机制问题、外部环境问题和历史遗留问题。"也就是说,决定企业经营好坏的因素是多方面的,除了要有一个好机制外,还要消除其他一些制约因素,比如,从企业内部来讲,还需要有一个好班子,一个好产品,一支好队伍,有先进的技术和严格的管理。

(六)抓紧建立社会保障制度

国有小企业和集体企业不管进行什么形式的改革,都必须注意建立包括养老、医疗、失业等内容的社会保障制度。要妥善安排好企业的职工。有的企业采取一次性发给职工一笔资金,让职工买断工龄,脱离企业,自谋职业,这种做法不太好,容易成为造成社会不安定的因素,还是把职工组织起来比较好。国有小企业和集体企业改制时,可以划出一定比例的属于国家和集体所有的资产或资产转让收入,用于安置职工和弥补已离退休职工养老或者医疗保险费用的不足,这不能看做是国有或集体资产的流失,而应视为国有或集体资产流动重组需要付出的一种成本代价。

（选自《中国改革报》1996 年 6 月 7 日）

关于发展股份合作制的几个问题[①]

（1996 年 4 月 17 日）

洪 虎

中国的经济体制改革，经过 18 年的艰难历程，取得了举世瞩目的辉煌成就，正在朝着建立社会主义市场经济体制的目标前进。在建立社会主义市场经济体制的过程中，以塑造市场主体、建立现代企业制度为主要内容的企业改革是整个经济体制改革的中心环节。在建立现代企业制度的改革过程中，企业内部职工持股制度和股份合作的新型企业制度受到人们的普遍关注，中国的一些省市有关部门正在进行股份合作制和公司内部职工持股制度的试点。中央有关部门制定了股份合作制方面的规章，国家正在着手制定有关职工持股和股份合作制方面的法律、法规，进一步完善中国的内部职工持股制度和股份合作制度。下面我就发展股份合作制讲几个问题。

一、中国股份合作企业发展的基本情况

80 年代以来，随着中国改革开放的深入，一种以合作制为基础，吸收股份制因素的新型企业形式——股份合作企业在中国广大的乡村和城市逐渐兴起。它兼有合作制和股份制企业的特点，是劳动者与生产资料直接相结合的一种社会主义公有制经济组织形式。到 90 年代，股份合作企业已呈迅猛发展之势。据初步统计，目前中国的股份合作企业已超过了 300 万家。

中国股份合作企业是农村经济体制改革深化的产物。农村实行联产承包责任制，大大激发了农民的生产积极性，促进了农业生产力的提高和农村经济的发展，同时也使大批农民从土地的长期束缚下解放出来。伴随农村剩余劳动力的增加，日益增长的就业需求与资金缺乏、就业门路不够广泛的矛盾十分突出，股份合作制这一劳资相结合的新的企业形式，就在深化农村改革中应运而生。

中国改革开放以来，随着乡镇企业的兴起和劳务输出的增加，各地之间的经

---

① 这是洪虎在职工持股暨股份合作国际研讨会的发言摘要。

济交往不断增多,农民的商品经济意识逐步增强,收入大大增加,兴办企业的积极性不断提高,农民自己办企业的条件基本具备。农民在合作经济的基础上,吸收股份制企业的一些特点,创造出了自筹资金、合资合劳、利益共享、风险共担的新型企业——股份合作企业。它保留了以劳动合作为基础的合作原则,又吸收了股份制筹资和重视经营管理的合理成分,是一种集合作制与股份制优点为一体的新型社会主义集体经济组织形式。

1985 年中共中央第 1 号文件第一次明确提出了"提倡股份式合作",为股份合作企业的发展提供了政策上的依据。中国政府有关部委和一些省市政府相继出台了鼓励发展股份合作制企业的政策和规定。这些政策的出台,对股份合作制企业的发展起到了引导、扶持和保护的作用。

中国共产党第十四届三中全会通过的《中共中央关于建立社会主义市场经济体制若干问题的决定》提出了发展股份合作制的方针。《决定》指出,"以公有制为主体的现代企业制度是社会主义市场经济体制的基础"。"现代企业按照财产构成可以有多种组织形式"。"一般小型国有企业,有的可以实行承包经营、租赁经营,有的可以改组为股份合作制,也可以出售给集体或个人"。"现有的城镇集体企业,也要理顺产权关系,区别不同情况可改组为股份合作制企业或合伙企业"。"乡镇企业是农村经济的重要支柱。要完善承包经营责任制,发展股份合作制,进行产权制度和经营方式的创新,进一步增强乡镇企业的活力"。

全国八届人大四次会议通过的《关于国民经济和社会发展"九五"计划和2010 年远景目标纲要的报告》进一步提出:"国有企业改革,要着眼搞好整个国有经济,突出重点,分类指导"。"放活国有小型企业,可以区别不同情况,采取改组、联合、兼并、股份合作制、租赁、承包经营和出售等形式。从一些地方的实践来看,国有小企业经过改革改组,绝大部分仍然是国有经济或者集体经济,即不同形式的公有经济,出售给私营企业或个人的是少数"。"城乡集体经济是公有制经济的重要组成部分,要积极推进集体企业的改革与发展"。中国政府制定的一系列重要政策,为股份合作制企业的推进和发展指明了方向,使股份合作制企业得以在中国范围内迅速发展,成为发展国民经济和壮大公有制的重要力量。

二、关于股份合作企业的性质和特征

股份合作制企业是在改革实践中产生的、适合中国国情的新的企业组织形式,是经济发展过程中的新生事物。它保持了合作制出资人参加劳动、按劳分红和实行民主管理的基本内核,同时又吸收了股份制筹集资金、按资分配和经营管理方面的一些特点,通过劳动合作和资本合作相结合的形式,使合作制和股份制两种经济形态的优点有机地结合并得到充分地发挥。可以说,股份合作企业是一种集合作制与股份制的优点于一体的具有中国特色的独立企业形式。

股份合作制作为一种独立的企业组织形式,既不同于股份制,也不同于已有的合作制,具有明显的特征:

(一)企业职工既是出资者又是劳动者。职工共同出资、共同劳动、共享利益、共担风险。

(二)企业实行民主管理。企业职工股东会为最高权力机构,实行一人一票的表决制度,即职工股东享有平等的表决权。

(三)实行有限责任和法人制度。企业具有法人资格;出资人以其出资额为限对企业承担责任,企业以其全部资产对企业债务承担责任;实行资本保全原则,股东不得随意退股,以保证企业正常的经营和履行对社会应承担的责任和义务。

(四)企业内部建立合理的法人治理结构。

(五)在按劳分配为主的基础上,实行按资分红和按劳分红相结合的分配原则。

三、关于股份合作制的地位和作用

股份合作制是小中企业建立现代企业制度的有益探索。现代企业制度是指适应社会化大生产的需要,反映建立社会主义市场经济体制的要求,企业真正成为面向市场的独立法人实体和市场竞争主体的一种企业体制。现代企业制度的基本要求是产权清晰、权责明确、政企分开、管理科学。建立现代企业制度的任务主要是针对法人型企业而言的。凡是法人企业,在建立社会主义市场经济体制的过程中,都应该成为真正的法人实体和市场竞争主体。现代企业制度从财产组织形式上看是多样的,公司制是其中的一种典型形式,但不是唯一的形式。股份合作制企业较好地解决了产权不清、责权不明、政企不分、管理不顺等问题,体现了现代企业制度的基本特征,既符合我国现阶段生产力发展水平和广大群众的觉悟程度,又适应当前中国市场经济和社会化大生产的客观要求,具有强大的生命力。发源于农村的股份合作制很快被引入城镇集体经济和小型国有企业,并且为全国各省市广泛采用。从上面的分析,不难看出,股份合作制也是现代企业制度的一种企业组织形式。

搞好国有大企业,放开放活小企业,是中国企业改革的基本思路。股份合作制是放活小企业可供选择的一种有效途径。小企业的数量多、涉及面广、形式多样。中小企业的改革不能只采用一种模式,决不能搞"一刀切"。应从小企业的实际出发,分别采取联合、兼并、股份合作制、承包、租赁、出售、拍卖等多种形式。在这些改革措施中,股份合作制是从企业体制上进行的制度创新。这种制度创新,着眼于解决企业深层次的矛盾,建立一种有利于生产力发展的企业体制,是一种治本的措施。实行股份合作制有利于确立职工主人翁地位,调动职工的积极性;有利于维护企业、职工和债权人的合法权益;有利于筹集资金,将消费资金转变为生产资金;有利于促进生产要素的合理流动和资源的优化配置。所有这些,对于探索建立现代企业制度,有着十分重要的作用。我相信股份合作制必将成为小企业改革所采取的一种重要企业组织形式。但目前要切实防止在推行股份合作制问题上的盲目性,造成一哄而起。对于有条件改组为股份合作制的国有小企业和城镇集体企业、乡村集体企业,要加强引导,有步骤有秩序地推进。

四、关于发展股份合作制应注意研究的几个问题

在中国,发展股份合作制是一个新事物,有许多问题需要进行理论研究和实际探索,我觉得有以下几个问题需要着力进行研究。

1. 如何保持合作经济的特点,坚持集体经济的性质

股份合作制具有合作经济的特点,本质上属于合作经济。合作经济在中国属于集体经济的范畴,而集体经济是公有制经济的重要组成部分。股份制是财产组织形式,不同所有制的出资者都可以运用。股份合作制可以看做是采用股份制财产组织形式的合作经济,因而不能简单地把股份合作制当做是股份制。坚持公有制为主体的方针,最根本的是要发展壮大公有制经济,而发展壮大公有制经济,最有效的措施是充分地发挥市场机制的作用。在建立社会主义市场经济体制的过程中,要发展壮大公有制经济,就需要寻找公有制经济最有效的实现形式。所有制性质与所有制的实现形式没有必然的联系。同一所有制可以有多种实现形式。公有制可以通过不同的企业组织形式来实现。判断公有制的具体形式是否有效,要看它是否促进生产力的发展。我们要改革的,是阻碍生产力发展的企业体制和机制;积极寻求的,是能够与社会主义市场经济体制相结合、促进生产力发展的公有制的有效实现形式。因此需要认真地研究股份合作制企业在建立社会主义市场经济体制和发展壮大公有制经济中的作用。

2. 在进行股份合作制改造的过程中,如何维护国家和集体的权益,防止国有资产和集体资产的流失

原有企业组建股份合作制企业时,必须进行资产评估和产权界定,明确企业出资者的权益,保护国有资产和集体资产不受侵犯。在产权流动和重组中,要维护国家和集体利益,严禁将国有资产、集体资产低价折股,低价出售,甚至无偿分给个人。

3. 改制的企业如何提高企业的自我发展能力和市场竞争能力

企业在改制中,要注意增加企业的积累。在企业资产负债率过高、经济状况不好的情况下,要防止过多地分红,要引导职工从企业的长远发展着眼,增加企业的投入。在改制中,要确保企业原有债务责任的落实,防止银行等单位债权的落空,要增强企业和企业职工的风险意识。

4. 如何促进股份合作制企业健康规范的发展

首先,要有法律保证。到目前为止,我国还没有一部规范股份合作制企业的法律法规。对日益发展壮大的股份合作制企业,迫切需要制定股份合作企业法律法规,使之规范、健康有序地发展。我们需要在总结实践经验的基础上,充分吸收国外一些有益作法,加快立法的步伐。其次,要进行正确引导。要加强对股份合作制的政策研究,适时出台促进股份合作制健康发展的有关政策。第三,要不断总结实践中的经验,及时研究解决实践中出现的问题。

(原载上海集体经济研究会等单位主办的《上海集体经济》1997 年第 1 期,第 20—23 页)

深化综合配套改革　搞活轻工集体企业①

（1996 年 4 月 23 日）

于　珍

集体资产整体运营是轻工集体经济改革的一大创举

集体资产如何运营与管理一直是我们探索的一个重要方面。近年来,经过各地的实践,已经有了很大的进展。

厦门市二轻工业局被市政府授予集体资产运营权后,他们一是重新构造联社新框架,从收回联社资产入手,抓整体调整、改造;二是创造性地学习北京一轻综合配套改革的思路,紧紧抓住厦门特区老城区改造的机遇,利用市政府为老城区改造制定的配套政策中的"谁家孩子谁抱走"和"五个统一"政策(实行土地使用权统一出让,统一搬迁,统一规划,统一建设,统一资金),提出了"以老企业易地搬迁为突破口,以资产增值为核心,以解决二轻长期存在的矛盾为重点,以通过发展生产提高职工收入为目的"的综合配套改革方案。得到了厦门市政府的高度重视,由市政府领导带领市政府有关部门对二轻综合改革方案进行专门论证,给予政策支持。最后确定为"一增三转一分流,再造新二轻"的综合改革方案,提出"一大、二区、上三个台阶"的发展战略和奋斗目标,即树立"大二轻"的新观念,大胆突破行业界限,发展高新产业;构筑新老二区轻工业并立的经济发展新格局;到本世纪末使二轻工业总产值在现有的基础上翻两番,上三个台阶。通过综合配套改革,使二轻集体资产得到增值,产业、产品、资产、人才结构得到了调整,从"小二轻"发展成为"大二轻",实现二轻经济的革命性变革。经过前阶段的实施,效果已逐步显示出来。这次会议要组织大家参观厦门二轻的企业,大家可以看到,一个并不很发达的城市轻工业集体经济,完全可以通过集体资产整体运营管理和综合配套改革两个轮子求得较快的发展。

---

① 这是于珍在学习北京一轻综合配套改革经验交流会上的讲话节录。文章标题为编者所加,讲话原标题为《深化改革,加快结构调整,促进轻工业发展》。

我们手工业合作总社是一个集体经济组织,各个城市手工业联社对下属企业不仅仅是管理关系,而且有着财产关系,应当充分利用这两方面优势,学习、借鉴厦门二轻的经验,盘活集体资产存量,调整、改造整个城市二轻工业。

放活小企业

轻工系统现有大型企业占全系统企业的2.0%,中小企业占全部企业的98%。我们要按照中央关于"搞好大企业,放活小企业,择优扶强,优胜劣汰"的精神,根据轻工业实际,宜大则大,宜小则小,搞好轻工企业。

轻工系统中绝大部分是中小企业,这些企业是轻工业的重要组成部分,对于繁荣市场、扩大出口创汇,安排劳动就业、保持社会稳定等方面有着不可替代的作用。改革开放以来,轻工中小企业改革发展取得了很大成绩。不少企业通过改革增强了活力,在国内外市场竞争中得到了发展壮大。但由于历史的原因,小而全、小而散、规模不经济、专业化水平低、经济效益差的问题仍十分突出。各地要从实际出发,多形式、多途径地探索,不搞"一刀切"、一个模式。按照分类指导的原则,进一步放开放活。

去年,中国轻工总会召开了全国轻工业中小企业改革现场会,专题讨论研究轻工业中小企业的改革、调整与发展等问题,并将有关情况向吴邦国副总理作了专题报告。吴副总理批示:"加快小企业改革步伐是今后企业改革内容之一"。在总会向吴副总理汇报工作时,他还指出,轻工业特点是中小企业多,集体企业多,市场化程度比较高,抓好大的、放活小的企业比较容易操作,对放活小的也要提到议事日程上来,而且要加快速度。根据这些批示,我们总的改革与发展思路是:以改革为动力促进发展,以调整结构为重点带动发展,以引资为契机加快发展,以统筹规划、总体推进保证整体发展。放开放活轻工中小企业,使他们先行进入市场。我们正在调查研究、总结经验,着手制定有关轻工中小企业的改革办法。

对小企业放开放活的过程,是一个深化改革的过程,目的是为了使小企业搞得更好。因此,各级轻工业主管部门,要切实加强对放开放活小企业的领导,认真执行国家的有关法令和政策,有步骤有秩序地进行,防止一哄而起,或一放了之,撒手不管。要把搞好大的和放活小的结合起来,促进结构调整。要加强监管,严格资产评估,防止资产流失。中国轻工总会和总社制定的有关轻工中小企业改革与发展的文件,仍要继续贯彻执行。国家正在制定《关于对国有小企业实行承包、租赁、股份合作制的政策意见》、《城镇股份合作制企业暂行办法》等推进小企业改革的政策性文件,希望大家及时掌握,结合自身实际,用好、用足、用活有关的政策。各地政府和轻工主管部门,要因地制宜制定支持轻工中小企业改革与发展的政策,搞好统筹规划、分类指导、总体推动,引导企业共同发展。最近,山东诸城市采取多种形式放活、搞好小企业的做法和经验,受到各方面的重视和关注,总会已经决定,过一段要组织去调查研究,学习推广。

小企业放开后,通过改革、改组、改造和加强企业管理,在轻工系统真正壮大一批骨干企业,形成一大批装备精良、人员素质高、劳动生产率高的小而精、小而专、小而灵的"小型巨人"企业;淘汰一批产品无销路、扭亏无希望、发展无前途的企业,提高轻工业整体素质和经济增长质量。

深化集体企业改革

轻工集体企业大多数是中小企业,前面已经讲了放开搞活中小企业的思路,当然也包括轻工集体企业。我对轻工集体企业改革再强调几点:

一是继续扩大推行股份合作制,采取多种形式深化企业改革。实践证明。股份合作制具有产权清晰、利益直接、机制灵活、适应范围广的特点,有利于增强企业的实力,激发职工积极性,促进生产力发展,它是轻工集体企业制度创新的一种主要形式,要继续扩大推行。要注意研究难点,根据不同情况争取有关政策,加快推行步伐。对已改为股份合作制的企业,要按照建立现代企业制度要求,逐步规范和完善。有条件的企业可按《公司法》要求组建为有限责任公司;少数规模较大、条件较好的企业也可组建为股份有限责任公司。在企业组织结构调整中,发挥优势企业和龙头产品的作用,积极发展企业集团。对目前为数众多的"小穷亏"企业,难以推行股份合作制的,要区别不同情况,采取联合、兼并、租赁、承包经营、引资嫁接等形式改组;对扭亏无望的企业采取分块搞活、产业转移、解体重组、拍卖、破产等多种途径,使企业整体或局部活起来。

二是搞好清产核资和产权界定,加强轻工集体资产管理,国有企业的清产核资已接近尾声,国家对集体企业清产核资没有做出统一部署。国家经贸委和国家税务总局已拟订了《城镇集体所有制企业事业单位清产核资暂行办法》报国务院审批。文件下发后,各级轻工主管部门、联社要积极会同有关部门,认真做好所属集体企业、事业单位的清产核资工作,同时各级联社的资产也要认真清理核查,不仅要清理系统内的,也要清理系统外的,进一步理顺产权关系。国有资产管理机构已建立起来,但集体资产管理体制尚未形成,而我系统在处理集体资产有关问题时遇到许多麻烦。因此总会、总社已决定组建轻工集体资产管理委员会,该委员会承担对集体资产的"指导、维护、监督、协调、服务"管理任务和职能,它依法维护轻工集体所有者合法权益,防止集体资产被平调和流失,监督集体资产保值增值。同时总会、总社还制定了《轻工企业集体资产管理暂行办法》,已多次征求修改,并争取国家经贸委、税务总局联合下发。随着市场经济体制的建立,组建集体资产管理机构,加强对集体资产的监督管理势在必行。各级轻工主管部门、联社要加强这项工作,根据各自实际情况,从组织上、制度上加强对集体资产的监督管理。

三是建设好联社,服务于企业。当前正处于各级行政部门机构改革时期,我再次强调,各级联社是集体企业联合经济组织,不是政府机构,无论轻工行业管理部门机构如何改革,联社机构必须保留。由于各地政府的支持,各级联社做了许多工作,大部分地区情况是好的,但也不平衡,那些没有恢复或工作处于瘫痪状态的联社,要采取措施改变这种状态。联社要适应新的形势,自身也进行改革,联社要突出它的"经济性"和"服务性",总社提出"兴办经济实体、增强经济实力、强化服务功能"作为各级联社改革方向,被大家所接受,取得显著效果,希望继续探索和创新。这次机构改革中,广西撤销自治区二轻局,把行业管理任务交给自治区二轻集体工业联社,说明自治区政府充分发挥联社作用,其他省有的市县也采取这种形式管理行业,属于这种情况的联社要竭尽全力管好行业。

(选自《中国集体工业》杂志 1996 年第 7 期,第 6—8 页)

中国轻工总会　中华全国手工业合作总社关于转发厦门二轻集体企业联社《学习北京一轻经验　推进综合配套改革壮大集体经济实力》的通知

（1996 年 5 月 14 日）

各省、自治区、直辖市轻工（一轻、二轻）厅、局、总会（总公司）、联社：

　　地处厦门经济特区的二轻集体经济基础并不好，大多数企业规模偏小、产品老化、设备简陋、财力单薄、人员老化、人才奇缺，全行业包袱沉重、发展缓慢，与迅速发展的特区经济形成较大的反差。厦门二轻为摆脱长期困窘的局面，他们解放思想、转变观念、抓住机遇、选准突破口，制定了"一增三转一分流，再造新二轻"的综合配套改革总体方案。这个方案得到市政府的批准和有关部门的支持，对二轻系统起到了统一思想、统一行动、鼓舞士气的作用。

　　厦门二轻在实施综合配套改革方案中，始终围绕着调整结构、优化配置、资产增值、发展生产这个主题，在操作上总体规划、一厂一策、扎实推进。通过联合、兼并、解体、土地使用权转让等措施，进行了资源的优化配置，调整了产业、产品和企业组织结构，妥善安置职工和分流人员。目前"退二进三"的企业有 14 家，联社出资购买了二轻浦南工业园，购置 12 万平方米二轻枋湖工业园土地，正在开发。联社本部和关联企业资产得到大幅度增值，为二轻经济发展奠定了坚实的物质基础。他们的做法和经验主要是：（一）"一增三转一分流"的配套改革，把现代企业制度、产权制度、土地使用制度、劳动人事制度和社会保险制度改革结合起来。（二）综合配套改革和集体资产管理体制的改革，两者相辅相成、协调运作。他们从历史和现状出发，将二轻联社的资产（包括联社本部和下属企业的资产）定为联社范围的劳动群众所有，联社是联社范围内集体资产的总代表，上下形成共识，实际上是市政府授予联社对二轻集体资产的运营和管理权。理顺产权关系做基础，在二轻集体企业联社范围内进行调整、改造、盘活存量资产。（三）厦门市政府就老企业易地搬迁问题实行"四个统一"（土地使用权统一出让、统一搬迁、统一规划、统一建设)的政策。厦门二轻抓住这一机遇,由联社统一组织,整体运作,为综合配套改革提供了前提。(四)以"四个调整"(产品结构、产业结构、资产结构和人才结构)为重点,坚持改制、改组、改造三者相结合,根据不同企业采取不同形式,各自有所侧重,实现生产要素的优化组合和资源的优化配置,增强企业活力,提高二轻整体素质。

今年4月,中国轻工总会在厦门召开了学习北京一轻综合配套改革经验交流会,厦门市二轻集体企业联社主任林两木介绍了他们综合配套改革的做法和经验,与会代表实地考察了部分企业,一致认为厦门二轻学习北京一轻综合配套改革的经验落到实处,改革的思路富有创造性,较好地解决了集体资产运营和管理问题,为二轻集体企业整体改革与发展、壮大集体经济实力,探索出一条新路子,对大中城市轻工集体经济改革与发展有学习借鉴的意义。现特将厦门市二轻集体企业联社"学习北京一轻经验 推进综合配套改革 壮大集体经济实力"的经验材料转发给你们(见附件)。希望各地轻工主管部门、联社和企业,认真学习北京一轻、厦门二轻综合配套改革经验。根据自身的特点,争取和创造良好的政策环境,选择与自己相适应的模式,大胆探索自身改革的途径。

附:

学习北京一轻经验 推进综合配套改革
壮大集体经济实力

厦门市二轻集体企业联社

改革开放以来,厦门经济特区取得了迅猛的发展,而历史包袱沉重的厦门二轻集体经济却发展缓慢,甚至有些行业日益萎缩,与厦门特区经济发展的差距逐步拉大,形成了一个极大的反差,与此相伴而生的经济问题和社会矛盾日益突出,成为蓬勃发展中厦门经济特区的一个老大难问题。

1993年,厦门二轻借助于以拓宽厦禾路为重点的厦门老城区改造,经充分酝酿,推出《厦门二轻系统综合配套改革方案》。1994年3月,国家体改委、中国轻工总会推广北京一轻的经验,更进一步增强我们实施综合配套改革方案的信心和决心。随着时间的推移,改革的实践使我们坚信,只有认真推行和加速实施综合配套改革方案,厦门二轻集体经济才能冲出盲区,摆脱长期困窘的局面,创造出一个厦门"新二轻"。现将综合配套改革方案的实施情况和初步效果汇报如下：

一、长期困扰二轻集体经济发展的五大难题

厦门二轻系统的企业大多数是 50 年代以手工业操作为主的作坊式社（组），在合作化的基础上发展起来的，部分搞得比较好的企业已升格为国有企业。由于历史种种原因，现今系统内大多数企业的基本状况是："规模偏小、产品老化，设备简陋，财力单薄，人员老化，人才奇缺"，这 5 个难题使厦门二轻集体经济沉陷于困窘的境地。现仅以 1992 年的几组数字加以说明：其一，生产规模偏小，产品老化。厦门二轻工业企业总数 60 家，其中年产值在 1000 万元以下的 47 家，占 78.3%；年产值 1000 万元以上只有 13 家，占 21.7%；年产值在 1 亿元以上的只有一家，绝大多数企业都不具备经济规模，而且结构性矛盾十分突出。从 1988 年至 1992 年全系统技术改造总投入只有 1200 万元，五年期间，平均每家企业的技改投入只有 20 万元，大多数企业得不到技术改造，设备简陋，产品几十年"一贯制"，进行过技术改造和产品结构性调整的企业仅占企业总数的 25%。其二，人员老化。长期以来，由于二轻技术改造发展缓慢许多企业多年没有招工，职工年龄结构老化，全系统三分之二企业的职工平均年龄在 40 岁以上。如厦门服装厂，在职职工只有 188 人，而退休职工却有 295 人，人员老化问题已成为压在这些企业的一个沉重的包袱。其三，经济效益差。全系统亏损企业 14 家，亏损面达 23.3%；年利润 20 万元以下的 27 家，占 45%，亏损和微利企业占 69.3%。其四，人才奇缺，人才进不来，进来又留不住。以厦禾路拓宽工程和沿街的 18 家易地改造企业为例，大学学历以上人员仅占 1.2%。其五，职工收入低。以前述 18 家企业为例，1992 年职工平均收入只有 2592 元，为全市职工人均水平的 69% 左右；1994 年，二轻职工年人均收入也只有厦门职工年人均收入的 71%。职工收入低微，人心涣散，企业的凝聚力弱。这里还要特别指出的是，许多集体小企业尚未摆脱手工作坊模式，其思维方式、思想观念深受小生产的旧传统、旧观念的束缚，客观上加重改革的难度，影响了改革的进程。

二、解放思想、转变观念、抓住机遇、选准突破口

为了使厦门二轻集体经济摆脱长期无法摆脱困窘的局面，几年来，我们做出了艰苦的努力。1992 年下半年，我们认真学习贯彻邓小平同志南巡重要讲话精神和党的十四届三中全会《关于建立社会主义市场体制》的决议，促进思想观念转变，开拓思维，理出了以老企业改造为重点，3 至 5 年二轻打翻身仗的新思路，积极寻找系统、全面改造"旧二轻"的突破口。1993 年初，厦门经济特区推出以

拓宽厦禾路为重点的老城区改造的重大举措,市政府制定老城区改造的一系列配套改革政策,其中对老城区改造中涉及的老工业企业,实行"谁家孩子谁抱走"和"四个统一"的政策(即实行土地使用权统一出让、统一搬迁、统一规划、统一建设),也就是实行二轻集体老企业的易地搬迁,均划由二轻局和二轻联社统一处理的办法。我们紧紧抓住这一千载难逢的大好机遇,提出了"以老企业易地搬迁为突破口,以资产增值为核心,以解决二轻长期存在的结构性矛盾为重点,以通过发展生产提高职工收入为目的"的综合配套改革的初步方案。在二轻内部反复讨论的基础上,邀请市政府有关综合部门进行论证和征求意见,编制了"一增三转一分流,再造几个二轻"的综合配套改革方案,于1993年8月上报市政府。方案上报期间,我们着手实施,把握机遇大胆干。

　　1994年3月,国家体改委和轻工总会分别召开会议推广北京一轻经验,这对正在实施综合配套改革方案的我们是一个极大的鼓舞和支持。我们借助推广"北京一轻经验"的东风,积极向市政府汇报,并表明我们实施二轻综合改革方案的决心,取得市政府的关心和支持。我们吸纳了市领导和有关部门的意见,最后修定为《"一增三转一分流,再造新二轻"二轻系统综合改革总体方案》。市政府于1994年4月26日发了厦府综(94)094号文,对《方案》做了六条批示意见,从政策上给予支持。从此,我们在宣传推广北京一轻经验的同时,也广泛宣传厦门二轻综合配套改革方案,使之形成"大气候",并不失时机地艰难推进,稳步实施。

三、从头整治旧山河,构筑联社新框架

　　《厦门二轻综合配套改革方案》制订于1993年8月,修订于1994年2月。现在回过头来回顾和检查这个方案的执行情况和实施过程,《方案》的总思路和大方向是正确的,它对外起到了抛砖引玉的作用,争取到政策和市政府有关部门的支持;对二轻本身起到了统一思想,统一行动,统一步伐,鼓舞士气的作用。虽然由于外界条件的变化,特别是出现经济上的宏观调控,房地产市场疲软,使改革方案的实施受到一定程度的影响。在具体运作过程中相应做了一些变通和"微调"。但是我们始终围绕着"调整结构,优化配置,资产增值,发展生产"16个字做改革文章,做法是总体规划,一厂一策,扎实推进。

1. 联社收回资产,职工妥善分流安置

　　厦门第二服装厂,地处厦门最繁华的商业闹市,其生产经营场所是租用房地产的房子,缺乏资金,缺乏人才,长期亏损,已无法继续经营下去。我们打破行业界线,将经营场所让给紧靠其侧的中外合资华丰商场,二轻联社收回资产,华丰

商场承担债务并安置该厂的全部职工。这一做法不仅繁荣了第三产业,职工收入也得到提高,取得了很好的社会效果。

厦门日用化工厂地处湖滨南路的房地产开发黄金地段,占地4000多平方米,联社将地块转让给福建省九州集团兴建九州大厦,分得了这幢28层钢结构全幕墙、厦门最高级建设之一的第四、五层和第一层的400平方米,全厂177名职工全部由九州集团公司安置。

厦门链条飞轮厂,生产自行车零件配件,由于缺乏资金,设备简陋,产品竞争力差,经营不景气。其地处市区思明南路和镇海路的交叉路口,是房地产开发黄金地带。联社果断将地块转让给外商开发房地产,收回全部搬迁建设费。该厂职工158名全部分流,妥善安置,联社组建职工统筹服务部,负责安置6名内退和43名退休职工,并于1995年进入市级社会保险,解除后顾之忧;还有100人给予一次性补偿买断工龄,9人到三资企业工作。

2. 企业出让地块、易地搬迁重建,资产增值扩大再生产

厦门金属制品厂和厦门衡器厂紧挨在一起,占地2.4万平方米。由于长期缺乏资金得不到技术改造,产品质量差、档次低、生产规模小,一个是长期亏损企业,另一个是微利企业。这两个厂服从老城区改造规划,由市政府统一协调,土地分别调拨给开元区检察院5000平方米,二轻4000平方米,其余调拨给厦门东区房地产开发公司,这1.3万平方米土地开发商品房,补偿两厂搬迁建设费2450万元,并无偿划给位于市郊的小龙山工业区工业用地2万平方米,为这两个厂技术改造易地重建扩大再生产提供充裕的资金和土地,增强了企业后劲。近日我们又计划将另外两家经营状况良好、缺少发展地盘的五金企业搬进该区,组成一个新的有限责任公司,将两厂地块寻找机会转让,收得搬迁建设费用以发展生产。

厦门海绵家具厂地处繁华商业区禾祥西路,服从城市规划,土地让给外商建设华鸿花园,市政府另行安排地块,联社投资,重新建厂,联社和企业资产得到增值。

厦门石雕厂位于鹭江大学旁边,厂区狭小,生产规模无法扩展,效益提不高。由市政府协调,将地块让给鹭江大学,由市政府批给位于厦门机场南面的地块2万多平方米,鹭江大学补偿搬迁费500多万元。由此,企业的生产经营场所扩大,通过技术改造取得很好的经济效益,1994年实现产值2340万元,比增45.5%;年利润253.5万元,比增71.85%,产品出口产值率高达97%,成为一家外向型企业。

厦门首饰厂旧厂区地处闹市区,利用自己长期积累资金,主动"退二进三",

旧厂房改办第三产业,生产和办公场所搬到新区湖滨北路,新建厂房5700平方米,增加了生产场所面积和改善了办公条件,资产大幅度增值,而且开发了K金生产线,扩大品种规模,为组建综合性、外向型公司创造了条件。

3. 企业出让部分地块的土地使用权,资产得到增值,为企业发展增添后劲

厦门家具厂出让沿街地块7500平方米,与房地产开发商合作兴建祥禾广场6万平方米,厂方分房1.5万平方米,增强了企业经济实力,企业发展有了后劲。

厦门第二家具厂,拿出4000多平方米的厂区地块,与外商合作兴建联辉大厦,建筑面积3万多平方米,企业分房9000平方米。

厦门五金厂,出让西厂区地块3000平方米,生产集中到东厂区。得到搬迁建设费,部分用于偿还长期亏损拖欠的债务,企业卸下了沉重的包袱,轻装上阵,其余部分用于开发产品,新开发的节能灯具,市场前景很好,一度下岗待业职工,又重新回到生产岗位。

4. 土地使用权由联社统筹出让,搬迁补偿集中使用,统一安排

从1994年开始,改变以往的做法,企业土地使用权的转让权收归联社。全部由联社统一对外签约,所得资金集中联社整体运作。一年来,我们转让土地使用权的地块3幅,合同在履行中,陆续收回的搬迁建设费由联社统筹安排,优化资金投向,以期实现整体搞活的目的。

5. 盘活资产,置产兴业,调整结构,优化配套,服务企业

联社所集中的资金主要用于购置和建设二轻工业新区,上新项目和扶持困难企业,调整产品和产业结构,优化资源配置,使综合配套改革方案进入了良性循环。主要做以下几件事:

一是集中财力建设新区,为综合配套改革方案的实施打好物质基础。1995年年初,联社出资购买水、电、气等公用工程设施配套齐全的3幢工业厂房1.5万平方米和4000平方米单身员工宿舍,以及4000平方米的土地,形成了厦门二轻的一个新的工业新区——二轻浦南工业园,为今后市区二轻老企业易地搬迁提供一个新的现成的生产场所。联社再将搬迁企业土地转让收回的资金,用以购置12万平方米的另一个二轻工业新区——二轻枋湖工业园以及其他新的开发,它又为今后若干年内另一批二轻老企业搬迁提供生产场所。由此,二轻综合配套改革已进入易地改造企业搬迁时间短、见效快,基本不停产的良性循环。

二是为经营良好的企业上"三高"项目和技术改造提供资金。联社利用收回的资金投资于厦门第七塑料厂,兴办中外合资企业"中田塑胶公司",引进美国"伊根公司"3000T/年聚酯(PET)片材生产线。厦门第五塑料厂以生产聚苯乙烯包装材料为主,在工厂搬迁中放弃了使用几十年的老旧设备,购置新设备,

建成一条生产能力比现在增加一倍的设备全新的生产线,内部以新的机制进行管理,联社与五塑厂建立新的产权关系,成为厦禾路搬迁工厂第一家投产的企业,它将以崭新的面貌展现在人们面前。

三是为困难企业搬迁提供生产场所,把老厂区的资产盘活,使之走出困境。一九九四年,我们将原处于老市区深街小巷的厦门皮件鞋帽厂的厂房,老厂区以较高租金租出,使资产得到较大增值,同时又改善了生产条件,取得了较好的经济效果,当年就与香港合资成立锦洋皮件制品公司。

四是帮助企业解决正常生产中的资金困难。在市政府、财政局的关心支持下,再加上联社的力量,建立扶持企业生产周转金作为企业资金的补充,为企业的正常生产排忧解难,发挥联社对企业合作互助的协调、服务作用。

几年来,我们审时度势,抓住机遇,坚持了综合配套改革的总体思路和大方向,到目前为止"退二进三"企业有 14 家,在妥善处理职工安置和人员分流的前提下,在保证资产保值、增值的前提下,通过联合、兼并、解散、土地使用权转让等措施,进行资源的优化配置,使联社本部和关联企业资产得以大幅度增值,为二轻经济发展奠定了坚实的物质基础。

四、几点体会

综合配套改革方案的实施是一项内容新、涉及面广、政策性强、难度大的系统工程。没有解放思想,转变观念,没有用市场经济的新思维、新观念、新方法去认识和处理面临的问题,没有市政府和各有关综合部门的关心和支持,没有密切联系实际,一切从实际出发和深入细致的工作作风,是没有办法进行配套改革的。在方案实施过程中,由于情况错综复杂,尝尽了酸甜苦辣。值得欣慰的是,总算尝到了一点甜头。我们也在方案的实施过程中进一步加深了认识,开阔了思维,取得了一点经验。

几点主要的体会是:

1. 市政府支持,是综合配套改革的保证。厦门二轻"一增三转一分流"的配套改革方案,把现代企业制度、产权制度、土地使用制度、劳动人事制度和社会保障制度等改革有机地结合起来,只靠二轻单独运作是不可能进行的。我们的综合配套改革方案得到了市政府的关心和支持,专门发文批复,给予政策上的支持;市政府领导同志多次和市经委有关部门研究改革方案,并带领有关综合部门到我局现场办公;在改革方案实施遇到外部一些难题时,市政府领导同志带领有关部委领导深入二轻解决问题。我们在职工分流中出现了一些这样那样的问题,市经委、劳动局、总工会、信访局等部门及时为我们排忧解难,做了大量的工作;在职工分流中,劳动局为我们牵线搭桥,将部分富余职工进行职业培训安排到其他行业;按市政府统一规定,将二轻全部退休职工纳入厦门市社会大统筹,减轻了老企业的负担,稳定了职工队伍,为综合配套改革方案提供了一个良好的社会保障外部条件。在土地使用权转让和企业搬迁等工作中,得到市建委、厦禾路拆迁指挥部、土地局、规划局的大力支持,税务、工商等部门也都支持我们的改革和工作上提供便利,使我们的改革方案得以顺利实施,稳步推进。

2. 理顺产权关系是综合配套改革的基础。综合配套改革和集体资产管理体制的改革是厦门二轻今后发展的两个轮子,两者相辅相成,协调运作。市政府在综合配套改革方案的批文中,把二轻管理的八家国有企业移交给经委,继而经委又将其转入国有资产投资公司。形成二轻只管理联社范围内集体资产的企业,以及由他派生的企业,从宏观上理顺了资产管理体系。在集体资产管理体制改革中,从厦门二轻集体经济发展的历史和现状出发,将二轻联社的资产(包括联社本部和下属企业的资产)定为联社范围内的劳动群众所有,联社是联社范围内集体资产的总代表。对联社资产性质的认识,市委和市政府领导与我们取得共识。市委转机建制领导小组研究二轻集体资产管理体制改革,并形成纪要强调指出,"应进一步发挥二轻集体联社的作用,管理好二轻集体资产,防止资产流失"。市政府领导多次在有关会议上强调"联社是管理二轻企业集体资产的老板",这些权威性的文件和表态,为我们理顺产权关系,起到了重要作用。在联社第三届职代会顺利通过的《章程》和《集体资产管理试行办法》,使二轻集体资产的整体运作更加符合法制化。二轻集体经济是公有制的重要组成部分,在老企业易地搬迁政策上,市政府允许集体企业与国有企业享受一样的优惠待遇。如果不是资产整体运作,而是一家一户本企业劳动群众集体所有,或是职工个人所有,是不可能享受与国有企业同等待遇,而且综合配套改革方案也无法操作。两年来,市政府支持综合配套改革方案的实施,为包袱沉重的二轻老企业减轻了负担;通过政策支持为集体经济发展增添了新的物质基础;为二轻理顺内部产权关系提供了依据。总之,市政府的支持为二轻集体经济的发展注入了新的活力。

3. 实行"四个统一"是综合配套改革的前提。市政府就老企业易地搬迁问题制定了"谁家的孩子谁抱走"和实行"四个统一"的政策,即"统一出让,统一搬迁,统一规划,统一建设"。就是将二轻系统内的老企业土地使用权转让和易地搬迁,除按规定上交配套费和土地转让金后,其余一切都由二轻局、二轻联社统一处理。"四个统一"为我们的综合配套改革和整体运作提供政策依据和前提条件。在改革方案的实施过程中,使我们进一步认识到,只有实行"四个统一",

才有可能实现由单个企业搞活向二轻整体搞活转变;由单项改革向综合配套改革转变;由传统的企业制度向现代企业制度转变。

4."四个调整"是综合配套改革的重点。长期以来,厦门二轻经济发展缓慢,有些甚至出现萎缩,其主要原因是长期存在的结构性矛盾,因此,我们把改革的重点放在产品结构、产业结构、资产和人才结构的调整上面,只有解决二轻长期存在的结构性矛盾,才能实现生产要素的优化组合和资源的优化配套,二轻经济也才能得到发展。我们通过回笼的资金逐步开发"三高"产品,开发适销对路的产品,抛弃"夕阳产品",做到大有规模、小有特色,加快调整产品结构的步伐;通过出让热门地块,"退二进三"发展第三产业,调整产业结构;在改革的过程中,按照建立现代企业制度,增强联社实力和壮大集体经济的要求,进行资产的调整;通过"留、转、离、调、聘"的职工分流,进行人员的优化配置,实现人才结构的调整。四个结构性的调整增强了企业活力,提高了二轻整体素质,对二轻经济的发展已经和正在发挥重要的作用。

5.改制、改组、改造三者紧密结合,是综合配套改革的路子。对于易地搬迁的老企业,不是简单的位移,坚持改制、改组、改造三者紧密结合,根据不同企业三者有所侧重,使搬迁企业产生新的质的变化。有的侧重于建立新的体制、新的机制;有的侧重于下力气进行技术改造,使搬迁后的企业在规模上能得到扩大,在设备上得到更新,在技术含量上得到提高。总之,通过改制、改组、改造紧密结合使企业素质得到提高。

厦门二轻学习北京一轻经验,实施配套改革方案,由于时间不长,经验不足,外部条件变化,加上二轻内部原来底子薄、基础差、包袱重等原因,只是初见成效。目前存在主要问题是:(1)改革进度不快,目前还只是局部逐步运作;(2)实施时间短,直观经济效果不明显;(3)所得资产盘活不够,部分产生新的资产沉淀。但是,充分利用老企业易地改造和市政府赋予政策支持,是促进厦门二轻集体经济迅速发展的大好时机,抓住机遇制定综合配套改革方案与之对接,使得我们有能力解决一些长期积累、困扰二轻经济发展的沉重历史包袱,为二轻从单一企业搞活转变为整体搞活闯出一条新路子,看到了希望,形成了强劲的凝聚力。我们有信心再经过3至5年的"第二次创业",重塑一个崭新的二轻。

(原件存中国轻工业联合会办公室文电档案处)

国有企业集体企业及公有资产占主导地位的企业职工既是国家的主人也是企业的主人①

（1996 年 6 月 25 日）

张丁华

　　承认不承认职工是国家和企业的主人，这是能否贯彻落实全心全意依靠工人阶级根本指导方针的前提。认定职工是不是国家和企业主人的依据，主要看国家政权的性质和生产资料所有制的性质。我们说国有企业、集体企业及公有资产占主导地位的企业职工既是国家的主人、也是企业的主人，主要是基于以下理由：

　　首先，这是由我国社会主义国家的性质和生产资料的社会主义公有制所决定的。

　　我国社会主义国家的国体决定了包括工人阶级在内的全体劳动者是国家的主人。我国宪法总纲第一条规定："中华人民共和国是工人阶级领导的、以工农联盟为基础的人民民主专政的社会主义国家"。宪法明确了工人阶级是国家的领导阶级，使工人阶级和全体劳动人民作为国家主人的地位和权利得到政治上、法律上的保障。生产资料归谁所有，决定着人们在生产过程中的地位及相互关系，决定着产品的分配原则，决定着生产关系和社会基本制度的性质，从而也影响和决定着社会生产力发展和社会进步的水平，因而是一个关系社会发展和国家命运的根本性问题。中国革命的胜利和社会主义制度的建立，推翻了压在我国人民头上的三座大山，实现了生产资料的社会主义公有制，实现了劳动者与生产资料的直接结合，我国工人阶级成为支配社会公有生产资料与劳动成果的主人，成为国家和公有制企业的主人。正如邓小平同志指出的："人民要当国家的主人，当生产资料的主人，也要成为劳动成果如何支配的主人"。

　　其次，这是由国有企业、集体企业和公有资产占主导地位企业的生产资料所有制性质所决定的。

---

① 这是全国总工会副主席张丁华在全心全意依靠工人阶级的理论与实践研讨会上的讲话摘要。

　　职工在企业中的地位,取决于企业的生产资料所有制性质。马克思主义认为,在社会生产中,工人是被雇佣的奴隶,还是生产的主人,是物支配人,还是人支配物,是资本主义生产与社会主义生产的本质区别所在。国有企业、集体企业和公有资产占主导地位的企业,是联合起来的劳动者共同占有的生产资料和联合起来的劳动者的直接结合,是社会主义的公有制,包括全民所有制和集体所有制,这就决定了职工是生产资料的主人,也就是企业的主人。这里需要澄清一种观点。有人认为,国有企业是全民所有制,生产资料是属于全国人民的,不只是属于企业职工的,每个企业职工只是全国人民的亿万分之一,其对企业生产资料的占有微乎其微,因此,不能说企业职工就是企业的主人。这种看法错在把公有制误解为劳动者一人一份私有的联合,似乎只有个人直接私有其中一份,才是所有者,才是企业的主人。其实,劳动者这种以个人私有生产资料为本位的联合,只能适合于私有小生产者的劳动互助和初级形式的集体合作经济。公有制特别是全民所有制是和社会化大生产相适应的,它的现代化生产资料、机器设备是无法量化为每一个劳动者私有的。所以,公有制的联合,不是劳动者每人占有一份私有资产的联合。资本家私有制的联合,私人资本的联合,由于他本人不是劳动者,所以不管采取什么形式,其规模有多大,仍然是资本家私有制。社会主义公有制是劳动者的联合,任何人都不单独私人占有其中的任何一份,而是和全部劳动者大家一起共同占有全部的生产资料。这种占有从整体上说不是"微乎其微",而是共同占有全部。从每个劳动者个人来说,也不是像有些人所说的那样是所谓"模糊的"、"虚幻的"、"无所有制"。因为全民所有制这个由国家为代表全国性的大集体下面有千万个有相对独立自主权的大中小企业等经济单位,每个企业又有其下属的车间、小组直到每个劳动者个人,全民所有制的所有权、占有权、经营权、支配权、使用权、收益权等等可以通过一定的经营管理体制。例如,采取所有权、经营权相对分开和企业内部管理的各种形式的责任制,从生产任务、成本核算、生产过程的操作到产品的交换到收益的分配层层落实到每个劳动者个人,实现责、权、利的统一,这清楚地表明全民所有制通过具体的生产过程和产品的分配和消费中体现为"联合起来的社会个人的所有制"。(《马克思、恩格斯全集》第 48 卷,第 21 页)但不是小生产者的"私的个人"或"孤立的个人"的私有制,而是公有制。这种公有制并不是否定每个职工个人所有,而是体现了以社会、集体为本位的国家、集体和个人的内在统一。这正是公有制的本质特征。因此,我们应当用公有制的观念来认识和解释劳动者所有问题,而不能用私有制观念来看待公有制。因此,公有制企业职工既是劳动者,又是真正的所有者,是企业真正的主人。

第三，这是由公有制企业和公有资产占主导地位的企业职工之间平等的互助合作关系和按劳分配原则决定的。

马克思主义的所有制理论认为：生产资料所有制的本质，不能只归结为人与物的关系，而是通过人与物的关系表现的人与人之间在生产中的地位和相互关系。资本家对生产资料的占有关系表现为对雇佣劳动者所创造的剩余价值的无偿占有，因此，资本家和工人的关系实质上是剥削与被剥削、压迫与被压迫的阶级关系。在公有制企业和公有资产占主导地位的企业里，职工之间，包括经理（厂长）和一般职工之间的关系是同志式的、平等的、同志式的分工和互助合作的关系。这和私有制企业的老板（及其代理人）和雇佣劳动者（工人）的剥削和被剥削关系根本不同。公有制企业职工的根本利益是一致的，他们之间的差别和矛盾，是根本利益一致基础上的差别和矛盾，是可以通过民主、协商的方法，得到正确地解决。同时，马克思主义认为，劳动创造价值，劳动创造世界，"全人类的首要生产力就是工人、劳动者"（《列宁全集》第二版第36卷第346页）。解放生产力，首先就是解放工人，解放劳动者。发展生产力，首先就是发挥工人、劳动者的积极性、主动性、创造性。所以，广大职工始终是企业的主体和企业内部动力和活力的源泉。按照我国《宪法》、《企业法》、《劳动法》等有关法规的规定，公有制企业的职工有若干体现企业主人翁地位的权利。

从分配原则来说，资本主义私有企业，劳动者对自己创造的产品的分配和使用，是无权过问的，所能得到只能是"劳动力的价值"。其他收益都落入资本家的腰包。社会主义公有制经济的全部产品和收益最终归于而且只归于社会全体和每一个劳动者，一部分按劳分配给个人，另一部分用于公共积累和公共需要，最终由劳动者共享或分享。真正实现了消灭剥削，达到共同富裕，体现社会主义的本质和优越性。这清楚地说明了公有制企业的职工不仅是国家和社会的主人，而且也是企业的主人。

第四，建立社会主义市场经济体制，深化企业改革，并没有改变国有企业、集体企业和公有资产占主导地位企业职工的主人地位。

江泽民同志指出："工人阶级是我们国家的主人，也是企业的主人。""我们搞社会主义市场经济以后，绝没有降低职工在企业的主人翁地位，也绝没有改变工人阶级在我们国家的领导地位。"我们建立的社会主义市场经济体制是与社会主义基本制度结合在一起的。正如邓小平同志所指出的："一个公有制为主体，一个共同富裕，这是我们必须坚持的社会主义原则。"推动国有经济和整个公有制经济在市场竞争中不断发展壮大，坚持公有制经济在国民经济中的主体地位，充分发挥国有经济的主导作用，这是社会主义市场经济的本质特征和内在要求。这不仅体现为国家和集体的公有资产在整个社会的总资产中始终占据优势地位，而且体现在国有经济控制着关系国家经济命脉的行业、产业和企业，对国民经济起着导向作用。只要我们坚持改革的正确方向和原则，职工的国家和企业主人的地位就不会改变。国有企业转机建制，其目的是寻求公有制与市场经济相结合的有效途径，进一步解放和发展生产力，企业具体的国有资产实现形式和经营管理方式会有所不同，但并未改变其公有制的性质。建立现代企业制度，有的企业实行了股份制，有人认为股东才是企业的主人，职工只是雇佣劳动者。这种说法是站不住脚的。国有独资和两个以上国有企业或国有投资主体投资组建的公司，它的法人财产主要来自国有资产，企业职工作为全民的一部分，是和企业的这部分国有资产结合最紧密的一部分，因而是企业的主人；在国有资产控股或参股的、公有资产占主导地位的混合所有制企业里，其公有制为主体的性质并没有改变，职工的主人翁地位也不会改变。因此，不能把国有资产经营管理方式和公有制实现形式的变化视为所有制性质的改变，进而否定职工在企业的主人地位，抹杀社会主义企业与资本主义企业的根本区别。所以，国有企业、集体企业和公有的资产占主导地位的企业，不管实行什么样的国有资产实现形式和经营管理方式，只要公有制的性质不变，职工既是国家主人又是企业主人的地位就没有也不会改变。如果有的人或明或暗地要搞私有化，那就不是搞社会主义市场经济体制了，这倒真的会改变职工的国家和企业主人的地位，对此我们是坚决反对的。有人认为，建立现代企业制度，对传统的劳动、分配和保障制度进行改革，特别是职工与企业签订劳动合同，职工就不再是企业的主人了。这是对现代企业制度和职工主人地位的一种误解。劳动合同是我们国家通过法律形式来规范劳动关系双方的权利和义务，使职工的主人权利建立在法律保障的基础之上，这种对劳动用工具体形式的改变，并没有改变或损害职工的主人地位。

第五，发展社会主义市场经济，建立现代企业制度，使职工与企业的关系更加密切、与生产资料的结合更为紧密。

在计划经济体制下，企业不是独立的商品生产者和经营者，也不是法人实体和市场竞争主体，企业缺乏生产经营自主权，职工行使当家作主权利还没有充分发挥出来。在社会主义市场经济体制下，随着改革的深化和企业自主权的扩大，企业将成为真正的法人实体和市场竞争的主体，对其法人财产拥有独立占有、经营和处置的权力，并对出资者承担保值增值的责任。应当说，这使包括经营管理者在内的全体职工生产资料的结合更直接、更紧密了，他们更关心企业的经营状况，与企业利益与共、风险共担。因此，发展社会主义市场经济，建立现代企业制度，国有企业、集体企业和公有资产占主导企业的职工，不仅没有改变其主人地位,而且更加强了其主人地位。有人认为:厂长(经理)才是企业主人,职工在企业无足轻重。这种认识是不够全面的。厂长(经理)是企业的主人,对企业的经营和发展承担着重要责任;企业职工同样是企业的主人,是企业的主体,是推动企业两个文明建设的主力军,在企业举足轻重,而并非"无足轻重"。建立现代企业制度,实行国家资产所有权与企业法人财产权的分离,企业确实拥有了较大的经营自主权,其实这种权力是属于包括厂长(经理)在内的全体职工的,企业的资产保值增值责任和经营风险也是由包括厂长(经理)在内的全体职工来共同承担的。根据《全民所有制工业企业转换经营机制条例》规定,厂长(经理)作为企业法人代表,对企业盈亏负有直接经营责任,而职工按照企业内部经济责任制,对企业盈亏也负有相应责任。因此,必须把职工的主人翁地位与厂长(经理)的中心地位有机结合起来,调动起两个积极性,才能搞好企业。

(选自《中国工运》1996 年第 8 期,第 8—11 页)

国家经贸委办公厅关于转发《中共甘肃省委、甘肃省人民政府关于"九五"期间进一步加快发展全省城镇集体经济若干政策的决定》的通知

(1996 年 6 月 26 日)

各省、自治区、直辖市、计划单列市及"优化资本结构"试点城市经贸委(经委、计经委)、集体办,国务院有关部门:

最近,中共甘肃省委、甘肃省人民政府作出了《关于"九五"期间进一步加快发展全省城镇集体经济若干政策的决定》。现转发你们,供各地研究制定推动城镇集体经济改革与发展的政策措施时参考,并请各地将 1996 年城镇集体经济工作安排报送我委企业司。

中共甘肃省委 甘肃省人民政府关于"九五"期间进一步加快发展全省城镇集体经济若干政策的决定

(1996 年 4 月 21 日)

改革开放以来,我省城镇集体经济得到了迅速发展。在新形势下,为了落实党的十四届五中全会精神,根据实现经济体制和经济增长方式两个根本性转变的要求,进一步加快全省经济结构特别是所有制结构调整步伐,增强城镇集体企业活力,推进城镇集体经济的快速发展,努力缩小与东部发达地区的差距,实现振兴甘肃经济的战略目标,现结合我省实际,就"九五"期间进一步加快发展全省城镇集体经济的若干政策作如下决定:

一、各级党委和政府要充分认识城镇集体经济在全省国民经济中的重要地位和作用,以"三个有利于"为标准,更新观念,提高认识,继续坚定不移地把发

展城镇集体经济摆在振兴甘肃经济突破口的战略位置上,坚持加快发展的决心不变,发展的战略思想不变,突破口的战略地位不变,像抓国有大中型企业和乡镇企业一样,动员全社会力量,大力发展城镇集体经济,力争"九五"期间,全省城镇集体经济产值和上缴税金在现有基础上分别增长1.5倍。

二、进一步落实各项城镇集体经济发展政策。过去省上制定颁发的凡是符合国家现行政策规定的有关鼓励和加快发展城镇集体经济的扶持政策不变,并继续坚持贯彻落实。

三、建立城镇集体经济发展专项基金,其来源:1. 城镇集体企业缴纳的属于地方税收部分(不含城建税、教育附加等专项收入)比上年增收的10%;2. 从城镇集体企业上交的管理费中(即销售收入的1%)切出30%。以上两项由地县经贸委负责,会同各级财政部门,逐级清算上解省财政;3. 从1996年起,每年由省财政安排100万元作为城镇集体经济贷款贴息,并视财力情况逐年有所增加。发展基金由省经贸委统一管理,省财政监督,有偿使用,滚动发展,重点用于城镇集体企业的技术改造和新产品开发项目。

四、凡在国家确定的"老、少、边、穷"地区新办的城镇集体企业,经有关地税部门批准后,可减征或免征所得税3年。凡在我省新办的"厂办集体"企业,当年安置待业人员达到规定比例的,经地税部门审查批准可减征或免征所得税3年;免税期满后,当年新安置待业人员占企业原从业人员总数30%以上的,经批准后可减半征收所得税2年。凡新办的城镇集体企业,经地税部门批准,可按产业政策在一定期限内减征或免征所得税。

五、城镇集体企业固定资产折旧,可按财政部制定的分行业财务制度的规定执行。对极少数企业由于特殊原因需要缩短折旧年限的,可由企业提出申请,经省地税局及有关部门审核批准后,可实行加速折旧办法。

六、对具备进出口条件的城镇集体企业,按规定程序报批,赋予进出口经营权,或与已获得外贸经营权的企业挂户经营,也可以通过外贸出口代理、加入外贸企业集团等多种形式从事进出口经营业务。

七、省工行、省农行和其他国有银行及各级金融部门要按照扶优扶强的原则,安排一定的贷款规模用于城镇集体企业的发展。城乡信用社要充分发挥对城镇集体企业的融资作用,支持城镇集体经济发展。

八、城镇集体企业中,凡经国家划分企业类型协调小组审批认证的大中型企业,可享受国家规定的大中型企业相应的待遇。国有企业的科技人员和管理人员,凡自愿到集体企业工作的原身份不变,工资标准不低于同等条件下国有企业职工的平均工资标准;在城镇集体企业工作的大中专毕业生、科技人员和管理人员,其技术职称的评定,由县级以上人事部门和经济主管部门参照国有企事业单位技术职称评定办法,进行评定和晋升各类技术职称。

九、为了适应建立社会主义市场经济体制的要求,城镇集体经济必须加快调整产业结构、产品结构和企业组织结构。在清产核资、明晰产权的基础上以股份合作制为重点,按照"三改一加强"的原则,通过承包、租赁、兼并、联营、拍卖等形式,加快对现有企业的改组、改制和改造,从而,不断强化集体企业的内部管理,提高企业整体素质和管理水平,促进集体资产的合理流动和优化组合,加快建立健全社会主义现代企业管理制度。

十、各级政府要把发展城镇集体经济列入目标管理责任制,作为考核领导干部政绩的一项重要内容。对连续两年获得全省城镇集体经济发展前5名的县、市、区党政主要领导、分管领导和城镇集体经济主管部门的主要领导,在晋职晋级上作为重要的政绩依据,按干部管理权限考察,凡符合德才兼备条件的,可以提职或给予表彰奖励。

具体事宜由省经贸委负责解释和协调办理。

（此件由国家发展和改革委员会办公厅提供）

国务院办公厅关于在全国城镇集体企业、单位开展清产核资工作的通知

（1996 年 7 月 9 日）

各省、自治区、直辖市人民政府，国务院各部委、各直属机构：

城镇集体企业、单位是社会主义公有制经济的重要组成部分。为摸清和准确掌握我国集体所有制企业、单位的资产存量、结构及效益状况，理顺其产权关系，加强集体经济的资产管理，促进集体经济的改革与发展，经国务院批准，自1996 年起在全国有计划地开展城镇集体企业、单位清产核资工作。现将有关事项通知如下：

一、全国城镇集体企业、单位清产核资工作，在国务院统一领导下，由财政部、国家经贸委、国家税务总局具体组织实施，办事机构设在财政部。集体企业、单位清产核资工作方案和具体办法由财政部、国家经贸委、国家税务总局等部门共同制定。各级人民政府要切实加强领导，有关部门要相互配合，以保证全国城镇集体企业、单位清产核资工作的顺利进行。

二、城镇集体企业、单位清产核资的范围是：所有在工商行政管理机关登记注册的集体所有制企业（包括联合经济组织），以及以各种形式占用集体资产的单位。

三、城镇集体企业、单位清产核资工作的目的是：解决集体企业、单位的资产状况不清、账实不符、资产闲置浪费及被侵占流失的问题，进一步明晰产权关系，为集体企业、单位建立规范的资产（资金）管理创造条件，为促进集体企业的改革与发展以及建立现代企业制度打好基础。

四、城镇集体企业、单位清产核资的主要内容是：全面清查企业资产，清理债权债务；重估集体企业、单位的主要固定资产价值；对企业有关产权进行界定，并组织产权登记；核定集体企业、单位的法人财产占用量；进行资产管理的建章建制工作等。

五、1996 年全国城镇集体企业、单位清产核资的主要任务是：组织试点、探索方法、积累经验、完善制度。各地区、各部门可结合各自实际情况，选择轻工、

纺织等行业的部分企业、单位或选择部分市、县,以及供销社系统和信用社系统部分所属企业、单位进行清产核资试点工作。

六、各地区、各部门开展全国城镇集体企业、单位清产核资试点工作,要统一步骤,统一政策,统一标准。各地财政、经贸委(计经委、经委)、税务等有关部门要密切配合,及时研究和解决工作中出现的问题;各级审计、监察部门要加强对清产核资工作的监督和检查,防止走过场。

七、城镇集体企业、单位清产核资工作,要按照统一的办法组织进行,对原已开展了清产核资的集体企业、单位,要按国家统一规定进行相应规范,并按统一时间进行数据衔接。城市和农村信用社系统清产核资工作由财政部、中国人民银行等部门另行组织。

八、农村集体企业或经济组织的清产核资工作,要通过清查资产,界定产权,明确资产所有权归属,加强对农村集体资产的管理。具体工作由农业部根据《国务院关于加强农村集体资产管理工作的通知》(国发〔1995〕35 号)规定,会同有关部门另行组织。

中华人民共和国国务院办公厅

一九九六年七月九日

(选自《城镇集体所有制企业单位清产核资手册》改革
出版社 1997 年 2 月第 1 版,第 427 页—428 页)

财政部　国家经济贸易委员会　国家税务总局
关于印发《城镇集体所有制企业、单位清产核资试点方案》的通知

（1996 年 8 月 14 日）

各省、自治区、直辖市和计划单列市清产核资办公室、经贸委（经委、计经委）、税务局，国务院各部、委和直属机构：

现将《城镇集体所有制企业、单位清产核资试点方案》印发给你们，请结合本地区、本部门工作实际，认真执行，并将工作中有关情况和问题及时上报。

附：
城镇集体所有制企业、单位清产核资试点方案

为了适应我国经济体制改革和集体经济发展的需要，认真贯彻落实《中华人民共和国城镇集体所有制企业条例》（国务院令第 88 号）和《关于深化供销合作社改革的决定》（中发〔1995〕5 号），从 1996 年起对全国城镇集体所有制企业、单位（以下简称"集体企业"）开展清产核资试点工作。现根据国务院办公厅《关于在全国城镇集体企业、单位开展清产核资工作的通知》（国办发〔1996〕29 号文）精神，制定本方案。

一、清产核资工作的任务及目标

集体经济是我国公有制经济的重要组成部分，近年来我国集体经济事业得到长足的发展，为改革开放、经济发展、安置劳动力、社会稳定等做出了很大贡献，但在改革和发展过程中也存在不少问题和矛盾，如资产状况不清、账实不符，资产闲置浪费及被侵占流失等。为促进集体企业深化改革和进一步发展，客观上需要弄清"家底"，明确财产关系，维护集体企业的合法权益。在全国范围内组织开展集体企业清产核资工作，便于全面了解和掌握整个公有制经济的情况，

有利于加强集体企业基础管理,贯彻实施国家"搞好大的,放活小的"的战略方针,也有利于以清产核资推进集体经济的改革与发展。

集体企业清产核资工作的总体任务:全面摸清集体企业资产的分布、存量、结构和效益状况。促进加强内部经营管理和财务管理,帮助企业解决部分困难,增强企业发展后劲,推进集体经济改革和发展,逐步提高集体企业资产运营效益。其具体工作目标如下:

(一)全面摸清集体企业"家底",促进集体企业完善各项基础管理制度。

(二)重估主要固定资产价值,促进集体企业资产账面价值与实际价值相符。

(三)对集体企业财产所有权归属进行必要界定,促进理顺产权关系。

(四)核实各个集体企业的法人财产占用量,对清出的问题根据国家有关政策规定逐步进行处理。

(五)对集体企业资产的产权依法进行登记。

二、清产核资的试点范围

为了保证全国集体企业清产核资工作有序进行,按照"先行试点、摸清问题、积累经验、探索方法、研究政策、逐步推开"的总体方针,1996年各地区、各部门结合本地区、本部门的实际情况,选择轻工、纺织等行业部分集体企业及供销社系统所属部分单位组织试点;同时,也可选择少数市(地)、县组织全面试点,以便取得经验,探索工作方法,完善有关政策。城乡信用社的清产核资试点工作,可结合金融体制改革的实际进行。

各地区、各部门应根据国家统一要求,认真落实本地区、本部门1996年集体企业清产核资试点方案,并报财政部、国家经贸委、国家税务总局备案。

三、试点工作的任务、内容和要求

(一)试点工作主要任务

1. 摸清集体企业资产管理中存在的主要矛盾和问题,研究解决问题的有关政策、措施和办法。

2. 探索开展集体企业清产核资的基本工作方法,完善各项基础工作制度和办法,为全面开展此项工作探索路子。

促进集体企业深化改革和进一步发展,客观上需要弄清"家底",明确财产关系,维护集体企业的合法权益。在全国范围内组织开展集体企业清产核资工作,便于全面了解和掌握整个公有制经济的情况,有利于加强集体企业基础管理,贯彻实施国家"搞好大的,放活小的"的战略方针,也有利于以清产核资推进集体经济的改革与发展。

集体企业清产核资工作的总体任务是:全面摸清集体企业资产的分布、存量、结构和效益状况,促进加强内部经营管理和财务管理,帮助企业解决部分困难。增强企业发展后劲,推进集体经济改革和发展,逐步提高集体企业资产运营效益。其具体工作目标如下:

(一)全面摸清集体企业"家底",促进集体企业完善各项基础管理制度。

(二)重估主要固定资产价值,促进集体企业资产账面价值与实际价值相符。

(三)对集体企业财产所有权归属进行必要界定,促进理顺产权关系。

(四)核实各个集体企业的法人财产占用量,对清出的问题根据国家有关政策规定逐步进行处理。

(五)对集体企业资产的产权依法进行登记。

3. 取得集体企业清产核资数据收集、录入、汇总、处理和分析等专业工作经验。

(二)试点工作的基本内容

1. 资产清查,是指对集体企业各类资产、负债进行全面清理、登记、核对和查实。

2. 价值重估,是指对集体企业中账面价值与实际价值背离较大的主要固定资产进行重新估价。

3. 产权界定,是指对集体企业的财产依法确认其所有权归属的法律行为。

4. 资金核实,是指按国家清产核资有关政策规定,对集体企业经过资产清查、价值重估、产权界定后的企业资产实际占用量进行重新核实。

5. 产权登记,是指对集体企业占有资产的产权,依法登记的法律行为。

6. 建章建制,是指对集体企业根据清产核资暴露出的矛盾和问题,相应健全本企业、单位有关的规章制度,以加强内部经营管理。

已经开展清产核资的集体企业,在全面开展工作时,要在原有工作的基础上,按照国家统一要求进行规范,并根据国家统一制定的报表表式和统一规定的时间点,对清产核资数据进行衔接。

(三)试点工作的基本要求

1. 各地区、各部门试点的各项工作组织实施,具体依据财政部、国家经贸委、国家税务总局联合下发的《城镇集体所有制企业、单位清产核资暂行办法》及其有关工作实施细则或具体规定进行。

2. 各地区、各部门在清产核资工作中必须认真执行国家的有关政策规定,不得借集体企业清产核资之机收权、改变其隶属关系或改变分配制度。

3. 在集体企业清产核资工作中,各地区、各部门要统一步骤,统一政策,统一标准,周密计划,精心组织,密切配合,狠抓落实,保证此项工作顺利开展。

4. 集体企业清产核资工作原则上按财务隶属关系分级组织进行。除中央部门、事业单位举办的直属集体企业的清产核资工作,由有关中央部门组织进行外,其他集体企业原则上由各地组织进行。

5. 对多方联合举办的集体企业清产核资工作,由实际控股单位或协议主管的上级单位负责组织进行,并应及时向有关参股或投资企业、单位通报工作情况。

6. 组织进行清产核资试点的地区、部门及集体企业,都要建立定期报告制度,并指定专人负责,定期将工作进展情况、存在问题、工作经验和有关意见或建议,及时报送和反映。

四、试点工作时间和步骤

参加 1996 年试点工作的集体企业清查资产的时间点统一定在 1996 年 6 月 30 日。具体工作分为:前期准备、组织实施、核实资金(登记产权)和总结检查四个阶段进行,主体工作于 1996 年 12 月底基本结束,对集体企业清产核资试点的各阶段工作,各地区、各部门可根据各自的实际情况具体进行安排。其基本工作步骤如下:

(一)前期准备阶段

1. 准备"试点方案"、"暂行办法"及各项具体工作文件,制定工作报表,编制有关工作技术标准。

2. 各地区、各部门明确领导组织和办事机构,做好有关工作分工;试点企业应建立相应的领导组织和办事机构。

3. 各地区、各部门按国家统一要求制订集体企业清产核资试点实施方案,做好动员和培训工作。

该阶段工作原则上在 1996 年 5～7 月进行。

(二)组织实施阶段

1. 对集体企业的各项资产进行全面清查盘点,对各项负债、权益及对外投资(含实物和现金)等进行逐项清理。

2. 对集体企业的主要固定资产按统一规定进行价值重估,并填制"固定资产价值重估申报表"。

3. 对集体企业资产的产权按统一规定进行界定,并填制"产权界定申报表"。

4. 对集体企业清产核资有关数据,按统一规定填制"清产核资统计报表"。

5. 各地区、各部门按统一要求组织对本地区、本部门所属各类集体企业户数进行清理。

该阶段的工作原则上在 1996 年 8～10 月进行。

(三)核实资金(登记产权)阶段

1. 集体企业依据清查、重估、界定结果,填制"资金核实申报表",经主管单位进行初审后按规定程序上报。

2. 有关部门对集体企业清产核资试点工作中清出的各项问题,按国家清产核资政策研究处理,对企业的法人财产占用量进行核实。

3. 集体企业依据国家有关清产核资资金核实审批结果进行相应的账务处理。

4. 集体企业根据资金核实批复结果,按规定时间到有关部门办理产权登记手续。

该阶段工作原则上在 1996 年 11～12 月进行。

(四)总结检查阶段

1. 各地区、各部门清产核资机构对集体企业清产核资有关报表进行收集和逐级汇总,在 1997 年 1 月底前一式三份上报财政部、国家经贸委、国家税务总局。

2. 各地区、各部门及各集体企业要针对清产核资暴露出来的问题,边清、边改、边建章建制,并制定整改措施。

3. 各地区、各部门对参加清产核资试点的集体企业的工作进行重点抽查,并提出改进的意见和建议。

4. 各地区、各部门要对清产核资的各项数据资料进行分类、整理和加工,逐步建立起本地区、本部门的集体企业数据资料档案。

5. 各地区、各部门根据清产核资数据资料,从行业类型、企业规模、效益状况等方面,深入分析本地区(部门)的资产结构、分布状况和企业发展前景,提出分析报告。

6. 各地区、各部门及企业对本地区、本部门及本企业的清产核资试点工作做出完整的总结,提出全面工作的总结报告。

五、清产核资工作的组织领导

全国集体企业清产核资工作,在国务院统一领导下,由财政部、国家经贸委、国家税务总局共同组织。

(一)建立财政部、国家经贸委、国家税务总局等十部门组成的"联席会议制度",共同协商有关重大事项;对有关集体企业清产核资的基本文件,由财政部、国家经贸委、国家税务总局采取联合发文形式下达;对集体企业清产核资各项具体工作按《城镇集体所有制企业、单位清产核资暂行办法》规定的分工,由各有关部门分别组织实施。

(二)全国集体企业清产核资日常工作,由财政部清产核资办公室统一负责,国家经贸委、国家税务总局等有关部门应抽调人员参加办公室工作。办公室的有关工作在上报财政部的同时,抄报国家经贸委、国家税务总局。

(三)中央各有关部门、单位的直属集体企业的清产核资工作,应根据各自的实际情况,指定内部有关机构负责领导和组织。

(四)各地区集体企业的清产核资工作,由各级人民政府统一领导、负责,其组织机构在保证统一领导、统一政策、统一步骤、统一要求的前提下,由各级人民政府依据本地实际确定。

(五)各集体企业应建立相应的工作班子,由企业法人代表负责领导,做好本企业清产核资工作。

(选自《城镇集体所有制企业单位清产核资手册》,改
革出版社 1997 年 2 月第 1 版,第 428—431 页)

财政部、国家经济贸易委员会、国家税务总局
关于印发《城镇集体所有制企业、单位
清产核资暂行办法》的通知

（1996 年 8 月 14 日）

各省、自治区、直辖市和计划单列市清产核资办公室、经贸委（经委、计经委）、税务局，国务院各部、委和直属机构：

现将《城镇集体所有制企业、单位清产核资暂行办法》印发给你们，请结合本地区、本部门工作实际，认真贯彻执行，并将工作中有关情况和问题及时上报。

附：

城镇集体所有制企业、单位清产核资暂行办法

第一章 总 则

第一条 为有计划、有步骤地组织完成全国范围内城镇集体所有制企业、单位（以下简称"集体企业"）的清产核资任务，认真贯彻落实《中华人民共和国城镇集体所有制企业条例》（国务院令第 88 号）和《关于深化供销合作社改革的决定》（中发［1995］5 号），根据国务院办公厅《关于在全国城镇集体企业、单位开展清产核资工作的通知》（国办发［1996］29 号），特制定本暂行办法。

第二条 集体企业清产核资的目的是：摸清集体企业"家底"，解决资产状况不清、账实不符、资产闲置浪费及被侵占流失的问题，促进理顺产权关系，为集体企业建立规范的资产（资金）管理体系创造条件，为促进集体企业的改革与发展，以及建立现代企业制度打好基础。

第三条 集体企业清产核资的内容是：资产清查、价值重估、产权界定、资金核实、产权登记、建章建制等。

第四条 集体企业清产核资的范围是：所有在国家各级工商行政管理机关

登记注册为集体所有制性质的各类城镇集体企业、单位,包括联合经济组织、有关事业单位,各级信用社、供销社,由集体企业改制为各类联营、合资、股份制的企业,以及以各种形式占用、代管集体资产的部门或企业、单位。

第五条　全国集体企业清产核资工作,在国务院统一领导下,由财政部、国家经贸委、国家税务总局共同组织。

第二章　资产、负债清查

第六条　资产、负债清查是指对集体企业各类资产、负债进行全面清理、登记、核对和查实。

第七条　对流动资产清查,包括现金、各种存款、短期投资、应收及预付款项和存货等。

(一)现金清查:集体企业现金账面余额与库存现金是否相符。

(二)各种存款清查:集体企业在开户银行及其他金融机构各种存款账面余额与银行及其他金融机构中该企业的账面余额是否相符。

(三)应收及预付款项清查:包括集体企业的应收票据、应收账款、其他应收款、预付货款和待摊费用,其中:

1. 清查应收票据时,要按其种类逐笔与购货单位或银行核对查实。

2. 清查应收账款、其他应收款和预付货款时,要逐一与对方单位核对,以双方记账金额一致为准。

对有争议的债权要认真清理、查证、核实,重新明确债权关系;对长期拖欠,要查明原因,积极催收。

对经确认无法收回的款项,要明确责任,依照国家有关规定进行申报处理。

3. 个人借款清查要认真进行清理,并限期收回。

(四)存货清查:包括原材料、辅助材料、燃料、修理用备件、包装物、低值易耗品、在产品、半成品、产成品、外购商品、协作件以及代保管、在途、外存、外借、委托加工的物资(商品)等,其中:

1. 各企业、单位都要认真组织清仓查库,对所有存货全面清查盘点。

对清查出的积压、已毁损或需报废的存货,要查明原因,组织相应的技术鉴定,提出处理意见,并按有关规定积极处理。

2. 对长期借出未收回的存货,要查明原因,积极收回或按规定作价出售。

3. 清查代保管物资由代保管单位负责,并将清查结果报托管单位进行核对后,列入托管单位资产总值中。

第八条　对固定资产清查,包括房屋及建筑物、机器设备、运输设备和工具器具等。

（一）对固定资产要查清其管理现状，包括查清固定资产原值、净值、已提折旧额，清理出已提足折旧的固定资产、待报废和提前报废固定资产的数额及固定资产损失、待核销数额等。

（二）清查租出的固定资产由租出方负责，对没有登记入账的要将清查结果与租入方进行核对后，登记入账。

（三）对借出和未办理规定手续转让出去的资产，要认真清理收回或补办手续。

（四）对清查出的各项盘盈、盘亏固定资产，要认真查明原因，分清责任，提出处理意见，并按规定程序申报。

（五）经过清查后的各项固定资产，要按国家统一制定的《固定资产分类与代码》，并区别固定资产的用途（指生产性或非生产性）和使用情况（指在用、未使用或不需用等）进行重新登记，建立健全实物账卡。

（六）对清查出的各项未使用、不需用的固定资产，要查明购建日期、使用时间、技术状况和主要参数等，按转生产用、出售、待报废等提出处理意见。

第九条　对长期投资清查，包括集体企业以流动资产、固定资产、无形资产等各类资产向其他单位的各种形式投资。

在清查对外长期投资时，凡按股份或资本份额拥有实际控制权的，一般应采用权益法进行清查；没有实际控制权的，按企业目前对外投资的核算方式进行清查。

在清查境外长期投资中，包括以现金、实物资产、无形资产在境外投资举办的各类独资、合资、联营、参股公司等企业中的各项资产，由中方投资企业、单位认真查明管理情况、资产状况和投资效益。

第十条　对在建工程清查，主要核对在建或停缓建的基本建设、技术改造项目，包括完工未交付使用（含试车）、交付使用未验收入账等工程项目。

在建工程要查清项目、投资总额和管理状况。

第十一条　对无形资产清查，包括各项专利权、商标权、特许权、版权、商誉、土地使用权及房屋使用权等。

第十二条　对递延资产及其他资产清查，包括开办费、租入固定资产改良支出及特种储备物资等。对递延资产等清查时要逐一清理，认真核查摊销余额。

第十三条　对土地资产清查，包括集体企业依法占用或出租、出借给其他企业、单位使用的土地。

集体企业使用的土地，凡已领取土地证的，按土地证上的数量上报；没有领取土地证的企业、单位可向当地土地管理部门申报,办理领取土地证的手续;来不及办理手续的,可先自行对土地面积丈量上报,以后再申报办理领取土地证的手续;对土地使用权归属关系不清或有争议的先由占用方清查并单独注明。

第十四条　负债清理范围,包括各项流动负债和长期负债。

(一)流动负债要清查各种短期借款、应付及预收款项、预提费用及应付福利费等。

(二)长期负债要清查各种长期借款、应付债券、长期应付款等。

(三)对负债清查时企业、单位要与债权单位逐一核对账目,达到双方账面余额一致。

第十五条　集体企业清产核资中清查资产工作的基本要求:

(一)清查工作要依靠和发动群众,对全部资产,包括账内外、库内外、地上地下、车间内外、厂(公司、店)区内外、本埠和外埠都进行全面彻底的清查,做到见物就点,是账就清。

(二)在清查中要把实物盘点同核查账务结合起来,把清查资产同核实负债结合起来,即全面清点品种、规格、型号、数量,以物对账,以账查物,查清资产来源、去向和管理情况,对账物不清的资产要进行追忆、查找,做到不留死角,不打埋伏,不重不漏。

(三)清查工作在企业、单位自查的基础上,由同级清产核资机构和主管单位组织抽查,抽查面不得低于30%。

第三章　资产价值重估

第十六条　资产价值重估是指对集体企业中账面价值与实际价值背离较大的主要固定资产进行重新估价。

第十七条　集体企业固定资产重估依据国家统一制定的《城镇集体企业清产核资固定资产价值重估统一标准目录》进行。

第十八条　集体企业清产核资工作中有关固定资产价值重估的具体方法、范围及申报、审批程序等,另行制定下发。

第十九条　在重估资产价值工作中,各地区、各部门及各类企业都要本着实事求是的精神,严格执行有关政策规定和有关技术标准,不得随意多估或少估。

第四章　产权界定

第二十条　产权界定是指对集体企业的财产依法确认其所有权归属的法律行为。

第二十一条　集体企业的产权界定要坚持有利于促进集体企业改革与发展,本着"依法确认、尊重历史、宽严适度、有利监管"的原则进行。

第二十二条　集体企业产权界定工作,依据《中华人民共和国城镇集体所有制企业条例》及国家的有关政策规定进行。具体政策由国家经贸委、财政部、国家税务总局共同制定。

第二十三条　集体企业产权界定的组织实施,由企业和企业主管单位根据国家有关法律和政策组织进行;对各方有异议的,由企业及其主管部门报各级经贸、财政、税务部门联合进行协调或裁定;对经协调意见仍不一致的,列为"待界定资产",待今后日常工作中逐项处理。

第二十四条　集体企业清产核资中有关产权界定工作的具体组织、确认、申报、协调及具体工作要求,另行制定下发。

第二十五条　对集体企业产权界定工作,各地区、各部门必须严格执行国家政策规定,有关部门及企业、单位不得借机收权,或改变隶属关系,或改变分配制度。

第五章　资金核实

第二十六条　资金核实是指按国家清产核资有关政策规定,对集体企业在清查资产、重估资产价值、界定产权后的企业资产实际占用量进行重新核实。

第二十七条　集体企业清产核资中资金核实工作,由各级税务部门(集体企业财务主管部门)组织实施。

第二十八条　集体企业清产核资中有关资金核实工作的申报、审批程序及财务处理规定和工作要求,另行制定下发。

第六章　产权登记

第二十九条　产权登记是指对集体企业占有资产的产权依法登记的法律行为。

第三十条　集体企业在完成清产核资资金核实工作后,在三个月内须向有关部门依法办理产权登记手续。

第三十一条　集体企业产权登记工作,由各级经贸部门(集体企业综合管理机构)组织实施,有关工作的具体组织及申办程序,另行制定下发。

第七章　建章建制及检查与总结

第三十二条　集体企业在进行清产核资工作过程中和开展后,要针对清产核资发现的有关问题,相应建立健全或修改完善本企业有关的规章制度,以加强管理,防止资产流失,提高经营效益。

第三十三条 集体企业在清产核资工作基本结束之后,各地区、各部门要按统一要求对企业的工作情况进行全面检查。检查的内容是:

(一)已认真在规定期限内完成清产核资的各项工作内容,各项工作符合国家统一规定的方法、政策和要求,各项审批手续齐备。

(二)针对清产核资中清查暴露的问题,认真进行了建章建制工作,并按有关财务规定进行了处理。

(三)对各种闲置资产和积压物资进行登记填卡并采取了处理措施。

(四)对资产盘盈、资产损失和资金挂账等,按有关规定经批准进行了相应处理或制定了处理方案。

(五)按照国家统一制定的集体企业清产核资报表格式填制各类报表,数据准确,内容完整,报送及时。

(六)对清产核资数据资料进行了全面认真的分析,提出了改进经营管理和调整结构的具体措施和建议,建立健全了相应的财产管理责任制度。

第三十四条 各地区、各部门清产核资机构在所属城镇集体企业清产核资工作结束后,要对本地区、本部门工作进行认真总结,总结报告应按规定时间及时上报。

第三十五条 在各地区、各部门工作总结的基础上,财政部、国家经贸委、国家税务总局共同对全国集体企业清产核资工作进行全面总结,上报党中央、国务院。

第八章 工作、法律责任

第三十六条 在开展清产核资工作中,各级人民政府要高度重视,切实加强领导,建立相应的组织机构,严格执行国家有关清产核资的各项规定。

第三十七条 集体企业对经清产核资后形成的各项数据,要按照国家统一的报表格式,如实填报真实情况、如实反映存在问题,并按规定时间上报,不得虚报、瞒报、迟报或拒报。

第三十八条 对于在清产核资工作中积极努力,成绩显著,为维护国家和集体财产做出突出贡献的企业、单位及个人要给予表彰。对企业、单位未按照规定进行清产核资或走过场的,以及不如实填报报表及虚报或隐瞒真实情况的,依据国家有关规定由当地人民政府或上级主管部门责令改正;造成严重后果的,对厂长(经理)和直接责任人员依法追究责任。

对在清产核资中违反工作纪律的各级有关工作人员,根据具体情节由同级人民政府或有关部门按规定依法进行处理。

第三十九条　对清产核资中发现的由于失职、渎职造成企业管理极为混乱,"家底"严重不清,财产物资丢失浪费严重的,要查明原因,根据情节轻重追究有关领导和当事者的行政责任。对在清产核资中发现化公为私或低价变卖、转移集体财产,以及贪污盗窃等问题,同级清产核资机构要会同有关部门,依据有关规定组织查处,触犯法律的要依法进行惩处。

第四十条　在清产核资工作中,各类集体企业要认真搜集有关的原始资料,并对在清产核资中新形成的资料,要分类整理形成档案,按国家有关规定进行管理,并接受国家有关部门的监督。

第九章　附　　则

第四十一条　各地区、各部门及各类集体企业的清产核资工作,均须遵照本暂行办法的规定执行。

第四十二条　在集体企业清产核资工作中涉及的有关政策,统一按照国家制定的有关清产核资政策规定执行。

第四十三条　清产核资的经费,按财政体制由中央和地方分别负担。

第四十四条　各省、自治区、直辖市及计划单列市和中央各有关部门应依据本暂行办法,制定本地区、本部门工作实施细则,并报财政部、国家经贸委、国家税务总局备案。

第四十五条　本暂行办法自发布之日起执行。

（选自《城镇集体所有制企业单位清产核资手册》,改革出版社 1997 年 2 月第 1 版,第 431—435 页）

解放思想　大胆实践
进一步放开搞活小企业^①

（1996 年 8 月 17 日）

陈清泰

　　在这次会议上,黔贵同志介绍了国有企业改革总的形势,也介绍了全国小企业改革的情况,有 16 位同志进行了经验介绍,同志们还讨论了国家经贸委最近下发的《关于放开搞活国有小型企业的意见》和"集体企业清产核资中产权界定的暂行规定",召开了 22 个部委有关司局参加的联络会议。同志们认为此次会议开得很及时、很有必要,典型发言的内容很丰富、很有特色,在很多做法上有突破,反映了各地在放开放活小企业上的进展情况;另外,同志们也认为《意见》具有针对性,有指导作用,这次会议将对全国放开搞活小企业的工作起到积极的推动作用。下面,我想就当前放开搞活小企业工作讲四个方面的问题。

一、小企业在国民经济发展和经济体制改革中具有无可替代的重要作用

　　我国的小企业量大面广,广泛分布在工业、商业、建筑业、运输业、服务业等许多领域,是一个庞大的企业群体。改革开放以来,城镇集体企业迅速发展,乡镇企业异军突起,"三资"企业、私营企业、个体企业的数量也急剧增加,初步形成了以公有制为主体,多种经济成份共同发展的新格局。小企业的存在和发展,已经成为我国社会经济生活中一种不容忽视的重要趋势。因此,充分认识和客观评价小企业的地位和作用,对深刻理解和贯彻放开搞活小企业的战略方针,增强放开搞活小企业的紧迫感具有十分重要的作用。

---

① 　这是陈清泰在全国放开搞活小企业工作座谈会上的讲话。

(一)小企业是国民经济的一个重要组成部分,是国民经济发展的一支生力军

据统计,目前全国工商注册登记的企业超过 1000 万户,其中大中型企业不到 2 万户,小企业的数量约占 99%,在全国工业产值和实现利税中分别占 60% 和 40% 左右。在全国独立核算工业企业中,小型企业的数量占 95.6%,总产值占 44.5%,工业增加值与大企业相当。全国商业零售网点 90% 以上是小型企业,流通企业中 85% 是小企业。

1995 年,作为小企业主体的乡镇企业达 2203 万户,其中乡村两级集体企业 161.8 万个,联户、个体企业 2041 万个,国内生产总值 14595 亿元,占国内生产总值的 25%,工业增加值 10804 亿元,占全国工业增加值的 30%。以小企业为主体的民营科技企业,1995 年已经达到 42745 家,生产总值 2490 亿元,实现利税 315 亿元,出口创汇 53 亿美元。

这些数据表明,小企业在我国国民经济中已成为一支不可忽视的基本力量。

(二)小企业是经济增长的重要生长点

近年来,我国工业产值增长每年在 20% 左右,其中国有大中型企业的增长率约在 5%~9%,作为基础产业实现这样高的增长率当然已不简单,但同期小企业的增长率在 30% 左右。即在国民经济增长中,小企业做出了更大的贡献,拉动了全国经济增长速度的提高。小企业还是出口创汇的一支重要力量,在出口生产企业中,95% 以上是小企业,仅乡镇企业去年出口商品交货值达 5395 亿元,占全国出口总额的 34%。

由此可见,小企业在壮大国民经济、保持国民经济持续快速增长中具有无可替代的作用。

(三)小企业是增加就业的基本场所

在全国各类企业中,中小企业就业人数占 75%。截止 1995 年底,乡镇企业的从业人员达 1.28 亿,占农村劳动力总数的 28%。1994 年底,全国城镇就业人员中,城镇集体单位占 3285 万人,加上"三资"企业 406 万人、私营企业 332 万人、个体企业 1225 万人,总计达 5248 万人,合计占城镇就业人数的 31.7%。在城镇就业中,众多劳服企业发挥了重要作用。改革开放 17 年来,劳服企业先后共安置 2100 万人,近几年劳服企业稳步保持着每年新增 100 万人就业的水平,有的城市劳服企业已成为安置就业人员的主渠道。在新增的就业岗位中,小企业占更大的比例,因为国有大中型企业冗员过多,而且随着管理水平、技术水平的提高,富余人员却越来越多,新增就业岗位很重要的是靠中小企业。近年来,

由于小企业为社会提供的众多工作岗位,大大缓解了社会就业压力,对保障人民生活、稳定社会起到了重要作用。

(四)小企业是推动国民经济市场化的一支重要力量

与大企业相比,小企业有自己的特点和优势。小企业组织结构层次少、人员少,内部信息畅通,交流方便,决策快,对市场变化反应敏捷,与客户和市场的联系更直接而密切。小企业的产品结构和技术结构相对简单,调整方便,周期短。小企业的经营方式机动灵活,劳动用工、分配、人事制度等均可根据市场竞争的需要自主决定和调整。小企业投资少,敢于承担风险,富于创新精神。它们利用机制灵活,敢担风险的优势,活跃在大企业尚未涉足的新兴领域;利用贴近市场、贴近用户的优势,活跃在竞争变化十分剧烈的领域;利用投资少、调头快的优势,活跃在品种多、批量小的加工和配套、维修领域;利用管理层次少、成本费用低的优势,活跃在零售、服务等本小利薄的领域。正是由于小企业在上述领域中的积极参与,才使这些领域的竞争更加充分,从而使整个市场更加活跃。改革开放以来的实践证明,凡是小企业发展早、发展快的地区和领域,相对来讲,市场发育就早,市场竞争就更充分,市场就更活跃。广东、浙江、江苏等地区和轻工、纺织等行业就是这样。在我国,小企业是形成市场机制、推动国民经济市场化的一支重要力量。

(五)小企业是大企业改革与发展的重要依托

社会化大生产的一个根本要求是生产的专业化分工与社会化协作。以某个主导企业和主导产品为龙头,为它直接提供配套服务的企业可能有上百家,而为这上百家配套企业提供二次配套和服务的企业可能有上千家,这样就形成了一个"金字塔"式的结构。这种企业组织结构对大型龙头企业很有好处,它可以集中力量搞技术开发与关键部件的生产、开拓和占有市场,一般零部件的生产和各种服务则可委托中小企业完成,使这一企业群体产品开发周期缩短、投资减少、风险分散。因此,大企业离不开小企业的配套生产和提供服务,企业越大,对小企业配套的需求就越大。计划经济体制的一个弊端就是大型国有企业生产上的"大而全",上万人甚至几十万人的大企业,封闭式生产,企图"不求人",造成投资大效率低,有相当一部分因此而陷入困境。要解决这个问题,必须以中小企业为依托,发展专业化生产与社会化协作,实践证明,这是提高大企业市场竞争力的必然趋势。此外,大企业要分离办社会职能也离不开小企业,尤其是分流富余人员,这是国有大型企业改革的一个难点,出路在哪里?还需要大力发展中小企业,尤其是劳动密集型小企业,依靠它们创造更多的就业岗位。

（六）小企业在县域经济中占有主体地位，是反哺农业，发展农村经济的生力军

县属企业绝大部分是小企业，其工业产值、商业批发零售额、就业人员在县域经济中占主体地位，是多数县级财政的支柱。乡镇企业的迅猛发展，除了为自身提供了积累，也为农业的发展、农村经济的发展提供了重要的资金来源。在转移农业剩余劳动力，实现农业规模经营和集约经营所需的产前、产中、产后的社会化服务等方面，都离不开乡镇企业。事实表明，凡是乡镇企业实力雄厚的地区，农业现代化的步伐就快，广大小企业是农业发展和农村经济发展中的生力军。

在计划经济体制下人们并不太重视中小企业的特殊地位和作用。在向社会主义市场经济体制转轨中，支持与发展中小企业应当成为国家发展经济的一项长期、稳定的基本政策。

二、中小企业改革取得了重要进展

近几年来，各地区、各有关部门和广大中小企业在党中央关于放开搞活小企业的方针指导下，解放思想、大胆实践，加快了国有中小企业和集体中小企业的改革。无论对小企业的地位作用的认识，还是在改制形式、改制途径、相关政策措施，还是在制度创新、转换机制、提高效益等方面都取得了重要进展，各方面对加快小企业的改革已产生了强烈的紧迫感。

（一）指导方针进一步明确，思想认识进一步统一

小企业在振兴经济和建立市场经济体制中的地位和作用越来越被人们所认识。相当多数的国有小企业在改革深化的过程中陷入困境的现实，使各方面对加快中小企业改革的紧迫性有了切实的感受。

党中央把放开放活国有小企业的工作提上了议事日程，以高瞻远瞩的眼光提出了一系列深化小企业改革的方针，并很快在全党上下形成了共识。各方面解放思想，大胆探索的实践汇集成对小企业改革强大的推动力。十四届三中全会《决定》指出："一般小型国有企业，有的可以实行承包经营、租赁经营，有的可以改组为股份合作制，也可以出售给集体或个人。"十四届五中全会《建议》提出："要着眼于搞好整个国有经济，通过存量资产的流动与重组，对国有企业实施战略性改组。这种改组要以市场和产业政策为导向，搞好大的，放活小的"，同时提出，要大力发展集体经济。江泽民总书记对小企业改革一直非常重视，多次作出重要指示。1995 年，他在上海、长春召开的企业座谈会上的讲话中指出，

"要加快国有中小企业的改革,转换企业的经营机制,建立和形成为大企业配套服务、从事专业化生产经营的企业群体。对一般小型国有企业,要进一步放开、放活,有的可以实行兼并、联合或租赁,有的可以改组为股份合作制,也可以出售。"他在五中全会和中央经济工作会议上的讲话中,对小企业的地位和作用以及改革的目的、意义、形式和需要注意的问题作了重要的阐述。李鹏总理在十四届五中全会上的讲话中指出,"对国有小型企业,可以区别不同情况,采取改组、联合、兼并、股份合作制、租赁制、承包经营和出售等多种形式,加快改革和改组的步伐。特别是县属企业可以放得更开一些。放活小的有利于集中精力搞好大的,也有利于搞活整个国民经济。需要注意的是,不论国有大中型企业还是小型企业,在改革中都要做好国有资产的界定和评估,认真加强管理,切实防止国有资产的流失。"他在八届全国人大四次会议上的《报告》中强调指出"城乡集体经济是公有制经济的重要组成部分。要积极推进集体企业的改革与发展。"

中央十四届三中全会的《决定》和党中央、国务院领导同志对放开放活小企业的讲话,纵观全局,解放思想,从提出小企业改制的原则和形式到明确"搞好大的,放活小的"战略方针,这就使企业改革方向更加明确。以这些精神统一全党思想,使我们放开搞活中小企业的工作不断健康发展。

(二)地方党政领导决心大、工作细、推动有力

许多地方,如诸城市、新乐市、台州市和甘肃省等党政领导之所以下决心狠抓小企业改革,一方面出于对党的方针的理解,但更多的是当地经济形势逼出来的。

当处于"资源富省、地域大省、农业小省,工业弱省、财政穷省"的甘肃人意识到自己落后的一个症结就是思想观念陈旧,中小企业没有充分发展的时候,省委、省政府就决定以发展城镇集体经济、扶植中小企业作为振兴经济的一项战略性措施,以最大决心组织力量,制定文件,加大力度推进中小企业改革。

1992年,山东诸城市150户国有企业有103户明亏或暗亏,占企业户数的68.7%,企业资产负债率高达93.5%,市财政收入扣除物价因素出现负增长,这就逼出来一个诸城市的中小企业改革。

河北新乐市在市属企业呈现"富饶下的贫困"现象,亏损面达63%,市办工业所占财政收入的比重在几年之内由61%降到42%之后,市领导坐不住了,这就逼着新乐市委、市政府下决心推进小企业的改革。

改革力度大、进展好的地方无一不是市(县)委、市(县)政府主要领导下决心,统一组织经贸委、财政、人事、体改、税务、银行等各有关部门协同配合,制订配套改革文件,形成强大的合力而取得的。例如山东省提出了"三放两不放",

即放开企业改制形式、经营内容和干部管理;不放松对国有资产的监督管理,不放松对依法经营、照章纳税的管理。江苏省提出"七个结合",把放开搞活中小企业与培育规模经济、壮大支柱产业、转换城市功能、妥善安置职工相结合。浙江省提出,在国有、集体存量资产流动重组中,坚持资产评估和有偿转让;公有产权转让收入必须用于扩大再生产;坚持"公平、公正、公开"的原则,不断规范产权交易行为;妥善安置富余人员和职工。广东、浙江、福建、河南、宁夏、湖南、安徽、甘肃、陕西、青海等省市制定了关于加快中小企业改革的具体政策,北京、上海、天津、云南、河南等省市出台了实行股份合作制的暂行规定,北京、天津、河北、辽宁、吉林、黑龙江、浙江、甘肃、青海等省市提出了发展集体经济的政策措施。这些政策措施对放开搞活小企业起到了推动作用。有的省还选择一些市、县进行试点,探索路子。如河北新乐、河南商丘、广东肇庆、福建泉州、四川宜宾、湖北武汉、湖南临湘、辽宁海城、江西南昌、山西朔州等。

另外,各省市推进小企业改革的工作既积极推动又细致慎重。山东省委、省政府三年三次去诸城考察,直到第三年才明确提出了"三放两不放"和"五条标准"。由于各地党委和政府把推动小企业改革作为发展经济的一项重大战略措施,就使得小企业改革在强有力的领导下进行,许多地方做到了改革力度大,政策上没有大的偏差。

(三)各地创造了多种企业改制形式,基本做到了放而不乱

各地从实际出发,因地制宜、因行业制宜、因企业制宜,采取适合企业生产力水平的多种改制、改组形式。如湖南省总结推广了放活小企业的 14 种形式,全省有 15% 的小型工业企业实行了股份合作制的改革,60% 以上的小企业实行了抵押租赁、抵押承包、个体经营、一厂多制、委托经营等多种经营形式。江苏省去年兼并企业 464 家,租赁经营 4737 家,先售后股 1200 家,拍卖或出售 1157 家,破产 113 家。浙江省去年国有、集体小微亏企业被兼并 337 家,破产 126 家,改造为股份合作制 2267 家,实行租赁经营 2323 家,拍卖 1023 家。

各地在改制过程中特别注意从实际出发,不断总结群众的创造,同时注意搞好国有资产评估,避免国有资产流失。大多数地方在深化改革过程中基本做到了社会稳定,群众拥护,防止了国有资产的流失,放开搞活小企业工作基本是健康的。

(四)改革力度不断加大,改革的范围不断拓宽

现在,很多县市改制的企业已经占了相当的比例。山东省对 4.4 万多户县乡国有和城镇集体企业中的 2.9 万多户进行了各种形式的改组、改制。安徽全省国有工业小企业有 828 户进行了各种形式的改革,改革面占全部国有工业小企业的

39%;福州市的改革面可达 50% 以上;浙江省去年改制、改组国有、集体小企业 6076 家;江苏省去年改制、改组小企业达 7670 家。改革的力度不断加大。

推进小企业改革的地域不断拓展,不仅沿海发达地区改革力度大,东北、中西部地区推进小企业改革的力度也在加大,甘肃狠抓小企业改革的经验就是例证。

(五) 小企业改革收到了初步的效果

在一些改革起步较早的地方,放开搞活小企业已经见到了初步的成效。如黑龙江省从 1993 年开始实施国有小企业改革,到 1995 年,经过各种形式改制的 2331 户企业实现工业产值、销售收入、上缴税收与上年同比增长 15.9%、20%、11.7%,改制企业亏损户数下降 18%,亏损额下降 46%。山东诸城从 1992 年起进行小企业改革,到 1995 年所有改制企业基本扭转了亏损;1995 年与 1992 年相比,全市企业实现利润、税收、财政收入、职工工资分别增长 5.3 倍、3.3 倍、1.4 倍、1.9 倍;1992 年诸城市有大型企业 1 户、中型企业 7 户、利税过千万的企业 1 户,到 1995 年发展到大型企业 7 户、中型企业 25 户、利税过千万的企业 12 户。

在充分看到小企业改革取得的成绩的同时,我们也要注意当前小企业改革与发展中存在的问题。主要表现在以下四个方面:

1. 发展不平衡。部分地区小企业改革推动比较早,政策掌握比较稳,因此取得了比较好的效果;部分地区尚未认识到放开搞活小企业的重要战略意义,组织领导不力,推动比较迟缓。

2. 配套改革跟不上。部分地区在国有资产管理、产权交易、金融、税收、社会保障、干部人事制度、政府机构改革等方面缺乏配套的法规、政策和措施,这些都限制了小企业改革进一步深化。

3. 有的地方注重改制形式多,在促进企业积累、加速机制转换、实现"三改一加强"等方面注意不够。

4. 个别地方政策掌握不稳,宣传口号失当。有的地方误认为放开搞活就是放任自流、放手不管;有的地方在改革中不注意维护国家所有者权益,造成国有资产流失;有的地方为了表明更"改革",提出了一些不恰当的口号,造成了不好的影响。我们在小企业改革中,既不能赶浪潮、刮风,也不能乱提口号,应当严格按中央的方针来办。

三、放开搞活小企业需要注意把握的几个问题

放开搞活小企业是一项政策性特别强的工作,从思想认识到政策掌握都必

须统一到中央已经确定的方针、政策上来。针对当前改革进展的情况,我提出以下几个问题,请大家研究:

(一)企业改制的核心是转换经营机制

小企业改革的目标是实现政企分开,使企业走向市场、适应市场,让企业自负盈亏。政府要为小企业走向市场创造必要的生存条件,包括多渠道的资本金注入、政策环境的建立、产业政策引导和信息沟通、经营和管理人才输入、培训和社会保障制度的建立等。没有这些条件,小企业走向市场也是不可能的。但是,推进小企业改革不在于给企业更多的特殊优惠政策,也不能由政府再把企业抱起来。市场是小企业的生存空间,是办企业的出发点和落脚点,是企业经营运转的轴心,企业成功在市场,失败也在市场。在经历十几年改革,直到目前市场制约不断强化之后,我们才对这一简单的道理理解得更加深刻。一般来说,小企业和市场有着天然的紧密联系。但国有和已成"二国营"的集体小企业却由于政府主管部门的行政管理使他们与市场的联系削弱了。国有小企业的改革就是要使它们顺利地走向市场,适应市场,按市场规则运转。

小企业的改制,就是从提高国有(集体)小企业走向市场、提高市场竞争能力出发,选择某种企业财产组织形式,通过对传统企业组织制度、领导体制和规章制度的改革达到转换经营机制的目的。

因此,企业改革的重点是要真正转换经营机制,切不可本末倒置,把选择企业组织形式作为目的,而忽略了转换机制的本质。

形成新机制的重要一环是所有者职能到位。所有者从获取最大利益、避免更大风险出发,形成对企业的激励和约束,这是建立新机制的重要基础。改制中要注意明晰产权,明晰产权并不是政府收权或变相收权,在维护国有产权的同时,必须合情合理地维护集体产权、维护企业法人财产权,否则将会挫伤企业和职工的积极性。

转换机制重要的是看是否实现了政企分开,真正建立起自负盈亏机制;是否依照市场规则运行,形成优胜劣汰机制;是否建立了筛选管理者、制止错误决策的机制;是否真正转变了经济增长方式;也要看是否调动了职工积极性,加强了企业管理。从各地经验看,不论以哪种形式改制,凡在改制过程中转换经营机制好的,改制效果就明显。我们最担心的是改制后政企不能真正脱钩。企业状况好的时候,大家分红;过不下去,回过头来又找政府。如果是这样,那改制工作就不能算成功。

(二)放开搞活,不是放任自流

究竟"放"什么? 还要不要"管"? "管"什么? 有的同志担心放开会不会放

乱。各地在实践中注重对"放小"内容的探索和总结,已形成了初步的认识。所谓"放小",是将企业从政府计划管理体制的笼子里放出来,进入市场经济的大天地。其内容至少应包括以下几个方面:一是放开改制形式,让国有小企业灵活选择与其生产力发展状况和市场经济要求相适应的企业财产组织形式和经营生产的业务内容;二是放开国有小企业存量资产的流动与重组,引导国有小企业存量资产向高效益的领域转移;三是放掉旧体制下政府对国有小企业不适当的行政干预职能和承担的无限责任;四是下放人事管理权限,允许企业根据自身的财产组织形式确定企业领导人员的选聘方式。

"放开"是相对于过去的"管住",在坚持"放开"的同时,政府的所有者职能和社会经济管理职能同时要加强。在放开过程中,企业必须同时担起自负盈亏的责任,政府作为所有者要加强国有资产的监督管理,行使好所有者职能,政府作为社会经济管理者,要运用经济手段和法律手段对国有小企业实行宏观管理和政策调控,同时要加强为小企业的服务。"放开"是手段,"搞活"是目的。"放开"不是放弃国有小企业不要,也不是放任自流、"一放了之";而是要通过"放开",使国有小企业真正成为"四自"的法人实体和市场竞争主体,在市场竞争中实现资产和企业的重组,建立起优胜劣汰机制。无序的乱放,达不到搞活的目的。因此,放好就要有相应的政策措施,一哄而起的乱放,必然造成难以收拾的后果。

(三)推动存量资产的流动与重组,要区别流动与流失

放活小企业的一项重要工作是通过资产存量的重组实现结构调整,提高经济运行效率。资产不能顺利地流向效益更高的地方,是国有资产的损失;闲置、呆死的资产不能创造效益,自然会贬值;少数企业中那种停产坐吃的状况,更是国有资产的流失。因此在放活小企业的工作中,推动存量资产的流动与重组是一项战略性措施。对此,人们没有多少异议,议论较多的是流动中的流失。流动确实可能会造成流失,这是我们必须防范的。

比如不评估或人为低估资产、国有资产无偿量化到个人、出售和转让收入没有用于再投入等,都会使国有资产在流动中发生流失,在实际工作中要采取切实有效的措施,严加防范。但是另一方面,我们要正确判断和区别流动和流失,要注意和澄清有关政策,这是值得我们深入研究的问题。正常合理的流动,不应看成流失;过高的评估,也不等于国有资产增值;企业在改制的过程中,应该允许有合理的扣除。诸城市在小企业改制过程中对老职工的养老支出就作了必要的扣除。

产权流动的价格最终要由市场交易来确定。评估多少,并不意味其交易价

格必定是多少。当然如果评估合理的话,这是一个重要的参考,但并不等于必须按照评估的价值来交易。交易是一种买卖行为,价格有时会高一些,有时也可能低一点,这要由供需关系来定,即按买方竞价或买卖双方议定的价格来进行。

另外,在考虑资产出售价格时必须同时考虑收购者以后的再投入;必须考虑收购之后,能够保住多少就业机会,可以新增多少就业机会。政府应当统筹考虑出售价格与再投入和保持就业因素之间的关系,这也是合理的。

(四)改制有多种形式,不能强求一种模式,不要一刀切

十四届三中全会《决定》指出:一般小型国有企业,有的可以实行承包经营,租赁经营,有的可以改组为股份合作制,也可以出售给集体或个人。由此还可派生出多种改制形式。

推进小企业改革要根据生产力发展水平,职工的认同程度和社会承受能力,以企业走向市场、提高对市场适应能力为原则,因地置宜,因行业置宜,因企业置宜。国家经贸委《意见》中总结归纳了10种办法,也只是一种提示。基本办法是三中全会提出来的,由此可以派生出各种形式,宁德地区就总结了12种。在这方面要警惕刮风,在有的同志强调某一种形式很好的时候,往往以一种形式代替其他形式,这是不合适的。关于这一点,中央国务院的领导同志一再告诫我们,要从实际情况出发,不要一哄而起,不要一刀切,不要用一种模式去强制推行。

这里我再补充一点。有些小企业在改组改制后情况好转,就出现了经济规模、规模经营等问题,对此应怎么看?想提醒一下,小企业与大企业是不一样的,不能都笼统地讲经济规模、规模经营。作为一个正规的商业企业,要有几千平方米甚至上万平方米的营业面积;但对于小商小店,就不要强求它这么干。因此,武汉的同志提出走小型巨人的路,我认为有一定道理。小企业发展后有两种可能,一种是走精品名厂的道路,规模不一定大。比如像福建,很有名的是石雕,石雕行业什么叫经济规模,可能个体户就是经济规模,他一个人靠手艺生产,经济效益很高,非要搞一个美术工厂,不一定会赚钱,可能还要赔本。天津有个泥人张,名店名人名厂,走的就是这个路子。小型巨人的路子就是企业的业务范围可能很窄,可能在一段时间只生产一个零件,但在这个零件生产上,它的水平很高,这就是它的追求。当然也有一些小企业,找了发展机会,迅速壮大了。我们这里也有很多例子,如红豆集团已有相当的实力,它是从乡镇企业发展起来的;浙江有个万向集团,就搞万向节一种零件,但是在这个领域水平很高。湖北有一个兄弟集团,如此等等。因此,对小企业的指导不能一般化地把大企业的原则照搬到小企业中去,这样做可能会出问题。

　　从改制形式来看,很多地方都认为股份合作制作为一种群众的创造,比较适合目前国内小企业生产力的发展水平,把股份合作制作为一种重要的企业改制形式来选择。但是,对股份合作制也不要看作"一股就灵",现在对股份合作制还没有相应的法规,在推进股份合作制的工作中,应注意这样三个问题:(1)在推行中要尽可能在资产构成中保留一块公共积累,也就是有一块共同共有的部分,这在转制改制过程中是可以做到的。(2)在构造股权结构的时候,要注意对大股和小股的差额有所限制,如果差别过大,合作的性质就不明显,一部分人就会感到他是给别人打工。(3)在股东的权利上要实行一人一票,而非一股一票制。由于我们还没有一个规范的法规,各地在推行股份合作制的工作中应注意这几个问题,保持股份合作制的集体(合作)性质。

(五)企业改制以后,关键的问题是要自负盈亏

　　什么是自负盈亏? 自负盈亏就是在盈利的时候,企业职工可以分红;亏损的时候不能分红;破产的时候,包括职工在内的各个出资者投入企业的资本金就一无所获,全军覆没。这就是自负盈亏。如果企业改制后,职工仍不能承担风险,还等着吃国家的大锅饭,那么改制就不能最终发挥作用。小企业和大企业有一个很大的差别,企业越小,职工与企业的关系更加直接。如果说大企业每个职工的工作优劣和企业效益的关联性比较小的话,那么在小企业每个职工工作的优劣和企业效益的关联就更加密切。因此,如何通过一定的企业形式,促使职工关心企业的收益,以更多的精力搞好自己的工作,投身于企业的发展,这是小企业形成新机制必须解决的一个重要问题。

　　比如实行股份合作制,之所以可以发挥作用,就在于职工把自家多年的积蓄和财产都压到了企业身上,企业兴旺,职工的收入增加;企业垮台,职工的损失惨重。这种强烈的风险意识是建立新机制、使新机制发挥作用的重要基础,这样才能使每一位职工有强烈的主人翁意识、市场竞争意识和参与意识,也会加强职工对企业的监督意识。因此,在改制中,克服原来国有企业职工吃国家大锅饭的观念,是相当困难、又是十分重要的。改制后的企业要不断完善新的内部管理机构、管理体制,要形成职工对企业领导人员的监督和筛选机制,对企业错误决策能够及时制止。如果这样一种新的机制不能形成,那么企业就很容易被少数人所操纵和控制,企业的风险就很大。如何规范新的企业领导体制、组织制度,形成必要的制衡机制,是我们需要进一步探索完善的重要工作。

(六)落实债务责任、注意原始积累

　　在企业改制过程中,一定要落实债务责任,要做到手续完备,具有法律效力。朱副总理在一次会上讲,在企业中的国有资产不只是原来国家投入的资本金

（所有者权益），实际上还有国有银行的债权。因此转制中必须要落实债务责任，防止债务脱空。不能让当地政府与企业一道慷国家之慨，逃银行之债。

目前许多小企业并没有完成原始积累，资本金很有限，负债率过高。因此，有条件的企业，职工进行增量参股是一种重要的形式。一方面通过职工参股引入新的投资者，增加企业资本金；另一方面通过参股促进企业的转制，增加职工的责任感，同时也会加强对经营者的监督，经营者也会加强责任感。我们不要求所有企业都这么做，但这是一种资金注入的办法。

在转制后，要正确处理好积累和消费的关系，不宜过多的分红。另外在企业转制过程中，有些地方把国有权益卖掉，由政府的某一个机构收回，或是作为财政信贷再贷给企业，这种做法不是一个好的办法。企业现在负债率很高，如果职工有一些投入，国家又将资产抽走，对企业来说没有形成新的增量，企业如何改造？这样做在政策上没问题，可以做，但哪种办法效果更好，对企业长远发展更有利，则需要研究好，掌握好。

（七）搞好小企业要强调"三改一加强"，不存在"一抓就灵"

国有企业存在的问题是多方面的，积蓄日久，成因复杂，解决问题不能只依靠改制。企业有机制问题，要靠改革生产关系来解决；有结构问题，要靠调整来解决；有发展问题要靠投入和改造来解决；有负担问题，要以企业为主，通过多方消化来解决；有管理问题，要靠改进和加强基础工作，提高管理和经营效率来解决。因此，搞好国有企业是一项极其复杂的工作，从来就不存在什么"一抓就灵"。事实证明，所谓"一股就灵"、"一卖就灵"的看法是脱离实际的．提法是片面的，做法是有害的。

企业改革是对生产关系的调整，改革对搞好国有企业起着方向性、根本性的作用，是改组、改造和加强管理的重要基础。但不能代替这些方面的工作。因此，搞好小企业要靠"三改一加强"。改制后的小企业要特别强调加强管理，提高质量，降低成本，提高市场竞争力，要防止出现片面认识。

（八）集体企业的改革方向也是建立现代企业制度

集体企业改革的方向也是要建立现代企业制度，对这一点有些同志感到有些模糊。这样说的依据是三中全会《决定》。《决定》在讲到"现代企业制度是国有企业改革的方向"这一段的后面又讲到，"所有企业都要朝这个方向努力"。另外，江泽民总书记在党的五中全会讲到 12 个关系的时候有这样一段话：集体企业也要不断深化改革，创造条件，积极建立现代企业制度。

所谓现代企业制度，是指符合社会化大生产、适应社会主义市场经济体制的"产权清晰、权责明确、政企分开、管理科学"并依法规范的企业制度。集体企改革不仅有"产权清晰"的问题,也有"权责明确,政企分开,管理科学"的问题。建立现代企业制度不能简单地理解为"公司化"。现代企业制度是一种新型的企业制度体系,其核心特征是四句话,从做到四句话的角度看,集体企业同样有这些问题。现代企业制度对大公司、大企业来说是以公司制为典型形式,对小企业来说主要的可能是独资企业、合作企业、股份合作制和有限责任公司等形式。从方向上讲,集体企业改革不能偏离开四句话。

(九) 加强配套改革,为小企业的发展创造必要的外部环境

小企业在市场竞争中一般处于弱者地位,需要政府更多的支持和扶植。亚太经合组织(APEC)中有一个中小企业部长委员会,每年组织许多活动和会议,实际是通过国际组织来为中小企业发展创造必要的环境,为它们提供更多的扶植和帮助。

在小企业改革的过程中,如何加快社会保障制度建立是不可回避的一个现实问题。社会保障制度建设滞后,对深化小企业改革是一个很大的制约。小企业生存风险大,在政府不再包揽企业和职工的一切后,如果没有社会保障做后盾,要么政企分开不能实现,要么社会难以稳定。所以,配套地完善社会保障制度,是小企业真正进入市场的一个依托。如果没有这个依托,小企业竞争中出了问题,最后还要找政府。

APEC 关于扶植小企业有一个宣言,提出扶持小企业的 5 个领域,即人力资源开发、信息共享、技术共享、资金融通和市场准入。加强这 5 方面工作对中国也是适用的,我们也要在 5 个领域加强对小企业的支持,多为小企业提供配套服务。

四、做好工作,积极推进小企业改革

(一) 小企业工作是经贸委系统的重要责任

"抓大放小"对经贸委工作提出了新的、更高的要求。在建立社会主义市场经济体制的过程中,大型企业、中型企业、小型企业是一个有机的整体,国有、集体、个体私营和三资企业之间也有内在关联。因此,搞好企业工作是一盘棋。在中央提出"搞好大的、放活小的"方针下,各级经贸委要及时转向对企业工作的全方位管理。在改革过程中,小企业很可能率先进入市场,这也会为搞好国有大中型企业创造必要的条件。从各地实践看,小企业改革后的主体形式依然是集体经济或是合作经济,仍是公有制经济的重要组成部分,各级经贸委要牵头把这项工作做好。

　　国有小企业都属地方企业,是地方经济工作的重要组成部分,放开搞活小企业的权力和责任主要在地方政府。从国家经贸委的角度,要多做调查研究,必要时提出一些指导意见,或与有关方面协调一些有关政策,但真正具体操作的权利和责任主要在地方。另外,各行业的中小企业的实际工作历来主要是各主管部门在做,他们熟悉情况,积累了许多经验;中小企业对外合作协调办公室(中小企业国际合作协会)已成立十多年,与国外许多机构建立了联系,是对内、对外联系企业和有关机构的重要窗口和渠道;各地集体办在多年抓城镇集体经济工作中积累了不少经验,与不少集体企业建立了广泛联系,我们在工作中要依靠和发挥各主管部门、中小办和集体办等机构的作用,按中央的方针政策齐心协力把放开搞活小企业的工作健康地推进。

(二)认真研究《放开搞活国有小型企业的意见》,把握好有关政策

　　《意见》的制订有两个根据,一个是中央的有关文件,另一个是地方的实践经验。这个文件不一定很完备,今后还可以进一步修改,但目前基本上体现了国家经贸委有关小企业改革与发展的意见,希望大家在工作中认真研究和参考。这个意见不能作为一个框框,来限制大家的创造。国有小企业千差万别,量大面广,只有各地根据自己的实际情况来改革才会有实际的效果,所以我们的意见只能作为指导原则,各地应当按"三个有利于"大胆地试,大胆地闯。

(三)稳步推进,不下指标,不刮风,不一哄而起

　　有些地方在改制的进度上下指标,要限期完成,而不在"三改一加强"上下工夫,最后很可能会走过场,搞不好会出现夹生饭,丧失了改革的时机,最后还会"回潮"。因此,我们主张搞好小企业的工作要深入下去,要抓典型,埋头苦干,见到实效。改革是手段,关键是要把企业搞好,真正见到效果,切不可刮风。

(四)依靠党政领导,推进配套改革

　　小企业改革涉及的面很宽,仅靠经贸委一个部门难以完成,必须依靠所在地的党委和政府。"搞好大的、放活小的"是全党的大事,要调动各部门,形成合力,才有效果。要注意政策指导、完善市场法规,要注意在改制过程中政策引导、解脱包袱,要加快建立社会保障制度,为企业的改革和发展创造必要的环境。另外,还要培育一些为小企业发展服务的中介机构,培训人员,有条件的地方可以建立中小企业发展基金,为小企业融资提供服务。

(五)搞好集体企业清产核资工作,为集体经济的改革与发展打好基础

　　清产核资是为了摸清和准确掌握我国集体企业的资产存量、结构和效益状

况,理顺产权关系,加强集体资产管理,促进集体经济的改革与发展。今年7月9日,国务院办公厅下发了关于开展城镇集体企业清产核资工作的通知,确定由财政部、国家经贸委、国家税务总局具体组织实施这项工作。此次清产核资工作的主要内容是:全面清查企业资产,清理债权债务;重估集体企业、单位的主要固定资产价值;对企业产权进行界定,组织产权登记;核定集体企业、单位的法人财产占用量;进行资产管理的建章建制工作等。1991年国务院第86次常务会议纪要确定国家经贸委作为城镇集体经济的主管机构,负责城镇集体企业的宏观管理和指导工作。各地经贸委要积极做好这项工作,尤其要与财政、税务等部门共同做好产权界定工作。有关文件即将下发。各级经贸委要落实机构和人员,更侧重于做好产权界定工作,有集体办的地方,要充分发挥集体办的作用。目前有些地方已经开展了集体企业清产核资工作,这些地方要与当地的有关部门衔接好,已进行的工作是有效的就不要推倒重来,有些工作不尽完善的可以按有关政策进行调整。

（此件由国家发展和改革委员会中小企业司提供）

财政部关于印发《城镇集体所有制企业、单位清产核资资产价值重估实施细则》的通知

（1996 年 8 月 28 日）

各省、自治区、直辖市和计划单列市清产核资办公室，国务院各部、委和直属机构：

现将《城镇集体所有制企业、单位清产核资资产价值重估实施细则》印发给你们，请结合本地区、本部门实际认真执行，并将工作中有关情况和问题及时上报。

附：

城镇集体所有制企业、单位清产核资资产价值重估实施细则

第一条　为了在城镇集体所有制企业、单位（以下简称"集体企业"）清产核资中认真做好资产价值重估工作，摸清企业"家底"，促进资产足额补偿，增强集体企业发展后劲，根据《城镇集体所有制企业、单位清产核资暂行办法》有关规定，特制定本实施细则。

第二条　资产价值重估是指集体企业按照国家统一规定的方法（物价指数法、国家定价法、重置成本法及汇率变动法），依据"城镇集体企业清产核资固定资产价值重估统一标准目录"，对账面价值与实际价值背离较大的主要固定资产进行重新估价。

第三条　"账面价值与实际价值背离较大"是指城镇集体企业 1993 年底以前购建形成的，因 1984 年以来国家生产资料价格改革和物价上升，造成资产账面价值与 1993 年实际价值背离较大的主要固定资产。

第四条　集体企业属下列情况可不进行资产价值重估：

（一）固定资产原值在 200 万元以下的工业企业，以及各类小型非工业企业。

（二）企业依照《中华人民共和国中外合资企业法》规定，与外国企业（公司）、经济组织或个人在我国境内联合投资举办的中外合资或合作企业。

（三）企业依照《中华人民共和国公司法》等投资设立的股份制企业（公司）。

（四）企业在境外投资举办的各类境外企业、机构。

（五）企业投资参股的国内合资、合作、联营企业、单位。

第五条　集体企业的下列资产不再进行价值重估：

（一）1993 年 12 月 31 日以后新购建或形成的固定资产。

（二）按国家有关规定属于限制使用、淘汰和待处理、待报废的固定资产。

（三）租入的固定资产（含融资租赁）。

（四）1989 年以后（含 1989 年）由于产权变动已评估过的资产（凭资产评估机构出具的资产评估结果报告书）。

（五）在建工程和已完工未交付使用（包括试车）的固定资产。

（六）按规定购置费用已列入成本的固定资产。

（七）进行职工住房改革的房屋固定资产。

（八）流动资产、无形资产、递延资产和其他资产。

（九）在清产核资工作中清出列入待界定的资产。

第六条　集体企业在清产核资中清出属于捐赠资产和盘盈的账外固定资产，按现行财务会计制度和清产核资政策规定入账，不再进行价值重估。

第七条　集体企业已提足折旧的逾龄固定资产（指已超过财政部规定的固定资产分类折旧年限表规定的折旧年限）原则上不进行价值重估；但对企业逾期使用的大型永久建筑物、交通设施等，经技术鉴定状况良好，能继续长期使用的，可进行价值重估（这类固定资产重估后可不再计提折旧）。

第八条　集体企业进口设备（含二手进口设备）形成的固定资产原则上不进行价值重估；但对企业 1979 年至 1993 年进口的，价格明显低于国内同类产品 1993 年价格水平、又未超过原规定折旧年限的主要大型设备，经同级清产核资机构批准可以进行重估。

第九条　集体企业资产价值重估应根据资产的不同类型，分别采用物价指数法、国家定价法、重置成本法和汇率变动法。

第十条　物价指数法是指以资产购建年度的价格为定基价格，按"城镇集体企业清产核资固定资产价值重估统一标准目录"中列出的价格指数，对资产

价值进行调整估价的方法。物价指数法适用于集体企业购买的实行价格多轨制和价格已经放开产品形成的固定资产。其具体操作方法:

(一)1984年底以前购建固定资产的重估原值＝账面原值(含安装费、运杂费、包装费和税费等,下同)×1993年比1984年的价格指数。

(二)1984年以后购建固定资产的重估原值＝账面固定资产原值×1993年比购置年度(即1985—1992年各年度)的价格指数。

(三)"城镇集体企业清产核资固定资产价值重估统一标准目录"中未列明资产价值重估价格指数的设备,可按该设备归属的小类价格指数进行重估;如在小类中仍未列明,可按该设备归属的大类价格指数进行重估。

(四)1993年比购建年度价格指数小于1即重估后原值小于账面原值的固定资产,重估后原值不做下调,以账面值为准。

(五)大中型企业账面原值在五万元以下,但量大额小的固定资产,可按行业固定资产分类,按该类固定资产购置年度的综合平均价格指数进行重估。

第十一条　国家定价法是指根据"城镇集体企业清产核资固定资产价值重估统一标准目录"中列出的资产规格型号所对应的国家规定价格(包括国家物价部门、中央有关部门和省、自治区、直辖市人民政府规定的价格),对资产逐项进行重新估价的方法。国家定价法适用于集体企业购买国家定价产品形成的固定资产。其具体操作方法:

(一)1984年底以前购建的固定资产重估原值＝原实际购入价格＋(1993年价格－1984年价格)＋原实际安装费、运杂费×1993年比1984年安装费价格指数。

(二)1984年以后购建形成的固定资产重估原值＝1993年价格＋原实际安装费×1993年比购置年度安装费价格指数。

(三)账面价格已高于1993年国家规定价格的固定资产,不再重估。

第十二条　重置成本法是指根据资产在全新情况下按现行市价的重新购建成本来确定资产价值的方法。对少数特殊的、价值量较大的非标准设备或企业自制无市场价的非标准设备和经过多次技术改造后的设备,可采用"重置成本法",具体由集体企业组成专门的重估小组或委托具有资产评估资格的资产评估机构,按国家规定的重置成本法确定重估价格。

第十三条　对1979—1993年进口的需要进行资产价值重估的设备,参照1993年国际市场价格,按国家外汇管理局公布的1993年人民币外汇牌价平均价折合人民币进行价值重估;对于难以参照国际市场价格的引进设备,可按照汇率变动幅度进行价值重估。其具体计算公式为:

（一）1984 年底以前购进的进口设备重估原值＝账面原值（人民币）×（1993 年原进口外币的人民币平均价/1984 年原进口外币的人民币平均价）。

（二）1984 年以后购进的进口设备重估原值＝账面原值（人民币）×（1993 年原进口外币的人民币平均价/购置年度原进口外币的人民币平均价）。

（三）属于用外汇贷款购置的进口设备进行重估后，其净值升值数应相应冲减已转入递延资产或财务费用的汇兑损益部分，差额调整进口设备价值。

1984—1993 年人民币外汇牌价调整幅度国家外汇管理局测算提供。

第十四条 集体企业固定资产价值重估后的净值计算方法如下：

（一）重估后的固定资产净值原则上按重估后的固定资产原值升值幅度同比例增加。

（二）对按照固定资产原值变动幅度计算出的重估后固定资产净值低于账面固定资产净值的，原则上不再调减固定资产净值。

（三）对于由于客观原因少数企业长期未按规定计提或提足折旧的固定资产，需参照成新率计算净值的，应经同级清产核资机构批准。

第十五条 各地区、各部门所属集体企业的固定资产价值重估工作，由本地区或本部门各级清产核资机构负责组织领导，资产价值重估结果由同级人民政府清产核资机构审批，并抄送同级财政、经贸、税务部门。

第十六条 集体企业固定资产价值重估的具体实施工作，由本企业、单位有关专业技术、设备管理和财会人员等组成重估小组进行。

各企业、单位要在开展资产价值重估中组织有关人员认真学习其工作方法，领会工作政策，做好资产造册、表格设计、有关固定资产价格资料搜集等基础工作，本着实事求是的精神严格按照有关规定进行，不得随意多估或少估。

第十七条 集体企业固定资产价值重估工作结束后，各企业要提出"资产价值重估工作情况报告"和填报"固定资产价值重估申报表"（详见附表）。

第十八条 集体企业"资产价值重估工作报告"应包括如下内容：

（一）属于重估范围内的固定资产账面原值、净值占账面全部固定资产原值、净值的比例；固定资产价值重估原值升值额占重估前全部账面原值和属于重估范围的账面原值的比例。

（二）重估范围内的固定资产账面原值中，运用各种重估方法所占的比例；按规定未列入重估范围的固定资产类别与金额。

（三）预计分析固定资产价值重估调账后，增提折旧能力，以及对企业产品成本构成及经济效益影响。

（四）资产价值重估工作的基础准备、工作依据、具体实施等基本情况，主管单位对工作结果的检查验收情况，以及需要专门说明的有关情况。

第十九条　集体企业在清产核资过程中已发生或即将产权变动的，经批准可以根据工作需要直接以"资产评估"代替资产价值重估工作。

第二十条　集体企业编写的"资产价值重估工作报告"和"资产价值重估申报表"应在规定时间内上报主管单位；有关主管单位按照国家规定的政策和方法进行认真审核，对于不合格或有疑问的退回限期更正；有关主管单位将审核合格的所属企业、单位的资产价值重估结果汇总后，报同级清产核资机构审批；企业依据批复结果进行有关账务处理，并据此按规定相应提取折旧。

第二十一条　集体企业由于资产价值重估增提的折旧，必须全部用于企业扩大生产或技术改造，不得用于消费开支。增提折旧暂有困难的企业，应提出分步"实转"计划，力争创造条件尽快按重估后固定资产原值提足折旧。

第二十二条　资产价值重估后的会计账务处理方法按照财政部（1993）财会字第 80 号文规定，即固定资产重估后原值增加额借记"固定资产"科目，净值增加额贷记"资本公积"科目，按其差额贷记"累计折旧"科目。

第二十三条　本实施细则适用于进行清产核资工作的各类集体企业。

（选自《城镇集体所有制企业单位清产核资手册》，改革出版社 1997 年 2 月第 1 版，第 439—442 页）

财政部　国家经贸委　国家税务总局
国家工商局关于开展城镇集体所有制企业、
单位户数清理工作的通知

（1996 年 8 月 29 日）

各省、自治区、直辖市和计划单列市清产核资办公室、经贸委（经委、计经委）、国家税务局、地方税务局、工商行政管理局，国务院各有关部、委和直属机构：

对城镇集体所有制企业、单位（以下简称集体企业）基本户数进行清理，是保证全国集体企业清产核资工作全面彻底和不重不漏的一项重要基础性工作。为了促进全国集体企业清产核资工作的顺利进行，现将有关户数清理的具体工作事项通知如下：

一、户数清理的工作范围

集体企业户数清理范围统一规定为：国家批准的建制镇以上城镇（含建制镇）中，在各级工商行政管理机关登记注册为集体所有制性质的各类集体企业，包括集体和集体控股的联合经济组织、股份合作制企业及各类集体企业改制为合作、股份制的企业，各级信用社、供销社及其在农村设立的基层单位和远离城镇的国有工矿企业举办的集体企业，以及以各种形式占用、代管集体资产的企业或单位。各地区乡镇企业主管部门所辖的农村各类乡（镇）村集体企业（含设立在城镇的上述企业或分支机构），不包括在集体企业清产核资户数清理工作范围之内。

二、企业、单位的划分标准

各地区、各部门对集体企业户数以清产核资"基本单位"为标准进行统计，按管理级次进行逐户核实和逐级汇总。

（一）基本单位划分

清产核资"基本单位"，指清产核资报表的基层填制企业、单位，即同时具备下列条件。具有企业法人资格,实际开展了生产或经营活动,在会计上独立核算并能够单独编制完成资产负债表。

1. 集体企业法人资格按以下条件确定:

(1)企业法人:依法经工商行政管理机关核准登记,领取《企业法人营业执照》,取得法人资格的企业。

(2)事业单位法人:经各级政府编制机关或各级主管部门批准成立,确认具有法人资格,并能承担民事责任,会计上独立核算的事业单位。

(3)其他法人:除上述以外其他符合法人条件的单位。

2. 对虽领取了企业法人营业执照,但无固定场所及人员,或实际未开展业务活动的企业,不作为清产核资基本单位。

3. 企业集团的核心企业和成员企业,或公司、企业的下属单位各自分别具有法人资格的,这些企业、单位分别为清产核资基本单位。

4. 城乡信用社和农村供销合作社的基层单位,凡是独立进行核算的,即作为清产核资基本单位。

(二)企业管理级次划分

集体企业"管理级次",指集体企业上级主管单位或部门行政管理级别,即在清产核资中具体按照行政管理关系划分:

1. 省级:指省、自治区、直辖市及计划单列市政府或政府部门、单位直属集体企业。

2. 市级:指地(市)级政府或政府部门、单位(包括直辖市和计划单列市区级政府)直属集体企业。

3. 县级:指县级政府(包括各地[市]区级政府)或政府部门,单位直属集体企业。

4. 镇级:指镇级政府(含城市街道办事处)直属城镇集体企业。

5. 中央单位:各级中央单位(含中央部门所属企业和事业单位)所属集体企业(不包括已移交地方管理的中央企业所举办集体企业)。

(三)企业规模划分

集体工业企业,依据国家经济委员会、国家计划委员会、国家统计局、财政部、劳动人事部下发的《大中小型工业企业划分标准》(经企[1988]240号)规定执行。

集体商贸及其他非工业企业,暂依据财政部清产核资办公室下发的《大中小型非工业企业划分标准(草案)》(财清办[1995]53号)规定执行。

三、户数清理的工作内容

集体企业、单位户数清理工作的时间点为 1996 年 6 月 30 日以前在各级工商行政管理机关正式登记注册为集体所有制性质的全部集体企业。具体内容要求是：

（一）填报大中型企业、单位名称

1. 各省、自治区、直辖市和计划单列市负责清理上报大中型企业、单位名称。

2. 中央各有关部门负责清理上报全部直属集体企业、单位名称。

上报的企业、单位名称一律以在工商行政管理机关登记注册的名称为准。境外企业、机构应填写所在国（地区）注册的外文原名及中文译名的全称。

（二）汇总全部基本单位户数

各地区、各部门按统一清理要求，对本地区、本部门清理后的全部集体企业、单位户数进行逐级汇总整理后，连同大中型企业、单位名单一并上报。

四、户数清理的工作组织

集体企业户数清理工作，原则上按集体企业现有财务管理关系，分别由各地方、中央各部门组织进行。

（一）对各地方的集体企业户数清理工作，由各级清产核资机构、经贸、税务、工商行政管理等部门具体组织实施，并采取"自上而下分级清理核实、自下而上逐级上报汇总"的办法进行。

（二）凡中央企业、单位投资或举办的集体企业，已移交地方管理的，按属地由当地清产核资机构及有关部门组织户数清理工作，各有关中央部门及企业、单位应积极做好有关配合工作；尚未移交地方管理的，中央部门或直属事业单位的集体企业，户数清理工作由中央部门或单位负责组织。

（三）各地区、各部门在组织集体企业户数清理工作中，应对各类"挂靠"的集体企业进行专项清理，凡实际不属于集体所有制性质的，不列入汇总上报范围。

五、户数清理的时间安排

集体企业户数清理工作，各地区、各部门应从接到本通知之日起，按统一工作要求抓紧组织实施，具体可依据实际进行安排。

　　各地区、各部门所属的大中型集体企业、单位的名单及全部企业、单位总户数于 1997 年 3 月 31 日前上报。

　　附表：城镇集体所有制企业、单位户数清理情况汇总表（略）

　　　　　（选自《城镇集体所有制企业单位清产核资手册》，改
　　革出版社 1997 年 2 月第 1 版，第 436—438 页）

吴邦国副总理给纪念手工业社会主义改造基本完成四十周年暨城镇集体工业经济研讨会的贺信

（1996 年 9 月 25 日）

同志们：

　　值此我国手工业社会主义改造基本完成四十周年之际，中华全国手工业合作总社、中国工业合作经济学会联合召开纪念手工业社会主义改造基本完成四十周年暨城镇集体工业经济研讨会，这是一次很有意义的会议，我谨向大会表示热烈祝贺。希望会议认真总结历史经验，深入探讨新形势下城镇集体工业改革与发展问题，努力实现两个根本性转变，促进我国集体工业持续健康发展。

　　手工业社会主义改造基本完成以后的四十年，在手工业合作化基础上发展起来的我国集体工业取得了很大成绩。集体工业在发展生产繁荣市场，增加财政收入，扩大出口创汇，安排劳动就业，提高人民生活水平，保持社会稳定等方面，发挥着重要作用。

　　集体经济是我国社会主义公有制经济的重要组成部分，国有和集体经济共同构成国民经济的主体。集体经济的发展关系到社会主义公有制主体地位的巩固。党的十四届五中全会和八届全国人大四次会议明确提出，要"积极推进集体企业改革与发展，不断壮大集体经济"。城镇集体经济是城镇经济中仅次于国有经济的第二大经济力量。各级政府和各有关部门要继续重视和关心城镇集体经济，切实帮助城镇集体企业解决面临的困难和问题，积极创造条件促进城镇集体工业发展，城镇集体工业自身也要不断深化改革，努力实现经济增长方式的转变，加大结构调整力度，加快技术改造和技术进步，加强企业内部管理，提高经济效益。同时，要加强联社工作，建立健全相应的管理体系和管理机构，更好地为基层企业服务，我相信，在政府的支持和企业的努力下，城镇集体工业将会再上一个新的台阶，为国民经济持续、快速、健康发展做出更大的贡献。

预祝大会圆满成功。

吴邦国

一九九六年九月二十五日

（选自《中国集体工业》杂志 1996 年第 11 期，第 1 页）

李铁映 张劲夫 马文瑞 袁宝华等领导同志给纪念手工业社会主义改造基本完成四十周年暨城镇集体工业经济研讨会的题词

（1996 年 9 月 25 日）

国务委员李铁映同志的题词是：

  集体经济是公有制的重要组成部分，要大力支持、鼓励发展，要加快改革，走现代企业制度之路。

原国务委员张劲夫同志的题词是：

  加强调查研究，积极探索发展城镇集体经济的新路子。

原全国政协副主席马文瑞同志的题词是：

  发展集体经济，走共同富裕之路。

中国企业管理协会会长、中国职工思想政治工作研究会会长袁宝华同志的题词是：

  总结经验，发挥优势，发展集体经济。

（此件由中国工业合作经济学会提供）

在纪念手工业社会主义改造基本完成四十周年暨城镇集体工业经济研讨会上的讲话

（1996 年 9 月 25 日）

王忠禹[①]

国家经贸委是负责企业工作的,集体企业是整个企业的一个重要组成部分,针对一些普遍性的问题就如何推动和促进集体经济发展我谈三点看法,供同志们研讨时参考。

推动集体经济发展,特别是城镇集体经济的发展,需要做的工作很多。根据目前面临的形势和企业的状况,我认为有三点需要侧重加强一下。

第一点,要提高对集体经济地位和作用的认识。认识是一个很重要的前提,如果认识不提高,工作就摆不到日程上来,所遇到的困难和矛盾就得不到很好的解决和重视,所以我认为首先要提高对集体经济地位和作用的认识。建国以来,特别是改革开放以来,集体经济包括城镇集体工业经济应该说有一个很大的发展。从比重来说,到 1994 年底,它已占到全国工业总产值的 40% 左右,比重已经很大。这里面乡村集体经济占的比重更大一些,但是城镇集体经济也有很大的发展,而且它已经成为我国公有制经济的一个重要组成部分,特别是在建立社会主义市场经济过程中,集体经济更是一个必不可少的组成部分。所以对于这样一个问题,领导包括各个部门、包括我们集体工业经济战线的同志,大家都应该提高认识。过去我虽然没有直接做这项工作但在轻工战线也接触过一些,过去往往集体经济搞到一定时候,规模大了,产量增加了,就搞升级并转,把集体变成国有就升级了,这在过去是影响不小的。好多办得很好的集体企业一下子就变成国营了,有的叫什么"二国营",所以我认为我们各条战线也包括我们集体经济战线上工作的同志首先要提高认识,对集体经济所处的地位和它应该发挥的作用应该有一个充分正确的认识。党的十四届五中全会明确指出要建立公有制为主体、多种经济共同发展的根本方针。公有制主要有两大块组成:一个是全

---

① 王忠禹时任国家经贸委主任。

民所有、一个是集体所有,集体经济是公有制一个重要的组成部分。可以就,在一定程度上,没有集体经济也就建立不起来社会主义公有制经济。这样一个位置和作用,我们必须要有一个充分的认识。这些大家比我熟悉和清楚,但是到现在为止,提高认识仍然是一个需要解决的问题。

第二点,搞好集体企业和搞好国有企业是一样的,根本出路在于改革。这个改革需要做的工作很多。江泽民总书记这几年讲话对国有企业改革的基本方针、基本思路及基本问题都已经讲的非常透彻了。但是集体经济在进行改革中,我认为有几点需要进一步加强和需要开展工作的地方。我认为,首先应在"活"字上下工夫。我记得集体经济《城镇集体所有制企业条例》里面讲了"五自",首先从组成来说,叫做自愿结合;从资金来源来说,叫做自筹资金;从经营方面说,叫做自主经营;从收益来说,叫做自主分配;从企业的效益来说,叫做自负盈亏。我们现在提倡要搞活企业,集体经济本来就有这么一个好的机制,更应该在国家政策范围内把企业搞活。这是一个改革需要考虑和注意的问题。第二,随着国内外经济的发展,现在国内经济越来越和国际经济接轨。企业要生存和发展就要提高它的竞争能力。怎样提高竞争能力?根据集体经济特别是城镇集体经济的特点和它目前的状况,我认为应该在改组上下工夫,改组应在组建企业集团上下工夫。我们现在城镇集体企业有一批大的企业,像海尔集团,就是很大的企业,实力相当雄厚,总裁张瑞敏给我介绍国际上的先进管理,对我们来说都要很好学习。但是这样的企业终究还是少数,大量的企业还是处于分散、小型状态。所以在这样情况下,我认为应自愿组合,组成大型集团,这对提高我们的竞争能力,实现规模经济是非常重要的。现在要想在国际上竞争,包括国内市场的竞争,不形成一定的规模经济,没有集团化的竞争力,企业的生存和发展应该说是比较难的。我认为在企业改革中,集体经济应该加强,要组建企业集团,扩大企业规模。但不要搞"拉郎配"。前一时期公司时髦,一夜之间都是公司,昨天还是××工厂,第二天就变成公司了。过去是××纺织厂,现在是××纺织公司,公司简直多得不得了。现在是集团比较时髦,大家一接触拿出名片,前段时间还是公司经理,现在是集团总经理。所以我觉得,要注重实质不要注重形式,而且不要搞"拉郎配",因为"拉郎配"的结果是不好的。我们国家大,提倡的东西本来是好事情,搞不好就会出问题。你说公司好不好,公司应该说是没有问题的,但搞不好就要出问题了。本来它不具备公司条件,也把它翻牌成某某公司,公司名字特别大,什么寰球啊,宇宙啊,好多是这样的。所以我觉得在组建单位时要注意这个问题。事情都有两个方面,搞不好,好的事情会走向坏的方面。所以在改革中,我认为当前实现规模经济,组建企业集团是事关提高我们竞争能力,提高效益的重要途径。第三是,在当前的改革中,应该强调"三改一加强"。集体企业和国有企业是一样的,也要搞"三改一加强"。目前就是改革、改组、改造的问题。集体经济面临改造任务应该是很重的。今年看来,我们国有企业遇到的一个最大问题应该是市场制约的问题。现在由于有一时期出口下降,大约有一千亿元的商品挤到国内来了,国内商品马上遇到了很大的问题,原来畅销的不畅销了,原来平销的变为滞销了,原来滞销的就滞销了。集体经济也面临一个问题,就是结构上的不合理。要调整结构,同时要加强管理,管理工作绝不能放松。我认为,加强管理既是解决现实问题的一个重要途径,也是企业的一个永恒主题,可以说只要有企业存在,管理就一天不能放松。但是我们现在管理上应该说是有所放松,粗放经营问题,没有得到很好解决。所以我认为企业必须改造,不搞改改造就开发不了新产品,没有新产品就占领不了市场。现在不要说电子行业,其他行业新产品开发,产品更新换代也是很快的。我们现在跟不上,最近市场问题比较大。我经常到一些商店去看一看,群众买东西的不多了,我在一家商场家电部,站两个小时就看有一个人买一个矿泉壶。现在是看的比较多,听的比较多,实际买的不多。这里面有消费水平问题,更重要的还是新产品的问题。另外,我们的产品,多年一贯制问题没有很好解决。我举一个例子,我们北方叫手绢,南方叫手帕,手绢也好,手帕也好,到现在为止还是老样子,这种东西反正也不见得搞太多的花样,但是色调总该有点变化。开发新产品靠什么呢?靠技术改造,不搞技术改造,结构不调整,新产品就开发不了,所以企业改革需要做的工作也很多。但是我看集体经济有三个问题需要解决:一个在搞活问题上要下工夫;另一个是在发展规模经济、组建企业集团上;再一个是要深入地推进"三改一加强",在新产品的开发和技术改造上下工夫。这样的话,我们就可提高我们的市场竞争能力。这是我的第二点想法。

第三点,发展城镇集体经济有两个问题很关键:一是人才;一是科技。这两个问题是需要进一步加强的。但发展集体经济需要做的工作很多。大的方面如加强党的领导等这些工作就很多了,但是在经济方面,我认为一是人才,二是科技。这两个问题在集体经济的发展上需要进一步加强和多做点工作。我们各方面工作说到底是人才问题。有的同志这样讲:一个好的企业,因为厂长被搞坏了,一个差的企业去了一个好的厂长给搞好、救活了。我们现在有好多企业确实有这种情况,不算夸大。所以我认为管理人才、技术人才、领导人才当前都是奇缺的。我接触的企业比较多,能够真正像海尔集团总裁那样了解国际、国内情况、生产企业管理状况、经营状况的也不是太多的,大部分是跑公关、跑项目,这样的厂长经理是比较多的,真正管理搞得好的不是太多。所以我认为管理人才、技术人才、领导人才必须加强培养和教育。没有一批人才,要想搞好发展是不可能的。我认为这是一个关键问题。另外一个是科技。十四届五中全会、"九五"计划提出要实现两个根本转变,两个根本转变主要是依靠科技。现在集体经济特别是城镇集体经济从产品来说,也不像过去那样,过去是从手工业合作社转过来的。现在集体经济发展了,现在产品的状况、企业的状况也不是过去那个面貌,包括一些新兴的技术产业,已经进入到我们这个经济发展领域,家电、塑料,甚至于微电子行业也都有了,包括一些高科技企业。像海尔冰箱那样,都是很漂亮的。但是我们也可以看出企业真正要发展的话主要还是靠自己。我到上海考察三枪集团,这个集团我觉得就很了不起。我去年看的时候,该厂开发一个新产品是棉毛衫,它能起到羊绒衫的作用,穿起来很薄。外国那些洋人,冬天就穿西服,里面不穿毛衣,但是我们中国人在外面活动较多,我们一般都穿毛衣,穿的时候,衬衣都很漂亮但露不出来,怎么办呢? 三枪就想了这个问题,做了一种很薄的棉毛衫,里面是毛绒,外面是衬衣,穿上既美观又保暖。总经理苏世南说明年将推出一个奶油纤维的衬衣。他说明年推出新产品后再把现在这代产品转移出去,这就是占领市场。他如果还搞一般的棉毛衫显然不行了,现在一看"宜而爽"很厉害,"三枪"原来是占领市场的,现在"宜而爽"占领市场了。"宜而爽"便宜,你卖120元我卖80元,你卖100元我就卖60元一套,中国人一方面看质量,一方面还是看价格。我看到60元和80元的,同等质量花色当然是买60元一套的。企业必须要开发好新产品。开发新产品,靠什么? 靠科技,没有科技是不行的。我也不懂什么是奶油纤维,我想肯定不能把奶油穿在身上。奶油纤维肯定很柔软、很细腻,夏天凉快,冬天保暖。我没有看到这个样品,他不拿出来,我也很理解他,这是技术秘密。我认为集体经济发展关键是两个东西,一是人才,一是科技,这两个问题应该是全面推进集体经济发展的问题。

我就谈这三点想法:一个是提高认识问题,一个是改革问题,另外是要抓住的一些关键问题。我认为,在党的十四大路线指引下,我国的集体经济是大有可为的。在建立社会主义市场经济过程中,集体经济和其他经济一样,一定会得到长足发展。我预祝集体经济能够进入一个新的发展阶段,提高到一个新的水平,为社会主义现代化做出更大贡献。

（此件由中国工业合作经济学会提供）

适应新形势要求　加快轻工集体
经济的改革与发展①

（1996 年 9 月 25 日）

杨志海

　　纪念手工业社会主义改造基本完成 40 周年暨城镇集体工业经济研讨会今天召开了。这次会议的主要目的是通过纪念手工业社会主义改造基本完成 40 周年,总结手工业社会主义改造以来城镇集体工业经济发展的历史经验,研讨在新的经济发展时期城镇集体工业经济的改革与发展问题。这是一次很有意义的会议,它对贯彻党的十四届五中全会精神,促进我国城镇集体工业经济实现经济体制和经济增长方式的转变,必将产生积极和深远的影响,下面我就如何加快轻工集体经济的改革与发展谈两个问题。

一、认真贯彻五中全会精神,大力发展城镇集体经济

　　坚持以公有制为主体是社会主义的一个根本原则,也是我们社会主义市场经济的基本标志。集体经济是社会主义公有制经济的重要组成部分,只有国有经济和集体经济都发展上去了,公有制经济才能从根本上得到巩固。因此,发展壮大集体经济是我们国家历来坚持的主要方针。早在 1949 年党的七届二中全会上,毛泽东同志就指出:"单有国营经济而没有合作社经济,我们就不可能领导劳动人民的个体经济逐步走向集体化,就不可能由新民主主义社会发展到将来的社会主义社会"。党的十四大以来,特别是十四届五中全会更进一步把它摆到重要位置。十四届五中全会《建议》强调既要发挥国有经济的主导作用,又要"大力发展集体经济"。江泽民同志在五中全会上也强调:"城镇集体经济是公有制的重要组成部分,具有广阔的前途,要大力发展。"

　　在党和国家大政方针的指导下,40 年来,尤其是改革开放以来,我国城乡集

---

① 这是中国轻工总会副会长、中华全国手工业合作总社副主任杨志海在纪念手工业社会主义改造基本完成 40 周年暨城镇集体工业经济研讨会上的报告。

体经济获得了长足发展。1995 年,城乡集体工业总产值为 33623.0 亿元,占全国工业总产值的 36.59%,比 1956 年手工业社会主义改造基本完成时所占的比重 17.07%增长了 19.52 个百分点。集体经济在国民经济中起着难以替代的重要作用,并将成为完成"九五"计划和 2010 年中长期目标的一支重要生力军。

经过 40 年的发展,在手工业合作社基础上发展起来的轻工集体经济也发生了巨大变化,在城镇集体经济中占有举足轻重的地位。轻工集体经济在保持原有五金制品、家具、玩具、工艺美术制品、皮革皮毛制品等传统行业的同时,又发展了家用电器、塑料制品、室内成套等新兴行业,拥有了一批以海尔为代表的规模大、设备先进、技术水平高、管理水平高、社会知名度高的大型集体企业和一批小而精、小而专、小而灵的"小巨人"企业,这些行业和企业已成为轻工业的支柱行业和骨干力量。据统计,轻工集体经济其企业数、职工人数、工业总产值各约占城镇集体工业经济的 1/3;1995 年全国轻工系统有独立核算集体工业企业 4.11 万个,占全系统企业总数的 75%;职工人数 464.39 万人,占全系统的 45.6%;完成工业总产值(按 1990 年不变价格)2024.36 亿元,占全系统的 38.3%;出口创汇 295.86 亿美元,占全系统的 73.54%。轻工集体经济在发展消费品生产,提高有效供给水平,扩大出口创汇,增加财政收入,安排劳动力就业,保持社会稳定等方面发挥了重要作用。

但是,集体经济发展所走过的道路是曲折坎坷的,在过去的一个相当长的时期,由于"左"的思想影响,集体经济被认为是公有制的低级形式,搞升级过渡,甚至当做私有经济看待,"割资本主义尾巴",这样使本来充满生机和活力的集体企业变成了产权模糊、责任不清、政企不分、机制不灵的"二国营"企业,集体财产经常被平调,严重阻碍了轻工集体经济正常、健康发展。党的十四届五中全会再次肯定了集体经济的地位和作用,强调大力发展集体经济。我们要认真贯彻执行,按照集体经济本来面目,办好轻工集体企业,加快轻工集体经济的发展。

二、深化改革、积极探索,加快轻工集体经济发展

改革开放以来,轻工集体经济改革和发展取得了很大成绩,不少企业通过改革增强了活力,在国内市场竞争中得到发展壮大,使轻工集体经济从总体上来说上了一个新台阶。以"八五"为例,1995 年轻工集体工业总产值、产品销售总额,分别比 1990 年增长了 73.82%、73.02%。但是,目前相当多的一部分企业仍存在许多问题和困难,主要是:企业缺乏活力,生产经营困难,产品缺乏市场竞争能力,经济效益下降,亏损和停产、半停产企业增加,很大一部分职工生活比较困难,企业难以

自我生存和发展,已经严重影响到轻工业经济运行的整体质量和效益。

造成这一状况的原因,有国家实行适度从紧的财政、货币政策和扶持集体经济不够造成的宏观经济运行环境不宽松的外部原因。但从根本上看,是部分集体企业老化、结构调整缓慢、增长方式粗放、企业改革滞后所带来的一系列矛盾在新形势下的集中暴露,加快轻工集体经济的发展,就必须要认真解决好这些问题。

当前,如何加快集体经济改革与发展,我认为重点要做好以下几项工作。

(一)搞好清产核资和产权界定,加强轻工集体资产的管理

轻工集体资产是轻工集体企业和集体经济组织 40 多年辛勤劳动的成果,也是大力发展轻工集体经济的物质基础。清产核资和产权界定是轻工集体经济深化改革的基础性工程,是建立现代企业制度的前提条件。随着改革的不断深入,集体企业搞好清产核资、产权界定、资产管理的重要性越来越明显地突露出来,我们一定要加强这方面的工作。

过去几年,在这方面我们已做了大量工作,1991 年、1992 年原轻工业部、总社联合下发了《手工业合作联社资产管理暂行办法》和《轻工业企业集体资产所有权界定的暂行规定》。各地都开展了清理资产工作,初步搞清了家底取得了阶段性成果。据 1995 年轻工集体经济财务汇总表反映:全国轻工集体资产总额为 2366 亿元,负债总额 1785 亿元;所有者权益(净资产)581 亿元。其中联社资本金 91.6 亿元。同时清理出历年被平调资产 10.20 亿元,其中各级联社资产7.2 亿元。

为了加强对轻工集体资产的监督管理工作,总会、总社根据《集体企业条例》和国家有关规定,制定了关于《轻工企业集体资财管理暂行办法》,拟会同国家经贸委和税务总局联合下发,并于今年 4 月份组建了"中国轻工总会、中华全国手工业合作总社轻工集体资产管理委员会",依法对轻工集体资产进行指导、维护、监督、协调、服务,实现轻工集体资产的保值增值。各地轻工主管部门、联社在依法加强对集体资财的管理方面也做了大量的工作,根据各自不同情况,探索不同的管理形式,如:"集体资财管理委员会"、"联社资财基金会"、"联社资财管理中心"、"集体资产经营管理公司"、"集体资产投资公司"。

最近,国务院办公厅下发了《国务院办公厅关于在全国城镇集体企业、单位开展清产核资工作的通知》,为了贯彻《通知》精神,搞好轻工集体企业、单位清产核资工作,总会、总社已全文转发了《通知》,并成立了总会、总社清产核资领导小组,做为轻工系统领导机构,有组织、有计划地在轻工集体企业、单位推进这项工作。按照《通知》1996 年"组织试点、探索方法、积累经验、完善制度"的要

求,总会、总社决定选几个省市厅局作为轻工系统的 1996 年试点单位。这次清产核资的范围不仅仅包括集体企业、集体经济联合组织,而且还包括以各种形式占用集体资产的单位;这次清产核资的内容不仅仅包括清查资产,而且还包括资产价值重估、产权界定、产权登记,以及资产管理的建章建制等。这次清产核资工作,对我们巩固和发展前几年进行的清理资产、产权界定的成果,提高这些成果的权威性,进一步明晰轻工集体企业产权关系,建立规范的资产管理制度,促进轻工集体企业的改革与发展,建立现代企业制度必将产生巨大的推动作用。我们务必要下大力气把这项工作做细做好。

在这次清产核资工作中,各地方厅、局、总会要做到:1. 要充分利用《通知》选择轻工系统部分企业、单位先行试点的要求,积极争取地方政府的支持,并在地方政府领导下,先行试点;2. 要充分借鉴前几年清理资产、产权界定中已经积累的成功经验;3. 要注意巩固前几年清理资产、产权界定已经取得的成果;4. 要注意扩大前几年清理资产、产权界定的成果。此次清产核资,是在国务院领导下统一进行的,清产核资的成果具有较大的权威性。在清产核资、界定产权的同时,一定要充分利用这次清产核资的权威性,抓紧对历年被平调资产的追索和集体资产管理机构、管理制度的建设。

(二)加大结构调整力度,切实转变轻工集体经济增长方式

目前有相当一批轻工集体企业规模过小,生产集中度偏低,专业化协作程度低;也有相当一部分产品科技含量低,高消耗、低产出、经济效益差,产品开发和企业的改造基本上依靠外延实现扩大再生产,是一种粗放型经济。轻工集体企业要适应社会主义市场经济的要求,实现经济增长方式的转变,必须加大结构调整的力度,提高企业素质和经济增长质量。

轻工集体企业要根据市场要求和企业实际调整产品结构;按照合理规模和产业优势调整企业组织结构,要宜大则大,宜小则小;解放思想,打破行业、产业界限、所有制界线,积极开拓新行业、新门类、新领域,实施行业转移、产业转移;地域调整要搞好东西部合作,发挥地区优势。

加大结构调整力度,要注意将调整结构同组建大企业、大集团结合起来。轻工集体经济实现经济增长方式的转变,取决于我们是否能使一批生产名牌产品的大型企业和企业集团成长为世界级的大型企业和企业集团。目前,轻工企业跻身全国工业企业 500 强的有 40 家,其中包括集体企业;跻身'95 中国最有价值的 80 个名牌的有 13 家左右,其中海尔、春兰的品牌价值达 40 多个亿。加大结构调整力度,要重点向这类企业倾斜,努力扩大这类企业的生产规模和产品的市场覆盖率;注意将当代先进的科技成果和设备引进这类企业,提高这类企业的

产品质量和品牌价值,使这类企业成为轻工集体经济生产的主力军和带动行业发展的火车头。在最近召开的全国轻工业工作座谈会上,总会提出了建设轻工大企业、大集团的"九五"规划,决定到2000年力争形成100家销售额在20亿元以上的大型企业或集团公司,其中2—3个年销售额在200亿元以上,10个年销售额在100亿元以上,30个年销售额在50亿元以上,使规模效益明显的行业前10位企业的市场占有率达50%以上,部分达到80%以上。如果这一目标得以实现,我们轻工业增长方式将会实现根本性的转变,轻工集体经济要为实现这一目标做出自己的贡献。

加大结构调整力度,要注意保持轻工中小集体企业结构调整的合理性和先进性,避免企业间结构调整的趋同性。结合结构调整,努力提高中小企业的专业化生产水平和名牌意识;生产配件的中小企业,要注意向生产名牌产品的大企业、大集团靠拢,生产小商品的中小企业要走张小泉剪刀厂的道路,有名牌的要发挥名牌优势,没有名牌的要努力创名牌,努力提高产品科技含量,大力发展规模经济,在小产品上干出大事业来。

加大结构调整力度,要注意将结构调整同盘活存量资产结合起来,认真推广北京一轻、学习厦门二轻"退二进三"、"优二兴三"、统一规划、整体调整的成功经验,充分利用中小企业现有土地的级差收益,筹集资金,在发展第三产业的同时,把老企业改造好、调整好。要学习山东二轻大投入获得大产出的成功经验,克服"早改造早死,晚改造晚死"的畏难情绪,积极拓宽资金渠道,以增量带存量,加快结构调整的步伐。

(三)加大改革力度,搞好大的,放活小的

发展轻工集体经济必须认真贯彻"抓大放小"的方针。抓大就是抓住有代表性、关系到全局并有发展前途的企业;放小就是对量大面广的"小微亏"企业,放开搞活。放小绝不是对小企业撒手不管,而是通过深化改革,采取适合小企业发展,又能保证集体资产保值增值的方式,把小企业的机制搞活,使小企业根据市场需求,更加灵活地选择自己的组织形式,经营形式,管理体制,真正发挥自身的优势和活力。

按照建立现代企业制度要求,轻工总会在抓好国家确定的轻工13家建立现代企业制度试点同时,又同各省厅局协商,已确定55个企业作为建立现代企业制度试点企业,其中有10多个是集体企业,大多数是大中型企业。按企业组织形式分,有集团、股份有限公司、有限责任公司,也有股份合作制企业。现代企业制度总体规范要求是"产权清晰,责权明确,政企分开,管理科学",但具体操作将会遇到不少新的问题,要鼓励支持试点企业大胆实践,勇于创新。轻工总会在

"九五"规划中提出在200家企业建立现代企业制度,我们要争取更多的轻工集体企业进入这一工程行列,首先从基础好的大中型集体企业中产生。根据总会领导意见,我们会同地方轻工主管部门已初选出200家左右规模大、效益好、设备先进、产品技术含量高、在国内外市场有相当知名度的轻工大中型集体企业做为重点搞好的集体企业。总会、总社将有重点地研究和指导这些企业的工作,帮助协调解决这些企业在发展过程中遇到的实际困难和问题。

加大改革力度是放开搞活轻工集体中小型企业的根本出路。加大改革力度,就是要通过改革,实现轻工集体中小企业生产关系由计划经济向市场经济的转变,使轻工集体中小企业真正成为自主经营、自负盈亏、自我发展、自我约束的法人实体和市场竞争主体。加大改革力度,必须要全面理解,准确执行"产权清晰、责权明确、政企分开、管理科学"的原则,从清晰企业产权入手,全面深化企业改革。股份合作制在轻工集体企业中已试行10多年,正在逐步扩大推行。实践证明,股份合作制具有产权清晰、利益直接、机制灵活、适应范围广的特点。有利于增强企业的凝聚力,激发职工的积极性。促进生产发展,适应社会主义市场经济的要求,它是轻工集体企业制度创新的一种主要形式,要继续扩大推行。在推行中要注重研究难点问题。

对于目前为数众多的"小穷亏"企业,难以实行股份合作制的,要区别不同情况,采取联合、兼并、租赁、承包经营、引资嫁接多种形式进行改组。对扭亏无望的企业采取分块搞活、产业转移、解体重组、拍卖、破产多种途径,使企业整体或局部活起来。轻工小型集体企业中,有部分企业,产品属劳动密集型,适合于分散生产经营,这部分企业的改革形式更应该放开些,各地要认真探索,为这些企业寻找出路。

企业无论采取哪种形式改革,都必须搞好企业内部配套改革,建立健全劳动、人事和分配为主要改革内容的各项制度,形成激励机制和约束机制。

(四)着力提高企业管理水平,加强企业领导班子建设

当前轻工业经济效益下滑,与相当一部分企业的管理滑坡是分不开的,这就使得我们必须着力提高企业管理水平。管理出效益,这是无数轻工集体企业实践所证明的。海尔集团公司自1991年推行"海尔管理模式"以来,在没有新的投入,设备还是原来设备,人员还是原来的人员情况下。1992年、1993年、1994年连续三年利润大幅度增长,增幅分别达63.1%、301%和170%就是一个很有说服力的例子。企业管理做为一门科学,内容十分丰富,今天我只强调三点。一是企业管理要树立"以人为本"的管理原则。我很赞成海尔集团公司喊出来的两句话,一句话是"人人是人才",一句话是"高质量的产品是由高质量的人干出

来的",因为这两句话喊出了一个真理:在市场经济中,企业的命运是由企业的劳动者掌握的,企业的兴衰存亡是由企业劳动者的素质高低决定的。一个企业有了高质量的劳动者,这些高质量的劳动者对自己的岗位而言又都是人才,这样的企业如果再有健全的、合理的规章制度,就会达到无为而治的境界,就会在市场经济的激烈竞争中永远立于不败之地。我们的厂长、经理在实际工作中,一定要舍得在加强对劳动者的培养、教育、管理上下工夫。无锡小天鹅股份有限公司投资 50 万美元,与世界知名的美国南加州大学联合培养公司高级管理人员的做法,就是很有眼光的明智之举。二是要强化质量管理、质量是企业生命线的意识。一个企业有了对路的产品,有了好的产品质量,就会"酒香不怕巷子深",才有可能扩大生产,追求最佳效益规模。当前,我们有部分企业在市场竞争中败下阵来,就是因为这些企业的产品质量不过硬,消费者买时不放心。相反,有部分企业不仅经受住了国内市场的竞争,而且迈出国门,走向世界,就是因为它们的产品质量过得硬,有的甚至可与外国名牌相媲美。企业管理上水平要注意围绕创名牌,强化质量管理来展开。最近,国务院常务会议原则通过《质量振兴纲要》,从中我们也可以看到质量管理的重要性。三是要在轻工集体企业深入开展"转机制、抓管理、练内功、增效益"的活动和大力推广、学习邯钢经验,总结宣传轻工先进集体企业管理经验的活动。俗话说"兵无常势",企业管理也是如此。轻工集体企业万千差别,不会有一个管理模式完全适用于所有企业,但先进企业的管理经验对于其它企业来说,有较好的学习、借鉴作用。我们一定要充分运用典型示范作用,使各个企业在学习和借鉴中,寻找到自己企业管理的"势"。

现代企业间的竞争,归根结底是人才的竞争。企业人才做为一个整体,在市场经济中有无竞争力,其关键是企业厂长、经理一把手和企业领导班子的素质高低。河南新飞电器有限公司,1995 年完成工业总产值 16.25 亿元,实现利润 2.4亿元,冰箱(冰柜)产量居全国同行业第三位,在 1995 年度中国工业企业综合评价最优 500 家排序第 17 位。11 年前,新飞电器有限公司的前身是一个负债累累,濒临倒闭,资产不足 100 万元的小企业。新飞 11 年间发生的翻天覆地的变化,一个很重要的原因,就是有了优秀的企业家刘炳银,有了以刘炳银为中心的企业领导班子。类似这样的事例,我还可以举许多。这充分说明,企业成败在于人,一个好的企业家、一个好的企业领导班子,可以搞活一个企业,带动一方经济的发展。因此,在工作中我们必须要重视和加强企业领导班子建设,努力培养和造就一批宏大的企业家队伍。总会最近在上海召开了全国轻工优秀厂长、经理座谈会,发出向葛文耀、张瑞敏、管前根、朱德坤、李怀清、何捷智、田文华、刘炳银、陈光松、黄家齐等 10 位企业家学习的号召,并决定在全国轻工系统开展学习优秀企业家活动,各级轻工主管部门要结合本地区实际,认真组织好这一活动。

(五)加强联社建设,深化联社改革

中华全国手工业合作总社是全国轻工集体企业联合经济组织,其成员有各省、市(地)、县(市)联社 2500 多个。这些联社分别为该地区的轻工集体企业的联合经济组织。总社和各级联社是在五十年代创建的,40 多年来,领导我国手工业社会主义改造,组织成员单位发挥互助合作精神,大力发展生产,巩固和壮大集体经济,做出了重要贡献,成为政府联系企业的桥梁和纽带。

为适应社会主义市场经济体制的建立,更好地发挥联社在新时期的作用,在 1992 年总社明确提出了"兴办经济实体,增强经济实力,强化服务功能"的联社改革方向,按照集体企业联合经济组织的特点,突出了"经济性"和"服务性"。实践证明,这个改革方向是正确的,是符合发展社会主义市场经济新形势的需要。全国绝大部分联社沿着这个改革方向,加快了联社改革步伐。全国涌现出了一批具有一定经济实力,开展社务活动活跃的联社,他们不仅解决了自身生存和发展的问题,同时比较注意加强为成员单位和集体企业服务,受到了广大集体企业的欢迎。浙江省联社和一些市、县联社这方面都搞得很好。杭州市联社利用多年积累资金大力发展第三产业,目前第三产业的产值比重已占全系统总产值的 50% 左右,成为全省各级联社中实力最强的。上海、武汉、广州、青岛、成都、昆明、合肥等市联社在强化自身、服务企业方面,也是做得比较好的,我们先后介绍过他们的作法和经验。在联社工作方面,目前存在的主要问题是:一、联社地位不高,部分领导干部联社意识不强,不同程度存在等靠要的思想;二、联社工作发展不平衡,从全国来说,大约还有 20% 的市(县)没有联社,有的虽有牌子,社务活动开展不正常,极个别市县联社 80 年代以来,还没开过职代会;三、有些联社办实体的工作起步晚,近两年所办的实体,由于受大气候影响,普遍效益不好,加之管理费收缴困难,相当一部分联社生存受到威胁,更谈不上为企业服务了。针对上述存在的问题,总社准备有计划地组织力量,做些调查研究,提出解决问题的意见和建议。各省联社在这些方面多做些工作,认真总结一些经验和做法,以促进联社健康稳定发展。

同志们,大力发展集体经济,是一项长期的重要而艰巨的工作,我们一定要适应新形势的要求,统一思想、振奋精神,开拓进取,扎实工作,为加快轻工集体经济的改革与发展做出新贡献。

(此件由中国工业合作经济学会提供)

重温手工业社会主义改造历史经验, 促进集体工业持续、健康发展[①]（节录）

（1996 年 9 月 25 日）

季 龙

本文重温手工业社会主义改造的历史经验,是为了以史为镜,促进有中国特色集体工业经济的改革和持续、健康地发展。

一、手工业社会主义改造是历史的必然

党的七届二中全会决议指出:"在革命胜利以后,迅速地恢复和发展生产,对付国外的帝国主义,使中国稳步地由农业国转变为工业国,由新民主主义国家转变为社会主义国家。"建国以后,经过三年经济恢复,我们党及时提出了逐步实现国家的社会主义工业化和逐步实现国家对农业、手工业和对资本主义工商业的社会主义改造,并把它作为党在过渡时期的总路线和总任务。个体手工业大都分散经营,生产规模很小,从总体上讲,这种生产方式与社会主义工业化很不适应,我们应该经过合作社的途径,逐步把它们引上社会化的大生产,发展劳动群众集体所有制。如果"单有国营经济而没有合作社经济,我们就不可能领导劳动人民的个体经济逐步地走向集体化,就不可能由新民主主义社会发展到将来的社会主义社会,就不可能巩固无产阶级在国家政权中的领导权。谁要是忽视或轻视了这一点,谁也就要犯绝大的错误。"

我国手工业历史悠久,素称发达。在历史上它对我国经济的发展以至对世界文明的贡献,都起过巨大的作用;在社会主义建设事业中仍然是一支不可忽视的经济力量。它能够满足工农业生产、出口创汇和人民生活需要。同时,由于手工业点多面广、方便群众生活、投资少、见效快、收益大、容纳劳动力多等特点,在为国家积累资金和安置社会就业,维护社会安定等方面的作用也是不可忽视的。

---

① 这是中国工业合作经济学会会长季龙在纪念手工业社会主义改造基本完成 40 周年暨城镇集体工业经济研讨会上的报告。

我国手工业劳动者,历来就有关心市场、关心产品质量和服务质量的优点,有勤劳刻苦的钻研精神。在长期的发展过程中,手工业生产形成了许多重要的有利生产与方便群众的优良传统,特别是历史形成的传统名牌产品和集中产区、传统合理的生产方法和精湛技艺、灵活多样的生产经营方式,传统的合理供销关系,能够根据地区情况、季节变化、人民消费习惯和市场需求的不同特点,及时调整生产品种,改进生产经营,以适应社会生产和人民生活多方面的需要。继承和发扬手工业的优良传统,对于繁荣市场,改善人们生活具有十分重要的意义。

但是,个体手工业在生产经营上有许多难于克服的困难,生产关系和生产力之间的矛盾是比较突出的。一家一户进行分散生产的个体手工业者,本小腿短,一般只能随买、随做、随卖,淡季闲、旺季忙,无法克服季节性的影响,无法摆脱投机商人高利贷者对他们的控制和剥削。同时设备简陋,技术落后,不能有计划地加以改进。他们的生产经营,无法摆脱分散、落后、盲目、保守的弱点,他们"倾向于掩藏其技术底发明与改良,向别人隐蔽其有利的业务,以便不让有毁灭性的竞争,……"①旧社会流传下来的"留艺保身";"同行是冤家"等说法,就是这种落后、保守思想的反映。这些严重地束缚了手工业生产力的发展。

为了彻底解放手工业的生产力,合理继承和发扬手工业的优良传统,充分发挥手工业在国民经济中的地位和作用,中国共产党和人民政府根据马克思列宁主义关于合作制原则,从中国的实际情况出发,确定了通过合作化道路对手工业进行社会主义改造的方针政策。改革生产关系,解放生产力,这是完全正确的。

实践证明,对手工业进行社会主义改造,不仅十分必要,而且是可能的。对手工业进行社会主义改造,改变了它的生产资料私有制与小生产方式,使之适应当时国家进行的有计划、大规模经济建设。手工业合作化后,迅速提高了生产力,多数企业从手工业生产改变为现代生产。

改革开放以来,有的同志由于我们党实行的是以公有制为主体,多种经济成份共同发展的方针,因而就否定历史,否定当年社会主义改造的必要性,这种观点是不正确的。我们要用历史唯物主义的态度,对此进行实事求是的分析。

二、手工业从个体私有制到集体所有制的深刻变革

到 1956 年底,按照改造范围和分工,由手工业部门组织起来的手工业合作社、组,经过调整为 9.91 万个,社、组员达到 509.1 万人,占全部归口管理的手工

---

① 列宁:《俄国资本主义底发展》,人民出版社 1953 年版,第 299 页。

业从业人员的92%,此外,有1000多万农民兼营商品性的手工业者参加了农业合作社,手工业从业人员较少,较分散的行业,则随同私营工业一道并入公私合营。至此,我国手工业基本上完成了生产资料由私有制到公有制的伟大变革。

事实证明,手工业社会主义改造,有利于解放和发展生产力。1956年,全国手工业产值比1955年增长15.6%,提前一年完成第一个五年计划规定的1957年的指标。在第一个五年计划的前4年中,手工业生产总值平均每年增长12.8%。1956年手工业合作社人均产值2086元,比1952年的1410元提高了48.2%,四年中每年人均劳动生产率增长10.35%。

我国农业、手工业、资本主义工商业的社会主义改造成功的经验是主要的,但是也有缺点和失误。正如邓小平同志对起草"《关于建国以来党的若干历史问题的决议》的意见"中指出的:"我们的社会主义改造是搞得成功的,很了不起,这是毛泽东同志对马克思列宁主义的一个重大贡献。今天我们也还需要从理论上加以阐述。当然缺点也有。从工作上看,有时候在有的问题上是急了一些"。党的八大以后的错误,仍然是要求过急。1956年11月18日,中共中央批转中央手工业管理局,中华全国手工业合作总社筹委会《关于全国手工业改造工作汇报会议的报告》中,又从"左"的指导思想出发,提出:"为了发展生产,在现有的手工业合作组织中有相当一部分要逐步地由集体所有制发展为全民所有制,这是手工业改造的方向。"

回顾我国手工业社会主义改造的历史,应该说,手工业社会主义改造的基本完成,是我们党历史上取得的一项伟大胜利。尽管在高潮的一段时间内,由于"要求过急、工作过粗、改变过快、形式也过于单一",带来一些不应有的损失,但它同这场伟大的社会主义变革所确立的社会主义经济制度的历史功绩相比,毕竟是次要的,是不能相提并论的。

三、以史为镜,探索有中国特色集体工业的改革与发展途径

手工业社会主义改造基本完成及其以后的40年,我国集体工业在中国共产党和人民政府的领导下,在合作化的基础上,发展是迅速的,成就和进步是巨大的,这是主流。但是,它所走过的道路是坎坷不平和曲折的。1980年12月,陈云在《经济形势与经验教训》的讲话中总结了党的十一届三中全会以前的经济建设工作,他说:"开国以来经济建设方面的主要错误是'左'的错误。1957年以前一般情况比较好些,1958年以后'左'的错误就严重起来了。这是主体方面的

错误,代价是重大的。错误的主要来源是'左'的指导思想"。这是简明扼要而又深刻的概括。集体经济受"左"的错误影响更突出一些。改革开放以来的情况,总的说比较好,但也有曲折。

总结40年来的经验教训,我认为下述几个方面,是值得重视和需要进一步探讨的。

(一)坚持集体经济长期存在和发展的方针

端正集体经济政策要常抓不懈。巩固公有制经济的主体地位,要讲国有经济的主导作用,但不能只讲全民,不讲集体,也不能只讲乡村,不讲城镇,只有国有经济和城乡集体经济都搞好了,公有制经济的主体地位和作用才能充分发挥。过去的教训是深刻的。关于社会主义初级阶段的所有制结构,改革开放以前由于"左"的思想影响,认识上的片面性和工作上急于求成,认为所有制应当越"公"越好,越"纯"越好;认为集体所有制是低级形式,向全民所有制过渡是必然趋势。由于认识上的偏见,理论上的模糊,导致政策上的不稳定,工作指导上的失误。因此,出现了"大跃进"中的"转厂过渡"和"文化大革命"中的"穷过渡"、"割资本主义尾巴"。这两次"左"的波折和折腾,使集体经济受到巨大的损失。党的十一届三中全会以后,拨乱反正,端正政策,经过三年调整和以经济承包责任制为中心的改革,出现了蓬勃发展的势头。1982年公布的国家宪法规定:"中华人民共和国的社会主义经济制度的基础是生产资料的社会主义公有制,即全民所有制和劳动群众集体所有制"。明确了集体所有制经济的长期性和必要性,也明确了公有制不是单一的全民所有制。可是,到80年代后期,又有人从一个极端走向另一个极端,在深化改革形势下,鼓吹资产阶级自由化,经济私有化;甚至有人把集体经济与个体经济、私营经济等非公有制经济并列,实际上把集体经济从公有制主体地位中划出,作为"从属"和"补充"的地位。党的十三届四中、五中全会精神和《中华人民共和国乡村集体所有制企业条例》、《中华人民共和国城镇集体所有制企业条例》的贯彻执行,在相当程度上纠正了这些错误倾向。经过3年治理整顿,解决了一些问题。实践证明,端正集体经济政策,关键是对社会主义初级阶段集体经济在公有制中的地位和作用要有一个清醒的正确的认识。

集体经济在国民经济中的地位作用是不可替代的。党的十四届三中全会《关于建立社会主义市场经济体制若干问题的决定》中指出:"坚持以公有制为主体,多种经济成份共同发展的方针。在积极促进国有经济和集体经济发展的同时,鼓励个体、私营、外资经济发展,并依法加强管理"。同时明确了"国有经济控制国民经济命脉及其对经济发展的主导作用"。江泽民在党的十四届五中全会闭幕时讲的十二个"重大关系"中专门讲了一条"公有制经济和其他经济成份的关系"。他首先指出"在社会总资产中要保持国家所有和集体所有的资产占优势","城乡集体经济是公有制经济的重要组成部分,具有广阔的前景,要大力发展"。

建国以来,特别是改革开放以来,我国集体工业取得了长足的发展,它在国民经济中的地位日益突出。首先是保持了国家所有和集体所有资产在社会总资产中的优势。按国家统计局统计,1995 年独立核算的公有制工业企业的资产占工业资产总量的 78.03% ,其中国有工业占 59.91% ,集体工业占 18.12% 。第二是集体工业的迅速发展。按当年现行价格计算,1995 年城乡集体工业总产值为 33623.0 亿元(其中:城镇 7710.0 亿元, 占 22.9% ;乡村 25913.0 亿元, 占 77.1%),占全国工业总产值的 36.59% ,比 1956 年手工业社会主义改造基本完成时所占比重 17.07% 增长 19.52 个百分点;比 1978 年所占比重 22.37% 增长 14.22 个百分点。已超过 1995 年国有工业总产值 31220.0 亿元,比国有工业在全国工业总产值中所占比重 33.97% 还高出 2.62 个百分点。总的看,国有工业和集体工业在国民经济中的比重占到 70.56% ,个体、私营等非公有制工业占 29.44% 。以公有制为主体的优势得到了保持,集体工业在国民经济中的地位和作用是不容忽视的。

应该看到,改革开放以来,城乡集体工业在全国工业总产值中所占的比重是逐年上升的,但实际上由于乡村集体工业的高速增长掩盖了城镇集体工业所占比重下降的事实。城乡集体工业的年平均递增速度,按 1990 年不变价格计算,"七五"至"八五"10 年间为 16.8% ,大大高于同期国有工业 8.4% 的年均递增速度。从城乡集体工业发展速度构成分析,这期间,乡村集体工业年均递增 27.2% ,而城镇集体工业年均递增为 7.3% ,不仅大大低于乡村集体工业,也低于同期国有工业,更低于非公有制工业。因而城镇集体工业在全国工业总产值中的比重 1985 年以后逐年下降,中国统计年鉴资料表明:1985 年为 15.87,1986 年为 15.23,1987 年为 14.81,1988 年为 14.25,1989 年为 13.85,1990 年为 13.16,1991 年为 12.67,1992 年为 11.53,1993 年为 9.38,1994 年为 7.02,1985 年为 8.39% 。从 1985 年到 1995 年下降了 7.48 个百分点。城镇集体工业中,轻工集体占三分之一,主要是从 50 年代合作化发展而来的,是全国集体工业的主体和骨干力量。它在全国工业经济中相对地位的下降太猛,是值得引起重视的大问题。如何看待这个问题,需要通过调查,进行实事求是的研究。

(二)加快科技进步,积极推进集体工业经济增长方式的转变

科学技术是第一生产力,转变经济增长方式,归根到底,要靠科技进步和劳动者素质的提高,关键是抓好科技和教育。

集体化和现代化是相辅相成的。集体化是走向现代化的前奏,为技术改造开辟了有利前景,而技术改造为集体经济的巩固发展提供了有利条件,提高了产品的竞争能力。历史已经证明,由于组织起来使生产力要素中最具活力的劳动者积极性得到充分发挥。因而在坚持自力更生、艰苦创业、自己武装自己的要求下,从小改小革到逐步实现半机械化、机械化生产,促进了生产技术的改进和劳动生产率的提高,增强了经济实力。改革开放以来,积极引进和采用世界先进技术,加快了技术改造和技术进步,加快了产品结构的调整,实施了科技兴企的战略方针,大大提高了企业的技术素质。特别是沿海地区的集体企业,步子走得更快一些,不少老企业焕发了青春。很多新兴行业,如家用电器、塑料制品等,不少是在手工业合作社的基础上发展起来的,现在很多已发展成为现代化的集体大企业。我国国有大工业的若干支柱行业,如轻工、纺织、电子、冶金、化工、机械、建材等的发展,都曾得益于手工业合作企业的基础。有些是在手工业行业归口和集体合作企业转厂过渡以后发展起来的。我国手工业经济作为国民经济的一个重要门类,记载了中华民族发展中的独特创造与智慧,相当一部分手工业合作企业已经转化为现代化的工业大企业。

应该看到,现有的集体工业企业,多数是规模小,设备陈旧,技术落后,产品的附加值低,经营方式还处于低水平的粗放型,向集约化经营转变的任务还很艰巨。这一点,不能不引起人们的注意。

改革开放为集体企业的发展提供了机遇,也提出了严峻的挑战。这些年来,市场供求由供需矛盾突出逐步转向缓和,商品从供不应求到逐步能够满足人们的生活需要。在商品由卖方市场逐步转入买方市场之后,数量问题基本解决了,品种、质量的问题突出起来,群众对购买商品的选择性增强了。

在这种情况下,集体工业必须从数量主导型向质量、品种、出口、效益主导型转变,应根据集体经济与市场需求的密切关系,加快技术改造和技术进步,充分利用现有科研成果,实现集约化规模经营,实现经济增长方式的转变;应面向市场,狠抓产品结构调整,努力提高产品质量,提高产品竞争力,以适应人们生活从温饱型向小康型和富裕小康型发展的需要,以及向国内外市场不断发展变化的需要。

在提倡发展技术密集型产业的同时,必须看到,劳动力优势仍然是我国可与其他国家相比的优势所在,这个优势更多的潜在于众多的集体企业之中,特别是中西部地区更要注意这个问题,因此,我们还必须因时因地因企业制宜,继续发展适应国内外市场需要的劳动密集型产品,劳动密集型和技术密集型相结合的产品。还要继续继承和发扬手工业的优良传统和独特创造,发掘技艺,发挥能工巧匠的作用,恢复和发展传统名牌产品,开发更多更新的名优新特产品。

坚持技术进步,提高企业素质,人才是关键。集体企业职工文化技术业务素质普遍偏低。长期以来,由于思想认识的偏差,重全民、轻集体,分配到集体企业的高等院校毕业生很少,造成集体企业科技人才奇缺,更由于对集体企业投入少,条件差,留不住科技人员,人才流失严重,使本来就很薄弱的技术力量显得更加乏力,使集体企业在激烈的市场竞争面前举步艰难。

培养科学技术人才的基础在教育。坚持教育为本,充分发挥高等教育及各项专业教育在培养各类人才方面的主渠道作用。加强以人为中心的现代管理,促进集体工业从生产增长型向质量、效益型转变。当前的市场竞争,实质是人才的竞争。要通过各种途径多渠道、多领域、多层次的培养人才,根据企业需要在社会上招聘人才,特别要注意在企业内部不拘一格选人才。同时注意发挥各类技术工人和专业人员的积极性。实践造就人才,改革锻炼人才,要依照德才兼备和"四化"标准选用能人,委以重任,集体经济才能振兴。

现在的突出问题是没有钱。合作事业基金取消了,银行贷款也很难,集体企业技术改造力不从心。过去形成的少量积累,武装了一些企业,有的已被平调出去。留下来的困难企业较多。特别是老集体企业,离退休人员多,社会负担重,缺乏扩大再生产能力。因此,需要国家继续从税收、贷款等方面适当给予扶持。

总之,我们要把各方面加快发展集体企业的积极性引导到充分搞好现有企业的技术进步、充分挖掘潜力,走投入少、技术附加值高、消耗低、产出大、质量好、效益高的发展路子。

(三)抓住机遇,积极推进集体企业的深化改革

加快经济发展的根本动力在于改革。党的十四届五中全会通过的《建议》及李鹏总理的《说明》指出:"搞好整个国有经济,要'搞好大的,放活小的'。放活小的有利于集中精力搞好大的,也有利于搞好整个国民经济"。这是党中央对国有经济深化改革和发展的战略决策,也为集体企业的改革和发展提供了机遇。在改革问题上必须坚持"三个有利于"的原则。股份合作制是集体企业在改革中创造的一种好形式,国务院正在研究制定规范办法。城镇集体企业有一批搞得好的发展典型,要充分发挥榜样的作用。许多国有小企业要改变为集体企业,推行股份合作制。乡村集体企业做为国民经济新的经济增长点,会有更快更好的发展。因此,城乡集体工业有一个大发展的趋势。

国有企业改革和发展的思路很明确。集体企业也有大型企业,但大多数是中小型企业。集体企业要做到大有规模,小有特色,大、中、小型相结合,关键是

在"活"字上做文章。着眼搞活,就要研究集体企业的发展思路,解放思想,实事求是,一业为主,多种经营,分类指导,尊重特点。归结到一点,还是要结合新的形势,按集体经济的性质和特点办企业,切实改变"二全民"的格局,勤俭办企业,民主办企业的传统不能丢。集体企业起源于市场经济,属"鸡"的,自己找食吃,原辅材料在市场中找,产品根据市场需要按需生产。要有一个团结开拓的领导班子和适销对路的产品,依靠职工群众的积极性和创造精神,在广阔市场经济中发展壮大。

集体企业没有国有企业那么多的体制约束,较早进入市场,比较能够适应从传统的计划经济体制向社会主义市场经济体制转轨。1981 年 10 月,中共中央、国务院颁发的《关于广开门路,搞活经济,解决城镇就业问题的若干决定》,提出了在社会主义公有制经济占优势的根本前提下,发挥国营、集体、个体等多种经济形式的积极作用。1983 年、1984 年党中央、国务院连续对城镇集体经济、轻工集体经济发了三个政策性文件,提出了还权于企业,恢复了集体企业组织上的群众性,管理上的民主性,经营上的灵活性,分配上的自主性,成效显著。为了保护集体经济的合法权益,1986 年 6 月,国务院批转轻工业部、中华全国手工业合作总社《关于纠正平调二轻集体企事业资产问题的报告》,禁止任何组织或个人用任何手段侵占或破坏集体资产,并要求各地区、各部门要对二轻集体企事业资产的问题,进行一次认真的检查和纠正。结果反映很好,发挥了政策的威力。但后来也包括近些年来,有些地区对一些行之有效的改革措施未能坚持下去,许多政策没有到位,已经还给集体企业的自主权,一些地区、部门不同程度地收了回去,也有一些集体企业习惯于套用国有企业的管理办法,致使集体企业自身的优势不能很好地发挥。

为了充分发挥集体企业自身的优势,《中华人民共和国城镇集体所有制企业条例》第五条规定:"集体企业应当遵循的原则是:自愿组合、自筹资金,独立核算、自负盈亏,自主经营、民主管理,集体积累,自主支配,按劳分配、人股分红"。"集体企业应当发扬艰苦奋斗、勤俭建国的精神,走互助合作、共同富裕的道路"。这表明《条例》以法规形式肯定了集体企业重建合作制的改革原则。第八条和第九条分别规定:"集体企业的职工是企业的主人,依照法律、法规和集体企业章程行使管理企业的权力。集体企业职工的合法权益受法律保护。""集体企业依照法律规定实行民主管理。职工(代表)大会是集体企业的权力机构,由其选举和罢免企业管理人员、决定经营管理的重大问题。"这两条明确了职工在企业中的法律地位和企业民主管理的主要权力。这个《条例》是在党的十四大提出要建立社会主义市场经济的改革目标之前,国民经济治理整顿后期制定的,因此,它的内容不免受到一定局限。可是,总的看来,还是反映了对集体企业重建合作制的基本要求,以及集体经济的性质和特点。

当前城镇集体工业企业的改革,要积极探索建立现代企业制度的途径。党的十四届三中全会《决定》指出:"现有城镇集体企业,也要理顺产权关系,区别不同情况,可以改组为股份合作制企业或合伙企业,有条件的也可以组建为有限责任公司。少数规模大、效益好的,也可以组建为股份有限公司或企业集团"。这里三个"可以"有着不同的条件。当前应着重在"理顺","区别"和"条件"上做工作。

首先是理顺产权关系。明晰产权,是建立现代企业制度的基础。由于历史的原因,集体企业的产权关系,比国有企业还要复杂。多年来做了大量工作,不久前,国务院办公厅还发出了关于在全国城镇集体企业、单位开展清产核资工作的通知,目前多数企业已初步摸清了家底,分清了归属,逐步进入依法管理的阶段。虽然,各地区、各行业、各部门进度不一,有的接近完成清产核资,资产评估、认定,所有权界定,产权登记和建章建制阶段,有的还在查清账面资产阶段,但都在抓紧进行。关键是理顺产权关系,维护集体企业的合法权益,坚决纠正和制止平调。

第二是区别情况,因企业制宜,采用适宜的企业制度组织形式。企业制度创新的目的在于促进生产力的发展。目前城镇集体企业制度的选择,大体可分三个层次:第一个层次是以海尔为代表的极少数企业规模大、设备先进、技术水平高、管理水平高、经济效益好、产品有竞争能力的,可以按《公司法》组建公司或企业集团。青岛海尔集团,是改革开放中腾飞的集体企业,是由两个集体所有制企业合并后逐步发展起来的,现已成为国家大型企业集团。它在家用电器行业中起步较晚(1984年),但由于一开始就按照社会化大生产的要求,发展规模经营,在技术质量、经济效益、名牌战略诸方面,一直处于行业领先地位,六大系列产品全都获得"九五"金桥奖。现在海尔舰队已驶向世界。第二个层次是产品有市场,有一定发展前途和经济效益的中小型企业,包括一大批小而精、小而专、小而灵的"小巨人"企业,可以改组为股份合作制企业。股份合作制是以合作制为基础,吸收股份制的一些做法,实行劳动合作和资金合作的一种新型的社会主义集体所有制企业组织形式。轻工集体企业早在1985年就进行了股份合作制的试点,"八五"期间,轻工业部(总会)、总社在总结以往试点经验的基础上,先后制定了《轻工集体企业股份合作制试行办法》和《关于扩大推行股份合作制的意见》,各地政府也陆续出台了一些相应的办法,有力推动了改革的进展。据不完全统计,全国轻工系统实行股份合作制企业约占轻工集体企业总数的6.5%,

比前两年提高 3 个百分点。其中华东地区进展较快,浙江二轻推行面约占21%,上海、江苏、福建、山东、江西轻工(二轻)推行面也较广。实践证明,股份合作制具有产权清晰、利益直接、机制灵活、适应范围广的特点,有利于增强集体企业凝聚力,调动企业职工的积极性,促进生产力发展,它是集体企业制度的主要形式之一,要继续总结经验,逐步提高和完善。对于集体企业的改革,应当比国有企业的改革放得更开一些,应当允许集体企业大胆探索、大胆实践,通过实践,开拓深化改革的新路子。当前要特别注意研究难点,争取解决有关政策问题。第三个层次是小型、微利、亏损企业,特别是产品不对路、竞争能力低的企业,要区别不同情况,采取改组、联合、兼并、租赁、承包经营或搞第三产业或合作经营等多种形式,加快改革、改组步伐,千方百计地把企业搞活,使集体企业尽快扭亏为盈。对扭亏无望或没有发展前途的企业,采取多种途径,区别情况,分别实行分块搞活、解体重组或关停并转,也可以采取拍卖、破产等办法。

第三是创造条件,就是要为集体企业改革创造一个良好的环境。这里包括两个方面,一方面要加强指导,有稳定的机构,有人抓,力争出台或重申一些中央的和地方的政策性文件,作为企业改制、改组、改造和加强管理即"三改一加强"的规范;另一方面是要争取各级政府结合当地实际制定一些扶持政策,促使企业制度改革的顺利进行。近几年来,许多地方政府分别就发展集体经济和推行股份合作制出台了一些政策和规定,明确企业依照国家法律、法规和政策规定享受的优惠,包括纠正平调和各种减免税形成的资产界定为集体所有等等,这是主管部门和联社在当地党委和政府的支持下坚持不懈地努力的结果。浙江省二轻工业总公司和联社,山东省二轻工业总会和联社,按照二轻集体企业不同的发展阶段,不失时机地争取政府支持,及时出台一些支持改革和发展的政策,使该省二轻集体企业的工作,一直走在全国同行业的前列。党的十四届五中全会和八届全国人大四次会议都强调要积极推进集体企业的改革和发展,不断壮大集体经济。因此,必须抓住当前有利时机,切实加强集体企业的改革和发展。

(四)加强领导,建立健全与任务相适应的主管机构

党和政府的领导与关怀是集体经济发展的保证。建国以来,从手工业合作化到集体经济发展的实践都说明了这一点。毛泽东在党的七届二中全会上指出:引导个体农业和手工业经济向着现代化和集体化的方向发展,必须组织生产的、消费的和信用的合作社,和中央、省、市、县、区的合作社的领导机关。在我国手工业社会主义改造开始时,国务院就设立了中央手工业管理局,并组建了全国手工业合作总社筹委会(最初是由中央合作事业管理局、全国合作社联合总社统一管)。在中央和国务院(开始是政务院)的直接领导下,负责领导和管理手

工业的改造工作,负责研究和制定政策、协调各方面关系,解决供产销的困难,保证了手工业社会主义改造的顺利完成。在"大跃进"和"文化大革命"中,从中央到地方的手工业管理机构两次遭到撤并,停止了联社(包括总社)活动,集体经济的发展受到严重挫折;在随后的纠正错误和调整时期,重新恢复管理机构和联社,以恢复与发展集体(合作)经济;改革开放以后,情况发生了很大变化。城镇集体企业全面开花,遍及各个行业,乡镇企业在农口抓得很紧,异军突起,城镇集体经济由于是分部门管理,情况复杂,政策性强,加上80年代后期机构发生动荡,宏观调控也不够有力。现在仍然是一个薄弱环节,是"弱小民族"。它同各方面关系特别是同宏观调控、人民生活和劳动就业方面的关系迫切需要理顺,需要抓紧。

　　城镇集体经济是公有制经济的一个基本组成部分。到1995年底,全国城镇集体工业产值7710亿元。它在生产、税收、创汇、扩大就业、活跃市场、改善人民生活以及社会稳定等方面,起着难以替代的作用。它的存在和发展,需要政府加强领导,统筹管理,抓好政策协调,同时需要加强城镇集体企业联合经济组织的建设,充分发挥其作用。党中央、国务院历来重视城镇集体经济,国家经贸委在管理和协调等方面做了许多工作,解决了一些问题。但由于城镇集体经济,在经济性质、经济政策和管理方式等方面具有同国有工业不尽相同的种种特点,它的行业很多,涉及到国民经济各个方面,工作任务很重,需要拟定城镇集体经济的发展政策和法律、法规,协调全国城镇集体经济发展中的重大问题,组织有关方面监督、检查集体企业政策、法规的执行情况。当前迫切需要按照《中华人民共和国城镇集体所有制企业条例》第51条的规定,加强"国务院城镇集体经济的主管机构,负责全国城镇集体经济的宏观指导和管理"。按第53条规定:"政府有关行业管理部门,应当依照法律、法规的规定,在各自的职责范围内,负责本行业集体企业的行业指导和管理工作"。同时要按照《条例》第64条的规定,加强集体企业联合经济组织的组建。这个《条例》,已经发布施行5年了,希望尽快全面落实,以利保持政策的权威性和法规的严肃性。

　　中华全国手工业合作总社及其所属省、市、县各级联社是在党中央、国务院以及地方各级党政领导的关怀下,在手工业合作化的基础上,逐步联合壮大起来的集体企业联合经济组织。它的具体任务由《中华全国手工业合作总社章程》和各级联社章程予以规定。为了适应社会主义市场经济的发展,更好地发挥联社的作用,要落实指导、维护、协调、服务的方针。轻工业部(总会)、中华全国手工业合作总社一再强调,在各级党政机构改革中,无论轻工管理机构如何变动,各级联社作为轻工集体企业的联合经济组织,不仅不能撤销,还要进一步加强。

与此同时,总社还明确提出了"兴办经济实体,增强经济实力,强化服务功能"的联社改革方向。按照集体企业联合经济组织的特点,突出其"经济性"和"服务性"。实践证明,这个改革方向是正确的,符合发展社会主义市场经济新形势的需要,全国大多数联社沿着这个改革方向,加快了联社改革步伐,涌现出浙江省以及杭州、成都、昆明、武汉、威海等一批具有一定经济实力和为成员单位、集体企业服务功能较强的联社。总结和推广这些地区联社改革的成功经验,有利于落实国务院的《条例》,从而促进加强城镇集体企业联合经济组织的组建工作。现在各地联社机构状况大致有三种,一是政社合署办公,职能分开,一套班子;二是社企合一,行业管理职能授予联社;三是政社合一,联社单办实体。

目前联社工作存在的困难和问题也不少。主要是认识问题,也有实际工作中的问题。建议总社、学会组织力量,做些调查研究,提出加强管理的办法和解决问题的措施,为促进联社的稳定和健康发展做出新的贡献。

今年1月,国务院研究室、国家经贸委、轻工总会、劳动部、国内贸易部和国务院发展研究中心6部委联合召开的"全国城镇集体(合作)经济改革与发展高级研讨会",就城镇集体经济的若干政策和重大问题进行了一些研究和探讨。这是一个良好的开端。希望继续抓下去,特别是希望能就组建城镇集体企业联合经济组织和重大政策的问题做些调查,研究管理办法,以适应新时期城镇集体经济改革和发展的需要。

40多年来的实践证明,集体经济的起落兴衰,同政策的稳定和机构的稳定与否密切相关。这是一个很值得记取的经验教训。

以上所说,是我对手工业合作化和集体工业发展和改革的简要回顾和思考,目的是想实事求是地找出其中带有规律性的东西。同大家一起在马克思列宁主义、毛泽东思想和邓小平建设有中国特色的社会主义理论和党的基本路线指引下,在以江泽民同志为核心的党中央的领导下,认真总结经验,鉴史明今,为进一步繁荣我国社会主义经济而共同努力。

(此件由中国工业合作经济学会提供)

中国轻工总会　中华全国手工业合作总社
关于做好轻工集体企业、单位清产
核资工作的通知

（1996 年 9 月 26 日）

各省、自治区、直辖市及计划单列市轻工（一轻、二轻）厅、局、总会（总公司）、
联社：

国务院办公厅在印发的《关于在全国城镇集体企业、单位开展清产核资工
作的通知》（国办发〔1996〕29 号），决定自 1996 年起在全国范围内有计划地开
展城镇集体企业、单位的清产核资工作，并在轻工、纺织等行业先行试点，取得经
验后再全国铺开。为贯彻、落实国务院办公厅文件精神，做好轻工集体企业、单
位清产核资工作，现就有关问题通知如下：

一、轻工集体企业、单位的清产核资工作应与进一步贯彻、落实《中华人民
共和国城镇集体所有制企业条例》相结合，做到既服从国家统一部署，又注重结
合轻工集体经济的实际情况，及时反映并研究解决一些带有普遍性的政策问题，
促进轻工集体经济的改革与发展。

二、各级轻工主管部门、联社对轻工集体企业、单位开展清产核资工作要予
以高度重视，按照国家有关规定认真组织所属企业做好清产核资的各项工作。
为加强轻工集体企业、单位清产核资工作的领导，组织、协调轻工系统的清产核
资工作，中国轻工总会、中华全国手工业合作总社决定成立轻工集体企业清产核
资领导小组，由中国轻工总会、手工业合作总社领导任组长，下设办公室（见附
件）。各级轻工主管部门、联社也要相应成立清产核资领导小组和办事机构，并
报总会、总社备案。

三、在清产核资中，各地轻工集体企业、单位也应建立工作班子，由企业法人
代表负责领导，做好本企业的清产核资工作；要抓住清产核资的有利时机，用好、
用足国家政策。通过清产核资切实解决资产状况不清、账实不符、资产闲置浪费
及被侵占流失等影响企业发展的主要矛盾和问题，建章建制，加强内部经营管理
和财务管理推动资产的合理配置和优化组合，使企业走上健康发展的轨道。

四、在清产核资中,各级联社要积极组织力量,对联社资产认真进行清理,并与轻工集体企业的清产核资工作有机地结合起来,要切实防止在清产核资中造成联社资产的流失。总会、总社将另行制发全国各级联社清产核资方案。

五、根据国务院办公厅文件精神及财政部、国家经贸委、国家税务总局的工作安排,一九九六年轻工集体企业、单位的清产核资工作,主要是先行试点、摸清问题、积累经验、探索方法、研究政策、逐步推开。

(一)各地轻工主管部门、联社要积极与当地政府清产核资机构共同研究协商,根据轻工集体经济的特点有组织、有计划地开展好清产核资试点工作,并力争在今年年底完成;

(二)对未参加今年清产核资试点的轻工集体企业、单位,各级轻工主管部门、联社要组织学习、领会有关文件精神,了解工作方法,掌握有关政策,为明年清产核资工作的全面铺开做好准备;

(三)各级轻工主管部门、联社在 1996 年的清产核资试点工作中,要认真、及时地总结经验,有关工作进展情况、存在的问题、工作经验和有关意见及建议,请及时上报中国轻工总会、手工业合作总社。

附:

中国轻工总会　中华全国手工业合作总社
轻工集体企业清产核资领导小组人员组成及职责

一、领导小组人员组成

组　长　杨志海　中国轻工总会副会长

副组长　张铁诚　中华全国手工业合作总社副主任

　　　　　　　　中国轻工总会集体经济部主任

　　　　杨自鹏　中国轻工总会经济调节部主任

　　　　　　　　中华全国手工业合作总社资财管理部主任

成　员　章苏东　中国轻工总会集体经济部副主任

　　　　马玲之　中国轻工总会集体经济部、中华全国手工业合作总社办公室处长

　　　　吴越申　中国轻工总会经济调节部、中华全国手工业合作总社资财管理部处长

二、领导小组的职责

　　1. 贯彻、落实国家有关城镇集体经济清产核资的方针、政策,依法维护轻工集体资产的完整性和所有者的合法权益;

　　2. 组织、指导、协调轻工和总社系统集体企事业单位的清产核资、资产价值重估、产权界定等项工作;

　　3. 协调解决清产核资中轻工集体企业、单位的产权纠纷等问题,防止轻工集体资产被平调和流失。

　　三、轻工集体企业清产核资办公室人员组成及职责(略)

（原件存中国轻工业联合会办公室文电档案处）

山东省人民政府批转省体改委等部门
关于搞好股份合作制企业的报告的通知

(1996 年 9 月 28 日)

各市人民政府、行署,各县(市)人民政府,省政府各部门、各直属机构,各大企业,各高等院校:

省政府同意省经济体制改革委员会、财政厅、工商行政管理局、国有资产管理局《关于搞好股份合作制企业的报告》,现转发给你们,望认真遵照执行。

推行股份合作制,是企业产权关系、组织方式、分配制度的重大变革,牵涉面广,政策性强,操作难度大。各级政府一定要加强对这项工作的领导,采取切实措施,积极探索,总结经验,注意解决好重点和难点问题。各有关部门要积极配合,通力协作,支持和引导股份合作制经济健康发展。

关于搞好股份合作制企业的报告

(1996 年 9 月 12 日)

省政府:

近几年来,我省股份合作制企业发展迅速,推动了企业经营机制的转换。为进一步贯彻党的十四届三中全会精神,深化我省国有小企业、集体企业改革,加快股份合作制企业的发展步伐,现就搞好股份合作制企业有关问题报告如下:

一、股份合作制企业遵循的基本原则

(一)股份合作制是兼有合作制与股份制两种经济形态特点,实行劳动合作和资本合作相结合的一种新型集体经济组织形式。

(二)股份合作制发展的重点是:

1. 老集体企业在理顺产权关系的基础上,改制为股份合作制。

2. 国有企业兴办的"三产"由职工出资,组建或改制为股份合作制。

3. 国有小型企业,由职工出资购买全部或部分国有产权后改制为股份合

作制。

（三）股份合作制企业实行入股自愿与全员入股相结合的原则。

（四）股份合作制企业实行股权平等，同股同利，利益共享，风险共担，民主管理。企业实行按劳分配与按股分红相结合的分配方式。

（五）股份合作制企业取得法人资格后，职工及其他出资者以所认购的股份对企业承担有限责任，企业以其全部法人财产独立承担民事责任。企业的合法权益和正当经营活动受国家法律保护，任何组织和个人不得侵犯和干涉。

（六）企业必须依法经营，照章纳税。

（七）企业职工依法组织工会，开展工会活动，维护职工的合法权益。

二、股份合作制企业的设立

（一）股份合作制企业，可以采取原有企业改组和组建新企业两种设立方式。原有企业改组为股份合作制企业，应当征得企业出资者和职工（代表）大会同意，经主管部门同意后报当地体改部门审核，向当地工商行政管理部门申请登记注册。新组建股份合作制企业由委托发起人依法直接向工商行政管理部门申请登记注册。股份合作制企业的登记办法由省工商行政管理局另行制定。

（二）原有企业申请改组为股份合作制企业，应当向体改部门提交下列文件：

1. 申请报告。

2. 改制方案。

3. 企业章程。

4. 职工（代表）大会的有关决议。

5. 企业财产验证报告（凡涉及国有资产的，由国有资产管理部门出具资产评估确认通知书）。

6. 主管部门审查意见。

7. 审核部门要求的其他文件。

（三）股份合作制企业章程必须载明下列事项：

1. 企业名称和住所。

2. 企业的宗旨、经营范围和经营方式。

3. 股东的出资方式和出资额。

4. 企业注册资金、股份总额、各类别股份数及其权益。

5. 收益分配及亏损分担办法。

6. 股东大会的职权和议事规则。

7. 董事会的组成、职权和议事规则。

8. 企业法定代表人的产生程序及其职权。

9. 劳动管理、工资福利、社会保险等规定。

10. 企业终止的条件和程序。

11. 企业章程修订程序。

12. 需要明确的其他事项。

三、股份合作制企业的产权界定及评估

（一）原有企业改组为股份合作制企业，应当在体改部门协调下，由国有资产管理部门牵头，有关部门参加，组成清产核资组，清理原有企业的债权、债务，核实企业全部资产，界定原有企业的所有者权益。涉及国有小企业的资产清查结果，按财务隶属关系报同级国有资产管理机关认定。对产权界定有争议的，应当进行协商，协商不成的由政府有关部门协调解决。

（二）企业在改组前必须进行资产评估。国有小企业改组时，需经同级国有资产管理部门确认，并以其确认的净资产作为企业职工购买的底价。在清产核资和资产评估中，应当防止国有资产和集体资产的流失。

（三）集体企业改组为股份合作制企业，应当在清产核资的基础上，本着以下原则界定产权：

1. 集体企业内国有资产所有权的界定，依据《集体企业国有资产产权界定暂行办法》（国家国有资产管理局令第 2 号）有关规定处理。

2. 联合经济组织投资及其投资收益形成的所有者权益，其产权归该联合经济组织集体所有。

3. 社区经济组织投资及其投资收益形成的所有者权益，其产权归该社区经济组织集体所有。

4. 其他法人投资及其投资收益形成的所有者权益，其产权归投资法人所有。

5. 职工个人投资及其投资收益形成的所有者权益，其产权归职工个人所有。

（四）国有小企业改组为股份合作制企业，应在清产核资的基础上，依据国家国有资产管理局颁布的《国有资产产权界定和产权纠纷处理暂行办法》（国资法规发［1993］68 号）第九条有关规定界定产权。

（五）属于国家所有和集体所有的资产，在改制中可以有偿转让。涉及国有小企业的，按《山东省国有企业产权转让管理办法》（山东省人民政府令第 65

号）执行。

四、股份合作制企业的股权设置

（一）股份合作制企业的股东可以用货币出资，也可以用实物、工业产权、非专利技术、土地使用权等作价出资。以工业产权、非专利技术作价出资的，金额不得超过企业注册资金的 20%。

（二）股份合作制企业的股份按照投资主体分为：职工个人股、职工共有股、法人股。

1. 职工个人股。指职工个人以其合法财产或者以技术等无形资产实际投入形成的股份。职工个人股归职工个人所有。

2. 职工共有股。指原有集体企业实行股份合作制改组时，划归企业劳动者集体所有的资产折股形成的股份。职工共有股的股权可以由职工股东大会设立的具有法人资格的职工持股会持有。

3. 法人股。指联合经济组织、社区经济组织、其他企业法人或者允许从事经营活动的事业单位法人，以其合法可支配的资产投入到股份合作制企业形成的股份，其股权为法人所有。

（三）企业实行股份合作制改组时，企业原有的国有股权可以由国有资产管理部门持有或国有资产管理部门委托其他企业法人持有，也可以采取以下方法处置：

1. 由本企业职工一次性或者分期出资购买。分期购买期限不超过 3 年，尚未购买部分，原则上比照银行同期贷款利率支付利息。

2. 用职工共有股的收益购买。

3. 采用融资租赁形式，由企业按照租赁合同在规定年限内向出租方缴纳包括应提资产折旧费和使用费在内的全部租金，租赁期结束，其资产即归股份合作制企业全体股东所有。

（四）集体企业实行股份合作制改组，属联合经济组织和社区经济组织所有的资产，可以继续由该经济组织持有其股权，也可以出售给企业职工或者由企业融资租赁。

（五）股份合作制企业的在册职工均应按照企业章程认购一定数额的股份。企业章程应当规定每个职工认购股份数量的最高和最低限额。

（六）职工股东入股后不能退股。但遇职工死亡、退休、调离、辞职或者被企业辞退、除名、开除等情况，企业可根据情况收购这些职工持有的股份。当出现企业章程规定的特殊情况时，经股东大会同意，可由企业负责收购部分个人股份。企业收购的股份,可出售给企业的其他职工或新加入企业的职工。

(七)股份合作制企业应当以实际交纳的出资额向出资人签发出资证明书,不发行股票。出具的出资证明书,只作为资产证明和分红依据。

(八)法人股可以按照企业章程规定的条件进行转让。

五、股份合作制企业的收益分配

(一)股份合作制企业必须依照法律、行政法规及国家有关规定,建立健全财务会计制度。

(二)股份合作制企业执行《企业财务通则》和《企业会计准则》及国家有关"两则"的各项规定,税后利润按下列程序分配:

1. 弥补上年度亏损。

2. 提取法定公积金,其比例不得低于10%,具体由企业确定。当法定公积金达到注册资金50%时,可不再提取。

3. 提取公益金(提取比例不得超过公积金)。

4. 提取任意公积金。

5. 分红基金。

(三)职工共有股分得的股利,可单独列账,企业扩股时,转增职工共有股股本。

(四)股份合作制企业当年无利润时,不得分配红利。

(五)股份合作制企业公积金应用于弥补企业亏损,扩大企业生产经营或转增股本。

(六)股份合作制企业公益金应用于企业的职工集体福利支出。

(七)股份合作制企业应严格执行国家财务会计制度,加强财务管理,接受有关部门的监督、审计。

六、股份合作制企业的管理体制

(一)股份合作制企业设立股东大会,为企业的最高权力机构。股东大会的表决,原则上按一人一票制进行。股东大会行使下列职权:

1. 审议、批准董事会、监事会报告。

2. 批准年度预、决算方案和利润分配方案。

3. 对企业增加或减少注册资本作出决议。

4. 对股东转让股份作出决议。

5. 选举和罢免董事会和监事会成员,决定其报酬及支付办法。

6. 对企业生产经营重大发展战略作出决议。

7. 修改企业章程。

8. 企业章程规定的其他权力。

（二）规模较大的股份合作制企业应设立董事会。董事会对股东大会负责。董事会的人员组成、产生方式及职责范围由股东大会决定。职责一般包括以下几个方面：

1. 制定企业生产经营、利润分配、变更终止、章程修改等重大事项的方案。

2. 聘任和解聘包括经理、会计主管人员等高级管理人员，决定其报酬及支付办法。

3. 规模较大的股份合作制企业应设监事会。监事会向股东大会负责，其职责主要是对董事会及经营管理人员实施监督。

4. 规模较小的股份合作制企业，可以不设董事会、监事会，可设一名执行董事、一名监事，其职责由股东大会参照董事会、监事会职责确定。

5. 股份合作制企业设立董事会，董事长为企业法定代表人。不设立董事会的，执行董事为企业法定代表人。

6. 股份合作制企业的经理由董事会或执行董事聘任或者解聘。经理在董事会或执行董事领导下，负责企业的日常经营管理工作。股份合作制企业的董事长或执行董事可以兼任经理。

七、股份合作制企业的变更与清算

（一）股份合作制企业的合并与分立必须由股东大会作出决议。

（二）企业合并应由合并各方签订协议，妥善处理债权、债务，并以书面形式通知各债权人，召开债权人会议，签订清偿债务的协议。

（三）企业分立时，应由分立各方签订分立协议。分立协议中应明确划分分立各方的财产、经营范围、债权、债务，并以书面形式通知各债权人，召开债权人会议，签订清偿债务的协议。

（四）股份合作制企业的合并与分立、登记事项发生变更的，应依法向原登记机关申请办理变更登记手续。

（五）股份合作制企业因解散、被依法撤销、宣告破产或者其他原因而终止的，应当按照国家有关规定成立清算组进行清算。清算后的剩余财产，按照国家有关规定办理。

（六）企业清算期间，不得开展新的经营活动。终止清算结束后，清算组织应当提出清算报告，向原登记机关申请注销登记。

原有股份合作制企业，可参照本文的要求进行规范。

以上报告，如无不当，请批转各地各有关部门贯彻执行。

山东省经济体制改革委员会

山　东　省　财　政　厅

山东省工商行政管理局

山东省国有资产管理局

一九九六年九月十二日

（原件存山东省人民政府办公厅）

中华人民共和国乡镇企业法

(1996 年 10 月 29 日第八届全国人民代表大会
常务委员会第二十二次会议通过)

第一条 为了扶持和引导乡镇企业持续健康发展,保护乡镇企业的合法权益,规范乡镇企业的行为,繁荣农村经济,促进社会主义现代化建设,制定本法。

第二条 本法所称乡镇企业,是指农村集体经济组织或者农民投资为主,在乡镇(包括所辖村)举办的承担支援农业义务的各类企业。

前款所称投资为主,是指农村集体经济组织或者农民投资超过百分之五十,或者虽不足百分之五十,但能起到控股或者实际支配作用。

乡镇企业符合企业法人条件的,依法取得企业法人资格。

第三条 乡镇企业是农村经济的重要支柱和国民经济的重要组成部分。

乡镇企业的主要任务是,根据市场需要发展商品生产,提供社会服务,增加社会有效供给,吸收农村剩余劳动力,提高农民收入,支援农业,推进农业和农村现代化,促进国民经济和社会事业发展。

第四条 发展乡镇企业,坚持以农村集体经济为主导,多种经济成分共同发展的原则。

第五条 国家对乡镇企业积极扶持、合理规划、分类指导、依法管理。

第六条 国家鼓励和重点扶持经济欠发达地区、少数民族地区发展乡镇企业,鼓励经济发达地区的乡镇企业或者其他经济组织采取多种形式支持经济欠发达地区和少数民族地区举办乡镇企业。

第七条 国务院乡镇企业行政管理部门和有关部门按照各自的职责对全国的乡镇企业进行规划、协调、监督、服务;县级以上地方各级人民政府乡镇企业行政管理部门和有关部门按照各自的职责对本行政区域内的乡镇企业进行规划、协调、监督、服务。

第八条 经依法登记设立的乡镇企业,应当向当地乡镇企业行政管理部门办理登记备案手续。

乡镇企业改变名称、住所或者分立、合并、停业、终止等,依法办理变更登记、设立登记或者注销登记后,应当报乡镇企业行政管理部门备案。

第九条　乡镇企业在城市设立的分支机构,或者农村集体经济组织在城市开办的并承担支援农业义务的企业,按照乡镇企业对待。

第十条　农村集体经济组织投资设立的乡镇企业,其企业财产权属于设立该企业的全体农民集体所有。

农村集体经济组织与其他企业、组织或者个人共同投资设立的乡镇企业,其企业财产权按照出资份额属于投资者所有。

农民合伙或者单独投资设立的乡镇企业,其企业财产权属于投资者所有。

第十一条　乡镇企业依法实行独立核算,自主经营,自负盈亏。

具有企业法人资格的乡镇企业,依法享有法人财产权。

第十二条　国家保护乡镇企业的合法权益;乡镇企业的合法财产不受侵犯。

任何组织或者个人不得违反法律、行政法规干预乡镇企业的生产经营,撤换企业负责人;不得非法占有或者无偿使用乡镇企业的财产。

第十三条　乡镇企业按照法律、行政法规规定的企业形式设立,投资者依照有关法律、行政法规决定企业的重大事项,建立经营管理制度,依法享有权利和承担义务。

第十四条　乡镇企业依法实行民主管理,投资者在确定企业经营管理制度和企业负责人,作出重大经营决策和决定职工工资、生活福利、劳动保护、劳动安全等重大问题时,应当听取本企业工会或者职工的意见,实施情况要定期向职工公布,接受职工监督。

第十五条　国家鼓励有条件的地区建立、健全乡镇企业职工社会保险制度。

第十六条　乡镇企业停业、终止,已经建立社会保险制度的,按照有关规定安排职工;依法订立劳动合同的,按照合同的约定办理。原属于农村集体经济组织的职工有权返回农村集体经济组织从事生产,或者由职工自谋职业。

第十七条　乡镇企业从税后利润中提取一定比例的资金用于支援农业和农村社会性支出,其比例和管理使用办法由省、自治区、直辖市人民政府规定。

除法律、行政法规另有规定外,任何机关、组织或者个人不得以任何方式向乡镇企业收取费用,进行摊派。

第十八条　国家根据乡镇企业发展的情况,在一定时期内对乡镇企业减征一定比例的税收。减征税收的税种、期限和比例由国务院规定。

第十九条　国家对符合下列条件之一的中小型乡镇企业,根据不同情况实行一定期限的税收优惠:

(一)集体所有制乡镇企业开办初期经营确有困难的;

(二)设立在少数民族地区、边远地区和贫困地区的;

（三）从事粮食、饲料、肉类的加工、贮存、运销经营的；

（四）国家产业政策规定需要特殊扶持的。

前款税收优惠的具体办法由国务院规定。

第二十条　国家运用信贷手段，鼓励和扶持乡镇企业发展。对于符合前条规定条件之一并且符合贷款条件的乡镇企业，国家有关金融机构可以给予优先贷款，对其中生产资金困难且有发展前途的可以给予优惠贷款。

前款优先贷款、优惠贷款的具体办法由国务院规定。

第二十一条　县级以上人民政府依照国家有关规定，可以设立乡镇企业发展基金。基金由下列资金组成：

（一）政府拨付的用于乡镇企业发展的周转金；

（二）乡镇企业每年上缴地方税金增长部分中一定比例的资金；

（三）基金运用产生的收益；

（四）农村集体经济组织、乡镇企业、农民等自愿提供的资金。

第二十二条　乡镇企业发展基金专门用于扶持乡镇企业发展，其使用范围如下：

（一）支持少数民族地区、边远地区和贫困地区发展乡镇企业；

（二）支持经济欠发达地区、少数民族地区与经济发达地区的乡镇企业之间进行经济技术合作和举办合资项目；

（三）支持乡镇企业按照国家产业政策调整产业结构和产品结构；

（四）支持乡镇企业进行技术改造，开发名特优新产品和生产传统手工艺产品；

（五）发展生产农用生产资料或者直接为农业生产服务的乡镇企业；

（六）发展从事粮食、饲料、肉类的加工、贮存、运销经营的乡镇企业；

（七）支持乡镇企业职工的职业教育和技术培训；

（八）其他需要扶持的项目。

乡镇企业发展基金的设立和使用管理办法由国务院规定。

第二十三条　国家积极培养乡镇企业人才，鼓励科技人员、经营管理人员及大中专毕业生到乡镇企业工作，通过多种方式为乡镇企业服务。

乡镇企业通过多渠道、多形式培训技术人员、经营管理人员和生产人员，并采取优惠措施吸引人才。

第二十四条　国家采取优惠措施，鼓励乡镇企业同科研机构、高等院校、国有企业及其他企业、组织之间开展各种形式的经济技术合作。

第二十五条　国家鼓励乡镇企业开展对外经济技术合作与交流，建设出口商品生产基地,增加出口创汇。

具备条件的乡镇企业依法经批准可以取得对外贸易经营权。

第二十六条 地方各级人民政府按照统一规划、合理布局的原则,将发展乡镇企业同小城镇建设相结合,引导和促进乡镇企业适当集中发展,逐步加强基础设施和服务设施建设,以加快小城镇建设。

第二十七条 乡镇企业应当按照市场需要和国家产业政策,合理调整产业结构和产品结构,加强技术改造,不断采用先进的技术、生产工艺和设备,提高企业经营管理水平。

第二十八条 举办乡镇企业,其建设用地应当符合土地利用总体规划,严格控制、合理利用和节约使用土地,凡有荒地、劣地可以利用的,不得占用耕地、好地。

举办乡镇企业使用农村集体所有的土地的,应当依照法律、法规的规定,办理有关用地批准手续和土地登记手续。

乡镇企业使用农村集体所有的土地,连续闲置两年以上或者因停办闲置一年以上的,应当由原土地所有者收回该土地使用权,重新安排使用。

第二十九条 乡镇企业应当依法合理开发和使用自然资源。

乡镇企业从事矿产资源开采,必须依照有关法律规定,经有关部门批准,取得采矿许可证、生产许可证,实行正规作业,防止资源浪费,严禁破坏资源。

第三十条 乡镇企业应当按照国家有关规定,建立财务会计制度,加强财务管理,依法设置会计账册,如实记录财务活动。

第三十一条 乡镇企业必须按照国家统计制度,如实报送统计资料。对于违反国家规定制发的统计调查报表,乡镇企业有权拒绝填报。

第三十二条 乡镇企业应当依法办理税务登记,按期进行纳税申报,足额缴纳税款。

各级人民政府应当依法加强乡镇企业的税收管理工作,有关管理部门不得超越管理权限对乡镇企业减免税。

第三十三条 乡镇企业应当加强产品质量管理,努力提高产品质量;生产和销售的产品必须符合保障人体健康,人身、财产安全的国家标准和行业标准;不得生产、销售失效、变质产品和国家明令淘汰的产品;不得在产品中掺杂、掺假,以假充真,以次充好。

第三十四条 乡镇企业应当依法使用商标,重视企业信誉;按照国家规定,制作所生产经营的商品标识,不得伪造产品的产地或者伪造、冒用他人厂名、厂址和认证标志、名优标志。

第三十五条　乡镇企业必须遵守有关环境保护的法律、法规,按照国家产业政策,在当地人民政府的统一指导下,采取措施,积极发展无污染、少污染和低资源消耗的企业,切实防治环境污染和生态破坏,保护和改善环境。

地方人民政府应当制定和实施乡镇企业环境保护规划,提高乡镇企业防治污染的能力。

第三十六条　乡镇企业建设对环境有影响的项目,必须严格执行环境影响评价制度。

乡镇企业建设项目中防治污染的设施,必须与主体工程同时设计、同时施工、同时投产使用。防治污染的设施必须经环境保护行政主管部门验收合格后,该建设项目方可投入生产或者使用。

乡镇企业不得采用或者使用国家明令禁止的严重污染环境的生产工艺和设备;不得生产和经营国家明令禁止的严重污染环境的产品。排放污染物超过国家或者地方规定标准,严重污染环境的,必须限期治理,逾期未完成治理任务的,依法关闭、停产或者转产。

第三十七条　乡镇企业必须遵守有关劳动保护、劳动安全的法律、法规,认真贯彻执行安全第一、预防为主的方针,采取有效的劳动卫生技术措施和管理措施,防止生产伤亡事故和职业病的发生;对危害职工安全的事故隐患,应当限期解决或者停产整顿。严禁管理者违章指挥,强令职工冒险作业。发生生产伤亡事故,应当采取积极抢救措施,依法妥善处理,并向有关部门报告。

第三十八条　违反本法规定,有下列行为之一的,由县级以上人民政府乡镇企业行政管理部门责令改正:

(一)非法改变乡镇企业所有权的;

(二)非法占有或者无偿使用乡镇企业财产的;

(三)非法撤换乡镇企业负责人的;

(四)侵犯乡镇企业自主经营权的。

前款行为给乡镇企业造成经济损失的,应当依法赔偿。

第三十九条　乡镇企业有权向审计、监察、财政、物价和乡镇企业行政管理部门控告、检举向企业非法收费、摊派或者罚款的单位和个人。有关部门和上级机关应当责令责任人停止其行为,并限期归还有关财物。对直接责任人员,有关部门可以根据情节轻重,给予相应的处罚。

第四十条　乡镇企业违反国家产品质量、环境保护、土地管理、自然资源开发、劳动安全、税收及其他有关法律、法规的,除依照有关法律、法规处理外,在其改正之前,应当根据情节轻重停止其享受本法规定的部分或者全部优惠。

第四十一条　乡镇企业违反本法规定，不承担支援农业义务的，由乡镇企业行政管理部门责令改正，在其改正之前，可以停止其享受本法规定的部分或者全部优惠。

第四十二条　对依照本法第三十八条至第四十一条规定所作处罚、处理决定不服的，当事人可以依法申请行政复议、提起诉讼。

第四十三条　本法自一九九七年一月一日起施行。

（选自《十四大以来重要文献选编（下）》，人民出版社
1999 年 10 月版，第 2114—2123 页）

农业部乡镇企业集体资产管理办法

(1996 年 10 月 30 日)

第一章 总 则

第一条 为加强乡镇企业集体资产管理,保护集体资产所有者、经营者的合法权益,提高资产运营效益,确保集体资产的保值增值,建立适应社会主义市场经济的集体资产管理体制,根据《中华人民共和国乡镇企业法》和有关法律、法规、政策,制定本办法。

第二条 本办法适用于乡镇企业集体资产的管理。

第三条 乡镇企业集体资产是指农村集体经济组织或农民集体投资形成的,属农村社区范围内全体农民或部分农民共同所有的资产。包括流动资产、固定资产、长期投资、无形资产、其他资产以及债权等其他权利。

第四条 乡镇企业集体资产管理应实行政企分开,所有权和经营权分离的原则,采取多种经营方式,提高资产运营效益。

第五条 乡镇企业集体资产受国家法律保护,禁止任何组织和个人对其进行侵犯。

第六条 农业部乡镇企业局负责全国乡镇企业集体资产管理的指导和监督工作。地方各级人民政府乡镇企业行政管理部门负责本行政区域内的乡镇企业集体资产管理的指导和监督工作。

第二章 产权界定

第七条 产权系财产所有权以及与财产所有权有关的经营权、使用权等,不包括债权。产权界定指依法划分财产所有权和经营权、使用权等产权归属,明确各类产权主体行使权利的财产范围及管理权限的一种法律行为。

第八条 乡镇企业集体资产界定实行产权登记制度。由企业或乡镇企业集体资产管理委员会提交资产所有权界定报告,经乡级乡镇企业行政管理部门审核后,报县级乡镇企业行政管理部门确认,进行产权登记。

第九条 乡镇企业集体资产产权界定实行谁投资、谁拥有产权的原则。

集体企业投资主体明确的,其投资和投资收益形成的资产,包括资本增值、减免税、贷款技改增值等形成的增值资产,产权归属投资方所有,法律另有规定的除外。

集体企业投资主体不明确的,产权归属举办该企业农村社区范围内的农民集体所有。

第十条　由下列投资形成的资产,界定为乡镇企业集体资产:

(一)依法属于农村集体经济组织所有的土地使用权和经有偿转让形成的资产;

(二)由农村集体经济组织以各种形式投资形成的资产。如建筑物、机械、设备等资产;

(三)集体企业从税后利润中提取的盈余公积金和公益金;

(四)集体企业享受国家各种优惠政策所形成的资产及增值部分;

(五)集体企业拥有的专利权、商标专用权等无形资产;

(六)集体企业接受捐赠、馈赠等形成的资产;

(七)集体企业出资购买的国库券、债券、股票等有价证券;

(八)在股份制企业、股份合作制企业、联营企业和中外合资、合作企业中,乡村集体企业按照章程、合同、协议所占有的资产份额;

(九)因历史及其他原因,没有法律依据归属的资产。

第三章　资产评估

第十一条　乡镇企业集体资产评估实行客观、公正、真实、合理、科学、全面的原则。

第十二条　乡镇企业集体资产发生下列情形之一时,应清查资产、清理债权债务,由县级乡镇企业资产评估机构或其他具有评估资格的评估机构进行评估,并报县级人民政府乡镇企业行政管理部门确认:

(一)乡村集体企业改制为股份制、股份合作制企业的;

(二)用乡镇企业集体资产实行承包、租赁、兼并、拍卖、转让、抵押、经济担保的;

(三)用乡镇企业集体资产参股,或以股份的形式将存量资产折股量化或折股出售的;

(四)用乡镇企业集体资产联营、合资、合作经营的;

(五)含有乡镇企业集体资产的企业终止或停业的。

第四章　管理机构

第十三条　乡镇企业投资者是乡镇企业集体资产管理的主体。乡镇企业集体经济组织应按民主管理的原则,建立健全乡镇企业集体资产管理制度。

第十四条　乡(镇)村建立健全农民大会或农民代表大会制度。农民大会或农民代表大会为管理乡镇企业集体资产的最高权力机构,代表乡(镇)村农民行使乡镇企业集体资产所有权。可设乡镇企业集体资产管理委员会(以下简称集体资产管理委员会)和乡镇企业集体资产经营公司(以下简称集体资产经营公司)。

第十五条　农民大会或农民代表大会负责选举产生集体资产管理委员会,制定和审议集体资产经营公司章程及资产经营管理的年度财务预决算报告等重大事务。

第十六条　集体资产管理委员会是农民大会或农民代表大会的常设机构,承担农民大会或农民代表大会授予的各项权利和义务。集体资产管理委员会可设在乡镇企业管理办公室或与乡镇企业管理办公室合署办公。

集体资产管理委员会可由乡镇政府、乡镇企业管理办公室或乡镇企业集体经济组织及乡村骨干企业的负责人组成。其主要职能是行使对资产经营公司的重大投资决策、收益分配监督和人事任免权等。

第十七条　集体资产经营公司是依法设立的乡镇企业集体资产的经营实体,实行独立核算,自主经营,自负盈亏,具有独立的法人资格。

集体资产经营公司接受农民大会或农民代表大会和集体资产管理委员会的监督,负责管理和经营乡镇企业中属乡(镇)村所有的集体资产,实现集体资产的保值增值。

第五章　资产管理

第十八条　资产经营公司有权依法决定乡镇企业集体资产的经营方式和投资方向。

可实行股份制、股份合作制、承包、租赁、中外合资和合作经营;

可以集体资产参股、联营、组建企业集团;

可开展企业资金余缺有偿调剂、产权转让、兼并、拍卖。

第十九条　乡镇企业集体资产经营者的合法权益受法律保护。

经营乡镇企业集体资产的单位或个人,享有合同规定的经营权和收益权,负有管理、保护及合理利用乡镇企业集体资产的责任和义务。

第二十条　承包、租赁经营集体资产的企业应建立集体资产报告制度。每年年终和承包期末向集体资产管理委员会报送会计决算报告和资产保值增值情况分析报告。

第二十一条　各级人民政府乡镇企业行政管理部门依法对乡镇企业集体资产管理进行指导和监督,其主要职责是:

(一)依照国家有关法律、法规,制定乡镇企业集体资产管理政策、规章或实施细则,并监督其贯彻实施;

(二)组织协调有关部门管理乡镇企业集体资产,维护乡镇企业合法权益:

(三)组织指导乡镇企业集体资产的清产核资、产权界定、资产评估、产权登记和产权管理工作;

(四)负责组织培训乡镇企业系统资产管理人员,并颁发资格证书;

(五)组织、指导、管理乡镇企业系统资产管理业务的中介服务机构及其业务活动;

(六)培育和发展乡镇企业集体资产产权交易市场等。

第二十二条　乡镇企业集体资产管理委员会的主要职责是:

(一)确定资产经营公司的经营方向、发展规划及对资产经营公司进行考核;

(二)考察资产经营公司的经营者(经理、董事长)人选,向资产经营公司推荐财务会计人选;

(三)审议批准资产经营公司的分配原则和年度利润分配方案;

(四)审议批准资产经营公司的投资、入股、承包、租赁、转让、拍卖等重大事项,审议批准乡镇集体独资企业资产增值承包合同和考核指标;

(五)对承包、租赁企业集体资产的使用、管理情况进行检查、监督;

(六)完成上级乡镇企业行政管理部门及乡镇政府交办的其他有关事项。

第二十三条　乡镇企业资产经营公司的主要职责是:

(一)确定集体资产的投资方向,做好项目选择和论证工作,调整集体资产的结构,进行优化配置,提高资产运营效益;

(二)对投资参股的股份制企业、股份合作制企业、联营企业和中外合资合作企业按企业章程派出董事或代表,维护乡镇企业集体资产所有者权益;

(三)做好集体独资企业的资产增值承包和兼并、拍卖、租赁工作,依法对集体独资企业进行审计监督;

(四)建立健全公司财务制度,管好用好集体资产的收益,保障集体资产的保值增值;

（五）对乡镇企业集体资产进行登记、造册、建档，及时、准确地向乡镇企业行政管理部门报送各种报表；

（六）做好集体资产经营管理的日常事务，完成农民大会或农民代表大会、集体资产管理委员会制定的各项工作目标；

（七）按年度对集体资产的运营和各类情况进行检查。

第六章　产权登记

第二十四条　凡含有乡镇企业集体资产的企业，依法设立、分立、合并、迁移、停业、终止以及改变名称等，在工商行政管理部门办理注册、变更或注销登记后，应在一个月内向县级乡镇企业行政管理部门办理集体资产的开办、变更、注销产权登记。

第二十五条　产权登记应以县级以上人民政府乡镇企业行政管理部门确认的资产评估机构出具的评估报告为依据，同时由县级乡镇企业行政管理部门发给《乡镇企业集体资产产权登记证》。《乡镇企业集体资产产权登记证》由农业部乡镇企业局统一印制。

第七章　资产管理责任

第二十六条　乡镇企业集体资产发生产权纠纷或对产权界定有争议的，可同县级以上人民政府乡镇企业行政管理部门提请仲裁。对裁定不服的，可以在收到裁定书之日起十五日内，向上一级乡镇企业行政管理部门申请复议，上一级乡镇企业行政管理部门应在收到复议申请之日后六十日内作出复议决定。也可直接向司法机关提起诉讼。

第二十七条　侵占或损坏集体资产的，应返还财产或恢复原状，不能返还或恢复原状的，应当照价赔偿。

第二十八条　平调、侵犯集体资产权益，造成集体资产损害的，应依法赔偿或承担其他民事责任。

第二十九条　承包经营或租赁经营乡镇企业集体资产，不按规定提取折旧费和其他基金，或者不按时交纳承包款项、租赁费用的，按合同约定或法律规定，承担违约责任。

第三十条　乡镇企业集体资产管理人员失职，造成集体资产损失、损坏的，乡镇企业行政管理部门应追究其责任，构成犯罪的，提请司法机关依法追究刑事责任。

第八章　附　　则

第三十一条　本办法由农业部乡镇企业局负责解释,并组织实施。

第三十二条　各省、自治区、直辖市及计划单列市乡镇企业行政管理部门可根据本办法制定实施细则。

第三十三条　本办法自发布之日起施行。

（此件由农业部办公厅提供）

工人阶级始终要在企业中发挥主人翁作用[①]

（1996 年 10 月 31 日）

李　鹏

首先，向全国轻工行业的劳动模范、先进个人和集体代表表示祝贺。

轻工行业有 1200 万职工，是一个大行业。轻工业是我国国民经济中的一个重要产业，关系到国计民生，与人民生活息息相关，是今后我国经济一个新的增长点。轻工业在国民经济和社会发展中具有重要的地位和作用，现在轻工业生产增加值大约占到全国工业生产增加值的近三分之一；轻工集体经济工业生产增加值大约占到全国城镇集体工业生产增加值的三分之一；轻工业出口额大约占到全国出口总额的三分之一；轻工业实现税利大约占到全国工业实现税利总额的三分之一。轻工行业为国家和人民做出了很大贡献，向你们表示衷心感谢！

今后，轻工行业要抓好开发、质量与管理，生产出更多更好的、价格合适的、人民需要的轻工产品，并搞好售后服务，以满足人民群众日益增长的物质和文化生活的需求。要通过深化改革，调整与优化结构，加强企业管理，促进技术进步，努力提高企业效益。轻工产品更新换代快，轻工企业面临激烈的竞争。我们要把竞争看成动力，促使产品水平不断提高，力争在激烈的市场竞争中立于不败之地。

我国是社会主义国家，工人阶级始终要在企业中发挥主人翁作用。希望轻工系统劳动模范、先进工作者和先进集体，以自己的行动为轻工业的发展和行业的精神文明建设发挥模范带头作用，为建设有中国特色社会主义做出新的贡献。

（选自《中国集体工业》杂志 1997 年第 1 期）

---

① 本文是李鹏在 1996 年 10 月 31 日接见轻工系统劳模时的讲话，题目是编者加的。

江西省人民政府关于加快发展
城镇集体工业的决定

（1996 年 11 月 28 日）

各行政公署,各省辖市人民政府,各县(市、区)人民政府,省政府各部门:

改革开放以来,我省城镇集体工业获得了较快发展。但是,目前城镇集体工业企业在发展中存在的产权关系不清、经营机制不活、企业包袱沉重、产业结构老化、投入严重不足、缺乏发展后劲等问题十分突出。为了尽快解决这些问题,切实加快城镇集体工业的改革与发展,加快江西经济的振兴,特作如下决定:

一、统一认识,把城镇集体工业作为加速全省经济发展的新增长点来抓

城镇集体工业是社会主义公有制经济的重要组成部分,在安排劳动力就业、维护社会稳定、繁荣市场、增加财政收入、改善人民生活等方面都有着重要作用。我省自然资源和劳动力资源非常丰富,特别是农业提供的轻工业资源比较充裕,发展城镇集体工业的潜力很大。大力发展城镇集体工业,对加快我省国民经济发展,顺利实现第二步战略目标具有重要意义。全省上下要进一步统一认识,采取有力措施,切实抓好城镇集体工业,使之成为推动我省经济发展的增长点。"九五"期间,要以提高经济效益为中心,着力推进城镇集体工业企业改革和制度创新,加大技术改造和结构调整的力度,切实减轻企业负担,提高企业的整体素质和竞争实力。县(市、区)属工业的发展,应把加快发展城镇集体工业作为一个重点。要通过努力,力争全省城镇集体工业在不断提高经济效益的同时,发展速度高于全省工业的平均水平,占全部工业增加值的比重有明显的提高。

二、大力推进城镇工业企业改革,加速转换经营机制

城镇集体工业企业改革要采取多种组织形式,哪一种形式对搞活企业和发展生产有效,就采取哪一种,切忌"一刀切"。根据城镇集体工业企业的特点,当

前应当重点在以下几方面推进企业改革:

(一)进一步明晰企业的产权关系。要在清产核资或资产评估的基础上,按以下原则,界定城镇集体工业企业财产所有权归属:1. 国家投资和投资收益形成的资产,其产权归属国家所有;2. 城镇集体企业联合经济组织投资和投资收益形成的资产,其产权归属该联合经济组织范围内的劳动群众集体所有;3. 社区经济组织投资和投资收益形成的资产,其产权归属该组织范围内的劳动群众集体所有;4. 其他法人投资和投资收益形成的资产,其产权归属该投资法人所有;5. 企业职工个人投资和投资收益形成的资产,其产权归属职工个人所有;6. 企业历年公共积累形成的资产,其产权归属企业集体共有;7. 投资主体不清的资产以及接受无偿资助和捐赠所形成的资产,其产权归属企业集体共有;8. 除有特殊约定外,企业按照法律、法规和政策规定享受的优惠,包括各种减免税和税前还贷所形成的资产,其产权归属企业集体共有;9. 企业的生产经营场地,其土地所有权属于国家的,可继续有偿使用,并按照国家有关法律、法规和政策缴纳土地使用费。界定企业产权归属后,应办理法律公证。

在明晰产权的基础上,要严格按照集体企业的性质和特点进行管理。发展城镇集体工业企业,要继续坚持"自愿组合、自筹资金,独立核算、自负盈亏,自主经营、民主管理,集体积累、自主支配,按劳分配、入股分红"的原则。任何部门和单位不得以任何理由平调、侵占、没收、私分集体企业财产。允许企业的资产依法进入产权交易市场,实行公开竞价出让。城镇集体工业企业的厂长(经理)由职工(代表)大会或股东(代表)大会民主选举产生,也可按规定的程序面向社会进行公开招聘。其中,联合经济组织投资兴办或控股的企业,其厂长(经理)由联合经济组织任免。已经改组为有限责任公司或股份有限公司的企业,严格按《公司法》的要求建立企业的法人治理结构。

(二)重点推行股份合作制。凡条件具备、自愿实行股份合作制的城镇集体工业企业都可以按照《江西省股份合作企业条例》的规定改组为股份合作制。原有企业实行股份合作制改组时,国有资产可以由企业或职工出资购买,也可以实行有偿租赁。要适当增加职工个人股在企业股份总额中的比重。经县以上人民政府授权部门批准,可以把本企业集体股的一部分(一般不超过50%)量化到每个职工个人(包括离、退休职工),作为职工个人分红的依据。量化时,可根据职工在本企业工龄长短、贡献多少、责任大小、技术高低确定,其资产所有权仍属集体所有,职工个人不得提取、转让和继承,职工因调离、辞职、死亡、辞退或除名、开除等原因离开企业,其分红权即行终止。量化给厂长(经理)的个人股可以和职工适当拉开档次,但最高不超过职工平均份额的5倍。量化时,一般可采用量化一股新入二股的比例鼓励职工投资入股,投资入股部分属职工个人所有,允许在企业内部职工中转让或由企业收购。为了调动职工入股的积极性,职工入股后形成的个人股(不包括量化部分)3 年内,如果分红低于 1 年期银行存款利率,由企业补齐差额,补差支出按《企业财务通则》的规定在税后利润中列支。城镇集体工业企业改组为股份合作制企业后,其隶属关系不变,可以继续享受国家和省政府给予集体企业的优惠政策。

(三)加快推进"小、穷、亏"企业的改革步伐。在维护社会稳定的前提下,从实际出发,加快城镇集体工业"小、穷、亏"企业改革的步伐。对扭亏有望的亏损企业,有的可以实行承包、租赁经营,有的可以鼓励优势企业兼并,也可以引导它们互相合并,实行优势重组;对小型亏损企业可以出售给个人,出售企业和股权的收入,由集体改投于急需发展的产业;对那些产品老化、长期亏损、扭亏无望的企业,可以依法解散或实施破产。对解散和破产的企业,要首先妥善安置好企业职工。可以在清偿债务之前,拍卖部分资产,对在职职工,根据工龄长短一次性发放安置费;对未参加社会养老保险统筹的,一次性提足离、退休职工 10 年的养老金。同时要依法清偿企业债务,银行要充分用好呆账准备金,积极为企业解散、破产创造条件。

(四)积极推行企业的公司化改造。对符合《公司法》规定条件的城镇集体工业企业,要依法组建为有限责任公司或股份有限公司。

(五)加强集体资产经营管理。在明确集体资产的投资主体、实现政企分开时,要确保集体资产的保值增值。为此,各地要积极探索建立集体资产的经营管理体制和运营机制,并在实践中不断加以完善。

三、从调整结构入手,增强城镇集体工业的整体实力

(一)调整城镇集体工业的地域布局。结合城镇建设和改造规划,鼓励在城市闹区的企业向郊区转移。各级政府要积极创造条件,为这些企业外迁提供场地。凡外迁企业,原厂区用地依法出让收入地方分成留用部分,由当地财政列支返还 50% ,这部分资金必须全部用于新厂建设。在支持企业异地改造方面,各地已实行的各项优惠政策,只要与现行的法律、法规不相抵触,均可继续执行。

(二)大力调整产品结构、产业结构和企业组织结构。城镇集体工业企业要面向市场,加快技术进步步伐,提高专业化生产水平,增强为大工业的协作配套服务能力。要发挥自身优势,开发特色产品,提高市场占有率。基础好的企业要重点发展高技术、高质量、高创汇、高附加值的产品,大力开拓新兴产业。实施名

牌战略,重点扶持食品、服装、日用陶瓷、塑料、室内装饰、羽绒制品、工艺美术品、日用化工、电子产品、玩具、皮革制品和工具五金等产品的发展,扬优成势,形成一批拳头产品,壮大一批骨干企业。鼓励和支持跨所有制、跨行业、跨地区的联合与协作,发展企业集团,优化资产组合,形成规模经营和竞争优势,增强企业的竞争能力和抗风险能力。

(三)按照现代企业制度的要求,努力实现"管理科学"。

建立和完善企业内部各项管理制度,制定并严格执行企业章程;贯彻落实"两则",学习推广邯钢"模拟市场核算、实行成本否决"的经验,加强成本管理,接受审计监督;加强技术开发和质量管理,促进产品升级换代;加强营销、信息管理,不断提高产销率;加强劳动人事管理,选贤择优、培养和造就一支适应社会主义市场经济发展需要的管理、科技和职工队伍;增强法制观念,依法经营管理。

(四)发挥区位优势,积极发展第三产业。要充分发挥城镇集体工业企业的自身优势,特别是地处城市闹区的企业,要允许和鼓励他们以地引资,拓宽经营领域,发展第三产业。

四、多渠道筹集资金,切实加大对城镇集体工业企业的投入

(一)财政和金融部门应着眼于培植财源,着眼于长远,为加快城镇集体工业发展提供有力的支持。"九五"期间,按省、地(市)、县(市、区)各三分之一的比倒,每年安排3000万元贷款规模的财政贴息,扶持城镇集体工业企业。具体实施办法由省财政厅会同省经贸委、省轻工厅制定。

(二)加大招商引资的力度,多途径引进内资和外资。各级政府和有关部门要把城镇集体工业企业对外招商引资当作一个重点来抓,积极支持城镇集体工业企业参加各种对外经济技术洽谈或招商活动,鼓励企业发展"三来一补"。要选择一批重点工业企业以土地、厂房、设备等入股同国外、境外、省外的厂商合资。其中,以土地使用权入股的,凡未办理出让手续的土地股作为国家股。要通过单枝嫁接、多枝嫁接、整体嫁接、厂房租赁等形式,引进内外资金改造老企业。

(三)各地(市)、县(市、区)要根据《江西省人民政府印发关于大力发展城镇集体所有制经济若干规定的通知》(赣府发[1992]28号)要求,尽快建立城镇集体经济互助合作基金。已经建立的要进一步发展壮大,没有建立的要抓紧落实。对这项基金要制定专门的管理办法,加强管理,合理使用。

(四)允许企业经计委和人民银行批准,发行企业债券。债券利率可在同期

银行存款利率的基础上适当上浮,债息进入财务费用。但在计征所得税时,高于金融机构同期、同类贷款利率的部分,不予扣除。

五、实行扶持政策,为发展城镇集体工业企业创造良好的外部环境

(一)进一步落实有关政策。自《中华人民共和国城镇集体所有制企业条例》施行后,对无偿划走、转移城镇集体企业财产的,应按下列方式之一处理:1. 一次性退还给企业;2. 一次性退还确有困难的,与企业签订分期退还协议,未退还部分按银行流动资金贷款相应利率缴纳资金占用费;3. 被划走财产的企业,可以将被划走的财产作为投资,享受投资者权益,同时承担相应的义务。

(二)鼓励和支持企业进行技术改造。对技改后新增所得税,经企业申请,财政部门、税务机关审核,当地政府批准后,由当地财政部门按其每年新增所得税金额连续 3 年返还给企业,用于企业继续发展生产或偿还技改借款。

(三)支持企业实行股份合作制。实行股份合作制的城镇集体工业企业照章缴纳所得税后,由当地财政返还一部分。适用所得税率为 33% 的,返还 6 个百分点;适用所得税率为 27% 的,返还 5 个百分点;适用所得税率为 18% 的,返还 8 个百分点。

(四)搞好配套改革,尤其要加快社会保障制度改革的步伐,尽快建立职工基本养老、失业和大病医疗等社会保障体系。城镇集体工业企业要积极参加社会保险统筹,并按照国家有关规定足额提取和缴纳社会保险费用。

(五)鼓励大中专毕业生、研究生到城镇集体工业企业工作。应本人要求,其人事关系可放在企业主管部门或人才交流服务机构,保留原身份,并为他们办理调整档案工资和评审专业技术职称,不实行见习期,工资直接定级,津贴、补贴在不低于国家规定标准的前提下,由企业自行确定。

(六)支持和鼓励大专院校、科研院所的干部、职工,特别是其中的专业技术人员,领办、承包、租赁城镇集体工业企业。这些人员经所在单位批准,并到人事、劳动部门办理备案手续,其户口、粮油关系可以不迁,行政关系可以不转,原有住房维持不变,并享受本单位在职人员同等的职称评定和工资晋升待遇;对要求回原单位工作的,原单位不得拒绝接受。对发展城镇集体工业企业作出突出贡献的科技人员和管理人员,企业可根据自身条件予以重奖。对企业的厂长(经理)可试行年薪制,实行工资与企业效益挂钩。鼓励科研单位和科技工作者个人通过技术承包、项目攻关、开发新产品等多种形式,为城镇集体工业企业提

供有偿服务。

（七）改革企业登记注册手续，由审批制改为直接登记制。除国家法律法规另有特别规定的外，城镇集体工业企业申请开业登记可以不要行政主管部门的批文和前置审批，由出资人直接向工商行政管理机关申请登记，允许企业根据实缴的注册资金额度自主选择经营范围、经营方式。

六、加强对城镇集体工业的领导，完善宏观管理体系

（一）各级政府要把加快发展城镇集体工业企业列入重要议事日程。切实加强领导，搞好宏观管理和指导服务，协调解决企业改革和发展中的矛盾和问题，研究制定企业的发展规划和政策措施，并监督检查执行情况。

（二）理顺行业管理关系。凡是建制镇以上的二轻企业，省辖市的区办工业，城镇的街办工业，机关、团体、部队、学校和全民企业举办的集体工业，统一由轻工（二轻）主管部门实施行业管理。各有关主管部门也要把大力发展城镇集体工业企业列入管理内容。

（三）各级手工业合作联社，是城镇集体工业企业的联合经济组织，具有法人资格。其基本职能是指导、维护、协调、服务，即指导企业深化改革，促进联合，搞好经营；维护企业和职工的合法权益；协调成员企业之间、联社之间、联社同企业之间的关系；通过各项经济、业务活动，为企业提供多方面的服务。

（四）各有关部门要结合实际，制定贯彻本决定的具体办法和措施，并认真抓好落实。特别是财政、税务、金融、工商行政管理、劳动、人事等部门，要把扶持城镇集体工业企业作为一项重要任务，重点支持，大力帮助，搞好服务，以促进其更好、更快地发展。

（原件存江西省人民政府办公厅）

上海市国有资产管理办公室关于转发上海市集体企业产权界定办公室制订的《上海市集体企业产权界定暂行办法》的通知

(1996 年 12 月 17 日)

各委、办、局,各国有控股(集团)公司、企业集团,代行投资主体的主管部门,各区、县人民政府,各区、县国有资产管理部门,各有关单位:

为进一步规范本市集体企业产权界定工作,现将上海市集体企业产权界定办公室制订的《上海市集体企业产权界定暂行办法》转发给你们,请遵照执行。执行中有何问题,请及时与市集体企业产权界定办公室联系。

特此通知

附:

上海市集体企业产权界定暂行办法

第一章 总 则

第一条(立法宗旨)

为了理顺集体企业的产权关系,界定产权归属,明确产权主体,维护集体所有者的合法权益,推动集体企业的改革,促进集体经济的发展,根据《中华人民共和国城镇集体所有制企业条例》和国家国有资产管理局《集体企业国有资产产权界定暂行办法》以及有关政策法规,并结合上海实际情况,制定本办法。

第二条(适用范围)

本办法适用于经国家各级工商行政管理机关登记注册的本市集体所有制性质的各种形式的企业,包括联合经济组织、合作社、股份合作企业以及占有集体资产的其他单位和企业。

集体企业在改制为股份合作制企业、有限责任公司、股份有限公司等形式时,或与外方合资、合作时,或发生产权转让变动时,以及清产核资时,应首先进行产权界定。

第三条(主管机关)

上海市集体企业产权界定办公室是本市集体企业产权界定的主管机关。

第四条(基本原则)

集体企业产权界定应遵循以下原则:

1."谁投资,谁拥有产权"的原则。这是产权界定的基本原则。因此,在产权界定中,应首先查清谁是投资主体。

2. 尊重历史的原则。在产权界定中,应考虑当时历史背景,保持原有国家法律、法规和政策的严肃性和连续性,保持已有的改革成果。

3. 宜粗不宜细、宜宽不宜紧、宜放不宜收的原则。在产权界定中,要有利于集体企业的改革和发展,着眼于未来,立足于发展。

第二章　　归属集体资产的产权

第五条(集体资产概念)

集体资产是指集体企业中除按有关法规界定为国有资产、其他法人资产以外的,由集体企业共同占有的资产,包括经济联合组织、集体企业劳动群众和职工个人拥有的资产。

第六条(界定政策)

以下产权界定为集体资产:

1. 集体企业职工或联合经济组织以货币、实物以及无形资产等向集体企业投资形成的资本金及所有者权益,界定为集体资产。

2. 国家机关、国有企事业单位以资助、扶持等方式向集体企业投入货币、实物或无形资产,凡投入时没有约定投资或债权关系的,应界定为集体资产。

3. 集体企业在发展过程中,使用银行贷款、国家借款等借贷资金形成的资产,国家机关、国有企事业单位只提供担保,而没有履行连带责任的,应界定为集体资产。

4. 集体企业依据国家法律、法规及市人民政府或市财税部门政策规定享受的优惠,包括税前还贷、以税还贷和各种减免税所形成的资产,除事先明确约定作为投资的外,其产权界定为集体资产。

5. 国家机关、国有企事业单位、个人以及国外投资机构或个人按照国家法律、法规规定对集体企业无偿资助和捐赠等所形成的资产,界定为集体资产。

6. 集体企业在安置回城知青、征地农民工及残疾人就业，接受国家和政府有关部门拨给的实物、安置费等形成的资产，界定为集体资产。

7. 集体企业依照国家法律、法规和政策，转让土地使用权和企业房产取得的收益，除按法律、法规、政策规定应缴纳的税款和费用外，界定为集体资产。

第三章　归属联合经济组织的产权

第七条（联合经济组织概念）

联合经济组织是由所属范围内的集体企业自愿加入，共同组建的经济组织机构，对集体企业负有指导、维护、协调、服务等管理职能；部门联合经济组织对下属企业进行投资，还行使产权主体职能。

第八条（界定政策）

以下产权界定为联合经济组织的资产：

1. 联合经济组织历年来向集体企业收取的合作事业基金、管理费以及企业上缴利润而形成的资产。

2. 联合经济组织用实物、货币以及无形资产等直接投资兴办集体性质的企事业单位，其产权归联合经济组织所有。

3. 联合经济组织投资在股份制企业、联营企业和中外合资、合作经营企业中的资产及其权益。

4. 集体企业在发展过程中，使用银行贷款、国家借款等借贷资金形成的资产，联合经济组织提供担保并已履行连带责任的，其产权应归属联合经济组织所有。

第四章　归属劳动群众集体所有的产权

第九条（劳动群众集体所有概念）

集体企业劳动群众集体所有的资产，系指集体企业范围内劳动群众共同所有的财产，包括在职职工共同共有和离退休职工共同共有。

第十条（界定政策）

归属集体企业劳动群众集体所有的资产：

1. 集体企业劳动群众自愿组织，自筹资金及其积累所形成的全部资产。

2. 集体企业开办初期职工个人投资形成的资产，现难以明确投资主体的，其产权归企业劳动群众集体所有。

3. 集体企业用公益金购建的集体福利设施而增加的所有者权益，其产权归企业劳动群众集体所有。

4. 集体企业在改制中,将部门存量资产界定为离退休职工共同共有,由退管会代表离退休职工拥有的产权。

第五章　归属职工个人所有的产权

第十一条(职工个人所有概念)

职工个人所有的产权,系指职工个人以货币、实物或技术向集体企业投入的资产及所有者权益,其产权归职工个人所有。

第十二条(界定政策)

以下产权界定为职工个人所有:

1. 集体企业在创办初期,职工个人以货币、实物或技术进行投资并作为法人资本金所形成的资产及其权益,界定为职工个人所有。

2. 集体企业在改制为股份合作企业时,职工个人用货币参股所形成的资产及权益,界定为职工个人所有。

3. 集体企业在改制为股份合作企业时,将部分存量资产以股份方式分配给职工个人,实行按份共有,记入职工名下,作为分红依据。不得退股,不得继承,在一定条件下可内部转让。

第六章　产权界定后的产权关系处理

第十三条(法人财产权)

集体企业中已界定的国有资产及其他资产,其所有权属于国家或其他产权主体,企业对其拥有法人财产权,除发生产权转让等法定情形外,集体企业可以继续使用,国家和其他产权主体不得抽回其资产。

第十四条(处理办法)

为理顺产权关系,产权界定后可依照下列办法处理:

1. 作为投资。产权界定后,由各产权主体按《公司法》和国家有关规定,作为出资主体共同设立有限责任公司或股份有限公司,并按规定收取红利或者股息。

2. 实行联营。产权界定后,由各产权主体按国家有关联营的规定,办理联营手续,并按联营协议承担责任和分享权益。

3. 有偿转让。产权界定后,各产权主体之间可实行有偿转让,由转让方与受让方签订转让合同,经产权交易所办理产权过户手续。

4. 租赁经营。产权界定后,各产权主体可将其产权租赁给企业经营,由出租方与承租方签订租赁合同,并按有关规定办理租赁手续,出租方按期收取租金。

第七章　产权界定的程序

第十五条（界定程序）

产权界定可按以下程序进行：

1. 集体企业、单位根据国家有关要求，清查资产，核实有关账目和原始凭证，认真摸清集体资产形成的有关情况，并由资产评估机构进行评估或查证。

2. 集体企业、单位按照产权界定的有关政策，组织各产权主体对查证结果进行认定。对协商后各方无异议的产权，各有关方共同签署"产权界定文本"。

3. 当事各方根据协商界定的结果，填写《产权界定申报表》，起草"产权界定工作报告"，随同"产权界定文本"上报主管部门审核（市属集体企业上报主管局或控股、集团公司；区、县属集体企业上报区、县主管部门）。

4. 主管部门审核后，上报集体企业产权界定主管机关批准确认（市属集体企业上报市集体企业产权界定办公室；区、县属集体企业上报区、县人民政府指定机构），并出具确认报告。

5. 集体企业、单位根据确认报告，经主管财税机关核准，调整会计账目，由市、区（县）产权界定机构统一进行产权登记并颁发产权凭证，同时办理工商变更登记。

6. 集体企业、单位在产权界定过程中，各产权主体发生争议，可由企业或主管部门以产权纠纷事由上报产权界定机构，由产权界定机构组织有关中介组织进行查证核实，最后进行调解处理裁定。如当事人不服裁定意见，可按仲裁协议申请仲裁或向法院起诉。

第八章　产权界定的组织领导

第十六条（组织领导）

政府各部门应加强集体企业产权界定工作的组织领导。

1. 上海市集体企业产权界定工作在市政府、市国资委统一领导下进行，上海市集体企业产权界定办公室是本市集体企业产权界定的具体职能部门，负责组织实施本市集体企业产权界定工作。

2. 市政府各主管局、各控股公司、集团公司要明确职能机构，具体负责本系统、本单位集体企业的产权界定工作。

3. 各区、县人民政府应相应建立集体企业产权界定机构，或指定有关职能部门负责本地区集体企业的产权界定工作。

4. 集体企业和联合经济组织要建立有法人代表负责,财会人员、职工代表参加的产权界定工作小组,负责本企业、单位的产权界定工作。

第十七条(工作关系)

集体企业产权界定工作基本按照行政隶属关系和产权关系进行,产权界定机构之间要建立工作联系制度,及时沟通报告有关情况。

第九章　法律责任

第十八条(企业责任)

按本办法应当进行产权界定的集体企业、单位,拒不执行或者阻挠妨碍产权界定工作,使产权界定工作无法正常进行的,由产权界定主管部门会同有关部门根据情节轻重,分别给予该单位和直接责任人相应的行政处罚;触犯刑律的,由司法机关追究其法律责任。

集体企业不服从行政处罚,可按照国家有关法律、法规提起行政复议或行政诉讼。

第十九条(界定机关责任)

产权界定主管部门的工作人员违反本办法规定,在产权界定中以权谋私、徇私舞弊、不如实进行产权界定,使国家和集体权益受损的,集体企业产权界定主管部门应给予直接责任者行政处分。触犯刑律的,提交司法机关依法惩处。

第十章　附　　则

第二十条(解释权)

本办法由上海市集体企业产权界定办公室负责解释。

第二十一条(施行日期)

本办法自发布之日起施行。

（原件存上海市国有资产管理办公室）

提高认识　采取措施　切实做好城镇集体企业清产核资工作①

（1996 年 12 月 20 日）

李永贵

同志们：

借全国税务工作会议的机会，我向大家讲讲关于税务部门积极参与、认真做好城镇集体企业清产核资工作的问题。

国务院办公厅于 1996 年 7 月 9 日发出《关于在全国城镇集体企业中开展清产核资工作的通知》，要求自 1996 年起在全国有计划地开展城镇集体企业、单位清产核资工作。根据总体部署，这项工作原则上要在 3—4 年内完成。1996 年先安排试点，1997 年继续在全国扩大试点，1998 年全面开展清产核资工作，如果进展顺利，1999 年就可以基本完成，并对整个工作进行总结。根据国务院办公厅通知的精神，财政部、国家经贸委、国家税务总局等部门或联合或分别下发了文件，对城镇集体企业清产核资工作提出了要求，并进行了安排、部署。税务部门作为城镇集体企业清产核资工作的组织者、参与者，应当积极认真地做好这项工作。下面，我就城镇集体企业清产核资工作的有关问题，谈谈看法和意见：

一、充分认识开展城镇集体企业清产核资工作的必要性和紧迫性

党中央、国务院领导同志对城镇集体企业清产核资工作非常重视。1995 年 4 月，中央财经领导小组在听取关于国有企业清产核资工作汇报时，江泽民总书记指示要搞清整个公有制经济的实际发展情况；李鹏总理明确指出集体企业也要搞清楚。1996 年 1 月 8 日，朱镕基副总理在听取全国国有资产管理工作汇报

---

① 这是国家税务总局总经济师李永贵在全国税务工作会议上的讲话。

时,明确提出在完成国有企业清产核资工作任务后,要继续做好城镇集体企业的清产核资工作,并提出了"一不改变企业性质,二不改变隶属关系,三不改变分配关系"的工作原则。1996 年 4 月 3 日,朱镕基副总理和吴邦国副总理在听取关于全国国有企业清产核资总体工作结果汇报时,明确指示由财政部、国家经贸委、国家税务总局共同组织进行城镇集体企业的清产核资工作,以便掌握我国公有制经济的全面情况。中央领导同志多次作出的上述指示,表明党中央、国务院对集体企业清产核资工作十分重视和关心,并将其作为新时期弄清公有制经济的"家底",促进深化企业改革和发展国民经济的一项极为重要的工作。为了把这项工作做好,我们必须充分认识开展清产核资工作的必要性和紧迫性,即应深刻领会搞好城镇集体企业清产核资工作的重要意义。

首先,搞好集体企业清产核资,全面弄清和掌握整个公有制经济的情况,为国家宏观决策提供确实可靠的依据。坚持公有制经济的主体地位,是我国社会主义制度的本质特征。我国的公有制经济是由国有经济和集体经济构成的。改革开放以来,我国城乡集体经济发展迅速,而城镇集体经济的发展,目前已成为城镇中仅次于国有经济的第二大经济力量,在整个国民经济中占有重要的位置。据国家统计局统计,到 1994 年底,全国城镇集体经济从业人员已达 3211 万人,相当于国有企业职工人数的 29.5%;城镇集体工业企业总产值 5000 多亿元,相当于国有工业总产值的 20%;集体建筑业产值 1519 亿元,相当于国有建筑业产值的 50%。城镇集体经济在税收、出口创汇、扩大就业、活跃市场、改善人民生活以及社会稳定等方面,都起着不容忽视的重要作用。随着改革的不断深入,集体经济的进一步发展,其地位和作用将会越来越明显。国有企业已经进行了清产核资,基本摸清了"家底"。通过对城镇集体企业进行清产核资,也要摸清其"家底",就可以系统、全面、准确地了解城镇集体企业的数量构成、地区分布、行业结构,掌握城镇集体各类企业的资产、负债、财务、盈亏等状况,更加准确、科学地认识集体经济在公有制经济中的地位和作用,以利于国家从宏观上进行考虑和决策,促使整个公有制经济的迅速、稳妥和健康发展。

其次,对城镇集体企业进行清产核资,既能推动城镇集体企业的改革和发展,也有利于各级政府及企业自身进行宏观和微观经济管理。我国城镇集体企业的产生和发展,是与我国社会主义制度和现阶段生产力发展水平相联系的。除了新中国建立初期及公私合营时设立和举办的集体企业之外,多数城镇集体企业在其创办时是以安排就业和发展本地区、本部门经济为出发点的。因此,不少企业规模很小,资本有机构成不高,生产能力较低,有的产品、技术、工艺落后,档次低,有的自我积累、自我发展和竞争能力差。同时,由于在企业的内外部管理上相对较为薄弱,制度不健全,企业资产状况不清、账实不符、资产闲置浪费及被占流失的问题较为普遍。对于这种状况,需要认真研究解决,这是当前我国改革开放、经济发展中不容回避的重大理论问题和实践问题。特别是从推动城镇集体企业深化改革、促进发展出发,认真贯彻党中央、国务院提出的"两个转变"的要求,应该使这些问题逐步得到解决。作为集体企业本身来讲,必须通过深化改革,加强基础管理,切实转换经营机制。作为政府和管理部门来讲,要促进改革和加强宏观管理,帮助城镇集体企业解决一部分历史问题和现实困难,建立规范的资产管理制度,以利于现代企业制度的建立。通过清产核资,摸清企业"家底",这是企业管理的基础,只有这项工作做好了,才能从宏观到微观搞好企业的管理,促进企业的改革与发展。因此,开展城镇集体企业的清产核资工作,不仅是党中央、国务院的要求,也是地方各级政府和部门对集体企业进行指导和搞好管理工作的需要,更是企业自身加强经营管理并求得生存与发展的需要。

再次,做好城镇集体企业的清产核资工作,既是税务机关强化税收征管的需要,也是对企业财务会计进行管理和监督的需要。税务机关在对城镇集体企业税收征管工作中,肩负着双重的职责,既要做好城镇集体企业税收的组织征收工作,又要做好城镇集体企业财务会计的管理与监督工作。而做好集体企业的税收征收工作,除了严格执行税收政策和税收法律规定之外,离不开对作为征税基础的企业财务会计的管理与监督,企业财务会计管理工作质量的好坏,在一定程度上影响着税收征管工作的质量和水平,这是个常识问题。然而,城镇集体企业财务会计管理工作的现实是:制度不健全,管理偏松;资产家底不清,账实不符,闲置、浪费、流失严重;社会多方面占有侵蚀企业权益,乱摊派、乱收费、乱集资的现象较为普遍和严重,给企业造成难以摆脱与承受的外部压力。这种状况,不仅使税收征管缺乏准确可靠的基础,侵蚀了国家征税的税基,破坏了国家与企业的税收分配关系,干扰国家税收职能的正常发挥;而且,也给税务部门做好企业财务会计的管理与监督工作增加了难度。通过对城镇集体企业的清产核资工作,促使其建立健全管理制度,界定产权关系,有利于堵塞漏洞,维护企业权益和国家利益,确保国家税收的及时足额征收。显然,搞好城镇集体企业的清产核资工作,可以使税务机关改善对集体企业财务会计的管理和监督工作,也使税收征收管理工作得到提高与加强。

总之,我们税务部门的领导和广大工作人员,必须对城镇集体企业清产核资工作要有全面正确的认识,深入领会做好这项工作的重要意义,做到思想上重视、态度上积极、工作上得力,满腔热情和扎实细致的把这项工作做好。

二、税务部门对城镇集体企业清产核资工作负有义不容辞的职责

对于城镇集体企业的清产核资工作,国务院的领导同志明确指示由财政部、国家经贸委、国家税务总局共同组织进行。国务院办公厅通知中明确指出:"全国城镇集体企业、单位清产核资工作,在国务院统一领导下,由财政部、国家经贸委、国家税务总局具体组织实施","集体企业、单位清产核资工作方案和具体办法由财政部、国家经贸委、国家税务总局等部门共同制定","各级人民政府要切实加强领导,有关部门要相互配合,以保证全国城镇集体企业、单位清产核资工作的顺利进行","各地财政、经贸委(计经委、经委)、税务等有关部门要密切配合,及时研究和解决工作中出现的问题;各地审计、监察部门要加强对清产核资工作的监督和检查,防止走过场。"显然,国家税务总局是国务院统一领导下的进行城镇集体企业清产核资工作的具体组织实施的部门之一,而各地税务部门则是具体组织落实这项工作的有关部门之一。国务院赋予税务部门参与组织和落实城镇集体企业的清产核资工作,这是对税务部门的极大信任,我们决不辜负党中央、国务院领导的厚望,要勇于承担并积极认真地做好这项工作。

税务部门应该和能够承担参与做好城镇集体企业清产核资的工作。这是因为:第一,税务机关是城镇集体企业的财务主管部门,有责任、有义务参与组织和具体承担城镇集体企业的清产核资工作。新中国建立以来,城镇集体企业财务的管理和监督工作,一直是由税务部门结合税收征收管理工作来进行的。这样做,使税收征管与对企业财务会计的管理有机地结合起来,其好处是:一是把税收征管贯穿于企业财务会计核算的全过程,能够保证和提高税收征管工作的质量和水平。企业财务会计工作是税收征管工作的基础,切实做好企业财务会计的管理和监督工作,就是对税收征管工作的深化和加强。二是结合税收征管工作进行企业财务会计的管理和监督,使对企业财务会计管理与监督工作能够做到既直接又有效,可以促使企业主动改进和加强财务会计管理工作。三是世界其他国家政府对企业财务会计的管理与监督工作,基本上也是由税务征收机关结合税收征管来进行的,我国对城镇集体企业财务会计的管理与监督工作,符合国际上的通行做法。1993年7月1日实施新颁布的《企业财务通则》和分行业财务制度以后,基本统一了国有企业、集体企业、股份制企业和外商投资企业等不同所有制形式企业之间的财务制度,并规定企业财务工作由主管财政部门统一负责。但考虑到对城镇集体企业财务管理工作的历史、工作量和保证做到切实有效,经财政部、国家税务总局共同商定,城镇集体企业财务管理工作仍由税

务部门负责。显然,税务部门作为城镇集体企业的财务主管部门,参与组织并具体落实清产核资工作,既是理应承担的职责,又是应尽的义务。

第二,税务机构遍布全国,干部队伍训练有素,有能力、有经验做好城镇集体企业的财务管理和清产核资工作。我国的城镇集体企业、单位有几百万户,不仅户数众多,而且情况比较复杂,财务管理的工作量很大,实施对城镇集体企业的财务管理工作是一项艰巨的任务。由于税务机构设置具有系统性、网络性,分布遍及全国各地,基层机构较贴近纳税人,这既便于税收征管,也便于对企业实施财务管理和监督工作。并且,税务部门在长期的集体企业财务管理工作中,积累了较为丰富的经验,有了一套切实可行、行之有效的管理制度,培养了一大批既懂税收又懂财务会计的业务素质较高的管理人员队伍,有些地方还专门设置了相应的财务管理机构。可见,税务部门管理集体企业财务工作的基础较好,具有长处和优势,是完全可以承担和做好城镇集体企业财务管理与监督工作的。同样,对于开展城镇集体企业的清产核资工作,由税务部门参与组织领导并进行具体实施,也是有能力承担和可以做好的。

第三,税务部门能够承担和完成特定的资金核实任务。财政部、国家经贸委、国家税务总局联合颁发的《城镇集体所有制企业、单位清产核资暂行办法》中规定:"集体企业清产核资中资金核实工作,由各级税务部门(集体企业财务主管部门)组织实施。"所谓资金核实,是指按国家清产核资有关政策规定,对集体企业在清查资产、重估资产价值、界定产权后的企业资产实际占用量进行重新核实。资金核实是清产核资工作的关键,它直接决定着整个清产核资工作的质量,因此,这是一项非常重要的工作。之所以将此项工作赋予税务部门承担,这是因为:(一)资金核实是财务管理的重要内容,是财务管理的表现形式之一。一方面,资金核实的最终结果,都要通过财务账目反映;另一方面,企业只有拥有真实、可靠的资金,财务成果才能真实、可靠,企业的经营管理和税务机关的税收征管所需数据资料才能准确、可靠。因此,资金核实工作对于企业和税务部门来说,都是十分重要的。(二)资金核实是一项政策性强、扎实细致和非常繁琐的具体工作,须由专门部门和训练有素的专业人员进行组织和承担。(三)城镇集体企业、单位户数众多,资金来源和资金分布复杂多变,因此,资金核实工作面广、量大,时间要求紧、任务重。税务部门作为城镇集体企业财务的主管部门,由其来组织实施城镇集体企业的资金核实工作,才能保证圆满完成这项艰巨复杂的任务。

总之,从上述分析表明,税务部门作为集体企业财务的主管部门,在工作力量、人员素质、管理经验和具体工作方面,有条件、有能力做好城镇集体企业财务的管理与监督工作,同时,在今年开始的、需要较长一段时间(如三、四年)才能完成的城镇集体企业清产核资工作中,相信能够承担赋予的职责,尽好义务,不辱使命,做出积极贡献。

三、认真进行组织和部署,切实做好城镇集体企业清产核资的各项工作

税务机关作为城镇集体企业财务管理和税收征收的主管部门和清产核资工作的主要组织、实施部门之一,一定要本着对党和人民高度负责的态度,积极认真、扎实细致地做好城镇集体企业的清产核资工作。为了便于各地税务部门开展好这项工作,希望各地注意认真抓好以下几个方面的工作:

(一)积极参与城镇集体企业清产核资的组织领导和实施工作。全国的清产核资工作在国务院统一领导下,由财政部、国家经贸委和国家税务总局共同组织实施,办事机构设在财政部清产核资办公室,以"联席会议"形式协调有关工作,联合或分别下发有关清产核资的各种文件;地方在具体实施清产核资工作方面,由各级人民政府进行领导,有关部门参加并相互配合,清产核资机构由各级人民政府根据实际情况确定。各地、各级税务部门要积极参加当地人民政府成立的领导机构的组织领导或专职办事机构的工作。

各级税务部门要了解和明确在开展城镇集体企业、单位清产核资工作中的职责并组织实施。税务总局的主要职责是:参加全国对这项工作的组织领导,会同有关部门研究制定工作方案、工作办法等,具体负责清产核资中的"资金核实"和"财务处理"办法的制定。各地、各级税务部门的主要职责是:会同当地有关部门贯彻落实清产核资的工作方案及工作方法,负责具体贯彻落实"资金核实"和"财务处理"办法。

各地各级税务部门(包括国税、地税)要重视自己在城镇集体企业清产核资中所负的组织领导责任和主要工作任务,要结合当地实际切实列入本单位工作议程,注意加强领导,保证有相应的组织机构与足够人员承担和做好具体贯彻落实工作。

(二)认真学好文件,领会精神,做好贯彻落实工作。要认真学习国务院办公厅下发的通知、财政部、国家经贸委、国家税务总局等三个部门下发的《城镇集体所有制企业、单位清产核资试点方案》、《城镇集体所有制企业、单位清产核资暂行办法》和即将下发的各有关文件,切实搞清楚清产核资工作的意义、目的、内容、范围和工作方案、步骤、方法,严格遵照统一步骤、统一政策、统一标准

的原则要求,周密计划,精心组织,密切配合,狠抓落实,保证整个城镇集体企业清产核资工作顺利进行。

(三)继续抓好清产核资的试点工作。各地要在总结 1996 年试点工作的基础上,认真做好 1997 年的扩大试点工作。在试点工作中,各级税务部门一方面要注意与有关部门、单位协调、配合,另一方面还要注意将试点工作中存在的问题和有关情况及时报告上级税务机关,及时总结试点工作中的经验教训,研究解决问题的办法、建议,为全面开展清产核资工作打好基础。

(四)重点抓好城镇集体企业清产核资中的资金核实工作。城镇集体企业清产核资中的资金核实工作,任务艰巨,情况复杂,各级税务部门要予以高度重视,要遵照有关政策和财务处理规定办理,严防"核而不实"或走过场。

从整个清产核资过程来看,主要可分资产清查、资产价值重估、产权界定、资金核实、产权登记和报表统计等六个环节。由于资产清查、资产价值重估、产权界定前三个环节的工作,是资金核实工作的基础,这三个环节工作直接影响到资金核实工作的质量;产权登记和报表统计后两个环节的工作,又是根据资金核实为依据的。因此,各个环节的工作是环环相扣,密不可分的。对这几个环节的工作各级税务部门都要积极参与,大力协作配合,与财政、经贸等部门共同做好清产核资各个环节的工作。

(五)努力做好清产核资的宣传培训工作。城镇集体企业清产核资工作是税务部门和企业面临的一项新工作,面广、量大,时间紧,各级税务部门要通过多种形式有组织、有计划地搞好宣传培训工作,努力使广大税务干部和参加清产核资的城镇集体企业、单位的相关人员,能够充分理解清产核资工作的目的、意义,正确掌握清产核资工作的程序、方法、具体要求及有关政策,积极参与、支持清产核资工作。

同志们,城镇集体企业清产核资工作既是党中央、国务院交办的一项光荣任务,又是经济改革和税收征收管理十分重要的基础性工作。希望各级税务部门和参加清产核资工作的广大税务干部,以对党和国家高度负责的态度,上下团结一致,不断开拓进取,埋头苦干,圆满地完成这项清产核资工作。

(此件由国家税务总局办公厅提供)

国家经济贸易委员会、财政部、国家税务总局关于印发《城镇集体所有制企业、单位清产核资产权界定暂行办法》的通知

(1996 年 12 月 27 日)

各省、自治区、直辖市和计划单列市经贸(经委、计经委)、清产核资办公室、国家税务局、地方税务局,国务院各部门和直属机构:

现将《城镇集体所有制企业、单位清产核资产权界定暂行办法》印发给你们,请结合本地区、本部门工作实际,认真执行,并将工作中有关情况和问题及时上报。

附:

城镇集体所有制企业、单位清产核资产权界定暂行办法

第一条 为了贯彻落实国务院办公厅《关于在全国城镇集体企业、单位开展清产核资工作的通知》精神,做好城镇集体所有制企业、单位(以下简称集体企业)清产核资中的产权界定工作,根据《中华人民共和国城镇集体所有制企业条例》和《城镇集体所有制企业、单位清产核资暂行办法》,制定本暂行办法。

第二条 集体企业清产核资工作中的产权界定是指对集体企业的财产依法确认其所有权归属的法律行为。

第三条 所有在国家各级工商行政管理机关登记注册为集体所有制性质的各类城镇集体企业、单位,包括各类联合经济组织、劳动就业服务企业、有关事业单位,由集体企业改制为各类联营、国内合资、股份制的企业,以及以各种形式占用、代管集体资产的部门或企业、单位,在清产核资中须按照本暂行办法界定产权。

第四条 集体企业清产核资中的产权界定工作要有利于促进集体经济的改革与发展,维护集体企业资产的完整,保障各类投资者和劳动群众的合法权益。

第五条　集体企业清产核资中的产权界定工作要本着"依法确认、尊重历史、宽严适度、有利监管"的原则,既要体现"谁投资、谁所有、谁受益",又要保证集体企业的合作经济性质。

第六条　国家对集体企业的投资及其收益形成的所有者权益,其产权归国家所有。

第七条　集体企业联合经济组织、社区经济组织对集体企业的投资及其收益形成的所有者权益,其产权归该联合经济组织、社区经济组织范围内的劳动者集体所有。

第八条　各类企业、单位或法人、自然人对集体企业的投资及其收益形成的所有者权益,其产权归投资的企业、单位或法人、自然人所有。

第九条　职工个人在集体企业中的股金及其收益形成的所有者权益,其产权归职工个人所有;难以明确投资主体的,其产权暂归集体企业劳动者集体所有。

第十条　集体企业在开办时筹集的各类资金或从收益中提取的各种资金,除国家另有规定的外,凡事先与当事方(含法人、自然人)有约定的,按其约定确定产权归属;没有约定的,其产权原则上归集体企业劳动者集体所有;属于国有企业办集体企业的,本着扶持集体经济发展和维护各类投资者权益的原则,由双方按国家清产核资等有关规定协商解决。

第十一条　集体企业联合经济组织、社区经济组织按照国家有关规定收缴的用于集体企业的资金(如合作事业基金、统筹事业基金),其产权归该联合经济组织、社区经济组织范围内的劳动者集体所有。

第十二条　集体企业用公益金购建的集体福利设施,其产权归集体企业劳动者集体所有。

第十三条　集体企业接受资助和捐赠等形成的所有者权益,其产权原则上按资助、捐赠时的约定来确定归属;没有约定的,其产权归集体企业劳动者集体所有。

第十四条　集体企业按照国家法律、法规等有关政策规定享受的优惠,包括以税还贷、税前还贷和各种减免税金所形成的所有者权益,1993 年 6 月 30 日前形成的,其产权归劳动者集体所有;1993 年 7 月 1 日后形成的,国家对其规定了专门用途的,从其规定;没有规定的,按集体企业各投资者所拥有财产(含劳动积累)的比例确定产权归属。

第十五条　政府和国有企业、事业单位为扶持集体经济发展或安置待业青年、国有企业富余人员及其他城镇人员就业而转让、拨给或投入集体企业的资产,凡明确是无偿转让或有偿转让但收取的转让费用(含实物)已达到其资产原有价值的,该资产及其收益形成的所有者权益,其产权归集体企业劳动者集体所有。

第十六条　集体企业以借贷(含担保贷款)、租赁取得的资金、实物作为开办集体企业的投入,该投入及其收益形成的所有者权益,除债权方已承担连带责任且与债务方已签订协议按其协议执行外,其产权归集体企业劳动者集体所有。

第十七条　1992年1月1日《中华人民共和国城镇集体所有制企业条例》实施后,集体企业被平调、挪用、侵吞的集体资产,按照《中华人民共和国城镇集体所有制企业条例》的有关规定进行处理。

第十八条　集体企业清产核资的产权界定具体工作由集体企业主管部门按财政部、国家经贸委、国家税务总局联合下发的《城镇集体所有制企业、单位清产核资产权界定工作的具体规定》(另发)负责实施。

第十九条　在集体企业清产核资产权界定工作中发生的争议和纠纷,由当地经贸、财政(清产核资机构)、税务部门,涉及国有资产的由国有资产管理部门参加,会同企业主管部门组成联合办事小组进行调解和裁定。凡因所有权关系复杂,经调解后意见仍不一致的资产,作为"待界定资产",待今后由有关部门进一步协商解决。

第二十条　在产权界定工作中,各地区、各部门和各有关企业、单位必须严格执行国家政策,对集体企业"不改变企业性质、不改变隶属关系、不改变分配制度"。各级政府有关部门要加强对产权界定工作的监督和检查,保证各项工作严格执行国家政策规定。

第二十一条　在本次集体企业清产核资产权界定工作中,凡各地区、各部门过去制定的有关政策规定与本暂行办法有抵触的,均按本暂行办法执行。

第二十二条　本暂行办法自下发之日起执行。

（选自《城镇集体所有制企业单位清产核资手册》,改
革出版社1997年2月第1版,第470—471页）

财政部、国家经贸委、国家税务总局关于印发《城镇集体所有制企业、单位清产核资产权界定工作的具体规定》的通知

（1996 年 12 月 28 日）

各省、自治区、直辖市和计划单列市清产核资办公室、经贸委（经委、计经委）、国家税务局、地方税务局，国务院各部、委和直属机构：

现将《城镇集体所有制企业、单位清产核资产权界定工作的具体规定》印发给你们，请结合本地区、本部门工作实际情况，认真贯彻执行并将工作中有关情况和问题及时上报。

附：

城镇集体所有制企业、单位清产核资产权界定工作的具体规定

为了贯彻落实国务院办公厅《关于在全国城镇集体企业、单位开展清产核资工作的通知》，促进理顺城镇集体所有制企业、单位（以下简称"集体企业"）的产权关系，根据《城镇集体所有制企业、单位清产核资暂行办法》和《城镇集体所有制企业、单位清产核资产权界定暂行办法》，现对清产核资产权界定有关工作事项具体规定如下：

一、关于集体企业产权界定的主要任务

集体企业清产核资中产权界定的主要任务是：划清集体企业原始投入及财产所有权的归属，规范不同产权主体的财产关系，以推动集体经济进一步改革和发展。其工作内容包括：

（一）明确集体企业的各项财产所有权归属。

（二）明确国家投入、政策扶持等未明确的财产关系。

（三）明确集体企业与国有企业之间有争议的财产关系。

（四）明确集体企业之间及其对外投资举办的国内联营、合资、股份制企业间有争议的财产关系。

二、关于集体企业产权界定的工作方法

各地区、各部门在组织集体企业清产核资产权界定工作中，要坚持以事实为依据，以法律为准绳，认真负责地做好各项基础工作。其具体工作责任要求如下：

·（一）在集体企业清产核资工作中，除国家法律另有规定外，有关产权界定政策统一按国家经贸委、财政部、国家税务总局联合下发的《城镇集体所有制企业、单位清产核资产权界定暂行办法》执行。

（二）全国集体企业清产核资工作，在财政部、国家经贸委、国家税务总局的统一领导下，产权界定工作由各级人民政府分级组织，具体工作由当地集体企业主管部门（无主管部门的由人民政府指定部门负责）负责实施。其基本工作程序如下：

1. 组织当事企业和有关投入或举办方按界定项目临时成立由财务、设备、房地产管理等熟悉情况的工作人员参加的"企业产权界定工作小组"。

2. 组织当事企业和有关投入或举办方搜集有关企业产权及权益变动的历史资料，核查有关账目和原始凭证，认真摸清有关情况。

3. 组织当事企业和有关投入方或举办方等对涉及界定的各类详细资料进行核对，按国家统一政策规定和企业具体实际，依法予以协商界定产权归属。其中涉及国有资产的应征得同级国有资产管理部门的同意。对协商界定后各方无异议的产权，各有关方签署"界定文本文件"。

4. 当事企业根据协商签署的"界定文本文件"，编制"产权界定申报表"和起草"产权界定工作报告"，连同"界定文本文件"的副本及相关资料上报企业主管部门审核，并报同级经贸部门、清产核资机构会审或认定。对经会审或认定后的界定结果，由主管部门批复到当事企业及各有关方。

5. 当事企业根据企业主管部门的界定结果批复意见，按规定调整有关账目。

（三）集体企业、单位对投资及投资权益的界定计算方法：一般以投入资产占投资时被投资企业净资产总额的比例，乘以产权界定时被投资企业净资产总额（所有者权益），即为产权界定后该投资的权益数；对于数额较大、情况较复杂的投资（含企业劳动积累形成的资产）的权益，可以采取以投入时间分段逐年计

算、逐项累加的方法。

（四）在集体企业清产核资产权界定工作中，因当事企业与投入或举办方对协商界定结果有异议，集体企业主管部门难以继续组织协商的，由主管部门提出申请，报同级经贸、财政（清产核资机构）、税务部门，涉及国有资产的由国有资产管理部门参加，共同成立产权界定联合办事小组进行协调或裁定。

（五）各方对联合工作小组协调或裁定结果仍有异议的，或者因情况不清及政策界限不明确的，列入"待界定资产"，在清产核资后由有关部门进一步协商解决。按规定已列为"待界定"的资产，在依法明确产权归属前，任何单位和个人不得擅自处置。

三、关于"产权界定申报表"的编制方法

本规定所附《产权界定申报表》适用于参加清产核资各类集体企业。有关具体科目解释如下：

（一）投入资金合计：指成立集体企业时或成立后，有关部门或企业、单位、个人投入用于本集体企业生产（经营）的各种资金或资产的总计。

1. 集体投入：指本集体企业职工或本企业劳动积累、企业上级单位在创建时及发展过程中投入的各类属于集体性质的资产、资金。

2. 国家投入：指国家有关部门、各级人民政府及所属部门对集体企业投入属于国有的资产、资金。

3. 国有企业、单位投入：指国有企业、单位对集体企业投入属于国有的资产、资金。

4. 职工个人股金：指集体企业吸收本企业职工个人的股金。

5. 其他集体企业投入：指本企业外的其他集体企业投入的各类资产、资金。

6. 其他投资者投入：指个人（非职工）、外商及境外企业和境内私营企业等投入的资产、资金。

（二）经营积累合计：指集体企业在企业生产经营中所形成的权益。本项目按确定后的有关投入方投入的资金比例进行计算，投入资金比例各拥有权益分六类进行填列。同一类中有多个投入方的，应另附各投入方名单、投入资金及权益数额。

（三）其他界定净值：指集体企业的各类资产被其它企业占用而归属关系不明确，经产权界定后明确归属关系形成的资产净值。

（四）待界定资产：指在进行产权界定工作中，因情况复杂，无确切界定根据，产权归属暂时难以达成一致意见的资产。

（五）本表"界定后合计"＝1 行＋8 行±15 行＋18 行。

四、关于"产权界定工作报告"编制要求

集体企业产权界定后，要对产权界定的工作情况进行认真总结，对产权界定工作的组织、界定前的产权状况、界定后的产权变化及各项工作政策依据和列入"待界定资产"情况等写出"产权界定工作报告"，连同填制的"产权界定申报表"、"界定文本文件"的副本等附件一并上报。

附表：产权界定申报表（略）

（选自《城镇集体所有制企业单位清产核资手册》，改革出版社 1997 年 2 月第 1 版，第 472—474 页）

国家税务总局、财政部、国家经济贸易委员会关于印发《城镇集体所有制企业、单位清产核资资金核实具体规定》的通知

(1996 年 12 月 31 日)

中共中央各部门、国务院各部委和直属机构,各省、自治区、直辖市和计划单列市国家税务局、地方税务局、清产核资办公室、经贸委(经委、计经委):

现将《城镇集体所有制企业、单位清产核资资金核实具体规定》印发给你们,请结合本地区、本部门实际认真执行,并将工作中有关情况和问题及时上报。

附:

城镇集体所有制企业、单位清产核资资金核实具体规定

为了贯彻落实国务院办公厅《关于在全国城镇集体所有制企业、单位开展清产核资工作的通知》,全面、准确核实城镇集体所有制企业、单位(以下简称集体企业)资金实际占用量及各项负债和所有者权益,根据国家现行财务制度及《城镇集体所有制企业、单位清产核资暂行办法》的有关规定,现对清产核资中有关资金核实工作具体规定如下:

一、资金核实工作的任务

集体企业资金核实工作的任务是:按国家清产核资有关政策规定,对集体企业在清查资产、重估资产价值、界定产权后的企业资产实际占用量重新进行核实,并按规定进行相应的财务处理。

二、资金核实工作的组织实施

(一)集体企业资金核实工作,涉及到国家、企业及各方面的经济利益,必须在各级人民政府统一领导下,依据国家有关的政策法规,有计划、有组织地进行。

国家税务总局、财政部、国家经贸委关于印发 《城镇集体所有制企业、单位清产核资 财务处理暂行办法》的通知

(1996 年 12 月 31 日)

中共中央各部门、国务院各部委和直属机构,各省、自治区、直辖市和计划单列市国家税务局、地方税务局、清产核资办公室、经贸委(经委、计经委):

现将《城镇集体所有制企业、单位清产核资财务处理暂行办法》印发给你们,请结合本地区、本部门实际认真执行,并将工作中有关情况和问题及时上报。

附:

城镇集体所有制企业、单位清产 核资财务处理暂行办法

第一条　为了贯彻落实国务院办公厅《关于在全国城镇集体所有制企业、单位开展清产核资工作的通知》,规范、统一城镇集体所有制企业、单位(以下简称集体企业)清产核资资金核实中的财务处理工作,根据国家现行财务制度和《城镇集体所有制企业、单位清产核资暂行办法》,特制定本办法。

第二条　集体企业清产核资中的有关财务处理工作,在各级人民政府统一领导下,原则上由各级税务部门按照财务隶属关系分级负责,其中:中央、国务院各部门、各直属单位直接管理的集体企业由国家税务总局负责。各级清产核资机构要与税务部门加强联系,密切配合。

第三条　集体企业的资本金可划分为:城镇集体资本金、国家资本金、法人资本金、个人资本金和外商资本金。各项资本金的核算内容,按《国家税务总局关于城镇集体企业、私营企业新老财务制度衔接问题的通知》(国税发〔1993〕028 号)执行。

集体企业在清产核资工作中,要摸清家底,理顺产权关系。对错记、漏记有

关资本金的,应按规定及时进行调整;对产权关系不明晰的,可在实收资本下设置"待界定资产"进行单独核算,待产权关系明晰后再行调整。

第四条 集体企业在资产清查核实中,对清查出的各项资产盘盈(包括账外资产)、资产损失(包括资产盘亏)和资金挂账损失等,可先列入待处理财产损益,并在此基础上认真清理,待查明情况后按规定进行处理。

第五条 集体企业对清查出的固定资产盘盈、盘亏,报经审批后原则上作增减企业的损益处理,但属于 1993 年 7 月 1 日以前清理出来挂在账上尚未处理的,以及盈亏相抵后净额较大,当年处理有困难的企业,报经审批后可依次增减企业的盈余公积、资本公积、实收资本,不作损益处理。

对集体企业清查出固定资产盘盈、盘亏进行财务处理的审批权限,由各省、自治区、直辖市国家税务局、地方税务局会同同级清产核资机构根据本地实际情况确定。

第六条 集体企业固定资产重估增加的价值,经审查核实后,相应调整固定资产账面原值;固定资产净值也应按重估后固定资产原值的升值幅度进行调整,其调整增加的价值增加资本公积处理;重估后固定资产账面原值与重估后固定资产净值之间的差额作累计折旧处理(不再补提折旧)。

集体企业按规定计提固定资产折旧,应以调整后的原值为依据。当期全额计提折旧有困难的企业,经同级清产核资机构出具证明,主管税务部门同意后可以分期到位。

第七条 集体企业对清查出逾期使用的固定资产,经技术鉴定性能良好,尚可继续使用的,可以估价入账,但不再提取折旧。对因经营管理不善造成提前报废的固定资产,其净损失经核实后可依次冲减盈余公积、资本公积、实收资本,其未提足的折旧不再补提。

第八条 集体企业融资租入的固定资产,如租赁期未满其所有权仍归出租方的,作长期负债处理;如租赁期已满并付清租赁费,其所有权转移至承租方的,经资金核实后,应按规定作为企业的固定资产估价入账。

第九条 集体企业出售职工住房所取得的收入低于原住房净值的净损失,经核实后应冲减住房周转金,暂不冲减公积金或资本金,也不得计入损益。

第十条 集体企业在资产清查中,对有偿转让或者清理报废的固定资产,其有偿转让或清理报废变价的净收入,计入当期损益。

第十一条 集体企业在清查对外投资时,凡拥有实际控股权的,应当按照权益法进行;没有实际控股权的,按照成本法进行。

第十二条 集体企业接受馈赠或其他收益形成的各项资产,除国家另有规定者外,均属于企业资产的一部分,都必须按规定进行清查登记,没有入账的应按规定及时入账,记入"资本公积"科目。其中,接受馈赠的资产,凡当事方有约定的,可在资本公积下专项反映。

第十三条　集体企业对清查出流动资产的盘盈、盘亏及损失,原则上计入企业的当期损益,但盘盈、盘亏、损失净额较大,当年处理有困难的,报经批准后可依次增减企业的盈余公积、资本公积、实收资本。

第十四条　集体企业从成本中提取的工资、福利费等消费性资金结余,用于购建集体福利设施的应作为集体资产,按规定进行清查登记。

第十五条　集体企业对清查出来的各项有问题的应收账款,在分类排队和认真核查的基础上进行处理。对因债务人破产或死亡,以其破产财产或遗产清偿后仍不能收回的账款,或者因债务人逾期三年以上未能履行偿债义务,确实不能收回的账款,经审批后,作为坏账损失按下列规定进行处理:

(一)对按规定可以提取坏账准备金的企业,要先用坏账准备金予以核销,不足部分,经批准后分期计入损益。

(二)对不提取坏账准备金的企业,已发生的坏账损失,经税务部门批准后可分期计入损益。

集体企业发生的坏账损失数额较大,按上述规定进行处理有困难的,由企业提出申请,经审批同意后也可依次冲减盈余公积、资本公积、实收资本。

第十六条　集体企业按规定已经处理的坏账损失以后又收回来的,以及清查出来的各项无法付出的款项,经审查核实后直接计入当期损益。

第十七条　集体企业用筹资形成的资产,经资金核实后按下列规定处理:

(一)集体企业向个人筹资凡实行还本付息的,应作为长期负债处理,其资产所有权归集体所有,不得分股到个人。

(二)对经批准以个人投资入股形式进行筹资的,其投资入股的资金作个人资本金处理,不得在成本中列支股息。

(三)集体企业未经批准自己决定实行内部职工集资入股的,应及时补办有关手续。凡没有合法手续的,由集资单位负责清理并逐步偿还。

(四)属于各级政府或其他企业、单位出资入股的,可按"谁投资,谁所有,谁受益"的原则,在资金核实中要与出资单位具体明确产权关系,并记入相关的资本金。

第十八条　集体企业在清产核资中,要对国家历年减免的税款单独进行清理、核实,按下列规定进行处理:

(一)属于1993年6月30日以前国家减免的税款(包括以税还贷),作为城镇集体资本金,并在城镇集体资本金下设置"减免税基金"科目单独进行反映。

（二）1993 年 7 月 1 日以后按国家统一政策规定减免或返还的流转税（含即征即退、先征后退）及所得税,属于国务院或财政部、国家税务总局规定了专门用途的项目,作为盈余公积处理;属于国务院或财政部、国家税务总局没有规定专门用途的项目,按规定作为企业当期损益处理。

第十九条　集体企业在 1993 年 6 月 30 日以前享受的税前还贷,以及按国家规定免征所得税的项目,作为城镇集体资本金,并在城镇集体资本金下单独反映。

集体企业在 1993 年 7 月 1 日以后享受的税前还贷,以及按国家规定免征所得税的项目,按规定作为盈余公积处理。

第二十条　集体企业在清产核资财务处理中,凡需要用实收资本处理有关损失或有关权益转增实收资本的,都要按各项资本金所占的比例同增同减,不得单独冲减某一项资本金。

第二十一条　集体企业按本办法规定冲减实收资本后,其实收资本不得低于国家有关法律、法规规定的注册资本最低限额。

第二十二条　本办法仅适用于集体企业清产核资中的财务处理,集体企业的日常财务处理,仍按现行财务制度执行。

（选自《城镇集体所有制企业单位清产核资手册》,改革出版社 1997 年 2 月第 1 版,第 480—482 页）

确立和完善公有制为主体、多种所有制经济共同发展的基本经济制度①

(1997 年 1 月 17 日)

江泽民

公有制为主体、多种所有制经济共同发展,是我国社会主义初级阶段的一项基本经济制度。通过改革不断完善和发展这项制度,是经济体制改革的一项重大任务。

(一)坚持公有制为主体、多种所有制经济共同发展,是党通过长期实践总结出来的基本经验,应该确立为我国社会主义初级阶段的一项基本经济制度,任何情况下也不能动摇。确立这项基本经济制度是由两个方面决定的:一是我国实行社会主义制度,必须坚持公有制为主体;二是我国处在社会主义初级阶段,必须发展多种所有制经济。在坚持公有制为主体的前提下,一切符合"三个有利于"的所有制形式都应当用来为社会主义服务。

(二)改革是社会主义制度的自我完善和发展。改革就是改变那些不利于生产力解放、不适应生产力发展的生产关系和上层建筑。完善公有制为主体、多种所有制经济共同发展的基本经济制度,深化国有企业改革,是经济体制改革的中心环节,关系到社会主义市场经济的成败。

(三)在新形势下,要全面认识公有制经济的含义。从资产总量上看,公有制经济不仅包括传统意义上的国有经济和集体经济,同时应该包括混合经济中的国有成分和集体所有制成分。从资产形态上看,公有制不仅包括单一形态的国有经济和集体经济,同时应该包括国有成分和集体所有制成分可以对其资产进行控制的股份制经济和股份合作制经济。改革开放以来,不仅国有经济和集体经济有了明显的壮大和发展,混合经济中的公有制经济同样有了明显的壮大和发展。这是改革取得的成果。

(四)建国以后很长一段时间,由于政策的偏差,我们曾几次在所有制结构

---

① 这是中共中央总书记江泽民在中国共产党第十五次全国代表大会文件起草组会议上讲话的要点。

关系问题上出现冒进、而后又作政策调整的情况。实践证明,这种调整,看起来是"退",实际上是一种"进",是必要的,是发展生产力的需要。党的十一届三中全会以来,我们党全面总结研究所有制结构关系,制定以公有制为主体、多种经济成分共同发展的方针,真正走出了一条正确的路子,消除了由于所有制结构关系不合理造成的生产力羁绊,大大解放和发展了生产力。全党应该深刻认识和汲取这个重大经验教训。

(五)对公有制的主体作用,党的十四届三中全会通过的《关于建立社会主义市场经济体制若干问题的决定》提出了三点要求、一点灵活。三点要求,即:第一,国家和集体所有的资产在社会总资产中占优势;第二,国有经济控制国民经济命脉;第三,国有经济对经济发展起主导作用。一点灵活,即:有的地方、有的产业在上述三点要求上,可以有所差别,有一定灵活性。国家和集体所有的资产占优势,在现阶段就是不仅要保持量的优势,更应注重质的影响,国有经济主导作用主要应该体现在控制力上。

(六)要从战略上解决国有经济布局问题。涉及国民经济命脉和具有全局影响的行业和企业,国有经济必须成为主体。这既是国家经济稳定发展的需要,也是国家经济安全的需要。但是,对非国民经济命脉和不具有全局影响的方面,通过资产重组和结构调整,国有经济可以适当收缩,把国有资产和资金转移到国家更需要、更重要的方面去,有的还可以投入到与其他经济成分的联合经营中去。

(七)公有制经济要寻找能够极大促进生产力发展的实现形式。公有制的实现形式可以多样化,这是中央早已明确的。在这个问题上,目前的认识和理论障碍主要是两个:一是搞股份制是不是搞私有化,一是股份合作制是公有制还是私有制。

(八)不能笼统地把股份制归结为私有或公有。马克思、恩格斯、列宁有三个理论观点值得我们重视:一是股份制是社会化大生产发展的需要;二是股份制是与私人资本相对立的,是对私人资本的扬弃,是一种社会资本;三是垄断资本的金融寡头可以通过金融手段,利用股份制控制比自身大几倍、几十倍的股份资本。

因此,可以认为:第一,股份制是一种现代经济发展的企业组织形式或资本组织形式,资本主义可以用,社会主义同样可以用;第二,股份制形式有利于所有权和经营权的分离,有利于提高企业的或资本运作的效率和竞争水平;第三,股份公司的所有制性质,关键看控股权掌握在谁手中。在社会主义条件下,在公有制为主体的基础上,国家可以通过金融等手段以及公股掺入,控制股份公司。

（九）股份合作制是一种新的公有性所有制。目前,我国城乡广泛出现了劳动者的劳动联合和资本联合为主的股份合作制经济,这是我国经济发展实践中出现的新事物,应该以积极态度予以支持。股份合作制不是私有制,是一种新出现的所有制形式,具有明显的社会性、公有性。要鼓励个别资本通过股份合作制实现投资社会化。这对整个生产力的发展是有利的。

（十）完善所有制结构是一个重大而又敏感的涉及经济制度的变革,要有领导有步骤地进行,既要积极又要稳妥,避免一哄而起。要鼓励试验,随时总结经验,注意引导,重点是抓好规范。同时,改革的进行要遵循客观经济规律,发挥市场机制作用,通过结构改组来实现,避免用行政办法拔苗助长。

（选自《江泽民文选》第一卷,人民出版社 2006 年 8 月版,第 613—616 页）

天津市人民政府批转市集体经济办
关于城市集体企业深化改革加快
发展若干问题的意见通知

（1997 年 1 月 17 日）

各区、县人民政府，各委、局，各直属单位：

市人民政府领导同志同意市人民政府城市集体经济办公室《关于城市集体企业深化改革加快发展若干问题的意见》，现转发给你们，望遵照执行。

附：

关于城市集体企业深化改革
加快发展若干问题的意见

（1997 年 1 月 2 日）

为进一步放开放活城市集体经济，充分发挥城市集体企业在国民经济和社会发展中的重要作用。现就深化改革，加快发展城市集体企业的有关问题提出以下意见。

一、进一步提高认识，解放思想

城市集体经济是国民经济的一个重要组成部分。各地区、各部门、各单位要从繁荣天津经济、培育经济增长点的战略高度，充分认识城市集体经济的重要地位和作用，把发展城市集体经济，作为推动本地区、本行业、本部门经济发展战略的重大举措，列入重要议程，统筹规划，制定放开放活政策，加强指导，搞好协调服务，支持城市集体经济改革发展。

二、坚定信心，深化企业改革

（一）城市集体企业改革的方向是，按照集体经济特点，积极建立现代企业制度,使企业成为自主经营、自负盈亏、自我发展、自我约束的法人实体和市场竞争主体。

（二）放开搞活城市集体企业,要以"三个有利于"为标准,根据地区、行业、企业特点,选择适合企业生产力水平的改革形式,区别对待,分类指导。股份合作制是改革的主要形式,要积极推进;在保留原所有者权益的基础上,吸收其他投资,按《中华人民共和国公司法》组建有限责任公司;通过改组联合,组建企业集团;通过兼并、合并、联营、合资合作,对企业实行嫁接改造;继续实行承包经营、租赁经营、公有民营,以资产经营为目标,建立风险抵押金制度;困难企业可以分块搞活和托管经营,小型亏损企业可以通过产权转让、竞价出售、融资租赁、先租后售等形式转由职工个人或合伙经营。

（三）改革的目标是,力争用三年时间,基本完成城市集体企业改革、改组、改制任务,多种形式改革基本到位。企业转换经营机制,真正走向市场;优化资源配置,促进资产合理流动与重组;明晰产权,建立盈亏责任,强化职工风险意识。要通过改革、改组、改造和加强企业管理,提高企业的整体素质。

三、理顺产权关系,加强集体资产管理

（一）按照国家有关规定,认真开展城市集体企业清产核资工作。各级集体经济主管部门要认真做好产权界定工作,加强集体资产的运行管理,建立集体资产保值增值制度。

（二）在依法界定集体资产所有权时,凡是企业资产来源比较复杂,出资性质难以确定的,可本着尊重历史、立足发展、基本公平的原则,由有关各方充分协商合理确定资产划分比例,保护各方的合法权益。

（三）集体企业改制为股份合作制,存量集体资产折为集体股。对集体股,可划出不超过60%的股份,按工龄长短、贡献和责任大小量化给职工。量化给职工的股份,只享受分红权,不能提取、继承、馈赠和转让。免税形成的资产不能量化。

（四）由个人出资以集体名义注册经营的企业,因地制宜按股份合作制或有限责任公司改制。在清产核资的基础上,合理界定产权,保护各方权益。个人投资及投资收益折为个人股份。集体积累中的免税资产不能折为个人股份。改为股份合作制的,可折为集体共有股,并将其中的一部分作为主办单位的法人股;改为有限责任公司的,将免税形成的资产一部分进入企业资本公积金,一部分作为主办单位的法人股。

（五）各级集体经济主管部门因地制宜建立集体资产管理机构,负责本地

区、本行业集体资产管理的指导和监督工作。按照政企分开,所有权和经营权分离的原则,试行集体资产授权经营改革,促进集体资产的滚动发展。

四、放宽政策,支持集体经济加快改革发展

(一)缓解资金困难。城市合作银行以城市中小企业为主要服务对象,要积极为城市集体经济发展筹集信贷资金,进一步缓解小厂、小店资金短缺的困难。各区、县人民政府及各局(总公司)要创造条件,多方筹集,建立城市集体经济发展基金,用于重点项目贷款贴息和贷款担保,并使之逐步扩大,滚动发展。

(二)解决场地不足。市内六区要从实际出发,在市城乡结合部开发建立工业小区。工业企业通过与郊县联合和迁入郊区工业区扩大发展,享受相关政策。

集体企业土地使用权转让、出租、抵押或变更用途,或因城区改造异地划拨土地等,按津政发[1995]60号文件和津计综合[1995]429号文件办理。在拆迁改造中对集体企业用地落实"拆一还一"政策;大片拆迁严重影响区街企业生产的,应先安置后拆迁。对区街企业临时占路、占地问题,要从实际出发,合理解决房产证和土地证。

(三)城市集体企业在引进专业技术人才,评定职称,推进技术进步,开发新产品、新技术,实行外贸进出口经营权等方面,与国有企业享受同等待遇。

(四)放活分配政策。城镇集体企业计税工资年人均扣除最高限额,原则按财政部、国家税务总局规定的标准执行。

(五)对管理基础好、财务会计制度健全、能准确提供纳税资料、正确计算盈亏的城镇集体企业,实行查账、核实征收企业所得税办法。

(六)城镇集体企业接收、兼并长期亏损企业,对被接收企业的亏损,可用兼并后企业实现利润继续抵补,抵补期限仍按税法规定执行。

(七)新办的城镇劳动就业服务企业,安置待业人员到规定比例的,经主管税务机关审查批准,可从批准之日起免征所得税三年。劳动就业服务企业免税期满后,新安置待业人员占企业原从业人员总数30%以上的,经主管税务机关审核批准,可从批准之日起减半征收所得税两年。上述待业人员指城镇待业青年、富余职工、机关精简机构的富余人员、农转非人员和劳教劳改释放人员。

(八)股份制、股份合作制企业职工从企业取得的股息、利息、红利,相当于银行同期存款利率部分,免征个人所得税,超过部分,按规定征税。

集体企业职工从企业取得的集资利息、红利应按所得额计征个人所得税;但遇纳税人有困难的,可由纳税人提出申请,主管税务机关批准,对超过银行同期存款利率部分,计征个人所得税。

（九）股份合作制是社会主义市场经济中公有制性质的企业制度。按市人民政府《批转市体改委拟定的〈天津市城镇企业股份合作制试行办法〉》（津政发[1995]37号）改组或新建股份合作制企业，工商行政管理机关要及时办理工商注册与变更登记。

（十）城市集体企业改组联合、组建企业集团以及兼并、合并、分立、分块搞活和实行连锁经营等，工商部门和有关部门要积极搞好服务，及时办理审批和登记注册手续。

（十一）对开办集体所有制企业注册资金的最低限度，国家和市政府有专项规定的，按规定执行，没有规定的，不得予以限制。企业生产经营中，因以物抵债、串换、调剂、扭亏等原因，超出原核定经营范围的，只要不属于国家专营专控商品，购销渠道合理，经工商行政管理部门核准，可以从事一次性经营。

（十二）支持企业进行产品、产业、组织结构调整和跨行业、跳产经营。支持企业一业为主，多种经营。企业富余人员兴办经济实体，其经营范围除国家有明文规定之外，可不受原行业限制。

五、进一步理顺管理体制

按照市委、市政府关于机构改革的"三定"方案，市政府集体经济办公室是全市城市集体经济的综合指导部门。市集体经济办要按市委市政府赋予的主要职责，贯彻执行集体经济方针政策；指导城市集体企业按照集体企业性质、特点和建立现代企业制度的要求，理顺产权关系，深化改革；研究城市集体经济发展中的问题，提出对策建议，搞好协调服务；指导城市集体企业加强资产管理，合理运营，调解处理产权纠纷；依法监督检查城镇集体经济政策、法规的贯彻执行情况。

市集体经济办在指导城市集体企业改革发展中，要加强同有关综合、执法部门协调，各有关部门制定政策规章、出台重大举措，凡涉及集体经济政策法规问题，要征求市集体经济办公室的意见。

按照市区机构改革方案，各区负责集体经济综合指导工作的经委、计经委要尽快明确职责任务，加强干部力量，建立岗位目标责任制。市属各局（含成建制改制的总公司）及驻津单位凡有管理集体经济任务的，要明确主管部门，充实领导力量和管理人员，进一步理顺关系，明确职责任务。

六、提高集体经济运行质量

加强城市集体经济统计工作，开展统计分析，准确、及时全面地反映集体经济运行情况。根据区域、行业和组织形式的不同特点,可因地制宜建立考评体系。经济指标重点考核:销售收入、实现利润、上缴税金和增加值。经济运行质量重点评价:人均收入、人均创利润、人均上缴税金和销售(含产值和营业收入)利润率、资产负债率、资本增值率。

七、依法保护集体企业和职工的合法权益

要贯彻落实《中华人民共和国城镇集体所有制企业条例》(国务院令第88号)和《天津市实施〈中华人民共和国城镇集体所有制企业条例〉细则》(市人民政府令第15号)。无论采用哪种改革形式,必须从财产集体所有、职工共同劳动的特点出发,妥善安置集体职工。按法律规定,凡涉及集体企业兼并、合并、分立、终止、改变企业性质和财产所有权等重大问题,必须由职工(代表)大会作出决议。鼓励集体企业、集体所有资产跨行业、跨所有制参与专业化改组联合。防止借改组、联合走上收、平调集体资产的老路。要依法改革,依法管理,保护集体财产、集体企业和集体职工的合法权益不受侵犯。

天津市人民政府城市集体经济办公室

一九九七年一月二日

(原件存天津市人民政府办公厅)

继续推进轻工集体企业改革与发展
认真做好"全国五代会"筹备工作①

(1997 年 1 月 19 日)

傅立民

各位理事：

中华全国手工业合作总社第四届理事会第六次会议今天召开了。这次会议的主要内容是，继续推进轻工集体企业改革与发展；部署全国轻工集体企业第五届职工（社员）代表大会（以下简称"全国五代会"）的筹备工作；并根据理事单位的提请，调整部分理事。

全国总社第四届理事会第五次会议以来，在党的十四届五中全会、六中全会精神指引下，总社和各级联社认真落实总社第四届理事会第五次会议确定的各项工作任务，在贯彻落实《城镇集体企业条例》，加强轻工集体资产的监督管理；推进轻工集体企业深化改革，调整结构，促进经济增长方式转变；稳定联社机构，加强联社建设等方面做了大量工作，取得了一定成绩。当前轻工集体企业改革与发展的形势总的是好的，但仍存在一些亟待解决的问题，相当部分企业生产经营困难，经济效益下降，亏损面扩大，企业深化改革和结构调整的力度还不够大，联社工作开展不平衡等。

刚刚结束的全国轻工业工作会议，对今年的工作做了全面的部署，轻工集体经济工作的任务很繁重。我们要坚持以邓小平建设有中国特色社会主义理论和党的基本路线为指导，认真贯彻"抓住机遇，深化改革，扩大开放，促进发展，保持稳定"的方针，加快集体企业改革步伐，加大结构调整力度，着力解决改革与发展中的重点和难点问题，切实推进两个根本性转变，努力提高经济增长质量和效益，搞好各级联社的改革与建设，促进轻工集体经济持续、快速、健康发展。下面我就五个方面的问题，简要回顾去年的工作，并提出今年工作安排的意见。

---

① 这是中华全国手工业合作总社副主任傅立民在总社第四届理事会第六次会议上所作的工作报告。

一、推进集体企业深化改革，放开搞活中小型集体企业

在过去一年里，总社围绕推进轻工集体企业深化改革，重点抓了五个方面工作。一是加强调查研究，先后组织了集体企业深化改革的情况调查、股份合作企业的专题调查、轻工中小型企业放开搞活情况的调查。二是参与组织由国务院研究室牵头六部委联合举办的"全国城镇集体（合作）经济改革与发展研讨会"；与中国工业合作经济学会联合召开了"纪念手工业社会主义改造基本完成40周年暨城镇集体工业经济改革与发展研讨会"；组织召开了"全国中小城市联社工作研究会"年会。三是组织集体企业放开搞活的典型经验交流。四是在广泛征求意见的基础上初选出200户重点支持搞好的轻工大中型集体企业，其中100户拟推荐为国家支持的企业，争取在政策上给予扶持，在改革和发展上给予指导和帮助。五是参加国家体改委、国家经贸委组织的《股份合作企业法》及有关集体企业、单位清产核资、界定产权等政策法规文件起草。这些工作对提高城镇集体经济地位和作用的认识，指导轻工集体企业改革与发展起到一定作用。

各地联社在当地党委、政府领导下，精心组织和指导轻工集体企业深化改革，有重点地壮大发展了一批优势骨干企业、企业集团，带动轻工集体经济全面发展。同时在放开搞活中小型集体企业方面进行了积极探索，不少地区已经摸索出了一些切实可行的途径，取得了不同程度的效果。一批优势骨干企业得到壮大发展，一部分"小、穷、亏"企业开始摆脱困境。合肥市二轻采取以强带弱，优势互补，共同发展的方针，通过改革、改组、改造，培育造就了一批优势骨干企业，又以优势企业为龙头，组建了美菱、荣事达、安利、宏图四个集团和三个总厂。由优势企业联合、兼并了一批劣势企业，带动了整体发展。他们注意抓好四个问题：一是解决认识问题，强调优势企业要有全局一盘棋的思想；二是解决政策问题，争取财政、税务、银行等综合部门的支持；三是选好、配好对子，真正达到优势互补；四是主管部门采取激励机制，坚持兑现奖励政策。通过几年来对小型企业的不断改革、改组，盘活了35亿多存量资产，发掘了一大批管理人才，推进了集团的组建和发展壮大，加快了第三产业的发展步伐。同时，绝大部分劣势企业还清了银行贷款，增加了利税上缴，困难职工生活有了保障，收入大幅度增加。济南市二轻在放活搞好中小型集体企业上采取了十个一批的做法，即依托集团，带动一批；改革产权，重组一批；以强扶弱，促进一批；分散经营，自救一批；公有民营，搞活一批；民选厂长，调动一批；配套改革，救活一批；优胜劣汰，破产一批；两厂一长，兼管一批；顾全大局，划出一批。从而在去年二轻工业生产困难较大的情况下，仍然得到平稳发展。杭州市二轻通过加大改革、改组、改造的力度，坚持

以大带小、以大促小，以国家产业政策为导向，以系统内名牌产品和优势企业为龙头，重组企业集团，发展规模经济。鼓励困难企业向优势企业靠拢，甘当名牌产品配角，使困难企业摆脱困境，优势企业的生产经营规模得到拓展。武汉市二轻放开搞活集体企业实行"分层推进、分类指导、分级落实、分批盘活"，实施"八个一批"的改革，并在初显活力的企业，进一步深化内部配套改革。对尚未实施"八个一批"改革或改革效果不明显的企业、通过联、股、划、租、分、合、并、卖、换、破等方式，促进全系统中小型企业改组联合壮大一批，体制转轨盘活一批，优胜劣汰消化一批，实现二轻企业的战略性改组。上海、江西、河南、河北轻工、山西、广西、威海、福州、昆明二轻等，从本地实际情况出发，采取多种形式和途径搞活轻工集体企业，取得了一定的成绩。

改革和发展搞得比较好的地区的做法和经验，概括起来主要有以下几条：一是，解放思想，转变观念，这是推动集体企业深化改革的关键。放开搞活中小型企业没有固定的模式，需要在实践中不断探索，必须解放思想，转变观念。只要符合"三个有利于"的标准，就大胆实践，大胆探索，敢于创新。要用市场经济的新思维、新观念、新方法去认识和处理面临的问题，用改革的办法解决改革中的问题，并在实践中不断调整和完善，才能走出放开搞活轻工集体企业的新路子。二是，坚持从实际出发，不搞一刀切、一个模式。轻工集体企业情况千差万别。各有特点，放开搞活的方法和路子有所不同，要因厂制宜，一厂一策，只有这样才能收到理想的效果。三是，着眼于搞好整个轻工集体经济，通过改革、改组、改造，扶优扶强、壮大发展一批优势骨干企业，形成规模经济，带动一批劣势企业，共同发展。四是，统筹规划，突出重点，分类指导，配套推进。轻工集体企业改革、改组必须根据本地区经济发展程度和企业现状，搞好统筹规划，在实施中做到突出重点，分类指导，配套推进。轻工主管部门和联社做好组织、指导、协调、服务工作，抓好不同类型企业改革的典型，及时总结经验，加以推广。五是，积极争取各级党委、政府的支持，为搞好集体企业改革创造良好外部环境。集体企业深化改革是一项涉及面广、政策性强、难度大的系统工程，没有当地政府及有关部门的支持，单靠轻工部门自身的力量是难以奏效的。因此，不少地区轻工部门、联社注重做好深入细致的工作，加强调查研究，及时反映情况，提出建议，争取省市政府的支持，制定促进集体经济改革与发展的政策措施。如浙江、江西、湖北、湖南、河南、河北等一些省轻工、二轻管理部门、联社在不同时期，对集体企业改革与发展中突出需要解决的问题，提出切实可行的政策建议，得到省政府支持，制定政策鼓励集体企业改革创新，放开搞活，扶持其发展。最近，江西省政府颁发的《关于加快发展城镇集体工业的决定》，安徽省体改委、省轻工总会联合下发的《关于进一步放开放活轻工集体小型企业若干问题的意见》,对企业的改制、筹集发展资金等方面都有一些新的规定。又如安徽省滁州市政府,制定了扶持轻工集体企业改制的政策措施,对改制企业资产收益处理放宽一块,被兼并的困难企业银行贷款利息停、减一块,穷亏企业所得税返还一块,改制企业免交的管理费由财政统筹解决等,有力地推动了企业改革顺利进行,取得了明显效果。

今年是我国经济体制改革的攻坚阶段,轻工集体企业改革要按照国家的总体部署,认真总结经验,巩固和发展已有改革的成果,加大改革和调整的力度,务求在解决重点难点问题上取得新的进展。为此,着重抓好以下四个方面工作:

第一,坚持集体企业改革方向,推进建立现代企业制度试点工作。轻工集体企业的改革要坚持建立现代企业制度的方向,通过改革产权制度,转换企业经营机制,恢复集体企业本来面目,使之适应市场竞争的固有活力充分发挥出来,真正成为自主经营、自负盈亏、自我发展、自我约束的法人实体和市场竞争主体,逐步建立起"产权清晰、权责明确、政企分开、管理科学"的现代企业制度。股份合作制在轻工系统已推行 10 多年,它体现了集体企业的性质和特点,是集体企业制度创新的一种好形式,应进一步扩大推行,积极探索解决一些难点、疑点问题,已改为股份合作制的企业要进一步加以完善和规范。国家也正在立法对股份合作制企业进一步规范,各地应努力做好股份合作制企业的转机建制工作。轻工集体企业要积极推进建立现代企业制度试点工作,轻工总会在"九五"规划中提出在 200 家企业中试行建立现代企业制度,要争取更多的集体企业进入这一工程行列。对符合《公司法》条件的集体企业,要加快进行公司制改造,组建为股份有限公司、有限责任公司、企业集团。股份合作制企业具有"产权清晰,权责明确,政企分开,管理科学"的现代企业制度特点和要求,也是建立现代企业制度的一种形式,去年总会确定的 55 户建立现代企业制度的试点企业中,就有 4 户是股份合作制企业,要认真总结经验,逐步推广。

第二,抓好大型企业,多种形式放开搞活中小型企业。发展轻工集体经济必须重点抓住一批有代表性、关系到全局并有发展前途的优势骨干企业,使其壮大发展,充分发挥它们在轻工集体经济中的骨干作用。为数众多的中小型集体企业底子薄、包袱重、困难多,一直是困扰轻工集体经济发展的难点,改革的步子更应加快,采取的形式更应灵活多样,对于暂时难以实行股份合作制的企业,要区别不同情况,采取联合、兼并、租赁、承包、委托经营、引资嫁接、易地改造、"退二进三"、解体重组、转让出售、分块搞活、甚至破产等多种改革形式,推动资产流动和重组,盘活资产存量,放开搞活企业。企业改制无论采取哪种形式,涉及资产问题都要搞好资产评估、产权界定,出售资产要建立收缴使用制度,防止集体资产流失。

第三,坚持"三改一加强",提高企业的素质。中小型企业不是"一放就活",还必须有好班子、好队伍、好机制、好产品和好的管理。集体企业要切实贯彻执行城镇集体企业条例规定,民主选举厂长,搞好领导班子建设,要调动职工积极性,参与企业民主管理,健全完善监督机制,强化职工的主人翁地位。要深化企业内部人事、劳动、分配三项制度改革,建立和完善企业内部各项管理制度,实行从严治厂。要深入开展"转机制、抓管理、练内功、增效益"活动,遏制管理滑坡、效益下降的倾向。要把改革、改组、改造结合起来,通过结构调整上品种、上质量、上名牌、上规模,提高产品的市场竞争力。

第四,努力为集体企业改革与发展创造有利的外部环境和条件。轻工集体企业都是地方企业,与国有大中型企业比较,存在规模小、资金薄弱、设备技术条件差、信息不灵等弱点,需要地方政府支持,并采取法律保护、政策扶持、产业引导、提供服务等措施,为集体企业的放开搞活创造有利的外部环境和条件。各地轻工主管部门、联社要加强调查研究,反映情况,提出建议,争取政府和综合部门支持,为企业解决实际困难。总社也准备在调查研究的基础上,向国务院和有关部门反映实际情况和提出建议,争取解决一些政策性问题。

二、引导集体企业加快结构调整,逐步实现经济增长方式的转变

经济结构不合理是轻工集体工业发展中存在的一个突出问题。从企业组织结构看,大型企业过少、生产集中度低,小型企业多而散,生产能力过小,企业往往又是"大而全"、"小而全",专业化协作程度低。从产品结构看,粗加工、初级产品比重很大,高科技含量、高附加值、高档次产品比重过小。从产业结构看,趋同化现象非常严重,甚至一个地区多个企业重复生产一种产品,争上同一个项目。当前轻工集体企业经济效益下降,亏损面增大,经济结构不合理、经济增长方式粗放是重要原因之一。

近几年来,各地轻工主管部门、联社和企业都在努力做好结构调整工作,取得一定的成绩。特别是沿海地区成绩较明显,企业数量减少,企业资产结构得到优化,扩大了生产规模,涌现出一批优势骨干企业和企业集团,名牌产品、出口创汇产品增加。但总的看,经济结构调整仍很缓慢,不能适应市场经济新形势发展的要求。加大经济结构调整力度,是今年经济工作的一项极其重要的任务。

轻工集体企业经济结构调整和优化,一要立足于现有企业的改组改造,实现

资产存量合理重组,按照合理规模和产业优势调整企业组织结构,要宜大则大,宜小则小。为此,总会、总社拟选择 200 户企业,作为重点支持搞好的轻工集体大中型企业,争取地方政府、轻工主管部门在改革和发展上给以指导,在技改、基建、新产品开发项目上给以优先安排,其中 100 户争取国家和有关部门支持,享受搞好国有大中型企业的政策待遇。使这批企业发展规模经济,尽快实现两个转变,成为轻工集体企业的骨干。同时,结合放开搞活中小型企业,引导一批中小型企业提高专业化生产水平,发挥小企业的优势,走"小而专、小而精、小而灵"的路子。产品要专、技术要精、机制要灵,不能走"小而全"封闭式经济结构的路子,要搞好协作配套,为大企业生产配套,甘当配角。在企业组织结构调整中要很好发挥骨干企业、优势企业的作用,通过联合、兼并等形式带动劣势企业发展,从整体上搞活轻工集体企业。二要以市场为导向,调整产品结构,采用新技术,开发新产品,增加新品种,提高产品质量,以提高产品的市场竞争能力。在产品结构调整中,要大力扶持名牌产品、拳头产品、优势产品、出口创汇产品,形成一定生产规模,扩大经济批量和市场覆盖率。三要解放思想,打破行业、产业、所有制界限,积极开拓新行业、新门类、新领域,实施行业转移、产业转移。结构调整工作复杂,并会遇到一些困难,对集体企业来说,人才和资金是存在的突出问题,特别是企业组织结构调整需牵线搭桥、协调关系、争取政策。轻工主管部门和联社要做好引导、组织、协调、服务工作。联社作为集体企业的联合经济组织还要发挥资金纽带作用和发扬互助合作精神。

为推进轻工集体工业经济增长方式从粗放型向集约型的转变,总社准备结合轻工集体企业实际,从理论与实践结合上来研究轻工集体企业经济增长方式转变的问题,提出转变的思路和途径以及有关政策措施。为此,提出了"轻工集体企业经济增长方式转变研究"课题,已列入总会软科学研究计划,总社将会同各地联社共同完成这一研究任务。

三、搞好集体企业、单位清产核资,加强轻工集体资产的管理

清产核资、明晰产权是集体企业制度改革、建立现代企业制度的基础。1991年、1992 年原轻工业部、总社曾先后制发了《手工业合作联社资产管理暂行办法》《轻工业企业集体资产所有权界定暂行规定》,各地联社和集体企业开展了清理资财和界定产权工作,取得了一定成绩,初步摸清了家底。据 1995 年财务统计,轻工集体资产总额 2366 亿元,总负债 1785 亿元,所有者权益 581 亿元。

这些资产是轻工集体企业劳动者共同创造和积累起来的,是轻工集体经济发展的重要物质基础。同时清出历史被平调的集体资财10.2亿元,其中各级联社被平调7.2亿元,各地抓紧了对被平调资产的追索工作。上述工作为进一步开展全国城镇集体企业、单位清产核资打下了良好的基础。

去年国家对集体企业、单位清产核资工作做了统一部署,国务院办公厅下发了《关于在全国城镇集体企业、单位开展清产核资工作的通知》。具体操作性文件《城镇集体所有制企业、单位清产核资暂行办法》、《城镇集体所有制企业、单位清产核资试点方案》、《城镇集体所有制企业、单位清产核资资产权界定暂行办法》也已发下来。在这次清产核资中,轻工系统列为试点单位。轻工总会和总社已转发了国务院办公厅的《通知》,并对这项工作做了布置,选定了试点地区。为了搞好轻工集体企业、单位的清产核资工作,轻工总会、总社成立了轻工集体企业、单位清产核资领导小组,作为轻工系统领导机构,有组织、有计划地在轻工集体企业、单位推进这项工作。各地轻工主管部门、联社对清产核资工作很重视,按照国务院的《通知》要求,在地方政府领导下,积极做好清产核资各项前期准备工作,已确定为试点的地区,认真组织企业进行试点。云南、贵州、山东、湖南、广东、宁波等一些省市厅局、联社都先后成立了清产核资领导小组。贵州省清产核资办公室、省税务局、省轻纺厅还联合下文部署全面开展清产核资工作,并决定由省轻纺厅、省联社负责组织实施。

集体企业、单位的清产核资是今年的一项重要工作,在这项工作中,总会、总社拟重点做好三项工作。一是根据全国城镇集体企业、单位清产核资的要求,为进一步做好各级联社的清产核资工作,拟制定《全国各级轻工业集体企业联合经济组织清产核资暂行方案》,以规范和指导全国各级联社的清产核资工作。二是配合国家有关部门制定集体企业、单位清产核资资产损失财务处理办法等政策规定。三是加强对清产核资和界定产权试点情况的调查研究,了解新情况,发现新问题,与有关部门协同解决;总结好试点经验,为全面开展清产核资工作做准备;对清产核资中所出现的产权纠纷和集体资产平调等问题,抓典型事例,配合地方主管部门,争取较好解决实际问题。各地轻工主管部门和联社在地方政府领导下,积极争取选择部分集体企业先行试点,要充分借鉴前几年清理资财、界定产权中积累的经验,注意巩固和扩大已取得的成果。此次清产核资是在国务院领导下统一进行的,一定要充分利用这次清产核资的机会,把轻工集体资产搞清、产权关系理顺,建章建制搞好,并抓紧对被平调资产的追索。

为了加强对轻工集体资产的监督管理,去年总会、总社根据《城镇集体企业条例》和国家有关规定,组建了"中国轻工总会、中华全国手工业合作总社轻工集体资产管理委员会"，承担对轻工集体资产的"指导、维护、监督、协调、服务"管理任务和职能，依法维护轻工集体资产所有者的合法权益，防止集体资产被平调和流失，监督集体资产的保值、增值。各地轻工主管部门、联社在加强对集体资财的管理方面也做了大量工作，根据各自不同情况，探索不同的管理形式，如建立"集体资产管理委员会"、"联社资财基金会"、"联社资财管理中心"、"集体资产经营管理公司"、"集体资产投资公司"等。今年各级联社应结合集体企业、单位清产核资工作，进一步探索集体资产的管理体制和管理制度的建设，在实践中创造有效的管理形式，以加强对轻工集体资产的监督管理工作。厦门市二轻从他们的实际出发，提出二轻集体资产，包括集体企业和联社本部资产，为二轻范围内劳动职工共同所有，联社是资产总代表，通过职工代表大会形成决议，并得到市政府的同意和支持。这样对集体资产的管理，防止集体资产流失，盘活存量资产，搞好产业、产品、企业组织的结构调整是非常有益的，各地可以研究借鉴。

四、加强联社建设，发挥联合经济组织的作用

去年，总社在开展社务活动、加强联社建设方面主要做了四个方面工作。一是为稳定联社机构，加大对联社存在必要性的宣传，争取在地方政府机构改革中保留联社，取得了一定效果。二是组织大中城市联社和中小城市联社研究会，研究联社自身一些深层次的问题，如联社存在形式、联社法人资格、联社社会地位、联社同企业的关系，联社工作的主要内容和方法等，探索在建立社会主义市场经济体制新形势下，联社改革的路子。三是总结联社建设和开展工作好的典型，交流推广他们的做法和经验。四是加强总社同国际合作组织交流与合作，总社和中国工合国际委员会联合举办了全国合作经济研讨会，邀请国际合作联盟工业、手工业委员会（简称"西科帕"）主席参加，对合作社及合作运动的发展前景和存在问题进行了广泛的探讨，并接受"西科帕"的资助，在上海成立了上海西盟合作经济咨询服务社。

各地联社从自身实际出发，积极探索在新形势下做好联社工作的路子，不少地区联社做出了成绩。如湖北省联社在各地二轻机构改革过程中，通过狠抓联社的思想建设、组织建设和业务建设，促进了全省各级联社机构的稳定和联社工作的开展。湖南省联社在省二轻局成建制转体为二轻工业集团总公司后，对壮大联社实力、为企业搞好服务等方面做了许多工作，为城镇集体工业争取了地位，为搞活二轻中小型企业争取了政策，为保护和发展传统工艺品办了实事，受

到企业的欢迎。由于各级联社的努力,在政府机构改革中,大部分地区的联社机构是稳定的,工作开展是较正常的,但也有的地区县(市)联社仍未恢复或又一次被撤销。

长期以来,联社基本上用行政手段管理企业,忽视或放松了联社建设和发挥联合经济组织的作用,造成联社实力不强、地位不高、机构不稳。在计划经济体制向社会主义市场经济体制转变过程中,联社如果不适应这一转变深化自身改革,仍然不会有赖以生存的经济实力,机构就会更不稳定、甚至丧失生存能力。实践证明,改革起步早、搞得好的联社,在社会上的地位受到重视,凝聚力比较强,机构也比较稳定,联合经济组织的作用也发挥得比较好。1992 年总社在总结各地实践经验的基础上,提出了"兴办经济实体,增强经济实力,强化服务功能"作为各级联社的改革方向,按照集体企业联合经济组织的特点,突出"经济性"和"服务性"。实践证明,这个改革方向是正确的,是符合发展社会主义市场经济新形势的需要。希望各级联社按照这个路子继续探索,克服困难,大胆创新,把联社建设好。目前联社改革尚有一些深层次问题需要进一步解决,总社准备结合"全国五代会"的召开,对这些问题进行研究,各级联社要在实践中进行探索,总结成功的经验。

五、认真做好筹备工作,迎接"全国五代会"的召开

按照全国总社章程规定,"全国五代会"应于去年召开,为了充分做好筹备工作,并同纪念总会成立 40 周年结合起来,经总社主任第七次办公会议研究确定,"全国五代会"推迟到今年 10 月份在北京召开。

会议的任务是,以邓小平建设有中国特色社会主义理论和党的基本路线为指导,认真总结"全国四代会"以来和"八五"期间轻工集体经济改革与发展的情况和经验,提出"九五"期间轻工集体经济和联社的工作任务,宣传动员广大轻工集体经济战线的干部职工为完成"九五"计划,胜利地跨进 21 世纪而努力奋斗。

会议主要内容是,审议总社第四届理事会工作报告、总社财务工作报告,讨论修改总社章程,民主选举总社第五届理事会成员,表彰全国轻工集体经济先进联社和联社先进工作者,总结交流"八五"期间发展轻工集体经济和联社工作经验。"关于筹备全国轻工集体企业第五届职工(社员)代表大会的通知"已于去年 9 月发出,各项筹备工作将陆续展开,要求省级联社和总社成员单位配合做好以下工作:

第一,各省级联社和总社成员单位做好工作总结和工作任务计划。工作总结要反映"全国四代会"以来和"八五"期间轻工集体经济取得的成绩、经验和存在问题;联社履行"指导、维护、协调、服务"职责,贯彻总社提出的"兴办经济实体,增强经济实力,强化服务功能"改革方向,加强自身建设的情况。工作任务要反映轻工集体经济"九五"期间发展计划任务,也要包括联社为企业服务和自身改革、建设的主要工作,并提出一些有关集体经济改革与发展的政策建议。为了比较全面反映各地联社工作实际情况,同时要求搞好四个调查:(1)1991—1996年制定轻工集体经济政策调查;(2)轻工集体企业制度改革调查;(3)联社建设基本情况调查;(4)联社兴办实体情况调查。这几个材料不仅是总社理事会向职工代表报告工作需要的,也是在"全国五代会"前总社向国务院汇报工作的重要素材。希望大家认真准备,并向总社提出书面材料。

第二,提出修改总社章程的建议。章程的修改,一是要适应变化的情况对某些条款进行调整和变动;二是要尊重大多数成员单位现实状况和要求。因此,认真听取地方联社的意见非常必要,希望你们组织有关同志进行调查研究,提出修改意见,总社在此基础上进行修改,并邀请地方联社部分同志参加讨论。

第三,推选出出席"全国五代会"的职工代表。代表名额分配和产生原则已在通知中下达,按要求经适当的民主形式产生。有的联社反映代表名额少了点,要求增加。500名正式代表会议规模不小了,有突出矛盾的,只能从留下的机动名额中解决,希望大家谅解。

第四,评选推荐出轻工集体经济先进联社和联社先进工作者。总社在征求有关部门和地方联社意见的基础上制定了"评选表彰全国轻工集体经济先进联社和联社先进工作者暂行办法",拟表彰先进联社60个,联社先进工作者300名。各地方联社按要求做好初评、推荐工作,上报后由总社评委会评定,在"全国五代会"上进行表彰。

第五,关于中华全国手工业合作总社的更名问题。"全国四代会"以前就有人提出总社更名的意见,主要理由是:总社名称中的"手"字名不副实,轻工集体企业经过40多年的发展,生产力水平大大提高,生产手段、生产方式大大改变,虽然有些传统工艺品仍保留手工业生产方式,但绝大部分企业和产品的生产实现了机械化、半机械化、自动化、半自动化,那种敲敲打打手工业生产方式已寥寥无几。目前总社50个成员单位大部分已更名,比较集中的叫法有:工业合作联社、二轻(轻工、轻纺)集体工业(企业)联社、城镇集体工业联社,有几个地区联社仍保留原名称,拟待总社更名后再作变动,以保持一致性,总社初步考虑在"全国五代会"时,争取解决这个问题。在"全国四代会"前对总社更名问题就酝酿过,趋向性意见是去掉"手"字,改为"中华全国工业合作总社",我们想还是在这个基础上考虑研究。这个名称保留了工业合作经济的特色和合作社起家的历史。国际上仍把"合作经济"作为一种经济类型,总社已加入了"国际合作社联盟工业、手工业、生产服务业委员会"这一组织,在一定程度上也便于国际交往。名称中用"工业",不带"手",也不冠"二轻"、"轻工"字样,主要考虑"手工业"包括在工业之中,联社所属企业以生产轻工产品为主,但也有相当多企业已跳出这个范围,从事其它工业行业的生产。随着市场经济发展打破行业界限,产品交叉生产越来越多,这样也有利于联社企业拓宽产品生产领域。总社名称如何改好,请各位理事认真研究提出意见。

各位理事、同志们!"全国五代会"的召开是轻工行业和总社系统的一件大事,不仅是宣传动员轻工集体经济战线广大干部、职工为完成"九五"计划,胜利跨进21世纪而努力奋斗的任务,也是宣传轻工集体企业和联社,提高对集体经济重要性和联社地位作用认识的好机会。今年轻工集体经济工作的任务十分繁重,既要推进改革、促进发展,完成生产任务,又要做好"全国五代会"筹备工作,希望各位理事、各级联社明确任务,扎实工作,团结轻工集体经济战线广大干部、职工出色地完成各项任务,以实际行动迎接"全国五代会"的召开。

(此件由中华全国手工业合作总社办公室提供)

财政部、国家经济贸易委员会、国家税务总局关于印发《1997 年城镇集体企业清产核资扩大试点工作安排意见》的通知

（1997 年 1 月 28 日）

各省、自治区、直辖市和计划单列市清产核资办公室、经贸委（经委、计经委）、国家税务局、地方税务局，国务院各部、委和直属机构：

《1997 年城镇集体企业清产核资扩大试点工作安排意见》在 1 月 14 日全国城镇集体企业清产核资第二次联席会议已讨论通过。现印发你们，请结合本地区、本部门的实际情况，认真研究，及早安排有关工作。

附：

1997 年城镇集体企业清产核资扩大试点工作安排意见

为进一步贯彻落实国务院办公厅《关于在全国城镇集体所有制企业、单位开展清产核资工作的通知》精神，根据集体企业的实际和 1995 年全国试点工作的开展情况，现对 1997 年全国城镇集体企业（简称集体企业）清产核资扩大试点工作提出以下安排意见：

一、扩大试点工作的指导思想

1997 年集体企业清产核资扩大试点工作，按照"总结经验，扩大范围，摸清问题，检验方法，完善政策"的总体工作目标，重点摸清集体企业经营管理中的实际情况和存在问题，深入研究、补充集体企业清产核资各项政策规定，进一步探索、完善工作方法和具体操作规程，为全面开展集体企业清产核资工作奠定基础。

二、扩大试点工作的组织领导

1997 年集体企业清产核资扩大试点工作，在国务院统一领导下，由财政部、

国家经贸委、国家税务总局会同有关部门共同组织,各级人民政府分级负责实施。各级地方财政、经贸、税务等部门在本级人民政府的统一领导下,进一步加强配合,做好部门协调工作,统筹安排好各项任务,具体办事机构应有多方参加,可实行集中办公制度,以统一工作组织,统一为企业服务,减少企业负担。

三、扩大试点的工作范围

1997 年扩大试点的工作范围,原则上由各地区、各部门结合自己的实际情况自行确定,一般情况下应选择重点骨干企业或有代表性的行业或选择重点市、县进行试点,选择试点的企业户数最少不低于各省、区、市全部集体企业户数的10%;已具备全面开展清产核资条件并做了充分准备的地区,报经本级人民政府批准后,可先行全面进行,以取得较大范围内的工作经验,完善有关政策,检验各项工作制度。

四、扩大试点的时间安排和步骤

1997 年集体企业扩大试点资产清查时间点统一定为 1997 年 3 月 31 日。各地区、各部门应在 1997 年 3 月底以前全面完成 1996 年的小范围试点任务并做出工作总结;1997 年 4 月计划召开全国工作会议,对扩大试点工作进行全面动员和安排;4～5 月为扩大试点的前期准备阶段;6～10 月为具体工作实施阶段。各地区、各部门根据实际情况,自行安排具体工作步骤,但全部工作须在 11 月底以前全面完成,并做出扩大试点工作总结,以便为 1998 年全面铺开工作奠定基础。

五、扩大试点的有关工作要求

各地区、各部门集体企业清产核资扩大试点工作,除扩大试点的范围,清查时间等按总体工作的要求进行布置和调整外,其他各项工作内容和要求,均要按照财政部、国家经贸委、国家税务总局联合下发的有关“城镇集体所有制企业、单位清产核资暂行办法”等文件规定的精神执行。各地区、各部门 1997 年扩大试点范围及试点企业确定后,要将扩大试点行业、地区和企业户数及大中型企业名单报财政部清产办备案。

六、认真组织完成户数清理工作

对全国城镇集体企业的户数情况进行全面清理,是全国城镇集体企业清产核资工作的重要内容,也是有计划有步骤地开展工作的重要依据。为此,1997

年各地区、各部门要按照财政、经贸、税务、工商等四部、委、局联合下发的《关于开展城镇集体所有制企业、单位户数清理工作的通知》及有关规定的要求,全面组织开展集体企业户数清理工作,并于1997年3月31日前将户数清理工作结果上报财政部清产办。

七、积极做好城市、农村信用社系统清产核资工作

1997年城市、农村信用社系统清产核资工作,结合全国金融体制改革的整体要求,在原有工作的基础上,按国家统一政策要求,抓紧组织进行。各地区城市和农村信用社系统1997年的清产核资工作,在各级人民政府的统一领导组织下,纳入当地清产核资工作范围,由各级清产核资机构、经贸部门、国家税务局会同有关部门具体组织实施。

八、认真配合推动农村集体经济清产核资工作开展

农村集体经济清产核资工作,国务院已明确由农业部具体负责组织,各级清产核资机构要积极配合、协助农业部门推动这项工作开展。各级清产核资机构应在政策上、业务上给予积极的指导和帮助,提供全国城镇集体企业固定资产价值重估目录、固定资产分类代码目录等有关标准,并协助农业部门搞好清产核资工作结果统计汇总上报工作。

九、认真抓好业务人员的培训

提高清产核资工作人员素质,特别是业务骨干的培训,是保证清产核资工作顺利开展和按期保质保量完成任务的关键。1997年是为全面开展工作打好基础的关键之年,事关今后各项工作的顺利开展,各地区必须高度重视培训工作,要结合本地实际,采取多种形式,加大培训力度,提高工作人员素质。培训工作必须要统一教材、统一组织,以便使清产核资工作顺利开展。

十、认真建立上下级工作联系制度

为及时了解掌握各地开展集体企业清产核资情况,沟通有关信息数据资料等,便于搞好有关集体企业经济情况的分析研究,各级清产核资机构(含其中的经贸、税务系统人员在内)要认真建立上下级间的日常工作联系制度,加强工作联系。各级清产核资机构要对1996年清产核资工作情况认真进行总结,对1997年扩大试点的主要阶段工作要进行专题总结,对有关工作数据要及时进行

汇总,并按工作进度上报财政部清产办。各级清产核资机构要对各类情况进行整理分析,对重要的情况及时报送有关领导,争取领导对工作的关心和支持。

　　1997 年扩大试点工作是为集体企业清产核资全面开展打基础的关键,各地区、各部门要认真布置,精心组织,抓紧抓好,为全面开展打下良好基础。在试点工作中,对阶段工作进行及时研究,发现问题,及时抓紧解决。要加强调查研究和阶段工作总结,对重点和难点及带有普遍性的问题,要及时反映,认真研究,保证各项工作的顺利进行。

（原件存财政部办公厅档案处）

财政部清产核资办公室
关于城镇集体所有制企业、单位户数
清理工作的有关规定

(1997 年 1 月 30 日)

各省、自治区、直辖市和计划单列市清产核资办公室,国务院各有关部、委和直属机构:

财政部、国家经贸委、国家税务总局、国家工商行政管理局《关于开展城镇集体所有制企业、单位户数清理工作的通知》(财清字[1996]12 号,以下简称"通知")下发后,全国大部分地区非常重视,积极采取措施,结合本地实际制定实施方案加以落实。为了保证这项工作的顺利进行,现根据各地反映的情况和问题,对户数清理工作补充规定如下:

一、对城镇集体所有制企业、单位基本户数进行清理,是保证全国城镇集体企业清产核资工作全面彻底和不重不漏的一项基础性工作,各地区、中央、国务院各有关部门必须予以高度重视,务必把工作做细做实。目前已进入实施阶段的地区、部门,要抓紧进行;少数尚未进入实施阶段的,要尽快采取有效工作措施,以切实保证此项工作按要求于 1997 年 3 月 31 日前完成,并上报财政部清产核资办公室。

二、城镇集体企业清产核资中户数清理工作范围:经国家批准的建制镇以上城镇(含建制镇)所属不归口县级乡镇企业部门管理的集体企业,包括城镇集体企业在乡村设立的分支机构。其中:建制镇是指经国务院及各省、自治区、直辖市和计划单列市人民政府正式批准设立的建制城镇。对少数城镇与乡镇界线不清的集体企业,在户数清理工作中可采取如下方法划定:

(一)按照行政隶属关系划定,即:行政隶属于建制镇以上(含建制镇)的部门、单位所属集体企业,按城镇集体企业对待;

(二)按照投资比例划定,即:城镇部门、单位或企业投资占 50% 以上的集体企业,按城镇集体企业对待;

(三)确实难以划分的,采取与县农业局或乡镇企业局协商划定企业归属范围的方法。

　　三、开展集体企业户数清理工作,原则上按属地进行。地方人民政府所属各部门、单位及所属企业举办的集体企业,由各级地方清产核资机构会同经济、税务、工商管理等部门具体组织实施;中央企业在地方创办的集体企业,除特殊规定外,均应纳入当地的户数清理范围,并由中央企业、单位配合地方组织进行。

　　中央、国务院各有关部门应责成所属企业认真配合地方清产核资机构,组织做好在地方创办的集体企业的户数清理工作。这些企业的户数清理结果在报送当地清产核资机构的同时,应层层上报上级主管单位或企业,并由中央、国务院各部门单独汇总抄报财政部清产核资办公室备案。

　　四、中央、国务院各有关部门、单位直接管理的集体企业,以及中央企业集团所属集体性质的控股企业的户数清理工作,由中央、国务院各有关部门单独进行,并将户数清理结果汇总后,报财政部清产核资办公室。

　　五、凡已随国有企业进行并完成了清产核资工作的城镇集体企业,仍应纳入本次城镇集体企业户数清理范围,但不再进行全面清产核资工作。

　　六、城市和农村信用社系统的户数清理工作,统一纳入各地清产核资机构户数清理的工作范围。部分城市、农村信用社按照国家金融体制改革已建立了合作银行的,也应参加城镇集体企业户数清理工作。

　　七、对一个企业拥有多个企业法人牌子的集体企业,在城镇集体企业户数清理中按一户企业对待,其企业户数虚数应剔除。

　　八、对"三无"(即无资金、无场地、无经营活动)的"集体企业",在城镇集体企业户数清理中,应予以剔除,不作单户企业对待。

　　九、对有资金(或资产)但目前因其它原因未能正常开展经营活动的各类集体企业(如停产歇业),应进行户数清理,但其户数清理结果单项反映,暂不纳入汇总表中。

　　十、对于挂靠在有关政府部门或国有企业、单位管理的集体企业,应归入城镇集体企业户数清理范围,待产权界定工作后,按照国家政策处理。

　　十一、在城镇集体企业户数清理工作中,企业集团所属的第三级单位,可并入第二级单位进行汇总统计。

　　十二、在城镇集体企业户数清理工作结束后,各地区、各部门要按"通知"认真做好逐级汇总上报工作,按规定时间将汇总表连同大中型企业名单,一并上报财政部清产核资办公室。

　　十三、各地区、各部门要对城镇集体企业户数清理工作高度重视,精心组织,认真研究存在的问题,及时反映上报工作情况,认真与工商、税务等部门做好核对工作;尤其中央、国务院各有关部门与地方清产核资机构要加强协作,密切配合;对于拒不参加户数清理的企业,应采取有关措施,加以及时纠正。

十四、各地区、各部门在接到本"规定"后,应结合本地区、本部门的实际工作情况,认真做好落实工作,以切实保证工作质量,按期按要求完成户数清理工作任务。

（原件存财政部办公厅档案处）

国家经贸委、财政部、国家税务总局关于印发《城镇集体所有制企业、单位清产核资集体资产产权登记暂行办法》的通知

(1997 年 3 月 25 日)

各省、自治区、直辖市和计划单列市经贸委(经委、计经委)、清产核资办公室、国家税务局、地方税务局、国务院各部门和直属机构:

现将《城镇集体所有制企业、单位清产核资集体资产产权登记暂行办法》印发你们,请结合本地区、本部门工作实际,认真执行,并将工作中有关情况和问题及时上报。

附:

城镇集体所有制企业、单位清产核资集体资产产权登记暂行办法

第一条　为贯彻落实国务院办公厅《关于在全国城镇集体企业、单位开展清产核资工作的通知》精神,做好城镇集体所有制企业、单位(以下简称集体企业)清产核资集体资产产权登记(以下简称产权登记)工作,维护集体企业资产的完整和其所有者的合法权益,防止集体资产流失,加强集体资产的综合管理,根据《中华人民共和国城镇集体所有制企业条例》和《城镇集体所有制企业、单位清产核资暂行办法》,制定本办法。

第二条　本办法所称产权登记,是指在各级人民政府领导下,对集体企业中集体资产依法确认其所有权归属,核发《城镇集体资产产权登记证》的法律行为。

第三条　《城镇集体资产产权登记证》是集体企业占有、使用、收益和处分集体资产并以该资产承担民事责任的法律凭证。《城镇集体资产产权登记证》分为正、副本,由国家经济贸易委员会统一监制,各省级人民政府组织核发。

第四条　所有在国家各级工商行政管理机关登记注册为集体所有制性质的各类城镇集体企业、单位,包括联合经济组织、社区经济组织、劳动就业服务企业、有关集体事业单位以及以各种形式占用、代管集体资产的部门或企业、单位,在完成清产核资产权界定和资产核实各项工作后,应在 3 个月内依照本办法的规定申请办理产权登记。对于实行共同劳动、在分配方式上以按劳分配为主体并符合下列任一条款的集体企业,首先进行产权登记。

(一)归本企业劳动者集体所有资产与归联合经济组织、社区经济组织范围内的劳动者集体所有资产及其他集体企业投入资产之和占企业净资产总额的比例超过 50% 的;

(二)实行股份合作制的企业或其他实行劳动合作的企业,其集体股金与职工个人股金之和占企业净资产总额的比例超过 50% 的;

(三)由集体企业或集体企业为主改制为各类联营、国内合资、股份制、股份合作制的企业,其集体资产在企业净资产中占最大份额;

(四)经企业主管部门和劳动部门认定的劳动就业服务企业。

第五条　产权登记工作按照属地原则,在各级人民政府领导下,由县及县以上各级经贸部门或当地人民政府指定的其他城镇集体经济综合管理机构组织实施并负责核发《城镇集体资产产权登记证》。

第六条　产权登记的主要内容有:集体企业名称、地址、法定代表人;集体企业净资产(所有者权益)总额,其中集体企业实收资本额、资本公积、盈余公积、未分配利润;集体企业集体净资产总额,其中本集体企业劳动者集体所有资本额(含劳动积累)、联合经济组织和社区经济组织范围内的劳动者集体所有资本额、其他集体企业投入资本额;集体企业资产总额;集体企业负债总额等。

第七条　产权登记的基本工作程序是:

(一)申请。当事集体企业向负责产权登记的部门提交申请产权登记的书面报告,并领取"集体资产产权登记表"。

(二)填表。当事集体企业填制"集体资产产权登记表"。表中有关所有者权益、集体净资产、企业总资产、负债等科目,均依清产核资产权界定、资金核实结果据实填写。其中集体企业集体净资产总额,由以下公式计算:

集体企业集体净资产总额 = 本集体企业劳动者集体所有资本额(含劳动积累) + 联合经济组织、社区经济组织范围内劳动者集体所有资本额 + 其他集体企业投入资本额 + 其他集体资本(已确定为集体性质但不能归为上述各项的集体资本) + 资本公积、盈余公积和未分配利润中的集体所有的权益;

资本公积、盈余公积和未分配利润中的集体所有的权益由以下公式计算:

［资本公积＋盈余公积＋未分配利润］×［本集体企业劳动者集体所有资本额（含劳动积累）＋联合经济组织、社区经济组织范围内劳动者集体所有资本额＋其他集体企业投入资本额＋其他集体资本］÷集体企业实收资本总额×100％。

（三）审核。当事集体企业将填制的"集体资产产权登记表"先报送企业主管部门和同级清产核资机构提出审核意见后，再报送负责产权登记的部门，并附下述资料：《城镇集体所有制企业、单位清产核资产权界定工作的具体规定》（财清字［1996］13 号）规定的"产权界定文本文件"、经经贸部门和清产核资机构认定的清产核资"产权界定申报表"、集体企业主管部门对清产核资产权界定结果的批复；《城镇集体所有制企业、单位清产核资资金核实具体规定》（国税发［1996］217 号）规定的经税务部门批复的清产核资"资金核实申报（审批）表"；能够确认集体资产所有者的证明文件、凭据等资料。负责产权登记的部门依据国家法律、法规和清产核资有关政策，对"集体资产产权登记表"及所附资料进行审核。

（四）发证。凡"集体资产产权登记表"各栏目计算、填写正确，所附资料齐全、真实、可靠的，由负责产权登记的部门填写《城镇集体资产产权登记证》并盖章后发给当事集体企业。

第八条　在地方人民政府领导下，各级经贸部门或其他城镇集体经济综合管理机构应履行产权登记、维护集体资产完整和其所有者合法权益的职责。负责产权登记的部门对在本部门登记的集体资产应依法予以保护，对于产权登记后平调、挪用、侵占集体资产或集体企业资产的，负责会同有关部门予以查处和纠正；对于侵犯集体资产的重大事件，应向当地人民政府和上一级经贸部门或其他集体经济综合管理机构报告，并在当地人民政府的领导下，予以查处和纠正；上一级经贸部门或其他集体经济综合管理机构对查处工作要给予必要的支持和协助。

第九条　集体企业中国有资产产权登记依照国家有关规定办理。

第十条　本暂行办法自下发之日起执行。

附：集体资产产权登记表（略）

（此件由国家发展和改革委员会中小企业司提供）

国家经济贸易委员会关于做好城镇集体所有制企业单位清产核资工作的通知

（1997 年 4 月 3 日）

各省、自治区、直辖市和计划单列市经贸委（经委、计经委）、集体经济办公室：

国务院办公厅《关于在全国城镇集体企业单位开展清产核资工作的通知》下发以来，城镇集体企业单位清产核资工作已在各地有计划地展开，为切实做好这项工作，现就有关事项通知如下：

一、进一步提高认识

城镇集体经济是社会主义公有制经济的重要组成部分，是我国城镇中第二大经济力量。开展城镇集体企业单位清产核资工作，有利于摸清和掌握城镇集体企业单位的资产存量、结构及效益状况，明确财产归属，理顺产权关系，核实资金，加强管理，促进集体经济的改革与发展。实施城镇集体经济综合管理、促进城镇集体企业改革与发展，是经贸委系统的一项职能和任务。各级经贸委及当地人民政府确定的其他城镇集体经济综合管理机构要进一步提高对城镇集体企业单位清产核资工作重要性的认识，把清产核资工作列入本部门议事日程，切实抓紧抓好。要认真贯彻落实国务院办公厅《关于在全国城镇集体企业单位开展清产核资工作的通知》精神，学习和掌握清产核资各项政策规定，有计划、有步骤地组织好产权界定政策和产权登记办法的培训工作。

二、切实加强组织领导

全国城镇集体企业单位清产核资工作，在国务院统一领导下，由财政部、国家经贸委、国家税务总局共同组织，各级人民政府分级负责实施。各级经贸委及其他城镇集体经济综合管理机构要服从同级人民政府的统一安排，按照人民政府的要求，参加当地成立的城镇集体企业单位清产核资工作领导小组及有关办事机构，按照分工认真组织实施所负责的工作。在本部门内，要把清产核资任务落实到具体单位,保证有一定数量的人员,专门从事组织和具体业务工作。保证所负责的清产核资工作严格执行国家的有关规定,落实省人民政府或省城镇集体企业单位清产核资工作领导小组的统一安排和要求。

三、认真做好产权界定工作

清产核资产权界定工作要牢牢把握政策,既要维护城镇集体资产的完整,又要维护各出资者的合法权益。在具体工作中,要坚持以事实为依据,认真执行国家经贸委、财政部、国家税务总局联合下发的《城镇集体所有制企业单位清产核资产权界定暂行办法》,严格把好产权界定结果的审核、认定关,发现问题,及时纠正。对产权界定中发生的争议和纠纷,要与有关部门组成联合办事小组,认真调查取证,广泛听取意见,共同进行调解和裁定。对于争议和纠纷涉及资产数额较大或对当事企业影响较大的,要向当地人民政府和上一级经贸委请示、报告。要注意做好产权界定和产权纠纷典型案例的调研、搜集、分析工作,及时总结经验。

四、切实抓好产权登记的组织实施工作

各级经贸委及其他城镇集体经济综合管理机构负责产权登记的组织实施工作。要根据本地区清产核资工作的总体进度、要求,对产权登记工作作出具体安排。要组织做好产权登记证书的征订、核发工作,逐级汇总产权登记有关数据。要加强业务指导,强调维护集体资产的完整。对产权登记后发生的侵犯集体资产的行为,要在当地人民政府的领导下,坚决予以查处和纠正。

五、加强工作联系

各级经贸委及其他城镇集体经济综合管理机构要建立清产核资产权界定和产权登记工作联系制度,年中向上一级部门报告工作进展情况;当年工作结束后,向上一级部门报告全年工作完成情况和产权登记有关数据;清产核资工作中的重大情况和存在问题要及时上报。请各省、自治区、直辖市及计划单列市经贸委及其他城镇集体经济综合管理机构,将本单位的领导人员、联络人员名单及单位具体名称、电话号码等于 5 月 16 日前告国家经贸委企业司。

（此件由国家发展和改革委员会中小企业司提供）

在 1997 年全国城镇集体企业清产
核资工作会议上的讲话

（1997 年 4 月 8 日）

张佑才[①]

同志们：

经国务院批准，由财政部、国家经贸委和国家税务总局共同组织的"1997 年全国城镇集体企业清产核资工作会议"经过前期的紧张准备，今天正式召开了。这次会议的主要任务是：总结 1996 年小范围试点工作，研究部署 1997 年扩大试点工作任务。我们希望把这次会议开成一个团结的、统一的、务实的、有成效的会议。下面，我先讲几点意见。

一、要充分认识集体企业开展清产核资工作的必要性

集体经济是我国公有制经济的重要组成部分，是整个国民经济中一支十分重要的生力军。在计划经济向社会主义市场经济转轨的历史时期，正确引导和大力发展集体经济，是党的十四届五中全会明确提出的工作方针。组织集体企业进行全面的清产核资工作，是按照党中央、国务院对整个清产核资工作的总体部署和统一安排进行的。党中央和国务院领导同志曾多次指示要在全国国有企业清产核资工作完成后，继续做好集体企业的清产核资工作，以取得我国公有制经济的全面情况。

集体企业拥有的资产总量反映了其生产经营的规模和能力，各项资产的结构、分布和质量状况则反映了企业的管理水平和对资源的调配能力，并直接影响到整个国有经济的运营效益。因此，搞清楚整个集体企业的现状，摸清占用资产的基本总量、结构分布、技术水平、管理状况等方面"家底"，对于加强集体企业基础管理，进一步加大对集体经济的宏观调控力度，用市场经济的手段搞好集体

---

① 张佑才时任财政部副部长、国家国有资产管理局局长。

企业,加快集体经济的改革和发展具有重要的现实意义和深远的历史意义。对我们从事清产核资工作的同志们来讲又是一项艰巨而光荣的任务。

我国的集体经济是社会主义公有制经济的重要基础之一,与国有经济一同成为社会主义公有制的主体。特别是随着改革开放的不断深入和社会主义市场经济体制的确立,集体经济已成为国民经济中一支不可缺少的力量,已遍布第一、二、三产业之中,在发展生产、繁荣市场、扩大就业、提高人民生活水平和保持社会稳定等方面起着重要的作用。改革开放给集体经济带来了新的发展活力,使其在我国国民经济中发挥着越来越重要的作用。据有关资料表明,1995年城镇集体工业产值和就业职工人数都约占全部城镇工业总产值和职工总数的四分之一,是仅次于国有经济的第二大经济力量。在现阶段如果没有集体经济的广泛发展,社会主义公有制的主体地位就会削弱。正如江泽民同志在十四届五中全会上所指出的,"坚持公有制的主体地位",首先要把握好的一条就是"在社会总资产中要保持国家所有和集体所有的资产占优势"。这既阐明了集体经济的现实地位,也表明了我党继续发展和壮大集体经济的长远指导思想和工作方针。

在充分肯定集体企业快速发展和发挥重要作用的同时,必须看到集体企业也存在着不容忽视的问题。由于其历史发展的原因,集体经济多数以劳动密集型为主要特征:一是由于投资较少和经营单一,集体企业绝大多数规模较小,设备较陈旧,产品附加值低及产品结构不合理;二是由于基础管理薄弱,导致"家底"不清、历史"包袱"沉重、亏损面大、经济效益低;三是由于集体企业财产来源和投资渠道较为复杂,以及管理体制的多次变化,形成了较为复杂的产权关系。如建国初期,手工业者、商贩等个体劳动者建立的各种合作社,再经过"大跃进"、"文革"时期"左"的管理方式,使大量的集体企业也逐渐形成政企不分和以"大锅饭、铁饭碗"为特点的"二全民",产权关系一直较为模糊。此外,在体制上多头"代"管,而实际上又"代"而不管,造成集体企业户数到底有多少,"家底"有多厚,目前没有一个部门能拿出准确的数字。这些问题已积累多年,长期没得到很好地解决,影响了集体企业在市场经济体制下的改革和发展。

针对我国集体企业的现状及存在问题,开展清产核资,既可以全面、系统、科学地掌握集体企业的总量构成、区域结构、行业分布,又可以定性、定量地单个解析集体企业资产、负债、权益和盈亏等真实情况,更加准确、科学地认识集体经济在公有制经济中的地位和作用,完整地拿出我国现阶段整个公有制经济的"一本账"。因此,在全国国有企业清产核资工作完成后,全面组织开展集体企业清产核资,是促进集体经济改革与发展和加强集体企业管理的一项十分重要的基础性工作,同时也是又一次开展的大规模国情国力综合调查工作。在清产核资中,摸清企业"家底",深入暴露矛盾,可以认真研究问题的逐步解决措施;重估资产价值,促进资产足额补偿,可以有效增强企业发展后劲;界定企业产权,进一步明晰财产关系,可以促进完善企业管理制度;落实有关政策,卸掉部分历史"包袱",可以促进企业轻装前进。这项工作对当前转换机制、"抓大放小"和结构调整等一系列改革措施的到位都有着极其重要的作用。

二、1996 年小范围试点工作情况

为了贯彻落实国务院关于开展集体企业清产核资工作的决定,财政部、国家经贸委、国家税务总局等有关部门,根据清产核资工作的统一内容,按照"先行试点,摸清问题,探索方法,积累经验,研究政策,逐步推开"的总体方针,从 1996 年开始在全国组织了小范围的试点工作。在各级人民政府的重视和直接领导下,在国务院有关部门的大力支持和配合下,通过全国清产核资战线及经贸、税务部门和试点企业广大工作人员的积极努力,1996 年在城镇集体企业开展的清产核资试点工作较为顺利。主要情况是:

(一)加强组织领导,落实工作任务

对开展集体企业清产核资工作,各省(区、市)的政府领导都很重视。首先,去年 5 月,全国清产核资工作会议后,各省(区、市)政府都对开展集体企业清产核资工作进行了认真研究,召开了试点工作会议,做了动员和部署,制定了工作方案,并利用广播、电视、报刊等新闻媒体进行了广泛宣传。上海市政府领导同志多次强调,集体企业清产核资是四个方面的需要:一是摆脱困境、增强后劲的需要,二是集体企业发展和改革的需要,三是强化管理的需要,四是加强宏观调控的需要。同时还强调:清产核资工作要主动,全面跟上改革的步伐,企业改到哪里,清产核资就要跟到哪里。其次,各地区都普遍加强了组织领导,26 个省(区、市)调整充实了原清产核资领导小组,有 10 个省(区、市)建立了"联席会议"制度,35 个省(区、市)都由主管省长、副省(市)长亲自挂帅。第三,充实了办事机构。各地方普遍在原清产核资机构的基础上,请经贸、税务等部门派人参加,以增加人员力量和加强指导力度。目前有 23 个省(区、市)经政府及有关部门批准,将清产核资办公室作为常设机构,并核批了正式编制。

去年 7 月,国务院办公厅"关于在全国城镇集体企业、单位开展清产核资工作的通知"下发后,全国有 28 个省(市、区)都组织实施了小范围试点工作任务。据统计,完成 1996 年清产核资试点主体工作的集体企业共有 1.3 万户,包括大、中型企业 588 户,工业企业 2538 户,遍布全国 226 个市(地)。

（二）加强工作配合，形成工作合力

按照国务院的指示精神，财政部、国家经贸委、国家税务总局等有关部门密切配合，共同组织，积极做好前期准备工作，狠抓了各项工作落实。各地区按照国家统一要求，加强部门之间的工作配合，并在加强协调和密切配合方面创造了好的经验。各地在工作组织上普遍采取"三统一"做法：一是统一领导组织，即由政府清产核资领导小组统一领导，清办、经贸、税务共同组织；二是统一协调指导，即财政、经贸、税务及有关部门组成部门工作协调小组，统一工作协调和政策指导；三是统一归口、重点分工实施，即清产办统一归口，三个部门重点分工具体实施有关工作。如江苏省本着"一家牵头、集中统一、多家配合、协调作战"的原则，在各级政府清产核资领导小组的统一领导下，做到"统一负责具体实施、统一协调政策规定、统一办理日常工作"。

（三）探索工作方法，积累工作经验

针对集体企业数量多且分散，以及情况复杂、基础工作薄弱等特点，各地区结合实际，注意探索工作方法，积极推进试点工作。在组织工作中，江西等地采取"抓两头带中间"、"抓重点攻难点"、"上门服务，蹲点指导"等方法推动工作开展。在各阶段工作中，许多地方采取了"分类清查，边清边改"、"分工负责、协调配合、监督检查、层层落实、一抓到底"、"对各阶段工作采取百分制考核验收"等行之有效的方法。针对产权界定等难点工作，一些地方还专门成立了"产权界定办公室"，重点攻产权界定关，并注意把清产核资中的产权界定与今后的企业改革紧密结合起来。江苏、吉林等省采取"减少层次，一步到位"的培训方法，直接培训到企业。如江苏省各级举办培训班 250 期，在培训结束后，要求各级清产办实行"分人分组包干，定期下厂，每月例会，集中讨论，分头指导"的工作制度，取得了良好的效果。据了解，全国各地区 1996 年培训清产核资骨干人员约2.1 万人。在试点工作中，绝大多数地方都注意加强对下级的业务指导和检查督促工作，多次深入重点地区和企业进行调查了解，听取汇报，研究问题，现场指导，有力地推动了工作的开展。

（四）抓好户数清理，初步摸清企业数量

组织开展户数清理工作，是保证集体企业清产核资全面彻底、不重不漏的重要环节。多数地区都充分认识到户数清理工作的好坏，将直接影响到清产核资工作的质量高低，将其作为一项重要的基础工作来抓。经过共同努力，集体企业户数清理已取得初步成果，经初步统计汇总，截止 1996 年 6 月底，全国共有独立核算、具有法人资格并正常经营的城镇集体企业、单位 49.5 万户，其中，按隶属关系划分，地方省、市（地）、县（区）、镇（街道）集体企业分别为 5.8 万户、11.2

万户、24.2 万户、8.3 万户,分别占总户数的 11.7%、22.6%、48.9%、16.8%;按行业划分,工业企业 14.6 万户、交通运输企业 1.3 万户、商贸企业 21 万户、建筑安装业 2.4 万户,分别占总户数的 29.5%、2.6%、42.4%、4.8%。

各地区在户数清理工作中,针对集体企业的特点和管理现状,总结、推广了许多行之有效的工作方法。河南省针对集体企业户数多、范围广、情况复杂的特点,组织所属地(市)因地制宜,创造出多种有效的工作方法。该省三门峡市采取"先总后分,行业核对,分类排队"的工作方法,从工商、税务部门的登记底册取得登记户数,再将登记户数分类归口发给主管部门清理核对,由清产核资机构最后审查把关。该市还统一印发了"分户情况表"、"户数汇总表"、"户数清理一览表",专门研制了户数清理软件,编制了《集体企业户数清理基本情况手册》,反过来又以户数清理强化工商管理,到去年底,有 350 户"三无"、歇业等集体企业纷纷到工商部门办理注销和变更手续。广东省成立了由清产办、财政厅、经委、地税局、工商局组成的"户数清理协调小组",采取由工商和税务部门提供企业名称、地址、电话、数量情况,清产办据此去企业逐户核对登记的办法,并对核实后不属工作范围的,划分为"无法人资格的"、"属于挂靠的"、"属于未开展业务的"、"属于多次登记的"等类型,取得了较好的效果。

集体企业户数清理工作虽然取得了一定的成绩,但从全国总体来看还存在一些问题:一是大多数地方按照要求认真组织了工作,但也有少数地方存在走过场等问题;二是由于国家对集体企业在开办、经营、管理等方面的监督力度不够,"多头"注册、"临时"挂靠、"三无"单位等有名无实的集体企业众多,使清理工作难度加大,一些地方前后上报的清理户数差距大;三是一些中央部门尚未开展此项工作,已开展的也没向地方清产核资机构或财清办报送,掌握的户数不够完整;四是与工商、税务部门的口径不一,工商登记、税务管理与清理户数相差悬殊,造成核对任务很重。以上问题影响了户数清理工作的结果,今后还要进一步组织补课和核实,希望各地区在认真总结经验的基础上,采取有效措施,把这项基础工作继续做好。

(五)初步摸清"家底",暴露了企业存在问题

参加清产核资试点的企业通过对各项资产、负债和权益的全面清查核实,初步摸清了企业的"家底"。据初步统计,在 1.3 万户试点企业中,清查前资产总额为 1393.2 亿元,负债总额为 1120.4 亿元,所有者权益为 272.8 亿元。在摸清"家底"的同时,试点工作中也暴露出企业存在的深层次问题,主要有:

——资产损失挂帐严重。据统计,在 1.3 万户试点企业中,全部资产净损失额为 81.7 亿元,资金挂帐为 73.5 亿元,两者合计占资产总额的 11.1%,占所有

者权益的 56.9%。造成巨额损失挂帐的主要原因是：集体企业承包经营的较多，存在短期行为，该提的不提，该摊的不摊，形成大量挂帐；另一重要原因是许多中、小集体企业技术水平和产品质量低，产品结构不合理，再加上盲目的低水平重复建设，造成大量资产损失；还有一部分是属于历史遗留包袱，长期无力消化。

——资产流失严重。由于许多集体企业管理松弛，有些企业甚至还采取原始的"以物易物"的交易方式，如用钢材等物资换小汽车等，形成大量的帐外资产，不少已被侵占、挪用或据为己有；造成集体资产流失的另一原因就是部分集体企业急于摆脱"贫困"，在与外商合资中低估资产价值，使集体的权益受损。

——资产负债率偏高。据统计，1.3 万户试点企业的平均资产负债率已达80.4%。主要原因是许多企业长期经济效益低下，自我积累不足，过多依赖银行贷款，造成债务负担沉重。

——企业基础管理薄弱。在许多试点企业中财务管理制度不健全，有的甚至根本没有财会制度，且财会人员素质低，少数企业甚至没有财会人员，没有完整的帐目。

——企业财产关系不清。相当部分集体企业原始资本来源复杂或初建期帐务不全，导致产权界定具体工作较为困难，不少企业感到无从入手。

三、关于 1997 年扩大试点工作安排

根据清产核资总体工作安排，按照"总结经验，扩大范围，摸清问题，改进方法，完善政策"的工作方针，决定在 1997 年进一步组织进行集体企业清产核资扩大试点，其工作重点是：摸清集体企业经营管理中的实际情况和存在问题，深入研究、补充集体企业清产核资的各项政策规定和制度，进一步探索、完善工作方法和具体操作程序，为 1998 年全面开展工作打好基础。

（一）关于扩大试点的必要性及其任务

由财政、经贸、税务部门共同组织配合进行的我国首次集体企业清产核资，是一项庞大的系统工程，其工作经验和方法都要靠我们在实践中摸索。1996 年小范围试点虽取得了一定的成绩，但在全国全面开展清产核资的条件尚不完全具备。概括起来主要是：

第一，试点工作组织不够完善。1996 年 7 月国务院办公厅下发了开展城镇集体企业清产核资的"通知"，但由于集体企业面广量大，情况复杂，且清产核资政策性强，需相互协调，统一认识，制定文件需多次反复协商，加之地方调整领导

和办事机构,进行前期准备需要一定的时间,致使去年的整体工作部署较晚,影响了试点工作的开展,不少地方的工作停顿下来等上边文件;各地方工作进展也不平衡,经验不够充分,有的地方没有搞试点,机构也不够明确,需要今年继续做好完善工作。

第二,对工作协调不够统一。对开展集体企业清产核资工作,多数地方有正确的认识,行动比较快,但也有个别地方对开展工作的重要性认识不够,措施不够得力,工作部署滞后,有的地方的相关部门对具体工作落实相互推诿、扯皮,影响工作的开展,今年需进一步协调。

第三,对工作认识不够充分。由于工作处于小范围试点阶段,对工作宣传不够,还有部分企业对进行清产核资存有疑虑,不愿暴露矛盾和问题,顾虑重重,需要进一步解决思想认识问题。此外,还缺乏如产权界定、资金核实等难点工作的全面经验。

第四,问题暴露不够全面。从宏观角度看,集体企业户数较多,类型复杂,普遍性和特殊性的问题有哪些,涉及的面有多大,需要国家制定哪些相适应的政策加以解决,还摸得不够清楚,只有经过扩大试点才能摸清。

1997 年进一步组织扩大试点是很必要的,体现了整个工作比较稳定和循序渐进的指导方针。今年扩大试点的主要任务就是:在已经进行并初步完成的企业户数清理工作基础上,组织进一步的核实,并结合地区、行业的实际,确定扩大试点的范围;按要求完成各项扩大试点工作任务,摸清集体企业经营管理中存在的深层次问题,研究、补充有关清产核资政策规定,进一步探索、总结工作制度和工作方法,并在实践中注重培养一支思想、业务过硬的清产核资工作队伍。

(二)关于扩大试点的工作范围

扩大试点的范围原则上由各地区、各部门根据国家总体工作要求,结合本地区、本部门的实际情况自行确定。要从本地区、本部门对集体经济改革的力度和长远发展的要求出发,根据各级政府清产核资领导组织和工作机构的健全、协调、配合情况,各级清产核资工作队伍力量和工作人员的素质情况,以及试点工作所必要的物质、技术条件来确定其试点范围。

从总体上,为使试点具有代表性和全面性,有利于试点经验、方法的总结和推广,有利于摸出集体企业普遍性和特殊性的情况和问题,并有利于工作队伍的锻炼和明年工作的全面开展,要求各地区、各部门扩大试点选择的企业应在本地区、本部门全部集体企业的 10% 以上。

对于已具备全面开展清产核资条件并做了充分准备的地区,在报经本级人民政府批准后,可先行全面进行。从全国范围讲,有"全面"、有"局部"试点是可行的,但要防止不具备条件"一哄而上",造成工作中不必要的失误和混乱。

(三)关于扩大试点的时间步骤

今年扩大试点工作的总体时间安排为:第一阶段(4-5月)为扩大试点的前期准备阶段,召开全国大会,进行扩大试点工作全面安排和动员,主要任务是制定本地区、本部门的扩大试点方案,做好有关工作协调、分工,并根据这次全国会议的精神对本地区、本部门的清产核资扩大试点工作进行动员,做好宣传和业务培训工作;第二阶段(6-10月)为具体工作实施阶段,主要任务是组织完成资产清查、价值重估、产权界定、资金核实等工作;第三阶段(11月底以前)为工作总结阶段,主要任务是在全部工作任务完成后,做出工作总结,并帮助企业加强基础管理,建章建制,巩固清产核资工作成果。各地区、各部门要根据全国的统一工作部署,合理安排各个阶段的工作任务,在做好各项前期准备工作的基础上,切实抓好各阶段工作任务,保证试点工作按时完成,为明年全面铺开奠定基础。

(四)抓好城市、农村信用社的清产核资工作

由于城市、农村信用社具有行业的系统性和业务的特殊性,故其清产核资工作由财政部、中国人民银行等部门单独安排组织,财政部、中国人民银行已下发了开展城市、农村信用社清产核资工作的"通知",确定各城市、农村信用社均应按规定纳入今年的城镇集体企业清产核资扩大试点范围。目前,城市、农村信用社系统正在按照全国金融体制改革的要求,进行组建城市和农村合作银行等工作。以清产核资为契机,在查清资产、核实资本的基础上促进和推动我国城市、农村信用社的金融体制改革更具有重要的意义。因此,各级清产核资机构要在各级人民政府的统一领导下,在原有工作的基础上,与人民银行分行、农村金融体制改革领导小组办公室等部门共同抓好城市、农村信用社系统的清产核资工作。在具体组织上可以根据工作实际,在清产核资机构内吸收银行、国税的同志参加,也可以单独组成一个专业小组。对以前年度已随原主管银行开展了清产核资的城市、农村信用社,一般不再采取"推倒重来",而是采取"缺什么,补什么"的办法,避免工作重复,并按照国家的统一要求进行规范和数据衔接,以保证其工作结果的统一和完整。对没有开展清产核资的城市、农村信用社,有条件的地方均可以全面展开,并在今年年底前完成。

(五)配合农业部门推动农村集体经济的清产核资工作

我国是一个农业大国,改革开放以来,农村集体经济也取得了迅猛的发展,对发展农村经济、提高人民生活水平和社会稳定起到了重要作用。开展农村集体经济的清产核资也就成为形成我国整个公有制经济"一张表"的一项重要工作内容。农村集体经济清产核资工作国务院已明确由农业部具体负责组织,同

时也要求各级清产核资机构要积极协助组织推动这项工作,这已成为各级清产核资机构义不容辞的责任。配合工作主要体现在三方面:一是建立经常性的联系制度。各级清产核资机构要主动与各级农业主管部门建立正常的工作联系,并指定专人负责,可互派联络员,开布置会可以请农业部门的人员参加,及时通报有关工作情况,解决存在问题,这是配合工作的前提;二是在政策上、业务上给予必要的指导和帮助。各级清产核资机构要积极主动向农业部门提供各种技术、文件和标准,协助农业部门将清产核资的结果及时统计汇总上报;三是帮助农业部门培训业务人员,帮助他们共同制定工作方案,共同联合检查指导工作。和农业部门搞好配合工作也是提高我们在清产核资中的综合协调能力,共同作战,增进了解和友谊的机会。搞好配合不只局限于具体工作中的配合,还要取得各级政府领导的支持,才能把工作配合提高到一个更高的层次,如有些省采取在领导小组或联席会议中增加农业部门领导成员,全省集体企业清产核资工作统一安排的做法,上下协调,共同配合,取得了较好的效果。

(六)做好中央部门所属企业、单位创办的集体企业的清产核资工作

中央部门既有直接管理的集体企业,也有所属企业、单位在地方创办的集体企业,还有国务院直属企业集团所属集体性质的控股企业,再加上一些特殊行业部门创办的集体企业,形成了众多的管理层次,给地方和部门的组织工作增加了许多难度。我们要从中央、国务院各部门和地方两方面共同做工作,才能搞好。一方面,中央、国务院各部门要对直属的集体企业做出总体工作安排,提出工作要求,并做好组织工作;对按属地原则组织进行清产核资的集体企业,要督促其主动到本级清产核资机构建立工作联系,申报企业户数,并按有关工作要求开展清产核资工作;对一些特殊行业部门经专门批准直接组织进行的,除要加强本系统的组织领导外,也要与各级清产办、经贸、税务部门建立正常的工作联系,以取得工作上的支持。另一方面,地方各级清产办、经贸、税务部门首先要通过户数清理工作把中央企业、单位在本地创办的集体企业的数量和管理级次搞清,对属于本级工作范围的中央企业、单位创办的集体企业,要按统一要求认真组织其开展清产核资工作;对属于中央特殊行业部门直接组织的,要给予大力支持,做好有关工作结果的审核、确认和业务上的指导工作。

四、对今年扩大试点工作的要求

1997 年是集体企业清产核资扩大试点的一年,也是十分关键的一年,具有

承上启下的作用,工作任务十分繁重。为此,提出几点要求:

(一)注意总结工作,为全面展开积累经验

历时 4 年多的国有企业清产核资为我们组织开展集体企业清产核资,积累了从组织领导到资产清查、产权界定、价值重估、资金核实,以及数据的收集汇总和工作结果的检查等一套完整且行之有效的工作方法和经验,各级清产核资机构在各项工作中应结合集体企业清产核资工作特点,认真加以借鉴,同时仍要从集体企业的实际出发,在试点工作中认真探索和积累经验。我们用两年的时间组织进行小范围试点和扩大试点的主要目的就是为了认真总结和积累工作经验,不断摸索和提炼工作方法,使全国大范围的清产核资少走弯路或不走弯路。我们要从面上的试点工作组织和基层企业的具体实施工作中,善于发现和总结出带有普遍性的矛盾、问题,摸索和掌握具有推广价值的工作方法和工作经验,树立先进典型,以点带面,推动整体工作的进展。这次提交会议的 12 个地区的经验交流材料,就是对小范围试点中工作方法和工作经验的总结介绍,各有特点和侧重,希望各地区、各有关部门在不断总结自己工作经验的基础上,认真学习、借鉴别人的工作经验,推动各项工作的进展。

(二)促进如实暴露问题,帮助企业解决一些困难

通过清产核资,达到"摸清、解困、管好"的工作目标,是国务院领导对清产核资工作的基本要求。清产核资不但要摸清集体企业数量、结构、分布以及资产负债和经营管理现状,更重要的是要摸清集体企业资产管理中现存的和历史遗留下来的问题,并针对问题深入分析产生的原因,为国家研究、制定有关政策提供依据,从而促进问题的解决。在清产核资工作中,发现问题的途径首先是依靠企业如实暴露,因为只有企业自己主动暴露问题,才有解决问题的可能。这要靠我们做好有关政策的解释和宣传,解除企业的各种思想疑虑,同时把各项组织工作做好,对各项工作严格把关,防止走过场;其次是各级清产核资机构和有关部门要深入基层,通过调查发现企业存在的有代表性的问题,并通过对典型问题的分析,找出解决问题的办法,有针对性的帮助企业解决困难,这样才能受到企业的欢迎,企业才愿意暴露问题;三是通过对清产核资数据的全面、深入分析,发现集体企业在区域和行业结构等方面的问题,并及时向有关部门和领导通报情况,为经济结构调整和企业改革提供依据。

(三)加强协调配合,共同做好扩大试点工作

国务院把城镇集体企业清产核资工作交给三家共同组织,经过一年的实践,已形成了一个良好的工作环境,但仅仅三家协调配合好了还远远不够,集体企业清产核资涉及面广,与工商部门、农业部门、银行等,都要协调配合好。各地区清

产办、经贸、税务及有关部门在工作的组织上要牢固树立全局观念,要在各级人民政府的统一领导下,努力做到统一领导、统一方案、统一政策、统一方法、统一步调的"五统一"。各部门在工作中要相互配合,相互支持,共同把工作做好,提倡实行集中办公。个别地方由于部门各自的职责不同,对有些问题认识上有差异,协调工作有一定困难,但绝不能因为协调困难,或者因为部门职责分工问题,给企业带来不便。部门之间遇到矛盾要本着"四个友好"的原则办事,即"友好地分歧、友好地争论、友好地协商、友好的结果"。各级清产办要承担起具体组织集体企业清产核资的重任,主动做好各方面的协调工作,解决工作中存在的矛盾和问题,及时报告和反映有关重要情况和重大问题,严把各项工作关,保证工作质量。各级清产办会同各有关部门要认真做好各项组织落实工作,建立严格的责任制,对不能按期完成任务或工作做得不好的,要追查责任。我们一定要记住爱因斯坦的一句名言"成功＝艰苦的劳动＋正确的方法＋少说空话",不怕吃苦,脚踏实地,少说多干,圆满完成任务,向党中央、国务院交一份合格的答卷。

(四)严格界定政策,维护各方合法权益

集体企业清产核资中的产权界定,是一项政策性强且十分敏感的工作。集体企业复杂的产权关系现状,给界定工作带来了一定的难度,界定政策的把握和界定结果将直接影响到各方面利益,弄不好还会引起社会波动,甚至造成不稳定因素。应属于集体的,界定为国家的不行,群众会反对;应属于国家的,界定为集体的也不行,群众同样会反对,去年试点已有不少例子;而把国家的、集体的财产界定为个人,那更不允许。所以,在产权界定工作中一定要按照"依法确认、尊重历史、宽严适度、有利监管"的原则,在"一不收权、二不改变隶属关系、三不改变分配制度"的前提下,严格执行三部门下发的清产核资产权界定政策规定,尤其是要充分收集,并认真、细致地分析好历史资料和原始凭证,使我们的工作结果经得起历史检验,把工作做细做好。

(五)切实抓好宣传和培训工作

清产核资是一项专业性很强的工作,涉及面广,工作难度大,做好宣传培训工作对各项工作的深入、顺利开展有着十分重要的作用。历时4年多的国有企业清产核资组织了20万人的专业工作队伍,动员了1300万企业干部职工参加,就是做了大量深入、细致的宣传培训工作的结果。组织开展集体企业清产核资需要从以下方面做好宣传培训工作:一是提高对清产核资工作认识上的宣传,使大家充分认识到集体企业清产核资是集体经济改革的一项十分重要的基础工作,使集体企业都认识到清产核资是企业自身发展的需要,提高企业进行清产核资的主动性和积极性;二是要加强有关清产核资政策和工作结果的宣传,把集体

企业清产核资"三不改变"的工作方针进行广泛深入的宣传,解除企业和职工的思想顾虑,促进如实暴露问题和加强企业管理;三是做好统一领导、统一步骤的宣传,树立全国"一盘棋"的思想,促进有关部门共同配合,把各项工作做好;四是注意多层次和多种方式的宣传,在宣传工作中要注意做好对社会、企业和各级领导的宣传,首先要做好对有关部门和领导的宣传,及时报送有关工作的情况和工作结果,争取得到部门和领导对工作的关心和支持;同时要做好对企业和职工的宣传,宣传清产核资的意义及清产核资与企业改革和发展的关系,使职工群众积极投入到清产核资工作中。在宣传工作中还要充分利用会议、报纸、电台、电视等多种形式。五是要下大力气抓好清产核资工作人员的业务培训工作。1997年是为全面开展工作打基础的一年,必须高度重视培训工作。不但要为扩大试点做好培训,还要为明年全面铺开做好各项培训准备工作。各地区、各部门要在国家统一培训的基础上,采取多种形式,层层进行培训。培训工作要统一组织,统一教材,不能多头对企业,更不能借培训之名"收费赚钱",增加企业负担。

(六)精心组织,切实做好各项工作

1997年的扩大试点工作时间紧、任务急。为保证扩大试点任务的完成,各级清产核资机构要精心组织好各项工作:一是要合理安排落实各阶段工作任务,既要抓好重点、难点工作,又要统筹安排,保证全面工作进度,防止"前松后紧",造成工作脱节和最后工作的"突击";二是要做到"上下沟通"和"左右联系",及时向上级清产核资机构和政府有关部门反映情况问题,不断总结和推广本地区、本部门好的工作经验和方法,了解和推广其他地区好的工作方法,以推动各项工作的开展;三是要抓好工作的具体实施,各阶段的工作要一环套一环,按计划、进度完成工作;四是要加强对各级清产核资机构和清产核资工作人员有关清产核资工作纪律的要求,对工作中出现的虚报、隐瞒、失职、渎职和走过场等行为要根据有关规定进行严肃处理;五是在工作经费上,按照原有的各级财政分级负担的原则办,各级政府要在经费等物质条件上给予必要的保障。中央财政将在尽可能的条件下给予一点补助,但主要还是靠大家的共同努力。

(原件存财政部办公厅档案处)

在 1997 年全国城镇集体企业清产
核资工作会议上的讲话

(1997 年 4 月 8 日)

陈清泰

一、充分认识城镇集体经济的地位和作用

城镇集体企业清产核资是一项浩大、繁重的工作,企业、企业主管部门和各级业务部门都要投入大量的人力、物力和财力。国务院之所以下这么大的决心开展这项工作,从根本上讲,是由城镇集体经济的地位和作用决定的,是由清产核资工作对于城镇集体企业改革和发展的基础性意义所决定的。

(一) 城镇集体经济在我国国民经济中有着不可替代的地位和作用

城镇集体经济是我国公有制经济的重要组成部分,也是我国国民经济发展中的重要力量。改革开放以来,我国城镇集体经济有了很大的发展,城镇集体企业遍布各行各业,并在轻工、商业、建筑等行业占有了较大的比重。

1995 年轻工系统有独立核算城镇集体企业 4.1 万个,占轻工系统企业总数的 75%;职工 464 万人,占 45.6%;完成工业总产值 2024.4 亿元,占 38.3%;出口交货值 296 亿元,占 73.5%。城镇集体经济在轻工业中处于举足轻重的地位。

在商品流通领域,1994 年集体社会商业网点 131 万个,占社会商业网点的 13.7%;从业人员 820 万人,占社会商业从业人员的 34.5%;消费品零售总额达 3375 亿元,占社会消费品零售总额的 20.8%。城镇集体经济已成为商品流通领域不可忽视的经济力量。

在建筑施工企业中,1995 年有城镇集体企业 1.5 万个,职工 632 万人,是国有企业的 76.7%;总产值 1899.5 亿元,是国有企业的 51.8%;利税总额 94 亿元,是国有企业的 69.8%。城镇集体经济是建筑施工行业中仅次于国有经济的一支主力军。

劳动就业服务企业产生于 70 年代末,十几年来先后共安置了 2100 万人就业。1995 年底,有企业 18.2 万个,职工 860 万人,总产值 2058.4 亿元,利税 142.6 亿元,累计上缴国家税金是财政拨付就业经费的 8 倍多。劳服企业在降低我国城镇失业率、为国有企业生产配套和生活服务、分流国有企业富余人员等方面功不可没,同时也创造了较好的经济效益。其中 600 多万职工活跃于第三产业,已成为我国发展第三产业的一支主力军。

民营科技企业诞生于 80 年代初期,1995 年底,有企业 4.2 万个,其中集体企业 2 万户。全部民营科技企业共有固定职工 198 万人,技工贸总收入 2683 亿元,上缴税金 131 亿元,出口创汇 52.7 亿美元。民营科技企业是我国发展高新技术产业的一支有生力量,对我国高新技术产业开发区的形成与建设起到了推动作用。

到 1995 年底,全国城镇集体企业从业人员达 3076 万人,占城镇职工总数的 21%,是私营和个体从业人员的 1.5 倍;城镇集体工业产值 6523.7 亿元,是国有工业产值的 25.2%,是城镇中第二大经济力量。城镇集体经济在巩固和发展公有制经济,扩大就业,改善人民生活,增加税收、扩大出口等方面起着不可替代的作用。近几年来,在越来越多的地区,发展城乡集体经济被列入重要日程,受到了高度重视。这是人们对城乡集体经济重要地位和作用的肯定。

(二)城镇集体经济在社会主义市场经济中有着光明的发展前景

城镇集体经济与国有经济相比,受指令性计划、统购统销等旧体制的影响较小,大多数中小企业比较贴近市场。尤其是在改革开放中诞生的集体企业,机制比较灵活,初步适应了市场经济的要求,成为城镇经济中有着巨大发展潜力的增长点。如城市区街集体企业近几年呈现较快发展势头。辽宁省区街集体企业的产值、利税,1993 年至 1996 年,每年递增都在 20% 以上。民营科技企业这几年规模明显扩大,技工贸总收入、上缴税金、出口创汇迅速增长,今后的发展潜力十分巨大。以上海主人印刷厂为代表的一批城镇集体企业,大胆进行股份合作制改革,明晰了产权,促进了政企分开,企业经营机制明显转换,激发了劳动者的积极性,促进了生产力的发展,增强了对社会主义市场经济的适应能力。在激烈的市场竞争中,一大批城镇集体企业站稳了脚跟,产品创出了名牌,经济效益不断提高,初步显示出了集体经济的生机和活力。如由街道集体企业发展起来的广州南华西企业集团公司,1996 年营业收入达 9 亿元,有"华夏第一街"的美誉,其经营发展的主要经验受到了中央领导同志的肯定;由一个小集体企业发展成为上市公司的青岛海尔集团,其产品享誉市场,他们创造的"日清日高"的企业管理经验,代表了国内第一流的企业管理水平。

　　我国是一个社会主义国家,社会主义制度决定了要以公有制为国民经济的主体,以促进共同富裕、维护社会公平。我国是一个经济发展水平不高的发展中国家,经济发展不平衡,国家直接支配的财力有限,这样的国情决定了在我国公有制的实现形式中,集体经济要占有相当大的比重。我国又是一个人口负担沉重、就业压力很大的国家,兴办中小企业是解决城镇就业的主要渠道。尤其是我国国有企业改革的步伐正在加快,国有企业中大量富余人员正待分流,而兴办城镇集体企业将是国有企业富余人员分流的一种主要途径。因此,无论从社会制度、生产力发展水平还是从解决就业、稳定社会的实际需要出发,发展城镇集体经济都是我国经济、社会发展的一项战略性任务,鼓励和支持城镇集体企业的发展都是各级政府的一项基本政策。

　　从城镇集体经济本身的特征看,我国城镇集体企业在总体上受计划经济体制的束缚和影响比较小,大部分企业在市场竞争的环境中诞生,在走向市场、适应市场方面不存在很大的障碍。城镇集体企业经营机制比较灵活,职工对企业经营效绩的关切程度高,在体制上更易于把机制灵活、内聚力强的优势组合起来,形成企业的市场竞争优势。许多成功的城镇集体企业的实践表明,只要我们的政策和工作到位,把城镇集体经济固有的和潜在的优势发挥出来,再加上各级政府的重视和具体支持,城镇集体企业完全可以办好,完全可以在市场竞争中发展壮大。中国经济的发展和社会主义市场经济体制需要城镇集体经济,城镇集体经济可以适应社会主义市场经济的要求。对于这一点,我们要有足够的认识,要确立对城镇集体经济发展前景的信心。

二、清产核资是城镇集体经济改革与发展的一项重要的基础工作

　　在肯定城镇集体经济在我国经济和社会生活中发挥着巨大作用的同时,我们也不能回避目前城镇集体经济在发展中面临的大量现实问题。在我国城镇集体经济发展的历程中,曾反复地受到"左"的思潮和政策的干扰,以致相当一部分老的城镇集体企业偏离了合作制的基本原则,变成了产权模糊、政企不分、分配上吃大锅饭、人员也难以流动的"二国营"模式。不少老集体企业离退休人员多,企业负担沉重,职工生活困难。许多企业设备陈旧,人员素质不高,经营管理水平低,市场竞争力不足。我们必须正视的现实是,我国城镇集体经济目前的状况与其在我国经济和社会发展中应有的地位是不相称的。与改革开放以来其他所有制经济的发展态势也是不相称的。这种状况如不尽快改变,不但城镇集体

经济的潜在优势及其在经济发展、社会稳定方面应有的作用发挥不出来，而且有可能会出现城镇集体经济逐步萎缩的局面，这将给我们的政治、经济和社会生活带来十分严重的后果。

要解决目前我国城镇集体经济面临的诸多问题，加快城镇集体经济的发展，出路在深化改革、解放生产力。

城镇集体经济改革的方向是建立现代企业制度。党的十四届三中全会《决定》在指出"现代企业制度是国有企业改革的方向"后明确提出，"所有企业都要朝这个方向努力"。江泽民总书记在党的十四届五中全会上指出："集体企业也要不断深化改革，创造条件，积极建立现代企业制度"。所谓现代企业制度，是指符合社会化大生产、适应社会主义市场经济体制的"产权清晰、权责明确、政企分开、管理科学"并依法规范的企业制度。对大型企业来说，现代企业制度以公司制为典型形式；对中小企业来说，主要是股份合作制、合作制、合伙、独资和有限责任公司等形式。无论采用哪种企业组织形式，关键是要实现"产权清晰、权责明确、政企分开、管理科学"。在现代企业制度这四项基本特征中，"产权清晰"是最基础性的。就我国城镇集体企业目前需要解决的诸多矛盾而言，"产权清晰"具有更加现实的意义。

建立现代企业制度的基本任务是使企业成为自主经营、自负盈亏、自我发展、自我约束的法人实体和市场竞争主体。要完成这项任务，出资者明确、财产所有权归属清晰是一项起码要求，这是建立现代企业制度的基础。因为企业的资产受益、重大决策和选择管理者的权益只能由出资者享受，最终承担企业盈或亏的是出资者，资产保值增值的责任要由企业对出资者承担，经营者工作的优劣要由出资者评价和监督。出资者不明确，产权不清晰，企业在市场中生存和发展所必须具备的责、权、利之间的平衡就会丧失，引发一系列的问题。从城镇集体企业的情况看，主要有以下几个方面问题：

一是为政企不分提供了条件。从根源上讲，政企不分产生于传统的计划经济体制。但是，在向新的社会主义市场经济体制转轨的过程中，集体企业产权归属不清、产权关系不顺使所有者被架空，为政府部门代替所有者行使职能、干预城镇集体企业经营提供了条件，致使一批城镇集体企业至今仍然没有从根本上改变"二国营"的模式，政府部门平调城镇集体企业资产的现象频频发生。

二是劳动群众集体所有的性质难以很好地体现。国务院1991年颁布了《城镇集体所有制企业条例》，规定了城镇集体企业职工在民主选举经营者和参与企业决策等方面的权益，体现了城镇集体企业劳动群众集体所有的性质。但由于产权关系不清、不顺，这些规定在相当一部分企业中并没有得到很好的落实，劳动群众集体所有制的性质未能充分体现,难以充分调动经营者和广大职工的积极性。

三是企业缺乏来自所有者的约束。一些企业经营管理混乱,长期亏损,资不抵债;有的企业经营者大肆挥霍、浪费企业财产;少数不法分子利用手中权力侵吞企业财产,城镇集体企业资产流失严重。究其原因,产权归属不清、缺乏来自所有者的约束是一个基本因素。

近年来,各地区在放活小企业的改革中,加快了城镇集体企业改制的步伐,改制企业普遍进行了界定产权工作,理顺产权关系取得了一定进展。但也存在一些问题,主要是全国没有统一的政策法规,在企业改制中,各地有关产权界定的政策规定不尽一致,有的地方出现职工出钱买自己财产的现象。从整体上看,相当一批没改制企业产权关系不顺的局面没有得到根本改变。近年来,城镇集体企业产权纠纷时有发生,有的甚至酿成恶性事件。

目前,我国城镇集体经济的发展已经到了一个非常关键的时期。城镇集体企业中各种矛盾已经积累了很长时间,严重影响到城镇集体经济的健康发展。解决这些问题要做的一项基础性工作,就是按照党的十四届三中全会《决定》关于"现有城镇集体企业也要理顺产权关系"的要求,制定统一政策,通过全面清产核资来明晰产权。这正是国务院下决心开展城镇集体企业清产核资工作的一个重要原因。我们要高度重视清产核资工作对于我国城镇集体经济改革和发展至关重要的基础性作用和意义。

三、理解和把握合作制集体企业的基本原则

城镇集体企业清产核资是一项工作量大、难度大的工作,其复杂程度要远高于国有企业的清产核资工作。对此我们要有足够的思想准备和业务准备。城镇集体企业清产核资的复杂性可能主要来自以下几个方面:

一是产权变动频繁。仅以"文革"前的手工业合作社和供销合作社为例。1958 年对合作社实行"过渡转厂",有 300 多万社员随手工业合作社转入国营工厂;1964 年恢复发展手工业合作社,一部分转为国营工厂的原合作社又改了回来。供销合作社的情况大体类似。1958 年,供销合作社从基层社到全国总社宣布改为全民所有制,县以上联社与国营商业合并,基层社并入人民公社;1962 年供销合作社恢复建制,与国营商业分开,改回集体所有制;1965 年底,供销合作社又改为全民所有制。在这些产权变动中,有手工业合作社、合作商店上交的部分资金没有退回的情况,也有政府给予其大量补贴、投入的情况,产权关系比较

复杂。

二是企业资产来源多样。从资产来源的产权主体看,有职工集体出资、职工个人出资,有联合经济组织、社区经济组织投资,也有国有企业及其他法人、自然人的投资,还有市、县、区、街政府或政府部门的拨款,甚至有来自于事业单位、学校等非经济组织的资金。从形成初始投资的资金的性质看,有投资性集资、入股、公共积累、拨款等投资行为,也有无偿划拨、无息借款、借贷、租赁、馈赠、捐赠、减免税、政策扶持等非投资行为。从资产来源的形态看,有货币资金,也有机器设备、工具、厂房、场地、专业技术等非货币资金。

三是财产所有权归属模糊。由于传统计划体制下人们产权意识淡薄,加上产权变动频繁和资产来源多样等因素,使相当一部分城镇集体企业程度不同地存在着财产所有权归属模糊即资本的出资者不清的问题。这个问题比较集中地反映在集体企业劳动者集体与职工个人、集体企业与联合经济组织、集体企业与扶持单位或政府有关部门对有关财产所有权归属的认识不一致或不完全一致,在有的集体企业,反映出的矛盾和分歧甚至很大。

城镇集体企业清产核资工作的复杂性不仅仅在于产权变动、资产来源等方面的复杂情况,而且在于这项工作涉及有关集体经济、合作经济的一些理论和认识问题。在这里我重点谈两个问题,供大家研究讨论。

第一,关于劳动积累问题。这是较为规范的合作制企业特有的问题。对于其他所有制企业来讲,处理财产归属关系坚持"谁投资,谁所有,谁受益"这个原则就可以了,但是对合作制企业来说就不能仅仅讲这一条。

一般讲,合作制是分散的消费者或独立的劳动者等市场竞争中的弱者,通过合作将个体的弱势转化为群体优势,从而实现自我保护的一种企业组织制度。合作的形态有劳动与资本两个方面,在生产合作社中,资本合作的目的在于能使联合的劳动者利用生产资料实现他们自己的劳动增值。在我国的合作制实践中,一些较为规范的企业坚持这个原则并按这个原则进行分配,虽然有的企业的全部资本均来自于归职工个人所有的股金,但税后利润分配除提取公积金、公益金外,首先提取一定比例的劳动积累,作为按份共有的集体资产,而后再按职工个人股金进行分红。这部分劳动积累是职工劳动对企业积累所作的贡献。

我国城镇集体企业大多是劳动密集型的中小企业,初始投资不多,一部分企业集体资本很少或者根本没有集体资本,主要靠劳动积累发展壮大。受旧体制下对合作制企业"过渡"、"升级"、"平调"的影响和其他外部环境的制约,许多城镇集体企业,包括初始投资主要不是来源于本企业职工的城镇集体企业,没有很好地坚持劳动合作原则,反映在分配制度上,就是对企业经营的盈余,一直没有提取劳动积累,也没有按照《城镇集体所有制企业条例》对职工进行劳动分红。在这次清产核资中,如果对那些集体资本很少或者根本没有集体资本的企业,只按初始投资来界定产权,不利于坚持劳动合作原则,有的企业可能因此而改变性质。因此,在这次清产核资产权界定中,对于经初始投资者同意,已经提取劳动积累的要予以承认;对于没有提取劳动积累的,要尊重历史,从企业现实情况出发,按照"不改变企业性质"的要求,通过各有关方面充分协商,争取合理解决。

第二,关于职工个人股权与合作经济的性质问题。国务院颁布的《城镇集体所有制企业条例》提出了合作制的基础原则,就是自愿组合、自筹资金、独立核算、自负盈亏、自主经营、民主管理、集体积累、自主支配、按劳分配、入股分红。在坚持这些合作制基本原则的前提下,职工个人保持其对企业出资的所有权是否会影响合作经济的性质呢?

从实践看,近几年各地的股份合作制企业发展很快。大部分股份合作制企业的资本,既有集体共有股,也有所有权归个人的职工个人股;不少企业的集体共有股中,又分为集体共同有和职工按份共有两部分。按份共有部分中有不少是长期以来集体资本由于未分红等原因所形成的积累。对按份共有部分,各地一般规定职工个人只有分红权,没有占有、使用、处置权,即没有所有权,职工个人不能带走,也不能转让。有的企业为了恢复劳动者与所有者相一致,劳动者与生产资料直接结合的合作经济的原则,改变集体产权虚拟的状况,对这部分由于未分红等原因所积累的资产进行了一些改革的尝试。因此,对于股份合作制的性质,一开始争论很多,现在看来,认识开始趋于一致了,认为是劳动合作与资本合作相结合,以劳动合作为主要特征的集体所有制性质。

在这次清产核资工作中,我们要充分认识合作性质的集体企业在产权上的特征,按照《城镇集体所有制企业条例》,承认"职工股金,归职工个人所有",并可"按股分红"。有关部门在产权界定或产权登记的具体操作中,不能改变职工个人股的所有权,也不能因有个人股权去改变企业的集体所有制、合作制性质。对于按份共有的集体资产及其他产权制度改革的措施,应该允许进行探索和试点。

四、加强领导,共同配合,切实做好城镇集体企业的清产核资工作

在各地区、各部门和广大城镇集体企业的共同努力下,前一阶段清产核资试

点工作取得了很大的成绩。总结经验，发扬成绩，把今年扩大试点工作做好，是全面开展清产核资工作的关键。要按照今年初财政部、国家经贸委、国家税务总局关于今年扩大试点的部署和刚才佑才同志报告所作的安排，把今后的工作做好。下面我再强调几个问题。

（一）各级经贸委和其他城镇集体经济综合管理机构要提高认识，加强组织领导

国家经贸委是国务院确定的负责全国城镇集体企业的宏观管理和指导工作的部门，推进城镇集体企业的改革与发展，是经贸委系统一项重要的职能和任务，组织做好城镇集体企业清产核资有关工作是义不容辞的责任。各级经贸委及地方人民政府确定的其他城镇集体经济综合管理机构要进一步提高对城镇集体企业清产核资重要意义的认识，把清产核资工作与城镇集体经济改革和发展的各项工作有机结合起来，把清产核资工作列入重要日程，切实抓紧抓好。各级经贸委及其他城镇集体经济综合管理机构要服从当地人民政府的统一安排，按照地方政府的要求，参加有关组织领导小组和办事机构的工作。要按照人民政府确定的分工，认真组织实施所有负责的工作。在本部门内部，要把所承担的清产核资各项工作落实到具体的单位和人员。要认真学习和掌握清产核资的各项政府规定，贯彻落实国务院办公厅《关于在全国城镇集体企业、单位开展清产核资工作的通知》精神，严格执行国家的各项规定。

（二）各级经贸委和其他城镇集体经济综合管理机构要认真做好产权界定和产权登记的有关工作

各级经贸部门要组织开展产权界定的培训工作。要坚持以事实为依据，认真执行国家经贸委、财政部、国家税务总局联合下发的《城镇集体所有制企业、单位清产核资产权界定暂行办法》。这个办法是经过三个部门的同志反复研究，广泛征求各地区、各部门和专家学者及广大集体企业意见制定的，对有关问题澄清了认识，进一步明确了政策界限。各地区、各有关部门要抓紧转发这个文件。各级经贸委及其他城镇集体经济综合管理机构要严格把好产权界定结果的审核、认定关，发现问题，及时纠正。要切实维护集体资产的完整，维护集体资产所有者的合法权益，维护各类投资者的合法权益。凡国务院有明确规定属于国家所有的资产，要确保国家的所有权，防止国有资产流失。对于集体企业被平调、挪用、侵吞的资产，要按照《城镇集体所有制企业条例》的规定进行处理。对于产权界定中发生的争议和纠纷，要与有关部门认真调查取证，广泛听取意见，进行调解和裁定。对于争议和纠纷涉及资产数额较大或对当事企业影响较大

的,要及时向当地人民政府和上一级经贸委请示、报告。要注意做好产权界定和产权纠纷典型案例的调研、搜集、分析工作,及时总结经验。要认真组织好集体资产的产权登记和登记证的核发工作。要强化维护集体资产权益的舆论宣传工作,增强法制观念,对于产权登记后发生的侵犯集体资产的行为,要在当地人民政府的领导下,坚决予以查处和纠正。

(三)各有关部门要密切配合,共同做好各项工作

从城镇集体企业的情况看,要真正保质保量地完成这次清产核资工作,难度很大,任务非常艰巨,各有关部门要加强协调配合、通力合作才能做好。财政部门有清产核资具体业务工作方面的经验,有一支专业人员队伍;经贸部门和其他城镇集体经济综合管理机构,对企业的经营管理和改革发展的状况比较了解;税务部门对企业的财务状况比较清楚,三个部门共同组织,各有侧重,只要相互配合好,有利于发挥各自的优势,形成合力。要充分发挥和依靠现有各城镇集体企业主管部门的积极性。这些部门要本着为城镇集体企业改革和发展服务的原则,按照三部门的工作要求,认真开展工作。三部门要加强与轻工、劳动、内贸、金融、供销社及其他专业经济部门、系统的联系,及时沟通有关情况。这些部门也要与三部门积极配合,从全国清产核资工作的大局出发,组织好本行业、本系统清产核资工作。

(四)广大城镇集体企业要积极行动起来,扎扎实实地完成好清产核资的各阶段工作

清产核资的任务包括各项政策最终都要落实到每一个城镇集体企业身上。广大城镇集体企业要积极行动起来,切实提高对这项工作重要性的认识、把它作为深化改革、加强管理、提高资金使用效益的一项基础工作,扎扎实实做好。尤其是企业的经营管理者要增强做好这项工作的主动性和责任感,按照清产核资的有关政策规定和工作要求,认真完成各项任务。要做好广大职工群众的宣传动员工作,让职工了解情况,参与有关工作,通过民主管理,进一步促进这项工作的完成。对于工作中存在的问题尤其是政策性问题,企业要及时向有关部门反映或提出自己的建议,有关部门要及时研究,采取措施。

(此件由财政部办公厅提供)

中国轻工总会、中华全国手工业合作总社关于加快轻工国有小企业、集体企业改革与发展的若干意见

(1997 年 4 月 8 日)

各省、自治区、直辖市及计划单列市轻工业主管部门：

在全面贯彻中央经济工作会议和全国经贸工作会议、全国体改工作会议精神，全面落实党中央、国务院确定的关于企业改革统一部署和总体要求，着力抓好轻工企业建立现代企业制度试点、国有大企业改革与发展的同时，今年要以更大的决心和魄力，在放开搞活轻工业国有小企业、集体企业方面迈出更大的步伐，以促进轻工业持续、协调、快速发展。现就此提出如下意见。

一、一项事关全局的重点工作

在轻工业系统中，国有小企业和集体企业数量多、行业跨度大、地域分布广，在轻工业和地方经济中具有举足轻重的地位。1995 年，在全国轻工系统工业企业中，小企业占企业总数的 92%。独立核算集体工业企业 4.1 万个，占全系统企业总数的 75%；职工 464.4 万人，占 45.6%；工业总产值 2024.4 亿元，占 38.3%；出口创汇值 295.9 亿美元，占 73.5%。放开搞活这些企业，是一项事关全局的重点工作。搞好这项工作，对巩固和发展国有经济在轻工业中的主导地位和公有制经济在轻工业中的主体地位，对提高各级轻工主管部门的地位和行业管理的权威，对从整体上提高轻工业的经济运行质量和效益，保证轻工业持续、协调、快速发展，都具有十分重要的意义。

轻工业目前已进入了一个新的发展时期，改革开放十几年来，轻工企业率先走上市场，在计划经济体制向市场经济体制转变的过程中，主动转换机制，积极参与竞争，获得了长足的发展，在整个国民经济中，三分天下有其一，取得了很大的成绩。特别是涌现了一批搞得好的轻工企业，在改革和发展方面都创造了宝贵的经验，为实现轻工业"九五"计划和 2010 年远景目标奠定了基础。但由于

国家财税、金融、外贸等体制改革加快,国家宏观调控政策加强,与外国企业、外资企业、乡镇企业的竞争加剧,轻工企业不适应社会主义市场经济要求的矛盾日显突出。轻工国有小企业、集体企业尽管已经经受了市场竞争的锤炼,但相对这些新形势、新情况来说,仍表现经营机制不活,企业管理体制、思想观念不适应市场经济发展的要求。加之企业规模小、布局散、专业化生产程度低的状况没有根本改变,以及技术设备陈旧、包袱沉重、有些集体经济政策不够落实等历史原因,结构调整又不适应市场需求的变化,相当多的国有小企业、集体企业生产经营困难,经济效益下降,在市场竞争中处于不利地位,已严重影响到轻工业经济运行的整体质量和效益,加快轻工国有小企业、集体企业改革与发展已刻不容缓。

国有小企业是国有经济的重要组成部分,它与国有大企业相辅相成,各有优势;集体企业是公有制的基本组成部分,与国有企业共同构成了国民经济的公有制主体地位。轻工国有小企业和集体企业不仅在轻工经济中数量多、作用大,而且它们还有许多共同的特点,更应该在改革开放中走在前列。比如国有小企业、集体企业比国有大企业规模小、实力单薄、享有的优惠政策少,但受计划经济的影响和约束少,改革难度小。企业的联合、兼并、托管、产业转移等改组形式可加快进行;实行股份合作制等企业制度改革可加快推行;租赁、承包经营、公有民营、分块搞活等多样化企业经营形式可加快实施;资产买断、拍卖、出售等形式可加快运营;按规定的程序对少数濒临破产的企业实施破产。一些改革政策和措施易于在国有小企业、集体企业先行试点,取得突破。因此,轻工业在贯彻落实中央关于企业改革的一系列政策措施中,应该而且完全可能使国有小企业、集体企业的改革比国有大企业搞得更快一些。

二、指导思想和总体要求

轻工国有小企业、集体企业的改革都要坚持建立现代企业制度的方向。放活国有小企业的目的,是使之机制更灵,经营更活,有更强的市场适应能力和竞争能力。集体企业的改革,关键是把集体企业办成真正意义上的集体企业,使其适应市场竞争需要的固有的活力充分发挥出来。从发展趋势上来看,轻工业经济将依然保持公有制为主体、多种经济成分共同发展和大、中、小企业并存的格局。在面向市场,参与竞争中,大企业要变得更大更强,小企业要变得更"专"更活,是轻工企业改革与发展的目标。

为了实现上述目标,1997年,我们要以中央经济工作会议精神为指针,紧紧围绕"实现两个根本转变",以产权制度改革、提高企业专业化生产水平和生产集中度为重点,全面实施"三改一加强",使轻工国有小企业、集体企业在改革中搞得更活,在改组中治"全"治"散",在改造中变强,通过管理打实基础,提高企业的整体素质,逐步实现经济增长方式由粗放型向集约型的转变。

加快轻工国有小企业、集体企业改革与发展的总体要求是:

1. 改制中要始终抓住转换企业经营机制这个关键。在改制过程中,要防止国有资产和集体资产流失,特别要防止和纠正平调集体资产。

2. 把放活小企业和搞好大企业结合起来。要按照社会化大生产的要求,进一步提高小企业的专业化生产水平,培育一批"小巨人"企业。按照企业最佳规模的要求,主要通过联合、兼并等手段,而不是自我膨胀的办法,进一步扩张优势企业的规模。

3. 把放开搞活小企业同调整结构结合起来,实行扶优汰劣。对优势企业和优质、名牌产品给予必要的扶持政策,淘汰在市场竞争中处于劣势的企业。

4. 坚持"三个有利于"标准。思想上进一步放胆,工作上进一步放手,形式上进一步放开,经营上进一步放活,政策上进一步放宽,鼓励企业大胆实践、大胆探索,不搞"一刀切"、一个模式。

三、基本思路

通过多种形式,对国有小企业和集体企业进行改革和改组。所有企业都要丢掉幻想,走上市场,在市场竞争中壮大一批大企业,发展一批专业化生产水平高的小企业,淘汰一批在市场竞争中处于劣势的企业,有计划地将系统内多数小企业纳入系统内外有竞争力的大企业、企业集团的生产经营和管理体系。在发展方面实行扶优扶强,坚持四上(上名牌、上规模、上质量、上品种),以强带弱,整体发展。

(一)加大推进多种形式股份合作制的力度,改制一批企业

股份合作制是以合作制为基础,吸收股份制的一些特点,实行劳动联合和资本联合的新型公有制经济形式,是现代企业制度的一种。经过多年的实践、发展和创新,目前轻工业内存在着多种形式的股份合作制。主要有企业股份全部由企业内部职工持股的股份合作制;企业股份由企业内部职工个人和企业职工集体共同持股的股份合作制;企业股份由企业内部职工个人、职工集体和外部法人、经济联合组织共同持股的股份合作制等。各种形式的股份合作制,在实践中都取得了较好的效果,都可作为轻工国有小企业、集体企业改制的重要形式,继续扩大推行。

对暂时不能实行股份合作制的企业,区别不同情况,采取联合、兼并、租赁、承包经营、委托经营、公有民营、分块搞活、解体重组、中外合资、出售、破产等多种形式进行改革。

(二)加大结构调整力度,重组一批企业

对轻工集体大型企业、企业集团和小而强、小而优(有产品、有市场、有效益)的轻工小企业,各级轻工主管部门要给予大力扶持。要和这些企业建立联系制度,加强对其改革与发展的指导,并在安排技改、基建项目、新产品开发项目和公司上市等方面实行优先政策。积极争取各级政府的支持,给予改革与发展的扶持政策,促使这些企业尽快上名牌、上规模、上质量、上品种。符合《公司法》规定条件的企业,要依法组建有限责任公司、股份有限公司或企业集团,首先在这批企业中抓好由粗放型经营向集约型经营的转变。

轻工业部分小企业生产设备比较简单,技术水平不高,产品属劳动密集型,适合于分散生产经营。这部分企业中尚有出售价值的企业,可以出售给企业职工,以先卖后股的方式组建合作制企业,也可向社会公开拍卖,出售给个人经营。对那些扭亏无望、资不抵债的国有小企业、集体企业,要坚决依法破产。

将结构调整同盘活存量资产结合起来,实施"退二进三"、"优二兴三"、统一规划、整体调整。充分利用国有小企业、集体企业现有土地的级差收益,筹集资金,在发展第三产业的同时,把老企业改造好、调整好。要以增量投入带动和促进存量调整,力求以较小的投入取得较大的产出。要有全局观点,发挥地区优势、企业优势,避免企业间结构调整的趋同性,保证结构的合理性。要注意把调整结构同科技兴轻结合起来,建立一批以科技为先导,以新产品抢占市场的高新技术小企业,以保证小企业产品结构的先进性。

(三)加大联合和专业化的力度,带动一批企业

当前,一些大型企业、企业集团和具有产品优势的小企业,急需通过联合和专业化协作,实现自身的低成本扩张,以进一步增强自身市场竞争实力和地位。轻工系统内的小企业要抓住这一契机,主动调整产品结构,为大企业、支柱产业配套,搞专业化生产,走专业化协作的道路。

各级轻工主管部门在扶优扶强,促进系统内优势企业自我扩张的过程中,要积极引导这些企业充分利用联合、兼并、零部件扩散等形式,把系统内的小企业有计划地纳入自己的生产经营和管理体系。同时,要积极支持本地区小企业参与跨行业、跨地区、跨所有制的联合、兼并、专业化协作生产。特别是对于那些外系统、外地区的企业跨行业、跨地区兼并系统内的小企业兼并活动,只要经济上合理,有利于被兼并企业发展,都要给予大力支持。

（四）加大多渠道融资和利用国内外先进技术的力度，改造一批企业

各级轻工主管部门要积极帮助指导国有小企业、集体企业多渠道融资，引进国外先进技术，采用国内专利技术，上一些投资少、见效快、市场前景好的中小型技术改造项目。要采取多种形式招商引资，积极有效合理地利用外资进行合资、合作，或通过单枝、多枝、整体形式进行嫁接，引进外资改造老企业。在利用外资的同时，要引进新技术和科学管理方法，促进企业产品升级换代和转换机制，增强活力，提高技术和管理水平。在对外合资、合作中，注意区别情况，实行以市场换资金、以市场换技术、以市场换市场。

（五）加大争创名牌的力度，发展一批企业

轻工国有小企业、集体企业都要注意产品质量，提高争创名牌的意识，加大争创名牌的力度。对具有中华民族传统文化的轻工产品要倍加扶持，扩大经济批量和市场覆盖率。既要继承又要创新，大力发展民族工业。各级轻工主管部门要制定包括国有小企业、集体企业在内的"九五"创名牌的发展规划和目标。

（六）加大企业管理力度，提高一批企业

集体企业要切实贯彻执行城镇集体企业条例中的厂长（经理）由企业职工代表大会选举或者招聘产生的规定，坚持厂长（经理）通过民主选举产生。国有小企业的厂长（经理）的产生也要逐步实行民主选举。无论国有小企业或集体企业都要不断加强领导班子的建设，提高领导才能和经营管理水平。要调动职工积极性，参与企业民主管理，健全完善监督机制，强化职工的主人翁地位。要深化企业内部人事、劳动、分配三项制度改革，继续建立和完善企业内部各项管理制度，实行从严治厂。深入开展"转机制、抓管理、练内功、增效益"的活动，大力推广、学习邯钢经验，进一步总结宣传海尔等一批轻工业先进企业的管理经验和活动，充分发挥典型示范作用。所有轻工国有小企业、集体企业在内部管理方面，要遏制滑坡的倾向，在今明两年内，达到本企业历史上最好水平，总体上要上个新台阶。

四、几项需要重点做好的工作

（一）认真学习与借鉴轻工国有小企业、集体企业改革与发展的做法和经验

改革开放以来，各地围绕加快轻工国有小企业、集体企业改革与发展做了大量工作，探索了一些行之有效的做法并取得了一些经验，有些具有比较普遍的指

导意义,值得学习与借鉴。

1. 浙江二轻、湖南二轻的做法和经验:取得地方政府重视和支持,因地制宜制定支持集体企业改革与发展的政策,搞好统筹规划,分类指导,总体推进,引导企业共同发展。他们多年来注重调查研究,从实际出发提出一些集体企业改革与发展的政策建议,得到省委、省政府的支持。在不同的经济改革时期,省委、省政府分别制定了政策性文件,鼓励轻工集体企业改革创新,支持轻工集体企业放开搞活,扶持轻工集体企业快速发展,为集体企业改革与发展创造了良好的外部环境,使集体企业快速发展,整体素质明显提高。

2. 合肥二轻、济南二轻的做法和经验:扶优扶强,坚持"四上"(上质量、上品种、上规模、上效益);以强带弱,共同发展。在系统内通过整体有计划地进行行业结构、产品结构、企业组织结构调整,通过联合、兼并、零部件扩散,将小企业纳入大企业的生产经营体系,进行企业改制、改组、改造,培育造就一批优势骨干企业,带动一批小企业共同发展。

3. 北京一轻、杭州二轻的做法和经验:自觉运用市场经济规律,充分运用土地级差收益,通过资本经营,优化资源配置,从总体上盘活存量资产,"退二进三"、"优二兴三",加快结构调整,促进产业升级,发展高新技术行业,形成支柱行业和新的经济增长点,提高国有资产和集体资产运营效率和效益,实现经济增长方式转变。

4. 厦门二轻的做法和经验:将市联社范围内的集体资产(包括联社本部和下属企业的资产)定为市联社范围内的劳动群众所有,市联社是联社范围区集体资产的总代表,对集体资产进行运营和管理,以理顺产权关系做基础,在市联社范围内进行调整、改造、盘活存量资产。

5. 山东二轻、江苏轻工的做法和经验:注重技术改造,将技术改造与调整行业、产品和企业组织结构结合起来,跟踪世界同类先进水平,优化投资结构,提高投资质量和效益,促进轻工集体企业、国有小企业发展。

6. 上海轻工的做法和经验:调整资产的产权结构,存量资产由企业职工集体"买断",将国有小企业转制为股份合作制企业,加速国有小企业改革步伐。

上述做法和经验要在实践中逐步深化、完善。各级轻工主管部门还要在加强企业领导班子建设、依靠职工办企业、扩大筹资渠道、清产核资、资产运营、规范破产、鼓励兼并、建立再就业工程、搞好社会保障、加强行业管理等方面总结一些具体的经验和做法,以供参考。

(二) 充分发挥行业管理部门的作用,搞好组织指导、协调、服务

放开搞活国有小企业、集体企业,绝不是放而不管或放松行业管理。各级轻工主管部门要勇于负责,发挥协会的作用,在实践中逐步学会和掌握行业管理职能。要研究政策、提出建议,要反映问题、协调关系,要加强监管、提供服务。中国轻工总会和中华全国手工业合作总社先后制定了《中华人民共和国城镇集体企业条例轻工业实施细则》、《轻工集体企业股份合作制试行办法》、《关于扩大推行股份合作制的意见》、《轻工业企业集体资产所有权界定的暂行规定》、《手工业合作联社资产管理暂行办法》等,这些政策性文件,遵从国家法规、方针、政策,符合轻工业的实际需要和特点,对促进企业改革和加强行业管理起到一定作用,在国家没有新的规定以前,轻工业应执行这些文件。随着改革的深化,中国轻工总会和各地轻工主管部门要积极配合经济综合管理部门,适时地制定一些新的地方政策、法规、引导和支持国有小企业、集体企业改革和发展。

(三)为国有小企业、集体企业创造改革与发展的良好外部环境和条件

抓好国有小企业、集体企业改革的关键是转换企业经营机制,但不等于企业机制转换了,新的企业制度建立了,企业就能搞好了,它只是提供搞好企业最基本、最重要的条件,企业还必须有好班子、好产品、好队伍。企业外部要有政府的支持,并为其创造良好的外部环境和条件。国有小企业、集体企业与国有大企业比较,存在规模小、资金薄弱、设备技术条件差、信息不灵等弱点,需要政府采取法律保护,政策扶持,产业引导,提供服务等措施。如,对条件与大中型企业相同的小企业和集体企业在信贷、技改和科技资金方面应一视同仁;对改制企业实行鼓励和扶持办法,减轻企业债务负担;建立集体企业或小企业发展基金,帮助企业多渠道筹集资金;扶持符合国家产业政策、产品适销对路、目前生产经营困难的国有小企业、集体企业恢复正常生产,帮助困难职工,加强企业领导班子建设,提供各类信息服务等。要充分利用国家和当地的有关政策及可能条件,广开就业门路,加强职工就业培训,引导下岗职工和富余人员转变择业观念,鼓励自谋职业,帮助企业做好富余人员的分流和下岗人员的再就业。各轻工主管部门都要积极主动地配合政府有关部门做好有关工作。

(四)切实加强领导

各级轻工主管部门要充分认识加快国有小企业、集体企业改革与发展的重要意义及其紧迫性,站到搞好整个公有制经济的高度,把这项工作与建立现代企业制度试点、搞活国有大企业等工作一起摆到重要议事日程。党政一把手要密切配合、亲自动手、精心组织,要深入实际,调查研究,及时发现新情况、新问题,处理好改革、发展和稳定的关系,协调解决重大问题。

各级轻工主管部门要在认真调查研究的基础上,制订好本系统国有小企业、

集体企业改革与发展的规划,确定抓大放小、整体推进的目标、方法和步骤,并着力加以贯彻落实。要集中力量抓好一批不同类型企业的试点,并及时总结经验,加以推广。特别是111个全国"优化资本结构"试点城市的轻工主管部门,要充分利用试点有利条件,大力推进国有小企业、集体企业的改革与发展,并以此促进国有大企业和其他企业的改革。要加强轻工系统企业改革与发展的信息交流,各地的新情况、新问题、新经验,应及时汇总,向各级政府有关部门和中国轻工总会反映。

（原件存中国轻工业联合会办公室文电档案处）

在 1997 年全国城镇集体企业清产核资工作会议结束时的讲话

（1997 年 4 月 11 日）

刘仲藜[①]

一、从改革与发展的高度认识集体企业清产核资的重要意义

按照国务院部署,在我国首次进行的全国范围内的集体企业清产核资,是整个清产核资工作的重要组成部分。这项工作的开展,对于解决集体经济发展中存在的问题,理顺产权关系,以及推动集体经济实现两个转变,有着重要的意义,概括起来有以下几点:

（一）开展集体企业清产核资,是全面摸清、掌握我国公有制经济状况的重大举措

集体经济是我国公有制经济的重要组成部分,它与国有经济共同构成了公有制经济在国民经济中的主体地位。建国以来,党和国家在各个不同的历史时期,从适应我国生产力发展水平的实际出发,先后制定和实施了许多支持集体经济发展的方针、政策和措施,集体经济得到了长足的发展。特别是十一届三中全会以来,在党的基本路线和邓小平同志建设有中国特色的社会主义理论的指导下,我国的集体经济发展很快,在增加税收、积极创汇、扩大就业、改善人民生活中发挥着重要作用,为改革开放、经济发展、社会稳定做出了很大的贡献。据统计,1995 年集体工业企业的产值占全部工业企业产值的 28.8%,销售收入占 27%;国家财政从集体经济中组织到的收入达 1075.48 亿元,占当年财政收入的 17.3%。在全国供销社系统、二轻系统、农村金融系统,集体经济发挥着主要作用。青岛海尔集团、浙江万向集团、广东万家乐集团等优秀企业,就是从集体企业发展而来的,并已成为行业的排头兵。从 1992 年到 1995 年,我们已经在全国

---

① 刘仲藜时任财政部部长。

范围内组织开展了国有企业清产核资工作,从总体上了解了我国国有经济的资产总量、结构和运营状况。从去年起,集体企业清产核资工作被提上议事日程,这对于充分掌握集体企业资产存量、结构及效益方面的真实状况,摸清整个公有制经济的"家底",全面掌握和了解公有制经济中各类企业资产的组合与分布,从而为进一步发展公有制经济提供决策依据有着重要的意义。同时,通过清产核资工作,可以充分了解和掌握各地区、各行业集体企业的真实情况和存在的主要问题,以便根据各地区、各行业实际,科学地制定区域经济规划和行业规划,加大经济结构调整的力度,实现各级政府对区域经济的宏观调控和有效管理。

(二)开展集体企业清产核资,是推动企业改革和发展的重要环节

当前,我国的企业改革已进入关键时期。我们要在积极推进国有企业改革的同时,注意推进集体企业的改革。这两方面的关系处理好了,就有利于我们实现经济管理体制改革整体推进的目标。在前不久召开的八届人大五次会议上,李鹏总理强调指出:"以公有制为主体,多种经济成分共同发展,是我们必须长期坚持的基本方针。公有制经济包括国有经济和集体经济,在搞好国有企业改革和发展的同时,要积极发展多种形式的城乡集体经济"。所以,我们既要抓好国有企业,发挥国有经济的主导作用,同时,又要大力发展集体经济。只有国有经济和集体经济都发展上去了,公有制经济的主体地位才能从根本上得到巩固,国民经济的进一步繁荣也才会有基础。而无论是改革还是发展,对集体企业开展清产核资,都是非常必要的。通过清产核资,我们可以系统、全面、科学地掌握企业资产、负债、财务、盈亏、管理等情况,发现和总结一些企业在市场经济的大潮中发挥机制灵活优势而迅速成长壮大的经验,对所取得的数据进行深入、科学、系统地分析,对所了解的情况和问题进行深入研究,取得发言权和决策权,方能有针对性地推进改革工作,促进解决集体经济重复建设、资源分散、规模效益低下、存量资产沉淀闲置等问题,形成集体经济发展的新优势。这不仅有利于推动集体经济自身的发展,同时也为全社会经济结构的优化及经济增长方式的转变创造了条件。

(三)开展集体企业清产核资,是提高集体企业经营管理水平的一项重要基础工作

多年来,集体企业总的来讲,发展的速度是比较快的,在国民经济运行中所起的作用是众人皆知的。但是,也有不少问题。例如,由于财产来源和投资渠道较为复杂,以及管理体制的多次变化,不少集体企业的产权关系比较复杂,有的已成为以大锅饭为特征的"二全民",影响了他们在市场经济体制下的改革与发展。还有的企业结构单一,产权归属不明晰,资产流失或被侵占等现象时有发生,积累与分配缺乏长远考虑等等。开展集体企业清产核资工作,全面清查资产,清理债权债务,重估主要固定资产价值,对有关产权进行界定,并组织产权登记,核实企业、单位的法人财产占用量等等,通过这一系列的基础工作,摸清"家底",暴露矛盾,明晰产权,可以为集体企业建立规范的资产管理制度创造有利的条件,对提高集体企业资产的运营效益,也具有重要的意义。

二、精心组织,加强配合,稳步推进集体企业清产核资工作

这次清产核资工作,为各地区、各部门提供了一次了解集体企业管理、发展状况的历史机遇,各地区、各部门要重视并认真组织好这项工作。集体企业清产核资的政策性很强,各级清产核资机构要按照小平同志"三个有利于"的标准指导具体实践,认真贯彻国务院领导的有关指示精神,坚持不收权、不改变隶属关系、不改变分配制度,对各种问题,要本着尊重历史、宽严适度、依法确认、有利监管的原则来处理,不随意制定与中央政策相悖的政策,以保证工作的严肃性,避免给集体企业资产经营管理带来混乱或给国家增加负担。与国有企业清产核资工作相比,集体企业清产核资工作的组织难度较大,一是集体企业户数众多,分布在所有的城乡和部门、行业,情况复杂;二是集体企业管理水平参差不齐,基础薄弱,存在问题较多。因此,对于集体企业清产核资工作的开展,应当统筹规划,精心组织,抓好落实。

(一)有计划有步骤地推进集体企业清产核资工作

清产核资内容多、政策性强、工作量大,触及方方面面,是一项庞大的系统工程。在全国组织这项牵扯面很广的工作,必须先进行试点,投石问路,摸索经验,在实践中反复检验我们的工作制度和工作方法,以防出现大的偏差和不必要的失误。只有把试点工作搞好了,并在试点中制定出比较符合实际的方案、政策、办法,才能以点带面,指导全面工作的开展,避免混乱,少走弯路。

按照"先行试点、逐步深入、全面铺开"的总方针,经全国城镇集体企业清产核资联席会议议定,全国城镇集体企业(包括城乡信用社系统)的清产核资工作总体上分三个阶段进行,大致用3～4年时间完成:第一阶段为前期准备和小范围试点阶段,这一阶段的工作目前已基本完成;第二阶段为组织扩大试点阶段,预计纳入扩大试点范围的企业将达到13.6万户左右,其中上海等五省、区、市将在全省范围内展开,电力、煤炭、石油等中央部门也将在全行业展开。这一阶段的工作应在1997年全部完成;第三阶段为全面铺开阶段,力争主体工作于1998年底结束。各部门和各级清产核资机构要扎扎实实、认认真真地完成各阶段的

任务。

（二）齐心协力,加强配合,共同做好集体企业清产核资工作

集体经济是公有制经济的重要组成部分,集体经济的进一步繁荣,需要各级人民政府及有关部门从各方面给予大力的关心和支持。清产核资是推动集体企业改革和发展的一项重要基础工作。在全国范围内组织集体企业清产核资工作,在我国集体企业发展史上还是第一次,其意义、影响十分深远。国务院决定城镇集体企业清产核资工作由财政、经贸、税务三家共同负责组织进行,是希望这三个部门能充分发挥各自的管理优势,形成有利于开展工作的合力,共同把此项工作搞好。因此,各级财政、经贸、税务及国资部门要树立全局观念,在工作中一定要加强配合,遇到问题要友好协商,彼此多沟通,为企业多办实事;部门间要做到违反工作原则的文件不发,违反工作原则的事不做,违反工作原则的话不讲;对一些敏感的问题要采取冷静、务实的态度,做好调查研究,实事求是地予以处理,共同指导企业搞好各项工作。同时要尊重地方政府的决定,允许地方根据实际情况采取多种组织方式,但要做到政策规定统一,工作方法规范,操作程序简化,方便基层,方便企业。各级清产核资机构还要紧密配合、全力支持农业部门搞好农村集体企业清产核资工作。城市、农村信用社今年将纳入清产核资工作范围,各级国税部门的同志要按照分工要求积极参与,认真做好资金核实工作。进行集体企业清产核资,工作量很广,任务很重,需要花费一定的财力,各级财政部门要在经费上给予必要的支持。

全国财政部门清产核资办公室大部分设置在国资部门,过去国资部门把国有企事业单位清产核资当作自己一项重要任务,全力以赴参与,取得了突出成绩,并形成了一套比较完善的信息网络,为下一步集体企业清产核资创造了有利的条件;我们要再接再厉,发扬连续作战的作风,继续全力以赴参与集体企业清产核资工作;各级国有资产管理部门的领导,必须要把国务院交办的这一专项工作作为一项重要工作来抓。

（三）认真总结经验,加强调查研究,制定和落实清产核资政策

我在这里所讲的总结经验,包括两方面的含义,一是1992年至1995年国有企业清产核资的经验,要很好地用活。历时4年多的国有企业清产核资,积累了从组织领导到资产清查、产权界定以及数据的收集汇总等一套比较完整有效的工作方法,各级清产核资机构应结合集体企业清产核资工作的特点,认真加以借鉴。二是1996年集体企业清产核资工作的经验,也要认真加以总结。1996年,各级清产核资机构在理顺领导关系和调整、组建工作机构的同时,开展了全面的户数清理工作,并组织了近1.3万户企业进行小范围试点,取得了显著成效。各

地区、各部门精心组织、狠抓落实,创造了许多好的方法。如上海市清产办将清产核资工作同企业的改制、改革和发展紧密地结合起来,有力地推动了清产核资的深入开展;云南省清产办通过大量的调查研究,针对集体企业的实际情况,提出了许多推动集体企业发展的政策和建议,得到了省政府领导及有关部门的支持,受到了企业的欢迎;河南省清产办对全省的户数清理工作十分重视,组织了专门的户数清理工作小组,先后数次召开专业会议,准确掌握了省、地、市、县所属及中央驻豫企业创办的集体企业的户数情况。此外,陕西、吉林、山东等省也有许多值得借鉴的做法和经验。1997 年的工作任务十分繁重,涉及的试点企业类型及地域、行业分布也十分广泛。各级清产核资机构要对 1996 年试点工作中发现的问题、情况进行必要的分析和归纳,从中总结有益的经验和做法,积极交流推广,互相取长补短,把今后的清产核资工作做得更好。

我国集体企业具有类型众多、投资渠道复杂、经营方式多样、管理部门分散、行业分布广泛等特点,不同地区、不同部门制定的集体经济政策有着差异,国家对集体经济发展很重视,也曾制定了不少政策,随着各项宏观改革措施的到位,为不同所有制企业创造了公平竞争环境。集体企业发展虽然较快,但在管理水平、技术水平、装备水平等方面还参差不齐。发展中也积累了不少问题,不少企业目前还存在一些困难,这就直接导致了清产核资工作的复杂性和艰巨性,同时也对集体企业清产核资工作提出了更高的要求。为了推动此项工作的深入进行,调动集体企业开展清产核资工作的积极性,各地区、各部门一定要加强调查研究工作,听取企业的意见和要求,及时进行研究,提出意见和建议,促进集体经济发展。

（原件存财政部办公厅档案处）

中国轻工总会、中华全国手工业合作总社、国家税务总局关于印发《轻工业企业集体资产管理暂行规定》的通知

（1997 年 4 月 14 日）

各省、自治区、直辖市及计划单列市轻工业主管部门、联社，地方税务局：

现将《轻工业企业集体资产管理暂行规定》印发给你们，请结合本地区、本部门实际认真执行，并将工作中有关情况和问题及时上报。

附：

轻工业企业集体资产管理暂行规定

第一章 总 则

第一条 为加强集体资产的管理，维护集体资产所有者合法权益，促进公有制经济的巩固和发展，根据《中华人民共和国城镇集体所有制企业条例》和国家有关规定，制定本规定。

第二条 本规定所称轻工业企业（包括事业单位，下同）集体资产，系指属于轻工业集体企业本企业的劳动群众集体所有和轻工业集体企业的联合经济组织（简称联社，下同）所有的资产。

第三条 轻工业企业应当按照国家有关规定进行清产核资，明确财产所有权的归属，保证集体资产的完整性；合理使用、有效经营企业集体资产，并使集体资产保值增值。

第四条 轻工业企业集体资产及其合法权益受国家法律保护，不受侵犯，坚决依法抵制和纠正平调、侵占集体资产的行为。

第五条 轻工业企业涉及下列资产产权主体变动或经营、使用资产的主体发生变化的经济行为时，应当进行资产评估：

（一）实行租赁、联营、股份制与股份合作制经营、兼并和出售企业（包括资

产折股出售),破产清理,企业终止清理,财产抵押以及中外合资、合作经营等经济行为的;

(二)涉及产权变动的当事人认为需要进行评估的;

(三)其他依照法律法规的规定,需要进行资产评估的。

第六条　轻工业企业集体资产的价值须以货币形态记帐反映。

第七条　本规定适用于轻工业集体企业和各级联社。

第二章　清产核资　界定产权归属

第八条　轻工业企业及联社的集体资产,企业改变隶属关系带走的联社资产,政府部门及国有企事业单位以各种形式占用的轻工业集体企业及联社的资产,均应按照国家有关规定进行清产核资。

第九条　轻工业企业集体资产的产权界定,依据国家有关法律、法规进行,应追溯企业初始投资的资金来源,按照各投资主体"谁投资、谁所有、谁收益",又要保证集体企业的合作经济性质的原则,本着尊重历史、实事求是、顾全大局、互谅互让、宜粗不宜细、兼顾投资各方利益的精神,公平、公正地界定企业财产所有权的归属。

第十条　国家投资及投资收益形成的所有者权益,其产权归属国家所有。

第十一条　各级联社各种形式的投资及其收益形成的所有者权益均为联社集体资产,其产权归该联社范围内的劳动群众集体所有。

第十二条　各类企业、单位或法人、自然人对集体企业的投资及其收益形成的所有者权益,其产权归投资的企业、单位或法人、自然人所有。

第十三条　职工个人在集体企业中的股金及其收益形成的所有者权益,其产权归职工个人所有;难以明确投资主体的,其产权暂归集体企业劳动者集体所有。

第十四条　各级联社按照国家有关规定收缴的用于集体企业的资金(如合作事业基金)、管理费、上级联社的拨款、下级联社的上交款、单位和个人馈赠的财产、政府和有关部门为扶持集体经济发展而无偿拨给联社的资金和财产、联社兴办的企事业单位的资产、联社开展多种经营的各项收入等,均为联社集体资产,其产权归该联社范围内的劳动群众集体所有。

第十五条　轻工业企业用公益金购建的集体福利设施,其产权归本企业劳动者集体所有。

第十六条　凡由劳动群众自筹资金开办的轻工业企业,没有外部投资(包括联社投资,或没有实行过统负盈亏的),其全部资产及其增值属于该企业劳动群众集体所有。

第十七条　轻工业企业接受资助及捐赠所形成的所有者权益,其产权原则上按资助、捐赠时的约定来确定归属;没有约定的,其产权归属该企业劳动者集体所有。

第十八条　轻工业企业依照法律、法规和国家政策规定享受的各种优惠待遇,包括以税还贷、税前还贷和各种减免税金所形成的所有者权益,为集体资产,其产权属于该企业资产所有者共同所有。

第十九条　轻工业企业的专利、专有技术、商标等无形资产,其转让收入属该企业资产所有者共同所有。

第二十条　有联社投资的轻工集体企业,其产权界定原则上应以由各级联社统负盈亏改为由企业自负盈亏的年度作为产权界定的基准年度,依据该基准年度的企业财务会计年报,核实并计算出各投资主体的投资额各占企业净资产的比例,由各投资主体经过互谅互让,商定划分企业现有净资产财产所有权的比例,按同比增长分劈企业净资产的增值部分。

第二十一条　政府和国有企业、事业单位为扶持集体经济发展或安置待业青年、国有企业富余人员及其他城镇人员就业而转让、拨给或投入轻工业企业的资产,凡明确是无偿转让或有偿转让但收取的转让费用(含实物)已达到其资产原有价值的,该资产及其收益形成的所有者权益,其产权归轻工业企业劳动者集体所有。

第二十二条　轻工业企业以借贷(含担保贷款)、租赁取得的资金、实物作为开办集体企业的投入,该投入及其收益形成的所有者权益,除债权方已承担连带责任且与债务方已签订协议按其协议执行外,其产权归轻工业企业劳动者集体所有。

第二十三条　轻工业企业中,联社资产自投入企业起随企业净资产同比例增减。

第二十四条　轻工业企业被平调、挪用、哄抢、私分、变卖、侵吞的集体资产,属 1992 年 1 月 1 日《中华人民共和国城镇集体所有制企业条例》实施前的,按照中共中央、国务院中发[1981]42 号、国务院国发[1983]67 号、国发[1984]47 号、国发[1984]163 号、国发[1986]63 号等文件规定处理;属 1992 年 1 月 1 日《中华人民共和国城镇集体所有制企业条例》实施后的,按照《中华人民共和国城镇集体所有制企业条例》的有关规定进行处理。

第三章　集体资产产权转让

第二十五条　轻工业企业集体资产产权转让,是指将轻工业企业集体资产产权有偿让渡的行为。产权转让,既可整体转让,也可部分转让。

第二十六条　集体资产产权转让应依照法定的权限程序进行。轻工业企业转让集体资产产权,应征得资产所有者同意,由企业职工(代表)大会讨论通过后向主管部门或联社提出申请,经批准后,由主管部门或联社组织资产清理小组对其各项资产及债权、债务进行全面清理,并委托有法定资格的资产评估机构对资产进行评估,评估结果应经其主管部门或联社认定。

各级联社独资创办的企事业单位转让产权,须经该级联社理事会决议同意,并依照上述程序办理。

第二十七条　集体资产产权转让应以评估确认的价值为转让底价。可以溢价转让。如成交价低于评估确认价值,企业应报经其主管部门或联社批准。

第二十八条　轻工业企业集体资产和国有资产产权界限不清的,由其主管部门或联社会同同级国有资产管理部门协商解决;涉及上级联社投资、借款的,由其主管部门或联社会同上级联社协商解决。协商不成的,按照有关规定申请仲裁或向人民法院起诉。

第二十九条　集体资产产权转让应遵循公平、等价有偿和协商一致的原则。在同等条件下,本单位的其他资产所有者优先受让。

第三十条　转让方和受让方就产权转让条款协商一致后,应签订书面协议,并报其主管部门、联社和有关部门备案。

第三十一条　产权转让价款应一次付清。价款数额较大,一次付清确有困难的,经转让方主管部门或联社同意并在受让方提供有效担保的前提下,双方方可签订分期付款书面协议。

第三十二条　集体资产产权转让收入,分别按下列不同情况处置:

(一)联社独资兴办的集体企事业单位,其产权转让净收入归投资联社;

(二)投资主体多元化的集体企事业单位,其产权转让净收入(包括土地使用权折价)上交主管联社,由主管联社会同各投资主体按投资比例确定各自应得份额,并定期办完移交手续;

(三)靠自身积累发展起来的轻工业企业,其产权转让净收入的处置由该单位职工(代表)大会决定。企业终止,按国家有关法律、法规规定办理;

(四)用联社资金兴建的职工宿舍、房改收回的收入归联社集体所有,由联社管理、支配。

第三十三条　轻工业企业所在地没有主管联社的,产权转让中的相应事宜由其主管部门办理。

第四章　集体资产的监督管理

第三十四条　中国轻工总会、中华全国手工业合作总社是全国轻工业集体资产管理的主管机关,会同国务院有关部门对轻工业集体资产进行指导、维护、监督、协调、服务等管理组织工作;全国各级轻工业企业主管部门、联社是本地区、本部门轻工业集体资产的主管机关,在总会、总社的业务指导下,会同当地有关部门负责做好本地区、本部门轻工业集体资产的管理工作。

第三十五条　轻工业企业集体资产按国家有关规定经过资产清查、价值重估、产权界定、资金核实后,按规定办理产权登记手续。

联社资产的清产核资工作由各级联社按产权归属、分级管理的原则,按照国家有关规定进行。

第三十六条　轻工集体资产的经营管理、监督实行集体所有,分级管理,分工监督、企业经营。

(一)集体所有。劳动群众集体所有制是部分劳动群众共同占有生产资料的一种社会主义公有制形式,是轻工集体资产实行分级管理、分工监督、企业经营的根本依据。

(二)分级管理。本企业劳动群众集体所有的资产,由本企业职工(代表)大会具体行使财产所有权,负责管理;各级联社范围内的劳动群众集体所有的资产,由各级联社理事会具体行使财产所有权,负责管理。各级联社对其成员单位集体资产的经营管理、保值增值状况,具有依法"指导、维护、监督、协调、服务"的职能。

(三)分工监督。本企业和各级联社行使财产所有权、经营管理、保值增值的状况,由本单位的监事会分工实施监督。

(四)企业经营。根据企业财产组织形式的不同,可分别采取与其相适应的资产经营形式。

未改制企业的法定代表人对企业财产所有人授予其经营的资产,享有财产使用权,依法自主经营,并应建立资产经营责任制,承担资产保值增值的责任;企业财产所有人仍享有财产占用、收益和处分权。

已改制企业的法定代表人对企业财产所有人授予其经营的资产,享有财产使用权,依法自主经营,并应建立资产经营责任制,承担资产保值增值的责任;企业财产所有人仍享有财产占用、收益和处分权。

已改制为公司制、股份合作制的企业,企业享有法人财产权,对其全部法人财产享有民事权利,承担民事责任。企业财产所有人按投入企业的资本额享有所有者的资产受益、重大决策和选择管理者等权利;企业终止时,财产所有人只以投入企业的资本额为限对企业债务承担有限责任。

已实行承包经营责任制的企业,应当将企业资产的保值增值指标纳入承包指标体系,企业财产所有人仍享有财产占用、收益和处分权。

已实行租赁经营或者公有民营的企业,承租人或者民营者应当依照合同约定,足额缴纳租赁金或者资产占用费,并承担企业资产保值增值的责任;企业财产所有人仍享有财产占用、收益和处分权。

第三十七条　轻工集体资产的全部收益,在依法缴纳税金和各项费用后,在不改变财产所有权和确保企业发展后劲的前提下,遵循兼顾国家、集体、个人三者利益的原则,由其财产所有人依照国家财务、会计制度规定自主支配。

第三十八条　凡占有联社资产的集体企业,在实行承包、租赁、兼并、联营或改制为股份制、股份合作制、中外合资、合作经营等,应向联社资产管理部门报送可行性报告,在明确企业内部产权关系并经联社资产管理部门确认后再行办理。

按照企业经营方式不同,联社资产收益可分别采取收取利润、资金利息、股利、租赁金等不同形式。

第三十九条　对集体资产,任何部门、单位及个人都不得平调、侵吞、变卖、哄抢、私分。如有侵吞集体资产或损害集体企业合法权益,造成集体资产流失的单位和个人,应按国务院有关文件及《中华人民共和国城镇集体所有制企业条例》规定偿还。

第四十条　对有关部门、国有企事业单位占用轻工集体企事业单位及联社资产的,或集体企业改变隶属关系带走的联社资产,通过清产核资后,经双方协商,可按以下办法处理:

一、作为股份参与分红;

二、实行集体与全民企业联营,按双方出资比例划分资产份额并相应取得收益;

三、租赁经营,由联社和集体企业收取租赁金;

四、限期归还,未归还部分应收取资金利息(利率不低于银行同期流动资金贷款利率)。

第四十一条　各级轻工业企业主管部门或联社应建立、健全集体资产的经营管理机构。

各级轻工业企业主管部门或联社可以设立集体资产管理委员会。也可设立集体资产经营公司(中心),报经批准后依法取得法人资格。

集体资产管理机构的主要职责是:

(一)负责集体资产的"指导、维护、监督、协调、服务"。贯彻执行有关集体资产管理的法律、法规、政策、维护集体资产的完整性和合法权益;会同有关部门拟定集体资产经营管理规章、制度、办法,组织和指导开展清产核资等项工作;制定集体资产保值增值指标体系,从总体上考核资产的经营管理、保值增值状况;会同有关部门协调解决集体资产产权纠纷,提供咨询服务。

(二)负责集体资产的合理使用和有效经营。选择资产的经营方式和经营项目,实现资产保值增值;选择资产经营者,签订资产经营责任合同,并按资产经营业绩,分别兑现奖惩;向投资、参股单位委派董事。

(三)负责集体资产的收益、处分。收取资产入股股利、投资收益等;研究决定资产收益和产权转让收入用于资本的再投入;研究决定产权交易;建立健全职工保障机制。

(四)负责向轻工业企业主管部门或联社理事会或社员(职工)代表大会定期报告工作。

第四十二条　各级轻工业企业主管部门或联社应当建立和健全监事会。监事会是集体资产的监督机构,其主要职责是:

(一)审查联社理事会或企业的财务报告,监督、评价本单位集体资产的经营管理、保值增值状况;

(二)根据工作需要,查阅联社或集体企业的财务帐目和有关资料,提出询问,提供咨询;

(三)负责向投资、参股单位委派监事;

(四)负责向职工(代表)大会定期报告工作。

第四十三条　各级轻工企业主管部门或联社应当加强集体资产保值增值考核工作。

(一)集体资产保值增值指标。集体资产保值增值率(期末所有者权益÷期初所有者权益×100%)等于100%,为集体资产保值;集体资产保值增值率大于100%,为集体资产增值,反之为减值。

(二)集体资产保值增值考核期。企业一般以年度作为考核期,联社一般以理事会每届任期作为考核期,必要时可进行年度抽查。

(三)建立集体资产经营责任制,核定资产保值增值或者减亏指标和其他有关考核指标,签订集体资产经营责任合同,资产经营者应对资产保值增值承担责任,并应与其个人收入挂钩,经过考核,按合同兑现。

第四十四条　各级轻工业企业主管部门或联社应当建立集体资产经营管理和财务会计报告制度,如实反映轻工集体资产的增减变化情况,定期上报,接受检查。

第五章　附　　则

第四十五条　各省、自治区、直辖市轻工集体企业主管部门、联社可根据本规定,结合当地实际情况,制定实施细则,并报国家税务总局、中国轻工业总会、中华全国手工业合作总社备案。

第四十六条　过去有关规定与本规定有抵触的,均按本规定执行。

第四十七条　本规定由中国轻工总会、中华全国手工业合作总社负责解释。

第四十八条　本规定自发布之日起施行。

（原件存中国轻工业联合会办公室文电档案处）

中国轻工总会、中华全国手工业合作总社
关于印发《全国各级轻工业集体企业联合
经济组织清产核资暂行方案》的通知

（1997 年 4 月 15 日）

有关省、自治区、直辖市及计划单列市轻工业主管部门、联社,中国轻工业原材料总公司,中华康普实业发展公司:

为贯彻落实国务院办公厅《关于在全国城镇集体企业、单位开展清产核资工作的通知》(国办发[1996]29 号文),根据国家经贸委、财政部、国家税务总局有关城镇集体企业、单位开展清产核资的规定,为做好全国各级联社的清产核资工作,中国轻工总会、中华全国手工业合作总社制定了《全国各级轻工业集体企业联合经济组织清产核资暂行方案》,现予印发,请你们结合本地区、本部门实际情况,认真贯彻执行,并将工作中有关情况和问题及时上报。

全国各级轻工业集体企业联合经济组织清产核资暂行方案

为贯彻落实国务院办公厅《关于在全国城镇集体企业、单位开展清产核资工作的通知》(国办发[1996]29 号)及国家经贸委、财政部、国家税务总局关于城镇集体企业进行清产核资的有关规定,加强集体资产的管理,在轻工集体企业、单位开展清产核资的同时,全国各级轻工业集体企业联合经济组织(简称联社,下同)也要全面开展清产核资工作,以达到摸清家底、界定产权、划分归属、加强管理,联社资产保值增值,管好用活联社资金,更好地为企业服务、为行业服务,促进集体经济健康发展的目的。

一、资产清查

（一）联社资产清查范围

联社资产系指各级联社依法收取的互助合作基金,管理费,联社兴办的企事

业单位的资产,上级联社的拨款,下级联社的上交款,单位和个人馈赠的财产,地方政府和有关部门为扶持集体经济发展而无偿拨给联社的资金和财产以及联社开展多种经营的各项收入等,都属于清查范围。各级联社对企业和下级联社的借款,投资到联营企业、股份制企业和中外合资企业中的资产,被兼并和划出系统外企业带走的联社资产和借款以及挂国营企业牌子由联社投资的资产,也属于清查范围。

（二）联社资产清查内容

1. 收入的清查

（1）联社管理费的清查。各级联社按规定应收取的管理费是否如数收清,对企业和下级联社欠缴的管理费要进行清查登记,分期收缴。

（2）互助合作基金的清查。联社按规定应收取的互助合作基金是否如数收清;对企业和下级联社欠缴的互助合作基金要进行清查登记,由欠交单位订出分期上交计划或经过协商转为联社借款、联社资本金。

（3）经营收益的清查。联社直接投资开办的经济实体和自身开展多种经营应得的收益是否如数收清;对欠缴的要清查登记,分期收缴或转增联社投资。

（4）联营、入股收益的清查。联社与其他企业联营、投资入股应分得的收益是否如数收清;对未收的要清查登记,分期收回或转增投资资本。

（5）其他收入的清查。联社按规定应收取的其他收入,如:房租、房改售房款、联社资金利息等是否按规定收缴入账;对欠缴的联社资金利息要进行清查登记,分期收缴或经主管联社批准后转为联社资本金;房改售房款要单独建账、开户,加强管理。

2. 财产的清查

（1）固定资产的清查。所有权属于联社的汽车、房屋（办公楼、宿舍楼、仓库、经营门面等）以及按财务制度规定列为固定资产的,都应进行清查,逐项详细登记,包括被平调、占用的也要清查收回。

（2）办公用具的清查。联社购置的办公用具、通讯设备,如,桌、椅、柜、打字机、复印机、计算机、电话等应进行清查登记,被平调、占用的要清查收回。

（3）其他资产的清查。依法属于联社的其他资产也要进行清查登记,被平调、占用的要清查收回。

3. 联社投资和借款的清查

（1）联社独资兴办的企业（如工业、供销等企业）,其资产及增值均属联社所有,新旧会计制度接轨时是否转为"联社资本金",是否有划分错误,应进行清查对账,逐户登记。

（2）联社所属的合作工厂性质的企业，统负盈亏期间的资产及增值全部归联社所有；改自负盈亏后企业留利、更改基金属企业劳动者集体所有。新旧制度接轨时是怎样划分的，要进行清查对账，逐户登记。

（3）联社借款的清查。联社各个时期借给企业和下级联社的各种借款，均属联社的债权，应进行清查对账，逐户签证认可，由企业分期归还或转为联社投资。

（4）系统外企业联社资产的清查。因改变隶属关系划出系统外以及被兼并、划走的企业、联社投资和借款要进行清查登记，逐户签证认可，由划出企业或接收单位负责归还。

（三）联社资产清查时点、工作步骤和基本要求

1. 清查时点

凡在1997年进行清产核资的各级联社，以1997年3月31日24点为资产清查时点，即以1997年3月份账面和会计报表为依据进行清查。

2. 工作步骤

凡在1996年进行清产核资的联社，应认真进行总结，并按本方案的有关规定上报报表及工作总结；在1997年进行清产核资的联社，4—5月为清产核资前期准备阶段；6—10为具体工作实施阶段。各省、自治区、直辖市联社可根据本地区实际情况，自行安排具体工作步骤，确定清产核资地、县（市）联社；全部工作须在11月底以前全面完成，并向全国总社上报有关报表及工作总结。

3. 基本要求

（1）以账面为依据，根据联营、投资协议书、承包合同书、收益分配协议书等清查各项收益。清查所属企业账面欠交的管理费和互助合作基金，对应收而未收款项逐户登记，并注明未收原因，提出处理意见。

（2）对各项财产本着账实结合的原则进行实物盘点，逐项登记，然后与账面核对。盘点不能只限现存的实物，被平调、占用、借用的也要进行清查登记，提出处理意见。

（3）对所属企业中的联社资产和联社借款进行清查对账，核实联社资本金的数据，逐户进行登记。

（4）对联营、投资入股的资本进行清查，逐项核实登记。

（5）对被兼并或划出系统外企业带走的联社资产进行清查，逐户核实登记，签证认可。

（6）清查工作在联社自查的基础上，由上级主管联社组织抽查，并接受地方同级清产核资机构的检查和监督。

二、资产价值重估

各级联社的固定资产价值重估,要本着实事求是的精神,严格执行国家有关政策和有关技术标准,依据国家统一制定的《城镇集体企业清产核资固定资产价值重估统一标准目录》进行,不得随意多估或少估,并按规定向有关部门申报。

三、产权界定

各级联社必须依据有关政策规定进行产权界定和划分资产归属;对于被平调、侵占的资产坚决的依法追究,维护集体经济的合法权益;出现产权争议、纠纷时要按照有关政策、法规进行界定;对于联社与所属企业资产归属不清、划分不准的,要本着尊重历史、宜粗不宜细、兼顾双方利益的原则,协商解决。产权界定的结果要按规定向有关部门申报。

四、资金核实

经过资产清查、价值重估、产权界定的各级联社,必须按照国家有关规定认真进行资金核实工作;对清出的各项资产盘盈盘亏、财产损失及资金挂账,按照有关规定分别提出处理意见,报同级税务部门会同同级清产核资机构审批,具体办法按国家税务总局、财政部、国家经贸委国税发[1996]217号文件执行。

五、产权登记

各级联社在完成清产核资资金核实工作后,须在3个月内向同级经贸部门(集体企业综合管理机构)办理产权登记手续;凡有联社投资、借款的企业和被平调企业带走的联社资产须经主管联社审核批准后,按规定办理产权登记手续。

六、建章建制及检查与总结

各级联社在清产核资过程中,要针对清产核资发现的有关问题,相应建立健全有关的规章制度,以加强管理,防止联社资产流失,提高联社资产的使用效益。

各级联社在清产核资工作基本结束后,其上级联社要按国家统一规定对所属联社的工作情况进行检查,并认真进行工作总结,逐级上报总结报告;在此基础上,由省、自治区、直辖市联社提出本省、自治区、直辖市的总结报告上报全国总社。

七、有关问题的处理原则

（一）全国各级联社的清产核资工作，由各级联社按产权归属、分级负责的原则组织进行，哪一级联社的资产由哪一级联社负责进行；在机构改革中联社机构尚未理顺的，由同级轻工主管部门负责。

（二）联社借给企业的资金，经清理确认后，由借款企业与联社重新签订还款协议，按期归还，在未归还前要向联社交纳联社资金利息；经企业与联社协商也可以转作投资，划为联社资本金，联社按投资比例分享收益和在投资限额内按比例承担风险。

（三）因技改项目失败，造成借款损失或企业倒闭，资不抵债无力偿还联社借款的，经过审查可予豁免，属哪一级联社的借款由哪一级联社审批。

（四）联社资产被平调、侵吞、占用的，要坚持谁平调、谁退赔，谁占用、谁退还的原则，一时退还不了的，要向联社交纳联社资金利息或租金。对既不退还联社资产又不交纳联社资金利息或租金的单位，联社可报请当地政府清产核资机构协调解决或依法向人民法院提出诉讼。

（五）发生产权争议与纠纷的资产，轻工主管部门和联社要依据政策与当事人协商解决；协商解决不了的，可报请地方政府清产核资机构或上级联社帮助协调，或按国家有关司法程序处理。

（六）各级联社资产清查结束后，要加强对资产的日常管理，充分利用好现有资产，兴办经济实体，进行投资、入股、联营，开展多种经营，实现联社资产的保值增值，增强联社经济实力，增加联社的凝聚力，继续发挥互助合作的作用，更好地为轻工集体企业服务。

（七）各省、自治区、直辖市联社可根据本方案，结合当地实际情况，制定本地区、本部门实施办法，并报中国轻工总会、中华全国手工业合作总社备案。

附件：1. 联社收入清查登记表（联资清 01 表）（略）

　　　2. 联社资产清查登记表（联资清 02 表）（略）

　　　3. 联社投资清查登记表（联资清 03 表）（略）

　　　4. 联社借款清查登记表（联资清 04 表）（略）

　　　5. 联社负债清查登记表（联资清 05 表）（略）

　　　6. 被平调联社资产清查登记表（联资清 06 表）（略）

　　　7. 联社资产清查报批表（联资清汇总表）（略）

　　　8. 联社资产清查表编制说明（略）

（原件存中国轻工业联合会办公室文电档案处）

上海市股份合作制企业暂行办法

（1997 年 5 月 17 日上海市人民政府发布）

第一章 总 则

第一条 （目的）

为了规范股份合作制企业的组织和行为，促进股份合作制企业的发展，根据本市实际情况，制定本办法。

第二条 （适用范围）

本办法适用于在本市设立的股份合作制企业。

第三条 （股份合作制企业的含义）

本办法所称的股份合作制企业，是指以企业职工出资为主或者全部由企业职工出资构成企业法人财产，合作劳动，民主管理，按劳分配和按股分红相结合的企业法人。

第四条 （企业的权利义务）

股份合作制企业享有由股东投资形成的全部法人财产权，依法享有民事权利，承担民事责任。

股份合作制企业以其全部法人财产，依法自主经营，自负盈亏。

第五条 （企业章程）

设立股份合作制企业，必须依照本办法制定企业章程。企业章程对企业、股东和非股东在职职工具有约束力。

股份合作制企业的经营范围由企业章程规定，并依法登记。企业的经营范围中属于法律、法规限制的项目，应当依法经过批准。

第六条 （企业名称的使用）

股份合作制企业使用公司名称的，应当在其名称中标明"合作公司"字样。

第七条 （经营管理和行政管理原则）

股份合作制企业的企业经营管理和社会行政管理实行分离原则。

股份合作制企业的经营管理权，由出资人依照本办法和企业章程，按出资人所占股份总额的比例行使。

对股份合作制企业的经济社会等政府行政管理,由企业注册所在地的区、县人民政府及其所属有关部门负责,但依法由市有关部门行使的除外。

股份合作制企业的税收,由企业注册所在地的区、县税务部门征管。

第二章　设　　立

第八条　(设立条件)

设立股份合作制企业应当具备下列条件:

(一)有一定人数的股东;

(二)有最低限额的注册资本;

(三)有股东共同制定的企业章程;

(四)有企业的名称和规范的组织机构;

(五)有固定的生产经营场所和必要的生产经营条件。

第九条　(股东人数)

股份合作制企业的职工股东不得少于8人。

非股东在职职工不得超过企业在职职工总数的10%。

第十条　(设立方式)

股份合作制企业的设立分为发起设立和改制设立两种。

发起设立,是指由2名以上作为发起人按本办法而设立股份合作制企业。

改制设立,是指对现有企业依照国家和本市有关规定进行清产核资、明晰产权和资产评估确认后,按本办法改制为股份合作制企业。

第十一条　(企业章程的内容)

股份合作制企业章程应当载明下列事项:

(一)企业名称和住所;

(二)企业类型;

(三)经营范围;

(四)注册资本;

(五)股东的出资方式和出资限额;

(六)股东的姓名或者名称;

(七)股东和非股东在职职工的权利和义务;

(八)股份取得、转让的条件和程序;

(九)企业的组织机构及其产生的办法、职权、议事规则;

(十)企业法定代表人的产生程序、任职期限及职权;

(十一)财务管理制度和利润分配办法;

（十二）企业的解散事由和清算办法；

（十三）企业章程修订程序；

（十四）股东认为需要规定的其他事项。

第十二条　（注册资本）

股份合作制企业的注册资本数额应当与经营范围相适应，注册资本的最低限额依照企业法人登记的有关规定办理。

第十三条　（出资方式）

股东可以用货币出资，也可以用实物、工业产权、非专利技术、土地使用权作价出资。对作为出资的实物、工业产权、非专利技术或者土地使用权，必须进行评估作价，核实财产，不得高估或者低估作价。土地使用权的评估作价，依照法律、法规的规定办理。

用工业产权、非专利技术作价出资的金额不得超过企业注册资本的20%，国家对采用高新技术成果有特别规定的除外。

第十四条　（改制为股份合作制企业的特别规定）

国有企业、集体企业改制为股份合作制企业的，国有资产、集体资产可以作为借入资产，也可以由本企业职工出资购买。国有资产、集体资产作为借入资产的，由改制后的股份合作制企业按规定向其主管部门或者投资主体缴纳资产占用费。

资产占用费费率由国有资产管理部门和集体资产管理部门会同体改部门、财税部门确定。

第十五条　（改制设立的程序）

改制设立股份合作制企业，须经资产所有权人或者资产所有权人代表同意，职工（代表）大会通过，并由企业向有关部门提出申请，经审核批准后向企业登记机关办理设立登记。

第十六条　（改制设立的审批）

市属企业的改制设立审批，由市级主管委、办、局或者授权的控股（集团）公司和集团公司负责。

区、县属企业的改制设立审批，由区、县人民政府指定的部门负责。

第十七条　（设立登记应提交的文件）

办理股份合作制企业设立登记，应当向企业登记机关提交下列文件：

（一）申请报告；

（二）改制设立的审批文件；

（三）企业章程；

（四）验资报告；

（五）股东的姓名、住所；

（六）法定代表人的任职证明和身份证明；

（七）法律、法规和规章规定的其他文件。

第十八条　（企业登记）

企业登记机关应当自接到股份合作制企业设立登记的申请之日起 30 日内，根据本办法规定的条件作出核准登记或者不予核准登记的决定。

企业登记机关对核准登记的，发给企业营业执照。

第三章　股权设置及转让

第十九条　（股权的设置）

股份合作制企业的股份分为个人股、法人股。

个人股是指本企业职工和本企业以外的个人投资入股所形成的股份。其股权由该个人享有。

法人股是指本企业以外的具有法人资格的企业、事业单位和其他经济组织投资入股所形成的股份。其股权由该法人享有。

第二十条　（股权设置的例外情形）

集体企业改制设立股份合作制企业时认定为原集体企业全体离退休职工集体共有的资产，可以折合为股份，设为集体共有股。其股权由市人民政府有关部门指定的机构代为行使。

集体共有股股权行使和收益分配的管理办法，由上海市经济体制改革委员会会同有关部门另行规定。

第二十一条　（职工股东入股的比例、限额）

股份合作制企业全体职工股东持股总额不得低于企业股本总额的 51%；因股权转让而发生股份合作制企业全体职工股东持股总额低于企业股本总额 51% 的情况时，由区、县人民政府按规定审批。规定由上海市经济体制改革委员会会同有关部门制定。

发起设立的股份合作制企业，职工个人入股的限额由企业章程规定。

改制设立的股份合作制企业，职工个人入股的最低限额不得低于改制前上一年度本企业职工个人平均工资总额，最高限额不得超过改制前上一年度本企业职工个人平均工资总额的 10 倍或者由企业章程规定。

第二十二条　（本企业以外个人和法人入股的总额比例）

股份合作制企业以外个人持股总额不得超过企业股本总额的 10%，法人持股总额不得超过企业股本总额的39%。

第二十三条　（经营者入股限额）

股份合作制企业法定代表人持股的限额由企业股东大会决定,但最低不得低于职工股东个人平均持股额。

第二十四条　（股权证明书）

股份合作制企业不发行股票,由企业向股东出具股权证明书,作为股东出资的凭证和取得股利的依据。

股权证明书应当载明下列事项:

(一)企业名称;

(二)企业登记日期;

(三)企业注册资本;

(四)股东的姓名或者名称、缴纳的出资额和出资日期;

(五)出资证明书的编号和核发日期。

出资证明书由股份合作制企业加盖印章。

第二十五条　（退股限制）

股份合作制企业设立后,股东所持股份不得退股。但遇职工股东调出、辞职、除名、退休、死亡等情况,可由企业按企业章程规定或者股东大会决议处理。

第二十六条　（股份转让限制）

股份合作制企业的股东可以转让其股份,企业股东(包括非职工股东)在同等条件下有优先受让权。但股份转让比例、数额受本办法第九条、第二十一条、第二十二条和第二十三条规定的限制。

股份合作制企业的法定代表人在任职期间和离开本企业后的会计年度内,其所持股份不得转让。

第二十七条　（股东名册）

股份合作制企业应当设置股东名册,并记载下列事项:

(一)股东的姓名或者名称及住所;

(二)股东的出资额;

(三)出资证明书编号。

第四章　组织机构

第二十八条　（股东大会及其职权）

股东大会是股份合作制企业的权力机构,行使下列职权:

(一)决定企业经营方针和投资计划;

（二）选举和更换企业法定代表人或者董事，并决定其报酬事项；

（三）选举和更换由股东代表出任的监事，并决定其报酬事项；

（四）审议批准董事会或者企业法定代表人的报告；

（五）审议批准监事会的报告；

（六）审议批准企业的年度财务预算方案、决算方案；

（七）审议批准企业的利润分配方案和弥补亏损方案；

（八）对企业增加、减少注册资本，以及合并、分立、破产、解散和清算等事项作出决议；

（九）修改企业章程；

（十）企业章程规定的其他重要事项。

第二十九条　（股东大会的召开）

股东大会由股份合作制企业的法定代表人召集。企业法定代表人应当于召开股东大会 15 日以前或者企业章程规定的时间内负责将召开股东大会的有关事项通知全体股东。

股东大会分为定期和临时两种。定期股东大会和临时股东大会应当按照企业章程的规定按时召开。有下列情形之一的，应当召开临时股东大会：

（一）持有 10% 以上股份的股东请求时；

（二）10% 以上的职工股东请求时；

（三）企业法定代表人认为必要时；

（四）监事会提议召开时。

股东有权查阅股东大会的会议记录。

第三十条　（股东大会的表决方式）

股东大会的表决采用一人一票和一股一票相结合的方式。

股东大会对本办法第二十八条第（一）项、第（二）项除选举和更换董事外，第（三）项至第（七）项和第（十）项进行表决，应当采用一人一票方式，作出的决议，必须经出席股东大会的股东半数以上通过。

股东大会对本办法第二十八条第（九）项进行表决时，应当采用一人一票方式，作出的决议，必须经三分之二以上的股东通过。

股东大会对本办法第二十八条第（二）项中的选举和更换董事与第（八）项进行表决，应当采用一股一票方式，作出的决议，必须经持有三分之二以上股份的股东通过。

第三十一条　（组织机构的设立）

规模较大的股份合作制企业，可以设立董事会、监事会。董事会成员人数为

3 至 19 人,董事长为企业的法定代表人。监事会成员人数由企业章程规定,其中职工股东代表不得少于二分之一。

规模较小的股份合作制企业,可以不设立董事会,只设执行董事。执行董事为企业的法定代表人。

第三十二条　(法定代表人的产生)

改制设立的股份合作制企业的法定代表人,必须经出席股东大会的股东半数以上通过。法定代表人候选人可以由企业职工民主推荐,必要时可以由原企业上级主管部门提名或者公开招聘。

发起设立的股份合作制企业的法定代表人、财务负责人的产生方式,由企业章程规定。

第三十三条　(组织机构和经营者职权)

股份合作制企业董事会、经理、监事会的职权,可以比照《中华人民共和国公司法》有关规定,由企业章程规定。股份合作制企业执行董事的职权,由企业章程规定。

股份合作制企业董事会、经理(厂长)、监事会、执行董事的职权,不得与股东大会的职权相抵触。

第三十四条　(董事的责任)

股份合作制企业的董事,应当对董事会的决议承担责任。董事会的决议违反法律、法规、规章或者企业章程,致使企业遭受严重损失的,参与决议的董事对企业负赔偿责任。但经证明在表决时曾表明异议并记载于会议记录的,该董事可免除责任。

第三十五条　(担任董事、执行董事、经理(厂长)、监事的禁止情形)

有下列情形之一的,不得担任股份合作制企业的董事、执行董事、经理(厂长)、监事:

(一)无民事行为能力或者限制民事行为能力;

(二)因犯有贪污、贿赂、侵占财产、挪用财产罪或者破坏社会经济秩序罪,被判处刑罚,执行期满未逾 5 年,或者因犯罪被剥夺政治权利,执行期满未逾 5 年;

(三)担任因经营不善而亏损的企业的董事或者执行董事、经理(厂长)并负有个人责任的,自离开该企业之日起未逾 3 年;

(四)担任因违法被吊销营业执照的企业的法定代表人并负有个人责任的,自该企业被吊销营业执照之日起未逾 3 年;

(五)个人所负的相当于本市职工年平均工资 3 倍以上数额的债务到期未

清偿。

股份合作制企业违反前款规定产生的董事、执行董事、经理(厂长)、监事为无效。

第三十六条　（董事、执行董事、经理(厂长)、监事的禁止行为）

董事、执行董事、经理(厂长)、监事不得自营或者为他人经营与本企业有竞争关系的业务或者从事损害本企业利益的活动。

第三十七条　（赔偿责任）

董事、执行董事、经理(厂长)、监事违反法律、法规、规章或者企业章程规定,给本企业、股东造成损害的,应当承担赔偿责任。

第五章　财务会计制度和收益分配

第三十八条　（财务会计制度）

股份合作制企业应当依照法律、法规和国务院财务主管部门的规定,建立本企业的财务会计制度。

第三十九条　（财务会计报告）

股份合作制企业应当在每一会计年度终了时制作财务会计报告,并于召开股东大会的 20 日以前置备于企业,供股东查阅。

第四十条　（税后利润分配）

股份合作制企业的税后利润应当按下列顺序分配:

(一)被没收财物损失和因违反税法规定支付的滞纳金和罚款;

(二)弥补上年亏损;

(三)提取利润的 10% 列入法定公积金,当法定公积金达到注册资本 50% 时可不再提取;

(四)提取利润的 5% 至 10% 列入法定公益金;

(五)经股东大会决议提取任意公积金;

(六)提取分红基金。

第四十一条　（公积金使用）

股份合作制企业的公积金用于弥补亏损、扩大生产经营或者转增企业资本。法定公积金转为企业资本时,所留存的该项公积金不得少于注册资本的 25%。

第四十二条　（公益金使用）

股份合作制企业的公益金,用于本企业职工的集体福利。

第四十三条　（按股分红）

股份合作制企业的分红基金,按照股份分配。

第六章　合并、分立、破产、解散和清算

第四十四条　（合并或者分立）

股份合作制企业合并或者分立,应当由股东大会作出决议,并通知债权人。原企业的债权、债务由合并或者分立后的企业承担。

第四十五条　（破产）

股份合作制企业因不能清偿到期债务被依法宣告破产的,由人民法院依照有关法律的规定,组织股东、有关机关及有关专业人员成立清算组,对企业进行破产清算。

第四十六条　（解散）

股份合作制企业因有下列情形之一的,应当解散:

(一)企业章程规定的营业期限届满或者企业章程规定的其他解散事由出现时;

(二)股东大会决议解散;

(三)因企业违法而被撤销。

第四十七条　（清算）

股份合作制企业按照本办法第四十六条规定解散的,应当按国家有关规定成立清算组,做好清产和清偿各种债务的工作。

第四十八条　（清算终结）

股份合作制企业清算结束后,清算组应当提出清算报告,经批准登记注册的会计师事务所、审计事务所或者资产评估机构验证后,报原企业登记机关申请注销企业登记,并予以公告。

第七章　附　　则

第四十九条　（股份合作制企业按照集体企业对待）

依照本办法设立的股份合作制企业和在本办法施行前设立并按本办法规范的股份合作制企业,按照集体企业对待。

第五十条　（应用解释部门）

本办法的具体应用问题,由上海市经济体制改革委员会负责解释。

第五十一条　（施行时间）

本办法自 1997 年 6 月 1 日起施行。

（原件存上海市人民政府办公厅）

传统工艺美术保护条例

（中华人民共和国国务院令　第 217 号 1997 年 5 月 20 日）

第一条　为了保护传统工艺美术,促进传统工艺美术事业的繁荣与发展,制定本条例。

第二条　本条例所称传统工艺美术,是指百年以上,历史悠久,技艺精湛,世代相传,有完整的工艺流程,采用天然原材料制作,具有鲜明的民族风格和地方特色,在国内外享有声誉的手工艺品种和技艺。

第三条　国家对传统工艺美术品种和技术实行保护、发展、提高的方针。

地方各级人民政府应当加强对传统工艺美术保护工作的领导,采取有效措施,扶持和促进本地区传统工艺美术事业的繁荣和发展。

第四条　国务院负责传统工艺美术保护工作的部门负责全国传统工艺美术保护工作。

第五条　国家对传统工艺美术品种和技艺实行认定制度。符合本条例第二条规定条件的工艺美术品种和技艺,依照本条例的规定认定为传统工艺美术品种和技艺。

第六条　传统工艺美术品种和技艺,由国务院负责传统工艺美术保护工作的部门聘请专家组成评审委员会进行评审;国务院负责传统工艺美术保护工作的部门根据评审委员会的评审结论,予以认定和公布。

第七条　制作传统工艺美术产品的企业和个人,可以向当地县级人民政府负责传统工艺美术保护工作的部门提出要求保护的品种和技艺的申请,由省、自治区、直辖市人民政府负责传统工艺美术保护工作的部门审核后,向国务院负责传统工艺美术保护工作的部门推荐。

第八条　申请认定传统工艺美术品种和技艺的企业和个人,应当按照国务院负责传统工艺美术保护工作的部门的规定,提交完整、翔实的资料。

第九条　国家对认定的传统工艺美术技艺采取下列保护措施:

（一）搜集、整理、建立档案;

（二）征集、收藏优秀代表作品;

（三）对其工艺技术秘密确定密级,依法实施保密;

（四）资助研究，培养人才。

第十条　传统工艺美术品种中的卓越作品，经国务院负责传统工艺美术保护工作的部门聘请专家组成评审委员会进行评审后，由国务院负责传统工艺美术保护工作的部门命名为中国工艺美术珍品（以下简称珍品）。

第十一条　国家对珍品采取下列保护措施：

（一）国家征集、收购的珍品由中国工艺美术馆或者省、自治区、直辖市工艺美术馆、博物馆珍藏。

（二）珍品禁止出口。珍品出国展览必须经国务院负责传统工艺美术保护工作的部门会同国务院有关部门批准。

第十二条　符合下列条件并长期从事传统工艺美术制作的人员，经评审委员会评审，国务院负责传统工艺美术保护工作的部门可以授予中国工艺美术大师称号：

（一）成就卓越，在国内外享有声誉的；

（二）技术精湛，自成流派的。

第十三条　各级人民政府和有关部门、单位应当关心和支持工艺美术大师的创作，按照下列规定为他们创造良好的工作环境和条件：

（一）工艺美术大师所在单位为其设立大师工作室；

（二）工艺美术大师有权在其作品上镂刻姓名；

（三）为工艺美术大师带徒传艺创造便利条件；

（四）工艺美术大师的退休年龄可以按照国家有关规定适当推迟。

第十四条　县级以上人民政府有关部门对制作传统工艺美术品种特需的天然原料、材料，应当统筹规划、妥善安排。

第十五条　对制作传统工艺美术品种特需的宝石、玉石等珍稀矿种，国家依法加强保护，严禁乱采滥挖。

第十六条　国家鼓励地方各级人民政府根据本地区实际情况，采取必要措施，发掘和抢救传统工艺美术技术，征集传统工艺美术精品，培养传统工艺美术技术人才，资助传统工艺美术科学研究。

第十七条　对于制作经济效益不高、艺术价值很高并且面临失传的工艺美术品种的企业，各级人民政府应当采取必要措施，给予扶持和帮助。

第十八条　制作传统工艺美术产品的企业应当建立、健全传统工艺美术技术的保护或者保密制度，切实加强对传统工艺美术技术的管理。

从事传统工艺美术产品制作的人员，应当遵守国家有关法律、法规的规定，不得泄露在制作传统工艺美术产品过程中知悉的技术秘密和其他商业秘密。

第十九条　国家对在继承、保护、发展传统工艺美术事业中做出突出贡献的单位和个人,给予奖励。

第二十条　违反本条例规定,有下列行为之一的,由有关部门依照有关法律、行政法规的规定,给予行政处分或者行政处罚;构成犯罪的,依法追究刑事责任:

(一)窃取或者泄露传统工艺美术技艺秘密的;

(二)非法开采用于制作传统工艺美术的珍稀矿产资源或者盗卖用于制作传统工艺美术的珍稀矿产品的;

(三)私运珍品出境的。

制作、出售假冒中国工艺美术大师署名的传统工艺美术作品的,应当依法承担民事责任;有关部门可以依照有关法律、行政法规的规定给予行政处罚。

第二十一条　本条例自发布之日起施行。

(选自《中国集体工业》杂志 1997 年第 9 期,第 9—10 页)

关于青岛二轻企业改革情况的调查①

（1997 年 5 月 26 日）

杨 波

　　三月二十四日《中国轻工报》在头版刊登"改革使我们新生"的文章，报道了青岛市二轻工业通过深化改革，扭转了生产负增长的局面，从一九九二年到一九九六年销售、产值年均增长百分之二十点八七，利税年均增长百分之三十五点五，其中利润年均增长百分之四十二点七。报道中提到的经验，值得重视。我于四月中旬去青岛做了一点调查。

一、企业改革的基本情况

　　青岛二轻近期一轮企业改革是从一九九二年开始的。当时山东省二轻工业和青岛市工业增长速度都在百分之十八以上，而青岛二轻一九九二年上半年的生产却下降百分之二。为什么出现这种情况？据青岛二轻工业局新任局长介绍：从客观上讲，当时青岛二轻有一百一十一个企业，行业多、企业多、行政管理层次多，管理难度大；企业设备老化，产品调整滞后，跟不上市场的需要；半数以上企业经济效益下滑，二十六个主要企业陷入亏损。从主观上讲，根本原因还是领导思想不够解放，企业改革工作进展不快，影响了生产的发展。

　　面对这种情况怎么办？是继续慢慢来，等等看，还是横下一条心，深化改革？考虑结果，他们决心走改革之路，认为矛盾再大，也不能等。根据邓小平同志南巡谈话精神，提出"搞好大型企业，培植优势企业，改革小型企业，稳定困难企业"的改革思路。通过深化改革，调整企业组织结构，调整行业结构，调整产品结构，盘活存量资产，促进了经济发展。青岛二轻局的这个决心得到了青岛市委、市政府的支持，市委书记明确指出：看准的事坚决干！

　　从一九九二年七月起，青岛二轻局开始进行第一阶段的企业改革。第一步是从调整企业组织结构入手，以名牌产品的优势企业兼、合并困难企业，培育扩

---

① 本文系原轻工业部部长杨波向全国人民财经委员会、中国轻工总会的报告。

大优势企业。一九九二年八月,以名牌产品企业金羊皮鞋厂兼并亏损企业皮鞋六厂、七厂进行试点,组织起青岛金羊鞋业总公司,生产很快转入良性循环,效果很好。在试点成功之后,一鼓作气,以澳柯玛公司、孚德皮鞋厂等十几个优势企业兼并了六十六个产品相近或者亏损的企业,并进行行业结构调整,组成具有一定经济规模的集团公司或总公司,使存量资产得到优化配置,形成了青岛二轻经济的新框架。深化改革之后,生产迅速上升,当年十月份生产增长百分之十七,十一月增长百分之三十,十二月增长百分之四十。一九九二年底,青岛二轻局被评为青岛市先进单位,二轻局局长、党委书记、副书记都被评为先进工作者。

第二步,从一九九二年十一月起,把当时的二轻局所属皮革、塑料、家电、家具、工艺美术和五金等六个行政性公司,全部转型为自负盈亏、自食其力的经济实体。六个公司共有三百六十人,通过分流方式得到安置,调动了干部职工的积极性,并充实了企业。在改革公司的同时,把二轻局机关的一百一十四人精简为四十七人。这一改革,减少了行政管理层次,壮大了优势企业,促进了经济发展。经过改革,全市二轻企业从一百一十一个减少到四十五个,其中大中型企业由九个增加到二十五个,小企业减少到二十个。青岛二轻工业一九九二年生产从上半年负增长,变为全年销售增长百分之十,利润增长百分之二十三。一九九二年底,青岛市委、市政府召开新闻发布会,肯定了二轻企业深化改革的成绩,号召各工业局向二轻学习。

从一九九三年起,青岛二轻的改革进入第二阶段。市委、市政府的鼓励和新闻媒介的宣传,增强了企业职工改革的信心。他们把改革的重点转向体制改革,推行企业的转机改制。在四年时间里,青岛二轻对企业进行了八种形式的体制改革:

第一种形式:推行股份合作制。首先选择了四个产品结构相对合理、有一定经济效益的小型集体所有制企业,即木工机械厂、钢木家具厂、锯条厂和制镜厂,以产权明晰、资本合作与劳动合作相结合为内容进行改革。也就是以股份合作制为突破口,对小型企业进行转机建制改革的试点。改革的结果,这四个企业的资产构成为:市二轻联社股占百分之四十至五十左右,企业集体股占百分之三十左右,职工个人股金占百分之二十左右。一九九五年四个股份合作制企业的生产比一九九四年增长百分之一百三十一,职工收入达七千九百一十六元(包括红利),增长百分之三十二点四五。以木工机械厂为例,它的总资产是三千六百万元,其中固定资产一千八百七十八万元,现有职工入股的三百九十九人。企业的注册资本是八百七十万元,其中联社股占百分之四十,企业集体股占百分之四十八,职工个人股占百分之十二。一股一元钱,职工人均二千二百股。根据职工在本企业工龄的长短、职务的不同,最多的有七千二百股。在股金中,从企业集体股中划出一部分量化给职工个人,比例是一比一点五,即个人买一股,再加给一点五的集体股,如购买二千股,再给加集体股三千股,最后按五千股分红。分红的情况是:一九九六年利润总额为二百六十七万元,上缴企业所得税百分之三十三,为八十万元;税后利润为一百八十七万元,再拿出公积、公益金各百分之二十,即七十五万元,余下一百一十二万元,再扣除联社百分之四十股金分红四十四万元和企业集体股金分红的一部分二十八万元,最后分给职工的股金红利为三十九万元,为税后利润的百分之二十。

第二种形式:实行"公有民营"(也可叫做保值风险租赁承包)。实行公有民营的是一些比较困难的企业利用竞争、风险、激励和约束机制,把集体资产包给几个人集体经营,调动经营者的积极性,促进亏损和困难企业的转化。实行这种改革形式是从一木集团的两个企业开始的,即先从沙发厂和家具一厂进行试点,然后铺开,共有十八个厂实行了"公有民营"。其中五个是全厂实行公有民营,其余十三个厂是在厂中一部分实行公有民营。实行"公有民营"的经营者要有两个条件:一是竞争承包;二是要交纳风险抵押金。厂内任何人都可以报名承包,但一般是厂级和中层干部,经过资格审查、答辩、民意测验、投票,最后由考评小组当众拍板。承包者经过公证后,须交企业资产的百分之一到三的风险抵押现金,上交二轻总公司。民营期为三年,到期再定。企业经营得好,利润超额部分百分之五十归经营者;如果企业继续亏损,则以抵押金补充,如抵押金补进达百分之七十,承包者即失去经营资格。公有民营后,各厂的经营情况大都是好的。例如,塑料八厂实行民营后,第一个月就减亏百分之六十,当年扭亏增盈,今年一月已盈利十万元。又如,青岛电器总厂,近几年来一直处于半停工状态,一九九五年十二月实行公有民营后,第一个月的销售收入比上月增长一倍,实现了当月扭亏。所以这样快取得好成绩,在多种因素中,风险因素起了积极作用,经营者为避免风险,精打细算,拼命苦干;职工也是如此。

第三种形式:实行产权买断。就是把企业的产权卖给全体职工。他们选择了三家中型国有企业,即塑料模具厂、青岛皮鞋厂和衡器厂作为试点。产权出售的办法是:企业的总资产减去总债务,再减去四十五岁以上职工到七十岁的退休费,然后把产权卖给职工。这三个厂总体上讲都是条件比较好的厂,是有效益的。以塑料模具厂为例,在岗职工三百二十人,其中大学生一百三十人(高级工程师五人,中级工程技术人员五十二人),一九九六年利税一千三百万元,其中利润六百万元,产品不愁销路。改革以后,积极开拓市场,已成为全国五个重点轿车公司的汽车内饰件配套基地,经济效益显著,销售收入增长百分之一百二十七,利润增长百分之四百六十七。一九九四年八月这个厂转制时,总资产为五千万元,减去总负债四千万元(这些债务由买断产权人负责偿还)和职工退休费,买断净资产数为八百万元,由全厂职工现金购买。个人购买最少为五千元,最高的限定不得超过资产的百分之十。这个厂买得最多的是原厂长、现任董事长、经理为四十八万元。产权利息分红情况是:一九九四年分红等于股金的百分之二十,一九九五年为百分之四十,一九九六年为百分之三十,三年基本上收回了购买产权款。

第四种形式是:实行"退二进三"、"兴三精二",实行移地建厂或转产。这是学习北京轻工改革的经验。实行这种改革的有十七个企业,在改革中办起三产企业二百多个,包括商贸、旅馆、餐馆、装饰、房地产等,遍布青岛各区。一九九六年工农业收入近七亿元,利润一千多万元。所得利润全部留给企业用于生产。兴办第三产业,既分流安置了部分职工,又创造了可观的经济效益。

第五种形式:实行破产。有些企业亏损严重,已经资不抵债,而生产又前途无望,只好破产。已破产的有两户,还有五户正在进行。在这七户中,有两户是国有企业,一户是合资企业。这个合资企业是一九八九年皮件一厂与台湾商人合办的箱包厂,台湾商人在设备、材料和出口产品上都施展了欺骗手法,然后一走了事,企业无法生存下去。

第六种形式:招商引资,嫁接改造老企业。这是利用青岛区位优势的好形式。青岛二轻在企业中办起了五十四个合资、合作经营项目,总资产有八千万美元,已建成投产三十个企业,完成产值二点三亿元,实现利税一千九百六十二万元,其中利润九百三十三万元。沙发厂经过多种技术嫁接改造,形成了四个合资企业,总资产四百三十四万元,出口创汇三百三十万美元,实现利润二百四十万元。这些厂都取得了比较好的成绩。

第七种形式:重点抓好大型企业和产品优势企业的扩大再生产,带动二轻经济整体发展。例如,青岛一木集团已有四十多年历史,生产优质家具和出口木制品,一九九六年产值达八千万元,今年可达九千万元,明年力争过亿元,而一九九三年只有四千万元。青岛二轻重点抓的大型企业还有著名的澳柯玛集团,金羊、孚德鞋业集团,宏达塑胶总公司,工艺美术集团等,它们近几年都有新的发展。一九九六年,这几个大型企业的利润总额占全系统的百分之一百零六。

第八种形式:实行跨地区控股经营。澳柯玛集团于一九九六年同原浙江益友电器公司合资,实行控股经营,组成青岛澳柯玛浙江电器公司,壮大了澳柯玛集团的实力。

二、企业改革的主要经验

青岛二轻的改革经验主要有：

（一）首先要有勇于改革、善于改革的带头人和领导集体

青岛二轻企业的改革，在一段时间里迫于种种顾虑，裹步不前。一九九二年，邓小平同志南巡讲话以后，一股强大的东风吹遍齐鲁大地，刚刚上任的青岛二轻工业局局长，下定决心走改革之路，认为不能再错过这个机遇。他们坚持"三不怕"、"一彻底"：不怕矛盾多，不怕触及某些领导干部的个人利益，不怕有人骂街；彻底为广大职工利益服务，使二轻腾飞起来。有了这样一位勇于改革、作风扎实、团结干部、善办实事的带头人和领导集体，就使青岛二轻企业的改革不失时机地向前跨出了一大步。

（二）改革先要改思想，破除旧观念，树立新观念

在改革中他们碰到了观念上的两个障碍：一是安于现状，不愿变革；二是要改革也是走低水平的路子，而不是走高新技术、高质量、高效益之路。一九九三年，走高新技术、高质量、高效益道路的澳柯玛集团，兼并了三个亏损企业，引起了一些企业的议论。随后，家电公司又并入了澳柯玛。这样做的结果证明，这是一条正确的道路，兼并前，一九九二年澳柯玛生产冰柜五万台，兼并后成立集团，以高新技术对企业进行改造，一九九三年冰柜产量达到十二点五万台，一九九四年二十六万台，一九九五年六十万台，一九九六年八十万台。一九九五年的六十万台已达到全国冰柜产量第一。为了转变观念，青岛二轻非常重视对企业领导班子进行培训，举办学习班，并组织领导干部到国内有关地区考察学习改革经验，不断提高干部的改革自觉性。这对深化改革起了很好的推动作用。

（三）从实际出发，实事求是，不同情况进行不同形式的改革

采取多种形式进行改革，是青岛二轻深化改革的一大特色。他们充分考虑企业的不同情况：大中型企业与小型企业的不同；效益好的企业与亏损企业的不同；产品有销路与产品没销路企业的不同；国有企业与集体企业的不同；企业改革与行政性机构改革的不同，等等。根据这些不同情况，经过反复讨论，并经试点后再决定采取哪种有效的改革形式，是联合、兼并，还是破产、转产；是实行股份合作制，还是产权买断，等等，尽管这些不同的改革形式在实际操作中还有值得探讨的问题，但从实际出发，采取多种形式进行改革则是可取的。

（四）把行政机构改革与企业改革结合起来，取得了多方面的好处

原青岛二轻工业局及其所属六个行政公司共有四百七十多人，经过改革机关人员留四十七人，成立了二轻工业总公司，这样做起了三个作用：一是精简了

行政机构,对机关的改革起了促进作用;二是充实了企业,行政机关的干部大多具有较高的文化水平和较多的管理经验,到企业去工作,有利于推动企业的发展;三是有利于培养锻炼干部。

三、两个值得探讨的问题

(一)关于产权买断问题

对一部分经营困难而又扭亏无望的国有小企业,把国有的产权卖给厂里的职工,实行合伙经营或股份公司,作为一种改革的形式是可以试行的。但青岛二轻实行产权买断的三个企业,都是效益不错的国有企业,也都是产品有销路的企业,这就值得研究。例如,塑料模具厂,当时固定资产六千多万元,占地面积两万平方米,建筑面积一点二万平方米,设备先进,是一个比较现代化的中型企业。这个企业在改制前生产、效益都不错,任务也比较饱满,完全可以继续实行国有经营,没有必要把国有资产卖掉。事实上,在产权买断中国有资产有一部分流到了个人腰包里,损害了国家的利益。青岛皮鞋厂和衡器厂的情况也基本是这样。既然如此,为什么要把这几个国有企业卖掉呢?据说在体改试点中认为"不是好厂没人买,不给优惠没人要"。我们认为,这样想法和做法是不妥的。

(二)关于股份合作制问题

在改革中,选择一部分小企业推行股份合作制,尤其在集体所有制企业中推行,是一项重要的改革形式。青岛二轻在四个集体小企业中试行股份合作制改革,取得了较好的成果,积累了经验。从调查中我们感到有几个问题还值得进一步探讨:

一是职工股的比例低了。四个企业的股份都分为:联社股、企业集体股、职工个人股,所占比重各企业不完全一样,但大体上是联社股与企业集体股各占百分之四十左右,职工个人股占百分之十到二十。看来,职工个人股低了,应当逐步提高职工个人股的比重。这样,既有利于把职工手中的钱吸收来用于发展生产,更有利于调动职工关心生产、经营的积极性。职工个人股太少,实行股份合作制的积极意义就不会很大。

二是职工分红比例过高。现在,每年的红利率一般都在百分之三十左右,而且职工大都把红利提出,这不利于扩大再生产。如果把分红比例适当降下来,同时鼓励职工把红利用作再投资,这对企业的发展和职工的长远利益是有益的。

三是目前各企业对联社股都不分红,等于无偿占用联社的资金,这是不合适的。现在联社股一般占全部股金的百分之四十,不给联社股分红,就等于百分之六十的股份分了百分之一百股份的红利。我们认为,应当给联社股分红,联社股的红利可以不提走,留给企业增加股金,用于扩大再生产。

从上述情况看来,股份合作制的改革,还有待认真总结经验,进一步规范化。

四、两点建议

(一)二轻企业的改革,在全国范围内已经取得不少的成绩,各地都有一些好经验,也碰到不少问题值得探讨。为了贯彻执行中央经济工作会议提出的,要总结试点经验,扩大试点范围,完善改革措施,积极解决重点和难点问题,力求在转变企业机制上取得新进展的精神,建议中国轻工总会考虑,在今年适当的时候,采取适当的形式,总结交流二轻企业改革经验,推动企业改革进一步发展。同时,建议总会在调查研究的基础上,召开小型二轻企业改革政策研讨会,为国家提供切合实际、积极有益的政策参考建议。

(二)建议全国人大财经委对企业改革给予更多的关注。企业改革是国家经济活动的重要方面,有关这方面的立法、执法中的问题值得很好研究。例如,在二轻企业破产、兼并中,就涉及新的《破产法》早日出台的问题;又如国家出台《国有资产法》时,也需要考虑对集体所有制企业财产的立法问题。

(选自《杨波经济文集》下卷,中央文献出版社 2000 年
12 月版,第 423—434 页)

劳动就业服务企业产权界定规定

（1997 年 5 月 29 日　劳动部、国家国有资产管理局、国家税务总局颁布）

第一条　为了明晰劳动就业服务企业（以下简称劳服企业）产权关系，保障国家、集体和其他资产所有者的合法权益，促进劳服企业健康发展，进一步发挥其为就业服务的作用，根据国家有关法律、法规和《城镇集体所有制企业、单位清产核资产权界定暂行办法》，制定本规定。

第二条　本规定所称劳服企业是依法持有《劳动就业服务企业证书》，并经工商行政管理机关核准登记的企业。

第三条　劳服企业产权界定系指按照国家有关法律、法规规定，明确劳服企业财产所有权归属的一种法律行为。

第四条　劳服企业使用主办或扶持单位提供的资金、厂房、实物及无形资产等资产，凡事先约定为投资关系，债权债务关系或无偿资助关系的，按约定界定产权；没有约定的，按下列规定处理：

（一）劳服企业开办初期和发展过程中，使用主办或扶持单位为解决职工子女和富余人员就业提供的厂房、设备和其他实物资产、无形资产及所形成的收益，应归劳服企业集体所有；

（二）主办或扶持单位及其所属人员将其发明、专利技术（非职务发明、专利除外）以及其他无形资产带给劳服企业所形成的资产，应归劳服企业集体所有；

（三）劳服企业使用主办或扶持单位的设备、房屋等实物资产，凡主办或扶持单位收取的折旧费、资产占用费、管理费及其他费用或实物计价之和达到或超过其资产净值的，该实物资产及其形成的资产，归劳服企业集体所有；没有超过其资产净值的剩余资产，按本规定第十三条处理。

第五条　劳服企业按照国家法律、法规规定所享受的免税、减税、税前还贷和以税还贷等优惠政策，其所得及形成的资产，1993 年 6 月 30 日前形成的，其产权归劳服企业集体所有；1993 年 7 月 1 日后形成的，国家对其规定专门用途的，从其规定；没有规定的，按集体企业各投资者所拥有财产（含劳动积累）的比例确定产权归属。

第六条　劳服企业使用银行贷款、国家借款、主办单位借款等借贷资金形成的资产,其产权归劳服企业集体所有。主办或扶持单位为劳服企业使用的贷款和借款提供了担保,并履行了连带责任的,须确定主办或扶持单位和劳服企业之间的债权债务关系。

第七条　凡劳服企业按照国家有关规定使用属于主办或扶持单位提供的生产经营场地,应缴纳土地使用占用费或租赁费,其生产经营场地,该劳服企业有权继续使用。

第八条　劳服企业联合经济组织投资及其形成的资产,归劳服企业联合经济组织集体所有。

第九条　劳服企业使用公益金所形成的资产,归劳服企业劳动者集体所有。

第十条　劳服企业资产中个人投资及其投资收益所形成的资产,应归投资者所有。

第十一条　劳服企业资产中接受无偿资助的资产,归劳服企业集体所有,难以明确投资主体的,其产权暂归劳服企业劳动者集体所有。

第十二条　劳服企业资产中界定为国有资产的,原主办或扶持单位不得无故抽回,该劳服企业继续有偿使用。

第十三条　劳服企业使用国有资产,可按下列方式之一处理:

(一)作为安置主办或扶持单位富余人员及失业人员的扶持条件;

(二)由劳服企业一次付清或分期付款;

(三)按国家有关规定作为投资;

(四)按国家规定交纳不高于同期银行贷款利率的资产占用费,或按约定交付租金。

第十四条　劳服企业资产已被平调、侵吞或无偿占用的,应依据国务院第66号令《劳动就业服务企业管理规定》和本规定进行产权界定,凡界定为劳服企业集体资产的,应按有关规定办理有关手续。

劳服企业集体所有制性质发生变化时,应依法进行产权界定。凡界定为劳服企业集体资产的,应由行业部门劳服企业管理机构或当地劳动行政部门将该资产用于兴办劳服企业,安置就业。

第十五条　劳服企业日常的产权界定由各级劳动行政部门会同同级国有资产管理部门、地方税务部门进行。行业部门劳服企业管理机构应组织好本行业劳服企业的清产核资工作,并参与有关部门组织的产权界定。

劳服企业清产核资中产权界定具体工作程序,按照财政部、国家经贸委、国家税务总局下发的《城镇集体所有制企业、单位清产核资产权界定工作的具体规定》执行。

　　第十六条　劳服企业资产中凡界定为集体、个人或其他投资者所有的,由地方税务部门进行资产核实,由当地劳动行政部门核准登记,并报地方有关部门备案;界定为国有资产的、须经当地劳动行政部门审核,并由地方税务部门进行资产核实,由国有资产管理部门核准登记。

　　第十七条　劳动企业产权界定过程中与主管单位发生产权纠纷时,由当地劳动行政部门会同同级国有资产管理部门、地方税务部门进行调解和裁决。当事人对裁决不服的,可以提请行政复议和行政诉讼。

　　第十八条　实行股份合作制的劳服企业和新开办的劳服企业,应按本规定进行产权界定。

　　第十九条　凡违反本规定,阻挠、抵制和破坏劳服企业产权界定工作的,由劳动行政部门、国有资产管理部门和地方税务部门给予警告,责令其改正,并可建议企业主管部门对有关负责人员给予行政处分;构成犯罪的,提请司法机关依法追究其刑事责任。

　　第二十条　本规定颁布前出台的有关规定中,凡与本规定条款有抵触的,一律以本规定为准。

　　第二十一条　本规定自颁布之日起执行。

（原件存劳动和社会保障部办公厅）

中国轻工总会关于重点支持 200 家
轻工集体大中型企业的通知

（1997 年 6 月 5 日）

有关省、自治区、直辖市及计划单列市轻工业主管部门：

为了贯彻党中央抓大放小和大力发展集体经济的战略决策，促进轻工集体经济持续、快速、健康发展，中国轻工总会决定将北京百花集团公司等 200 家轻工集体大中型企业（见附件一）作为重点支持的轻工集体大中型企业。这 200家企业是各行业集体企业的排头兵，对轻工集体经济的快速发展起着举足轻重的作用。轻工集体经济历来在轻工业中占有"半壁江山"，抓好这些企业，对于促进轻工集体经济、乃至整个轻工业经济的持续、快速、健康发展具有重要意义。

为了重点抓好这些企业，中国轻工总会决定：一、中国轻工总会和行业协会对这些企业和他们所在的省、自治区、直辖市轻工业主管部门建立联系制度，了解情况和问题，加强对其改革与发展的指导；二、总会在安排技改、基建项目、新产品开发项目等方面给这些企业以优先考虑；三、总会积极向国家和有关部门反映情况，争取有关政策；四、各级轻工业主管部门帮助企业争取地方政府的支持，并给予改革与发展的政策。

望你们接到本通知后，切实做好如下工作：一、加强对这些企业的领导，对他们的工作及时给予具体指导，帮助企业解决在改革和发展中遇到的困难，并协助中国轻工总会建立与这些企业的联系制度；二、将本通知精神通知企业所在地轻工业主管部门，协助企业争取当地政府、经济管理部门对这项工作的支持；三、各重点企业要将在改革和发展中取得的成绩和遇到的困难及时反馈给中国轻工总会和所在省、自治区、直辖市轻工业主管部门。

为了便于中国轻工总会与各重点企业的联系，沟通信息、收集和反映重点企业有关情况和问题，进一步搞好申报国家重点支持的轻工集体大中型企业工作，请你们接此通知后，将通知精神和《重点支持的轻工集体大中型企业基本情况调查表》（见附件二）转发到有关企业，调查表由企业填写报你们审核后，请于1997 年 6 月底前报送中国轻工总会集体经济部。

附：

中国轻工总会重点支持的200家
轻工集体大中型企业名单

北京百花集团公司　　　　　　　　辽宁大连手表工业公司

北京工艺美术厂　　　　　　　　　吉林省白山喜丰塑料股份有限公司

北京市商标印刷三厂　　　　　　　吉林省图们塑料集团

天津旅游帐篷厂　　　　　　　　　吉林省通化东宝药业股份有限公司

河北石家庄第一塑料厂　　　　　　黑龙江哈尔滨市塑料五厂

河北沧州市东风塑料厂　　　　　　黑龙江哈尔滨市海斯集团公司

河北香河县首饰厂　　　　　　　　上海长城玩具厂

河北邢台兰鸟家具实业总公司　　　上海凤凰车件有限公司

河北石家庄乳业公司　　　　　　　上海服装机械有限公司

河北沧州市正达电器股份有限公司　上海精益电器厂

河北省装饰总公司　　　　　　　　江苏长城电器集团股份公司

山西省长治洗衣机厂　　　　　　　江苏板神有限责任公司

山西大同市塑料化工集团　　　　　江苏苏州春花吸尘器总厂

山西省太谷县玛钢厂　　　　　　　江苏无锡菊花电器集团公司

山西省太行锯条厂　　　　　　　　江苏无锡奇美皮革有限公司

山西运城地区制板厂　　　　　　　江苏诚德钢管集团公司

山西榆次冶金集团　　　　　　　　江苏南通金属制品实业集团公司

辽宁营口市天力电机股份有限公司　江苏南京玉环燃器电器用具总公司

辽宁阜新市塑料厂　　　　　　　　江苏镇江通用器材厂

辽宁沈阳市萃华金银制品实业公司　江苏苏州金柜厂

江苏南京金箔集团　　　　　　　　浙江凯旋燃具有限公司

江苏省吴县刺绣总厂　　　　　　　浙江绍兴市金银饰品厂

江苏苏州绣品总厂　　　　　　　　浙江肖山花边集团公司

江苏好孩子集团　　　　　　　　　浙江水晶厂

江苏福斯特工艺集团股份有限公司　浙江兰溪小轮车总厂

江苏常州童车厂　　　　　　　　　浙江生力集团公司

江苏扬州快乐集团公司　　　　　　浙江绍兴东风体育用品厂

江苏美尔姿集团公司　　　　　　　浙江杭州市文化用品工业公司

江苏苏州月中桂日用化工总厂　　　浙江余杭市临平绸厂

江苏江都自行车车把厂　　　　　浙江芳华日化集团公司

江苏永久自行车苏州股份有限公司　浙江绍兴自行车零件厂

江苏登月集团　　　　　　　　　浙江轮峰车业有限公司

江苏高邮市制动件总厂　　　　　浙江中国飞跃缝纫机集团公司

江苏淮阴山鹰集团　　　　　　　浙江宁波市定时器总厂

江苏标准缝纫机苑坪机械有限公司　浙江阳光集团总公司

江苏南通江海电容器厂　　　　　浙江节日灯总厂

江苏扬州灯泡总厂　　　　　　　浙江宁波海天塑机公司

江苏大力集团股份有限公司　　　浙江宁波市通达塑机厂

江苏海门市双马集团公司　　　　浙江省室内装饰公司

江苏扬州市扬子江制药厂　　　　安徽合肥荣事达集团公司

江苏无锡市江南装饰广告公司　　安徽美菱注塑中心

江苏常州市华东装潢总公司　　　安徽全椒玩具厂

浙江杭州市家用电器公司　　　　福建厦门市首饰厂

浙江嘉兴加西贝拉压缩机有限公司　江西上饶线材厂

浙江杭州东宝电器公司　　　　　江西赣州创业（集团）公司

浙江杭州金鱼电器集团公司　　　山东青岛海尔集团公司

浙江宁波空调器总厂　　　　　　山东济南洗衣机厂

浙江海宁塑料厂　　　　　　　　山东青岛澳柯玛电器公司

浙江杭州新光塑料厂　　　　　　山东金龙企业集团公司

浙江嘉兴天天集团有限责任公司　山东荣成电机集团股份有限公司

浙江雪豹集团公司　　　　　　　山东济南塑料三厂

浙江兽王集团公司　　　　　　　山东声乐集团公司

浙江衢州天一皮革厂　　　　　　山东文登皮革厂

浙江杭州特丽雅皮鞋有限公司　　山东烟台双一制鞋产业总公司

浙江义乌市皮革厂　　　　　　　山东威海市皮革厂

浙江宁波双园集团股份有限公司　山东泰安皮革总厂

浙江玉立电器公司　　　　　　　山东威海市金猴集团公司

浙江二轻轧钢厂　　　　　　　　山东潍坊钢管总厂

浙江宁波埃美柯铜阀门有限公司　山东招远五金工业集团公司

浙江杭州张小泉剪刀厂　　　　　山东海阳县五金工业集团公司

山东即墨发制品集团公司　　　　广东佛山市塑料八厂

山东青岛工艺美术集团总公司　　广东省石油气用具有限公司

山东文登云龙绣品集团公司

山东威海市山花地毯集团公司

山东威海地毯一厂

山东文登刺绣工业集团公司

山东省寿光市抽纱总厂

山东淄博风阳股份有限公司

山东乳山笙歌集团公司

山东华泰纸业集团股份有限公司

山东太阳(纸业)集团总公司

山东青岛崂山啤酒厂

山东青岛大洋食品(集团)公司

山东玻璃总公司

山东青岛钟表总公司

山东泰山衡器股份有限公司

山东鲁南衡达集团公司

山东泰山集团股份有限公司

山东临沂华联福利装饰公司

山东青岛市装饰总公司

河南漯河鞋业集团股份有限公司

河南辉县市皮革工业公司

河南奔月集团公司

河南郑州市亨达装饰工程公司

湖北荆沙市塑料二厂

湖北通城砂布厂

湖北省武汉市武牙集团股份有限公司

湖北楚天(黄石)柠檬酸(集团)公司

湖北武汉美佳服装机械股份有限公司

湖南长沙冷柜厂

湖南安江塑料制品集团公司

湖南省益阳蚊香厂

湖南宁乡石油化工总厂(柠檬酸)

广东华宝集团公司

广东中山威力集团公司

广东中山市燃器具工业集团公司

广东广州市铝加工厂

广东佛山市工艺总厂有限公司

广东佛山市绣品总厂

广东番禺市友利玩具厂

广东中山市健身器械实业公司

广东佛陶集团石湾建国陶瓷厂

广东顺德市陶瓷厂

广东佛陶股份有限公司石湾瓷厂

广东富豪表业公司

广东佛山市中宝电缆厂

广东佛山彩色印刷厂

广东市东方纸箱公司

广东湛江市彩印总厂

广东中山市石歧衡器厂

广东省装饰总公司

广东省美术设计装修工程公司

广东柳州市冷柜厂

广东桂林金元珠宝企业集团

广西梧州市冰泉实业股份公司

重庆三峡电器总厂

重庆市金仑消声器厂

重庆制锁二厂

重庆奥妮化妆品有限公司

四川都江堰皮革厂

四川银河地毯股份有限公司

四川天歌股份有限公司

贵州塑料七厂

贵州遵义安富实业(集团)总公司

云南通海工艺美术厂

云南勐海县景真糖厂

陕西西安金属工艺厂

甘肃天水电缆材料厂

广东江门市洗衣机厂　　　　甘肃无纺地毯厂

广东省二轻制冷机公司　　　甘肃轻工机械厂

广东万宝电器工业公司　　　新疆珠江塑料厂

广东佛山市塑料二厂　　　　新疆乌鲁木齐地毯总厂

广东顺德市双轴拉伸薄膜厂　中国轻工业原材料总公司（总会所属）

（原件存中国轻工业联合会办公室文电档案处）

国家体改委印发《关于发展城市股份合作制企业的指导意见》的通知

（1997 年 6 月 16 日）

各省、自治区、直辖市体改委（办），计划单列市及综合配套改革试点城市体改委：

为了总结发展城市股份合作制企业的试点经验，引导城市股份合作制企业健康发展，根据国务院领导同志的指示精神，我们制定了《关于发展城市股份合作制企业的指导意见》，经国务院领导同意，现予印发。请遵照执行。

关于发展城市股份合作制企业的指导意见

近些年来，在城市小企业改革中，各地借鉴农村改革的经验，积极试行股份合作制，党的十四届三中全会的《决定》明确提出国有小企业和集体企业可以实行股份合作制。各地着眼于从整体上搞好国有和集体经济，从明确投资主体、落实产权责任入手，大胆探索，逐步加快了小企业改革的步伐，股份合作制成为城市小企业改制的重要形式，使一大批小企业焕发了生机。股份合作制企业迅速发展，目前已经具有了相当的规模，为了总结实践经验，明确若干重要问题，推动股份合作制健康发展，提出如下意见。

一、股份合作制适应社会主义市场经济的要求，促进了生产力的发展。股份合作制符合社会主义初级阶段的生产力发展水平，符合目前国有小企业和集体企业的实际状况，符合建立现代企业制度要求的产权清晰、权责明确、政企分开和管理科学的改革方向，在实践中收到了明显的效果。实行股份合作制，落实了企业资产经营责任，提高了职工对企业资产的关心程度和风险意识，增强了企业的凝聚力，调动了职工的积极性；促进了政府职能的转变和政企分开，加快了企业成为自主经营、自负盈亏、自我约束、自我发展的法人实体和市场竞争主体的进程；为企业开辟了一条新的融资渠道，促进了企业的技术改造、结构调整、机制转换和企业管理的改进，提高了企业经济效益。同时，实行股份合作制对发展地方经济、增加财政收入、保障职工就业和保持社会稳定起到了积极作用。股份合作制的实践为深化企业改革提供了有益的启示。

二、股份合作制是采取了股份制一些做法的合作经济，是社会主义市场经济中集体经济的一种新的组织形式。在股份合作制企业中，劳动合作和资本合作有机结合。劳动合作是基础，职工共同劳动，共同占有和使用生产资料，利益共享，风险共担，实行民主管理，企业决策体现多数职工的意愿；资本合作采取了股份的形式，是职工共同为劳动合作提供的条件，职工既是劳动者，又是企业出资人。劳动合作与资本合作相结合有利于共同劳动条件的改善、企业竞争能力的提高和劳动者长远利益的增加。股份合作制是能够促进生产力发展的公有制实现形式。是现阶段劳动者创造就业、走向共同富裕的一条重要途径。

三、股份合作制是在改革中群众大胆探索、勇于实践的重大成果。股份合作制企业既不是股份制企业，也不是合伙企业，与一般的合作制企业也不同，是在实践中产生并不断发展完善的新型的企业组织形式。发展股份合作制企业要尊重群众的实践，尊重群众的意愿，尊重群众的选择；要按照积极支持，总结经验，正确引导，健康发展的方针；依靠群众在实践中积极探索创新。

四、股份合作制企业是独立法人，以企业全部资产承担民事责任，主要由本企业职工个人出资，出资人以出资额为限对企业的债务承担责任。

五、职工投资入股。在自愿的基础上，鼓励企业职工人人投资入股，也允许少数职工暂时不入股。未投资入股的职工可以在企业增资扩股时投资入股。职工之间的持股数可以有差距，但不宜过分悬殊。不吸收本企业以外的个人入股。职工离开企业时其股份不能带走，必须在企业内部转让，其他职工有优先受让权。

六、职工个人股和职工集体股应在总股本中占大多数。企业应当设置职工个人股，还可根据情况设置职工集体股、国家股、法人股。职工个人股是职工以自己合法财产向本企业投资所形成的股份。职工集体股是本企业职工以共有的财产折股或向本企业投资所形成的股份。国家股、法人股是国家、法人单位已经投入的资产折股或新增投资入股所形成的股份。股东不能退股。企业是否设置国家股、法人股和职工集体股，国家股、法人股的出资人如何保障投资收益，由企业出资人协商议定。

七、坚持职工民主管理，职工享有平等权力。股份合作制企业实行职工股东大会制度，职工股东大会是企业的权力机构，应当实行一人一票的表决方式。职工股东大会选举产生董事会和监事会成员。企业也可不设董事会，由职工股东大会选举产生或聘任总经理。企业的年度预、决算和利润分配方案、重大投资事项、企业分立、合并、解散等重大决策必须经职工股东大会批准。股份合作制企业必须制定章程,章程经出资人同意、职工股东大会批准,对出资人、职工股东大会、董事会、监事会、总经理等具有约束力。

八、董事会是职工股东大会的常设机构,向职工股东大会负责。董事长是企业法定代表人,由董事会选举产生。除董事长外其他董事应为兼职。总经理可以由董事会聘任,也可以由董事长兼任。总经理负责企业日常工作,向董事会报告工作。不设董事会的企业,总经理是企业法定代表人,负责企业经营管理,向职工股东大会负责并报告工作。

监事会负责对董事会和总经理及其他管理人员的工作进行监督,直接向职工股东大会报告工作。是否设立监事会由股东大会决定,不设立监事会的企业应设 1 至 2 名监事。

九、企业实行按劳动分配与按股分红相结合的分配方式。职工工资、奖金分配要遵循"效率优先,兼顾公平"的原则,工资总额的增长幅度应低于企业经济效益的增长幅度;职工实际平均工资增长幅度应低于本企业劳动生产率增长幅度。企业的税后利润应按规定提取法定公积金和公益金,有条件的企业还应该提取任意公积金。余下的部分为可分配利润,实行按股分红。经职工股东大会同意,还可以在可分配利润中提取一部分进行按劳分红,用于奖励对企业有特殊贡献的职工。职工集体股的红利也可以用于按劳分红,还可以用于补充职工社会保障费用,或用于职工集体股的增资扩股。

十、企业改制应取得职工代表大会、出资人和主管部门的同意,由企业提出申请,经政府指定的部门审批。

十一、企业清产核资按国家有关规定进行,同时应有出资人和职工代表参加。资产评估要由有国家认可资格的评估机构进行,评估结果要经过出资人的认可和有关部门的确认。

十二、原有企业非经营性资产可以进行剥离、独立运作或委托改制后的企业代管,减轻企业的负担。经政府批准,可采取多种途径,解决企业改制前离退休人员养老统筹和医疗费用不足等问题。

十三、按照谁投资谁享有产权的原则,搞好原有企业产权的界定工作。国家、法人单位等出资在企业中的投资及投资收益所形成的所有者权益归出资人所有。企业原有奖金结余、工资储备金,可以折成个人股投入企业,也可以用于企业改制前职工的个人补充养老保险及医疗保险。

十四、切实保证国有和集体利益,防止公有财产流失。属于国家和集体所有的净资产,在改制时应按市场原则有偿转让,不能将国有、集体的净资产无偿分给个人。转让企业国有资产、集体资产的收入，要实行专项管理，用于国有经济和集体经济的投入，可留在改制后的企业有偿使用，也可作为资本金投入其他企业。

十五、完成改制或新设立的企业，应到工商管理部门办理登记。符合条件、手续齐全的，工商部门应准予登记，企业类型为股份合作、已完成股份合作制改造的企业，但未登记为股份合作类型的，应按要求变更登记。

十六、各地要加强发展股份合作制企业工作的领导，解放思想，大胆探索。实行股份合作制是一项重要的制度创新，各地要积极制定实行股份合作制的办法，抓好组织落实。各级体改部门要主动做好工作，在政府领导下，认真搞好调查研究，协调好有关方面的关系，及时解决实际工作中出现的问题。要采取措施，降低各项收费，减少改制成本。

十七、切实搞好教育和引导工作。企业改制过程中，要教育职工树立集体主义和劳动合作观念，增强主人翁责任感和参与意识；树立市场竞争观念，增强风险意识；树立法制观念，增强规范意识。要对企业领导和有关人员进行培训，学习国家有关政策和股份合作制的基本规则，按照国家有关规定进行股份合作制的运作。

十八、企业改制后，要围绕市场需要制定企业发展规划，抓紧进行改组和技术改造工作，搞好劳工、人事、工资、社会保险等制度改革，加强企业内部管理，制定正确的营销策略，提高市场竞争能力和经济效益。企业要正确处理好积累和分配的关系，采取有效措施，增加积累，增强企业发展后劲。

十九、股份合作制是小企业改革的一种有效形式，但不是唯一形式，搞活小企业可以采取多种形式。各地推进股份合作制，要从实际出发，扎扎实实地进行，不能盲目追求数量。有条件的企业可实行股份合作制，但要做好有关方面的工作，保证改制效果。

二十、城市及县属国有小企业和集体企业可以按照本《意见》的精神，实行股份合作制。各地应在不违背股份合作制基本特征的前提下，参照国家现行有关规定，结合企业的实际，制定有关配套政策，采取措施积极解决企业改制中遇到的问题，促进股份合作制企业健康发展。

（选自《小企业改革指南》，改革出版社 1997 年 10 月版，第 527—532 页）

财政部清产核资办公室、中国轻工总会、中华全国手工业合作总社关于对全国各级轻工业集体企业联合经济组织开展清产核资工作有关问题的通知

（1997 年 6 月 28 日）

各省、自治区、直辖市、计划单列市清产核资办公室、轻工业主管部门、联社：

中国轻工总会、中华全国手工业合作总社"关于印发《全国各级轻工业集体企业联合经济组织清产核资暂行方案》的通知"（轻总经调［1997］23 号，以下简称"暂行方案"）下发后，一些地方就轻工集体企业联合经济组织（以下简称"轻工联社"）清产核资中有关组织工作等提出了一些问题。经研究，现对有关问题进一步明确如下：

一、轻工联社的清产核资工作组织问题。轻工联社的清产核资工作属于全国城镇集体企业清产核资工作的一个组成部分，均纳入各地清产核资工作范围。"暂行方案"是结合轻工联社的行业特点和实际情况而制定的具体化工作文件，不是发文另行组织。

二、轻工联社清产核资的组织领导问题。各级轻工联社的清产核资工作由当地政府清产核资领导和办事机构统一领导、组织和协调，具体可由轻工行业主管部门、联社按系统负责组织实施或纳入地方各级城镇集体企业清产核资工作范围。

三、"暂行方案"资产清查的内容中涉及产权归属问题。城镇集体企业清产核资中资产清查是对企业各类资产、负债和权益进行全面清理、登记、核对和查实。凡涉及资产产权确认方面内容的，均按国家有关部门印发的有关产权界定的办法和规定办理。

四、轻工联社清产核资报表填制和报送问题。各级轻工联社的清产核资工作结果，在按"暂行方案"印发的"清查基础表"填制并报送上级联社的同时，应按规定填制全国城镇集体企业清产核资统一报表，并按规定的程序报送当地清产核资机构。

（此件由中华全国手工业合作总社提供）

国务院关于建立统一的企业职工
基本养老保险制度的决定

（1997 年 7 月 16 日）

各省、自治区、直辖市人民政府，国务院各部委、各直属机构：

近年来，各地区和有关部门按照《国务院关于深化企业职工养老保险制度改革的通知》（国发［1995］6 号）要求，制定了社会统筹与个人帐户相结合的养老保险制度改革方案，建立了职工基本养老保险个人帐户，促进了养老保险新机制的形成，保障了离退休人员的基本生活，企业职工养老保险制度改革取得了新的进展。但是，由于这项改革仍处在试点阶段，目前还存在基本养老保险制度不统一、企业负担重、统筹层次低、管理制度不健全等问题，必须按照党中央、国务院确定的目标和原则，进一步加快改革步伐，建立统一的企业职工基本养老保险制度，促进经济与社会健康发展。为此，国务院在总结近几年改革试点经验的基础上作出如下决定：

一、到本世纪末，要基本建立起适应社会主义市场经济体制要求，适用城镇各类企业职工和个体劳动者，资金来源多渠道、保障方式多层次、社会统筹与个人帐户相结合、权利与义务相对应、管理服务社会化的养老保险体系。企业职工养老保险要贯彻社会互济与自我保障相结合、公平与效率相结合、行政管理与基金管理分开等原则，保障水平要与我国社会生产力发展水平及各方面的承受能力相适应。

二、各级人民政府要把社会保险事业纳入本地区国民经济与社会发展计划，贯彻基本养老保险只能保障退休人员基本生活的原则，把改革企业职工养老保险制度与建立多层次的社会保障体系紧密结合起来，确保离退休人员基本养老金和失业人员失业救济金的发放，积极推行城市居民最低生活保障制度。为使离退休人员的生活随着经济与社会发展不断得到改善，体现按劳分配原则和地区发展水平及企业经济效益的差异，各地区和有关部门要在国家政策指导下大力发展企业补充养老保险，同时发挥商业保险的补充作用。

三、企业缴纳基本养老保险费（以下简称企业缴费）的比例，一般不得超过企业工资总额的 20%（包括划入个人帐户的部分），具体比例由省、自治区、直辖市人民政府确定。少数省、自治区、直辖市因离退休人数较多、养老保险负担过重，确需超过企业工资总额的 20% 的，应报劳动部、财政部审批。个人缴纳基本养老保险费（以下简称个人缴费）的比例，1997 年不得低于本人缴费工资的 4%，1998 年起每两年提高 1 个百分点，最终达到本人缴费工资的 8%。有条件的地区和工资增长较快的年份，个人缴费比例提高的速度应适当加快。

四、按本人缴费工资 11% 的数额为职工建立基本养老保险个人帐户，个人缴费全部记入个人帐户，其余部分从企业缴费中划入。随着个人缴费比例的提高，企业划入的部分要逐步降至 3%。个人帐户储存额，每年参考银行同期存款利率计算利息。个人帐户储存额只用于职工养老，不得提前支取。职工调动时，个人帐户全部随同转移。职工或退休人员死亡，个人帐户中的个人缴费部分可以继承。

五、本决定实施后参加工作的职工，个人缴费年限累计满 15 年的，退休后按月发给基本养老金。基本养老金由基础养老金和个人帐户养老金组成。退休时的基础养老金月标准为省、自治区、直辖市或地（市）上年度职工月平均工资的 20%，个人帐户养老金月标准为本人帐户储存额除以 120。个人缴费年限累计不满 15 年的，退休后不享受基础养老金待遇，其个人帐户储存额一次支付给本人。

本决定实施前已经离退休的人员，仍按国家原来的规定发给养老金，同时执行养老金调整办法。各地区和有关部门要按照国家规定进一步完善基本养老金正常调整机制，认真抓好落实。

本决定实施前参加工作、实施后退休且个人缴费和视同缴费年限累计满 15 年的人员，按照新老办法平稳衔接、待遇水平基本平衡等原则，在发给基础养老金和个人帐户养老金的基础上再确定过渡性养老金，过渡性养老金从养老保险基金中解决。具体办法，由劳动部会同有关部门制订并指导实施。

六、进一步扩大养老保险的覆盖范围，基本养老保险制度要逐步扩大到城镇所有企业及其职工。城镇个体劳动者也要逐步实行基本养老保险制度，其缴费比例和待遇水平由省、自治区、直辖市人民政府参照本决定精神确定。

七、抓紧制定企业职工养老保险基金管理条例，加强对养老保险基金的管理。基本养老保险基金实行收支两条线管理，要保证专款专用，全部用于职工养老保险，严禁挤占挪用和挥霍浪费。基金结余额，除预留相当于 2 个月的支付费用外，应全部购买国家债券和存入专户，严格禁止投入其他金融和经营性事业。要建立健全社会保险基金监督机构，财政、审计部门要依法加强监督，确保基金的安全。

八、为有利于提高基本养老保险基金的统筹层次和加强宏观调控,要逐步由县级统筹向省或省授权的地区统筹过渡。待全国基本实现省级统筹后,原经国务院批准由有关部门和单位组织统筹的企业,参加所在地区的社会统筹。

九、提高社会保险管理服务的社会化水平,尽快将目前由企业发放养老金改为社会化发放,积极创造条件将离退休人员的管理服务工作逐步由企业转向社会,减轻企业的社会事务负担。各级社会保险机构要进一步加强基础建设,改进和完善服务与管理工作,不断提高工作效率和服务质量,促进养老保险制度的改革。

十、实行企业化管理的事业单位,原则上按照企业养老保险制度执行。

建立统一的企业职工基本养老保险制度是深化社会保险制度改革的重要步骤,关系改革、发展和稳定的全局。各地区和有关部门要予以高度重视,切实加强领导,精心组织实施。劳动部要会同国家体改委等有关部门加强工作指导和监督检查,及时研究解决工作中遇到的问题,确保本决定的贯彻实施。

中华人民共和国国务院

一九九七年七月十六日

（选自《十四大以来重要文献选编》下册,人民出版社1999 年 10 月第 1 版,第 2581—2585 页）

引导股份合作制企业健康发展

（1997 年 8 月 7 日）

人民日报评论员

"放小"是国有企业改革的重要组成部分,近一两年来,各地放开小企业的步子加快了,一大批国有和集体小企业在改制中焕发了生机。股份合作制作为小企业改制的重要形式,在实践中产生,在实践中发展,越来越引人注目,成为小企业改革中的一个热点。国家体改委制定的《关于发展城市股份合作制企业的指导意见》(全文见二版),总结了城市股份合作制企业的试点经验,明确了实践中提出的一些问题,对于推动、引导城市股份合作制企业健康发展,有着积极意义。

股份合作制是一种创造。它有别于教科书上的种种模式,是群众在实践中的一种创造,自然它要有一个发展和完善的过程。今天,随着实践的发展、认识的深化,我们有必要也有可能从"三个有利于"的标准出发,理性地总结这方面的经验。从各地试点工作的情况看,从一大批股份合作制企业的经营成效看,股份合作制符合社会主义初级阶段生产力发展水平,符合目前国有小企业和集体企业的实际状况,体现了现代企业制度"产权清晰,权责明确,政企分开,管理科学"的基本特征,理顺了产权关系,明确了资产经营责任,增强了职工对企业资产的关切度,为企业开辟了一条新的融资渠道,促进了企业内部改革和管理水平的提高,融劳动合作与资本合作于一体,兼股份制与合作制之所长,因此,凡搞得好的地方,都显示出这种企业组织形式的巨大吸引力和顽强生命力。

作为一种企业制度创新的试验,推行股份合作制既要积极又要审慎。实际上,各地试行股份合作制的做法也不尽相同,股份合作制企业的组织、管理制度也有着较大的差异。试点工作提出来的一些难点问题,比如,经营者与职工之间持股差距以多大为宜;如何处理好按劳分配与按股分红的关系;"一人一票"还是"一股一票"的问题;改制中收回的国有和集体资本如何管理、使用等等,眼下还难以作出统一的规定,需要在实践中逐步解决。股份合作制涉及的种种理论问题,也需要理论工作者结合实际情况作进一步的探讨。比如,股份合作制与股份制、合伙制、合作制企业的关系；它是一种初级的、过渡的企业组织形式，还是一种终极的、独立的企业组织制度；股份合作制的发展方向和前途等，这些问题同样不宜急于下结论。我们要尊重群众的创新实践，尊重群众的意愿和选择。

当前小企业改制条件成熟，也创造了相当的经验，步子完全可以更快一些。但要注意不要搞一刀切。股份合作制是小企业改革的一种有效形式，但不是唯一形式，搞活小企业要区别情况，从职工的意愿出发，采取多种形式。推进股份合作制要扎扎实实地进行，不可刮风，不能盲目追求数量。要鼓励规模适度、基础较好的中小企业向规范的公司制发展，改组为有限责任公司或股份有限公司；对于资不抵债且扭亏无望的困难企业，要坚决进行破产处理，安置好职工和离退休人员。在实行改制的过程中，更要切实保障国有和集体权益，防止公有财产流失。从一些地方的经验看，关键是在国有资产转让过程中把好三关：一是把好资产评估关，二是把好产权界定关，三是把好产权转让收入的收缴和使用关。把握这三个环节，就可以更好地防止转让过程中的公有资产流失，把改革成本降到最低限度。

（选自《人民日报》1997 年 8 月 7 日）

财政部清产核资办公室
关于印发《城镇集体企业清产核资
工作有关问题解答》的通知

（1997年8月8日）

各省、自治区、直辖市、计划单列市清产核资办公室,财政厅（局）、经贸委（经委、计经委）、国家税务局、地方税务局、国有资产管理局,国务院有关部委和直属机构：

　　城镇集体企业清产核资试点工作开展以来,各地区、各部门及集体企业在工作组织实施中提出和反映了一些问题,经与有关部门研究,现将《城镇集体企业清产核资工作有关问题解答》印发给你们,请在工作中参照执行。

　　附：

城镇集体企业清产核资
工作有关问题解答

　　一、对各种"挂靠"的集体企业如何组织开展清产核资工作？

　　答：按照国务院办公厅关于在全国城镇集体企业、单位开展清产核资工作的"通知"要求,所有在工商行政管理机关登记注册的集体所有制企业（包括联合经济组织）,以及以各种形式占用集体资产的单位都应纳入集体企业清产核资工作范围。各种"挂靠"在各级党政机关、事业单位的集体企业,应列入城镇集体企业清产核资工作范围,在进行全面清产核资后,按照国家的有关城镇集体企业管理政策规定进行必要的规范。

　　二、进行"改制"的集体企业如何开展清产核资？

　　答：企业改革是我国经济体制改革中一项长期任务,集体企业更应通过清产核资摸清"家底",明晰产权,加强基础管理,为深化改革创造条件。为此,在1997年3月31日以前,已进行股份制或其它改制的集体企业,对已全面开展了清产核资的,可在全国清产核资工作中予以认定,但须按统一规定填报城镇集体企业清产核资报表;对清产核资工作不完善的,应按照"缺什么、补什么"的原则进行必要的补课;对在 1997 年 3 月 31 日以前未进行改制的集体企业均应纳入清产核资范围,全面开展清产核资各项工作。

三、在城镇集体企业清产核资中如何理解"三不"工作原则?

答:"一不收权、二不改变隶属关系,三不改变分配制度"是组织开展城镇集体企业清产核资工作的基本工作原则,是尊重我国集体经济的发展历史,保护城镇集体企业合法权益,促进集体经济改革与发展的具体体现。但对经清产核资后,认定确实不属于集体所有制性质的企业,在全面清产核资结束进一步明确有关政策后,组织进行必要清理。

四、对"三无"城镇集体企业是否要进行清产核资?

答:对"三无"(即"无资金、无场地、无生产经营活动")的城镇集体企业,原则上仍应列入清产核资工作范围,组织对其经营和资产状况进行必要清查和核实,并会同有关部门按有关政策规定予以清理。

五、对有营业执照但不具有企业法人资格的经营实体如何开展清产核资?

答:在工商部门登记并领取营业执照但不具有企业法人资格属于集体所有制性质的经营实体或单位,虽不具备清产核资基本单位条件,但仍属于这次城镇集体企业清产核资范围,应由其具有法人资格的举办单位或主管单位组织进行清产核资工作,对其占有和使用的资产和资金进行全面的清查和核实。

六、停工、停产的城镇集体企业是否还要组织进行清产核资?

答:停工、停产两年以上,已不具备恢复条件或在近期难以恢复生产的企业可不开展清产核资,但应由企业或企业主管单位以停工或停产年度的会计决算报表填报城镇集体企业清产核资报表。

七、各种社团举办的城镇集体企业是否要进行清产核资工作?

答:凡是符合开展清产核资条件各种社团举办的城镇集体企业,均应纳入当地的清产核资工作范围。

八、工商部门注册登记为"全民所有集体经营"的企业是否要开展清产核资?

答:全民所有集体经营的企业,其性质仍属于国有企业,不属于城镇集体企业清产核资工作范围。如果该企业在国有企业清产核资时漏清,则必须按国有企业清产核资有关规定进行补课,并从清查年度起将企业各项统计数据纳入国有资产年报统计范围中。

九、已开展过清产核资的城镇集体企业如何进行衔接工作?

答:已随国有企业开展过清产核资工作的城镇集体企业,原则上不再重新进行全面的清产核资,但要按国家有关城镇集体企业清产核资的规定进行规范和衔接:一是进行工作内容的规范,即按照清产核资各阶段的工作内容,采取"缺什么,补什么";二是进行工作政策的落实,即按照清产核资工作规定政策予以落实,但涉及产权纠纷已达成协议的仍按原协议办;三是进行工作报表的衔接,即按照全国城镇集体企业清产核资报表的规定要求,如实填报有关数据。

十、城镇集体企业利用国家有关部门无偿划拨的国有土地建商品宿舍楼、合资建厂或出租等收益在清产核资中如何处理?

答:在清产核资中清查出城镇集体企业利用国家无偿划拨的土地建商品房、建厂、出租等发生的收益,如改变土地用途经过同级政府批准,其收益仍按原有渠道分配;属企业自行改变用途的,在清产核资中应列入"待界定资产"。

十一、企业清产核资的产权界定文本文件包括哪些内容?

答:企业清产核资工作中产权界定文本文件的主要内容为:企业界定工作小组关于界定工作情况报告书;产权各方(含原举办方)签署的关于企业产权界定协议书;由主管部门签署意见的界定申报表;涉及企业界定产权的历史凭证、资料或证明材料。

十二、城镇集体企业清产核资产权界定的工作内容有哪些?

答:根据财政部、国家经贸委、国家税务总局印发的《城镇集体所有制企业、单位清产核资产权界定工作的具体规定》(财清字[1996]13号),这次城镇集体企业清产核资中产权界定的工作,既要认定城镇集体企业原始资本、资本积累及政策扶持等形成的各项财产所有权的归属,又要明确集体企业之间或集体企业与其它企业之间的有争议的财产关系。

十三、国有企业举办集体企业的投入或垫付资金界定明晰后如何处理?

答:国有企业为安置城镇待业青年或企业富余人员举办集体企业而投入或垫付的开办费、流动资金及设备、工具、厂房、场地等货币和实物资产,通过清产核资产权界定明确其性质属国有后,原则上应继续留在集体企业使用,具体处理有以下三种方法:一是作为集体企业向国有企业的有偿借款,由集体企业支付资金使用费;二是采取租赁方式,国有企业收取租金;三是作为国有企业向集体企业投资参股。

十四、在清产核资产权界定中如何理解集体企业劳动积累含义?

答:在清产核资产权界定工作中所称"劳动积累"是指以个人入股为主的合作制集体企业,其按企业章程规定或股东大会决议从经营积累中提取的体现职工合作劳动所作贡献并用于保障企业稳定发展的权益,性质属于劳动者集体所有。

十五、清产核资中产权界定与价值重估的工作顺序如何确定？

答：根据产权界定"宜粗不宜细"的工作原则，清产核资产权界定工作原则上以原帐面价值为基础。至于具体顺序，可由企业根据组织便利情况自行确定。

十六、固定资产原值在200万元以下的企业可否进行固定资产价值重估？

答：根据《城镇集体所有制企业、单位清产核资资产价值重估实施细则》规定，固定资产原值在200万元以下企业原则上不进行固定资产价值重估；但企业依据实际需要，经报同级清产核资机构同意可组织开展。

十七、固定资产价值重估后新增净值可否直接冲减资产损失？

答：根据清产核资有关政策规定，企业在清产核资中各项资产损失经申报批准后，可以首先冲减固定资产价值重估新增的资本公积，其次按规定的所有者权益冲减顺序依次进行冲减。

十八、已开展过清产核资的城乡信用社以及已组建成城市合作银行是否要进行清产核资？

答：根据《国务院关于组建城市合作银行的通知》（国发〔1995〕25号）文件规定，组建城市合作银行，必须要在开展清产核资的基础上进行。因此，对于已开展过清产核资的城乡信用社和组建的合作银行，在这次集体企业清产核资中，原则上不再另行组织进行全面清产核资各项工作，但要按照城镇集体企业清产核资的有关规定，本着"缺什么，补什么"的总体要求，对有关工作进行相应规范和衔接。

（原件存财政部清产核资办公室）

国务院关于在全国建立城市居民
最低生活保障制度的通知

(1997 年 9 月 2 日)

各省、自治区、直辖市人民政府,国务院各部委、各直属机构:

妥善解决城市贫困人口的生活困难问题,是当前我国经济和社会发展中的一个重要任务。为此,国务院决定在全国建立城市居民最低生活保障制度。现就有关事项通知如下:

一、要把建立城市居民最低生活保障制度当作一项重要工作抓紧抓好

建立城市居民最低生活保障制度,是《中华人民共和国国民经济和社会发展"九五"计划和 2010 年远景目标纲要》提出的一项重要任务,是改革和完善传统社会救济制度、建立健全社会保障体系的重大举措。它的建立和实施,充分体现了社会主义制度的优越性,体现了党和政府全心全意为人民服务的根本宗旨,有利于维护社会稳定、促进经济体制改革的顺利进行。各级地方人民政府要高度重视这一工作,采取有力措施,抓紧抓好。

为了确保"九五"期间在全国建立起城市居民最低生活保障制度,使城市居民的基本生活得到保障,要求:1997 年底以前,已建立这项制度的城市要逐步完善,尚未建立这项制度的要抓紧做好准备工作;1998 年底以前,地级以上城市要建立起这项制度;1999 年底以前,县级市和县政府所在地的镇要建立起这项制度。各地要根据当地实际情况,逐步使非农业户口的居民得到最低生活保障。

二、要合理确定保障对象的范围和保障标准

城市居民最低生活保障制度的保障对象是家庭人均收入低于当地最低生活

保障标准的持有非农业户口的城市居民,主要是以下三类人员:1. 无生活来源、无劳动能力、无法定赡养人或抚养人的居民;2. 领取失业救济金期间或失业救济期满仍未能重新就业,家庭人均收入低于最低生活保障标准的居民;3. 在职人员和下岗人员在领取工资或最低工资、基本生活费后以及退休人员领取退休金后,其家庭人均收入仍低于最低生活保障标准的居民。

城市居民最低生活保障标准由各地人民政府自行确定。各地要本着既保障基本生活、又有利于克服依赖思想的原则,按照当地基本生活必需品费用和财政承受能力,实事求是地确定保障标准。保障标准由各地民政部门会同当地财政、统计、物价等部门制定,经当地人民政府批准后向社会公布,并且随着生活必需品的价格变化和人民生活水平的提高适时调整。所定标准要与其他各项社会保障标准相衔接。

各地在发放最低生活保障金时,对第一类保障对象要按最低生活保障标准全额发放,如其原来享受的生活救济标准高于最低生活保障标准的,则按原救济标准发放;对其他保障对象均按其家庭人均收入与最低生活保障标准的差额发放;根据国家有关规定享受特殊待遇的优抚对象等人员,其抚恤金等不计入家庭收入。

三、要认真落实最低生活保障资金

实施城市居民最低生活保障制度所需资金,由地方各级人民政府列入财政预算,纳入社会救济专项资金支出科目,专帐管理。每年年底前由各级民政部门提出下一年的用款计划,经同级财政部门审核后列入预算,定期拨付,年终要编制决算,送同级财政部门审批。各地财政部门要认真落实城市居民最低生活保障资金,加强保障资金的管理和监督,保证保障资金专款专用,不被挤占、挪用。保障资金的使用要接受财政和审计部门的定期检查、审计及社会监督。目前最低生活保障资金采取由财政和保障对象所在单位分担办法的城市,要逐步过渡到主要由财政负担的方式上来。

四、倡导社会互助,鼓励保障对象劳动致富

在建立和实施城市居民最低生活保障制度的过程中,各地要教育群众体谅国家的困难,鼓励和支持有劳动能力的保障对象自谋职业、自食其力,通过劳动增加收入,逐步改善生活状况。对从事个体经营的保障对象,应给予必要的扶持。要充分发扬中华民族尊老爱幼、互助互济的传统美德,广泛发动社会力量,

大力开展扶贫济困送温暖等保障制度的顺利实施。

中华人民共和国国务院

一九九七年九月二日

（选自《十四大以来重要文献选编》下册，人民出版社
1999 年 10 月第 1 版，第 2602—2605 页）

中国轻工总会关于加快轻工集体企业改革与发展若干意见的报告

（1997 年 9 月 10 日）

国务院：

　　今年是中华全国手工业合作总社成立 40 周年。根据《总社章程》，拟于今年 10 月在北京召开全国轻工集体企业第五届职工（社员）代表大会。这次会议的主题是：认真贯彻党的十五大所制定的路线、方针、政策，总结轻工集体企业改革与发展的经验，动员轻工集体企业干部职工为完成"九五"计划、胜利跨入 21 世纪而奋斗。现将轻工集体企业改革与发展的若干意见报告如下：

一、轻工集体经济发展的基本情况

　　轻工集体经济是城镇集体经济的重要骨干力量。改革开放以来，轻工集体经济获得长足发展。传统行业通过技术改造发生重大变化，家用电器、塑料制品、室内装饰用品等一批新兴行业快速发展，涌现了一批具有市场竞争力的名牌产品，崛起了海尔、荣事达等一批以名牌产品或优势企业为龙头的大型骨干企业和企业集团，形成了生产门类相对齐全、技术装备比较先进、具有一定规模和水平、基本满足市场需求的工业体系；以股份合作制为主要形式的企业制度改革也取得显著成绩。轻工集体经济在轻工业中已占有"半壁江山"的地位。1996 年，轻工集体企业有 40791 个，职工 425.2 万人，完成工业总产值 2231 亿元，出口创汇 341.3 亿美元，分别占轻工全系统企业个数、职工总数、工业总产值和出口创汇的 75.3%、44.9%、39.2% 和 76.6%。1991 年至 1996 年的 6 年中，轻工集体经济工业总产值每年平均递增 11%，出口创汇每年平均递增 28.7%，累计上缴国家税金 472.5 亿元。轻工集体经济在繁荣市场、改善人民生活、扩大出口创汇、增加财政收入、发展地方经济、安排劳动就业、保持社会稳定等方面都发挥了重要的作用。

　　在改革与发展中，轻工集体经济也面临一些困难与问题。主要有：企业基础差，技术装备水平低，新产品开发和技术改造需求迫切，而又很难得到银行的信贷支持;企业负担重,经济效益差,结构调整和人员分流难度大,而又很难得到国家有关的政策扶持;集体资产管理薄弱,资财被平调现象屡禁不止,集体资产流失严重,而又缺乏强有力的法律保护。

二、轻工集体企业改革与发展的基本思路

根据"九五"和 2010 年我国国民经济发展的总目标和轻工业发展的总任务,"九五"到 2010 年,轻工集体经济总量要有一个较快的增长,综合素质要有一个较大的提高。为了实现这个目标,我们提出轻工集体企业改革与发展的指导思想:紧紧围绕实现"两个根本性转变",以产权制度改革、提高企业专业化生产水平和生产集中度为重点、全面实施"三改一加强",在改革中使集体企业机制变得更灵、经营搞得更活,在改组中治"全"治"散",在改造中增强实力和后劲,提高轻工集体企业整体素质和经济运行的质量与效益。

改革与发展的基本思路是:

(一)加大改革力度,进一步放开搞活集体企业

股份合作制在轻工集体企业中已试行十多年,实践证明,它是恢复集体企业性质和特点的一种好形式。也是轻工集体企业制度创新的一种主要形式。要继续大力推行,并逐步加以完善与规范。轻工集体企业有条件的可以组建为有限责任公司,少数规模较大、效益好的,也可以组建为股份有限公司或企业集团。轻工集体企业改革不论采取哪种形式,都要坚持建立现代企业制度的方向,切实转换企业经营机制。

扶优扶强,抓大放小,壮大一批大企业,改组放活一批小企业。我们已选择 200 户大中型集体企业作为择优扶强的重点,拟在企业改革上给予指导,在优化资本结构上给予协调支持,在技改、基建、新产品开发、技术创新上给予优先安排,使这些企业尽快发展壮大,成为轻工集体经济的骨干,带动一批小企业的发展。对为数众多的"小、穷、亏"集体企业,要坚持"三个有利于"的原则,思想上进一步放胆,工作上进一步放手,形式上进一步放开,经营上进一步放活,政策上进一步放宽,采取联合、兼并、租赁、承包经营、委托经营、公有民营、分散经营、分块搞活、解体重组、"退二进三"、引资嫁接、出售、破产等多种形式进行改革。

(二)加大结构调整力度,提高经济增长质量

在产品结构调整中坚持上名牌、上规模、上质量、上品种,重点扶持民族传统产品,培育优势拳头产品,争创名牌产品,扩大经济批量和市场覆盖率。企业组

织结构调整要打破行业、产业、区域、所有制界限,实施资本运营,实现生产要素的优化重组,优势企业实现低成本扩张,小企业提高专业化水平和配套能力,培育一批"小而专"、"小而精"的"小巨人"企业。产业结构调整要搞好"退二进三"、分流人员,实施再就业工程。

(三)加大对外开放力度,提高技术进步与创新水平

轻工集体企业要按照"适度、有效"的原则,引进国外资金和先进技术与管理,把引进与消化、吸收、创新结合起来,开发新产品,改造老企业,开拓国内、国际两个市场。要注重引进一些投资少、见效快、技术水平高、市场前景好的中小型项目,形成一批出口效益型、技术进步型的项目。同时要加强与科研院所、高等院校及大企业的联合与合作,引进新技术、新工艺,引进人才,提高企业技术进步水平和技术创新能力。

(四)加大强化企业经营管理力度,提高企业整体素质

切实贯彻执行《城镇集体企业条例》,坚持民主选举厂长(经理),加强领导班子建设,提高经营管理水平。发动职工参与民主管理,健全完善监督机制,强化职工主人翁地位。继续深化企业内部人事、劳动、分配三项制度改革,建立完善的企业内部管理制度,实行从严治厂。学习海尔等一批先进企业的管理经验,深入开展"转机制,抓管理,练内功,增效益"活动,遏制企业管理滑坡倾向,提高企业整体素质。

三、创造集体企业改革与发展良好环境的几点意见

(一)切实加强领导,支持轻工集体经济发展

以公有制为主体,多种经济成分共同发展,是我国发展国民经济必须长期坚持的方针。大力发展集体经济是党中央、国务院根据我国国情做出的重大战略决策。各级党委、政府和有关部门要切实加强对轻工集体经济的领导,统筹规划,制定政策措施,促进、引导、保护和规范轻工集体企业的改革与发展,研究解决改革与发展中的困难和问题。

(二)创造有利于轻工集体企业改革与发展的政策环境

集体经济是公有制经济的重要组成部分。从搞好整个公有制经济高度出发,在信贷、技改、科技、新产品开发、企业技术创新资金等方面,应对集体企业一视同仁。对符合条件的轻工集体企业,应允许进入国家或省级企业集团试点,允许列入国家或省级定点支持的企业范围;在优化资本结构试点城市,可以参照国有企业有关兼并、破产政策进行试点。

（三）加强集体资产管理，依法保护集体企业权益

各级联社和轻工集体企业要按照国务院有关规定，搞好清产核资、产权界定工作。要贯彻中国轻工总会、中华全国手工业合作总社会同国家税务总局制定的《轻工业企业集体资产管理暂行规定》，担负起对轻工集体资产的"指导、维护、监督、协调、服务"的管理职能。抓紧对历年平调集体资产的追索，依法维护轻工集体资产所有者的合法权益，防止集体资产被平调和流失，确保集体资产的保值增值。要积极探索适应新形势的集体资产经营体制和管理制度，提高集体资产的营运效率。

（四）加强联社建设，充分发挥集体企业联合经济组织作用

中华全国手工业合作总社现有省、自治区、直辖市、地（市）、县（市）联社成员单位2500多个。各级联社在发展壮大城镇集体经济方面做出了重大贡献。在社会主义市场经济体制的新形势下，各级联社要在当地政府领导下，稳定机构和人员，按照"指导、维护、监督、协调、服务"的方针，开展社务活动，服务于企业，搞好"兴办经济实体，增强经济实力，强化服务功能"的自身改革与自身建设，发挥好政府与企业间纽带与桥梁作用。

以上报告如无不妥，恳请批转执行。

（原件存中国轻工业联合会办公室文电档案处）

财政部、国家经济贸易委员会、国家税务总局、中国人民银行、国家国有资产管理局关于城镇集体企业清产核资工作有关政策规定

（1997 年 9 月 10 日）

各省、自治区、直辖市、计划单列市清产核资办公室、财政厅（局）、经贸委（经委、计经委）、地方税务局、国家税务局、中国人民银行分行、国有资产管理局（办公室），国务院各有关部门及直属机构：

为认真贯彻落实国务院办公厅《关于在全国城镇集体企业、单位开展清产核资工作的通知》（国办发［1996］29 号），推动城镇集体企业、单位（以下简称集体企业）清产核资工作的顺利开展，在财政部、国家经贸委、国家税务总局已制定实施的有关政策规定的基础上，现对集体企业清产核资有关工作政策进一步明确如下：

一、各类城镇集体企业必须按照国家的统一部署，认真组织进行清产核资工作。对于没在国家规定的时间范围内完成清产核资工作或者工作走过场的企业，各级清产核资机构要会同有关部门参照财政部、监察部、审计署、国家国有资产管理局《关于加强对清产核资工作监督检查的通知》（财清字［1995］10 号）精神，责成集体企业限期进行或指定中介机构对其重新进行，并追究主管部门和企业领导的责任。

二、各级清产核资机构和参与清产核资组织工作的各有关部门，一律不得向集体企业收取费用或进行有偿服务。对向城镇集体企业收取费用或进行有偿服务的部门、单位，集体企业有权予以拒绝和检举，对经核查落实的问题各级人民政府清产核资领导机构要责令其改正，并视情况相应予以严肃处理。

三、各集体企业在开展清产核资工作中，必须按照国家统一要求，认真组织对本企业各项资产、负债及所有者权益进行全面清查。

集体企业在清产核资中清理出的凡由于客观原因造成的资产损失和资金挂帐，原则上按照国家现行财务会计制度规定，计入企业损益；对资产损失和资金挂帐数额较大计入损益企业难以承受的，企业报经税务部门会同清产核资机构

审批后,可首先冲减企业固定资产价值重估增值增加的资本公积;其次可依次冲减企业盈余公积、资本公积;或按比例冲减企业实收资本。

集体企业在资产清查时如盘盈资产大于盘亏资产,其净盘盈资产经同级税务部门会同清产核资机构审批后可作增加企业资本公积处理。

四、集体企业(非金融)在清产核资中清理出的各项应收帐款,凡符合坏帐核销条件的,经审批后可作为坏帐损失进行处理。企业坏帐核销条件一般为:一是呆帐发生 3 年以上,符合现行财务会计核销处理规定;二是不足 3 年,但有司法等有关部门提出对方企业破产、倒闭或债务人死亡的证明材料;三是不足 3 年,但经企业主管部门专案处理并出具同意核销的证明材料。

在清产核资中,集体企业各类坏帐按规定处理后应采取"帐销债留"的方式,继续保留对债务人的索债权利。

五、集体企业在清产核资期间自行清理过去的各项帐外资产、资金(含各类帐款、"小金库")或没有按控制社会集团购买力规定办理购置手续的物品(含固定资产),凡主动清查上报及时入帐,或积极补办有关手续,在财务检查和审计中一般不再追究违纪责任。

六、对集体企业清产核资中清理出来的按现行财务制度规定应入帐而尚未入帐的专利权、非专利技术、商标权等无形资产,经有关部门确认后及时作价入帐(已发生转让的可按转让价格入帐),归集体企业集体所有。

七、对清产核资清理出的职工福利费(含医药费)超支挂帐数额较大的集体企业,凡目前经营效益较差的企业,经同级税务部门、清产核资机构批准可一次性冲减企业公益金、盈余公积金;对目前经营效益较好的企业,根据企业的承受能力,经同级税务部门会同清产核资机构批准可在费用中列支解决一部分。

八、集体企业在清产核资中清理出以前政府部门应补未补的款项,报经清产核资机构审查核实后,由当事部门按规定予以补足;对一时难以全额补足的,有关部门要分期分批予以解决,或签定归还协议在一定期限内解决。

九、对集体企业在清产核资中清理出的以前年度欠交的能源交通重点建设基金和国家预算调节基金,凡处于停产、半停产、亏损的集体企业,按照财政部、国家税务总局《关于继续做好国家能源交通重点建设基金和国家预算调节基金清欠工作的通知》(财综字[1997]1 号)精神,可全额豁免所欠"两金"。

十、集体企业在清产核资中清理出来的属于《中华人民共和国城镇集体所有制企业条例》颁布实施(即 1992 年 1 月 1 日)后,被有关部门、单位平调、挪用或无偿占用的集体资产,对目前确实难以归还的,经协商核实后可按下列办法处理:

（一）按当时的资产价值给予一次性偿还；不能一次性偿还的，可按同期银行贷款利息分期计息偿还；

（二）作为集体企业集体股份入股或实行联营；

（三）实行有偿使用，由集体企业收取使用费；

（四）由当事双方协商采取有偿转让等方式处理。

十一、国有企业、单位创办集体企业或集体企业、单位创办集体企业，过去相互支持、租借、转让的物资、设备、资金、房屋、土地等，已有协议的（含国有企业清产核资时签定的协议），按协议办；没有协议的，应平等协商解决，原则上不应用滚动收益的计算方法解决。

十二、集体企业占用的资产在此次清产核资中，按《城镇集体所有制企业、单位清产核资产权界定暂行办法》（国经贸企［1996］895 号）界定属国有资产的，经当事双方协商可采取有偿借用、折价入股或租赁使用等办法处理，原则上留集体企业继续使用，其原产权单位一般不得无故抽回。

十三、集体企业在清产核资中清理出的属于个人资产作价入股、且目前无法明确归属的资产，暂作为集体企业资产处理，并在企业集体资本金下单独反映。如将来原投资者追索清算时，有关当事方要依法予以解决。

十四、集体企业固定资产价值重估工作原则上由企业按国家规定的标准和方法自行组织进行，集体企业因客观原因不能自行组织的，须由企业申请报同级清产核资机构同意，可委托中介机构进行重估，中介机构的服务费用应按国家规定的资产评估收费标准的 20% 收取。

十五、对清产核资中清理出的资产损失较大、但发展有前途、产品有市场、需要支持的骨干集体企业，因目前企业经营困难，难以按期归还国家有关部门的借（贷）款或财政周转金的，企业可提出申请展期，经经办银行、财政等有关部门审核后，属于银行贷款的可适当展期，由经办银行按照《贷款通则》的有关规定办理；其它性质的按财政部有关财政周转金管理规定执行。

十六、集体企业在清产核资后两年内进行企业改制时，经财政（清产核资机构）等有关部门审批、确认的清产核资结果可作为有效法律依据，企业可不再进行资产评估。

十七、凡没在国家规定的时间内完成清产核资工作的企业，均不得执行此次清产核资工作的各项政策，各级经贸部门或政府指定的有关部门不予办理产权登记，并由同级人民政府追究主管部门和企业法定代表人责任。

十八、集体企业在清产核资中，清查发现利用职权或职务之便，侵吞、挪用、占用的集体企业资产，或给企业造成重大资产损失、浪费的，要依法追究当事人法律责任;对未造成重大损失,当事人主动检查,并积极退回或赔偿的,可从轻处理。

十九、有关涉及城镇集体企业清产核资工作的税收政策问题由财政部、国家税务总局另行规定。

二十、在清产核资工作中,各地区、各部门及各有关单位必须严格执行国家的政策,各级政府有关部门应加强对集体企业清产核资工作的监督和检查,发现问题要及时纠正,以保证全国城镇集体企业清产核资工作的顺利进行。

（原件存财政部办公厅档案处）

经济体制改革和经济发展战略①

（1997 年 9 月 12 日）

江泽民

从现在起到下世纪的前十年，是我国实现第二步战略目标、向第三步战略目标迈进的关键时期。我们要积极推进经济体制和经济增长方式的根本转变，努力实现"九五"计划和二〇一〇年远景目标，为下世纪中叶基本实现现代化打下坚实基础。在这个时期，建立比较完善的社会主义市场经济体制，保持国民经济持续快速健康发展，是必须解决好的两大课题。要坚持社会主义市场经济的改革方向，使改革在一些重大方面取得新的突破，并在优化经济结构、发展科学技术和提高对外开放水平等方面取得重大进展，真正走出一条速度较快、效益较好、整体素质不断提高的经济协调发展的路子。

（一）调整和完善所有制结构。公有制为主体、多种所有制经济共同发展，是我国社会主义初级阶段的一项基本经济制度。这一制度的确立，是由社会主义性质和初级阶段国情决定的：第一，我国是社会主义国家，必须坚持公有制作为社会主义经济制度的基础；第二，我国处在社会主义初级阶段，需要在公有制为主体的条件下发展多种所有制经济；第三，一切符合"三个有利于"的所有制形式都可以而且应该用来为社会主义服务。

十一届三中全会以来，我们党认真总结以往在所有制问题上的经验教训，制定以公有制为主体、多种经济成分共同发展的方针，逐步消除所有制结构不合理对生产力的羁绊，出现了公有制实现形式多样化和多种经济成分共同发展的局面。继续调整和完善所有制结构，进一步解放和发展生产力，是经济体制改革的重大任务。

要全面认识公有制经济的含义。公有制经济不仅包括国有经济和集体经济，还包括混合所有制经济中的国有成分和集体成分。公有制的主体地位主要体现在：公有资产在社会总资产中占优势；国有经济控制国民经济命脉，对经济

---

① 这是江泽民在中国共产党第十五次全国代表大会上报告《高举邓小平理论伟大旗帜，把建设有中国特色社会主义事业全面推向二十一世纪》的一部分。

发展起主导作用。这是就全国而言,有的地方、有的产业可以有所差别。公有资产占优势,要有量的优势,更要注重质的提高。国有经济起主导作用,主要体现在控制力上。要从战略上调整国有经济布局,对关系国民经济命脉的重要行业和关键领域,国有经济必须占支配地位。在其他领域,可以通过资产重组和结构调整,以加强重点,提高国有资产的整体质量。只要坚持公有制为主体,国家控制国民经济命脉,国有经济的控制力和竞争力得到增强,在这个前提下,国有经济比重减少一些,不会影响我国的社会主义性质。

集体所有制经济是公有制经济的重要组成部分。集体经济可以体现共同致富原则,可以广泛吸收社会分散资金,缓解就业压力,增加公共积累和国家税收。要支持、鼓励和帮助城乡多种形式集体经济的发展。这对发挥公有制经济的主体作用意义重大。

公有制实现形式可以而且应当多样化。一切反映社会化生产规律的经营方式和组织形式都可以大胆利用。要努力寻找能够极大促进生产力发展的公有制实现形式。股份制是现代企业的一种资本组织形式,有利于所有权和经营权的分离,有利于提高企业和资本的运作效率,资本主义可以用,社会主义也可以用。不能笼统地说股份制是公有还是私有,关键看控股权掌握在谁手中。国家和集体控股,具有明显的公有性,有利于扩大公有资本的支配范围,增强公有制的主体作用。目前城乡大量出现的多种多样的股份合作制经济,是改革中的新事物,要支持和引导,不断总结经验,使之逐步完善。劳动者的劳动联合和劳动者的资本联合为主的集体经济,尤其要提倡和鼓励。

非公有制经济是我国社会主义市场经济的重要组成部分。对个体、私营等非公有制经济要继续鼓励、引导,使之健康发展。这对满足人们多样化的需要,增加就业,促进国民经济的发展有重要作用。

要健全财产法律制度,依法保护各类企业的合法权益和公平竞争,并对它们进行监督管理。

(二)加快推进国有企业改革。国有企业是我国国民经济的支柱。搞好国有企业改革,对建立社会主义市场经济体制和巩固社会主义制度,具有极为重要的意义。

建立现代企业制度是国有企业改革的方向。要按照"产权清晰、权责明确、政企分开、管理科学"的要求,对国有大中型企业实行规范的公司制改革,使企业成为适应市场的法人实体和竞争主体。进一步明确国家和企业的权利和责任。国家按投入企业的资本额享有所有者权益,对企业的债务承担有限责任;企业依法自主经营,自负盈亏。政府不能直接干预企业经营活动,企业也不能不受所有者约束,损害所有者权益。要采取多种方式,包括直接融资,充实企业资本金。培育和发展多元化投资主体,推动政企分开和企业转换经营机制。

把国有企业改革同改组、改造、加强管理结合起来。要着眼于搞好整个国有经济,抓好大的,放活小的,对国有企业实施战略性改组。以资本为纽带,通过市场形成具有较强竞争力的跨地区、跨行业、跨所有制和跨国经营的大企业集团。采取改组、联合、兼并、租赁、承包经营和股份合作制、出售等形式,加快放开搞活国有小型企业的步伐。要推进企业技术进步,鼓励、引导企业和社会的资金投向技术改造,形成面向市场的新产品开发和技术创新机制。要加强科学管理,探索符合市场经济规律和我国国情的企业领导体制和组织管理制度,建立决策、执行和监督体系,形成有效的激励和制约机制。要建设好企业领导班子,发挥企业党组织的政治核心作用,坚持全心全意依靠工人阶级的方针。

实行鼓励兼并、规范破产、下岗分流、减员增效和再就业工程,形成企业优胜劣汰的竞争机制。随着企业改革深化、技术进步和经济结构调整,人员流动和职工下岗是难以避免的。这会给一部分职工带来暂时的困难,但从根本上说,有利于经济发展,符合工人阶级的长远利益。党和政府要采取积极措施,依靠社会各方面的力量,关心和安排好下岗职工的生活,搞好职业培训,拓宽就业门路,推进再就业工程。广大职工要转变就业观念,提高自身素质,努力适应改革和发展的新要求。

积极推进各项配套改革。建立有效的国有资产管理、监督和营运机制,保证国有资产的保值增值,防止国有资产流失。建立社会保障体系,实行社会统筹和个人账户相结合的养老、医疗保险制度,完善失业保险和社会救济制度,提供最基本的社会保障。建立城镇住房公积金,加快改革住房制度。

深化国有企业改革,是全党重要而艰巨的任务。要坚定信心,勇于探索,大胆实践,力争到本世纪末大多数国有大中型骨干企业初步建立现代企业制度,经营状况明显改善,开创国有企业改革和发展的新局面。

(三)完善分配结构和分配方式。坚持按劳分配为主体、多种分配方式并存的制度。把按劳分配和按生产要素分配结合起来,坚持效率优先、兼顾公平,有利于优化资源配置,促进经济发展,保持社会稳定。依法保护合法收入,允许和鼓励一部分人通过诚实劳动和合法经营先富起来,允许和鼓励资本、技术等生产要素参与收益分配。取缔非法收入,对侵吞公有财产和用偷税逃税、权钱交易等非法手段牟取利益的,坚决依法惩处。整顿不合理收入,对凭借行业垄断和某些特殊条件获得个人额外收入的,必须纠正。调节过高收入,完善个人所得税制,开征遗产税等新税种。规范收入分配,使收入差距趋向合理,防止两极分化。

集中财力,振兴国家财政,是保证经济社会各项事业发展的重要条件。要正确处理国家、企业、个人之间和中央与地方之间的分配关系,逐步提高财政收入占国民生产总值的比重和中央财政收入占全国财政收入的比重,并适应所有制结构变化和政府职能转变,调整财政收支结构,建立稳固、平衡的国家财政。

(四)充分发挥市场机制作用,健全宏观调控体系。要加快国民经济市场化进程。继续发展各类市场,着重发展资本、劳动力、技术等生产要素市场,完善生产要素价格形成机制。改革流通体制,健全市场规则,加强市场管理,清除市场障碍,打破地区封锁、部门垄断,尽快建成统一开放、竞争有序的市场体系,进一步发挥市场对资源配置的基础性作用。

宏观调控的主要任务,是保持经济总量平衡,抑制通货膨胀,促进重大经济结构优化,实现经济稳定增长。宏观调控主要运用经济手段和法律手段。要深化金融、财政、计划体制改革,完善宏观调控手段和协调机制。实施适度从紧的财政政策和货币政策,注意掌握调控力度。依法加强对金融机构和金融市场包括证券市场的监管,规范和维护金融秩序,有效防范和化解金融风险。

(五)加强农业基础地位,调整和优化经济结构。要根据我国经济发展状况,充分考虑世界科学技术加快发展和国际经济结构加速重组的趋势,着眼于全面提高国民经济整体素质和效益,增强综合国力和国际竞争力,对经济结构进行战略性调整。这是国民经济发展的迫切要求和长期任务。总的原则是:以市场为导向,使社会生产适应国内外市场需求的变化;依靠科技进步,促进产业结构优化;发挥各地优势,推动区域经济协调发展;转变经济增长方式,改变高投入、低产出,高消耗、低效益的状况。

坚持把农业放在经济工作的首位,稳定党在农村的基本政策,深化农村改革,确保农业和农村经济发展、农民收入增加。要多渠道增加投入,加强农业基础设施建设,不断改善生产条件。大力推进科教兴农,发展高产、优质、高效农业和节水农业。积极发展农业产业化经营,形成生产、加工、销售有机结合和相互促进的机制,推进农业向商品化、专业化、现代化转变。综合发展农林牧副渔各业,继续发展乡镇企业,形成合理的产业结构。搞好小城镇规划建设。长期稳定以家庭联产承包为主的责任制,完善统分结合的双层经营体制,逐步壮大集体经济实力。改革粮棉购销体制,实行合理的价格政策。建立健全农业社会化服务体系、农产品市场体系和国家对农业的支持、保护体系。要尊重农民的生产经营自主权,保护农民的合法权益,切实减轻农民负担,使广大农民从党在农村的各项政策和工作中得到实惠。

改造和提高传统产业,发展新兴产业和高技术产业,推进国民经济信息化。

继续加强基础设施和基础工业,加大调整、改造加工工业的力度,振兴支柱产业,积极培育新的经济增长点。把开发新技术、新产品、新产业同开拓市场结合起来,把发展技术密集型产业和劳动密集型产业结合起来。鼓励和引导第三产业加快发展。

促进地区经济合理布局和协调发展。东部地区要充分利用有利条件,在推进改革开放中实现更高水平的发展,有条件的地方要率先基本实现现代化。中西部地区要加快改革开放和开发,发挥资源优势,发展优势产业。国家要加大对中西部地区的支持力度,优先安排基础设施和资源开发项目,逐步实行规范的财政转移支付制度,鼓励国内外投资者到中西部投资。进一步发展东部地区同中西部地区多种形式的联合和合作。更加重视和积极帮助少数民族地区发展经济。从多方面努力,逐步缩小地区发展差距。各地要从实际出发,发展各具特色的经济,加快老工业基地的改造,发挥中心城市的作用,进一步引导形成跨地区的经济区域和重点产业带。加快改革投融资体制,完善国家产业政策,切实解决"大而全"、"小而全"和不合理重复建设问题。

(六)实施科教兴国战略和可持续发展战略。科学技术是第一生产力,科技进步是经济发展的决定性因素。要充分估量未来科学技术特别是高技术发展对综合国力、社会经济结构和人民生活的巨大影响,把加速科技进步放在经济社会发展的关键地位,使经济建设真正转到依靠科技进步和提高劳动者素质的轨道上来。要从国家长远发展需要出发,制订中长期科学发展规划,统观全局,突出重点,有所为、有所不为,加强基础性研究和高技术研究,加快实现高技术产业化。强化应用技术的开发和推广,促进科技成果向现实生产力转化,集中力量解决经济社会发展的重大和关键技术问题。有重点有选择地引进先进技术,增强自主创新能力。我国是发展中国家,应该更加重视运用最新技术成果,实现技术发展的跨越。

深化科技和教育体制改革,促进科技、教育同经济的结合。充分发挥市场和社会需求对科技进步的导向和推动作用,支持和鼓励企业从事科研、开发和技术改造,使企业成为科研开发和投入的主体。有条件的科研机构和大专院校要以不同形式进入企业或同企业合作,走产学研结合的道路,解决科技和教育体制上存在的条块分割、力量分散的问题。鼓励创新、竞争和合作。实施保护知识产权制度。人才是科技进步和经济社会发展最重要的资源,要建立一整套有利于人才培养和使用的激励机制。积极引进国外智力。鼓励留学人员回国工作或以适当方式为祖国服务。

我国是人口众多、资源相对不足的国家,在现代化建设中必须实施可持续发展战略。坚持计划生育和保护环境的基本国策,正确处理经济发展同人口、资源、环境的关系。资源开发和节约并举,把节约放在首位,提高资源利用效率。统筹规划国土资源开发和整治,严格执行土地、水、森林、矿产、海洋等资源管理和保护的法律。实施资源有偿使用制度。加强对环境污染的治理,植树种草,搞好水土保持,防治荒漠化,改善生态环境。控制人口增长,提高人口素质,重视人口老龄化问题。

(七)努力提高对外开放水平。对外开放是一项长期的基本国策。面对经济、科技全球化趋势,我们要以更加积极的姿态走向世界,完善全方位、多层次、宽领域的对外开放格局,发展开放型经济,增强国际竞争力,促进经济结构优化和国民经济素质提高。

以提高效益为中心,努力扩大商品和服务的对外贸易,优化进出口结构。坚持以质取胜和市场多元化战略,积极开拓国际市场。进一步降低关税总水平,鼓励引进先进技术和关键设备。深化对外经济贸易体制改革,完善代理制,扩大企业外贸经营权,形成平等竞争的政策环境。积极参与区域经济合作和全球多边贸易体系。

积极合理有效地利用外资。有步骤地推进服务业的对外开放。依法保护外商投资企业的权益,实行国民待遇,加强引导和监管。鼓励能够发挥我国比较优势的对外投资。更好地利用国内国外两个市场、两种资源。完善和实施涉外经济贸易的法律法规。正确处理对外开放同独立自主、自力更生的关系,维护国家经济安全。

进一步办好经济特区、上海浦东新区。鼓励这些地区在体制创新、产业升级、扩大开放等方面继续走在前面,发挥对全国的示范、辐射、带动作用。

(八)不断改善人民生活。提高人民生活水平,是改革开放和发展经济的根本目的。在经济发展的基础上,使全国人民过上小康生活,并逐步向更高的水平前进。努力增加城乡居民实际收入,拓宽消费领域,引导合理消费。在改善物质生活的同时,充实精神生活,美化生活环境,提高生活质量。特别要改善居住、卫生、交通和通信条件,扩大服务性消费。逐步增加公共设施和社会福利设施。提高教育和医疗保健水平。实行保障城镇困难居民基本生活的政策。国家从多方面采取措施,加大扶贫攻坚力度,到本世纪末基本解决农村贫困人口的温饱问题。

(选自《江泽民文选》第二卷,人民出版社2006年版,第18—28页)

认真贯彻落实《传统工艺美术保护条例》促进中国工艺美术行业的发展与繁荣①

（1997 年 9 月 28 日）

于　珍

今年 5 月 20 日，李鹏总理签发中华人民共和国国务院令第 217 号，发布了《传统工艺美术保护条例》（以下简称《条例》）。《条例》的发布，是我国工艺美术发展史上具有划时代意义的一件大事。

发布实施《条例》，是我国工艺美术行业发展的客观需要。我国工艺美术历史悠久，技艺精湛，种类丰富，流派纷呈，凝聚和融汇了中华民族特有的民族气质和文化素养，是中华民族优秀文化艺术的重要组成部分，是世界文明中一颗璀璨的明珠。建国以来，传统工艺美术在为国家积累建设资金、安排劳动就业、出口创汇、开展国际交流以及发展民族传统文化等方面，发挥了极其重要的作用。特别是改革开放以来，工艺美术品以其艺术和商品的双重属性，为我国社会主义物质文明和精神文明建设发挥了积极的推动作用。党和国家领导人非常重视发展与保护传统工艺美术。邓小平同志曾经指出："我国工艺美术品有自己的特色，别的国家没有这样丰富，要多出口，多换汇，要注意保护老艺人和后继有人的问题。"但是近几年来，由于传统工艺美术行业是以手工制作、师徒传艺为特点的行业，其发展遇到一些困难和问题。主要表现为：缺乏后继人才，一些品种面临人亡艺绝的状况；企业经营困难，转产较多，有些品种的产量和技艺水平不断下降；假冒伪劣工艺品充斥市场，使我国工艺美术的声誉受到损害。国家发布实施《条例》，通过立法加强对工艺美术行业的保护，适应了工艺美术行业发展的客观需要。

发布实施《条例》，借鉴了世界各国保护发展传统工艺的经验。在科学技术和商品经济发展的时期，传统手工艺行业往往会受到一定的冲击。世界上有的国家忽视了对传统工艺行业的保护，导致传统工艺的失落，付出了很大的代价。

---

① 这是于珍在授予中国工艺美术大师称号大会上的讲话。

而日本、印度及时采取一系列的措施,包括采用法律手段保护和扶持传统手工艺行业,使传统手工艺行业得到振兴与发展,创造了新的物质和文化成就。《条例》正是借鉴了世界各国的经验,通过立法,使保护传统工艺美术的工作引起全社会的重视和支持,依法维护传统工艺美术产品生产企业、技艺人员的合法权益,保证我国传统工艺美术事业的健康发展。

发布实施《条例》,使传统工艺美术的保护、发展与提高有了法律保障。《条例》中明确提出,国家对传统工艺美术品种和技艺实行认定制度,对符合条件的人员评授中国工艺美术大师,并规定了具体的保护条款和奖惩措施。这些条款,都是经过多年的调查研究与科学论证,有针对性地提出来的,这必将在保护、继承和发展我国传统工艺美术行业、提高专业技术人员的地位与知名度,鼓励广大职工钻研业务、提高技艺,繁荣我国工艺美术事业等方面,起到积极作用。

中国轻工总会作为国务院负责传统工艺美术保护工作的部门,一定要认真贯彻《条例》精神,认真履行《条例》提出的各项职责。要抓好学习宣传《条例》,要组织工艺美术全行业干部职工认真学习《条例》,充分认识《条例》对于保护传统工艺美术、促进行业健康发展的重大意义,增强贯彻落实《条例》的自觉性。同时利用多种渠道宣传《条例》,引起社会各界对贯彻《条例》、保护传统工艺美术的重视与支持。

要抓好对传统工艺美术品种与技艺的保护。各省、自治区、直辖市工艺美术管理部门要积极推荐要求保护的工艺美术品种和技艺。中国轻工总会将组织有关专家组成评审委员会,按照《条例》提出的"百年以上,历史悠久,技艺精湛,世代相传,有完整的工艺流程,采用天然原材料制作,具有鲜明的民族风格和地方特色,在国内外享有声誉"的条件,对各地推荐要求保护的品种与技艺进行评审、确认,并向社会公布。要对认定为传统工艺美术的品种与技艺进行搜集、整理,建立档案;征集、收藏优秀代表作品;对制作传统工艺美术品特需的天然原料、材料实施保护措施。

要抓好对传统工艺美术人才的保护。中国轻工总会将组织评审委员会,对长期从事传统工艺美术制作、成就卓越、在国内外享有声誉的技艺人员和技艺精湛、自成流派的技艺人员评授中国工艺美术大师称号。按照《条例》的要求,采取有效措施,为工艺美术大师创造良好的工作环境,为他们带徒传艺创造便利条件,并适当延长工艺美术大师的退休年龄,让他们为发展与繁荣传统工艺美术事业多做贡献。

要具体贯彻落实好《条例》,需要得到中央各有关部门、各级人民政府和全社会的重视、关心与支持。在贯彻落实《条例》的过程中,还需要做大量深入细致、艰苦扎实的工作,也会遇到一些问题与困难。作为国务院负责传统工艺美术保护工作的部门,我们深知,发展与振兴工艺美术事业责任重大,任重道远。让我们团结协作,共同努力,为《条例》的全面顺利实施,为发掘、挽救和继承传统工艺美术技艺与品种,为培养和造就一支宏大的工艺美术人才队伍,为促进中国工艺美术事业的繁荣兴旺,做出积极的贡献!

(此件由中华全国手工业合作总社办公室提供)

财政部清产核资办公室关于印发《城镇集体企业清产核资工作有关问题解答(第二期)》的通知

(1997 年 10 月 15 日)

各省、自治区、直辖市、计划单列市清产核资办公室,国务院有关部、委和直属机构:

目前,随着城镇集体企业清产核资扩大试点工作的不断深入,各地区、各部门在产权界定和资金核实工作中又反映了一些问题,经与有关部门研究,现将《城镇集体企业清产核资工作有关问题解答(第二期)》印发给你们,供在具体工作中参考。

附:

城镇集体企业清产核资工作有关问题解答(第二期)

一、对已进行过清产核资产权界定但又出现纠纷的如何处理?

答:清产核资产权界定是一项政策性很强的工作,为维护政策连续性,凡已在国有企业清产核资中进行过产权界定,且产权归属已明确,有关方已签订协议的,按照尊重历史的原则,在城镇集体企业清产核资中一般不再重新界定;如有关方对原界定结果都有异议,经主管部门审核并报同级清产核资机构同意之后,可按现行集体企业清产核资有关政策规定重新界定。

二、如何把握有关清产核资政策文件的相互衔接?

答:在集体企业清产核资工作中,中央有关部门从工作实际出发,制定了相关产权界定工作的具体规定和办法,这对于具体落实产权界定工作发挥了积极作用。在清产核资产权界定具体操作中需进一步明确:一是三部委下发的国经贸企(1996)895 号文件为集体企业清产核资产权界定工作的基本依据,其他有关文件为基本文件的补充和细化;凡其他文件中有关产权界定政策与基本文件不一致的,均以基本文件为准;二是对集体企业清产核资产权界定具体操作过程中要认真按照"尊重历史、依法界定、宽严适度"的原则进行,对待历史遗留问题,从促进集体企业发展的大局出发,做到宜粗不宜细;三是对集体企业清产核资产权界定有关工作组织、结果申报、审批程序,各地区、各部门按照财清字[1996]13号文原则规定,可在具体工作中从实际出发,做好有关工作。

三、国有企业、单位举办集体企业投入资金、实物等如何界定产权?

答:城镇集体企业在创办初期和发展过程中,国有企业(单位)投入的资金、实物以及无形资产等,当时已有约定的,在符合国家政策的前提下应按约定办理;当时未约定投资或债权关系的,应按下列原则处理:一是如集体企业已将原有投入全部归还国有企业(单位)的,其资产及收益形成的所有者权益界定为集体所有;二是如集体企业确实无力偿还的,经双方协商转作为投资,其投资额及其收益形成的所有者权益界定为国家所有;三是如双方协商作为借款,应由双方签定按期偿还协议,借款单位(国有企业、单位)保留追索清偿国有资产权益的权利;四是对于为安排职工子女就业和安置富余人员的,国家允许无偿扶持的劳服企业和民政福利企业,可将国有企业扶持性投入界定为集体资产。

四、如何界定城镇集体企业用国家拨付的救灾款购建的资产产权?

答:对于城镇集体企业因遭受特大自然灾害(如地震、水灾)后,国家核拨专项资金帮助企业用于恢复性生产而购建的资产,均属于捐助或资助性质,可界定为集体资产。

五、在改制中的城镇集体企业是否可以执行有关集体企业清产核资产权界定政策?

答:凡已参加清产核资的城镇集体企业在进行改制、兼并时,均可按照城镇集体企业清产核资产权界定有关政策,进行产权界定工作,明确改制企业产权关系;凡未进行清产核资的城镇集体企业,在改制前应首先按国家要求组织开展城镇集体企业清产核资工作,为企业改制打好基础;未按国家规定组织开展清产核资已进行改制的集体企业,不执行有关集体企业清产核资产权界定政策。

六、城镇集体企业产权界定结果如何进行调帐?

答:城镇集体企业对清产核资产权界定结果的调帐,应按财清字[1996]13号文件规定的申报、审批程序,由集体企业主管部门审查同意后,报同级经贸部门、清产核资机构进行认定或确认,并以同级清产核资机构认定或批复结果为调帐依据。凡在集体企业清产核资产权界定中涉及国有企业国有权益变动的,经同级财政(清产核资机构)、国资部门审核同意后相应调帐。

七、城镇集体企业实收资本在清产核资中是否允许调帐?

答:在创办集体企业时,国有企业按当时国家有关政策和规定投入的资产,在这次清产核资中,经双方协商同意作为国有企业对集体企业的投资部分,可调增集体企业实收资本。对集体企业在清产核资中,经资产清查、价值重估、产权界定和资金核实等工作后,其资本公积和盈余公积超过规定比例的,可按企业各投资者拥有的产权比例调增实收资本;对工商注册资本金暂没有到位的部分城镇集体企业,经清产核资进一步核实后其注册资本金仍有差额,允许企业在一定期限内补齐。

八、城市合作银行和拟组建或正组建城市合作银行的信用社怎么组织开展清产核资工作?

答:城市信用社已经组建为城市合作银行的,应在已进行清产核资的基础上,按城镇集体企业清产核资政策规定和要求,进行必要的衔接工作,并按规定填报《集体企业清产核资报表》;凡以前未进行清产核资拟组建或正在组建城市合作银行的信用社,则应按照全国城镇集体企业清产核资工作的统一规定和要求,结合组建城市合作银行工作需要,全面组织开展清产核资工作。

九、未将"挂靠"企业列入地区清产核资范围的如何处理?

答:按照清产核资工作不重不漏的工作原则,凡在户数清理和扩大试点工作中,未将"挂靠"企业纳入地区工作范围的,在1998年全面铺开工作中均要按照有关城镇集体企业清产核资的规定,要对"挂靠"企业进行认真甄别和清理,并要求拥有集体资产的企业按规定全面进行清产核资。

十、各级工会对城镇集体企业投入的资产、资金及形成的权益如何进行产权界定申报表?

答:在清产核资产权界定工作中,对各级工会举办集体企业投入的资产、资金及形成的权益,属于国家投入的,应界定为国有资产;属于收取会员会费余额及捐助性质的资产投入,应界定为集体性质。

十一、基层供销合作社将部分经营积累形成的资产量化给社内职工如何确认产权?

答:一些基层供销合作社将部分经营积累形成的资产自行作内部股量化给社内职工,对此国家尚无明确规定,因而在清产核资产权界定工作中,暂仍视为集体所有;待今后国家政策明确后,按国家政策规定确认产权。

十二、城市信用社和合作银行应填报哪种资金核实申报表?

答:由于城镇城市信用社和合作银行会计核算、财务制度及报表科目与农村信用社基本相同,因此,城市信用社和合作银行清产核资资金核实各项工作及结果申报,可比照国家税务总局、财政部、国务院农村金融体制改革部际协调小组办公室下发的《关于做好农村信用社清产核资资金核实工作的通知》(国税发〔1997〕113号)文件执行,其具体资金核实申报工作按"通知"所附《资金核实申报(审批)表》的格式进行填报。其中:已组建为城市合作银行的城市信用社,可以城市合作银行为基本单位汇总填报《资金核实申报(审批)表》;尚未组建、拟组建或正在组建城市合作银行的城市信用社,均以城市信用社为基本单位填报《资金核实申报(审批)表》。

十三、清产核资中负债数发生变化,其资金核实申报表中负债栏怎样填报?

答:城镇集体企业通过清产核资各阶段工作,负债数发生变化时,应按照有关政策和财务制度规定如实调帐,《资金核实申报(审批)表》中有关负债栏可相应填报。原《资金核实申报(审批)表》负债各栏的"×"号可根据实际需要删掉。

(原件存财政部清产核资办公室)

吴邦国副总理给全国轻工集体企业第五届职工(社员)代表大会的贺信

(1997 年 10 月 27 日)

全国轻工集体企业第五届职工(社员)代表大会：

正值全党全国人民认真学习、贯彻党的十五大精神之际，中国轻工总会和中华全国手工业合作总社召开全国轻工集体企业第五届职工(社员)代表大会，贯彻落实党的十五大精神，总结集体经济改革与发展的经验，共商振兴轻工集体经济大计，是十分必要的。我代表国务院对大会的召开表示祝贺！向与会代表，并通过你们向全国轻工集体经济战线广大干部、职工致以亲切的慰问！

改革开放以来，轻工集体企业的职工艰苦奋斗，互助合作，在深化改革，调整结构等方面，取得了很大成绩，使集体经济有了很大发展。现在，轻工集体企业产值、出口已占轻工行业的"半壁江山"，成为城镇集体经济的骨干力量，为繁荣市场、扩大出口创汇、增加财政收入、发展地方经济、安排劳动就业、保障社会稳定，作出了积极贡献。

党的十五大提出，集体所有制经济是公有制经济的重要组成部分，对发挥公有制经济的主体作用意义重大。轻工业要大胆探索能够极大促进生产力发展的集体所有制实现形式，凡是集体经济可以搞或者可以搞得好的行业，应该放手让集体经济去发展。要进一步加强企业领导班子建设，调整产业和产品结构，加快技术改造步伐，全面提高企业素质。各级政府和各有关部门要支持、鼓励和帮助多种形式集体经济的发展，为他们提供更好的发展环境。

今年是中华全国手工业合作总社成立四十周年。四十年来，总社作为集体企业的联合经济组织，与各级联社一起为发展我国集体工业做出了积极的贡献。总社和各级联社要加强工作，建立健全相应的管理体系和管理机构，壮大自身实力，更好地为基层企业服务。

我相信按照党的十五大战略部署，有广大干部职工的努力奋斗，轻工集体经济一定能克服前进中的困难，开创改革与发展的新局面，为国民经济和社会发展作出新的更大的贡献。

　·预祝大会圆满成功！

吴邦国

一九九七年十月二十七日

（原件存中国轻工业联合会办公室文电档案处）

朱镕基副总理在接见出席全国轻工集体企业第五届职工（社员）代表大会代表时的讲话

（1997 年 10 月 27 日）

同志们：

今天我代表党中央、国务院向出席全国轻工集体企业第五届职工（社员）代表大会代表表示热烈祝贺，向轻工集体战线的同志们为发展国民经济和保证人民生活供给所做出的贡献表示感谢！

轻工集体战线是国民经济的一个重要方面。从解放以后到实行手工业的集体化，经过了风风雨雨。这里有很多老同志，杨波同志、季龙同志等，你们为集体经济的发展做出了很大贡献，现在你们虽然已经退休了，但你们对轻工集体战线还是非常关注，我确实要对你们表示衷心的感谢！祝愿你们健康长寿！

轻工集体企业是国民经济的一个重要组成部分，现在轻工集体企业有 4 万多个，人数有 400 多万人，产值搞到 2000 多亿元，这是个大进步，我们不能忽视它。轻工集体企业在历史上起过很大作用，在今后我们国家走向现代化过程中一定能够发挥更大作用。现在我们轻工集体企业遇到不少困难，因为国民经济在不断发展，市场的需求在不断变化，而我们自己本身的能力还不能够适应这种变化。大概去年亏损企业面达到 40％，我看了一下报表，轻工集体企业的亏损额有几个亿，但是我不知道这是全行业的亏损还是盈亏相抵后的亏损，你们哪位领导能够答复我？（于珍答话，不是净亏，还有微利。）不是全行业净亏，还有微利，那不错，我要谢谢同志们啦！我最害怕的是全行业亏损，现在全行业亏损最有名的就是纺织，纺织工业曾经有辉煌的成绩，但后来它不适应市场发展的需要，工作也不得力呀！搞得现在全行业亏损了。我讲在这种困难情况下，轻工集体企业基本还是不亏，哪怕有一点点就是一块钱利润也是好的呀！江泽民同志在党的十五届一中全会上说，当前大多数企业要摆脱困境。这个目标我们一定要实现，一定能够实现，必须实现。因为，我们党的十四大报告、十五大报告都提出了到 2000 年要翻两番，大多数国有企业要建立现代企业制度。建立了现代企业制度还没有摆脱亏损这象什么话呀！所以一定要解决亏损问题。解决亏损我讲是大多数,我没有讲全部解决亏损,这不可能,总是要有一些企业亏损,总是要优胜劣汰,但大多数国有企业一定要走出困境。另外,我没有讲小型企业,我是讲大型企业,现在国有企业亏损面达到40%,主要是中小型企业,对中小型企业要采取"抓大放小"的方针,在多种所有制的形式下面,让它搞得更活一点,我相信他们的亏损还要好解决一点。解决中小企业的亏损问题,虽有难度,但很有希望,轻工集体企业解决亏损问题,比国有企业要好解决一点,难度要小一点,因为你们的所有制比国有灵活,你们的经营管理也比国有灵活一些。现在我讲三个问题:

一个问题就是政企分开。党的十五大报告指出,集体企业是公有制的一个组成部分,什么叫公有制,一个是国有企业,一个是集体企业。你们的政企分开应该搞得更好一点,各级领导不要去干预企业,放开让他去干。我觉得你们要干预就去干预那个乱收费,你不去搞那个乱收费,他们就活得好一些。同志们,现在很多地方是费大于税,税是我管着的,税的问题很多,我绝对不会偏袒他们,我相信经过两三年的努力,会有很大的好转,我经常警告国家税务总局,我经常收到人民群众的来信,不知收到过多少人民群众的来信,我批下去的我相信解决了,我没收到的没批的恐怕还有一万倍呀!我经常跟他们讲,你们在人民群众中的形象是不好的呀,不要满足于税收的成绩。现在我们每年增加一千亿元的财政收入,这在历史上恐怕还没有做到过。过去我们每年增加一百亿、两百亿的财政收入就了不起啦,现在就是考虑到通货膨胀,增加一千亿还是不少呀!但是很多地方是费大于税,不能不讲啊!同志们,费大于税的问题一定要纠正,你们就是要减轻集体企业的负担。你那个瞎指挥越指挥越糟糕。现在国有企业为什么困难,还不就是重复建设造成的,重复建设怎么造成的,不就是党政领导干部瞎指挥,你成天要上这个项目要上那个项目,你有什么根据。所以我讲政企一定要分开,这是第一条。

第二,要把轻工集体企业当成社员或者职工自己的企业来办。轻工集体企业是集体的,不是国有的,现在实际上好多叫二国营,即便是国有企业那也不要倒退呀,就把那本经念熟一点,叫做"鼓励兼并、规范破产、下岗分流、减员增效和再就业工程"。这本经把它念熟了,国有企业就搞好了。但是,你办不下去了怎么办呢?就不要让它吃大锅饭,你干脆调整一下,把它办成社员自己的企业,办的好就不要倒退,二国营也没有什么不好,办不好那就要调整!但是我主张这个问题不要刮风,我从党的十五大到现在,就一直在强调不要刮风。刮什么风呀?刮股份制和股份合作制的风。什么叫刮风呢?就是不顾条件,用行政手段立即推行股份制和股份合作制。我不是讲股份制和股份合作制不好,江泽民同志在党的十五大会上讲它很好,我也觉得很好,但江泽民同志没有讲不顾条件,用行政手段推行。不顾条件,用行政手段推行这个不好,这就叫刮风。我讲刮风不是没有根据的,各个地方都有这个反映,就是要在一个月最迟三个月推广实行股份合作制化,怎么"化"得好呢?同志们,我们"化"了好几次,人民公社化"化"没"化"过?不能再刮那种风。他愿意搞股份合作制就搞,职工愿意也要有个条件,都是一帮穷光蛋,资不抵债,股份在一起有什么好处,你搞股份合作制,要从职工口袋里掏钱,企业连工资都发不出去,你叫人家掏什么?只要大家掏两个钱去入股,积极性就提高了?那也不见得。都把这些钱掏给领导班子去挥霍,那不是更糟。这个企业本来就应该调整,或者应该换负责人嘛,你还叫人家去掏钱,让别人掏钱丢在水里连个水泡也没有。你要考虑将来怎么还人家的钱啦!不能随便乱喊口号,一天两天就股份合作化,把股份合作制喊到天上去了。其实在资本主义国家股份制也不是完全的,甚至不是主要的,更多的是独资公司、家族公司,上市股份公司是很少的,别把股份制神化了。江泽民同志讲这个问题是发展了邓小平理论。股份制还是公有制,但绝没有叫你一个月两个月全部股份化。所以我劝同志们不要刮风。有些企业有好的产品,领导班子是健全的,职工的生活也是过得去的,你让大家拿一点钱,扩大再生产,马上可以占领市场,有销路、有效益,那可以。但是不要所有企业都搞这个东西,实事求是,我们讲发展多种经济,就是从人民群众的利益出发,来考虑这个问题。关键还是要在经营管理上下工夫,不要去追求那个时髦。

第三,要真正按照中央指示,转换机制,面向市场,把产品搞上去,把质量搞上去。轻工集体企业就是比较灵活,它的灵活是市场的需要,很多事情都可以做。国有企业是搞大路货的,一搞就容易重复建设,大批的积压产品出来了,你别在这方面去追求、去学它。好多市场缺的东西它造不了,大家要开动脑筋,引进技术,把产品搞得非常多样化。我举个例子,现在 VCD 很多,我看电视广告,VCD 牌子,什么爱多 VCD、小霸王 VCD,至少二十个,有人告诉我有三千个,我倒不相信,真有这么多就是灾难啦,这不得了,能销这么多吗?这就是一哄而上,将来就准备擦屁股,这些擦屁股的钱挂的都是银行的帐,要是用这些擦屁股的钱给同志们发奖金,你们收入至少连升三级。所以不要搞重复建设。要慧眼识英雄,从市场上打开缺口,一定可以找到出路。我经常讲,轻工是搞小商品的,像指甲剪,我国并不是没有,但我没用过好的指甲剪。这是别人送给我的两个,我们的剪两天就剪不动了,你看人家这个是台湾产的,用起来很灵便,剪后指甲不满地掉,都掉到剪子里去了,非常简单,非常方便。所以你们要下工夫,动脑筋,很多产品可以做出来。中国的手工艺品就以它的精巧而闻名,有几千年的历史,怎么造不出这个东西呢？加上一点现代技术和模具，用点好材料就可以。现在人民的生活水平提高了，收入高了，可以买得起这些小商品，市场繁荣就看这些小商品，在这方面大有可为。我觉得你们在政策上要给予支持，有些机构要精简，但是咨询机构要发展，要指导他们多开点展览会。你们可以拿出几万个产品搞展览会，政府也应该支持。我一直在考虑象德国、日本中小企业发展有一个机构，我也在考虑成立一个中小企业发展的机构，你们是一个机构，但是你们没有这个手段，没有银行的手段，也没有活动经费，必须要有政策性的机构能制定法律，怎么给财政优惠，怎么给银行贷款。不是个别的去扶持什么企业，那里面有关系学，要有个法律。我们也不是没有法，如《乡镇企业法》，但是我不客气地讲，不能只限于把它搞上去，哄上去。还有一个很关键的问题，扶优限劣，结构调整，要引导它，要限制它，现在要考虑有一个综合性的组织，有这样一个手段，推动中小企业发展。现在请同志们发表意见怎么样把中小企业，包括乡镇企业、二轻企业、个体企业搞上去，怎么样扶优限劣引导它们发展。总之，让我们共同努力把轻工集体企业搞上去，使它在国民经济发展中发挥更大的作用。我给大家三年时间，三年以后我们再来开这个大会的时候，我希望大家兴高采烈，实现全行业振兴，我们日用品要达到国际一流水平。谢谢大家！

（此件由中华全国手工业合作总社办公室提供）

认真贯彻落实党的十五大精神　把轻工集体经济的改革与发展全面推向新世纪①

（1997 年 10 月 28 日）

于　珍

我代表中华全国手工业合作总社第四届理事会,向大会作工作报告,请予审议。

一、六年来轻工集体经济取得的主要成就

自 1991 年全国轻工集体企业第四届职工(社员)代表大会以来,全国轻工集体企业和各级联社认真贯彻落实邓小平南方谈话和党的十四大以来的各项方针政策,紧紧围绕经济建设这个中心,深化改革,扩大开放,调整结构,加强管理,使轻工集体经济有了长足的发展。

(一)轻工集体经济快速增长,所占比重已超过国有经济。1996 年全国轻工系统集体企业完成工业总产值 2231 亿元,比 1990 年增长 79%,年平均递增 10%;以集体企业为主的 11 个轻工行业完成商品出口额 341. 3 亿美元,比 1990 年增长 456%,年平均递增 28. 7%。从 1994 年开始,轻工集体经济工业产值占轻工业总产值的比重开始超过轻工国有经济,并不断提高。1994 年轻工集体经济的比重超出国有经济 5 个百分点,1995 年超出 6 个百分点,1996 年超出 7 个百分点。据 1996 年统计,全国轻工集体企业共有 4. 1 万个,职工 425. 2 万人,完成工业总产值 2231 亿元,分别占轻工系统企业总数、职工总数和工业总产值的 75. 5%、44. 9% 和 39. 2%。可以说,轻工集体经济已成为我国轻工业发展的一支重要力量。

(二)轻工集体经济从事的行业范围不断扩大。传统上轻工集体经济从事的主要是:塑料制品、皮革皮毛制品、日用五金、工具五金、建筑五金、衡器、服装

---

① 这是于珍在全国轻工集体企业第五届职工(社员)代表大会所做的工作报告。

鞋帽、文教体育用品、家用电器、家具、工艺美术、日杂用品等行业。根据市场经济发展的要求,近年来,集体经济开始向造纸、制盐、食品、自行车、缝纫机、钟表、日用搪瓷、日用陶瓷、日用玻璃制品、洗涤用品、香精香料及化妆品等行业发展。有些地方的轻工集体经济还打破行业界限,发展了一些煤炭、化工、电子、医药等企业。可以说,轻工集体经济正向轻工全行业发展,并开始跨部门、跨行业发展。

(三)轻工集体经济培育起了一批轻工支柱产业。近年来,轻工集体经济通过技术引进、技术改造和技术创新,培育起了一批具有一定规模和水平,能基本满足国内市场需求,又有一定国际竞争能力的轻工支柱产业。家用电器工业经过短短几年时间的发展,使我国一跃成为世界家电生产大国,迅速缩小了与国际先进水平的差距。塑料制品工业,几年来取得了突飞猛进的发展。产品质量、档次不断提高,新产品、新品种不断涌现。目前,我国已进入世界十大塑料制品生产大国行列,其中农用薄膜、编织袋制品、塑料鞋类产量均居世界首位。皮革工业通过"七五"、"八五"期间的技术改造和科技攻关项目的完成,产量迅速增长,质量不断提高,产品大量出口,1996年皮革工业商品出口额达到100亿美元,一跃成为轻工业出口创汇第一行业。室内装饰行业是改革开放以后发展起来的以集体经济为主的新兴行业。随着人民生活水平的提高,室内装饰行业迅速发展,成为轻工业新的经济增长点。

(四)轻工集体经济形成了一批名牌产品和以名牌产品为龙头的企业集团。近年来,轻工集体经济通过市场竞争,结构调整,形成了一批具有较强竞争能力的名牌产品。如"海尔"、"荣事达"、"东宝"、"威力"、"澳柯玛"牌家用电器;"金猴"、"雪豹"、"兽王"牌皮革制品;"崂山"牌啤酒、"三鹿"牌奶粉、"万家乐"牌燃气具、"天歌"牌羽绒服、"生力"牌体育健身器材、"奥妮"牌化妆品、"东宝"牌药品等等。并以这些名牌产品为龙头,形成了一批轻工集体经济大企业和企业集团。如青岛海尔集团公司、合肥荣事达集团公司、石家庄乳业集团公司、通化东宝药业股份有限公司,浙江生力集团公司、浙江兽王集团公司、广东万家乐燃气具有限公司、四川天歌股份有限公司、重庆奥妮化妆品有限公司等等。这些大企业和企业集团成为轻工集体经济的排头兵,成为轻工业经济发展的主体。

(五)轻工集体经济的发展,提高了职工生活水平,增加了国家税收。六年来,轻工集体企业安排了大量劳动力就业,到1996年底轻工集体企业职工达到425.2万人,人均工资收入达到3565元,比1990年增长了1.23倍。同时轻工集体经济的发展还为国家增加了税收。仅1996年轻工集体经济实现税利总额就达62亿元,比1990年增长79%。

（六）轻工集体经济的改革取得了较大进展,探索出一些成功经验。轻工集体企业改革起步早,早在 1985 年就借鉴农村承包制的经验,试行了股份合作制。六年来在总结以往试点经验的基础上,扩大推行,效果较好。据 23 个省区市联社 1996 年对 26235 户轻工集体企业的统计,已进行企业组织形式和经营方式改革的企业达到 17710 户,其中,实行股份合作制的企业 2970 户,占统计企业数的 11% 。通过改革转变了企业的经营机制,使大多数集体企业增强了活力。

六年来,轻工集体经济取得的成就,再一次证明集体经济对轻工业来说具有必然或天然的优越性,发展集体经济大有可为。正如江泽民总书记在十五大报告中指出的:"集体经济可以体现共同致富原则,可以广泛吸收社会分散资金,缓解就业压力,增加公共积累和国家税收"。发展集体经济对发挥公有制经济的主体作用具有重大意义。

二、"全国四代会"以来的工作回顾

六年来轻工集体经济取得的成就,是与各级党委、政府的领导、各有关部门的支持分不开的;是与全国轻工集体企业的广大职工和各级联社的努力分不开的。总结回顾"全国四代会"以来的工作,主要抓了以下几方面:

(一)认真贯彻《集体企业条例》,为轻工集体企业的改革与发展提供良好政策环境

1991 年 9 月国务院发布《集体企业条例》后,各级轻工主管部门和联社高度重视《集体企业条例》的贯彻实施,把它作为集体经济的一项重要工作来抓。以贯彻《集体企业条例》为契机,积极争取政府的支持,协调解决轻工集体企业改革与发展中一些政策问题。原轻工业部、总社下发了《关于贯彻实施〈集体企业条例〉的通知》,对贯彻《集体企业条例》提出了具体要求。1993 年制定了《〈集体企业条例〉轻工业实施细则》、《城镇集体企业联合经济组织组建和管理试行办法》等配套法规。1994 年以后,国家相继出台了财政、税务、金融、外贸、价格等一系列改革政策。轻工总会,总社深入调查研究,及时向国务院和有关综合部门反映了轻工企业执行这些政策的实际情况和存在问题,并提出政策建议。先后解决了联社继续收取管理费和在税前列支;联社借给企业的资金收取资金占用费和在税前列支;集体企业免交"两金";集体企业享受国家税前还贷、减免税金优惠政策所形成所有者权益确定为城镇集体资本,属企业资产所有者共同所有等一些涉及到利益调整的重大问题。为了保护传统工艺美术,促进传统工艺美术事业的繁荣和发展,1997 年 5 月国务院发布了《传统工艺美术保护条例》。

最近,又争取到国家对民族用品生产企业实行减免税收、降低贷款利率、安排贴息贷款等扶持政策。各地联社在争取对集体经济政策支持方面也做了大量的工作,取得了不同程度的成效。浙江、江西、湖北、山东、广西、河北联社和天津生产服务联社,积极投入人力,加强调查研究,对集体企业改革与发展中需要解决的突出问题,及时提出政策建议,争取政府和有关部门制定政策,推动集体企业深化改革,促进轻工集体经济快速发展。

(二)推动集体企业深化改革,转换经营机制

1992 年邓小平南方谈话以后,轻工企业改革取得突破性进展。改革的形式、内容、重点、范围都发生了变化。改革的形式,从主要推行承包经营责任制,进行股份合作制、租赁经营的试点,转到以推行股份合作制为主,实行多种形式的企业制度改革。改革的内容,从偏重改革企业内部经营机制,转到注重企业制度创新;从企业产权单一逐步转向多元化结构;从搞活单个集体企业,转向以一个地区为单位整体搞活集体经济;从单项改革转向综合配套改革。改革的重点,以侧重治理"小、穷、亏",转向对"小、穷、亏"企业实行综合治理的同时,着力培育壮大一批跨地区、跨行业、跨所有制的大型企业和企业集团。改革的范围,也从沿海地区城市,发展到内陆边远地区。在集体企业改制中,对原有企业集体资产的处理和管理、股份合作制企业股份的构成、干部职工持股的比例、企业内部管理体制等的一些难点问题都有了突破,探索出一些成功经验。

在推动集体企业改革中,各级轻工主管部门、联社重点抓了政策引导、统筹规划和经验交流。为推动轻工集体企业改革健康发展,原轻工业部、总社于1992 年下发了《关于在轻工集体企业中扩大股份合作制试点意见》;1993 年制定了《轻工集体企业股份合作制试行办法》;1994 年又下发了《轻工集体企业扩大推行股份合作制的意见》。1996 年在总结各地放开搞活中小企业经验的基础上,轻工总会、总社下发了《关于加快轻工国有小企业、集体企业改革与发展的若干意见》。总社还组织部分联社和研究单位,先后完成了《轻工集体企业股份合作制研究》、《轻工集体企业建立现代企业制度研究》、《轻工集体企业经济增长方式转变研究》等三个课题,从理论与实践的结合上,深入研究集体企业改革问题,指导集体企业改革。各地轻工主管部门、联社也以轻工主管部门、联社名义下发了不少指导性文件。许多地区从本地区实际出发,制定了改革和发展方案,实施分类指导,总体推进。根据改革的进程,总社曾先后召开了股份合作制经验交流会、轻工集体企业深化改革座谈会、轻工中小企业改革与发展现场交流会。各地区轻工主管部门、联社也召开了多种形式的改革经验交流会,推动集体企业、中小企业的改革。

(三)加强集体资产管理,依法维护集体经济的合法权益

为了加强对集体资产的管理,维护集体经济的合法权益,根据《集体企业条例》和国家的有关规定,原轻工业部、总社于 1991 年、1992 年先后下发了《手工业合作联社资产管理暂行办法》、《轻工业企业集体资产所有权界定的暂行规定》;1997 年还会同国家税务总局制定了《轻工业企业集体资产管理暂行规定》。并根据国家关于城镇集体企业清产核资的统一部署及有关规定,成立了轻工集体企业清产核资领导小组,有组织、有计划地在轻工集体企业(单位)推进清产核资工作。各地轻工主管部门、联社根据轻工总会、总社的有关规定,制定相应办法,积极开展清理集体资产和界定产权工作。山东省二轻在清理资产中,还根据全省有些地方集体企业在产权转让改制中出现的集体资产被平调、转移、流失或被侵吞的现象,及时向省政府进行了汇报,引起了省政府领导的重视,1994 年省政府下发了《山东省二轻集体资产产权转让收入管理暂行规定》,收到了较好的效果。各地经过几年清理资产初步摸清了家底,为进一步开展集体企业清产核资工作打下了良好的基础。

为了加强对集体资产的监督管理,1996 年轻工总会、总社组建了集体资产管理委员会,承担对轻工集体资产"指导、维护、监督、协调、服务"的职能,依法维护轻工集体资产所有者的合法权益,防止集体资产被平调和流失,监督集体资产的保值、增值。各地轻工主管部门、联社也积极探索集体资产的有效经营管理形式,建立了管理机构和管理制度。

各地联社在清理资财的同时,对被平调集体资产进行了追索,利用行政协调和法律裁决,合理地解决了被平调、侵占多年的联社集体资产。如天津市联社索回了由联社投资兴建的二轻办公大楼、二轻党校、二轻职工大学的合法所有权。上海市工业合作联社对一些用集体资金投资,戴上"国有帽子"的企业,恢复了集体的性质;对借用集体资产委托国有公司进行的投资项目,补办委托投资协议,明确了投资主体。为了适应社会主义市场经济发展的需要,总社和各级联社还加强了集体经济的法律队伍建设。总社成立了法律顾问组。各省(市)轻工主管部门、联社建立了法制办公室或法律顾问室等法律咨询工作机构约 1000 多个,配备了专职、兼职法律工作者 5000 多名,外聘律师 2000 余名,形成了总社系统的法律工作网络,积极开展法律咨询服务工作,在解决产权纠纷、房地产纠纷、经济合同纠纷、债权债务纠纷、民主管理等方面发挥了积极作用。

(四)指导各级联社改革和建设,积极开展社务活动

几年来,总社多次强调,在各级党政机构改革中,无论轻工管理部门机构如何变动,各级联社作为集体企业的联合经济组织不能撤销。并在 1993 年 8 月下

发了《关于进一步搞好联社改革,加强联社建设的通知》。经过各级联社的积极努力工作,得到了地方政府的支持,省市级联社变动不大,大多数县(市)联社也保留下来。有的联社在机构改革中曾连同二轻局撤销后又恢复,有的联社在轻工主管部门的机构合并后,加强了工作。目前,省级联社存在的模式大体有四种:一是联社与轻工(二轻)厅局合署办公的社政合署模式;二是联社与轻工(二轻)总会合署办公的社事合署模式;三是联社与二轻集团总公司(控股公司)合署办公的社企合署模式;四是政府授予联社行业管理职能模式。各地联社在调整改革中加强了自身建设,如河北、河南、吉林等一些联社加强了办事机构,充实了人员,增加了职能。

为了适应社会主义市场经济发展的需要,总社在 1992 年提出了"兴办经济实体,增强经济实力,强化服务功能"的联社改革方向,并强调联社作为集体企业联合经济组织,必须突出"经济性"和"服务性"。据对全国 21 个省、市联社统计,在 1991 年以后,兴办的经济实体 2720 个,实现利税 19.9 亿元。已涌现出浙江、上海、杭州、武汉、青岛、威海、厦门、成都、昆明、合肥、番禺等一批具有一定经济实力,社务活动开展活跃的联社。

六年来,总社和各级联社积极开展社务活动。加强了教育培训工作。1990年至 1995 年总社委托复旦大学代培工业合作大专人才 155 人;举办各种类型的短期培训班 11 届,参加人员 800 余人。积极开展了理论研究和集体经济宣传工作。1996 年总社参与了由国务院研究室牵头,六部委联合举办的"全国城镇集体(合作)经济改革与发展高级研讨会";与中国工业合作经济学会联合召开了"纪念手工业社会主义改造基本完成 40 周年暨城镇集体工业经济改革与发展研讨会";协助中小城市联社组建了"全国中小城市联社工作研究会",对中小城市联社的改革和建设进行交流研讨。各大中城市联社也组织召开了城镇集体经济理论研讨会。《中国集体工业》、《全国联社动态》和上海、浙江、江西、新疆、河南、广东、安徽、成都等地方的集体经济通讯刊物,对推动联社、集体企业改革与发展起了积极作用。积极开展了国际交往活动。六年来总社组织各级联社、集体企业的干部出访考察 12 次,共 206 人次,先后考察了美国、意大利、法国、日本、新加坡、泰国、西班牙、马来西亚、德国、瑞士等国家合作经济的发展情况。总社还于 1993 年加入了国际合作联盟工业手工业委员会,出席了 2 次国际会议,接待国际合作社来访 3 次。此外,总社还利用有限的资金开展了扶贫救灾工作,组织职工疗养、经济协作等活动,受到了企业的欢迎,密切了联社间的关系。

总之,"全国四代会"以来,轻工集体经济工作取得的成绩是显著的,但也存在不少问题。比较突出的是:企业亏损严重,总体经济效益滑坡;企业负担过重,资产负债率高;产品结构性矛盾比较突出,技术改造滞后;资产管理薄弱,资财被平调现象屡禁不止,流失严重;一些地区联社机构不健全、社务活动开展不平衡,部分联社经济实力十分薄弱。对于这些问题,要在今后轻工集体经济的改革与发展中,认真对待,仔细研究,逐步加以解决。

三、关于今后工作的几点意见

今后五年,是我国经济实现"九五"计划,迈向新世纪的重要时期。我们提出轻工集体经济工作的指导思想是:高举邓小平理论伟大旗帜,认真贯彻落实党的十五大精神,进一步解放思想,把轻工集体经济的改革与发展全面推向新世纪,实现持续、快速、健康发展。基本思路是:紧紧围绕"两个根本性转变",实施轻工集体企业的战略性改组,推进轻工集体经济结构的战略性调整,提高轻工集体经济的对外开放水平,做到在思想上进一步放开,在政策上进一步放宽,在形式上进一步放活,力争轻工集体经济的改革与发展有个新的突破。总社和各级联社要进一步加强建设,增强经济实力,按照"指导、维护、监督、协调、服务"的职能,努力做好各项工作。

(一)进一步解放思想,用十五大精神指导轻工集体经济的改革与发展

党的十五大报告在总结近20年改革开放和现代化建设经验的基础上,有一系列的理论突破。我们要全面、准确地领会和把握十五大精神,用以指导轻工集体经济的改革与发展。

首先,要充分认识社会主义初级阶段的基本经济制度,把轻工集体经济的改革与发展与其他所有制经济的改革与发展结合起来。十五大报告第一次明确指出:"公有制为主体、多种所有制经济共同发展,是我国社会主义初级阶段的一项基本经济制度"。这就大大拓展了我国基本经济制度的内涵。按照这种新的理论概括,非公有制经济由"制度外"进入"制度内",由社会主义经济的"有益补充"转为"社会主义市场经济的重要组成部分",这就从制度上给非公有制经济确定了"名份"。所以,轻工集体经济的改革与发展,不能局限在集体经济的范围内,要把集体经济的改革和发展,与其他所有制经济的改革与发展结合起来。轻工集体经济既可以参与国有经济的改革,也可参与非公有制经济的改革;轻工集体企业既可以兼并国有企业,也可以兼并非公有制企业;既可以与国有企业联合,也可以与非公有制企业联合;反过来国有企业和非公有制企业也可以兼并集体企业。只有这样,轻工集体经济的改革才会有大踏步的前进。

其次,要全面理解公有制经济的含义和主体地位,进一步扩大轻工集体经济的比重。十五大报告明确指出,公有制经济不仅包括国有经济和集体经济,还包括混合所有制经济中的国有成份和集体成份;公有制的主体地位和国有经济的主导作用在有的地方、有的产业可以有所差别。这就突破了传统经济理论关于公有制经济只包括国有经济和集体经济的框框,突破了国有经济和集体经济的高低之分,打破了把国有经济比重作为衡量社会主义性质的观念,为集体经济的发展开辟了广阔的天地。所以,轻工集体经济的发展,不能满足于已有的"半壁江山",要因地因业制宜,积极挖掘集体经济的潜力。一方面要大力发展以集体经济成份为主的混合所有制经济,与其他所有制经济搞股份制、搞合资、搞合作,扩大集体经济的比重;另一方面要突破行业界限,打破轻工集体经济就是"二轻"、就是"手工业"的观念,按照宜大则大,宜小则小的原则,大力开拓适宜集体经济发展的领域。对轻工业来说,今后凡是集体经济和非公有制经济可以搞或者可以搞得好的行业,都应放手让集体经济和非公有制经济去发展。只有这样,才能逐步消除所有制结构不合理对轻工业生产力发展的羁绊,实现多种所有制经济在轻工行业的共同发展。

第三,要正确理解公有制实现形式的多样化,在轻工集体经济的改革中积极推行股份合作制经济。十五大报告指出"公有制实现形式可以而且应当多样化","要努力寻找能够极大促进生产力发展的公有制实现形式"。这是对传统经济理论的重大突破,使人们的思想又一次得到解放。传统的经济理论认为,公有制的实现形式只有两种:全民所有制和集体所有制。随着改革开放的推进,人民群众在实践中创造出不少公有制新的实现形式。十五大报告对改革中涌现的股份合作制给予了充分肯定,并对其中比较规范的劳动者的劳动联合和资本联合为主的集体经济,提出"尤其要提倡和鼓励"。这对推动集体企业的改革有巨大作用。所以,轻工集体企业的改革,要积极推行股份合作制。通过股份合作制的实施,实现资产重组和资本结构优化,实现经营规模化和投资社会化,充分发挥集体经济广泛吸收社会分散资金的作用,体现共同致富的原则。目前轻工集体企业改制为股份合作制企业的面还不大,进展缓慢,发展不平衡,要加快改革步伐,不断总结经验,使之逐步完善。

(二)利用市场机制,通过资本运营,对轻工集体企业实施战略性改组

在肯定成绩的同时,我们也应该看到,当前轻工集体企业存在不少问题,面临着更加激烈的竞争。突出的问题是在许多以集体经济为主的行业和企业,一方面生产能力大量过剩,另一方面企业技术水平低,达不到经济规模,物耗大,成本高。这是影响企业经济效益的一个带有根本性、普遍性的因素。所以,必须着眼于搞好整个集体经济,对轻工集体企业实施战略性改组。

首先,要以资本为纽带,通过市场形成具有较强竞争力的跨地区、跨行业、跨所有制和跨国经营的大企业集团。在轻工集体企业中,大中型企业不到3%,这些企业数量少,但却占轻工系统集体企业实现利税的48%左右。因此,轻工集体经济的发展,必须抓住有代表性、关系到全局,并有发展前途的企业,以其为核心,通过资产重组和结构调整,形成大企业和企业集团。通过发展壮大优势骨干企业和企业集团,带动整个轻工集体经济的发展。轻工总会已选择200户大中型集体企业作为扶优扶强的重点。拟通过建立联系制度,制定相关政策措施,提供相应的服务,给予必要的支持,促进这些企业更快更好的发展。

其次,要加大放开搞活"小、穷、亏"集体企业的力度。对现在难以实行股份合作制的企业,要区别不同情况,采取联合、兼并、租赁、承包经营、引资嫁接、"优二兴三"、"退二进三"、易地改造、解体重组、分块搞活、转让出售、破产等多种形式和途径进行改革;有些也可以改为合作企业或合伙企业和其他非公有制企业。各级联社要统筹规划,分类指导,抓点带面,帮助企业协调解决改革中遇到的困难,积极扶持、发展一批"小而专"、"小而精"的"小巨人"企业。做到大有规模、小有特色,使不同规模的企业互相促进,共同发展。

第三,要加快集体企业建立现代企业制度的步伐。江泽民同志在党的十四届五中全会闭幕讲话中指出:"集体企业也要不断深化改革,创造条件,积极建立现代企业制度"。轻工集体企业改革要以"产权清晰、权责明确、政企分开、管理科学"的现代企业制度为方向,使企业真正成为自主经营、自负盈亏、自我发展、自我约束的法人实体和市场竞争主体。目前已有10多户轻工集体企业列入轻工总会的现代企业制度试点。各地要总结试点企业经验,逐步扩大试点。

(三) 以市场为导向,依靠技术进步,对轻工集体经济结构进行战略性调整

十五大报告指出,对经济结构进行战略性调整,是国民经济发展的迫切要求和长期任务。经济结构不合理是轻工集体经济发展中存在的一个十分突出的问题,是一些企业陷入困境的一个重要原因。必须按照十五大提出的对经济结构进行战略性调整的原则,加大对轻工集体经济结构的调整。

首先,要以市场为导向,调整产品结构,适应国内外市场需求的变化。调整产品结构既要考虑国内市场,又要瞄准国际市场;既要考虑市场的现实需要,又要把握市场的长远趋势。要坚持上名牌、上规模、上质量、上品种。培育优势拳头产品,提高产品技术含量和附加值,扩大名牌产品批量和市场覆盖率。淘汰一

批与市场需求不相适应的产品。同时,要十分重视开拓市场,开发新产品,提供新服务,创造新需求,为经济不断发展寻求新的市场。

其次,依靠科技进步,促进产业结构优化升级。要大力采用先进适用技术改造和提高传统行业,扶持培育优势行业,发展新兴行业和高技术行业,使行业结构合理化、高级化。在产业结构调整中要积极开拓新门类、新领域,实施行业转移、产业转移,搞好"退二进三",积极发展第三产业,合理分流人员,实施再就业工程。

第三,继续推进"携手工程",发展东部地区同中西部地区多种形式的联合与合作。发挥比较优势,促进区域经济互助共济,协调发展,逐步缩小东部和西部地区、内陆和沿海地区轻工集体经济的发展差距。有步骤地把部分劳动密集型的加工能力由东部沿海地区转到中西部地区;把东部沿海地区一些名牌产品,利用中西部地区现有生产能力扩大生产、销售。这样,既提高名牌产品的生产集中度,又有利于中西部地区的存量资产调整,改善区域经济结构。

第四,坚持推进经济增长方式转变,改变高投入、低产出、高消耗、低效益的状况。从主要依靠上新项目、铺新摊子转变到主要立足于现有基础,把重点放在现有企业的改造、改组、充实和提高上;从主要依靠增加大量资金投入和能源、原材料、劳动力的消耗,转变到主要依靠提高生产要素的质量和使用效率,提高综合要素生产率对经济增长的贡献份额;从主要追求产值速度和产品数量,转变到注重产品质量、性能和品种,提高产品的技术含量、附加价值和市场占有率。

(四)进一步提高轻工集体经济的对外开放水平

十五大报告明确指出,对外开放是一项长期的基本国策。面对经济、科技全球化趋势,轻工集体经济也要以更加积极的姿态走向世界,发展开放型经济,增强国际竞争能力。

首先,轻工集体经济要积极开拓国际市场,扩大产品出口。轻工业的产品出口约有75%来自轻工集体企业。以集体经济为主的家电行业、塑料行业、皮革行业、玩具行业、五金制品行业等,要着力优化出口商品结构,提高出口商品质量和附加值,增强出口竞争能力。要实行以质取胜和市场多元化战略,在巩固和发展美国、日本、欧洲等市场的同时,多方面地开拓独联体国家、东欧地区以及拉美、中东、非洲等地区市场。

其次,轻工业集体经济要继续积极合理有效地利用外资。目前轻工业利用外资,不是数量问题,而是结构问题。今后轻工业不仅要进一步扩大利用外资的数量,而且要调整利用外资的结构,引导外资投向,提高利用外资质量。轻工集体企业要通过利用外资,弥补资金不足,吸收先进的技术和先进的经营管理经验,推动产品结构的调整,加快与世界经济的融合,发展开放型经济。

第三,要鼓励轻工集体经济发挥比较优势,积极开展对外投资。轻工集体经济不仅要在国内发展,还要发挥自身的比较优势到国外去发展。要鼓励轻工集体企业到境外投资办厂,把目前一些行业闲置的生产能力转移到国外去生产、销售,更好地利用国内国外两个市场、两种资源。各级联社要有目的地组织有关企业熟悉有关国家和地区关于设点、办厂的法律法规,积极引导企业参与国际竞争和国际经济合作。

(五)搞好清产核资工作,加强轻工集体资产管理

各级联社和集体企业要根据国家有关城镇集体企业清产核资、界定产权的政策,在当地政府的领导下,积极做好本单位的清产核资的各项工作。与此同时,要抓紧对历年平调集体资产的追索工作。对被平调、划出系统外的联社资产,要坚持"谁平调,谁占用,谁退还"的原则,运用经济、法律等手段加大收缴和追索力度,争取在清理系统外占用联社资财上有个大的突破。在清产核资、明确产权归属的基础上,加强对集体资产的管理,对属于联社资金要收取占用费,也可以转为股金或投资,有条件的要积极归还。归还的联社借款和收取的占用费,要坚持取之于集体,用之于集体,使联社资财在发展集体经济中发挥更大作用。同时,在清产核资基础上,各级联社要建立起轻工集体资产管理机构,加强对集体资产的监督管理,探索联社资产经营的有效形式。各级联社要建立健全法律顾问机构和工作制度,依法理财,积极为企业开展法律咨询工作;要继续认真贯彻执行《集体企业条例》,切实落实集体企业的自主权,坚决制止和纠正平调集体资财的违法行为,维护集体企业的合法权益。

(六)紧密联系实际,有针对性地抓好轻工集体企业的精神文明建设

轻工业主要生产日用消费品,与人民生活息息相关。轻工集体企业要把培育"四有"新人与培养职工敬业爱岗的良好职业道德结合起来。把为消费者服务,对消费者负责的观念融入生产全过程,变成广大职工的自觉行动,体现到产品的品种、质量上来,体现在售后服务上来,真正做到对工作极端地负责任,对人民极端地热忱。教育职工树立社会主义的义利观,像李素丽、徐虎那样,全身心地投入自己的本职工作。

轻工业还有一个特点就是市场化程度比较高。必须在激烈的市场竞争中处理好竞争与协作、效率与公平、经济效益与社会效益的关系,实现公平竞争,合法经营。在营销中要讲职业道德,运用合法正当的营销手段,注意克服不良倾向。

目前有相当部分的轻工集体企业面临的困难比较大,亏损比较多。各级联

社要抓好送温暖工程、再就业工程,关心职工疾苦,帮助他们解决实际问题;更重要的是企业自身要继续发扬艰苦创业、互助合作精神,增强竞争意识,坚定战胜困难的信心,使企业尽快走出困境。

同时,各级联社要配合地方政府加强集体企业的领导班子建设。各级领导干部要以身作则,廉洁自律,模范地遵纪守法,自觉接受监督,抵制腐败思想的侵蚀,要积极开展反腐败斗争,做艰苦奋斗、廉洁奉公的表率。

(七)加强联社建设,增强联社功能

多年的实践证明:哪个地区对集体经济重视和支持,从当地实际出发,制定有利于集体经济改革与发展的政策,哪个地区的轻工集体经济就发展得快。所以,轻工集体经济的发展,必须有地方党委和政府的重视和支持,稳定组织机构,加强组织建设。

在社会主义初级阶段,集体经济必将会有大的发展,联社不仅有存在的必要,而且要发挥更大的作用。吴邦国副总理在给这次大会的贺信中明确指出:"总社和各级联社要加强工作,建立健全相应的体系和管理机构,壮大自身实力,更好地为基层企业服务"。各级联社要认真贯彻落实,切实加强联社工作,搞好自身建设,充分发挥联社联合经济组织的作用。

首先,要保持联社机构稳定,加强联社建设。稳定机构,完善组织是做好工作的重要条件。总社和各级联社是手工业合作化时期建立与发展起来的,40多年来,为城镇集体经济壮大发展作出了重大贡献,已成为集体企业改革和发展的指导和组织者、集体经济政策的建议和协调者、集体资产的管理和维护者、政府与企业间的桥梁和服务者。随着社会主义市场经济体制的建立和完善,联社必将承担起更广泛的职能,发挥更大的作用。不论今后轻工行业管理机构如何变动,联社组织不但不能撤销,还要进一步加强。我们提倡凡是有集体经济的地方,都要建立相应的联社组织,按照"指导、维护、监督、协调、服务"的职能,积极开展社务活动;按照《章程》的规定,定期召开理事会和职工代表大会,讨论研究联社的重大问题。

其次,要按照联社的职能,为企业提供多方面服务。联社必须按其性质履行其职能,突出其"经济性"、"服务性",发挥桥梁纽带和互助合作的作用,增强服务能力。各级联社要适应社会主义市场经济要求,明确服务方向,改善服务手段,拓宽服务内容,提高服务水平。当前,要结合贯彻落实十五大精神,加强对集体经济改革与发展问题的调查研究,提出深化改革和加快发展的方案和政策建议,向当地政府反映,争取政府的支持。总会、总社准备在这次代表大会后,根据十五大精神,结合大会情况,提出一些较具体的政策意见。争取在落实信贷、技

改、科技、新产品开发、企业技术创新资金方面,对集体企业实行一视同仁的政策;对符合条件的轻工集体企业,允许进入国家或省级企业集团试点,允许列入国家或省级定点支持的企业范围;在优化资本结构试点城市,参照国有企业有关兼并、破产政策进行试点。为轻工集体经济改革与发展创造必要的政策环境。

第三,要继续办好经济实体,增强经济实力。实践证明,没有实力就没有地位,也难以有效地为企业服务。因此,各级联社应坚持"兴办经济实体,增强经济实力,强化服务功能"的方向,深化自身改革,加强自身建设。增强联社经济实力,关键是搞好资本运营,使联社资产做到保值增值。有条件的联社,要积极兴办各种经济实体。特别要抓住当前城镇改造的机遇,积极发展第三产业。

第四,要深化联社改革,积极探索联合经济组织今后发展的路子。在社会主义市场经济条件下,联社如何发挥互助合作功能、如何处理好联合经济组织与所办企业实体、成员企业、行业主管部门的关系,上下级联社的关系,这些问题都要在实践中进一步探索。厦门市联社实行了成员企业集体资产整体运营,联社作为集体资产的总代表;河南漯河市联社成立了市集体资产经营公司负责全市的集体企业工作。这些探索是积极的,效果是好的。各级联社要积极以资本为纽带,密切与成员企业的关系,要着力抓好联社全资和控股企业,使其成为联社的中坚力量。

各位代表,同志们,党的十五大提出,高举邓小平理论伟大旗帜,把建设有中国特色社会主义的伟大事业全面推向二十一世纪,摆在我们面前的任务既艰巨又光荣。全国轻工集体经济战线的广大干部职工,要认真贯彻落实党的十五大精神,在以江泽民同志为核心的党中央领导下,继续发扬艰苦创业、互助合作的优良传统,振奋精神,同心同德,奋发图强,开拓进取,把轻工集体经济的改革与发展全面推向新世纪。

（原件存中国轻工业联合会办公室文电档案处）

关于修改《中华全国手工业合作总社章程》的说明①

(1997 年 10 月 28 日)

潘蓓蕾

各位代表:

我受大会主席团的委托,向大会作关于修改《中华全国手工业合作总社章程》(以下简称《总社章程》)的说明。

现行的《总社章程》是 1991 年全国轻工集体企业第四届职工(社员)代表大会通过的。实践证明,四代会通过的《总社章程》对维护我国轻工业集体经济的合法地位,促进我国轻工业集体经济的改革和发展,加强各级联社建设,增强各级联社活力方面起到积极作用。但是六年来,我国改革开放和社会主义建设的形势发生了很大变化。党的十四大和十四届三中全会,确立了在我国建立和完善社会主义市场经济体制的改革目标和基本框架;十四届五中全会进一步提出要加快实行经济体制改革和经济增长方式的两个根本性转变;党的十五大又提出调整和完善所有制结构,指出支持、鼓励和帮助城乡多种形式的集体经济发展,对发挥公有制经济的主体作用意义重大。我国的改革开放事业已进入了新的发展时期,与此相适应,城镇集体经济的改革和发展也取得了新进展。1992年 1 月 1 日国务院颁布的《中华人民共和国城镇集体所有制企业条例》开始实施,使我国城镇集体经济的改革和发展有了明确的目标,步入了法制的轨道。全国各级联社和轻工集体企业以社会主义市场经济为取向,积极探索,勇于创新,在改革中求生存、求发展,在产业结构、产品结构、企业组织结构的调整,发展规模经济和技术装备现代化等方面都取得了显著成效。这一切都对现行章程的修改提出了客观要求,并提供了重要的实践基础和理论依据。因此,这次章程的修改主要是以现行的总社章程为基础,依据变化了的实际情况对其做进一步补充

---

① 这是中华全国手工业合作总社副主任潘蓓蕾在全国轻工集体企业第五届职工(社员)代表大会所做的修改总社章程的说明。

和完善。

这次提请大会审议的《总社章程》,是以党的十五大所确定的方针路线为指导,以建立社会主义市场经济体制为取向,以《中华人民共和国宪法》、《中华人民共和国城镇集体所有制企业条例》为法律依据,在1991年全国轻工集体企业第四次职工(社员)代表大会通过的《总社章程》的基础上,认真地吸取了总社、各级联社和全国轻工集体经济改革和发展的实践经验,以及浙江、黑龙江、辽宁、吉林、广西、贵州等省联社召开新一轮职代会修改联社章程的成果后形成的。在修改过程中,召开部分省市联社同志参加的座谈会,并走访中华全国供销合作总社,广泛听取了各方面的意见,成稿后又以书面形式征求名誉理事、理事的意见,多次讨论,反复修改,最后形成了现在这个稿子。修改后的《总社章程》共八章三十六条。现将《总社章程》修改的主要情况,做如下说明:

一、关于总则

(一)增加了制定章程的法律依据一条,即根据《中华人民共和国宪法》、《中华人民共和国城镇集体所有制企业条例》制定本章程。

(二)为了适应由计划经济向社会主义市场经济的转变和集体经济增长方式由粗放型向集约型的转变,新的《总社章程》对总社的宗旨做了一些调整、充实和文字压缩。在原章程第二条的基础上新章程改写为"总社的宗旨是:从我国仍处在社会主义初级阶段的基本国情出发,坚持党的基本路线,根据建立社会主义市场经济的要求,领导和组织成员单位和集体企业,深化改革,发展经济,互助合作,共同富裕;巩固和壮大社会主义集体经济。"所做的修改主要有:1. 将原章程中的"贯彻执行党和国家的路线、方针、政策"改写为"从我国仍处在社会主义初级阶段的基本国情出发,坚持党的基本路线,根据建立社会主义市场经济的要求",将原章程中"发扬互助合作精神,搞活生产经营,……逐步改善职工的物质文化生活"概括为"深化改革,发展生产,互助合作,共同富裕"。上述改写的目的是为了贯彻党的十五大精神,使总社的宗旨更富有时代特色,更简练。2. 删除了原章程中的"为成员单位和所属企业提供服务",主要考虑是新章程其他章节中体现了提供服务的内容。

(三)当前,随着经济体制改革不断深入和社会主义市场经济不断完善,集体产权制度的改革愈来愈成为集体经济体制改革的关键和难点。为了适应这一形势的需要,进一步引起各级联社对保证集体资产不流失、保证集体资产保值增值、管好用活集体资产的重视,新的总社章程在总社基本任务中增加了"监督"

两个字,由原来"指导、维护、协调、服务"八个字改为"指导、维护、监督、协调、服务"十个字。同时,根据总社及各级联社五年来成功的改革实践,在总社的基本任务中加入了"兴办经济实体,增强经济实力,强化服务功能",进一步突出了总社的经济功能和服务功能。原章程将基本任务与工作任务作为一条在第二章工作任务中进行表述,考虑到基本任务对章程全局具有纲领性的性质,因此新章程将修改后的基本任务单列一条在总则中进行表述。

(四)考虑到本章程公开对外和总社与国际合作社组织交往日益扩大的实际,为了有利于进一步加强与国际合作社组织之间的交流与合作,总则中增加了"总社加入国际合作社联盟工业手工业委员会,为其成员单位"和"总社社址设在北京"两条。

二、关于总社的工作任务

经过补充和完善,具体工作任务改为十二条。新十二条基本上包括了原十条的内容,与原十条相比,工作任务更丰富、更具体,文字更简练。例如,根据经济体制改革深化和轻工业生产发展的内在要求,在新十二条中提出了指导集体企业转换企业经营机制,建立现代企业制度,大胆利用一切能够促进集体经济发展的所有制形式,发展以集体企业为主的混合型企业;指导成员单位发展社会主义市场经济,调整结构,推进技术进步和技术改造,转变经济增长方式;指导和监督成员单位加强集体资产经营管理工作,保护集体资产的完整性,实现集体资产的保值增值;兴办直属企、事业单位,独立开展社务活动和经济活动;代表成员单位参加有关国际团体,开展国际经济合作和学术交流。这些条款贯彻了党的十五大和党的十四届四中、五中全会提出的实现两个根本转变和大力发展集体经济的精神,符合当前总社、各级联社、轻工集体企业的实际,有利于促进轻工集体经济持续、快速、协调的发展。

三、关于理事会

对理事会一章所做的较大修改和增补有:

(一)原章程规定,在换届期间,理事会主任、副主任、常务理事、理事由于工作需要调离所在理事单位或离退休,以及其他原因不能正常履行其所担负的职责时,由理事会通过适当民主方式,予以免职和增补,并在下届代表大会时予以追认。这一规定实施的效果较好,可以做到理事及时更换不致影响工作。根据总社理事更换的实践经验,新章程将这一办法明确为"理事会组成人员实行单位替补制",并将程序简化为"可由其所在理事单位提名,经理事会确认后,予以更换或替补"。这一修改的好处是:1. 使原章程中的"适当民主方式"具体化为"所在理事单位提名"与"理事会确认"相结合,增加了理事更换的透明度,使之更加民主化、法制化、规范化。2. 减少了非必要的工作程序,可以提高办事效率。

(二)明确了"理事会主任是总社的法定代表人,主持工作"和理事会或常务理事会全体会议"由理事会主任或受主任委托的副主任召集。会议须有三分之二以上理事或常务理事出席方可开会,会议决议须有出席理事或常务理事过半数通过方可生效"。新增补的两项内容,在过去的工作中实际上一直都是这样做的,新章程增补进来主要是为了使总社工作进一步法制化、制度化。

四、关于监事会

总社决定设立监事会,主要是为了适应建立社会主义市场经济的需要。三代会考虑到在高度计划经济体制下政社合一的实际,为了精兵简政,提高办事效率,决定不设监事会,监督机制由政府来完成。但是,在建立社会主义市场经济的今天,对总社理事会的工作监督是非常必要的,总社应完善自身的监督机构,因此设立监事会。为了更好的体现自身民主监督与政府监督的结合,因此在总会监事会成员中吸收国家有关部门同志参加。

关于监事会,新章程增加了一章(第六章)五条。分别对监事会的性质、职权、产生办法、会议制度和办事机构做了明确规定。新章程规定,"监事会是总社的监察机构,对全国职工(社员)代表大会负责"。对监事会的职权,新章程概括为"(一)监督和检查理事会对国家政策、法令、总社《章程》、职工社员代表大会决议的执行情况;(二)检查理事会工作情况和财务收支情况;(三)向理事会提出改进工作的建议;(四)向职工(社员)代表大会报告监察工作;(五)派员列席理事会和常务理事会"。为了使监察工作有效进行,章程还明确规定,"监事会监事由职工(社员)代表大会选举产生"、"总社理事会理事不能兼任监事"、"监事会对理事会的重大决议如有不同意见,可以要求理事会召开会议复议"。通过这一章五条,基本上可以从制度上保证使总社监事会做到产生民主、责权分明、工作规范、监察有力。

五、关于资财管理

新章程对资财管理在新增加的第三十三条进一步明确"总社及其成员单位

资财受国家法律保护,总社及其成员单位对其享有全部占有、使用、收益、处分的权利",强调总社及其成员单位资产受国家法律保护,神圣不可侵犯。关于本章节有一点需要加以说明的是,总社早已停收管理费和合作事业基金,但新章程仍将管理费和合作事业基金列入总社资金来源,是考虑到地方联社还在收取的现实。

各位代表,《总社章程》是总社最重要的法规性文件,是处理总社内部及同成员单位之间关系的重要依据。修改好《总社章程》事关重大,希望各位代表认真讨论,提出修改意见,以使其更加完善。

现将《中华全国手工业合作总社章程》提交大会讨论通过。

(原件存中国轻工业联合会办公室文电档案处)

财政部清产核资办公室关于印发《部分省市城镇集体企业清产核资产权界定座谈会会议纪要》的通知

（1997 年 10 月 28 日）

各省、自治区、直辖市、计划单列市清产核资办公室，国务院各部、委和直属机构：

为进一步推动城镇集体企业清产核资工作的顺利开展，明确产权界定工作中的有关问题，现将《部分省市城镇集体企业清产核资产权界定工作座谈会会议纪要》印发给你们，请结合本地区、本部门工作实际参照执行，并将工作中有关情况和问题及时上报。

部分省市城镇集体企业清产核资产权界定工作座谈会会议纪要

1997 年 10 月 13 至 15 日，财政部清产核资办公室在福州市组织召开了全国部分省（市）参加的城镇集体企业清产核资产权界定工作座谈会。财政部清产办副主任孟建民、李萍同志，国家经贸委企业司有关同志及 10 个省（市）和电力工业部清产办常务副主任和主管产权界定工作的副主任共 30 人参加了会议。会议汇报了各地开展城镇集体企业清产核资产权界定工作的情况；研究了各地在产权界定工作中存在的主要问题和应采取的措施，以及进一步推进集体企业清产核资产权界定工作的具体意见。

会议认为，产权界定工作是城镇集体企业清产核资的重要工作环节。目前，全国大部分地区清产核资机构与经贸部门认真配合，积极主动地开展了大量有效的工作，结合实际研究制定了切实可行的工作方法，取得了许多较好的经验，有力地推动了城镇集体企业清产核资产权界定工作的开展，鉴于集体企业产权关系复杂，产权界定工作政策性强，工作操作难度大，要进一步提高对这项工作重要性的认识，各有关部门要更加密切配合，树立全局观念，调动各方面的积极性,尤其是现阶段工作进展较慢和界定工作难度较大的地区,必须采取有力措施,加快产权界定工作步伐,保证按期完成工作任务。

会议议定主要事项如下:

一、各地区、各部门要充分认识到集体经济和国有经济都是社会主义公有制经济的重要组成部分,都构成为社会主义的物质基础,所不同的是分别代表着不同的资产权属范围。国有经济和集体经济都经历了较为复杂的历史发展过程,从改革的方向看,两者所面临的问题一样,目标一致,要以改革和发展观点看问题。因此,在城镇集体企业清产核资产权界定中,应认真贯彻"尊重历史、依法界定、宽严适度、有利监管"的工作原则和"宜粗不宜细"的工作方针。

二、城镇集体企业清产核资工作是国家专门组织的一项系统工程,政策有一定的特殊性,清产核资中产权界定的基本政策文件是国家经贸委、财政部、国家税务总局联合下发的国经贸企[1996]895号,有关部门为便于工作开展结合本部门清产核资工作制定印发了一些细化政策文件,这些文件与基本文件一致的,在界定工作中可作为参考,不一致的一律以895号文件为准。

三、城镇集体企业清产核资工作是一项阶段性工作,其工作的重点是界定国家、集体、个人之间的基本产权关系。国家和集体的产权关系应按产权界定的基本政策进行界定,对归属不清的问题双方经过充分协商,在符合基本政策要求的前提下,达成一致意见的就可以认定;对于集体和个人的产权关系界定,一定要慎重对待,要严格按照政策依法界定;在界定工作中尽量少列待界定资产,对有较大争议的,可请有关部门根据产权界定政策进行初步裁定,若仍有异议,可以列为待界定资产。

四、产权界定是一项细致和复杂的工作,涉及方方面面的利益。"宜粗不宜细"是指在具体界定中对待历史遗留问题不要过多纠缠,必须尊重当时特定的历史情况,而对具体界定工作必须全面细致,界定财产关系需要大量的原始资料、文本文件对界定结果的支撑,必须做许多扎实细致的工作,取得详细的材料使界定结果经得起历史的检验。

五、对劳动积累的界定要从"尊重历史和维护集体经济利益"出发。在具体界定工作中,凡是集体企业章程中已有规定或实际上企业已提取了劳动积累,投资者没有不同意见的,将已提取的劳动积累界定为集体资产;以劳动联合和个人资本联合为主的集体企业,必须按规定的比例提取劳动积累或公共积累,并界定为集体资产。

六、对集体企业内"个人股金"的界定要根据不同情况,采取不同的处理方法。对共同承担企业风险,规范的个人股本,要贯彻"谁投资、谁所有、谁受益"

的原则进行界定;对不完全承担企业风险的较特殊的个人股金,如供销社、信用社中的一些企业在章程中明确规定"入股、退股自由,保息分红"等,在清产核资中主要是把原始投入搞清,在国家没有明确有关政策以前,其积累暂不量化给个人;对那些已经量化给个人的,国家没有明确有关政策以前,可暂界定为集体资产。

七、国有企业举办的集体企业,在举办初期或国有企业清产核资中已经界定清楚且双方形成协议的,应按原协议办;对没有协议的,要本着"符合界定政策,理顺产权关系,促进企业发展"的原则进行界定。但要保证界定依据的真实性,对不如实提供原始依据或隐瞒真实情况的欺诈行为,要按有关规定进行严肃处理。在国有企业举办的集体企业界定中要分清投资、借款和扶持性投入等界限。其扶持性投入是指按照国家有关政策规定为了安排家属就业或安置富余人员,而无偿投入劳服企业或民政福利等企业的扶持性资金(资产);国有企业的其他投入一般应按有偿性质界定为借款或投资。

八、为保证清产核资工作的全面彻底,各地区要把各种"挂靠"企业纳入清产核资工作范围,组织对企业情况进行甄别,并重点做好对私人投入的产权界定工作。集体企业中的私人投入,对有约定的按原约定办理,无约定的按照投资、借款或扶持性投入等进行协商处理。对个人投入所占比重较大的"挂靠"或"民营"等企业积累在界定中,企业按规定比例应提取或计算的劳动积累,应界定为集体资产;对于企业享受国家减免税等优惠政策形成的资产,也应界定为集体资产;凡被界定为个人资产的部分按税法有关规定应照章缴纳个人所得税部分,由于不变现仍留在原企业使用的资产,可将其作为集体资产。

九、各类联社组织资产的产权均属集体性质,其界定工作按照双方共同协商的原则处理,并提交企业职工代表大会审议,无异议的可以确认;有异议的请地方人民政府裁定。在具体界定工作中,一是要充分尊重历史和目前的管理现状;二要本着"明晰产权关系和有利于集体企业长远发展"的方针进行。

十、社团管理的资产纳入此次集体企业清产核资工作中,其产权界定暂按以下原则进行:一是属行业性机构管理的社团资产,其形成资产完全属于国家投入的,应界定为国有资产;二是一些群众性民间社团组织的资产,属于国家投入的应界定为国有资产,收取的会员会费结余投入暂界定为集体资产;三是对于捐助性质的资产,按社团本身的性质进行界定。

十一、清产核资"三不"原则(即"不改变企业性质、不改变隶属关系、不改变分配制度"),是国务院领导根据集体企业性质、特点来确定的清产核资基本工作原则,各地区在清产核资中要坚定不移地贯彻执行。对集体企业中国有或个人资产所占比重较大,造成企业性质不符合有关登记规定的,在清产核资后由国家另行制定管理政策进行处理。对经界定后全部为国有资产和国有资产占控股地位的集体企业要按规定纳入国有资产统计范围;对个人资产所占比重较大的应从税收角度加强管理。

十二、对集体企业主管部门管理的全民事业单位及其再投资举办的集体企业的产权界定应本着"尊重历史、尊重事实"的原则进行。对属于全民性质,纳入预算管理的事业单位的资产应界定为国有资产;对这些事业单位投资举办的集体企业的界定政策,与国有企业举办的集体企业的产权界定工作政策相同。

十三、对于集体企业无资本金或资本金不实的问题,要在认真开展清产核资的基础上,本着"尊重历史,保护集体企业发展"的原则进行,在界定、核实后资本金不实的,可限期补足。清产核资结果与工商登记的有关衔接工作另行具体规定。

十四、集体企业清产核资产权界定结果,经过企业申报,主管部门复核,经贸部门、清产核资机构认定后,集体企业应根据清产核资机构的产权界定批复结果进行调帐;涉及国有企业产权变动的要报经同级财政(清产核资机构)和国资部门同意后调帐;中央主管部门要将其所属中央企业举办的集体企业的产权界定批复结果汇总复核后,报财政部清产办和国家国有资产管理局批复,作为其国有产权变更的调帐依据。

十五、对于集体企业主管部门从集体企业收取的管理费,国家已有明确的管理规定,主要是"取之于集体企业,用之于集体企业",集体企业主管部门用管理费的结余资金进行再投入所形成的资产,应界定为集体所有。

会议强调,各地区、各部门要精心组织,把工作做深做细,通过清产核资,一方面要发现集体企业管理过程中存在的问题,有针对性地加强对集体企业的基础管理,防止"前清后乱";另一方面要注意与本地区、本部门企业改革密切结合,推进企业转换机制,进一步扩大工作成果。同时,积极总结工作经验,研究解决工作中存在的问题,为明年集体企业清产核资工作全面铺开创造条件。

(原件存财政部清产核资办公室)

中华全国手工业合作总社章程

（1997 年 10 月 30 日总社五代会通过）

第一章　总　　则

第一条　根据《中华人民共和国宪法》、《中华人民共和国城镇集体所有制企业条例》，制定本章程。

第二条　中华全国手工业合作总社（以下简称总社）是在党中央、国务院的领导下，由全国各省、自治区、直辖市联社及其他集体工业经济联合组织组成的集体所有制经济联合组织，是各级联社及其他成员单位的领导和服务机构。

第三条　总社的宗旨是：高举邓小平理论伟大旗帜，坚持党的基本路线，从我国仍处在社会主义初级阶段基本国情出发，适应建立社会主义市场经济的要求，领导和组织成员单位及集体企业，深化改革，发展经济，互助合作，共同富裕，巩固和壮大社会主义集体经济。

第四条　总社的基本任务是"指导、维护、监督、协调、服务"，并搞好"兴办经济实体，增强经济实力，强化服务功能"的自身建设。

第五条　总社及其成员单位依法享有法人资格，其合法权益受国家法律保护。

第六条　总社实行民主管理，一切重大问题都要经过民主讨论决定，组织原则是民主集中制。

第七条　总社加入国际合作社联盟工业手工业委员会，为其成员单位。

第八条　总社社址设在北京。

第二章　工作任务

第九条　具体工作任务是：

（一）宣传、贯彻、落实党和国家对集体经济的法律、法规、方针、政策；制定总社的有关规章、制度，并督促实施。

（二）调查研究有关集体工业经济的政策性问题，向政府反映，提出解决意见；接受政府委托，参与制定有关城镇集体经济的政策法规；组织和指导集体经济理论研讨,宣传集体经济的地位作用。

（三）维护集体经济联合组织和集体企业的合法权益,向成员单位提供法律、政策咨询服务。

（四）指导成员单位深化改革,大胆利用一切能够促进集体经济发展的所有制形式,按照集体经济的性质和特点办企业,转换企业经营机制,建立现代企业制度。

（五）指导成员单位按照社会主义市场经济的要求,调整结构,推进技术进步,转变经济增长方式,实现现代化生产和集约经营,提供供销、技术、信息、教育、资金融通、咨询等各项服务。

（六）指导成员单位加强精神文明建设,开展思想政治工作,普法宣传教育,职工文化教育和职工技术培训,提高职工队伍和领导班子素质。

（七）指导和监督成员单位加强集体资产经营管理工作,保护集体资产的完整性,实现集体资产的保值增值。

（八）指导和加强联社组织建设,组织交流联社工作经验,促进地区之间集体经济和联社工作协调发展,充分发挥联社的作用。

（九）协调各级联社之间、联社与企业之间、企业与企业、企业与各有关部门之间的关系,组织成员单位开展互助合作,发展新的合作经济组织和以集体企业为主的混合型企业。

（十）指导和组织成员单位办好集体福利事业。

（十一）代表成员单位参加有关国际团体,开展国际经济合作和学术交流活动。

（十二）兴办直属企、事业单位,独立开展社务活动和经济活动,用好用活总社资金。加强管理,提高直属企业、事业单位的经济效益和服务质量。

第三章　成员单位

第十条　凡承认并遵守本章程的省、自治区、直辖市的联社及其他与联社性质相同的城镇集体工业经济联合组织,均可申请加入总社,经理事会批准为成员单位。

第十一条　成员单位的权利:

（一）选派代表出席全国职工（社员）代表大会。

（二）参加总社组织的国内和国际有关活动。

（三）享受总社提供的服务。

（四）向总社提出需要协助解决的有关问题。

（五）参与总社的管理，对总社工作进行监督。

（六）申请退社。

第十二条　成员单位的义务：

（一）遵守总社章程。

（二）执行总社决议。

（三）完成总社布置的工作，按规定提供各项计划、方案、报告和统计资料。

（四）向总社报告工作，反映集体企业和职工的意见、要求。

（五）维护总社组织整体利益，支持总社工作。

（六）接受总社工作指导和监督。

（七）按规定缴纳管理费和互助合作事业基金。

第四章　全国职工（社员）代表大会

第十三条　全国职工（社员）代表大会是总社的最高权力机构。

第十四条　全国职工（社员）代表大会的职权：

（一）审议和批准总社理事会的工作报告。

（二）审议和批准总社监事会的工作报告。

（三）审议和批准总社财务工作报告。

（四）审议通过代表大会的决议。

（五）制定和修改总社章程。

（六）选举或免除总社理事会理事、监事会监事。

（七）讨论和决定其他重大问题。

第十五条　全国职工（社员）代表大会的代表由总社成员单位选举产生，每届任期五年。

全国职工（社员）代表大会代表的名额和选举办法由总社理事会规定。

第十六条　全国职工（社员）代表大会每五年举行一次，必要时，由理事会决定可提前或延期召开。

第十七条　全国职工（社员）代表大会必须有三分之二以上的代表出席方可召开，做出的决议必须有出席会议全体代表超过半数通过方可生效。

第十八条　全国职工（社员）代表大会召开时，由大会主席团主持会议，大会主席团由上届理事会在出席会议代表中推举产生。

第五章　理事会

第十九条　理事会是全国职工（社员）代表大会闭幕期间的执行机构。对全国职工(社员)代表大会负责。

第二十条　理事会的职权:

(一)组织召开全国职工(社员)代表大会,执行大会决议,并向大会报告工作和财务状况。

(二)组织实施总社各项工作任务,指导成员单位开展工作。

(三)讨论决定理事会工作方针、计划,审定总社资财的收入和使用计划。

(四)决定总社投资的企、事业单位的设立、调整、撤并。

(五)全国职工(社员)代表大会授予的其他职权。

第二十一条　理事会理事由职工(社员)代表大会选举产生,每届任期五年。

理事会设立常务理事会,主持理事会日常工作。常务理事由理事会在理事中推举产生。

理事会设主任一人、副主任若干人;主任、副主任由常务理事会在常务理事中推举产生。

理事会主任是总社的法定代表人,主持工作。

理事会组成人员实行单位替补制。理事会主任、副主任、常务理事、理事因工作调动或离、退休,以及其他原因不能正常履行其所担负的职责时,可由其所在理事单位提名,经理事会确认后,予以更换或增补。

总社理事会设名誉主任和名誉理事,由理事会聘请德高望重、长期从事集体经济工作及与集体经济工作有关部门的领导同志担任。

第二十二条　理事会或常务理事会全体会议每年举行一次。必要时可提前或延期召开。由理事会主任或受主任委托的副主任召集。会议须有三分之二以上理事或常务理事出席方可开会,会议决议须有出席理事或常务理事过半数通过方可生效。

第二十三条　理事会根据需要设置办事机构,统一处理总社的日常工作,管理总社的资财和直属企、事业单位。

第六章　监事会

第二十四条　监事会是总社的监察机构,对全国职工(社员)代表大会负责。

第二十五条　监事会的职权:

(一)监督和检查理事会对国家政策、法令、总社《章程》、职工(社员)代表大会决议的执行情况。

（二）检查总社理事会工作情况和财务收支情况。

（三）向理事会提出改进工作的建议。

（四）向职工（社员）代表大会报告监察工作。

（五）派员列席理事会和常务理事会。

第二十六条　监事会监事由职工（社员）代表大会选举产生，每届任期五年。

监事会设主任一人、副主任若干人，由监事会在监事中推举产生。

监事会组成人员实行单位替补制。监事会主任、副主任、监事因工作调动或离、退休，以及其他原因不能正常履行其所担负的职责时，可由其所在监事单位提名，经监事会确认后，予以更换或增补。

总社理事会理事不能兼任监事。

第二十七条　监事会每年召开一次会议，必要时，可召开临时会议。由监事会主任或受主任委托的副主任召集。监事会会议须有三分之二以上监事出席方可开会，会议决议须有半数以上出席监事通过方可生效。监事会对理事会的重大决议如有不同意见，可以要求理事会召开会议复议。

第二十八条　监事会根据工作需要设立办事机构，负责处理监事会日常工作。

第七章　资财管理

第二十九条　总社积累的资财和在直属企事业单位或非直属企事业的投资及其收益，以及借给成员单位的资金，均属总社资财。

第三十条　总社及其成员单位资财受国家法律保护，总社及其成员单位对其享有全部占有、使用、收益和处分的权利。

第三十一条　总社资财要在清理评估的基础上，经过法律公证，独立建账，加强管理，有偿使用。

第三十二条　总社资金来源：

（一）成员单位缴纳的管理费。

（二）总社的历年积累及借款单位归还的借款。

（三）总社直属企业、事业单位缴纳的利润、基金和管理费。

（四）总社投资入股企业分得的利润、股息和借款单位缴纳的资金占用费、资金利息。

（五）互助合作事业基金。

（六）政府及其他社会团体的资助。

（七）其他收入。

第三十三条　总社资金的用途：

（一）社务活动开支。

（二）在总社组织范围内发展生产，举办教育、宣传、咨询服务和集体福利事业，推进共同富裕。

（三）兴办总社直属的企业、事业单位。

（四）总社理事会办事机构的经费由国家财政支出，不足部分由总社收入补助。

（五）成员单位遭受重大灾害等特殊情况的资助。

第三十四条　总社资财管理部门要定期向总社常务理事会、理事会和监事会报告工作情况并接受检查督促，总社资财管理制度、办法、财务收支预算、决算，由理事会讨论研究决定。

第八章　附　　则

第三十五条　本章程经第五届全国职工（社员）代表大会通过后生效。

第三十六条　本章程的解释权属于总社理事会。

（原件存中国轻工业联合会办公室文电档案处）

总社《五代会》闭幕词①

（1997 年 10 月 30 日）

于　珍

各位代表、同志们：

全国轻工集体企业第五届职工（社员）代表大会，在党中央、国务院的亲切关怀和有关部门的支持下，经过全体代表的共同努力，已经圆满地完成了预定的各项任务，今天就要胜利闭幕了。

五天来，来自全国各地的五百多位代表，欢聚一堂，遵循党的十五大精神，共商轻工集体经济发展大计。会议期间，中央政治局常委、国务院副总理朱镕基接见了全体代表并作了重要讲话，中央政治局委员、国务院副总理吴邦国同志给大会发来了贺信，全国人大常委会副委员长王光英同志、全国政协副主席万国权同志出席了大会开幕式。这体现了党和国家领导人对轻工集体经济的关心与支持，是对轻工集体经济战线广大干部职工的巨大鼓舞和鞭策。

大会审议通过了总社理事会工作报告、总社章程和财务工作报告，选举产生了总社五届理事会和监事会，表彰了 69 个全国轻工集体经济先进联社和 305 名联社先进工作者，总结和交流了近六年来轻工集体经济改革和发展的成功经验，确定了未来五年轻工集体经济改革与发展的基本思路和工作重点。可以说，全国轻工集体企业第五届职工（社员）代表大会是一次团结的大会，胜利的大会，继往开来的大会。

朱镕基副总理的重要讲话，充分肯定了轻工集体经济在国民经济中的地位和作用，肯定了轻工集体经济改革与发展的成就，肯定了总社和各级联社四十年来为发展我国集体经济所做出的积极贡献；进一步明确了轻工集体经济改革与发展的方向。朱镕基副总理明确指出，搞好轻工集体经济，一要坚决实行政企分开，各级政府要致力于减轻企业的负担，减少对企业的干预，放手让企业发展；二要把轻工集体企业真正办成职工和社员自己的企业。实行股份制和股份合作

----

① 　这是于珍在全国轻工集体企业第五届职工（社员）代表大会闭幕时的讲话。

制,要切合实际,要从人民群众的利益出发,不要刮风,不要一哄而起;三要进一步在生产经营管理上下工夫,面向市场,适应市场,切实把轻工产品质量、品种搞上去。国家要扶持中小企业的发展,加强对中小企业的政策研究,力争用三年的时间使大多数轻工集体企业摆脱困境,实现全行业振兴。

朱镕基副总理的讲话反映了轻工集体经济战线广大职工的共同愿望,鼓舞人心,使我们更加明确了方向,增强了信心。大会之后,我们一定要认真贯彻落实朱镕基副总理的讲话精神,按照朱镕基副总理提出的三条要求,指导轻工集体经济的改革与发展。对朱镕基副总理提出的三条要求,我们要逐条研究,切实加以落实。要大胆探索能够极大促进生产力发展的集体所有制实现形式,深化改革,实行政企分开,把轻工集体企业真正办成职工自己的企业;要积极适应市场变化的要求,加快产业和产品结构的调整,实现大多数企业的扭亏增盈;要积极探索中小企业的管理模式,研究中小企业改革与发展的政策,在抓大的同时,切实搞活中小企业,以实际行动和优异成绩报答中央领导同志对我们的关心和支持,决不辜负中央领导同志的殷切期望。

各位代表,要把这次大会的精神向各级党委、政府及有关部门汇报。汇报党中央、国务院对大会的亲切关怀和中央领导同志对发展轻工集体经济的重要指示;汇报近几年来轻工集体经济改革开放所取得的成就和大会所确定的今后五年轻工集体经济改革与发展的指导思想和基本思路;汇报你们从本地实际出发,贯彻这次大会精神准备重点做好的工作,让他们更多地了解我们的实际情况,关心、支持轻工集体经济的发展。

要进一步做好宣传群众、组织群众的工作。充分调动轻工集体经济战线400多万干部职工深化改革、加快发展的积极性,号召广大干部职工积极投身于轻工集体经济的改革与发展,在改革与发展的过程中,勇于实践,大胆探索。依靠群众的智慧、群众的力量,把轻工集体经济改革与发展全面推向新世纪。

总社和各级联社也要抓住机遇,以改革的精神,创造性地开展工作。要在各级党委和政府的领导下,遵循党的十五大确定的方针、路线,进一步加大联社独立开展社务和经济活动的力度。真正把总社、各级联社办成适应社会主义市场经济需要的、具有强大生命力的集体企业联合经济组织。

在大会期间,各位代表对轻工集体经济的改革与发展,对总会、总社的工作提了许多好的意见和建议。对这些意见和建议,我们将认真研究,积极采纳。关于加强轻工集体经济的宣传问题,我们将根据大家的意见,组织专门人员,加强对轻工集体经济的理论研究和实践经验的归纳总结,在全社会范围内,通过主要新闻宣传媒体,广泛地宣传轻工集体经济发展的历史、轻工集体经济的地位与作用以及改革与发展的成就,让更多的领导同志及社会各界认识轻工集体经济了解轻工集体经济。关于轻工集体经济改革与发展的有关政策问题,我们历来主张同国有企业实行一视同仁的政策,我们相信十五大以后,对集体经济的政策法规会按照十五大的精神作相应调整,但有一个过程,要有一定的时间。在这个过程中,我们一定会理直气壮地争取,力争为轻工集体经济的改革与发展创造一个更好的政策环境。同时,各级轻工主管部门和联社,也不能等待,要积极向当地政府争取有关政策,争取在当地有所突破,做到上下共同努力,共同争取,力争在政策上取得实实在在的进展。关于机构设置和机构改革问题,目前,我们准备首先在人员上和机构设置上加强总社的建设,加大工作力度。总会的机构改革,我们将按照中央的统一部署,认真贯彻朱镕基副总理的讲话精神,结合轻工业的实际,积极建议,决不辜负轻工行业广大干部职工对我们的希望。关于这次大会文件的修改问题,大家提了很多的建议和意见,我们将根据大家的意见,对有关文件进行认真的推敲、仔细的修改,形成一套完整的文件,发给大家。朱镕基副总理的讲话,我们已经整理出来,争取国务院同意后,发给大家。

各位代表:让我们团结起来,同心同德,深化改革,加快发展,为总社、各级联社日益兴旺发达,为轻工集体企业在二十一世纪再创辉煌而努力奋斗!

（原件存中国轻工业联合会办公室文电档案处）

湖南省人民政府关于加快城镇集体工业企业发展若干政策的通知

（1997 年 11 月 15 日）

各地区行政公署,自治州、市、县人民政府,省直机关各单位:

改革开放以来,我省城镇集体工业得到迅速发展,在全省经济建设中占有重要地位。为进一步放开搞活城镇集体(含区街工业)经济,充分发挥城镇集体企业在国民经济和社会发展中的重要作用,现就加快城镇集体工业企业发展的若干政策通知如下:

一、城镇集体工业企业利用原有土地和土地上的建筑物改建、翻修,新建商业门面和经营场地,实施"退二进三"、"优二兴三"时,房产、规划、国土、城建、城管、环保、卫生等部门一律减半收取其审批手续费用;其他各部门也均应从低收取有关规费。

二、城镇集体工业企业在"退二进三"、"优二兴三"中,改建、翻修,新建的商业门面和经营场所,由企业对外进行招租、联营、承包等形式经营,其土地出让金、房屋及场地租赁管理费(限出租方享受)等有关费用应给予适当减免照顾。

三、城镇集体工业企业在"退二进三"、"优二兴三"中开发的门店及场地的房产税,纳税确有困难的,按程序报批后给予减免。

四、对城镇集体工业企业因易地改建而转让原厂区土地的收入,经同级人民政府批准,可全额返还企业用于易地改建。

五、鼓励多种形式对企业进行股份制改造。城镇集体工业企业改为股份合作制后,继续享受国家和省人民政府有关城镇集体工业企业的优惠政策。对率先改制的特困企业,界定为国有资产的,经主管部门和同级国有资产管理部门同意,允许用协议方式在一定时期内将国家股利留给企业周转,用作今后国家股的扩投准备金。对上述确有困难的企业,经同级财政部门批准,可在一定期限内将所得税给予返还照顾。

六、明晰企业资产所有权和土地使用权。城镇集体工业企业要按现行土地管理法律、法规和国务院办公厅《关于在全国城镇集体企业、单位开展清产核资工作的通知》（国办发［1996］29 号）以及国家经贸委、财政部、国家税务总局《城镇集体企业、单位清产核资产权界定办法》（国经贸［1996］895 号）的规定，进行清产核资产权界定和产权登记。界定产权归属后，可按自愿原则，办理公证。

七、维护城镇集体工业企业资产权益。二轻集体资产和国有资产产权界限不清时，由其主管部门或联社会同同级国有资产管理部门协商解决；涉及上级联社投资、借款的，由其主管部门或联社会同上级联社的同级国有资产管理部门协商解决。城镇集体工业企业的土地使用权发生纠纷时，由土地管理部门依法处理。

八、根据《中华人民共和国城镇集体所有制企业条例》的规定，对无偿划走、转移二轻集体资产的，由二轻主管部门或联社依法追索；将企事业单位转为全民所有制企业事业单位的，或因企业联合、兼并、组建企业集团而需变更隶属关系时，其中属于联社投资（含增值）的，其产权仍归联社所有。要防止城镇集体资产被平调、侵吞，防止集体资产流失，维护集体资产的安全。

九、为培植财源，扶持城镇集体工业发展，各级政府对城镇集体工业中管理基础好，产品市场销路好，能提供较多的财政收入的技改项目，应纳入财源建设规划予以积极扶持。

十、允许有能力的城镇集体企业通过资产控股、技术入股、兼并、租赁、购买、承包、领办等多种形式，利用国有企业的闲置资产扩充自己的经济实力。

十一、鼓励城镇集体企业从事城镇土地开发、道路、桥梁、电站、供水、排污、仓储、市场等公共设施和农业项目的投资开发与管理。

十二、城镇集体企业必须按照国家有关规定，向当地劳动保险机构足额缴纳社会保险费用。凡已参加养老保险社会统筹，经批准缓缴养老金的特困企业，如所在地统筹范围内养老保险基金积累额能够支付 6 个月养老金的，由有关社会保险机构按月支付其离退休人员的养老金或基本生活费；养老保险基金积累额不足支付 6 个月养老金的，应将困难企业的离退休人员与困难职工同时实施生活保障。

十三、鼓励大中专毕业生、研究生到城镇集体工业企业工作。应本人要求，其人事关系可放在企业主管部门或人才交流服务机构，保留原身份，并为他们办理调整档案工资和评审专业技术职称，不实行见习期，工资直接定级，津贴、补贴在不低于国家规定标准的前提下，由企业自行确定。

十四、支持和鼓励大专院校、科研院所的干部、职工，特别是专业技术人员，领办、承包、租赁城镇集体工业企业。这些人员经所在单位批准，并到人事、劳动部门办理备案手续，其户口、粮油关系可以不迁，行政关系可以不转，原有住房维持不变,并享受本单位在职人员同等的职称评定和工资晋升待遇;对要求回原单位工作的,原单位不得拒绝接受。对发展城镇集体工业企业作出突出贡献的科技人员和管理人员,企业可根据自身条件予以重奖。对企业厂长(经理)可试行年薪制,实行工资与企业效益挂钩。鼓励科研单位和科技工作者通过技术承包、项目攻关、开发新产品等多种形式,为城镇集体工业企业提供有偿服务。

十五、为了加快全省城镇集体工业的发展,省人民政府决定成立湖南省城镇集体工业经济领导小组,领导小组办公室设省二轻工业集团总公司。各级政府也要成立相应机构,把加快发展城镇集体工业企业列入重要议事日程,切实加强领导,协调解决企业改革和发展中的矛盾和问题。财政、税务、金融、工商行政管理、劳动、人事等部门,要把扶持城镇集体工业企业作为一项重要任务,重点支持,大力帮助,搞好服务,使城镇集体工业企业真正成为我省经济新的增长点,确保全省"九五"规划提出的全省城镇集体工业经济发展目标的实现。

(原件存湖南省人民政府办公厅)

中共湖北省委　湖北省人民政府
关于加快发展全省城镇集体工业的决定

（1997 年 11 月 28 日）

城镇集体经济是国民经济的重要组成部分,是社会主义公有经济的主要支柱之一,为发展经济、提高人民生活水平作出了重大贡献。近几年来,我省城镇集体经济保持了快速发展势头,成为推动全省经济增长的一支重要力量。但城镇集体工业存在的规模不大、素质不高、产权不清、机制不活、投入不足等问题仍较突出,制约了城镇集体经济的进一步发展。为贯彻落实党的十五大精神,推动全省城镇集体经济宽领域、超常规、高质量地发展,更好地发挥其在全省经济增长、体制改革和结构调整中的重要作用,特作以下决定。

一、按照党的十五大精神进一步深化认识,明确发展城镇集体经济的指导思想

城镇集体经济是劳动者的劳动联合和资本联合的经济组织形式,本质上具有产权明晰、机制灵活、经营自主的特点,是社会主义市场经济一种重要的经济类型。要从社会主义初级阶段的基本国情充分认识大力发展城镇集体经济的重要意义。城镇集体经济与市场的结合程度高,能兼容不同层次的基础条件和生产技术水平,是最具活力的所有制形式和经济增长点之一,具有其他经济成份不可替代的作用,将在社会主义初级阶段长期存在、持续发展。要按党的十五大精神,进一步深化认识,在全省形成重视、关心、支持发展城镇集体经济的良好氛围,象突破性发展乡镇企业、农村多种经营和城乡个体私营经济那样,突破性发展城镇集体经济。

发展城镇集体经济要以邓小平理论为指导,保持城镇集体经济的快速增长,扩大在全省经济总量中的比重;促进城镇集体经济实现"两个根本性转变",推进结构调整,推动技术进步,加强科学管理,从整体上提高运行质量和效益;引导城镇集体经济适应建立现代企业制度和社会化大生产的要求,努力寻找符合改

革方向、能极大解放生产力的组织形式和经营方式,与其他经济成份混合发展,赋予城镇集体经济以新的实践内容;发挥城镇集体经济在容纳社会就业、保持社会稳定、促进社会进步方面的积极作用。"九五"期间,全省城镇集体工业年均增长速度要高于全省工业年均增长速度,保持在17%以上,到2000年工业总产值力争从1996年的400亿元左右增加到750亿元左右,占全省乡及乡以上工业总产值的比重从1996年的14%左右提高到18%左右。从2000年到2010年,继续保持较快增长,在全省工业经济中的比重保持稳定上升趋势。

二、以建立现代企业制度为目标,加快推进以产权制度为核心的企业改革

按照"三个有利于"的标准,依据《公司法》和建立现代企业制度的要求,积极探索城镇集体工业企业改革的新路子。

(一)进一步明晰城镇集体工业企业的产权关系。城镇集体工业企业的清产核资工作,要在省政府清产核资领导小组的统一领导下,由各地、各相关部门组织实施。在清产核资和资产评估的基础上,按照以下原则界定城镇集体工业企业财产所有权归属:1. 国家投资和投资收益形成的资产,其产权归属国家所有;2. 城镇集体企业联合经济组织投资和投资收益形成的资产,其产权归属该联合经济组织范围内的劳动群众集体所有;3. 集体企业在发展过程中,使用银行贷款、国家借款等借贷资金形成的资产,国有企业只提供担保的,不界定为国有资产。4. 其他法人投资和投资收益形成的资产,其产权归属该投资法人所有;5. 企业职工个人投资和投资收益形成的资产,其产权归属职工个人所有;6. 企业历年公共积累形成的资产,其产权归属企业集体共有;7. 投资主体不清的资产以及接受无偿资助和捐赠所形成的资产,其产权归属企业集体共有;8. 除有特殊约定外,企业按照法律、法规和政策规定享受的优惠,包括各种减免税和税前还贷所形成的资产,其产权归属企业集体共有;9. 企业的生产经营场地,其土地所有权属于国有的,可继续有偿使用,并按照国家有关法律、法规和政策缴纳有关土地费用。界定企业产权归属后,要办理公证手续,任何部门和单位不得以任何理由平调、侵占、没收、私分集体企业财产。

(二)积极推动城镇集体工业企业建立现代企业制度。大力推行以股份制和股份合作制为重点的多种形式的企业改革。对较小规模的城镇集体企业,可以改组为股份合作制企业或合伙企业。股份合作制体现了劳动者的劳动联合和资本联合的特征,应该成为城镇集体所有制经济的一种主要实现形式。有条件

的城镇集体企业也可以组建为有限责任公司。少数规模大、效益好的,也可以组建为股份有限公司或企业集团。要大力促进股权分散化,鼓励企业之间交叉持股,以提高资本的运作效率,增强企业活力。

城镇集体工业企业改组为股份制或股份合作制后,可以继续享受国家和省政府给予集体企业的优惠政策。城镇集体工业企业改制的资产评估、验资和审计工作,由城镇集体工业各行业主管部门负责;涉及土地资产的,由土地管理部门负责,但对城镇集体企业依法通过出让方式取得使用权的土地折价入股,应明确划归企业享有;涉及国有资产的,由国有资产管理部门负责。对扶持发展的城镇集体企业,在照章缴纳所得税后可以提出申请,按程序报批后由当地财政返还一部分。

采取改组、联合、兼并、租赁、承包经营、出售等形式,加快放开搞活小型企业的步伐。加大企业产权交易力度,注意做好小企业的出售工作。对厂小利微企业,可实行个人承包、租赁经营;对长期亏损、扭亏无望的企业,依法解散或宣告破产。

提倡城镇集体企业与国有、乡镇、外资和私营等企业相互渗透、相互融合,发展混合所有制经济。

(三)加快城镇集体工业企业各项配套制度改革。实行下岗分流,减员增效,抓好再就业工程。逐步形成城镇集体工业企业自主用工和自主分配的机制。企业可根据生产经营需要,自主确定用工数量和形式,做到干部能上能下,职工能进能出。遵循效率优先、兼顾公平的原则,坚持以按劳分配为主体、多种分配方式并存的制度,把按劳分配和按生产要素分配结合起来,充分调动广大职工的积极性和创造性。要把城镇集体企业社会保障制度的建设纳入全社会的社会保障体系中,实行社会统筹和个人账户相结合的养老、医疗保险制度,完善失业保险和社会救济制度,解除企业职工的后顾之忧。

三、积极调整和优化结构,提高城镇集体工业的整体素质

城镇集体工业要适应市场需求结构的变化,着眼于新的消费层次和市场空间,以创好品牌、占大市场、提高档次、增强竞争力为支点,努力优化产品结构、产业结构、企业组织结构和区域布局,使整体素质有明显的提高。

(一)围绕市场调整产品结构。重点围绕农村市场调整产品结构,不断扩大产品在农村市场的占有率,扶持有条件的企业建成农业产业化的龙头企业;围绕汽车配套调整产品结构,形成汽车配件、汽车灯具、车内装饰、随车工具等较完整

的配套体系;围绕住宅建设调整产品结构,引导家具、家电、塑料等生产企业抓住住宅市场发展的机遇,大力开发住宅配套产品;面向第三世界国家市场,生产其需要的产品。要发挥自身优势,开发特色产品,提高市场占有率。基础好的企业要重点发展高技术、高质量、高创汇、高附加值的产品,大力开拓新兴产品。中小企业要坚持走"小而专、小而特、小而活、小而强"的发展路子。实施精品名牌战略,重点扶持食品、服装、日用陶瓷、家用电器、家具、塑料、室内装饰、羽绒制品、工艺美术品、日用化工、电子产品、玩具、皮革制品和工具五金等产品的发展,扬优成势,形成一批拳头产品,壮大一批骨干企业。企业技术改造要突出重点,选准好项目,搞一项成一项。

(二)抓好产业结构调整。利用城镇集体工业企业交通方便、离市场近、供水供电好、信息通畅等多方面的有利条件,鼓励其拓宽经营领域。条件适合的,可以退二进三,发展第三产业。鼓励和推动城镇集体工业企业介入高新技术产业,提高发展起点。

(三)促进有条件的企业向集团化方向发展。支持企业推行大公司、大集团战略;鼓励优势企业兼并弱势企业,弱势企业靠拢优势企业;鼓励跨地区、跨行业、跨所有制和跨国经营的企业联合,通过多种形式和途径,大力推进城镇集体工业企业的资产重组,按国家规定享受有关优惠政策。

(四)调整城镇集体工业的地域布局。结合城镇建设和改造规划,鼓励在城市的企业向郊区转移,利用级差地租效应,盘活存量、扩大增量,实行易地改造。各级政府要积极创造条件,为这些企业外迁提供场地。凡外迁企业,原厂区用地依法出让收入地方分成留用部分,由当地财政列支返还 50%。这部分资金必须全部用于新厂建设。在支持异地改造方面,各地已实行的各项优惠政策,只要符合现行的法律、法规,均可继续执行。

四、拓宽投融资渠道,增加对城镇集体工业的投入

(一)加大财政和信贷资金投入的力度。各级财政和金融部门应着眼于培植财源,着眼于长远,为加快城镇集体工业发展提供有力支持。各地要安排一定规模的财政周转金和贴息资金,支持发展城镇集体工业。各商业银行要按择优限劣的原则,加大扶持城镇集体工业发展的力度。

(二)多途径、多形式引进资金。各级政府和有关部门要把城镇集体工业企业对外招商引资当作一个重点来抓,积极支持城镇集体工业企业参加各种对外经济技术洽谈或招商活动,鼓励企业发展"三来一补"。选择一批重点工业企业

以土地、厂房、设备等入股同国外、境外、省外的厂商合资。要通过单枝嫁接、多枝嫁接、整体嫁接、厂房租赁等形式，引进内外资金改造老企业。

（三）具备条件的企业，可扩大证券融资。条件成熟的股份制企业要积极争取上市、上柜，提倡联合上市；符合规定条件的企业经有关部门批准后可发行企业债券，债息列入财务费用。

（四）有条件的地方，经批准可以建立城镇集体工业发展基金。基金来源包括：财政每年安排的发展城镇集体工业的周转金；财政每年从城镇集体工业税收总额较上年增长部分划出一定比例；企业按销售收入税前提取 0.3% ~ 0.5% 的互助合作基金，以及其它渠道筹集的资金。城镇集体工业发展基金实行分级分部门筹集、管理和使用，由财政部门监督。

五、加大政策扶持力度，促进城镇集体工业更快更好地发展

已给予的优惠政策要继续落实到位。凡国有企业、乡镇企业、三资企业和个体私营企业享有的优惠政策，原则上也适用于城镇集体工业企业。

（一）进一步放宽政策，全方位发展集体工业企业。在举办方式、经营形式、产业政策和企业规模上，都要更加灵活多样，放开手脚大力发展。

（二）工商管理部门对新开办的城镇集体工业企业，可试行"先发照、后备案"；对城镇集体工业企业与外商合资办企业，可试行"先发照、后立项"；对城镇集体工业比较薄弱的山区、老区，可根据"先放开、后规范"的原则，不发照、不收费，待条件成熟后，再进行注册登记；对新办集体工业企业投资者出资额达到注册登记要求的下限有困难的，可允许其先出资下限额度的 60%，余下部分在营业执照签发之日起一年内补足。

（三）鼓励和支持企业进行技术改造与技术转让。对城镇集体工业企业技改后的新增所得税，经企业申请，财政、税务部门审核，当地政府批准后，可享受国有企业所得税有关优惠政策。城镇集体工业企业进行技术转让，以及在技术转让过程中发生的与技术转让有关的技术咨询、技术服务、技术培训的所得，年净收入在 30 万元以下的，暂免征所得税。城镇集体工业企业利用废水、废气、废渣等废弃物为主要原料进行生产的产品所得，自生产经营之日起，免征所得税 5 年。

（四）鼓励和支持企业发展外向型经济。对经济效益较好，出口创汇多的城镇集体工业企业，在信贷、财政周转金、能源、人才、技术等方面给予重点扶持。

对符合国家产业政策,以出口创汇为主的合资项目,中方企业所需配套资金,有关部门应优先安排。城镇集体工业企业的出口产品需要国家配额或配额不足,外贸部门要积极做好协调工作,优先解决配额。出口退税要及时、足额落实到出口企业。城镇集体工业企业申报进出口经营权,应简化程序,放宽条件,成熟一个报批一个。对具有一定数额并有外销渠道,但没有外贸自营权的城镇集体工业企业,符合国家有关规定的可以在外贸进出口公司内部设立机构,面向国际市场。

(五)鼓励和支持大中专毕业生、研究生和专业技术管理人员到城镇集体工业企业工作。凡到城镇集体工业企业工作的大中专毕业生、研究生,应本人要求,其人事关系可放在企业主管部门或人才交流服务机构,并为其办理档案工资调整和专业技术职称评审。同时,不实行见习期,按其实际从事的工作岗位和担任的职务,就高确定其技能、岗位(职务)工资,并依据实际贡献给予相应奖励。

(六)鼓励和支持大专院校、科研院所的干部、职工,特别是专业技术人员领办、承包、租赁城镇集体工业企业。这些人员经所在单位批准,并到人事劳动部门办理备案手续(有专利技术的工程技术人员,按专利技术有关管理办法执行),其户口、粮油关系可以不迁,行政关系可以不转,原有住房维持不变,并享受本单位在职人员同等的职称评定和工资晋级待遇。对发展城镇集体工业企业作出突出贡献的科技人员和管理人员,企业可根据情况予以重奖。对在城镇集体工业企业中进行技术承包和开发新产品的,可从承包或开发新产品的新增税后利润中提取 20% ~30% 的资金,作为科技进步奖励。

六、加强对城镇集体工业的领导,健全宏观调控体系

各级党委、政府要把加快发展城镇集体工业列入重要议事日程,切实加强领导。主要运用经济手段和必要的行政手段,搞好宏观管理和指导服务,协调解决企业改革和发展中的矛盾与问题,研究制定企业的发展规划和政策措施,并依法监督检查执行情况。

理顺管理体制,加强行业管理。省人民政府城镇集体工业办公室要积极探索运用经济手段、法律手段和必要的行政手段,加强对全省城镇集体工业的统筹规划、调控管理、协调服务,促进全省城镇集体工业的发展。各级城镇集体工业联社,是城镇集体工业企业的联合经济组织,具有法人资格。基本职能是:指导企业深化改革,促进联合,搞好经营;维护企业和职工的合法权益;协调成员企业

之间及成员企业与有关部门的关系;通过各项经济、业务活动,为企业提供多方面的服务。在政府机构改革和实行社会主义市场经济过程中,各级联社要注意加强思想建设、组织建设和业务建设,充分发挥政府与企业间的纽带和桥梁作用。

各有关部门要结合实际,制定贯彻本决定的具体办法和措施,并认真抓好落实。

（原件存湖北省人民政府办公厅）

坚定信心，扎实工作，
打好国有企业改革攻坚战

——在中央经济工作会议上讲话的一部分

（1997 年 12 月 9 日）

江泽民

国有企业改革是整个经济体制改革的中心环节，搞好国有企业改革和发展是当前经济工作一项十分紧迫的重要任务。党的十五大对深化国有企业改革作出了部署。我们的目标是用三年左右的时间，通过改革、改组、改造和加强管理，使大多数国有大中型亏损企业摆脱困境；力争到本世纪末使大多数国有大中型骨干企业初步建立起现代企业制度。这两个目标，是密切相关的两个方面，只有深化改革，转换机制，才能从根本上改善国有企业生产经营状况；只有加快国有企业的发展，使亏损企业摆脱困境，才能加快建立现代企业制度。我们说当前正处在改革的关键时刻，主要是指国有企业改革已经进入攻坚阶段。国有大中型企业是国民经济的支柱，国有企业搞不好，国民经济持续快速健康发展也就无从谈起。

打好国有企业改革攻坚战，实现三年目标，我们要树立必胜的信心。经过近几年的实践，可以说，搞好国有企业改革和发展已经具备了一定的条件。中央关于国有企业改革和发展的大政方针已经明确，各项工作正在积极推进；国家着力创造良好的经济环境，已经并将继续从宏观政策上对国有企业给予大力支持；在企业改革和发展的实践中，对于钱从哪里来、人到哪里去、货往哪里销、负担怎么减等一些难点问题，各方面都进行了有益的探索，创造了不少好的经验。因此，我们有条件也有能力使国有企业改革取得新的突破。各级领导一定要坚定信心，扎实工作，积极推进国有企业改革和发展。

建立现代化企业制度是国有企业改革的方向。只有真正建立起现代企业制度，才能使国有企业适应社会主义市场经济体制和现代化大生产的客观要求，成为适应市场的法人实体和竞争主体，成为科技进步和提高国际竞争力的实现者。

国务院正在研究制定三年国有企业改革的具体规划,各行业和各地区也要从各自的实际出发,有步骤地提出相应的改革举措,抓好落实。一是积极推进国有企业战略性改组,抓好大的,放活小的,以市场为导向、资产为纽带,通过强强联合,在一些重要行业和关键领域组建一批大型企业集团。同时,鼓励优势企业兼并困难企业。当前的国际竞争,主要体现在大企业集团之间的竞争。有了一批大型企业集团,国家竞争力和国有经济控制力就增强了,也能有效带动一大批中小型企业健康发展。采取改组、联合、兼并、租赁、承包经营和股份合作制、出售等形式,加快放开搞活国有小型企业步伐。但在联合兼并过程中,也要注意避免片面追求规模,"拉郎配"、"归大堆"。二是进一步实施鼓励兼并、规范破产、下岗分流、减员增效和再就业工程。深化国有企业改革,一个核心的问题是必须解决好企业冗员过多的问题,从根本上改变企业吃国家"大锅饭"、职工端企业"铁饭碗"的状况,真正形成企业优胜劣汰机制和劳动力合理流动机制。三是坚持"三改一加强"的方针,形成有效的激励和约束机制以及新产品、新技术开发机制,通过改革、改组、改造和加强管理,强化竞争和风险意识,降低成本,提高效益,不断推出新产品,使国有企业在国内外市场竞争中充满活力。四是建设好企业领导班子,发挥企业党组织的政治核心作用,坚持全心全意依靠工人阶级的方针。要提高企业领导者素质,对软弱无力和不称职的班子,要及时调整和充实。五是积极推进各项配套改革。搞好政府机构改革,实现政企分开,建立有效的国有资产监管营运机制。加速建立和完善社会保障体系。理顺价格关系,切实减轻企业负担,坚决制止对企业的乱集资、乱收费、乱摊派。

　　国有企业改革必须按照"三个有利于"的标准,坚持解放思想、实事求是、勇于实践、大胆试验的原则,积极探索促进生产力发展的公有制实现形式,包括股份制和股份合作制改造。这是一个长期探索的过程,是一项政策性很强的工作。在改革过程中,一方面,要克服畏难情绪,知难而上,敢于突破,勇于创新。另一方面,要防止刮风。各地要从实际出发,尊重经济规律,尊重群众意愿。不能囿于一种方式,搞形式主义;不能用行政办法搞强迫命令;更不能急于求成,一哄而起,搞一刀切。要正确引导,积极探索,及时总结经验,逐步完善,使国有企业改革健康发展。

(此件由中共中央党史研究室机要档案处提供)

贯彻"十五大"精神积极推进轻工集体企业经济增长方式转变[①]（节录）

（1997 年 12 月）

联合课题组

一、轻工集体企业转变经济增长方式的紧迫性及条件分析

（一）转变是轻工集体经济发展的必然要求

任何一个国家在其发展的战略决策上，选择哪一种经济增长方式，是由许多不以人的意志而转移的客观因素决定的，这些客观因素主要包括社会生产力发展水平及与其相适应的经济体制、经济运行机制等。当前，推进轻工集体企业经济增长方式的转变既是轻工集体企业自身发展的内在要求，也是实现轻工业跨世纪发展目标的需要。

1. 克服自身困难的需要

轻工集体经济起源于五十年代手工业合作社，经过四十多年的艰苦创业和自我发展，目前几乎已占据我国轻工业的"半壁江山"。轻工集体企业在促进我国工业化进程、发展消费品生产提高有效供给水平、扩大出口创汇、增加财政收入、安排劳动力就业、保持社会稳定以及在深化改革、扩大开放、开创社会主义新局面等方面发挥着愈益重要的作用。然而，曾担负过历史重任，对社会做出重大贡献的轻工集体经济其现状远不够适应新形势的要求。主要表现在：

（1）企业亏损严重，经济效益低下。据对全国 25454 户轻工集体企业汇总统计，1996 年亏损面为 37.02%，比上年同期 34.17% 增长了 2.85 个百分点；亏损金额 60.47 亿元，比上年同期上升了 36.68%；本年实现利税总额为 61.84 亿元，比上年减少 18.34%，利润总额为 –10.04 亿元，比上年减少 407.20%。

（2）结构性矛盾十分突出。主要表现在：①企业产品结构不适应市场需求和消费结构的变化。花色品种少，粗加工、低质量、低档次产品多，高科技含量、

[①] 这是中国轻工总会集体经济部、中国轻工业发展研究中心联合课题组的研究报告。

高附加值、高档次产品少。②企业组织结构不合理。社会化分工协作水平低,大而全、小而全的现象仍较严重。生产集中度低,生产过于分散,不适应社会化大生产的需要。③地区产业结构趋同现象严重。由于地方利益和企业短期利益的驱动,各地对利润高的项目,不论其条件是否具备都盲目上马,重复投资、重复建设、重复引进,造成区域经济趋同。由于上述结构性矛盾,造成一些行业生产能力过剩,产成品库存增加。据第三次工业普查对 94 种产品统计,生产能力剩余一半左右的产品有 17 种,占 18.1%。主要是一些轻工家电产品,家用电冰箱、洗衣机等剩余生产能力都在 30% 以上,有的高达 60%。

(3)资源配置不合理,不适应优胜劣汰的市场竞争要求。据对 25161 户轻工集体工业企业统计,1996 年,轻工集体亏损企业占用固定资产原值和流动资产分别为总固定资产和流动资产的 32% 和 30%,而利润在 1000 万以上的企业所占用固定资产原值和流动资产分别为这两项总指标的 8.5% 和 10.3%。部分资源长期被一些穷亏企业占用,而得不到有效的开发和利用。

(4)技术装备落后,科技贡献率低。长期以来,国家对轻工集体企业投入资金很少,企业自有资金不足,缺乏大规模自我更新改造能力。因此,技术装备陈旧落后已成为轻工集体企业的普遍现象。据 1995 年中国轻工总会第三次工业普查统计,轻工家电行业 995 个主要生产设备中,属国内一般水平和落后水平的有 303 个,占统计总数的 30%。据此,大多数轻工集体企业的设备状况可见一斑。而衡量经济增长方式重要指标之一的科技贡献率,轻工集体企业"八五"期间不足 30%,远低于发达国家 60%~80% 的水平。

产生上述问题的原因有体制上、行业上的,但最直接的原因则是粗放型经营。几十年来轻工集体经济走粗放经营道路是由历史的和客观的因素所决定的:其一,新中国成立之初"一穷二白",为尽快恢复和发展经济,建立起工业基础和独立完整的国民经济体系,这主要是指建国以来的前 30 年。其二,较为完整的国民经济体系已形成,国家也确立了以提高经济效益为中心,但由于改革开放之初,我国消费品严重匮乏,为了解决消费总量不足这一主要矛盾,以生产消费品为主的轻工集体企业又走了 10 余年的粗放型经营道路。随着经济的快速发展,消费品总量不足的矛盾已基本解决,伴随"短缺经济"时代的结束,过去在总量不足矛盾掩盖下的经济增长质量不高,经济结构不合理等矛盾日益暴露出来,并上升为新时期的主要矛盾,成为阻碍经济进一步发展的主要障碍。因此,轻工集体经济转变增长方式既是时代发展的客观需要,又是自身发展的内在要求。

2. 实现轻工业跨世纪战略目标的需要(略)

3. 适应市场竞争的需要(略)

(二)实施转变的条件分析

1. 有利条件

(1)轻工集体企业转变经济增长方式已具备了一定的物质技术基础。经济总量的累积是经济结构变化的基础。通过几十年的发展,轻工集体工业不仅保持和发展了皮革、家具、五金、文体用品、工艺美术等传统行业和产品,而且发展了塑料制品、家用电器、包装装潢、儿童玩具、照明器具以及与大工业配套的新兴行业和产品。近十几年来,轻工集体企业的技术改造取得了巨大成就,技术进步水平有了很大提高,改造了一批老设备,引进了一大批国外 80 年代后期和 90 年代初期的技术设备,基本形成了能够适应国内需求又具有一定国际竞争能力的生产体系。通过几十年的积累,现已具有一笔可观的轻工集体财产。截止 1996 年底,轻工集体固定资产原值已达 652 亿元,定额流动资金全年平均金额 1359 亿元。

(2)企业经营机制的转变为经济增长方式的转变奠定了良好的制度基础。企业是生产经营的法人实体和市场竞争主体,因而也是经济增长方式转变的主要载体。企业在灵活的经营机制和较硬的预算约束下,按照对市场需求结构的变化和市场竞争变化不断调整自己的经营发展战略,适应市场的变化,从而,使企业逐步实现经济增长方式的转变。改革开放以来,轻工集体企业围绕着转换经营机制,改变"二国营"管理模式,进行了多种形式的改革探索;据对 24793 户企业统计,到 1996 年底,已改革、改制企业共 16927 户,占企业总数的 68%,约 90%以上企业进行了内部三项制度改革。随着经营机制的转换,轻工集体企业逐渐恢复了本身的机制优势,这使企业按市场经济规律要求,推进经济增长方式的转变,有了良好的制度环境。

(3)轻工集体企业艰苦创业、自我发展、自主创新、互助合作、依靠群众勤俭办企业的优良传统,为轻工集体企业实现经济增长方式转变提供了巨大的精神支持,并开辟了一条切实有效途径。几十年来,轻工集体企业在国家投资很少、自有资金不足的情况下,就是靠发扬勤俭办企业的精神,走自我创新、自我改造道路,逐步实现从手工业向半机械化、机械化发展过渡的,而现在这种精神仍在推动企业发展壮大。

(4)一批企业集团、重点骨干企业的崛起有利于促进和带动经济增长方式的转变。随着市场机制的引入,对外开放程度的扩大,一些轻工集体企业在学会有效利用外资的同时,也学到了先进的技术和经营管理经验,懂得了通过资本运营,实施名牌战略,发展壮大自己。现各地已初步形成了一批以名牌产品为龙头、以资本为纽带的跨地区、跨所有制、跨行业和跨国经营的大企业集团,如:山东的海尔集团,合肥荣事达集团。这些优势企业的崛起,对轻工集体企业存量资产的调整,增量资产的使用,经济结构的优化,经济增长方式的转变起着巨大的带动作用。

2. 制约因素

(1)政府政策不统一,法律法规不够公允,使向集约型转变缺乏公平竞争的环境。由于历史原因国有企业和集体企业历来不能享受同等政策。在实施"两个转变"中,国家对国有企业又实行了政策倾斜。如国家拿出的 200 亿资金用来帮助支持试点城市的国有工业企业,而集体企业则享受不到。在试点城市中,国家对国有企业给予了挂息、停息、免息等优惠政策,而集体企业也不能享受。此外,国家还采取了鼓励支持三资企业和乡镇企业发展的法规、政策措施等等。政策法规的不平等,使集体企业缺乏公平竞争的环境。

(2)资金紧张,使转变缺乏有力的金融支持。经济增长方式的转变,需要大量的资金用于企业清理不良债务,补充资本金,改造严重老化的生产设备,安置离退休及下岗人员等。但是若将目前企业资产负债率降低到世界平均 60% 的合理水平,估计将要产生 510 亿元的资金需求,而资金供给却难以满足这一巨额需求。根据《90 年代国家产业政策纲要》,从行业上轻工业不再是国家重点支持的支柱产业,从所有制上国家要重点扶持搞好国有大中型企业。因此,无论从哪个角度看,轻工集体经济在资金投入和相关优惠政策上都得不到国家更多的照顾和支持,加之轻工集体企业没有自己的融资渠道,企业筹资困难,导致企业的大部分收益转为融资成本,企业经济效益难以提高,增长方式转变艰难。

(3)企业人员素质偏低,实施转变力不从心。集体企业的职工文化素质一般比较低,专业技术人员少、领导班子比较弱。由国家和地方政府分配大中专毕业生、调配企业领导干部、招收工人,往往是重全民、轻集体,先全民、后集体,这种状况长期未得到改变。因此集体企业人才缺乏、干部职工素质较低成了一种普遍现象。一是企业职工文化技术素质较低。以从业人员学历结构来看,据对以轻工集体企业为主的 11 个行业统计,截止 1995 年底,具有大专以上人员,中专、技工、高中学历人员和初中文化程度人员,分别约占轻工集体职工总数的 3.9%、30.2% 和 57%,均低于国有大中型企业从业人员的学历;从现有的技术人员状况来看,以上述同样口径统计,1995 年全国轻工集体企业工程技术人员为 1.35 万人,约占职工总数 4.4%,其中具有中高级职称人员约占总数 0.96%,与 1994 年相比下降了 4.13%。二是,企业管理人员素质也偏低,低于国有企业水平。另外,由于轻工集体经济起源于手工业,加之受传统计划经济观念和体制的影响,管理手段落后,习惯于经验管理,能够适应市场经济、懂经营善管理的人才缺乏。总体上来看,轻工集体企业人员目前状况难以适应集约化经营的需要。

从以上分析可看出,轻工集体企业转变经济增长方式,不仅具有历史必然性,同时也具有现实可能性;不仅具备有利条件,也还存在许多制约因素,转变仍然具有一定的难度。因此,在实施转变过程中,要注意扬长避短,充分利用现有条件,努力克服不利因素,积极而有计划、有步骤地加以推进。

二、轻工集体企业转变经济增长方式的基本思路

(一)指导思想

以党的"十五大"及社会主义初级阶段的基本路线和纲领为指导,以积极推进两个具有全局意义的根本性转变为指针,按照国民经济发展和社会主义市场经济规律的要求,紧密结合轻工业集体企业的特点,通过深化企业改革,优化产业、产品和企业组织结构,实施科教兴轻,推动企业技术进步与技术创新,加强企业的科学化管理,提高对外开放水平,争取在"九五"及"九五"以后的 10 年乃至20 年的时间内,逐步推动并且最终实现轻工业集体企业从过去的高投入低产出,高速度低效益,重数量轻质量的外延型、粗放型经营方式,向生产的低投入高产出,快速度高效益,产品高质量多品种,高科技无污染和可持续发展的、以经济增长质量为中心的内涵型、集约型经营方式转变。大大提高轻工集体企业的国内外市场竞争能力和综合素质水平,消除与国内其他所有制形式企业在经济技术上的差距,缩小与国外轻工企业的差距。

(二)基本原则

1. 效益原则

效益原则是经济增长方式转变的基本原则,经济增长方式转变的核心问题是不断提高经济效益和社会效益。邓小平同志指出:"我国的经济发展,总要力争几年上一个台阶。当然,不是鼓励不切实际的高速度,还是要扎扎实实,讲求效益,稳步协调地发展。"这就要求我们从长期计划体制下形成的以追求数量增长和规模扩张为主的增长模式中尽快解脱出来。改变以往那种产值增加效益下滑,产量增加库存积压,盲目重复,能力过剩的不经济、不合理状况。轻工集体企业要着力把一切工作转移到以提高经济效益为中心的轨道上来,不断追求技术进步,提高产品的技术含量和附加值。在不断提高经济效益的前提下,力争保持适度的快速增长。

2. 市场原则

市场机制具有促进竞争,提高效益,实现优胜劣汰和优化资源配置的作用。因此,转变经济增长方式,就要求企业必须适应市场需求,充分发挥市场机制的作用。企业首先应当使自己的运行符合市场规律的要求,这既包括从新产品的研制开发、直接生产及产品的销售和售后服务等动态的企业经营管理活动全过程,也包括企业的人员结构、产品结构、技术水平、管理方式、规模大小等等静态的企业各种结构状况。企业以市场为导向,是转变经济增长方式的前提条件。

3. 求实原则

邓小平同志说"实事求是,是毛泽东思想的出发点、根本点"。轻工集体企业在转变经济增长方式过程中,要特别注重坚持实事求是,一切从实际出发。例如经济规模,由于轻工行业不同,各个企业经营状况各异,有些行业没有一定规模达不到应有效益,有些行业则宜于小规模经营。因此,在研究确定经济规模时不能强求一律,要区别不同行业或产品特点,宜大则大,宜小则小。再如企业组织形式。要按照党的十五大提出的公有制实现形式要多样化,"一切反映社会化生产规模的经济方式和组织形式都可以大胆利用。要努力寻找能够极大促进生产力发展的公有制实现形式"。轻工集体企业采取什么形式,应该根据自己的特点,而不该生搬硬套某种固定模式。关于企业改组,也要根据实际情况,采取适宜的、多种多样的改组方式。

4. 大局原则

邓小平同志指出:"考虑任何问题都要着眼于长远,着眼于大局。"在经济增长方式的转变过程中,必然涉及结构的调整,包括产业结构、行业结构、企业结构、地区布局结构、产品结构等等。这就涉及到对原有利益格局的调整改变,对于轻工集体企业来说,应当从经济发展的大局和长远利益考虑。充分利用和认真执行国家的各项政策。例如认真执行国家的产业、环保、进出口、税价等等政策规定。这是保证企业在正确的轨道上实现增长方式转变的必要条件。

5. 稳定原则

江泽民同志在十五大报告中指出:"没有稳定,什么事也干不成"。社会稳定是经济增长的前提条件,企业在转变增长方式过程中应始终关注职工的就业、医疗和养老的问题。调整结构,分离企业中的富余人员,使下岗待业人员增多,就业压力增大;同时,由于经济体制转轨,许多企业尚不适应市场规律,经济效益差,出现亏损,职工收入减少、医疗、养老难以保障,这些都会造成社会不稳定。因此,要求企业在转变增长方式过程中,一方面要做到了减员增效,发挥出转换以后的优势;另一方面要尽可能地创造就业机会,挖掘就业潜力,积极为下岗人员提供再就业的机会。要多兼并,少破产,实在不得已破产的,要按照国家有关政策规定安置好就业职工。要创造条件,配合国家总体战略部署,建立健全轻工集体企业职工就业、医疗和养老等社会保障体系。总之,必须把改革的力度、发展的速度和社会可以承受的程度统一起来,在社会政治稳定中推进经济增长方式的转变。

(三)转变的目标

1996 至 2010 年,是我国国民经济和社会发展的重要时期,也是轻工集体企业抓住机遇,加大改革与发展力度,实现经济增长方式转变的关键时期,其战略目标设想如下:

1. 较大幅度提高轻工集体企业整体素质。企业的主要领导人员具备较高文化科学素养,具备经营管理现代化企业的能力;企业工程技术人员比重达到10% 以上,大中型企业要求占到 20% 以上,其中要有一半从事研究开发工作;40% 以上的企业设立自己的研究开发机构;企业技术装备达到发达国家 90 年代水平,骨干企业达到 90 年代末或当时国际先进水平,培养出具有操作新技术装备能力的熟练工人。

2. 企业走上依靠科技推动经济增长的轨道。今后十几年,加快经济增长的关键在于依靠技术进步。要使轻工集体企业技术进步对于经济增长的贡献率从"八五"期间的不到30% ,提高到"九五"期间的 40% 以上,2010 年要达到 60% 。目前,世界发达国家的科技进步对经济增长贡献率已达到 60% ~ 80% ,科技进步对经济增长的贡献已大大超过资本和劳动对经济增长的贡献。

3. 涌现一批国内外名牌企业和名牌产品。以国务院《质量振兴纲要》为推动力,通过名牌战略的实施,使产品质量水平在 2000 年达到工业发达国家 80 年代末 90 年代初水平,骨干企业达到 90 年代中后期的国际先进水平;2010 年达到工业发达国家 90 年代中后期水平,部分骨干企业达到当时国际先进水平。1995 年轻工集体企业跻身全国最有价值的 80 个名牌企业的有 13 家,1996 年最有价值品牌的海尔集团公司价值 77.36 亿元,继红塔山、长虹集团之后居第三位,春兰集团公司品牌价值 65.54 亿元,居第 7 位。力争创造出更多的高价值品牌。

4. 基本实现经济结构的优化。要使适合于规模经营的大中型轻工集体企业从 1996 年的 949 个,增加到 2000 年 1500 个,2010 年力争使有规模经济要求的企业基本实现规模经营;使大中型企业的产品销售收入占比从 1996 年的 35.62% ,提高到 2000 年的 50% ;利税总额占比从 1996 年的 63.23% ,扩大到 2000 年的 70% 。2010 年力争在轻工集体企业形成 100 家销售额在 20 亿元以上的大型企业或集团公司,使规模效益明显的行业前 10 位企业的市场占有率达到 50% 以上,部分达到 80% 以上。轻工集体企业通过"退二进三",产业转移,2000 年时第三产业产值要占到 30%,到 2010 年时,要使工业生产与服务业平分秋色。产品结构中,力争使科技含量高的产品比重,2000 年占 30%,2010 年时达到一半左右。

5. 企业科学化管理得以加强,经济效益较大提高。轻工集体企业亏损面要求从 1996 年的 37.02%,减少到 2000 年的 25%,争取到 2010 年在 10% 以下(亏损面在 10% 以下的有 1978 年 7.22%,1979 年 9.83%,1984 年 9.11%,1985 年 8.24% 4 年);亏损企业亏损总额经过扭亏增盈,从 1996 年 60.47 亿元,减少到 2000 年 35 亿元(亏损额在 1978 年到 1985 年最高年份亏损额只 2.5 亿元,1989 年才达到 6.4 亿元,1990 年高达 18.2 亿元)。轻工集体企业销售利润率要求从 1996 年 -0.66% 恢复到 1985 年 7.82% 的水平或略高于社会平均资金利润率水平(1978 年时曾达到 11.48%,1983 年高于 8%)。轻工集体企业资产负债率也要有较大幅度降低,争取到 2010 年降到合理范围。

(四)转变的形式、特点与衡量标准

1. 转变的主要形式

集约型经济增长方式按其生产要素的内容和特点,一般可分为三种类型:一种是劳动集约型,是指在一定的物质要素基础上,依靠不断追加劳动来提高产出量,劳动的增长对产出的增长具有十分重要而明显的作用。如果要划定一个量的界限,我们认为劳动投入对产出增长的贡献率应当超过 50%。这是一种层次较低且为最初级的集约形式,适合尚处在劳动密集型阶段的行业和产品。这些行业,生产技术尚未有较大突破,手工操作仍占重要地位,资金比较匮乏,这种集约形式是直接从粗放型经营中产生并发展起来的。第二种是资金集约型,是指在一定的劳动与生产技术水平基础上,主要依靠增加资金设备以及各种物质条件的办法提高产出量,这种集约形式仍具有外延扩张的特点,资金的作用十分明显,我们认为资金增长对产出增长的贡献率应当超过 50%,其发展程度显然要高于劳动集约型。一般适合那些处于不仅生产技术已有较大突破,而且也积累了一定资金实力阶段上的行业和企业。第三种为技术集约型。是指在较高的劳动者素质与资金实力基础上,主要依靠不断开发采用新技术和新产品来大幅度提高产出。这种集约形式,其技术进步因素对产出增长的贡献率应达到 50% 以上。这时,增加产出不再靠追加劳动量,而是相反,劳动投入在逐渐减少。也不单纯靠追加资金,搞技术设备低水平扩张,而是主要靠技术的综合要素生产率的提高。这是集约型经济增长方式的高级形式,也是轻工业经济增长方式转变的

最终目标。

这三种集约形式,一般说是处在不同的发展阶段上,具有时间上连续性的特征。但由于各个行业、地区的生产力发展水平不同,实际情况要复杂得多。不仅不同的行业、地区,而且在同一行业、地区内都可以有不同的经营方式,甚至在同一企业内,有时也不是一种形式在起作用,因而在空间上又具有并存性。这三种情况是集约经营的基本形式,它们之间可以有不同的组合,因而又具有不同的特点。所以,企业采用什么方式,还要具体情况具体分析,关键是看行业、企业处在怎样的环境和条件中。

总的说,轻工集体经济经过多年发展,已具备一定的物质技术基础,具备经济增长方式转变的基本条件,但由于那些不利因素的影响,会使转变具有曲折性,甚至可能出现反复,其转变过程具有多层次和多形式的特点。一方面,难免有的地区、行业企业仍在一定时期内采取粗放型或低层次的集约型增长方式。例如在一些偏远山区、传统的行业、企业,他们缺少必要的资金、技术和符合条件的职工。另一方面,也会出现少数行业和企业由于已具备条件而先行采取较高层次的集约型增长方式。在向集约型增长方式转变中,其过程相互交错,具体形式比较复杂。

因此,研究轻工集体企业经济增长方式的转变必须紧密结合集体经济的特点和各个行业、地区的实际情况。真正做到这一点,确有很大难度,还有赖于各个行业、地区提出自己有针对性的转变规划,我们这里只是做一个粗略的阶段性研究,以图勾画出轻工集体企业总体的转变过程。

2. 转变的主要特点

轻工集体企业几乎遍布轻工所有行业,但我们仅就相对集中的几个行业进行分析,以研究其经济增长方式转变的主要进程及特点。目前以集体经济为主体的轻工行业有:塑料制品、皮革毛皮及其制品、金属制品、家具制品、工艺美术制品、家电制品、木材加工及竹藤棕草制品、文教体育用品、照明电器、衡器、日用杂品等10余个行业。

根据集约经营的特点,结合这些行业的具体情况,我们将其大体分为三类:一类是"劳动集约型",即在经济增长中以劳动贡献为主体的集约经营方式;第二类是"劳动—技术集约型",即劳动的贡献在下降,技术因素的贡献在上升,技术和劳动贡献均占有重要地位(二者合起来应大于70%);第三类是"资金—技术集约型",即在经济增长中,劳动的贡献继续下降,资金和技术因素的贡献应占绝对大的比重。

在部分行业中,机械化程度较低,手工操作仍起着重要的,甚至是决定性的作用,因而对劳动投入的依赖性相对较大,属劳动密集型行业。例如木材加工及竹藤棕草制品、文体用品、家具制品、日用杂品等行业。这些行业人均固定资产仅在几千元至1万元,劳动生产率2万元左右,水平相当低。虽然近几年这些行业的职工人数递减,但并未改变其劳动密集型行业的属性。另外如工艺美术品、皮革毛皮制品、金属制品等几个行业人均固定资产1万余元,劳动生产率3至4万元。这些行业人均固定资产和劳动生产率与国有工业相比较低。1993年全国工业人均固定资产2万元,其中国有工业人均固定资产4.2万元。1994年全国轻工系统人均固定资产2.4万元,国有企业人均固定资产近3万元。今后,我们还要大力发展劳动密集型行业的产品,特别是对那些具有民族特点、地方特色、技艺精湛的传统手工行业,要积极加以保护和支持,使之发扬光大。对于那些在国内外市场有需求的一般劳动密集型行业,也要予以支持和鼓励。但是这些行业单纯的劳动集约,产品的附加值很低,不利于市场竞争。今后要不断提高技术水平,提高劳动生产率和附加值,提高技术因素(包括手工技术)对经济增长贡献的比重,逐步走"劳动—技术集约型"的路子。

少数新兴行业生产的机械化程度较高,目前已具有一定的资金技术实力,开始进入"资金—技术集约型"增长的初始阶段。例如1995年家用电器行业人均固定资产3.3万元,人均总资产10余万元,劳动生产率达到14万元以上,与其他行业相比,已经具有相当的资金技术基础。家电行业今后转变的方向应当是"资金—技术集约型",特别是行业的前位企业要不断保持经济技术的领先态势,不断增强技术创新能力与企业开发实力,注重资金和技术的积累以及国内外市场的开拓。

3. 转变的主要指标体系设计

粗放型增长方式就是高投入、高消耗、低产出、低质量的经济增长方式。这种增长方式主要靠扩大建设规模,大量增加生产要素包括资金、物资、劳动力,不注意技术进步和科学管理,不注重提高生产要素的使用效率和经济运行质量。要从这种增长方式转变到主要靠提高生产要素的使用效率和合理构成上来,就必须向结构、规模、科技和管理要效益,朝外向型发展。我们认为建立反映上述方面变化的指标体系是必要的,拟下列指标或可作为轻工集体企业(或行业)在检验转变情况时参考:

① 产品的优质品率、一级品率稳定并逐年提高;

② 产品品种数量不断增加,档次及水平不断提高;

③ 产品销售稳定在较高水平;

④ 产品出口量不断扩大,出口效益提高,创汇增加;

⑤ 全员劳动生产率不断提高；

⑥ 工业增加值稳定增加；

⑦ 利润、利税率较快增长；

⑧ 总资产报酬率在不断提高；

⑨ 单位产品活劳动投入量逐渐减少；

⑩ 单位产品或万元产值能耗、原材料消耗不断减少；

⑪ 职工文化、技术素质结构在不断改善。

⑫ 技术进步对产出增长的贡献率不断提高；

⑬ 环境污染程度逐步好转。

企业可根据上述指标逐项检查，并与国内同行业企业相比较，与国外同类企业相比较，找出差距，不断加以改进。随着力度的增强，转变的速度也会加快。轻工集体企业行业繁杂，情况各异，还可结合自己实际特点加以补充修改。

（五）转变的战略重点

促进轻工集体经济增长方式的转变，总的说要有重点地全面推进。即在全国推进的过程中要抓住重点，以重点带动一般，促进全面推进。从企业、行业和地区三个不同的角度看，不同时期转变的重点选择应当不同。

1. 重点企业

轻工集体企业的特点是多、小、散、杂，头绪难理，要推进转变可将其分为三个层次，逐步推进。首先，在推进转变的初期，要对轻工总会确定的优先支持的200家集体企业，在改制、改组、改造和强化管理方面加大力度，取得初步成果，充分发挥行业排头兵的示范作用。其次，转变的重点扩大到800余家大中型集体企业，作为推进转变的第二批骨干力量。然后，以大中型骨干企业为基础，带动和促进广大中小企业进行转变。

2. 重点行业

十五大报告指出，要改造和提高传统产业，发展新兴产业和高技术产业，要把发展技术密集型产业和劳动密集型产业结合起来。轻工集体企业在转变增长方式中，应认真贯彻这一精神。在劳动密集型、劳动—技术密集型和资金—技术密集型三种行业中，首先要重点抓好技术等各方面条件较好、企业相对集中、对其他行业具有带动和影响力的第三类行业，包括家用电器、轻工机械、大型衡器、塑料制品、照明电器等。家电行业"八五"期间，企业数量减少了20%，而利润总额增长了9.2倍，利税总额是塑料、皮革、五金、家具和工艺美术品行业的总和。要争取先在这些行业中实现资源配置的合理化，形成一批具有较强规模实力的行业排头兵企业，一批国内外名牌产品和高新技术产品，在国际市场上有一定的占有率和竞争能力,较高的劳动生产率和行业生产集中度。推动这些行业由劳动—技术密集型向资金—技术密集型转变。

以这些行业为先导带动大量劳动密集型和劳动—技术密集型行业的转变。这些行业基本上属于传统行业,如工艺美术品行业、五金行业、日用杂品行业、木材加工及竹藤棕草制品等行业。它们的许多工艺过程要靠手工完成,企业规模小,生产分散,短时间内行业的主导技术还难以有较大突破。今后,一方面要努力用高新技术改造这些传统行业,另一方面要保持这些行业中的优良传统手工艺,并不断加以改进提高,开发新产品,提高产品附加值。要强调生产的专业化协作,提高劳动生产率,节约资源,减少浪费,保护环境,增加就业,为大工业配套服务,满足市场需求。

3. 重点地区

全国按照东部、中部、西部划分为三个地区。从区域上推进轻工集体企业转变经济增长方式,要按照十五大报告提出的要求"东部地区要充分利用有利条件,在推进改革开放中实现更高水平的发展,有条件的地方要率先基本实现现代化。中西部地区要加快改革开放和开发,发挥资源优势,发展优势产业",各地要从实际出发,发展各具特色的经济。

东部地区比较发达,企业多、规模大,水平高、起步早。例如广东、浙江、江苏、山东等省,无论集体企业的数量、总的生产规模、单个企业平均规模和产品的质量水平等均超过中西部地区。在转变增长方式过程中,势必要走在前面。"八五"期间,东部沿海地区集体企业的数量在较高的基础上逐年减少,五年减少30%以上,但总产值却提高了1倍以上。企业平均产值江苏提高3.8倍,浙江提高22.5倍,广东企业平均产值1300多万元,五年扩大了1.7倍。说明他们已经在转变方面迈出了一大步,今后还要加大力度,少铺新摊子,提高经济增长质量,并以东部地区带动和促进中西部转变。

中部地区近几年集体企业发展也比较快,并且在转变方面也很有起色。例如安徽、湖南、湖北、河南等省。湖北省集体企业1990年的5000个,到1995年减到1891个,减少了62%,企业平均规模(产值)也由101万元上升到613万元,增长5倍,调整力度加大了。但总的水平还不高,仍有较大的潜力。今后要尽可能借助东部地区力量,发挥本地区优势,在搞好存量资产调整,发挥存量资产效益的同时,坚持在转变中进行建设和发展,把建设与转变相结合,避免再走粗放型经营的路子。

西部地区集体经济发展相对较弱,起步晚,条件差。少数省市虽有较大发展如四川、重庆等,但总的说与东部地区距离拉大。个别地区短时间内还难以改变粗放经营的方式。今后,要进一步发展东部地区同西部地区多种形式的联合和合作,提高西部地区企业素质和技术起点,缩小差距,减少资源浪费,保护好环境,加快提高工业化程度,逐步推进经济增长方式的转变。

不同企业、行业、地区根据不同时期和各自不同的具体条件,可在转变机制、调整结构、节约资源、降低成本、保护改善环境、扩大出口、发展科技、强化管理等方面有所侧重,作为自己实现转变过程中的重点目标。

(六)转变的两个主要阶段

经济增长方式从粗放型、外延型向集约型、内涵型转变,需要一个较长的发展过程,因而划分不同发展阶段,确定不同阶段战略目标及任务,对于逐步推动和最终实现轻工业集体企业经济增长方式转变,具有十分重要的意义。轻工业集体企业基本实现经济增长方式的转变,总的说可以分为两个阶段:

第一阶段:90 年代初至"九五"期末

我国经济增长方式的转变在 80 年代末已经开始,党的十四届五中全会后进一步加大了转变力度。目前,"九五"期间还剩下 3 年时间,这段时间对轻工业集体企业来说,其主要战略任务应当是积极创造条件,改善环境,提高认识,探索途径,推进转变,争取在部分行业和企业中取得初步成果。

第二阶段:2000 年~2010 年

随着企业转变所需的制度条件不断得到改善,转变的主要内容逐步转向生产力方面。这一阶段的战略目标是:在大部分行业中建立以"劳动—技术集约"为主体的经济增长方式。这一阶段的特点是:(1)单纯以劳动集约为主的经济增长方式已经不适应二十一世纪市场经济的发展要求;(2)这一时期我国人口将达到高峰,就业问题十分突出;(3)轻工集体企业已具备一定实力,但总的基础薄弱状况,仍未根本改变,特别是在一些传统行业和落后地区,很难达到主要靠"资金—技术集约"为主的经济增长方式要求;(4)这一期间,对我国集体企业来说,科技发展的空间很大,只要不断的采用已经开发并定型的技术,就可以使经济有较快的增长。总之,这一阶段,轻工集体企业不仅有转变的客观要求,也具备了向"劳动—技术集约型"转变的物质技术条件。

采用"劳动—技术集约型"增长方式,企业既不可能一味追求高新技术和高新设备,也不能仅满足于一般的劳动密集,而是要以劳动密集为基础,不断提高产品的技术含量和附加值,不断用发展中的技术、装备来改造和提高劳动集约的程度和质量水平,提高产品的技术含量和附加值。使科技进步对经济增长的贡献提高到 60% 左右,少数行业达到 70%。

2010 年以后,轻工集体企业将甩掉压在身上的历史包袱,将在一个全新的环境条件下发展,新的经济管理体制和企业制度、较合理的产业(行业)和企业结构、空前开放的和与国际市场竞争紧密结合在一起的国内市场,人们的观念、习惯已初步适应市场经济规律要求。轻工产业发展进一步国际化,集体企业的综合实力包括科技水平、经济实力在原有基础上又有较大提高。集体企业、国有企业和其他类型企业在经济科技发展水平以及宏观、微观政策环境上已无较大的差别,人口压力已趋向缓解。

这时经济增长方式转变的目标,应当是建立起以资金技术为主的集约型经济增长方式。这种经济增长方式要求大部分企业具有较强的技术创新能力和资金实力。产出的增长由主要靠劳动转向主要靠技术,手工操作进一步被取代,各类工程技术人员逐步成为职工队伍中的主体。企业经济增长靠不断采用新技术,开发新产品,提高改善经营管理水平,节约资源,降低成本,提高职工和技术干部队伍的素质水平,不断开拓市场,加强产品营销和服务等来实现。技术创新是企业经济增长的主要动力,技术创新在经济增长中的贡献率将达到70%以上,有的可达到80%。部分产品在国际市场上的占有率得到较大提高。这时,轻工业经济发展速度和经济效益将呈同步增长,基本摆脱经济增长高速低效的被动局面。东部与西部、城市与农村的差距逐步缩小。

轻工集体经济通过上述阶段的发展,可望基本完成经济增长方式的转变。

三、轻工集体企业转变经济增长方式的主要途径与相关政策措施

(一)转变的主要途径

1. 转变观念,更新发展思路。

(1)转变思想观念。轻工集体企业要实现经济增长方式转变,首先要改变在传统计划经济体制下形成的一些陈旧观念,树立起适应社会主义市场经济发展的新观念。一是效益观念。要强化效益意识,坚持以提高经济效益作为轻工集体经济工作的中心。二是市场观念。要强化市场意识,坚持以提高市场占有率作为提高经济效益的中心。三是质量观念。要强化质量意识,坚持以提高产品质量作为提高市场占有率的中心。四是科技是第一生产力的观念。要强化科技意识,坚持以科技进步作为提高产品质量的中心。五是竞争观念。要强化竞争意识,企业只有增强竞争能力,才能在激烈的市场竞争中求得生存发展。六是资本经营观念。要强化资本经营意识,加快资本运营和增值。七是现代化工业生产观念。要彻底打破"大而全"、"小而全"的自给自足的自然经济传统观念的

束缚,真正树立起专业化协作、规模经济的现代化大工业观念。八是集体经济发展观念。要切实纠正长期以来一些人头脑中形成的集体所有制是公有制低级形式、过渡经济,"重国有轻集体"的错误观念。真正树立起"集体经济是我国社会主义公有制经济的重要组成部分,国有和集体经济共同构成国民经济的主体地位。集体经济的发展关系到社会主义公有制经济主体地位的巩固",要大力发展多种形式集体经济的新观念。

(2)更新轻工集体经济发展思路。轻工集体企业转变经济增长方式必须从七个方面更新发展思路。一是在发展路子上,从主要依靠上新项目、铺新摊子,转向主要立足于现有基础,把重点放在现有企业的改造、改组、充实和提高上;从主要依靠增加大量资金投入和能源、原材料、劳动力的消耗,转向主要依靠提高生产要素的质量和使用效率,提高综合要素生产率对经济增长的贡献份额,从主要追求产值速度和产品数量,转向注重产品质量和效益。二是在企业布局上,从以多取胜,转向相对集中,"以少控多",提高集体资产整体质量。三是在企业规模上,从小型、分散型转向集团化、专业化。四是在产品结构上,从老、粗、低转向名、优、特、新和高附加值。五是在经营取向上,从只注重产品经营转向同时注重资产经营和资本运营,提高资本要素对经济增长的贡献率;从单一经济经营转向一业为主,多种经营、多种产业互补。六是在经营方式上,从内向型为主转向内外结合、开放型为主。七是在投资主体上,从单一的集体经济成份,转向多种经济相互渗透、投资主体多元化、社会化。

2. 加快建立现代企业制度步伐,形成有利于经济增长方式转变的企业经营机制。

企业改革是企业经济增长方式转变的基础,轻工集体企业改革要以建立"产权清晰、权责明确、政企分开、管理科学"的现代企业制度为方向,使企业真正成为自主经营、自负盈亏、自我发展、自我约束的法人实体和市场竞争主体。只有这样,才能把企业推向市场,形成有利于节约资源、降低消耗、增加效益的企业经营机制,促进其经济增长方式从粗放型向集约型转变。

建立现代企业制度实质是企业产权制度改革。产权清晰是建立新的企业产权制度的前提条件,是建立企业法人财产权制度的核心内容。轻工集体企业要在清产核资基础上,明晰企业投资主体,使产权主体到位,所有者能切实依法享有所有者的权益。企业拥有投资者投资和负债形成的全部法人财产权。

集体企业产权制度创新要区别不同企业采取不同形式,对经营规模大、市场前景和经济效益好、符合《公司法》规定条件的大中型企业,可依法改组为有限责任公司、股份有限公司或组建企业集团;对生产经营正常、经济效益一般的中小型企业要鼓励大力推行股份合作制,对现在难以实行股份合作制的"小、穷、亏"企业要根据不同情况,大胆探索适合其生产力发展水平的企业财产组织形式和多种经营方式,使其有利于经济增长方式的转变。

3. 通过资本运营,加速对集体企业进行战略性改组。

目前许多以集体企业为主的行业和集体企业,一方面生产能力过剩,另一方面企业技术水平低,达不到经济规模,物耗大,成本高,"大而全"、"小而全"的经济格局,尚未改变。这是影响企业经济效益的一个带根本性、普遍性的因素,因此要实现经济增长方式转变,必须对现有轻工集体企业进行战略性改组。

(1)推行大公司、大集团发展战略,重点抓好一批轻工集体大中型企业。

轻工集体经济经过几十年的发展,已经有了一批设备和技术比较先进、人员素质较高、规模经济效益较好、在国内外有相当知名度的大中型企业。这些企业数只占集体企业总数的 2.5%,但产品销售收入、利税总额、资产总额却占到集体经济的 28.0%、46.8%、69.5%,利润总额是集体经济总额的 4 倍。这些企业是轻工集体经济的台柱子,他们的兴衰存亡对轻工集体经济能否尽快的实现经济增长方式的转变起着决定性的作用。实现轻工集体经济增长方式的转变要首先从这些企业做起。因此,要加强对这些企业改革与发展的指导,争取有关政策。使这些企业在市场竞争中和国营大中型企业站在同一条起跑线,享受各级政府制定的搞好国有大中型企业的政策规定,促使这些企业快速上名牌、上规模、上质量、上品种,首先按照"产权清晰、责权明确、政企分开、管理科学"的要求,建立现代企业制度。并通过多种方式融资,充实企业资本金、发展多元投资主体,依照《公司法》规定组建成为有限责任公司、股份有限公司或企业集团。

发展大企业、大集团,要以市场为导向,以优势企业为核心,名牌产品为龙头,资本联合为纽带,通过控股、参股、破产重组联合、兼并、收购等多种资本运营方式,使生产要素向优势企业流动、改组,实现资本的优化配置,大企业以较少的资本投入,控制和利用丰富的存量资产、外资和社会资金,实现企业规模低成本扩张。当前在企业抓好强弱联合的同时,更要着力推进优势企业实行强强联合,通过强强联合组建起一批具有较强竞争抗衡实力的跨地区、跨所有制、跨行业、跨国经营的大企业,实现以大带小,提高集体经济整体经济增长质量。

(2)大力培育"小巨人"企业,发展专业化协作。

集体企业结构调整要宜大则大、宜小则小,对一些生产日用商品和协作配套的中小型企业,只要有市场竞争能力、有效益和发展前途的,要促其成为"小而专"、"小而精"、"小而灵"的具有一定经济规模的"小巨人"。大力鼓励中小型企业走专业化协作道路,积极向名牌大企业靠拢,为大企业进行协作配套生产。

在轻工小企业中推行小产品、大市场的经营发展战略。对生产小商品、效益好、在同类产品生产企业居领先地位的小企业要倍加扶持,在提高专业化生产水平的基础上,切实提高小产品(包括零部件)生产集中度和产品知名度。

(3)进一步放开放活"小、穷、亏"集体企业。

在轻工集体企业中,小型企业占97.5%;小企业的销售收入、利税金额、企业资产分别占集体经济72.0%、53.2%、30.5%。小企业经济状况的好坏和发展水平的高低,直接影响到轻工集体经济的发展速度和质量,影响到社会的安定团结。目前大多数轻工集体企业效益不够理想。据1996年对25454户集体企业调查统计,24505户小企业年利润盈亏相抵的总额为 - 24.4058亿元,约三分之二的企业处于亏损和微利状态。因此,轻工集体企业要实现经济增长方式的转变,必须进一步放开放活这些"小、穷、亏"企业,切实转变这些企业的经营机制和全面提高企业的生产力水平。放开放活小企业要区别企业的不同情况,采取不同形式和途径。对难以实行股份合作制的企业可以根据不同情况,发展多种形式的合作企业或采取联合、兼并、租赁、承包经营、引资嫁接、"退二进三"、"优二兴三"、易地改造、解体重组、分块搞活等多种形式和途径进行改革,也可以改组为合伙企业和其它形式的非公有制企业。

要对一些长期亏损、扭亏无望或产品属劳动密集型、适合分散经营的小企业,加大转让出售和破产力度。在保证集体资产不流失的前提下,出售给本企业职工或向社会公开出售。所得款项用于发展规模经营,扩展现有的优势企业和发展新兴行业。对一些长期亏损,资不抵债,挽救无望的企业,依法实施破产。

4. 加快科技进步,推进产业结构优化升级。

党的十五大报告指出:"要充分估量未来科学技术特别是高技术发展对综合国力、社会经济结构和人民生活的巨大影响,把加速科技进步放在经济社会发展的关键地位,使经济建设真正转到依靠科技进步和提高劳动者素质的轨道上来"。科学技术进步是推动轻工集体经济增长方式转换的基本要素和实现轻工集体经济增长方式转变的关键。经济增长方式转变的核心是加快科技进步。

当前,轻工集体经济科技进步存在的主要问题是:①科研与生产严重脱节。②企业技术开发力量薄弱,投入不足。③在技术引进上,只重视引进,不重视消化、吸收、创新、推广工作。由于这些问题存在,影响着产业结构的优化和产品竞争能力的提高使经济增长缺乏后劲。

因此,加快轻工集体经济科技进步要重点做好:

(1)大力采用先进适用技术改造和提高传统行业。目前传统行业发展大大滞后于新兴行业,严重制约了轻工集体经济整体的发展。因此,对金属制品、家具、文教用品、工艺美术品等一批传统行业,实施梯度转移的战略,不断把新的科技成果如新材料、新工艺、新技术、新科技等,积极应用、转移、吸收、嫁接到传统行业和传统产品上,使这些行业和传统产品转化为新兴行业和新兴产品,使这成为新的经济增长点。与此同时,要扶持培育优势行业、发展新兴行业和高技术行业。要不断提高家用电器、塑料制品、皮革及其制品等一些支柱行业的档次和水平,发挥主导行业的支撑作用;要以室内装饰行业的发展带动装饰材料配套件的发展,提高综合配套能力,使之成为"九五"期间新的经济增长点。要积极开拓新门类、新领域、实施行业转移、产业转移,大力发展第三产业。

行业发展要符合环保要求。在行业、产品调整中,要坚决淘汰有噪音、气体、水质等污染的工艺产品逐步转移技术含量低、附加值低、劳动密集的行业和产品。

(2)自力更生与引进技术相结合,提高企业的自主创新能力。要更加重视运用最新技术成果,实现技术发展的跨越,有重点有选择地引进国外先进技术和设备的同时,下大力气加强对引进技术和设备的消化吸收,着重提高企业自主研究开发创新的能力,使之真正成为自己的技术;对于面广量大、变化迅捷的市场适销的小商品,更多的依靠企业职工群众的聪明和才智,自主创新,充分利用企业原有基础,进行挖潜革新改造。

(3)充分发挥市场和社会需求对科技进步的导向和推动作用,积极创造条件,大力推进科研机构、高等院校与企业之间的联合和合作。鼓励科研机构进入企业集团、大企业或转变为技术开发型企业。

(4)培育企业自主创新能力,大中型企业要建立技术开发机构,同时要以大型骨干企业或企业集团为依托,在集体企业比较集中的轻工行业建立2~3个科技进步基地,重点抓好国家级的新产品开发计划、国家科技攻关开发项目和本行业的热点、难点和亟待解决的关键技术。国家对这些企业要实行优惠政策,使之成为行业技术进步的排头兵。

(5)在轻工集体大中型企业普遍建立健全技术创新机制,努力争取有一大批轻工集体大中型企业进入国家级企业技术中心和列入国家经贸委、国家科委的两个国家技术创新工程计划。

(6)积极组织企业参与国外学术交流、技术考察,了解跟踪国际先进技术。积极开发人才资源,建立一整套有利于人才培养和使用的激励机制。建立和完善行业、企业的信息收集、处理、储存和传递网络系统。

(7)增加科技教育投入。要采取多种方式、多种渠道、多层次地增加科技教育投入,把资金集中用于发展支柱产业、拳头产品和改造传统行业的技术进步上,提高资金的投入产出率;用于培养技术人才。

5. 加快发展开放型经济,提高对外开放水平。

(1)积极开拓国际市场,扩大产品出口。在抓好传统产品出口的同时,要积极开拓新的出口领域,从出口初加工、劳动密集型产品向出口精加工、技术密集型产品的结构转移,扩大技术含量较高的机电产品和塑料制品的出口比重。增强出口产品的竞争力,提高出口换汇率。要积极推进全方位的出口市场战略,在巩固和发展美国、日本、欧洲等市场的同时,多方面开拓独联体国家、东欧地区以及拉美、中东、非洲等地区市场。

(2)积极合理有效地利用外资。不仅要扩大利用外资的数量,而且要调整利用外资结构,引导外资投向,提高利用外资质量。在引进外资的同时,要注重引进先进技术和先进管理办法,并把引进技术和消化吸收,创新工作结合起来。形成一批出口效益型、技术进步型的项目。

(3)发挥比较优势,积极开展对外投资,在境外兴办实体,把目前一些行业闲置的生产能力转移到国外去生产、销售。

(4)在发展开放型经济过程中,要有效地利用两种资源、两个市场,在更高范围内配置资源,重组生产要素带动企业上档次、上规模、上水平,不断提高市场占有率。要采取灵活的营销策略拓展市场空间,挤占市场的份额。

6. 实施名牌战略,大力发展名优产品。

实施名牌战略是实现经济增长方式转变的一条重要途径。要推动集体企业实施名牌战略,争创名牌产品。企业要以市场为导向,加快产品结构调整。产品开发要瞄准生命力强、市场前景好的名牌优质产品,对开发出来的名优产品,要迅速形成批量,扩大市场覆盖率。

要通过实施名牌战略,带动质量全面提高;带动相关产品及行业和地区经济的发展,增强名牌产品的竞争能力。要选择出口量较大、有一定国际市场占有率和知名度的产品品牌,重点培育,使之逐步发展成为轻工国际名牌产品。

与此同时,要淘汰一批与市场需求不相适应的产品。

7. 加强科学管理,提高企业经济运行效率。

科学的管理是企业发展的基础,也是转变经济增长方式的重要内容。要把企业改制、改组、改造和加强管理紧密结合起来,做到制度创新、技术创新、管理创新并举,增强企业市场竞争能力。加强企业管理要扎扎实实抓好企业的基础管理,各项专业管理和现场管理;装备现代化管理手段,提高科学管理水平;学习国内外先进的管理方法,建立健全各项管理制度和科学的管理体系;加强全面质量管理,建立和完善质量保障体系;加强财务管理和成本核算,提高资金周转率和资金使用效益;加强营销管理,积极采用现代化的市场营销形式,提高产销率加强劳动人事管理,选贤择优,严明劳动纪律和岗位责任,建立企业激励机制和约束机制;加强企业民主管理,充分发挥职代会权力机构的作用,让职工以主人翁态度参与企业的管理工作;抓好企业领导班子的建设,提高企业领导者素质,充分发挥他们在加强企业管理、提高企业素质、提高经济效益中的重要作用;推行"人本管理",注重提高业务技术骨干和管理人员文化科技知识水平和经济管理水平,加强职工培训教育,全面提高职工队伍素质,以适应经济增长方式的转变。总之,通过加强管理,降低生产成本,提高产品质量,增加经济效益,使企业由粗放经营向集约经营转变。

(二)转变的若干政策建议

企业是市场竞争主体,经济增长方式转变最终要由企业来实现。但是,目前轻工集体企业大多数属于劳动密集型企业,存在企业规模小,基础薄弱,设备陈旧、技术水平落后、管理水平低、产品缺乏竞争能力、企业包袱沉重、资金严重短缺、人才匮乏、职工素质差、信息不灵等问题,要实现经济增长方式的转变,除企业加快自身改革和建设外,更迫切需要政府宏观经济政策的有力推动,为其创造公平竞争的政策环境。为此,我们提出以下政策建议:

1. 推动企业资本结构调整和优化政策。

——鼓励和支持集体企业改制、改组。对改制、重组后有困难的企业,可实行所得税"先征后退",即企业照章缴纳税后,由当地财政按照企业上缴所得税率的不同比例返还一部分,补充企业的流动资金。

——鼓励企业间联合、兼并。在国务院确定进行优化资本结构试点城市,轻工集体企业按照国有企业有关兼并、破产政策进行试点。

——支持集体企业易地改造,盘活房地产存量。地处城市繁华地段的集体企业,经有关部门批准后,允许其改变土地使用性质,兴办第三产业。企业搬迁改造,政府应积极创造条件为这些企业外迁提供场地。

2. 关于促进企业技术进步政策。

——鼓励和支持集体企业进行技术改造。技改、科技、新产品开发、企业技术创新等方面所需资金,对集体企业与国有企业实行一视同仁政策,并建议各级财政每年从财政预算基金中,安排一定数额,用于轻工集体企业技术改造周转金或贷款贴息,专款专用。对符合国家产业政策进行技术改造的企业,技改后新增所得税,经企业申请,财政部门、税务机关审核,由当地财政部门按其每年新增所得税金额在一定时期内返还给企业,用于企业继续发展生产或偿还技改借款。允许集体企业技术开发费按实列入成本,企业开发新产品、新技术、新工艺所发生的各项费用不足销售收入1%的,要提足1%,超过1%的按实列支。对高新技术企业,从投产和纳税之日起实行一定时期税收比率的返还。

——加速集体企业设备的更新。轻工集体企业可以根据技术改造规划和承受能力,按国家有关规定适当提高企业固定资产年折旧率。

——允许和鼓励资本、技术等生产要素的投入,并参与收益分配。

——鼓励和支持产学研的合作,促进联合开发。各级政府应采取优惠政策措施鼓励和支持科研院所、高等院校及其它科研机构直接进入大中型集体企业或企业集团,成为企业的技术开发机构。也可以通过联合投资、参股或其它多种形式实现与集体企业的联合,促进集体企业逐步成为技术开发主体。鼓励企业与其他单位(包括企业、事业单位、科研院所和高等院校)进行联合开发,对技术要求高、投资额大、单个企业难以独立承担的技术开发项目,可按照联合攻关,费用共摊,成果共享的原则,由集团公司集中收取开发费,成员企业交纳的技术开发费在管理费用中列支。

——鼓励和支持轻工集体企业采用多种形式培养人才,其经费来源,除自筹外,建议国家继续从教育经费中划一部分给轻工主管部门,作为委托代培补助专款。各级人民政府应把集体企业的人才培养列入教育发展总体规划,集体企业要采取多种优惠措施引进人才。以优惠政策鼓励大专院校、科研院所的干部,专业技术人员领办、承包、租赁集体企业。

3. 关于加快产业发展政策。

——择优扶强,突出重点。轻工主管部门要以国家产业政策为依据,采取区别政策,集中资金重点支持支柱行业、新兴行业和重点骨干企业。有条件的轻工集体企业,通过联合、兼并、收购等多种形式组建企业集团,壮大势力,加快发展。对符合条件的轻工集体企业集团,国家应允许其进入国家或省级企业集团试点;对符合条件的轻工集体企业,允许列入国家或省级定点支持的企业范围,享受与国有企业同等政策。

——要把实施名牌战略纳入国民经济发展总体规划,从财政、税收、信贷、社会舆论各个方面给予企业名牌战略以大力度综合倾斜。轻工总会和各地轻工主管部门同企业相结合推进"名牌重点工程",选择一批有前途、有潜力的名牌产品,扶持其加速进入国际市场。

——对一些传统行业,如工艺美术品、少数民族用品行业要采取特殊扶持政策;对处于全行业亏损、企业开工严重不足,部分职工生活困难的传统行业,实行产业调整援助政策。

——对老、少、边、穷地区新办的集体企业可实行一定时期免征所得税,其增值税在一定时期内实行"先征后退"办法。以优惠政策鼓励和支持沿海地区与内地实行资本、技术、人才交流与合作,沿海地区在上述地区开办轻工集体企业可以享受国家和当地政府的优惠政策。

4. 关于支持企业拓宽融资政策。

政府和有关部门应支持和帮助轻工集体企业多渠道筹集发展资金。

——国家有关金融部门应在金融信贷上支持轻工集体企业发展。目前轻工集体企业在信贷资金供应上处于极度困难,改变这种状况,需要集体企业不断提高经济效益,提高借贷信誉,也需要国家采取适当的信贷支持政策。当前主要支持政策:一是轻工集体企业的生产经营和技术改造,凡符合国家产业政策投资方向的,国家商业银行在信贷资金供应上应与其他经济成份一视同仁。二是在中小城市,要允许继续兴办以集体(合作)经济为基础的城市信用合作社,专门服务于集体企业、中小企业。三是大城市的城市合作银行要把为集体企业和中小企业提供贷款支持作为自己一项宗旨。

——建立城镇集体工业企业或中小企业发展基金,形成多层次的集体工业企业或中小企业投融资体系。发展基金的主要来源,由地方财政划出一部分周转金或从集体企业每年上缴税收所增加部分中提取一定比例,有关金融机构提供相应数额的配套贷款,按照"低息、有偿、定期归还,逐年积累,流动发展"的原则使用。发展基金可以用于扶优扶强,也可以用于支持符合国家产业政策的、扩大劳动就业的新成立集体企业;还可以用于扶助特困集体企业摆脱困境等。

——鼓励和支持集体企业同国外、境外的厂商合资、合作,多途径引进外资嫁接改造老企业。利用外资嫁接改造企业,除国家有特殊要求的,一般不限制外资投入比例。自营业之日起三年内新增营业税、增值税地方分成部分返还企业,作为中方集体资本注入。利用外资和内资进行股份制改造的企业,两年内所得税全部返还企业,第三年至五年所得税返还一半。鼓励企业积极利用内资,按照国家有关规定采取多种形式吸收社会闲散资金,鼓励职工入股,增加企业发展资金。股份合作制企业职工现金投入的股金在一定时期内允许实行股息与股红并存,职工将个人股金分红,继续投入企业发展生产的,可免征个人所得税。

——允许有条件的集体企业发行企业债券,债券利率可在同期银行存款利率的基础上适当上浮,债息进入财务费用,在计征所得税时,高于金融机构同期、同类贷款利率的部分,不予扣除。

5. 关于保护政策。

——切实保护集体企业财产所有权和经营自主权,坚决制止和纠正平调、侵占集体资产的行为。轻工集体企业、单位按照国务院有关规定在搞好清产核资的同时,要抓紧对历年被平调侵占、挪用的集体资产的追索,并按照国家税务总局、中国轻工总会制定的"轻工企业集体资产管理暂行规定"进行处理,可以一次性退还的一次退还,一次退还确有困难的,可签订分期退还协议,未退还部分按银行流动资金贷款相应利率缴纳资金占用费;也可以将被划走的财产作为投资,享受投资者权益,承担相应的义务。在改革中,企业划转下放也按照此办法执行。

——成立城镇集体资产管理机构。城镇集体经济是公有制经济的重要组成部分,国家应成立一个城镇集体资产管理机构,加强集体资产的监督管理,使集体资产得到应有的保护。目前在国家尚未设立集体资产的统一管理机构之前,为了保护轻工集体资金的完整性,实现集体资产不断增值,中国轻工总会、中华全国手工业合作总社组建了轻工集体资产管理委员会,承担对轻工系统集体资产的"指导、维护、监督、协调、服务"的管理职能,依法维护轻工集体资产所有者的合法权益,防止集体资产被平调和流失,保证集体资产正常发挥效应,国家可以明确轻工集体资本管理机构作为试点,各地要成立相应的集体资产管理机构。

——加强宏观调控,制定行业发展政策,搞好指导、协调工作,限制市场盲目竞争。保护名牌产品,限制不正当的竞争,采取有效措施切实打击伪劣产品。

6. 关于减轻企业负担政策。

轻工集体企业历史包袱沉重是影响集体企业活力,阻碍企业改制、改组的一个重要因素,国家应采取政策措施帮助集体企业卸包袱,减轻负担。

——减轻企业债务负担。对因债务负担过重影响改制、改组的企业,经有关部门审核批准后,允许根据其不同的偿债能力,分别采取延长还款期限,或将其转化为银行对企业的股权,充实企业资本金等方式处理;对政策性亏损企业应给予停息挂账。

——减轻企业人员负担。对企业富余人员实行减员再就业。一要多渠道、多途径实施再就业工程。除企业采取资产重组,启动生产安置一批外,还可以通过企业扩大生产经营规模,增加就业岗位;扩宽生活服务领域,兴办第三产业,吸纳下岗人员;清退企业、行政、企事业单位的临时农村工改换破产企业下岗职工;采取典型引路鼓励职工自谋职业为下岗待业人员创造再就业条件。二要采取政策扶持。在优化资本结构试点城市中,允许集体企业享受国有企业职工再就业政策。三要设立服务机构。在劳动力市场尚未建立前,轻工主管部门在政府帮助下可以成立再就业服务机构,对企业下岗人员进行再就业培训、提供基本生活保障,帮助下岗职工实现再就业。其资金由政府、社会、托管企业、联社四方面筹措。

——减轻企业离退休人员包袱。尽快建立社会保障体系,解决集体企业职工医疗、养老保障问题。对于离退休人员多的困难企业,国家应采取援助政策,如离退休职工人数超过企业从业人员50%以上的集体企业,由财政部门按企业上缴所得税的30%～50%,返还企业,支持其发展生产,以缓解离退休职工养老保险费用的困难。

四、关于国外经济增长方式的探讨(略)

(此件由中华全国手工业合作总社办公室提供)

优化国有、壮大集体
大力发展非公有制经济^①

（1998 年 1 月 6 日）

于　珍

　　党的十五大报告在总结近二十年改革开放和现代化建设经验基础上,有一系列的理论突破,特别是在所有制问题上有重大突破。轻工业主要生产日用消费品,市场化程度比较高,属于公有制主体地位和国有经济的主导作用可以有所差别的产业。按照十五大的精神,轻工业的发展要优化国有经济,壮大集体经济,大力发展非公有制经济和混合所有制经济。对轻工业来说,今后凡是集体经济和非公有制经济可以搞或者可以搞得好的行业,都应放手让集体经济和非公有制经济去发展。要鼓励多种经济成分的相互渗透,逐步形成以公有成分为主的混合所有制为主体的轻工业所有制新结构。只有这样,才能逐步消除所有制结构不合理对轻工业生产力发展的羁绊,实现多种所有制经济在轻工行业的共同发展。

　　（一）优化国有经济。目前轻工行业多数国有企业经营状况不佳,市场竞争力减弱。有相当一部分企业长期低效运转或亏损严重。据 1996 年的统计,全国轻工业乡及乡以上国有企业亏损面为 37.4% ,高于全国轻工业 14.6 个百分点,亏损额高达 192.7 亿元,占全国轻工业亏损总额的 47.9% 。分析其原因有三点:一是有相当一部分国有企业处在不适合国有资本存在的竞争性行业中,这些行业本身又存在过度进入和过度竞争问题;二是相当一部分国有企业处在相对衰退的传统行业中;三是国有资本存在一定的退出障碍。所以,在今年乃至今后一个时期,轻工业经济工作的一个重要任务,就是要通过资本运营,实现国有资本在一些行业和企业的退出或进入,通过竞争形成国有资本在行业和企业中的合理分布。通过市场竞争而不是人为规定来确定国有资本在大多数行业和企业

---

① 这是于珍在全国轻工业工作会议上的讲话节录。

的分布,更符合市场经济的原则,更具有合理性。对轻工业来说,大多数行业和企业中国有资本如何分布,应主要由市场来决定。第一,对一些国有小企业应通过租、变、卖的方式变为非国有制形式。第二,对一些国有大中型企业,应适当引进一部分非国有经济成分,使原来纯而又纯的、规模庞大的国有经济增加活力。具体讲,可在原有国有企业折股的基础上增加非国有新股,形成混合型企业;可通过出售国有存量和增加非国有增量而形成国有成分较低的股份制企业。第三,对一批在市场竞争中表现优秀的国有企业,要充分发挥他们的优势,鼓励其兼并其他国有企业或集体企业。

(二)壮大集体经济。党的十五大报告对集体所有制经济的地位与作用给予了充分肯定,明确指出,集体经济可以体现共同致富的原则,可以广泛吸收社会分散资金,缓解就业压力,增加公共积累和国家税收,发展集体经济对发挥公有制经济的主体作用意义重大。对轻工业来说,集体经济具有必然或天然的优越性,发展集体经济大有可为。据 1996 年的统计,全国轻工集体企业共有 4.1 万个、职工 425.2 万人、完成工业总产值 2231 亿元,分别占轻工系统企业总数、职工总数和工业总产值的 75.5%、44.9% 和 39.3%。可以说集体经济已占据了"半壁江山"。但是我们不能满足于已有的成绩,要进一步地扩大集体经济的比重。第一,要突破行业界限,打破轻工集体经济就是"二轻"、就是"手工业"的观念,大力开拓适宜集体经济发展的领域。第二,要把集体经济的改革与发展,与其他所有制经济的改革与发展结合起来,鼓励集体经济与国有经济和非公有制经济的相互渗透,联合发展。第三,要加强对集体资产的管理,搞好清产核资,坚决制止和纠正平调集体资财的违法行为,维护集体企业的合法权益。第四,要保持联社机构稳定,加强联社建设。第五,要积极争取在一些经济政策和改革政策上对集体企业实行一视同仁。

(三)大力发展非公有制经济。党的十五大明确提出,非公有制经济是我国社会主义市场经济的重要组成部分,对个体、私营等非公有制经济要继续鼓励、引导,使之健康发展。对非公有经济的地位与作用给予了充分肯定。在 1978 年以前,全国轻工业是国有、集体经济一统天下,基本上没有非公有经济成分。1985 年—1996 年间全国轻工业产值年均增长 15%,其中非国有、非集体企业产值增长达 58%。非公有制经济已成为轻工业的重要组成部分。对轻工业来说,非公有制经济的大量进入,可以对市场竞争的形成产生积极影响,而市场竞争秩序的形成又会对公有制企业改革产生推动作用。目前在轻工行业,尽管非公有制经济已得到较快发展,但总体实力还比较弱,一些行业进入得不够多。所以,在今年乃至今后一个时期的轻工业改革与发展中,要大力发展非公有制经济。

首先,要充分认识非公有制经济对未来轻工业发展的重要作用,坚决消除歧视、抑制非公有制经济发展的观念。第二,要以党的十五大精神为指导,坚持"三个有利于"的标准,对非公有制经济与公有制经济一视同仁,促进非公有制经济进入轻工各行业,在数量上加快发展,在质量上明显提高。第三,要积极鼓励、引导非公有制企业参与国有企业和集体企业的资产流动和重组,使非公有制经济为轻工业的发展做出更大的贡献。

关于集体企业改革,朱镕基副总理在接见全国轻工集体企业第五届职工(社员)代表大会代表时,明确要求我们努力把集体企业办成职工和社员自己的企业,力争用三年的时间,使大多数轻工集体企业摆脱困境。为此,我们提出,在轻工集体企业的改革上,要做到在思想上进一步放开,在政策上进一步放宽,在形式上进一步放活,力争有更大更新的突破。

关于集体企业的改革问题,在前不久召开的"五代会"上已经作了具体部署。这里我再强调几点:第一,要切实实行政企分开,把经营自主权真正放给企业,让企业实行民主管理,自主经营,自负盈亏。第二,要积极稳妥地推行股份合作制。股份合作制是集体企业改革的一种有效形式,目前轻工集体企业改制为股份合作制的企业的面还不大,进展缓慢,发展不平衡,要加快改革步伐,不断总结经验,使之逐步完善。实行股份合作制要从实际情况出发,不要盲目追求进度,更不要刮风。要尊重职工意愿,不强迫职工入股。不要把股份合作制改革视为单纯的筹资手段,要把目的放在真正转换企业经营机制上。第三,要加大放开搞活"小、穷、亏"集体企业的力度。对现在难以实行股份合作制的企业,要区别不同情况,采取联合、兼并、租赁、承包经营、引资嫁接、"优二兴三"、"退二进三"、易地改造、解体重组、分块搞活、转让出售、破产等多种形式和途径进行改革。

(选自《中国集体工业》杂志,1998 年第 2 期)

财政部、国家经济贸易委员会、国家税务总局关于 1998 年在全国全面开展城镇集体企业清产核资工作的通知

（1998 年 1 月 8 日）

各省、自治区、直辖市、计划单列市财政厅（局）、清产核资办公室、经贸委（经委、计经委）、国家税务局、地方税务局，国务院各部、委和直属机构：

根据国务院关于城镇集体企业清产核资工作的总体部署，1996 年和 1997 年在全国分别进行了小范围试点和扩大试点，对摸清集体企业"家底"，反映问题，暴露矛盾，加强基础管理，以及促进集体企业走出困境，为进一步推进集体企业改革和发展创造了条件。为了认真贯彻落实党的"十五大"精神，适应新形势下集体企业改革的进程，经"全国联席会议"同意，1998 年将在全国范围内全面开展城镇集体企业清产核资工作。现就有关事项通知如下：

一、1998 年全国城镇集体企业清产核资工作在国务院统一领导下，由财政部、国家经贸委、国家税务总局共同组织，重大事项由全国城镇集体企业清产核资联席会议议定，日常工作由财政部清产核资办公室负责。各地区在本级人民政府或清产核资领导小组（联席会议）领导下进行，日常工作由本级政府清产核资机构负责。各级政府清产核资机构，都应由财政（国资）、经贸、税务等部门抽调人员组成，并根据本地区全面铺开工作任务的要求，完善组织体系，加强机构建设，充实工作人员，落实业务经费，保证全面铺开工作的顺利实施。

二、1998 年全国城镇集体企业清产核资的工作范围包括所有在工商管理部门注册为集体所有制性质，而在 1996 年和 1997 年未进行清产核资试点的各类城镇集体企业（单位）、集体经济组织。一是由各级政府部门、事业单位、国有企业举办注册为集体性质的各类城镇集体企业（单位）；二是各类合作制、股份合作制企业，包括由城镇集体企业、国有企业改制为股份合作制的企业；三是各类"挂靠"在各级政府部门、事业单位管理而注册为集体性质的企业（有关清理规定另行下发）；四是以各种形式占用、代管集体资产的部门或企业、单位；五是集

体性质的联合经济组织。

三、1998 年全国城镇集体企业清产核资工作的主要任务：一是进一步核查集体企业户数，保证清产核资工作全面彻底和不重不漏；二是全面完成资产清查、产权界定、价值重估、资金核实、产权登记、建章建制、报表汇总等各项基础工作；三是认真组织做好"挂靠"企业的清理和甄别工作；四是已组织完成清产核资，但其工作内容与全国清产核资工作不一致的有关补课工作；五是按照统一制定的数据衔接调整方法，完成全国集体企业清产核资汇总数据的衔接。

四、1998 年全国中央企业（单位）举办的各类城镇集体企业清产核资工作，在按属地组织进行的前提下，由中央主管部门（单位）和地方政府清产核资机构互相协作共同配合实施。各中央主管部门（单位）要做好本系统举办的集体企业清产核资的组织动员工作，督促其主动与当地政府清产核资机构联系，按照统一安排开展清产核资，要及时转发国家关于城镇集体企业清产核资的有关文件，并对本系统举办集体企业（单位）的清产核资报表数据进行单独汇总上报；各地方政府清产核资机构要将本地区中央部门（单位）举办集体企业清产核资纳入本地区工作范围，并负责做好有关资产清查、价值重估、产权界定、资金核实等工作结果的审批和办理产权登记等组织工作；经批准集中组织所属企业（单位）开展城镇集体企业清产核资工作的中央有关部门，可继续按系统组织实施。

五、1998 年全国城镇集体企业清产核资工作安排，清查资产的时间点统一为 1998 年 3 月 31 日 24 时。具体分前期准备、组织实施和总结检查三个工作阶段，在前期准备阶段中要重点抓好工作组织和机构建设，户数清理与核实，落实清产核资企业范围，制订工作实施方案，以及工作动员和培训，该阶段工作要于 3 月底前完成；组织实施阶段要全面完成资产清查、价值重估、产权界定和资金核实等各项工作结果的申报、审批和办理产权登记工作，并按要求组织有关报表数据的会审和上报，该阶段工作要于 11 月底前完成；总结验收阶段要对有关工作情况进行重点检查验收，对各项数据资料进行分类、整理和加工，建立本地区、本部门集体经济数据资料库，要认真做好建章建制，完善基础管理等工作，并深入研究集体企业改革和清产核资后续管理措施。全部工作要于 12 月底前完成。

六、在 1998 年全国清产核资工作中，各地区、各部门要积极贯彻落实党的"十五大"关于"支持、鼓励和帮助城乡多种形式集体经济的发展"精神，加大清产核资政策的落实力度，在认真摸清"家底"，理顺产权关系的基础上，切实帮助企业解决困难。通过全面铺开清产核资工作,如实暴露企业经营中存在的矛盾和问题,针对管理薄弱环节,加强城镇集体企业各项基础管理建设工作,并与集体企业改造、改组、改制等各项改革措施密切结合,立足于企业制度创新,为促进集体企业建立现代企业制度和转换经营机制奠定基础。

七、各级财政(国资)、经贸、税务部门都要从推进集体经济改革和发展的大局出发,按照清产核资各项基础工作原定分工,做好各自系统承担工作任务,加强配合,互相协作,形成工作"合力",共同做好本地区清产核资工作的组织实施。在工作中要认真抓好重点和难点,深入开展调查研究,加强工作督查指导,及时反映工作情况和问题,做好阶段工作小结。在各项基础工作结果的认定和审批过程中,各级政府清产核资机构及经贸、税务等部门要积极为企业服务,方便基层,采取集中会审、联合办公等多种灵活有效的方式。

八、在全面铺开工作中,要进一步严格工作纪律,加强对各项工作的检查督促,研究制定有关具体措施和办法。对在清产核资工作中走过场的,不但要追究有关领导的责任,还要责令其推倒重来;对未按规定全面完成清产核资工作任务的企业,各级工商、税务、劳动、民政等部门要对其清产核资工作完成情况进行严格审查把关,并在工商注册年检中从严办理,在税务登记及劳服企业登记和福利企业登记等年检中暂缓办理;对没有开展清产核资的,暂不列入企业改制的范围;对未将潜亏、暗亏等问题如实暴露摆在明处的,不得享受国家有关优惠政策。

九、1998 年城镇集体企业清产核资工作范围广、任务重、政策性强,各地区、各部门必须按照全国总体工作要求,精心组织,认真负责,狠抓落实。在清产核资工作组织落实中,要及早向各级政府和部门领导汇报工作,取得工作支持,使清产核资工作摆上政府或部门工作议事日程,并为本地区和本部门清产核资机构创造必要工作条件,及时帮助解决工作困难;在工作动员上,不但要在工作布置会、培训会上进行发动,还要充分运用电视、电台、报刊等,开展广泛深入的宣传活动,使清产核资各项工作方针、政策、方法深入人心,广泛动员广大干部职工积极参与。

十、各地区、各部门要在全面组织完成各项工作任务的前提下,积极研究集体经济改革措施,巩固清产核资成果,防止"前清后乱",促进集体经济健康发展,探索加强集体资产管理的办法和途径。一是要在对清产核资各项工作结果进行全面总结、分析的基础上,提出区域、部门、行业深化集体经济改革的建议,为各级政府和有关部门决策提供依据;二是采取有效措施,加强制度建设,促进集体企业加强基础管理,提高经营管理水平;三是要保持工作队伍的稳定,把促进集体企业"家底清"作为一项重要的工作任务来抓，做到"制度化、规范化、经常化"。

　　为做好全面工作动员，经"全国联席会议"同意，拟于1998年2月份召开"全国城镇集体企业清产核资电视电话会议"，各地区、各部门在接到本"通知"后，要及早做好全面铺开的各项准备落实工作，并于2月15日前将有关准备工作落实情况报财政部清产核资办公室。

（原件存财政部办公厅档案处）

吴邦国要求切实抓好城镇集体企业清产核资

（1998 年 2 月 17 日）

据新华社北京 2 月 17 日电 （人民日报记者李建兴 新华社记者张锦胜 韩振军）中共中央政治局委员、国务院副总理吴邦国在今天召开的全国城镇集体企业清产核资工作电视电话会议上指出，全面铺开城镇集体企业清产核资工作，有助于集体企业的改革和发展，有助于整个公有制经济的巩固和提高。各地区、各部门要按照国务院的统一部署，进一步加大组织力度，使这项工作步入制度化、规范化、经常化的轨道。

吴邦国说，在深化国有企业改革的同时，各级政府要进一步关心、支持和帮助集体企业，加快城镇集体企业的改革和发展，为今后经济发展注入新的活力。他说，城镇集体经济是公有制经济的重要组成部分。改革开放以来，我国城镇集体经济取得了长足发展，在增加税收、出口创汇、扩大就业、改善人民生活等方面起着越来越重要的作用，成为国民经济中一支不可缺少的重要力量。集体经济在不少地区已占"半壁江山"，在部分地区已居绝对优势。吴邦国指出，支持和鼓励集体经济发展始终是我国一项重要的经济政策，特别是现阶段随着国有经济结构调整、减员增效工作力度的加大，城镇集体经济已成为安排下岗人员的重要渠道。

吴邦国要求，各地区、各部门要在国务院统一领导下，把集体企业清产核资当做一件重要工作来抓，列入议事日程，各级领导要亲自负责，加强指导、认真部署。各级财政、经贸、税务等有关部门要进一步加强协调配合，形成工作合力，要加大各项政策落实力度，帮助企业解决问题和困难。要严肃清产核资纪律，保证各项工作顺利进行。要巩固清产核资工作成果，建立健全各项规章制度，防止"前清后乱"。

会议由财政部、国家经贸委、国家税务总局联合召开。财政部部长刘仲藜在会上对 1997 年清产核资扩大试点工作情况作了总结。

（选自《经济日报》1998 年 2 月 18 日第二版）

在全国城镇集体企业清产核资工作
电视电话会议上的讲话

（1998 年 2 月 17 日）

刘仲藜

一、关于扩大试点工作的基本情况

按照国务院的总体工作安排，我们在 1996 年共同组织 1.3 万户集体企业小范围试点的基础上，1997 年又进一步组织了扩大试点工作。在各方面共同努力下，扩大试点工作较为顺利地完成了各项工作任务。取得的主要成绩是：

（一）获得了全面开展城镇集体企业清产核资工作的经验。根据扩大试点范围的要求，1997 年上海、江苏等 10 个地区已基本全面展开工作；其他地区都按要求选择 10% 以上的集体企业进行了扩大试点，其中绝大多数地区组织了各市（地）、县和重点行业的全面试点。据统计，1997 年全国参加扩大试点的集体企业达 18 万户，其中工商企业为 14 万户，事业单位 1527 户。在试点户数多、情况复杂、基础资料不全、组织难度大的情况下，参加扩大试点的集体企业均完成了资产清查、价值重估、产权界定、资金核实、建章建制、产权登记和报表汇总等各项工作任务，积累了较为丰富的经验，为 1998 年全面开展这项工作奠定了扎实的基础。

（二）摸清了参加扩大试点城镇集体企业的"家底"。参加 1997 年扩大试点的城镇集体企业，共动员了近百万财务会计、设备管理、仓库保管等方面人员，组成了资产清查"大军"，对厂内外、库内外、账内外的各类资产和资金进行了全面盘点和清理核实，较为真实地弄清了试点企业"家底"，为各级政府进行企业管理和研究经济结构调整提供了重要决策依据。据统计，14 万户集体工商企业资产总额为 10055.7 亿元，负债总额为 7908.9 亿元，所有者权益为 2146.8 亿元，平均资产负债率为 78.7%；3.9 万户集体金融企业拥有资产总额为 12453.9 亿元，负债总额为 12045.1 亿元，所有者权益为 408.8 亿元。在初步摸清企业"家底"的同时，扩大试点也暴露了集体企业在基础管理和生产经营中的问题：一是集体企业损失挂账问题十分严重。据统计,14 万户集体工商企业清理出的损失挂账 1357.8 亿元,占其资产总额的 13.5%,占其所有者权益的 63.2%,分别比国有企业清产核资数据高出 5.8 个百分点和 44 个百分点；二是许多集体企业债务负担沉重。据统计,14 万户集体工商企业账面资产负债率为 78.7%,高于同期国有企业 10.2 个百分点。若扣除清出的损失挂账,实际资产负债率为 91.1%；三是相当数量的集体企业经济效益长期在低水平徘徊。据统计,在 14 万户集体工商企业中,盈利企业占 44.9%,亏损面 55.1%；四是集体企业的资产、财务管理制度不健全,管理松弛,账实不符,账外设账现象普遍存在,大量账外资产已被侵占、流失。据统计,14 万户集体工商企业资产盘盈 23.9 亿元,盘亏 115.6 亿元,分别占所有者权益的 1.1%、5.4%；五是由于企业产权意识淡薄,不同历史时期管理关系变化较大,相当一部分集体企业产权关系较为混乱。

（三）基本理顺了试点企业的产权关系。针对集体企业产权纠纷多、协调任务重和认定难度大等问题,三部、委、局组织力量深入进行调查研究,通过下发"问题解答",编写"界定案例",组织"专题座谈"等方法,认真研究产权界定工作中的重点和难点,明确政策界线,推动了全国工作开展；各地区、各部门普遍把清产核资产权界定工作作为促进集体企业改制和发展的重要工作任务,精心做好组织工作,细心解释有关政策,及时协调处理纠纷矛盾,严格把好界定关；参加扩大试点的企业认真组织查找各种历史资料,对原始投入进行了全面清查,对经营积累因素进行细化,对照政策提出具体意见,并积极做好申报工作。据对 18 万户集体企业产权界定工作情况统计,纳入界定范围的资产共计为 4076.3 亿元,初步界定已形成一致意见的资产 3607.9 亿元,占 88.5%。

（四）积极帮助集体企业解决了一些实际困难。在资金核实工作中,试点地区深入基层调查研究,对企业问题分类排队,部门之间互相配合和分工把关,根据实际情况采取集中会审、交叉审核工作方式,根据企业实际承受能力,以及清产核资政策和现行财务管理规定,积极帮助企业解决一些历史遗留问题和现实困难。据对 14 万户集体工商企业的资金核实申报结果统计,企业申报自行列损益处理损失挂账 227.2 亿元,占全部损失挂账的 16.5%；企业申报核销权益 645.3 亿元,占损失挂账的 46.9%；尚无法处理的 503.3 亿元,占损失挂账的 36.6%。

（五）促进加强了集体企业的基础管理和改革工作。通过清产核资,使企业摸清了自身基础管理和生产经营中存在的薄弱环节,认识到了加强基础管理对促进企业改革和发展的重要性。一是多数企业针对存在的问题,及时采取措施,普遍建立健全了各项资产、财务、供销等管理制度,使企业管理面貌有了一个较大的改观;二是企业主管部门针对集体企业财会人员素质普遍较低,代岗、替岗问题突出等状况,组织进行长期的业务培训,并对企业提出了财务人员上岗的条件和基本责任要求;三是许多地区把试点企业选择与企业改制工作紧密结合,如上海市按照市政府调整和改制的要求,提出企业改制到哪里,清产核资清到哪里,要求凡进行改制的集体企业必须进行清产核资。

二、关于 1998 年清产核资工作的安排

按照国务院批准的总体工作方案,今年将在全国范围内全面展开城镇集体企业清产核资工作。具体安排如下:

(一)工作范围。为保证工作全面彻底,凡在国家各级工商行政管理机关注册登记为集体所有制性质的各类城镇集体企业(单位),1996 年和 1997 年纳入试点范围,或者自行开展清产核资未按要求完成相应工作内容或补课工作的,包括各类"挂靠"集体企业,由集体企业改制为各类联营、合资、股份制的企业,以及以各种形式占用、代管集体资产的部门或企业、单位,均纳入今年清产核资工作范围。各地区、各部门要在摸清企业总体户数、结构、分布的基础上,按照上述规定和要求进行清理、甄别和筛选,把应参加清产核资工作的集体企业全部纳入今年的工作范围,这也是保证清产核资工作全面彻底的关键。

(二)工作任务。今年的工作,必须按照"充分准备、全面部署、集中力量、分步实施"总体要求进行。一是 1997 年已全面铺开的地区和部门,要在做好各项收尾工作的同时,重点抓好对"挂靠"集体企业清产核资的组织和未开展清产核资企业的补课工作;二是今年全面铺开的地区要在去年清理户数的基础上和在保证不重不漏的前提下,全面组织完成各项工作任务;三是中央各有关部门(单位)应积极配合地方按属地组织工作,对本部门、单位及所属企业创办的集体企业清产核资工作提出明确要求,落实工作责任,确保任务完成。

(三)时间安排。今年的工作分三个阶段安排:第一阶段为前期准备,要求于 3 月底前完成,各地区、各部门进行全面铺开的工作部署和动员,进一步加强力量,按国家统一要求制定工作实施方案,并组织做好所属地区、部门及企业、单位的清产核资业务培训工作;第二阶段为组织实施,要求在 11 月底前完成。主要任务是组织完成资产清查、价值重估、产权界定、奖金核实、产权登记等工作,层层收集、审核、汇总集体企业清产核资报表,按照全国统一的数据衔接办法,对三年的清产核资数据进行合拢汇总上报;第三阶段为总结验收,要求在 12 月底

前完成。各地区、各部门对参加清产核资集体企业进行重点抽查验收,对清产核资各项数据资料进行分类、整理和加工,建立本地区、本部门集体经济数据资料库,各地区、各部门要根据集体企业清产核资暴露出的问题和反映的情况,提出改进意见和建议,认真做好建章建制和完善各项基础管理工作,并研究集体企业改革和清产核资后续管理措施。

(四)工作组织。今年集体企业清产核资工作面大户多,组织难度大,各地区、各部门要高度重视、精心组织、狠抓落实。需要强调的是:一是中央企业(单位)举办的各类集体企业清产核资工作,在按照属地组织进行的前提下,由中央主管部门(单位)和地方政府清产核资机构协作配合实施。中央主管部门(单位)主要负责做好组织、动员、督促和清产核资报表数据汇总工作;地方政府清产核资机构要将本地区中央企业(单位)举办的集体企业纳入本地区工作范围,负责业务培训、各项基础工作组织和有关工作结果的审批等工作;经批准由中央部门集中组织所属企业(单位)举办的集体企业清产核资工作的,可继续按系统组织实施;二是各地区在外埠举办的城镇集体企业的清产核资工作,仍纳入属地清产核资工作范围,各级清产核资机构应积极配合做好外埠城镇集体企业清产核资有关工作结果的审批;三是城市、农村信用社清产核资工作组织按财政部、中国人民银行《关于开展城市、农村信用社清产核资工作的通知》规定进行。城市合作银行已明确为商业银行的,其清产核资工作由财政部、人民银行另行安排。

此外,农村集体经济清产核资工作今年也将全面铺开,财政部和农业部已专门进行了部署,各级清产核资机构要主动与农业部门联系,配合做好农村集体资产清产核资的组织落实,积极提供各种技术标准和文件,协助做好业务培训、数据统计等工作,以保证其工作任务圆满完成,及早向党中央、国务院完整上报我国现阶段集体经济"总账"。

三、关于全面铺开工作的有关要求

今年是集体企业清产核资的关键一年,范围广、工作任务重。为此,对今年工作提出以下几点要求:

(一)进一步加强领导,加大工作组织力度。各级地方人民政府和中央部门要把城镇集体企业清产核资工作当成大事来抓,摆上政府或部门工作议事日程,切实加强领导。一是在工作组织中要认真督促做好前期准备工作,深入广泛开展宣传员,完善工作组织体系;二是在工作安排中要做到"早准备、早布置、早实施",争取主动;三是在工作实施中要做到"统一政策、加大力度、加强督导",保证工作质量,坚决杜绝"走过场"现象;四是在工作范围上要做到"全面彻底、不重不漏、不留死角",严格工作纪律,以保证整个工作健康发展;五是要及时反映和帮助解决工作困难和问题。

(二)加大政策落实力度,做好细致思想工作。清产核资工作政策性很强,具体工作内容涉及企业财务、资产和经营管理等许多方面。各级清产核资机构要会同有关部门,积极落实已经出台的各项政策,进一步调动集体企业开展清产核资工作的积极性,保证整体工作的全面彻底;要做好开展清产核资工作的政策宣传,要善于抓住当前企业关心的实际问题,有针对性地多做宣传和讲解工作,以消除企业和职工对清产核资工作的疑虑;要引导企业如实暴露问题,只有充分地发现和暴露问题,才有可能摸清"家底",有利于帮助企业摆脱困境,有利于建立健全各项规章制度,加强管理;要在组织企业开展产权界定时,按照"尊重历史、宽严适度、依法办事、有利监管"的原则积极而慎重地推进,将产权界定工作同企业的改制、改革和加强管理紧密结合起来,以推动集体企业转机建制,建立起新的适应市场经济要求的微观管理体制。

(三)加强工作配合,切实方便基层企业。城镇集体企业清产核资工作由多部门共同组织,各有关部门都应从促进集体经济改革和发展的大局出发,加强协作、认真配合,共同做好本地区清产核资工作的组织实施。各级清产核资机构都应按照"五统一"的工作原则,由财政(国资)、经贸、税务等部门抽调人员组成,要主动与各部门联系,多汇报、多沟通、多解释,并深入开展调查研究,采取措施抓好重点和难点。在清产核资各项基础工作结果审核或审批过程中,各级清产核资机构应会同经贸、税务等部门采取集中会审或联合办公等方式进行,形成"全国一盘棋",以提高工作效率,减轻企业负担,方便基层操作,积极为企业服好务。

(四)促进加强各项基础管理,与企业改革密切结合。各地区、各部门在清产核资工作中,一方面要严格各项工作要求,认真保证工作质量,以便于针对存在问题提出有效的工作措施,促进企业建立严格的基础管理制度,加强各项基础管理工作,堵塞"漏洞",切实做到清管结合,促使集体企业的基础管理和经营水平有一个较大的提高;另一方面要与集体企业各项改革措施结合起来,在清产核资摸清"家底"的基础上,对集体企业认真进行分类排队,与集体企业的各项改革措施统筹安排,为建立现代企业制度和转换经营机制奠定基础。

此外,为巩固清产核资成果,防止"前清后乱",促进集体经济健康发展,各地区、各部门要在全面组织完成各项工作任务的前提下,积极研究探索加强集体资产管理的办法和途径,要充分利用清产核资成果,在对各项工作结果进行全面总结、分析的基础上,提出深化集体企业改革的建议,为各级政府经济决策和经济发展规划提供依据;要把促进集体企业"家底清"作为一项长期的工作任务来抓,达到"制度化、规范化、经常化"目标。

(原件存财政部办公厅档案处)

煤炭工业部办公厅关于印发《1998 年煤炭集体企业清产核资实施方案》的通知

（1998 年 2 月 23 日）

各煤管局、省（区）煤炭厅（局、公司），各直管矿务局（公司）、北京矿务局，有关直属企事业单位：

为贯彻落实财政部、国家经贸委、国家税务总局《关于 1998 年在全国全面开展城镇集体企业清产核资工作的通知》及三部委联合组织召开的 1998 年全国城镇集体企业清产核资工作电视电话会议精神，现将《1998 年煤炭集体企业清产核资实施方案》印发给你们，请各单位抓紧做好各项准备工作，以保证煤炭集体企业清产核资工作的顺利完成。

附：

1998 年煤炭集体企业清产核资实施方案

（1998 年 2 月 23 日）

为进一步贯彻落实国务院办公厅《关于在全国城镇集体企业、单位开展清产核资工作的通知》和财政部清产核资办公室关于《1998 年全国集体企业清产核资工作安排意见》，结合煤炭行业的实际情况，制定 1998 年煤炭集体企业清产核资工作实施方案。

一、煤炭集体企业清产核资的范围

1998 年清产核资范围：凡是 1997 年 9 月 30 日前在国家各级工商行政管理机关登记注册为集体所有制性质的各类城镇集体企业、单位，包括联合经济组织、有关事业单位，由集体企业改制为各类联营、合资、股份制的企业，以及各类"挂靠"在各级政府部门、事业单位管理而注册为集体性质的企业，都应列为1998 年清产核资的范围。

　　按照财政部等三部委制定的全国集体企业清产核资工作"先行试点,摸清问题,积累经验,探索方法,研究政策,逐步推开"的方针,全国城镇集体企业从1996年至1998年分三年完成。煤炭集体企业分两步走,1997年扩大试点,1998年全面铺开,其中:进行报表衔接的有1550户,开展清产核资工作的有2384户(各单位汇总户数附后)。

二、煤炭集体企业清产核资的任务和目的

　　开展集体企业清产核资工作,是为了全面摸清煤炭集体企业资产的分布、存量、结构和效益状况,摸清家底,解决资产状况不清,账实不符,资产闲置浪费及被侵占流失问题,进一步明确产权关系,加快盘活资产,调整产品结构,促进企业加强内部管理,提高企业的运营效益。帮助企业脱贫解困,增强企业后劲,推进集体企业的改革与发展。

三、煤炭集体企业清产核资的内容

　　主要内容是:资产清查、价值重估、产权界定、资金核实、产权登记、建章建制等工作。

　　(一)资产清查。指对企业、单位的各项资产负债及所有者权益进行全面清理、登记、核对和查实。

　　资产清查要依靠群众,对全部资产(包括流动资产、长期投资、固定资产、无形、递延和其他资产、土地资产)进行全面彻底的清查,做到见物就点,是账就清,不留死角,不打埋伏,不重复、不遗漏。清查工作结束后,在企业、单位自查的基础上,部将组织抽查,抽查面不低于30%。

　　(二)资产价值重估。指对集体企业中账面价值与实际价值背离较大的主要固定资产进行重新估价。

　　固定资产价值重估,依据国家统一制定的《城镇集体企业清产核资固定资产价值重估统一标准目录》进行。重估工作要实事求是,严格执行有关政策规定和技术标准,不得随意多估或少估。

　　(三)产权界定。指对集体企业的财产依法确认其所有权归属的法律行为。

　　产权界定,要根据国家的有关规定,在不改变企业性质、不改变企业隶属关系、不改变分配制度的前提下,本着依法确认、尊重历史、宽严适度、有利于监督的原则,划清煤炭全民企业财产与集体企业财产的产权归属。既要防止国有资产流失,又要有利于促进集体企业改革与发展。要贯彻"宜粗不宜细"的工作原则,采取以原账面价值为基础进行,在产权界定过程中,对有争议、不好协商的产

权纠纷,为不影响清产核资进度,列入"待界定资产",待以后解决。

通过清查界定,理清国家投资和政策扶持等未明确的关系,集体企业与全民企业财产有争议未明确的关系,集体企业之间及其对外投资举办的国内联营、合资、股份制企业之间有争议的财产关系。

要抽调熟悉企业发展历史和有关方面专业人员组成产权界定工作小组,注意广泛收集产权变动及权益发展历史,熟悉掌握产权界定的政策。

中央煤炭集体企业产权界定认定后,凡涉及国有权益变动的,说明原因,经当地财政专员办事机构签署意见,由各省煤管局、公司,直管矿务局(公司)审核汇总报煤炭部,再报财政部清产核资办公室会同财政部、国家国有资产管理局审核和批复。

(四)资金核实。指对集体企业在清查资产、重估资产价值、界定产权后的企业实际占用的全部资产价值总量,进行重新核实及核定资本金。

资金核实申报前,各企业、单位对前一阶段数据进行复核,发现错误,说明原因,立即纠正。

(五)产权登记。指对集体企业占有资产的产权依法登记的法律行为。

煤炭集体企业完成清产核资资金核实工作后,在三个月内,到当地有关部门办理产权登记手续。

(六)建章建制及检查总结

1. 在进行清产核资工作过程中,针对清产核资发现的有关问题,相应建立健全或修改完善本企业、单位有关规章制度,如固定资产、低值易耗品、债权债务、现金等管理制度,盘活闲置设备、物资办法,国有资产保值、增值管理制度和所有权管理制度。从而加强集体企业的基础管理,盘活资产,提高经济效益。

2. 在资产清查、价值重估、产权界定、资金核实工作完成后,企业、单位要进行自查,企业主管部门会同同级清产核资机构,要组织抽查,抽查面不低于40%,财政部清产核资办公室将根据工作进展情况,会同地方、部门组织联合检查组,分期分批检查工作。

检查内容包括各项政策的落实情况,各项审批手续是否齐备,对存在的问题是否提出了改进意见和建议。

3. 清产核资工作结束后,各有关煤管局和试点企业、单位对清产核资工作要进行全面认真总结。数据汇总、分析要准确、真实,总结报告要有观点、有材料、有分析、有建议、有典型实例。

4. 对在清产核资工作中作出显著成绩的企业、单位和个人进行考核、表彰和奖励。

四、煤炭集体企业清产核资的步骤和时间安排

1998 年煤炭集体企业、单位扩大试点的资产清查时点统一定为 1997 年 3 月 31 日(因实际清查时间与规定时点数不一致而产生的差额,均要采取倒轧方法,倒轧回规定时间),以这个时间点编制一份完整的资产负债表,作为资产清查的依据,整个工作在 12 月底前结束,具体分为三个阶段。

第一阶段(3 月底前)为前期准备阶段。

(一)煤炭部准备阶段:

1. 进一步核实集体企业、单位户数清理工作,此项工作于 1 月底前完成。

2. 拟定煤炭行业集体企业、单位(扩大试点)清产核资实施方案,于 3 月初上报财政部清产核资办公室。

3. 及时通知有关单位、企业参加省、市、地区组织传达吴邦国和刘仲黎同志在 1998 年全国城镇集体企业清产核资工作电视电话会议上的讲话。

4. 3 月下旬组织煤炭行业城镇集体企业、单位清产核资专业技术业务骨干的培训。

(二)各煤管局(厅、公司)和各企业、单位准备阶段:

1. 进行宣传、动员,发动群众。集体企业清产核资是一项复杂、政策性很强的工作,涉及到各方面的利益,各企业、单位要充分利用电视、广播、报纸、刊物等媒介进行深入宣传。

2. 参加试点的各煤管局和各企业、单位逐级制定清产核资的实施方案,提出各阶段工作的目标、内容、步骤和方法,并落实到部门、单位和个人。实施方案要于 4 月底前报部清产核资办公室。

3. 组织政策、业务技术培训,明确各阶段的任务、目标、方法及政策的处理,讲解报表和计算机的运用。

4. 配备计算机操作人员。

第二阶段(4 月至 11 月)为组织实施阶段

(一)对集体企业各项资产、负债和所有者权益进行全面清查,于 7 月上旬完成。资产清查结束后,经逐级汇总,部清产核资办公室于 7 月中旬组织审核汇总及工作汇报,并将资产清查快报抄送同级清产核资机构。

(二)对集体企业内未明确财产关系或企业之间有争议的财产关系进行界定。界定结束后,经逐级审核汇总后,企业主管部门将"产权界定申报表"(财集清申报 02 表)和报告书,以及"界定文本文件"的副本等附件于 8 月底前报同级清产核资办公室审批。

（三）对集体企业主要固定资产进行价值重估。重估工作结束后，报企业主管部门审核汇总，然后将资产价值重估工作报告和"固定资产价值重估申报表"（财集申报02表）于9月底前报送同级清产核资机构审批。

对价值重估和产权界定工作，各集体企业、单位根据实际情况，可以交叉进行。这两项工作结束后，部清产核资办公室于9月下旬组织这两项工作的汇总和汇报。

（四）对集体企业占用的资产总额进行核实。资金核实结束后，企业主管单位将书面报告及"资金核实申报（审批）表"报同级清产核资机构审批，于10月底前完成。

（五）清产核资实施阶段工作结束后，各企业、单位填制1997年集体企业清产核资报表，经逐级汇总审核后，于11月上旬报部清产核资办公室会审。

各阶段申报表汇总软盘及资产清查基础表软盘均由煤炭部统一编制下发。

第三阶段（12月）为总结、检查、建章建制阶段

集体企业、单位总结报告，由企业主管部门于12月20日前报部清产核资办公室。

五、加强组织领导

各煤管局（厅、公司）、装备集团公司、中煤建设开发总公司、北京煤科院等单位要精心组织，主动协调，负责按时完成本省或本单位下属企业的清产核资工作。

各企业、单位清产核资办公室负责内部创办的集体企业清产核资工作，并主动与当地清产核资机构、经贸委、税务部门密切配合，提供资料，完成各阶段的申报审批工作。

各企业、单位建立集体企业清产核资领导小组和办事机构，利用原有清产核资机构和队伍，由各企业、单位财务部门牵头，与多种经营部门密切配合，分工负责，统一步骤，树立全行业一盘棋思想，加强协调，各负其责，以保证清产核资工作顺利进行。

附二：1998年煤炭集体产业清产核资户数。（略）

（此件由国家安全生产监督管理局办公厅提供）

关于一九九八年政府工作的建议①（节录）

（1998年3月5日）

李 鹏

第一，进一步稳定和加强农业。

积极促进乡镇企业、特别是中西部地区乡镇企业的发展。引导乡镇企业加强经营管理，加快技术进步，提高产品质量，根据市场变化调整产品结构，利用农村劳动力和农副产品资源丰富的优势，发展农副产品加工业。乡镇集体企业的改革要积极稳妥地进行，既要增强企业活力，又要实现集体资产保值增值，发展壮大农村集体经济。

第二，国有企业改革要取得新的突破。

国有企业改革是当前经济体制改革的重点。中央提出，要用三年左右的时间，通过改革、改组、改造和加强管理，使大多数国有大中型亏损企业摆脱困境，力争到本世纪末使大多数国有大中型骨干企业初步建立起现代企业制度。国有企业改革的指导思想和基本任务，一是把国有企业改革作为经济体制改革的中心环节，以建立现代企业制度为方向，切实转换企业经营机制；二是实行分类指导，从搞好整个国有经济出发，"抓大放小"，对国有企业进行战略性改组；三是按"三个有利于"的标准，探索和发展公有制的多种实现形式；四是把改革同改组、改造、加强管理结合起来；五是鼓励兼并、规范破产、下岗分流、减员增效和实施再就业工程；六是推进以建立社会保障制度为重点的配套改革。我们必须充分估计改革的艰巨性和紧迫性，也要看到改革的有利条件。现在宏观经济环境比较好，要树立信心，采取坚决而又稳妥的步骤，为搞好国有企业改革，促进效益提高而努力。

推进重点行业和重点企业的改革和发展。以纺织行业为突破口，促进困难行业深化改革和扭亏解困。取得初步成效后，再推进到兵器、机械等其他困难行业。搞好重点大企业，对改善国有经济的整体效益有重要作用。在一些重要行

---

① 这是李鹏在第九届全国人民代表大会第一次会议上所作的政府工作报告第三部分节录。

业和关键领域,鼓励组建大型企业集团,增强在国内外市场的竞争能力。发展企业集团要坚持以市场为导向,打破部门、地区和所有制的界限,支持强强联合,实现优势互补,防止简单拼凑集团和盲目扩大规模。国务院要加强对国有大型企业财务的监督。

加快国有企业的改组和调整。鼓励优势企业兼并困难企业,使资源得到有效利用。对长期亏损、扭亏无望的企业实施规范破产,下决心关停一批产品没有市场,经营难以为继的企业。分流企业富余人员,是提高效益的重要途径,各级政府要给予关心和支持。继续在试点城市和重点行业实行支持企业兼并、破产和减员增效的优惠政策,今年核销银行呆账坏账准备金的总额增加到四百亿元。在这项工作中,要防止变相逃债,保护银行资产安全。中央和地方都要采取措施,减轻企业的债务负担。继续把"拨改贷"和基本建设经营性基金转为国家资本金,今年再转五百亿元。

积极稳妥地进行股份制和股份合作制改革。对具备条件的大中型企业实行规范的公司制,根据市场情况,允许一些企业上市发行股票。企业改制要真正转变经营机制,实现政企分开,明确国家和企业的权利和责任,完善内部管理制度,加强所有者对经营者的约束和激励,防止国有资产流失。国有小企业量大面广,就业人数很多,在国民经济中占有重要地位,要采取改组、联合、兼并、租赁、承包经营和股份合作制、出售等形式,加快放开搞活的步伐。要把经营自主权真正放给企业,实行自负盈亏,使小企业能够更加灵活地适应市场。要根据不同情况,选择适当的改革形式,不要盲目追求进度。实行股份合作制要尊重职工意愿,不能强迫入股,也要防止股权集中在少数人手里。

加强领导班子建设和企业经营管理。许多办得不好的企业,主要是领导班子有问题。要完善对经营者的选聘、监督、考核和奖惩办法。办得好的企业,领导班子要保持稳定,办得不好的要及时调整。要加强民主管理,充分发挥广大职工的积极性和创造性。企业要转变观念,使生产经营和内部管理适应市场的要求。要重视加快技术进步和新产品开发,调整产品结构,加强市场营销,改善售后服务,努力降低成本,提高质量,增强竞争能力。各级政府要积极帮助企业分离社会职能,企业要努力增加资金积累,改善资产经营状况。

积极推进其他各项改革。继续调整和完善所有制结构,在推进国有经济改革和发展的同时,积极发展城乡多种形式的集体经济,继续鼓励和引导个体、私营等非公有制经济共同发展。加快职工基本养老保险、医疗保险、失业保险等社会保障制度的改革,为国有企业改革和经济结构调整创造条件。在流通领域,要打破地区封锁和行业垄断,整顿市场秩序,坚决打击走私贩私和制售假冒伪劣产品的不法行为。多发展一些连锁经营的便民店,不要盲目建设高档商场。积极推进代理制,鼓励大型生产企业和流通企业联合,内外贸企业联合,共同开拓国内外市场。继续改革和探索国有资产管理体制,加强国有资产管理。

（选自《十五大以来重要文献选编》上册,人民出版社
2000 年 6 月第 1 版,第 225—228 页）

财政部、国家经济贸易委员会、国家税务总局、国家工商行政管理局关于在全国开展城镇集体企业、单位清产核资工作的公告

(1998 年 3 月 6 日)

为全面摸清和准确掌握我国城镇集体所有制企业、单位的资产存量、分布、结构及效益状况,理顺其产权关系,促进其加强资产、财务管理,进一步加快集体经济的改革和发展,按照国务院批准的总体工作方案,1998 年将在全国范围内全面开展城镇集体企业、单位的清产核资工作。为保证此次城镇集体企业、单位清产核资工作全面彻底,现就有关工作事项公告如下:

一、1998 年全国城镇集体企业清产核资工作在国务院统一领导下,由财政部、国家经贸委、国家税务总局共同组织;各地区在本级人民政府或清产核资领导小组领导下,由各级政府清产核资办公室会同经贸、税务等有关部门具体组织实施本地区城镇集体企业清产核资工作,其中:中央部门(单位)举办集体企业,除特别规定外均实行属地组织原则。

二、1998 年全国城镇集体企业清产核资的工作范围为所有在各级工商行政管理部门登记注册为集体所有制性质的各类城镇集体企业(单位)、集体经济组织(1996、1997 年已参加清产核资试点的企业除外),具体包括:各级政府部门、事业单位、国有企业举办登记注册为集体性质的各类城镇集体企业(单位);各类合作制、股份合作制企业,包括由城镇集体企业、国有企业改制为股份合作制的企业;各类"挂靠"在政府部门、事业单位管理而登记注册为集体性质的企业;各类以各种形式占有、代管集体资产的部门或企业;各类集体性质的联合经济组织。

三、各级清产核资机构要加强对清产核资各项工作的检查督促,进一步严肃工作纪律。对拒不开展清产核资或在工作中采取"走过场"、未如实暴露企业存在的问题、未按规定全面完成清产核资工作任务的集体企业,不得享受国家有关

清产核资的优惠政策,不得列入企业改制范围,各级工商行政管理部门在登记注册、年检中要从严办理,税务、劳动、民政部门在税务登记、劳服企业登记和福利企业登记暂缓办理;必要时各级清产核资机构可组织中介机构对其进行全面的清产核资工作。

四、城镇集体企业的清产核资工作原则上按属地组织进行。除特殊规定外,凡在所辖地域内举办的所有城镇集体企业,包括中央企业(单位)在当地举办集体企业均须纳入1998年当地清产核资工作范围。各类"挂靠"各级政府部门或单位登记注册为集体性质的企业,在完成清理甄别工作后按规定进行清产核资工作。

五、1998年全国城镇集体企业清产核资的资产清查时间点为3月31日24时。所有符合条件参加清产核资的城镇集体企业均须按照国家的统一要求,在11月底以前完成资产清查、产权界定、价值重估、资金核实、产权登记等各项具体工作,并及时提交有关部门进行审核批复,全部工作须在12月底以前完成。

六、城镇集体企业清产核资各项工作政策、方法按国家统一规定执行。各类城镇集体企业及各级清产核资机构必须严格遵守国家颁布的有关清产核资政策和规定,不得各行其是、政出多门。各类城镇集体企业(单位)应主动与当地清产核资办公室建立联系,并按照当地清产核资工作的部署和要求做好各项工作。

七、自本公告发布之日起,凡尚未纳入当地清产核资工作范围的各类城镇集体企业,均须在15日之内与当地清产核资机构取得联系,并成立专门工作班子,做好有关准备,按时展开工作。对拒不按照国家规定开展清产核资的城镇集体企业,企业职工、干部及其他有关人员均有权予以举报,国家对举报人依法实施保护。

（此件由财政部办公厅档案处提供）

在中国轻工总会、中华全国手工业
合作总社直属集体企、事业单位
清产核资工作会议上的讲话

（1998 年 3 月 17 日）

步正发①

同志们：

根据国务院在全国范围内开展城镇集体企业清产核资工作的整体部署和财政部、国家经贸委、国家税务总局关于清产核资的工作安排，在 1996 年试点、1997 年扩大试点的基础上，1998 年在全国范围内全面铺开城镇集体企业清产核资工作。今天，我们召开中国轻工总会、中华全国手工业合作总社直属城镇集体企、事业单位清产核资工作会议，主要任务是传达贯彻财政部、国家经贸委、国家税务总局于 2 月 17 日共同召开的"全国城镇集体企业清产核资工作电视电话会议"及吴邦国副总理、刘仲藜部长的讲话精神，对总会、总社直属的城镇集体企、事业单位的清产核资工作进行动员和部署。

下面，我就有关问题讲几点意见。

一、充分认识集体企业开展清产核资工作的重要意义

在城镇集体企业开展清产核资工作是党和国家的一项重要战略决策，对于深化集体企业的改革，促进集体经济的发展，巩固社会主义公有制经济，有着极其重要的意义，概括起来有以下几点：

（一）开展集体企业清产核资，是全面摸清我国公有制经济状况的重要措施

集体经济是我国公有制经济的重要组成部分，也是我国国民经济发展中的重要力量。改革开放以来，在邓小平理论和党的基本路线指引下，我国的城镇集

---

① 步正发时任中国轻工总会副会长、中华全国手工业合作总社副主任。

体经济有了很大发展,据统计,1996 年城镇集体企业从业人员达 3000 多万人,占城镇职工总数的四分之一,上交国家的工商税收已突破 1000 亿元,占国家工商税收的 20% 左右,城镇集体经济在促进经济发展、扩大就业、活跃市场、出口创汇、改善人民生活、保持社会稳定、增加公共积累和国家税收等方面,都发挥了重要作用,在国民经济中占有重要地位,对发挥公有制经济的主体作用意义重大。从轻工系统来看,轻工集体经济在轻工行业占有同样重要的地位。据统计,1996 年全国轻工系统集体企业完成工业总产值 2231 亿元,比 1990 年增长 79%,年平均递增 10%;以集体企业为主的十一个轻工行业完成商品出口额 341.3 亿美元,比 1990 年增长 456%,年平均递增 28.7%。从 1994 年开始,轻工集体经济工业产值占轻工业总产值的比重开始超过轻工国有经济,并不断提高。1994 年轻工集体经济的比重超出国有经济 5 个百分点,1995 年超出 6 个百分点,1996 年超出 7 个百分点。到 1996 年底,全国轻工集体企业共有 4.1 万个,职工 425.2 万人,完成工业总产值 2231 亿元,分别占轻工系统企业总数、职工总数和工业总产值的 75.5%、44.9% 和 39.2%,轻工集体企业已占轻工业的"半壁江山"。

从集体企业的地位和作用可以看出,开展城镇集体企业清产核资工作,系统、全面、准确地了解集体企业的构成、分布、结构、资产、负债、盈亏等状况,有利于准确、科学地了解集体企业经营管理中的真实情况,以及其在公有制经济中的地位和作用,全面摸清公有制经济状况,为国家宏观决策提供科学的依据,促进国民经济的结构调整和整个公有制经济的健康快速发展,有利于集体企业调整和完善所有制结构,推动集体经济的改革和发展。

(二)开展集体企业清产核资,是推动企业改革与发展的重要环节

中国轻工业原材料总公司、中华康普实业发展公司是总会、总社用集体资金投资兴办的物资供销企业。多年来,这两个公司在原轻工业部和现在的轻工总会党组领导下,从轻工原材料供应,轻工产品的销售等方面,为行业提供了有效服务,对轻工集体企业的发展、支援农业建设起到了积极的作用;与此同时,自身的业务范围得到了拓展,经济实力得到了增强,成为总会、总社经济基础的重要组成部分。但是,也要清楚地看到,由于历史的原因,公司内部也不同程度地存在着"资产家底不清、产权归属不清、资产增贬值状况不清和资产流失状况不清"的问题,资本结构和资产管理、运行方面的不合理现象制约了公司的发展。对此我们必须有一个正确的认识和客观、积极的态度,要乘这次全国开展清产核资工作的东风,认真做好总公司本部及所属分公司的清产核资工作,对所取得的数据进行深入、科学、系统地分析,对所了解的情况和问

题进行深入研究,研究解决规模效益低下、存量资产沉淀、闲置及流失等问题,推动企业的改革与发展。

(三)开展集体企业清产核资,是建立现代企业制度的必要条件

城镇集体企业改革的方向是建立现代企业制度。江泽民总书记在党的十四届五中全会上指出:"集体企业也要不断深化改革,创造条件,积极建立现代企业制度"。所谓现代企业制度,是指符合社会化大生产需要、适应社会主义市场经济体制的"产权清晰、权责明确、政企分开、管理科学"并依法规范的企业制度。总会、总社直属集体企业改革的方面,也是要向建立现代企业制度努力,使企业真正成为自主经营、自负盈亏、自我发展、自我约束的法人实体和市场竞争主体。

中国轻工业原材料总公司、中华康普实业发展公司是总会、总社兴办的直属集体企业,总社是以合作事业基金作为资本金投入的出资者,公司受总会、总社的委托进行经营,是集体资产经营者。《中国集体工业》杂志社也是总社出资兴办的事业单位,是为集体经济服务的新闻出版单位。需要强调的是,总会、总社直属集体企、事业单位的资产受益、重大决策和选择管理者的权益只能由出资者享受,这些企、事业单位经营好坏,即盈或亏,资产保值增值状况关系到出资者的权益,经营者经营的优劣要由出资者评价和监督。多年来,直属企事业单位加强经营管理,取得一定的经济效益,给总会、总社做出了贡献,也壮大发展了自身。但一直没有进行过清产核资,这在一定程度上存在着家底不清等问题,也影响了企、事业单位的改革与发展。因此,通过这次清产核资,在全面清查资产和清理债权债务的基础上,核实企业财产占有量,明晰产权,规范管理,提高资产的运营效益,为建立现代企业制度打下基础。

总之,做好总会、总社直属集体企、事业单位的清产核资工作,既是国家战略决策、全国一盘棋的要求,也是加强总会、总社集体资产管理、促进直属集体企、事业单位改革与发展的需要。我们要充分认识开展清产核资工作的重要性和现实意义,把这项工作抓实、抓好。

二、精心组织,加强领导,做好清产核资工作

根据城镇集体企业清产核资工作的总体要求和工作安排,前二年主要是进行了试点和扩大试点的工作。结合总会、总社直属集体企、事业单位的具体情况和公司的要求,我们没有进行直属集体企、事业单位清产核资的试点工作,而是重点抓了轻工行业城镇集体企业清产核资的协调、服务工作,配合财

政部、国家经贸委、国家税务总局做好轻工集体企业清产核资的组织协调、情况反映、政策指导等工作。今年清产核资工作在全国范围内铺开，各项政策都已出台，为总会、总社直属集体企、事业单位的清产核资创造了良好的条件和提供了难得的机遇。为此，对今年直属集体企、事业单位的清产核资工作提出以下几点要求：

（一）加强组织领导。今年总会、总社直属集体企、事业单位的清产核资工作，根据公司的要求并经财政部清产办同意，由总会、总社统一组织实施。这样，有利于工作统一部署、统一步骤、统一政策，有利于国务院有关部门的业务指导。为此，要求各单位对清产核资工作要予以高度重视，按照国家有关政策规定和统一要求，认真准备，精心组织；总会、总社已成立了轻工集体企业清产核资领导小组，领导小组办公室设在经济调节部。要求各总公司及所属分公司也要成立相应的领导组织机构，公司法定代表人要亲自抓这项工作，指定相应负责人员，从组织机构上切实加以保证，并将本单位的组织领导机构名单报总会、总社。总会、总社轻工集体企业清产核资领导小组及其组织机构，负责本部并组织监督三个直属企、事业单位的清产核资工作；直属企、事业单位负责本部并组织监督各自分公司的清产核资工作；分公司负责本部及所属单位的清产核资工作。分工负责，责任要层层落实，保证任务的完成。

（二）加强工作配合。清产核资工作量大，内容多、政策性强，是一项庞大的系统工程，单靠财务部门的力量是难以办好的，而是一个单位的整体行为。为此，各单位要从促进企业改革与发展的大局出发，抽调专门力量组成工作班子，财务部门、经营部门、物资管理部门等要密切配合，加强协作，单位之间、总公司与分公司之间要多沟通、多联系，及时反映有关情况和问题，提出意见和建议；总会清产核资办公室要和国务院有关部门多汇报，争得支持和帮助，协助公司及单位做好各项工作，加强督导，保证整体工作的全面彻底。

（三）如实反映问题。通过清产核资，达到"摸清、解困、管好"的工作目标，是国务院领导对清产核资工作的基本要求。清产核资不但要摸清企业的结构、资产、负债、盈亏和经营管理现状，更重要的是要摸清企业资产管理中现存的和历史遗留下来的问题，并针对问题深入分析产生的原因，根据国家有关政策，实事求是地提出解决问题的办法。为此，各单位要认真学习有关清产核资的文件，正确理解和掌握政策，解除思想顾虑，认真、如实地做好各阶段的工作，把现存的和历史遗留下来的问题真实地反映出来，用好、用足国家清产核资的优惠政策，使问题得到解决。各单位一定要对各阶段的工作严格把关，防止走过场；凡是弄虚作假，走过场的，除责令推倒重来外，还要追究有关领导的责任。

（四）加强基础管理。各公司、单位在清产核资工作中，一方面要按照三部委有关文件的要求和总会、总社清产核资的工作部署，认真做好各阶段的工作，认真保证工作质量，另一方面要根据清产核资中暴露出的问题，建立严格的基础管理制度，建章建制，做到清管结合；同时，为了巩固清产核资的成果，防止"前清后乱"，各单位在全面组织完成各项工作任务的前提下，研究加强资产管理、深化企业改革、促进企业发展的办法和措施，切实提高资产的运营效益，在为行业提供有效服务、增强公司自身实力、壮大总会、总社经济基础方面做出新的贡献。

（此件由中华全国手工业合作总社办公室提供）

财政部、国家工商行政管理局、国家经济贸易委员会、国家税务总局关于印发《清理甄别"挂靠"集体企业工作的意见》的通知

（1998 年 3 月 24 日）

为了准确掌握我国城镇集体企业的真实情况,确保全面完成全国城镇集体企业清产核资工作,我们研究提出了《清理甄别"挂靠"集体企业工作的意见》。现印发给你们,请结合本地区、本部门的工作实际认真贯彻执行,并将工作中的有关情况和问题及时上报。

清理甄别"挂靠"集体企业工作的意见

为了保证全国城镇集体企业清产核资工作全面彻底,进一步加强城镇集体经济的管理,准确掌握我国城镇集体企业的真实情况,维护企业的合法权益,根据财政部、国家经贸委、国家税务总局《关于 1998 年在全国全面开展城镇集体企业清产核资工作的通知》的有关要求,各级清产核资机构会同工商行政管理、经贸、税务等部门在 1998 年全面开展城镇集体企业清产核资中,要认真组织开展对各类"挂靠"集体企业的清理甄别工作,现就有关工作明确如下:

一、切实提高对清理甄别工作意义的认识

由于历史原因,在我国城镇集体企业群体中,一些非集体所有制的企业（单位）、社会团体或个人,在投资举办企业初期或发展过程中,为享受国家有关集体企业的优惠政策,或为取得有关的生产和经营资格,或为保持在生产经营活动中的信誉,或为便于获取有关证明材料,或因原主管部门及单位取消、变更等原因,在各地区、各部门形成了数量较多的"挂靠"集体企业。

"挂靠"集体企业虽在工商行政管理部门登记注册为集体性质,但不少企业仅与主管部门、企业（单位）、社会团体之间采取自愿委托、任意划转或互相协商的松散管理方式,未纳入正常的集体经济管理范围。"挂靠"集体企业的长期存在,导致集体企业户数的虚增和资产总量的失真,影响了国家对不同公有制经济

性质企业的正确判定,以及影响财会制度和税收政策的规范执行。为此,在1998年全国全面开展城镇集体企业清产核资中,将认真组织清理甄别"挂靠"集体企业作为重要工作内容之一,其必要性是:

(一)有利于准确摸清我国城镇集体企业的数量和资产状况,保证城镇集体企业清产核资工作的全面彻底。

(二)有利于促进集体企业改革和发展,促使集体企业加强管理,规范经营行为,切实减轻企业负担。

(三)有利于明晰企业产权关系,消除发生产权纠纷的隐患,维护各投资者的合法利益。

(四)有利于推动各类所有制企业公平竞争,维护经济正常管理秩序。

二、清理甄别"挂靠"集体企业的工作范围

根据全国城镇集体企业清产核资的有关规定,凡在各级工商行政管理部门登记注册为城镇集体企业,但资本来源主要为个人或国有企业(单位)投资、合资、合作,其现有财产构成不属于集体性质为主,采取上交一定管理费(挂靠费)名义上由有关主管部门、企业(单位)、社会团体临时管理、委托管理或"挂靠"管理等企业,均属此次清理甄别工作的范围。其包括:

(一)登记注册为集体但实际为私营(或个体)的企业。

(二)登记注册为集体但实际为国有的企业。

(三)登记注册为集体但实际为私营投资者共同投资举办和经营的个体联营或合伙企业。

(四)登记注册为集体但实际为非国有经济与国有企业或单位投资举办的国有合资、合作或联营企业。

(五)登记注册为集体但已名存实亡,有关"挂靠"主管部门、企业单位、社会团体未督促在工商行政管理部门办理注销登记手续,仍对其承担管理责任的企业。

(六)登记注册为集体但不具有企业法人资格的各类"挂靠"社会团体或经营单位。

(七)登记注册为集体但因原主管部门、企业(单位)、社会团体撤销、合并、变更或划转其他单位临时"代管"的"挂靠"企业。

(八)登记注册为集体但其财产关系不清的各类"民营"等企业,以及其他类型的"挂靠"企业。

三、清理甄别"挂靠"集体企业的主要任务

各级清产核资机构在会同工商行政管理、经贸、税务等部门组织进行清理甄别"挂靠"集体企业的工作时,要认真完成下列工作任务:

(一)明晰企业财产归属。各级清产核资机构在初步判定企业性质后,要按照清产核资产权界定的有关规定,对企业资本来源及现有财产的产权,各投资者应占有的份额,或政府有关部门、企事业单位在"挂靠"企业中的投资、借款的数量予以具体明确,要查清"挂靠"企业享受国家优惠政策所形成的资产数量。

(二)对企业性质进行甄别。企业的所有制性质是企业法人登记制度中的一项重要内容,根据不同的财产所有权、资金来源及分配形式,核准企业不同的所有制或不同的经济性质是一项严肃的法律确认行为,各级清产核资机构要在户数清理的基础上,根据企业登记注册时的有关投资的原始凭证和历史资料,对企业性质做出准确判定,明确企业所有制性质。

(三)规范企业经营行为。对经清理甄别后认定为非集体性质的企业,各级清产核资机构要督促"挂靠"集体企业及时向工商行政管理、税务等部门申报有关文件和资料,变更企业性质。

四、清理甄别"挂靠"集体企业的基本方法

清理甄别"挂靠"集体企业要按照国家现行的城镇集体所有制企业条例、企业登记管理有关规定和城镇集体企业清产核资的工作要求进行,其主要内容和基本方法是:

(一)按照城镇集体企业清产核资户数清理、核查的具体要求,认真确定工作范围和对象,并将各类"挂靠"企业全部纳入清理甄别的工作范围,为全面铺开工作奠定基础。

(二)认真组织企业搜集、核实企业原始投资凭证和资金来源渠道,摸清现有财产数量、企业分配关系及享受的国家优惠政策等实际情况,为判定企业性质创造条件。

(三)按照城镇集体企业清产核资产权界定的政策规定,对企业现有资产、负债、权益进行认真界定,由各投资方签署界定文本文件,据此由清产核资机构出具产权界定的法律文件,划清投资来源或出资人,明确财产归属关系。

(四)对清理甄别后的各类"挂靠"集体企业应采取不同方式进行处理:

1. 对经核实为集体性质或集体资产与职工个人股权占绝对控股或相对控股的企业,纳入本部门、本地区清产核资工作范围,组织企业按照清产核资规定

的工作内容,继续完成价值重估、资金核实、产权登记,并按规定填报完成集体企业各类统计报表;甄别结果和产权界定的文件应向工商行政管理、税务等部门备案。

2. 对经核实为国有性质的企业,经地市级人民政府批准作为国有企业。这些企业要按照国有企业清产核资的有关规定,补课完成清产核资各项工作,单独填制报表汇总上报,并在清产核资后纳入国有资产统计范围。由各级清产核资机构出具有关证明材料,并由工商行政管理,税务等部门责令其限期办理变更企业经济性质和税务登记。

3. 对经核实属于集体与私营或国有企业联营性质的集体企业,要按照集体企业对外投资的有关规定,查清各类对外投资及投资收益,对集体资产与职工个人资产控股的企业,要及时纳入集体企业财务和资产统计范围;对集体资产与职工个人资产不控股的企业,由各级清产核资机构出具有关证明材料,由工商行政管理、税务等部门责令其限期办理变更企业经济性质或组织形式和税务登记。

4. 对经核实为私营或个人性质的企业,由各级清产核资机构出具有关证明材料、工商行政管理、税务等部门限期办理变更企业经济性质和税务登记。

(五)各级清产核资机构要对清理甄别的"挂靠"集体企业的总体情况,包括集体企业总户数、清理甄别户数及清理工作结果等,单独形成单位工作报告,并做好分类统计工作。

五、清理甄别"挂靠"集体企业的有关要求

清理甄别"挂靠"集体企业是一项十分复杂的工作任务,政策性强,涉及企业、部门等方方面面的既得利益,各级清产核资机构会同工商行政管理、经贸、税务等部门在组织开展此项工作时,要严格按照国家统一规定的产权界定政策进行,具体按下列规定办理:

(一)"挂靠"集体企业与主管单位之间,其产权关系有法律依据或约定的从其规定或约定,无约定的按照投资、借款或扶持性投入协商处理。

(二)对本企业职工以外的个人投入所占比重较大(50%以上)的企业,在明确国家对集体企业各项优惠政策在该企业所形成的集体资产份额后,可按原始投资比例确定其投资权益。

(三)为促进企业的稳定和发展,对经产权界定后明确为私人资产的部分,经所有者同意仍留在企业使用并不变现的资产,按税法规定应缴纳个人所得税部分,可留作集体资产用于原企业的生产与发展。

（四）对原主办单位和主要经营者均未出资，主要靠贷款、借款所形成的资产，因企业的原因至今尚未归还贷款、借款的，按原实际担保人或承担连带责任的企业、单位的产权性质确定产权归属；企业已经归还贷款、借款或因债权方原因至今尚未归还贷款、借款的，经企业职工（代表）大会同意，确定归企业劳动者集体所有。

（五）认真按照本规定进行清理甄别的非集体企业，其资产损失和资金挂账，允许比照城镇集体企业清产核资的有关优惠政策和财务规定处理；对经核实实收资本低于注册资本金的企业，由工商行政管理部门限期补足，逾期不补足的，按实收资本重新核定注册资本金。

六、清理甄别"挂靠"集体企业的组织实施

清理甄别"挂靠"集体企业是城镇集体企业清产核资的重要工作内容，关系到整个清产核资的工作质量，各有关部门要增强对清理甄别"挂靠"集体企业的认识，切实加强领导，搞好协调配合，把清理甄别"挂靠"集体企业做为今年全面铺开的一项重点工作抓紧抓好：

（一）全国组织工作在财政部、国家工商行政管理局、国家经贸委、国家税务总局的领导下，具体由财政部清产办负责组织实施。

（二）各地区由各级清产核资机构牵头，会同工商行政管理、经贸、税务等有关部门组织所辖区域内"挂靠"集体企业具体实施。

（三）中央各有关部门的清理甄别工作按照清产核资工作的组织形式进行，即按系统集中组织清产核资的中央部门，其清理甄别工作由中央部门管理等组织实施；按属地原则组织开展清产核资的中央部门，其清理甄别工作由地方清产核资机构会同工商行政管理等部门组织，各有关中央部门及企业要给予积极配合。

（四）对清理出已名存实亡的"挂靠"集体企业，由工商行政管理部门按企业登记管理的有关规定予以处理。

（五）清理甄别"挂靠"集体企业的工作同1998年全国城镇集体企业清产核资工作同步进行，基本工作应在6月底以前完成。

七、清理甄别"挂靠"集体企业的工作纪律

清理甄别"挂靠"集体企业是一项十分严肃的工作，各地区、各部门在组织工作中要加大组织力度，做好宣传和有关政策解释工作，各类"挂靠"集体企

必须认真配合,保证此项工作顺利进行;各级清产核资机构和工商行政管理、经贸、税务部门要加强对"挂靠"集体企业清产核资工作的检查和指导,对不按规定开展工作或走过场的企业处理如下:

(一)对未按规定组织清理甄别工作的"挂靠"集体企业,追究"挂靠"部门及单位和"挂靠"集体企业有关领导的责任。

(二)对未按规定组织清理甄别工作的"挂靠"集体企业,其享受国家对集体企业优惠政策形成的资产应限期收回;工商行政管理部门严格依法处理,税务机关实施重点税务稽核。

(三)对拒不按照要求参加清理甄别的"挂靠"集体企业,由各级清产核资机构指定中介机构对其进行全面的清产核资,有关费用由"挂靠"集体企业或"挂靠"主管部门及单位支付。

(四)对清理甄别"挂靠"集体企业中提供虚假证明,以及侵犯出资者权益等违法行为予以严肃查处,情节严重的按照国家有关法律予以处理。

(五)凡在此次清理甄别"挂靠"集体企业工作中,已确认为集体性质的企业,在产权未发生变化的情况下,今后不得随意变更企业性质。

(此件由财政部办公厅提供)

财政部清产核资办公室明确解释
城镇集体企业产权如何界定

(1998 年 4 月 8 日)

城镇集体企业清产核资过程中,产权界定一直是人们关心的问题。《经济日报》就此请财政部清产核资办公室有关负责人回答了此问题。

问:什么是城镇集体企业产权界定?

答:城镇集体所有制企业、单位清产核资中的产权界定,是指对集体企业的财产依法确认其所有权归属的法律行为。

问:集体企业的劳动积累如何界定产权?

答:清产核资产权界定工作中所称的"劳动积累"是指以个人入股为主的合作制集体企业,按企业章程规定或股东大会决议从经营积累中提取的体现职工合作劳动所作贡献并用于保障企业稳定发展的权益。

对劳动积累的界定要从"尊重历史和维护集体经济利益"出发,在具体界定工作中,凡是集体企业章程中已有规定或实际上企业已提取了劳动积累,投资者没有不同意见的,将已提取的劳动积累界定为集体资产;以劳动联合和个人资本联合为主的集体企业,必须按规定的比例提取劳动积累或公共积累,并界定为集体资产。

问:集体企业内的"个人股金"应如何界定产权?

答:对集体企业内"个人股金"的界定要根据不同情况采取不同的处理方法:

1. 对共同承担企业风险、规范的个人股本,要贯彻"谁投资、谁所有、谁受益"的原则进行界定,其产权归职工个人所有:

2. 对不完全承担企业风险的较特殊的个人股金,如供销社、信用社中的一些企业在章程中明确规定"入股、退股自由,保息分红"等,在清产核资中主要是把原始投入搞清,在国家没有明确有关政策以前,其积累暂不量化给个人;对那些已经量化给个人的,国家没有明确有关政策以前,可暂界定为集体资产;

3. 对一时难以明确投资主体的,其产权暂归集体企业劳动者集体所有。

问:集体企业开办时筹集的各类资金应如何界定产权?

答:集体企业在开办时筹集的各类资金,按以下办法界定:

1. 集体企业在开办时,凡当事方与集体企业明确了投资关系、债权关系、租赁关系和无偿转让的,在集体企业界定产权时,属投资关系的,资产及其收益的产权应归属当事方所有;属于债权关系、租赁关系或无偿转让的,这类资产及其收益应当归集体企业劳动者集体所有,其债权关系按照国家有关法律、法规处理;

2. 集体企业在开办时,当事方(含法人、自然人)对投入资金与集体企业没有约定任何民事关系的,这类资产的产权暂归集体企业劳动者集体所有;

3. 集体企业以担保贷款取得的资金作为开办集体企业的投入,若国有担保单位确实承担了担保连带责任的,担保单位可转为对集体企业的投资;但若集体企业已还清全部款项,借贷担保关系已结束的,该贷款形成的资产产权归集体企业劳动者集体所有。

问:集体企业从收益中提取的各种资金应如何界定产权?

答:集体企业从收益中提取的各类资金,如提取公益金购建的集体福利设施,提留的职工福利基金、奖励基金以及生产发展基金等形成的资产,归集体企业劳动者集体所有。

问:集体企业享受优惠政策形成的资产应如何界定产权?

答:集体企业按照国家法律、法规等有关政策规定享受的优惠,包括以税还贷、税前还贷和各种减免税金所形成的所有者权益,按以下办法界定:

1. 1993 年 6 月 30 日前形成的,其产权归集体企业劳动者集体所有;

2. 1993 年 7 月 1 日后形成的,国家对其规定了专门用途的,从其规定;没有规定的,按集体企业各投资者所拥有财产(含劳动积累)的比例确定产权归属,即以各投资者投入资产占投资时被投资企业净资产总额的比例,乘以享受优惠所形成的所有者权益来确定产权。

问:国家对集体企业的投入应如何界定产权?

答:国家对集体企业的投入(包括各级财政给集体企业的各项拨款、集体企业主管部门投入的技改资金等)及其收益形成的所有者权益,应界定为国有资产。

问:国有企业举办集体企业投入的资金、实物等应如何界定产权?

答:集体企业在创办初期和发展过程中,国有企业投入的资金、实物以及无形资产等,已有约定的(含国有企业清产核资时批准的界定结果),在符合国家政策的前提下应按约定办理;当时没有约定的,应按下列方法处理:

1. 如集体企业已通过交占用费、租金等形式将原有投入全部归还国有企业的,其资产及收益形成的所有者权益界定为集体所有;

2. 如集体企业无力偿还,经界定明确其性质属国有的,应本着"尊重历史和有利于集体经济发展"的原则,继续留在集体企业使用;

3. 对于为安排职工子女就业或安置富余人员,按国家有关政策规定无偿投入劳服企业或民政福利等企业的扶持性资金(资产),可界定为集体资产。

问:集体企业主管部门从集体企业收取的管理费应如何界定产权?

答:对于集体企业主管部门从集体企业收取的管理费,国家已有明确的管理规定,主要是"取之于集体企业,用之于集体企业",集体企业主管部门用管理费的结余资金进行再投入所形成的资产,应界定为集体所有。

(选自《经济日报》1998 年 4 月 8 日《财贸纵横》版)

国家税务总局关于城镇集体所有制企业、单位清产核资若干税收财务处理规定的通知

(1998 年 4 月 17 日)

开展城镇集体企业清产核资试点工作以来,各地在组织实施过程中提出和反映了一些税收、财务处理方面的问题,经研究,现明确如下:

一、关于清产核资资金核实中税收、财务处理审批权限问题

按照现行的税收、财务制度规定,对企业发生的各项资产损失、投资损失、亏损弥补等的处理,各级税务部门都有相应的审批权限。清产核资资金核实中是否照此审批权限执行,可由各省、自治区、直辖市国家税务局、地方税务局根据本地实际自行确定。

清产核资的税收、财务审批权限,限于清产核资工作中适用。其他税收、财务的审批权限,仍按现行规定执行。

二、关于"挂靠"集体企业清产核资有关税收、财务处理问题

(一)"挂靠"集体企业按照国家有关规定进行清理和甄别后未改变企业性质的,应按城镇集体企业的有关规定进行清产核资,并执行清产核资中的有关税收、财务规定。

(二)"挂靠"集体企业按照国家有关规定进行清理和甄别后,改变为其他性质的企业,有关问题应按下列规定执行:

1. 对于按国家规定减免的税款(包括所得税减免)、税前还贷和以税还贷的金额,属于 1994 年 1 月 1 日前发生的,可作为城镇集体资本金,并设置"减免税基金"科目单独进行反映、管理;属于 1994 年 1 月 1 日后发生的,可按规定作为盈余公积金处理。

2. 企业按规定明确为个人资产的部分,应按税法有关规定缴纳个人所得税。

三、关于各项资产损失、挂账损失核销问题

根据清产核资财务处理规定,对各项资产损失和挂账净损失(冲抵资产盘盈后的余额)有三种处理方式:一是直接列入当期损益;二是冲减所有者权益;三是列作递延资产。具体可按以下原则进行处理:

(一)对清理出的净损失,企业有承受能力的,可列入当期损益;

(二)对清理出的净损失,企业无力列损益的,可核销权益,即依次冲减盈余公积、资本公积和实收资本;

(三)对清理出的净损失,企业既无力列损益,又无权益可冲的,可暂列作为递延资产留待以后年度逐步处理。

四、关于一次性进成本的固定资产价值重估问题

一次性进成本的固定资产,按规定不能进行资产价值重估,也不能计提折旧。清理核实后,没有入账的要及时入账,并作为固定资产进行日常管理。

五、关于固定资产重估增值处理问题

对城镇集体企业在全国统一组织的清产核资中,其固定资产价值重估后增值的部分,不计征所得税,并可提取相应的折旧在税前扣除。

六、关于库存商品(产品)损失处理问题

对于进价高于市场价的库存商品(产品),必须按照随销售随处理的规定执行,商品(产品)在没有实现销售时,损失还没有体现前,不能作为损失列入当期损益进行处理。

七、关于实收资本不足问题

对城镇集体企业进行清产核资的资金核实时,如果核定无资本金或资本金达不到国家法定的注册资本最低限额的,可限期在五年内补足。补充的方式可通过资本公积、盈余公积直接转增,也可由主办单位直接投入。

八、关于城乡信用社和城市合作（商业）银行资金核实问题

对已经开展过清产核资的城乡信用社和城市合作（商业）银行，也要按规定进行资金核实的补课工作。在资金核实中，发现问题和差错较多的，和有关部门协商后，要重新进行清产核资工作。

对于企业呆账准备金不足核销呆账的部分，可以列作营业外支出进行处理。

（原件存国家税务总局办公厅档案处）

我国的就业是一个战略性问题[①]（摘要）

（1998 年 4 月 26 日）

何　光

一、关于劳动就业

1. 成就巨大，任务艰巨

在改革开放初期，党中央于 1980 年 8 月提出了"在国家统筹规划和指导下，劳动部门介绍就业、自愿组织起来就业和自谋职业相结合"的就业方针。党中央、国务院又在 1981 年 10 月发布了《广开门路，搞活经济，解决城镇就业问题的若干决定》，重申了这个方针。在同一时期，党中央连续几年提出了指导农业和农村工作改革的一号文件，做出了重大决策。18 年来，在中央决策的指引下，经过全党和全国人民共同努力，并随着经济发展，城乡的劳动就业取得了重大成就，对促进生产力发展，增强国力，改善人民生活，稳定大局起了举足轻重的作用。三结合就业方针的提出，在一定程度上带有从计划经济体制、从所有制领域开始向市场经济体制的过渡因素。它是以就业为题目，作突破单一全民所有制之文章，通过国家、集体、个人一起上的办法，缓解当时城市中沉重的就业压力。由于整个经济体制未动，这个方针在执行中，一方面对扩大就业、繁荣市场、改善生活起了重大作用，另一方面也受到相当程度的历史局限，例如新办集体企业的绝大部分仍然形成了"二全民模式"或带有相当"二全民"色彩的所谓大集体；可喜的是，也出现了一批劳动者的合作制企业。城镇个体经济也由 16 万人增至几百万人。从三结合就业方针的提法上看，如果按目前的新情况做出适当解释，恐怕不能说要全部否定。"自愿组织起来就业"，过去主要是自上而下组织的，在当时 1300 万知青大返城的压力下也不宜否定那种做法。现在仍然要帮助劳动者和适龄青年自下而上地组织起来就业。"自谋职业"，当时主要指从事个体劳动或个体经营。现在要扩展到私营和三资企业就业。因此，对现在和过去就业方针的提法上，需要作历史的具体的分析，两者既有区别又有联系，后者对前者

[①]　这是全国城镇集体经济研究会执行会长何光在发展集体经济和再就业研讨会上的讲话。

应当是批判地继承和发展的关系,而不宜对三结合就业方针作全盘否定。这同由计划经济体制转向市场经济体制的提法是有一定区别的。

在中央提出建立社会主义市场经济体制,实现两个根本性转变,完成五年和十五年战略目标的新形势下,城乡劳动就业仍然是一个十分繁重而艰巨的任务。亟须总结经验,明确指导思想,制定方针政策,动员全党和全社会的力量,努力做好"九五"期间以至今后一个长时期的就业工作。

2. 我国的劳动就业是一个战略性问题

我国的国民经济和各方面的建设事业还不发达,而城乡人口基数庞大,适龄劳动力增长很快,在深化改革、转变体制的过程中,劳动力供过于求的局面势将持续一个相当长的历史时期。这是必须认真对待的一个重大问题。正确地解决我国的人口和劳动力问题,事关改革、发展和稳定的大局,对于能否实现中央提出的战略目标有决定性的影响。

经验证明,在确定发展速度、制定全面规划、处理积累和消费的关系、经济发展和社会发展的关系、城乡经济关系、经济建设和科技教育的关系、一、二、三产业的关系、社会主义公有制和多种经济成分并存的关系、一部分人先富起来和避免两极分化的关系、市场机制和宏观调控的关系、东中西部地区的关系、经济建设和国防建设的关系、独立自主和对外开放的关系、物质文明和精神文明建设的关系等等一系列重大问题时,都需要审慎地研究人口和劳动力问题在其中的地位、作用和影响。

3. 对提高劳动生产率和扩大社会就业率必须统筹兼顾

1979年邓小平同志就明确提出:"现代化的生产只需要较少的人就够了,而我们的人口这样多,怎样两方面兼顾? 不统筹兼顾,我们就会长期面对着一个就业不充分的社会问题。"实践已经从正反两方面证明了他的观点的正确性。劳动就业问题既关系经济发展,又涉及社会发展;在大力提高生产效率和经济效益的同时,必须兼顾相应的社会发展,力求达到尽可能高的就业率。为此,就要在产业结构上对一、二、三产业统筹兼顾,而不能重城轻乡、重工轻农、重生产轻生活、重经济问题轻社会问题,忽视第三产业的发展;就要在技术结构上对现代技术、中等适用技术和手工、半手工操作统筹兼顾,而不能只强调现代技术一方面;就要在企业规模上对大、中、小型企业统筹兼顾,而不能只重视大、中型企业,忽视小企业的重要作用;就要研究资本有机构成的合理性,对资本、技术密集和劳动密集的行业和企业统筹兼顾,而不能只重视前者,忽视后者。只有对上述多项关系实行统筹兼顾的方针,力求避免指导和实践上的片面性,才有可能充分、健康地发展经济,扩大就业。简言之,从我国人口和经济建设的关系来看就业问题,也可以说应当是:一手抓少用人,一手抓多就业。在不同的地区、行业和单位,需要根据其具体条件,把这两方面恰当地结合起来。

4. 把产业结构和所有制结构的调整和改革结合起来

在产业结构方面,要落实扶持政策,使第三产业得到与一、二产业相应的长足的发展,要注意开发三产中的新兴行业。小企业是繁荣经济、扩大就业、改善人民生活所必需的,要制定政策,疏通融资渠道,建立产权维护、信用合作、信息传播、技术开发、管理咨询、横向联合、会计事务、法律事务等经济和社会服务组织,大力帮助和促进小企业的改革和发展。从全局和客观条件看,集体企业、合作企业应当也可能成为小企业的重要组成部分;如能因势利导,在某些地区和行业中,有可能成为小企业的主体。

在所有制结构方面,在国有经济控制国民经济的命脉、深化改革的同时,要大力发展集体经济、合作经济,探索集体经济的多种有益的实现形式,积极推广股份合作制。在对国有经济"抓大放小"的过程中,集体经济、合作经济既能吸收其大量富余人员再就业,又可以成为国有小型单位改变所有制的一种重要形式。应当对国有经济和集体经济的改革和发展采取统筹兼顾的方针政策,使两者相辅相成。这样做,既有利于保持和巩固社会主义公有制的主体地位,又可以使集体经济、合作经济成为扩大就业的重要渠道。根据再就业工程的部署和今后长期的就业需要,劳动就业服务企业,还要继续发展,这部分企业中属于集体经济性质的,要根据十五大决策的精神实行改革。

这里要着重说明一点:坚持国有经济的主导作用是完全正确的;但是忽视甚至不承认集体经济、合作经济作为社会主义公有制重要组成部分的主体地位,从而采取或者支持、默认那种歧视、限制、损害、平调、并吞和化公为私(剥夺劳动者的产权,使之变为私人资本)的政策和措施,则是背离邓小平理论和中央决策的原则性错误。这种态度和做法既不利于防止两极分化,又阻塞了扩大就业的重要渠道。

在大力鼓励和扶持集体经济、合作经济发展的同时,应当遵照中央的决策,把个体、私营、外资等非公有制经济作为社会主义市场经济的重要组成部分,依法鼓励其发展,尽一切可能增加就业岗位。

实践证明,凡是把产业结构和所有制结构的调整和改革结合起来,统筹规划、组织实施的地区和部门,那里的经济发展和劳动就业的形势就比较好;反之,在那些只注意产业结构而忽视所有制结构的地区和部门,其经济发展和劳动就业的形势就比较差,从远景看,更是如此。总之,不能撇开相应的生产关系首先是所有制关系,孤立地讲生产力的发展。所有制是客观存在。所谓"淡化所有制"的说法,不是出于误解,就是另有含义。这是一个理论问题,也是一条历史经验。

5. 统筹城乡经济部局和人口、劳动力部局

一是对城乡经济的改革和发展要结合起来统筹规划,而不应当把两者割裂开来,各行其是。二是在统筹城乡经济布局时,要结合规划其人口和劳动力的布局。农村富余劳动力一般应以就地转移、消化为主。对农民进入现有大中城市务工的,仍须适度控制并加强管理教育。中、西部以至某一省、区、市内部的贫困地区劳务输出量度,以及对城市人口机械增加的控制量度,都须因地而异。要有大致的计算和适当的引导、控制措施,不能任其自流,以致影响大局。要加强监督检查,严防将城市工业中污染环境、毒害职工的行业和企业向农村转移。

6. 大力解决再就业和解困问题

今后若干年内,在国有企业深化改革的过程中,上千万计的下岗职工再就业是一个极其突出的全局性重大问题,必须采取积极的政策措施,千方百计地多渠道地分流和安排下岗和富余人员。必须把增强国有企业的活力和解决再就业问题统筹兼顾,全面安排。各地实施的"再就业工程"已经初见成效。需要总结经验,统一指导思想,制定方案和政策,下定决心,集中必要和可能的人、财、物力,加大"再就业工程"的实施力度。要动员和发挥政府、企业、劳动者和社会各方面的力量和积极性,帮助下岗职工和富余人员再就业和转换岗位。要实行再就业和失业救济相结合而在根本上以前者为主的方针,鼓励和帮助失业者和富余人员互助合作,组织起来,生产自救,艰苦创业和自谋职业。

切实保障困难企业职工的基本生活条件,事关稳定大局。要明确思想认识和领导责任,严格落实政策、制度、不折不扣地做好解困工作。

二、关于集体经济

1. 目前城镇集体经济的情况

从实际情况看来,城镇集体经济的处境甚为艰难,与十五大决策的精神和要求相距很大。近七年内从业人员由 3600 多万减到 2800 多万。主要问题有:

第一,舆论导向不佳。权威报刊、广播、电视很少涉及。在人们头脑中,集体经济仍然是"低级的"、"暂时的、过度的"经济形式。在再就业的新闻报导中,强调只有依靠个体和私营经济,而完全不提集体经济、合作经济,是相当普遍的现象。有的报刊甚至提出,"自愿组织起来就业"的方针已不适用了。

第二,产权没有保证。很多地方政府及其部门的平调和主办单位无偿占有

（包括借产权界定的名义）迄未停止；有的部门规定，集资的劳动者必须放弃其产权才能按集体企业登记；不少地方政府出面将集体企业拍卖，其收入归政府所有；个别地区在股份合作制名义之下剥夺集体企业中劳动者的产权，使其变为私人资本。

第三，附属物的地位基本未变。绝大多数集体企业仍然处于主管部门或主办单位附属物的地位。政企关系以至社企关系仍是一大难题。

第四，信贷极端困难。城市信用社改为合作银行（实际上是地方商业银行）后，基本上阻滞了集体企业的融资渠道。有些想筹资合作的下岗职工和适龄青年不得不求助于高利贷。

第五，社会保障问题尚未基本解决。

第六，管理者、劳动者素质不高，企业缺乏市场竞争能力。集体企业的这种处境和情况，使下岗职工既不愿意也很难到那里去就业。

上述问题的形成有多种原因。主要是中央做出正确的决策之后，在领导机关中排不上日程，没有相应的机构和领导力量，落不了实。若干年来，政府综合经济部门几乎集注全力于国有大企业。集体经济中几项全国性的重要政策得不到及时的统筹协调，既难于合理定案，更难于落到实处。有的部门在一些重要问题上违反国家规定，自行其是，也得不到有效的制止和纠正。

2. 几点意见和建议

第一，建议领导机关将所有制和集体经济问题列入日程，结合党中央、国务院关于再就业工程的部署和实施，给予及时指导。建议在综合经济部门内设立精干有效的集体经济管理机构；在研究小企业的发展、政策和法规时，把集体企业作为重要组成部分，而不能扬私有，压公有。

第二，加强宣传教育，端正舆论导向。首先要统一领导干部的思想。要纠正舆论宣传中的片面性。宣传再就业问题时，应当把集体经济、合作经济作为重要渠道之一。宣传和提倡下岗职工自愿组织起来再就业，结合解决政策问题。说明劳动者的合作制和被剥夺产权的"归大堆"是两回事。指出积极引导和热情帮助下岗职工组织起来，互助合作，自力更生，艰苦创业，是领导者的重要职责。

第三，改善政策环境。目前亟待解决的问题有三项：

一是产权的落实和维护。集体企业附属物的地位如不改变，劳动者的产权就没有保障。在进行全民单位扶持举办的集体企业的产权界定时，应当按照既承认投资（如果是投资的话）增值，又承认劳动积累的原则办事，不能只讲"谁投资，谁所有，谁受益"。集体企业出卖与否和出卖的条件，必须经过该企业的职工大会或职工代表大会讨论决定，任何人不得擅自处理。坚决制止在优化结构中平调集体资产的行为。遵照十五大的决策，对"劳动者的劳动联合和劳动者的资本联合为主的集体经济"，必须明确保障其法律地位。由于集体经济与国有经济是两种不同的公有制，建议成立集体经济产权的专管机构。

二是疏通信贷渠道。重建和发展城市信用合作社。建议主管部门积极支持和指导其试点工作。研究建立集体企业或小企业发展基金问题。

三是加快城镇集体经济社会保障制度的建设。

（此件由全国城镇集体经济研究会提供）

全党动手,动员全社会力量,共同做好
国有企业下岗职工基本生活保障和
再就业工作①(节录)

(1998 年 5 月 14 日)

江泽民

立足当前,考虑长远,还应进一步研究采取一些重大措施,以利不断地扩大生产门路和就业门路。这里,我提出几个方面,请大家考虑。

第一,要进一步研究如何更充分地发挥中小企业在吸纳就业人员方面的重要作用。一般来说,大型企业在技术、产品创新和上缴利税方面具有优势,而为数众多的中小企业在吸纳各类就业人员方面可以作出很重要的贡献。一些发达国家就业人数的百分之六十以上在中小企业。美国一九九三年以来新增就业的三分之二在小企业。我国百分之九十以上的企业职工是在中小企业就业的。所以,大力扶植和支持中小企业的发展,对解决下岗职工再就业、缓解就业压力,具有大企业不可替代的作用。搞活中小企业,要从实际出发,采取多种形式。党的十五大提出了改组、联合、兼并、租赁、承包经营和股份合作制、出售等多种形式,不能简单地一卖了之。必须充分考虑职工的利益,考虑职工的就业,要防止国有资产流失,防止逃、废银行债务。如果不考虑这些,一味竞相拍卖,把大批职工推给政府和社会,算起总账来,是得不偿失的。中小企业,只要能对当地就业发挥重要作用,即使在经济效益方面是微利的,也应加以支持和保护,要研究采取一些优惠政策,帮助它们克服困难,引导它们健康发展。

(选自《十五大以来重要文献选编》,人民出版社 2000
年 6 月版,第 364—365 页)

---

① 这是江泽民在中共中央国务院召开的国有企业下岗职工基本生活保障和再就业工作会议上讲话的一部分。

国有企业下岗职工基本生活保障和再就业工作的几个问题①（节录）

（1998 年 5 月 16 日）

朱镕基

（一）必须高度重视做好国有企业下岗职工基本生活保障和再就业工作。

党中央、国务院确定的下岗分流、减员增效和实施再就业工程是一项大政策，无论从缓解当前社会经济生活的突出矛盾，还是从推进改革和发展的长远要求，以及更好地解决我国的劳动就业问题来看，都是一项积极的政策、关系全局的政策。中央决定，用三年左右的时间，通过改革、改组、改造和加强管理，使大多数国有大中型亏损企业摆脱困境，力争到本世纪末使大多数国有大中型骨干企业初步建立起现代企业制度。实现这个目标，除了制止盲目重复建设外，企业富余人员下岗分流、减员增效是个根本途径。只有把富余人员减下来、安置好，才能减轻企业负担，加快技术进步，降低生产成本，提高生产效率，增强市场竞争力，从而为扩大就业提供更强大的物质基础。同时，这也有利于增强职工的竞争意识，充分发挥他们的积极性、创造性和聪明才智。我们要搞好整个国有经济，对国有企业实施战略性改组，提高国有经济的整体素质和效益，就必须解决富余人员的分流问题。国有企业职工下岗分流和再就业，也是促进产业结构优化升级的重要举措。目前，我国社会保障体系尚不完善，保障水平很低，劳动力市场发育不充分，解决国有企业人员过多的问题具有特殊的困难和复杂性。我们既不能照搬国外的做法，也不能沿用计划经济的办法，只能根据现阶段的实际情况，制定适合中国国情的政策、措施。我们要从全局的高度、战略的高度，充分认识做好职工下岗分流和再就业工作的重要性和紧迫性，坚定不移地贯彻中央的重要决策。各地区、各部门一定要按照江泽民同志在这次会议上重要讲话的要

---

① 这是朱镕基在中共中央、国务院召开的国有企业下岗职工基本生活保障和再就业工作会议上讲话的一部分。

求,以对党和人民极端负责的精神,高度重视,加强领导,齐心协力,满腔热忱地做好这项工作。

这次会议,主要是研究部署国有企业下岗职工基本生活保障和再就业工作。有些同志提出,现在社会就业压力很大,除了国有企业外,其他企业也有不少下岗职工,还有社会新增劳动力和农村剩余劳动力转移的问题,希望能够统筹考虑。必须明确,解决下岗职工基本生活保障和再就业的问题,现在只能以国有企业为重点。国有企业职工几十年来为经济建设、改革开放和社会发展作出了重大贡献,党和政府理所应当地给予他们更多的关心,应该帮助他们解决下岗后的基本生活和再就业问题。现在国家财力有限,要把所有下岗职工的基本生活和再就业都管起来,是难以做到的。当然,对其他企业下岗职工和全社会的就业问题,党中央、国务院也十分重视。我们要统筹考虑,研究和制定政策,完善社会保障体系,一步一步地来解决。

（二）切实保障国有企业下岗职工的基本生活。

要充分发挥职工下岗分流、减员增效对国民经济发展的积极作用,就必须保障下岗职工的基本生活。在下岗职工没有找到新的工作以前,这是最重要的一个环节。这次会议明确了以下几点:

一是明确了发放基本生活费的范围。根据国家财政和企业承受的可能,发放基本生活费的范围,只能是国有企业中尚未解除劳动关系的正式职工,由于企业生产经营等原因而下岗,还没有在社会上重新就业的人员。今年一定要确保这些下岗职工拿到基本生活费,并为他们缴纳社会保险金。对那些已经找到新的工作的国有企业下岗职工,有了收入来源,就不再发给基本生活费了。

二是规定基本生活费由再就业服务中心发放。目前,建立再就业服务中心,是保障下岗职工基本生活和促进再就业的有效措施。凡是有下岗职工的国有企业,都要建立再就业服务中心或者类似机构,下岗职工不多的企业也可由现有科室代管,对下岗职工负责到底。这个机构的主要任务,就是为本企业下岗职工发放基本生活费,代下岗职工缴纳社会保险费用。同时,组织下岗职工参加职业指导和再就业培训,引导和帮助他们实现再就业。

三是明确了基本生活费的标准。原则上略高于当地失业救济金水平,具体数额由各地根据实际情况确定。下岗职工在再就业服务中心的期限一般不超过三年,基本生活费逐年递减;三年期满仍未再就业的,应解除劳动关系,按规定享受失业救济或社会救济。这个规定,既可以保障下岗职工的基本生活,又可以促使他们积极寻找工作,实现再就业。

四是保障下岗职工基本生活的资金来源,采取"三三制"的办法解决。即原则上由财政预算安排三分之一,企业负担三分之一,社会筹集(包括从失业保险基金中调剂)三分之一。各地要根据实际可能确定不同的比例。财政承担的部分,中央企业由中央财政解决,地方企业由地方财政解决。要把这部分资金列入预算,专款专用,加强管理和监督,不得挪用于任何其他方面开支。对于困难较多的中西部地区和老工业基地,中央财政将以专项转移支付的方式给予适当补助。一些地方提出,现在财力紧张,落实资金有困难。必须明确,宁可少上几个项目,砍掉一些楼堂馆所,厉行勤俭节约,反对铺张浪费,过几年紧日子,也一定要把这笔钱挤出来,确保资金落实到位。

(三)坚持用改革的办法促进再就业。

再就业是下岗职工的根本出路。要适应新的形势,坚持用改革的思路、改革的办法、改革的措施来促进再就业。特别要抓好转变就业观念的教育,拓宽就业渠道,逐步建立起适应社会主义市场经济发展的就业机制。

首先,要大力促进就业观念的转变。现在影响再就业的第一位的障碍,还是观念问题。促进再就业,关键要彻底摆脱各种陈腐择业观念的羁绊。要破除只有在国有和集体单位工作才算就业的观念,破除把工作岗位分成高低贵贱的观念,破除靠国家安排就业、端"铁饭碗"的观念。要引导下岗职工自主择业、自强创业、依靠市场找职业。用人单位也要转变选人观念。社会各个方面都要理解、尊重下岗职工,多为他们排忧解难,增强他们走向新岗位的信心,不要对他们歧视和刁难。

其次,要积极拓宽就业渠道。在这个方面,视野要更开阔一些,办法要更多一些,政策要更灵活一些。要在高度重视和大力发展新兴产业和高技术产业的同时,充分考虑我国劳动力资源丰富的国情,因地制宜地发展劳动密集型的产业。第三产业特别是其中的服务业就业领域非常广阔,社区服务、商品配送、家庭服务、环境保护、植树种草以及旅游业、信息业等,都是增加就业的重要渠道。要在抓好国有大型企业和企业集团的同时,重视发展中小企业,大力发展城乡集体经济、个体经济和私营经济。要进一步改革就业制度和就业方式,广泛推行阶段性就业,如临时工、小时工、季节工和弹性工时制等。各级政府和有关部门都要大力促进再就业,积极为自谋职业、合伙就业者提供必要的政策支持和良好的社会环境。要有针对性地加强职业培训,广泛利用现有的各种条件,依靠社会各方面力量,开展多形式、多层次的职业培训,使下岗职工的知识、技能等尽快适应就业市场的需求。教育部门与劳动和社会保障部门要加强对职业培训工作的指导和协调。

第三,积极培育、发展和规范劳动力市场。当前我国劳动力市场很不成熟,加强政府部门对再就业的指导和帮助,是完全必要的。在市场经济条件下,扩大就业的根本出路在市场,必须充分发挥市场在配置劳动力资源方面的积极作用。要用更多的精力,培育、发展和规范劳动力市场。各地要充分运用现代化手段,建立和完善劳动力供求信息网络,及时迅速地把就业岗位提供给下岗职工,把各种劳动力资源提供给用人单位。现在一些地方劳动力市场相当混乱,必须加强管理和监督,坚决取缔非法劳务中介,禁止各种乱收费,保障下岗职工重新就业后的合法权益。

（选自《十五大以来重要文献选编》,人民出版社 2000年 6 月版,第 374—379 页）

国务院关于在国有中小企业和集体企业
改制过程中加强金融债权管理的通知

(1998 年 6 月 5 日)

各省、自治区、直辖市人民政府,国务院各部委、各直属机构:

党的十五大以来,各地区、各部门按照建立社会主义市场经济体制的要求,加快企业改革步伐,取得了一定的成效。但是,在国有中小企业和集体企业改制过程中,不少地方出现了借企业改制之机悬空、逃废金融债务的现象。这种行为严重破坏了社会信用关系,致使金融机构大量债权悬空,信贷资产质量下降,国有资产流失。为规范国有中小企业和集体企业的改制工作,防范和制止各种逃废金融债务行为,切实保护金融机构合法权益,防范金融风险,现就在国有中小企业和集体企业改制过程中加强金融债权管理的有关问题通知如下:

一、切实加强对企业改制的指导和监督

各地区、各部门要从大局出发,认真贯彻落实国家关于企业改制的有关政策、措施,切实加强对国有中小企业和集体企业改制工作的指导和监督,规范企业改制行为,坚决制止各种逃废金融债务行为。各地人民政府要高度重视本地区企业改制中金融债权保全工作,积极支持金融机构做好金融债权管理工作,严禁包庇和纵容改制企业的逃废金融债务行为。

二、改制企业要依法落实金融债务

国有中小企业和集体企业改制工作,要严格执行国家有关法律、政策以及中国人民银行、国家经贸委、国有资产管理局《关于防止银行信贷资产损失的通知》(银发[1994]40 号)的规定。企业在改制过程中,不论采取何种方式进行改制,都必须充分尊重金融机构保全金融债权的意见,依法落实金融债务。金融债权债务未落实的企业不得进行改制,有关部门不得为其办理有关改制审批和登记手续,也不得颁发新的营业执照。在本通知下达之前已经发生逃废金融债务

的改制企业,必须立即纠正并重新确立金融债权债务关系。

三、金融机构要积极参与企业改制工作,依法维护金融债权安全

国有中小企业和集体企业改制工作涉及金融机构债权时,必须有债权金融机构参加,金融机构要严格监督改制企业的清产核资和资产评估等工作。各金融机构要认真落实金融债权保全责任制,加大债权清收力度,制定相应措施,切实维护金融债权的安全,并将金融债权保全情况定期向中国人民银行报告。对悬空、逃废金融债务严重的地区,各债权金融机构应降低对该地区分支机构的授信等级。

四、认真做好改制企业的资产评估和产权登记工作

国有中小企业和集体企业改制,必须经过严格的资产评估和审核,国有中小企业改制的资产评估结果要经承担国有资产管理职能的部门确认。按照《企业国有资产产权登记管理办法》(国务院令第192号)规定,国有中小企业改制发生产权变动时,应申请办理产权变更登记手续。有关部门在办理产权变更登记手续时,应要求改制企业提交有关金融机构出具的金融债权保全文件。国务院承担国有资产管理职能的部门要加强对资产评估机构的管理和监督,认真做好改制企业的资产确认和评估工作,严禁将改制企业的国有资产人为低估和无偿量化分配给个人。资产评估机构必须有合法的资格认证和开业证明,要真正办成公平、公正的社会中介组织,依法评估、严格自律,并承担相应的法律责任。

五、进一步加强对金融债权管理工作的领导、组织和协调

中国人民银行要高度重视企业改制过程中金融债权管理工作,主动与地方人民政府沟通、协调,加强对金融债权管理工作的领导。要把维护金融债权作为金融监管的重要内容,制定切实可行的措施,及时解决工作中出现的问题,遇到重大问题要及时报告国务院。中国人民银行各分支行发现辖区内逃废金融债务行为,要立即予以制止并及时向当地人民政府和上级行报告。

中国人民银行要组织有关金融机构对企业多头开户进行专项清理。各金融机构要严格执行中国人民银行有关账户管理的规定,坚决执行基本存款账户制度,防止改制企业利用"多头开户"逃废金融债务。对中国人民银行认定为逃废

金融债务的改制企业,各金融机构一律不予开立存款账户,更不得为其提供贷款、结算等服务。

六、加强金融法制宣传,强化社会信用观念

各地区、各部门要加大金融法制宣传的力度,提高全社会的金融安全意识,维护正常的社会信用关系。各地人民政府要支持人民法院依法独立、公正审理金融债权债务纠纷案件,加强法律意识和法制观念的培育,营造良好的法治环境。对依法改制、实现国有资产和集体资产保值增值的企业,要大力宣传;对改制不规范,借改制逃废金融债务,造成信贷资产流失的单位和个人,要严肃处理并予以通报。

对违反本通知规定造成金融债权损失的,要严肃追究有关单位负责人和直接责任人的责任;构成犯罪的,要移交司法机关,依法追究刑事责任。对地方人民政府支持、纵容改制企业逃废金融债务的,要追究地方人民政府有关领导人的责任。

国务院

一九九八年六月五日

(此件由中共中央党史研究室机要档案处提供)

中共中央、国务院关于
切实做好国有企业下岗职工基本
生活保障和再就业工作的通知

（1998 年 6 月 9 日）

各省、自治区、直辖市党委和人民政府，各大军区党委，中央和国家机关各部委，军委各总部、各军兵种党委，各人民团体：

近几年来，国有企业职工下岗问题日益突出，引起全社会的普遍关注。党中央、国务院一直非常重视和关心下岗职工的生活和再就业问题，明确要求各级党委和政府采取积极措施，切实保障下岗职工的基本生活，大力实施再就业工程。通过各级党委、政府和社会各方面的共同努力，下岗职工基本生活保障和再就业工作取得了一定成效。但是，也必须清醒地看到，我们面临的形势依然严峻，做好国有企业下岗职工基本生活保障和再就业工作的任务还十分艰巨。当前和今后一个时期，我们要确保党的十五大提出的国有企业改革目标的实现，完成国有经济布局的战略性调整，必须进一步采取强有力的措施，切实做好国有企业下岗职工基本生活保障和再就业工作。为此，特通知如下：

一、统一思想认识，增强紧迫感和责任感

各级党委和政府要充分认识到，近年来出现职工大量下岗的现象，是计划经济条件下实行的就业体制和就业政策在经济转轨过程中的必然反映，也是长期以来重复建设、盲目建设以及企业经营机制深层次矛盾多年积累的结果。我们要建立起社会主义市场经济体制和现代企业制度，不可避免地要经历这样一个历史过程。从长远看，随着改革深入、科技进步和经济结构的调整，劳动力的相应调整与流动也会经常发生。要用三年左右的时间使大多数国有大中型亏损企业摆脱困境，促进国民经济发展实现良性循环，一个重要条件就是要切实解决企业人员臃肿、人浮于事的问题。虽然这会给一部分职工带来暂时的困难，但从根本上说，有利于经济发展和社会全面进步，符合工人阶级的长远利益。同时，还

必须充分认识到,妥善解决国有企业下岗职工基本生活保障和再就业问题,不仅是一个重大的经济问题,也是重大的政治问题;不仅是现实的紧迫问题,也是关系长远的战略问题。做好这项工作,既是社会主义制度的本质要求,也是党和政府应尽的责任。它关系着国有企业改革的成败,关系着社会稳定和社会主义政权的巩固。因此,必须从改革、发展、稳定的全局着眼,增强紧迫感和责任感,采取一切必要的措施,切实把这件事情办好,为实现党的十五大提出的跨世纪宏伟蓝图创造良好的社会环境。

二、明确目标任务,加强宏观调控

根据国有企业改革的总体部署并考虑到社会各方面的承受能力,中央要求,当前和今后一个时期,主要解决国有企业下岗职工基本生活保障和再就业问题,把保障他们的基本生活作为首要任务,并力争每年实现再就业的人数大于当年新增下岗职工人数,一九九八年使已下岗职工和当年新增下岗职工的百分之五十以上实现再就业。争取用五年左右的时间,初步建立起适应社会主义市场经济体制要求的社会保障体系和就业机制。

各地区、各有关部门(行业)要坚持认真负责、尽力而为、突出重点、加强调控的指导思想,围绕落实上述目标任务,制定切实可行的工作计划,明确具体目标和要求,使这项工作有组织、有计划地进行。同时,要坚持减员增效与促进再就业相结合、职工下岗与社会承受能力相适应的原则,把握好企业兼并破产、减员增效、下岗分流的节奏,加强宏观调控。要规范职工下岗程序,建立职工下岗申报备案制度。企业要充分考虑国家利益和社会责任,对本企业的职工负责到底。企业拟定职工下岗方案,应同时提出下岗职工基本生活保障和再就业的措施,在充分听取职代会意见后组织实施。为保障职工家庭的基本生活,夫妻在同一企业的,不要安排双方同时下岗;不在同一企业的,如果一方已下岗,另一方所在企业不要安排其下岗。要尽量避免全国及省(部)级劳动模范、烈军属、残疾人下岗。要普遍实行劳动预备制度,对城镇未能继续升学的初、高中毕业生,进行一至三年的职业技术培训。要继续鼓励和引导农村剩余劳动力就地就近转移,合理调控进城务工的规模。

三、普遍建立再就业服务中心,保障国有企业下岗职工基本生活

建立再就业服务中心是保障国有企业下岗职工基本生活和促进再就业的有

效措施,是当前一项具有中国特色的社会保障制度。各地要自下而上地建立再就业服务中心组织体系。凡是有下岗职工的国有企业,都要建立再就业服务中心或类似机构,下岗职工不多的企业也可由有关科室代管。再就业服务中心(包括类似机构或代管科室)负责为本企业下岗职工发放基本生活费和代下岗职工缴纳养老、医疗、失业等社会保险费用,组织下岗职工参加职业指导和再就业培训,引导和帮助他们实现再就业。为加强再就业服务中心的组织、管理力量,可从行政机关抽调得力人员到中心工作。

进入再就业服务中心的对象,主要是实行劳动合同制以前参加工作的国有企业的正式职工(不含从农村招收的临时合同工),因企业生产经营等原因而下岗,但尚未与企业解除劳动关系、没有在社会上找到其他工作的人员。对于实行劳动合同制以后参加工作且合同期满的人员,可按照《中华人民共和国劳动法》和国务院有关规定终止劳动关系;合同期未满而下岗的,也要安排进入再就业服务中心。下岗职工在再就业服务中心的期限一般不超过三年;三年期满仍未再就业的,应与企业解除劳动关系,按规定享受失业救济或社会救济。下岗职工在再就业服务中心期间的基本生活费,原则上可按略高于失业救济的标准安排并按适当比例逐年递减,但最低不得低于失业救济水平,具体标准由各地根据实际情况确定。

再就业服务中心用于保障下岗职工基本生活和缴纳社会保险费用的资金来源,原则上采取"三三制"的办法解决,即财政预算安排三分之一、企业负担三分之一、社会筹集(包括从失业保险基金中调剂)三分之一,具体比例各地可根据情况确定。财政承担的部分,中央企业由中央财政解决,地方企业由地方财政解决。对于困难较多的中西部地区和老工业基地,中央财政给予一定的支持。国有独资盈利企业和国有参股、控股企业保障下岗职工基本生活的资金,原则上都由本企业负担。财政承担和社会筹集的资金,由财政部门按专项资金管理。资金的安排,由再就业工作主管部门商财政部门研究提出意见,然后由财政部门统一拨付。保障下岗职工基本生活的资金,一定要加强管理和监督,保证专款专用,不得挪用于其他任何方面开支。再就业服务中心的管理费用和工作人员的工资、福利等,不得在保障下岗职工基本生活的资金中列支。

国务院确定的一百一十一个企业"优化资本结构"试点城市,以及兵器工业总公司、航天工业总公司列入《全国企业兼并破产和职工再就业工作计划》的企业和纺织行业下岗职工分流安置和再就业工作,仍按国务院的有关规定执行。

四、加大政策扶持力度,拓宽分流安置和再就业渠道

我国人口众多,做好就业工作是一项长期任务。解决这一问题的根本途径,是保持国民经济持续快速健康发展,不断开拓新的就业领域。各地区和有关部门要抓住调整和优化经济结构的机遇,积极培育经济增长点,继续加强基础产业和基础设施建设,因地制宜地发展劳动密集型产业,以利于扩大就业。要把发展第三产业,特别是商业、饮食业、旅游业、家庭和社区居民服务业等,作为下岗职工再就业的主要方向。对下岗职工从事社区居民服务业的,要简化工商登记手续,三年内可免征营业税、个人所得税以及行政性收费。要把发展中小型企业、劳动就业服务企业作为促进再就业的重要途径。各国有商业银行应设立小型企业信贷部,为其发展提供必要的贷款支持。要大力发展集体和个体、私营经济,鼓励下岗职工自谋职业或组织起来就业。对下岗职工申请从事个体工商经营、家庭手工业或开办私营企业的,工商、城建等部门要及时办理有关手续,开业一年内减免工商管理等行政性收费;对符合产业政策、产品适销对路的,金融机构应给予贷款。要鼓励企业主动吸收安置下岗职工,对企业利用现有场地、设施和技术发展多种经营,多渠道分流本企业富余人员和安置下岗职工的,要给予必要的政策扶持。具体政策措施,由各省、自治区、直辖市人民政府研究制定。

有条件的地区,还应安排专项资金,组织下岗职工参加市政与道路建设、环境保护、植树种草等公共工程,为下岗职工提供更多的就业机会。一些边远地区和矿区,可采取相应政策,鼓励下岗职工开发荒山、荒地、荒滩,从事农、林、牧、渔业生产。

五、加快社会保障制度改革,完善社会保障体系

要与建立社会主义市场经济体制和现代企业制度的要求相适应,在所有企业(包括个体、私营等非国有企业)以及外商投资企业的中方职工中推行和深化养老、医疗、失业等社会保险制度及住房制度的改革,建立健全社会保障体系,为劳动力资源的合理配置和正常流动创造条件。

对于下岗职工无论以何种方式实现再就业或不再就业,过去的连续工龄和养老保险缴费年限与以后的缴费年限合并计算,达到法定退休年龄时,按规定享受相应的养老保险待遇。下岗职工分流安置和再就业后,在原企业的住房,已按房改政策购买的,应根据有关规定明确个人和原企业的产权关系;未购买的,可以继续租用,租金标准按当地政府规定执行。对生活特别困难的下岗职工子女就学,应减免学杂费。要加快建立城市居民最低生活保障制度,使下岗职工家庭

的基本生活得到保证。同时,要使社会保险制度、下岗职工基本生活保障制度和城市居民最低生活保障制度相互衔接、相互补充,不断完善社会保障体系。

为了完善失业保险机制,提高失业保险基金的支付能力,从一九九八年开始将失业保险基金的缴费比例由企业工资总额的百分之一提高到百分之三,由企业单方负担改为企业和职工个人共同负担,其中个人缴纳百分之一,企业缴纳百分之二。

在做好国有企业下岗职工基本生活保障工作的同时,要继续深化企业职工养老保险制度改革,加快立法步伐。要确保离退休人员的基本生活,保证按时足额发放养老金,不得发生新的拖欠,对过去拖欠的应逐步予以补发。要扩大养老保险覆盖面,加强养老保险基金的收缴工作,努力提高收缴率。一九九八年,要在全国实现基本养老保险省级统筹,建立养老保险基金调剂机制,省、自治区、直辖市社会保险经办机构实行系统管理;中央有关部门(单位)实行养老保险行业统筹的企业改为参加地方统筹,具体实施办法请有关部门抓紧研究制定。要尽快完善养老保险基金收支两条线的管理办法,形成财政、银行、社会保险机构相互监督的机制。要将养老保险基金差额缴拨改为全额缴拨,推进社会化管理进程。要严格控制企业职工提前退休。除国务院规定的一百一十一个企业"优化资本结构"试点城市的破产工业企业和三年内有压锭任务的国有纺织企业的细纱和织布工种中符合条件的职工,可提前退休外,各地区、各部门不得自行扩大提前退休的范围。

六、加强劳动力市场建设,强化再就业培训

要建立和完善市场就业机制,实行在国家政策指导下,劳动者自主择业、市场调节就业和政府促进就业的方针。要按照科学化、规范化、现代化的要求,大力加强劳动力市场建设。各地区特别是各大中城市要充分利用电视、广播等现代化信息网络,提供求职、招聘、职业指导等方面的信息和咨询服务。公共职业介绍机构要开设专门服务窗口,加强对下岗职工的职业指导,并实行免费服务。要进一步加强街道就业服务工作,对再就业难度较大的下岗职工要逐一列出名单,由专人负责帮助他们实现再就业。对用人单位要实行空岗报告、招聘广告审查等制度,鼓励用人单位优先招用下岗职工,特别是下岗女工。要认真贯彻执行《中华人民共和国劳动法》及其他有关规定,不得歧视下岗职工,切实保护他们的合法权益。要加强劳动力市场的管理、监督和检查,防止乱收费等不正之风,坚决取缔非法劳务中介,严厉打击欺诈行为,维护劳动力市场秩序。

要动员社会各方面的力量,大力开展再就业培训。实行在政府指导和扶持下,个人自学、企业组织和社会帮助相结合的办法,根据下岗职工特点和社会需要,突出培训的实用性和有效性,提高下岗职工的再就业能力。对于下岗职工提供再就业培训的,可给予一定的补贴。劳动力市场建设和促进再就业的经费,由财政部门核拨。

七、切实加强思想政治工作,搞好宣传教育

要充分发挥我们党的思想政治工作优势,发扬党同人民群众同呼吸、共命运、心连心的优良传统,切实加强下岗职工的思想政治工作。各级领导机关和领导干部要不断改进工作作风和工作方法,坚决制止和克服官僚主义倾向。要深入企业、深入下岗职工家庭,及时了解和掌握下岗职工的生活状况,体察他们的疾苦,听取他们的呼声,主动为他们排忧解难,决不允许采取不闻不问、麻木不仁的态度。企业经营者在抓好企业生产经营、千方百计使企业摆脱困境的同时,要积极组织下岗职工开展生产自救,努力帮助他们解决生活中的困难和问题,做好经常性的思想工作,坚持与职工群众同甘共苦、不搞特殊化。要动员全社会都来关心、支持下岗职工基本生活保障和再就业工作,多为他们办好事、献爱心、送温暖,形成良好的社会氛围。要大力宣传党和政府的有关方针政策,教育下岗职工及广大人民群众理解和体谅国家困难,积极支持企业改革,自觉维护社会稳定。要注重树立并大力宣扬下岗职工自强不息、积极创业的先进典型,引导下岗职工摒弃"等、靠、要"的思想,帮助他们树立正确的择业观,使他们认识到在国家政策、法律允许的范围之内,做任何工作都没有高低贵贱之分,不论从事什么职业都是光荣的,从而去主动适应社会主义市场经济的要求。

八、切实加强领导,确保国有企业下岗职工基本生活保障和再就业工作顺利进行

各级党委、政府和有关部门必须把国有企业下岗职工基本生活保障和再就业工作列入重要议事日程,实行党政"一把手"负责制,并纳入政绩考核的重要内容。要结合本地区、本部门(行业)实际,抓紧研究制定贯彻本通知的具体办法,确保本通知精神落到实处。要充分发挥各民主党派、工商联和工会、共青团、妇联等群众团体的作用,群策群力,共同做好这方面的工作。要认真总结和推广好的经验与做法,及时研究解决工作中遇到的新情况、新问题,不断把这项工作引向深入。为有利于这项工作的开展,中央确定,由国务院国有企业改革工作联

席会议负责指导和组织协调,具体工作由劳动和社会保障部、国家经济贸易委员会组织实施。各地区也可采取相应的组织形式,以确保国有企业下岗职工基本生活保障和再就业工作的顺利进行。

城镇集体企业下岗职工基本生活保障和再就业工作,由各省、自治区、直辖市党委和人民政府根据本地区的实际情况研究制定具体办法。

中共中央
国 务 院
一九九八年六月九日

（选自《十五大以来重要文献选编（上）》,人民出版社
2000 年 6 月第 1 版,第 394—404 页）

城镇集体所有制企业、单位清产核资资金核实操作规程

(1998 年 6 月 28 日　国家税务总局印发)

第一章　总　　则

第一条　为了规范城镇集体所有制企业、单位(以下简称企业)清产核资中资金核实的操作,确保工作质量和全面完成工作任务,根据《城镇集体所有制企业、单位清产核资暂行办法》(财清字〔1996〕11 号)、《城镇集体所有制企业、单位清产核资资金核实具体规定》(国税发〔1996〕217 号)、《城镇集体所有制企业、单位清产核资财务处理暂行办法》(国税发〔1996〕232 号)等有关文件的规定,制定本规程。

第二条　本规程适用于开展清产核资工作的各类城镇集体企业及主管部门、各级税务部门和其他有关部门。

第三条　资金核实工作的任务是,在企业完成资产清查、资产价值重估和产权界定工作基础上,有关部门按照国家清产核资有关政策规定,对企业资产实际占用量重新审查核实,并进行相应的财务处理,以真实、准确地反映企业的资产价值总量。

第四条　资金核实工作的主要目的

(一)通过核销企业的一部分资产损失和资金挂账损失,减轻企业包袱;

(二)建立健全企业各项资产管理制度和财务管理制度;

(三)加强税务部门对企业财务和税收的征收管理工作;

(四)为填报清产核资报表和做好产权登记打好基础。

第五条　资金核实工作的基本原则

(一)认真贯彻落实集体企业清产核资的各项政策规定;

(二)资金核实工作可与建立现代企业制度结合,优先解决改制企业的相关问题;

(三)正确处理企业暂时困难与长远发展的关系;

（四）依法审批经过核实认定的事项。

第六条 资金核实工作由企业（核实申报部门）、企业主管部门（审查核实部门）、税务部门及清产核资机构（审核批复部门）共同完成。其主要工作程序如下：

（一）企业核实申报。按照国家有关规定,企业在完成资产清查、资产价值重估、产权界定基础上,应按时填制《资金核实申报（审批）表》,编写"清产核资资金核实工作报告",由法定代表人签字后一并报送集体企业主管部门进行审查核实;没有主管部门的,可直接报送主管税务部门进行核实审批。

（二）企业主管部门审查核实。企业主管部门对企业报送的材料,经审查核实并签署意见后,报送主管税务部门核批。

（三）税务部门审核批复。主管税务部门对企业主管部门（或企业）报送的材料,经审查核实后,会同同级清产核资机构进行批复。

（四）企业调账。企业根据主管税务部门的批复意见进行账务处理。

第七条 企业申报的主要工作和基本要求

（一）主要工作：

1. 企业要在完成资产清查、产权界定、资产价值重估工作基础上,对各项资产、负债、权益进一步审查核实。核实重点是各项资产盘盈、盘亏、毁损、报废,资金挂账损失,投资损失,资产价值重估增值,各项权益的增减变动情况等。

2. 按照清产核资有关政策规定,企业对清理核实后的有关问题提出详尽的处理意见,填报《资金核实申报（审批）表》,编写"清产核资资金核实报告",按规定的程序进行申报。

（二）基本要求：

1. 真实准确地核实企业的各项债权、债务、所有者权益及各项资产价值总量;

2. 详细分析各项资产结构、质量及管理使用状况;

3. 实事求是地反映企业经营管理中存在的问题,对暴露出的问题要有明确的处理意见;

4. 按规定报送的证明文书、凭证等必须有法律效力。

第八条 企业主管部门审查核实的主要工作和基本要求

（一）主要工作：

1. 审查核实《资金核实申报（审批）表》和"清产核资资金核实工作报告"是否按照规定的要求进行填报和编写;

2. 审查核实有关数据是否准确、真实,必备的证明材料是否齐全、有效;

3. 按规定向企业出具坏账损失的证明文件；

4. 审查企业对有关问题的处理意见是否可行,是否符合税法、财务处理规定；

5. 签署审查核实意见。

（二）基本要求：

1. 全面分析、掌握所属企业的资产、财务管理状况；

2. 对所属企业的生产经营情况及存在的问题进行分类排队,为企业改制和加强管理打好基础；

3. 做好工作总结,提出具体整改措施、意见或建议。

第九条 税务部门会同清产核资机构审核批复的主要工作和基本要求

（一）主要工作：

1. 协商本地区资金核实工作的组织、审批方式、方法；

2. 对本地区资金核实工作进行部署,提出具体时间安排意见；

3. 核实主管部门报送或按规定由企业直接报送的《资金核实申报（审批）表》和"清产核资资金核实工作报告"；

4. 对数额较大的资产损失、资金挂账损失、资产价值重估增值等进行专项核实；

5. 对《资金核实申报（审批）表》和"清产核资资金核实工作报告"提出审批意见,并下达审批文件。

（二）基本要求：

1. 对企业申报的《资金核实申报（审批）表》和"清产核资资金核实工作报告"核实、认定要准确,审批要及时；

2. 要严格按照清产核资有关政策规定进行审批；

3. 资金核实工作的组织实施要方便企业,政策落实要充分、到位；

4. 本地区资金核实工作的时间安排要与全国的统一部署协调一致。

第十条 企业调账的主要工作和基本要求

（一）主要工作：根据主要税务部门会同同级清产核资机构下达的批复文件,再次对企业整个清产核资工作进行重点复核,在此基础上调整有关账目,进行必要的税收、财务处理。

（二）基本要求：调账前要对企业整个清产核资工作进行复核,如发现差错,要及时纠正并向主管税务部门和其他有关部门反映；要严格按照主管税务部门会同同级清产核资机构下达的批复文件进行调账。

第二章　资金核实工作的组织实施

第十一条　集体企业的清产核资资金核实工作,由各级税务部门会同同级清产核资机构,按照财务隶属关系和税收征管范围分级、分系统地组织实施。其中:中央各部门、单位直接管理的集体企业的资金核实工作,由国家税务总局会同财政部负责组织实施;其他集体企业由各地国家税务局、地方税务局按税收征管范围分工分别组织实施。

第十二条　各级税务部门要加强对资金核实工作的组织领导,并根据实际工作需要成立领导小组或设立临时机构,或指定专职人员负责资金核实组织实施工作。

第十三条　各级税务部门要根据户数清理结果,按规定权限将参加清产核资工作的企业层层分解落实到责任单位和责任人(负责清产核资工作人员),有关责任单位和责任人要积极参与资产清查、资产价值重估和产权界定各阶段的工作,掌握第一手资料,为资金核实工作打好基础。

第十四条　主管税务部门会同同级清产核资机构,对企业按规定申报的材料进行审查核实后,对符合要求的,应及时下达资金核实批复文件。资金核实批复文件的内容主要包括:

(一)资金核实前后企业的资产、负债、所有者权益总额的增减变动情况;

(二)企业申报的各类资产损失、资金挂账损失数额及审批后的处理意见;

(三)企业资产价值重估前后固定资产原值、净值、累计折旧、资本公积增减额;

(四)固定资产原值增加以后折旧提取的处理意见。

第十五条　企业在收到主管税务部门资金核实批复文件后,应按照清产核资财务处理的规定,及时进行有关税收、财务处理。

第十六条　对以前年度已进行过清产核资工作的企业,为了避免工作重复,可在原有工作基础上按"缺什么、补什么"的原则进行必要的资金核实完善工作。

第十七条　农村信用社按下列规定进行资金核实工作:

(一)1994 年已进行过清产核资工作的农村信用社,可以以 1994 年的资产清查、价值重估和产权界定结果为基础,以 1997 年 3 月 31 日的资金实际占用量为准,按照国家统一制定的清产核资政策和要求,进行必要的调整和数据衔接,并据此真报《资金核实申报(审批)表》,编写"清产核资资金核实工作报告",经上级信用联社审核同意后,报主管税务部门和清产核资办公室进行审批。

（二）1994 年没有进行过清产核资工作和以后新建的农村信用社,应按照清产核资统一规定和要求进行资金核实工作。

（三）农村信用社有关《资金核实申报（审批）表》的填报工作,由县（市）联社统一组织。

第十八条　原电力部所属中央企业、单位主办的集体企业的清产核资工作,由原电力部统一组织实施。其资金核实工作程序如下:

（一）企业完成资产清查、资产价值重估和产权界定工作后按规定填制的《资金核实申报（审批）表》和编写的"清产核资资金核实工作报告",经法定代表人签字后报主办单位;

（二）主办单位对企业申报的《资金核实申报（审批）表》和"清产核资资金核实工作报告"审核后,提出审核意见,报主管税务部门进行审核;

（三）电力主管单位根据主管税务部门的审核意见,层层汇总报送上级主管单位和当地税务部门,由省级电力主管部门汇总报同级税务部门进行审核;

（四）企业主管税务部门会同同级清产核资机构,根据省级税务部门的审核意见对企业申报的材料进行审批;

（五）企业根据批复意见,调整有关账务。

第十九条　交通部部属单位主办的集体企业清产核资工作,由交通部按系统统一组织实施。其资金核实工作程序如下:

（一）企业完成资产清查、价值重估和产权界定工作后按规定填制的《资金核实申报（审批）表》和编写的"清产核资资金核实工作报告",由法定代表人签字后报经主办单位,经主办单位审核并提出意见,报主管税务部门进行审核;

（二）主管税务部门对企业申报的《资金核实申报（审批）表》和"清产核资资金核实工作报告"审核后,按交通部系统逐级汇总上报交通部,最后报国家税务总局会同财政部审批;

（三）企业根据批复意见,调整有关账务。

第二十条　各级税务部门要认真做好资金核实的宣传、辅导和培训工作,其内容包括资金核实工作程序、方式、方法、基本要求及有关政策等。

第二十一条　清产核资资金核实工作结束后,各级税务部门要认真组织考核评比工作,考核评比的组织、方法、内容等按国家税务总局的有关规定执行。

第三章　资金核实"申报（审批）表"与"报告"

第二十二条　企业在完成资产清查、资产价值重估、产权界定工作后,应按规定及时填报《资金核实申报（审批）表》、编写"清产核资资金核实工作报告",

并按规定程序及时向主管部门和主管税务部门申报。

第二十三条　企业填报《资金核实申报（审批）表》时，要详细阅读有关填报说明，认真准备、核实各种资料来源，仔细研究表中各项目、栏次之间的勾稽关系和在清产核资工作的特定含义，要求做到：

（一）内容和数据要全面、真实、准确；

（二）各项数据、资料要与以前环节的相一致，如发生不一致的情况，要作单独说明；

（三）企业自行处理的各项损失，要符合清产核资规定的权限，须申报审批后才能处理的，要及时申报，不得越权擅自处理。

第二十四条　《资金核实申报（审批）表》应按以下方法填报：

（一）"资产清查数"按资产清查快报和资产清查登记表中对应的项目填列；

（二）"重估增加数"按有关部门审核批准后的"固定资产价值重估申报表"中对应的项目填列；

（三）"界定增加数"按有关部门审核批准后的"产权界定申报表"中对应的项目填列；

（四）"自行处理损失数"根据各类资产清查登记表中登记的资产盘盈、盘亏、损失、资金挂账损失等，按照清产核资政策规定可以由企业自行处理的部分填列；

（五）"申报处理数"根据各类资产清查登记表中登记的资产盘盈、盘亏、损失和资金挂账损失等，需要报经税务部门审批后的处理数额填列；

（六）"资金核实数"按税务部门会同同级清产核资机构核实审批的数额填列。

第二十五条　企业"清产核资资金核实工作报告"由正文和附件两部分组成。

第二十六条　"清产核资资金核实工作报告"正文主要内容有：

（一）本企业清产核资（即资产清查、资产价值重估、产权界定、资金核实四个环节）的组织实施情况；

（二）资金核实前后企业资产、负债、权益的变动情况；

（三）需要申报处理的各项损失、挂账等问题的总体情况和分类情况；

（四）各类资产损失、挂账产生的主要原因；

（五）企业对各类问题处理的具体意见；

（六）资金核实工作组织实施过程中存在的问题和需要反映的情况、建议。

第二十七条　"资金核实工作报告"附件具体包括：

（一）资产清查快报表，审批后的产权界定申报表、固定资产价值重估申报表；

（二）资产负债表、损益表；

（三）各类资产损失分项明细表。表中应注明损失发生的时间、项目原值、项目净值、损失原因、责任人、鉴定人和处理意见等；

（四）各项资金挂账情况及说明、证明材料；

（五）单项资产损失在一定数额以上的证明文件、资料及鉴定报告等；

（六）其他有关重大事项的专题说明。

第四章　资金核实工作的内容和方式方法

第二十八条　企业主管部门、主管税务部门收到企业资金核实申报材料后，应及时组织人员进行审查核定。

第二十九条　资金核实工作可区别情况采取不同的方式：

（一）对纳税重点户、亏损大户、有偷税案底和财务管理混乱的企业，其上报的《资金核实申报（审批）表》和"清产核资资金核实工作报告"，可采取由税务部门集中力量直接进行核实、审批。

（二）有条件的地区可采取委托社会中介机构，对企业填制的《资金核实申报（审批）表》和"清产核资资金核实工作报告"进行核实，出具核实报告，再报主管税务部门会同同级清产核资机构进行核实、审批。

（三）对规模较小且财务管理较好的企业，可采取由企业主管部门进行审查核实，税务部门抽查的方式进行核实、审批。

第三十条　资金核实工作的主要方法

（一）全面核实法。对所有参加清产核资工作的企业申报的材料，进行全面、系统、详细地审查核实。这种方法主要适用于户数不多、工作量不大的地区。

（二）重点抽查法。对参加清产核资工作企业的有关情况及问题进行分析、整理和归类，有重点、有针对性地抽出一部分企业进行审查核实。这种方法主要适用于户数多、工作量较大的地区。

（三）重点项目核实法。在资金核实过程中，选择对税收、财务处理影响较大的项目，进行重点审查核实。

第三十一条　流动资产核实的内容和方法流动资产核实的内容，主要包括企业存货的盘盈、盘亏、报废、毁损情况，以及各种债权、债务和未处理的各种挂账损失、呆（坏）账损失、少摊少转的各种费用等。

（一）审查存货盘盈、盘亏、报废、毁损的原因是否清楚，有关证明、鉴定材料是否齐全；

（二）审查各项资产损失、挂账、潜亏是否如实反映；

（三）审查呆（坏）账损失是否符合规定的条件等。

第三十二条　长期投资核实的内容与方法长期投资核实的内容，主要包括企业长期投资中是否存在应列账而未列账的问题，向其他企业（单位）的投资额及增值（或损失）额，经产权界定后企业应增加或减少的资产和股权，超过一年以上的股权、债券和其他投资的溢价或损失。

（一）审查投资项目是否齐全；

（二）审查对外投资的清查方法是否正确；

（三）审查原始投资的股本或资本份额是否准确，增值或损失数额是否真实；

（四）审查投资损失证明、鉴定材料是否真实、有效；

（五）审查在产权界定中已重新明确产权关系的投资，是否按批复要求进行了账务处理等。

第三十三条　固定资产核实的内容和方法固定资产核实的内容，主要包括企业各种盘盈、盘亏、毁损及待报废的固定资产价值，新增固定资产的价值，已转作对外投资的固定资产的价值变动情况和固定资产价值重估增值情况。

（一）审查固定资产盘盈、盘亏的时间界限，属于 1993 年 7 月 1 日以前清理出来挂在账上尚未处理的，是否按规定进行了相应的财务处理；

（二）审查盘亏、报废、毁损的固定资产是否经过规定的审批程序和技术鉴定；

（三）审查新增固定资产入账价值是否准确；

（四）审查已转作对外投资的固定资产的产权关系，对已明确为投资关系的，是否进行了相应的财务调整；

（五）审查固定资产价值重估范围、程序、方法、计算依据是否符合规定，原值、净值、累计折旧、资本公积增减额是否正确及是否按规定进行了相应的税收、财务处理等。

第三十四条　无形资产核实的内容和方法无形资产核实的内容，主要包括企业无形资产的账面价值和摊销额，以及购入或在费用中列支形成的应入账而未入账的各项无形资产的价值。

（一）审查无形资产管理范围是否符合规定；

（二）审查无形资产的计价是否准确；

（三）审查无形资产的摊销是否正确等。

第三十五条　递延资产核实的内容和方法递延资产核实的内容,主要包括企业发生的开办费、固定资产修理支出、租入固定资产改良支出等。

(一)审查开办费、固定资产修理支出、租入固定资产改良支出等费用列支范围和内容是否真实;

(二)审查应分期摊销的费用计算是否真实、准确;

(三)审查各类递延资产是否按规定的费用性质进行了转销处理等。

第三十六条　负债核实的内容和方法

负债核实的内容,主要包括企业的各项流动负债和长期负债的数额及基本情况。

(一)审查明细账与总账是否相符;

(二)审查有关手续是否齐全、计息是否正确;

(三)审查流动负债的各项余额是否正确等。

第三十七条　实收资本核实的内容和方法

实收资本核实的内容,主要包括集体、国家、法人、外商、个人等实际投入企业经营活动的资本金(包括各种财产物资的价值),及经批准从企业经营积累中转为企业实收资本的数额和有关情况。

(一)审查企业各项资本金的真实性、合法性;

(二)审查企业是否按产权界定结果调整了有关产权关系;

(三)审查企业有关"待界定资产"产权是否单独核算、反映;

(四)审查"实收资本"不实或低于"注册资本"最低限额时,是否向有关部门申请办理延期补齐手续等。

第三十八条　资本公积核实的内容和方法资本公积核实的内容,主要包括企业资本和股票的溢价、固定资产重估增值及接受捐赠的资产入账价值。

(一)审查资本公积来源的真实性与合法性;

(二)审查固定资产价值重估增值是否按规定转入资本公积;

(三)审查资本公积转增实收资本时,是否经有关部门批准等。

第三十九条　盈余公积核实的内容和方法

盈余公积核实的内容,主要包括企业按照有关规定应从净利润中提取的盈余公积结余数额。

(一)审查盈余公积来源的真实性、合法性;

(二)审查盈余公积的提取比例是否符合财务制度规定;

(三)审查盈余公积是否按照规定用途使用等。

第四十条　未分配利润核实的内容和方法未分配利润核实的内容,主要包括利润分配比例是否符合有关合同、章程和财务制度的规定,税前弥补亏损数额是否符合现行税法规定等。

第五章　总结验收

第四十一条　各级税务部门在资金核实工作结束后,要组织检查验收,其方式可分为企业自查、有关部门联合检查及上级税务部门对下一级税务部门的检查等。

第四十二条　检查验收工作要以国家有关清产核资政策规定的贯彻落实和资金核实工作的组织实施情况为重点。主要内容为:

(一)资金核实工作的组织方式、工作程序是否符合规定要求;

(二)资金核实工作是否按照规定的核实内容和要求进行;

(三)税收、财务处理是否符合国家现行税收、财务制度及清产核资政策规定;

(四)对本地区清产核资资金核实工作的总结是否符合要求等。

第四十三条　检查验收工作的基本要求

(一)实事求是,不走过场;

(二)认真听取企业、主管部门、基层税务部门的工作汇报,深入企业,实地查看;

(三)检查报告要全面,如实分析并反映有关情况和问题。

第四十四条　在检查验收工作中,对查出的有关问题,可根据情节轻重,按清产核资和税收、财务规定,以及国家其他相关的法律法规规定进行处罚。

(一)对没有按国家统一部署开展清产核资工作或在资金核实工作中"走过场"的有关部门和企业应责令限期补课或不予验收,并通报批评。

(二)对存在申报不实或隐瞒不报、虚报各项账外资产、账外收益、各项资产损失、投资损失、挂账损失的有关部门和企业,要按税法有关规定进行处罚。

(三)对存在有意化公为私,或低价变卖、转移国有资产、集体资产,侵害他人合法权益和贪污、盗窃等问题的有关部门和企业,应提交有关部门进行查处;触犯刑律的,要移交司法部门依法惩处。

(四)对不认真组织资金核实工作,不按规定落实国家清产核资政策规定,或对资金核实结果审批有误的税务部门,要责令限期纠正,情节严重的,要追究有关人员的责任并通报批评。

第四十五条　企业、单位和有关部门应积极配合税务部门的检查验收工作,如实反映情况,主动提供有关资料。

第四十六条　各级税务机关在资金核实工作结束后,应及时对本地区资金核实有关资料进行分类、整理和加工,建立清产核资数据资料库,并进行规范管理。

第四十七条　资金核实工作全面完成以后,各级税务部门要及时对本地区资金核实工作进行总结,并层层上报国家税务总局。

第四十八条　各级税务部门和有关人员在检查验收工作中,要坚持原则,廉洁奉公,遵守工作纪律,努力提高工作效率,确保检查质量。

第六章　税收、财务处理规定

第四十九条　企业清产核资中的税收、财务处理工作,在各级人民政府统一领导下,原则上由上级税务部门按照财务隶属关系分级负责。其中,中央、国务院各部门、各直属单位直接管理的集体企业由国家税务总局负责。

第五十条　企业清产核资中发生的各项资产损失、投资损失、亏损弥补等的税收、财务审批权限,由各省、自治区、直辖市国家税务局、地方税务局根据本地实际情况自行确定。清产核资税收、财务审批权限仅限于清产核资中适用,日常的税收财务管理仍应按现行的税收、财务审批权限执。

第五十一条　企业在清产核资中发生的各项资产盘盈(包括账外资产)、盘亏和损失等,可先列待处理财产损益,并在此基础上进行清理核实。

核实后各项资产盘盈、盘亏和损失原则上作增减企业损益处理,但各项目相抵后净额较大,当年处理有困难的,经审批后可增减企业的盈余公积、资本公积、实收资本(以下统称权益)或列为递延资产。其中,对各项目相抵后净损失数额较大的,可按以下原则进行处理:

(一)企业有承受能力的,可直接列入当期损益;

(二)企业无力列入当期损益的,可核销企业的权益;

(三)企业无力列入当期损益,又无权益可冲的,可暂列为递延资产留待以后年度逐步处理。

第五十二条　企业固定资产盘盈、盘亏,如属于 1993 年 7 月 1 日以前清理出来挂在账上尚未处理的,报经审批后可依次增减企业的权益。

第五十三条　企业出售固定资产按下列规定进行处理:

(一)企业出售职工住房发生净损益,经核实后可增减住房周转金,不能增减权益或计入当期损益;

(二)企业出售其他固定资产发生的净损益,一律计入当期损益。

第五十四条　企业固定资产价值重估可按下列规定进行处理:

（一）企业固定资产重估增加的价值，经审查核实后，相应调整资产账面原值、净值和累计折旧。其中，净值按重估后原值的升值幅度进行调整，调整增加值增加资本公积；重估后账面原值与重估后净值之间的差额增加累计折旧。

（二）企业可以按调整后的固定资产原值作为计提折旧的依据。当期全额计提折旧困难的企业，经主管税务部门同意后可以分期到位。

（三）企业固定资产重估增加的价值，不计入应纳税所得额缴纳企业所得税，同时增值部分增提的折旧允许在税前扣除。

（四）企业已按重估后的固定资产价值增提折旧的，应按照重估后的固定资产价值征收房产税和印花税；对重估后未能按照新增固定资产价值增提折旧的，可由同级清产核资机构出具证明，经主管税务部门核实，从1997年1月1日起至1998年12月31日止，对其固定资产重估后新增部分免征房产税和缓征印花税。

第五十五条　企业逾期使用和一次性进成本的固定资产，不能进行资产价值重估，也不能计提折旧，但清理核实后，没有入账的要及时入账，并作为固定资产进行日常管理。

第五十六条　企业清理出来的各项有问题的应收账款是否列为坏账损失，原则上按现行财务规定执行。对不符合坏账条件但又确实收不回来的应收账款，经企业主管部门专案处理并出具同意核销的证明文件，经审批后也可列为坏账损失。坏账损失的核销按下列规定办理：

（一）按规定可以提取坏账准备金的企业，要先用坏账准备金予以核销，不足部分，经批准后分期计入损益；

（二）不提取坏账准备金的企业，已发生的坏账损失，经税务部门批准后可分期计入损益；

（三）坏账损失数额较大的企业，按上述办法处理有困难的，可由企业提出申请，经批准后也可依次冲减相关权益。

企业按规定已经核销的坏账损失以后又收回的，以及清查出来的各项无法付出的款项，经审查核实后直接计入当期损益。

第五十七条　企业库存商品（产品）中进价高于时价的，必须按照随销售随处理的规定执行。在商品（产品）还没有实现销售，损失尚未实现以前，不能作为损失进入当期损益。

第五十八条　企业在清查对外投资时，凡拥有实际控制权的，应当按照权益法进行；没有实际控制权的，按照成本法进行。

第五十九条　企业通过筹资形成的资产，经资金核实后，按下列规定处理：

（一）企业向个人筹资凡实行还本付息的，应作为长期负债处理，其资产所有权归集体所有，不得分股到个人。

（二）企业经批准以个人入股形式进行筹资的，其入股的资金作个人资本金处理，不得在成本中列支股息。

（三）企业未经批准自己决定实行内部职工入股的，应及时补办有关手续，凡没有合法手续的，由集资单位负责清理并逐步偿还。

（四）属于各级政府或其他企业、单位出资入股的，可按"谁投资，谁所有，谁受益"的原则，在资金核实中要与出资单位具体明确产权关系，并计入相关的资本金。

（五）企业接受馈赠或其他收益形成的各项资产，除国家另有规定者外，均属于企业资产的一部分，须按规定进行清查登记，没有入账的应按规定及时入账，计入"资本公积"科目。其中，接受馈赠的资产，凡当事方有约定的，可在资本公积下专项反映。

（六）企业融资租入的固定资产，如租赁期未满，其所有权仍归出租方的，作长期负债处理；如租赁期已满并付清了租赁费，其所有权转移至承租方的，经资金核实后，应接规定作为企业的固定资产估价入账。

（七）企业清产核资中清理出来的，按现行财务规定应入账而未入账的专利权、非专利技术、商标权等无形资产，经有关部门确认后应及时按规定作价入账，归企业所有。

（八）企业从成本中提取的工资、福利费等消费性资金结余，凡用于购建集体福利设施的，应按照规定进行清查登记，作为企业资产入账。

第六十条　企业清产核资中清理出来的职工福利费（含医药费）超支挂账数额较大的，可区别情况分别处理：

（一）凡目前经营效益较差的企业，经批准可一次性冲减企业的盈余公积金；

（二）对目前经营效益较好有承受能力的企业，经批准可在管理费用中列支一部分。

第六十一条　企业在清产核资中清理出来的以前政府部门应补未补的款项，经审查核实后，由当事部门按规定予以补足。对一时难以全额补足的，有关部门要分期分批予以解决，或签订归还协议，在一定期限内解决。

第六十二条　企业的资本金可划分为城镇集体资本金、国家资本金、法人资本金、个人资本金和外商资本金。各项资本金的核算内容，按《国家税务总局关于城镇集体企业、私营企业新老财务制度衔接问题的通知》（国税发〔1993〕028

号)执行。企业的各项资本金经过核实认定后,可按下列规定进行处理:

(一)企业在清产核资中,要摸清家底,理顺产权关系。对错计、漏计有关资本金的,应按规定及时进行调整。对产权关系不明晰的,可在实收资本下设置"待界定资产"进行单独核算,待产权关系明晰后再行调整。

(二)企业在清产核资财务处理中,凡需要用实收资本处理有关损失或有关权益转增实收资本的,都要按各项资本金所占的比例同增同减,不得单独冲减某项资本金。

(三)企业在清产核资中,如核定无资本或资本金达不到国家法律、法规规定的注册资本最低限额的,可限期在五年内补足。补充的方式可通过资本公积、盈余公积直接转增,也可通过其主办单位或其他部门直接投入。

第六十三条　企业在清产核资中,要对国家历年减免的税款及税前还贷等项目单独进行清理和核实,按下列规定进行处理:

(一)属于 1993 年 6 月 30 日以前国家减免的税款(包括以税还贷),作为城镇集体资本金,并在城镇集体资本金下设置"减免税基金"科目单独反映。

(二)对 1993 年 7 月 1 日以后按国家统一政策规定减免或返还的流转税(含即征即退、先征后退)及所得税,属于国务院或财政部、国家税务总局规定专门用途的项目、作为盈余公积处理;属于国务院或财政部、国家税务总局没有规定专门用途的项目,按规定作为当期损益处理。

(三)企业在 1993 年 6 月 30 日以前享受的税前还贷,及按国家规定免征所得税的项目,作为城镇集体资本金,并在城镇集体资本金下单独反映。

(四)企业在 1993 年 7 月 1 日以后享受的税前还贷,以及按国家规定免征企业所得税的项目,按规定作为盈余公积处理。

第六十四条　对已经开展过清产核资工作的城乡信用社和城市商业(合作)银行,在按规定进行资金核实补课工作时,如发现差错较多,与有关部门协商后,可重新进行清产核资工作。

(一)城乡信用社和城市商业(合作)银行的呆账损失、坏账损失和投资损失,首先要用已提取的准备金核销;各项准备金不足核销的损失,经批准可在营业外支出中核销。

(二)城市商业(合作)银行组建时清理出来的,已确认不能收回,但又不符合用呆账准备金核销条件的贷款,可暂转为递延资产进行管理;也可逐次用权益核销。

(三)城市信用社组建城市商业(合作)银行时,其净资产清理核实后如为负数,报经国家税务局批准后可列为营业外支出。具体审批权限为:净资产负数超过500万元(含500万元)的,报国家税务总局审批;不超过500万元的,审批权限由各省、自治区、直辖市国家税务局具体确定。

第六十五条　城乡信用社占用有关部门的资产,没有入账的,要及时入账。农村信用社与农业银行、城市信用社与原主办单位脱离行政隶属关系后而引起的资产增减变化,可按下列规定处理:

(一)信用社占用有关部门的资产,凡产权明确已属于信用社的,城市信用社一律计入资本公积,农村信用社一律计入当期损益。

(二)有关部门占用信用社的资产,报经有关部门批准后,凡产权明确已不属于信用社的,一律作为盈亏处理,计入当期损益。计入当期损益有困难的,可在5年内分期摊销。

(三)信用社与有关部门产权界定不清的,应尽快按国家有关政策规定进行协商处理,以便明确产权归属。对一时难以分清的,可暂作待界定资产处理。

第六十六条　城市信用社组建城市商业(合作)银行时,其公共积累经清理核实后,按下列规定进行处理:

(一)公共积累首先用于核销呆账和坏账,如余额为正数,要提足公益金、呆账准备金、法定盈余公积金、职工退休养老保险金、失业保险金和住房公积金,建立和提取风险准备金,与国家减免税形成的公共积累一并转入新组建的城市商业(合作)银行;如为负数,应相应冲减原投资者股金。

(二)上述提留以外的资本公积金、任意盈余公积金和未分配利润等其他公共积累,可作为原投资者的权益量化给原投资者。对于量化给原投资者的收益,要按国家有关规定依法纳税。

第六十七条　"挂靠"集体企业按照国家有关规定进行清理核实和甄别后,如未改变性质,则应按集体企业清产核资中的有关规定进行清产核资,并执行集体企业清产核资中的税收、财务处理规定。"挂靠"集体企业按照国家有关规定进行清理核实和甄别后,如改变为其他性质,应执行以下规定:

(一)属于1994年1月1日以前国家减免的税款(包括所得税减免)和税前还贷、以税还贷的金额,可作为城镇集体资本金,并在城镇资本金下设置"减免税基金"科目单独反映、管理。属于1994年1月1日以后发生的,可按规定作为盈余公积。

(二)企业按规定明确为个人资产的部分,应按税法有关规定缴纳个人所得税。

第六十八条　企业在清产核资中清理出来的以前年度欠交的能源交通重点建设基金和国家预算调节基金,凡处于停产、半停产、亏损的,按照财政部、国家税务总局《关于继续做好国家能源交通重点建设基金和国家预算调节基金清欠工作的通知》(财综字[1997]1号)精神,可全额豁免所欠"两金"。

第六十九条　企业清产核资资金核实和财务处理主要政策文件包括:

(一)国家税务总局、财政部、国家经贸委关于印发《城镇集体所有制企业、单位清产核资资金核实具体规定》的通知(国税发[1996]217号);

(二)国家税务总局、财政部、国家经贸委关于印发《城镇集体所有制企业、单位清产核资财务处理暂行办法》的通知(国税发[1996]232号);

(三)财政部、国家经贸委、国家税务总局、中国人民银行、国家国有资产管理局《关于城镇集体企业清产核资工作有关政策规定》(财清字[1997]12号);

(四)国家税务总局、财政部、国务院农村金融体制改革部际协调小组办公室《关于做好农村信用社清产核资资金核实工作的通知》(国税发[1997]113号);

(五)财政部、国家税务总局《关于集体企业清产核资中有关房产税印花税问题的通知》(财税字[1997]131号);

(六)《国家税务总局关于城镇集体企业单位清产核资中若干税收财务处理规定的通知》(国税发[1997]55号)。

第七章　附　　则

第七十条　本规程由国家税务总局负责解释。各省、自治区、直辖市和计划单列市国家税务局、地方税务局可根据本规程制定具体实施办法。

第七十一条　本规程自发布之日起施行。

(原件存国家税务总局办公厅档案处)

国家轻工业局　中华全国手工业合作总社
关于进一步做好全国各级联社
清产核资工作的通知

（1998 年 6 月 29 日）

各省、自治区、直辖市及计划单列市轻工业主管部门、联社：

　　根据国务院批准的城镇集体所有制企业、单位清产核资工作的总体方案，1998 年在全国范围内全面开展城镇集体企业、单位的清产核资工作。按照财政部、国家经贸委、国家税务总局有关集体企业清产核资的规定和工作要求，为进一步做好全国各级联社的清产核资工作，现就有关问题通知如下：

　　一、全国各级轻工主管部门、联社对开展联社自身资财的清产核资工作要予以高度重视，切实提高认识，加强组织领导；凡未进行过清产核资的联社，要建立健全清产核资领导机构和工作班子，配备专门人员，明确工作责任，积极组织实施，并把联社自身的清产核资工作和轻工集体企业的清产核资工作有机地结合起来。

　　二、全国各级联社的清产核资工作原则上均按属地组织进行，要在当地政府清产核资机构的统一领导、组织和协调下，纳入当地的清产核资工作范围，按照国家有关规定做好清产核资各阶段的工作。

　　三、全国各级轻工主管部门、联社要根据本级联社的历史情况和工作特点，精心组织，周密安排，争得支持，用好政策，按时完成各阶段的工作任务。

　　（一）各级轻工主管部门、联社要积极与当地政府清产核资机构建立工作联系，在清产核资机构的支持下做好划出企业带走的联社资产、被有关部门以各种形式占用、代管的联社资产以及被侵占、挪用、平调的联社资产的清理、界定工作，防止联社资产的流失；

　　（二）各级联社的清产核资工作应按国家有关规定组织进行，具体实施可按原中国轻工总会、中华全国手工业合作总社联合印发的《全国各级轻工业集体企业联合经济组织清产核资暂行方案》（轻总经调[1997]23 号）办理；

（三）按照国家统一要求,1998 年各级联社清产核资的资产清查时间点为 3 月 31 日 24 时。除 1996、1997 年已参加清产核资试点的联社外,各级联社均要在 11 月底前完成资产清查、产权界定、价值重估、资金核实、实权登记等各项具体工作,全部工作须在 12 月底以前完成;

（四）在清产核资中,全国各级联社的产权界定要按照国家有关部门印发的有关规定和原中国轻工总会、中华全国手工业合作总社、国家税务总局联合制定的《轻工业企业集体资产管理暂行规定》(轻总经调〔1997〕22 号)执行;具体界定案例可按财政部清产办印发的《全国集体企业产权界定案例》(改革出版社 1998 年 2 月出版)参照办理;

（五）全国各级联社的清产核资报表,在报送当地清产核资机构的同时,须上报上级联社。

四、全国各级联社的清产核资工作,由各级联社按产权归属、分级管理的原则组织进行,哪一级联社的资产由哪一级的联社负责进行;在机构改革中联社机构尚未理顺的,由同级轻工主管部门负责。

五、在清产核资中,经审查需要核销的联社借款,属哪一级联社的借款由哪一级联社审批。要严格工作纪律和审批权限,借款企业未经联社批准不得擅自冲销联社借款;下级联社未经批准不得擅自核销和冲销上级联社的借款。

六、为做好总社的清产核资工作,总社历年来借给各省、自治区、直辖市联社的款项,请各地认真进行清理核对,并提出书面处理意见于 1998 年 8 月 31 日前上报全国总社资财管理部。

（原件存中国轻工业联合会办公室文电档案处）

湖北省城镇集体工业企业资产管理办法

（1998 年 7 月 8 日省人民政府第 156 号令发布）

第一章 总 则

第一条 为了深化城镇集体工业企业改革,进一步理清产权关系,加强资产管理,提高资本运营效益,根据《中华人民共和国城镇集体所有制企业条例》和国家有关法律、法规,制定本办法。

第二条 本办法适用于本省除乡村农民集体举办的企业外,城镇中各行各业,各种组织形式的集体所有制工业企业。

第三条 本办法所称城镇集体工业企业(以下简称企业)资产系指企业劳动群众集体所有的和企业联合经济组织(城镇集体工业联社、工业合作联社,下同)范围内劳动群众集体所有的资产,包括固定资产、流动资产、无形资产和其他资产。

第四条 企业资产及其合法权益受国家法律保护,任何单位和个人不得侵犯。

第五条 各级城镇集体工业综合管理部门(经贸委,下同)负责本行政区域内企业资产管理工作的指导和监督。

各级行业主管部门在各自的职责范围内,做好所属企业资产管理的监督、检查工作。

第二章 产权界定

第六条 企业产权界定的组织实施,由企业和企业主管单位依法进行。

第七条 界定企业资产的产权归属,要在清产核资的基础上,本着下列原则进行:

(一)企业自筹资金形成的所有者权益,其产权归企业所有;

(二)联合经济组织以各种形式投资形成的所有者权益,以及收取的互助合作基金和各项收入所形成的资产,属于该组织范围内劳动群众集体所有;

（三）职工个人在企业中的股金及其收益形成的所有者权益，其产权归职工个人所有。

第八条　企业历年公共积累形成的所有者权益，除投资主体明确的按相应比例归属资产所有者所有外，其余部分按下列办法处理：

（一）自负盈亏期间积累所形成的所有者权益，归企业所有；

（二）由联合经济组织统负盈亏期间积累所形成的资产，按联合经济组织、企业各自占有份额分割；

（三）税后利润三级分成期间，凡用企业自有资金形成的所有者权益，归企业所有。

第九条　企业按照国家法律、法规和政策享受减免税优惠而形成的所有者权益，归企业所有。

第十条　全民所有制单位为解决其职工子女就业扶持企业拨给的资金或设备等形成的所有者权益，原有协议的按协议办理，原无协议，经双方协商后可作如下处理：

（一）作为全民所有制单位的投资，按出资比例分享收益，承担风险；

（二）实行租赁经营，由全民所有制单位收取租金；

（三）实行有偿转让，转让费由受让单位一次付清或分期偿付；

（四）采取其他方法。

第十一条　企业在发展过程中，以全民所有制单位名义担保的贷款，已归还本息的，其贷款所形成的所有者权益归企业所有；由全民所有制单位履行了连带责任并代为偿还的，应向企业追索清偿或经协商转为对企业的投资。

第十二条　其他法人、自然人投资形成的所有者权益，归投资的法人、自然人所有。

第十三条　投资主体不清的资产以及接受无偿资助和捐赠所形成的所有者权益归企业所有。

第三章　产权登记

第十四条　企业开办时筹集的资本或开办后经清产核资、资产重估、产权界定、产权转让等发生了数量变化的资产必须进行产权登记。

第十五条　企业产权登记工作，由城镇集体工业综合管理部门负责办理。

企业占有国有资产的，应到国有资产管理部门登记。

第十六条　产权登记的主要内容：

（一）机构名称、住所、法定代表人；

（二）企业的资产、负债、所有者权益；

（三）资产总额及其分类分布情况。

第十七条　企业产权发生下列情形之一时,应当办理变更登记：

（一）企业名称、住所、法定代表人发生变更的；

（二）企业关、停、并、转、破产及设立分支机构的；

（三）企业资产及其权益总额增减幅度超过20％的；

（四）企业对外投资比例增减或转让产权的。

第十八条　建立产权登记年度检查制度。所有企业应于每年公历年度终止后90日内(即次年度的第一季度)办理年度检查登记。办理年检时须提供企业资产经营决算报告及有关情况说明书。

第十九条　经城镇集体工业综合管理部门核准的《集体资产产权登记表》是产权登记的重要文件,任何单位和个人不得伪造、涂改、出借。

第四章　资产管理

第二十条　企业应按照《中华人民共和国城镇集体所有制企业条例》的有关规定,在清产核资、界定产权的基础上建立科学的产权管理制度。

（一）严格按照国家的财务管理和会计制度规定,建立健全财务管理制度和审计、监督制度。

（二）建立厂长(经理)负责制。企业的厂长(经理)对企业的资产承担保值增值责任。厂长(经理)离任时,应由具有审计资格的中介机构对其任职期限内的资产经营状况进行审计。

（三）建立民主管理与监督机制。企业资产处分方案,由职工(代表)大会讨论决定,报上级主管部门备案。

第二十一条　任何部门或个人不得以任何方式平调、挤占、挪用、私分企业资产和强制企业无偿提供劳动力。

第二十二条　由联合经济组织独资兴办的企业,实行联合经济组织所有,企业经营利润按规定上交联合经济组织。联合经济组织对其投入资产享有资产收益、重大决策和选择经营者的权利,企业对联合经济组织授予其经营管理的资产依法自主经营,对联合经济组织承担保值增值的责任。

第二十三条　凡占有联合经济组织资产的企业,在实行承包、租赁、兼并、联营或改为股份制、股份合作制、中外合资、合作经营前,应向联合经济组织报送资产评估报告、验资报告和可行性报告,在明确企业内部产权关系并经联合经济组织确认后再按程序报有关部门审批。按照企业经营方式的不同,联合经济组织资产收益可分别采取收取利润、资金利息、股利、租金等不同形式。

第二十四条　其他单位占有企业和联合经济组织资产的,应限期归还。

企业改变隶属关系带走联合经济组织资产的,通过清理、界定、评估后,经双方协商,可由产权单位按下列办法处理:

(一)限期归还;

(二)作为入股参与分红;

(三)按银行利率收取资金占用费;

(四)作为出租收取租金。

第二十五条　企业可根据需要进行部分或整体产权转让。

第二十六条　产权转让应遵循公开、公平、公正、协商一致的原则,依照法定的程序进行。转让的产权必须是经过资产清理、评估、产权界定和得到各个投资主体认定并同意的产权。

产权转让价款应一次付清,价款数额较大,一次付清确有困难的,经协商可在2年内付清,并由受让方承担延期付款利息。

第二十七条　产权转让收入,分别按下列情形处理:

(一)由联合经济组织独资兴办的企业,其产权转让收入归联合经济组织所有;

(二)投资主体多元化的企业,其产权转让收入(包括土地使用权折价),由各个投资主体按投资比例分割;

(三)靠自身积累发展起来的企业,其产权转让收入由当地行业主管部门或联合经济组织代收代管,所有权归企业;

(四)依法界定为国有资产的,其产权转让收入由同级国有资产管理部门记账,作为企业发展基金,留给企业使用;

(五)产权部分转让的,其收入由转让单位按固定资产变价收入处理。

第二十八条　产权转让收入主要用于发展生产,不得用于非生产性的福利开支和行政开支。

第五章　法律责任

第二十九条　企业有下列行为之一的,由城镇集体工业综合管理部门或行业主管部门责令其限期改正,逾期不改的,视其情节轻重,分别追究企业负责人和直接责任人的责任,给予行政处分。构成犯罪的,提请司法机关依法追究刑事责任。

(一)未经职工(代表)大会讨论决定,私自转让或以其他方式非法处分集体资产的；

（二）利用企业分立、合并、终止及其他行为抽逃资金、侵吞、挪用集体资产的；

（三）玩忽职守，造成集体资产严重损失的。

第三十条 有关部门或个人平调、挤占、挪用、私分企业资产和强制企业无偿提供劳动力的，由城镇集体工业综合管理部门或其上级行政管理机关责令限期改正，逾期不改的，视其情节轻重给予主管人员和直接责任人行政处分。构成犯罪的，提请司法机关依法追究刑事责任。

第六章 附　　则

第三十一条 本办法自发布之日起施行。

（原件存湖北省人民政府办公厅）

国务院关于实行企业职工
基本养老保险省级统筹和行业统筹
移交地方管理有关问题的通知

（1998 年 8 月 6 日）

各省、自治区、直辖市人民政府，国务院各部委、各直属机构：

为了深化企业职工养老保险制度改革，加强基本养老保险基金管理和调剂力度，确保企业离退休人员基本养老金的按时足额发放，国务院决定，加快实行企业职工基本养老保险省级统筹，并将铁道部、交通部、信息产业部（原邮电部部分）、水利部、民航总局、煤炭局（原煤炭部）、有色金属局（原中国有色金属工业总公司）、国家电力公司（原电力部）、中国石油天然气集团公司和中国石油化工集团公司（原石油天然气总公司部分）、银行系统（工商银行、农业银行、中国银行、建设银行、交通银行、中保集团）、中国建筑工程总公司组织的基本养老保险行业统筹移交地方管理。现就有关问题通知如下：

一、加快实行企业职工基本养老保险省级统筹

（一）一九九八年底以前，各省、自治区、直辖市（以下简称省、区、市）要实行企业职工基本养老保险省级统筹（以下简称省级统筹），建立基本养老保险基金省级调剂机制，调剂金的比例以保证省、区、市范围内企业离退休人员基本养老金的按时足额发放为原则。到二○○○年，在省、区、市范围内，要基本实现统一企业缴纳基本养老保险费比例，统一管理和调度使用基本养老保险基金，对社会保险经办机构实行省级垂直管理。

（二）省级统筹的范围包括，省、区、市（含计划单列市、副省级省会城市、经济特区、开发区等）内的国有企业、集体企业、外商投资企业、私营企业等城镇各类企业及其职工。城镇个体经济组织及其从业人员也应参加基本养老保险并纳入省级统筹。

（三）从一九九八年九月一日起，目前实行基本养老保险基金差额缴拨的地

区,要改变基金结算方式,对企业和职工个人全额征收基本养老保险费,对企业离退休人员全额支付基本养老金。各省、区、市要积极创造条件,加快实现企业离退休人员基本养老金的社会化发放,推进社会化管理进程。

二、按期完成基本养老保险行业统筹移交地方管理

(四)在一九九八年八月三十一日以前,实行基本养老保险行业统筹(以下简称行业统筹)企业的基本养老保险工作,按照先移交后调整的原则,全部移交省、区、市管理。从一九九八年九月一日起,由省、区、市社会保险经办机构负责收缴行业统筹企业基本养老保险费和发放离退休人员基本养老金。跨省、区、市的,按单位或其分支机构的注册登记地进行属地划分,其基本养老保险工作分别移交所在省、区、市社会保险经办机构管理。行业统筹在各省、区、市的省级社会保险经办机构暂予保留,待地方政府机构改革时再统筹研究。

(五)行业统筹移交地方管理后,一九九八年内,企业和职工个人缴纳基本养老保险费的比例保持不变。从一九九九年起,调整企业缴纳基本养老保险费的比例,起步时不低于企业工资总额的百分之十三,以后逐步过渡到与地方企业相同的比例。根据行业的具体情况,煤炭、银行、民航企业的过渡期为五年,其他行业企业的过渡期原则上为三年。从一九九九年一月一日起,职工个人缴纳基本养老保险费的比例按省、区、市确定的统一比例执行,一次到位。

从一九九八年一月一日起,统一按本人缴费工资百分之十一的数额调整或建立职工基本养老保险个人账户,移交前后的个人账户储存额合并计算。

(六)行业统筹移交地方管理后,原行业统筹企业已离退休人员的基本养老保险原待遇原则上维持不变,其中经原劳动部、财政部批准的统筹项目内的部分由省级统筹的基本养老保险基金支付,未列入统筹项目的部分由企业支付。行业统筹移交地方管理以后退休的人员,基本养老保险待遇按照省、区、市的办法执行,对于按原行业统筹计发办法计算高于按地方计发办法计算的部分,可由各省、区、市采用加发补贴的办法解决,所需费用从省级统筹的基本养老保险基金中支付,补贴的标准逐年调整,五年后执行省、区、市的计发办法。

(七)行业统筹积累的基本养老保险基金,全部移交给省、区、市社会保险经办机构管理,其中存在省、区、市以下社会保险经办机构的,随同行业统筹移交地方管理一并移交给地方;存在中央部门的,主要用于解决移交过程中的地区不平衡问题。具体移交办法由劳动保障部、财政部统一研究制定并尽快下发。

行业统筹企业建立的补充养老保险,要逐步加以规范,由劳动保障部审查同

意的机构经办。补充养老保险积累的基金不移交地方。

（八）加快行业统筹移交地方管理，是实行省级统筹的重要保证。行业统筹移交地方管理的工作由劳动保障部会同财政部组织实施。行业统筹移交地方管理后，企业缴纳基本养老保险费的比例调整和对退休人员的补贴办法等，各省、区、市要报劳动保障部，劳动保障部商财政部同意后，由省、区、市人民政府批准实施。

三、加强领导，严肃纪律，确保按时足额发放企业离退休人员基本养老金

（九）各省、区、市人民政府、各有关部门和单位要统一认识，加强领导，积极稳妥地推进省级统筹和行业统筹移交地方管理的工作，要按照本通知规定的程序和进度，抓紧进行，认真落实。要严肃纪律，不能搞提前退休，不得擅自提高待遇，不准借交接之机挪用基本养老保险基金，对被挤占挪用的基本养老保险基金，要从严从快清查收回。各省、区、市人民政府要采取切实有效措施，按期建立省级统筹，保证基本养老保险基金在省、区、市范围内调剂使用，确保按时足额发放企业离退休人员的基本养老金，不得再发生新的拖欠，对以前拖欠的要逐步予以补发。对发放企业离退休人员基本养老金确有困难的地区，一九九八年中央财政给予适当支持。

（十）实行省级统筹和行业统筹移交地方管理，时间紧、任务重、政策性强，涉及各方面利益的调整和社会的稳定，各省、区、市人民政府、各有关部门和单位要高度重视，精心组织实施。劳动保障部、财政部要加强指导，保证省级统筹和行业统筹移交地方管理工作的顺利完成。

国务院
一九九八年八月六日

（选自《十五大以来重要文献选编（上）》，人民出版社2006年6月版，第508—512页）

财政部清产核资办公室关于
印发《城镇集体企业清产核资工作
有关问题解答（第三期）》的通知

（1998 年 9 月 4 日）

各省、自治区、直辖市、计划单列市清产核资办公室，国务院有关部门：

今年城镇集体企业清产核资工作在全国范围内全面铺开，随着工作的不断深入开展，各地区、各部门又反映了一些工作中存在的问题，经与有关部门研究，现将《城镇集体企业清产核资工作有关问题解答（第三期）》印发给你们，供在具体工作中参考。

城镇集体企业清产核资工作有关问题解答（第三期）

一、经过清理甄别确属私营或个人合伙企业的，对其享受集体企业优惠政策形成的资产，如何处理？

答：经过清理甄别确属私营或个人合伙企业的，其享受集体企业优惠政策形成的资产，其中：（1）对企业享受的税收优惠，包括国家对企业减免的各种税款和税前还贷、以税还贷等形成的资产，属于 1994 年 1 月 1 日以前形成的，应界定为集体资产；属于 1994 年 1 月 1 日以后形成的，按企业各投资者所拥有财产（含劳动积累）的比例确定产权归属。（2）对企业享受的集体企业的其他优惠政策形成的资产，应界定为集体资产。界定为集体性质的这部分资产暂由其挂靠单位或主管单位代管，在国家尚未明确有关政策期间，任何单位和个人不得擅自处置。

二、对工会、联社等组织管理的资产如何界定？

答：对工会、联社等组织管理的资产可以从以下几方面进行界定：一是对各级工会、联社中完全属于国家投入形成的资产，应界定为国有资产；二是工会会费形成的资产、各级联社按规定收缴的用于集体企业发展的资金等产权均属于工会或联社组织范围内所有成员集体所有,应界定为集体资产,可在"集体资本"科目下,注明"工会"或"联社"子科目或加括号反映;三是各级工会、联社用集体企业上缴的利润、管理费等再投入所形成的资产,应界定为集体资产。

三、去年已参加城市信用社清产核资工作,今年改为城市商业银行,是否需要重填报表?

答:对去年已参加城市信用社清产核资工作,今年改为城市商业银行的,原清产核资各项工作可不再重新进行,但需在原来所填报表数据的基础上,按照《关于做好城市商业银行清产核资补课工作的通知》(财清字[1998]8号)中规定的1998年全国城市商业银行清产核资资产清查报表格式和有关要求重新填报报表。

四、对集团下属注册为集体性质的独立法人企业,是否应作为基本单位参加清产核资,并作为单户企业填报报表?

答:对集团下属注册为集体性质的独立法人企业,应作为基本单位参加集体企业清产核资工作,其各阶段工作组织可按集团的有关具体要求统一进行,但其在填报资产清查快报、清产核资报表以及有关阶段工作报表时均应按单户企业对待,分别进行填报。

五、对集体企业目前占用或使用的土地在本次清产核资中如何处理?

答:在本次城镇集体企业清产核资中,对集体企业目前占用或使用的土地,暂不纳入工作范围。凡已对集体企业占用或使用的土地进行清查、估价,其工作结果待今后国家明确有关政策规定后再进行处理。

六、集体性质的事业单位是否要进行产权界定和资金核实?

答:集体性质的事业单位清产核资的主要任务是对本单位拥有或占用的各类资产、负债和权益进行全面的清理、登记、核对和查实,特别是准确掌握本单位占用的集体资产,因此集体性质的事业单位在清产核资中重点是做好资产清查工作,原则上可不进行产权界定和资金核实。但对于资产结构复杂,产权关系较为混乱的单位,各级清产核资机构可根据实际情况对其进行必要的界定,以便准确掌握其资本构成情况。集体性质的事业单位可以不用填报资产清查"快报"以及有关阶段工作报表,但必须按要求认真填报《全国城镇集体所有制企业、单位清产核资报表》中的"资金平衡表"。

（原件存财政部清产核资办公室）

全国城市轻工集体经济研讨会
第八次会议纪要

（1998 年 9 月 12 日）

　　全国城市轻工集体经济研讨会第八次会议于 1998 年 9 月 9 日至 9 月 12 日在兰州召开。出席会议的有全国 28 个城市二轻（轻工）集体联社的领导和代表共 49 人。

　　这次研讨会以邓小平建设有中国特色的社会主义理论为指针，围绕落实党的"十五大"和总社"五代会"精神，以及江泽民总书记提出的伟大抗洪精神，结合城市轻工集体经济具体实践，着重就联社和集体企业生存、改革与发展的问题，从理论和实践相结合上进行研讨。现就主要内容纪要如下：

一、面临的形势问题

　　与会代表一致认为，当前轻工集体经济发展到一个新的关键时期，难得的机遇和严峻的挑战并存。

　　1. 机遇方面

　　一是党的十五大进一步明确："集体所有制经济是社会主义公有制经济重要组成部分"，"公有制实现形式可以而且应该多样化，要努力寻找能够极大促进生产力发展的公有制实现形式"。国务院颁布的《城市集体企业条例》中明确规定，集体企业有权按照国家规定自愿组建集体企业的联合组织。这不仅确定了城市集体企业和各级联社在社会主义市场经济中的主体地位，而且极大地丰富了集体经济的形式和内容，为集体经济发展指明了方向。

　　二是总社五代会召开，朱镕基总理接见大会代表并作重要讲话。国务院机构改革中保留中华全国手工业合作总社及其办事机构。进一步说明党中央、国务院对轻工集体经济的重视和对各级联社作用的肯定。

　　三是随着国有经济的战略性调整改组，在轻工这样的一级竞争性行业将让出一部分阵地，给集体经济拓展了空间。有关权威部门研究结果表明，随着社会主义市场经济发展,集体经济在国家经济中的比重将进一步扩大,甚至超过国有经济。

四是总社在1992年提出的"办实体、增实力,强化服务功能"的联社改革方向,经过几年的努力和实践,经济实力有了明显增强,为下一步改革打下了较好的基础,积累了经验。

2. 挑战方面

一是国内市场短缺时期的结束和内需乏力,东南亚金融危机对我们出口和引资的影响,使我们在国内外两个市场都面临严峻挑战。

二是国家抓大放小政策和投资向国有大中型企业倾斜,三资企业和乡镇企业的后发性优势,城市集体经济处在夹缝中生存。

三是随着改革的深化,多元投资主体的混合经济迅速崛起,轻工集体经济原有的范围和模式,必将被打破。

四是世界范围内的经济一体化和知识经济时代的到来与我们轻工集体经济较低的自身素质形成了强烈的反差,都对我们提出了新的更高层次的挑战。

经过研讨,代表们认识到,以合作制为特征的集体经济在我国社会主义初级阶段不仅长期存在,而且要有一个大的发展。作为集体企业联合经济组织的各级联社也必将相应存在和发展。当前的困难是前进中的困难,是发展中的客观规律。我们要增强责任感、危机感、紧迫感,解放思想、转变观念,主动迎接挑战,尽快适应社会主义市场经济优胜劣汰的新形势。

二、联社的改革问题

1. 各地联社改革取得了新的进展。主要表现为

一是政社分开,社企分开有了新突破。与会的28个城市联社已经或正在注册为企业法人的有:杭州、沈阳、厦门、青岛、贵阳、天津、泉州、黄石、天水等9家;已注册或已明确为事业法人的有:武汉、合肥、长沙、蚌埠、银川、南昌、石家庄、海口、江门、兰州、乌鲁木齐11家;准备注册为社团法人的有北京市;上海市工业合作联社虽未注册,但有独立的健全的办事机构;目前仍是两个(或三个)牌子一套人马的有包头、吴忠、乐山、昆明等5家。武汉市联社经过大量细致的工作取得市政府领导和各综合部门的理解和支持,在市政府机构改革中,各工业局撤销,组建了三个国有资产控股集团公司分别管理各行业的国有企业,却保留了武汉市工业合作联社,管理以集体经济为主的轻工行业,并定为正局级事业单位,从而理顺了联社与政府之间的关系,拓展了联社运行空间,这种做法值得各地

借鉴。

二是各地联社普遍建立了独立稳定的办事机构和工作制度,在民主化、制度化、规范化上前进了一大步。如北京过去的联社和总公司合署办公,现在已陆续建立了联社办公室、资金管理部,物业部等,配备了专职工作人员。上海市联社设有办公室、资产部、合作研究所三个独立机构,有完善的理事会、监事会工作制度,保持了工作的连续性。

三是大部分联社经济实力明显增强。各地联社抓住了全国开展集体企业清产核资的机遇,在清产核资的基础上进行了产权界定,明晰了联社和企业的产权归属,弄清了家底,同时加强了联社资产运作。通过对企业的调整重组盘活了一批联社资金;通过联社自身兴办经济实体,促进联社资产保值增值。特别是厦门二轻集体联社作为集体资产营运主体,对集体资产实施整体运作,加大经济结构调整力度,进行资源配置优化重组,联社实力迅速增长、促进了集体经济快速发展,给大家开拓了新的思路。

2. 进一步深化联社改革的主要内容

一是联社改革的实质。代表和专家们认为,党的"十五大"精神实质是一个"活"字。就是要把企业搞活,壮大公有经济实力,增强控制力。联社改革的实质同样是产权制度改革,实现资本的增值。要按照建立现代企业制度的十六字方针,以明晰产权为基础,以资产增值为目标,重新构建联社的组织结构、资产结构和经营模式,带动集体企业实现新的资产增值,在市场经济竞争中求得新的发展。

二是法人资格。代表们普遍认为,在市场经济体制不断完善,法制不断健全的今天,联社的独立法人地位问题到了必须解决的时刻了。多数代表认为前几年在二轻(轻工)厅局级改革尚未确定,政社尚可合一的条件下联社办实体起到了积极的作用,今天机构改革已经明确二轻(轻工)厅局即将不复存在的情况下,把联社办成实体已势在必行。鉴于各地情况不尽相同,对联社注册成企业法人还是事业法人、社团法人,还是暂不注册,都应当因地因时制宜,适宜哪种就采用哪种。

三是必须建立健全联社独立稳定的工作机构。至少包括政策法规、资产营运和管理、社务等部门。由"合署办公、相对独立"逐步向独立自主过渡。代表们一致认为,总社和总社办公室下步如何运作,继续发挥作用,将对各地联社改革产生很大影响。

四是有效地开展联社资产运营。代表们认为联社改革要实现三个归位:资产(产权)归位、职能归位、关系归位。基本的是资产产权归位。联社要对所控制的联社资产开展有效的资产经营,实现增值,不断壮大赖以生存和发展的物质基础。

五是恢复"联合经济组织"本来面目,改进和强化服务功能。要告别长期以来政社合一的行政管理方式,综合运作政策、资产、法律、信息等多种方式为成员单位服务,突出经济纽带,创造条件把联社资产和集体企业资产进行整体或部分联合运作,通过多元投资、多种实现形式带动二轻集体经济发展。这方面,杭州的经验值得学习。

3. 联社改革的环境

二轻集体企业多为五十年代合作化时期产生和发展起来的老集体。它与近年来迅速发展起来的城乡新集体企业有很大的不同。它既有自负盈亏时期,也有统负盈亏时期,五六十年代一部分过渡为"全民"后又退回集体。由于四十年来计划经济体制下创造的效益大部分贡献给了国家,形成了今天产品老化、设备陈旧、负担过重、资金严重匮乏的特殊企业群体。二轻联社是这个企业群体在互助合作中自愿组织起来的联合经济组织,多年来为集体企业服务,并积累了一笔属于联社范围内劳动群众共同共有的联社资产,对促进集体经济发展起到重要作用。现在很多领导部门特别是年青的同志不了解或不甚了解这个历史,因此各地联社必须下大力量向当地政府主要领导和综合部门宣传联社的历史和现状,宣传联社在新时期的作用,争取政府各部门的理解和支持。代表们一致要求全国手工业合作总社加大对国务院领导和国家各综合管理部门的呼吁力度,争取国家的支持,高举联社大旗,为各地联社改革争取一个较好的外部环境。

三、深化集体企业改革问题

1. 会议反映出党的"十五大"以来各地集体企业改革从形式到内容都开始发生深刻的变化。从主要推动承包经营责任制转向产权制度改革和机制创新。股份合作制、引资嫁接、联合兼并、退二进三、破产、拍卖等改革发展很快,成效明显。但与我国社会主义市场经济发展要求相比,当前轻工集体企业改革仍然相对滞后,"小、穷、亏"企业多,难以支付改革成本。对此,更要以"十五大"精神为指针,拓宽思路,闯出新路。一要打破纯集体框框,实行多种所有制、多种实现形式,哪条道通走哪条。二要在机制转变、制度创新上及早实现由生产经营型向市场主导型资本运营型转变。三要加大经济结构调整。优化重组力度,充分发挥联社企业群体优势,创名牌,上规模,走"大而强、小而精"集约化经营路子。四要把"三改一加强"结合起来。实施人才战略,从根本上提高企业自身素质。总之,只要符合"三个有利于"就可以大胆地改、大胆地试。

2. 代表们一致反映轻工集体企业在政策上与国有企业不平等是亟待解决的问题。代表们强烈呼吁各级政府对国营和集体企业在企业调整兼并、破产,下岗职工人员分流和安置再就业,退离休职工养老保险,在优化资本结构、资产重组中有关土地出让费,减免行政收费,对高新技术和产品的优惠等政策都应一视同仁。代表们一致要求国家制定一些对中小企业的扶持政策,如建立中小企业发展基金,在银行信贷中对中小企业适当放宽条件或切出盘子,对特困企业九七年以前所欠税款给予一次性减或免等,以帮助中小企业走出困境。代表们强烈要求防止和解决在资产重组中对联社和集体资产的新的平调问题。代表们认为,各地联社要深入调查研究,积极向当地政府和有关部门反映有关集体经济的政策问题,争取逐个解决。同时也要求全国总社继续集中各地意见向国务院和国家有关综合部门反映,为城市集体经济发展争取一个平等宽松的环境。

（此件由中华全国手工业合作总社办公室提供）

重视中小企业的改革与发展[①]

（1998 年 9 月 16 日）

陈清泰

党的十五大以来中小企业改革明显加快,取得了积极的进展。放开搞活小企业是一项政策性特别强的工作,从思想认识到政策掌握都必须统一到中央已经确定的方针、政策上来,针对当前改革进展的情况,有以下几个问题需要注意研究和掌握:

一、改制核心是转换经营机制

小企业的改制,就是从提高市场竞争力出发,选择适当的企业财产组织形式,通过对传统企业组织制度、领导体制和规章制度的改革,实现政企分开,使企业走向市场,让企业自负盈亏,达到转换经营机制的目的。

因此,企业改革的重点是要真正转换经营机制,切不可本末倒置,把选择企业组织形式作为目的,而忽略了转换机制的本质,转换机制重要的是看是否实现了政企分开,真正建立起自负盈亏机制;是否依照市场规则运行,形成优胜劣汰机制;是否建立了筛选管理者、制止错误决策的机制;是否真正转变了经济增长方式;也要看是否调动了职工积极性,加强了企业管理,增强了职工的监督。

二、放开搞活,不是放任自流

究竟"放"什么、还要不要"管"? "管"什么? 所谓"放小",是将企业从政府计划管理体制的笼子里放出来,进入市场经济的大天地。

一是放开改制形式,让国有小企业灵活选择与其生产力发展状况、职工认同程度和市场竞争要求相适应的企业财产组织形式和经营生产的业务内容;二是放开国有小企业存量资产的流动与重组,引导国有小企业存量资产通过兼并、联

---

① 这是陈清泰在全国中小企业座谈会上的讲话。

合、破产等形式向高效益的领域转移;三是放掉旧体制下政府对国有小企业不适当的行政干预职能和所承担的无限责任;四是下放人事管理权限,允许企业根据自身的财产组织形式确定企业领导人员的选聘方式。

在坚持"放开"的同时,政府的所有者职能和社会经济管理职能同时要加强。放开后企业必须承担自负盈亏的责任;政府作为所有者要加强国有资产的监督管理;政府作为社会经济管理者,要运用经济手段和法律手段对小企业实行宏观管理和政策调控,同时要加强为小企业的服务。"放开"是手段,使企业走向市场是目的。"放开"不是放弃国有小企业不要,也不是放任自流、"一放了之",而是通过"放开",使国有小企业真正成为"四自"的法人实体和市场竞争主体;无序地放,达不到搞活的目的;一哄而起地放,必然造成难以收拾的后果。

三、推动存量资产的流动与重组,要区别流动与流失

放活小的一项重要工作是通过资产存量的重组实现结构调整,提高经济运行效率。流动确实可能会造成流失,这是我们必须防范的。

比如不评估或人为低估资产、国有资产无偿量化到个人、出售和转让收入没有用于再投入等,都会使国有资产在流动中发生流失。但是另一方面,我们要正确判断和区别流动和流失,要注意和澄清有关政策,正常合理的流动,不应看成流失;过高的评估,也不等于国有资产增值;企业在改制的过程中,对老职工的养老支出等应该允许有合理的扣除。

产权流动是一种买卖行为,价格要由买方竞价或买卖双方议定的价格来决定。当然,如果评估合理的话,这是一个重要的参考。

另外,在考虑资产出售价格时,政府必须同时考虑收购后有多少再投入;收购之后,能保住多少就业岗位。

四、改制有多种形式,不能强求一种模式,不能一刀切

推进小企业改革要根据生产力发展水平,职工的认同程度和社会承受能力,以走向市场、提高对市场适应能力为原则,因地制宜,因行业制宜,因企业制宜选择企业改制形式。各地都有自己的经验,在这方面要警惕刮风。有的同志在强调某一种形式很好的时候,往往以一种形式代替其他形式,这是不合适的。关于这一点,中央、国务院的领导同志一再告诫我们,要以三个有利于为原则,从实际情况出发,选择合适的改制形式,不要一哄而起,不要一刀切,不要强制推行一种模式。

很多地方认为股份合作制作为一种群众的创造,比较适合目前国内小企业生产力的发展水平,把股份合作制作为一种重要的企业改制形式来选择。但是,对股份合作制也不要看作"一股就灵"。为保持它的"合作"性质,应注意三个问题:(1)在推行中要尽可能在资产构成中保留一块公共积累,也就是有一块共同共有的部分,这在转制改制过程中是可以做到的。(2)在构造股权的时候,要注意对大股和小股的差额有所限制,如果差别过大,就破坏了合作的性质,一部分人就会感到他是给别人打工。(3)在股东的权利上要实行一人一票,而非一股一票制。

五、企业改制以后,关键的问题是要自负盈亏

什么是自负盈亏?对于参股的职工来说,就是在盈利的时候,可以分红;亏损的时候,不能分红;破产的时候,包括职工在内的各个出资者投入企业的资本金就一无所获,全军覆没。这就是自负盈亏。如果企业改制后,职工仍不能承担风险,还等着吃国家的大锅饭,那么改制的作用就不能最终发挥。小企业和大企业不同,每个职工工作的优劣和企业效益的关联更加密切。

比如实行股份合作制,职工把自家多年的积蓄和财产都压到了企业身上,企业兴旺,职工的收入增加;企业垮台,职工的损失惨重。这种不可摆脱的风险责任对建立新机制会起重要作用。这会使每一位职工有强烈的主人翁意识、市场竞争意识和参与意识,也会加强职工对企业的监督。如果这种新的机制不能形成,那么企业就很容易被少数人所操纵和控制,企业的风险就很大。如何规范新的企业领导体制、组织制度,形成必要的制衡机制,是我们需要进一步探索完善的重要工作。

六、落实债务责任,注意原始积累

在改制过程中,一定要落实债务责任,做到手续完备,具有法律效力。企业资产中不只有国家投入的资本金(所有者权益),还有国有银行的债权。因此,转制中必须循规蹈矩,落实债务责任,防止债务脱空。当地政府切不可与企业一道慷国家之慨,逃银行之债。

目前,小企业并没有完成原始积累,绝大多数负债率过高。有的承包者、租赁方注入部分资金,有的通过兼并减少部分债务,有的通过嫁接、联合增加了投入,一部分有条件的企业,职工增量参股扩大了积累。如此等等,都是小企业增资减债的重要形式。

　　在转制后，要正确处理积累和消费的关系，不宜把工资福利水平提得过高或过多的分红。要千方百计增加原始积累，把底子做厚。另外，有些地方把国有权益卖掉，由政府的某一个机构把资金收回，或是作为财政信贷再贷给企业，这种做法不是一个好办法。通过各种办法，对企业有一些投入，国家又将资产抽走，对企业来说没有形成新的增量，企业如何改造？这样做在政策上没问题，可以做，但哪种办法效果更好，对企业长远发展更有利，需要研究好，掌握好。

七、要强调"三改一加强"，不存在"一股就灵"

　　企业改革是对生产关系的调整，改革对搞好国有企业起着方向性、根本性的作用，是改组、改造和加强管理的重要基础。但改革并不能代替一切。国有企业的问题是多方面的，积蓄日久，成因复杂，解决问题要靠"三改一加强"，针对具体问题，综合治理。企业有机制问题，要靠改革生产关系来解决；有结构问题，要靠调整来解决；有发展问题，要靠投入和改造来解决；有负担问题，要以企业为主，通过多方消化来解决；有管理问题，要靠改进和加强基础工作，提高管理和经营效率来解决。搞好国有企业是一项极其复杂的工作，从来就不存在什么"一股就灵"。现在有些地方把精力过分集中于卖国有中小企业，认为只要卖出去，就一了百了，带有很大盲目性。事实证明，所谓"一股就灵"、"一卖就灵"和过去"一包就灵"同样是脱离实际的，提法是片面的，做法是有害的。

八、发展社会服务体系，为中小企业发展创造必要的环境

　　小企业势单力薄，处于弱者地位，在政企分开之后，政府应着力培育社会服务体系，为中小企业提供产前、产中、产后服务。重要的是：(1)获取信息的途径；(2)技术和管理的培训；(3)实用技术和新产品的来源；(4)融通资金的渠道和方式；(5)购、销物流服务等。

　　　　　（选自中华全国手工业合作总社办公室编：《全国联社动态》，1998 年第 9 期，第 20—28 页）

财政部关于做好日常清产核资工作
有关问题的通知

（1998 年 9 月 21 日）

各省、自治区、直辖市、计划单列市财政厅（局）、国有资产管理局（办公室）、清产核资办公室，国务院各部委、各直属机构：

为适应企业"改革、改组、改造和加强管理"的要求，积极配合机构改革和政企分开等工作，各地区和有关部门正在积极组织开展日常清产核资工作。为认真规范各地区、各部门的日常清产核资工作，依据《公司法》、《会计法》等法律法规及国家现行清产核资政策制度的规定，现就有关问题通知如下：

一、开展日常清产核资工作，是贯彻落实国务院关于清产核资"制度化、规范化、经常化"要求的一项具体工作措施，也是密切配合各项改革工作、真实反映企业（单位）的财产状况、维护各方的合法权益、促进企业（单位）加强基础管理和不断提高经济效益的一项重要基础工作。各级清产核资机构必须高度重视，将组织开展日常清产核资列入工作日程，认真制定工作计划，及时落实工作措施，积极稳妥地组织做好各项工作。

二、组织开展日常清产核资的企业（单位），均应由同级清产核资机构根据国家规定列入年度工作计划，或由企业（单位）及企业（单位）主管部门申请报经清产核资机构确定。具体工作范围如下：

（一）根据国家专项工作的要求，由国家确定需统一进行清产核资的。如配合国家规定会计师事务所与挂靠单位脱钩工作，统一开展清产核资。

（二）各级人民政府根据实际工作需要，指定特定范围企业（单位）需统一进行清产核资的。如配合地方政府规定有关行业进行清理整顿等工作，组织开展清产核资。

（三）企业（单位）发生特定行为和产权变动情况，根据《公司法》、《会计法》等法律法规，必须组织进行清产核资工作。

（四）企业（单位）财务和账务发生异常情况，由清产核资机构批准进行清产核资的。如财政、审计等部门在日常管理和审计中发现企业（单位）账实严重不符、会计信息虚假,必须开展清产核资,对企业(单位)重新建账或账务调整。

(五)企业(单位)由于资产损失和资金挂账严重,申请核销国家资本金,报经清产核资机构批准开展清产核资工作。

三、企业(单位)的日常清产核资工作,由各地区清产核资机构和各部门按照"统一领导、分级管理、各负其责"的组织原则进行。

(一)财政部清产核资办公室统一负责全国清产核资工作组织,制定全国清产核资方针政策、制度和办法,具体负责中央企业(单位)日常清产核资工作的指导,对其清产核资各项工作结果进行确认或审批。

(二)地方各级清产核资机构依据国家有关清产核资方针政策、制度和办法,制定本地区工作方案和实施办法,具体负责本地区企业(单位)日常清产核资工作的指导,对其清产核资各项工作结果进行确认或审批。

(三)企业(单位)主管部门负责组织和指导所属企业(单位)日常清产核资工作的具体实施,并对其清产核资结果进行初审或复核。

四、各地区、各部门在组织日常清产核资工作中,对其具体工作内容可按照全国清产核资制度和办法,以及结合本地区、本部门工作实际组织实施。

(一)关于资产清查工作。企业(单位)在开展日常清产核资中,要对各类资产、负债和所有者权益进行全面的清理、登记、核对和查实,要做到见物就点、是账就清,不重不漏、不留死角;对查出的问题,不打埋伏,如实上报;对清查出的各种资产的盘盈、盘亏、报废等,在按规定进行必要技术鉴定后,及时提出处理意见,按规定权限申报审批。

(二)关于产权界定工作。企业(单位)在开展日常清产核资中,产权界定工作遵循"谁投资、谁所有、谁受益"和"依法确认、尊重历史"的原则,认真执行国家清产核资有关政策,维护各方合法权益。凡在以往清产核资中,经各级清产核资机构确认的产权界定结果,一般不再重新进行产权界定;但界定双方均对原界定结果提出异议或有新问题出现的,可重新进行界定;企业(单位)在全国性清产核资中,没有进行产权界定的,在日常清产核资中要按照全国清产核资的有关规定和工作程序进行界定补课。

(三)关于价值重估工作。价值重估工作是指企业(单位)在清产核资工作中,对账实背离较大的主要固定资产价值按国家统一规定的方法和标准进行重新估价。凡在以往清产核资中,企业(单位)已经开展过固定资产价值重估和土地估价的,在日常清产核资中只进行复核;企业(单位)在全国性清产核资中没有开展固定资产价值重估和土地估价的,在日常清产核资中应按照全国清产核资有关规定和工作程序组织进行价值重估和土地估价工作。

（四）关于资金核实工作。在资金核实工作中，各级清产核资机构必须准确核实企业（单位）资产盘盈、财产损失和资金挂账，正确执行现行财务会计制度规定和有关清产核资政策，按规定程序做好申报和审批，认真核定企业（单位）国有资本金和核实国有资产价值总量。

五、各地区、各部门在组织企业（单位）开展日常清产核资工作中，可根据不同地区、不同部门或不同企业（单位）的实际情况和工作需要，对清产核资工作内容和工作范围进行适当调整。当前重点做好以下工作：

（一）按照国务院关于城镇集体企业清产核资总体工作要求，认真做好集体企业的清产核资工作，全面摸清集体经济"家底"，明确其财产所有权的归属，帮助解决企业困难，为企业改革和发展奠定基础。

（二）配合财政部财会协字〔1998〕22 号《关于执行证券、期货相关业务的会计师事务所与挂靠单位脱钩的通知》等文件的要求，认真组织做好会计师事务所、资产评估事务所与挂靠单位脱钩工作中的清产核资工作。

（三）按照党中央、国务院的统一部署，积极配合做好党政机关、军队、武警部队与所办公司和挂靠公司完全脱钩工作中的清产核资或资产清查工作。

（四）按照《公司法》第一章第七条规定的国有企业改建为公司必须"有步骤地清产核资、界定产权，清理债权债务"的要求，配合做好改制等产权变动企业的清产核资工作。

（五）各级人民政府指定范围内的企业（单位）重新组织开展清产核资，以及在国有资产年报统计检查中发现企业（单位）账实严重不符、会计信息虚假和长期严重亏损必须重新开展清产核资工作。

六、各地区、各部门对列入日常清产核资工作范围的企业（单位）组织开展清产核资，须按以下程序组织工作：

（一）成立清产核资领导机构，制定具体工作方案，并根据清产核资各项工作任务需要抽调财会管理、技术管理、设备管理、仓库保管等专业人员成立若干工作小组。

（二）企业（单位）清产核资领导机构和工作小组要认真组织学习清产核资各项方针政策和制度、办法，并根据具体情况选择合适的资产清查时间点及清查时间，报经同级清产核资机构批准后执行。

（三）企业（单位）依据确定的清产核资的各项工作内容和工作要求，对各类资产和账务进行全面清查，认真清理债权债务，按规定做好价值重估、产权界定、资金核实等阶段工作。

（四）整理有关材料，如实填报有关资产清查报表、产权界定申报表、资金核实申报(审批)表,报主管部门审核后报同级清产核资机构进行确认或审批(无主管部门的直接报清产核资机构)。

(五)企业(单位)依据同级清产核资机构的批复结果,进行有关账务处理,认真做好建章建制工作。在清产核资完成后到产权登记管理部门重新办理产权登记手续。

七、各地区、各部门在组织开展日常清产核资工作中,应严格执行国家现行财务会计制度及国家清产核资政策、制度;对清产核资工作中清理出的财产损失的确认与核销,在新办法未出台前,仍执行全国清产核资原有的审批程序。

八、各地区、各部门在组织开展日常清产核资中,基础报表和工作申报表由省级清产核资机构根据具体情况自行制发;汇总报表统一填报当年资产年报。

九、开展日常清产核资的企业(单位)及相关会计师(审计)事务所等中介机构,要严格执行国家制定的清产核资政策、制度和规定。各级清产核资机构要加强对企业(单位)日常清产核资各项工作的监督和检查,严肃工作纪律。

(一)对在清产核资工作中走过场、弄虚作假的企业(单位),依据全国清产核资办法的有关规定追究有关领导的责任,责令其推倒重来,必要时各级清产核资机构可委托中介机构对其进行全面的清产核资,所需费用全部由该企业自行负担。

(二)对在清产核资工作中不严格执行国家制定的清产核资政策、制度和规定,弄虚作假、玩忽职守的清产核资机构和个人,依据全国清产核资办法的有关规定给予严肃处理,并追究有关领导和当事人的责任。

(三)对提供虚假财务会计资料、弄虚作假的会计师事务所、审计事务所等社会中介机构,要按照《会计法》、《审计法》等法律法规严肃查处,情节严重的要追究法律责任。

(四)在日常清产核资工作中禁止以各种名目向企业(单位)收费,对以清产核资名义向企业乱收费的部门和单位,各级清产核资机构应依据全国清产核资有关纪律规定予以严肃处理。

十、各地区、各部门清产核资机构要在每年年初认真制订本地区、本部门日常清产核资工作计划,年终要进行全面总结。计划和总结要及时报送财政部清产核资办公室备案。财政部清产核资办公室对各地区、各部门日常清产核资工作情况将定期组织检查和抽查。

十一、各地区、各部门应根据本通知精神,结合实际情况,制定具体实施办法,规范工作行为。

(原件存财政部清产核资办公室)

财政部、国家经贸委、国家税务总局关于印发《全国城镇集体企业清产核资工作考核办法》的通知

(1998 年 9 月 30 日)

各省、自治区、直辖市、计划单列市财政厅(局)、清产核资办公室、经贸委(经委、计经委)、国家税务局、地方税务局,国务院有关部门:

现将《全国城镇集体企业清产核资工作考核办法》印发给你们,请结合本地区、本部门的工作实际,认真做好城镇集体企业清产核资的考核工作。

附:

全国城镇集体企业清产核资工作考核办法

为了表彰全国城镇集体所有制企业、单位(以下简称集体企业)清产核资工作中成绩突出的地区、部门和企业、单位及个人,根据《城镇集体所有制企业、单位清产核资暂行办法》的有关规定,制定本办法。

一、考核的范围

参加城镇集体企业清产核资工作的地区(包括省、自治区、直辖市、计划单列市)、中央部门(包括国务院有关部、委和直属机构、集团总公司)及集体企业、单位和所有参加清产核资工作的人员。

二、考核的组织

全国城镇集体企业清产核资考核工作由财政部、国家经贸委、国家税务总局共同组织,由财政部清产核资办公室具体组织实施;各地区、各部门清产核资领导机构分级组织所属地区、部门和企业、单位及个人的考核工作。

三、考核的方法

（一）全国城镇集体企业清产核资先进单位由财政部、国家经贸委和国家税务总局共同推荐。

（二）全国城镇集体企业清产核资先进集体和全国城镇集体企业清产核资先进个人由各地区、各部门分别推荐。在推荐过程中，要根据具体考核要求和基本条件，逐级组织进行，并结合各地区、各部门的实际，兼顾企业、主管部门、财政（清产核资）、经贸和税务部门的比例。

（三）全国城镇集体企业清产核资的考核工作时间安排与集体企业清产核资验收工作同步进行。

四、基本条件

（一）先进单位和先进集体的基本条件：

1. 认真贯彻执行国家颁布的有关城镇集体企业清产核资政策、制度和地区、部门制定的实施办法，在城镇集体企业清产核资工作中做出显著成绩；

2. 单位领导重视城镇集体企业清产核资工作，清产核资领导机构和办事机构健全，并配备了适应城镇集体企业清产核资工作需要的有关人员；

3. 制定了全面详细的城镇集体企业清产核资实施方案，并在本地区、本部门和企业、单位内进行深入动员，广泛发动群众积极参与；

4. 认真组织参加城镇集体企业清产核资的工作人员学习有关法规政策，进行业务与技术培训，及时编发工作简报、动态，做好组织推动和工作宣传；

5. 城镇集体企业清产核资各阶段的工作组织开展，符合国家总体工作的部署和要求，并结合本地区、本部门和企业、单位的实际情况开展工作，政策落实得比较好，有新的工作方法与好的工作经验；

6. 认真组织户数再清理和"挂靠"集体企业的清理甄别工作，且工作成效显著；

7. 认真组织中央集体企业的清产核资工作，工作积极主动，措施得力；

8. 认真编制并及时报送城镇集体企业清产核资统计报表，数据准确、内容完整、编制质量好；

9. 建立健全了各级集体企业基础管理制度，按国家有关政策规定，积极并及时解决城镇集体企业清产核资工作中暴露出来的有关问题，改进集体企业基础管理工作。

（二）先进个人的基本条件：

1. 积极参加城镇集体企业清产核资工作，对工作认真负责、兢兢业业，做出

突出成绩;

2. 认真贯彻执行国家有关城镇集体企业清产核资的文件、法规及办法,精通或熟悉城镇集体企业清产核资业务工作,全面完成工作任务,并且工作效果和工作成果显著;

3. 在城镇集体企业清产核资工作中积极主动,任劳任怨,廉洁奉公,遵纪守法。

五、附 则

(一)经考核认定的全国城镇集体企业清产核资先进单位、先进集体和先进个人,由财政部、国家经贸委、国家税务总局共同授予证书。

(二)各地区、各部门结合实际,考核评比的本地区(部门)的城镇集体企业清产核资先进单位和先进个人,由地区、部门清产核资领导机构授予证书。

(三)各级城镇集体企业清产核资先进个人的事迹材料,存入档案,作为考核和选拔干部的参考。

(四)各地区、各部门集体企业清产核资机构,可根据本办法结合具体情况制定考核细则。

(原件存财政部清产核资办公室)

江泽民同志关于出售企业问题的
讲话和批示①（摘要）

（1998 年 10 月 30 日）

1. 江泽民同志 1997 年 9 月 12 日在党的十五大报告中的论述：

采取改组、联合、兼并、租赁、承包经营和股份合作制、出售等形式，加快放开搞活国有小型企业的步伐。

《江泽民文选》第二卷第 21 页。

2. 江泽民同志 1998 年 5 月 14 日在国有企业下岗职工基本生活保障和再就业工作会议上的讲话中的论述：

党的十五大提出了改组、联合、兼并、租赁、承包经营和股份合作制、出售等多种形式，不能简单地一卖了之。必须充分考虑职工的利益，考虑职工的就业，要防止国有资产流失，防止逃、废银行债务。如果不考虑这些，一味竞相拍卖，把大批职工推给政府和社会，算起总账来，是得不偿失的。

《论社会主义市场经济》第 383—384 页。

3. 江泽民同志 1998 年 6 月 2 日在第二期中央委员和候补委员学习邓小平理论和十五大精神研讨班结业式上的讲话中的论述：

"放小"就是通过改组、联合、兼并、租赁、承包经营和股份合作制、出售等多种形式，把国有小型企业搞活，更好地发挥它们在国民经济中的重要作用，而绝不是要放弃国有小型企业，不是对它们撒手不管。也决不能把"放小"变成一种形式，就只知道拍卖。如果对国有小型企业统统采取一卖了之的做法，这是违背党的十五大精神的。

4. 江泽民同志 1998 年 6 月 10 日在马文瑞同志《对国有企业卖给私人经营的看法》上的批示：

对抓大放小的理解，有的地方很不全面，乃至绝对化。例如，新建企业必须股份化才能给予工商注册。这显然是不对的。中国地方大，企业很多，千差万

---

① 本文摘自《中办通报》1998 年 10 月 30 日第 28 期，经呈报江泽民同志办公室作了修改补充。

别,中央确定的方针政策,各地、各部门都应该结合实际情况加以贯彻,千万不能千篇一律的生搬硬套。这样做是十分教条主义的,也是最偷懒的办法,更严重的是影响到广大干部对十五大经济体制改革方针的正确理解。

5. 江泽民同志 1998 年 7 月 17 日在学习邓小平理论工作会议上讲话的论述:

国有企业"抓大放小"。这是实施国有经济战略性改组的一项重大决策,是搞好国有企业的一条正确方针。在执行中,要全面正确理解,尊重客观经济规律,尊重群众意愿。"抓大",要重点抓好关系国民经济命脉的大型骨干企业。在"抓大"中,组建跨地区、跨行业、跨所有制和跨国经营的大企业集团,应以资本为纽带,通过市场促进生产要素的优化配置,增强企业的竞争能力,不能不讲条件,以为搞得越大越好,更不能包办代替,搞拉郎配。"放小"是要放活,也是着眼于搞好整个国有经济,更好地发挥小企业的重要作用,而不是放弃,不是撒手不管。放活国有小企业,有改组、联合、兼并、租赁、承包经营和股份合作制、出售等多种实现形式,不能变成只有出售一种形式,统统采取一卖了之的做法。国有企业改制工作要积极稳妥,因企制宜,严格执行国家有关规定,加强监督检查,防止国有资产流失。决不允许在"改革"的名义下利用职权化公为私。

《论社会主义市场经济》第 393—394 页。

（此件由中共中央党史研究室机要档案处提供）

朱镕基同志关于出售企业问题的
讲话和批示(摘要)①

(1998 年 10 月 30 日)

1. 朱镕基同志 1998 年 4 月 25 日批示:请岚清、邦国、家宝、吴仪、忠禹同志阅示,并请经贸委、体改办、研究室研处。此事政策性很强,不能搞运动,不能刮风,也不要把"抓大放小"和"下岗职工再就业工作"放在一起来动员。报请泽民同志审阅。(在附件上批示)"抓大放小",抓大是重点,放小也不只是拍卖、出售一种形式。出售中小企业不是当前的"主要任务",更重要的是抓下岗职工的基本生活保障和再就业工作。

2. 朱镕基同志 1997 年 9 月 26 日在《信报》刊登的《广州首次成功售出亏损国企》一文上批示:邦国同志:如果报导属实,此种"拍卖",实际上是冲债。部分债权人所得赔偿款低于 10% ,等于把银行和其他国有企业(我估计中央直属企业居多)的债权基本一笔勾销。如果推广这种做法,势将引起金融秩序的混乱。其实这种国有企业之间的资产转移,完全可以采取兼并的办法,银行贷款可以停息 5 - 7 年,但要还本,保留债权。希望经贸委了解一下具体情况,不要一下铺开。请酌。

3. 朱镕基同志 1997 年 11 月 26 日在李铁映同志《关于小企业改革中需要注意的几个问题》的请示上批示:(在电传原件上批示)请泽民、李鹏同志阅。职工入股问题很多,绝不是说几句"自愿"的话能解决的。各地反映,在所谓"改制"的过程中,国有资产特别是银行资产损失严重。目前仍然要坚持不能刮风的原则。

4. 朱镕基同志 1998 年 6 月 6 日在《中国经济时报》刊登的《河南沁阳企业:差的送好的卖》一文上批示:请岚清、邦国、家宝同志阅。并请马忠臣同志一阅。把国有企业改革的庄严任务,简单化为"卖企业",而且是半送半卖,还美其名为"改革",这股风也不知是从哪里刮起来的。要刹一刹才好,否则将直接干扰当

① 本文摘自《中办通报》1998 年 10 月 30 日第 28 期,经呈报朱镕基办公室作了修改。

前下岗职工再就业的工作。

5. 朱镕基同志 1998 年 8 月 28 日在《信报》刊登的《刹住"卖小"这股风》一文上批示：请盛华仁同志阅。这方面要多作宣传。

6. 朱镕基同志 1998 年 9 月 16 日在国务院发展研究中心《外国专家谈国有企业改革》一文上批示：仲藜同志：这些问题值得探讨，要写点文章来刹住当前的"卖企业"歪风。

（此件由中共中央党史研究室机要档案处提供）

中国人民银行　国家经济贸易委员会
财政部　国家税务总局
国家工商行政管理局
关于认真落实《国务院关于在国有
中小企业和集体企业改制过程中
加强金融债权管理的通知》的通知

(1998 年 11 月 26 日)

国家开发银行、中国农业发展银行、中国进出口银行,中国工商银行、中国农业银行、中国银行、中国建设银行、交通银行、中国人民银行各省、自治区、直辖市、深圳经济特区分行,各省、自治区、直辖市经贸委(经委、计经委)、财政厅(国有资产管理局)、国家税务局、地方税务局、工商行政管理局:

为进一步贯彻落实《国务院关于在国有中小企业和集体企业改制过程中加强金融债权管理的通知》(国发明电[1998]4 号)精神,规范企业改制,防范金融风险,现就企业改制过程中加强金融债权管理的问题通知如下:

一、进一步提高对维护金融债权重要性的认识,正确处理企业改制与保全金融债权的关系

维护金融债权,是防范金融风险,促进经济、金融发展和社会稳定的大事。在我国市场经济发展过程中,金融机构肩负着支持、促进经济发展的重要责任。当前企业改制过程中一些地方出现的逃废银行债务的行为,破坏了信用关系。各有关部门一定要从大局出发,统一思想和认识,妥善处理好企业改制与保全金融债权的关系;要认真学习、正确掌握国家关于企业改革工作一系列的方针政策,在企业改制中切实保护债权人的合法权益;企业主管部门和债权金融机构要根据实际情况,坚持选准一个,改一个,不搞一刀切,不要成风。

二、切实加强对企业改制工作的指导与监督，努力提高改制的效果

企业改制涉及面广，需要综合配套，是一项十分复杂的社会改革工程，各部门要密切配合，切实加强对企业改制工作的指导与监督，为企业改制创造有利条件，真正使改制工作规范有序进行。

（一）负责企业改制工作的主管部门要认真研究制定和审批企业改制方案，及时监督检查企业改制方案的实施。企业改制应按照现行法律法规和政策的规定落实金融债务，制定企业改制方案时，要听取债权金融机构的意见，实施改制过程中，也应当请当地主要债权金融机构参加。在组织实施工作中，企业及主管部门要充分尊重债权金融机构的意见，对不合规的做法要及时纠正和制止。

（二）各级金融机构要主动参与企业改制工作，依法维护金融债权的安全。对实行股份制、股份合作制及被兼并的企业，要由改制后的企业及兼并企业承担原企业及被兼并企业的全部贷款本息，签订还本付息协议书并落实相应担保措施；对出售、拍卖、转让的企业，开户金融机构要参与产权转让的全过程，所得资金收入要偿还金融债务，已设定抵押权、质权的抵押物、质物出售，需经抵押权人同意，出售收入必须优先用于清偿抵押、质押贷款本息；对实行租赁或承包的企业，出租、发包方和承租、承包方要与原债权金融机构签订偿还贷款本息的协议，并在原主办金融机构开立基本结算户；对实行分立的企业，要按所得有效资产的比例，同比承担金融债务，做到"债随物走"，不得只承接资产，不负担债务；对实行合资（合作）的企业，新建企业或经营部门要以出资比例同比或依合资（合作）合同的规定承担贷款债务；对实行破产的企业，要按照法律法规和政策的规定，清偿金融机构的债权。总之，企业不管采取哪种形式进行改制，都要落实好债务。不允许以各种方式，逃废银行债务。发现这类行为，债权金融机构要及时提出纠正和处理的意见，逾期仍不改正的，各债权金融机构要根据有关规定予以抵制，并给予必要的制裁，直到问题得到解决。

（三）各级财政（含国有资产行政管理部门，下同）和税务部门要严格按照国家有关法律法规，切实加强对企业改制前的清产核资、资产评估、资产处置、产权界定和登记等工作的监督管理，严禁将改制企业的国有资产人为低估和无偿量化分配给个人。各级财政和税务部门应当参与改制企业的清产核资和资产处置工作。改制企业清产核资的结果，要报主管税务部门备案，凡涉及税务处理事项，要经主管税务部门确认或审批。改制企业的资产评估必须聘请省级以上国有资产行政管理部门认定的具备资产评估资格的中介机构进行评估和审核，评

估结果要经各级财政或国有资产行政管理部门的确认。改制企业发生产权变动时,要办理产权变更登记手续。企业办理产权变动登记必须提供金融机构出具的金融债权保全文件和资产评估确认批复,否则不予登记。

(四)各级工商行政管理部门要按照有关法规和政策的规定,认真做好改制企业的登记工作。改制企业办理开业、变更和注销登记时,要提交经中国人民银行或其派出机构认可的债权金融机构出具的金融债权保全证明文件,未提交上述证明文件的,各级工商行政管理机关不得为其办理有关登记注册和颁发新的营业执照。对各债权金融机构反映的确有逃废金融债务行为的企业,各级工商行政管理部门应积极配合有关部门依法处理。

(五)各级税务部门要按照《税务登记管理办法》认真做好改制企业的税收登记工作,严防国家税收流失。改制企业办理税务登记时,税务部门要严格审查企业的营业执照和债权债务状况,对未办理企业登记、被工商行政管理机关吊销营业执照和金融债务未落实的改制企业,税务部门不得为其办理税务登记,不得对其发售发票。

三、严格责任追究制度,认真做好金融债权保全工作

维护金融债权,不仅是金融机构的职责,而且也是社会各界应尽的义务。各级政府有关部门和各金融机构一定要从维护国家经济安全和社会稳定的高度出发,认真贯彻执行国家有关法律法规和政策,扎扎实实地做好企业改制和金融债权保全工作。各级经贸委、财政局、国资局、税务局、工商行政管理局和各金融机构对执行法律法规、政策和本通知有关规定的情况要相互监督,发现问题要及时向上级部门反映。对不履行本通知规定职责的有关部门,其上级部门要及时进行通报,严肃处理。

(此件由中国人民银行办公厅档案处提供)

改革城镇职工医疗保险制度，建立健全社会保障体系[①]（节录）

（1998 年 11 月 27 日）

李岚清

国务院召开的全国城镇职工医疗保险制度改革工作会议，今天就要结束了。会议期间，与会代表学习和讨论了《国务院关于建立城镇职工基本医疗保险制度的决定（征求意见稿）》，提高了对职工医疗保险制度改革的认识，明确了改革的指导思想、主要任务和政策措施，增强了搞好这项改革的责任感和信心。这次会议必将推动我国城镇职工医疗保险制度改革与医药卫生体制改革的全面展开和健康发展。下面，我讲几点意见。

一、必须高度重视城镇职工医疗保险制度改革工作

建立社会医疗保险制度，保障城镇职工的基本医疗，是发展经济、促进社会进步的必要条件。党中央、国务院十分重视城镇职工医疗保险制度改革，多次召开会议研究这个问题。为了搞好这项改革，采取了先试点，总结经验，然后推开的做法。多年来，有关部门和地区做了大量探索性工作，积累了经验，为全面推进改革提供了基础。在当前各项改革和发展任务非常繁重的情况下，中央之所以要求加快城镇职工医疗保险制度改革，就是因为这项改革是关系全局的一件大事，不抓不行，抓不好也不行。

（一）城镇职工基本医疗保险制度是社会保障体系的重要组成部分，是社会主义市场经济体制的一项基础性建设。社会主义市场经济体制的建立和健康运行，是与建立健全社会保障体系紧密联系在一起的。现在，我国改革正处于攻坚阶段，发展正处关键时期，许多深层次的矛盾和问题需要解决。国有企业改革、传统产业的调整和改造以及国家其他各项改革，都需要妥善解决部

---

① 这是李岚清在国务院召开的全国城镇职工医疗保险制度改革工作会议上的讲话。

分国有企业职工的转产、下岗分流和再就业问题,这些都对社会保障体系的建设提出了迫切要求。目前,我国社会保障体系建设的重点是健全企业职工基本养老保险、失业保险和城镇职工基本医疗保险制度。应当说,前两项保险制度已基本建立,而城镇职工基本医疗保险制度改革相对滞后。现行公费医疗和劳保医疗制度已很不适应新的形势,暴露出明显弊端,突出表现在:一是缺乏有效的费用控制机制,致使公费医疗和劳保医疗的费用开支均大大超过国内生产总值的增长速度,无论是财政还是企业均已不堪重负;二是全社会医疗资源配置无序、浪费惊人,医疗服务行为发生扭曲和偏差;三是随着国有企业改革的深入,原来由企业一包到底的劳保医疗制度已发生很大变化,部分职工面临失去医疗保障的问题;四是随着多种经济成分的发展,越来越多的外资企业中方雇员和私营企业从业人员及其他各类非公有经济成分中的劳动者,得不到基本的医疗保障,不利于体现社会公平。因此,现行的公费医疗和劳保医疗制度已到了非改不可的时候了。只有建立新型的城镇职工基本医疗保险制度,使之与企业职工基本养老保险和失业保险制度一起,形成"三足鼎立"的社会保障支持体系,才能使职工的基本生活得到较好的保障,从而保证我国的各项改革继续深入进行。

(二)建立城镇职工基本医疗保险制度关系到改善人民生活、体现社会公平和维护社会稳定,关系到国家的长治久安。党和政府历来十分重视和关心广大职工的健康问题。自新中国成立以来,特别是改革开放以来,我国卫生防疫和医疗保障制度为提高人民群众的健康水平发挥了重要作用。近年来,随着我国城市化、工业化进程加快和人民生活水平不断提高,城镇职工的医疗卫生需求发生了明显的变化,疾病谱也发生了变化,医疗费用呈快速增长趋势。目前,我国还处于社会主义初级阶段,医疗费用完全由国家和企业负担是不可能的,只有由用人单位和个人共同承担,才能保证职工的基本医疗。这次改革实行"低水平、广覆盖"的原则,就是要保障城镇各类所有制单位的广大职工的基本医疗需求。这对于体现社会公平和维护社会稳定,将发挥重要作用。因此,加快城镇职工医疗保险制度改革,不仅是一个经济问题,而且是一个重要的社会问题和政治问题。

(三)建立城镇职工基本医疗保险制度,通过合理配置和充分利用医疗资源,使广大城镇职工能得到有效的医疗服务。医疗制度改革的难点在于它涉及各方面利益的调整。我们既要破除过去那种医疗费用由国家和企业包下来、"吃大锅饭"的观念,也要破除只有国有企业职工才有医疗保险的观念。要建立一种有效的医疗费用控制机制,并由此实现医疗资源的合理配置和充分利用,从根本上杜绝医疗资源的浪费。要建立用人单位和职工个人合理负担医疗费用的机制,建立覆盖各类所有制单位和职工的基本医疗保险制度。

从国际上看,无论是发达国家还是发展中国家,都把医疗保险制度改革作为一件大事,予以高度重视。我国特殊的国情更增加了这项改革的难度,不论是制定具体的实施方案,还是出台各项配套措施,都要因地制宜,做大量周密细致的工作,花大力气把这项改革抓紧抓好。

二、建立职工基本医疗保险制度,必须与医药卫生体制改革配套推进(略)

三、精心组织,周密部署,认真贯彻落实国务院关于建立城镇职工基本医疗保险制度决定的精神

城镇职工医疗保险制度改革和医药卫生体制改革政策性强,涉及面广,难度较大。各地区、各部门必须高度重视,切实加强领导,精心组织,周密部署,狠抓落实。

(一)各级领导要高度重视,把城镇职工医疗保险制度改革放到重要议事日程上来。在这次会议上,大家表示一定要按照国务院《决定》的精神统一思想,抓好城镇职工医疗保险制度改革工作。也有的同志反映,现在出台的改革方案多、任务重,担心在这么短时间内完不成城镇职工医疗保险制度改革任务。这种担心是可以理解的,但问题的关键在于,是不是真正重视了这项改革工作。一些试点城市的经验表明,不怕问题多、难度大,只要领导真正重视了,就能拿出解决的办法。办法总比困难多。哪个地方主要领导同志亲自抓,那里的改革进展就比较顺利;反之,进展就比较缓慢,甚至使一些问题久拖不决。因此,各级党委和政府,特别是地(市)一级的党委和政府,是实施这次改革的直接组织者,一定要把思想统一到《决定》的部署和要求上来,把城镇职工医疗保险制度改革提上重要日程,认真研究和解决改革中的各种实际问题。鉴于这项改革涉及方方面面,各级政府主要负责同志要亲自抓,组织好各方面的力量,协调好各方面的关系,拧成一股绳,劲往一处使,使城镇职工医疗保险制度改革和医药卫生体制改革配套实施、同步推进、切实搞好。

(二)精心制定实施方案,做好深入细致的思想工作。国务院的《决定》明确了建立城镇职工基本医疗保险制度的指导原则和有关政策措施。制定这个《决定》很不容易,而要真正贯彻落实,任务更加艰巨。全国各地的情况差别很大,

尽管《决定》对一些重要问题作了原则规定,但在实际工作中,各地还要结合当地具体情况,认真搞好具体的实施方案。要组织有关部门共同研究和讨论,从当地实际情况出发,科学地测算并确定具体的筹资标准、"封顶线"金额和"大病"、"小病"的划分,确定城镇职工医疗保险承办机构与医疗机构之间的支付结算方式等,力求实施方案科学周密、简便易行。城镇职工医疗保险制度改革直接涉及广大职工切身利益,必须广泛听取职工的意见。要加强城镇职工医疗保险制度改革的宣传教育工作,使广大职工提高对改革目的和意义的认识,转变观念,增强对医疗保险制度改革的理解程度和心理承受能力,自觉支持改革,积极参与改革。同时,要提高广大医务人员积极投身改革的责任感和主动性。我国有五百多万医务人员,他们是城镇职工医疗保险制度改革和医药卫生体制改革的主力军。只有紧紧依靠这支队伍,积极引导他们参与和支持这项改革,整个改革才能顺利推进、取得成功。

(三)注意研究解决改革中的重点、难点和热点问题。在城镇职工医疗保险制度改革中,将会遇到许多新矛盾和新问题,各地区、各部门都要及时研究解决办法。例如,医药分开核算、分别管理是医药卫生体制改革中的一个重要问题,非解决不可,但也会带来一些新的矛盾,需要认真解决。此外,还有其他一些难度较大的问题,都应该研究采取相应的对策,以防止社会统筹基金透支和失控。

(四)明确责任,各司其职,相互配合。各级政府和有关部门要认真按照《决定》的要求,积极参与这项改革。劳动和社会保障部门要切实加强对各地城镇职工医疗保险制度改革的指导,尽快组织制定城镇职工基本医疗保险制度的各项配套政策,加强调查研究,及时发现和解决改革过程中的矛盾和问题。财政部门要尽快制定与城镇职工基本医疗保险制度有关的财政和财务政策及管理办法。卫生部门在这项改革中承担着很大的责任,既要积极参与城镇职工医疗保险制度改革,又要加快推进整个医药卫生体制改革,要尽快制定医疗机构改革的配套方案和发展社区卫生服务的有关政策。经贸部门要配合做好药品流通体制改革。总之,各有关部门和地区要根据《决定》的精神,既有分工,又有合作,多沟通,多协商,相互配合,保证政令畅通和各项政策的一致性。

(五)增强信心,扎实工作,务求成功。我们既要看到进行城镇职工医疗保险制度改革的艰巨性和复杂性,同时也要看到改革的有利条件。近年来,全国一些地方和行业已经进行了城镇职工医疗保险制度改革的试点,积累了一定的经验,社会上对这项改革基本形成了共识,职工群众对改革的承受能力不断增强,特别是国务院的《决定》进一步明确了改革的原则、任务和政策措施,各方面的思想更加统一。这为在全国范围内进一步推进城镇职工医疗保险制度改革创造了有利的环境和条件。只要我们振奋精神,坚定信心,抓住机遇,以积极而稳妥的精神,加大领导力度,加大宣传力度,扎扎实实地工作,就一定能够建立起有中国特色的城镇职工医疗保险制度。

（选自《十五大以来重要文献选编(上)》,人民出版社
2000 年 6 月版,第 631—644 页）

深化国有企业改革

——在中央经济工作会议上讲话的一部分

（1998 年 12 月 7 日）

江泽民

明年是实现国有大中型企业改革和脱困三个目标的关键一年。各级领导要认真落实中央的部署和国有企业改革方针，坚定信心，扎实工作，力争取得实质性进展。要坚决实行政企分开，防止重复建设，加快建立社会保障体系，为企业改革创造良好的外部条件。要坚持建立现代企业制度的改革方向，把改革、改组、改造和加强管理结合起来，转换企业经营机制。继续推进国有经济战略性改组，鼓励兼并，规范破产，推动企业的联合和重组。搞好减员增效、下岗分流和再就业工程，确保国有企业下岗职工基本生活。大量的事实证明，一个企业的经营状况如何，同企业的领导班子特别是主要负责人有密切的关系。企业领导班子强，好企业可以办得更好，状况不好的企业也能够逐步搞好。企业领导班子弱，或者假公济私、以权谋私，好的企业也会被搞垮。各级党委和政府一定要切实抓好企业领导班子的考核和调整，尤其要选拔那些政治素质好、事业心强、懂经营、善管理、廉洁自律的优秀人才担任企业的领导人。要加强职工的民主监督，坚持职代会评议企业领导干部的制度。建立健全企业的激励和约束机制，加强对国有资产运营和企业财务状况的监督稽查。继续贯彻抓大放小的方针，在发展大企业大集团的同时，高度重视发展小企业，采取更加有效的政策措施，为各种所有制小企业特别是高新技术企业的成长创造必要的条件。要进一步放开搞活国有小企业。国有小企业的改革，不能囿于一种形式，更不能"一卖了之"，坚决制止国有资产流失和逃废金融机构债务。

（选自《十五大以来重要文献选编（上）》，人民出版社
2000 年 6 月版，第 655—656 页）

继续坚定不移地推进改革（节录）

——在中央经济工作会议闭幕时的
总结讲话第三部分

（1998 年 12 月 9 日）

朱镕基

三、继续坚定不移地推进改革

改革开放是邓小平理论的重要组成部分。我们今年尽管遭受到这么大的困难，但改革没有停顿。有些改革，比方说，国务院机构的改革比原来预计的进度要快，也更加顺利，后遗症很少。既没有改革停顿的问题，也没有什么改革"几碰头"、"力度太大"的问题。应该说，每一项改革，国务院都是反复讨论方案。最后经过中央政治局常委会讨论，重大的改革方案还要经过中央政治局讨论通过。各项改革的进行有先有后，节奏和力度把握得比较好。明年经济要持续发展，社会要保持稳定，仍然要依靠改革，无论如何要坚持改革。今年已经出台的各项改革方案，要认真加以落实和完善；没有出台的改革，包括完善财税体制的改革、投融资体制改革，要抓紧制定方案，付诸实施。

关于国有企业改革。中央的方针、政策非常清楚、明确，按照这些方针政策做下去，大多数国有大中型企业三年改革和解困的目标完全能够实现。首先要卡住一头，制止重复建设，特别是工业的重复建设。这一头卡住了，需求增长上去以后，现有企业就能够发挥生产能力，加上努力减员增效，提高技术和加强管理，就能扭亏为盈。这是很重要的。第二要稳住一头，一定要把下岗职工的基本生活保障和再就业工作搞好，这样工人队伍就稳住了。今年这项工作取得了很大成绩，明年还要继续大力做好。第三是看住一头，就是看住国有企业的领导班子。国有企业稽察特派员派出去以后，查出来的问题触目惊心，一些企业领导人贪污、受贿、渎职、搞家庭企业，转移国有资产。不查他的账，不管住他的违法行为，国有企业怎能办得好。我只讲"看住"，不讲"管住"，是为了强调政企分开，不要把企业管死了。行政干预企业的经营管理自主权，企业也搞不好。只要这几条真正落实,国有企业是能够办好的,不要再三心二意去找别的什么办法。第四是江泽民同志讲的,国有小企业不能"一卖了之"。去年以来,一些地方刮起了卖企业这股风,这不符合十五大精神。"卖"也不是真正的卖,而是名卖实送,七折八扣,都送掉了,还冲掉对银行的许多债务,光工商银行就因为这种"改制"冲销,损失了 1000 亿元,这不是国有资产大量流失吗?目前风行的这种"卖企业"的办法绝对不符合十五大精神。十五大报告的一个重要精神,是有条件的国有企业可以实行股份制,公开透明,向公众发行股份,而且由国家、集体控股,这样的企业带有明显的公有性质,是公有制实现形式的多样化。

（此件由中共中央党史研究室机要档案处提供）

国务院关于建立城镇职工基本
医疗保险制度的决定

（1998 年 12 月 14 日）

各省、自治区、直辖市人民政府,国务院各部委、各直属机构:

加快医疗保险制度改革,保障职工基本医疗,是建立社会主义市场经济体制的客观要求和重要保障。在认真总结近年来各地医疗保险制度改革试点经验的基础上,国务院决定,在全国范围内进行城镇职工医疗保险制度改革。

一、改革的任务和原则

医疗保险制度改革的主要任务是建立城镇职工基本医疗保险制度,即适应社会主义市场经济体制,根据财政、企业和个人的承受能力,建立保障职工基本医疗需求的社会医疗保险制度。

建立城镇职工基本医疗保险制度的原则是:基本医疗保险的水平要与社会主义初级阶段生产力发展水平相适应;城镇所有用人单位及职工都要参加基本医疗保险,实行属地管理;基本医疗保险费由用人单位和职工双方共同负担;基本医疗保险基金实行社会统筹和个人账户相结合。

二、覆盖范围和缴费办法

城镇所有用人单位,包括企业(国有企业、集体企业、外商投资企业、私营企业等)、机关、事业单位、社会团体、民办非企业单位及其职工,都要参加基本医疗保险。乡镇企业及其职工、城镇个体经济组织业主及其从业人员是否参加基本医疗保险,由各省、自治区、直辖市人民政府决定。

基本医疗保险原则上以地级以上行政区(包括地、市、州、盟)为统筹单位,也可以县(市)为统筹单位,北京、天津、上海 3 个直辖市原则上在全市范围内实行统筹(以下简称统筹地区)。所有用人单位及其职工都要按照属地管理原则参加所在统筹地区的基本医疗保险,执行统一政策,实行基本医疗保险基金的统一筹集、使用和管理,铁路、电力、远洋运输等跨地区、生产流动性较大的企业及其职工,可以相对集中的方式异地参加统筹地区的基本医疗保险。

基本医疗保险费由用人单位和职工共同缴纳。用人单位缴费率应控制在职工工资总额的6%左右,职工缴费率一般为本人工资收入的2%。随着经济发展,用人单位和职工缴费率可作相应调整。

三、建立基本医疗保险统筹基金和个人账户

要建立基本医疗保险统筹基金和个人账户。基本医疗保险基金由统筹基金和个人账户构成。职工个人缴纳的基本医疗保险费,全部计入个人账户。用人单位缴纳的基本医疗保险费分为两部分,一部分用于建立统筹基金,一部分划入个人账户。划入个人账户的比例一般为用人单位缴费的30%左右,具体比例由统筹地区根据个人账户的支付范围和职工年龄等因素确定。

统筹基金和个人账户要划定各自的支付范围,分别核算,不得互相挤占。要确定统筹基金的起付标准和最高支付限额,起付标准原则上控制在当地职工年平均工资的10%左右,最高支付限额原则上控制在当地职工年平均工资的4倍左右。起付标准以下的医疗费用,从个人账户中支付或由个人自付。起付标准以上、最高支付限额以下的医疗费用,主要从统筹基金中支付,个人也要负担一定比例。超过最高支付限额的医疗费用,可以通过商业医疗保险等途径解决。统筹基金的具体起付标准、最高支付限额以及在起付标准以上和最高支付限额以下医疗费用的个人负担比例,由统筹地区根据以收定支、收支平衡的原则确定。

四、健全基本医疗保险基金的管理和监督机制

基本医疗保险基金纳入财政专户管理,专款专用,不得挤占挪用。

社会保险经办机构负责基本医疗保险基金的筹集、管理和支付,并要建立健全预决算制度、财务会计制度和内部审计制度。社会保险经办机构的事业经费不得从基金中提取,由各级财政预算解决。

基本医疗保险基金的银行计息办法:当年筹集的部分,按活期存款利率计息;上年结转的基金本息,按3个月期整存整取银行存款利率计息;存入社会保障财政专户的沉淀资金,比照3年期零存整取储蓄存款利率计息,并不低

于该档次利率水平。个人账户的本金和利息归个人所有，可以结转使用和继承。

各级劳动保障和财政部门，要加强对基本医疗保险基金的监督管理。审计部门要定期对社会保险经办机构的基金收支情况和管理情况进行审计。统筹地区应设立由政府有关部门代表、用人单位代表、医疗机构代表、工会代表和有关专家参加的医疗保险基金监督组织，加强对基本医疗保险基金的社会监督。

五、加强医疗服务管理

要确定基本医疗保险的服务范围和标准。劳动保障部会同卫生部、财政部等有关部门制定基本医疗服务的范围、标准和医药费用结算办法，制定国家基本医疗保险药品目录、诊疗项目、医疗服务设施标准及相应的管理办法，各省、自治区、直辖市劳动保障行政管理部门根据国家规定，会同有关部门制定本地区相应的实施标准和办法。

基本医疗保险实行定点医疗机构（包括中医医院）和定点药店管理。劳动保障部会同卫生部、财政部等有关部门制定定点医疗机构和定点药店的资格审定办法。社会保险经办机构要根据中西医并举，基层、专科和综合医疗机构兼顾，方便职工就医的原则，负责确定定点医疗机构和定点药店，并同定点医疗机构和定点药店签订合同，明确各自的责任、权利和义务。在确定定点医疗机构和定点药店时，要引进竞争机制，职工可选择若干定点医疗机构就医、购药，也可持处方在若干定点药店购药。国家药品监督管理局会同有关部门制定定点药店购药事故处理办法。

各地要认真贯彻《中共中央、国务院关于卫生改革与发展的决定》（中发〔1997〕3号）精神，积极推进医药卫生体制改革，以较少的经费投入，使人民群众得到良好的医疗服务，促进医药卫生事业的健康发展。要建立医药分开核算、分别管理的制度，形成医疗服务和药品流通的竞争机制，合理控制医药费用水平；要加强医疗机构和药店的内部管理，规范医疗服务行为，减员增效，降低医药成本；要理顺医疗服务价格，在实行医药分开核算、分别管理，降低药品收入占医疗总收入比重的基础上，合理提高医疗技术劳务价格；要加强业务技术培训和职业道德教育，提高医药服务人员的素质和服务质量；要合理调整医疗机构布局，优化医疗卫生资源配置，积极发展社区卫生服务，将社区卫生服务中的基本医疗服务项目纳入基本医疗保险范围。卫生部会同有关部门制定医疗机构改革方案和发展社区卫生服务的有关政策。国家经贸委等部门要认真配合做好药品流通体制改革工作。

六、妥善解决有关人员的医疗待遇

离休人员、老红军的医疗待遇不变,医疗费用按原资金渠道解决,支付确有困难的,由同级人民政府帮助解决。离休人员、老红军的医疗管理办法由省、自治区、直辖市人民政府制定。

二等乙级以上革命伤残军人的医疗待遇不变,医疗费用按原资金渠道解决,由社会保险经办机构单独列账管理。医疗费支付不足部分,由当地人民政府帮助解决。

退休人员参加基本医疗保险,个人不缴纳基本医疗保险费。对退休人员个人账户的计入金额和个人负担医疗费的比例给予适当照顾。

国家公务员在参加基本医疗保险的基础上,享受医疗补助政策。具体办法另行制定。

为了不降低一些特定行业职工现有的医疗消费水平,在参加基本医疗保险的基础上,作为过渡措施,允许建立企业补充医疗保险。企业补充医疗保险费在工资总额4%以内的部分,从职工福利费中列支,福利费不足列支的部分,经同级财政部门核准后列入成本。

国有企业下岗职工的基本医疗保险费,包括单位缴费和个人缴费,均由再就业服务中心按照当地上年度职工平均工资的60%为基数缴纳。

七、加强组织领导

医疗保险制度改革政策性强,涉及广大职工的切身利益,关系到国民经济发展和社会稳定。各级人民政府要切实加强领导,统一思想,提高认识,做好宣传工作和政治思想工作,使广大职工和社会各方面都积极支持和参与这项改革。各地要按照建立城镇职工基本医疗保险制度的任务、原则和要求,结合本地实际,精心组织实施,保证新旧制度的平稳过渡。

建立城镇职工基本医疗保险制度工作从1999年初开始启动,1999年底基本完成。各省、自治区、直辖市人民政府要按照本决定的要求,制定医疗保险制度改革的总体规划,报劳动保障部备案。统筹地区要根据规划要求,制定基本医疗保险实施方案,报省、自治区、直辖市人民政府审批后执行。

劳动保障部要加强对建立城镇职工基本医疗保险制度工作的指导和检查,

及时研究解决工作中出现的问题。财政、卫生、药品监督管理等有关部门要积极参与,密切配合,共同努力,确保城镇职工基本医疗保险制度改革工作的顺利进行。

中华人民共和国国务院
一九九八年十二月十四日

（选自《十五大以来重要文献选编（上）》,人民出版社
2000 年 6 月第 1 版,第 665—671 页）

必须建立和完善适应生产力发展
要求的经济制度和经济体制[①]

（1998 年 12 月 18 日）

江泽民

　　十一届三中全会以来,我们通过改革,实行了社会主义公有制为主体、多种所有制经济共同发展的所有制结构,实行了按劳分配为主体、多种分配方式并存的分配制度,这是科学社会主义的基本经济原理在当代中国的创造性运用。我们努力消除过去由于所有制结构和分配制度上存在的不合理而造成的对生产力的羁绊、从而进一步解放和发展了生产力。我国是社会主义国家,必须坚持公有制为主体。同时,必须坚持多种所有制经济共同发展,积极鼓励和引导非公有制经济健康发展。不能只强调前者而不讲后者,也不能只强调后者而不讲前者,否则都会脱离社会主义初级阶段的实际,都不利于生产力的发展。公有制是我国社会主义经济制度的基础,非公有制经济是我国社会主义市场经济的重要组成部分。离开公有制为主体,就不成其为社会主义经济。发展充满活力的社会主义市场经济,既要努力增强公有制经济的实力,又要充分发挥非公有制经济的积极作用。

　　公有制为主体、多种所有制经济共同发展,决定了我们必须实行按劳分配为主体的多种分配方式。要把按劳分配、劳动所得,同允许和鼓励资本、技术等生产要素参与收益分配结合起来,坚持效率优先、兼顾公平。平均主义不是社会主义,两极分化也不是社会主义。允许和鼓励一部分地区、一部分人通过诚实劳动和合法经营先富起来,带动和帮助其他地区和其他群众,最终达到全国各地区普遍繁荣和全体人民共同富裕,这是我们必须长期坚持的一项大政策。它符合经济发展客观规律的要求,是社会主义优越性在经济上的重要体现。

　　实践已经证明,我国原有的高度集中的计划经济体制已不再适应现实生产

---

① 　这是江泽民在纪念党的十一届三中全会召开二十周年大会上讲话的一部分。

力发展的需要,必须建立新的社会主义市场经济体制,充分发挥市场在国家宏观调控下对资源配置的基础性作用。市场机制和宏观调控,都是社会主义市场经济体制的重要内容,二者是统一的,不能把它们割裂开来、对立起来。既要充分发挥市场的积极作用,使经济活动遵循价值规律,适应供求变化,体现竞争原则,又要努力加强和完善宏观调控,克服市场自身存在的某些缺陷,促进经济总量平衡和结构优化,保持国民经济持续快速健康发展。在我国建立社会主义市场经济体制,是十一届三中全会以来我们总结国内外社会主义建设的经验教训、经过艰辛探索而取得的一个极为重要的改革成果。多年来争论不清的关于计划和市场的关系,从此在认识上、实践上取得了重大的突破性进展。这是我们党对马克思主义的社会主义经济理论一个崭新的创造性发展。

（选自《江泽民文选》第二卷,人民出版社 2006 年 8 月第 1 版,第 255—257 页）

广东省股份合作企业条例

(1998 年 12 月 31 日广东省第九届人民
代表大会常务委员会第七次会议通过)

第一章 总 则

第一条 为了规范股份合作企业的组织和行为,保护企业、股东的合法权益,引导企业的健康发展,根据国家有关法律、法规,结合本省实际,制定本条例。

第二条 本条例适用于本省行政区域内设立的股份合作企业。

第三条 本条例所称股份合作企业是指企业全部资本划分为等额股份,主要由职工股份构成,职工股东共同劳动,民主管理,共享利益,共担风险,依法设立的法人经济组织。

第四条 股份合作企业股东按照本条例的规定享有资产受益,重大决策和选择管理者等权利,以其所持股份对企业承担责任。

股份合作企业享有股东投资形成的全部法人财产权,以其全部资产对企业债务承担责任,依法享有民事权利,承担民事责任。

第五条 股份合作企业应当实行入股自愿、民主管理、按劳分配与按股分红相结合的原则。

第六条 设立股份合作企业,应当依照本条例制定企业章程。企业章程对出资者和全体职工具有约束力。

股份合作企业的经营范围由企业章程规定,并依法登记。企业的经营范围中属于法律、法规限制的项目,应当依法经过批准。

第七条 股份合作企业的设立、经营管理、财务管理等活动,应当遵守有关法律、法规,接受政府有关部门的指导、监督。

第二章 设 立

第八条 设立股份合作企业,应当符合下列条件:

(一)职工股东人数不少于五人;

(二)注册资本不少于人民币三万元;

（三）有股东共同制定的企业章程；

（四）有企业名称，符合本条例规定的组织机构；

（五）有固定的生产经营场所和必要的生产经营条件。

注册资本达到人民币十万元以上的股份合作企业，可以依照本条例登记为股份合作公司。

第九条　股份合作企业的股东应当按照企业章程规定足额缴纳各自认缴的出资额。股东可以用货币出资，也可以用实物、工业产权、非专利技术或者土地使用权作价出资。

对作为出资的实物、工业产权、非专利技术或者土地使用权，必须依照法律、法规的规定进行评估作价，核实财产，并折合为股份。

用工业产权、非专利技术作价出资的金额不得超过企业注册资本的百分之二十，国家对采用高新技术成果有特别规定的除外。

第十条　股份合作企业章程应当载明下列事项：

（一）企业名称和住所；

（二）企业的宗旨和经营范围；

（三）企业注册资本；

（四）股东的姓名或者名称；

（五）股东的出资方式和出资额；

（六）股份的种类；

（七）股东的权利和义务；

（八）股份转让、继承办法；

（九）企业组织机构及其产生办法、职权和议事规则；

（十）企业法定代表人的产生程序，任职期限及职权；

（十一）财务管理制度和利润分配办法；

（十二）离退休职工生活保障办法；

（十三）企业的解散和清算办法；

（十四）企业章程修订办法；

（十五）股东认为需要明确的其他事项。

第十一条　申请企业设立登记，应当向企业登记机关提交下列文件：

（一）申请报告；

（二）企业章程；

（三）验资证明；

（四）企业登记机关规定的其他文件。

第十二条　企业登记机关应当自接到企业登记申请之日起三十日内，作出准予登记或者不予登记的决定。

企业登记机关对准予登记的，发给企业法人营业执照。企业法人营业执照签发日期，为股份合作企业成立日期。

登记为股份合作公司的，应当在公司名称中标明股份合作公司字样。

第十三条　国有、集体企业依照本条例改组为股份合作企业的，改组前，应当按照国家法律、法规有关规定进行资产评估、产权界定，改组方案应当经企业职工代表大会讨论通过并报有关主管部门审查批准。

第十四条　国有、集体企业改组为股份合作企业，应当向县级以上人民政府有关主管部门提交下列文件：

（一）改组申请报告；

（二）改组方案；

（三）职工代表大会同意改组的决议；

（四）资产评估报告和清产核资报告；

（五）企业章程。

第十五条　国有、集体企业改组为股份合作企业的，应当向企业登记机关提交有关主管部门审查批准文件，依法进行登记。

第三章　股份与股东

第十六条　企业的资本划分为股份，每一股的金额相等。

股份采取股份证明书的形式。股份证明书是企业签发的证明股东所持股份和取得股利的凭证。

第十七条　股份证明书应当载明下列内容：

（一）企业名称；

（二）企业登记成立时间；

（三）企业注册资本；

（四）股东姓名或者名称；

（五）股东所持股份种类、数量及金额；

（六）股东认购股份的时间；

（七）股份证明书的编号。

股份证明书由企业法定代表人签名，企业盖章。

第十八条　股份可以分为普通股和优先股。

在职职工所持股份为普通股，其他股东所持股份为优先股。

第十九条　普通股股东享有选举权、被选举权和表决权。优先股股东按约定获得股息,企业破产时优先获得清偿,但没有选举权、被选举权和表决权。

第二十条　普通股由在职职工按照企业章程规定认购。

优先股不得超过股份总额的百分之四十九。

第二十一条　改组的股份合作企业中的集体所有资产和国有资产可以按以下方式处理:

(一)由本企业职工一次性购买或者分期购买;

(二)国有资产可以设为优先股或者由企业有偿使用,交纳占用费;

(三)集体资产可以设为职工共有股份。

第二十二条　股东不得退股。

在职职工个人所持有的股份可以按照企业章程规定转让和继承,非本企业职工受让或者继承的普通股应当转为优先股。

职工退休的,其股份可以转为优先股或者由企业购回。由于其他原因离开企业的,其股份的处理办法由企业章程规定。

第四章　组织机构

第二十三条　股东大会是企业的权力机构,由普通股股东组成,行使下列职权:

(一)决定企业的经营方针和投资计划;

(二)选举和更换董事或者执行董事,并决定其报酬事项;

(三)选举和更换由普通股股东代表出任的监事,并决定其报酬事项;

(四)审议批准董事会或者执行董事的报告、监事会或者监事的报告;

(五)审议批准企业的年度财务预算方案、决算方案、利润分配方案和弥补亏损方案;

(六)对企业增加、减少注册资本,以及企业合并、分立、解散和清算等事项作出决议;

(七)修改企业章程;

(八)企业章程规定的其他事项。

第二十四条　股东大会由董事会召集,不设董事会的,由执行董事召集。

股东大会应当每年召开一次年会。有下列情形之一的,应当召开临时股东大会:

(一)百分之十以上的普通股股东请求时;

(二)董事会或者法定代表人认为必要时;

（三）三分之一以上董事，或者监事提议时。

设董事会的，股东大会由董事长主持，董事长不能主持时，由副董事长或者董事主持。不设董事会的，股东大会由执行董事主持。

股东有权查阅股东大会的会议记录。

第二十五条　股东大会的表决方式由企业章程规定。

股东大会作出决议，应当经出席会议的有表决权股东人数的半数以上通过，但对本条例第二十三条第（五）项、第（六）项、第（七）项规定事项作出决议时，应当经有表决权的股东人数的三分之二以上通过。

第二十六条　设立董事会和监事会的，其成员人数由企业章程规定，但董事会成员不少于五名，监事会成员不得少于三名。董事长是企业法定代表人，由董事会选举产生。监事会成员中应当有职工代表和优先股股东推派的代表，但普通股东代表应占成员半数以上。

非股东职工可以推荐职工代表列席董事会，具体推荐办法由企业章程规定。

第二十七条　不设立董事会和监事会的，可以设执行董事和一至二名监事。执行董事为企业的法定代表人，由股东大会选举产生。

第二十八条　董事会或者执行董事对股东大会负责，行使下列职权：

（一）负责召集股东大会，并向股东大会报告工作；

（二）执行股东大会的决议；

（三）决定企业经营计划和投资方案；

（四）制订企业的年度财务预算方案、决算方案；

（五）制订企业的利润分配方案和弥补亏损方案；

（六）制订企业增加或者减少注册资本的方案；

（七）拟订企业合并、分立，变更企业形式、解散的方案；

（八）决定企业内部管理机构的设置；

（九）聘任或者解聘企业经理，根据经理的提名，聘任或者解聘企业副经理、财务负责人，决定其报酬事项；

（十）制定企业的基本管理制度。

第二十九条　企业设经理，对董事会或者执行董事负责，行使下列职权：

（一）主持企业的生产经营管理工作，组织实施董事会决议；

（二）组织实施企业年度经营计划和投资方案；

（三）拟订企业内部管理机构设置方案；

（四）拟订企业的基本管理制度；

（五）制定企业的具体规章；

（六）提请聘任或者解聘企业副经理、财务负责人；

（七）聘任或者解聘除应由董事会或者执行董事聘任或者解聘以外的其他管理人员；

（八）企业章程和董事会或者执行董事授予的其他职权。

第三十条　监事会或者监事行使下列职权：

（一）检查企业财务；

（二）对董事、经理履行企业职务，执行法律、法规和执行企业章程的行为进行监督；

（三）当董事和经理的行为损害企业的利益时，要求董事和经理予以纠正；

（四）提议召开临时股东大会；

（五）企业章程规定的其他职权。

监事列席董事会会议。

第三十一条　董事、监事的任期由企业章程规定，但每届任期不得超过三年，连选可以连任。

第三十二条　董事、执行董事、监事、经理不得自营或者为他人经营与其所任职企业同类的营业或者从事损害本企业利益的活动。违者，其所得收入应当归企业所有，并由董事会给予处分。

第三十三条　有下列情形之一的，不得担任股份合作企业的董事、执行董事、监事、经理。

（一）无民事行为能力或者限制民事行为能力；

（二）因犯有贪污、贿赂、侵占财产、挪用财产罪或者破坏社会经济秩序罪，被判处刑罚，执行期满未逾三年，或者因犯罪被剥夺政治权利，执行期满未逾三年；

（三）担任因经营不善破产清算的企业的董事或者厂长、经理，并对该企业的破产负有个人责任的，自该企业破产清算完结之日起未逾二年的；

（四）担任因违法被吊销营业执照的企业的法定代表人，并负有个人责任的，自该企业被吊销营业执照之日起未逾二年；

（五）个人所负数额较大的债务到期未清偿。

违反前款规定选举董事、执行董事、监事或者聘任经理的，该选举或者聘任无效。

第五章　财务管理和利润分配

第三十四条　企业应当依照法律、法规规定，建立本企业的财务、会计制度。

第三十五条　企业应当在每一会计年度终了时制作财务会计报告,并于召开股东大会的二十日前置备于企业,供股东查阅。

第三十六条　企业税后利润应当按照下列顺序分配:

(一)弥补企业以前的亏损;

(二)提取百分之十以上的公积金;

(三)提取百分之五至百分之十的公益金;

(四)按照约定支付优先股股息;

(五)支付普通股股利。

第三十七条　职工共有股份的股利,用于下列用途:

(一)分配给职工;

(二)用于职工集体福利;

(三)奖励有突出贡献的职工;

(四)企业有偿使用;

(五)转增为职工共有股份。

具体办法由职工代表大会决定。

第三十八条　企业的公积金用于弥补亏损、扩大生产经营或者转增企业资本。法定公积金转为企业资本时,所留存的该项公积金不少于注册资本的百分之二十五。

第三十九条　企业的公益金,用于本企业职工的集体福利。

第四十条　企业应当按照国家有关规定缴纳社会保险费用。

第四十一条　由集体、国有企业改组的股份合作企业在设立时,经有关主管部门批准,可以划出一定比例的净资产,专门用于弥补离休、退休人员养老保险和医疗保险的不足。

第六章　变更与清算

第四十二条　企业的合并或者分立,应当由股东大会作出决议,并通知债权人。

第四十三条　企业合并可以采取吸收合并和新设合并两种形式。企业合并,应当由合并各方签订合并协议。合并前应当进行资产评估,并编制资产负债表及财产清单。合并各方的债权、债务,由合并后存续的企业或者新设的企业承继。

第四十四条　企业分立,应当由分立各方签订分立协议。分立协议应当划分分立各方的财产、经营范围、债权债务。对企业债务的承担应当事先作出决定,并以书面形式通知各债权人,重新签订清偿债务的协议,分立各方无法达成协议的,不得分立。

第四十五条　企业合并、分立及其他变更,应当依法向企业登记机关办理变更登记。企业解散的,应当依法办理注销登记。

第四十六条　企业有下列情形之一的,应当解散:

(一)企业章程规定的解散事由出现时;

(二)股东大会决定解散的;

(三)因企业合并或者分立需要解散的;

(四)因企业违法而被责令关闭的。

第四十七条　股份合作企业因第四十六条第(一)、(二)、(四)项解散的,应当依法成立清算组,进行资产清算。

企业清算后的财产,在支付清算费用后按照下列顺序进行清偿:

(一)所欠职工工资和社会保险费用;

(二)所欠税款;

(三)所欠债务。

前款同一项中规定该清偿而不能足额清偿的,可按所欠额比例支付。

清偿后的剩余资产,按优先股、普通股顺序和出资比例进行分配。

职工共有股份分得的财产用于企业职工的养老、再就业安置等事项。

第七章　附　　则

第四十八条　本条例自 1999 年 3 月 1 日起施行。

(选自《中国集体经济》杂志 2000 年第 5 期,第 45—48 页)

深化联社改革　加强联社建设
放开搞活企业　壮大经济实力
努力开创轻工集体经济工作的新局面[①]

(1999 年 1 月 11 日)

陈士能
各位理事：

今天我们召开中华全国手工业合作总计第五届理事会第二次会议。这次会议的主要任务是：以党的十五大、十五届三中全会和中央经济工作会议精神为指导，进一步贯彻落实全国轻工集体企业第五届职工（社员）代表大会的精神和工作任务；回顾总结全国"五代会"以来的工作；研究总社和各级联社如何深化改革、加强建设、搞活企业、壮大实力；部署 1999 年总社和联社的工作；并根据部分理事单位的提请，调整部分理事。下面，我就两个方面向大家作工作报告，请予审议。

一、全国"五代会"精神贯彻落实情况的简要回顾

1997 年 10 月，总社召开了全国"五代会"，朱镕基总理在接见会议代表时作了重要讲话，对搞好轻工集体经济提出了三条要求：一要坚决实行政企分开，各级政府要致力于减轻企业的负担，减少对企业的干预，放手让企业发展；二要把轻工集体企业真正办成职工和社员自己的企业。实行股份制和股份合作制，要切合实际，要从人民群众的利益出发，不要刮风，不要一哄而起；三要进一步在生产经营管理上下工夫，面向市场，适应市场，切实把轻工产品质量、品种搞上去。国家要扶持中小企业的发展，加强对中小企业的政策研究，力争用三年时间使大多数轻工集体企业摆脱困境，实现全行业振兴。吴邦国副总理在给全国"五代

---

① 这是中华全国手工业合作总社主任陈士能在中华全国手工业合作总社第五届理事会第二次会议上所作的工作报告。

会"的贺信中指出:"总社和各级联社要加强工作,建立健全相应的管理体系和管理机构,壮大自身实力,更好地为基层企业服务"。国务院领导的重要指示,为轻工集体经济改革与发展、搞好各级联社建设指明了方向,提出了具体要求。全国"五代会"确定今后五年轻工集体经济工作的基本任务是:认真贯彻落实党的十五大精神,进一步解放思想,紧紧围绕"两个根本性转变"实施轻工集体企业的战略性改组,推进轻工集体经济的战略性调整,提高轻工集体经济的对外开放水平,加强联社建设,增强联社的经济实力和服务功能,从而把轻工集体经济的改革与发展全面推向新世纪,实现持续、快速、健康发展。一年来,总社和各级联社在国务院和各级党委、政府的领导下,认真贯彻落实国务院领导同志的重要指示和全国"五代会"精神,努力克服面临的各种困难,在推进轻工集体经济改革与发展、深化联社改革与加强建设、搞好集体资产清理与管理等方面做了大量工作,取得了一定成效。总社和各级联社在做好轻工集体经济运行的综合协调、大力开拓国内外市场、推进轻工业结构调整、加强行业管理等方面协助各级轻工业主管部门所做的工作,在刚刚结束的全国轻工业工作会议上我所做的报告中已经讲到了,这里,我着重从联社建设、资产管理、集体企业改革等方面简要回顾总社和各级联社所做的主要工作。

(一)加强总社机构建设,清理核实总社资产

全国"五代会"之后,按照国务院机构改革方案,撤销了中国轻工总会,组建国家轻工业局,总社与国家轻工业局仍采取合署办公的形式。在这一年里,总社主要做了四个方面工作:一是加强总社组织建设。经过积极争取,得到国务院领导及有关部门的支持,在国务院批准的《国家轻工业局职能配置、内设机构和人员编制规定》中,明确了在企事业改革司加挂总社办公室的牌子,以保证总社机关的日常工作正常进行。另外,国家轻工业局在进行直属事业单位的整改过程中,又给总社办公室增加了 15 个事业编制,进一步充实总社办事机构的力量。二是进一步清理核实总社资产。根据《国务院办公厅关于在全国城镇集体企业、单位开展清产核资工作的通知》精神(国办发[1996]29 号文),抓紧清理总社借款,继 1997 年 4 月 15 日中国轻工总会、总社制定了《全国各级轻工集体企业联合经济组织清产核资暂行方案》后,1998 年 6 月 29 日国家轻工业局、总社又下发了《关于进一步做好全国各级联社清产核资意见》,同时对清理总社借款提出了具体要求。总社利用在内蒙古召开的华北、中南二轻财务协作会议上,传达了清产核资和清理总社借款的有关文件,并提出了工作要求。还先后派员赴河南、山西、贵州、云南、内蒙古、天津、北京、广东等地调查核实清理借款情况。根据调查掌握的情况和规范集体资产管理的需要,总社拟定了《中华全国手工

业合作总社借款转投资实施办法》、《中华全国手工业合作总社借款核销实施办法》,征求意见修改后再组织实施。同时,总社对直属公司的投资进行了清理。并组织力量,清理总社不动产,对原错位登记的房地产抓紧办理变更手续。三是对轻工集体企业改革与发展情况进行调查研究。总社于 1997 年 12 月下发了《1998 年轻工集体经济调研工作要点的通知》,对各地联社调研工作提出了要求,并组织人员先后赴广东、浙江、江苏、上海、福建等地进行调研,了解集体企业和联社改革、集体资产管理和运营的情况。根据调研的情况,及时向国务院、国家经贸委提出了扶持中小企业和集体企业改革和发展的有关政策建议,争取集体企业在改制、兼并、破产和下岗职工再就业等方面享受同国有企业一视同仁的政策。12 月初召开了部分省市联社办公室主任工作座谈会,交流和研究联社、集体企业进一步深化改革问题。四是在机构人员变动的情况下,坚持开展日常的社务活动,依照《总社章程》的规定,变更了总社领导,做好了调整理事的准备工作。

(二)积极争取地方政府的支持,为轻工集体经济的改革与发展创造了较好的政策条件

全国“五代会”后,各地联社及时向当地党委和政府进行了汇报,召开了理事会、理事扩大会、轻工集体经济工作会等不同形式的会议,层层传达贯彻全国“五代会”精神、国务院领导对发展轻工集体经济的重要指示,并结合本地轻工集体经济的实际,提出了加快轻工集体经济发展的思路和加强联社建设的想法,争取当地党政领导的重视和支持。

各地联社组织人员或会同有关部门,对城镇集体工业企业或小型企业的改革与发展情况进行了深入调查研究,及时向地方政府和有关部门反映情况,并针对改革与发展中存在的问题,提出解决的政策意见和建议,积极争取地方政府制定加快集体经济改革与发展的有关政策,引导轻工集体企业深化改革,加快发展。如湖北省委、省政府印发了《关于加快发展全省城镇集体工业的决定》;湖南省政府印发了《关于加快城镇集体企业发展若干政策意见》;宁夏自治区政府下发了《关于进一步发展城镇集体企业的若干规定》。这些文件对于加强联社和集体工业的领导、盘活集体企业存量资产、“退二进三”、企业改制、拓宽融资渠道、支持企业技术改造与技术转让、维护集体企业生产安全等方面都作了一些新的政策规定。如湖南省政府下发的文件中特别规定:“省人民政府决定成立湖南省城镇集体工业经济领导小组,领导小组办公室设在省二轻集团总公司,各级政府也应成立相应机构。”还有江苏、河南、福建、安徽等省轻工主管部门和联社也在调查研究基础上积极向省政府提出有关加快城镇轻工集体企业改革与发

展的政策意见。福建省二轻总公司、联社会同有关部门进行调查，并起草了《关于做好城镇集体企业下岗职工基本生活保障和再就业工作的意见》；安徽省轻工总会、联社向省政府上报了《关于轻工集体企业下岗职工基本生活保障和再就业等政策问题的请示》，争取地方政府和有关部门支持轻工集体企业解决好下岗职工基本生活保障和再就业及离退休人员养老金发放问题。这些都为加快轻工集体经济的改革与发展创造有利的政策条件。

（三）深化集体企业改革，推进制度创新，优化经济结构

一年来，各地联社通过召开改革经验交流会、座谈会、专题研讨会、现场学习考察等多种形式总结推广典型经验，以点带面，推进轻工集体企业深化改革，加快发展。如山西省二轻总会、联社召开了全省推进小型企业改革工作会议，重点推广了运城地区城镇集体工业总会、联社采取多种形式推进企业改革，使一些处于绝境的企业重新焕发生机的典型经验。福建泉州市二轻联社根据各地、各厂不同情况，一厂一策，因企制宜对老企业进行改革。已经实践的有四种类型：一是全员入股型；二是股东经营型；三是厂厂合股型；四是社会入股型。这几种类型的鲜明特点是：在所有制结构上多种经济成分并存；在资金聚集上不拘一格；在经营管理上，是多种形式；在利润分配上，利益共享，风险共担；在经营方针上，以市场为导向，因地制宜，扬长避短。这些改革，使一些老企业制止了下滑的趋势，出现了上升的好势头。有的联社还针对改革中存在的问题制定政策措施，规范发展。如河北省轻工厅、联社针对产权制度改革中，部分企业出现的一些不良倾向，制定了《关于轻工集体企业在产权制度改革中集体资产处置与管理问题的暂行办法》。湖北省联社针对划分产权归属、维护合法权益中存在的一些不明确或不好操作的具体问题，修定了《湖北省城镇集体工业企业资产管理办法》，经省政府常务会议审议通过，以政府令发布全省施行。所有这些，对轻工集体企业改革发展起到了有力的促进作用，加快了企业改制步伐，企业改制的面不断扩大，改制的形式也呈多样化。如浙江省二轻改制企业面达82.94%，其中改为企业集团、股份有限公司、有限责任公司、股份合作制企业，占改制企业总数的51.67%。新疆轻工集体企业、哈尔滨市区街二轻集体企业的改制面都达到70%以上。不少改制早的企业通过进一步完善，焕发了生机，注入了新的发展动力。各地在推进企业改制的同时，也注重推动企业搞好内部各项配套改革。

（四）加强联社资产的管理和运营，增强联社经济实力

各级联社抓住了全国开展集体企业单位清产核资的机遇，理顺产权关系，明晰联社和企业的产权归属，采取多种措施盘活联社存量资产。一方面结合企业

改制置换收回联社在企业中的资产,或转作股份参与企业盈利分配;对兼并和重组企业,实行"有偿兼并"一次性收回联社资产,或采取保留资产继续收取资金占用费。另一方面通过行政协调和法律裁决等多种措施,索回被外系统和有关部门所平调、侵占多年的联社资产。

各地联社还采取多种形式强化联社资产的运营和管理。不少联社建立了资产经营机构,对联社资产实行统一经营管理,使联社资产所有权与经营权分离。通过资产经营机构委托成员企业经营的方式,对其行使资产代表权、监督权、收益分配权和再投资权。如上海市工业合作联社组建了新工联实业总公司(即现在的新工联有限责任公司)作为联社资产的运营实体,联社委托其运营联社所有资产(包括动产和不动产),直接管理其投资企业。联社主任担任公司董事长。该公司成立几年来按照联社确定的"投资、控股、管理、经营"四大职能,为增强联社经济实力发挥了重要作用。河南省联社通过对直属企业的改革,理顺联社与直属企业的产权关系,组建了河南省轻工物业管理中心和河南省轻工资产经营有限公司。资产经营有限公司是以联社在直属企业中置换出的全部良性资产为基础组建的联社控股公司,加强联社和总会的资产经营管理。又如上海市区县城镇集体工业联社将存在区(县)有关企业的市郊联社资产,按照"核定基数、流动重组、确定目标、增量分成"的原则,委托区(县)联社进行经营管理。区(县)联社对核准后的资产,可以在区域内采用多种方式流动重组和置换,对市郊联社资产增值的部分享有分成权,经营管理产生亏损负有弥补的责任。有的联社已登记注册为企业法人,作为经济实体直接经营管理联社资产。如天津市二轻联社对索回的由联社投资兴建的二轻办公大楼、二轻党校、二轻职工大学等房地产实施统一管理;对直属企业和参股企业实施产权管理,并运用回收资金开展经营活动。有的联社与集团公司实行两块牌子一个机构,联社资产通过集团公司统一运作和管理。浙江省联社要求所属各级联社建立起联社资产运营和监管新体制。即由联社资产管理委员会——联社资产经营公司或企业集团——联社的投资企业三个层次组成。通过完善联社理事会职责,使联社理事会真正成为联社集体资产的所有者代表,成为管理联社资产最高权力机构。联社资产管理委员会作为联社资产管理和监督的专门机构,负责对联社资产管理和运营的监督。联社资产经营公司负责统一运营联社资产。采取这些方式,有效地加强联社资产的运营和管理,提高运营效率,实现资产的增值。

为了管好用活联社资财,维护联社资产的完整性和合法性,不少省市联社都先后制定和完善了联社资金管理章程、财务管理制度、资金管理制度、资金审批程序等各种制度。还有少数联社不够完善、制度不健全或执行不严的,要学习搞得好的联社,赶快跟上。要严格联社资金管理制度,防止集体资产流失,依法保护联社资财的合法权益。

(五) 深化联社改革、加强联社建设有了新的进展

在全国"五代会"以后,各级联社以加强联社组织建设为重点,积极探索联社改革,一些联社在前几年改革的基础上,根据新的形势进一步明确了联社的法人性质。一些联社加强了组织建设,积极开展社务活动。如河北省联社为适应新时期的联社工作需要,对省联社理事组织结构进行了调整和充实,增加部分轻工集体大中型骨干企业厂长、经理和重点县的联社主任任理事,并在省联社领导班子中补充了一名企业代表任副主任,增设两名联社老领导为顾问,强化了领导机构。吉林、辽宁、贵州、广西、湖南、广东、福建、上海工业合作联社,上海城郊集体工业联社等不少省级联社在全国"五代会"前后召开了新一届职工代表大会,选举了新的领导机构,使社务业务活动开展有了组织保证。各地联社还按联社章程规定,召开理事会,研究联社工作。一些联社争取政府支持,稳定机构。如武汉市联社在政府机构改革中,通过做大量细致的工作,取得当地政府领导和各综合部门的理解和支持,不仅稳定了联社机构,而且通过改革拓宽了联社的运行空间。新疆区联社针对机构改革中一些地州市联社机构随同轻工主管部门变动的情况,起草了《关于加强轻工集体经济联社工作意见的通知》上报自治区人民政府,以自治区政府文件下发给各地。《通知》强调了稳定联社机构,搞好联社改革,加强联社工作,并组织对文件贯彻落实情况的检查。

总之,一年多来,总社和各级联社贯彻落实全国"五代会"精神的情况是好的,是有成绩的,但是,工作的力度还不够,也不平衡,轻工集体企业改革仍然相对滞后于市场经济发展的要求。一些地区企业改制赶速度,不求实效,不按规范操作,影响了轻工集体企业改革的健康发展。有的市县以统一公有资产经营为名,将城镇集体资产纳入政府授权经营的范畴,混淆集体资产与国有资产的权属,变相平调集体资产,侵犯集体资产所有者的合法权益;有的集体企业改制不进行资产清理和产权界定;有的市县联社由于随轻工行业管理部门变动,造成了集体资产流失;有的地方政府在制定二轻集体企业改制办法中,不管联社对企业的投入是多少,将联社所占股份的比例一律硬性规定为15%的比例,削弱了联社的经济实力。这些平调、侵占集体资产的做法,都应当按照国务院清产核资的规定加以纠正。有这些情况的地方回去后,要向省(区)市领导汇报,并提出纠正的意见和制止今后再出现这些平调、侵占集体资产问题的措施。

二、一九九九年的主要工作

今年是我国经济实现"九五"计划,迈向新世纪的重要一年。刚刚结束的全国轻工业工作会议对今年的工作做了全面部署,轻工集体经济工作的任务很繁重。一九九九年联社工作的总体要求是:高举邓小平理论伟大旗帜,全面贯彻党的十五大、十五届三中全会和中央经济工作会议精神,进一步落实全国"五代会"和全国轻工业工作会议确定的各项任务;解放思想、深化联社改革、加强联社建设、壮大经济实力;继续推进轻工集体企业改革,切实放开搞活企业;加大结构调整力度、优化资本结构、提高集体经济增长的质量和效益,努力开创轻工集体经济和联社工作的新局面。

(一)继续深化联社改革,加强联社建设,充分发挥联社在新时期的作用

总社和各级联社自五十年代手工业合作化时期建立以来,在建设社会主义的历史进程中发挥了重要作用,为城镇集体经济壮大发展作出了重大贡献,已成为集体企业的改革与发展的指导和组织者、集体经济政策的建议和协调者、集体资产的管理和维护者、政府与企业间的桥梁和服务者。随着社会主义市场经济的建立和完善,总社和联社必将承担广泛的职能和任务,发挥更大的作用。但由于历史的渊源,目前总社和各级联社在体制上、职能上、服务手段上都存有不相适应的地方,需要进一步改革,才能充分发挥自身应有的作用。我们要按照吴邦国副总理在给全国"五代会"的贺信中所指出的方向,加快深化总社和各级联社改革,切实加强总社和联社自身建设,建立健全相应的管理体系和管理机构,壮大经济实力,改进和强化服务功能,把总社和各级联社办成真正适应社会主义市场经济需要的、具有较强经济实力和为基层联社、集体企业提供有效服务的集体企业联合经济组织,充分发挥总社和各级联社在新的历史时期的作用。

首先,要加强联社组织建设、巩固和完善联社机构。江总书记在党的十五大报告中明确指出:"集体所有制经济是公有制经济的重要组织部分。集体经济可以体现共同致富原则,可以广泛吸收社会分散资金,缓解就业压力,增加公共积累和国家税收。要支持、鼓励和帮助城乡多种形式集体经济的发展。这对发挥公有制经济的主体作用意义重要"。这充分肯定了集体经济的重要地位和作用,说明了集体经济在我国社会主义初级阶段不仅长期存在,而且要有一个大的发展。各级联社作为集体企业联合经济组织,多年来为集体企业服务,帮助政府做好社会稳定工作,吸纳了很多劳动力,并积累了一笔属于联社范围内劳动群众共同共有的联社资产,对促进集体经济发展起着重要作用。在社会主义市场经

济条件下,发展集体经济不仅要有联社这种组织形式存在,而且要使其发挥更大的作用。因此,无论今后轻工业管理的行政机构如何变动,联社组织不但不能撤,而且还要进一步加强、巩固和完善,建立健全联社领导机构和职能部门,充实工作人员。现在省区市政府换届后,新领导多,对联社的历史和重要作用及现在的工作不甚了解,我们要利用一切机会多宣传,多做工作,争取政府领导和有关部门的理解和支持,为联社改革和组织建设创造有利的外部环境。这方面武汉市联社做得很好。

第二,要进一步明确改革目标,选择适合自身实际的改革模式。各地的经验充分证明,在现阶段,把"兴办经济实体,增强经济实力,强化服务功能"作为各级联社改革的方向,按照集体企业联合经济组织的特点,突出"经济性"和"服务性"是正确的。随着社会主义市场经济的发展和政府机构改革的不断深入,联社在改革中还必须对自身进行合理定位、理顺关系,建立起新的资产运营和监管体制。在市场经济条件下,联社定位、进行法人登记注册是势在必行,尚未进行法人登记的联社应进行法人登记。鉴于各地情况不尽相同,联社的法人性质、改革的模式,我们不强求一致,但一定要改革,并且要加快改革步伐。各级联社可以根据自身的实际情况确定法人性质,选择适合自身发展的改革模式。目前暂实行联社与轻工主管部门合署办公的联社,应进一步加大联社独立开展社务和经济活动的力度,建立健全联社独立稳定的工作机构。

第三,要强化服务功能,拓展服务对象。各级联社要按照"指导、维护、监督、协调、服务"的职能,努力开展社务和业务活动。联社强化服务功能:一要,强化政策指导服务功能,加强调查研究,用足用活各级党委、政府和有关部门已经出台的集体经济政策,并根据新的情况,提出政策建议,积极争取集体企业与国有企业一视同仁政策,采取多种方式推进政策的实施,起好政府联系企业的桥梁和纽带作用;二要,强化组织协调功能,理顺联社与政府之间的关系、与成员企业之间的关系、联社自身发展与行业管理之间的关系、上下级联社之间关系;三要,强化互助合作功能,以资产为纽带,发挥联合和合作功能,积极探索新时期联社集体经济互助合作的具体形式和办法,在资金、技术、建房上搞好互助合作,医疗、养老统筹和再就业工程上做好服务;四要,强化权益维护功能,理直气壮地加强集体资产管理,制止和纠正平调的侵权行为;五要,拓展服务内容,在信息提供、市场预测、产品开发、融资合资、人才培训、法律咨询等多方面为成员企业提供有效的服务,拓展联社的运行空间。根据市场经济发展的需要和成员企业变化的新情况,各级联社的服务对象可以而且应当突破原有轻工系统和所有制界限,面向轻工全行业吸收多种所有制成份的新成员企业,按照"自愿、互助、有偿"的原则,为他们提供多方面的有效的服务。同时,要调整服务方向,改善服务手段,提高服务水平。

总之,希望改革起步较早的联社认真总结经验,按照党的十五大精神,发扬成绩,找出差距,继续闯新路,巩固和进一步发展改革的成果。改革起步稍慢的联社,要认清形势,振奋精神,借鉴率先改革的联社好经验,加快联社改革步伐,搞好联社建设,以适应新形势发展的需要。

(二)进一步解放思想,转变观念,放开搞活企业

党的十五大进一步明确指出:"公有制实现形式可以而且应当多样化。一切反映社会主义生产规律的经营方式和组织形式都可以大胆利用。要努力寻找能够极大促进生产力发展的公有制实现形式。"这为集体企业改革指明了前进的方向,我们要认真学习和深刻领会十五大精神,进一步解放思想,更新观念,拓宽思路,积极探索公有制经济的多种实现形式,切实放开搞活轻工集体企业。

1. 要遵照朱镕基总理要求把轻工集体企业真正办成职工和社员自己的企业。

要突破集体企业所有制经济界限,把集体经济的改革与其他所有制经济的改革结合起来,努力寻找能够极大促进生产力发展的集体经济多种实现形式和一切反映社会生产规律的经营方式和组织形式。轻工集体经济既可以参与国有经济的改革,也可参与非公有制经济的改革。轻工集体企业既可以兼并国有企业,也可以兼并非公有制企业;既可以与国有企业联合,也可以与非公有制企业联合。要大力发展多种经济成份的混合所有制企业,有的必须控股,有的尽可能控股,可以绝对控股也可以相对控股,将有限资金尽可能做大做好。通过与其他所有制经济搞股份制、搞合资、搞合作,实现投资主体多元化,哪条道路通就走哪条,充分用足、用好现有的政策。

要区别情况,采取不同的改制形式,要按照集体经济的特点和市场经济规律,推动集体企业制度创新。企业制度创新要区别情况,因企业制宜,采取多种适合企业实际的改革形式,真正达到放开搞活的目标。切不可一刀切,一阵风。对少数规模较大、设备先进、技术水平高、管理水平高、经济效益好、产品有竞争能力的企业,可以按《公司法》组建为股份有限公司、有限责任公司或企业集团,率先建立起现代企业制度。对产品有市场、有一定发展前景和经济效益的多数中小企业,可以改组为股份合作制企业。对小型、微利、亏损企业,特别是产品不对路,竞争能力低的企业,区别不同情况,采取改组、联合、兼并、租赁、承包经营、托管、引资嫁接或转搞第三产业、合作经营等多种形式,加快改革、改组步伐,千方百计地把企业搞活。对一些确实无法改制、改组的困难企业,可以在妥善安置

职工的前提下,实行关、停、并、转,也可采取拍卖、破产等办法。总之,只要符合"三个有利于"标准的,就可以大胆地改,大胆地试。要尊重实践,尊重群众的选择,尊重群众的创造精神。我在轻工业工作会议上的报告中讲到两点:一是国有企业在三年内两大目标要实现;二是在推进轻工业所有制结构调整上要有新突破。新突破的思路,我现在概括为四点:一是国有经济比重可逐步减少;二是集体经济要深化改革,探索公有制的多种实现形式;三是非公有制经济要加快发展;四是混合所有制经济大有可为。

要切实转换企业经营机制,把集体企业真正办成职工自己的企业。企业制度改革目的在于搞活企业,促进生产力的发展。轻工集体企业初建时,是按照"自愿组合、自筹资金,独立核算、自负盈亏,自主经营、民主管理,集体积累、自主支配,按劳分配、入股分红"的原则办企业,企业机制灵活、产权明晰。后来按国有企业模式管理,使集体企业机制僵化,产权模糊。集体企业不论采取哪种形式改制,都必须转换企业经营机制,建立健全激励和约束机制,切实按照集体经济的本来面目搞活企业,将适应市场竞争的固有活力充分发挥出来,把集体企业真正办成职工和社员自己的企业,真正成为自主经营、自负盈亏、自我发展、自我约束的法人实体和市场竞争主体。

2. 要遵照朱总理要求力争用三年时间使大多数轻工集体企业摆脱困境。

党的十五大报告指出,对经济结构进行战略性调整,是国民经济发展的迫切要求和长期任务。经济结构不合理是轻工集体经济发展中存在的一个十分突出的问题,是一些企业陷入困境的一个重要原因。我们要力争三年时间使大多数轻工集体企业摆脱困境,实现全行业振兴,就必须按照十五大提出的对经济结构进行战略性调整的原则,在加大深化集体企业改革的同时,加大对轻工集体经济结构的调整,优化资源配置。

要利用市场机制,通过资产重组和结构调整,优化企业资本结构,形成一批经济实力强和市场竞争能力强的跨地区、跨行业、跨所有制的大企业和企业集团。通过发展壮大优势骨干企业和企业集团,带动整个集体经济的发展。按照社会化大生产的要求,走专业化协作分工的道路,引导中小企业通过"三改一加强"走"小而专"、"小而精"、"小而特"、"小而高"、"小而强"的路子,为大企业搞好生产协作配套。

要适应市场变化的要求,加快产业和产品结构的调整。目前轻工集体企业大多数产品技术含量低,产品结构不适应市场需求情况比较突出,因此需要加快技术创新,促进产业优化升级,根据市场需要,开发适销对路产品,增加新品种,提高产品质量,大力扶持名牌产品、拳头产品、优势产品、出口创汇产品。加强与科研机构的联系,促进产学研联合,鼓励优势企业成立技术开发中心,提高技术开发水平。在产业结构调整中,要积极开拓新门类、新领域,实施行业转移、产业转移,大力发展第三产业,培育新的经济增长点。

要坚持"三改一加强"把企业改制、改组、改造与加强企业管理紧密结合起来,做到企业制度创新、技术创新、管理创新并举,提高企业市场竞争能力。管理是企业生存和发展的基础,是企业转变经济增长方式、向现代企业制度迈进的重要环节。因此,要切实加强企业内部管理,向管理要效益。要加强民主管理,实施人才战略,采取多形式多途径开发人才、培养人才,加强职工培训教育,提高业务技术骨干和管理人员的文化科技知识水平、经营管理水平,尤其要加强企业领导班子的建设,提高领导者素质,从根本上提高企业整体素质。

要加强调查研究,总结经验,发现典型,以点带面,推动集体企业的改革与发展。要研究集体中小企业改革与发展政策,及时向政府和有关部门反映情况,提出政策性意见和建议,争取轻工集体企业在改制、改组、改革中享受与国有中小企业一视同仁的政策,加快社会保障体制的配套改革,为轻工集体企业改革与发展创造更有利的外部环境。

(三)继续抓好清产核资,探索联社资产有效的管理和运营形式,增强经济实力

当前要继续根据国务院办公厅《关于在全国城镇集体企业、单位开展清产核资工作的通知》要求,抓紧开展清产核资各项工作,并根据国家有关城镇集体企业清产核资、界定产权的政策,结合本地的实际情况制定与之配套的办法和规定,确保清产核资工作顺利进行,防止集体资产的流失。

一要继续做好集体企业清产核资的收尾工作,特别是在产权界定、资金核实方面要下工夫,争取在弄清数据和情况的基础上,利用国家给予的清产核资政策,消化一部分不良资产,减轻集体企业的包袱,堵塞管理方面的漏洞,提高集体企业的素质。

二要积极主动做好轻工集体企业资财管理方面的政策协调工作,如管理费税前列支的问题、不良资产损失冲减损益和权益问题等等。

三要进一步盘活重组联社在集体企业中的有效资产,在企业改组、改制、改革中要划清有效资产的重组和集体资产的流失界限,规范其行为。

四要从实际出发建立起联社资产有效的运营和监管机构,建立完善资产管理工作制度,切实加强对集体资产的监督、管理,提高联社资产运营效益。

五要依法保护联社资产的完整性和合法性。联社资产是联社范围内劳动群众共同所有,国家保护其合法权益,任何部门、单位和个人都不得改变其所有制

属性,损害集体资产所有者权益。联社应当理直气壮地维护集体经济的合法权益。

各级联社要在抓好清产核资的同时,积极探索联社资产有效的管理和运营形式,增加经济实力。要充分发挥增强实力和提供服务这两种功能。联社不为企业服务就没有基础,要服务就要有实力,没有经济实力,就难以有效地为企业服务,自身也难以生存发展。联社要增强经济实力,必须建立起新的联社资产运营和监管体制,提高联社资产运营效率。一方面要以产权管理为核心,监管控股、参股企业的资产运行,把保值增值的要求落实到企业。另一方面要下大力气盘活和重组存量资产,开发联社资产的潜能,有条件的联社要继续积极兴办经济实体,或自身开展经营活动。既可以发展一些技术水平高、效益好的项目,也可以利用自身的优势,搞好原材料和产品的经营贸易,特别是抓住城镇大规模改造的机遇,积极发展第三产业,对联社所控制的资产开展有效的运营,实现增值,不断壮大自身实力。

(四)关于总社主要工作

总社当前重点要在加强资财管理、增强经济实力、强化服务功能、活跃社务活动上下工夫。具体做好四个方面工作:一是,明确总社的法人性质,加大总社独立开展经济和社务活动的力度。二是,加快总社资产运营,壮大总社经济实力。一方面在清产核资的基础上,盘活重组总社投入各地联社和集体企业的资产、收回各地联社和企业所借总社的资金、继续做好错位登记的总社房地产变更工作。对总社资产要按照"谁投资、谁所有"的原则进行清理、界定,划清归属,落实产权。要本着先易后难的原则对近几年借出的款项进行清理,调动各方面的力量,采用各种措施和手段加大催收的力度,确保新借出款项如期收回。对历年借给各地的款项要逐家核实,在弄清数据和情况的基础上,要抓紧清理收回工作。总社要发展,首先要生存,才能为大家服务,要生存需要有实力,目前总社的资金绝大部分借给各级联社,请各级联社认真清理,帮助总社做好资金回收工作。此外要按照新制订的《中华全国手工业合作总社借款转投资实施办法》和《中华全国手工业合作总社借款核销实施办法》进行分类处理,该核销的核销,该转投资的转投资,争取盘活一部分老资产。另一方面办好总社现有的直属公司,按照现代企业制度的管理要求,建立法人治理结构。三是,筹建总社资产经营机构,对总社的资产(包括动产和不动产),以企业管理的行为和方式进行统一管理和经营,确保总社资产的合法所有权和经营权。四是,充实加强总社职能部门,强化总社的服务功能,拓展服务内容和服务对象,积极开展各项社务和业务活动。要继续做好政策、资产、法律、咨询、信息、宣传、人才培训、对外合作、引进、引资、项目开发等方面的工作,为企业提供有效的服务。继续搞好调查研究,总结推广各地联社改革与建设的好经验。

同志们:当前我国正处在改革和发展的关键时期,轻工集体经济面临改革与发展的任务相当艰巨。我们要高举邓小平理论的伟大旗帜,深入贯彻落实党的十五大、十五届三中全会、中央经济工作会议和全国"五代会"精神,坚定信心,振奋精神,同心同德,艰苦奋斗,开拓创新,努力搞好总社和联社的工作,为开创轻工集体经济改革与发展新局面作出新的贡献。

(原件存中华全国手工业合作总社办公室)

中华全国手工业合作总社第五届理事会第二次会议纪要

（1999 年 1 月 11 日）

　　中华全国手工业合作总社第五届理事会第二次会议于一九九九年一月十一日在浙江省温州市召开。总社五届理事会理事和理事单位的代表共 67 人参加了会议，总社主任陈士能同志，副主任杨志海、潘蓓蕾、朱焘、张铁诚同志出席了会议。这次会议的主要任务是：以党的十五大、十五届三中全会和中央经济工作会议精神为指导，进一步贯彻落实全国轻工集体企业第五届职工（社员）代表大会精神和工作任务；回顾总结全国"五代会"以来的工作；研究总社和各级联社如何深化改革、加强建设、搞活企业、壮大实力；部署一九九九年总社和联社的工作；并根据部分理事单位的申请，调整部分理事。会议听取了陈士能主任所作的题为《深化联社改革 加强联社建设 放开搞活企业 壮大经济实力 努力开创轻工集体经济工作的新局面》的工作报告，杨志海副主任就调整全国总社五届理事会部分理事的情况作了说明。会上，上海市工业合作联社、天津市二轻集体工业联社、河南省城镇集体工业联社、武汉市工业合作联社四个单位，结合自身的实际和特点，从不同的角度和侧面，在加强联社建设，盘活联社资产，壮大经济实力，拓展联社服务功能等方面交流了各自的做法、经验和思路。会议分组审议了陈士能主任所作的理事会工作报告；交流了各地联社加强建设、管理运作联社资产的经验、做法；研究了总社和各地联社如何深化改革及集体企业改革和发展的思路、建议。现将这次会议的有关事项纪要如下：

　　一、与会代表认真讨论了陈士能主任所作的理事会工作报告。认为，报告从五个方面回顾总结了全国"五代会"以来总社和各地联社贯彻落实"五代会"的精神，情况清楚，内容丰富，符合实际；对一九九九年总社和各地联社工作的部署，有新的突破，是一个比较务实的报告。它将对今后轻工集体经济、联社的改革和发展有重要的指导意义。

　　二、通报了总社办公室以信函的方式经过总社常务理事会、理事会更换陈士能同志为总社主任，聘请于珍同志、傅立民同志为总社名誉理事的情况，陈士能同志已正式当选为总社主任。审议并通过了杨志海副主任所作的《关于调整全国总社五届理事会部分理事的情况说明》。会议确认了国家轻工业局和14个地方联社提请审议调整、新增的26名总社理事、常务理事。调整后的全国总社五届理事会名誉理事14名,常务理事25名,理事74名。

三、会议充分肯定了总社和各级联社一年来的工作。认为,一九九八年国务院机构改革,撤销中国轻工总会,组建国家轻工业局,在机构、人员变动较大的情况下,总社在加强组织建设,清理核实总社资产,对轻工集团企业改革与发展进行调查研究,提出政策性建议,坚持开展日常的社务活动等方面做了大量的工作,对稳定各地联社机构,促进轻工集体经济的发展起到一定的作用。各地联社在争取地方党委、政府的支持下,制定了促进城镇集体企业改革和发展的政策措施,为集体经济的发展创造良好的外部环境;在搞活企业,深化联社改革,加强联社建设,增强经济实力等方面取得了显著的成绩,涌现了许多好的先进典型。与会代表对大会上交流的上海、天津、河南、武汉四个联社的经验介绍给予了高度评价和肯定,认为这些经验值得借鉴。

四、会议认为,集体所有制经济是社会主义公有制经济重要组成部分。在社会主义市场经济条件下,发展集体经济不仅要有联社这种组织形式存在,而且要使其发挥更大的作用。会议要求,在新的历史时期内总社和各级联社要加大对总社和联社的宣传力度,主动争取政府和有关部门的理解和支持;要增强改革意识,加大总社和各级联社的改革力度;确定联社的法人性质,进行法人登记;拓宽联社的服务对象和服务功能,以适应社会主义市场经济发展的需要,把总社和各级联社真正办成集体企业的联合经济组织。今年省级政府将进行机构改革,不论轻工行业管理的行政机构如何变动,联社组织不但不能撤,而且还要进一步加强完善和巩固。

五、会议认为,轻工集体企业是各级联社的主要成员单位,是联社生存的基础,也是联社服务的主要对象。会议要求,各级联社要进一步解放思想,更新观念,拓宽思路,放开搞活轻工集体企业;要在指导和服务上下工夫,为轻工集体企业放开搞活,争取创造平等竞争的条件;要总结交流搞得好的集体企业的经验,以点带面,积极推进轻工集体企业的改革和发展,将轻工集体企业真正办成职工和社员自己的企业。

六、总社及各级联社作为集体企业联合经济组织,多年来积累了一笔属于总社和联社范围内劳动群众共同共有的联社资产。会议要求,要继续抓好集体资产的清产核资工作,积极探索联社资产有效的管理和运营形式,要建立起联社新的资产运营和监管体制,提高联社资产运营效率,要盘活联社资产,依法保护联社资产的完整性和合法性,防止联社和集体资产的流失,确保总社和联社资产的保值、增值,不断壮大自身的实力。

会议要求各位理事和理事单位代表回去后,将会议精神认真向各级联社传达、贯彻,主动向当地政府领导和有关部门汇报,争取他们的重视和支持。希望各级联社在新的一年里,继续高举邓小平理论的伟大旗帜,坚定信心,求真务实,开拓进取,以新的观念、新的思路、新的面貌和新的成绩,为将轻工集体经济和联社的改革发展推向二十一世纪而努力奋斗。

（原件存中华全国手工业合作总社办公室）

国务院办公厅关于进一步做好国有企业下岗职工基本生活保障和企业离退休人员养老金发放工作有关问题的通知

(1999 年 2 月 3 日)

各省、自治区、直辖市人民政府,国务院各部委、各直属机构:

在党中央、国务院的正确领导下,各地区和有关部门认真贯彻《中共中央、国务院关于切实做好国有企业下岗职工基本生活保障和再就业工作的通知》(中发〔1998〕10 号)精神,国有企业下岗职工基本生活保障和再就业工作普遍加强,绝大多数国有企业下岗职工进入企业再就业服务中心并得到基本生活保障;企业离退休人员养老金发放工作明显改进,绝大多数离退休人员按时足额领到养老金;基本养老保险行业统筹移交地方管理工作按期完成。这对保持社会稳定、促进企业改革和经济发展发挥了重要作用。在肯定前一段工作成绩的同时,要清醒认识到当前存在的主要问题:有关政策和资金尚未完全落实到位,少数下岗职工的基本生活没有得到保障,离退休人员养老金仍有少量拖欠,行业统筹移交地方管理后还存在一些突出问题需要解决。1999 年,国有企业职工下岗和再就业压力将进一步增大,确保养老金按时足额发放和逐步补清以前拖欠的任务仍很艰巨。各地区和有关部门要认真贯彻党的十五大精神,进一步加大工作力度,加快建立社会保障体系,确保国有企业下岗职工的基本生活,确保企业离退休人员养老金的按时足额发放,为经济发展和社会稳定创造更为有利的条件。经国务院同意,现就有关问题通知如下:

一、继续做好国有企业下岗职工基本生活保障和再就业工作

(一)确保下岗职工的基本生活

要继续把国有企业下岗职工基本生活保障和再就业工作作为一件大事,切实抓紧抓好。这是深化企业改革的重要任务,也是保持社会稳定的重要措施。

抓好这项工作,关键是要落实资金。要坚持实行企业、社会、财务各负担1/3的办法。中央企业由中央财政负担,地方企业由地方财政负担。各地财政一定要调整预算支出结构,优先、足额安排这项资金,企业、社会筹集不足的部分,财政要给予保证。财政确有困难的地方,中央财政通过转移支付的办法给予一定的支持。要切实加强资金的管理,保证专款专用,坚决杜绝挤占挪用资金等问题的发生。

(二)积极促进下岗职工的再就业

要进一步办好企业再就业服务中心,有针对性地开展职业培训和职业指导,引导下岗职工转变择业观念,提高下岗职工的再就业能力,帮助下岗职工尽快实现再就业。要加大劳动力市场建设和职业培训的资金投入,推动劳动力市场科学化、规范化和现代化建设,为下岗职工提供方便快捷的再就业服务。要认真落实国家有关税收和小额贷款等方面的优惠政策,鼓励和支持更多的下岗职工自谋职业和组织起来就业。要加强劳动保障监察和劳动力市场管理,防止乱收费,切实维护下岗职工的合法权益。

(三)加强下岗职工劳动合同管理

国有企业下岗职工都应当进入企业再就业服务中心,并严格按国家有关规定签订基本生活保障和再就业协议。下岗职工在企业再就业服务中心期间已实现再就业以及3年协议期满仍未再就业的,企业应当依法及时与其解除劳动合同。对不进企业再就业服务中心或进了企业再就业服务中心不签协议的下岗职工,不支付其基本生活费;3年期满后,企业也应当与其解除劳动合同。对已经与新工作单位有了半年以上事实劳动关系的企业职工,原企业应当及时与其解除劳动合同,新的用人单位应当依法与其签订劳动合同,建立新的劳动关系。对领取了工商执照并已从事半年以上个体劳动的企业职工,企业应当与其解除劳动合同。下岗职工已实现再就业的,原来的社会保险缴费年限连续计算。企业解除与下岗职工的劳动合同后,要依法妥善解决好与下岗职工的债权债务问题。

(四)进一步完善"三条保障线"制度

下岗职工通过企业再就业服务中心保障其基本生活,最长时间为3年;期满后仍未就业的,按规定领取失业保险金,最长时间为两年;享受失业保险两年后仍未就业的,按规定享受城市居民最低生活保障待遇。有关部门要认真做好"三条保障线"的衔接工作,切实保障下岗职工和失业人员的基本生活。要抓紧将失业保险覆盖范围扩大到城镇各种所有制的企事业单位及其职工,并加强失业保险费的征缴和管理,失业保险基金主要用于保障失业人员和下岗职工的基本生活。要进一步完善城市居民最低生活保障制度,充分发挥保障使用。要切实关心下岗职工生活,在企业再就业服务中心期间,下岗职工应享受本企业在住房、子女上学等方面的福利待遇。

二、切实做好企业离退休人员养老金发放工作

(一)确保养老金按时足额发放

要通过扩大覆盖面、提高收缴率、完善省级统筹制度等措施,确保养老金的按时足额发放。要切实把集体企业、外商投资企业、私营企业等非国有企业和城镇个体经济组织及其从业人员,纳入基本养老保险覆盖范围。要加大养老保险基金的收缴力度,财政、银行、税务、工商等部门要发挥各自的职能作用,予以大力协助和支持,力争在 1999 年内使收缴率达到 90% 以上。要按照《国务院关于实行企业职工基本养老保险省级统筹和行业统筹移交地方管理有关问题的通知》(国发[1998]28 号)的规定,建立基本养老保险省级调剂金制度,逐步加大基金的调剂力度。要在确保按时足额发放的同时,逐步补发以前拖欠的养老金。

(二)坚决清理追缴企业欠费和回收挤占挪用基金

对目前企业欠缴的养老保险费,要坚决清理追缴,重点是有能力缴而不缴的欠费大户,清欠比例要达到 50% 以上。对于少数顶着不缴的,要按照有关规定对企业领导人和有关责任人作出处理,并予以新闻曝光。对被挤占挪用的养老保险基金,要在 1999 年底之前全部收回,并严肃查处违规违纪案件。要继续加强社会保险基金管理,落实收支两条线管理办法,完善内部审计制度和社会监督机制,确保社会保险基金的安全与完整。

三、抓紧做好养老保险行业统筹移交地方管理后的有关工作

(一)尽快将行业统筹结余基金移交到位

原行业统筹主管部门要对结余基金进行认真的自查,摸清情况,对违反规定的,要及时纠正。在此基础上,由审计署牵头,财政部、劳动保障部参加,对行业统筹结余基金进行审计。在 1999 年 4 月底之前,要将原来存在中央部门社会保险经办机构的结余基金全部移交中央财政专户,将原来存在省以下社会保险经办机构的结余基金移交省级财政专户。应移交地方但个别行业已上调的资金,经审计署、劳动保障部和财政部核查确认后,要如数退还。

（二）妥善解决行业统筹移交前的养老金拖欠和移交后的基金收支缺口

煤炭、有色、中建等行业统筹移交前拖欠的养老金和移交后部分地区1998年9月至1998年12月的基金收支缺口，从行业统筹上缴中央财政专户的结余基金中予以一次性解决，具体由劳动保障部、财政部核拨。原行业统筹主管部门要继续负责，在劳动保障部、财政部的指导和帮助下，共同协商，妥善处理遗留问题。各地区要切实做好原行业统筹企业养老保险费的收缴和养老金的按时足额发放工作，坚决纠正对原行业统筹企业实行所谓"封闭运行"和资金自求平衡的做法。

（三）稳步调整原行业统筹企业缴纳基本养老保险费的比例

根据国发〔1998〕28号文件规定，煤炭、银行、民航企业缴纳基本养老保险费的比例5年调整到位，其他行业企业缴纳基本养老保险费的比例原则上3年调整到位。行业统筹移交后，企业缴纳基本养老保险费的比例调整，既要考虑地方的情况和企业的承受能力，又要考虑在收缴覆盖面扩大后养老保险费收取比例可以下降的情况，要按规定稳步进行，不能自行其是。各地区的调整方案须报劳动保障部，由劳动保障部会同财政部审批。

（四）核定原行业统筹项目

各地区和有关部门要按照《劳动保障部、财政部关于核定原行业统筹项目的通知》（劳社部发〔1998〕22号）要求，组织对行业的基本养老保险统筹项目进行审核认定。经审核确认的统筹项目，从基本养老保险基金中支付；未经确认的项目由企业负担，从企业成本中列支。

四、坚决制止和纠正违反国家规定提前退休的行为

（一）对提前退休的情况进行清查处理

根据国家关于企业职工退休条件的规定，由各省、自治区、直辖市人民政府和有关行业主管部门负责，组织对1998年1月1日以后办理提前退休的情况进行认真清理，分别妥善处理：1999年底前达到国家规定退休年龄等条件的，已办理的退休手续有效，继续由社会保险经办机构支付养老金；1999年底仍未达到国家规定退休年龄等条件的，已办理的退休手续无效，由企业统筹安排，应当安排下岗的职工，要进入再就业服务中心，保障其基本生活。对违反国家规定办理退职和1998年1月1日前违反国家规定办理提前退休的，由各地区、各部门参照上述精神妥善处理。这项工作，要在1999年4月底前完成。

（二）加强企业职工退休审批工作的管理

男职工年满 60 岁，女干部年满 55 岁，女工人年满 50 岁退休的，仍由县级人民政府劳动保障部门审批；从事井下、高空、高温、特别繁重体力劳动或其他有害身体健康的工种，因病或非因工致残完全丧失劳动能力的企业职工退休，改由地级劳动保障部门审批；按照国家有关规定提前退休的，改由省级人民政府劳动保障部门审批。原行业统筹企业的职工退休，由省级人民政府劳动保障部门审批。各地区、各部门及各企业必须严格执行国家关于企业职工退休条件的规定。今后，凡是违反国家规定办理提前退休的企业，要追究有关领导人和当事人的责任，已办理提前退休的职工要清退回原企业。

（三）严格按国家规定核定提前退休人员的待遇

对因病或非因工致残退休的人员和按国家有关政策提前退休的人员，其养老金按有关规定适当减发。

做好国有企业下岗职工基本生活保障和再就业工作，确保企业离退休人员养老金按时足额发放，关系企业改革、经济发展和社会稳定的大局，涉及企业职工和离退休人员的切身利益。各地区和有关部门务必高度重视，认真贯彻党中央、国务院的方针政策和工作部署，处理好改革、发展、稳定的关系，做到政策落实、资金落实、工作落实。要加强思想政治工作和政策宣传工作，把工作做深做细。要认真总结经验，推广好的典型，及时研究解决工作中出现的新情况，新问题。劳动保障部与国家经贸委、财政部等有关部门要密切配合，加大督促检查的力度，加强对地方工作的指导，共同把工作做好。

中华人民共和国国务院办公厅

一九九九年二月三日

（此件由中共中央党史研究室机要档案处提供）

中共江苏省委、江苏省人民政府关于进一步加快全省小企业改革与发展的意见

（1999 年 3 月 6 日）

小企业（包括国有、集体、股份制、股份合作制和私营等各种不同类型的小企业，以下简称小企业）的改革与发展是当前经济工作的一项很重要任务。我省企业绝大部分为小企业，在国民经济中占有举足轻重的地位。为进一步加快全省小企业的改革与发展，现提出如下意见：

一、小企业改革与发展的指导思想和总体要求

小企业是我省企业的主体，据工业普查，小型工业企业数占到全部工业企业的 99.5%；产值占全部工业企业总产值的 67.5%；从业人员要占全部工业从业人员的 76.1%。因此，小企业是否有活力，是否有竞争力直接关系到全省经济发展和社会稳定的全局。从改革开放的实践来看，小企业不仅在增加就业岗位、缓解就业压力方面具有不可替代的作用，而且以其灵活的机制、快速的市场应变能力和强烈的创新意识，成为经济增长的科技进步的重要推动力。为此，必须进一步加快全省小企业改革与发展步伐。

小企业改革与发展的指导思想是：以党的十五大精神为指针，按照"三个有利于"的标准，进一步解放思想，大胆探索，多种形式放开搞活小企业，使企业转换经营机制，自主走向市场，成为自主经营、自负盈亏、自我发展、自我约束的经济实体。通过改革、改组、改造和加强企业管理，提高小企业综合素质和市场竞争力。

总体要求是：

（一）加快产权制度改革。按照产权清晰、权责明确的要求，推动政企分开和企业经营机制转换。小企业的产权制度改革要因地制宜、因企业制宜，允许企业依据自身特点，选择适合生产力水平的改制形式，区别对待，分类指导，形式多

样,不搞一个模式,不搞一刀切。

（二）构筑社会化分工体系。小企业的发展要遵循客观经济规律的要求,按照合理经济规模组织生产。要根据社会化大生产的客观要求,积极参与产品分工、技术分工和生产分工,为大企业做好配套。

（三）培植"小巨人"企业群。要引导推动小企业间的兼并联合,实现优势互补、快速成长壮大,逐步形成在某个方面、某个产品上具有竞争优势的"小巨人"企业群。要突出小企业机制灵活、创新力强的优势,加大技术创新力度,构筑小企业的技术特色和优势。

（四）建立有利于小企业健康发展的环境。完善为小企业服务的社会化中介服务体系,强化对小企业服务功能。制定鼓励小企业公平竞争、健康发展的政策措施,依法保护各类小企业的合法权益,帮助小企业选准产品、改善经营、加强管理、加大科技投入,努力为小企业改革与发展创造良好的外部环境。

二、加快小企业改革与发展的政策措施

去年省委、省政府下发了《中共江苏省委、江苏省人民政府印发关于放开搞活国有、城镇集体小企业的意见(试行)的通知》(苏发[1997]20号),制订了20条政策措施,对全省放开搞活小企业起到了积极的推动作用。今年又下发了《中共江苏省委、江苏省人民政府关于加快乡镇企业改革与发展的意见》(苏发[1998]8号)。各地、各部门要继续认真贯彻执行这两个文件。为进一步促进全省小企业的改革与发展,还需要在以下几个方面给予鼓励和支持:

(一)进一步加快小企业产权制度创新

坚持多种形式对小企业实行产权制度改革,通过吸收各类社会资金、海外资金以及企业内部职工资金,把投资主体单一的国有、集体小企业改革成为多元投资主体的企业。企业的改制形式和股权设置要尊重职工的意愿。股权设置要合法、合理,操作要公平、公正、公开,不得强迫职工入股,不得把入股与下岗和就业岗位相挂钩,不得乱集资。

进一步完善股份合作制企业,提倡不等额持股,允许股权在职工内部转让。引导有条件的股份合作制企业逐步改制成为规范的公司制企业。鼓励个人和私营企业出资控股或全资收购国有、集体小企业。

(二)加快小企业结构调整和资产重组

鼓励小企业为大集团配套服务。在实施大公司、大集团发展战略的同时,建立起为大企业配套服务的小企业群,通过大公司、大集团带动一批小企业的

发展。

　　鼓励小企业之间的兼并重组。优势企业兼并劣势企业后,劣势企业如仍具备纳税人条件的,其被兼并前尚未弥补的亏损,用其以后年度的经营所得,在法定弥补期限的剩余期限内税前继续弥补;劣势企业如果不再符合纳税人条件的,其亏损额允许优势企业在劣势企业法定弥补期限的剩余期限内以税前利润弥补。

　　引导小企业进行联合与协作。相同地区、相同产品或相同产业的小企业,共同加强新产品、新技术和新市场的开发;处于产业上、下游的企业要加强合作与配套,形成一批小企业专业化合作群体。鼓励和支持小企业为三资企业生产配套。

　　采取倾斜政策,扶持在产品质量、技术水平、市场占有率等方面具有优势的小企业,进一步提高企业专业化程度和产品高新技术含量。引导小企业积极推进专业化结构调整,防止盲目多元化经营。

(三)支持小企业建立技术创新机制

　　小企业要大力增加技术创新的投入。小企业的技术开发费按照实际发生额计入管理费用,不受比例限制。经国家、省确认的高新技术产品其增值税返还问题,按《高新技术条例》中的有关规定执行。国有、集体工业盈利企业研究开发新产品、新技术、新工艺的费用,实际发生额比上年增长在 10% 以上(含 10%的),经主管税务机关审核批准后,可以按实际发生额的 50% 抵扣当年应纳所得税额。小企业用盈余公积金进行高新技术开发的有关固定资产的投资项目,经主管地方税务机关核定,其投资方向高调节税按零税率征收。

　　抓好"成长型"企业的技术改造,选择一批生产专业化程度较高、产品市场容量大、经济效益好的精、特、优、专的小企业,实施技术改造三年滚动计划,使这些企业迅速成为推动经济增长的"小巨人"企业。

　　启动实施科技型小企业创新工程。要制订加快发展科技型小企业的优惠政策,培育适应知识经济形态的科技型小企业运行机制。建设社会化的科技型小企业技术创新服务体系,建立小企业创新资金,实施提高科技型小企业技术创新能力计划,支持科技型小企业开发转化一批有自主知识产权的高新技术成果。

　　实施小企业项目引进资助制度。各级政府可以在财政贴息专项中,对小企业引进高新技术产业化项目、市场短缺项目、替代进口产品项目、市场占有率较高项目进行资助。

　　鼓励建立小企业技术开发推广中心。鼓励高等院校和科研机构,发展面向小企业的科技服务产业、从事技术中介、技术咨询、技术推广等服务活动。有条件的地方,可以利用现有的高新技术开发区和各类开发园区,联合高等院校和科研机构,通过提供场所、吸收科技人员技术入股、补贴启动资金、财务会计中介服务以及税收、信贷等优惠政策,鼓励在校师生和科研人员领办动手术密集型小企业,建立高新技术小企业孵化器,待其成功后,再推向市场。鼓励科技人员承包经营小企业。科技人员承包小企业后,可实行留职停薪,其工资关系、社会保险关系、人事档案、职称资格仍保留在原单位不变。鼓励科技人员以专利、技术入股,并在其股份变现之前暂不征收个人所得税。

(四)拓宽小企业融资渠道

各商业银行要设立小企业信贷办事机构,积极为小企业提供信贷服务,增加小企业的信贷投入。对科技含量高、成长型的小企业,产品有市场、效益好的小企业,要给予重点支持。对亏损企业中有订单、有效益的产品,采取封闭贷款的办法给予资金支持。城市商业银行、城乡信用合作社要把信贷资金主要用于支持各所有制的小企业发展。

各级政府要筹措资金,建立小企业贷款担保资金,为小企业增加流动资金、扩大规模、引进技术、改善生产装备向银行贷款提供担保,切实解决小企业贷款担保难的问题。

通过加快小企业产权流动,盘活存量资产和闲置资产。优质小企业资产,可以通过置换股权、置换资产等形式注入上市公司,实现小企业在资本市场上的直接融资。

各地要积极建立小企业风险投资基金,对小企业的科技含量比较高、市场前景广阔的产品的研究开发进行风险投资。

(五)发展以小企业为对象的服务体系

建立以小企业为主要服务对象的科技创新服务体系,帮助小企业解决发展中的实际问题,促进科技成果的交易、新企业的孵化、技术的评估、知识产权的保护等。通过深化科技体制改革,规范现有的科技中介机构,强化服务手段,推动一批科研院所转变为企业经营的科技中介机构,引导一批科技人员和有关专门人才创办科技中介机构,积极探索建立非盈利科技中介机构制度。

建立向小企业提供信息咨询服务的机构,及时帮助小企业获取信息资料。建立小企业信息网络,以地区和行业为单位,设立小企业情况信息资料库,并与国家网络和国际互联网联通,拓宽小企业与国内外企业沟通的渠道,推动小企业国际间、地区间的交流与合作。

以地方重点商业、外贸企业为依托,加强工商联手,积极探索建立地方产品销售中心,有组织地帮助小企业开拓国内、国际市场,并引导小企业根据国内、国际的市场需求和变化组织生产经营。

鼓励兴办小企业经营管理咨询机构,组织高校教师、企业管理、会计、税务、工商行政管理等方面的人员,为企业进行经营诊断,帮助制定经营计划、市场营销计划,组织开展项目可行性研究。组织工商管理职业资格学习,为小企业提供多方面的培训服务,全面提高小企业经营者的素质。

(六)切实减轻小企业负担

严格按照国家和我省的有关规定,采取切实措施,减轻小企业的负担,为小企业改革和发展创造良好的外部环境。严禁各地、各部门擅自设立涉及企业的行政事业性收费、集资、基金项目;严禁擅自提高收费标准,扩大收费范围;严禁摊派、索要赞助和无偿占有企业的人财物;严禁向企业强买强卖,强制企业接受指定服务,从中牟利;严禁在公务活动中通过中介组织对企业收费;严禁将应由企业自愿接受的咨询、信息、检测、商业保险等服务变为强制性服务,强行收费;严禁强制企业参加不必要的会议、培训、学术研讨、技术考核、检查评比和学会、协会、研究会等;严禁强行向企业拉广告,强制企业定购书报刊物、音像制品等;严禁机关、事业单位及其工作人员到企业报销各种费用。

(1)对小企业实施改革、改组、改造过程中的有关收费实行减免。免收国有、集体资产变更登记费,企业注销登记费和房屋权属变更费。企业破产、重组、被兼并后,如属工业用地且用途不变的,免收土地用途变更费。对被兼并企业,国有土地出让金按省委、省政府苏发〔1996〕10 号文件规定执行,其土地使用权用于工业或改作企业内部职工自用住宅的,暂不征收国有土地出让金。

(2)供水、供电、供管道煤气单位和邮电部门为企业办理水、电、管道煤气、通信等过户手续,免收过户手续费、来户费;企业不增加用水、用电、用气,或不要求供水、供电、供气单位进行管理改造的,供水、供电、供气单位不得向企业收取增容费。

(3)对政府定价或政府指导价的中介服务(如资产评估、验资、审计、信用评级、产权交易、公证、职业介绍等),各地要在规范收费行为的同时,切实降低中介机构对企业的收费标准。进入产权交易所实现企业兼并或经产权交易所鉴证的企业兼并,产权交易的有关收费减半征收。小企业改革、改组、改造过程中的资产评估费、房地产评估收费按规定标准的 50% 收取,最高收费不超过 10 万元;对连续亏损 3 年以上,且资产负债率在 80% 以上的特别困难企业,按规定标准的 20% 收取。房屋买卖代理收费和独家代理收费,按规定标准的 50% 收取。会计事务所和审计事务所的审查验证会计报表收费、验证投入资本收费,按规定标准的 50% 提取,最高收费不得超过 10 万元。司法部门下属公证处为破产、被兼并企业出具的股票及房产转让、土地使用权有偿转让、债权文书、公证书,按规定标准的 50% 收费,最高不得超过 10 万元。各地中介收费如低于上述各项限定标准的,按本地区规定标准执行。

(七)完善小企业社会保障体系

加快养老、医疗、失业、工伤、生育等社会保险制度改革,按照国家和省的有关规定,进一步扩大小企业社会保险覆盖面,切实解决小企业职工的社会保障问题。要充分实施劳动就业服务企业在税收减免、有偿使用国有资产及生产经营场地、银行贷款及贴息等方面的优惠政策,鼓励企业和社会大力兴办劳动就业服务企业,扩大安置能力。

三、加强对小企业改革与发展的领导

各地、各有关部门要进一步统一思想,提高认识,把加快小企业改革和发展摆上重要议事日程,切实加强领导,加强协调,加强宏观政策指导。要深入调查研究,明确小企业改革和发展的思路和操作办法,采取灵活多样的政策措施,推进小企业的改革和发展。

各地要明确专门部门或机构专事小企业改革与发展工作,统一管理和指导这项工作。要制定小企业发展规划,研究提出有关政策措施,按照国家和全省的产业政策,引导小企业发展;向企业提供信息咨询,帮助小企业解决发展中遇到的困难和难题,为小企业发展创造良好环境。

（选自国家经贸委中小企业司主编:《中小企业政策法规指导与实践》,工商出版社 2002 年 10 月版,第 341—345 页）

国家轻工业局关于促进轻工中小企业、
集体企业加快改革与发展的意见

（1999 年 3 月 11 日）

中小企业是推动国民经济发展和保持社会稳定的基础力量,集体企业是我国公有制的基本组成部分。轻工系统中,中小企业和集体企业数量多、分布广,在轻工业和地区经济中具有举足轻重的地位。鼓励和促进轻工中小企业、集体企业改革与发展,对于加快我国轻工业的战略性调整,促进轻工业经济更好地发展,保持我国经济适度增长,都具有十分重要的意义。为此,提出如下意见:

一、轻工中小企业和集体企业的现状

轻工业是以中小企业为主的行业,量大面广的中小企业在轻工业经济发展中占有极其重要的地位。轻工中小企业占轻工系统全部企业总数的 90% 以上,其产值和职工人数均占轻工系统的 60% 以上,这些中小企业分布在轻工各个行业,担负着消费品生产和为相关产业及企业配套服务的任务。轻工集体经济是轻工业经济的重要组成部分,且基本上为中小企业,轻工集体企业总数、职工人数、工业总产值分别占轻工系统企业总数、职工人数、工业总产值的 76.5%、43.9%、38.4%,以轻工集体企业为主的 11 个轻工行业完成产品出口额占轻工业产品出口额的 81.3%。因此,轻工中小企业和集体企业的存在与发展,对于提供就业岗位、保持社会稳定、繁荣城乡市场、满足人民消费需求、扩大出口创汇、增加财政收入、推动轻工业及地方经济发展发挥着重要的作用,并做出了积极的贡献。

改革开放以来,特别是八十年代和九十年代初,在国家宏观经济体制改革指导下,各地轻工业主管部门通过政策扶持,积极引导轻工中小企业和集体企业深化改革,采取有力措施促进发展。广大轻工中小企业和集体企业不断加大改革力度,努力转换经营机制,在市场竞争中发展和壮大,涌现了一批综合实力和竞争能力强、机制灵活、专业化程度较高的轻工中小企业和集体企业,其中有些企业已发展壮大成为行业或地区的骨干。

　　轻工中小企业和集体企业的改革与发展,虽然与原有基础相比取得了较大的进展和显著的成效,但多数地区的轻工中小企业和集体企业在改革与发展中仍面临着不少的困难及问题,主要是:企业基础薄弱、工艺装备落后、技术水平较低、科技人才缺乏、劳动力素质差、管理水平不高、企业社会负担沉重、集体资财被平调、难以与其它类型的企业享受同等的政策、自我发展能力弱,以及"小而全、小而散"的结构性矛盾突出等。这些困难和问题既不利于这些企业在市场中公平参与竞争,又阻碍了他们的改革与发展,也严重影响了轻工业经济运行的质量和效益。一些轻工中小企业,特别是集体企业下岗职工的基本生活费难以得到保障,社会不稳定因素增加,等等。所有这些,必须加以充分重视和妥善解决。

二、促进轻工中小企业、集体企业加快改革与发展的总体要求

　　促进轻工中小企业、集体企业加快改革与发展的指导思想是:以邓小平理论和党的十五大精神为指导,以"三个有利于"为标准,以市场和产业政策为导向,以"三改一加强"为动力,以扶持服务为手段,以提高经济效益为中心,支持其依靠科技进步,加大技术改革,促进结构调整,提高职工素质;要创造良好环境,促进企业公平竞争,健康发展;从地区、行业和企业的实际出发,区别不同情况,采取多种方法和形式,切实解决实际问题及面临的困难,促进轻工中小企业和集体企业的改革与发展。

　　促进轻工中小企业、集体企业加快改革与发展的主要目标是:根据企业实际,通过采取多种形式的改革和所有制结构的调整与完善,促进企业转换经营机制,增强企业活力。通过加大投入或引进资金、技术、管理等,培育和促进一批企业发展壮大,提高综合实力,成为行业或地区的骨干;通过改变传统落后的生产方式和技术改造,促使一批企业实现技术装备先进,增强快速反应和适应市场变化的能力;通过依托大企业或企业集团,促使一批企业提高专业化协作水平,适应社会化大生产要求;通过兼并、破产等手段,有计划、有步骤地关停和淘汰一批产品无市场、企业无效益、亏损严重、扭亏无望的企业,优化资源配置。推动轻工中小企业向专业化程度高、经营机制灵活、市场应变能力强、协作配套水平高的方向发展,使轻工中小企业和集体企业真正成为自主经营、自负盈亏、自我约束、自我发展的市场竞争主体和法人实体,充分发挥中小企业和集体企业在轻工业

经济中的重要作用。

三、促进轻工中小企业、集体企业加快改革与发展的主要工作

为实现上述目标,主要应做好以下几方面的工作:

1. 进一步加大企业的改革力度

轻工中小企业和集体企业能否在激烈的市场竞争中生存与发展,关键在企业自身。要继续按照"三个有利于"的标准,区别不同情况,可以采取改组、联合、兼并、股份合作制、租赁、承包经营和出售等多种形式,加快轻工中小企业改革的步伐。有条件的轻工中小企业和集体企业也可以改组为有限责任公司、股份有限公司。不搞统一模式,从实际出发,结合地区、行业和企业的特点,选择适合自身生产力水平的改制形式,因企制宜,实行一厂一策。轻工中小企业和集体企业都要继续深化以人事管理、劳动用工和工资分配为主要内容的内部改革,进一步转换经营机制,建立并完善激励和约束机制,充分调动职工劳动积极性,提高企业经济效益和市场竞争能力。

近几年的实践证明,以合作制为基础、实行劳动联合与资本联合相结合的各种形式的股份合作制的试点和推广,已经成为许多轻工中小企业和集体企业改革与发展的有效途径,并取得了明显的效果。各地应在总结经验的基础上,进一步完善,继续加以推广。

搞好轻工集体企业,一是要坚决实行政企分开,要减轻企业的负担,减少对企业的干预,放手让企业发展;二是要切合实际,从职工群众的利益出发,积极探索,大胆实践,要采取多种形式,把轻工集体企业当成职工和社员自己的企业来办;三是要按照集体企业本来应有的灵活机制和特点,自主经营,自我发展,在面向市场,适应市场,加强经营管理上下工夫,扶优限劣,切实把轻工产品的质量、品种搞好。

要进一步调整和完善所有制结构,鼓励多种经济成份共存互补,相互渗透,促进公有制经济实现形式的多样化,以形成多种经济成份共同发展轻工业。

2. 以产业政策为导向,搞好结构调整

随着改革的深入和经济的发展,一些企业在产品、技术、市场、管理等各方面,已难以适应当前日趋激烈的市场竞争。优胜劣汰是社会主义市场经济的必然规律,结构调整和优化势在必行。轻工中小企业和集体企业的发展,要适应市场经济规律,抓住当前我国宏观经济结构调整的有利时机,结合国家重点支持发

展的产业发展相关配套项目,积极开拓新的生存和发展领域,重新取得新的技术、市场、管理和生产经营项目,促进新的经济增长点的形成和发展,再创新的优势。

国家鼓励发展和扶持的重点是:以当地资源和农副产品为主要原料的资源深加工型、以吸纳企业下岗职工为主的新型劳动密集型、以出口创汇为主的外向型、以高新技术成果转化为支撑的技术密集型、以生产"精、尖、特、优"产品为特点的优质型,以及以仓储、配送、分销等为内容的服务型中小企业。

轻工中小企业和集体企业要按照国家的产业政策导向,有重点地围绕农业产业化,发展农副产品精、深加工;围绕农村基础设施建设,发展节水灌溉和农地膜等农用产品生产;围绕国家水利设施建设,发展土工合成材料的开发和生产;围绕住房制度改革和小城镇建设,发展室内装饰业和居室、厨房、卫生间配套产品生产;围绕石油化工、汽车制造、机械电子和建筑业等国家支柱产业,发展配套产品生产;围绕当前国家主要投资的交通运输、邮电、能源等基础性项目,以及科研、教育、文化、卫生、体育、环保等各级政府财政建设的公益事业项目,发展各种相关产品的生产;发展具有当地资源优势和地方特色的产品的生产。

对于设备陈旧、技术落后、质量低劣、环境污染严重、能源及原材料消耗过高、综合治理和综合利用水平低、安全生产条件差、企业长年亏损且扭亏无望的项目和企业,特别是小造纸、小皮革、小酿造等企业,要下决心坚决予以淘汰。

3. 加快技术进步,提高企业技术创新能力

轻工中小企业和集体企业单纯靠数量优势,外延扩大粗放经营,已经不符合"以质量、品种、出口、效益为主导"的发展方向,很难在激烈的市场竞争中继续生存和发展。必要通过加强技术改革,加快技术进步,提高企业的发展后劲和竞争实力。要通过多种渠道、多种形式的内引外联,技术进步和智力引进、技术改造和内部挖潜,推动技术创新,加大企业技术改造的支持力度。大力推广运用新技术、新材料、新工艺、新装备,开发生产市场适销对路的产品。开发和引进高新技术,迅速改变目前许多企业存在的装备落后、技术水平低的状况,提高产品质量和技术含量及附加值。要加强与大专院校及科研院所的联合,做好高新技术和科研成果的转化工作。要加强科研和技术机构的建设,成立相应的科技创业服务中心,为科技人员和科研成果的转化提供必要的条件;配备中小企业共同需要的信息中心、技术检测和技术设施的服务,促进企业的发展。

4. 提高专业化协作水平

"小而全"、"小而散"的模式严重制约了轻工中小企业和集体企业的发展,必须从根本上加以改变,走专业化协作的道路,向"小而精"、"小而灵"、"小而

专""小而特"、"小而优"的方向发展。要按照社会化大生产的要求,充分依托大企业和企业集团,发展以零配件加工、工序配套服务等为主的协作项目,提高专业化协作水平,提高生产效率和产品质量,降低生产成本。轻工中小企业和集体企业要主动与大企业协作,也可以采取多种形式,加入优势企业和企业集团,以充分利用这些企业在技术、产品、市场、销售、人才、管理等方面的优势,做到"以强带弱","以大带小",通过调整,达到发展自身的目的。

5. 加强企业管理,提高企业综合素质

加强企业管理是我国企业改革三年实现两大目标的重要基础,更是改变当前许多轻工中小企业和集体企业存在的管理方式落后、管理水平低下、基础工作薄弱、产品质量下降、物质消耗上升、成本费用增加、经济效益低下等状况的重要措施。所有轻工中小企业和集体企业都要把加强企业管理作为企业摆脱困境、改善经营状况、提高经济效益的根本手段和建立现代企业制度的重要内容。要结合贯彻国家经贸委提出的《"九五"企业管理纲要》,继续深入开展"外学邯钢、内学十佳"的活动,以市场为中心,以质量、成本、资金管理为重点,从根本上改善和提高企业经营管理水平,增强企业综合素质和竞争实力。

加强资产管理是加强企业管理的重要内容。因此,轻工中小企业和集体企业在改制过程中,要加强对国有、集体资产的管理和监督,防止资产流失。在企业破产、出售、拍卖等过程中,要严格执行有关规定,做好资产评估,坚决纠正"半卖半送"、"名卖实送"和"一卖了之"等错误做法。要切实保护集体资产的合法权益,坚决纠正平调、侵占集体资产的行为。对历年被平调、侵占、挪用的集体资产,要在清产核资中严格按照《轻工业企业集体资产管理暂行规定》处理。在企业改制、改组、划转下放过程中,要坚决制止无偿改变集体资产的性质。对出售、出租集体企业收入的资金,要纳入集体的资金账户,并只能用于集体企业的再投入,发展集体经济。对于造成资产流失、银行债权损失、职工合法权益受到侵犯的单位和个人,要依法追究其行政或法律责任。

6. 搞好企业领导班子建设

加强企业领导班子的自身建设,是轻工中小企业和集体企业改革与发展的需要。所有企业的领导班子成员都要切实转变观念,面向市场,发动和依靠职工群众,严格管理,敢抓敢管。缺乏懂经营、善管理的人才,是影响企业发展的重要因素,必须加强对企业经营管理人员的培训,要采取多种形式,提供各类培训服务,提高他们的经营管理水平和领导才能,培养和造就一批政治思想觉悟高,业务工作能力强,有责任心和开拓进取精神,懂经营、善管理、廉洁自律的经营管理人员队伍。要打破干部、工人的身份界限,取消干部称谓,实行竞争上岗,民主选举或择优聘用,形成有效的企业经营管理人员激励和制约机制。

四、充分用好各项扶持政策

轻工中小企业和集体企业的改革与发展,离不开各级政府和有关部门的政策扶持。国家有关部门已经在建立中小企业信贷担保体系、安置企业再就业中心分流人员、加快中小企业专业化协作和加大技术开发投入、降低工业企业增值税小规模纳税人征收率、提高对中小企业贷款比例、建立完善有效的中小企业社会化服务体系、建立健全中小企业的法律法规体系等各方面,研究制定并出台了一系列扶持政策,为轻工中小企业和集体企业加快改革与发展创造了有利的条件。

为鼓励和促进轻工中小企业、集体企业扩大出口创汇,经国家轻工业局向国务院有关部门进行反映并征得同意,提高了 6 种轻工产品的出口退税率,今年将继续向有关部门争取扩大范围。为解决轻工中小企业和集体企业债务负担,调整企业负债结构,改善经营状况,国家轻工业局已向国家计委、财政部等部门反映并争取将符合条件的轻工中小企业和集体企业"拨改贷"转为"贷改投",现已取得他们的支持。今年我们将继续根据轻工中小企业和集体企业面临的困难和问题,积极争取有关方面的政策。

各地轻工中小企业和集体企业,不仅要积极争取各级政府和有关部门的支持与政策扶持,更要认真学习和掌握已出台的各种有利于企业改革与发展的相关政策,充分运用这些政策和手段,解决本企业改革与发展中的难点和重点问题,以加快企业的改革与发展。

五、加强组织领导

加快轻工中小企业和集体企业的改革与发展,对于推进轻工业企业改革工作具有重要的意义。各地轻工业主管部门要认真转变观念,加强对轻工中小企业和集体企业的改革与发展工作的组织领导。在工作中,注意从实际出发,因企而宜,实行分类指导,切忌一哄而起、搞"一刀切",对中小企业和集体企业不能"一放了之"或"一卖了之"。防止和纠正轻工中小企业和集体企业改制中的片面性、绝对化和简单化倾向。要加强政策指导和服务,减少行政干预,减轻企业负担。国家已经成立了由国家经贸委、财政部、科技部、人民银行、工商银行、农业银行、中国银行、建设银行等部门组成的"推动中小企业发展工作小组"。各地轻工业主管部门要积极配合当地政府,做好设立促进中小企业发展专门机构的工作,及时向当地政府和有关部门反应情况,主动提出政策建议,共同研究促进本地区中小企业和集体企业加快改革与发展的方案和措施。如建立社会中介服务机构,以发展信息性市场中介组织和具有共同服务功能设施的中介组织,逐步形成一个完善的市场中介服务网络;加强技术机构的建设;加强金融方面的支持;加强有关部门的服务职能,等等。

今年,国家已经确定,把鼓励和促进中小企业加快改革与发展,作为经济工作的一项重要内容,这也是国家轻工业局的重要工作内容之一。我们将进一步加大对轻工中小企业和集体企业的扶持力度,在技术、信息、咨询、对外合作、市场营销、人才培训、企业管理等各方面提供指导和服务,为轻工中小企业和集体企业的改革与发展创造必要的条件及良好的环境。同时,我们将围绕鼓励和促进轻工中小企业和集体企业的改革与发展工作,进一步加强调查研究,搞好试点,抓好典型,总结经验,集中各地提出的建议和意见,采取多种形式研究、解决制约轻工中小企业和集体企业改革与发展的有关问题,继续向国务院有关部门反映轻工中小企业和集体企业的实际情况,提出有关政策建议。各地轻工业主管部门也应积极向当地政府反映这方面的情况,取得他们的支持,为轻工中小企业、集体企业加快改革与发展创造条件。

轻工业是最早进入市场的行业,在我国经济体制改革的各个阶段中,都创造和积累了丰富的经验,有些经验和做法不仅在轻工行业,而且在全国都产生了较大的影响和作用。各级轻工业主管部门都要深入基层,搞好调查研究,切实帮助轻工中小企业和集体企业解决改革与发展中的实际困难和问题。同时,要注意总结经验,及时发现和树立先进典型,以典型引路。1999 年,国家轻工业局将在各地总结表彰先进的基础上,表彰一批先进企业,并推广他们的先进经验,指导、推动轻工中小企业和集体企业的改革与发展。

(原件存中国轻工业联合会办公室文电档案处)

全国人大第九届二次会议修订的《中华人民共和国宪法》关于集体经济有关法律条款

（1999 年 3 月 15 日）

第六条　中华人民共和国的社会主义经济制度的基础是生产资料的社会主义公有制，即全民所有制和劳动群众集体所有制。社会主义公有制消灭人剥削人的制度，实行各尽所能、按劳分配的原则。

国家在社会主义初级阶段，坚持以公有制为主体、多种所有制经济共同发展的基本经济制度，坚持按劳分配为主体、多种分配方式并存的分配制度。

第七条　国有经济，即社会主义全民所有制经济，是国民经济中的主导力量。国家保障国有经济的巩固和发展。

第八条　农村集体经济组织实行家庭承包经营为基础、统分结合的双层经营体制。农村中的生产、供销、信用、消费等各种形式的合作经济，是社会主义劳动群众集体所有制经济。参加农村集体经济组织的劳动者，有权在法律规定的范围内经营自留地、自留山、家庭副业和饲养自留畜。

城镇中的手工业、工业、建筑业、运输业、商业、服务业等行业的各种形式的合作经济，都是社会主义劳动群众集体所有制经济。国家保护城乡集体经济组织的合法的权利和利益，鼓励、指导和帮助集体经济的发展。

第十一条　在法律规定范围的个体经济、私营经济等非公有制经济，是社会主义市场经济的重要组成部分。

国家保护个体经济、私营经济的合法的权利和利益。国家对个体经济、私营经济实行引导、监督和管理。

第十二条　社会主义的公共财产神圣不可侵犯。国家保护社会主义的公共财产。禁止任何组织或者个人用任何手段侵占或者破坏国家的和集体的财产。

第十七条　集体经济组织在遵守有关法律的前提下，有独立进行经济活动的自主权。

集体经济组织实行民主管理，依照法律规定选举和罢免管理人员，决定经营管理的重大问题。

第四十二条　中华人民共和国公民有劳动的权利和义务。

国家通过各种途径,创造劳动就业条件,加强劳动保护,改善劳动条件,并在发展生产的基础上,提高劳动报酬和福利待遇。

劳动是一切有劳动能力的公民的光荣职责。国有企业和城乡集体经济组织的劳动者都应当以国家主人翁的态度对待自己的劳动。国家提倡社会主义劳动竞赛,奖励劳动模范和先进工作者。国家提倡公民从事义务劳动。

国家对就业前的公民进行必要的劳动就业训练。

（选自《中华人民共和国宪法》,中国法制出版社2004年3月版)

国家经贸委关于加强中小企业
管理人员培训的意见

（1999 年 3 月 18 日）

为进一步扶持中小企业的发展，根据中组部、国家经贸委《"九五"期间全国企业管理人员培训纲要》精神，现提出加强中小企业管理人员培训的意见。

一、培训目的与意义

改革开放以来，中小企业发展迅速，已成为推动国民经济持续快速增长的重要力量。加强培训，提高中小企业管理人员素质，是提高中小企业管理水平、促进其适应市场的有效途径，是引导和促进中小企业健康发展的一项战略举措，对实施"科教兴国"战略、确保我国国民经济适度增长、保持社会稳定具有重要意义。

二、培训对象、内容和形式

（一）培训对象

中小企业管理人员培训要打破所有制界限，不仅要积极面向国有中小企业，同时要面向其它经济成份的中小企业。中型企业的培训对象主要是厂长、总经理、董事长等领导人员以及后备领导人员和中层管理人员；小型企业的培训对象主要是厂长、经理等。

（二）内容与形式

中小企业管理人员培训应以系统的工商管理培训为主，适应性短期培训、国际合作培训等与之配套。重点学习产品开发、市场营销、财务管理、经济法规等工商管理方面的知识，在学以致用、务求实效上下工夫。

1. 工商管理培训。开展以工商管理知识为主要内容的系统培训，对促进企业的改革与发展，顺应建立社会主义市场经济体制的需要，具有很强的针对性，也是扶持中小企业创业、发展的一项基础培训。工商管理培训设计严谨，内容丰富，在具体组织实施中，要严格按照国家经贸委制定的《中小企业管理人员工商管理培训指导性教学方案》（附后）执行。已经开展中小企业管理人员工商管理培训工作的地区要总结经验,加大力度,逐步深化;尚未开展的要尽快启动这项工作。各地经贸委也要充分发挥主动性、创造性,将工商管理培训作为特色培训精心组织、长期坚持。

2. 适应性短期培训。为培养中小企业管理人员不断提高对新出台的有关法律、法规、宏观经济政策、改革方案的理解和适应能力,要根据不同类型中小企业经营管理工作的实际需要,适时组织和加强有关专题的短期研讨和培训。如,科技型中小企业的创业培训;资源深加工型中小企业的资源综合利用培训;出口创汇型中小企业的外经贸知识的培训;与大企业配套的中小企业相关专业知识的培训等。

3. 国际合作培训。开展中小企业国际合作培训,要更加广泛地拓展引智渠道,在有关部门的指导下,运用国外培训资源,为中小企业借鉴发达国家先进管理经验、熟悉有关国际惯例、有效地参与国际市场竞争创造条件。

培训形式要灵活多样。各地区、各部门要根据培训工作要求,结合各自情况,积极探索既有利于提高培训质量,又有利于解决工学矛盾的培训方式。有条件的培训机构也可试行"网络教室"、"远程教育"等新型培训方式。

三、政策与措施

（一）依托现有培训基地,优先提供各类培训服务。现有培训基地,即国家经贸委培训序列的企业管理培训中心、经济管理干部学院和已经认定的承担工商管理培训任务的214所资格院校（中心）,应用于充分发挥优势,合理调整培训机构,在继续认真完成国有大中型企业管理人员优先提供工商管理人员培训计划的同时,努力为中小企业管理人员优先提供工商管理培训、创业培训等各类培训服务。有些培训任务繁重的地区或部门在充分利用现有培训基地的前提下,也可根据实际需要,参照国家经贸委审定承担国有大中型企业管理人员工商管理培训任务的资格院校（中心）的办法,择优认定一些专门面向中小企业管理人员的培训基地。对现有培训基地和新认定的培训基地都要加强管理,定期评估,促使其完善办学条件,优化培训环境,提高培训质量。

（二）与人力资源开发及企业总体管理规划密切联系,增强培训的延伸作用与有效性。培训要同中小企业人才测评与推荐紧密结合起来,在完善和发展管理人才市场方面发挥延伸作用;也要同中小企业咨询、诊断及制定发展规划等结合起来,努力拓展培训的直接有效性。国家经贸委培训序列的企业管理培训中心、经济管理干部学院要在现有基础上扩大服务范围,有条件的可尽快筹建企业管理人才评价与推荐机构,以便更好地发挥培训作为中心环节的作用,激发培训活力,为中小企业提供人力资源支持和服务。

(三)坚持组织动员与自愿报名相结合。开展中小企业培训要采取有效的方式进行广泛动员,但不要沿用传统的调训方式。要积极探索市场经济条件下企业管理人员的培训机制,逐步形成政府宏观调控、中介机构服务、院校自主办学、企业自主培训、学员自主择校的新型培训格局,吸引更多的中小企业管理人员自愿参加培训。

(四)严格执行国务院办公厅《关于加强各部门及其所属单位办班管理的通知》(国办发[1994]84号)规定,坚决制止"乱办班、乱收费、乱办证"以及滥设培训中心等现象,确保中小企业管理人员培训工作的质量、信誉和严肃性。

(五)加大培训经费投入。各级财政对承担培训任务的机构要给予一定的经费支持,并逐年增加经费投入比例。各地区、各部门要积极创造条件,多渠道筹措培训经费,保证培训工作的顺利进行。在可能的情况下,中小企业也要多安排一些必要的经费投入,踊跃参加有关培训或组织自主培训。

四、领导与管理

各地区、各部门要高度重视中小企业管理人员培训,把这项工作纳入议事日程,切实加强领导,及时研究解决培训工作中的重大问题。

中小企业管理人员培训实行分级管理、分工负责的原则。国家经贸委负责统筹规划,重点制定工商管理培训指导性教学计划并组织编写有关教材和师资培训,加强督促、检查、指导、服务;各省(区、市)经贸委根据国家经贸委的总体要求,制定本地区的培训规划并组织实施,考虑到行业特点和就近培训的需要,经与地方协商后,也可组织跨行业、跨地区的培训。中小企业管理人员培训是一项系统工程。各级经贸委要主动与组织、人事、财政、教育等部门协调一致,共同做好这项工作。

附件:中小企业管理人员工商管理培训指导性教学方案(略)

(选自国家经贸委中小企业司主编:《中小企业政策法规指导与实践》,工商出版社2002年10月版,第217—219页)

中华全国手工业合作总社
关于加强联社建设，深化联社改革，
防止联社资产流失的通知

（1999 年 3 月 29 日）

各省、自治区、直辖市、计划单列市、部分省会市联社：

为贯彻落实中华全国手工业合作总社第五届二次理事会会议精神，在当前机构改革中进一步深化联社改革，加强联社建设，防止联社资产流失，现将有关事项通知如下：

一、稳定联社机构，加强联社组织建设

中华全国手工业合作总社和所属各级联社组织，是五十年代手工业合作化时期分别经党中央、国务院和地方各级党委政府批准建立的轻工集体企业联合经济组织。1991 年 9 月国务院发布的《中华人民共和国城镇集体所有制企业条例》进一步确认了联社的法律地位。多年来，各级联社作为集体企业联合经济组织，在为集体企业服务、帮助政府做好社会稳定工作、促进集体经济发展等方面发挥了重要作用，同时也积累了属于联社范围内劳动群众共同所有的联社资产。实践证明，在社会主义市场经济条件下，发展集体经济不仅要有联社这种组织形式存在，而且要使其发挥更大的作用。

吴邦国副总理在给全国轻工集体企业第五届职工（社员）代表大会的贺信中明确指出"总社和各级联社要加强工作，建立健全相应的管理体系和管理机构，壮大自身实力，更好地为基层企业服务"。在当前机构改革中，各级联社要认真贯彻执行吴邦国副总理的指示精神，积极、主动争取当地政府及有关部门对联社建设和联社工作的支持，无论轻工行业管理部门如何变动，联社组织不仅不能撤，而且要进一步加强、巩固和完善，建立健全联社机构，强化联社职能，把联社办成真正的集体企业联合经济组织。

在建立和完善组织体系工作中，要进一步解放思想，开阔视野，扩大联社的

服务对象和服务面。坚持发展才是硬道理的原则,突破行业的界限,面向城镇集体经济,吸纳多种所有制成份的新成员,按照"自愿、互助、有偿"的原则,不断扩大、发展联社组织。

二、深化联社改革,增强经济实力

多年来,各级联社与同级轻工主管部门实行政社合一、合署办公的管理体制,在协助政府主管部门推进轻工集体经济发展方面,发挥了重要的作用。但随着社会主义市场经济的发展,体制改革的不断深入,这种形式已不适应形势变化的要求,需要进一步深化改革。目前各地已经有了一些改革的模式,取得了一定的成效。各级联社在深化改革中,要根据自身的实际情况和外部条件,明确联社法人性质,进行法人登记。改革模式不强求一致,但一定要加快改革步伐,逐步做到政社分开,按照章程独立开展社务活动和经济活动。

自 1992 年总社提出"兴办经济实体,增强经济实力,强化服务功能"的联社改革方向以来,各级联社积极兴办实体,不断增强自我生存意识和发展经济实力,这些对加强联社机构建设,稳定联社队伍,不断提高对成员单位的服务水平都起到了积极的作用。因此,各级联社在现阶段,仍应坚持"兴办经济实体,增强经济实力,强化服务功能"的方向,按照集体企业联合经济组织的特点,突出其"群众性"、"经济性"、"民主性"和"服务性",发挥联社系统的互助合作精神,以经济关系为纽带,探索新时期联社集体经济互助合作的具体形式和办法。

各级联社必须建立起新的联社资产运营和监管体制,对联社所有的资产进行有效运营,实现资产保值增值,不断壮大自身实力,适应发展社会主义市场经济的需要,为基层企业提供多方面的有效服务,为发展集体经济作出新的贡献。

三、依法维护集体资产的合法权益,切实保障联社资产的完整性和有效性

各级联社要按照《国务院办公厅关于在全国城镇集体企业、单位开展清产核资工作的通知》(国办发[1996]29 号)和 1997 年中国轻工总会、中华全国手工业合作总社会同国家税务总局联合下发的《轻工业企业集体资产管理暂行规定》的要求,继续抓好联社和集体企业资产的清理、界定和管理工作,依法保护联社资产的完整性和合法性。联社资产归联社范围内劳动群众共同所有,其合法权益受法律保护,任何部门、单位和个人都不得改变其所有制属性,损害集体

资产所有者权益。当前,有的地方以集体资产亦属公有制经济范畴为由,强行将联社资产纳入地方财政;有的地方利用轻工行业管理行政机构变动的机会,侵占联社资产;有的地方无偿占用联社资产。对这些随意平调、侵占联社资产的错误行为,联社要坚决抵制;已发生这类情况的地方,要及时向省、市政府反映,采取有效措施,加以纠正,切实保障联社的合法权益,防止集体资产流失。

（原件存中华全国手工业合作总社办公室）

国务院办公厅转发科技部等部门《关于促进科技成果转化若干规定》的通知

（1999 年 3 月 30 日）

各省、自治区、直辖市人民政府,国务院各部委、各直属机构：

科技部、教育部、人事部、财政部、中国人民银行、国家税务总局、国家工商行政管理局《关于促进科技成果转化的若干规定》已经国务院同意,现转发给你们,请认真贯彻执行。

中华人民共和国国务院办公厅

一九九九年三月三十日

科技部　教育部　人事部　财政部　中国人民银行
国家税务总局　国家工商行政管理局
关于促进科技成果转化的若干规定

（1999 年 3 月 23 日）

为了鼓励科研机构、高等学校及其科技人员研究开发高新技术,转化科技成果,发展高新技术产业,进一步落实《中华人民共和国科学技术进步法》和《中华人民共和国促进科技成果转化法》,作出如下规定：

一、鼓励高新技术研究开发和成果转化

1. 科研机构、高等学校及其科技人员可以采取多种方式转化高新技术成果,创办高新技术企业。以高新技术成果向有限责任公司或非公司制企业出资入股的,高新技术成果的作价金额可达到公司或企业注册资本的35%,另有约定的除外。

2. 科研机构、高等学校转化职务科技成果,应当依法对研究开发该项科技

成果的职务科技成果完成人和为成果转化做出重要贡献的其他人员给予奖励。其中,以技术转让方式将职务科技成果提供给他人实施的,应当从技术转让所取得的净收入中提取不低于20%的比例用于一次性奖励;自行实施转化或与他人合作实施转化的,科研机构或高等学校应当在项目成功投产后,连续在3~5年内,从实施该科技成果的年净收入中提取不低于5%的比例用于奖励,或者参照此比例,给予一次性奖励;采用股份形式的企业实施转化的,也可以用不低于科技成果入股时作价金额20%的股份给予奖励,该持股人依据其所持股份分享收益。在研究开发和成果转化中作出主要贡献的人员,所得奖励份额应不低于奖励总额的50%。

上述奖励总额超过技术转让净收入或科技成果作价金额50%,以及超过实施转化年净收入20%的,由该单位职工代表大会讨论决定。

以股份或出资比例等股权形式给予奖励的,获奖人按股份、出资比例分红,或转让股权所得时,应依法缴纳个人所得税。

3. 国有科研机构、高等学校持有的高新技术成果在成果完成后一年未实施转化的,科技成果完成人和参加人在不变更职务科技成果权属的前提下,可以根据与本单位的协议进行该项科技成果的转化,并享有协议约定的权益。科技成果完成人自行创办企业实施转化该项成果的,本单位可依法约定在该企业中享有的股权或出资比例,也可以依法以技术转让的方式取得技术转让收入。

对多人组成的课题组完成的职务成果,仅部分成果完成人实施转化的,单位在同其签订成果转化协议时,应通过奖励或适当的利益补偿方式保障其他完成人的利益。

本单位应当积极组织力量支持、帮助成果完成人进行成果转化。

4. 对科技成果转化执行现行的税收优惠政策。科研机构、高等学校的技术转让收入免征营业税。科研单位、高等学校服务于各业的技术成果转让、技术培训、技术咨询、技术承包所取得的技术性服务收入暂免征收所得税。

5. 科技人员可以在完成本职工作的前提下,在其他单位兼职从事研究开发和成果转化活动。高等学校应当支持本单位科技人员利用节假日和工作日从事研究开发和成果转化活动,学校应当建章立制予以规范和保障。

国有科研机构、高等学校及其科技人员可以离岗创办高新技术企业或到其他高新技术企业转化科技成果。实行人员竞争上岗的科研机构、高等学校,应允许离岗人员在单位规定的期限内(一般为2年)回原单位竞争上岗,保障重新上岗者享有与连续工作的人员同等的福利和待遇。

科技人员兼职或离岗期间的工资、医疗、意外伤害等待遇和各种保险,原则上应由用人单位负责。科研机构、高等学校应按照国家的有关规定,制定具体办法予以规范,并与用人单位和兼职人员签订书面协议予以确定。

从事上述活动的人员不得侵害本单位或原单位的技术经济权益。从事军事科学技术研究的科技人员兼职或离岗,执行国家关于军工单位人员管理的有关规定;高等学校有教学任务的科技人员兼职不得影响教学任务。

二、保障高新技术企业经营自主权

6. 科技人员创办高新技术企业,应当贯彻"自愿组合、自筹资金、自主经营、自负盈亏、自我约束、自我发展"的原则,应当遵守国家的法律法规,遵从与本单位签订的协议。

7. 要妥善解决集体性质高新技术企业中历史遗留的产权关系不清问题。

集体性质高新技术企业过去在创办及后来的发展过程中,国有企事业单位拨入过资产并已明确约定是投资或债权关系的,按照约定办理;未作为约定的,由双方协商并重新约定产权关系或按有关规定界定产权;与国有企事业单位建立过挂靠关系、贷款担保关系的,国有企事业单位一般不享有资产权益,但国有企事业单位对集体性质的高新技术企业履行了债务连带责任的,应予追索清偿或依照有关规定转为投资;对属于个人投资形成的资产,产权归个人所有。

对集体性质高新技术企业仍在实施的由国有企事业单位持有并提供的高新技术成果,当初没有约定投资或债权关系的,可以根据该项技术目前的市场竞争力,以及有关各方在技术创新各阶段的物资技术投入情况,按照有关规定重新界定产权。

8. 允许国有和集体性质的高新技术企业吸收本单位的业务骨干参股,以增强企业的凝聚力;企业实行公司制改造时,允许业务骨干作为公司发起人。

9. 国有科研机构、高等学校与其投资创办的高新技术企业要实行所有权与经营权分离,合理确定投资回报比例,为企业留足发展资金。要保障企业经营管理人员和研究开发队伍的稳定,在经营决策、用人、分配等方面赋予企业经营者充分自主权。任何单位或个人都不得随意摊派或无偿占用企业的资源。

三、为高新技术成果转化创造环境条件

10. 各地方要支持高新技术创业服务中心(科技企业孵化器)和其他中介服务机构的建设与发展,有关部门在资金投入上要给予支持,政策上要给予扶持。要引导这类机构不以赢利为目的,以优惠价格为科研机构、高等学校和科技人员转化高新技术成果,创办高新技术企业提供场地、设施和服务。

高新技术创业服务中心和其他中介服务机构要按社会主义市场经济办法，以市场为导向，为转化科技成果做好服务，求得发展。有条件的高新技术创业服务中心可以依据《中华人民共和国促进科技成果转化法》及其他有关法律、法规和文件规定，建立风险基金（创业基金）和贷款担保基金，为高新技术企业的创业和发展提供融资帮助。

11. 政府利用竞标择优机制，以财政经费支持科技成果转化，包括采用投资、贷款贴息、补助资金和风险投资等形式支持成果转化活动。有条件的地方可以按照国家的有关规定，设立科技成果转化基金或风险基金。商业银行应对符合信贷条件的高新技术成果转化项目积极发放贷款。

各地方、各部门在落实国家股票发行计划时，应对符合条件的高新技术企业给予重点支持。

12. 独立科研机构转制为企业的，参照本规定执行。

各地方、各部门应当积极鼓励各种科技成果转化活动，鼓励科研机构、高等学校和科技人员兴办高新技术企业，鼓励科技开发应用型科研院所转制为科技型企业，切实加强对科技成果转化工作的领导。各地方、各部门应及时研究科研机构、高等学校和科技人员发展高新技术产业中出现的新情况、新问题，制定切实可行的实施方法，优化政策环境，推动我国高新技术产业发展跃上新台阶。

（此件由中共中央党史研究室机要档案处提供）

大力发展社区服务业和小企业
积极促进下岗职工再就业^①

（1999 年 4 月 14 日）

林用三

同志们：

这次会议的任务,主要是贯彻国务院 1 月会议和全国劳动保障工作会议精神,交流发展社区服务业和发展小企业对扩大就业的经验,推动相关政策措施的落实,为保证完成再就业工作的目标任务创造条件。

今年年初,国务院召开了国有企业下岗职工基本生活保障和再就业工作会议,对今年工作提出了明确要求,做出了总体部署,随后又下发了《国务院办公厅关于进一步做好国有企业下岗职工基本生活保障和企业离退休人员养老金发放工作有关问题的通知》(国办发[1999]10 号)。3 月初,劳动保障部召开了全国培训就业工作座谈会,对贯彻落实国务院 1 月会议精神进行了具体安排。今年做好工作的关键就在于抓好落实。我们召开这次现场会,就是要从实际操作的角度,交流各地推动工作的具体经验和作法,通过典型引路,探索如何把再就业工作做的更加扎实,更有成效。下面,我讲几点意见。

一、进一步认清形势,明确任务,高度重视发展社区服务业和小企业,促进再就业工作

1998 年,下岗职工基本生活保障和再就业工作,在各级党委政府的领导下,在劳动保障部门和有关部门以及方方面面的共同努力下,取得了阶段性的成果。去年一年,共有 609 万国有企业下岗职工实现了再就业,再就业的比例为 50% ,基本上完成了党中央、国务院提出的工作目标。在今年 1 月会议上,朱镕基总理、吴邦国副总理代表中央对我们的工作给予了充分的肯定和很高的评价。

---

① 这是劳动和社会保障部副部长林用三在全国发展社区服务业和小企业促进再就业现场会上的讲话。

　　分析今年的情况,可以讲形势相当严峻、任务十分繁重。一是亚洲金融危机的影响还在不断地显现,国际经济环境并不宽松,对就业的压力会加大。二是国内经济改革继续深化,一些深层次的矛盾将会更加明显地反映出来,直接影响就业工作的开展。三是根据中央的部署,今年经济结构调整的力度将进一步加大,下岗的人数还将继续增加。纺织行业继续压锭,煤炭企业关矿限产,森工系统停止或减少采伐,"五小"企业实行整顿,军队、武警部队和政法机关不再从事经商活动和中央党政机关与所办经济实体脱钩,都会导致一批职工下岗。预计今年国有企业新增下岗职工人数将达到 300 万以上,加上去年底结转的下岗职工,全年平均下岗职工将达到 700 万人。四是城乡劳动力供大于求的矛盾更加突出,不仅有大量的新增劳动力和结转的失业人员,还有大批农村剩余劳动力。与此同时,劳动者整体素质不高,就业能力不强,进一步增加了就业工作的难度。

　　今年全国人大和政协会议上,与会代表对下岗职工就业问题继续给予了很大关注,提出了不少好的意见和建议。代表们普遍认为,做好今年就业工作的关键是积极促进下岗职工实现再就业。同时也指出,在今年的经济状况和就业形势下,开发更多的就业岗位难度相当大,因此要采取有力措施,千方百计抓好落实。江泽民总书记、李鹏委员长、朱镕基总理等中央领导对下岗职工问题高度重视,多方论述,并就此做了非常明确的指示。在今年的《政府工作报告》中,特别强调,要把做好这项工作作为深化国有企业改革的重要任务和保持社会稳定的重要措施,并明确提出要加强多种形式的职业培训,拓宽就业门路,引导下岗职工转变择业观念,争取更多的下岗职工实现再就业。

　　按照中央提出的总体要求,我们确定了今年再就业工作的主要目标任务,就是认真贯彻国办 1999 年 10 号文件和 1 月国务院再就业工作会议精神,进一步办好再就业服务中心,千方百计筹措资金,大力推进劳动力市场建设、搞好职工培训,在确保国有企业下岗职工基本生活的同时,把工作的着力点放在促进下岗职工再就业上来,力争实现再就业的人数大于当年新增下岗职工人数。

　　在完成今年再就业任务中,能否开发更多的新的就业岗位是关系全局的最重要、最关键的环节。如何做好这方面的工作,总结国际和国内的基本经验,可以看出:一是必须保持一定的经济增长速度,还是邓小平同志所说的"发展是硬道理",只有保持一定的发展速度,才能为解决就业问题创造良好的经济和社会环境。二是必须发展基础设施和基础产业。主要是发展公路、铁路、农田水利、环保等项设施的建设,这不但可以增强经济增长的后劲,还可以扩大就业。三是必须发展第三产业,特别是服务业,这是当前和今后一个时期开发就业岗位的重要方面。从总体上讲,我国第三产业不但与发达国家差距甚大,就是与发展中国家相比,也有距离。1997 年,我国第三产业从业人员占全部从业人员比例为 26.4%,发达国家一般为 70%—80%,发展中国家平均为 40% 左右。当然,从另一个角度来看,这种差距也确实是一种巨大的潜力,如果我们很好地进行挖掘,就可以为增加就业机会创造巨大的空间。四是必须发展多种经济形式的小企业,要切实支持集体的、合作的、股份合作的、私营的、个体的等各类小企业发展,借以吸纳更多的人员就业。1995 年全国工业普查结果显示,我国工业小企业占 99%,从业人员占 3/4 以上,在服务业的从业人员比例还要高,小企业已经成为中国就业的主阵地。五是必须鼓励发展临时性、小时工、弹性工作等灵活多样的就业形式,扩大就业机会。应该把短期就业作为一种就业形式加以研究,既要适应市场的需要,又要维护劳动者的合法权益。在这几条经验中,最核心的问题,就是要抓准就业与经济发展的结合点,也就是抓住市场需求与劳动力资源供给的最有效的结合点。总结各地做法,借鉴国际经验,考虑到目前社会经济发展状况,我们认为,大力发展社区服务业和小企业,既是增加就业机会与促进经济发展的"结合点",也是解决当前下岗职工再就业问题的主阵地和突破口。

我们要高度重视发展社区服务业对促进再就业的作用。从目前来看,城市社区服务业的内容很多、范围很广,如社区幼儿保育、养老福利、老年活动、医疗卫生、商业饮食、邮电通讯、金融储蓄、家政服务、清洁绿化、物业管理、配送快递、修理维护、娱乐活动等等。在这些领域中,蕴藏着巨大的就业机会。据国家统计局对北京、上海、广州等 7 个城市的调查,需要家电维修、上门送报等 17 项服务的家庭数量占到 70%,有 707 万个以上家庭可以为社区服务提供机会,各项服务累计可以提供 2000 万个临时就业机会,目前空缺 1100 万个。如果以此类推,中国数百个城市的社区服务业发展起来蕴藏的就业机会是非常多的。社区的这些就业岗位,对劳动力技能素质的要求相对不高,就业的门槛也较低,比较适合于那些年龄较大,技术素质不高的下岗职工,特别是下岗女工再就业。通过发展社区服务业来促进再就业,既能够提供大量的就业机会,也能够满足都市人民提高生活水平和丰富物质生活的需要,还能够促进城市服务的社会化,这样,在做好就业与再就业工作的同时,就可以直接为促进经济的发展做出贡献。

我们还要充分认识大力发展小企业对促进就业具有的重要作用。回顾我国的就业发展史,应当说劳服企业和乡镇企业在扩大城乡就业,缓解就业矛盾方面做出了很大的贡献,而这些企业绝大多数都是小企业。小企业经营机制灵活,能较好的适应市场的变化;小企业涉及到多种行业,特别是第三产业,门类之多,可以渗透到社会生活的各个方面,具有广阔的就业空间;小企业生产经营规模小,资本有机构成较低,就业成本也相对较低,比较适应于下岗职工和其他困难人员就业。

小企业的这些特点，决定了它在扩大就业方面具有更多的优势，是今后促进再就业的一个重要方向。通过发展小企业，可增加就业机会，同时，还可优化经济结构，提高经济运行质量，促进国民经济健康快速发展。

综上所述，按照经济结构调整和深化改革的需要，我们要坚决转变过去主要依靠第二产业和国有大中型企业吸纳就业的格局，将第三产业特别是社区服务业和小企业作为促进再就业的主战场。这个方向一定要认准，并要大抓特抓。今后一段时期，解决城镇就业尤其是下岗职工再就业问题，实现再就业的工作任务目标，关键就是要看在开展社区服务业和小企业工作上有没有重大突破，如果我们在这个方面真正有所突破，我们就一定能打开再就业工作的新局面。

二、总结经验，大力推广，认真学习，努力创造再就业工作的新局面

近几年来，各地在发展社区服务业和小企业促进再就业方面，做了大量工作，也涌现出很多好的经验。我们要认真总结这些经验，并结合各地实际情况加以推广。归纳这些经验，主要有以下几个方面值得学习借鉴。

第一，更新观念。发展社区服务业和小企业促进再就业，首先要转变旧的观念，树立依托市场就业的新观念。一些地区的工作之所以能够开拓局面，正是做到了这一点。比如沈阳市提出要改变依靠国有企业吸纳就业的旧格局，加快所有制结构和劳动力结构的调整，积极开拓社区就业领域，向服务业要岗位，促进了社区就业的发展，使2万多名下岗女工通过从事家政服务业实现了再就业；江苏省提出要适应新形势，调整工作思路，运用劳服企业政策，多渠道多形式开发岗位，及时将工作延伸到社区服务、生产自救、小企业和个体私营经济四个新领域，不仅拓展了就业门路，也使劳服企业工作迈上一个新台阶。

第二，立足于开发就业岗位，千方百计拓宽就业新领域。在发展社区服务业和小企业中，促进再就业必须要抓住开发就业岗位这个"牛鼻子"。如常州市实行的"六要"，就是这方面一个很好的例证。一是依托城区阵地，向社区服务要岗位，如家电维修、家政服务等；二是渗透社区管理领域，向社区管理要岗位，如物业管理、治安防范、居委会管理等；三是利用城区地域优势，向空间开发要岗位，如利用厂房、仓库等开办招待所等；四是鼓励自谋职业，向个体私营企业要岗位；五是规范用工行为，向调整用工要岗位；六是借助各界支持，向兴办街道小企业要岗位。

第三，搞好组织协调，充分发挥社会各方面的积极性。发展社区服务业和小企业要涉及到许多相关部门，需要各部门在政策上协调一致，在工作上加强配

合。如哈尔滨市南岗区劳动局,主动协调街道办事处发挥主渠道作用,把解决下岗职工实际问题和再就业的任务落实到最基层;协调工会、妇联、共青团等社会组织和群众团体,反映下岗职工呼声,开展多方面的咨询服务,创办服务实体,为促进下岗职工再就业做贡献;协调工商、财政、税务、城建等部门,在办照、收费、纳税、贷款等方面提供扶持,为下岗职工自谋职业开绿灯。徐州市针对落实再就业政策中存在的办证程序繁琐、时间长、机关的"衙门"作风、乱收费等问题,在全市推行联合办法、一条龙服务的办法,通过工商、税务、劳动、文化等十个部门统一办公时间,集中办公地点;简化办理程序,实行"一证通关";健全监督机制,及时跟踪服务等措施,使各项优惠政策一步到位,直接落实到下岗职工身上。

第四,认真落实政策,创造适合发展的环境。做好发展社区服务业和小企业促进再就业工作,必须要有政策扶持。一些地方正是抓住了这一点,及时出台政策推动了工作开展。比如天津市为促进下岗女工再就业,推出了"放心早点工程",劳动部门联合规划、卫生、环卫等十部门,出台了十五条优惠政策,包括免收有关行政性管理费,提供资金扶持等,在这些政策的支持下,"早点工程"安置了一大批大龄下岗女工。抚顺市为扶持微型企业发展,及时制定了包括资金、收费、税收等一系列优惠政策,使7000多个微型企业创办起来,吸纳了2万多名下岗职工再就业。北京市、包头市、开封市等为解决下岗职工在自谋职业、组织起来就业中启动资金的问题,出台了向下岗职工提供低息小额贷款,给予再就业扶持的政策。这项政策出台后,受到下岗职工的热烈欢迎,实践的效果也很好,不仅扶持了一批小企业带头人,还带动了更多的下岗职工再就业。

第五,健全工作网络,提供组织保障。推动社区服务业和小企业促进再就业工作要有"载体",要建立工作网络,将下岗职工再就业这项社会工程真正落在实处。太原市正是抓住了这点,建立了市、区、街道、居委会四级工作网络,使社区再就业工作从计划到政策到具体实施都有切实的组织保证。每个工作机构各有分工,各负其责,并实行目标管理和微机联网,形成了社区再就业工作点、线、面全方位结合,上、中、下联动,共同搞好工作的新格局。

第六,发挥劳动保障部门职能,做好服务工作。为使更多的下岗职工在社区服务业和小企业中实现再就业,劳动保障部门还需要发挥本部门的职能,切实做好服务工作。如沈阳市为提高家政服务人员的素质,免费开展灵活多样、实用的技能培训,使下岗职工掌握上岗本领,提高服务水平,让用户满意;江苏等地针对下岗职工创办小企业中不熟悉市场、不了解经营方式的情况,开展了创业者培训。教授举办小企业的经营管理知识,帮助制定创建小企业计划,指导下岗职工开办小企业的实践,并给予扶助,取得了明显成效。上海市为推动下岗职工和失业人员从事非正规组织就业,规定由社区就业服务载体为其代收代缴养老、医疗保险,并组织参加人身意外伤害保险等,解除了下岗失业人员的后顾之忧。株洲和宜宾等地为促进劳服企业改革发展,提供政策指导、信息和争取资金支持等方面的服务,使劳服企业在新形势下得到巩固提高,为再就业工作做出新贡献。

这里,我还要特别指出的是,发展劳服企业要与发展社区服务业和小企业结合起来。

过去十几年中,劳服企业在国家没有投资的情况下,依靠政策扶持,走出了一条解决中国就业问题的道路,它在历史上发挥的重要作用,要给予充分肯定。从目前来看,劳服企业在稳定就业局势中仍具有重要作用。12万个企业700多万人依靠自己解决了吃饭问题,没有靠政府发生活费,有些还在吸纳下岗职工。这种以社会效益为己任的精神,值得很好表彰。但也要看到,劳服企业目前正面临严峻挑战,如经营管理方式落后、依附性较强、没有拳头产品、吸纳就业能力减弱等等。因此,必须要进行改革。关于劳服企业今后的发展,我们总的想法,是要抓住国有企业改革和实施再就业工程的机遇,认真研究新形势下劳服企业发展的路数,调整、巩固、扩展、提高,让劳服企业再创辉煌。

第一,紧紧围绕下岗职工再就业的中心工作,充分运用劳服企业政策,扩大劳服企业工作阵地。要将劳服企业工作领域扩展到所有安置失业、下岗职工的小企业和劳动组织,将各类吸收下岗职工等困难人员就业的组织和实体,纳入劳服企业工作范围。将工作重点由管理实体逐步转移到运用劳服企业政策,多渠道、多形式开发就业岗位上来,在进一步落实已有扶持政策的同时,千方百计使扶持政策发挥更大的作用。通过拓宽工作面和政策覆盖面,为劳服企业发展开辟新的空间。

第二,深化改革,把劳服企业引向市场,巩固劳服企业阵地。要继续搞好劳服企业综合配套改革,做好劳服企业产权界定、股份合作制试点等工作,明晰产权关系,完善经营管理机制,提高经济效益,为劳服企业进入市场打下基础。同时,改善用工和分配制度,将劳服企业纳入社会保障范围,为劳服企业走向市场创造宽松的环境。

第三,引导劳服企业向社区服务业进军,扩大就业安置能力。瞄准新的经济增长点和就业增长点,创造出更多的就业机会,是劳服企业生存的基础。从当前来看,社区服务业就是新的就业和经济的增长点,因此,要充分利用劳服企业发展第三产业已有的工作基础和积累的经验,加快向社区服务业进军的步伐。要用足用好过去的政策,还要充分利用当前的新政策,加快发展投资少、见效快、效益好、就业容量大、与经济发展和人民生活关系密切的社区服务项目,实现劳服企业的新发展。

第四,充分发挥劳服企业协会职能。劳服企业协会是做好劳服企业工作,促进下岗职工再就业的一支重要力量。适应新形势要求,协会工作要立足于服务大局、服务中心工作,调整工作思路,拓宽工作领域,向社区服务业和小企业延伸。通过不断完善服务手段,沟通多种渠道,充分发挥协会桥梁纽带作用。要组织交流和大力宣传各地落实再就业政策的经验;要深入到企业和下岗职工之中,调查了解实际情况,并及时向政府反映和提出建议;要加强对小企业和劳服企业厂长、经理的培训,提高管理人员素质;要通过信息简报、信息发布会和健全信息服务网络,为企业生产经营服务;要开辟对外经济贸易窗口,推动横向经济联合,发挥企业的群体优势;要成立法律咨询所,维护小企业和劳服企业的合法权益。总之,劳服企业协会工作相当重要,在推动社区服务和小企业发展,促进再就业中大有作为。要很好地开展工作,发挥作用。

三、采取有力措施,抓好工作的落实

做好促进下岗职工再就业工作,从中央到地方的政策措施都已经非常明确,这次经验交流现场会又给大家提供了一些实际操作的办法,我们的任务就是使这方面工作落实、落实、再落实。对此,我提几点要求:

一是要制定工作规划。做好发展社区服务业和小企业促进再就业工作,推动政策措施的落实,首先要有个发展规划。有了规划,我们就有了方向,也有了章法,更有利于检查监督。做好规划,需要学习借鉴好的经验,同时更要立足于本地的实际情况。要密切关注本地宏观经济产业结构的变化,并根据下岗职工状况以及实现再就业的情况,与有关部门加强沟通协调,积极向政府反映情况和意见,提出符合本地实际情况的总体规划和政策措施,以及分阶段的目标任务。这项工作要有专人负责,要层层落实目标责任,每个大中城市都要拿出一套发展规划和方案。对于内地经济较落后地区,主要是通过政策扶持,促进社区服务业和小企业大力发展,先干起来再规范;对于沿海经济发达地区和有条件的大中城市,要在现有的基础上,进一步加大工作力度,边干边规范,并注意解决劳动关系、社会保险等一些深层次问题。

二是要用好政策。我们要认真学习各地成功的经验和好的作法,要发扬"钉子"精神,将各项政策落实到位。我们要经常深入到实际,深入到下岗职工中间,看看下岗职工在再就业过程中,还遇到那些问题,掌握了第一手情况,及时向政府汇报,向有关部门反馈。要采取加强部门协调、联合办公、现场办公、即时办理等一些行之有效的办法,促使政策落实再落实。同时还要加强督促检查,各地劳动保障部门除了定期下去检查外,还要发动社会各方面共同监督。比如设立举报电话和举报箱,或者确定接待日,对投诉进行认真核实后,及时向政府反映,对群众反映强烈、意见较大的部门和个人,坚决予以曝光。

另外,给大家通报一个情况,最近国家税务总局下发了《关于下岗职工从事社区居民服务业享受有关税收优惠政策问题的通知》(国税发〔1999〕43号),对下岗职工税收优惠政策有了具体规定,我们部里准备转发这个文件,希望大家与有关部门主动搞好协调配合,做好贯彻落实。

三是要切实搞好服务。发展社区服务业和小企业促进再就业,服务工作很重要。社区服务业和小企业发展起来了,岗位出来了,但劳动者能否胜任这些岗位的要求,能否安心干好,还需要切实为劳动者搞好各项服务。因此,我们的职业培训、职业指导、职业介绍、社会保障等项服务工作一定要跟上,一定要大有作为。要及时了解下岗职工在从事社区服务业和创办小企业中出现的问题,有针对性地开展服务工作。缺乏职业技能的及时给予技能培训,缺乏经营策略和营销技巧的要给予创业培训,缺乏信息的要主动帮助找信息,有后顾之忧的帮助解决社会保险和劳动关系等问题。只有服务到家,才能增强下岗职工的市场竞争能力,增加他们的信心,解除他们的后顾之忧,实现再就业才能稳定,而不是今天开店,明天关店,今天干,明天散。

四是要加大宣传力度。宣传工作是做好下岗职工再就业工作的重要内容,并要根据不同时期的不同问题,有针对性的搞好宣传,宣传工作要贯彻始终。政策有了,要让下岗职工都知道;好的经验有了,要通过广泛宣传,使更多的人能够学习借鉴。为此,要充分利用各处宣传媒介,采取集中宣传、定期现场咨询、现场会等灵活、多样的宣传形式,充分发挥企业、街道、居委会的作用,大力宣传国家和地方促进下岗职工再就业的政策,宣传开展社会服务业和小企业促进再就业好的经验和作法,以及下岗职工实现再就业的先进典型,力争要宣传到每一个地区、每一个企业、每一个街道、每一位职工。

同志们,做好下岗职工再就业工作,是我们今年乃至今后一段时期的艰巨任务,任重而道远。希望大家拿出比当年发展劳服企业解决就业问题更大的精力和干劲,抓住当前机遇,大力发展社区服务业和小企业。继续发扬埋头苦干、开拓进取的精神,敢于承担重任,勇于克服困难,为圆满完成今年再就业工作任务而努力奋斗。

(此件由劳动和社会保障部办公厅提供)

在庆祝"五一"国际劳动节
大会上的讲话(节录)

(1999 年 4 月 29 日)

胡锦涛①

今年是我国历史发展进程中具有特殊意义的一年,改革发展稳定的任务十分繁重。当前,全党全国人民正在以江泽民同志为核心的党中央坚强领导下,高举邓小平理论伟大旗帜,深入贯彻党的十五大和十五届三中全会精神,全面落实九届全国人大二次会议部署,紧紧围绕经济建设这个中心,继续推进改革开放和社会主义现代化建设,用优异成绩迎接建国 50 周年。工人阶级是推动历史发展和社会进步的最基本的力量。我国改革发展稳定各项任务的完成,都离不开工人阶级伟大作用的充分发挥。希望广大职工遵照江泽民同志在同全国总工会新一届领导成员和工会十三大部分代表座谈时的重要讲话精神,大力发扬工人阶级的光荣传统,与全国人民一道,团结奋斗,开拓进取,为深化改革、促进发展、维护稳定作出新的更大贡献。

改革是我国社会主义事业发展的强大动力,是决定当代中国命运的关键决策。我国现代化建设之所以能够取得举世瞩目的辉煌成就,靠的是改革;我们要解决经济社会生活中面临的各种矛盾和问题,根本出路仍然在于改革。国有企业改革是整个经济体制改革的中心环节。搞好国有企业特别是国有大中型企业,既是关系国民经济良好运行和长远发展的重大经济问题,也是关系社会主义制度前途命运的重大政治问题。现在这项改革已进入攻坚阶段,不管面临多大困难,我们都要积极探索,勇于创新,知难而进,奋力拼搏,坚决闯过这道关口。推进国有企业改革,不光是党和政府的责任,不光是企业领导者的责任,也同每个职工的切身利益息息相关,需要职工群众理解、支持和参与。广大职工一定要以改革为己任,胸怀全局,增强信心,自觉站在改革前列,坚定不移地支持党和政府为搞好国有企业改革所采取的一系列重大措施,积极为企业的改革、改组、改

---

① 胡锦涛时任中共中央政治局常委。

造和加强管理献计出力,推动国有企业改革取得突破性进展。

发展是硬道理,中国解决所有问题的关键在于自己的发展。只有集中力量发展生产力,把经济搞上去,我们的综合国力才能增强,人民生活才能改善,社会主义制度才能巩固和完善,国家才能长治久安,中国才能跻身于世界现代化国家之林。目前我国经济形势总的是好的,但也面临着困难和风险,世界金融市场和经济走势的不确定因素仍然存在,国内经济运行中的一些深层次矛盾还在严重制约着经济的发展。在这样一个复杂严峻的国内外经济环境中,要实现今年经济发展的各项目标,我们还必须付出艰巨的努力。工人阶级在推动经济发展中具有举足轻重的作用。广大职工一定要积极贯彻落实党和政府关于促进经济持续稳定增长的各项重大措施,围绕开拓市场、扩大内需、增加出口等任务,立足本职岗位,鼓足干劲,加倍工作,大力开展劳动竞赛、技术革新、发明创造、增产节约等活动,尤其要强化质量第一的观念,以建设优质工程、生产优质产品、提供优质服务的实际行动,促进企业经济效益提高和国民经济持续快速健康发展。

稳定是改革和发展的基本前提,没有稳定什么事情也办不成,已经取得的成果也会丧失。我国改革开放 20 年的一条重要经验,就是正确处理改革、发展、稳定的关系,把改革的力度、发展的速度同社会可承受的程度协调统一起来。今年我们国家大事多、喜事多,热点和难点问题也不少,保持稳定至关重要。工人阶级是维护社会稳定的中流砥柱。广大职工一定要十分珍惜全国安定团结的良好政治局面,进一步发扬工人阶级识大体、顾大局的优良传统,以主人翁的姿态正确对待国家、集体和个人的利益关系,自觉做到个人利益服从整体利益,眼前利益服从长远利益;进一步增强社会主义民主和法制观念,遵纪守法,依法办事,坚持权利与义务的统一;进一步强化社会责任意识,明辨是非,站稳立场,坚决同一切危害民族团结、国家安全和社会稳定的现象作斗争。

工人阶级要在深化改革、促进发展、维护稳定中更好地发挥主力军作用,就要进一步提高自身素质。在科技进步日新月异、知识更新不断加快、综合国力竞争日趋激烈的今天,在发展社会主义市场经济的新形势下,学习对每个劳动者来说都是重要和迫切的任务,谁不抓紧学习,谁就跟不上时代前进的步伐。希望广大职工认真学习马列主义、毛泽东思想特别是邓小平理论,认真学习党的十五大精神,牢固树立正确的世界观、人生观、价值观,不断提高思想觉悟;积极倡导和实践为人民服务的思想,模范遵守社会公德、职业道德和家庭美德,不断提高道德素养;努力掌握现代科学文化知识,刻苦钻研岗位技能,不断提高劳动本领,真正成为适应改革开放和社会主义现代化建设要求的合格劳动者。

全心全意依靠工人阶级是我们党和政府一贯坚持的根本方针。工人阶级和广大人民群众是历史活动的主体,是我们国家的主人。在建设有中国特色社会主义的整个过程中,都必须全心全意依靠工人阶级和广大人民群众,都必须把实现和维护工人阶级和广大人民群众的利益作为各项工作的根本出发点。企业是工人阶级最集中的地方,充分调动广大职工的积极性是搞好企业的一个十分重要的条件。公有制实现形式可以而且应当多样化,但职工在企业中的主人翁地位不能也绝不允许改变。必须坚持和完善以职工代表大会为基本形式的企业民主管理制度,坚持职代会民主评议企业领导干部制度,建立健全平等协商和签订集体合同制度,积极推行厂务公开,组织职工参与企业改革和管理,维护职工合法权益,全心全意依靠职工办好企业。做好国有企业下岗职工基本生活保障和再就业工作,是搞好国有企业改革的重要内容,也直接关系着社会稳定的大局。党和政府已经为此做了大量的工作,但是下岗职工基本生活保障和再就业的压力仍然较大,务必高度重视,继续加大工作力度,确保国有企业下岗职工的基本生活,确保企业离退休人员养老金按时足额发放。同时,要加强职业培训,拓宽就业门路,引导职工转变择业观念,帮助下岗职工实现再就业。非公有制企业的职工同样是国家的主人,他们的合法权益也应得到切实的维护。目前在一些企业尤其是一些非公有制企业,存在着侵犯职工合法权益的现象,这既违反国家的法律,也不利于企业自身的发展,必须坚决加以制止和纠正。

（此件由全国总工会档案处提供）

国务院办公厅转发科学技术部 财政部 关于科技型中小企业技术创新 基金的暂行规定的通知

(1999 年 5 月 21 日)

各省、自治区、直辖市人民政府,国务院各部委、各直属机构:

《科学技术部、财政部关于科技型中小企业技术创新基金的暂行规定》已经国务院同意,现转发给你们,请认真贯彻执行。

科学技术部 财政部关于科技型中小企业 技术创新基金的暂行规定

为了扶持、促进科技型中小企业技术创新,经国务院批准,设立用于支持科技型中小企业(以下简称"中小企业")技术创新项目的政府专项基金(以下简称"创新基金")。为了加强创新基金管理,提高创新基金使用效益,特作如下规定:

一、创新基金是一种引导性资金,通过吸引地方、企业、科技创业投资机构和金融机构对中小企业技术创新的投资,逐步建立起符合社会主义市场经济客观规律、支持中小企业技术创新的新型投资机制。

二、创新基金不以营利为目的,通过对中小企业技术创新项目的支持,增强其创新能力。

三、创新基金的使用和管理必须遵守国家有关法律、行政法规和财务规章制度,遵循诚实申请、公正受理、科学管理、择优支持、公开透明、专款专用的原则。

四、创新基金的资金来源为中央财政拨款及其银行存款利息。

五、创新基金面向在中国境内注册的各类中小企业,其支持的项目及承担项目的企业应当具备下列条件:

(一)创新基金支持的项目应当是符合国家产业技术政策、有较高创新水平和较强市场竞争力、有较好的潜在经济效益和社会效益、有望形成新兴产业的高新技术成果转化的项目。

（二）企业已在所在地工商行政管理机关依法登记注册，具备企业法人资格，具有健全的财务管理制度；职工人数原则上不超过 500 人，其中具有大专以上学历的科技人员占职工总数的比例不低于 30%。经省级以上人民政府科技主管部门认定的高新技术企业进行技术创新项目的规模化生产，其企业人数和科技人员所占比例条件可适当放宽。

（三）企业应当主要从事高新技术产品的研制、开发、生产和服务业务，企业负责人应当具有较强的创新意识、较高的市场开拓能力和经营管理水平。企业每年用于高新技术产品研究开发的经费不低于销售额的 3%。直接从事研究开发的科技人员应占职工总数的 10% 以上。对于已有主导产品并将逐步形成批量和已形成规模化生产的企业，必须有良好的经营业绩。

六、创新基金鼓励并优先支持产、学、研的联合创新，优先支持具有自主知识产权、高技术、高附加值、能大量吸纳就业、节能降耗、有利环境保护以及出口创汇的各类项目。

七、创新基金不得支持低水平的重复建设、单纯的基本建设、技术引进和一般加工工业项目。

八、根据中小企业和项目的不同特点，创新基金分别以贷款贴息、无偿资助、资本金投入等不同的方式给予支持：

（一）贷款贴息：对已具有一定水平、规模和效益的创新项目，原则上采取贴息方式支持其使用银行贷款，以扩大生产规模。一般按贷款额年利息的 50% ~ 100% 给予补贴，贴息总额一般不超过 100 万元，个别重大项目最高不超过 200 万元。

（二）无偿资助：主要用于中小企业技术创新中产品研究开发及中试阶段的必要补助、科研人员携带科技成果创办企业进行成果转化的补助。资助数额一般不超过 100 万元，个别重大项目最高不超过 200 万元，且企业须有等额以上的自有匹配资金。

（三）资本金投入：对少数起点高、具有较广创新内涵、较高创新水平并有后续创新潜力、预计投产后具有较大市场需求、有望形成新兴产业的项目，采取资本金投入方式。资本金投入以引导其他资本投入为主要目的，数额一般不超过企业注册资本的 20%，原则上可以依法转让，或者采取合作经营的方式在规定期限内依法收回投资。具体办法另行制定。

九、科学技术部是创新基金的主管部门，负责审议和发布创新基金年度支持重点和工作指南,审议创新基金运作中的重大事项,批准创新基金的年度工作计划,并会同财政部审批创新基金支持项目,向国务院提交年度执行情况报告等。

十、财政部是创新基金的监管部门,参与审议创新基金年度支持重点和工作指南,并根据创新基金年度工作计划,每年分两批将创新基金经科学技术部拨入创新基金管理中心专用账户,同时对基金运作和使用情况进行监督、检查。

十一、由具有一定权威的技术、经济、管理专家和企业家组成创新基金专家咨询委员会,负责研究创新基金年度优先支持领域和重点项目,指导创新基金年度支持重点和工作指南的制定,为创新基金管理中心提供技术咨询。

十二、组建中小企业创新基金管理中心(以下简称"管理中心"),为非营利性事业法人,在科学技术部和财政部指导下,负责创新基金的管理工作,履行下列职能:

(一)研究提出创新基金年度支持重点和工作指南,统一受理创新基金项目申请并进行程序性审查;

(二)研究提出有关创新基金项目的评估、评审、招标标准,提出参与创新基金管理的评估机构及其他中介机构的资格条件;

(三)委托或者组织有关单位或者机构进行创新基金项目的评估、评审、招标等工作;

(四)负责编制创新基金的年度财务决算和工作计划,提出创新基金年度支持的项目建议,具体负责创新基金的运作;

(五)全面负责创新基金项目实施过程的综合管理,负责创新基金项目的统计、监理和定期报告工作。

十三、科学技术部每年发布创新基金支持重点和工作指南。凡符合创新基金支持条件的项目,由企业按申请要求提供相应申请材料;申请材料须经项目推荐单位出具推荐意见,其中申请贴息的企业还需提供有关银行的承贷意见。

十四、项目推荐单位要对申请企业的申请资格、申请材料的准确性、真实性等进行认真审查;对符合申请条件和要求的项目,出具推荐意见。

十五、积极引入竞争机制,推行创新基金项目评估、招标制度。凡符合招标条件的,必须通过公开竞争方式择优确定项目承担单位。

十六、管理中心按照有关标准要求,统一受理项目申请并负责程序性审查,送有关评估机构或专家进行评估、评审或咨询;符合招标条件的,须进行标书制定和评标选优。

十七、评估机构和评审专家对申报项目的市场前景、技术创新性、技术可行性、风险性、效益性、申报企业的经营管理水平等进行客观评估、评审,并出具明确的评估、评审意见。

十八、管理中心根据招标情况和评估、评审意见,提出创新基金年度支持的项目建议;必要时,科学技术部和财政部可以对评估结果进行复审。项目建议经科学技术部会同财政部审定批准后,由管理中心与企业签订合同,并据此办理相应手续。

十九、科学技术部和财政部每年分批向社会发布创新基金支持的项目和企业名单,接受社会监督。

二十、对未通过程序性审查和经评审、评估、招标后明确不予支持的项目,管理中心应当在项目受理之日起四个月内,书面通知申报企业。

二十一、创新基金的年度预算安排由财政部确定。科学技术部根据财政部的有关规定,报告创新基金的使用情况,并接受财政部监督。

二十二、管理中心应当按照合同的要求,及时足额将创新基金拨至有关项目承担单位。创新基金不得用于金融性融资、股票、期货、房地产、赞助、捐赠等支出,更不得挪作他用。

二十三、管理中心用于创新基金项目的评审、评估、招标和日常管理工作的费用,实行预决算管理,报财政部审批后从创新基金利息收入中列支。

二十四、项目承担单位每年应当向管理中心报告项目年度执行情况;管理中心应当向科学技术部报送年度预决算及执行情况;科学技术部每年向财政部报送年度预决算及执行情况。

二十五、因客观原因,企业需要对项目的目标、进度、经费进行调整或撤销时,应当提出书面申请,经管理中心审核,报科学技术部和财政部审批后,方可执行。

二十六、已签合同项目经管理中心批准撤销或者中止,企业应当进行财务清算,并将剩余经费如数上缴管理中心。

二十七、管理中心提出有关项目管理、经费管理的实施方案,报科学技术部和财政部批准后实施。

(此件由中共中央党史研究室机要档案处提供)

北京市人民政府办公厅转发市体改委《关于进一步加快本市城镇集体企业改革若干意见》的通知

（1999 年 6 月 4 日）

各区、县人民政府，市政府各委、办、局，各市属机构：

市体改委《关于进一步加快本市城镇集体企业改革的若干意见》已经市政府原则同意，现转发给你们，请结合实际，认真贯彻执行。

北京市体改委《关于进一步加快本市城镇集体企业改革的若干意见》

（1999 年 5 月）

城镇集体企业是社会主义公有制经济的重要组成部分。发展城镇集体企业对广泛吸收社会资金、繁荣城乡经济、缓解就业压力、增加公共积累和国家税收、改善和提高人民生活水平具有极其重要的作用。各区、县政府和市政府各工作部门都应把发展城镇集体经济作为推动本市经济发展的重大举措，列入议事日程，统筹规划，加强指导，制定相应政策，搞好协调服务，支持和鼓励城镇集体企业的改革与发展。为进一步加快本市城镇集体企业改革、促进城镇集体企业发展，结合实际情况，提出以下意见：

一、城镇集体企业改革的指导思想、原则和目标

（一）城镇集体企业改革的指导思想和原则

1. 坚持以是否有利于发展社会主义社会的生产力、是否有利于增强社会主义国家的综合国力、是否有利于提高人民的生活水平作为判断是非得失的根本标准。

2. 根据城镇集体经济的特点，按照市场经济规律，大胆实践，以资产关系为

纽带,采取多种形式和方法,培育城镇集体企业健康成长,使之真正成为自主经营、自负盈亏、自我发展、自我约束的法人实体和市场竞争主体。

(二)城镇集体企业改革的目标

1. 力争用两年左右的时间,使大多数城镇集体企业通过改革能达到产权清晰;优化资源配置,促进资产合理流动与重组,最大限度地盘活城镇集体企业的存量资产,提高集体资产运营质量,确保资产保值增值。

2. 转换城镇集体企业的经营机制,建立现代企业制度,使之真正走向市场,独立参与市场竞争;建立健全城镇集体企业经营管理的科学体系与制度,以最大限度地提高企业经济效益为目的,充分调动职工支持和参与企业改革的积极性;建立盈亏责任,强化职工风险意识;实现城镇集体企业劳动关系稳定,就业率提高,职工收入增长。

二、理顺产权关系,加强资产管理

理顺城镇集体企业产权归属关系,是城镇集体企业改革的重点,是明晰集体企业产权和规范管理的重要环节,有利于维护国家和集体两方面利益,有利于提高集体企业资产运营效益,有利于激励企业和职工的劳动积极性。

(一)各类城镇集体企业的产权制度改革都应在企业清产核资、资产评估、产权界定、产权清晰的基础上进行。一般城镇集体企业要严格按照国家经济贸易委员会、财政部、国家税务总局《关于印发〈城镇集体所有制企业、单位清产核资产权界定暂行办法〉的通知》(国经贸企[1996]895号)开展清产核资,明晰产权归属,进行产权登记工作;劳服企业中的城镇集体企业可按原劳动部、国家国有资产管理局、国家税务总局《关于颁布〈劳动就业服务企业产权界定规定〉的通知》(劳部发[1997]181号)进行本企业的产权界定工作。

(二)在清产核资中,对各类原注册为集体企业而实为国有或私营企业的,应按照财政部、国家工商行政管理局、国家经济贸易委员会、国家税务总局《关于印发〈清理甄别"挂靠"集体企业工作的意见〉的通知》(财清字[1998]9号)的有关规定,重新确定企业所有制性质。

(三)城镇集体企业在进行产权界定时,为保证企业职工的利益,可将界定为劳动群众集体共有的资产按下列方式处置:

1. 出资主体明确、产权清晰的,可以将产权记在在职职工和离退休人员名下。职工在职期间作为分红依据,退休时产权归个人所有。

2. 出资主体不明确、产权不清晰的,其产权仍归集体所有,但可将其中的一部分以收益权形式记在在职职工名下,作为分红依据;一部分收益可用于提高企业离退休人员的福利待遇。

3. 企业规模较大、产权关系复杂的,可采取集体共有资产关系不变,职工出资入股,资产总量增加的办法,实行企业股份制改造。

4. 企业资产经界定仍归劳动群众集体所有的,可申请设立集体资产管理协会,作为本企业劳动群众集体共有资产的管理者,行使原企业集体资产的所有者职能。申请设立集体资产管理协会的管理办法由市体改委会同市有关部门另行制订。

城镇集体企业根据自身实际情况,选择上述方式进行产权处置时,都应认真制订符合国家有关法律法规和政策规定的企业改革方案,并经全体职工大会或者职工代表大会讨论通过。

(四)各区、县政府和市政府各有关主管部门应按现行隶属关系,负责对本地区、本部门的城镇集体企业分行业进行清产核资、资产评估工作,并授权专门机构对企业清产核资、资产评估结果和企业改制方案进行确认,防止国有资产和集体资产流失。

(五)经过清产核资、产权界定后,城镇集体企业占有和使用的归属原主办单位所有的资产,经双方协商,可以采用投资参股或租赁、借用等形式参与企业经营,也可将产权有偿转让给职工。如将部分国有资产和集体资产作为借入资产,可由企业向资产所有者支付固定资产租赁费或国有资产占用费。企业向资产所有者支付的固定资产租赁费或国有资产占用费,按现行财务制度规定进行处理。

(六)经过清产核资、产权界定后,城镇集体企业劳动群众集体共有资产很少,而原主办单位的法人资本金额很大的,经原主办单位同意,可由企业职工出资受让全部或部分法人财产,实行产权转让和置换,扩大职工参股比例。

(七)城镇集体企业可整体或部分出让产权。出让应遵守公平、有偿、协商的原则。在同等条件下,本企业职工及资产所有者可优先受让。规模较小的城镇集体企业,经协商可将全部资产一次性转让给私营企业。

(八)城镇集体企业改革前的遗留资产问题,如企业固定资产、流动资产盘亏等,须按市地税局《关于印发〈对集体、私营企业财产损失的审批管理办法〉的通知》(京地税企[1997]421号)规定的审批程序报批后,按有关规定处理。

三、城镇集体企业改革的政策措施

(一)城镇集体企业的改革,要从实际情况出发,因地制宜、因企制宜。可分别采取股份合作制、兼并、出售、破产、合资合作、租赁、承包等多种改革形式。具备条件的城镇集体企业可通过组建股份有限公司或有限责任公司的形式,建立现代企业制度。

(二)城镇集体企业改制为股份合作制时,一般不设国有股。凡占用的国有资产,可由职工出资受让,转为职工个人股。城镇集体企业改制为股份合作制时,允许企业经营者或经营骨干出资持有较大比例股份。所持股本比例由企业章程自行规定。

(三)改制为股份合作制的城镇集体企业,从改制之日起,经同级财政部门批准,可在两年内全部或部分返还企业上缴的所得税,返还部分归企业所有。

(四)少数潜亏、亏损、资不抵债或无自主经营场地的城镇集体企业改制为股份合作制,在前三年内职工新入股的资金,可采取保留利息与分红相结合的办法。企业支付的利息,凡低于银行一年定期贷款利息部分允许税前扣除。

(五)地方财政每年从现有的技改资金、科技三项费用等专项资金中继续安排一定的资金,支持名、特、优、新企业的技术改造、产品开发。金融机构应在年度信贷计划中,对城镇集体企业正常生产经营所需的固定资产和流动资金贷款,予以统筹安排,给予必要支持。

(六)城镇集体企业中盈利工业企业研究开发新产品、新技术、新工艺发生的各项费用,比上年实际发生额增长 10% 以上(含 10%)的,其当年实际发生的费用按规定据实扣除,同时经主管税务机关审核批准后,可在年终再按实际发生额的 50% 直接抵扣当年应纳税所得额,其实际发生额的 50% 如大于企业当年应纳税所得额的,可就其不超过应纳税所得额的部分予以抵扣,超过部分当年和以后年度均不再抵扣。

(七)城镇集体企业改制后,原上级主管部门不再收取管理费。改制为股份合作制的城镇集体企业,经同级财政部门批准,从改制之日起免交城市服务费。

(八)城镇集体企业改制后,原企业与职工签订的劳动合同仍然有效,但应协商变更因客观情况发生重大变化致使原劳动合同无法履行的有关内容,协商不一致的,可依法解除劳动合同,并支付解除劳动合同职工经济补偿金。

(九)对长期亏损、资不抵债、扭亏无望且难以实施兼并的城镇集体企业,可依照《中华人民共和国民事诉讼法》的有关规定实施破产。

(十)破产的城镇集体企业要妥善安置好本企业职工。对自谋出路的职工,与企业解除劳动关系后,可根据工龄长短发一次性安置费,不再保留原职工身份。对离退休人员安置费的支付按劳动部门的有关规定办理。

(十一)城镇集体企业建立现代企业制度或进行出让、兼并等资产处置行为,涉及企业法人变更的,其改革方案要事先征求企业主要债权人意见,决不允许借企业改革之机,逃避银行、金融机构债务。企业改革方案要有专门条款规定企业债务的落实及偿还情况。

（十二）各区、县政府和有关部门要切实加强对城镇集体企业改革的领导,认真研究、解决集体企业改革中出现的问题,并结合本地区、本部门、本行业的特点和实际,制定实施细则。

本意见由市体改委负责解释。

（原件存北京市人民政府办公厅档案处）

国家经贸委印发《关于建立中小企业信用担保体系试点的指导意见》的通知

（1999 年 6 月 14 日）

各省、自治区、直辖市、计划单列市及新疆生产建设兵团经贸委（经委、计经委），国务院有关部门：

为贯彻党中央、国务院关于扶持中小企业发展的精神，推动中小企业服务体系的建设，改善对中小企业的金融服务，解决中小企业融资难特别是贷款难的问题，根据 1998 年底中央经济工作会议精神和全国经贸工作会议关于开展中小企业信用担保试点的要求，依据《合同法》、《担保法》的有关规定，国家经贸委按照国务院领导同志的批示，研究起草了《关于建立中小企业信用担保体系试点的指导意见》，在各地经贸委讨论修改的基础上，又征求了国务院有关部门和各商业银行的意见。现印发你们，请参照执行。

近年来，国家经贸委贯彻落实党中央、国务院深化企业改革方针，在抓好大中型企业工作的同时，坚持"放小"与"扶小"相结合，积极扶持中小企业发展。1998 年国务院机构改革中，专门设立了中小企业司，充分体现了国家对各类（城乡国有、集体、个体私营、"三资"等，下同）中小企业的高度重视。新机构运行以来，开展了中小企业的现状调查，感到目前融资难特别是贷款难问题普遍存在，严重影响了中小企业的发展。为此，我们与中国人民银行等部门采取了一些措施和办法，并对开展中小企业信用担保进行了一些有益探索。

建立中小企业信用担保体系试点，是解决中小企业资金缺乏的一项新措施，没有成熟经验可借鉴，各地经贸委要在当地政府的领导和支持下，从本地实际出发，有组织地稳步推进。试点工作不能刮风，不要一哄而起。信用担保风险较大，各级经贸委要注意积极地与地方财政、银行税务等部门密切协作，加强监管。信用担保机构不是金融机构，不能从事金融业务，要遵循自主经营、自负盈亏的原则。担保业务要坚持市场化运作，避免和防止行政干预，试点阶段信用担保规模要小，担保内容主要是短期流动资金贷款，担保对象主要是产品有市场、技术含量高、有发展前景的中小企业。各级经贸委要加强指导,及时总结经验,会同有关部门共同努力做好试点工作。请将试点工作情况及时告我委。

关于建立中小企业信用担保体系试点的指导意见

为指导和推动中小企业服务体系建设,切实解决中小企业融资难特别是贷款难问题,根据中央经济工作会议精神和全国经贸委工作会议关于开展中小企业信用担保试点的要求,依据《合同法》、《担保法》的有关规定,提出本意见。

一、中小企业信用担保体系试点的指导原则

(一)中小企业信用担保的性质

1. 本意见所指中小企业信用担保,是指经同级人民政府及政府指定部门审核批准设立并依法登记注册的中小企业信用担保专门机构与负责人(包括银行等金融机构)约定,当被担保人不履行或不能履行主合同约定债务时,担保机构承担约定的责任或履行债务的行为。

2. 中小企业信用担保属《担保法》规定的保证行为,各类中小企业信用担保机构均属非金融机构,一律不得从事财政信用业务和金融业务。

3. 中小企业信用担保机构创办初期不以营利为目的。其担保资金和业务经费以政府预算资助和资产划拨为主,担保费收入为辅。

4. 中小企业信用担保机构依合同约定,承担一般保证责任或连带保证责任。

(二)建立中小企业信用担保体系试点的指导原则

1. 支持发展与防范风险相结合的原则。

2. 政府扶持与市场化操作相结合的原则。

3. 开展担保与提高信用相结合的原则。

二、中小企业信用担保体系

中小企业信用担保体系由城市、省、国家三级机构组成,其业务由担保与再担保两部分构成,担保以地市为基础,再担保以省为基础。

(一)城市(含地区、自治州、盟,下同)中小企业信用担保机构

中小企业信用担保机构应以城市为单位组建,以辖区内中小企业为服务对象。为有效控制风险,县(区)级信用担保机构一般不独立组建,经济总量大的

县(区)可建立分支机构。

(二)省(含自治州、直辖市,下同)中小企业信用担保机构

中小企业信用担保机构应以省为单位组建,以辖区内城市中小企业信用担保机构为主要服务对象,开展一般再担保和强制再担保业务。省级中小企业信用担保机构可受省中小企业信用担保监督管理部门的委托,对地市中小企业信用担保机构实施业务指导和监督。

(三)全国性中小企业信用担保机构

为防范担保风险,试点期间,暂不设立全国性中小企业信用担保机构,各类中小企业信用担保机构、企业互助担保机构不得跨省市设立分支机构。

从事中小企业担保业务的商业担保机构是中小企业信用担保体系的补充,各类商业性担保机构从事中小企业担保业务的,也可参照本意见执行。

三、中小企业信用担保机构的资金来源

(一)城市中小企业信用担保机构的资金来源

1. 由市本级财政预算编列的资金;

2. 市级政府划拨的土地使用权和其他经营性及非经营性国有不动产;

3. 区县本级政府出资和划拨的土地使用权等;

4. 社会募集的资金;

5. 会费(风险保证金)或认股;

6. 国内外捐赠;

7. 其他来源。

(二)省中小企业信用再担保机构的资金来源

1. 由省本级财政预算编列的资金;

2. 由省政府划拨的土地使用权和其他经营性和非经营性国有不动产;

3. 社会募集的资金;

4. 城市中小企业信用担保机构按规定比例上存的担保保证资金;

5. 国内外捐赠;

6. 其他来源。

四、中小企业信用担保机构的形式、担保对象和担保种类

(一)中小企业信用担保机构的形式

依据《担保法》和有关法律规定,中小企业信用担保机构的法律形式可以是:企业法人、事业法人、社团法人。

为规范操作和控制风险,城市中小企业信用担保机构可实行会员制,吸收符合条件的中小企业作为会员单位;省中小企业信用再担保机构也可以实行会员制,吸收符合条件的城市中小企业信用担保机构作为会员单位。经批准,从事中小企业担保业务的商业性担保机构和企业互助担保机构也可以作为省中小企业信用再担保机构的会员。

1. 城市中小企业信用担保机构可以选择的形式有:中小企业信用担保公司(企业法人)、中小企业信用担保中心(事业法人)、中小企业信用担保协会(社团法人)。

2. 省中小企业信用再担保机构可以选择的形式有:中小企业信用再担保中心(事业法人)、中小企业信用再担保协会(社团法人)。

3. 全国性中小城市企业信用再担保或保险机构的形式,待国务院批准后确定。

(二)中小企业信用担保的对象

中小企业信用担保的对象为符合国家产业政策,有产品、有市场、有发展前景,有利于技术进步与创新的技术密集型和扩大城乡就业的劳动密集型的各类中小企业。

(三)中小企业信用担保的保证种类

中小企业信用担保种类主要包括中小企业短期银行贷款、中长期银行贷款、融资租赁以及其他经济合同的担保。试点阶段中小企业信用担保的重点为中小企业短期银行贷款。

五、中小企业信用担保机构的职能和业务程序

(一)中小企业信用担保机构的主要职能

对被担保者进行资信评估;开展担保业务;实施债务追偿。

在组建中小企业信用担保机构时,城市中小企业信用担保机构可按上述职能设立内部业务机构;省级中小企业信用再担保机构以对城市中小企业信用担保机构的资信评估、对中小企业信用担保机构进行再担保和对中小企业信用担保机构进行业务监督为主要业务,并以此设内部机构。

(二)中小企业信用担保与再担保业务程序

1. 担保程序

(1)由债务人提出担保申请,并附债权人签署的意见;

(2)进行资信评估与担保审核;

(3)在债权人与债务人签定主合同的同时,由担保机构与债权人签订保证

合同;需要时,担保机构与债务人签订反担保合同;

(4)按约定支付担保费;

(5)主合同履约不能,由担保机构按约定代偿;

(6)担保机构实施追偿。

2. 再担保程序

(1)担保机构提出再担保申请或达到强制再担保界限;

(2)根据担保机构的资信进行再担保审核;

(3)签订再担保合同;

(4)按约定支付再担保费;

(5)主合同履约不能,担保机构代偿后,再担保机构按约定比例承担相应责任;

(6)再担保机构与担保机构共同对债务人实施追偿。

六、协作银行的选择和担保资金管理

(一)协作银行的选择

在省市经贸委、财政和同级人民银行的指导下,担保机构应选择有积极性和资信好的商业银行(包括国有商业银行、股份制银行、城市商业银行、城市信用合作社和农村信用社以及经批准可以经营人民币存贷款业务的非银行金融机构、外资银行等)作为开办中小企业信用担保业务的协作银行。

担保机构与协作银行应签订协作合同,明确保证责任形式、担保资金的放大倍数、责任分担比例、资信评估标准等内容。协作合同要报省市经贸委和同级人民银行备案。

(二)担保资金的管理

1. 担保机构货币形态的担保资金,要存入省市经贸委和同级人民银行指定的银行,也可以按协作合同约定存入协作银行。

2. 担保机构要按再担保协议要求,将担保资金和会员交纳的风险保证金,按约定比例上存再担保机构指定的银行专门账户。

3. 担保机构货币形态的担保资金可按国家规定进行管理。

(三)担保业务收费与经费来源

1. 担保业务收费

为减轻中小企业财务费用负担,中小企业信用担保机构的担保收费标准一般控制在同期银行贷款利率的50%以内,具体收费标准由同级政府有关部门审批。

商业性担保机构和企业互助担保机构从事中小企业担保业务的收费标准经

统计政府物价部门审批,可以在上述标准基础上适当浮动。

2. 业务经费来源

(1)财政拨款;

(2)担保收费;

(3)担保资金存款利息所得;

(4)其他来源。

七、风险控制与责任分担

(一)风险控制

1. 放大倍数的选择。担保放大倍数是指担保资金与担保贷款的放大比例,一般在10倍以内,再担保放大倍数可大于担保倍数,具体倍数由担保机构和协作银行协商,并报省市经贸委和有关部门审定。

2. 事前控制。通过资信评估、按规定比例上存担保资金、项目审核与反担保措施等以实现事前控制。

3. 事中控制。通过控制代偿率和设定强制再担保系数(是指担保实际放大倍数达到进行再担保的约定比例)等日常监督与强制再担保措施以实现事中控制。

4. 事后控制。通过即时有效的追偿实现事后控制。

(二)责任分担

1. 债权人与担保机构之间的责任分担。按照分散风险的原则,担保机构可以对银行贷款进行部分担保,担保责任分担比例由担保机构和协作银行协商。

2. 担保机构与再担保机构之间的责任分担。以担保机构承担主要风险,再担保机构分担部分风险为原则,以确保担保和再担保机构稳健运营。具体责任比例由省、市中小企业信用担保机构和再担保机构商议提出,并报省经贸委审定。

3. 担保机构与债务人之间的责任分担。以扶持发展与防范风险相结合为原则,防止被担保人随意逃废债务和转嫁风险。担保合同可以抵押、质押为反担保措施,并明确反担保条款。

八、担保机构的内外部监督

(一)政府对中小企业信用担保的监督管理

为加强对中小企业信用担保行为的监督管理,防范担保风险,省市设立由经贸委会同财政、人民银行、工商行政管理及商业银行等部门组成的中小企业信用担保监管委员会,负责对辖区内中小企业担保、再担保业务和机构(包括企业互助担保机构和商业性担保机构从事的中小企业担保业务）的监督管理。

（二）担保机构内部的约束机制

中小企业信用担保和再担保机构应设立内部监督机构，负责对内部运行情况的监督。内部监督机构的人员构成和议事规则可参考有关规定执行。

九、中小企业信用担保体系试点的组织实施与工作步骤

（一）试点的要求、范围和政策

各省、市经贸委可根据本意见制定本地区的试点指导意见和扶持中小企业信用担保机构的政策，组织和选择有条件的城市进行中小企业信用担保工作试点。在此基础上，有条件的省可有组织地进行省级中小企业信用再担保体系的试点。

为规范操作、总结经验和制定政策，国家经贸委将选择若干城市作为省级重点联系点。

（二）试点工作步骤

试点工作分为三个阶段：

第一阶段为试点方案制订阶段。由省和城市经贸委按照国家经贸委的统一要求，起草试点指导意见、扶持政策和试点方案，报省经贸委审核，经同级政府同意后实施，同时报国家经贸委备案。

第二阶段为组织实施阶段。组建中小企业信用担保机构并确定担保资金来源，选择协作银行和若干中小企业进行担保试运行。

第三阶段为总结推广阶段。在总结重点联系省市中小企业信用担保和再担保体系试点经验的基础上，即时规范和改进试点工作。

（三）试点组织

全国中小企业信用担保体系建设试点的指导工作由国家经贸委负责。

省级再担保和城市担保体系试点具体工作由省级经贸委负责。

（选自国家经贸委中小企业司主编：《中小企业政策法规指导与实践》，工商出版社 2002 年 10 月版，第 232—237 页）

国家轻工业局　中华全国手工业合作总社
关于印发《中华全国手工业合作总社借款
转投资实施办法》和《中华全国手工业
合作总社借款核销实施办法》的通知

（1999 年 6 月 17 日）

各省、自治区、直辖市、计划单列市二轻厅（局）、总会（公司）、联社：

　　《中华全国手工业合作总社借款转投资实施办法》和《中华全国手工业合作总社借款核销实施办法》（以下简称《办法》），经中华全国手工业合作总社第五届理事会第二次会议征求意见，现印发给你们，请结合本系统、本地区、本单位的实际，按照这两个《办法》的要求和程序做好总社借款转投资及借款核销工作。

　　鉴于总社借款时间跨度长，情况复杂，工作难度大，希望各级联社本着实事求是、互惠互利的原则，分类做好借款的处理工作，切忌简单地一笔核销。有关材料请于 1999 年 12 月 31 日前报送国家轻工业局企事业改革司（总社资财部）。

　　附：
中华全国手工业合作总社借款转投资实施办法

　　为了适应社会主义市场经济发展的需要，加强对借改投工作的管理与监督，保护总社的合法权益，根据中国轻工总会、中华全国手工业合作总社印发的《全国各级轻工业集体联合经济组织清产核资暂行方案》和财政部印发的《企业会计准则——债务重组》有关规定，特制订本实施办法。

　　一、凡借用中华全国手工业合作总社合作事业基金的企业和单位，均应积极归还借款，如果企业和单位愿将借款转投资，必须由借款企业和单位提出书面申请，经省联社审核、总社审查同意后，双方签订借转投的协议。

　　二、投资协议签订后，企业和单位应当向总社签发出资证明书，出资证明书应载明企业名称、注册日期、注册资本金、出资者名称、出资额及缴纳出资的日期。

三、出资金额按借款时的借款金额填写。

四、缴纳出资的日期,按借款转投资的日期填写,并自借款转作资本金之日起,总社以其投入的资本金为限对企业和单位承担民事责任。

五、总社作为出资者按投入企业和单位的资本额享有所有者的所有权益,按出资比例分取红利。

六、凡总社参与投资的企业和单位,应当按照建立现代企业制度的要求,建立董事会,总社应派员参加,享有重大决策和选择管理者的权利。必要时可委托省、自治区、直辖市联社代行管理职能。

七、凡有总社出资的企业和单位,应当每年向总社提供上半年和年度决算财务会计报表,如实反映其盈亏状况。

八、有的企业将总社借款已转入"联社基金"的,1993 年会计改革又转入了"实收资本"的,也要按照借转投实施意见要求,补报申请、补签协议、补发出资证明书。

九、总社管理借改投的部门是总社资财管理部。

十、各级联社借款转投资的办法,可参照本实施办法执行。

附:

中华全国手工业合作总社借款核销实施办法

根据中国轻工总会、中华全国手工业合作总社印发的轻总经调〔1997〕23 号文《全国各级轻工业集体企业联合经济组织清产核资暂行方案》的通知精神,借款企业由于破产倒闭、资不抵债等原因,无力偿还总社的借款,需要核销时,按下列办法办理核销借款手续:

一、借款企业已破产关闭,所借总社的款项要求核销时,由关闭企业所在地的联社提出"要求核销借款的申请报告"(格式见附件)和借款企业破产关闭的有关证明文件,报省联社审查。经省联社审查核定后,提出意见,上报总社资财管理部。

二、借款企业连年亏损,已资不抵债,要求核销总社的借款时,需由借款企业提出"要求核销借款的申请报告"和附上近期会计报表,报所在地联社审查。所在地联社审查提出意见,报省联社。省联社审查核定提出意见后,上报总社资财管理部。

三、借款企业长期处于亏损状态、负担沉重,且借款额在 20 万元以下,需要核销借款时,由借款企业提出"要求核销借款的申请报告"和附上近两年的会计报表,上报所在地联社审查,所在地联社审查提出意见后,报省联社。经省联社审查提出意见后,上报总社资财管理部。

四、借款企业在这次清理借款前已解体,不复存在时,由所在地联社提出"要求核销借款的申请报告"和借款企业已不存在的有关证明文件,报省联社审查。经省联社审查核定提出意见后,上报总社资财管理部。

五、国家轻工局"集体企业清产核资办公室"和总社资财管理部,收到各地上报的要求核销借款的报告后,对其中要求核销借款额较大的,还需实地核实,之后,汇总起来,报清产核资领导小组进行审议提出意见,报请总社主任办公会议审议批准。

六、总社及省、地、县各级联社将申请核销借款的审批结果逐级反馈,直至借款单位,以便据以调整账目。

（原件存中国轻工业联合会办公室文电档案处）

要在路线方针政策上始终保持
政治上的清醒和坚定①

（1999 年 6 月 28 日）

江泽民

要在路线方针政策上始终保持政治上的清醒和坚定。政治是经济的集中表现，是为经济服务的。列宁指出："一个阶级如果不从政治上正确地看问题，就不能维持它的统治，因而也就不能完成它的生产任务。"我们搞社会主义现代化建设，中心任务是发展经济，必须牢牢抓住，绝对不能动摇。经济发展需要有坚强的政治保证和充分的政治条件，否则经济建设也搞不好。经济工作和其他各项业务工作中都有政治。党的十五大提出要积极探索能够进一步解放生产力的公有制实现形式，允许搞股份制和股份合作制，国外有些人就以为中国要搞私有化了，而我们有的同志也产生了类似的错误认识，结果在一些地方的工作中出现了某些偏差。经过新中国成立以来五十年的发展，我们的国有资产已达八万多亿元，这是属于全国人民的财产，是我国社会主义制度的重要经济基础。如果头脑不清醒，随意地加以处理，比如不加区分、不加限制地把国有资产大量量化到个人，并最终集中到了少数人手中，那样我们的国有资产就有被掏空的危险，我们的社会主义制度就会失去经济基础。那时，中国将会是一个什么样的局面？我们靠什么来坚持社会主义制度？靠什么来巩固人民政权？靠什么来保证实现全体人民共同富裕？所以，正确认识和坚持公有制为主体、多种所有制经济共同发展的基本经济制度，正确认识和处理公有制经济同非公有制经济的关系，既是一个重大经济问题，也是关系党和国家前途命运的重大政治问题。我讲这么一个问题，是要说明，领导干部特别是高级干部，必须善于从政治上观察和处理问题，绝不能单纯地就经济论经济，就业务谈业务。否则，不仅工作不可

---

① 这是江泽民在纪念中国共产党成立七十八周年座谈会上的讲话节录。标题为编者所加。

能做好,而且会给党和人民的事业带来损失。希望各级领导干部自觉从政治的高度来认识和把握自己从事的工作,保证我们的各项工作更好地沿着正确的方向发展。

（选自《江泽民文选》第二卷,人民出版社 2006 年 8 月版,第 363—364 页）

国家轻工业局 中华全国手工业合作总社《关于加强中华全国手工业合作总社建设》的通知

(1999 年 8 月 3 日)

各省、自治区、直辖市、计划单列市及部分省会市联社:

中华全国手工业合作总社(以下简称"总社")是五十年代由党中央批准成立的。四十多年来,在党中央、国务院的领导和关怀下,总社作为全国性轻工集体经济联合组织,对轻工集体经济的发展壮大,发挥了重要作用。

在当前经济体制改革深入开展时期,党中央、国务院的领导对集体经济改革、发展及总社、各级联社的建设十分关心。在全国轻工业集体企业第五届职工(社员)代表大会上,朱镕基同志代表党中央、国务院对轻工集体经济的改革和发展及总社改革与建设作了重要指示。吴邦国同志在贺信中明确指出:"总社和各级联社要加强工作,建立健全相应的管理体系和管理机构,壮大自身的实力,更好地为基层企业服务。"通过对中央领导同志重要指示进一步学习和领会,我们认为在新形势下总社及地方各级联社加强自身建设是非常必要的。

为了贯彻落实中央领导同志指示精神,更好地发挥总社在轻工集体经济改革和发展中的作用,我们加强了总社的组织建设,内设机构增设国际合作部、人事部。增设后的总社内设机构为三部一室,即,办公室、资产财务部、国际合作部、人事部。

总社加强建设后,对提高社务活动能力,壮大经济实力,强化服务,将起到积极的促进作用。现将加强建设后的总社职责印发给你们,请各级联社根据本地的实际情况,加强自身建设,以适应发展社会主义市场经济的需要,更好地为轻工集体企业服务。特此通知。

附：

中华全国手工业合作总社职责

一、总社的性质

中华全国手工业合作总社（以下简称总社）是在党中央、国务院领导下，由全国各省、自治区、直辖市联社及其它集体工业经济联合组织组成的集体所有制经济联合组织，是各级联社及其它成员单位的领导服务机构。

根据一九九三年九月七日《国务院办公厅关于印发中国轻工总会机构组建方案的通知》（国办发［1993］58号）中关于"中国轻工总会是国务院直属事业单位"，"轻工总会和中华全国手工业合作总社暂保持合署办公的形式，总社独立开展社务和经济活动"的改革方案，总社为国务院直属事业单位。

二、主要职责

根据一九九七年七月三十日，全国轻工集体企业第五届职工（社员）代表大会通过的总社章程中确定的工作任务其主要职责是：

1. 宣传、贯彻、落实党和国家对集体经济的法律、法规、方针、政策；制定总社的有关规章、制度，并督促实施。

2. 调查研究有关集体工业经济的政策性问题，向政府反映，提出解决意见；接受政府委托，参加制定有关城镇集体经济的政策法规；组织和指导集体经济理论研讨，宣传集体经济的地位作用。

3. 维护集体经济联合组织和集体企业的合法权益，向成员单位提供法律、政策咨询服务。

4. 指导成员单位深化改革，大胆利用一切能够促进集体经济发展的所有制形式，按照集体经济的性质和特点办企业，转换企业经营机制，建立现代企业制度。

5. 指导成员单位按照社会主义市场经济的要求，调整结构，推进技术进步，转变经济增长方式，实现现代化生产和集约经营，提供供销、技术、信息、教育、资金融通、咨询等各项服务。

6. 指导成员单位加强精神文明建设，开展思想政治工作，普法宣传教育，职工文化教育和职工技术培训，提高职工队伍和领导班子素质。

7. 指导和监督成员单位加强集体资产经营管理工作，保护集体资产的完整性，实现集体资产的保值增值。

8. 指导和加强联社组织建设,组织交流联社工作经验,促进地区之间集体经济和联社工作协调发展,充分发挥联社的作用。

9. 协调各级联社之间、联社与企业之间、企业与企业、企业与各有关部门之间的关系,组织成员单位开展互助合作,发展新的合作经济组织和集体企业为主的混合型企业。

10. 指导和组织成员单位办好集体福利事业。

11. 代表成员单位参加有关国际团体,开展国际经济合作和学术交流活动。

12. 兴办直属企、事业单位,独立开展社务活动和经济活动,用好用活总社资金。加强管理,提高直属企业、事业单位的经济效益和服务质量。

三、内设机构

根据上述职责,总社机关设四个内设机构:

1. 办公室:负责总社日常综合、社务及调查研究工作。

2. 资产财务部:负责总社资产财务管理。

3. 国际合作部:负责总社与国际组织联络、交往工作。

4. 人 事 部:负责总社机关及直属单位的人事管理。

（原件存中国轻工业联合会办公室文电档案处）

福建省人民政府关于做好城镇
集体企业下岗职工基本生活保障
和再就业工作的通知

(1999 年 8 月 4 日)

宁德地区行政公署,各市、县(区)人民政府,省直各单位:

为了进一步贯彻《中共中央、国务院关于切实做好国有企业下岗职工基本生活保障和再就业工作的通知》(中发[1998]10 号)、《中共福建省委、福建省人民政府关于做好国有企业下岗职工再就业和深化社会保障制度改革的通知》(闽委发[1998]9 号)文件精神,结合我省实际,现就做好城镇集体企业下岗职工基本生活保障和再就业工作通知如下:

1. 提高认识,加强领导,进一步做好城镇集体企业下岗职工再就业工作。城镇集体经济是我省公有经济的重要组成部分,在推动全省经济增长、产品出口创汇和安置劳动就业等方面作出重大贡献。但近几年来,在经济转轨和结构调整中,由于受市场变化等内外部因素影响,部分集体企业生产经营发生严重困难,下岗职工有所增多。对此,各级党委、政府应高度重视,要充分认识到,做好城镇集体企业下岗职工基本生活保障和再就业工作与做好国有企业下岗职工再就业工作一样,都是关系到职工群众的切身利益,关系到改革成败、经济发展、社会稳定和国家长治久安的头等大事。要从改革、发展、稳定的大局出发,本着"引导和扶助并举,致力于深化改革、立足于企业和职工的自身努力"的指导思想,加强领导,采取积极有效的措施,妥善加以解决。

2. 实施范围:我省行政区域内的县(市、区)以上集体企业。实施对象:实行劳动合同制度以前参加工作的原固定工、转业复员退伍军人、由国家正式分配在集体企业的原全民所有制干部身份的人员和大中专毕业生中,因企业生产经营等原因在本企业已没有工作岗位,但尚未与企业解除劳动关系,有求职意愿而没有找到新工作的职工。

对实行劳动合同制度改革后招收的职工和其他集体企业职工,劳动合同期未满而下岗的,依照《中华人民共和国劳动法》和国务院有关规定以及省人大颁布的《福建省劳动合同管理规定》,终止或解除劳动关系,并引导和帮助他们实现再就业。

3. 做好城镇集体企业下岗职工再就业工作,应立足于深化改革,大力发展集体经济。各级政府和经济综合部门要结合本地实际,因地制宜,分类指导。要认真贯彻落实《福建省人民政府关于支持小企业发展的若干意见的通知》(闽政〔1999〕5号)精神,以市场为导向,推动集体企业加快改革步伐,按照我省企业改革总体部署和集体企业性质、特点,因地制宜、因厂制宜,采取多种灵活措施,使集体企业尽快摆脱困境。要认真总结和推广各地行之有效的改革经验和做法,引导集体企业加快经济结构和组织结构调整,改造老企业,大力发展股份合作制经济和社区经济,增强活力,促进企业发展,拓宽再就业门路。同时,积极引导职工转变择业观念,走向市场,通过培训提高素质,自强自立,在国家政策扶持下,走自立创业之路。

4. 集体企业下岗职工再就业,应遵循以企业为主,政府、主管部门帮助和鼓励职工自谋职业相结合的原则进行。企业安排职工下岗时,要按照集体企业民主管理规定的程序进行。在制定下岗和再就业方案时,应公布实施办法,提出下岗职工再就业和基本生活保障措施,充分听取职代会意见,并向企业主管部门和当地劳动部门报备后方可实施。

5. 有条件的集体企业要建立下岗职工再就业服务中心或指定专门机构负责下岗职工的基本生活保障和促进再就业工作。对进中心的下岗职工,中心应与其签订基本生活保障和再就业协议,发放基本生活费,代缴养老、医疗、失业等社会保险费用,组织下岗职工参加职业指导和再就业培训,引导和帮助他们转变就业观念,提高技能,使其尽快实现再就业。鼓励下岗职工自谋职业。凡下岗职工愿意自谋职业,并与企业签订协议的,由劳动部门发给下岗职工《再就业优惠证》。集体企业下岗职工可按《中共福建省委、福建省人民政府关于做好国有企业下岗职工再就业和深化社会保障制度改革的通知》(闽委发〔1998〕9号)规定,享受与国有企业下岗职工相同的税费优惠政策。

各地还要按照国家税务总局《关于下岗职工从事社区服务业享受有关税收优惠政策问题的通知》(国税发〔1999〕43号)和中国人民银行《关于进一步改善对中小企业金融服务的意见》(银发〔1998〕278号)文件要求,认真落实国家有关税收和小额贷款等方面的优惠政策,鼓励和支持更多的下岗职工自谋职业和组织起来就业。

6. 加强再就业服务,加快劳动力市场建设。把再就业服务中心功能与劳动力市场机制紧密衔接起来。企业再就业服务中心要积极主动与职业介绍服务机构和培训实体联系,落实培训计划和岗位信息,有针对性地开展转业转岗培训和职业指导;职业介绍服务机构要根据下岗职工的求职意向和劳动力市场供求状况,提供有效的岗位信息和方便快捷的再就业服务,引导和帮助下岗职工尽快实现再就业。

7. 保障集体企业下岗职工的基本生活。保障标准在国有企业下岗职工基本生活保障标准的范围内,由各地行署、设区的市人民政府确定。保障时间最长为两年。下岗职工在协议期解除劳动关系的,可将其在协议期间内应享受的基本生活保障费用余额(指企业主管部门、社会筹集部分和同级财政给予的适当补助),作为补助企业经济补偿金,一次性发给下岗职工。下岗职工在协议期满后,应依法解除劳动关系。保障下岗职工基本生活所需资金,通过多渠道办法筹措,以企业自行筹措为主,企业主管部门、社会筹集部分和同级财政予以适当补助。集体企业下岗职工基本生活保障资金具体筹集办法和发放标准由各地行署、设区的市人民政府自行制定。

8. 完善集体企业职工社会保障制度。各类集体企业要充分认识到推进社会保障事业对于深化企业改革、促进经济发展、保障广大职工群众的基本生活、促进再就业工作都具有十分重要的意义,必须按照国家、省里的有关政策规定,参加职工养老、失业、医疗等各项社会保险,按时足额缴纳各项社会保险费,以适应社会主义市场经济的发展要求,使集体企业的劳动就业、分配、社会保障制度的改革逐步走上健康发展的轨道。劳动保障部门应根据集体企业的特点制定相应的措施,为集体企业职工投保提供服务。

集体企业下岗职工基本生活保障期满后,仍未就业的人员,凡参加了失业保险的,按《失业保险条例》依法领取失业保险金;未参加失业保险并符合条件的,按《福建省人民政府关于在全省建立和实施城市居民最低生活保障制度的通知》(闽政[1997]47号)文件规定,享受城市居民最低生活保障待遇。

9. 各级党委、政府要切实加强集体企业下岗职工再就业工作的领导,同级的国有企业下岗职工基本生活保障和再就业工作领导小组及其办公室,要统筹负责集体企业下岗职工再就业工作的指导和组织协调,以确保工作的顺利进行。

10. 各地区行署、各设区的市人民政府可根据本通知精神,结合本地实际,制定具体实施办法。

（原件存福建省人民政府办公厅）

北京市城镇企业实行股份合作制办法

（1999 年 10 月 20 日　北京市人民政府令颁布）

第一章　总　　则

第一条　为规范实行股份合作制企业的组织和行为,促进城镇股份合作企业的发展,结合本市实际情况,制定本办法。

第二条　本市城镇集体企业、中小国有企业实行股份合作制,均适用本办法。

第三条　本办法所称股份合作制,是指以合作制为基础,实行以企业职工的劳动联合与资本联合为主的企业组织形式。

城镇企业依照本办法实行股份合作制而成立的企业,称为城镇股份合作企业。

第四条　城镇企业实行股份合作制应当遵循下列原则:

(一)自愿入股,同股同利;

(二)企业财产实行共同共有和按份共有,利益共享,风险共担;

(三)按劳分配与按股分红相结合;

(四)实行民主管理。

第五条　城镇股份合作企业依法取得法人资格,享有由股东出资形成的全部法人财产权,依法享有民事权利,独立承担民事责任。

城镇股份合作企业实行独立核算,自主经营,自负盈亏,并以其全部法人财产对企业的债务承担责任;股东以其出资额为限对企业承担责任。

第六条　城镇股份合作企业的财产、合法经营活动和合法权益受法律保护,任何单位和个人不得侵犯和干涉。

第二章　企业的设立

第七条　城镇企业实行股份合作制,国有企业应当经出资主体同意,集体企业应当经职工(代表)大会和有关出资者同意。

实行股份合作制的城镇企业,必须对企业现有资产进行清产核资,并进行资产评估和产权界定。

第八条　产权界定应当由企业、出资主体、主管部门会同有关部门委托律师事务所依照国家规定进行。企业应当将产权界定结果,报同级人民政府国有资产管理部门或者授权部门确认,并按规定办理产权登记手续。

第九条　资产评估应当由具有资产评估资格的机构出具资产评估报告;企业应当将国有资产的评估结果,按照管理权限报国有资产管理部门确认。

对具有资格的资产评估机构出具的企业资产评估结果,任何单位和个人不得以不正当理由不予承认,法律另有规定的除外。

第十条　城镇企业实行股份合作制,原有国有资产可以作为借入资金,也可以由企业职工出资购买或者实行融资租赁。作为借入资金的,由企业按照规定向资产所有者缴纳资金占用费;实行融资租赁的,由企业按照租赁合同在规定年限内向出租方缴纳租金。企业根据实际情况,对集体资产的处置可以参照上述规定执行。

城镇企业实行股份合作制,原属于职工个人的奖金节余、工资储备基金,可以转入成立后的股份合作企业,继续用作支付职工奖金和工资,或者折成职工个人股份。

第十一条　城镇企业实行股份合作制,按照下列规定审批:

(一)市属企业,须经市级主管委、办、局或者授权的控股(集团)公司或者集团公司批准。

(二)区、县属企业,须经区、县体改部门或者政府授权部门批准。

(三)中关村科技园区所属高新技术企业,由园区管理委员会审查批准。

第十二条　实行股份合作制的城镇企业应当向审批部门提供下列文件:

(一)申请报告。

(二)实施方案。

(三)企业章程。

(四)职工(代表)大会的有关决议或者出资者意见。

(五)产权归属证明。

(六)由具有资产评估资格的机构出具的企业资产评估报告;涉及国有资产的,应当提交国有资产管理部门出具的评估确认书。

(七)审批部门要求提供的其它有关文件。

审批部门应当在接到企业申请文件之日起30日内,作出批准或者不批准的决定。

第十三条　城镇企业实行股份合作制,应当按照本办法的规定制定企业章程,并应当经股东和职工(代表)大会通过。

企业章程应当载明下列事项:

(一)企业名称和住所;

(二)企业的经济性质;

(三)企业的宗旨和经营范围;

(四)企业注册资本;

(五)股东的出资方式和出资限额;

(六)股东的姓名或者名称;

(七)股东和非股东在职职工的权利和义务;

(八)股份取得、转让的条件和程序;

(九)企业的组织机构及其产生的办法、职权、议事规则;

(十)企业法定代表人及其产生程序、任职期限和职权;

(十一)财务管理制度,利益分配和亏损分担办法;

(十二)劳动管理、工资福利、社会保险等规定;

(十三)企业的解散事由和清算办法;

(十四)企业章程修订程序;

(十五)需要明确的其他事项。

第十四条　经批准实行股份合作制的城镇企业,在筹备工作结束后,应当依法向工商行政管理机关申请办理变更登记或者注册登记,并到有关部门办理其他相应变更手续。

第十五条　实行城镇股份合作制的企业,其生产经营活动未发生重大变化的,在实行股份合作制以前已经取得的生产许可证、经营许可证和行业资质、等级证继续有效;企业成立后,应当及时到有关主管部门办理备案手续。

第十六条　城镇股份合作企业可以根据企业发展的规模和需要设立分支机构,或者对外投资成立其他经济组织。

第三章　股权设置

第十七条　城镇股份合作企业(以下简称企业)的股东可以用货币出资,也可以用实物、工业产权、非专利技术和土地使用权作价出资。

鼓励企业、事业单位、其他经济组织和个人以高新技术成果作为投资入股。

第十八条　企业可以设置职工个人股、集体共有股以及社会法人股和社会个人股,但不得违反国家法律、法规的规定。

企业应当根据实际情况设置股权,并在企业章程中明确规定。

（一）职工个人股,是指本企业职工以其合法财产或者专有技术等无形资产折价投入形成的股份。职工个人股股权归职工个人所有。职工个人股股东称职工股东。

（二）集体共有股,是指城镇集体企业实行股份合作制时,划归企业劳动群众集体共同共有的资产折股形成的股份,其股权由股东和职工（代表）大会授权的机构持有。

（三）社会个人股,是指非本企业职工的个人以其合法财产或者专有技术等无形资产折价投入形成的股份,其股权归该个人所有。

（四）社会法人股,是指本企业以外的具有法人资格的企业、事业单位、社会团体以及其他经济组织,以其合法可支配的资产向企业投资形成的股份,其股权由该法人持有。

第十九条　企业职工有权按照企业章程的规定认购股份。企业应当在章程中规定每个职工认购股份数额的上限和下限,规定企业经营者和生产经营骨干认购的股份数额。

职工个人股和集体共有股的股本总额应当在企业总股本中占主体,所占比例不得低于企业总股本的51%。特殊情况,经股东和职工（代表）大会三分之二以上股东同意,可以适当降低。

第二十条　企业不印制股票,由企业向股东出具股权证书,作为出资凭证和分红依据。股权证书应当载明下列事项：

（一）企业名称；

（二）企业登记日期；

（三）企业注册资本；

（四）股东的姓名或者名称、缴纳的出资额和出资日期；

（五）股权证书的编号和核发日期。

股权证书由企业加盖印章。

第二十一条　社会法人股和社会个人股股东应当与职工股东同股同利,其具体权利和义务,由企业在章程中作出明确规定。

第二十二条　企业中暂不入股的非股东职工,待企业增资扩股时可以再出资入股。

企业应当在章程中明确规定非股东职工的权利和义务。企业不得以职工未入股为由与其解除劳动合同。

第二十三条　企业登记成立后,股东不得抽回出资或者退股。

第二十四条　职工个人股只得在本企业职工之间转让。

社会法人股和社会个人股转让,必须经股东和职工(代表)大会半数以上的股东和职工同意,并办理过户手续;在同等条件下,企业职工有优先购买权。职工购买的经转让的社会法人股和社会个人股,转为职工个人股。

各类股份的转让一律以股权证书为依据。

第二十五条　企业职工股东退休、调出、辞职或者被辞退、除名以及死亡的,其所持股份可以转让给其他职工,企业也可以按照章程规定,用法定公积金或者未分配利润收购,并依照股权比例分配给其他股东。股份转让和收购的价格由双方协商确定。

企业的法定代表人在任职期间和离开本企业后的第一个会计年度内,其所持有的股份不得转让,期间的收益分配方案由企业章程规定。

第四章　组织机构

第二十六条　企业实行股东大会和职工(代表)大会合一的制度,股东和职工(代表)大会是企业的权力机构。

股东和职工(代表)大会行使下列职权:

(一)决定企业经营方针和投资计划;

(二)选举和更换董事,并决定其报酬事项;

(三)选举和更换监事,并决定其报酬事项;

(四)审议批准董事会报告;

(五)审议批准监事会的报告;

(六)审议批准企业的年度财务预算方案、决算方案;

(七)审议批准企业的利润分配方案和弥补亏损方案;

(八)对企业增加、减少注册资本,以及合并、分立、破产、解散和清算等事项作出决议;

(九)修改企业章程;

(十)企业章程规定的其他职权。

第二十七条　股东和职工(代表)大会由企业的法定代表人召集。股东和职工(代表)大会分为定期会议和临时会议。定期会议应当按照企业章程的规定按时召开。有下列情形之一的,应当召开临时会议:

(一)25%以上的股东和职工请求时;

(二)持有30%以上股份的股东请求时;

(三)三分之一以上的董事或者监事提议时。

第二十八条 股东和职工(代表)大会采取一人一票与一股一票相结合的表决方式。

对本办法第二十六条第(二)项、第(三)项中除选举和更换董事、监事外,以及第(四)项、第(五)项、第(七)项和第(十)项进行表决的,应当采用一人一票方式;作出的决议,必须经半数以上股东和职工通过。

对本办法第二十六条第(九)项进行表决的,应当采用一人一票方式;作出的决议,必须经三分之二以上的股东和职工通过。

对本办法第二十六条第(一)项、第(二)项和第(三)项中的选举和更换董事、监事以及第(六)项、第(八)项进行表决时,应当采用一股一票方式;作出的决议,必须经持有三分之二以上股份的股东通过。

股东和职工(代表)大会可以根据企业实际,对本办法第二十六条所列事项的表决方式作适当修改,并在企业章程申明确规定。

第二十九条 规模较大的企业应当设立董事会。董事会的人员组成、产生方式和职责范围等由股东和职工(代表)大会确定。董事会负责股东和职工(代表)大会闭会期间的工作,直接向股东和职工(代表)大会负责。

董事会行使下列职权:

(一)决定召开股东和职工(代表)大会并向大会报告工作;

(二)执行股东和职工(代表)大会的决议;

(三)审定企业发展规划、年度生产经营计划;

(四)审议企业的年度财务预、决算方案,利润分配方案和弥补亏损的方案;

(五)制定企业增、减注册资本方案;

(六)制定企业分立、合并、终止的方案;

(七)聘任和解聘包括经理、会计主管人员等管理人员,决定其报酬及支付办法;

(八)企业章程规定的其他职权。

前款第(七)项规定的职权,在未设董事会的企业,由股东和职工(代表)大会行使。

第三十条 企业应当设立监事会或者监事,直接向股东和职工(代表)大会负责,对董事会及其成员以及企业经理等管理人员行使监督职责,并向股东和职工(代表)大会报告工作。

董事、经理和财务负责人不得兼任监事。

监事会或者监事行使下列职权:

(一)检查企业财务;

（二）对董事、经理执行职务时违反法律、法规或者企业章程的行为进行监督；

（三）要求董事、经理纠正其损害企业利益的行为；

（四）提议召开临时股东和职工（代表）大会；

（五）列席董事会会议；

（六）企业章程规定的其他职权。

第三十一条　企业设董事会的，董事长为企业的法定代表人；未设董事会的企业，可以设一名执行董事，执行董事为企业的法定代表人。执行董事可以兼任企业经理。

执行董事的职权，应当参照本办法第二十九条由企业在章程中规定。

第三十二条　企业的经理（厂长）负责企业日常的经营管理工作，行使下列职权：

（一）主持企业的生产经营管理工作，组织实施董事会决议；

（二）组织实施企业年度经营计划和投资方案；

（三）拟定企业内部管理机构设置方案；

（四）拟定企业的基本管理制度；

（五）除应由董事会聘任或者解聘的人员以外，提请聘任或者解聘企业副经理等管理人员；

（六）企业章程和董事会赋予的其他职权。

经理（厂长）应当定期向董事会以及股东和职工（代表）大会报告工作，听取意见，接受监督。

第三十三条　董事、经理（厂长）、监事违反法律、法规、规章或者企业章程规定，应当承担相应的法律责任；给本企业或者股东造成损害的，应当承担赔偿责任。

第五章　收益分配

第三十四条　企业应当依法建立健全财务、会计、统计制度，按期报送财务会计报表，并定期向股东报告财务收支状况，接受监督。

依据企业会计准则，实行两则两制的企业，年度财务决算的报表，原则上应经中介机构审核，并附有注册会计师的审计报告。

企业应当在每一会计年度终了时制作财务会计报告，并于召开股东和职工（代表）大会的 20 日以前置备于企业，供股东查阅。

第三十五条　企业依法缴纳所得税后的利润，除国家另有规定外，按照下列程序分配：

（一）被没收的财物损失，支付各项税收的滞纳金和罚款。

（二）弥补企业以前年度亏损。

（三）按税后利润的 10％ 提取法定公积金；当法定公积金达到注册资本 50％ 时可不再提取。

（四）按税后利润的 5％ 至 10％ 提取法定公益金。

（五）按照企业章程规定或者股东和职工（代表）大会决议，提取股东积累公积金。

（六）提取劳动分红基金。

（七）向股东支付股利或者配（送）股。

企业前一年度未分配的利润，可以并入下一年度分配。

第三十六条　集体共有股分得的股利，一般按照下列方式进行分配：

（一）一部分分配给在职职工；

（二）一部分用作原企业离退休人员费用；

（三）一部分作为企业劳动分红。

具体分配办法由股东和职工（代表）大会决定。

第三十七条　企业当年无利润时，一般不得分配股利。企业无利润或者税后利润不足以支付股利时，不足部分由以后年度的税后利润弥补。经股东和职工（代表）大会通过，可以用往年结转的未分配利润或者法定公积金分配股利。

第三十八条　获得股金红利的个人应当依法缴纳个人收入所得税，并由企业代扣代缴。

第三十九条　企业的公积金主要用于弥补亏损、转增股本、发展生产等。

法定公积金转为企业资本时，所留存的该项公积金不得少于注册资本的 25％。

第四十条　企业公益金用于本企业职工的集体福利。

第四十一条　企业发生年度亏损时，应当按照国家规定用以后年度利润弥补，不足的部分，依次以公积金、集体共有股金、职工个人股金、社会个人股金和法人股金进行补偿。

第四十二条　企业应当按照规定参加职工失业、医疗、养老保险和住房公积金等社会保险，逐步扩大集体福利。

第六章　变更与清算

第四十三条　企业的合并与分立必须由股东和职工（代表）大会作出决议，

并通知债权人。

第四十四条 企业合并与分立,应当按照有关规定由合并或者分立各方签订协议,明确划分资产,清理债权、债务。原企业的债权债务由合并或者分立后的企业承担。

第四十五条 企业发生合并与分立时,应当到工商行政管理部门办理设立、变更或者注销登记;涉及国有法人股发生变动的,应当先到国有资产管理部门办理国有资产产权登记或者变更手续。

第四十六条 企业因解散、被依法撤销、宣告破产或者其他原因而终止的,应当按照国家有关规定成立清算组织,进行清算和债权债务的清偿工作。

清算结束后的剩余财产,按照股东所占股份的比例进行分配;其中集体共有股分得的财产,应当由政府授权的专门机构负责,用于原企业职工的失业、养老保险等事项,专款专用。

第四十七条 企业终止清算结束后,清算组织应当提出清算报告,经批准登记注册的会计师事务所、审计事务所或者资产评估机构验证后,到原产权登记和注册登记机关办理注销登记手续,并予以公告。

第七章 附 则

第四十八条 事业单位实行股份合作制的,参照本办法执行。

第四十九条 本办法执行中的具体问题,由市经济体制改革委员会负责解释。

第五十条 本办法自发布之日起施行。1994 年 7 月 25 日市人民政府发布的《北京市股份合作制暂行办法》(1994 年第 14 号令)同时废止。

（本文选自国家经贸委中小企业司主编:《中小企业政策法规指导与实践》,工商出版社 2002 年 10 月版,第 255—261 页）

中国人民银行关于加强和改进对中小企业金融服务的指导意见

（1999 年 11 月 17 日）

为切实加强和改善对中小企业的金融服务，积极支持中小企业健康发展，根据党的十五届四中全会精神，现就进一步做好对中小企业金融服务工作提出如下意见：

一、进一步强化和完善对中小企业的金融服务体系。各商业银行要充分认识小企业在国民经济发展中的重要地位和作用，健全和强化小企业信贷部，充实信贷管理队伍，加强对小企业信贷业务的领导；国有商业银行要充分发挥大银行在网点、资金、技术、管理和信息方面的优势，进一步完善对小企业的金融服务。城市商业银行要按照市场定位要求，切实办成为小企业服务的主体。城市信用社、农村信用社要真正办成农民、个体工商户和小型企业入股，由入股人实行民主管理，主要为股东服务的综合组织，对股民贷款可不实行抵押和担保。

要积极扶持小金融机构的发展。对经营状况良好的小金融机构，人民银行要在再贷款、再贴现和发行金融债券等方面予以支持；对目前暂时处于支付困难、但短期内有望扭亏为盈的中小金融机构，人民银行也可以予以一定的再贷款支持。

二、改进小企业信贷工作方法。各金融机构要与小企业建立稳定的联系制度，设置专职信贷员定期深入企业开展调查研究，及时掌握当地小企业生产、销售和资信情况，设置小企业档案和项目储备。依据企业用款总量、进度和发展需求，合理制定和下达资金运营计划，及时足额解决小企业的合理贷款要求。

要逐步探索建立小企业信贷评估、审批和贷款制度，借鉴国外信用评分办法，将小企业资信与小企业经营者个人信用相结合发放贷款。还要积极研究开发适应小企业发展的信贷品种，报人民银行批准后实行。

三、完善信贷管理制度。要根据小企业的经营特点，及时完善授权授信制度，合理确定县级行贷款审批权限，减少贷款审批环节，提高工作效率。对有市场发展前景、信誉良好、有还本付息能力的小企业，要适当扩大授信额度，并可试办非全额担保贷款。对信用等级连续三年在 2A 级以上的小企业的小额贷款，经严格的审批程序，可适当发放信用贷款。

完善商业银行内部管理方法，健全基层信贷员贷款责任制。在强调防范风险、明确责任的同时，建立相应的贷款激励机制，做到责权明确、奖惩分明。对不良贷款的历史成因要客观分析，对新增贷款要实事求是地提出质量要求。

四、积极支持科技型小企业的发展，促进小企业的技术进步。各金融机构要按照国家有关部门发布的产业发展政策，对科技型小企业推广技术成熟、具有良好市场前景的高新技术产品和专利产品项目，对积极运用高新技术成果进行技术改造的小企业，只要还款有保障，要积极发放贷款支持。各级金融机构要改变现行对科技开发贷款、技术改造贷款、流动资金贷款分别评审、发放的方式，在审定贷款项目时，可将上述各类贷款通盘考虑，统筹安排。在审定总结经验的基础上，对运作规范、经营良好的融资租赁和设备租赁公司开展小企业改必设备租赁业务，金融机构可给予必要的信贷支持。适当扩大出口信贷业务范围，对国家鼓励的高新技术产品出口可采取卖方信贷，也可在符合贷款条件的前提下办理买方信贷业务。

五、支持再就业安置工作。对有能力吸纳国有企业下岗职工的小型企业和个体经济组织，各金融机构要积极发放小额贷款，小额贷款的评估、审批、担保方式可适当简化、灵活；对下岗职工自办或联合创办的小型经济实体，只要企业属于合法经营、有发展前景、自筹资金比例不低于项目投资的 30% ，可适当降低贷款担保比例。贷款期限可根据企业的生产周期和还贷能力由银企双方协商议定。

六、支持小企业为大中型企业提供配套服务及参与政府采购生产。对为大中型企业生产配件或提供加工、营销等配套服务的小企业，只要有大中型的生产订单、合作协议或有效委托合同，大中型企业有担保或还款承诺，金融机构贷款条件可适当放宽，对其合法的商业票据和有效付款凭证，金融机构要积极办理票据承兑和贴现。

七、支持商业、外贸及新兴领域企业的发展，适当扩大贷款范围。对以仓储、配送、分销等为主要内容的物流服务型小企业，对为小企业销售和进出口服务的商业、外贸企业，只要有经银行认可的信用证、承况兑票或以库存货物作抵押的，都可以给予贷款支持。对符合贷款条件，具有还本付息能力的旅游、城镇社区服务及音像、出版、新闻、文化、教育、卫生、体育等新兴产业领域的小企业，各金融机构也要及时发放贷款支持，积极培育新的经济增长点。

八、支持建立小企业社会化中介服务体系。各金融机构要积极配合政府有关部门,探索建立多种形式、多层次的社会化中介服务体系,特别是小企业贷款评估、担保体系;条件成熟的地方可借鉴国际先进经验,设立小企业辅导中心,为小企业加强信息交流和技术合作提供必要的帮助;要配合担保机构合理确定担保基金的担保倍数;对经社会担保机构承诺担保的小企业发放贷款,可适当简化审贷手续,贷款利率不得上浮。

九、密切关注贷款投向,加强贷款管理。各金融机构支持小企业的发展,既要简化手续,提高工作效率,又要切实加强对新增贷款的管理,保证贷款质量;要配合落实贷款责任制,建立有效的贷后跟踪检查制度;要严格执行国家有关部门发布的《淘汰落后生产能力、工艺和产品的目录》和《当前工商领域禁止投资目录》,对于利用淘汰设备、技术落后、质量低劣、污染严重、浪费资源、没有发展前途、国家明令关停的小企业不得发放贷款;对于利用改制或优化投资组合之名逃废银行债务或不守信用、长期恶意拖欠银行贷款本息的小企业,可予以同样制裁;要通过加强风险有机结合起来,充分调动基层金融机构和基层信贷人员的工作积极性,为小企业健康发展创造良好的金融环境。

十、加强对金融机构改进小企业服务的引导和督促。人民银行各分支行要及时调查研究辖区内的小企业发展状况,认真分析小企业信贷需求情况,按照总行的信贷政策要求,提出辖区内的小企业信贷规划和改善小企业金融服务的目标,对辖区内金融机构改进小企业金融服务的情况进行定期检查,其检查结果要列入对金融机构的考核报告。要积极引导金融机构与政策有关部门和小企业之间的联系沟通,改善银企关系,加强银企合作。要积极组织金融机构研究金融创新,提出建议报人民银行总行批准后组织实施。

(选自国家经贸委中小企业司主编:《中小企业政策法规
指导与实践》,工商出版社 2002 年 10 月版,第 238—240 页)

坚定信心　深化改革　促进发展　再创辉煌①

（1999 年 12 月 9 日）

陈士能

一、贯彻落实总社五届二次理事会工作任务的情况

今年 1 月 11 日，在总社五届二次理事会上，我作了题为《深化联社改革　加强联社建设　放开搞活企业　壮大经济实力　努力开创集体经济工作的新局面》报告，对 1999 年的工作做了部署，提出了四项任务：一是继续深化联社改革，加强联社建设，充分发挥联社在新时期的作用；二是进一步解放思想、转变观念、放开搞活企业；三是继续抓好清产核资，探索联社资产有效的管理和运营形式，增强经济实力；四是总社的主要工作，即明确总社法人性质；加强总社资产运营、壮大总社经济实力；筹建总社资产经营机构；充实、加强总社职能部门，强化总社服务功能。总社五届二次理事会后，总社和各级联社坚定信心、克服困难，认真落实会议所确定的工作任务，在深化改革、加强建设、搞活企业、增强实力及为成员单位服务等方面做了大量积极有效的工作，取得了一定的成绩。

（一）总社所做的主要工作

1. 下发了《关于加强联社建设，深化联社改革，防止联社资产流失的通知》。针对省市即将进行政府机构改革这一情况，为了防止联社这一组织随着轻工行业管理部门的变动而撤销，防止集体资产随着政府机构改革而流失，总社于 1999 年 3 月 29 日下发了《关于加强联社建设，深化联社改革，防止联社资产流失的通知》，重申了总社和各级联社是五十年代手工业合作化时期分别经党中央、国务院和地方各级党委政府批准设立的轻工集体企业联合经济组织这一性质；重申各级联社要加快改革步伐，明确法人性质，进行法人登记，逐步做到政社分开，并增强经济实力；重申在机构改革中依法维护集体资产的合法权益，切实保障联社资产的完整性和有效性。这一文件的下发，对稳定联社机构，防止集体

---

① 这是陈士能同志在中华全国手工业合作总社第五届理事会第三次会议上的工作报告。

资产流失起到了一定的作用。

2. 明确了总社事业法人性质，向法人登记迈出了关键性的一步。随着社会主义市场经济的发展和体制改革的不断深化，出于总社自身发展的需要，总社进行法人登记势在必行。3 月 19 日，总社召开了五届二次主任办公会，确定总社应明确为事业法人。其依据是：首先，总社是五十年代经党中央、国务院批准成立的全国集体企业联合经济组织，在当前机构改革中明确为事业法人符合国家大力发展集体经济的方针；其次，从总社的工作任务看，总社的宗旨是为地方联社和集体企业服务，包括政策、科技、教育、信息、国际合作等方面的综合性服务，这与事业单位的组织性质基本一致；再次，事业单位可以兴办营利性经营组织，这将有利于总社发展实业，壮大经济实力，搞好总社自身建设。在确定了总社法人性质后，我们随即进行事业法人的登记工作，于今年 5 月 10 日领取了事业法人代码证书，法人代表是总社主任也即本人。按照 1998 年 10 月 25 日国务院颁布的《事业单位登记管理暂行条例》规定，国务院机构编制管理机关和县级以上地方各级人民政府机构编制管理机关是本级人民政府的事业单位登记管理机关。目前，中央编制委员会办公室正在筹办登记管理中心，中央级事业单位正式登记工作尚未进行。总社取得代码登记，为下一步在中编办进行事业法人登记奠定了基础，向法人登记迈出了关键性的一步。

3. 总社房地产产权界定工作有了进展。由于历史的原因，总社的房地产产权均被错位登记为国有资产。为维护总社资产的合法权益，解决被错位登记的产权变更问题，今年 3 月成立了以杨志海副主任为组长、有关司局为成员单位的领导小组，并抽调专人承办此项工作。按照先易后难的原则，经过大量、细致、艰苦的工作，目前国务院机关事务管理局已正式行文，同意将其中的两处房产产权变更为总社产权，正在办理具体变更手续。至此，总社被错位登记的房地产产权的变更工作有了一定的进展。

4. 将总社的改革提上了议事日程，经总社主任办公会研究，确定了总社组织机构的改革方案。国家轻工业局、中华全国手工业合作总社下发了《关于加强中华全国手工业合作总社建设的通知》，明确了总社的组织机构为一室三部，即总社办公室、资产财务部、国际合作部、人事部，规定了各室部的职责，对提高社务活动能力，壮大经济实力，强化服务功能起到了积极的作用。

5. 着手组建资产运营机构。为了壮大总社的经济实力，实现总社资产的保值增值，将总社原有的独资公司改组为资产运营总公司，把总社现有的优良资产和流动资产进行集中管理、统一经营，使其不断发展壮大，并逐步向集团公司发展。同时，下发了《中华全国手工业合作总社借款转投资实施办法》、《中华全国手工业合作总社借款核销实施办法》,清理总社借款,已收回欠款440万元。

6. 努力开拓社务活动。于今年6月份召开了全国联社办公室主任会议,9月份协调组织了全国城市联社集体经济研讨会,沟通情况,交流经验,推荐改革典型,坚定发展信心。11月中旬召开了部分理事、常务理事和老同志、专家参加的联社工作座谈会,就当前总社、联社和集体企业面临的热点和难点问题,开展调查研究,组织研讨活动,探讨了改革和发展的新思路;在《中国集体经济》和《联社动态》上大力宣传集体经济改革和发展的典型经验,推动集体经济的发展;总社法律顾问组积极为各级联社和集体企业提供咨询服务,在维护集体资产的合法性和完整性上发挥了一定的作用。

7. 加强集体资产管理,为联社和企业提供服务。制定了"轻工集体资产评估规范",建立联社评估队伍;积极向国家税务总局争取落实了轻工集体企业管理费税前列支政策;实施轻工集体经济效益二十强企业财务联席会议制度,总结提高集体企业财务管理水平;与民生银行共同召开扶持轻工集体企业座谈会,争取金融行业对集体企业符合条件的项目给予支持。

8. 参加了由财政部、国家经贸委、税务总局等部门制定的《关于城镇集体企业改革与发展的若干意见》的起草和修订工作,争取有利于联社和集体企业的政策条款。

(二)地方联社所做的主要工作

1. 积极传达贯彻总社五届二次理事会精神,认真研究确定了今年的工作目标和任务。福建省二轻联社于春节前召开了全省二轻局长、联社主任会议,研究确定了今年五项主要任务,一是研究体改方案,稳定联社机构;二是开展企业改制专题调研,指导集体企业深化改革;三是加快经济结构调整,积极开拓内外市场;四是盘活资产壮大实力,增强联社服务功能;五是促进下岗人员再就业,保持职工队伍稳定。黑龙江省二轻联社召开了省四届二次理事会、新疆维吾尔自治区联社召开了区五届三次理事会,研究确定了在深化联社改革、加强联社建设、壮大经济实力、搞活企业、拓宽服务功能等方面的具体工作任务。江苏省联社召开了全省联社办公室主任暨财务科长联席会议,研究了省联社资产管理的意见,讨论了联社组织如何在机构改革中保持稳定发展以及联社今后改革的方向和方法等问题。

2. 积极探索适合联社自身发展的改革新路子。随着市场经济的发展和机构改革的深入,长期以来政社合一的管理体制已不相适应。省市即将进行的政府机构改革,促使各地将联社改革提到了重要的议事日程,作为头等大事来抓。为了稳定联社机构,加强联社建设,黑龙江、吉林、河北、安徽、贵州、青海、云南等省和内蒙古自治区联社相继转发了总社[1999]2号文,并提出了具体要求。各地联社积极探索适合自身发展的改革新路子。厦门市在机构改革中撤销了二轻局,成立了厦门市集体工业管理局,作为市经发委下设的二级局,专司集体经济的管理,同时保留了市二轻集体企业联社,实行"政社分开,政资分开"的原则。1992年该联社已定位为企业法人。为加大联社独立开展社务和经济活动的力度,建立了独立稳定的工作机构,即社务部、产权部、财务部和法律事务室,工作人员通过双向选择、竞争上岗、群众评议和组织考核后聘用入岗。在搞好自身建设,切实加强联社工作,充分发挥联社的职能,做好为基层企业的服务工作,更好地运营联社本部的集体资产等方面,也都取得较好成效。湖北、安徽等省联社在今年上半年先后进行了事业法人登记,湖北省联社还争取到了28个事业编制。甘肃省联社与省二轻工业总公司合署办公。两块牌子,一套班子,在目前省级机构改革方案尚未明朗的情况下,省联社和总公司不等不靠,制定了两步实施的改革思路,第一步实施并逐步完善二轻工业集团,第二步恢复联社的法人实体地位。以上这些省市联社改革的思路和模式,为各地联社改革提供一些信息,可以作为参考和借鉴。

在探索联社自身改革发展方面,浙江和广东联社先行了一步。浙江省联社是全国联社改革起步较早的联社之一,目前又率先针对联社及集体企业进一步深化改革出现的深层次的问题,提出了联社和集体企业改革的新思路和措施。广东省是全国最早实行"政社分开"的省份之一,1995年在省级党政机构改革中,省二轻厅退出政府行政序列,行业管理职能移交给轻纺厅。省联社实现政社分开后,一度曾出现机构不稳、属性不清、职责不明、手段不济、经费不足等问题。面对挑战,广东省二轻联社不怨天尤人、不消极等待,锐意改革,推进组织建设,加强资产管理,探索为成员单位服务的有效形式,为联社适应新时期改革,探索出了一条路子。他们的经验可以概括为:实施政社分开,保持稳定;深化联社改革,确立主导地位;加强资产管理,重塑纽带关系。发展直属企业,确保经济自主;探索服务形式,拓宽发展空间。这次会上,浙江省联社和广东省二轻联社都提供了专题材料,希望大家认真研究借鉴。

3. 加强了服务功能,为企业排忧解难。各地联社在深化联社改革、增强自身经济实力的同时,注意加强对企业和成员单位的服务。广州市联社一方面强化自身的经济活动、壮大经济实力,另一方面扶持和帮助集体企业、为企业提供有效的服务。他们针对目前集体企业的状况和自身的能力,发扬互助合作精神,注意对困难企业特别是困难企业的职工给予必要的经济扶持,减免上交联社管理费和应上交的利润,提供企业临时应急资金,近两年共减免和拨付资金314万元,为企业排忧解难。同时还积极为企业提供政策咨询和业务指导,维护企业的合法权益。北京市手工业生产合作联社采取多种措施为企业排忧解困,如帮助困难企业借支生活费达18万元,解决了2586名集体企业职工进入再就业托管中心问题,联社资金调剂中心为困难企业借款额度达635万元,联社法律服务部为企业提供法律服务,在企业依法经营、避免经济损失等方面起到十分重要的作用。福建省联社花大力气搞好再就业服务,帮助下岗职工解决生活困难。他们在广泛征求各地联社和集体企业意见的基础上,会同省劳动厅组织专家进行研讨、论证,于今年7月经省政府审定下发了《福建省人民政府关于做好城镇集体企业下岗职工基本生活保障和再就业工作通知》,从政策上指导全省城镇集体企业抓紧做好下岗职工基本生活保障和再就业工作。据不完全统计,去年至今,全系统县以上集体企业共分流安置了5626名下岗人员,自谋职业及实现再就业达8073人,为下岗职工发放了2596万元生活费,缓解了就业压力和职工生活困难。

4. 推进了集体企业的改革。各地联社在推进集体企业改革中做了大量工作。大连市联社探索以多种形式推进集体企业产权制度的改革,他们针对系统内集体企业的现状,从有利加强经营管理和提高经济效益的目标出发,采取多种形式的企业产权制度改革。一是下放一批,在保证联社资产不流失的前提下,将部分中小企业先后移交县(市)区管理;二是出售一批,有些企业在严格资产评估、产权界定、经营者资格审查的基础上由个人出资买断;三是实行股份合作制一批,选择产品有市场、管理有一定基础、经济效益好的企业进行股份制改革试点。通过上述工作,进一步明晰了企业产权关系,调动了经营者和劳动者的积极性,企业的经济状况已初见好转。武汉市联社提出了"四个放开,两个推进"的方针,即:所有制形式、经营方式、分配方式、产权流动放开;推进大中型企业建立现代企业制度,推进中小企业建立股份合作制。在企业制度创新过程中,进一步破除"二国营"的模式,推进集体经济与其他经济包括私营经济的相互渗透、相互融合逐步形成以公有制为主的、混合所有制经济为主体的所有制结构。安徽省联社在推进集体企业改革中,重点抓了三种形式,一是积极推行股份合作制,针对合作制企业中普遍存在的"股权平均化"的现象,拉开职工持股额的比例,使大股向优秀科技人员和经营管理人员集中,形成有效的风险机制和利益机制,全系统改制企业吸纳职工个人股金约3亿元;二是充分发挥企业集团的带动作用。几年来,全系统已组建各类企业集团近40个,通过兼并、参股等方式把一些中小集体企业纳入集团的生产经营和管理体系,盘活了大量存量资产,带动了一大批中小企业的发展;三是拓宽融资渠道,搞好资本运营。国风集团通过兼并、收购、控股、合资、参股等多种形式的资本运营,使企业获得超常发展,目前总资产已达 12 亿元。荣事达集团在与香港、日本、美国的成功合资后,去年一次性向国内民营企业出售股本 1960 万元,成立了轻工系统首家集体企业与民营企业合资的股份公司。

总之,在总社五届二次理事会后的一年里,总社及各地联社做了大量的工作,取得了一定的成绩。总社机关的同志克服困难,努力进取,在改革和发展上作了大量艰苦的工作,取得了一些突破性进展。各地联社在政府机构即将改革、成员单位面临较大困难的情况下,统一思想,加大改革力度,积极争取政府有关部门的支持,为促进全国轻工集体经济的发展做出了重要贡献。我们可以说,通过总社和各级联社的共同努力,我们较好地完成了五届二次理事会提出的任务和目标。

二、关于 2000 年联社工作的部署和要求

明年是我国经济实现"九五"计划的最后一年,也是迈向新世纪的关键一年。轻工业集体经济是轻工业工作的重要组成部分,其任务繁重而艰巨。我们提出 2000 年工作的指导思想是:高举邓小平理论伟大旗帜,全面贯彻党的十五大、十五届三中、四中全会和中央经济工作会议精神,进一步落实全国"五代会"和全国轻工业工作会议所确定的各项工作任务,认清形势,坚定信心,开拓进取,深化联社改革,加快政社分开;强化联社职能、壮大经济实力;开创联社工作的新局面;为促进轻工集体经济发展做出新贡献。

(一)认清形势,坚定信心,深化联社改革,加快政社分开

当前,联社面临的首要任务是解决生存问题,其次才是发展和壮大。统一思想认识,是加强联社建设,发挥联社作用,搞好总社和各级联社工作的前提。随着政府机构改革的不断深化,省市一级的轻工行政管理部门相继撤销或划转,联社原有的合署办公的依托不复存在。联社还要不要存在? 现在的认识并不一致。我们应当从两个方面来看这个问题。一方面应该看到,联社是合作化时期发展起来,带有计划经济时期形成的习惯和传统,长期依附于同级政府部门,多次机构兼并和平调财产造成的损失,严重削弱了联社的经济实力和活力。另一方面,我们应该肯定,联社经过几十年的发展,积累了一大批集体资产,创建了许多直属的生产经营企业,聚集和锻炼了一支熟悉集体经济并且富有敬业精神的干部职工队伍,还建立了县以上各级的全国性组织系统以及四面八方的网络关系。特别是东部经济较为发达地区的省、市以及不少大中城市的联社,积累了许

多在新时期办好联社的新经验,充分显示出联社在新形势下的适应性和发展的潜力。

这次会议之前,我们召开了联社工作座谈会,专题研讨联社改革与发展问题。与会同志一致认为,联社的生存和发展,既有其经济基础,也有其社会需要。首先,是政府的需要。随着市场经济的发展,政府机构将逐渐向"小政府、大社会"的格局发展。轻工集体企业面大量广。政府的路线方针、产业政策、行业法规要得到全面贯彻落实,需要联社这样的助手。尤其是随着改革与调整的攻坚,深层次矛盾更加暴露出来,集体企业面临的困难与矛盾更加突出,政府更要有联社这样的组织做好稳定工作。总社及各级联社是手工业合作化时期建立和发展起来的,40多年来,为城镇集体经济发展壮大做出了重大贡献,已逐渐成为集体企业改革与发展的指导和组织者,集体经济政策的建议和协调者,集体资产的管理和维护者,政府与企业间的桥梁和服务者,有条件、有能力为政府承担更多的集体企业、中小企业服务的工作。从发达国家的经验看,各国为扶持中小企业,都有相应的组织在政府和企业之间发挥作用,沟通信息,接受政府委托,行使为企业提供指导和服务的职能。第二,是社会经济发展的需要。党的十五届四中全会提出对国有经济布局进行战略性调整,对国有企业实行战略性改组。国有经济采取有进有退、有所为有所不为的方针,将集中力量发展关系国计民生的重要行业和骨干企业,这样就为发展集体经济提供了充分的空间。而集体企业特别是中小企业如何拓展自己的发展领域,如何提高自身的竞争能力,则需要政策引导与扶持。这为联社发挥指导、协调、组织作用提供了新的领域。联社可以为成员单位提供信息指导,争取政策扶持,寻求合作机会,做好协调服务。这种作用在市场经济体制下是不缺少的。第三,是企业发展的需要。在经过由统负盈亏改为自负盈亏、政府还权于企业以及取消合作事业基金上缴等一系列重大改革以后,集体企业作为自负盈亏、自主经营的经济实体迈向市场。但目前集体企业普遍存在的问题是:市场竞争能力差,发展后劲不足;资本质量差,偿还债能力低下;效益状况差,经营风险大;经营粗放,结构矛盾十分突出;产权关系混乱,制约整体发展;基础管理薄弱,人才缺乏。所以,为了在市场的激烈竞争中保护自己,发挥群体优势,缓解势单力薄的弱点,企业希望联社能够给他们必要的指导和可能的帮助。第四,是联社自身发展的需要。总社和联社经过40年的发展,积累了一大批集体资产,形成了从上到下完整的全国性网络机构。据不完全统计,全国联社系统共有资产140亿元,联社干部6.3万人。联社自身的存在与发展,能够使联社的资产得到有效的维护和发展,也有利于联社干部队伍的相对稳定。

　　这次政府机构改革,对联社的生存是一次严峻的挑战,也是联社生存发展的一次机遇。我们要审时度势,认清形势,增强信心,增强责任感和紧迫感。实行政社分开,是深化联社改革的关键。联社和同级轻工业主管部门合署办公、政社合一的体制,是多年来在计划经济体制下形成的。这种体制有其积极作用,但如今也暴露出不适应客观形势的种种弊端。主要是:政府职能同联合经济组织职能混淆,既影响了联社的群众性和自主性,也制约了联社特有职能的发挥;集体资产同国有资产混淆,集体资产被挪用、平调。随着我国社会主义市场经济体制的不断完善,政府机构改革不断深入,省市机构改革已迫在眉睫,长期以来与同级政府轻工主管部门合署办公的联社面临着新的变革,这是历史和时代将联社推向新的历史转折。

　　这次地方机构改革对联社来说是一个再次创业的机遇。我们一定要抓住机遇,下决心实现政社分开。实行政社分开首先要确立联社的法人地位。在长期的计划经济时期,联社与同级轻工业主管部门合署办公,两块牌子一套机构,联社的法人登记一直未摆在重要的位置。面临省级政府机构改革,各级联社必须抓紧进行法人登记,依法在社会上取得独立的法人地位。至于注册为事业法人、企业法人,还是社团法人,各地可从自身实际出发,选择适合自身发展的模式,先进行法人登记,然后再逐步规范。总社正在积极创造条件,按事业法人进行登记。

　　各地联社要更新观念,抓紧工作,逐步使现行机构完成从传统的行政管理、行业管理向集体企业联合经济组织的转变。联社要旗帜鲜明地担负起社务管理、集体经济管理和联社资产管理的职责。社务管理要依据联社章程行使职能;集体经济管理要争取政府的授权;资产管理则按照管住所有权、放活使用权、强化监控权、抓紧收益权的路子,行使所有者职能。

(二)开拓进取,真抓实干,努力开创工作新局面

　　随着改革的深入,联社的改革将会遇到新情况,新问题。在近期召开的联社工作座谈会上,与会代表认为,目前联社工作遇到主要问题是,联社的生存,联社的定位,联社的职能,联社和成员单位、联社与各方面的关系,联社的法人登记等。这需要我们各级联社领导强化改革意识,转变观念,大胆探索,开拓工作新思路。比如联社的职能,按照总社章程,应是"指导、维护、监督、协调、服务"。但经过40多年的发展与积累,联社不仅是一个联合的经济组织,也成为拥有相当大资产的一个产权主体与法人实体。作为产权主体,对其所有的资产应该拥有"投资、控股、管理、经营"的职能。这两方面的功能与职责是统一的。要做好服务,首先必须自身有实力。若联社不能有效地行使产权主体的功能,其所属资

产就有可能处于低效或无效运行中,其经济实力将日趋减弱,其服务职能也不可能很好地发挥。现实中,由于政社合一,联社资产存在委托代理不明确、不规范的现象,加之联社的资产运营和监管职能的不健全,给联社资产的保值增值带来了较大的困难。现实情况要求我们对总社职能应增加资产运营的内容。当然,这里我只是出个题目,希望大家围绕总社生存与发展,进行多方面、深层次的探索与研究,并及时与我们沟通,大家共同努力,把总社和联社的工作做好。

明年总社的工作要立足于争取外部宽松环境,增强经济实力,强化社务活动。具体要做好以下几项工作:一是向国务院打报告,要求与国家轻工业局实行政社分开,将总社列为国务院直属事业单位,独立开展社务活动和经济活动;由中编委核定一定的事业编制,自收自支、自负盈亏,并争取赋予或委托部分行政职能,使总社和联社真正成为政府和企业之间的桥梁和纽带。二是加大总社资产运营力度,正式成立总社资产运营管理集团总公司,统筹总社的动产和不动产;继续抓好集体企业的清产核资工作;实行联社资产评估队伍联网;加大清理总社借款的力度,进一步增强总社的经济实力;继续做好被错位登记的总社房产产权变更工作。三是强化社务活动。重点是:加大宣传力度,扩大影响,不断提高总社和各级联社的知名度,利用多种新闻媒体介绍和展示总社系统40年来所取得的成就和做出的贡献,宣传集体经济和集体企业在促进国民经济的发展、缓解就业压力、搞活市场、扩大出口中取得的成绩;深入调查研究,总结经验,推广典型,以点带面,推进集体企业的改革与发展;咨询服务方面要针对各级联社和集体企业在改革中遇到的热点、难点问题开展工作,集中力量解决共性问题。

各级联社明年的工作重点是:首先,要理顺管理体制,实行政社分开,解决好自身定位问题。这是搞好联社工作的前提,也是各级联社生存的基础。各级联社要在省市政府机构改革中,多做宣传、多做工作。努力做到联社机构不撤、联社干部不散、联社资产不丢,切实维护联社这一集体企业联合经济组织的合法权益。其次,要重新确定联社职能。要把疏通渠道、争取政策、指导企业改革、理顺资产关系、搞好资产运作、加强资产监管、增强自身实力、为企业提供多方面的服务、推动互助合作等项工作,作为联社的主要职能。第三,要加强组织建设,提高人员素质,切实履行联社职能。第四,抓好资产运作。既要下力量经营好直属企业和资产,又要对投入企业的联社资产行使所有者权力。建立起资产运营和监管体制,对联社资产进行有效管理,实现资产的保值增值。第五,进一步做好联社和集体企业的清产核资、产权界定的工作,保证联社资产的完整性和合法性。要按照"谁投资、谁所有、谁受益"的原则,确定投资主体和所有者权益。采取有效措施,坚决抵制和纠正任何平调、侵占联社资产的行为,防止集体资产的流失。

第六,强化联社社务功能。一是要强化政策指导服务功能,通过调查研究向政府提出政策建议,并及时指导成员单位用足用活国家和地方的有关集体经济政策;二是要强化组织协调功能,理顺联社与政府之间的关系、联社与成员单位之间的关系、联社自身发展与为成员单位服务之间的关系、上下级联社之间的关系;三是要强化信息交流,在市场预测、产品开发、技术创新、人才培训、法律咨询等方面提供信息服务。第七,要强化互助合作功能,以资产为纽带,发挥联合和互助合作功能,努力探索新时期联社互助合作的形式和办法。另外,各级联社要积极拓展成员单位的领域,根据市场经济发展的需要和成员企业的变化情况,打破部门、行业界限,按照"自愿、互助、有偿"的原则,吸收多种成份的会员单位实现共同发展。

在前不久召开的联社工作座谈会上,与会代表一致认为,总社和各级联社是一个命运共同体,总社的大旗高高举起,各地联社才能生存并不断发展;同样,各地联社发展了,实力不断增强了,对集体经济的服务和指导水平提高了,总社才能有广泛而坚实的基础,才能为各级联社和集体企业提供更好的支持和服务。因此,总社和各级联社都要努力进取,不断开拓,相互支持,共同发展。

(三)加快集体企业深化改革,促进集体经济发展

我国宪法规定:"中华人民共和国的社会主义经济制度的基础是生产资料社会主义公有制,即全民所有制和劳动群众集体所有制。"江泽民同志在党的十五大报告中指出:"集体所有制经济是公有制经济的重要组成部分,集体经济可以体现共同致富原则,可以广泛吸收分散资金,缓解就业压力,增加公共积累和国家税收。要支持、鼓励和帮助城乡多种形式集体经济的发展,这对发挥公有制经济的主体作用意义重大。"宪法和党的十五大报告都充分肯定了集体经济在国民经济中的地位和作用,阐述了发展集体经济的重大意义。我们要认真贯彻宪法和党的十五大精神,充分认识集体经济在国民经济中的重要地位,推动集体企业深化改革,促进集体经济迅速发展。

目前城镇集体经济在深化改革和结构调整中面临一些困难与问题,有的企业甚至陷入困境。应该看到,这些困难与问题是长期以来城镇集体经济僵化体制、落后机制和不合理的经济结构造成的。要解决这些困难与问题,根本的出路是依靠深化改革,实现经济体制和经济增长方式的两个根本性转变。

改革是集体企业发展的动力。深化集体企业改革,可以采取联合、兼并、破产、租赁、承包、托管、合资、合作、股份合作制和拍卖出售等多种形式,而股份合作制是搞活集体企业的有效途径。江泽民同志在十五大报告中指出:"目前城乡大量出现的多种多样的股份合作制经济是改革中的新事物,要支持和引导,不

断总结经验,使之逐步完善,劳动者的劳动联合和劳动者的资本联合为主的集体经济,尤其要提倡和鼓励。"股份合作制适应了社会主义市场经济的要求,符合社会主义初级阶段的生产力发展水平,符合目前集体企业的实际,是一种新型的集体经济组织形式,是能够促进生产力发展的公有制实现形式。所以,轻工集体企业的改革,要积极推行股份合作制。通过股份合作制的实施,实现资产重组和资本结构优化,实现经营规模化和投资社会化,充分发挥集体经济广泛吸纳社会分散资金的作用,体现共同致富的原则。总之,集体企业的改革要遵照小平同志"三个有利于"的标准,大胆地实践、大胆地创新,把轻工集体企业真正办成职工自己的企业。要根据目前轻工集体企业所存在的问题,把理顺产权关系作为集体企业深化改革、建立现代企业制度的一项基础工作。对企业的存量资产要明确出资者,对于集体资产要明晰所有者并维护其合法权益。

集体经济是轻工业经济的重要组成部分。促进集体经济加快发展,一个重要的方面就是贯彻落实好明年轻工业工作的各项任务。关于明年轻工业工作的总体要求、主要目标和工作任务,我在全国轻工业工作会议上已做了部署,会议文件已发给了各位代表。明年轻工业工作的重要任务是:第一,突出重点,分类指导,加快调整,促进结构优化和产业升级。第二,奋力攻坚,努力实现3年改革和脱困目标。第三,集中力量抓好制糖业的结构调整、总量控制和扭亏工作。第四,面向国内国际两个市场,提高营销水平和拓展市场能力。第五,实现技术创新,提高轻工业整体竞争能力。第六,加强调研与协调服务,为实施西部大开发战略做出贡献。希望各地联社结合本地实际,把这些工作任务落到实处,抓住机遇,开拓进取,坚定信心,团结奋斗,促进轻工集体经济快速健康发展。

各位理事:总社五届三次理事会是一次重要的会议,是迎接新世纪的一次会议。让我们以邓小平理论和十五大精神为指导,团结在以江泽民同志为核心的党中央周围,以新的姿态、新的观念、新的联社形象,共同迎接新世纪的到来,通过我们的努力,促进中国集体经济的发展,为联社再创辉煌做出应有的贡献。

(原件存中华全国手工业合作总社办公室)

深圳市城镇集体所有制企业管理规定

（1999 年 12 月 21 日）

第一章 总 则

第一条 为了加强城镇集体所有制企业的管理，维护和保障集体资产所有者的合法权益，促进集体所有制经济的发展，根据有关法律法规的规定，结合深圳实际，制定本规定。

第二条 本规定所称城镇集体所有制企业（以下简称集体企业），是指在市工商行政管理机关注册登记的由市政府各部门、市级事业单位、市属国有企业举办或管理的集体企业。

集体企业为股份有限公司、有限责任公司、股份合作公司的，应遵守相关法律法规的规定，相关法律法规未作规定的，遵守本规定。

第三条 各级人民政府应做好集体资产的清产核资工作，推动建立现代企业制度，探索城镇集体所有制的有效实现形式。

深圳市集体资产管理办公室（以下简称市集体办），负责对集体企业进行监管，并指导各区对集体企业的监管工作。

第四条 集体企业的经营者应确保集体资产安全，促进集体资产增值。

第二章 集体企业的清产核资和产权界定

第五条 市集体办应按照国家有关规定组织集体企业进行清产核资，界定产权，明确财产所有权的归属。

第六条 国家对集体企业的投资及其收益形成的权益，归国家所有。

法人、自然人或其他组织对集体企业的投资及其收益形成的权益，归投资人所有。

职工个人在集体企业中的股金及其收益形成的权益，归职工个人所有。

集体企业用公益金购建的集体福利设施，归集体企业劳动者集体所有。

集体企业接受资助和捐赠等形成的权益，其产权按资助、捐赠时的约定确定归属;产权归属没有约定的,归集体企业劳动者集体所有。

第七条　资产构成较为复杂,其产权一时难以界定清楚的,列为待界定资产,由占用人申请办理专项登记,暂由市集体办托管,其资产可由市集体办委托企业运营。

第八条　产权界定后,集体企业应向市集体办申请办理产权登记,产权登记事项包括:

（一）集体资产所有人的名称、住所和组织形式;

（二）法定代表人的姓名和职务;

（三）集体资产所有人的实收资本及资本构成;

（四）集体资产总额;

（五）其他必要事项。

第九条　开办集体企业的,应办理集体资产产权设立登记。

集体资产所有人的名称、住所、法定代表人、产权关系发生变化或集体资产产权总额增减超过百分之二十的,应办理集体资产产权变更登记。

集体企业发生破产、解散、撤销或其他终止情形的,应办理集体资产产权注销登记。

第三章　集体企业的监督管理

第十条　市集体办的主要职责是:

（一）贯彻执行有关集体企业管理的法律、法规和政策,拟定实施办法并组织实施,监督、检查集体企业对有关法律、法规、规章和政策的执行情况;

（二）制定有关集体企业管理的各项制度,并对制度的执行进行监督检查;

（三）负责组织集体企业的清产核资、产权界定和产权登记工作,调解集体资产的产权纠纷;

（四）指导监督集体资产的资产评估、产权转让与产权交易;

（五）指导监督集体企业建立健全财务会计制度,督促集体企业完成财务、统计报表的编制及汇总;

（六）指导集体企业进行公司制和股份合作制改造;

（七）指导集体资产管理工作,组织培训集体资产管理人员;

（八）完成市政府指定的有关集体资产管理的其他事项。

第十一条　有下列情形之一的,应按规定的标准、程序和方法,进行资产评估:

（一）资产拍卖或转让;

（二）企业合并、分立、出售或股份制改造；

（三）以动产、不动产或无形资产与他人设立合资经营企业或合作经营企业；

（四）企业终止、清算；

（五）法律、法规规定的需要进行资产评估的其他情形。

资产评估结果由职工（代表）大会确认，并报市集体办备案。

评估的标准、程序和方法，由市政府制定。

第十二条　集体资产产权转让应经职工（代表）大会讨论通过，并报市集体办备案。产权转让的收入应用于集体企业的发展。

第十三条　集体企业改组为股份有限公司、有限责任公司、股份合作公司或实行经营者、员工持股，应经职工（代表）大会讨论通过，并报市集体办备案。

第十四条　集体企业应建立健全财务会计制度，定期向市集体办报送集体企业的资产负债表、资产损益表、现金流量等财务报表。各区集体企业的资产负债表、资产损益表、现金流量表等财务报表由区集体资产监管机构定期向市集体办报送。

第十五条　集体企业法定代表人任期届满或因解聘、辞聘、撤职、调动、退休等原因不再担任本职务的，应当在市集体办的监督下，由会计师事务所对其进行任期经济责任审计，审计的内容包括：

（一）执行法律、法规、规章和政策的情况；

（二）集体资产保值、增值及其他任期经营目标的完成情况；

（三）企业的资产、负债、损益及财务制度的执行情况；

（四）有关生产、经营、投资方面的重大决策情况；

（五）需要审计的其他事项。

未进行任期经济责任审计的集体企业法定代表人，不得解除任职期间的经济责任。

第四章　集体企业的高级管理人员

第十六条　集体企业的高级管理人员的人选，可以由本企业员工联名推荐，也可以向社会公开招聘。

集体企业高级管理人员应具备任职资格，任职资格考核认定办法由市集体办制定。

第十七条　公司制集体企业的高级管理人员依法产生，非公司制集体企业的高级管理人员由职工（代表）大会选举产生，但法律、法规另有规定的，从其规定。

集体企业派往集体控股、参股的公司制企业的高级管理人员的人选,由集体企业的职工(代表)大会选举产生。

第十八条　集体企业高级管理人员的任期由章程规定,但每届任期不得超过四年。任期届满,连选可以连任。在任期届满后,仍不进行换届选举的,由市集体办督促集体企业进行换届选举。

第五章　职工(代表)大会

第十九条　集体企业应依法建立、健全职工(代表)大会制度。

不足二百人的集体企业,应建立职工大会制度,二百人以上的集体企业,应建立职工(代表)大会制度。

职工代表由职工选举产生,职工代表的选举办法由市集体办制定。

第二十条　集体企业的职工(代表)大会,可以设立常设机构,负责职工(代表)大会闭会期间的工作。

常设机构的人员组成、产生方式、职权范围及名称,由职工(代表)大会决定,报市集体办备案。

第二十一条　非公司制集体企业,职工(代表)大会是集体企业的权力机构,依法行使下列职权:

(一)制定、修改集体企业章程;

(二)选举、罢免、聘用、解聘经理、副经理、财务部门负责人;

(三)审议经理提交的各项议案,决定企业重大投资、收益分配、产权转让、对外提供担保、确认资产评估等经营管理的重大问题;

(四)对企业的合并、分立、解散和清算作出决议;

(五)审议并决定职工工资、奖金方案和分红方案、职工住宅分配方案和其他有关职工生活福利的重大事项;

(六)根据企业计划财务指标的完成情况,确定企业经理的收入,包括基本工资和效益工资;

(七)审议并决定企业的职工奖惩办法和其他重要规章制度;

(八)审议并决定超过人民币五万元的财产捐赠;

(九)法律、法规和企业章程规定的其他职权。

集体企业章程,应报市集体办备案。

资产不属于本集体企业劳动者集体所有的,不适用本条规定。

第二十二条　职工工资、奖金方案的制定应遵循工资总额的增长幅度低于企业经济效益的增长幅度,职工实际平均工资增长幅度低于本企业劳动生产率的增长幅度的前提。

　　第二十三条　非公司制集体企业职工(代表)大会依照企业章程规定定期召开,但每年不得少于两次;应召开职工(代表)大会而不召开的,由市集体办督促召开。

　　出现应由职工(代表)大会行使职权的情形的,应召开临时职工(代表)大会。

　　职工(代表)大会由集体企业的法定代表人负责召开,由超过10%的职工(代表)提议的开职工(代表)大会;法定代表人不予召开的,由提议的职工(代表)组织召开。

　　第二十四条　职工(代表)大会实行一人一票的表决方式。

　　职工(代表)大会应有过半数的职工(代表)出席,职工(代表)大会决议应由出席会议的职工(代表)过半数表决通过;但修改企业章程或对企业的合并、分立、解散和清算作出决议的,应有三分之二的出席会议的职工(代表)表决通过。

　　职工(代表)大会应有会议记录。

　　第二十五条　集体控股、参股的公司制企业,集体股股东代表由集体企业的职工(代表)出。

　　对按法律、法规和公司章程规定应提交公司股东大会讨论决定的事项,集体股股东代表集体企业的职工(代表)大会报告,由职工(代表)大会作出决议,集体股股东代表应按职工(代表)的决议在公司股东大会上进行表决。

第六章　法律责任

　　第二十六条　有下列行为之一的,由市集体办责令纠正,并对有关责任人员通报批评;造成集体资产损失的,有关责任人员应负赔偿责任;侵占集体资产构成犯罪的,依法追究刑事责任:

　　(一)未按规定进行资产评估或在资产评估过程中弄虚作假的;

　　(二)违反本规定未进行集体资产产权登记或在产权登记中弄虚作假的;

　　(三)违反本规定转让集体资产产权的。

　　第二十七条　违反本规定转让集体资产产权的转让无效。

第七章　附　则

　　第二十八条　区、镇(街道办事处)集体企业的管理可参照本规定执行。

　　第二十九条　本规定自发布之日起实施。(本规定2000年1月公布)

（此件由广东省二轻集体企业联社提供）

中华全国手工业合作总社、国家轻工业局关于实行政社分开加强中华全国手工业合作总社建设的请示

(1999 年 12 月 30 日)

国务院：

最近,中华全国手工业合作总社(以下简称总社)召开了五届三次理事会,与会同志重新学习了江泽民总书记十五大报告中关于集体经济的重要论述,认真学习了九届全国人大二次会议通过的宪法和党的十五届四中全会及中央经济工作会议精神,回顾总社走过的历程,一致认为,总社成立 40 多年来,在党中央的关怀下,组织推动了我国手工业合作化、促进了城镇集体经济发展,在保障供给、繁荣市场、改善人民生活、服务工农业生产、增加出口创汇、安置劳动就业和维护社会稳定等方面都发挥了重要的作用。同时,也深切地感到,随着社会主义市场经济体制的进一步完善和政府机构改革的深入,总社在管理体制上有些问题亟待解决。现将有关问题请示如下：

一、总社的基本情况和主要工作

总社是在党中央、政务院重视、关心下成立的。1953 年总社开始酝酿筹备,1954 年成立筹委会。1956 年 3 月毛泽东主席亲自听取总社筹委会主任白如冰的工作汇报,并作了重要指示。1957 年 12 月总社正式成立。党中央、国务院历来十分重视和支持我国手工业、集体工业的发展。在先后召开的五届全国手工业(轻工集体企业)职工(社员)代表大会上,刘少奇、周恩来、朱德、邓小平等老一辈无产阶级革命家和江泽民总书记、朱镕基总理都曾亲切接见与会代表并作重要讲话。经过 40 多年的发展,总社和各级联社已形成一个完整的组织体系、具有相当规模、服务于城镇集体经济的全国性集体企业联合经济组织。目前,总社系统共有各级联社 2230 多个,从事联社工作的干部职工 6.3 万人。总社和各级联社自身资产达 140 亿元,并兴办了一大批经济实体。总社 2 万多个成员单

位资产达 2600 多亿元。总社已加入了国际合作社联盟工业和手工业委员会,在国际上具有一定的地位和影响。

40 多年来,总社认真贯彻落实党和国家有关手工业和集体经济的方针政策,在促进手工业合作化和帮助城镇集体经济发展等方面做了大量的工作。在手工业合作化时期,贯彻执行党对手工业社会主义改造政策,协助政府领导和组织完成了手工业合作化的历史任务,促进了合作经济组织的建立和手工业生产的发展。此后一段时间,由于受"左"的指导思想的影响,我国的手工业和城镇集体经济的发展走了一段曲折的路子,各级手工业合作组织也因此被削弱。党的十一届三中全会以后,拨乱反正,恢复了党的实事求是的思想路线,为全国的手工业生产和城镇集体经济带来了勃勃生机。各级手工业合作组织又重新恢复活动,有力地组织和推动了集体经济的发展。总社认真履行"指导、维护、监督、协调、服务"的职能,积极开展社务活动和经济活动。第一,协助政府制定有关政策法规,指导企业不断深化改革。八十年代和九十年代,总社分别参与了国务院颁发的《关于城镇集体所有制经济若干政策问题的暂行规定》、《中华人民共和国城镇集体所有制企业条例》的起草和制定工作,并围绕贯彻实施《条例》做了大量的工作。从 1985 年起,总社率先组织集体企业进行股份合作制试点,积极推进集体企业的改革。第二,运用总社和联社的资金发展扶植了一批行业和企业。如家用电器、塑料制品、室内装饰等新兴行业和以海尔、荣事达为代表的一批重点骨干企业,并帮助一些困难企业解决了生产和职工生活困难,为解决劳动就业和社会安定做了许多有益的工作。同时,组织各级联社和所属集体企业开展清产核资,界定产权,加强集体资产管理。第三,开展咨询、教育、培训等工作,努力为企业服务。总社于 1992 年成立法律顾问组,积极开展法律咨询,维护集体企业合法权益。各省市联社也建立了 1000 多个法律咨询工作机构,形成了总社系统的法律工作网络。多年来,总社及各级联社还组织进行了职工教育和培训工作,培养了一大批集体企业生产和管理所急需的各类专业人才,建立了职工养老保险和统建了职工住宅。第四,积极开展国际交流。早在五十年代,总社就同苏联、东欧一些国家的合作组织建立了友好合作关系。1984 年开始,多次参加国际合作社联盟工业手工业合作委员会召开的有关会议,接待国际合作组织多次来访,并与东西方许多国家和地区的合作经济组织进行交流。

总社和各级联社已逐渐成为一个集体企业改革和发展的指导和组织者,集体经济政策的建议和协调者,集体资产的管理和维护者,政府与企业之间的桥梁和服务者。

二、实行政社分开、加强总社建设的必要性

总社的管理体制前后经历了两种合署办公的形式，即 1965 年前，面向全国城镇集体（合作）企业、以总社工作为主的与中央手工业合作管理总局的合署办公；1965 年后，逐步过渡到主要面向轻工集体企业、以政府职能为主的与第二轻工业部、轻工业部、轻工总会、轻工业局的合署办公。

"文革"期间总社曾停止活动，1982 年经国务院领导同意总社恢复活动，与轻工业部合署办公。1993 年政府机构改革，国务院批复的中国轻工总会机构组建方案中明确："轻工总会和中华全国手工业合作总社暂保持合署办公的形式，总社独立开展社务和经济活动"，并经中编办核定事业编制 15 人。1998 年政府机构改革，国务院批复国家轻工业局机构内设总社办公室。

总社与轻工业管理部门实行合署办公，在一定的历史时期对推动集体经济的发展起到了积极作用。但是，随着我国政治体制和经济体制改革的不断深入和社会主义市场经济的建立，这种政社合一的管理体制已不适应客观形势发展的需要，暴露出种种弊端。主要表现是：总社作为联合经济组织特有的职能与政府职能相混淆，造成政社职责不分，总社处于依附的地位，不能充分的、独立的开展工作。总社的工作也带有浓厚的行政色彩，原有的群众性、自主性、民主性以及互助合作、资产纽带关系等联合经济组织特点被削弱。为了适应形势的发展，发挥总社应有的作用，实行政社分开、加强总社建设势在必行。

实行政社分开后，总社能够在以下几方面发挥更大的作用：

（一）促进集体经济快速健康发展。我国宪法规定："中华人民共和国的社会主义经济制度的基础是生产资料的社会主义公有制，即全民所有制和劳动群众集体所有制。"江泽民同志在党的十五大报告中指出："集体所有制经济是公有制经济的重要组成部分。集体经济可以体现共同致富原则，可以广泛吸收社会分散资金，缓解就业压力，增加公共积累和国家税收。要支持、鼓励和帮助城乡多种形式集体经济的发展。"宪法和党的十五大报告都充分肯定了集体经济在国民经济中的地位和作用以及发展集体经济的重大意义。党的十五届四中全会对国有企业的改革和发展做出了重要决定。国有经济布局要进行战略性调整，国有企业要实行战略性改组，实行有进有退，有所为有所不为的方针，这就给集体、合作等其他性质的经济发展提供了广阔的空间。总社作为集体企业的联合经济组织在协助政府促进集体经济快速健康发展上，可以发挥其应有的重要作用。

（二）组织劳动就业，维护社会稳定。就业及下岗再就业问题始终是我国经

济发展迫切需要解决的问题。大力发展集体企业、各类合作制企业以及家庭手工业可以广泛吸纳人员,缓解社会就业压力。目前,在上海等地这一类合作性质的企业已在兴起。这些企业如何有效地发展,需要政府部门的支持,但更需要有自己的经济组织来指导、协调、服务。总社可以充分发挥其特有的城镇集体企业联合经济组织对企业的组织指导、权益维护、关系协调、互助合作、综合服务等职能,推动新的集体企业、合作企业和手工业的发展,为组织劳动就业和维护社会稳定作出应有的贡献。

(三)指导集体企业改革,加强集体资产监管。1997 年 10 月,朱镕基同志在接见全国轻工集体企业第五届职工(社员)代表大会代表时指出:"要把轻工集体企业真正办成职工和社员自己的企业。"总社和各级联社的成员单位主要是 50 年代手工业合作化时期组织起来的,当时曾起过积极的作用,但经过长期计划经济时代逐步形成了一大批"二国营"模式的城镇集体企业,要恢复这些企业的原有特性,真正按照集体、合作的性质,把其办成职工自己的企业,是一项相当复杂和繁重的任务。同时,对总社和联社多年来投资兴办的一大批集体企业的资产进行监督管理以及总社和各级联社自身资产的管理运营和集体企业职工、联社干部队伍的稳定等项工作都迫切需要总社按照集体企业联合经济组织的性质、特点和其应有的职能,独立开展工作,切实发挥联合经济组织的作用。

(四)发挥社会组织桥梁和纽带作用。随着政府机构改革的不断深入,政府对企业的管理将从微观转向宏观,"小政府,大社会"的管理格局将逐步形成。自我组织、自我管理、自我约束的社会组织将会发展,政府与面大、量广的集体企业之间的沟通,应由这些社会组织起桥梁和纽带的作用。这在世界发达国家已是十分成功、普遍的作法。具有 40 多年历史的总社和各级联社,在五六十年代曾发挥了重要作用,1982 年恢复活动后,继续发挥了重要的作用,在新的历史时期应该发挥更大的作用。为了适应新形势的需要,必须对现有的总社和各级联社进行改革,进一步充实、加强,实事求是的恢复总社联合经济组织的本来面目。

三、实行政社分开的意见和建议

(一)中华全国手工业合作总社与国家轻工业局分开,作为国务院的直属单位,独立开展社务、经济活动。

(二)中华全国手工业合作总社的主要职能是:

1. 宣传、贯彻、落实党和国家对集体(合作)经济的方针、政策、法律、法规;

2. 按照建立现代企业制度和把集体企业真正办成职工(社员)自己的企业

要求,组织、推动现有城镇集体(合作)企业改革与发展,以适应社会主义市场经济发展的需要;

3. 组织指导发展新型的集体企业、合作制企业及家庭手工业,吸纳劳动就业人员,维护社会稳定;

4. 组织成员单位开展互助合作活动,为成员单位提供供销、技术、信息、资金融通、法律咨询、人才培训等各项服务,帮助其提高素质和整体效益;

5. 根据有关法律、法规,管好、用好联合经济组织的所有资产,保护集体(合作)资产的完整性,使其保值、增值,独立自主开展各种经济活动,壮大自身经济实力,增强综合服务能力;

6. 代表国家工业、手工业合作组织参加国际合作社联盟的各项活动,组织指导集体(合作)企业同国际合作组织、企业间的经济、文化交流与合作;

7. 代表成员单位向国家、政府有关部门反映集体(合作)企业的呼声和要求,发挥桥梁、纽带作用;

8. 接受政府委托的职能、任务。

(三)总社的编制在原有 15 人的基础上增至 60 人,经费自收自支。

(四)地方各级联社作为地方政府的直属单位,其编制和经费由地方政府根据具体情况自定。

以上意见妥否,请批示。

(原件存中国轻工业联合会办公室文电档案处)

国家税务总局关于企业改组改制过程中个人取得的量化资产征收个人所得税问题的通知

（2000 年 3 月 29 日）

各省、自治区、直辖市和计划单列市地方税务局：

根据国家有关规定，允许集体所有制企业在改制为股份合作制企业时可以将有关资产量化给职工个人。为了支持企业改组改制的顺利进行，对于企业在这一改革过程中个人取得量化资产的有关个人所得税问题，现明确如下：

一、对职工个人以股份形式取得的仅作为分红依据，不拥有所有权的企业量化资产，不征收个人所得税。

二、对职工个人以股份形式取得的拥有所有权的企业量化资产，暂缓征收个人所得税；待个人将股份转让时，就其转让收入额，减除个人取得该股份时实际支付的费用支出和合理转让费用后的余额，按"财产转让所得"项目计征个人所得税。

三、对职工个人以股份形式取得的企业量化资产参与企业分配而获得的股息、红利，应按"利息、股息、红利"项目征收个人所得税。

（原件存国家税务总局档案处）

国家经济贸易委员会关于培育中小企业社会化服务体系若干问题的意见

（2000 年 4 月 25 日）

为贯彻落实党的十五届四中全会决定中关于"培育中小企业服务体系"精神，动员社会各方面力量，为中小企业发展创造良好的外部环境，现就推进中小企业社会化服务体系（以下简称服务体系）建设工作提出如下意见：

一、中小企业在我国国民经济和社会发展中具有重要地位和作用，促进其健康发展，对于保证我国国民经济增长、扩大就业、适应多层次市场需求、繁荣地方经济等具有十分重要的意义。我国经济发展的实践已对培育中小企业社会化服务体系提出了迫切要求，成熟健全的服务体系是保证中小企业健康发展的关键。

二、服务体系是以服务社会各类中小企业为宗旨，以营造良好的经营环境为目的，为中小企业的创立和发展提供多层次、多渠道、多功能、全方位服务的社会化服务网络。

三、培育服务体系的指导思想是：遵循社会主义市场经济的客观规律，体现政府扶持中小企业发展的意图，引导企业健康发展，维护公平竞争，依法保护中小企业的权益，促进中小企业的成长。

培育服务体系要坚持社会化、专业化、市场化以及突出服务性的原则。

四、培育服务体系应侧重于信用担保、筹资融资、创业辅导、技术支持、信息咨询、市场开拓、人才培训、经营管理、国际合作等领域。各地要从实际出发，根据本地中小企业成长的需求、服务市场的发育状况、国家及地方财力可能，确定服务体系的一项或几项具体内容作为现阶段的工作重点，在培育重点服务项目过程中，以点带面，逐步形成富有成效和特色的服务体系。

五、服务体系的培育工作要在政府的支持、指导和监督下进行，由社会各界参与。具备条件的地区可以依法多渠道筹集资金，用于服务体系的建设和运营。

六、服务体系可以由以下两个层次构成：

（一）综合服务组织，是指各级经贸委申办设立的在政府政策指导下，致力于为中小企业提供公益性、扶持性等综合服务的中小企业服务中心（以下简称服务中心),以及有关协会、商会等。

(二)专业服务组织,是指依法设立的为企业提供各类专业服务的社会中介服务组织。专业服务组织按照市场化运作,在核准的业务范围内为中小企业提供社会化服务。

七、各地区可以根据实际情况,以地方政府为主导,采取不同方式组建服务中心,并对服务中心的开办、运行等予以一定的支持。服务中心独立于政府部门,不具有行政管理职能,与其他社会服务组织互为补充、相互支持、协调发展。

八、服务中心的基本职能是:向政府有关部门反映中小企业情况;配合政府有关部门落实中小企业扶持政策;维护中小企业合法权益;为中小企业的创立、生存和发展提供全面的社会服务;接受政府及其部门的委托,联系或委托区域、行业和各类社会服务组织为中小企业提供服务等。服务中心以市场化运作、诚实信用、民主管理、控制风险为工作准则,独立承担民事责任。

九、服务中心的工作人员应具备相应专业知识、技能,原则上由负责筹建的单位从社会上公开招聘。

十、要逐步形成全社会为中小企业服务的良好氛围,充分利用现有资源,发挥行业协会、商会、大专院校、科研机构等的作用;引导现有的社会中介服务组织转变观念,改进服务作风,为中小企业提供优质服务;鼓励大中型企业的离退休经营管理者、具有专业特长的人员,为中小企业服务。

十一、各级经贸委负责统一规划、指导、协调服务体系的建设和运作。政府的其他职能部门根据其职能,对中小企业服务组织及其运营进行管理、监督、规范。但要防止对服务体系运行的过多干预。

十二、各级经贸委要把培育服务体系、组建服务中心作为当前扶持中小企业工作的重点,加强对这项工作的指导。要研究制定相关政策措施,组织协调有关部门和机构开展对中小企业的服务工作。要配合有关部门加强对综合服务组织和专业服务组织的引导和规范,努力创造有利于中小企业发展的社会环境。各地区要从实际出发,加强对服务中心组建工作的领导,克服盲目性,防止一哄而起。要及时发现和制止服务中心对企业乱收费的行为,防止给企业造成新的负担。

为推动工作、总结经验和制定政策,国家经贸委将选择部分地区开展建立服务体系和服务中心的试点工作。

(选自国家经贸委中小企业司主编:《中小企业政策法规
指导与实践》,工商出版社 2002 年 10 月版,第 205—206 页)

国务院关于切实做好企业离退休人员
基本养老金按时足额发放和国有企业
下岗职工基本生活保障工作的通知

（2000 年 5 月 28 日）

各省、自治区、直辖市人民政府，国务院各部委、各直属机构：

今年以来，各地继续把确保企业离退休人员基本养老金按时足额发放和国有企业下岗职工基本生活（以下简称：两个确保）作为一件大事来抓，为维护社会稳定、促进企业改革和经济发展发挥了重要作用。但目前仍有一些地区未能完全做到两个确保，企业离退休人员基本养老金发放出现了新的拖欠，部分国有企业下岗职工未能足额领到基本生活费，个别地方还由此产生了不稳定因素。针对这些问题，为进一步做好两个确保工作，现就有关问题通知如下：

一、切实加强领导，增强做好两个确保工作的政治责任感。各级人民政府要坚决贯彻落实党中央、国务院制定的有关方针、政策，一把手要直接负责，经常了解两个确保工作情况，认真研究解决工作中的困难和问题。各级劳动保障、经贸、财政、民政等有关部门要密切配合，建立工作协商制度，加强工作交流和协调。企业领导班子要关心职工特别是离退休人员和下岗失业人员的生活，认真履行及时足额缴纳社会保险费的义务。要重视做好两个确保的宣传工作，发挥舆论和社会监督作用。对今年新发生拖欠的离退休人员基本养老金和未按规定发放的下岗职工基本生活费以及代缴的社会保险费，各地要尽快予以补发和补缴；对今后因工作不力而再度发生此类问题的地区，要在全国范围内予以通报批评，并追究当地政府领导的责任。

二、积极筹措资金，确保不发生新的拖欠。各地要切实调整财政支出结构，提高财政预算中社会保障性支出的比例；各级财政预算安排的社会保障资金，要及时足额拨付，并比上年有所增加，财政超收的部分除用于法定支出外，应主要用于充实社会保障基金。对今年各项社会保障资金的收缴情况和各级财政预算安排社会保障资金的情况，各地要进行一次全面认真的检查，凡是资金安排不到位的,都应通过调整支出结构加以补充,以确保基本养老金发放和下岗职工基本生活保障资金不留缺口,省级人民政府要切实负起责任。对于财政确有困难的中西部地区和老工业基地的资金缺口,经劳动保障部、财政部核实后,由中央财政给予补助,但补助要与各地两个确保工作实绩挂钩,对未达到工作要求的地区要酌情扣减补助数额。对财政承受能力较强、基金结余较多地区当期发放出现的资金缺口,要采取积极措施,动用社会保险基金历年结余和通过增加财政投入解决,中央财政不予补助。

三、进一步扩大社会保险覆盖范围,加强社会保险费征缴工作。今年内,各地要积极扩大社会保险覆盖面,将外商投资企业、港澳台商投资企业、集体企业、城镇私营企业及事业单位,按规定全部纳入覆盖范围。对于尚未参加社会保险统筹的农垦、森工等企业,有关部门要研究制定相应政策,保障其离退休人员和下岗职工的基本生活。城镇集体企业已参加社会保险的离退休人员和下岗职工,按规定享受社会保险待遇;未参加社会保险而又停产多年的,其退休人员和下岗职工直接纳入城市居民最低生活保障范围,按规定享受最低生活保障待遇。对转制和被兼并企业的职工,社会保险经办机构要及时为其接续社会保险关系。对破产企业和与原单位解除劳动关系的职工,重新就业后由用人单位和个人按规定继续缴纳社会保险费。参加社会保险的单位和职工要按规定及时足额缴纳社会保险费,对拒缴、瞒报、少缴的要依法处理。社会保险经办机构和承担社会保险费征缴工作的税务部门,要加强征缴工作的力度,依法做到应收尽收。对企业欠缴的社会保险费,要加大清理追缴力度,尽快回收。要严格实行社会保险基金收支两条线管理,保证专款专用,严禁发生新的挤占挪用,对已被挤占挪用的基金要尽快收回。审计机关要加强对社会保险基金和重点欠费企业的专项审计,对故意欠缴社会保险费和违规动用社会保险基金的单位和个人要依法追究责任,并向社会曝光。

四、确保企业离退休人员基本养老金按时足额发放,加快实现管理服务的社会化。各地要通过加强基本养老保险费征缴、财政补助等措施,确保基本养老金按时足额发放。目前仍实行基本养老保险费差额缴拨的地区,要在今年9月底前改为全额缴拨。各地不得实行行业间的封闭运行,对尚未完全实行基本养老保险省级统筹的地区,在明确保证发放责任的同时,要加大基金调剂力度。对当期发放确有困难的地区要及时实施基金调剂。对基本养老金计发标准要认真进行清理,凡属国家规定统筹项目内的基本养老金,必须保证足额发放;统筹项目外的,应由企业根据效益情况自行确定。实行基本养老金社会化发放是确保按时足额发放、减轻企业负担的重要手段,也是建立独立于企业之外的社会保障体系的必要条件。各地要制定基本养老金社会化发放的工作方案和实施计划,力争在今年年底前基本实现由社会保险经办机构发放或委托银行、邮局等社会服务机构发放基本养老金的目标。要充分发挥街道办事处、居委会和社区服务组织的作用,为将退休人员纳入社区管理提供服务。

五、确保国有企业下岗职工基本生活,大力促进下岗职工再就业。各地要坚持按照"三三制"的原则筹集资金,凡是有支付能力的企业和社会保险经办机构,必须保证资金到位,对困难企业自筹和社会筹集不足的部分,经劳动保障部门和财政部门审核后,由财政给予保证,以确保国有企业下岗职工基本生活费的发放。对于在企业再就业服务中心协议期满仍未实现再就业的下岗职工,要按规定终止或解除劳动合同,并按规定享受失业保险,失业保险到期仍未实现再就业的,由民政部门按规定提供最低生活保障。要加快建立市场导向的就业机制,实现国有企业下岗职工由再就业服务中心保障基本生活向失业保险和市场就业的转变。要拓展就业门路,大力扶持劳动密集型产业,支持社区服务业和中小企业的发展,组织下岗职工从事植树种草、环境保护和社区服务等工作,努力实现再就业人数大于新增下岗人数。各级财政要积极安排资金,支持劳动力市场建设和再就业培训工作。要加强督促检查,切实落实信贷、税收、经营场地等各项优惠政策,鼓励和支持更多的下岗职工自谋职业和组织起来就业。

六、进一步完善城市居民最低生活保障制度。凡家庭人均收入低于当地最低生活保障标准的城市居民,都要纳入最低生活保障范围,实行最低生活保障。要根据当地居民生活水平和财政承受能力,合理确定最低生活保障标准,既要保障贫困居民的基本生活,又要有利于促进下岗和失业人员再就业。要准确核实保障对象的收入水平,规范申请、评审和资金发放的程序,严格审查,张榜公布,接受监督,做到公开、公平、公正。民政部门要加强工作指导和管理,各级财政要积极支持完善城市居民最低生活保障制度工作,努力增加投入,确保资金到位,对财政确有困难的地区,中央财政酌情给予支持。

七、加强基础管理,转变工作作风。各级劳动保障、民政部门和社会保险经办机构,要进一步加快信息管理系统建设,建立健全离退休人员、下岗职工和享受最低生活保障人员的数据库等社会保障技术支持系统,切实解决社会保障工作中存在的底数不清、数据不实等问题,各级财政要对这项工作提供必要的经费支持。要加强社会保险经办机构、社区服务组织的队伍和基础设施建设,改善工作条件,努力提高服务质量。要切实转变工作作风,坚持深入基层、深入实际,及时了解企业下岗职工、离退休人员和困难群体的意见和要求。对社会保障体系建设中出现的新情况、新问题,要加强调查研究,严格检查有关政策的落实情况,对群众反映的突出困难和问题,要及时解决并向上级有关部门报告。

两个确保和城市居民最低生活保障工作,关系到广大职工特别是离退休人员、下岗职工和城市生活困难人员的切身利益。各地要按照本通知的要求,认真做好组织实施工作,加强督促检查,切实将各项政策措施落实到位,为改革、发展、稳定做出更大贡献。

中华人民共和国国务院

二〇〇〇年五月二十八日

（此件由中共中央党史研究室机要档案处提供）

加强理论研究和学术交流促进
集体工业的健康发展①

（2000 年 6 月 28 日）

季 龙

这次大会是在国家全面清理整顿社团组织，经民政部审核重新登记以后召开的换届大会，也是我国合作经济经历半个世纪的发展演变，正在向全面繁荣发展的新世纪进军的时刻召开的大会，有着承前启后，继往开来的重要意义。预祝大会圆满成功。

现在，我受中国工业合作经济学会第二届理事会的委托，向会员代表大会作工作报告，请予审议。

学会第二届理事会 1993 年 10 月换届以来，至今已有六年半时间。按学会章程规定，理事会每届任期为四年，理应在 1997 年进行换届。但当时适逢国家全面清理整顿社团组织，按民政部规定，所有社团组织必须经过清理整顿并验收合格后，方能获得重新登记的资格。之后民政部还规定，在职政府官员和年龄超 70 岁的人员不得担任社团组织的主要领导成员，因此对学会主要领导成员的调整，也延长了时间。

国家轻工业局和中华全国手工业合作总社的领导对学会工作是重视的。今年以来，局社领导专门就学会的换届工作，多次听取汇报，组织研究，从各方面支持学会工作的开展。1 月 26 日，杨志海同志与我就学会换届问题共同商定意见，2 月 7 日陈士能局长对学会几项工作的请示作了批示，认为学会换届工作的条件已经成熟，同意召开换届大会。

一、六年多来的工作回顾

中国工业合作经济学会自 1993 年 10 月换届以来，根据邓小平建设有中

---

① 这是季龙在中国工业合作经济学会第三次会员大会上所作的工作报告。

国特色社会主义理论和党的基本路线"一个中心,两个基本点"的要求,从实际出发,组织和开展了对集体工业经济的理论研究和各项活动。六年多来,在国家轻工业部、中国轻工总会、国家轻工业局和中华全国手工业合作总社的指导和支持下,经广大会员及理论工作者的积极努力,结合各地实际,认真研究和探讨了集体工业经济中的重点理论问题,取得了较好的成效,对城镇集体工业的改革和发展起了一定的促进作用,受到各地党政领导和有关方面的重视和关注。

（一）在组织开展理论研究和学术活动方面。几年来,学会主要围绕国家政治、经济形势的发展,联系集体工业经济的实际,对有关重大理论和政策问题,及时组织研究和开展学术活动。

1994年根据党的十四届三中全会精神,着重对城镇集体工业经济如何理顺产权关系,深化企业制度改革等问题进行研究探讨。1月7日,学会发出《关于1994年学习和贯彻党的十四届三中全会精神的工作安排意见》;3月31日又发出《关于征集城镇集体工业企业理顺产权关系,改革企业制度研究论文的通知》,部分会员在调查研究的基础上,提供了有较高水平的学术论文30余篇。9月中旬,学会在兰州市召开了"城镇集体工业经济94'理论研讨会",到会代表60余人,还有国家经贸委、国家体改委、国务院发展研究中心、中华全国手工业合作总社、中国合作经济学会等单位都派人参加了会议。会议期间,全国政协委员、原甘肃省委书记李子奇、副省长郭琨、兰州市常务副市长等领导同志也到会祝贺和讲话。与会代表以推行股份合作制为重点,认真深入地讨论了城镇集体工业理顺产权关系和企业制度改革以及联社改革的问题。在热烈讨论中,多数同志认为"淡化所有制"观点不利于集体经济的发展,通过讨论,大家提高了思想认识,消除了疑惑。

1995年学会理论研究的中心是探讨集体工业以建立现代企业制度为目标,推行合作制和股份合作制为主的多种形式的企业制度改革;加强城镇集体资产的监督管理;以及研究贫困企业的改组和解困等问题。为了更广泛地组织会员和各方面力量开展理论研究活动,学会与总社办公室和中国集体工业杂志社联合举办了"中国城镇集体工业企业深化改革"有奖征文活动。从5月15日发出征文通知,到11月底结束,共收到论文和调查报告40余篇,并评出优秀论文8篇,先后在《中国集体工业》月刊和《工业合作通讯》上发表,扩大宣传。这次活动的参与者有党政机关干部,有大专院校理论工作者和基层企业人员等,基本上达到了预期的目的。

1996年是我国手工业社会主义改造基本完成40周年。为纪念这一具有重大历史意义的伟大业绩,9月下旬在北京与全国手工业合作总社联合举行了隆重的纪念活动暨城镇集体工业经济理论研讨会。目的是通过纪念活动,重温手工业社会主义改造的历史经验,深入研究新时期城镇集体工业的改革和发展。与会的会员、理论工作者以及各省、自治区、直辖市轻工业厅(局)和联社负责人共100余人。会议期间,国务院副总理吴邦国发了贺信;国务委员李铁映以及张劲夫、马文瑞、袁宝华等为会议题词;国家经贸委主任王忠禹、当代中国研究所所长李力安、原国务院第四办公室副主任周光春在会上讲话;中国轻工总会副会长杨志海同志和我在会上作了报告,全国手工业合作总社副主任和学会副会长张铁诚同志最后作了大会总结发言。与会同志和未到会的会员共提出了上百篇具有较高水平的论文和调查报告,在总结历史经验教训的基础上,研究探讨了城镇集体工业经济改革和发展的理论问题和实践问题。以史为鉴,通过重温手工业合作化的历史经验,提高了对合作化必要性的认识和进一步搞好集体工业的信心。并在会后将领导讲话、题词、大会报告和学术论文、调查报告等汇编成辑,广为宣传。这对促进城镇集体工业实现两个根本性转变,有着积极的影响。

1997年学会根据中央经济工作会议精神和"抓大放小"的要求,理论研究的重点是探讨调整经济结构,加强企业管理和深化企业改革,促进两个根本性转变等理论问题。在年初就发出了"在京会长扩大会议纪要"的通知,要求会员结合地方实际情况进行理论研究。从下半年开始,根据民政部全面清理整顿社团组织的要求,在中国轻工总会的统一部署下,学会进入了清理整顿工作,包括学会的政治方向、业务活动、财务管理、人事组织、遵纪守法等方面的情况,经过全面清理整顿并报民政部审定通过,重新办理登记手续。这项工作一直延续到1999年底。

在清理整顿期间,学会于1998年2月召开在京会长扩大会议,并印发了会议纪要作为全年工作安排的意见。要求会员深入学习和领会党的十五大确立的所有制关系的重大决策和有关集体所有制经济的科学论断的精神,加强对城镇集体工业经济的理论研究工作。同时也要求会员积极做好换届和学术年会的准备工作,提供高水平的学术论文,之后有部分会员和理论工作者已报来了一些论文。1998年是我国改革开放的20周年,在这20年中,遵照邓小平理论和党的基本路线,我国集体工业经济的发展取得了辉煌的成就和丰富的经验,而且在理论和实践上都有新的突破。为此,我撰写的《改革开放以来的回顾与思考——轻工业集体经济辉煌的二十年》,这篇论文既总结了我国轻工集体经济改革和发展的经验,又提出了进一步前进的几个重要的思考问题,对集体工业经济的健康发展具有一定的指导作用。1999 年是新中国建立 50 周年,为向国庆 50 周年献礼,学会办公室同国史研究办公室人员基本上是全力以赴,赶编《新中国集体工业的五十年》一书,现已正式出版,会上发给同志们。

（二）在组织建设和宣传工作方面。学会为了更好地使理论研究与实际工作紧密结合,本届增加了一批重点企业和重点县（市）联社为团体会员,如青岛的海尔集团、苏州的春兰集团、江西的张果喜工艺集团等,会员数额由 106 名增至 187 名。组织领导也有所加强,常务理事由 36 名增至 71 名,副会长由 4 名增至 11 名（包括了冶金工业、乡镇工业等部门和省市联社负责人）。在学会自身建设方面,本着精简节约的原则,从实际出发,调整了日常办事机构,精减了工作人员。秘书处机构由原来一室四部（即办公室、理论学术部、宣传部、联络部、咨询服务部）,精减为一室二部（即办公室、咨询服务部并入理论学术部、联络部并入宣传部）,工作人员不设编制,主要聘任身体健康、熟悉业务的离退休同志。这样有利于加强工作,提高效率,节约开支。

在宣传工作方面,主要是宣传党对集体经济的政策、理论；介绍和交流理论研究成果；宣传学会的宗旨和作用,扩大影响。学会的宣传阵地主要有《工业合作通讯》和与全国手工业合作总社合办的《中国集体经济》两个刊物。《中国集体经济》是月刊,在杂志社全体同志的积极努力和配合下,为宣传集体经济理论和实践,做了不少的工作。学会自办的《工业合作通讯》是不定期的内部刊物,主要交流各地情况和会员研究成果,六年多共出刊 31 期,约 60 万字。这两个刊物对促进集体工业经济的理论研究和情况交流起了重要的作用。希望会员继续大力支持两刊,进一步搞好宣传工作。

二、今后工作的设想

集体经济是我国公有制经济的重要组成部分,发展集体所有制经济,对于发挥公有制的主体作用有着重大的意义。党的十五大报告中明确指出："公有制为主体,多种所有制经济共同发展,是我国社会主义初级阶段的一项基本经济制度。"并提出："要支持、鼓励和帮助城乡多种形式集体经济的发展。"这是党对社会主义初级阶段所有制关系的重大决策,也是调动各种所有制经济全面发展的重大战略措施。在国家经济全面发展的新形势下,对集体经济既提出了新的任务和要求,也面临着严峻的挑战。城镇集体工业如何适应新形势的要求和挑战,加强理论研究工作就显得更为迫切和重要。

我们学会的主要任务是研究集体（合作）经济在改革和发展中遇到的问题,

探讨集体经济的发展规律,寻找能够促进生产力发展的公有制实现形式。目前城镇集体工业在跨世纪之交的新形势下,新的情况和新的问题,需要从理论上和政策上进一步研究,提出科学的改进意见,为政府部门决策提供参考,以利促进中国集体工业经济的健康发展。

理论研究的关键要结合实际,要指导实践。因此,我们的理论研究工作,必须有明确的指导思想,就是要高举马列主义、毛泽东思想和邓小平理论的旗帜,遵循党的基本路线和国家宪法原则来进行,目的是大力发展集体工业,壮大社会主义公有制经济。我为《新中国集体工业的 50 年》所写的《绪论》中,对当前集体工业经济几个问题的思考,主要是这方面的问题,需要统一认识,认真落实。为此我对今后工作提出以下几点设想。

一、要理直气壮地发展和宣传集体经济。党对集体经济发展的方针政策是非常明确的,而且在国家宪法中作了明确规定,本应认真贯彻落实,促进集体经济的大发展。但是,有些人对党的方针政策和宪法规定,不认真贯彻,不全面理解。

有人对我国宪法规定的"社会主义经济制度的基础是生产资料的社会主义公有制,即全民所有制和劳动群众集体所有制",不是全面理解和宣传。对朱镕基总理今年 3 月 5 日在九届全国人大会上所做的《政府工作报告》中所指出的要"积极探索公有制的多种有效实现形式","坚持公有制为主体,鼓励和引导个体、私营等非公有制经济健康发展"的要求,也不是全面理解和宣传,而是片面理解和宣传,甚至有些报刊到现在还不是全面理解和宣传两种公有制,而是将我国经济划分为国有与非国有、国营与民营,把集体经济与个体、私营等非公有制经济划到一起,否定了集体经济在国民经济中的主体地位。这种划法同党的十五大精神和国家宪法规定是背道而驰的,严重地影响集体经济的发展。

二、加强领导,建立健全与任务相适应的集体工业企业联合经济组织,发挥总社和各地联社的作用。中国集体工业的发展,坚持公有制经济的主体地位,主要靠党和政府的领导和支持。总社和各级联社要独立自主地开展社务和经济活动需要有专人来抓。集体工业企业队伍很大,多数是小而分散,需要有人为他们排忧解难,需要有个头帮助他们说话,需要有一个与任务相适应的机构,向政府有关部门反映意见和要求,以保证和促进集体工业的健康发展。

三、深化改革,落实政策,把集体企业办成职工(社员)自己的企业。集体工业企业的职工(社员)是企业的所有者,他们与企业有着利益共享,风险共担的责任。因此办好集体企业必须全心全意地依靠职工(社员)。要把集体企业办成职工(社员)自己的企业,应当切实尊重职工的主人翁地位,充分听取他们对办好企业的意见,充分调动他们的积极性。集体企业要加强经营管理,突出灵活善变的特点,适应市场需求的变化,开动脑筋,引进技术,在产品的名、特、优、新上下工夫。集体企业要讲究经济核算,严格财务管理,提高经济效益,要合理解决企业收益分配问题,既要有利于扩大再生产,又要切实提高职工(社员)的生活水平,真正落实和体现走互助合作,共同富裕的道路。

四、组建新的工业合作企业,推动集体工业经济的发展。这样做,不仅可以壮大公有制经济,而且可以为国家和人民提供丰富的产品和多方面的服务,繁荣市场,发展经济,增加国家税收,对安排劳动就业,保持社会稳定,有着不可忽视的作用。在一些大中城市,特别是有待开发的西部地区,应大力扶持,组织待业人员和下岗职工,兴办各种类型的自负盈亏的合作社和合作小组。通过组建新的工业合作企业,我国的集体经济将会在市场经济新的环境和条件下再放异彩。

五、加快集体工业的技术进步和职工队伍素质的提高。目前,集体工业的技术水平和职工素质仍然很低,应以市场为导向,用先进技术改造现有产业,使一批企业达到较高的技术水平,能生产高质量、高附加值的产品,在国内外市场有较强竞争力。加快集体工业的科技进步,关键在于人才。办好集体企业,需要有一支政治素质好,懂科学技术和科学管理的经营者队伍,建立经营者业绩考核制度和决策失误追究制度。

> 忆往昔,峥嵘岁月;
> 想未来,任重道远。

当前全党正在深入学习贯彻江总书记"三个代表"的重要论述和要求,我们要以"三个代表"的理论,指导我们的思想和行动,大力开展集体经济的理论研究工作。

我们相信,在新一届理事会的领导下,学会一定会以崭新的面貌走进新世纪,城镇集体工业的理论学术研究事业一定会百尺竿头,更进一步,以丰硕的学术成果促进城镇集体工业的改革和发展,为我国城镇集体工业的繁荣兴旺,再铸辉煌作出贡献。

最后,借此换届机会,我谨代表第二届理事会向所有关心、理解、支持和帮助过学会工作的同志致以衷心的感谢。

(原件存中国工业合作经济学会)

适应新形势　开辟新思路　加强学会工作
为推进集体工业经济发展作出新贡献①

（2000 年 6 月 28 日）

杨志海

各位理事、同志们：

在世纪之交的重要历史时刻,中国工业合作经济学会召开第三次会员大会暨'2000 城镇工业经济理论研讨会进行学会理事会换届,并就城镇集体工业经济改革与发展问题进行研讨。这是一次很有意义的会议。会上陈士能局长作了重要讲话,充分肯定了学会 11 年来所取得的成绩,对学会今后工作提出了希望和要求。季龙同志代表第二届理事会向大会作了《工作报告》,《工作报告》实事求是地回顾了学会第二届理事会 7 年来的工作情况,并对学会今后工作提出了指导性的意见和建议。刚刚经过选举产生了新的一届理事会。我们新一届理事会将按照陈士能同志和季龙同志提出的要求和意见,努力搞好学会工作,为城镇集体(合作)工业经济和中小企业的发展作出新贡献。下面,我就学会今后的工作谈点意见和看法,请大家讨论。

一、工业合作经济学会在新时期大有可为

中国工业合作经济学会是研究工业合作经济理论和实际问题的全国性学术团体。学会自成立以来,根据邓小平建设有中国特色社会主义理论和党的基本路线,结合集体工业经济改革和发展的实际,积极开展理论研讨和各种形式的学术交流活动,对城镇集体(合作)经济发展起了很好的促进作用。在新的历史时期,工业合作经济学会将会发挥更重要的作用。

第一,集体经济在我国国民经济中有着重要的地位。

建设有中国特色社会主义,必须坚持以公有制为主体、多种所有制经济共同

---

① 这是杨志海在中国工业合作经济学会第三次会员大会上的讲话。

发展的基本经济制度。集体所有制经济是公有制经济的重要组成部分,在我国社会主义各种经济成分中占的比重最大、发展快、适合我国现阶段生产力发展水平、实现形式最为多样化的经济形式。改革开放以来,我国集体工业经济发展迅速,据统计,集体工业 1978 年在全国工业总产值中占 21.8%,1998 年的比重上升到 38.3%。在轻工系统按全部国有及规模以上的工业企业统计,规模以上的集体工业企业占统计总数的 48.5%,职工人数占 27.2%,工业总产值占 25.8%,利税总额占 17%,以集体企业为主的 11 个行业出口创汇占 81.4%。集体企业遍布轻工业各个行业,不少企业是行业的排头兵。多年来,集体工业企业为繁荣市场、提高人民生活水平、扩大出口创汇、增加财政收入、发展地方经济、安排劳动就业、保障社会稳定,作出了积极贡献。因此,发展集体经济对于促进国民经济发展和社会进步,发挥公有制的主体作用有着极为重要意义。党和政府支持集体经济发展,党的十五大报告明确提出:"要支持、鼓励和帮助城乡多种形式集体经济的发展。"

第二,中央发展经济的战略决策有利于集体经济的发展。

——实施所有制结构战略性调整。党的十五大报告指出:"调整和完善所有制结构,进一步解放生产力,是经济体制改革的重大任务。""要从战略上调整国有经济的布局。"随着国有经济战略性调整的推进,国有经济在一些行业、一些领域中退出,这就为集体经济和其他所有制经济的发展腾出了空间。

——实行"抓大放小"的方针。随着国内外经济形势的变化,从中央到地方对小企业发展的重视程度明显提高。党的十五大确定"抓大放小"方针,要抓好大的,放活小的。1998 年 5 月,江泽民总书记进一步明确提出,要从战略高度重视小企业发展。近两年来,有关部门和各地,在抓好大企业、大集团的同时,把"放小"与"扶小"结合起来,采取了一系列支持和促进中小企业发展的措施,如国家经贸委制定了《关于建立中小企业信用担保体系试点的指导意见》、科技部制定了《关于科技型中小企业创新基金的暂行规定的通知》、中国人民银行制定了《关于加强和改进对小企业金融服务的指导意见》,以及国家经贸委正在修订之中的《关于鼓励和扶持中小企业发展的若干政策意见》、《关于加强和完善中小企业融资工作的意见》等文件,《中小企业促进法》也正在由全国人大财经委等单位起草制定。上海等地人民政府也相继出台了适合本地区实际的促进中小企业改革与发展的政策文件,对中小企业的改革与发展给予政策引导。集体经济绝大多数是中小企业,这些政策措施到位后,将会有利于集体经济的发展。

——实施西部大开发的战略。党中央、国务院向全国发出实施西部大开发战略后,各部门积极研究制定开发实施决策,在资金、人才等方面给予大力支持。

西部地区政府采取了一系列优惠政策措施,鼓励各种经济类型企业发展。西部地区的集体经济可以利用这一机遇加快发展。

——我国加入世贸组织,对企业发展既是机遇,又是挑战。入世后对集体企业必将带来巨大的影响,很多企业将受到不同程度的冲击,但从总体上看,特别是劳动密集型企业、加工贸易型企业,利大于弊。入世后有利于进一步扩大产品出口和企业跨国经营,有利于扩大利用外资促进结构调整,有利于科技进步和技术创新,有利于改善原材料结构,提高产品竞争能力。这一新的形势,必将促进集体企业在体制和机制上的创新。

第三,集体经济自身具有的优势。集体经济应具有企业产权明晰、经营机制灵活、分工协作专业化水平高、技术创新能力强、实现形式多样化,比较适应市场配置资源的要求。也由于其财产组织制度和经营方式多样化,有利于广泛吸收社会分散资金。目前的集体经济是传统集体经济,未能体现其应有的优势。因此必须深化改革,改变那种传统的集体经济模式,寻求能够促进生产力发展的多种有效实现形式,使集体所有制经济的外延更宽。

从上述几个方面分析,集体所有制经济作为一种经济形态,在我国社会主义初级阶段不仅长期存在,而且还将有更快的发展。随着经济体制改革的深入,集体经济传统单一的实现形式必将逐渐减少,代之以多种实现形式,如合作制、股份合作制、股份制、集团公司等,财产组织形式多元化。

二、集体工业经济面临许多亟待需要研究解决的问题

当前集体工业经济尤其是轻工集体经济,在改革和发展中遇到许多困难和新问题,迫切需要从理论到实践上进行探索,突出的问题:

一是,集体所有制经济在新时期的地位、作用及其发展前景问题。新时期集体所有制经济在国民经济中的地位、作用及其发展的重要意义和集体所有制经济改革的方向等问题,在我国《宪法》和党的十五大报告都作了明确的规定和论述。但目前在人们的思想认识上和实际工作中没有真正得到解决,或没有完全解决,主要反映在:政策上存在差异,一方面是对国有经济、非公有制经济的改革和发展都先后出台了一些相应的政策,而集体所有制经济的政策难以出台,企业改革政策不配套;另一方面在一些政策规定上也不能一视同仁,如企业的兼并、破产、职工的养老保险、下岗再就业等方面政策。一些同志把经济形式(所有制)与财产组织形式(实现形式)相混同。由于随着改革的深入,许多集体企业改制为合作企业、股份合作企业、股份有限责任公司、股份公司、企业集团,

或其它形式的混合所有制企业,传统模式的集体企业日趋减少,集体经济各项经济指标下降,因此,对集体所有制经济发展前景失去信心。

二是,集体经济的管理体制如何理顺问题。目前集体经济在管理体制上存在着一些缺陷。主要是集体企业没有按照集体经济的原则实施运作和管理,而是按国有企业模式运作和进行管理,集体企业不能真正做到自主经营、自负盈亏,而和国有企业一样都是政府的附属物;政企不分的状况还没有根本解决,企业民主管理流于形式,很多属于企业的权力层层上收。

三是,深化集体企业产权制度改革需要突破的障碍问题。理顺企业产权关系,建立符合社会主义市场经济要求的企业产权制度,是集体企业建立现代企业制的基础,是集体企业改革的关键性工作。多年来,各地以产权制度改革为突破口,对集体企业进行了一系列改革,取得了明显的成绩,但进行深化改革难度大,这是由于城镇集体工业企业尤其是老集体企业产权关系复杂,产权主体不清,加上认识上存在一些误区,认为集体企业的资产只能归劳动群众共同所有,不容许保留劳动者个人所有权;职工劳动积累的存量资产不能量化,量化是私有化;在资产界定中只强调投资者的利益,忽视了劳动者的劳动积累;一些部门把企业的隶属关系和财产所有者相混同。所有这些都制约着集体企业产权制度改革的深化。因此,在深化集体企业产权制度改革中,如何处置集体存量资产、如何正确处理好企业职工与联社、职工与企业、企业、职工与国家及其它法人产权主体的利益关系,突破现有产权制度改革的障碍,这是需要从理论到实践进行深入探索的。

四是,如何完善集体企业改革改制,探索集体所有制经济的多种有效实现形式问题。这几年随着改革开放的深入发展,计划经济逐步向市场经济转变,集体经济逐步出现多种组织形式,尤其是股份合作制经济,在轻工集体经济中起步较早,推行的范围逐步扩大,实践效果也较好。对这种企业的组织形式,党的十五大已给予充分肯定。集体所有制经济的实现形式应当多样化,一切反映社会化生产规律的经营方式和组织形式都应大胆利用,要努力寻找能够极大促进生产力发展的实现形式。尤其要鼓励和提倡劳动者的劳动联合和劳动者的资本联合相结合的企业组织形式。目前有些改制企业只重视组织形式的改变,而忽视了在机制转换上下工夫,企业机制没有得到转换,不适应市场经济发展的要求。通过改制如何使企业真正成为市场主体,建立起法人治理结构,需要花大力气认真解决。

五是,如何建立起符合集体经济原则和社会主义市场经济要求的集体资产管理体制,切实维护集体经济的合法权益的问题。各地反映,在改革中集体资产流失严重,集体经济的合法权益受到损害,影响集体经济发展。这是个老问题,加上在改革中出现的新情况,这些都是需要我们引起重视加以研究的问题。

六是,联社在新的历史时期如何定位,其改革和发展的方向是什么。目前各地政府机构改革逐步到位,集体企业在改革中走向市场,成为市场主体,联社作为集体企业联合经济组织如何实行政社分开,按照建立社会主义市场经济体制的要求进行正确定位,搞好改革,充分发挥其应有的作用,这是大家所共同关注的问题,是一个很重要的研究课题。

总之,集体工业经济面临需要从理论到实践上进行研究的问题很多,随着我国改革开放的深入和社会主义市场经济的发展;经济全球化的加快和新经济时代的到来,集体工业经济在发展中将会遇到更多的新情况、新问题,都需要我们从理论和实践的紧密结合上加以研究和解决,学会应当担负起组织理论研究的任务,积极探索集体工业经济发展的规律,努力促进集体工业经济的新发展。

三、学会下一步的工作思路

在世纪之交,国内外形势已经和正在发生广泛而深刻的变化,学会工作应适应新形势的要求,创新思路,拓展领域,更好地为集体工业经济发展服务。

学会下一步工作思路是:

(一)加强城镇集体(合作)工业经济的理论研究工作。学会作为一个群众性的学术团体,开展学术研究活动是其重要的工作任务之一,学会的学术活动要围绕推进集体工业经济改革和发展这个主题,抓住集体工业经济改革和发展中的热点、难点问题,开展灵活多样的学术活动。当前主要开展的课题研究:一是集体经济与合作经济关系的探讨;二是新时期集体工业经济的地位与作用,及促进其发展的政策措施;三是集体企业产权制度的改革与创新,及集体经济合法权益的保护问题;四是集体所有制经济的有效实现形式的探索;集体企业联合经济组织的改革与创新。上述这些问题学会准备采取组织征文、笔谈,以及组织各方面力量开展课题研究,召开各种形式的研讨会,从理论与实践的结合上进行探索。并组织会员单位在调查研究、总结经验的基础上提出可行性措施,为政府决策提供参考。为此要求学会的每一位理事,在四年任期内,至少提供一篇学术论文或调研报告。

(二)拓展服务领域,强化为会员单位服务功能。集体企业、中小企业在改制工作及经济活动中,会遇到一系列问题需要指导和咨询服务。学会要适应新的形势,拓宽工作思路,利用自身的人才等方面的优势,为会员单位提供改革、创新、人才、管理、开发、法律等多方面的咨询服务。并根据实际需要,与有关单位联合开办各种专项培训班;组织会员单位开展与国际工业合作经济组织的交流和合作。

(三)加强宣传工作,进一步办好学会刊物《中国集体经济》杂志,和学会的内部刊物《工业合作通讯》,大力宣传党和国家有关集体经济、中小企业的法律、法规和政策的精神;宣传集体经济、中小企业改革与发展的好经验;刊登学会的研究成果和重要的观点、信息,充分发挥舆论宣传阵地的作用。

(四)加强学会自身建设,提高工作水平。一是继续做好发展会员工作。我们这次学会理事会换届会议是在机构改革尚未完全到位的情况下召开的,一些本想参加学会的单位由于机构改革,暂时难以参加。轻工业以外其他部门和企业,由于对学会不够了解,宣传力度不够,相当一部分单位还没有被吸纳为学会成员。学会准备进一步做工作,提高对理论研究重要性的认识,重点发展一批有声誉的企业和单位。二是为了更好地开展学会工作,在原来设有一室二部(即办公室、理论学术部、宣传部)的基础上作些调整;从工作需要的实际出发,准备建立若干个专业委员会,其成员多数由学会常务理事兼任。我们打算成立学术、创新、开发、培训、咨询服务等专业委员会,如条件成熟,年内先成立2—3个专业委员会,并着手开展业务工作。三是加强与各地集体(合作)经济学会、研究会的联系,形成全国集体(合作)经济研究联络网,互通情况。并要积极协助这些组织开展学术活动。四是学会要建立健全例会制度。学会秘书处要认真做好日常工作,加强与会员单位和有关方面的联系,切实改进工作作风,提高工作效率。目前学会工作人员很少,力量较弱,办公条件差,办公手段也比较落后,经费不足,需要各方面的帮助和支持,以适应新的形势,把学会工作进一步搞好。学会开展工作所需经费主要是靠会员单位缴纳会费和社会捐赠、有关部门的资助。学会新章程对学会经费来源、使用和监督都作了明确的规定。民政部规定学会必须有10万元以上资金才能获得社团法人资格。因此,学会将按照国家的有关规定,继续向会员单位收取必要的会费,同时也希望有关部门和有实力的单位能给予经费支持和可能的资助,学会也要积极开拓财源,增加收入,厉行节约,尽量少花钱多办事。关于会费缴纳的额度问题,按国家的有关规定,结合会员单位的实际情况,和学会工作的实际需要,我们意见,每年每个会员单位缴纳会费额度为1000元,本届(四年)任期内一次缴清。这次会议得到中华全国手工业合作总社和北京市二轻有限责任公司、中华康普实业发展公司、轻工业出版社等单位在资金上给予大力支持,在此我代表学会理事会对支持我们的单位表示衷心的感谢。

同志们,在新世纪,集体工业经济面临着新的机遇和挑战,理论研究工作任重而道远。我们要坚持以邓小平建设有中国特色社会主义理论和党的基本路线为指导,在社会主义市场经济发展中,坚持理论联系实际,深入调查研究,把集体经济理论研究工作提高到一个新的水平,为促进集体工业经济发展作出新的贡献。

（原件存中国工业合作经济学会）

国家经贸委印发《关于加强中小企业技术创新服务体系建设的意见》的通知

(2000 年 7 月 19 日)

各省、自治区、直辖市、计划单列市及新疆生产建设兵团经贸委(经委),各委管国家局,国务院有关部门、直属机构:

为贯彻落实《中共中央关于国有企业改革和发展若干重大问题的决定》和《中共中央、国务院关于加强技术创新,发展高科技,实现产业化的决定》精神,尽快建立以企业为中心的技术创新体系,推动以城市为依托的中小企业技术创新服务体系的建设,国家经贸委在征求有关部门、地方经贸委和有关中介服务机构意见的基础上,提出了《关于加强中小企业技术创新服务体系建设的意见》,现印发你们,请结合本地区、本部门的实际,认真贯彻执行。

附:
关于加强中小企业技术创新服务体系建设的意见

建立面向中小企业的技术创新服务体系,是贯彻落实《中共中央关于国有企业改革和发展若干重大问题的决定》和《中共中央、国务院关于加强技术创新,发展高科技,实现产业化的决定》的精神,适应全球产业结构调整的大趋势和市场竞争环境的急剧变化,加快技术进步和产业升级,形成以企业为中心的技术创新体系的重要措施。为做好这项工作,现提出如下意见:

一、指导思想和目标

按照我国企业改革与发展及技术创新工作的总体要求,动员社会各方面力量,加快建立和培育面向中小企业技术创新的服务体系,为中小企业发展创造良好的外部环境,进一步加大企业技术创新工作力度,推动科技与经济结合,促进科技成果向现实生产力转化。

各地经贸委要根据本地区企业的实际情况,坚持不铺新摊子,不重复设置机构,推动现有技术创新中介机构(新技术推广机构等)通过与社会科技资源的优化配置与整合,向社会公益性机构过渡,为中小企业技术创新提供各项服务。

从2000年开始,用两年左右的时间,在直辖市、省会城市等建立40个左右主要面向中小企业的技术创新服务中心,逐步形成全社会、开放式的网络化技术创新服务体系。

二、技术创新服务中心的主要工作任务

技术创新服务中心是中小企业技术创新服务体系的核心,是整个技术创新体系的重要组成部分,是各地经贸委指导、联系和推动中小企业技术创新工作的纽带和桥梁,是加快科技成果向现实生产力转化的服务站。其主要任务是:

(一)信息服务。通过信息网络和各种媒体为企业提供国家政策法规、行业发展趋势、投融资渠道、科技成果、技术需求、企业管理、市场营销、人力资源等信息服务,帮助企业提高市场预测和快速反应能力,提高管理水平。

(二)技术开发与推广。结合产业结构调整,有效地组织和利用各种社会资源,帮助中小企业研究开发新技术和新产品,并开展多种形式的新技术推广活动,传播和推广先进、成熟、适用技术,推动市场前景好、技术含量高、附加值高、产业关联度强、经济社会效益显著的技术向企业转移和扩散。

(三)新技术交易服务。通过技术交易市场,提供交易过程中的政策咨询、专利代理、合同登记、交易合同认定以及知识产权变更登记等配套服务,形成一个高效和具有良好信誉的新技术交易服务体系。

(四)资金服务。为中小企业的技术创新多渠道筹资提供服务。

(五)组织创新政策、专业技术咨询和培训及其它专业化服务等。

(六)完成政府部门和其它机构委托的工作。

三、近期主要工作

从2000年起,各地经贸委要按照国家经贸委的统一部署,结合本地区实际,开展中小企业技术创新服务机构的建设工作。

直辖市要充分利用现有的科技、教育、人才、产业基础、信息等优势,建立服务功能强、区域辐射作用大的技术创新服务中心,以中小企业为主、同时为大型企业技术创新服务,以点带面,起到引导其他城市的作用;省会城市要进一步发挥对全省其他地区的辐射作用,与现有全省和省内计划单列市所属的技术创新中心、推广机构等进行整合,形成合力,防止重复建设;技术创新试点城市和联系

城市要将技术创新服务与试点工作紧密结合,按照所在省技术创新服务体系建设的统一部署,突出自己的特点,形成不同层次的服务体系。

各地经贸委要加强对技术创新服务机构的引导与扶持,研究制定有关措施和管理办法,按照市场经济规律的要求,对技术创新服务机构进行规范,强化服务意识,提高服务质量,增强竞争能力。创造条件引导各种社会科技资源参与技术创新中介服务工作,充分发挥高等院校、科研机构和重点企业技术中心的作用。建立评价制度,按技术创新服务中心的工作质量、服务内容、用户范围、运营绩效等,定期进行考核,并及时总结和通报工作经验。

（选自《国务院公报》2001 年 15 期）

黑龙江省人民政府关于支持中小企业改革和发展的若干规定

(2000 年 8 月 2 日)

为加快我省中小企业改革,促进各种所有制中小企业发展,培育新的经济增长力量,制定本规定。

一、中小企业的改革和发展要坚持从实际出发,多种形式,因地制宜,因企制宜,实现产权主体多元化。要把改革、改组、改造和加强管理结合起来;把改革与所有制结构、产业结构、产品结构调整结合起来;把企业发展与机制创新、管理创新、技术创新结合起来。

二、中小企业改制必须进行清产核资、产权界定、资产评估。国有资产的评估结果由各级国有资产管理部门确认;集体资产的评估结果由各级经贸部门确认;土地资产评估结果由各级土地管理部门确认。其评估、验资等费用各地可按规定标准的最低收费数额或定额收取,特困企业经批准可酌情减缓收取。

三、实力较强的国有中型企业可进行公司制改造,按照现代企业制度的要求组建公司制企业,对生产要素进行优化配置。

四、对具备条件的国有中小企业可实行股份合作制改造。股份合作制企业资本以本企业职工出资为主,或者全部由职工出资构成企业法人财产,实现合资合劳、民主管理、按劳分配和按股分红相结合。职工可采取现金认购、将企业历年累积公益金转为本企业职工股份、奖励红股等方式形成职工股。资产规模较大的企业也可组成职工持股会,收购国有股权,或设立职工持股专项贷款资金贷款认购。

五、鼓励各种所有制企业兼并国有中小企业。

(一)对产品有市场、企业负担过重、经营困难的企业,要积极寻找优势企业进行兼并,优化资产配置,优势互补,共同发展。

(二)兼并企业承担被兼并国有中小企业历年欠缴的地方税款,上缴确有困难的,由兼并企业提出申请,经地方税务部门批准后,可在一定期限内缓缴。

(三)被兼并方经确认尚未处理的财产损失,经同级财政部门批准,可从被兼并方净资产中核销。

六、国有中小企业改制要在出售产权上有所突破。鼓励企业内部职工、社会法人、自然人通过整体购买、部分购买、先租后买或租一块买一块等多种形式购买国有中小企业。企业经营者、管理人员、技术骨干可以用技术、专利权换取企业产权。用自有资金购买企业产权的,可以在承担债务和出售价格上给予优惠。国有企业出售须经同级政府批准,集体企业出售须经企业职工大会或职工代表大会同意。

七、职工和社会法人、自然人出资购买国有中小企业净资产,付款方式可灵活处理。

(一)企业资产数额较大,一次付清确有困难的,在取得担保的前提下,可以分期付款,但首次付款额不得低于全部购买款项的 30%。实行分期付款的,对未付款部分的企业净资产购买方不享有所有权,在按银行流动资金贷款利率交付资产占用费的前提下,可享有分红权。

(二)净资产为零或负数的企业,可采取多种形式出让。如购买方是社会法人或自然人,应处理好债权债务关系,有资金注入,把企业搞活。

八、地处市区繁华地段的国有中小企业要充分利用地理位置和土地级差优势进行改制。对没有发展前途的企业,可利用场地、厂房弃工经商,在改变经营方向的同时进行改制。对无产品、无资金,不适合在市区发展的国有中小企业,可将其机器设备和土地使用权有偿转让,所得土地收益经同级财政、土地部门核准,同级政府批准后,可返还原土地使用者 70% 至 80%,用于生产经营和安置职工。

九、国有中小企业改制,要酌情减缓征收土地变更等费用。

(一)企业引进外资进行嫁接改造,中方以土地使用权作价入股的,经财政、土地部门审核,政府批准,减缓征收土地出让金。

(二)对破产企业职工筹资收购原企业资产组建新企业,不改变土地用途、维持原企业职工就业的,免缴土地变更登记费。

(三)以出让方式处置土地并且由购买方整体接收企业职工继续用于工业生产的,购买方为国有企业,土地使用权继续实行划拨,期限不超过 5 年,缓收租金。

(四)国有中小企业破产,其原使用的划拨土地可由市、县政府组织出让,变现资金设立专户,优先用于职工安置。

十、处理好国有中小企业改制过程中的债务。非金融债务经协商可试行债权转股权的办法;改制前企业欠金融部门的债务,经与金融部门协商,可实行抵贷返贷、抵贷返租;欠发原企业职工的工资等,可与职工协商转为改制后企业职工的股权;购买方以承担债务并接收全部职工的方式购买企业,被出让企业原欠银行的贷款本息,购买方应与债权金融机构重新签订借款合同,按期偿还金融机构贷款本息。

十一、国有中小企业产权变更,要优先在净资产中进行如下扣除:

(一)改制前企业离退休人员的基本养老金和医疗费。

(二)改制后企业退休人员的生活费及退休期间应缴纳的养老保险费、医疗费。

(三)伤残人员的工资、医疗费和抚恤对象的抚恤费。

(四)欠缴的职工社会保险费、自谋职业职工的一次性安置费和其他经批准可扣除的项目。

十二、经各项扣除后,企业净资产余额可量化到职工。企业净资产余额中属于职工共同所有的部分,按工龄长短、技术高低、责任轻重和贡献大小量化到职工个人;职工按量化额的一定比例出资增量配股后,享有量化股权;收入低、一次性付款有困难的职工可分期付款,也可将其量化配股在内部有偿转让。

十三、进行改制的国有企业要妥善安置职工。

(一)职工由购买方接收的,可在出售价格中冲减安置费用,购买方将安置费以计息挂帐的形式,经公证后记在职工名下,未经职工个人允许,购买方不得以任何借口,将职工个人的安置费转为股份或其他形式占有。

(二)经同级政府批准,国有企业出让,企业资产变现收益不足以安置职工的,可比照破产企业的办法,由出售方将土地出让金用于安置职工。

(三)职工自行调转的,工龄连续计算,不发安置费;职工由出售方妥善安置的,安置费不发给个人,工龄连续计算,并按有关规定重新与用人单位签订劳动合同。

(四)职工自愿辞职,经企业同意与其解除劳动关系,办理辞职手续,按国家规定发给一次性安置费,并进行公证,鼓励职工在新的岗位上连续交纳养老保险。

(五)对原有抚恤对象的抚恤费、工伤和职业病的诊疗费可划出相应的资产给购买方,冲减出售价格,由购买方负责管理,也可一次性核发给本人并经公证。

十四、鼓励各种企业吸收国有企业下岗职工。凡吸收国有企业下岗职工人数达到规定比例的企业,可以享受劳动服务性企业的优惠政策。

十五、允许人力资本、智力成果作为股份参与企业生产经营。组建多元投资主体企业时,具有创造能力的人力资本(管理才能、技术专长)、有转化潜能的智力成果(专利发明、技术成果)等要素可视作物化资本,作为无形资产参与投资。无形资产可占注册资本的 20%。以高新技术成果入股的,经科技管理部门认定,可占注册资本的 35%,全体股东另有约定的,从其约定。

十六、科技人员参与科研项目开发,并以科研成果作为股权投资的,可获得与之相当的股权收益。属政府资助的科研项目,从项目实施起的三年内可享有不低于 60% 的该成果股权收益,后三年可享有不低于 40% 的该成果股权收益;属企业自主开发的科研项目,从项目实施起的三年内可享有不低于该成果 30% 的股权收益,后三年可享有不低于该成果 20% 的股权收益;属单位立项但未开发项目,经与单位协议约定,开发者自筹资金进行开发的,对其成果享有独占使用权。

十七、鼓励中小企业开展技术创新和技术改造。中小企业在科技成果引进、转化及生产过程中,技术开发费可按照实际发生额计入管理费用,不受比例限制;开发新技术、研究新产品所购置的单台价值在 10 万元以下的试制用关键设备、测试仪器,可在管理费中列支,对技术含量高、市场前景好的新上技改项目,其投资总额中的企业自筹资金到位比例可适当放宽,有条件的地方可对项目给予贴息。

十八、鼓励中小企业走产学研相结合道路。为中小企业与科研院所联合合作创造条件,对中小企业资助科研机构和高等学校的研究开发经费,可按一定比例在企业计税所得额中扣除;对外国企业科研单位和大专院校服务于企业的技术成果转让、技术咨询、技术服务、技术承包所得暂免所得税。

十九、积极支持成长型和创业型中小企业发展。金融部门应为产品有销路但流动资金紧张的中小企业提供资金支持;企事业单位向中小企业转让技术及相关的技术服务,可在税收方面给予优惠;工商企业增值税小规模纳税人的征收率降低为 4%;对开发生产软件产品的企业,其软件产品可按 6% 征收增值税。

二十、逐步加大对中小企业的资金投入。在资金投放上,对各种所有制中小企业,特别是对实行产权制度改革的中小企业应当一视同仁;对那些资金投放有效益,偿还能力强,回报率高的企业,有关部门应在资金投放上给予优先支持。

二十一、要建立经营者信用管理制度。中小企业的经营者要诚实守信,真实提供自己的财产、经营经历等方面的情况。有严重逃避银行债务、违规经营、经济犯罪等不良信用记录者,不得担任改制企业法定代表人。

二十二、建立和完善中小企业信用担保体系。已经建立起来的省担保公司和市地担保中心,要通过加大财政投入、多渠道吸引民间资金扩大担保机构的资本金规模,拓宽融资渠道,加强管理,为中小企业提供贷款担保服务;没有建立中小企业信用担保机构的市地要积极创造条件尽快建立,帮助中小企业解决融资难问题。信用担保机构的定位应突出"政策性资金、市场化运作、法人化管理",以追求社会效益为主,不以营利为目的。

二十三、广泛吸纳社会闲散资金发展中小企业。

(一)支持有实力的企业或企业集团以股份制的形式依法建立中小企业风险投资担保公司,逐步扩大中小企业信贷融资担保渠道。

(二)建立和完善中小企业产权交易市场,通过积极引导社会法人、自然人参与中小企业产权交易,或合资兴办新兴企业,吸纳社会闲散资金。

(三)各地要积极探索吸收社会资金发展中小企业的办法和途径。

(四)积极开展网上招商和网上产权交易,通过公共信息网中小企业网站出售中小企业产权,吸引国内外资金发展中小企业。

二十四、加快中小企业服务体系建设。建立和完善信息咨询、市场开拓、技术支持、人才培训等方面的服务体系,逐步形成全方位、多层次、覆盖全省的中小企业服务网。

二十五、要努力为中小企业发展创造宽松环境。坚决制止乱收费、乱摊派、乱罚款;对中小企业收费必须按国家或省政府批准的项目和标准执行。弹性收费一般应执行最低标准;收费部门必须使用国家或省级财政部门统一印制或监制的收费票据,并持有物价部门核发的收费许可证。

(选自国家经贸委中小企业司主编:《中小企业政策法规指导与实践》,工商出版社 2002 年 10 月出版,第 287—290 页)

国务院办公厅转发国家经贸委关于鼓励和促进中小企业发展若干政策意见的通知

（2000 年 8 月 24 日）

各省、自治区、直辖市人民政府，国务院各部委、各直属机构：

国家经贸委《关于鼓励和促进中小企业发展的若干政策意见》已经国务院同意，现转发给你们，请认真贯彻执行。

中小企业是推动国民经济发展，促进市场繁荣和社会稳定的重要力量，在推进国民经济适度增长、缓解就业压力、实现科教兴国、吸引民间投资和优化经济结构等方面，发挥着越来越重要的作用。各地区、各部门要进一步转变观念，提高认识，采取有效措施，加大对中小企业特别是高新技术类以及能增加产品品种、提高产品质量、填补市场空白的中小企业的扶持力度，促进中小企业健康发展。

中华人民共和国国务院办公厅

二○○○年八月二十四日

国家经贸委关于鼓励和促进中小企业发展的若干政策意见

（2000 年 7 月 6 日）

为贯彻落实党的十五大和十五届四中全会精神，切实加大对中小企业特别是高新技术类中小企业的扶持力度，促进中小企业健康发展，提出以下政策意见。

一、大力推进结构调整

（一）各级政府要充分利用当前经济结构调整的有利时机，大力推进中小企业结构调整。认真执行已颁布的《淘汰落后生产能力、工艺和产品的目录》、《工商投资领域制止重复建设目录》,鼓励先进,淘汰落后。当前,国家扶持的重点是:科技型、就业型、资源综合利用型、农副产品加工型、出口创汇型、社区服务型等中小企业,使之不断提高产品质量和技术档次、增加产品品种,满足市场需求。对那些技术落后、质量低劣、污染环境、浪费资源,以及不符合安全生产条件的中小企业,依据国家法律法规和政策,采取有力措施,坚决予以关闭。

(二)简化中小企业设立审批程序,除法律、行政法规规定外,有关部门不得在企业进行登记注册前设置前置审批条件。研究探索中小企业破产与清算的简易程序,逐步建立歇业督促、风险预警、债务重整和依法破产等制度。

(三)坚持发展大企业大集团与扶持中小企业并举的方针,鼓励中小企业向"专、精、特、新"方向发展,形成与大企业大集团分工协作、专业互补的关联产业群体。着力扶持"优强"中小企业发展,不断总结推广不同类型中小企业的发展经验和典型模式。

(四)加大对中西部地区中小企业发展的扶持力度。中西部地区地方政府可在规定权限内给予财政、税收和土地使用等方面的政策支持,以鼓励和吸引国内各类投资者以及外商到中西部地区投资创办中小企业。

二、鼓励技术创新

(五)各级政府要认真贯彻《中共中央、国务院关于加强技术创新,发展高科技,实现产业化的决定》(中发[1999]14号),采取设立风险投资基金等必要措施,在提高技术创新能力、促进科技成果产业化等方面,对中小企业特别是科技型中小企业予以有效扶持。

(六)在充分发挥现有各类科技、工业园区带动、辐射功能基础上,研究总结区域性、行业性中小企业技术创新服务机构的成功经验,认真落实《国务院办公厅转发科技部等部门关于促进科技成果转化若干规定的通知》(国办发[1999]29号)精神,加快培育中小企业技术创新基地和产业化基地。

(七)鼓励社会各类投资者以技术等生产要素投资创办中小企业,其作价金额可占注册资本的35%(另有约定的除外)。已改制的国有、集体中小企业,可将企业净资产增值部分按一定比例作为股份,奖励有特殊贡献者。

三、加大财税政策的扶持力度

(八)各级政府要根据财力情况,安排一定的资金投入,重点用于中小企业的信用担保和创业资助、科技成果产业化、技术改造项目贴息等,支持中小企业发展。

(九)各类中小企业凡在我国境内投资符合国家产业政策的技术改造项目,

可按规定享受投资抵免企业所得税的政策,具体办法按国家统一规定执行。国有企业下岗职工创办中小企业的,可按国家规定享受减免税优惠政策。为鼓励中小企业更快发展,要抓紧研究减轻工业企业增值税小规模纳税人税收负担的办法。对纳入全国试点范围的非营利性中小企业信用担保、再担保机构,可由地方政府确定,对其从事担保业务收入,3年内免征营业税。

四、积极拓宽融资渠道

(十)鼓励和支持股份制银行、城市商业银行、城乡合作金融机构等以中小企业为主要服务对象。鼓励商业银行特别是国有商业银行在注意信贷安全的前提下,建立向中小企业发放贷款的激励和约束机制,在保证贷款质量的同时,切实提高对中小企业的贷款比例。鼓励政策性银行在现有业务范围内,支持符合国家产业政策、有市场前景、技术含量高、经济效益好的中小企业的发展。

(十一)继续扩大中小企业贷款利率的浮动幅度。银行要根据中小企业的经营特点,及时完善授信制度,合理确定县级行贷款审批权限,减少贷款审批环节,提高工作效率。要积极研究开发适应中小企业发展的信贷服务项目,进一步改善银行对中小企业的结算、财务咨询、投资管理等金融服务。

(十二)逐步扩大中小企业的直接融资渠道,逐步放宽中小企业特别是高新技术企业上市融资和发行债券的条件。选择有条件的中心城市进行企业法人间的中小企业产权交易试点。引导、推动并规范中小企业通过合资、合作、产权出让等方式利用外资进行改组改造。

(十三)鼓励社会和民间投资,探索建立中小企业风险投资公司,以及风险投资基金的管理模式和撤出机制。有关部门要严格风险投资的市场准入和从业资格管理,规范风险投资的市场行为,充分发挥政府对风险投资的导向作用。各级政府部门均不得直接从事中小企业风险投资业务。

五、加快建立信用担保体系

(十四)各级政府和有关部门要加快建立以中小企业特别是科技型中小企业为主要服务对象的中央、省、地(市)信用担保体系,为中小企业融资创造条件。建立和完善担保机构的准入制度、资金资助制度、信用评估和风险控制制度、行业协调与自律制度。

(十五)要选择若干具备条件的省、自治区、直辖市进行担保与再担保试点,探索组建国家中小企业信用再担保机构,为中小企业信用担保机构提供再担保服务;在加快发展中小企业信用担保机构的同时,推动企业互助担保和商业性担保业务的发展。对于政府出资的中小企业担保机构,必须实行政企分开和市场化运作,并一律纳入地方中小企业信用担保体系。各级政府部门一律不得操作具体担保业务。

六、健全社会化服务体系

(十六)各级政府要转变对中小企业的管理职能,推动建立以资金融通、信用担保、技术支持、管理咨询、信息服务、市场开拓和人才培训等为主要内容的中小企业服务体系,并对中小企业服务体系建设给予必要的资金及政策支持。要推动中小企业行业协会等中介机构的发展,建立有效的执业标准和监督机制,强化监管,实现服务社会化、专业化和规范化。

(十七)各级政府要从本地实际出发,结合科技体制改革,鼓励和支持各类科研单位改制为以中小企业为主要服务对象的中介机构;鼓励和支持科研院所、大专院校和各类商会等机构,积极开展面向中小企业的服务,并通过技术洽谈、专利和零配件招标、人员培训等方式,为中小企业提供技术创新和科技产业化方面的服务。

(十八)充分利用计算机网络等先进技术手段,逐步建立健全向全社会开放的中小企业信息服务体系,为中小企业获取政策、技术、市场、人才信息等提供方便。在有条件的地区可进行中小企业电子商务试点,为降低中小企业市场开发成本创造条件。

(十九)采取政府引导、行业辅导、企业互助和企业自我培训等多种形式,充分利用现有管理院校、培训中心等力量,开展面向中小企业的投资咨询和职业技能培训等。逐步建立经理人才测评与推荐中心,发展完善中小企业职业经营者市场。

七、创造公平竞争的外部环境

(二十)积极改善中小企业的经营环境。各级政府要从本地区的实际出发,依法认真清理各种不利于中小企业发展的行政法规和政策规定,制定有利于各类中小企业发展的政策,促进本地区中小企业的健康发展。

(二十一)各地区、各有关部门要严格按照《中共中央、国务院关于治理向企业乱收费、乱罚款和各种摊派等问题的决定》(中发[1997]14号)精神,切实减轻中小企业负担。要逐步取消县(市)国有、集体中小企业上交管理费以及城市供水、供气的增容费和供电增容费(贴费)的有关规定;降低中小企业贷款抵押品登记收费标准。各地要加强对已取消收费项目落实情况的监督检查,提出减免本地区中小企业费用的具体措施。对巧立名目、变相增加中小企业负担的,要坚决予以查处。各级政府应创造条件,鼓励大企业将部分产品及零配件生产分包给中小企业。同时,要坚决取消各类地方保护主义措施,创造有利于中小企业与大企业公平竞争的市场环境。

(二十二)鼓励和支持中小企业开展自营进出口业务,加快由审批制向资格登记备案制的过渡,帮助符合条件的中小企业办理相关手续,为中小企业参与国际竞争创造条件。中小企业特别是出口高新技术产品的中小企业可享受《国务院办公厅转发外经贸部等部门关于进一步采取措施鼓励扩大外贸出口意见的通知》(国办发[1999]71号)的有关优惠政策,鼓励外商独资或参股创办中小企业。

八、加强组织领导

(二十三)鼓励和促进中小企业健康发展是一项长期而艰巨的战略任务,各级政府和有关部门应高度重视中小企业工作,要坚持放开搞活与扶持发展并举的方针,以市场为导向,以扶持、服务为宗旨,为中小企业发展创造良好的外部环境。各地要从全局出发,加强组织领导,切实负起责任,做好中小企业发展的政策协调工作。

为促进中小企业发展,由国家经贸委牵头,科技部、财政部、人民银行、税务总局等部门参加,成立全国推动中小企业发展工作领导小组,办公室设在国家经贸委。各地要结合地方机构改革,理顺中小企业管理体制,尽快明确中小企业管理机构,推动本地区中小企业的发展。

(二十四)有关部门要在调查研究的基础上,尽快提出客观反映中小企业实际情况的统计指标体系和中小企业标准。

(二十五)本意见适用于城乡国有、集体、私营、股份制、股份合作制、合伙制和个人独资等各类中小企业,具体实施办法由全国推动中小企业发展工作领导小组组织有关部门制定。

(选自国家经贸委中小企业司主编:《中小企业政策法规指导与实践》,工商出版社2002年10月版,第151—154页)

财政部 对外贸易经济合作部关于印发《中小企业国际市场开拓资金管理(试行)办法》的通知

(2000 年 10 月 24 日)

各省、自治区、直辖市、计划单列市财政厅(局)、外经贸委(厅、局),各进出口商会,各中央直属企业:

根据《国务院办公厅转发外经贸部等部门关于进一步采取措施鼓励扩大外贸出口意见的通知》(国办发〔1999〕71 号)精神,财政部和外经贸部制定了《中小企业国际市场开拓资金管理(试行)办法》,现印发给你们,请遵照执行。

附:

中小企业国际市场开拓资金管理(试行)办法

第一章 总 则

第一条 为支持中小企业发展,鼓励中小企业参与国际市场竞争,降低企业经营风险,促进国民经济发展,加强对"中小企业国际市场开拓资金"(以下简称"市场开拓资金")的管理,制定本办法。

第二条 本办法所称"市场开拓资金"是指中央财政用于支持中小企业开拓国际市场各项活动的政府性基金。

第三条 "市场开拓资金"的管理和使用应当遵循公开透明、定向使用、科学管理、加强监督的原则。

第二章 使用对象和方向

第四条 "市场开拓资金"以中小企业为使用对象,原则上重点用于支持具有独立企业法人资格和进出口经营权的中小企业。

第五条 申请使用的企业应具备以下条件:

（一）依法取得企业法人资格，有进出口经营权；

（二）企业上年度出口额的海关统计数在 1500 万美元以下，具有健全的财务管理制度和良好的财务管理记录；

（三）有专门从事外经贸业务并具有对外经济贸易基本技能的人员，对开拓国际市场有明确的工作安排和市场开拓计划。

第六条　"市场开拓资金"用于支持中小企业开拓国际市场的各种活动。对符合本办法第五条的规定并具备以下条件之一的企业或市场开拓活动给予优先支持：

（一）贯彻市场多元战略，对新兴国际市场的拓展活动；

（二）贯彻科技兴贸战略，支持中小企业取得国际标准认证，支持高新技术和机电产品出口企业拓展国际市场的活动；

（三）获得质量管理体系认证、环境管理体系认证和产品认证的；

（四）产品包含的本国原产成分高于 70% 的；

（五）产品拥有自主知识产权的。

第三章　使用方式

第七条　"市场开拓资金"实行部分支持方式，即提供开拓市场所需的部分支持，其余由企业承担。"市场开拓资金"承担支持部分由具体实施规定确定。

第八条　部分支持方式采取无偿支持和风险支持两种方法。风险支持是指由"市场开拓资金"承担开拓市场可能出现的部分风险，企业如未取得开拓市场成效则可获得风险支持，如取得成效则不能获得支持。

第四章　预算管理

第九条　"市场开拓资金"分为中央和地方两部分，实行中央和地方两级管理。

第十条　"市场开拓资金"的拨付渠道分两条，对涉及中央及其直属单位使用的资金，由财政部直接拨付到中央一级预算单位，由中央一级预算单位负责拨付到具体使用单位；对涉及地方企业使用的资金，由财政部直接划拨到财政部门（含省、自治区、直辖市及计划单列市财政，以下同），由省级财政部门直接划拨到具体使用单位。

第十一条　"市场开拓资金"的中央管理部分用于支持全国性的开拓国际市场活动，具体使用项目的筛选和申报，由外经贸部商财政部委托有关进出口商会或中介机构承办（以下简称承办单位）。

第十二条　"市场开拓资金"的地方部分用于进行本地区开拓国际市场活动,具体使用项目的筛选和申报,由各地外经贸主管部门商财政部门确定具体承办单位承办,并报外经贸部和财政部备案。

第十三条　各地外经贸主管部门商地方财政主管部门提出"市场开拓资金"的年度预算申请,报外经贸部。外经贸部对"市场开拓资金"年度预算总盘子提出建议,报财政部。

第十四条　中央财政拨付各地"市场开拓资金"的部分,由外经贸部商财政部根据各地外经贸业务及地方财力配套等情况确定。各地可根据当地财力情况配套一部分用于"市场开拓资金"。各地"市场开拓资金"的管理,由地方财政主管部门、外经贸主管部门共同确定,并报外经贸部和财政部备案。

第五章　管理职责

第十五条　外经贸部和地方外经贸主管部门负责"市场开拓资金"的业务管理。

第十六条　财政部和地方财政主管部门负责审核"市场开拓资金"预算、资金拨付,并对资金的使用进行监督。

第十七条　承办单位执行统一的具体管理办法,负责受理企业申请,为企业提供方便、周到、快捷的服务。

第六章　评价、监督和检查

第十八条　承办单位对"市场开拓资金"使用效果进行跟踪和评价,并将评价结果和使用情况定期报送外经贸部和地方外经贸主管部门。

第十九条　年度终了,地方财政主管部门和外经贸主管部门联合将资金使用情况报送财政部和外经贸部。

第二十条　外经贸部和地方外经贸主管部门负责对"市场开拓资金"业务工作进行检查,并将检查结果报送财政部和地方财政主管部门。

第二十一条　财政部和地方财政主管部门应对"市场开拓资金"的财务管理工作进行监督检查,也可委托审计部门或社会审计机构进行财务检查和审计,并对违反财务管理规定的行为进行查处。

第七章　罚　　则

第二十二条　任何单位不得擅自改变"市场开拓资金"用途。对截留、挪用、侵占资金的单位,应立即追缴并停止拨付,构成犯罪的要依法追究刑事责任。

对违反规定的承办单位取消其承办资格。

第二十三条　企业应据实报送有关申请材料。对于骗取和挪用"市场开拓资金"的企业,财政部门有权追回已经取得的款项,并在五年内取消其申请资格,构成犯罪的要依法追究刑事责任。

第八章　附　　则

第二十四条　本办法由财政部会同外经贸部解释。

第二十五条　本办法有关支持的具体实施规定,由外经贸部和财政部另行制定。

第二十六条　本办法自发布之日起执行。

（选自国家经贸委中小企业司主编:《中小企业政策法规指导与实践》,工商出版社 2002 年 10 月版,第 184—186 页）

劳动和社会保障部关于印发进一步深化企业内部分配制度改革指导意见的通知

（2000 年 11 月 6 日）

各省、自治区、直辖市劳动和社会保障厅（局），国务院有关部委劳动和社会保障工作机构：

为了深化企业内部分配制度改革，加快建立与现代企业制度相适应的工资收入分配制度，建立工资分配的激励和约束机制，我们提出了《进一步深化企业内部分配制度改革的指导意见》，现印发给你们，希望各地区加强对这项工作的指导，坚持改革方向，认真总结经验，结合本地区实际情况贯彻执行。

进一步深化企业内部分配制度改革的指导意见

为贯彻落实党的十五届四中全会《决定》和五中全会《建议》的精神，建立与现代企业制度相适应的工资收入分配制度，现就进一步深化企业内部分配制度改革提出如下指导意见。

一、指导思想

紧紧围绕建立现代企业工资收入分配制度的总体目标，坚持以按劳分配为主体，多种分配方式并存和效率优先、兼顾公平的原则，允许和鼓励资本、技术等生产要素参与收益分配；在国家的宏观指导下，企业结合推进劳动用人制度等项配套改革，根据生产经营特点自主建立科学、规范的工资收入分配制度；充分发挥劳动力市场价格的调节作用，合理确定职工工资水平，拉开各类人员工资收入分配差距。通过改革形成有效的分配激励与约束机制，以及工资能增能减的机制，充分调动各方面的积极性，促进企业经济效益的提高。

二、建立健全企业内部工资收入分配激励机制

1. 建立以岗位工资为主的基本工资制度。

按照建立现代企业工资收入分配制度的要求并根据人力资源管理的特点，积极探索建立以岗位工资为主的基本工资制度。提倡推行各种形式的岗位工资制，如岗位绩效工资制、岗位薪点工资制、岗位等级工资制等。要进行科学的岗位设置、定员定额和岗位测评，做到以岗定薪。要以岗位测评为依据，参照劳动力市场工资指导价位合理确定岗位工资标准和工资差距。提高关键性管理、技术岗位和高素质短缺人才岗位的工资水平。岗位工资标准要与企业经济效益相联系，随之上下浮动。职工个人工资根据其劳动贡献大小能增能减。企业内部实行竞争上岗，人员能上能下，岗变薪变。

企业可以根据生产经营特点采取灵活多样的工资支付形式，如计件工资、浮动工资以及营销人员的销售收入提成等办法。无论哪一种形式，都应与职工的岗位职责、工作业绩和实际贡献挂钩，真正形成重实绩、重贡献的分配激励机制。

结合基本工资制度改革调整工资收入结构，使职工收入工资化、货币化、透明化。把工资总额中的部分补贴、津贴纳入岗位工资，提高岗位工资的比重。清理并取缔企业违规违纪发放的工资外收入，净化收入渠道。通过调整收入结构，提高工资占人工成本的比重。积极推行银行代发工资和企业代扣代缴个人所得税的办法。

2. 实行董事会、经理层成员按职责和贡献取得报酬的办法。

要在具备条件的企业积极试行董事长、总经理年薪制。董事会和经理层其他成员的工资分配，执行企业内部工资分配制度，按照其承担的岗位职责和做出的贡献确定工资收入，并实行严格的考核和管理办法。一般情况下，对董事会成员要考核其资产运营和投资决策方面的业绩，主要以资产保值增值为评价标准；对经理层成员要考核其履行经营管理职责和取得业绩情况。要将考核结果与董事会、经理层成员的工资收入相联系，拉开工资收入差距。董事会成员的工资分配办法要通过股东大会讨论决定，经理层成员的工资分配办法要通过董事会讨论决定。

3. 对科技人员实行收入激励政策。

科技人员实行按岗位、按任务、按业绩确定报酬的工资收入分配制度。要合理拉开科技人员与普通职工、做出重大贡献的科技人员与一般科技人员的工资收入差距。企业可以根据生产经营需要并参照劳动力市场工资指导价位，同科技人员分别签订工资协议。实行按科技成果奖励办法，如项目成果奖、科技产品销售收入或利润提成等，对做出突出贡献的科技人员给予重奖。奖励办法，公司

制企业由企业董事会提出,经股东会讨论后决定;非公司制企业由企业领导班子提出,经职代会讨论后决定。

三、积极稳妥开展按生产要素分配的试点工作

1. 探索进行企业内部职工持股试点。

按照建立现代企业制度的要求,实行股份制改造或产权管理清晰的竞争性企业,可以进行职工持股试点,试点方案要因地制宜、因企制宜,经过审批后稳步推行。

坚持职工持股自愿原则。职工持股资格、认购股份数额和股份认购方案,要通过职工集体讨论或其他方式民主决定,并经股东大会或产权单位同意后执行。经营管理人员、业务和技术骨干的持股数额可适当高于一般职工,但企业股份不能过分集中在少数人手里。经营者持股数额一般以本企业职工平均持股数的5至15倍为宜。要严格资产评估,防止国有资产流失。

职工持股可以实行多种形式,要以职工出资认购股份为主,也可对职工实行奖励股份等办法。

2. 积极试行技术入股,探索技术要素参与收益分配办法。

具备条件的企业可以试行科技成果和技术专利作价折股,由科技发明者和贡献者持有。以科技成果入股的,科技成果作价金额一般不超过企业注册资本的20%。以高新技术成果入股的,高新技术成果的作价金额一般不超过企业注册资本的35%。

由本企业形成的科技成果,可根据《中华人民共和国促进科技成果转化法》规定,将过去3—5年实施转化成功的科技成果所形成利润按规定的比例折股分配。群体或个人从企业外带入的科技成果和专利技术,可直接在企业作价折股分配。在研究开发和科技成果转化中做出主要贡献的人员,所得股份应占有较大的比重。

科技成果评估作价可由企业与科技发明、贡献者协商确定,也可委托具有法定资格的评估机构评估确定。

技术入股方案,公司制企业由董事会提出,非公司制企业由经营领导班子提出,经股东大会或职工代表大会讨论决定,并报产权主管部门和劳动保障部门审核。

3. 具备条件的小企业可以探索试行劳动分红办法。

劳动分红办法,原则上只在资本回报率和净资产收益率高于社会平均水平的小企业试行。公司制企业,经董事会或股东大会同意,非公司制企业,经产权

主管部门同意,可以试行劳动分红办法。劳动分红的方案要征求职代会或工会的意见,并报劳动保障部门和产权主管部门审核。

4. 正确处理按劳分配与按生产要素分配的关系。

按资本、技术等生产要素分配要遵循国家有关法律法规和政策规定。股份分红应以企业盈利为前提,按照《中华人民共和国公司法》进行利润分配,既要维护劳动者的合法权益,又不得损害国家和其他股东的合法利益。股份分红不能侵蚀工资,工资分配不能侵蚀利润。实行职工持股和技术入股的企业,要完善工资支付制度,按照当地政府颁布的工资指导线和政府的有关政策规定,合理增加工资。要坚持投资风险与收益一致的原则,职工持股、技术入股与其他股份实行同股同利原则。不论职工以何种形式入股,均应承担相应的风险,不得实行与经济效益相脱离的"保底分红"和"保息分红"办法。

四、加强基础管理,建立健全企业内部工资分配约束机制

1. 加强企业内部分配基础管理工作。

要继续建立健全岗位测评、定员定额和考试考核制度,搞好工资统计、管理台账、职工奖惩、经济核算等各项基础管理工作,并在日常管理中狠抓制度的落实。要根据国家有关法律法规,结合企业内部用人制度、职工培训制度改革,制订适合本企业特点的工资支付办法,规范工资支付行为。要规范经营管理人员的职位消费行为,提高收入分配透明度。

2. 实行人工成本的合理约束。

企业内部要建立以人工成本管理为主要内容的约束机制,从有利于产品市场竞争和节约人工成本目的出发,加强人工成本的监控与管理,对工资增长进行合理约束。提倡实行"模拟市场核算、实行成本否决"的人工成本控制办法。

3. 职工民主参与决策和监督。

要进一步完善职工民主参与收入分配决策和民主监督的制度。在明确股东会、董事会、监事会职责,建立有效制衡的公司法人治理结构的基础上,结合实行厂务公开制度,充分发挥工会和职工代表大会在工资收入管理和改革中的积极作用。

探索建立具有中国特色的工资集体协商制度。在非国有企业,只要建立了企业工会的,都要大力推行工资集体协商制度;在国有企业特别是已改制的国有企业中要积极进行工资集体协商试点。

五、进一步转变政府职能,加强对企业内部分配的指导工作

劳动保障行政部门要按照社会主义市场经济的要求,切实转变工资收入管理职能,尊重企业分配自主权,进一步加强对企业内部分配的指导工作。要加强对企业工资改革、职工持股、技术入股、工资集体协商等方面的政策指导,并根据实际情况,会同有关部门完善按生产要素分配的有关政策。通过建立和组织实施工资指导线制度、劳动力市场工资指导价位和人工成本预测预警制度,指导企业合理确定工资水平和工资关系。通过完善工资支付有关法律法规和政策,督促企业严格执行最低工资保障制度,规范工资支付行为。要及时总结企业工资分配的典型经验加以推广,积极为企业提供咨询和信息服务。

（选自《国务院公报》2001 年第 2 期,第 41—44 页）

轻工集体企业产权制度改革与
创新的研究[①]（节录）

（2000 年 12 月）

联合课题组

第一部分
轻工集体企业产权制度沿革的历史回顾和启示（略）
第二部分
轻工集体企业产权制度改革与创新的探索

党的十一届三中全会以来,我国的经济体制和运行机制发生深刻变化。经济体制改革从计划经济向市场经济的转变,高度集中的以行政手段为主的计划经济格局已基本打破,市场经济基本确定,其具体表现:在所有制结构上,坚持以公有制包括全民所有制和集体所有制经济为主体,多种所有制经济平等竞争,共同发展的方针,打破所有制结构上的"一大二公"片面追求"纯"的僵化格局,形成国有、集体、民营、外资等不同经济成分在市场竞争中共同发展的局面;在管理体制上,以传统的管理体制向现代企业制度转变,以放权、还权、承包责任制、转换企业经营机制,到逐步建立现代企业制度,增强了企业活力和参与市场竞争的能力;在分配制度上,从按劳分配到以按劳分配为主,其他分配方式为补充,形成一种有效的激励机制,调动了劳动者的积极性。轻工集体企业产权制度改革就是在这样的大背景下展开的。

一、10 多年来轻工集体企业产权制度改革与创新的实践

20 世纪 80 年代初,轻工集体企业改革一开始就以恢复集体经济的特点为

---

① 这是中华全国手工业合作总社办公室、上海市工业合作联社、上海市工业合作经济研究所联合课题组的研究报告。

目标,进行了多种改革的探索。围绕的主要问题有:集体企业的职工能不能拥有生产资料的个人所有权? 能不能让职工以劳动要素享有企业积累的剩余索取权? 怎样吸纳现代企业制度形成集体企业的产权制度等问题,80 年代轻工集体企业采取了改统负盈亏为自负盈亏,推行承包责任制等改革措施,较早地总结推广股份合作制,帮助企业转变体制和机制,增强活力,适应日益激烈的市场竞争。党的十五大为探索公有制实现形式指明方向,以产权制度改革为核心的企业改革在轻工集体企业逐步展开,企业改组改制形式灵活多样,并从企业内部经营机制向注重企业制度创新转变,产权主体从单一向多元转变,投资要素从实物资本向劳动力、技术、信息等多种要素转变,所有权和经营权两权合一向两权分离的法人治理结构转变。10 多年来,各地轻工集体企业产权制度改革的实践主要做法和特点有以下 6 个方面:

(一)改变产权主体单一,以集体经济为主体吸纳各类资金,形成多元的产权结构

在产权制度改革中,有些轻工集体企业注意产权关系相互交叉,吸纳外资、国有、私营、个体等方面的资产,并且把集体资产向三资企业渗透,向国有企业渗透,向私营企业渗透,在沿海经济发达地区出现了一批集体经济与多种经济成分嫁接的混合型经济,从而改变了原来产权主体单一的模式。据调查,1999 年 5 月,在广东省二轻联社系统的 1375 户企业中,资本(股本)结构融入其他所有制经济成分的有 374 户,占总数的 27.2%。汕头、佛山、顺德等地则有 75% 以上的企业融入其他所有制经济成分。该省城镇集体企业对产权关系处理的主要做法是:

1. 通过转让部分产权、招资入股、合资经营等形式,组建由集体经济与其他经济成分多元投资的有限责任公司和股份制公司,按《公司法》规范运作。

2. 推行"注资经营责任制",即由企业经营和业务骨干组成注资经营班子(一般为 30—40 人)以自然人身份出资,职工集体以工会法人出资,与原企业投资主体组成多元投资的企业。经营班子注资比例除骨干企业控制在 40% 以内外,其他一般不作限制。

3. 采取"归边经营"方式,即通过嫁接外资,吸收民资进行改组或选择一些有发展前景的私营企业以集体资本参股实行合资合作。集体联社(企业)只保留或参入一定的股份(一般在 10% 左右),而不参与企业的经营管理和决策,股权收益采取固定回报的方式。

(二)探索存量资产量化方式,促使职工转变身份

从产权制度改革之初,部分轻工集体企业就对企业的存量资产量化这一难

点进行探索。经过 10 多年的改革实践,存量资产的处置越来越明晰到人。主要反映在:

一是存量资产虚量化比例逐步扩大,逐年呈上升趋势。如安徽省体改委等六部门于 1992 年 12 月出台的《安徽省城镇集体企业股份合作制试行办法》中规定,存量资产量化到职工名下的部分不得超过企业资产总量的 20%;而辽宁省大连市体改委在 1997 年 90 号文提出,集体企业职工共有净资产的 80% 可以量化,留出不低于 20% 作为职工集体股;浙江省兰溪市二轻工业合作联社对企业进行股份合作制改革时,规定资产量化的比例可为企业职工集体所有资产的 90% 左右。二是存量资产量化逐步由"虚量化"转为"虚量化"和"实量化"相结合。浙江省金华市二轻工业局对 3 家联社产权相对较大的企业,经联社研究决定,用部分产权量化给职工,对多年来有突出贡献的企业经营者,联社给予一定的产权奖励,这部分产权在一定时期内完成一定目标后所有权转给个人。台州市黄岩区健行鞋业有限公司对评估、界定后属于全厂职工的共有资产,切出 50% 直接量化给职工个人,拥有终极所有权,允许转让和继承。广东省二轻系统有 21% 的集体企业将资产按份共有量化给职工,有 46 个市县近 800 户企业实施了资产虚量化和实量化相结合的改革,其中 11 个市县 200 多户企业实施了资产按份实量化的改革。三是存量资产量化与转变职工身份、建立新的劳动关系结合。贵州省润丰(集团)公司 1996 年起加大改制力度,对 28 年工龄以下在岗的原按计划分配的职工,按工龄给以补贴,转变身份后,建立新的劳动关系。60 多名中层以上骨干的全部转让费共 500 多万元,一次性全部转化为公司股权。干部和职工与旧企业割断了劳动关系,取而代之的是新的劳动合同制。

(三)因企制宜,明晰产权关系,塑造集体资产的出资人

一些企业在组建股份制公司时,对企业职工共同共有的资产,塑造新的出资人,明晰产权主体。浙江兰溪二轻联社在组建股份公司时,首先明确被改制企业的哪些资产为集体资产;其次根据企业原始财务资料进一步界定企业集体资产中 70% 由联社持股并投入股份公司,30% 归本企业职工集体共同所有并投入股份公司;以职工集体共同所有的资产为依托建立职工保障基金协会,由民政机关登记为社团法人,制定协会章程,选举产生协会理事会、监事会进行民主管理和民主监督。该企业在职职工和退休职工为协会当然会员,协会对其具有占有、收益、处分的权利,并且可将资产量化给会员。最后由联社、职工保障基金协会和邀请参加的金融机构共同发起组建了股份公司。

安徽省合肥荣事达集团有限责任公司改制时总股本金为 7.7 亿元,其中

集体股占总股本的73%,国有股(土地出让金)占总股本的2%,职工名义股(系虚量化给职工个人的股份)占总股本的20%,职工个人股(系职工现金投入股)占总股本的5%。在当地政府的支持下,企业将归职工集体所有资金设立"荣事达集体基金",作为出资人,企业职工代表选举建立"合肥荣事达集体基金管理委员会",行使集体股资产所有者的职能。属于职工个人股的成立"职工合股会",并作为职工个人股的集合主体,代表职工行使股东权利。上海市工业合作联社下属水仙股份有限公司和双鹿股份有限公司也分别以纳赛斯和双联联社等企业法人作为集体共同共有资产的出资人,组建了股份有限公司。

(四)拉开经营者和职工持股差异,使股权向经营者或经营者群体集中

轻工集体企业产权制度改革初期出现的股份合作制要求职工人人出资,个个持股,改变了集体企业"大家所有,大家没有"、"财产都姓公,主人两手空"的现象,对调动职工积极性,推动生产力的发展起到一定作用。但是,对负有重大责任的经营者,受到当时持股平均的政策限制,其承担应尽的义务和享受应有的权利明显脱节,由此形成企业缺乏长久发展动力。对此,有些省市轻工集体企业在深化企业改革时,开始探索经营者持股比例怎样扩大的问题。从1999年3月对安徽、江苏,浙江等三省的数据分析,经营者持股比重从分散平均向相对集中发展似乎是一种趋势。在这些地区改制后的轻工集体企业中,经营者持股与企业最低持股的情况作比较:从倍数看,最低10倍,最高771倍;从金额看,最低3000元,最高540万元;从个人持股占资本金总量比重看,最低0.06%,最高9%。2000年4月,在对沈阳,大连两市的调研中,同样发现了这一现象。沈阳萃华金银制品公司于1994年就开始试行股份合作制。近年来,沈阳联社又在该厂进行股份合作制深化试点工作,对该厂存量资产的一部分进行量化,使大股向经营者和管理人员集中,总经理持股是普通职工的20倍,副总经理持股之和是普通职工的18倍。沈阳久利塑料公司1999年在实行股份合作制时,一开始就采取了股权向少数人集中的办法。领导班子10人就占了企业35%的股份,中层干部23人占了企业17%的股份,两项之和达企业总股本的52%。

(五)劳动要素股份化,调动经营骨干的积极性

在产权制度改革中,有些轻工集体企业积极探索劳动要素(包括技能、经验等)的股份化。浙江义乌市皮革厂1993年进行产权制度改革时设立了经营技术股,该厂从联社股中划出20%份额量化到中层以上干部,作为年终分红的依据,

以资鼓励其在生产经营中对企业所作的贡献。近期,不少地方对此已有新的举措,辽宁沈阳市塑料九厂1999年对企业存量资产进行量化时,从存量资产中留出14.3%(200万元)作为责任股,按责任、贡献的不同量化到个人名下,并实行动态管理。浙江绍兴县在产权改革时设立经营管理要素股和技术要素股,这两种要素股合计占企业总股权的34%。

(六)以多种方式盘活联社资产,支持企业改制

浙江省杭州市于1998年组建了杭州二轻控股(集团)有限公司,市联社代表所属集体企业行使出资人权利。联社资产在企业改制中采取以下处置办法:

1. 参股。联社资产以一定的比例,在改制企业中参股,同时行使股东权利,同股同利。

2. 置换。联社资产由改制企业职工或其他法人、个人一次性或分期出资置换,置换联社资产可按10%折让,一次性缴清价款或全部置换的可再折让10%。

3. 租赁。将联社资产全部或部分租赁给改制后的企业,科学合理地确定租赁费的上缴基数,并以一定的财产或资金作抵押,由承租方按照租赁合同在规定年限内向市联社缴纳租金。

4. 配股(量化)。改制企业待集体资产量化完后,经市联社审批同意,可以拿出在企业中适量的联社资产量化给改制企业职工。职工同时按不少于划归名下股份数额1:1比例,以现金向企业入股。

5. 期权奖励。对经营者按任职期间的贡献大小,进行一定期权奖励,奖励期权在任期内不得转让,离任后,可继承,经联社理事会批准后可转让赠予。长期以来,联社资产在大部分轻工集体企业中占有一定数量,为了调动企业改制的积极性,上海市工业合作联社1994年在企业改制的措施和办法中规定,两级联社在企业的股份原则上不高于20%—25%(两级联社资产原在企业总资产中所占比例平均达到52%),低于这一比例的,按实计股提息分红;高于这一比例的,超过的部分一般可转作借贷资金,在一定时期内低息有偿留给企业使用。

二、轻工集体企业产权制度改革与创新带来的变化

10多年来,轻工集体企业积极探索产权制度的改革。部分企业在改革中敢于解放思想,大胆实践,集体所有制经济多种多样的新形式不断涌现;部分企业在产权制度改革中,把改制与改组、改造相结合,转变身份,减员增效,提高了企业的经济效益和发展后劲,增强了企业的竞争能力。轻工集体企业中出现了山

东海尔、安徽荣事达、江苏春兰、广东科隆等优秀企业,带动了轻工集体经济的发展,尽管这些优秀的企业,已经成为上市公司,但是,不可否认集体所有制产权制度在其发展中曾经起过的重要作用,比如劳动者持股的产权安排至今仍是这些企业产权制度的重要特征。改制后的集体企业为国家增加财政收入,为社会保持稳定,为劳动者充分就业,作出了很大贡献。近年来,轻工集体经济的发展走出拐点,职工人均劳动生产率和工资水平逐年有所上升。根据《中国轻工业年鉴》近10年的资料分析:

(一)单一投资主体的集体工业企业数逐年减少,多元投资主体的集体工业企业数有所增加

1990年,全国轻工集体工业企业数为50427户,以后逐年减少,截止1998年全国轻工集体工业企业数为26118户,减少了48.2%。与此同时,股份制与联营工业企业数有所增加,如1997年股份制工业企业增加360户,比1996年增长53.18%;1998年股份制工业企业增加883户,比1997年增长85.1%。在2000年总社向100多个县级以上联社的调查中,改制为股份合作制、有限责任公司等产权主体多元化的企业占总数的78%。由此可见,轻工集体工业企业数减少除了"放小"、兼并、出售、破产等因素外,还有相当一部分企业通过改制转向股份制、联营和其他形式。

(二)转变身份,减员增效,使企业数职工人数逐年下降,劳动生产率和职工工资收入同步上升

1990年,轻工集体企业职工人数为682.37万人,1998年减少到227.28万人。1998年,轻工集体企业下岗职工人数为92.16万人(其中内退职工11.07万人),离退休人数93.17万人,两者相加共185.33万人,为在职人数的81.5%,可见轻工集体企业历史包袱仍相当沉重。从近10年的统计资料分析,轻工集体工业企业人均劳动生产率稳步上升,尤以1995年后,增长速度加快。1990年为20083元,1995年为40568元,1998年为82243元,后3年的上升速度超过前5年的上升速度,其中1998年的人均劳动生产率比1997年的55144元增长49.1%,高于同年全国轻工工业企业增长43.52%,国有轻工工业企业增长38.1%的水准(见图1)。同时,职工工资收入也趋稳步上升。1990年轻工集体工业企业职工年平均工资为1902元,1998年为4667元,其中1998年的增长速度最快,比上年增长了24.19%(见图2)。在这次调查中,通过改制,职工年人均收入提高的轻工集体企业占81%。但总体水平仍然低于全国轻工工业企业和国有轻工工业企业的职工工资收入水准。

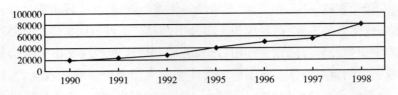

图1　轻工集体工业企业劳动生产率情况

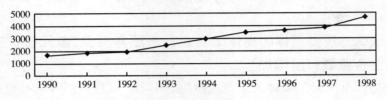

图2　轻工集体工业企业平均工资情况

（三）利税总额回升，亏损减少，企业主要经济指标在波动中上升

近10年来，轻工集体工业企业产权制度改革促进各项经济指标好转。企业创造的利税总额有所回升，虽然亏损面扩大，但是亏损额已出现下降走势。1990年利税总额为54.4亿元，1998年为62亿元，期间1993年最高为87.5亿元。实现利润，1993年最高为23.2亿元，1996年最低为－10亿元，以后有所回升，1998年为10.2亿元（一大批经济效益差、利润为负数的小企业未汇入）。1990年，轻工集体工业企业亏损面为30.17%，1998年上升为40.8%，期间1992年亏损面最低为25%，1997年亏损面最高为41.31%；1990年亏损额为18.2亿元，1998年上升到29.57亿元，期间1992年亏损额最低为16.53亿元，以后逐年上升，到1996年亏损额达60.47亿元，1997年为53.59亿元（一些小穷亏企业未汇入），1998年迅速下降为29.57亿元。10年中轻工集体企业完成工业总产值和销售收入变动趋势也同样如此（见下表）。

轻工集体企业主要经济指标情况表　　　　单位:亿元

年份	1990	1991	1992	1993	1994	1995	1996	1997	1998
利税总额	54.4	61.2	81.1	87.5	79.6	75.7	61.8	61.5	62.0
利润	13.7	14.0	23.2	19.6	2.5	3.3	－10.0	－7.3	10.2
工业总产值	1246.2	1413.6	1604.8	1824.4	1798.9	1899.4	2231.0	1873.9	1546.2
销售收入	898.4	1006.5	1216.3	／	1407.8	1554.1	1531.8	1487.0	1132.2

三、轻工集体企业产权制度改革与创新中存在的问题

在社会主义市场经济激烈竞争的今天,从总体上看,轻工集体企业取得的成绩,是很不容易的。但具体分析,许多轻工集体企业还在改革的浪潮中或是徘徊不前,或是困难重重,或是浮在表面,以至一些企业难以生存,一些企业处于半死不活的状态,一些企业则被沉重的历史包袱压得喘不过气来等等。可见,轻工集体企业产权制度改革和创新仍然是当前促进企业发展的关键问题,也就是说,产权清晰问题仍然没有从根本上解决,企业的产权制度、产权主体、资产归属、出资人仍处在模糊不清的"一大二公"的状态,具体表现是:

大多数企业产权结构仍处于封闭,板块的状态。长期以来,由于轻工集体企业求"公"求"纯",不仅排斥内部职工持股,更排斥社会资本进入企业,形成了封闭性板块式的产权结构。致使企业资产流动困难,融资也困难,企业资源得不到合理的优化配置。这种产权结构是导致轻工集体企业规模小、生产落后又无力改造的直接原因。

大多数企业产权主体单一,产权关系不清。劳动者个人所有权没有确立,经营者与所有者、职工与经营者,劳动力资本、物力资本和企业内部资本,外部投资的组合等涉及产权主体的利益关系没有理顺,导致企业缺乏内在动力与活力。

大多数企业法人治理结构不完善。所有者、经营者、劳动者的权、责关系界定不清;经营者与企业职代会,监事会、董事会的关系和职责界定不清,因此影响企业经营活动规范和健康地运行。

大多数企业缺乏以产权为核心的内部激励机制、约束机制和分配机制。企业的产权制度不能有效的调动经营者和职工的积极性。

目前,轻工集体企业产权制度改革与创新在思想和体制、操作方面存在的主要障碍是:

一是认为集体企业产权改革中量化资产,就是搞私有制。有些同志担心把企业中的集体资产量化给职工个人会造成资产流失。有些现行政策把改制后劳动者入股和恢复个人所有权,划归为私有制企业。如我国在工商登记时,职工个人持股超过50%的有限责任公司列入私有企业范围。

二是混淆资产隶属关系与行政隶属关系,"平调"集体资产。在计划经济体制下,集体企业政企不分,社企不分,一部分人形成了以行政关系替代资产关系的思维定势,错误地认为"属我管的都是我的",侵占了劳动群众的权益。有的政府部门委托国有单位管理集体资产,有的政社合一的轻工行政主管部门或联社凭借政府权力平调侵占所属集体企业资产的情况到近年也时有发生。这是集

体企业中屡禁不止的"平调"行为的根源之一。

三是缺乏对企业产权制度改革与创新的指导和监管。由于各类轻工集体资产形成比较复杂,产权主体变化较大,在产权制度的改革与创新中,如何正确处理国家、联社、企业、个人的利益关系;如何正确处理在职职工、离退休职工和经营者的利益关系;如何正确处理资本积累和劳动积累的分配关系;如何正确处理历史和发展的关系;如何在市场经济条件下运用和发展合作制的原则等等,对此,政府部门和各级联社存在政策滞后、指导松懈、监管不力的问题。

实践证明,轻工集体企业要健康、快速的发展,必须加大、加快企业产权制度的改革与创新的力度和步伐。必须对有关企业产权制度改革与创新的热点、难点、重点,深层次的、带根本性、普遍的问题进行深入、科学的研究。

第三部分
轻工集体企业产权制度改革与创新的构想

江泽民同志指出,创新是一个民族进步的灵魂。最近,他在视察西部开发时又提出了"理论创新"、"体制创新"、"科技创新"的要求,这也为轻工集体企业产权制度改革与创新提供了理论支持。

一、轻工集体企业产权制度改革与创新的总体思路和特征

企业制度创新是技术创新、经济发展的动力。在世纪交替的时候,我国经济处在"两个转变"的过程中,轻工集体经济要适应这种宏观变化,必须以党的十五大、十五届五中全会精神及《国民经济和社会发展第十个五年计划的建议》为指导,提升轻工集体企业产权制度变革的历史经验和教训,融合合作制和现代企业制度的原则,把集体企业办成职工自己的企业。关于轻工集体企业产权制度改革与创新的总体思路,我们认为应是:按照邓小平同志"三个有利于"的原则和江泽民同志"三个代表"的论述,从行业的实际和企业的特点出发,紧紧抓住政企分开、产权清晰、职工控股这个核心。通过确立劳动者股权,资产重组,吸纳外来股,优化资源配置,实现企业产权主体多元化;通过"两权分离"的法人治理结构,界定企业中不同权利主体的权、责、利;通过职工生产要素股权化的多种形式,形成对劳动者和经营者稳定、有效的激励和制约机制,建立既有集体经济特点,又符合现代企业制度要求的集体企业的产权制度,创造能够促进生产力发展的集体所有制经济的多种实现形式。轻工集体企业产权制度改革与创新还要和技术创新,科学管理紧密结合起来,增强企业的活力,以适应国内外新的经济形

势发展要求。抓住新世纪的历史机遇,把我国集体经济推上一个新的平台。

根据这样的思路,轻工集体企业产权制度改革与创新的主要目标是把有条件的轻工集体企业建成职工投资为主,产权主体多元,产权结构开放,共享利益,共担风险,形式多样,充满活力的市场主体。这种新型的集体所有制企业的产权制度应该具有以下5个特征:

(一)确立劳动者个人所有权,使企业产权关系向清晰化转变

确立劳动者个人所有权,符合马克思主义关于合作经济论述,也是我国50年代初组织合作经济提倡的一个重要内容。如今要使长期受"左"的思想和计划经济模式的影响而形成的"二全民",恢复其产权关系清晰的本来面目,首先要确立劳动者个人所有权。要通过不同形式,由组成集体企业的劳动者以一定的数额的资金或其他生产要素入股,参与分配。这有利于克服职工中由于产权关系不清而产生的"大锅饭"、"搭便车"等非理性行为,有利于产权主体之间形成稳定、有效的合作关系,从而激发集体经济发展的原动力。

确立劳动者个人所有权作为集体企业改制的前提条件,必须坚持职工自愿原则。由于集体企业在行业、产品,技术,股权结构等方面有很大不同,改制不可千篇一律,强求"人人持股"。但是,实践证明也要有一些需要共同遵守的原则,例如一般企业经营者群体和员工骨干应该持股,职工持股面应超过50%,允许一部分职工不持股等。又如在科技含量高的企业,一般普通职工的持股面可以小一些,而在劳动密集企业中,职工持股面可以宽一些。当然,职工持股不能仅是少数经营者的持股,否则与集体企业的基本特征相悖,这是一条必须坚持的原则。

(二)坚持职工控股的产权结构,使企业产权主体向多元化转变

企业的产权结构是指出资人以各种要素投资入股形成的比例关系以及所有权、控制权和剩余索取权的制度安排。不同性质的企业有不同的产权结构,相同性质的企业产权结构也有不同模式。坚持职工控股的产权结构是市场经济条件下集体企业产权制度的核心。坚持这一条,才能保证职工对企业产权安排的选择权,以及在物力资本和人力资本配置的比例和处理所有者、经营者、劳动者之间权、责、利关系等问题上的决策权,从而保证集体企业的性质。至于职工控股的比重和形式,应由职工从企业的实际出发,与合作的伙伴在谈判中确定。

集体企业职工控股是有法律支持的。《中华人民共和国城镇集体所有制企业条例》(下称《条例》)、《乡镇企业法》都有规定,集体经济组织可以职工或农民投资为主,投资为主是指集体经济组织或者职工、农民投资超过50%。对股份合作制企业的产权安排,国家体改委的"二十条"指导意见提出"企业可设置

职工个人股、集体股、国家股、法人股等"。上海市工商管理部门规定,凡登记为股份合作制企业,职工持股总额的下限为注册资金的51%,外来法人股总额不超过注册资金的39%,外来自然人股总额不超过注册资金的10%。这些法规为集体企业吸纳外来资本留出了空间,有利于产权结构的开放。

集体企业坚持职工控股可以有多种形式,有超过企业注册资金51%的绝对控股,也有职工持股总额超过企业外部各个股东持股额的相对控股。在市场经济条件下应该提倡集体企业采用相对控股的方式吸引社会资本。控股企业关键是看大股东对企业的控制力,对其他股东的吸引力,集体企业要尽可能以小资本运作社会大资本。坚持职工控股还可以借鉴英国的"黄金股"制度,即在英国电信公司中政府只有一股"黄金股";其余的股份全部都非国有化,但"黄金股"不同于一般的股权,它可以在英国电信公司损害公众利益时,否定该公司的董事会决定。不过,在一般的正常情况下,"黄金股"不得干预企业的正常经营行为。在集体企业中,职工股也可以是"黄金股",在企业经营者的选择和涉及职工切身利益的问题上,实行"黄金股"一票否决。

可见,职工控股决定了集体企业的产权制度是半开放的,即企业的产权结构由内部职工控股,吸纳外来股,股权的转让是有条件的,要保证职工对企业的控制权和剩余索取权。而一般合作制和传统的集体制的出资人是企业内部的职工,不吸纳外部股东,股权不能转让,其产权制度是封闭的;一般上市的股份有限公司的股东是自然人或法人,不论在企业内部,还是外部,股权一般可以自由转让,其产权制度是全开放的。所以,集体企业职工控股是其产权制度的根本特征,也是界定企业内部股东和外部股东利益关系的主要原则。

(三)按照劳动力资本差异折股,使企业内部激励制约机制向股权化转变

劳动者以劳动力资本入股是劳动价值论和现代经济学的发展,也是集体企业产权制度改革与创新的一个重要方面。我国"十五计划"指出,随着生产力的发展,科学技术工作和经营管理作为劳动的重要形式,在社会生产中起着越来越重要的作用。在新的历史条件下,要深化对劳动和劳动价值论的认识。劳动力资本是指劳动力资源作为一种生产要素,在生产过程中能创造出产品的价值及使用价值的功能。在这个意义上,职工在生产过程中投入的劳动力也是一种资本,对此,职工不仅拥有所有权,而且享有收益权。合作制的"惠顾"原则,股份合作制企业的"劳力股"都是劳动力资本参与分配的形式。劳动力资本是劳动者与生俱来和后天形成的,包括人的体力和脑力,具体体现在人的体能、工作经验、科学知识、劳动技能、创造才能等方面(这里指的劳动力资本不包括专利、科

技成果等知识产权)。它有两个特性:一是同一性。劳动力资本归劳动者个人所有,两者一体是不可分的,生产中劳动者出让的只是劳动力的使用权,而不是所有权;二是动态性。劳动力资本是由生产和再生产劳动力这种特殊商品所必须的劳动时间决定的,其大小是因人因时而异的。在市场经济条件下,一个劳动者的劳动力资本大小是随着年龄、经历、健康的变化而变化的。因此,在企业产权制度改革中,职工按劳动力资本的差异折股,使之股权化,正是劳动力资本特征的要求和反映,也是合作制"惠顾"原则在市场经济条件下的新发展。

劳动力资本差异的股权化,有利于优秀经营者的价值得到社会的承认,有利于优秀经营者取得对企业经营的控制权,这是吸引经营者和建立企业激励和制约机制的关键。在集体企业中,经营者可以在职工中产生,也可从企业外聘任,但不管哪种形式产生的经营者都是劳动者。在知识经济时代,经营者是一种稀缺资源,其劳动是一种具有风险的复杂劳动。决定经营者劳动力资本大小主要看其经营管理的经验,知识和技能等因素,还要考虑市场价格、供求情况和企业的需要等。在产权组合中,通过经营者和一般职工劳动力资本差异的股权化,经营者和一般职工都达到了自己的心理预期,那么,企业就会形成一种有效、稳定的激励和制约机制。一般职工关心的不仅是眼前的利益,而是更期望长远的利益;经营者考虑的不仅是个人的利益,而且更注重整体的利益。劳动力资本差异的股权化,还有利于改变早期改制企业中经营者和职工基本平均持股的做法,并激励经营者和职工奋发向上,努力提高自己劳动力资本,成为集体企业造就优秀经营者队伍的强有力的措施。

(四)建立劳动和资本要素所有者的共享利益机制,使企业资源配置向市场化转变

经济利益是企业运行的杠杆。投资是利益的组合,生产是利益的创造,交换是利益的转移,分配是利益的分割,消费是利益的实现。不同的企业制度有不同的利益机制。私有企业是资本剥夺劳动的利益机制;合作制企业是劳动为主,资本从属的利益机制;而共享利益机制是一种以承认劳动力资本为前提,把劳动和资本要素配置创造的收益最大化作为目标的一种利益机制。在市场经济条件下,西方公司制企业按"谁投资,谁收益"的原则由出资人获取利润,剥夺劳动者对剩余价值的收益权;一般合作制企业按"劳动为主,资本从属"的原则由劳动者分配利润,而货币资本的回报率受到限制;具有共享利益机制的集体企业在劳动与资本要素的组合中,否定资本对劳动的剥夺,改变人与人之间的雇佣关系,体现了职工主体与其他产权主体之间以及劳动力资本与物力资本之间的平等联合的关系;在收益分配中,按劳动和其他生产要素相结合的多种形式,把企业收

益作为出资者和劳动者的共同利益,从而使各类股东的利益关系融合在一起,调动了企业的劳动者和其他股东的积极性。因此,这种共享利益机制企业的产权安排,从理论上要明显优于一般合作制和公司制企业。我国的合作制以及西方的员工持股计划,都有共享利益机制的萌芽,而改革中出现的有些股份合作制企业或职工控股有限公司是典型的具有共享利益机制的集体企业。

劳动和资本要素的共享利益机制是资源优化配置的前提,资源优化配置又是实现共享利益最大化的保证。微观经济学的严密逻辑证明,"当——而且仅当——各种资源的替代或转换率等于各自的市场价格的比率时,财富的配置就达到帕累托最优态。"①也就是说,一个人以自己的资源与另一人的资源交换时,双方得到的利益最大的状态,而没有其他的交换方式能给双方带来更多的利益时,这样的资源配置就是成功的。集体企业内部的职工可以实物、货币出资,也可以劳动力出资;企业外部的股东一般以资本或劳动要素出资。集体企业在考虑劳动和资本要素配置时,必须处理好各类不同股东的利益关系,需要运用帕累托最优态原理。在市场经济条件下,资本或劳动要素的所有者都不愿意将自己的既得利益无偿转让给他人,而是希望运用他人的物力和劳动力,通过减少交易费用或提高劳动生产效率,给自己创造更大的财富,也给他人带来利益。这就是说,交易费用最小,共享利益最大是合作双方正常的心理预期。因此,当集体企业的共享利益满足和超过各方投资者的心理预期,必然调动起职工和其他股东把企业共享利益做大的积极性;反之集体企业的共享利益低于物力资本的社会平均投资回报率和劳动力资本的市场价格,职工和其他股东的心理预期得不到满足,必然出现物力和人力资源的流失,企业也难以生存和发展。可见,具有共享利益机制的集体企业,比较有利于在资源配置中处理好企业内外股东以及不同出资要素之间的利益关系,降低交易费用,保证共享利益最大化的实现,并给劳动和资本要素的所有者带来更大的收益。

(五)采用"两权分离"的治理结构,使职工双重身份的界定向权责制度化转变

"两权分离"的法人治理结构是公司制的创造,也为集体企业产权制度创新提供了思路。"两权分离"是指公司制企业所有权与经营权的分离,具体表现为原始所有权、法人财产权、经营权的互相分离。"两权分离"使公司成为不依赖股东而独立存在的法人,经营者成为公司财产的实际控制者,出资人、公司法人、经营者各有其相应的权利和义务,并形成了股东会、董事会、经营层的法人治理

---

① 《现代产权经济学》,第5页。

结构。企业的出资人以股东的身份拥有对企业资产的所有权和收益权,企业的董事会由股东会选举产生,与股东建立一种信托关系;企业的经营层由董事会聘任,拥有对企业法人财产的经营权,与董事会建立一种委托代理关系,这是现代企业制度的一个创新。在集体企业中,职工既是出资者,又是劳动者,还可以是经营者。职工的多重身份容易出现角色错位,在企业的治理结构中形成误区。一是"主人"与"仆人"的错位,形成经营者难以取得对企业经营的控制权。股份合作制企业的职工购买股份成为企业的股东,不少人认为他们是花钱买了"主人"的位置,企业的事应由"主人们"决定,而经营者是他们"一人一票"聘任的"仆人",在理论上和实际工作中到底是"主人"用"仆人",还是"仆人"管"主人",难以说清;二是股东与职工的错位,形成劳动力资源难以随企业经营活动配置。现行股份合作制企业一般遵照合作制的原则,强调"资本从属,劳动为主","入社自愿,退社自由"。劳动者以一定数额的货币出资入股,成为企业的职工,企业一般不能辞退职工。国际上合作社的典范西班牙蒙德拉贡联合公司为了维护劳动者主权,企业规定"抛弃对有收入工人实行的合同制",并表明"愿意为所有社会成员提供工作可能性的意愿",据说曾为辞退一位职工引起一场"是否会动摇合作社基本原则"的轩然大波。如果,入社的职工成了企业的"终身主人"——股东,这必然影响企业经营者无法按经济活动的需要配置劳动力,也容易使职工产生"铁饭碗"及"偷懒"的行为。因此,融合公司制"两权分离"的原则,实现集体企业治理结构的创新是市场经济的客观要求。劳动者持股的集体企业应设立股东大会作为最高权力机构,入股的职工享有企业章程规定的股东的权利和义务,通过股东大会参与对企业重大问题的决策,选出董事会,并享有收益权;董事长作为企业的法人代表,经营者(不论是不是股东)由董事会聘任后,取得企业经营活动的控制权;职工在企业不同的岗位上作为劳动者也应与经营者签订劳动合同,服从企业的统一安排,包括解除劳动合同。职工被解除劳动合同后其股权的处置由企业章程规定。小企业的董事会和经营者可合为一体,设执行董事兼任经营者。根据"两权分离"的原则,划清股份合作制企业职工在不同场合具有不同身份的权、责的边界,才能有效地防止角色错位,保证企业经营活动的正常进行。

二、轻工集体企业产权制度改革与创新的途径

轻工集体企业产权制度改革与创新的构想要付之于实施,需要从轻工集体的实际出发,分析各类轻工集体企业的个性,抓住存量资产量化这一关键环节,

将现已存在的形形色色的"集体企业",逐步规范成多种多样的集体所有制经济的组织形式和经营方式。在实际工作中需要通过以下主要途径,实现产权制度改革与创新。

(一)量化存量资产,产权明晰到人(法人)

部分轻工集体企业职工(社员)最初带资入社的时候,个人产权基本是明晰的;以后,"转厂过渡","统负盈亏",从退还社员股金的那时起,就不清晰了,因而被戴上"二全民"帽子。这时的"集体企业"的资产名为"职工所有",而职工(社员)实是"一无所有","干多干少一个样"。而经营者缺少出资人的监督,有的地方出现"穷庙富方丈"的腐败现象。所以,轻工集体企业产权制度创新首先要从量化存量资产、返回劳动积累着手,重新确立劳动者的个人所有权,转变职工的"二全民"身份,恢复集体企业的本来面目,这样才能使企业和职工从计划经济的阴影中走出来。

轻工集体企业存量资产主要是指经过产权界定属于企业劳动群众所有且内部产权关系不明晰的那部分资产。由于种种原因,企业对存量资产的量化,瞻前顾后,怕被扣上"私分集体财产"的帽子。有的虽下决心跨出一步,但也仅仅停留在虚量化上。存量资产能不能量化,怎样量化?这个问题是关系到集体企业产权制度改革与创新能不能付之于实现的重大课题。我们认为,存量资产应该尽快量化,而且必须尽可能做到明晰出资人,其理由是:

从存量资产的形成看,存量资产的产权主体是集体企业的职工,具有排他性,即不属于企业外部的其他人和国家所有。存量资产来源主要有三部分:一是当年老职工出资的增值部分,轻工老集体企业职工大都带资入社,尽管在"文化大革命"以前已经退还股金,但职工对企业积累的剩余索取权被剥夺,资本增值部分仍留在企业;二是劳动积累的沉淀部分,在计划经济条件下,政策规定集体企业的职工工资不得高于同行业同工种国营企业的职工工资标准,又因为集体企业坚持民主管理,勤俭办厂的优良传统,也是集体资产较快地增值的重要原因;三是国家政策让惠于企业的部分,无论在计划经济还是改革开放前期,集体企业的发展得益于国家在科技项目、银行贷款和税收等方面的优惠政策,对这部分资产,国家政策已规定属于企业出资人所有。

从存量资产量化的性质看,存量资产量化是集体企业劳动积累对职工的返回,从共同共有到按份共有,把存量资产清晰到人,是对"一大二公"产权制度的否定,也是对合作制基本特征的恢复。

从存量资产量化的结果看,职工以各自的劳动要素(工龄、岗位、贡献)取得存量资产,并折成股权,与企业形成直接、稳定、有效的激励和制约机制,使集体经济有了新的活力和动力。总之,存量资产量化是集体企业产权制度改革中职工必须解决的自己的事情,政府应当给予支持。对此,2000 年国家税务总局的通知指出,"根据国家有关规定,允许集体企业在改制为股份合作制企业时可以将有关资产量化给职工个人。"文件还对实量化和虚量化纳税分别作出具体规定。

存量资产的量化涉及到企业与职工利益的调整,涉及到离退休职工、在职职工和经营者利益关系的调整。轻工集体企业在改制时应该按照邓小平同志"三个有利于"的标准,以及"尊重历史,着眼发展"、"宜粗不宜细"、"谁投资谁得益和谁劳动谁得益相结合"等原则处置存量资产。由于不同时期轻工集体企业的存量资产的构成不同,不同企业的隶属关系和职工队伍变化不同,在改制中存量资产产权主体如何界定? 哪部分可以量化给职工? 这是企业改制中遇到的政策难点。近几年来,理论界和实际工作者对此进行了研究和探讨,并取得了一些经验,具体做法:

一是设置离退休人员保障股。"文化大革命"以前组建的企业,可以按离退休人员的数量划出一部分资产作为集体共同共有,主要用于增加离退休人员的福利待遇,以及解决职工中历史遗留问题。目前国有企业改制中国家政策允许划出一部分资产用于解决离退休人员和历史问题。上海市工业合作联社请专家通过对 60、70、80 年代集体和全民企业职工工资福利的对比分析,表明由于集体企业职工平均收入低于全民企业职工平均收入而形成的离退休和在职人员的劳动积累部分占企业存量资产的 75%。这也是离退休保障股设置的依据和来源。保障股可由工会或退管会的法人所有,有条件的可设立基金会所有,一般不量化到人。

二是设置在职职工个人股,由职工个人所有。轻工各类集体企业可以把一部分存量资产采用实量化的方式,划到在职职工个人名下,归其个人所有。实量化的主要依据是职工为集体企业服务的工龄、不同岗位任职的时间、对企业作出的贡献等三要素。一般"文化大革命"以后建立的集体企业出资人容易清晰,创业者和职工变动小,离退休人员和历史遗留问题少,存量资产大多应该实量化;50 年代建立的老集体企业资产关系复杂,职工队伍变化大,离退休人员多,存量资产首先应该划出一块用于改善离退休人员的生活待遇,其次可以"文化大革命"及以后企业资本金的增值部分量化给在职职工。实量化一般应与增资配股相结合,并锁定转让期或以职工劳动合同解除作为转让的条件。

三是设置企业职工岗位股。集体企业承认职工的劳动是一种资源,应该分享企业收益。企业可以一部分存量资产设置职工的岗位股,按岗位的重要度拉开差距。职工以劳动力的差异配置在不同的岗位上,享受岗位股的收益。岗位变化,收益变化,离开岗位,收益取消。这一般称为虚量化。岗位股也可用其收益按企业规定的股价购买,使岗位股逐步成为职工个人股。岗位股也可设立基金,由职工共同共有。

做好存量资产量化工作是集体企业改革与创新的基础。在操作中要注意把存量资产量化和改变职工身份、脱掉"二全民"帽子结合起来。存量资产量化是对集体企业职工在历史上,特别是在计划经济条件下对企业作出的贡献和劳动积累的补偿和返回,但存量资产量化,尤其是实量化也意味着职工"二全民"身份的取消。从此,企业和职工之间建立的是一种自由、平等的双向选择的用工机制,而企业也摆脱行政附属物的地位,真正成为市场经济中独立经营、自负盈亏的企业法人。

(二)采取"一厂一策",探索集体所有制多种实现形式

集体所有制是公有制的重要组成部分,积极寻找能够促进生产力发展的集体所有制实现形式是轻工集体企业产权制度创新的目标。所有制的实现形式,从企业的角度看,是指企业的财产组织形式和经营方式。轻工集体企业之间存在地区、行业、规模、效益不同,还存在历史沿革、产权结构、发展前景的不同。因此,轻工集体企业产权制度改革与创新应该采取"一厂一策",创造多种多样的集体所有制的实现形式。各地不同行业的集体企业的组织形式一般有以下几种:

一是合作制。这是劳动群众为改善生产条件和生活条件,维护自身利益,按照自愿互利原则联合组织起来的。企业的资产由职工按份共有,改变了曾一度不允许保留个人所有权的做法;企业的经营活动由职工共同劳动,统一经营;企业的分配主要按劳动要素进行。其缺陷是产权结构封闭。这比较适合劳动密集的小型企业或企业的初创时期,要有勇于奉献精神的带头人。

二是股份合作制。这是一种改革中出现的以劳动者的劳动联合和劳动者的资本联合为主的集体所有制经济的新形式。股份合作制企业的职工投资入股对企业的资产拥有其个人所有权,并对企业劳动联合和资本联合形成的资产享有占有权、使用权、处置权,实现了公有制和个人所有制的结合。它是兼有合作制和股份制某些特点的集体所有制经济的一种新的组织形式,具体的特征是:职工主体既是劳动者,又是所有者,共同出资、共同劳动、共享利益、共担风险;产权结构实现劳动者出资为主和吸纳外来资金相结合,职工个人股和集体共有股相结合,劳动和资本要素相结合;企业收益由劳动和资本要素所有者共享,实现按劳分配和按资分配相结合;企业重大决策采取"一人一票"和"一股一票"相结合的

复合表决方式。其缺陷是股东人数多,股权分散,决策效率较低。这比较适合中小企业。

三是职工持股的有限责任公司。这是按照《公司法》改制或新建的集体企业的新的组织形式。职工持股的方式有直接和间接两种,即职工人数较少(一般在50人以下),以自然人身份直接持股;或者是职工出资组建持股会、基金会、资产管理公司等,以法人作为出资人投资企业成为股东的间接持股。这类企业通过职工持股控股的多种形式保证职工对企业资产的占有、使用、处置和收益权,经营活动按公司法规范运作,并有利于形成职工、经营者、外来股东互相制衡的治理结构。其缺陷是职工间接持股载体的设立不规范,受到现行法规的限制。这种形式大中小企业都能采用。

四是股份有限责任公司。这是集体企业在改制中采用发起式或募集式两种方式组建的,既符合市场经济要求,又保持集体经济为主的一种开放式的企业组织形式。这种形式产权关系清晰,法人治理结构规范,内部运行机制科学。其缺陷是若职工直接持股,人多分散,上市后职工随意抛售,容易影响集体经济的控制力;若职工间接持股,出资人形式按现行法规难以批准。这种形式一般由各级联社或大中型集体企业作为发起人,剥离优质资产,吸纳外部资金组合设立,适合基础好、有潜力、通过股票上市募集资金扩大规模经营的集体经济"领头羊"的企业。

五是集体企业和私营业主双层经营。这是集体企业以厂房、设备、商标、知识产权等有形和无形资产,为私营业主开展品牌、管理、资金、劳动、咨询、后勤等方面的服务,在经营活动中形成双层主体之间互惠互利的合作。这种形式有利于盘活集体企业的存量,也有利于私营业主运用集体企业的优势,调动了双方的积极性。但双层经营的形式、内容和互相结合的程度要坚持维护集体企业的基本利益。在实践中允许作多样化的探索,如集体企业委托私人经营、租赁经营、集体和外商、私营企业合作经营等。这种形式适合缺乏经营人才或产品适合个体经营的企业。此外,集体企业还可以通过中外合资、组建企业集团等各种途径实现企业产权制度的改革与创新。

对于部分小型集体企业在产权制度的改革中,也可以通过内部转让、返本经营、委托代理等形式改为私人企业或私人经营。当然,无论采用哪种形式,必须尊重职工的意愿,尊重集体资产的性质,政府及其他部门不应用行政手段强加于企业,更不能把集体资产变为国有资产或变相送给个人。

(三)改制与改造、改组相结合,促进企业生产力发展

轻工集体企业产权制度的改革与创新的根本目的是促进企业生产力发展。

在计划经济时期,轻工集体企业集中于传统工业行业。随着社会主义市场经济的发展,有的传统工业行业已不适应经济发展的需要,有的还处于被淘汰状态。相当部分轻工集体企业的资产质量差,产品落后,设备陈旧,队伍老化,大多轻工集体企业已无法与"三资"企业、民营企业竞争,前景很不乐观。不改变这种状况,轻工集体企业是不会有多大生命力的。所以,从这方面看,改制不会是"灵丹妙药"。有的企业把改制与产品创新、技术创新结合起来,使企业经济工作上了新台阶。温州地区新潮实业股份有限公司原是一家工艺编织小厂,企业两次改制都与产品开发、技术改造相结合,不仅明晰了产权关系,而且为企业科技进步筹集了资金。根据在企业技术改造中承担风险的大小,拉开经营者和职工的持股差异,董事会成员持股 35% ,职工持股 55% ,外来技术股 10% 。这不仅保证了经营者的决策权,也保证了技术人员和职工的根本利益,提高了大家的工作积极性和企业的综合实力。目前,该企业已拥有上亿资产,成为国内大众等名牌汽车坐垫面料的主要供货单位,并正争取改制为上市公司。可见,企业技术改造、结构调整往往是改制的良好时机,抓住这种时机搞好改制,提高企业的生产力,促使经济的新发展,才是改制的最终目的。

第四部分
轻工集体企业产权制度改革
与创新的环境和政策建议

轻工集体企业产权制度的改革与创新需要积极争取宏观环境的支持和保障。为之,全社会要创造良好的舆论氛围,政府部门要制订和完善政策法规,并依靠各级联社进行指导和监管,在改制中帮助企业正确处理国家与企业、集体与个人、经营者与一般职工的利益关系,促进集体企业改制积极而又健康地发展。

一、正确的社会舆论导向是轻工集体企业产权制度改革与创新的理论保障

（一）要积极开展集体经济的宣传和研究,正确认识集体经济的地位和作用,形成关心、支持轻工集体企业产权制度改革与创新的社会氛围

集体经济是国民经济中最具活力的部分之一,对整个国民经济的快速增长发挥了重要的支撑作用。党的十五大报告指出:"要支持、鼓励和帮助城乡多种形式集体经济的发展,这对发挥公有制经济的主体作用意义重大。""要努力寻

找能够极大促进生产力发展的公有制实现形式。"并且指出,"目前城乡大量出现的多种多样的股份合作制经济,是改革中的新事物,要支持和引导,不断总结经验,使之逐步完善,劳动者的劳动联合和劳动者的资本联合为主的集体经济,尤其要提倡和鼓励。"轻工集体企业产权制度的改革与创新,正是遵循十五大精神,坚持公有制为主体的所有制结构调整的战略措施,也是传统集体企业走向市场经济的必由之路。目前,对我国集体经济的发展存在两种模糊观点:

一种是"替代"的观点。有人认为集体所有制企业是计划经济的产物,必然要被"民营企业"或"混合所有制"企业所替代。一个阶段社会舆论十分突出私营、个体经济和"三资"企业,有的地方刊物明确提出"国退民进,公退私进,势在必行"、"让私营经济登堂入室"、"个体、私营经济"已成为"区域经济的主体"等等。而对于公有制主体地位之一的集体经济却很少听到声音,集体企业改革成功的典型也鲜为人知。

另一种是"失望"的观点。由于种种原因,目前集体经济面临很大困难,据统计1990—1999年城镇集体企业数减少164万户,职工数减少1837万人,企业亏损面由20%上升到57%,这确实反映了集体企业的困境和困惑。有的地方政府随意撤并集体企业和联社,有的集体企业为了挤入股份公司行列,"主动"丢掉集体所有制的帽子,有些长期从事集体经济的同志发出"集体的旗帜能打多久"无奈的叹息?出现这些问题的主要原因,一是在计划经济向市场经济的转变过程中,各类利益主体的调整使集体经济遇到了前所未有的新问题;二是对于集体经济在市场经济条件下的发展缺乏理论上的研究和提升。

如何正确地对待我国集体经济?首先要充分认识集体经济是我国国民经济的主体,大力发展集体经济符合我国国情和有中国特色社会主义制度。集体经济作为公有制的重要组成部分,有着个体和私有经济不可替代的地位和作用,这是我国近50年来集体经济发展已证明的事实。集体企业与市场有着天然的依恋,倘若要其退出竞争行业,集体企业就会无立锥之地。在计划经济向市场经济转变的过程中,对集体经济不是兴利除弊,而是一概否定,"卸磨杀驴",这不是科学的态度,这样的教训在我国社会主义革命和建设的历史上是惨痛的。如此替代的结果不仅是否定集体经济,而且会偏离有中国特色的社会主义制度。

其次,要区分目前集体企业的不同类型,从理论上认识劳动者劳动联合和劳动者资本联合为主的集体企业新形式,是符合当今企业制度创新与发展趋势的。纵观企业制度的沿革,从私人工厂、合伙制、合作制、公司制到敏捷化的动态联盟组织的形成和变化,反映了劳动和资本要素的融合是市场经济的客观要求,现代人力资源的理论又为劳动者以劳动要素出资并分享收益提供了依据。因此,集体企业通过劳动与资本要素的优化配置实现利益的最大化是符合现代企业制度要求的。现在我国集体经济涉及工业、商业、科技、金融、交通、房地产等各个领域。随着市场经济的完善,作为劳动者放弃个人所有权的"二全民"的集体企业将越来越少,而越来越多的城镇集体企业改变"一大二公"的产权制度模式,突破合作制的传统做法,通过改制努力地创造集体经济多种实现形式,积极地去占领国有经济退出的领域,壮大公有制基础。据统计,1994—1998 年,全国城镇集体工业企业减少 6.22 万户,新增的股份制、外商、其他经济类型的企业 8.05 万户,其中相当部分由集体企业改制而成。仅据 1997 年统计,上海民营科技企业中,属集体所有制的有 2657 户,占总数的 36%。这些是今天集体企业中最有生命力的部分,也反映了集体企业组织形式多样化的趋势。所以,不能把"二全民"的衰落看作集体经济的末日,而是要根据党的十五大精神,大力宣传和研究集体企业的产权制度改革与创新,鼓励企业在改革中采用产权制度的不同模式,大胆地试,理论部门要运用马克思主义的理论和现代产权经济学的观点去总结和提升,政府部门也要废止过时的法规,制定和完善政策,支持集体企业在市场经济中走出一条新路来。

（二）要科学地界定和拓展集体经济的内涵和外延,否定"资产归大堆"是集体经济的本质特征,确认集体企业劳动者个人所有权

现行《宪法》规定:"中华人民共和国的社会主义经济制度的基础是生产资料的社会主义公有制,即全民所有制和劳动群众集体所有制。"并明确"城镇中的手工业、工业、建筑业、运输业、服务业等行业的各种形式的合作经济都是社会主义劳动群众集体所有制经济。"然而,长期以来我国把否定个人所有权的"一大二公"作为集体所有制企业产权制度的唯一模式。职工投资入股、分享红利,以至劳动分红都被作为"资本主义尾巴"割掉。目前《中国统计年鉴》仍把城镇集体企业界定为"放弃个人所有权"的企业,而工商部门又把职工个人出资组建有限公司作为私营企业登记。

究竟什么是集体所有制企业的性质？细考"集体所有制"一词的由来,马克思第一次提出"集体所有制"的概念在《巴枯宁"国家和无政府状态"一书摘要》。他指出,凡是农民作为土地私有者大批存在的地方,无产阶级将以政府的身份采取措施:"一开始就应当促进土地私有制向集体所有制的过渡,让农民自己通过经济的道路来实现这种过渡;但是不能采取得罪农民的措施,例如宣布废除继承权或废除农民所有权"。①

那么,采用怎样的形式向集体所有制过渡?恩格斯在《法德农民问题》一书中写到:"当我们掌握了国家权力的时候,我们绝不会用暴力去剥夺小农(不论有无报偿,都是一样)……我们对于小农的任务,首先是把他们的私人生产和私人占有变为合作社的生产和占有"。② 毛泽东在党的七届二中全会的报告中谈到,对占国民经济总产值90%的分散的个体的农业经济和手工业经济必须谨慎地而又积极地引导它们向着现代化和集体化的方向发展时指出,必须组织生产的、消费的和信用的合作社,"这种合作社是以私有制为基础的在无产阶级领导的国家政权管理之下的劳动人民群众的集体经济组织"。可见,集体所有制经济的来源——合作社经济就是建立在承认个人所有权的基础上的,合作社经济通过改变生产资料的私人占有和使用为合作社劳动者集体占有和使用,把个人所有制和公有制统一起来,而使其成为劳动群众的集体所有制。

轻工集体企业产权制度改革与创新,先要在集体经济的理论上正本清源,发展创新。在市场经济条件下集体经济内涵和外延的特点应该是:在产权上,承认劳动者个人所有权,而不是财产"归大堆";在生产上,实行共同占有,共同劳动,不同于个体经济和私营经济;在分配上,按劳动和资本要素相结合的多种分配形式,不是只按照劳动要素或资本要素分配;在财产组织形式上,坚持职工控股的多样化的实现形式,不是拘泥于一种模式。判断企业的所有制性质不仅要看财产所有权,而且要看占有权、使用权、收益权。如果劳动群众取得企业财产的占有、使用、收益的决策权,那么,这个企业就无疑是集体所有制企业了。至于集体资产"归大堆"则是"左"的思想产物,我国解放后集体经济追求"一大二公"的产权制度,错误认为集体企业必须废除劳动者个人所有权,这些都违背了集体经济的原意,不是我国社会主义初级阶段集体经济必须具有的性质和特征。

二、修订完善现有法规是轻工集体企业产权制度改革与创新的法律保障

随着中国社会主义市场经济的逐步完善,加入 WTO 后中国经济与世界经济的逐步接轨,轻工集体企业对产权制度进行改革与创新,更多的应谋求法律的规范和社会经济秩序的公开、公平、公正。

---

① 《马克思恩格斯选集》,第二卷,第635页。
② 《马克思恩格斯选集》,第四卷,第310页。

（一）修订《条例》，改变集体经济法规滞后于企业改革实践的状况

作为城镇集体企业唯一的法规《条例》，自1992年1月1日实行以来一直未作调整和修改，其有关条款已不适应当前轻工集体企业的改革现状，必须及时修改，其中有关部分修改的建议如下：

1. 关于集体企业劳动群众投资为主的规定。《条例》第四条规定，城镇集体企业财产属于劳动群众集体所有，要求投资主体为两个或者两个以上的集体企业"劳动群众集体所有的财产占企业全部财产的比例，一般应不低于51%"；《乡镇企业法》第二条规定，"乡镇企业是指农村集体经济组织或农民投资为主，在乡镇举办的承担支持农业义务的各类企业"，投资为主是指"农村集体经济组织或者农民投资超过50%，或者虽然不足50%，但能起到控股或者实际支配作用"；上海体改办审批发起式股份有限公司时，要求公司发起人第一大股东持股低于40%。我们认为，从有利于城镇集体企业形成开放和清晰的产权制度，并与市场经济的要求相吻合，《条例》第四条可以吸纳《乡镇企业法》第二条的提法，改为"城镇集体经济组织或者劳动者个人投资超过50%，或者虽然不足50%，但能起到控股或者实际支配作用。"

2. 关于集体企业职工出资要素的规定。《条例》没有明确集体企业劳动群众出资的形式。《合伙企业法》第十一条规定，"合伙人可以用货币、实物、土地使用权、知识产权或者其他财产权利出资"，"经全体合伙人协商一致，合伙人也可以用劳务出资"；上海市政府促进小企业发展的政策规定"具有创造能力的人力资本（管理才能、技术专长）、有转化潜能的智力成果（专利发明、技术成果）等要素可视作物化资本，作为无形资产投资。无形资产可占注册资本的20%。以高新技术成果入股的可占注册资本的35%。"我们认为，承认劳动要素出资是集体企业的基本特征，其他经济性质的企业也在采用这种做法，集体企业更应恢复自己的本来面目，《条例》应增加规定，明确集体企业职工的出资要素为"货币、实物、技能、劳务以及其他智力成果等"。

3. 关于集体企业组织形式的规定。《条例》对集体企业的组织形式没有具体规定。私营企业的组织形式有"个人独资、合伙制、公司制等"；《公司法》明确国有企业可采用独资、股份制等形式。我们认为，集体企业组织形式的多样化是体现公有制实现形式的重要方面，符合市场经济条件下企业发展多样化的趋势。《条例》对集体企业的组织形式应增加一款，明确"合作制、股份合作制、公司制等是集体企业可采用的组织形式"。

此外，对集体企业产权制度改革的主要形式——股份合作制，至今还没有国家的法规。因此，国家应适时地制定《合作制企业法》或《股份合作制企业法》，

从法律上支持集体企业产权制度的改革与创新。

（二）制定政策，指导轻工集体企业产权制度改革与创新

轻工集体企业曾走在全国城镇集体企业改革的前面，但由于种种原因，改革步履艰难，目前仍处在困境之中。及时总结成功的经验和失败的教训，制定切合实际、行之有效的政策，对于轻工集体经济的发展，是一项迫在眉睫的工作。具体建议如下：

1. 关于转变集体企业职工身份经济补偿的政策建议。轻工集体企业的职工大都受计划经济的劳动人事制度和分配制度的影响，牺牲个人利益，为企业为国家作出贡献。在产权制度改革中，他们要割断与原来企业的劳动关系，转变原来的身份，重新选择进入市场经济条件下的新企业，原来企业必须作出补偿。因为两种企业对职工的承诺不一，职工的权利也不同。据了解，国企、机关改制中也有对职工的补偿金，每年工龄补偿高的达数千元。我们认为，轻工集体企业职工在改制中转变身份与原企业解除劳动关系，企业可以存量资产量化作为补偿。职工补偿金应根据企业的净资产和经济效益状况来决定。虽然，目前《破产法》不适用集体企业，但对资不抵债的集体企业，应该允许职工补偿金参照《破产法》有关规定，即按照国务院在国发［1994］59 号文中对破产企业职工自谋职业的，发放一次性安置费，原则上按照破产企业所在市职工上年平均工资收入 3 倍发放。改制中，对改变原固定工或无固定期限合同工身份的职工，应根据《中华人民共和国劳动法》第二十八条规定，企业原有职工在企业改制过程中与原企业解除劳动关系的，应当按照国家有关规定给予经济补偿。补偿金的最低标准，每满 1 年支付相当于其本人 1 个月工资收入的补偿金。补偿可以是现金或采用股权形式。对以量化资产投资于改制企业的，还可给予经济上的鼓励。职工补偿金的来源应由企业、联社、政府和社会有关部门统筹解决。关于改制中职工补偿金额，各省市有相应的政策，如浙江省人民政府在浙政发［1998］159 号文中规定：企业原有职工在企业改制过程中与原企业解除劳动关系的，应按职工在本单位工作的年限，工作时间每满 1 年发给相当于 1 个月工资的经济补偿金；天津市人民政府在津计政研［1998］12 号文中提出：改制企业的职工自谋职业的，企业给予一次性安置，费用标准为上一年度全部职工年平均工资的 3 倍；上海市人民政府在 1995 年第 18 号令中规定：终止合同和协商解除合同的经济补偿为：每满 1 年支付相当于其本人 1 个月工资收入的补偿金，补偿金一般不超过其本人 12 个月的工资收入。这些规定可以作为轻工集体系统制定职工补偿标准的参考依据。

2. 关于对企业经营者激励的政策建议。轻工集体企业产权制度改革与创新的一个重要方面,是形成轻工集体企业经营者供求和激励的市场机制,使轻工集体企业的资产运作能够向优秀经营者集中,从而实现集体资产最大程度的保值增值。我们认为,轻工集体企业改制中经营者持股比重可按企业资产规模而定。企业净资产在500万元以下的,经营者群体持股比重不超过50%为宜;企业净资产在500—1000万元以下的,经营者群体持股比重不超过30%为宜;企业净资产在1000万元以上的,经营者群体持股比重不超过20%以上为宜。其中,为突出企业主要经营者的权责利,董事长、总经理持股数要占经营者群体持股的50%为宜。高科技企业经营者群体持股的比重可超过50%。

对经营者的激励与约束,还体现在对经营者期股、岗位股的设置。我们认为,轻工集体企业对优秀经营者和运用市场机制配置的经营者,在改制的基础上,可以通过调整股本结构、增资扩股或股权转让等方式给经营者期股激励,一般经营者现金入股与期股的比例为1∶4,也可在存量资产中为经营者群体设置岗位股,以激励经营者。近两年来,上海市委组织部制订《国有企业经营者实施期股(权)激励试行意见》规定,期股获取的方式主要包括"在一定期限内,经营者用现金或用赊账、贴息、低息贷款方式以约定价格购买的股份。"南宁市发布的《企业经营层持大股暂行办法》明确,经营层股权设置分为岗位股和岗位配股两种。岗位股从四项提留后的净资产和生产经营性土地净资产中配置,持股人有收益权、表决权,但无所有权。所有权归市政府,经营者离岗时由市政府收回,转配给接任者。岗位配股由经营层人员按所持岗位股的股份以1∶1比例由个人出资购买,多购不限,归持有人所有,可继承,但在岗期间和离岗6个月内不能转让。湖北襄樊东力工业公司推出措施,对"关键人"设"股权奖"。"关键人"包括总经理、副总经理、中层干部、高级工程师和工程师,每人配给价值1.5万元至0.4万元的"岗位股"。任职期间享有分红权力,一旦离岗,分红权随之丧失。"关键人"在上岗前,还必须交纳与"岗位股"等值的风险金,折算成股权,不得退股。上述做法都是可以借鉴的。

3. 关于企业整体改制或剥离改制的政策建议。我们认为,全国总社可参考各地的政策,并针对轻工集体企业整体改制或剥离改制的不同情况制定轻工系统的具体政策。整体改制指原企业整体改变其组织形式,采用职工持股控股的合作制、股份合作制、公司制等企业制度(也有整体转让后采用个人独资、合伙制的形式)。改制后的企业与愿意进入新企业的职工签订新的劳动关系,做好离开企业职工的补偿工作,并承担原来企业的债权、债务和离退休人员等历史遗留问题。剥离改制是指企业内部的部分改制,即把企业内部的一部分有效资产或项目等进行剥离,新建为股份合作制、公司制或私有企业,达到盘活部分资产,使之保值增值或分流人员的目的。进剥离企业的职工要和原企业解除劳动关系,和改制企业建立新的劳动关系。在操作时,对整体改制的应规定,集体企业改制为股份合作制、公司制可将企业净资产作5项扣除:(1)企业改制前离退休职工医疗费;(2)支农职工和非因工死亡职工遗属的各项补助费;(3)改制前列入编外的长病假、精神病患者的各项补助费;(4)原困难企业经批准缓缴的退休统筹费等;(5)职工转变身份补偿费。以上扣除后的企业净资产由职工共同共有。对剥离改制的应规定,一般由原企业对改制后终止劳动合同的职工进行安置补偿,其安置补偿费直接在企业净资产中抵扣,由职工带资入投到新企业。剥离的资产可以租赁的方式给新企业使用,也可以作为投资取得新企业的股权。

三、加强政府对集体经济的指导,是轻工集体企业产权制度改革与创新的重要保障

改革的实践证明,集体经济的发展离不开党和政府的正确指导,轻工集体企业产权制度改革与创新同样需要政府的帮助和扶持。

(一)设置专门机构,统筹规划集体经济的发展

集体经济作为国民经济的主体,应该纳入国民经济发展"十五"规划的实施中。要在政府有关部门设置专司集体经济的管理机构,保证集体经济有人管,改变目前私营企业工商部门管,民营科技企业科委管,国营企业国家工委和国资部门管,而集体企业却"上不了朝,奏不了本"无人管的状况。在计划经济向市场经济转变的过程中,从政策上鼓励和支持企业和职工转变"二全民"身份,引导他们自愿组织起来,走发展劳动者持股控股的集体经济的道路。决不能以强调"不论所有制"的"公平"竞争为名,而放弃对集体经济的指导和扶持。据了解,西方有国际工合组织,政府对实施职工持股企业给予贷款和税收方面的优惠,以利于稳定社会,扩大就业和经济发展。所以,对集体经济不重视,不扶持,甚至全盘否定,不符合市场经济的要求,也违反了国家和劳动人民的根本利益,这才是最大的不公平。

(二)提供财力和政策的支持,政府应当担负起社会管理和公共服务的职能

一是制定扶持集体企业改革的财税政策。长期以来,集体企业为国家经济发展和财政收入增加作出了不可抹煞的贡献,由于"二全民"的管理体制,曾有

大量的集体资产被平调。因此,各级政府部门应从财政划出专项费用支持职工转变身份,允许企业以土地使用权转让款安置职工,对改制企业给予税收或停减免息政策优惠,让集体企业分享国有企业改制的有关政策,这是政府对集体职工劳动积累应有的返回。

二是建立社会保障体系。建立全社会统筹与个人账户相结合保底养老、医疗保险制度,通过劳动力的市场配置,使劳动力合理流动,允许集体企业职工享受国有企业再就业的优惠政策,使产权制度改革顺利进行等。

三是形成小企业的融资渠道。由于轻工集体企业一般规模较小,实力弱,商业银行不愿贷款。有的企业看准了市场的某一种产品准备开发,却苦于资金匮乏而无法组织生产。建立小企业的贷款基金,探索小企业的民间融资,这对于轻工集体企业发展提供资金,促进企业改制以后技术改造和产品开发具有十分重要的意义。

四是健全中介服务体系。政府要抓紧建立开放的面向全社会的中小企业服务体系,从财政和税收上支持中介机构和行业协会,为企业提供信息、技术、法律、管理、理财、培训等方面的咨询服务,改变目前不少中介机构依附于政府行政部门,按上级的"葫芦画瓢",以及以盈利为目的收费较高的问题,规范其运行,树立公正的社会信用,使之成为政府和企业之间不可缺少的纽带。

(三)深化联社改革,发挥联社在轻工集体企业改制中的指导和监管作用

长期以来,由于轻工各级联社与行业主管部门实行"政社合一"的体制,联社基本上都没有进行法人登记,联社作为投资主体的资格从法律上说是不完备的,这给轻工集体企业的产权制度改革带来了困难。因此,在轻工集体企业产权制度改革与创新中,深化联社改革的重点要解决以下3个问题:

第一,政府应该支持和帮助联社成为符合市场经济要求的投资主体。联社成为投资主体可以通过两种形式来实现:一是联社注册登记为法人,直接成为投资主体。这是最好的办法。近几年各地不少联社已经意识到政社分开是联社改革的必然趋势。改革中,联社必须抓住机遇,深化改革,独立地担负起集体企业联合经济组织的职能。有的联社已注册为企业法人,有的已注册为社团法人,有的已批准为事业法人。全国总社也已向国务院提出,要求将全国总社注册为事业法人。联社法人地位在法律上的确认,可以从根本上解决集体企业中联社资产的出资人法律资格,有助于轻工集体企业产权制度改革与创新。二是联社兴办实体,间接成为投资主体。在联社尚未取得法人资格的情况下,联社可以通过兴办企业性质的经济实体,将联社资产委托给经济实体经营。在集体企业产权

制度改革中,联社的经济实体可接受联社的委托,成为集体企业的投资主体。在改革实践中已有不少联社这样做,并取得了成效。但这种做法的缺陷在于,联社作为经济实体的出资人资格并没有从法律上得到确认。从长远看,这种做法还需要进一步完善。

第二,联社要调整资产,支持集体企业形成职工控股的股权结构。在现有的轻工集体企业中,联社资本所占的比例各不相同,高的可达70%以上,有的还是联社直接投资的全资企业。联社资产是否都要进入改制企业,联社持股多大比例,应该因企而宜,不能搞一刀切,采取一个模式。总的原则,应该有利于增强企业的活力、调动企业职工和经营者的积极性,促进企业的发展;有利于联社资产的保值增值,推进集体经济的整体发展。一般来说,对生产经营社会化程度较高、资产规模较大的少数企业,联社可作为企业投资的一方,按照现代企业制度的要求,把原投入企业的资产作为资本金参股。对绝大多数集体企业,联社持股比例应降低,可掌握在30%以下,也可以转让给企业,让经营者或经营者群体持大股。联社资本超过比例的部分应作调整,调整的方法主要有三种选择。一是转作借贷资金,在一定时期内低息贷给企业使用;二是有偿转让给企业职工或经营者;三是作为优先股,按照约定比例分红,不参与企业经营决策。

第三,联社要承担起对集体企业改制的指导和监管工作。新中国建立后,为使轻工集体企业更好地发展,加强企业间的互助合作,各地都建立了联合经济组织——联社。联社章程曾明确写上,联社是“参加本联社的成员单位组成的集体所有制的联合经济组织,是所属成员单位的领导和服务机构”。由于长期的“政社合一”的体制,限制了联社职能的发挥,但随着国家机关改革深化,政社开始分开,从总社到各级联社,不少采取联社保留或单列的做法,指导基层集体企业的工作。因此,政府有关部门可以把对集体企业改制的指导和监督管理职能委托总社及各级联社。联社不仅要从宏观上进行指导,更要注意对改制过程的程序进行监管,保护集体资产,保障职工利益。一般程序控制有6个环节:一是资产的评估和界定;二是经职代会讨论通过改制方案;三是存量资产量化和股权管理办法;四是一般采用公开竞争方式产生经营者;五是职工转变身份补偿或安置,以及历史遗留问题的处理;六是改制和企业经济发展相结合的规划。改制中联社不能侵占企业的资产,但企业中属于联社的资产及增值部分,在扣除改制中联社应该承担的部分后,原则上要返回给联社或作为联社在企业中的股份。政府要支持联社的工作,改制后,在国家增收部分或集体企业交纳的税收中可划出一部分用于联社日常必须的开支。类似这样的做法,在国外也有先例。

前不久,党的十五届五中全会通过的“十五”计划提出,结构调整是今后五年经济发展的主线。随着经济结构的调整,必然带动所有制结构的调整,大量国有企业改为职工持股控股的集体企业已经成为一种趋势,不少有眼光的私营企业也积极试行职工持股,更多传统集体企业挣脱"一大二公"产权制度的束缚,创造多种多样充满活力的集体经济新形式。因此,以劳动者持股控股为特征的集体所有制经济将作为国民经济的主要成分,成为公有制的主要形式,其地位与作用越来越得到理论界、企业界和政府部门的认同和重视。集体所有制经济是公有制经济的重要组成部分,在改革中不能随计划经济的"水"一起泼掉,而是应该摘下几十年强加在集体经济脸上的"面具",恢复和壮大其符合市场经济的"内核",这将有利于我国集体经济跨过新世纪的门槛,迎来一个更大的发展,也将为我国社会主义公有制理论的研究和探索,带来一个新的飞跃。

(此件由中华全国手工业合作总社办公室提供)

中国共产党历史资料丛书

中国手工业合作化和城镇集体工业的发展

第四卷 下册

中华全国手工业合作总社
中共中央党史研究室 编

中共党史出版社

目　录

（下　册）

国家轻工业局　中华全国手工业合作总社关于确保联社机构

稳定、防止联社资产流失的紧急通知(2001 年 2 月 16 日) ············ / 787

关于重视和促进城镇集体经济健康发展的议案

（2001 年 3 月）··· 王家福等 / 789

推进改革,完善社会主义市场经济体制(节录)

（2001 年 3 月 15 日）·· / 793

中华全国手工业合作总社关于印发《中华全国手工业合作

总社三定方案》的通知(2001 年 3 月 29 日) ····················· / 795

武汉市人民政府办公厅关于支持城镇集体企业改制的通知

（2001 年 5 月 28 日）·· / 798

落实"三个代表"要求　坚持改革创新　大力推进轻工集体

经济发展(2001 年 10 月 15 日)························· 陈士能 / 799

财政部、国家税务总局关于企业改革中有关契税政策的通知

（2001 年 10 月 31 日） ·· / 809

国务院办公厅关于进一步加强城市居民最低生活保障工作的

通知(2001 年 11 月 12 日) ····································· / 811

山西省人民政府关于促进中小企业发展的若干意见

（2001 年 11 月 12 日）··· / 815

上海市国有资产管理办公室　上海市集体企业产权界定办公室

关于进一步推进本市集体企业改革的若干指导意见

（2001 年 12 月 24 日）··· / 820

上海市国有资产管理办公室　上海市集体企业产权界定办公室

关于进一步清晰本市城镇集体资产产权的若干意见

（2001 年 12 月 26 日）··· / 823

天津市人民政府经济体制改革办公室　天津市经济委员会

天津市商业委员会　天津市建设管理委员会　天津市
　工商行政管理局　天津市总工会关于印发《关于设立
　企业内部职工持股会的暂行办法》的通知
　(2002 年 1 月 23 日) ·· / 826
中华全国手工业合作总社关于转发吉林省经济贸易委员会、
　吉林省手工业合作联社等九个单位《关于印发〈吉林省城镇
　集体企业深化改革制度创新促进发展的政策意见〉的通知》
　的通知(2002 年 1 月 26 日) ······························· / 830
　　附:关于印发《吉林省城镇集体企业深化改革制度创新促进
　　　发展的政策意见》的通知(2001 年 11 月 26 日) ········· / 831
　　吉林省城镇集体企业深化改革制度创新促进发展的政策
　　　意见(2001 年 11 月 21 日) ······························· / 831
积极推进经济结构调整和经济体制改革(节录)
　(2002 年 3 月 5 日) ····························· 朱镕基 / 838
进一步深化对公有制为主体、多种所有制经济共同发展这一
　基本经济制度含义的认识(2002 年 5 月 31 日) ········· 江泽民 / 840
中共中央办公厅　国务院办公厅关于在国有企业、集体企业
　及其控股企业深入实行厂务公开制度的通知
　(2002 年 6 月 3 日) ······································· / 841
中华人民共和国中小企业促进法(2002 年 6 月 29 日第九届全国
　人民代表大会常务委员会第二十八次会议通过) ················ / 846
中华全国手工业合作总社关于加快城镇集体经济
　改革与发展的建议(2002 年 6 月 24 日) ······················ / 852
贯彻"三个代表"思想　积极发展合作经济　促进经济社会
　全面发展(2002 年 7 月 5 日) ················· 杨汝岱 / 856
依法促进中小企业健康发展(2002 年 7 月 29 日) ·········· 李荣融 / 861
集体经济改革发展亟待政策支持 (2002 年 9 月 6 日) ········· 陈永杰 / 865
中国人民银行关于进一步加强对有市场、有效益、有信用中
　小企业信贷支持的指导意见(2002 年 9 月 6 日) ············· / 868
就业是民生之本(2002 年 9 月 12 日) ·················· 江泽民 / 872
切实做好再就业和社会保障工作(节录)
　(2002 年 9 月 13 日) ····························· 朱镕基 / 879
全面建设小康社会,开创中国特色社会主义事业新局面(节录)

（2002 年 11 月 8 日）……………………………… 江泽民 / 888

与时俱进　开拓创新　努力开创城镇集体经济和联社工作

新局面（2002 年 12 月 9 日）……………………… 陈士能 / 894

扎实推进国有企业和集体企业党建工作

（2002 年 12 月 16 日）…………………………… 曾庆红 / 911

关于审理与企业改制相关的民事纠纷案件若干问题的规定

（2003 年 1 月 3 日）…………………………… 最高人民法院 / 913

科学技术部　中国农业银行关于印发《关于加强对科技型中小

企业金融服务的指导意见》的通知（2003 年 1 月 7 日）………… / 918

国家经济贸易委员会　国家发展计划委员会　财政部　国家

统计局关于印发中小企业标准暂行规定的通知

（2003 年 2 月 19 日）…………………………………………… / 922

上海市人民政府经济体制改革办公室对市政协十届一次会议

第 0815 号提案的答复（2003 年 5 月 16 日）………………… / 924

附：范大政、宋振东同志的提案《要把股份合作新型集体经济

作为再就业的重要渠道》……………………………………… / 925

在全国联社系统资产管理经验交流会上的讲话（节录）

（2003 年 8 月 12 日）…………………………… 李玉娟 / 928

在部分省市联社主任座谈会上的讲话

（2003 年 8 月 17 日）…………………………… 陈士能 / 938

财政部　国家税务总局关于企业改制重组若干契税政策的通知

（2003 年 8 月 20 日）…………………………………………… / 949

关于贯彻落实"三个代表"重要思想　促进城镇集体经济健康

持续发展的报告（2003 年 8 月 26 日）……………… 陈士能 / 952

中华全国手工业合作总社关于在机构改革中进一步加强联社

建设的通知（2003 年 8 月 28 日）…………………………… / 956

树立和落实科学发展观（2003 年 10 月 14 日）………… 胡锦涛 / 959

中共中央关于完善社会主义市场经济体制若干问题的决定

（节录）（2003 年 10 月 14 日）………………………………… / 961

完善社会主义市场经济体制的纲领性文件（节录）

（2003 年 10 月）………………………………… 温家宝 / 964

鼓励支持引导中小企业健康发展（2003 年 11 月）……… 欧新黔 / 969

积极推行公有制的多种有效实现形式（2003 年 11 月）……… 魏礼群 / 975

对西班牙蒙德拉贡联合公司考察的情况

　　（2003 年 12 月）………………………… 中国轻工业代表团 / 983

认真贯彻实施《中小企业促进法》依法促进中小企业

　　健康发展（2003 年 12 月 29 日）…………………… 马　凯 / 989

混合所有的股份制是公有制的主要实现形式

　　（2004 年 2 月 15 日）…………………………… 郑新立 / 995

吉林省人民政府关于加强城镇集体企业产权制度建设完善

　　监督和保护机制的若干意见（2004 年 2 月 25 日）………… / 1001

发展集体经济　实现共同富裕（2004 年 3 月 1 日）……… 陈士能 / 1006

关于进一步深化集体经济改革的研究（2004 年 3 月）

　　……………… 国家发展和改革委员会中小企业司课题组 / 1009

全国人大第十届第二次会议修订的《中华人民共和国宪法》

　　关于集体经济有关法律条款（2004 年 3 月 14 日）……… / 1030

福建省人民政府关于深化产权制度改革大力发展混合所有制

　　经济的若干意见（试行）（2004 年 4 月 8 日）…………… / 1032

财政部关于印发《小企业会计制度》的通知（2004 年 4 月 27 日）…… / 1040

　　附：小企业会计制度 …………………………………… / 1040

把科学发展观贯穿于发展的整个过程（节录）

　　（2004 年 5 月 5 日）…………………………… 胡锦涛 / 1045

中华全国手工业合作总社关于依法管好联社资产维护合法

　　权益的紧急通知（2004 年 6 月 28 日）……………… / 1049

关于修改《天津市人民政府实施〈中华人民共和国城镇集体所

　　有制企业条例〉细则》的决定（2004 年 6 月 30 日天津市人民

　　政府第 77 号令）………………………………… / 1052

城镇集体经济深化改革研究（节录）（2004 年 7 月）

　　………………………………… 中国工业合作经济学会“城镇

　　集体经济深化改革研究”课题组 / 1063

根据中国的特点发展集体经济

　　——学习邓小平同志关于集体经济重要论述的体会

　　（2004 年 8 月 17 日）…………………………… 陈士能 / 1081

总结经验，发扬成绩，进一步做好就业再就业工作（节录）

　　（2004 年 9 月 3 日）…………………………… 黄　菊 / 1086

财政部、国家发展改革委关于印发《中小企业发展专项资金

管理暂行办法》的通知(2004 年 10 月 14 日) ……………… / 1092

　　附:中小企业发展专项资金管理暂行办法 ………… / 1092

关于对我省集体企业改革情况的视察报告

　(2004 年 10 月 15 日) ……… 广东省政协委员第三视察团 / 1096

黄菊副总理致中华全国手工业合作总社第六次代表大会的信

　(2004 年 10 月 28 日) …………………………………… / 1101

顾秀莲副委员长给总社"六代会"的贺信

　(2004 年 10 月 29 日) …………………………………… / 1102

在中华全国手工业合作总社第六次代表大会上的讲话

　(2004 年 11 月 1 日) ……………………………… 曾培炎 / 1104

坚持科学发展观　深化产权制度改革　全面推进集体经济的

　创新与发展(2004 年 11 月 1 日) ………………… 陈士能 / 1107

集体经济:社会协调发展的重要力量

　(2004 年 11 月) ………………………………… 陈士能 / 1127

关于修改《中华全国手工业合作总社章程》的说明

　(2004 年 11 月 1 日) ……………………………… 潘蓓蕾 / 1132

关注城镇集体经济

　——访中国轻工业联合会会长陈士能

　(2004 年 11 月 1 日) ………………… 人民日报记者　彭嘉陵 / 1136

中华全国手工业合作总社章程(2004 年 11 月 3 日总社

　"六代会"通过) ……………………………………… / 1139

集体经济占轻工经济重要位置(2004 年 11 月 4 日) …… 光明日报 / 1145

温家宝总理在振兴东北地区等老工业基地工作座谈会上的

　讲话(节录)(2004 年 11 月 15 日) …………………… / 1146

不断提高构建社会主义和谐社会的能力(节录)

　(2005 年 2 月 25 日) ……………………………… 曾庆红 / 1148

科学技术部、财政部关于印发《科技型中小企业技术创新基

　金项目管理暂行办法》的通知(2005 年 3 月 2 日) ………… / 1151

"组织起来、切实维权"大调研总报告摘要

　(2005 年 3 月) ………………… 全总大调研综合协调组 / 1157

应大力支持新型集体经济的发展

　(2005 年 5 月 27 日) ……………………………… 上海市政协 / 1165

在实践中坚持和完善我国基本经济制度

（2005 年 8 月 8 日）……………………… 国务院研究室课题组 / 1167

中华全国手工业合作总社　中国工业合作经济学会关于对

《中华人民共和国物权法（草案）》的修改建议

（2005 年 8 月 15 日）…………………………………………… / 1173

附：对《中华人民共和国物权法（草案）》的修改建议 ………………… / 1173

巩固公有制经济主体地位　促进集体经济改革与发展

（2005 年 9 月 8 日）……………………………………… 林炎志 / 1178

与时俱进　开拓创新　切实加强联社的改革和建设

（2005 年 9 月 8 日）……………………………………… 杨志海 / 1181

用体制、法制、机制解决集体经济的问题

（2005 年 9 月 20 日）…………………………………… 蒋正华 / 1185

推进集体经济改革创新　巩固公有制的主体地位

（2005 年 9 月 20 日）…………………………………… 陈士能 / 1188

新型集体经济浅议（2005 年 9 月 20 日）……………… 魏立昌 / 1203

发展城镇集体经济　构建社会主义和谐社会

（2005 年 9 月 20 日）…………………………………… 李荣钢 / 1210

集体经济的改革与发展应引起全社会关注

（2005 年 9 月 26 日）………………… 中国改革报记者　李树直 / 1219

改革的目的不是把集体经济"改掉"

（2005 年 9 月 26 日）………………… 北京日报记者　李　志 / 1223

坚持深化改革，增强发展活力（2005 年 10 月 11 日）……… 胡锦涛 / 1224

深化体制改革和提高对外开放水平

——中共中央关于制定国民经济和社会发展第十一个五年

规划的建议（节录）（2005 年 10 月 11 日）………………… / 1226

国务院关于进一步加强就业再就业工作的通知

（2005 年 11 月 4 日）…………………………………………… / 1229

国务院关于同意东北地区厂办大集体改革试点工作指导

意见的批复（2005 年 11 月 6 日）……………………………… / 1238

附：财政部　国资委　劳动保障部东北地区厂办大集体

改革试点工作指导意见 ………………………………………… / 1238

国务院关于完善企业职工基本养老保险制度的决定

（2005 年 12 月 3 日）…………………………………………… / 1243

发展新型集体经济研究

（2005 年 12 月 15 日）…………… 上海市集体经济研究会课题组 / 1248

在中华全国手工业合作总社六届二次理事会上的工作报告

　（节录）（2006 年 1 月 16 日）………………………… 陈士能 / 1259

财政部、国家税务总局关于下岗失业人员再就业有关税收政策

　问题的通知（2006 年 1 月 23 日）…………………………… / 1273

中华全国手工业合作总社关于印发《联社集体资产监督管理

　暂行办法》的通知（2006 年 1 月 24 日）………………………… / 1276

　　附：联社集体资产监督管理暂行办法 ………………………… / 1276

中华人民共和国国民经济和社会发展第十一个五年规划

　纲要（节录）（2006 年 3 月 14 日第十届全国人民代表大会

　第四次会议批准）………………………………………………… / 1281

关于制定《物权法》时明确集体所有权的议案

　（2006 年 3 月）………………………………………… 陈士能等 / 1285

在全国联社办公室主任暨中国合作经济网通讯员会议上的

　讲话（2006 年 5 月 16 日）………………………………… 潘蓓蕾 / 1289

跨越时空、跨越省市，服务改革、服务企业

　（2006 年 5 月 16 日）……………………………………… 王世成 / 1296

中共吉林省委　吉林省人民政府关于成立吉林省集体、合作

　经济指导委员会的通知（2006 年 7 月 3 日）…………………… / 1303

吉林省集体、合作经济指导委员会工作方案

　（2006 年 8 月 29 日）……………………………………………… / 1305

齐心协力　加快我省集体经济改革与发展进程

　（2006 年 8 月 29 日）……………………………………… 林炎志 / 1309

在吉林省集体、合作经济指导委员会成立大会上的讲话

　（2006 年 8 月 29 日）……………………………………… 陈士能 / 1315

夯实基础　更新理念　抓住机遇　再塑辉煌（节录）

　（2006 年 9 月 5 日）……………………………………… 李玉娟 / 1322

曾培炎副总理在全国中小企业工作座谈会上的讲话

　（2006 年 9 月 14 日）……………………………………………… / 1327

中共中央关于构建社会主义和谐社会若干重大问题的决定

　（节录）（2006 年 10 月 11 日中国共产党第十六届中央

　委员会第六次全体会议通过）…………………………………… / 1335

国务院批转劳动和社会保障事业发展"十一五"规划纲要的

通知(2006 年 10 月 13 日) ·······················/ 1340

在四川省工业合作联社第四次代表大会上的讲话(节录)

　　(2006 年 11 月 7 日) ···················陈士能 / 1347

补遗文献

毛泽东对手工业工作的指示(1956 年 3 月 4 日) ·······/ 1353

邓小平关于集体经济工作的论述(节录)

　　(1979 年 10 月—1990 年 3 月) ···············/ 1355

关于建国以来党的若干历史问题的决议(节录)

　　(1981 年 6 月 27 日) ·····················/ 1359

加快手工业改造的得失(1991 年 5 月) ···········薄一波 / 1360

九十年代改革和建设的主要任务(节录)

　　(1992 年 10 月 12 日) ···················江泽民 / 1375

我们必须坚定不移地发展社会主义市场经济

　　(1993 年 12 月 26 日) ···················江泽民 / 1378

加快改革　在本世纪末初步建立起社会主义市场经济

　　体制(节录)(1995 年 12 月 19 日) ···········李铁映 / 1380

典型材料

实施资本运营战略　以高科技带动发展

　　(2004 年 11 月) ··········山西运城制版(集团)股份有限公司 / 1385

努力办好女子平民教育与姐妹手工编织合作社

　　(2005 年 12 月) ············上海市女子实验函授进修学院 / 1390

有为才能有位(2006 年 8 月)

　　·············福建省南平市延平区二轻工业总会、联社 / 1396

主辅分离 服务主业(2006 年 11 月)

　　··················宝钢集团企业开发总公司 / 1400

党委政府重视　政策推动有力　促进集体经济

　　改革发展(2006 年 12 月) ·············吉林省手工业合作联社 / 1405

锲而不舍　争取支持　努力开创联社工作新局面

　　(2006 年 12 月) ············山西省城镇集体工业联合社 / 1411

天津城市集体经济的创新发展

　　(2006 年 12 月) ············天津市城市集体经济联合会 / 1416

转变观念准确定位　转变职能强化服务　积极作为

　　科学发展（2006 年 12 月）　…………………… 四川省工业合作联社 / 1422

积极开展新型集体经济的理论研究　为城镇集体经济

　　改革发展服务（2006 年 12 月）

　　　　…………………………………… 上海市工业合作经济研究所 / 1428

改革创新激发活力　加快发展增强实力

　　（2006 年 12 月）　………………………………… 绍兴市手工业联社 / 1434

大事记

1996 年 ……………………………………………………………………… / 1441

1997 年 ……………………………………………………………………… / 1445

1998 年 ……………………………………………………………………… / 1451

1999 年 ……………………………………………………………………… / 1455

2000 年 ……………………………………………………………………… / 1459

2001 年 ……………………………………………………………………… / 1461

2002 年 ……………………………………………………………………… / 1463

2003 年 ……………………………………………………………………… / 1466

2004 年 ……………………………………………………………………… / 1467

2005 年 ……………………………………………………………………… / 1471

2006 年 ……………………………………………………………………… / 1472

统计表

关于统计资料的说明 ………………………………………………………… / 1477

全国工业和轻工行业及集体工业企业单位数

　　（1996 年—2006 年）…………………………………………………… / 1480

全国工业和轻工行业及集体工业总产值（1996 年—2006 年）………… / 1481

全国工业和轻工行业及集体工业增加值（1996 年—2006 年）………… / 1482

全国工业和轻工行业及集体工业资产总计（1996 年—2006 年）……… / 1483

全国工业和轻工行业及集体工业负债合计（1996 年—2006 年）……… / 1484

全国工业和轻工行业及集体工业利税总额（1996 年—2006 年）……… / 1485

全国工业和轻工行业及集体工业利润总额（1996 年—2006 年）……… / 1486

全国工业和轻工行业及集体工业年平均人数

　　（1996 年—2006 年）…………………………………………………… / 1487

全国和轻工行业及其集体工业相关行业主要商品海关

出口总值（1996 年—2006 年） ……………………………… / 1488

后　记 ………………………………………………………… / 1489

国家轻工业局　中华全国手工业合作总社
关于确保联社机构稳定、防止联社
资产流失的紧急通知

（2001 年 2 月 16 日）

各省、市、自治区、计划单列市联社：

国务院办公厅 2000 年 12 月 23 日《关于印发国家经贸委管理的国家局机构改革和国家经贸委机关内设机构调整方案的通知》（国办发［2000］81 号）已明确"保留中华全国手工业合作总社牌子，与中国轻工业行业协会联合会合署办公"，保留了中华全国手工业合作总社的机构。为了更好地促进各级联社的改革和发展，现就有关问题紧急通知如下：

一、深化改革，稳定机构

中华全国手工业合作总社，是五十年代由党中央批准成立的集体企业联合经济组织，各级联社是各地二轻集体企业（或城镇集体企业）的联合经济组织，是全国"总社"的成员单位。多年来，尤其是在改革开放以来，各级联社在为集体企业服务、促进集体经济发展、安排就业、稳定社会、扩大出口、为国家积累资金等方面发挥了重要作用。江泽民总书记在十五大报告中指出"集体所有制经济是公有制经济的重要组成部分。集体经济可以体现共同致富原则，可以广泛吸收社会分散资金，缓解就业压力，增加公共积累和国家税收。要支持、鼓励和帮助城乡多种形式集体经济的发展"。因此，在社会主义市场经济条件下发展集体经济需要联社组织发挥更大作用。各级联社在政府机构改革中，要深化自身改革，认真领会国务院办公厅国办发［2000］81 号文件精神，积极主动争取当地政府部门对联社深化改革和建设的支持。虽然轻工行业管理部门发生了很大变化，但要努力做到联社机构不撤、联社干部不散、联社资产不丢。要抓住这次机构改革的机遇，实行政社分开，确立联社的法人地位。各地要从实际出发，选择适合自身发展的模式，进行法人登记，然后再逐步规范。

二、切实加强联社资产管理，依法维护集体资产权益

《中华人民共和国城镇集体所有制企业条例》确认了联社的合法地位，并对其资产明确规定："联社资产属于联社范围内的劳动群众集体所有，其合法权益受国家法律保护，不受侵犯。"联社资产的合法权益受法律保护，任何部门、单位和个人都不得改变其所有制属性，损害集体资产所有者权益。国务院在决定委管国家局所属公司与局脱钩时，仍然把总社所属集体经济性质的公司留给了总社管理，体现了国务院按《条例》办事的原则。但是，当前，有的地方在这次机构变动时，或将联社资产纳入地方财政；或无偿占用联社资产或改变使用范围等，这是不符合《条例》规定的。对已经发生这类情况的地方要及时向当地领导和政府反映，并要通过必要程序依法予以纠正，切实维护联社的合法权益，防止集体资产流失。涉及到总社资产的要及时报告总社。

三、加强建设，促进发展

各级联社要更新观念，深化联社自身改革，积极探索集体经济的多种实现形式。尽快完成从传统的行政管理、行业管理向集体企业联合经济组织的转变。要进一步明确联社职能，要把深化改革，研究政策，指导工作，搞好资产运作，增强自身实力，为企业提供多方面服务，推动互助合作等项工作，作为联社的主要职能。

随着经济体制改革的深入发展，各级联社要努力开拓进取，真抓实干，开创工作新局面，为社会主义市场经济体制的建立和现代化经济的发展作出新贡献。

（原件存中国轻工业联合会办公室文电档案处）

关于重视和促进城镇集体经济
健康发展的议案①

（2001 年 3 月）

王家福等

内容提要：城镇集体经济是公有制经济的重要组成部分，在国民经济中占有重要的位置。但是，近年来城镇集体经济改革政策严重滞后，企业陷入困境。建议中共中央及国务院有关部门加强对城镇集体经济的宏观指导，及时研究解决其发展过程中出现的问题，使其健康，有序地发展。

（一）

江泽民同志在十五大报告中指出"集体所有制经济是公有制经济的重要组成部分。集体经济可以体现共同致富原则，可以广泛吸收社会分散资金，缓解就业压力，增加公共积累和国家税收。要支持、鼓励和帮助城乡多种形式集体经济的发展。这对发挥公有制经济的主体作用意义重大"。

十五大报告充分肯定了集体经济在国民经济中的地位和作用以及发展集体经济的重大意义。也正如十五大报告所指出的，多年来，特别是改革开放以来，城镇集体经济作为公有制经济的重要组成部分有了长足的发展，在保障供给、繁荣市场、改善人民生活、服务工农业生产、增加税收、增加出口创汇、安置劳动就业和维护社会稳定等方面都发挥了重要的作用。

——城镇集体经济已在国民经济中占有重要地位。在党中央及国务院有关部门的重视支持下，一大批城镇集体企业已形成了相当的规模。一批经济规模较大、经济效益较好、知名度较高的企业群体已在市场上具有较强的竞争力和很高的声誉，成为出口创汇的骨干企业和行业的排头兵。

——城镇集体经济是地方经济发展的一支重要生力军。城镇集体经济在城市，特别是县市工业中占有相当大的比重，已经成为地方财政收入的重要来源。

---

① 这是王家福等 33 名全国人大代表对九届全国人大四次会议所提的议案。

哪个地区城镇集体经济发展得快,哪个地区的经济就会得到迅速的发展。

——城镇集体经济是增加社会就业的一个重要场所。城镇集体企业大多是劳动密集型企业,能为社会提供较多的就业机会。多年来,城镇集体经济吸收社会各方劳动力就业,在缓解就业压力、稳定社会秩序方面做出了很大贡献。随着改革的进一步深入,国有经济结构调整力度的加大,城镇集体经济还将继续成为城镇职工再就业的一个重要渠道。

——城镇集体经济是使市场活跃的一个重要力量。城镇集体企业由于大部分以小型企业为主,具有投资少、决策快、调整方便、经营机制相对灵活的特点,同时又具有行业跨度大,地域分布广的优势,因而,促使整个市场更加活跃。

(二)

实践表明,城镇集体经济是国民经济的一个重要组成部分,它的发展壮大对加速我国经济的发展和公有制经济主体地位的巩固起着重要作用。但是,由于国际国内经济格局、市场环境的变化,加之国家对城镇集体经济的扶持力度不够,目前城镇集体经济在改革与发展中存在不少的困难,其比较突出的是:

1. 相当一部分领导干部对集体经济在国民经济中的地位作用认识不足。有些同志在指导思想和实际工作中,只讲国有经济的改革和个体私营经济的发展,而对于集体经济作为公有制经济的重要组成部分,在历史上和现实中的重要作用缺乏认识。也有人认为,国有经济集体经济都是公有制,因而把国有资产与集体资产加以混淆,用公有涵盖国有和集体的概念。忽视两种所有制性质的不同,将集体资产国有化。在一些媒体报道中,对集体经济悲观的论调较多,肯定的较少。

2. 城镇集体经济改革政策严重滞后。近几年,国家非常重视国有大中型企业的改革与脱困工作,采取多种政策措施,加大改革力度,而对于为国家、社会做出重大贡献的城镇集体经济不够重视,没有给予相应的待遇,外部经营环境明显处于不平等地位。国家对城镇集体经济改革缺乏必要的宏观指导,政策严重滞后。这大大影响了城镇集体经济的改革进程与进一步发展。

3. 集体企业的合法权益得不到应有的保护。集体资产被严重侵犯。过去,集体企业因改变隶属关系,其资产被无偿划转、平调、侵吞的现象屡见不鲜。近年来,在资产重组、兼并、拍卖、转让等企业改制过程中,集体企业资产被划为国有、流入私人腰包、低价出售、强行吞并和被政府和有关部门瓜分等问题时有发生,造成集体资产严重流失、经济实力严重削弱、产权纠纷日益增多。

4. 城镇集体经济发展速度减慢。城镇集体企业亏损严重,停产半停产企业增多,企业困难加剧,技术水平和管理水平相对还比较低,加之人才缺乏,离退休人员多,负债率高,又缺少必要的政策扶持,企业深化改革步履艰难,城镇集体经济发展速度减慢,经济效益滑坡。

(三)

为了帮助城镇集体经济克服目前的困难,支持和引导其健康有序地发展,更好地发挥城镇集体经济在国民经济和社会发展中的重要作用,特提出如下建议:

1. 要加大宣传力度。以公有制为主体,多种所有制经济共同发展,是社会主义初级阶段的基本经济制度,是我国发展国民经济必须长期坚持的方针。提倡、鼓励以劳动者的劳动联合和劳动者的资本联合为主的集体经济是党中央、国务院根据我国国情作出的重要战略决策。各级政府要按十五大精神,更好地重视、关心集体经济的发展。要把大力发展集体经济列入“十五”纲要。各新闻媒体都应加大宣传力度,让全社会都能认识到集体经济在国民经济中的重要地位,发展集体经济的意义,支持和引导集体经济健康发展。

2. 要加强宏观指导。建议中共中央和全国人大在今年适当的时候召开由国务院有关部门和专家学者参加的会议,专门研究、解决城镇集体经济发展中出现的情况和问题,提出相应的扶持政策和措施。总结经验和教训,促进其健康发展。国务院各部门和各级政府都应该加强对集体经济的调查研究工作,及时处理集体经济存在的问题并向有关部门进行反映。

3. 要尽快组织力量修改《中华人民共和国城镇集体所有制企业条例》(以下简称《条例》)。作为城镇集体企业唯一的一部行政法规,《条例》颁布十年来一直未做过修改,许多内容已不适应当前集体企业的改革状况。建议尽快组织各方力量修改《条例》,使其能够真正在促进集体经济发展方面发挥作用。

4. 要加强政策指导和扶持。建议国家在制定下岗职工再就业、兼并破产、贷改投、债转股等方面的政策时,允许集体企业享受与国有企业一视同仁的政策,对特困企业、特殊行业的集体企业,给予适当的优惠政策。为城镇集体经济的改革与发展创造必要的政策环境。

5. 要加强对集体资产的管理。要采取有效措施坚决制止和纠正侵占集体资产的行为。要把集体资产的监管纳入法治轨道,切实保护集体资产所有者的合法权益。

6. 要以新的改革思路深入探索集体经济的多种实现形式。要大力提倡和鼓励城镇集体企业进行的股份合作制、合作制、股份公司制等多种改革形式,促进现有城镇集体企业特别是老集体企业的改革。要借鉴发达国家的先进经验,建立社会主义制度下的新型的合作经济,制定《合作社法》。

7. 要加强,规范和发挥城镇集体经济联合经济组织的作用。要让联合经济组织独立依法从事经济活动和开展社务活动,为集体企业提供有效服务,同时发挥政府与集体企业间的桥梁和纽带作用。

我们坚信,在以江泽民同志为核心的党中央的正确领导下,在各级政府的大力支持和关心下,在城镇集体企业职工的共同努力下,城镇集体经济一定会在新的时期有更大的发展,为国民经济和社会发展作出新贡献。

（原件存全国人大办公厅）

推进改革，完善社会主义
市场经济体制^①（节录）

（2001 年 3 月 15 日）

要大胆探索，勇于创新，突破影响生产力发展的体制性障碍，逐步完善社会主义市场经济体制。

第一节 深化国有企业改革

进一步深化国有大中型企业改革，基本完成产权清晰、权责明确、政企分开、管理科学的现代企业制度的建设。健全责权统一、运转协调、有效制衡的公司法人治理结构。对国有大中型企业进行规范的公司制改革，除少数国家垄断经营的企业可改制为国有独资公司外，鼓励其他国有大中型企业通过规范上市、中外合资、相互参股等形式，逐步改制为多元持股的有限责任公司或股份有限公司。建立分工明确的国有资产管理、经营和监督体制，使国有资产出资人尽快到位，探索授权有条件的国有企业或国有资产经营公司行使出资人职能，强化对国有资产经营主体的外部监督。深化企业内部改革，强化科学管理，建立健全行之有效的激励机制和约束机制。进一步放开搞活国有中小企业，对国有小企业继续采取改组、联合、兼并、租赁、承包经营和股份合作制、出售等多种形式，进行产权制度和经营机制改革。完善市场退出机制，积极疏通和逐步规范企业特别是上市亏损公司退出市场的通道。继续执行现行的国有企业兼并破产政策，对长期亏损，资不抵债，扭亏无望的企业依法实施破产。鼓励非国有企业、个人和境外投资者参与国有企业改制，推动非上市国有企业股权结构的调整和股权交易，形成混合所有制企业。规范国有企业改制行为，完善有关政策规定，强化对国有资产产权交易的监督。

---

① 这是中华人民共和国国民经济和社会发展第十个五年计划纲要第十六章。

第二节   调整和完善所有制结构

要坚持公有制为主体、多种所有制经济共同发展的基本经济制度。积极探索各种有效方式,有进有退,有所为有所不为,加快国有经济布局的战略性调整。发挥国有经济在国民经济中的主导作用,发展多种形式的集体经济,支持、鼓励和引导私营、个体企业健康发展。关系国家安全和经济命脉的重要企业要由国家控股。鼓励在高新技术产业、中介服务等领域创建无限责任和有限责任相结合的公司。取消一切限制企业和社会投资的不合理规定,在市场准入、土地使用、信贷、税收、上市融资、进出口等各方面,对不同所有制企业实行同等待遇。凡是对外资开放的领域,内资均可进入。依法保护各种所有制企业的合法权益。

（选自朱镕基《关于国民经济和社会发展第十个五年计划纲要的报告》,人民出版社2001年3月版,第69—70页）

中华全国手工业合作总社
关于印发《中华全国手工业合作
总社三定方案》的通知

(2001 年 3 月 29 日)

各省、自治区、直辖市计划单列市联社,总社各直属单位:

《中华全国手工业合作总社三定方案》已经总社主任办公会通过,现予印发。

中华全国手工业合作总社三定方案

中华全国手工业合作总社(以下简称"总社")是在党中央、国务院及国家经贸委的领导下,由全国各省、自治区、直辖市联社及其他集体工业经济联合组织组成的集体所有制经济联合组织,是各级联社及其他成员单位的领导和服务机构。

一、主要职能

(一)宣传、贯彻、落实党和国家对集体经济的法律、法规、方针、政策;制定总社的有关规章、制度,并督促实施。

(二)调查研究有关集体工业经济发展的政策性问题,向政府有关部门反映、提出解决意见;接受政府委托,参与制定有关城镇集体经济的政策法规;组织和指导集体经济理论研讨,宣传集体经济的地位作用。

(三)维护集体经济联合组织和集体企业的合法权益,向成员单位提供法律、政策咨询服务。

(四)指导成员单位深化改革,大胆利用一切能够促进集体经济发展的所有制形式,按照集体经济的性质和特点办企业,转换企业经营机制,建立现代企业制度。

（五）指导成员单位按照社会主义市场经济的要求，调整结构，推进技术进步，转变经济增长方式，实现现代化生产和集约经营，提供供销、技术、信息、教育、资金融通、咨询等各项服务。

（六）指导成员单位加强精神文明建设，开展思想政治工作、普法宣传教育、职工文化教育和职工技术培训，提高领导班子和职工队伍素质。

（七）指导和监督成员单位加强集体资产经营管理工作，保护集体资产的完整性，实现集体资产的保值增值。

（八）指导和加强联社组织建设，组织交流联社工作经验，促进地区之间集体经济和联社工作协调发展，充分发挥联社的作用。

（九）协调各级联社、联社与企业、企业与企业、企业与各有关部门之间的关系，组织成员单位开展互助合作，发展新的合作经济组织和以集体企业为主的混合型企业。

（十）指导和组织成员单位办好集体福利事业。

（十一）代表成员单位参加有关国际团体，开展国际经济合作和学术交流活动。

（十二）兴办直属企、事业单位，独立开展社会活动和经济活动，用好用活总社资金。加强管理，提高直属企业、事业单位的经济效益和服务质量。

二、内设机构

（一）办公室

1. 负责组织社务活动，筹备总社社员代表大会、理事会、常务理事会、主任办公会及日常工作。

2. 负责根据经济发展和实际需要，研究提出发展轻工城镇集体经济的政策建议。总结各地联社及企业的改革经验，完善和探索集体经济的改革之路。

3. 参与组织联社及企业之间的民间交流活动及国际合作经济组织的交流活动；负责与有关部门一起组织总社、各地联社及企业出国培训、考察。

4. 应邀参加地方联社的社务活动。

5. 完成总社领导交办的其他工作。

（二）人事教育部（党群工作部）

1. 负责办理总社干部的录用、任免、考核、培训、人事劳资和档案等管理工作；

2. 负责办理企、事业单位领导干部人事任免工作；

3. 负责总社及其所属企事业单位出国人员的政审工作；

4. 负责总社党务日常工作。

（三）国际合作部

1. 负责组织落实对外工作的方针政策；

2. 审查、审批、申报总社及直属单位合作项目、出国项目、国际会议等；

3. 负责对外联络，安排总社领导出访及日常重要外事活动；

4. 负责办理出国人员的护照、签证、审批对外邀请，办理台港澳有关事务等工作；

5. 负责管理外事财务。

（四）资产财务部

1. 负责总社资产管理及日常财务工作；

2. 负责直属单位财务和集体资产的管理和监督，负责审核汇总各单位经费及年度财务决算。

三、人员编制

经中央机构编制委员会办公室批准，总社事业编制为 15 名。

四、其他有关问题

（一）总社人员编制主要用于总社办公室和资产财务部的人员配备。

（二）总社与中国轻工业联合会合署办公。

（三）办公地点在北京市西城区阜外大街乙 22 号。

（四）总社管理企事业单位名单见附件。

附件：

1. 中普科贸有限责任公司

2. 中国轻工业原材料总公司

3. 中国集体经济杂志社

（原件存中华全国手工业合作总社办公室）

武汉市人民政府办公厅关于支持
城镇集体企业改制的通知

（2001 年 5 月 28 日）

各区人民政府，市人民政府各部门、各直属机构：

为支持全市城镇集体企业（以下简称集体企业）改制，促进全市经济发展，经市人民政府研究同意，现就有关问题通知如下：

一、集体企业改制过程中的内部职工和其他投资者置换原企业资产，免交产权交易的有关规费。

二、集体企业改制需办理工商、税务等注册或变更登记手续的，只收取工本费，但超过原注册资本的部分，按新设企业收费。

三、集体企业改制前已领取国有土地权证，并办理了相应的房产、土地登记手续，改制后需要办理过户手续的，房产、土地部门只收取过户工本费。

四、改制集体企业在重新办理房产、土地证书时，其房屋和土地的测量、勘测、评估以及产权交易中的审计验资、资产评估、交易鉴证等中介费用，各有关部门一律按现行收费标准的 20% 以内收取。

五、集体企业改制工作，由各集体企业主管部门、各区统一领导和组织实施，并可参照《市人民政府办公厅印发关于促进中小型国有企业改制的若干实施意见的通知》（武政办〔2000〕102 号）和本通知精神，从各自实际情况出发，制订具体的实施方案。

（原件存武汉市人民政府办公厅）

落实"三个代表"要求　坚持改革创新
大力推进轻工集体经济发展①

（2001 年 10 月 15 日）

陈士能

同志们：

今年是《中华人民共和国城镇集体所有制企业条例》（以下简称《条例》）颁布十周年。十年来，在"条例"的指引下，我国城镇集体经济得到了持续、健康的发展。今天，正当全国人民认真学习落实江泽民同志"七一"重要讲话、十五届六中全会决定和"三个代表"重要思想的时候，全国城市轻工集体经济第十一次研讨会的同志们和中国工业合作经济学会的代表们，相聚在我国东海之滨美丽的舟山市，纪念"条例"颁布十周年，并就轻工集体经济和联社的改革与创新问题进行研讨，集思广益，共商大计，是很有意义的。

这次会议，得到了舟山市领导的重视和支持，市长张家盟、副市长刘爱世应邀参加此次会议，国家经贸委中小企业司处长陈洪隽也专程赶来，舟山市联社对此次会议作了精心的安排和热情的接待，为大家创造了一个良好的工作环境。全国各地联社的领导同志都十分重视，不远千里从全国各地赶来参加会议，这种对我们共同的事业的满腔热情，深深地感动了我。所以，我一定要挤时间来和大家见见面，听听大家的意见，跟大家一起研讨城镇集体经济改革与发展中的一些重大问题。现在，我先带头发个言，我讲三个问题。

一、"条例"的颁布实施为我国城镇集体经济持续、健康地发展提供了法律保证

建国初期，我国开展了合作化运动，将手工业和小作坊逐步组织起来，成立

---

① 这是陈士能在纪念《中华人民共和国城镇集体所有制企业条例》颁布十周年暨全国城市轻工集体经济第十一次研讨会上的讲话。

了合作社、合作工厂，后来统称为集体企业，由开始的独立核算、自负盈亏到后来的统一核算、统负盈亏。四十多年，集体经济虽得到很大发展，但由于受计划经济的局限，日趋形成"二国营"，集体企业性质、特点没有很好地体现出来，直到改革开放数年后，这种状况仍没有得到根本改变，这其中一个重要原因是城镇集体企业没有一部法规，对于城镇集体企业的地位、权利和义务，与政府部门的关系等缺乏明确的法律规定，集体企业自主经营，民主管理的原则被忽视，产权关系不清，集体财产屡被平调、侵犯，合法权益得不到保障。因此，改革开放以后，尽快制定与经济发展相适应的城镇集体所有制企业法规，已成为保障和促进城镇集体经济发展的一个关键问题，也成为全国城镇集体企业广大职工多年的愿望和迫切的需要。不少人大代表，政协委员多次提出集体经济立法建议和提案。党中央、全国人大、国务院都十分重视，1989 年把城镇集体企业的立法列入了国务院立法规划，由国务院法制局、轻工业部、商业部、劳动部、全国城镇集体经济研究会等单位的同志，联合进行"条例"的起草工作，经过广泛的调研论证，多次修改，于 1991 年 6 月经国务院常务会议审议通过，9 月正式颁布。1992 年 1 月 1 日起实施。"条例"的颁布实施，为集体企业按集体经济性质、特点去改革，提供了法律依据；为集体企业和职工维护自身合法权益提供了法律保障；对"平调"和"侵占"集体资产的错误行为产生了一定的约束力，"条例"的颁布，对促进城镇集体经济发展具有重要作用。这主要表现在以下几方面：

第一，"条例"进一步明确了城镇集体经济是社会主义公有制经济的重要组成部分，从根本上促进了集体经济持续、快速、健康地发展。"条例"明确了集体企业的性质、地位、任务，规定了企业、职工、厂长（经理）、职工大会（职代会）的权利和义务，防止了外部干扰，不仅结束了集体企业无法可依的历史，而且使企业自主权得以落实，企业自主经营、民主管理、自负盈亏的自我激励机制和自我约束机制不断强化与完善，科学决策能力明显提高，不少企业开发新品，开拓市场，引资改造，取得了较快的发展。海尔等一批优秀企业已在国际国内具有较高的知名度。集体经济的发展壮大，在不少地区已成为当地国民经济和财政收入的主要力量和重要支柱。

据全国第三次工业普查的数据显示，集体企业占小企业总数的 20.1%，而其创造的产值占小企业产值总数的 51%。又据 2001 年《上海统计年鉴》显示，2000 年上海集体经济创造的国内生产总值占全市的 18.3%，在一、二、三产业中都有集体经济，其中以工、建、商为最多，共有企业 36713 户，从业人员 131.29 万人。2000 年上海城镇集体工业企业（含股份合作制企业）9320 户，从业人数 56.98 万人，实现工业总产值 2340.06 亿元，分别占全市总数的 47.76%、

22.89% 和 10.6%。资产利税率相比,集体企业比国有企业高 3.6 个百分点。由此看来,集体企业的资产运作效率远高于国有企业,可见,集体经济是国民经济的重要组成部分,集体所有制经济对我国生产力发展的作用是其它经济形式不可替代的。相互都不可替代的,更不可取代,各有各的作用。我希望各地都能像上海一样搞调研分析,把全国的情况汇总起来就更能说明问题。

第二,"条例"为集体企业产权制度改革,明确资产所有者提供了法律依据。"条例"提出了集体企业"劳动群众集体所有"的三种形式,即:一是企业范围内的劳动者所有;二是联合经济组织范围内的劳动者所有;三是劳动者所有占企业资产的 51% 以上,经原审批部门批准,可以适当降低。在资产管理部分中明确规定,"职工股金,为职工个人所有","集体企业外的单位和个人的投资归投资者所有","投资者可以依法转让或继承"等等,这就从法律上肯定了集体企业、社会法人(包括联社)以及职工作为资产所有者成为投资主体的合法地位,为以后的集体企业产权制度改革,为实现所有权和经营权相结合的企业法人治理结构,提供了有力的法律支持。

第三,"条例"促进多种形式集体企业的发展。"条例"的颁布,推进了集体企业产权制度的改革与创新。以轻工集体工业企业为例,十年来,单一投资主体的总数减少 48.2%,多元投资主体的总数迅速增加,1998 年与 1996 年相比,年平均增长近 70%。据 2000 年总社向 100 多个县级以上联社所属企业的调查反映,已改制为股份合作制、有限责任公司的企业数为总数的 78%。企业产权制度改革中创造的劳动者的劳动联合与劳动者的资本联合为主的股份合作制得到了充分肯定。从轻工系统看,集体企业发生了可喜的变化:

(1)产权主体多元化。集体企业的产权主体从联社、企业劳动者的共同共有发展为职工以自然人持股的按份共有,以及吸纳企业外部的个人或法人参股。其中,职工持股制度符合合作制的基本原则,是对"二国营"产权制度的彻底否定。企业职工个人持股的两种方式:一是职工直接持股。指职工出资以自然人的身份直接持有企业的股份。二是职工间接持股。指职工出资组建员工持股公司、持股会、基金会或资产管理公司等法人组织,其资金投资企业成为股东。职工间接持股的企业内部股东少,股权集中,决策效率高,员工间接持股法人组织作为企业的大股东有利于形成职工、经营者、外来股东互相制衡的治理结构,保障了职工的整体利益,更加值得倡导。

(2)产权结构开放化。五十年代的合作企业产权制度是封闭的,按照传统合作制原则,实行"一人一票"的规定,所有权、经营权、收益权的安排同归一体,排斥外来资本的进入。随着市场经济的发展和产权主体的多元化,一些集体企业创造了既开放又能保证职工控制权的产权结构新形式：一是企业股本结构从职工全资转变为职工绝对控股或不到50%的相对控股，力求用集体小资本运作社会的大资本；二是企业建立法人治理结构，从所有权、经营权合一转变为"两权分离"，职工"双重身份"依法界定，提高了企业运行的效率；三是企业采取多种经营方式，促进经济快速发展，有的委托经营，聘用企业外部"能人"（职业经理）经营管理；有的集体和私人业主双层经营，优势互补；有的形成开发、制造、销售各方的"市场链"，合作者共享利益。

（3）组织形式多样化。过去，集体企业特别是联合经济组织，实行政社合一、统负盈亏，凡事决定于上级领导，实际上是政府的附属物。"条例"明确了企业的独立法人地位，使企业有了自主选择组织形式的权利。城镇集体经济面广量大，经营品种成千上万，规模大小悬殊，科技水平参差不齐。企业根据生产力水平和发展的需要，可以自主选择适合自己的组织形式，如合作制企业、股份合作制企业、职工持股公司等。

第四，"条例"成为集体企业维护合法权益的有力武器。"条例"规定，任何政府部门及其他单位和个人不得损害集体企业的财产所有权，不得向集体企业摊派人力、物力、财力。依照"条例"规定，总社曾多次下发文件，就集体企业清产核资、界定产权、管理机构调整等问题明确提出了防止集体资产流失、维护集体经济合法权益的要求，按照要求，不少地方联社坚持"谁投资、谁所有、谁受益"的原则，保证了集体资产的保值增值。如广西自治区联社，把前些年变为全民的集体企业重新改变过来，把属于联社的，被别人占用的房产，重新收归联社所有，这些工作做得很成功。天津联社近几年在维护权益方面也做了大量的工作，他们把联社直属的学校、研究所、机关大楼等7万平方米房屋、11.3万平方米土地全部归属为联社产权，每年有几百万收益。重庆、广东、北京、沈阳、哈尔滨等地联社在这方面也取得了一定成效。我们总社办公大楼产权归属工作也已有了眉目。依法维护集体财产所有者权益已成为各级联社的重要职责。

第五，"条例"为联社的巩固与发展创造了条件。我国合作化时期建立起来的全国总社和各级联社，在组织集体企业互助合作、支持重点行业企业发展、反映基层问题、帮助政府出台扶持政策、促进集体经济发展中起到了重要的作用，但这几十年来，国家和地方法规没有涉及联社，对联社更没有一个明确的定位。"条例"把联社明确表述为"集体企业联合经济组织"，实现了历史性突破。各级联社由于在管理集体企业方面具有不可替代的作用，拥有资产，又得到"条例"的认可，才得以在机构改革中保留下来，并发展壮大。

在新形势下，联社如何继续改革创新已成为今后的重要课题。做好联社法人登记工作,取得法人资格,是社会主义市场经济的客观要求,是联社巩固与发展的前提。各地联社如此,总社也是如此。以前我们是国家轻工业部、中国轻工总会、国家轻工业局,那时是政社合一,政社不分,合署办公,"政就是社",所以这个问题不突出,今天政已不存在,这个问题就突出了,显现出来了。所以当前各级联社需要抓紧做好法人登记工作。

上海市市委、市政府对城镇集体经济的改革与发展很重视,范大政同志是市政协常委,政协经济委员会副主任,可以经常向市领导直接反映有关集体经济发展中的一些问题。十年来,上海市工业合作联社在集体资产保值增值方面做了大量的工作。"条例"颁布不久,上海市联社就组建成立了新工联实业有限公司,将联社的有效资产委托其运作。以后,进一步明确联社原投资的企业作为新工联的子公司。为更好地适应社会主义市场经济的需要,先后建立开隆公司、科隆公司、惠罗宝石公司和沙家浜休养院、茂隆酒家以及探索证券市场等,开展多渠道资金运作。去年实现利润2000多万元。

武汉市工业合作联社,依据"条例"规定,不仅依法确定了联社的地位,而且通过他们积极有效地工作,充分发挥了企业与政府之间的纽带桥梁作用。对上,他们成为政府信任和依靠的目标责任制单位;对下,则成为对企业的"指导、服务、维护、协调、监督"机构。现在他们实际上已成为社会了解、政府支持、企业拥戴的"市直机关"。与此同时,他们通过产权制度改革和资产管理,把联社真正办成了"经济联合组织"。目前已在10多个直属企业中占有相当股份,并通过参与资产运营和管理、经营,取得了较好的经济效益,成为联社开展社务活动与日常工作的坚实基础。

到目前为止,全国总社和部分地区联社已完成了法人登记工作,其中总社登记为事业单位,省市联社根据不同情况登记为事业、企业、社团法人,形式可以不一,但法人地位、法人资格必须确立。

联社只有取得法人资格,才能确定投资主体地位,维护集体经济合法权益,推动集体经济产权制度改革,才能更好地在新形势下履行指导、协调、维护、监督、服务的职能,发挥互助合作,促进集体经济发展的作用。

第六,"条例"为完善社会主义经济法规体系做出了贡献。我国在建设有中国特色的社会主义市场经济体制中,需要大力加强社会主义法制建设。而建立和健全比较完备的社会主义经济法规体系,是社会主义法制建设的一项重要内容。"条例"是我国社会主义经济法规体系中不可缺少的一项重要法规。此前,我国在企业立法方面,先后制定了全民所有制工业企业法、私营企业暂行条例、个体工商业条例、中外合资经营企业法、中外合作经营企业法和外资企业法等,当时就是缺少集体企业的法规。"条例"、《公司法》的相继颁布,填补了企业法规的空白,对健全我国经济法规体系,巩固和壮大公有制经济有着极为重要的意义。

"条例"颁布实施十年来,城镇集体经济改革与发展的成就是应该充分肯定、不容置疑的。但是"条例"颁布已经十年了,一直未做过修改补充,随着社会和经济的发展,一些内容已不适合当前新形势和集体企业改革和发展的状况,这就需要我们认真学习落实党的十五大和江泽民总书记"七一"讲话精神,加强调查研究,总结新鲜经验,按照现代企业制度要求加快企业改革创新,促进集体经济多种实现形式的健康发展。所以,请大家对我的纪念"条例"文章初稿进行讨论,给予补充完善,同时,对"条例"不适合当前改革和发展的内容进行修改补充。

二、贯彻落实好十五大精神、"七一"江总书记重要讲话精神和"三个代表"重要思想,坚持改革创新,大力推动轻工集体经济发展

改革开放以来,我国社会主义市场经济得到迅猛发展,由于历史原因和自身条件的局限,集体企业在发展中遇到了许多的困难,社会上有一些同志也产生了偏见,某些领导和部门,包括我们轻工系统的一些同志,认为集体经济和联社是计划经济的产物,已经不适应市场经济发展的需要;有的人甚至否定建国初期的三大改造,从而否定集体经济的作用;有的人极力主张淡化所有制,否定所有者权益,更有甚者明确提出今后集体经济和联社没有存在的必要。在机构改革过程中,从上到下的认识也并不一致,"究竟集体所有制企业、集体经济还有没有作用,总社、联社还有没有存在的必要",我通过会议发言、当面汇报、书面报告等方式多次向国务院及经贸委领导汇报,集体经济、集体所有制企业在国民经济和社会发展中的地位和作用;总社的历史作用及当前的任务,领导采纳了我们的意见,在国办发 2000 年的 81 号文件予以了明确。因此我们各地联社的同志也要多向当地领导汇报,要让领导了解、熟悉联社的情况,了解、熟悉集体经济。这样就会更好地重视、关心、支持联社的工作和集体经济的发展。因此,当前纪念"条例"颁布十周年,通过研讨、宣传等活动,坚定对集体经济的存在与发展的信心,坚持改革创新,为集体经济的持续、健康发展创造良好的环境。

第一,要认真学习落实江总书记的重要讲话精神,正确认识集体经济的不可替代作用。我国正处在社会主义初级阶段,这是一个很长的历史时期,生产力水

平较低,而且层次复杂,要解决这个问题,仅靠单一的国有经济是不够的,只有坚持公有制为主体,多种所有制经济共同发展,特别是要大力发展多种形式的集体经济。这是因为集体经济兼容性强,可以容纳不同层次的生产力,同时集体经济也适应社会主义市场经济,它既坚持了公有制,又表现为社会主义市场竞争主体,可以充分发挥市场机制的作用。

马克思曾说过"那种本身建立在社会的生产方式的基础上并以生产资料和劳动力的社会集中为前提的资本,在这里直接取得了社会资本(即那些直接联合起来的个人资本)的形式,而与私人资本相对立,并且它的企业表现为社会企业,而与私人企业相对立"(《资本论》第三卷)。

十五大报告中"劳动者的劳动联合和劳动者的资本联合为主的集体经济,尤其要提倡和鼓励。""集体所有制经济是公有制经济的重要组成部分。集体经济可以体现共同致富原则,可以广泛吸收社会分散资金,缓解就业压力,增加公共积累和国家税收。要支持、鼓励和帮助城乡多种形式集体经济的发展。"我在这里说这些,并不否定在现阶段要发展个体、私营经济,想阐述的思想是"尤其要"和"公有制的重要组成部分",因为这关系到我们国家的社会主义性质,社会主义制度的巩固和发展,所以在共同发展中不仅不能把集体经济、集体企业遗忘了、挤到一边去了,而是要看到其在国民经济和社会发展中的地位、作用。要鼓励、支持、帮助集体经济发展。

集体经济在社会主义市场经济条件下,具有很大的发展潜力和空间。多年来,集体企业积累了大量资产,在坚持改革创新中,不少企业转换经营机制,注重资产调整重组,建立现代企业制度,不断转换经营机制,促进了生产力发展。集体经济还具有自主经营、民主管理、自负盈亏、互助合作、共同发展、共同致富的性质与特点。这与先进文化的前进方向是一致的,有利于社会主义、爱国主义、集体主义思想的形式。集体经济还吸纳了众多的就业职工,在为国家增加积累的同时,随着企业的发展,职工生活水平会不断改善,由此可见,集体经济发展是落实"三个代表"的具体体现,我们都是"三个代表"思想的忠实实践者。同时我们要坚持与时俱进的观点,不断适应新形势,坚定信心,通过改革与创新,促进集体经济发展。

第二,认清新形势,加大改革创新力度,大力发展集体经济。市场经济的不断发展,集体经济将面临新的形势,市场经济已由卖方市场转为买方市场;我国加入 WTO 以后,将会迎来新的挑战;经济全球化发展,市场竞争更加激烈;科学技术迅猛发展将对传统工业带来新的考验;当前多种所有制形式共同发展,竞争更加激烈,我们要适应变化了的新形势,集体经济发展就要进一步深化改革,勇于创新,挖掘内在潜力,不断提高整体素质,在激烈的市场竞争中求得新发展。因此,当前应当重点抓好以下工作。

1. 加快推动企业产权制度改革,按照现代企业制度的要求,转换经营机制,建立和完善法人治理结构,进一步调动企业和职工的积极性,增强内在动力,促进企业发展。

2. 加大调整重组力度,实现资源合理配置。要根据市场发展需要,对企业结构、产品结构、技术结构、人才结构及投资结构等及时进行调整,不断增强集体企业的竞争力。

3. 加大技术投入,提高产品的创新能力,改造传统工艺,不断满足市场和人民生活需求,使企业在市场经济竞争中立于不败之地。

4. 提高经营管理的水平,采用先进科学的管理办法和管理手段挖掘内在潜力,提高企业整体素质,增加企业经济效益。

5. 抓紧人才开发,采取内训外聘,吸引人才,用好人才,不断增强企业、产品和技术的竞争能力。

要结合地区、行业、企业的特点和实际,搞好自身建设,使集体经济的发展更加适应新形势,以崭新的面貌不断完成改造传统集体经济的任务。

第三,开展深入的调查研究和理论研讨,提出对"条例"修改、补充完善的建议。马克思主义的特征之一是与时俱进,作为国家的法规也要根据社会与经济的发展适时地进行修改、补充和完善。"条例"已经颁布实施十个年头。这十年,我国改革开放进一步深化,社会主义市场经济体制已经确立并发展,多种经济成分共同发展的基本经济制度得到实施,因此,"条例"的一些具体内容也要随着已经变化的客观实际进行修改、补充和完善。例如,集体企业中产权如何明晰,资产所有者如何到位;集体经济如何按《公司法》建立现代企业制度要求去规范;股份合作制等集体经济的多种实现形式如何纳入法规;还有集体企业资产如何加强监管、由谁监管等问题,希望大家结合实际,认真提出意见,待深入研讨后,我们将以总社的名义上报国务院,对"条例"的进行修改、补充和完善提出意见。

三、要继续办好轻工集体经济研讨会,促进联社和集体经济的发展

轻工集体经济研讨活动已有二十多年,八十年代中后期非常活跃,既有地区性的、行业性,还有全国性的,大都是民间自发组织起来的,近几年,由于机构改

革有些活动中断了,而全国城市轻工集体经济研讨会,由于有上海、天津、北京及重庆等地联社领导的关心和精心策划,有全国联社同志们的支持和参与,一直坚持到今天。中国工业合作经济学会也曾多次组织研讨活动。这些活动对于联社和集体企业的发展具有重要的意义。

一是明确了方向,坚定了信心。由于研讨活动紧密结合各地联社和企业的实际情况,又从理论的高度、发展趋势加以论证,使大家明确了发展方向,从而增强了搞好联社工作、搞活集体经济的信心。

二是交流了情况,沟通了思想,促进了共同发展。由于相互交流,相互学习,相互借鉴,各地改革、创新的作法得以传播和推广,许多同志在会上听了经验介绍后很受启发,会后就组织人员去学习考察,回来后向当地党委和政府领导作了汇报,对各地的发展起到了很好的推动作用。

三是为总社了解各地情况,学习各地的新鲜经验提供了机会,推动了总社工作的开展,对地方政府出台有关促进集体经济发展的政策也产生了影响。比如总社的法人登记工作和办公楼产权问题,虽然我们也在设法加以解决,但各地在这些方面工作的成功推进,对我们的工作也是个促进。同时,我们也通过参加研讨会,直接了解到各地特别是地市一级联社改革的经验和作法。研讨会每到一个地方召开,都要邀请当地领导出席,并发表讲话,这对促进当地集体经济的发展,出台扶持政策也起到了促进作用。同时各地联社也把其它地方好的做法和经验带回去,促进了各地政府对联社工作、对集体经济的重视、支持。

对进一步办好研讨会,我想讲几点希望:

1. 各级联社领导应当重视理论研讨工作,有条件的,要亲自撰写论文,亲自参加研讨会,主动承办研讨会,使轻工集体经济研讨活动不间断地进行下去。

2. 理论与实践紧密结合。研讨活动要紧紧围绕集体企业和联社的改革与创新来进行,注重调查研究,注重总结经验,研究新情况、解决新问题,为集体经济深化改革,不断发展提供理论指导。

3. 加强与政府和有关部门的沟通、交流。要把研讨会上了解到的各地的情况、好的经验和作法及时向有关领导汇报,使集体企业和联社的有关问题能及时得以解决,为政府部门制定集体经济政策、法规提供科学依据。例如:上海、广东、广西、天津、北京、重庆、浙江、山东、沈阳、西安、舟山等地在这方面就做得较好。

4. 要加强各地双向、多向的沟通与交流,重点建立经济上的联系,开展经济技术协作,发展融资经济,为推动集体经济多种实现形式,取得双赢效果做出新的尝试。

同志们,我们正处在改革开放的新时期,充满了机遇和挑战。我们要认真贯彻落实党的十五大、十五届六中全会的精神,江泽民总书记"七一"重要讲话精神和"三个代表"重要思想,坚持实事求是,勇于思考,勇于探索,勇于创新,在实践中不断丰富和发展"条例",把联社和集体经济的改革与发展,在新的世纪推向新的阶段,创造新的辉煌。

（此件由中华全国手工业合作总社办公室提供）

财政部、国家税务总局
关于企业改革中有关契税政策的通知

(2001 年 10 月 31 日)

为了促进国民经济持续健康发展,推动企业改革的逐步深化,现就企业改革中有关转制重组的契税政策通知如下:

一、公司制改造

公司制改造,是指非公司制企业按照《公司法》要求改建为有限责任公司(含国有独资公司)或股份有限公司,或经批准由有限责任公司变更为股份有限公司。

在公司制改造中,对不改变投资主体和出资比例改建成的公司制企业承受原企业土地、房屋权属的,不征契税;对独家发起、募集设立的股份有限公司承受发起人土地、房屋权属的,免征契税;对国有、集体企业经批准改建成全体职工持股的有限责任公司或股份有限公司承受原企业土地、房屋权属的,免征契税;对其余涉及土地、房屋权属转移的,征收契税。

二、企业合并

企业合并是指两个或者两个以上的企业,依照法律规定、合同约定改建为一个企业的行为。合并有吸收合并和新设合并两种形式。一个企业存续,其他企业解散的,为吸收合并,设立一个新企业,原各方企业解散的,为新设合并。

企业合并中,新设方或者存续方承受被解散方土地、房屋权属,如合并前各方为相同投资主体的,则不征契税,其余征收契税。

三、企业分立

企业分立是指企业依照法律规定、合同约定分设为两个或两个以上投资主体相同的企业的行为。分立有存续分立和新设分立两种形式。原企业存续,而其一部分分出、派生设立为一个或数个新企业的,为存续分立;原企业解散,分立出的各方分别设立为新企业的,为新设分立。

企业分立中,对派生方、新设方承受原企业土地、房屋权属的,不征契税。

四、股权重组

股权重组是指企业股东持有的股份或出资发生变更的行为。股权重组主要包括股权转让和增资扩股两种形式。股权转让是指企业的股东将其持有的股份或出资部分或全部转让给他人;增资扩股是指公司向社会公众或特定单位、个人募集出资、发行股票。

在股权转让中,单位、个人承受企业股权,企业的土地、房屋权属不发生转移,不征契税;在增资扩股中,对以土地、房屋权属作价入股或作为出资投入企业的,征收契税。

五、企业破产

企业破产是指企业因经营管理不善造成严重亏损,不能清偿到期债务而依法宣告破产的法律行为。

企业破产清算期间,对债权人(包括破产企业职工)承受破产企业土地、房屋权属以抵偿债务的,免征契税;对非债权人承受破产企业土地、房屋权属的,征收契税。

本通知发布前,属免征事项的应纳税款不再追缴,已征税款不予退还。

（此件由财政部档案处提供）

国务院办公厅关于进一步加强城市居民最低生活保障工作的通知

（2001 年 11 月 12 日）

各省、自治区、直辖市人民政府，国务院各部委、各直属机构：

自 1997 年国务院决定在全国建立城市居民最低生活保障制度以来，在各级政府的高度重视和有关部门的积极努力下，我国城市居民最低生活保障工作取得了较大进展。但是，这项工作发展不平衡，一些地方存在着财政投入不足、属地管理原则没有完全落实、管理工作不够规范、基层日常管理、服务工作不适应以及最低生活保障与其他保障措施衔接不够紧密等问题。为切实做好城市居民最低生活保障工作，进一步完善社会保障体系，尽快使符合条件的城市贫困人口都能享受最低生活保障，经国务院同意，现就有关问题通知如下：

一、进一步提高认识，认真抓好城市居民最低生活保障工作

城市居民最低生活保障制度是我国社会保障体系的重要组成部分，是从制度上保障城市贫困人口基本生活的重要途径，体现了社会主义制度的优越性和全心全意为人民服务的根本宗旨，对于完善社会主义市场经济体制、维护社会稳定、保障国有企业改革的顺利进行和国家的长治久安具有十分重要的意义。当前，国有企业改革不断深化，国有企业下岗职工基本生活保障逐步向失业保险并轨，需要最低生活保障的人员会有所增加，迫切要求进一步加强城市居民最低生活保障工作，为城市贫困人口提供基本生活保障。各地区、各有关部门要从实践江泽民同志"三个代表"重要思想的高度，充分认识做好城市居民最低生活保障工作的重要性和紧迫性，以对人民高度负责的态度，采取有力措施，大力推进，狠抓落实，切实把这项工作抓紧抓好。

二、认真贯彻属地管理原则,全面落实城市居民最低生活保障制度

各地区要全面贯彻执行《城市居民最低生活保障条例》,按照属地管理的原则,将中央、省属企业,尤其是远离城镇的军工、矿山等企业符合条件的贫困职工家庭纳入最低生活保障范围,不得以任何理由将他们排斥在外。当前,对企业改组改制和产业结构调整过程中出现的特殊困难人群,特别是中央、省属企业和城镇集体企业的特困职工家庭,以及下岗职工基本生活保障向失业保险并轨中新出现的需要最低生活保障的人员,要作为工作重点,及时纳入最低生活保障范围。同时,要坚决克服按非农业人口一定比例下达保障对象指标等简单化的办法,尽快把所有符合条件的城市贫困人口纳入最低生活保障范围。

三、加大财政投入力度,管好用好城市居民最低生活保障资金

建立和规范城市居民最低生活保障制度是地方各级人民政府的重要职责。地方各级人民政府,特别是省级人民政府必须加大最低生活保障资金投入。每年年底前,由地方各级民政部门根据核定的保障对象所需资金提出下一年度的用款计划,经同级财政部门审核后列入财政预算。中央财政将根据各地财政状况、最低生活保障任务和地方财政努力程度,加大对财政困难地区城市居民最低生活保障资金的专项转移支付的力度。地方各级人民政府要逐年增加最低生活保障经费支出,不得因中央加大支持力度而减少地方财政投入。

要把各级财政预算安排的城市居民最低生活保障资金纳入财政社会保障补助资金专户,实行专项管理,专款专用,确保资金不被挪用和挤占。

四、建立健全法规制度,推进城市居民最低生活保障工作的规范化管理

要尽快制订和完善与《城市居民最低生活保障条例》相配套的最低生活保障申请人家庭财产收入申报制度和审核办法,规范城市居民最低生活保障金申请、审批、发放和监督的程序。要认真调查核实申请人的家庭收入、家庭财产和劳动力就业状况,及时掌握保障对象的动态情况,严格按政策规定审批最低生活保障对象。对申请最低生活保障金的在职职工、进入再就业服务中

心的下岗职工、领取失业保险金或养老金的人员,要按照当地政府公布的有关标准计算其收入。对申请最低生活保障金的有劳动能力的人员,劳动保障部门要配合民政部门核实其就业、收入状况,并负责出具有关证明。要进一步完善监督机制和操作程序,实行民主评议,接受群众监督,将最低生活保障金数额、保障对象人数等情况定期向社会公布,做到政策公开、资金公开、保障对象公开。

各地民政部门要会同财政、劳动保障、统计、物价等部门,根据当地维持城市居民基本生活所需费用,按照既要保证贫困居民的基本生活,又要有利于鼓励就业的原则,制订与当地经济发展水平和财政承受能力相适应的最低生活保障标准,并保持相对稳定,不要盲目攀比。最低生活保障金标准应与企业最低工资、下岗职工基本生活保障费、失业保险金等标准拉开距离,分清层次,相互衔接,形成合理配套的标准。

要大力推进最低生活保障工作的信息化和社会化管理进程,加快城市居民最低生活保障信息网络建设,逐步实现通过银行、邮局等机构发放最低生活保障金,努力提高最低生活保障工作管理水平。

五、加强组织领导,确保城市居民最低生活保障制度落到实处

各地区、各有关部门要以江泽民同志"七一"重要讲话和党的十五届六中全会精神为指导,改进工作作风,从改革、发展、稳定的大局出发,将城市居民最低生活保障工作列入重要议事日程,加强领导,周密部署,确保城市居民最低生活保障制度落到实处。各有关部门要各司其职,各尽其责,加强协调和配合,及时研究解决工作中出现的问题。民政部门要做好城市居民最低生活保障制度的组织实施工作;财政部门要保证最低生活保障资金按时足额到位,加强资金的监督管理,并安排必要的工作经费和人员经费;劳动保障部门要与民政部门共同做好各项保障措施的衔接工作。要认真落实最低生活保障对象在住房、医疗、子女教育、税收、水、电、煤气等方面的社会救助政策。要转变最低生活保障对象单纯依靠政府救济的观念,鼓励和帮助他们自谋职业,自食其力,逐步改善生活状况。同时,要广泛动员社会力量,积极开展扶贫济困送温暖活动,形成全社会互助互济的良好风尚。

要加强基层工作力量,把工作重点放在社区,充分发挥街道办事处和社区居民委员会的作用,建立健全基层最低生活保障管理服务网络,为基层民政部

门、街道办事处、社区居民委员会配备必要的工作人员,解决必要的办公条件。

城市居民最低生活保障工作关系到广大人民群众的切身利益。各地区、各有关部门要按照本通知的要求,认真做好组织实施工作。民政部要会同财政部、劳动保障部等部门加大督促检查力度,及时了解有关情况,把各项政策措施落到实处。

中华人民共和国国务院办公厅

二〇〇一年十一月十二日

（选自中共中央文献研究室编:《十五大以来重要文献选编》,人民出版社 2003 年 9 月第 1 版,第 2062—2066 页）

山西省人民政府关于
促进中小企业发展的若干意见

（2001 年 11 月 12 日）

吕梁地区行政公署,各市、县人民政府,省直各委、办、厅、局,各大中型企业：

中小企业是推动经济增长、缓解就业压力、优化经济结构和增加地方财政收入的重要力量。为进一步贯彻落实党的十五届四中、五中全会精神,"十五"期间,进一步放开搞活国有、集体中小企业,加大对中小企业特别是高新技术企业的扶持力度,促进各类中小企业有突破性发展。借鉴外地经验,结合我省实际,提出以下意见：

一、大力推进结构调整

（一）各级人民政府要充分利用当前经济结构调整的有利时机,大力推进中小企业结构调整和技术创新,重点扶持创业型、科技型、就业型、资源综合利用型、农副产品加工型、出口创汇型、社区服务型和商贸物流型等中小企业。各地要从各自的资源特点、区域优势等实际出发,研究制定本地发展中小企业应扶持的重点产业、产品和技术,不断提升技术含量,满足市场需求。要依法关闭技术落后、质量低劣、污染环境、浪费资源和不符合安全生产条件的中小企业,积极推进总量控制与结构优化。

（二）把扶持优势企业同促进中小企业发展结合起来,培育优秀小企业和科技型中小企业。鼓励中小企业向"专、精、特、高"的方向发展。各级人民政府要创造条件,鼓励大企业将部分产品及零配件生产分包给中小企业;形成与大企业、大集团分工协作、专业互补的关联产业群体,推进企业组织结构调整。

二、推进国有中小企业产权制度创新

（三）国有中小企业要通过产权转让、股份制改造、拍卖、租赁等多种形式,加快国有资本从一般竞争性、非关键性行业中退出,基本实现产权多元化。

（四）在改制中,鼓励有出资能力的自然人大额购股、法人代表持大股和员工自愿参股;信息、技术、品牌、知识产权等非物化要素折价入股;鼓励优势企业突破所有制、行业和地域等体制性障碍,对国有、集体中小企业实行以购并为主要形式的资产重组,优化资产配置,使存量资产向优势企业、优势产业和优秀经营者集中;企业内部职工、社会法人、自然人整体或者部分购买、先租后买或租一块买一块等多种形式购买中小企业。

（五）通过多种形式鼓励困难企业分立重组。对改制企业留存的国有股份,委托企业经营者管理,承担国有资本增值的责任。在重组过程中,对土地使用权有争议的可暂时搁置起来,有条件的可将闲置土地的使用权优先拍卖给重组企业。

三、扶持科技型中小企业

（六）省里比照执行扶优扶强政策,对中小企业新产品开发、技术改造、资源综合利用进行倾斜扶持。对科技型中小企业实施高新技术成果转化项目和企业成长中的资金需求,视其商品化、产业化不同阶段,采取贷款贴息、贷款担保和股权投资等措施给予资助;对科技型中小企业进口国际先进的仪器设备,可按照国有科研机构的有关政策向海关申报减免税;对科技型中小企业通过国有土地租赁方式取得的土地权,可按标定地价下限收取租金;对科技型中小企业研究开发新产品、新技术、新工艺所发生的费用,不受比例限制,均可计入管理费用。

（七）鼓励社会各类投资者以技术等生产要素投资创办中小企业,其作价金额可占注册资本的35%（另有约定的除外）;鼓励科技人员创办或进入科技型中小企业,保留其公职两年,工龄连续计算;鼓励在开发的新产品市场盈利中提取一定比例奖励开发有功人员;鼓励中小企业与高等院校、科研院所进行成果转让、委托开发、联合开发、共建科技型实体,推进产学研结合,促进科技成果的商品化和产业化。

四、加大财税政策扶持力度

（八）各级人民政府要加大对中小企业的扶持力度,建立中小企业发展专项资金,用于中小企业结构调整、改制改组、技术创新以及对中介机构的扶持。

（九）各类中小企业凡在我省境内投资符合国家产业政策的技术改造项目,可按规定享受投资抵免企业所得税的政策。

（十）国有企业下岗职工创办中小企业的,可按国家规定享受减免税优惠政策;凡企业吸收下岗职工并签订三年以上劳动合同的,自开业之日起,下岗职工达到企业职工总数60%的,经主管地税机关审核批准,三年内免征企业所得税;达到30%不达60%的,经主管地税机关审核批准,三年内减半征收企业所得税。

（十一）对我省纳入全国试点范围的非营利性中小企业信用担保、再担保机构,对其从事担保业务收入,3年内免征营业税。

五、积极拓宽融资渠道

（十二）引导和支持股份制银行、城市商业银行、城乡合作金融机构提高对中小企业的贷款比例;鼓励政策性银行加大对符合国家产业政策、有市场发展前景、技术含量高、经济效益好的高新技术成果转化和技术改造项目的信贷支持力度。

（十三）继续执行对中小企业贷款利率的浮动政策;银行要根据中小企业的经营特点,及时完善授信制度,放宽对中小企业融资的准入条件,合理确定商业银行县(市)支行贷款审批权限,减少审批环节,缩短审批时间;要简化中小企业贷款抵押手续和条件;要积极开拓新的信贷服务项目,满足中小企业的融资需求。

（十四）逐步拓宽中小企业直接融资的渠道。有选择地扶持优势明显、经营主业突出、发展前景良好、成长性较强的中小企业特别是高新技术企业进行改组改造,完善法人治理结构,积极创造条件上市发行股票,提高直接融资能力。选择有条件的、中小企业比较集中的市(地)进行产权交易试点。引导、推动并规范中小企业通过合资、合作、产权出让等方式利用外资进行改组改造。

六、建立信用担保体系

（十五）建立中小企业信用担保机构。加强对中小企业信用担保行为的监督管理,防范担保风险;公开中小企业信用担保业务程序,简化手续,提高办事效率;建立和完善担保机构的市场准入制度、资金资助制度,信用评估与风险控制制度、行业协调与自律制度;加快建立以企业、经营者、中介机构为主体,以信用登记、信用评估、风险预警、风险管理、风险分散为主要环节的信用制度,增强中小企业的信用观念,切实解决中小企业融资难的问题。

（十六）省和市(地)列出专项资金,用于中小企业贷款担保金的补充,建立规范的担保金补偿机制,确保担保业务长期稳定发展。鼓励大企业和个人投资、有关社团出资设立担保基金,作为扩充资本金的主要来源。

（十七）在加快发展中小企业信用担保机构的同时,鼓励企业互助担保和商业性担保业务的发展。支持市(地)、县或行业投资机构与金融机构联合组建担保组织,支持社会团体、行业协会、企业群体共同出资设立互助担保机构,为区域内、行业内、群体内的中小企业贷款提供规范有效的担保,最大限度地满足中小企业贷款担保需求。

七、健全社会化服务体系

（十八）加快建立以资金融通、信用担保、创业辅导、技术支持、管理咨询、信息服务、市场开拓、人才培训和国际合作为主要内容的中小企业服务体系。各级人民政府要对中小企业服务体系建设给予必要的资金及政策支持,要研究制定相关政策措施,对服务体系的培育工作进行指导和监督。

（十九）推动山西省中小企业服务中心等中介机构的发展。以公益性服务为主,为中小企业提供多方面的服务,通过建立有效的执业标准和监督机制,实现服务的专业化和规范化。充分利用现有管理院校、培训中心等力量,建立中小企业人才培训服务体系,开展面向中小企业的管理培训、创业培训和职业技能培训。各地要针对实际情况,通过培育特色服务,以点带面,逐步建立富有成效和特色的社会化服务体系。

（二十）充分发挥行业协会、商会、大专院校、科研院所的作用,鼓励大中型企业的离退休经营管理人员、具有专业特长的人员,为中小企业提供技术创新和科技产业化方面的服务,建立中小企业技术服务体系。充分利用计算机网络等先进技术手段,建立中小企业信息网站,有条件的地区可进行中小企业电子商务试点;为中小企业提供政策、技术、市场、人才信息服务,以及项目论证、企业管理等内容的信息服务。

八、推进环境创新

（二十一）创造宽松的中小企业市场准入机制,严格按照《中华人民共和国公司法》的规定,支持中小企业的发展,提高工作效率,规范审批程序;允许实物资产、智力成果作为注册资本;清减各类收费,降低开业成本。建立畅通的中小企业市场退出机制,提高中小企业的整体竞争活力。

（二十二）各市(地)、各部门要认真贯彻中共中央、国务院和省委、省人民政府的有关规定,对现行的收费项目进行全面清理,凡属国家法律、法规和省人民政府规定之外擅自设立的收费、罚款项目一律取消,严禁擅自提高收费标准,扩大收费范围,规范收费行为,切实减轻中小企业负担。逐步取消县(市)国有、集体中小企业上交管理费以及城市供水、供气的增容费和供电增容费(贴费)等有关规定。对关停企业复产后,国土资源、环保等部门的收费可予以一定比例的缓征。各级人民政府治乱减负部门要会同有关单位,定期开展对已取消收费项目落实情况的监督检查,提出减免本地区中小企业费用的具体措施。

(二十三)鼓励和支持中小企业开展自营进出口业务。各地要抓好出口退税政策的落实工作,帮助自营进出口企业落实并用好出口商品配额,简化进出口环节管理手续,降低收费,加快由审批制向资格登记备案制的过渡;要通过政府间的友好交流和经贸合作活动,为中小企业参与国际竞争创造条件;中小企业特别是出口高新技术产品的中小企业可享受国家有关鼓励扩大外贸出口的优惠政策;鼓励外商独资或参股创办中小企业。

(二十四)各级人民政府和有关部门应高度重视中小企业工作,加强领导,优化服务,合理规划,分类指导,依法清理不利于中小企业公平竞争的政策、法规,制定促进中小企业发展的扶持政策,坚持放开搞活与扶持发展并举的方针,为中小企业改革与发展创造良好的外部环境。山西省推动中小企业发展工作领导小组负责全省中小企业改革与发展的统筹规划和政策协调工作,领导小组办公室设在省经贸委,每年召开一次推动中小企业改革与发展工作会议,交流经验,表彰先进。

(二十五)本意见适用于城乡国有,集体、股份制、股份合作制、合伙制和私营、个体、外资等各类中小型工商企业。具体实施办法由山西省推动中小企业发展领导小组组织有关部门制定。

(本文选自国家经贸委中小企业司主编:《中小企业政策法规指导与实践》,工商出版社2002年10月版,第310—313页)

上海市国有资产管理办公室
上海市集体企业产权界定办公室
关于进一步推进本市集体企业
改革的若干指导意见

（2001 年 12 月 24 日）

各区县国资办（集资办），各委、办、局，各国有资产授权经营公司、委托监管单位，各企业集团，中央在沪集体企业主管部门、市供销合作总社、市生产服务联社、市工业合作联社、市产管办、上海产权交易所、上海技术产权交易所：

为了更好地贯彻落实《上海市人民政府关于促进本市小企业发展的决定》（沪府发［1999］31 号），深化集体企业改革，调整集体经济结构，加快集体资产的流动与重组，现就进一步规范有序地推进集体企业改革，提出如下指导意见：

一、加快集体企业转制、改制步伐。在清晰产权的基础上，鼓励集体资产从企业中加快退出。集体资产退出，要从实际出发，不搞"一刀切"，可以采取在安置职工以及落实债权的基础上，出售、转让集体资产产权，也可以采取股份合作制、融资性租赁、期权设置以及实施破产等多种形式。

二、加快"挂靠"集体企业退出步伐。明晰企业财产归属，明确企业性质，还其历史本来面目，按照《清理甄别"挂靠"集体企业工作的意见》（财清字［1998］9 号）要求，认真做好"挂靠"集体企业清理、甄别工作。

三、对经营严重亏损、资不抵债的集体企业，应积极创造条件，按照国家有关规定实施依法破产。

四、经各产权主体或职工（代表）大会同意，企业采取股份合作制形式，可视企业的实际状况，采取不同的资产置换方式。资债基本持平的企业，可以"零"价向企业职工出让。

五、经各产权主体或职工（代表）大会同意，企业产权转让可采取融资租赁形式，购买企业股权的职工先按协议以租赁形式经营企业，协议履行期满，可参照企业收购兼并抵扣政策，从融资租赁费中，核减职工安置费等费用，并按照有关规定办理产权转让手续。

六、经各产权主体或职工(代表)大会同意,企业可拿出一定比例的集体资产设置期股。经营者先投入其认购股本的一部分资金,在三至五年内,用分得红利将期股买成实股,在期股买成实股之前,期股既不能带走,也不能转让。职工可以将其经有关部门认定的知识产权作价入股,职务发明成果可以作价入股,享受分红;也可以用分得红利将期股变成实股;离开企业后,可以继续持股或者转让给他人。

七、经各产权主体或职工(代表)大会同意,在具有高新技术成果、特殊人力资本或其他智力成果的经营者和技术人员购买企业股权时,可大胆探索"购买价格优惠"等各种行之有效的激励方式。

八、集体资产从企业中退出,应按照《关于进一步清晰本市城镇集体资产产权的若干意见》(沪国集[2001]494号),清晰集体资产产权。鼓励经营者以自有资金、银行贷款以及期权激励等方式持有企业股份。

九、对退出的集体资产,可按照市政府办公厅转发的《关于本市放活小企业的若干政策意见》(沪府办发[1997]1号)享受相应的抵扣政策。

十、对集体资产退出前存在的不实资产核销,参照《上海市国有企业不实资产核销暂行办法》(沪国资产[2001]162号)和《上海市国有企业不实资产核销的若干意见》(沪国资产[2001]205号)的有关规定办理。

十一、为确保集体资产从企业中顺利退出,应按照《上海市集体企业产权界定查证确认实施意见》(沪国资集[2001]496号)要求,认真做好集体企业产权界定查证、确认工作,防止集体资产退出过程中的产权纠纷。

十二、对集体资产退出的企业应当依法审计、资产评估,防止集体资产流失。资产评估按照《关于做好本市转制改制产权变动集体企业资产评估的意见》(沪国资集[2001]495号)实施。

十三、集体资产退出过程中,企业与职工解除劳动合同关系的,应当根据国家和本市劳动部门的有关规定给予职工工龄补偿。企业给予职工的工龄补偿,可以用现金一次性支付,也可以在资产存量中一次性抵扣,并根据具体情况,可作为企业的股份或债务。资产存量中一次性抵扣已包括职工安置费的,企业不得再给予职工工龄补偿费。

十四、集体企业通过出售、转让取得的收益,应按照本市有关规定,用于安置职工、作各项抵扣和偿还欠交,其结余部分可由集体资产管理部门或主管部门管理,用于一定区域、范围内集体企业改制成本,不得挪作他用。

十五、集体资产的产权交易应当在市政府批准的产权交易所(现为上海产权交易所和上海技术产权交易所)进行。按照《关于做好本市转制改制产权变动集体企业资产评估的意见》(沪国资集[2001]495号)规定,实施集体资产退出,其产权交易的底价即为经鉴证的资产评估值,若成交价在交易底价90%以下(不含90%)的,须经企业各产权主体或职工(代表)大会同意。按照《关于本市集体企业产权转让明晰产权归属的实施意见》(沪国资集[2001]158号)规定,凡产权归属不明晰未经查证和确认的,产权交易所一律不予鉴证交易。

十六、集体资产从企业中退出是一项政策性强且十分复杂的工作,集体资产管理部门和主管部门要高度重视,加强领导,积极推进,会同有关部门,做好集体资产从企业中退出方案的审核工作。各级联合经济组织要加强指导,特别要做好集体资产退出过程中职工权益的保障工作。集体资产从企业中退出方案,需经各产权主体或职工(代表)大会同意,集体资产管理部门审核认定。既稳步推进、有序退出,又要防止集体资产流失。集体资产退出后,应向有关部门办理产权变动手续。

十七、各区县集体资产管理部门可参照本指导意见,根据各自情况,制定具体实施办法。

（此件由上海市工业合作联社提供）

上海市国有资产管理办公室
上海市集体企业产权界定办公室
关于进一步清晰本市城镇
集体资产产权的若干意见

(2001 年 12 月 26 日)

各区县国资办(集资办),各委、办、局,各国有资产授权经营公司、委托监管单位,各企业集团,中央在沪集体企业主管部门,市供销合作总社,市生产服务联社,市工业合作联社,市产管办、上海产权交易所、上海技术产权交易所:

1996 年以来,本市按照《城镇集体所有制企业、单位清产核资产权界定暂行办法》(国经贸企〔1996〕895 号)和《上海市集体企业产权界定暂行办法》(沪产界〔1996〕第 021 号),开展了集体企业产权界定工作,明确了集体企业资产的属性。为深化城镇集体企业改革,加快转制改制和促进集体资产从企业中退出,根据本市实际情况,提出进一步清晰城镇集体资产产权若干意见。

一、指导思想

在清产核资、产权界定的基础上,进一步清晰集体资产产权,切实解决城镇集体企业"劳动群众集体所有"资产的产权主体虚置问题。按照产权清晰、权责明确的要求,把"劳动群众集体所有"资产的虚置产权主体,清晰为人格化的产权主体,从而逐步建立和完善集体资产出资人制度。

二、基本原则

1. 坚持"谁投资,谁所有"与"劳动分配"相结合的原则。

进一步清晰集体资产产权,必须确保集体企业产权界定政策的严肃性和连续性,必须维护出资人的权益,同时也要根据集体资产形成的实际情况和集体经济固有的特点,切实维护集体企业劳动群众的合法权益。

2. 坚持充分协商与统筹兼顾相结合的原则。

进一步清晰集体资产产权,必须坚持充分协商与统筹兼顾相结合的原则,充分听取各方的意见,统筹兼顾各方的利益,尊重历史、尊重事实、实事求是、客观公正地协调好各方面的关系,积极稳妥地搞好清晰工作。

3. 坚持配套改革与激励发展相结合的原则。

进一步清晰集体资产产权,必须同完善企业法人治理结构和职工劳动关系等改革配套结合,在清晰产权关系同时,必须建立市场经济体制条件下的劳动关系。通过清晰产权,激励企业职工,特别是企业骨干和经营者的积极性,促进企业的发展。

三、清晰范围

进一步清晰集体资产产权的范围是指已界定(含暂归)为"劳动群众集体所有"的集体资产,包括"企业劳动群众集体所有"和"联合经济组织劳动群众集体所有"的集体资产(详见《上海市集体企业产权界定暂行办法》第六条有关条款)。

四、清晰办法

1. 按照《关于本市放活小企业的若干政策意见》(沪府办发〔1997〕1号)对企业资产进行各项抵扣之规定,在"劳动群众集体所有"的集体资产中作同比例扣除(其中已实行社会统筹的不作抵扣)。

2. 对"劳动群众集体所有"中确属职工历年劳动积累形成的资产,按照企业实际情况,应作职工安置、社会保障等费用处置,并根据具体情况,可作为企业的股份或债务。

3. 经查证,对"劳动群众集体所有"中确属由主办单位以各种形式扶持形成的资产,在充分协商的基础上,可提取一部分以回报形式划归主办单位所有,其比例及处置方式由双方商定。

4. 对"劳动群众集体所有"中确属减免税形成的资产,归属为一定区域、范围内劳动者集体所有,用于该企业或区域、范围内集体企业改制成本。

5. 对"劳动群众集体所有"中因土地变价收益形成的资产,其土地使用权通过有偿取得,归企业劳动者集体所有,用于该企业改制成本。

6. 经产权界定为联合经济组织所有的资产,应归属为一定区域、范围内劳动者集体所有。

7. 对以歇业、解体、出售企业中劳动群众集体所有的资产,按照规定的程序,主要用于职工的安置、帮困、归还欠交款等,剩余部分归属为一定区域、范围内劳动者集体所有,用于区域、范围内集体企业改制成本。

8. 以无正式劳动关系职工为主组建的集体企业,其产权界定为集体企业劳动群众集体所有的资产,归属为一定区域、范围内劳动者集体所有,用于该企业或区域、范围内集体企业改制成本。

9. 归属为一定区域、范围内劳动者集体所有资产及收益应专款用于企业改制成本,不得挪作他用。

五、组织实施

清晰城镇集体资产产权是深化集体企业改革十分重要的基础性工作,又是一项政策性强且十分复杂的工作,应一切从实际出发,区别不同情况,分类实施,不搞"一刀切",因企制宜、上下结合、先易后难地逐步开展;集体资产管理部门和主管部门应立足于支持企业发展,加强领导,充分协调,规范有序地组织推进,帮助企业解决清晰中碰到的实际问题。具体要求如下:

1. 建立由企业法定代表人、财务人员和职工代表参加的清晰产权工作小组,具体负责本企业的清晰产权工作。企业要摸清本单位资产的真实状况,经资产评估鉴证后,按照有关规定核销不实资产,向集体企业产权界定(或集体资产管理)部门提出清晰申请,市属企业报市集体企业产权界定办公室,区县属企业报区县集体资产管理办公室。

2. 集体企业在主管部门和联合经济组织的指导下,经各产权主体并会同有关方面在充分协商的基础上,提出清晰产权的方案,并经职工(代表)大会批准。

3. 经职工(代表)大会批准的清晰产权方案,市属企业报市集体企业产权界定办公室确认,区县属企业报区县集体资产管理办公室确认。

4. 企业按确认批复组织实施,并相应修改企业章程、股东协议等有关文本,向工商部门办理相关更改手续,向有关部门办理产权变动手续。

5. 市集体企业产权界定办公室负责全市集体资产清晰工作的组织实施和指导检查,区县集体资产管理办公室负责区县集体资产清晰工作的组织实施。区县可根据本意见制定实施细则。

6. 本意见自发布之日起实施。

(此件由上海市工业合作联社提供)

天津市人民政府经济体制改革办公室 天津市经济委员会 天津市商业委员会 天津市建设管理委员会 天津市工商行政管理局 天津市总工会 关于印发《关于设立企业内部职工持股会的暂行办法》的通知

(2002 年 1 月 23 日)

各委、办、局,各总公司:

为进一步深化企业改革,加快企业改制、改组步伐,充分调动企业职工的积极性,市体改办、市经委、市商委、市建委、市工商局、市总工会联合制定了《关于设立企业内部职工持股会的暂行办法》,并经市政府领导同志同意,现予以印发,请遵照执行。

关于设立企业内部职工持股会的暂行办法

第一章 总 则

第一条 为进一步深化企业改革,加快企业改制、改组和结构调整的步伐,规范企业职工持股会的组织和行为,结合我市实际情况,特制定本暂行办法。

第二条 本办法所称公司是指依照《中华人民共和国公司法》设立的有限责任公司和发起设立的股份有限公司。

第三条 本办法所称职工持股会(以下简称持股会)是指依照本办法设立的依托本公司工会(指具有法人资格的工会组织)从事内部职工持股管理,代表内部持股职工行使股东权利,履行股东义务,并以企业工会法人名义作为公司股东或发起人的组织。持股会会员以出资额为限对持股会承担有限责任;持股以其投入公司的全部资产享有股东权利,并以出资额为限,对公司承担有限责任。公司工会不承担任何与持股会相关的经济责任。

第四条　持股会会员是指与本企业建立了劳动关系,承认持股会章程,并按照章程规定自愿出资的企业职工;会员出资形成的股权通过持股会统一持有和管理。

第五条　持股会会员的出资,不得上市交易,不能继承,可依照本办法在持股会内部转让,具体转让办法由持股会章程规定。

第六条　职工持股会的资金,不能用于购买社会发行的股票、债券,不能进行本公司以外的其它投资活动。

第二章　持股会的设立

第七条　企业设立持股会须具备以下条件:

(一)依照《公司法》改组、改制为有限责任公司或股份有限公司,且近三年连续盈利。

(二)经企业职工代表大会讨论通过,并经其他出资方一致同意。

(三)原企业改制必须进行资产评估。

(四)企业资产负债率最高不得超过60%。

第八条　企业成立由工会为主的持股会筹备组,具体负责以下事项:

(一)依据有关法律、法规、政策起草《持股会章程》;

(二)召开职工代表大会,做好宣传和推动工作;

(三)在职工自愿的条件下,组织职工按规定提出个人出资申请,并填写"入会登记表";

(四)组织召开会员大会(会员代表大会),讨论通过《持股会章程》;

(五)办理持股会筹备期间的其他有关事宜。

第九条　持股会章程应载明下列事项:

(一)持股会的名称和住所;

(二)持股会对公司的出资总额或股份总额;

(三)持股会会员的权利和义务;

(四)持股会的议事程序和议事规则;

(五)持股会机构的产生办法和职责;

(六)持股会会员的股权转让、管理及受益的有关规定;

(七)持股会的组织机构及其职责;

(八)会员大会(会员代表大会)认为需要规定的其他事项。

第十条　设立持股会的程序：

（一）改组、改制企业设立持股会须向投资主体提出申请；

（二）经市政府有关部门或区、县人民政府审核同意。

第十一条　改制企业持经市政府有关部门或区、县人民政府审核的意见和本企业工会的法人资格证书及其它相关资料，到工商部门办理企业工商登记注册手续。

第三章　持股会的组织机构

第十二条　每年至少召开一次持股会会员大会（会员代表大会），就有关事项作出决议。

第十三条　持股会会员大会（会员代表大会）应当选举产生若干名兼职和专职会员组成持股会理事会，对持股会工作进行日常管理。理事会行使下列职权：

（一）负责组织、召集会员大会（会员代表大会），并向大会报告工作；

（二）执行会员大会（会员代表大会）的决议；

（三）管理内部职工持股名册，向职工发放出资证明；

（四）制定持股的投资收益分配方案，向会员办理分红事宜和股权转让手续；

（五）持股会章程规定的其他事项。

第十四条　理事会可设理事长一名，行使下列权利：

（一）主持持股会会议和召集、主持理事会会议；

（二）检查理事会决议的实施情况；

（三）签署持股会会员出资证明；

（四）代表会员依照法律规定进入股东会、董事会，行使权利；

（五）持股会章程规定的其他事项。

第四章　会员出资的管理

第十五　持股会要建立持股会会员名册和会员帐户，作为持股会管理会员出资的依据。

第十六条　持股会会员名册应载明下列事项：

（一）会员姓名、身份证号码、工作证号码、住所及出资证明号码；

（二）会员出资金额，所占比例及出资的变动情况。

第十七条　持股会须向会员发放出资证明，作为会员出资凭证；会员依据出资证明享有《章程》规定的相应权利,并承担相应义务。

　　会员出资证明由持股会理事长签发。出资证明与会员本人的身份证、工作证同时使用方为有效。

（此件由天津市城镇集体经济联合会提供）

中华全国手工业合作总社关于转发吉林省经济贸易委员会、吉林省手工业合作联社等九个单位《关于印发〈吉林省城镇集体企业深化改革制度创新促进发展的政策意见〉的通知》的通知

(2002 年 1 月 26 日)

各省、自治区、直辖市、地(市)、县联社:

中共吉林省委、省政府对城镇集体经济的发展一贯十分重视。近几年,吉林省的城镇集体经济在深化改革、制度创新中有了新的发展,城镇集体经济在全省经济中占有重要位置。现将吉林省经济贸易委员会、吉林省手工业合作联社等九个单位《关于印发〈吉林省城镇集体企业深化改革制度创新促进发展的政策意见〉的通知》转发给你们,望你们结合自己的实际,作为工作参考,并送当地政府主管部门参阅。

公有制为主体,多种所有制经济共同发展是社会主义初级阶段的基本经济制度。城镇集体经济是公有制的重要组成部分,积极支持、鼓励和帮助城乡多种形式集体经济的发展,是党和国家的一贯政策,这对发挥公有制经济的主体作用,坚持社会主义制度意义重大。

改革开放以来,我国的经济体制、企业制度正发生深刻变化,计划经济已向社会主义市场经济转变。在此伟大而深刻的变革中,城镇集体经济由于自身体制的缺陷遇到了诸如产权制度、用人制度和分配制度等诸多问题。改革中遇到的问题也只能用改革的办法和途径来解决。我们必须解放思想,转变观念,按照"三个有利于"的标准和"三个代表"的重要思想,在城镇集体经济产权改革中探索集体经济多种实现形式和集体企业内部改革。积极创新,大胆实践,不断推进城镇集体经济的发展。吉林省九个单位关于城镇集体企业改革、发展的政策,针对性和可操作性都比较强,值得各地结合实际借鉴、参考。

在政府机构改革中,各级联社机构也在进行改革,人员变动比较大。但是,各级政府对集体经济和联社工作都比较重视和关心。各级联社一定要发挥主观能动性,以更高的热情,更扎实的工作,从本地实际出发拟定集体经济改革发展的规划、政策和措施,并主动向领导汇报提供领导决策。事实证明,事在人为。只要大家积极地工作,必将极大地推动城镇集体经济的改革与发展。

（原件存中华全国手工业合作总社办公室）

附：

关于印发《吉林省城镇集体企业深化改革制度创新促进发展的政策意见》的通知

（2001 年 11 月 26 日）

各市(州)、县(市、区)经贸委(局)、财政局、教育局、劳动和社会保障局、国土资源局、体改办、手工业合作联社、省直有关单位：

为了促进城镇集体企业深化改革,加快建立现代企业制度,我们制定了《吉林省城镇集体企业深化改革制度创新促进发展的政策意见》现印发给你们,望认真贯彻执行。

各地在执行中,要结合集体企业改革的实际把各项政策落到实处。

吉林省城镇集体企业深化改革制度创新促进发展的政策意见

（2001 年 11 月 21 日）

为进一步推动城镇集体企业(以下称集体企业)深化改革加快发展,建立现代企业制度,根据国家和省的有关政策规定,结合我省实际提出如下意见：

一、集体企业改革的目标和任务

(一)集体企业改革的目标:按照建立"产权清晰,权责明确,政企分开,管理科学"的现代企业制度要求,彻底改变"二国营"的组织形式、经营机制和管理体制,加强对集体企业及资产的监督和保护,使集体企业成为自主经营、自负盈亏、自我发展、自我约束的法人实体和市场竞争主体。

（二）集体企业改革以"三个有利于"为标准,鼓励企业从实际出发根据具体情况,可采取合作制、股份合作制、有限责任公司、股份有限公司,兼并、出售和破产等多种形式改革。也可实行合资合作、租赁经营、委托经营等,只要有利企业发展和职工长远利益,任何形式都可以大胆尝试。

（三）用2—3年的时间,联社集体、区街集体、厂办集体、校办集体及其他集体企业,由计划经济时期形成的企业制度逐步转换到适应市场经济的企业制度,由传统的集体经济逐步转换到民有民营的产权多元的混合经济。

二、集体企业改革的原则

（四）坚持"谁出资、谁所有、谁受益"的原则。根据《中华人民共和国城镇集体所有制企业条例》及其他有关政策规定,集体企业的集体资产归本企业劳动群众所有。集体企业可以根据本单位实际情况,在产权界定明晰产权关系后,实现企业所有者到位。

（五）保护集体企业合法权益的原则。认真贯彻《吉林省城镇集体所有制企业合法权益保护条例》。在集体企业改革过程中,任何部门和个人不得以任何理由平调、侵吞集体资产,集体资产的运作必须依照国家和省的有关政策规定办理。

（六）尊重集体企业职工意愿和选择的原则。集体企业改革须成立产权制度改革领导小组,制订转制方案,报职工（代表）大会通过。重大事项必须得到职工（代表）大会的认可。企业产权制度改革领导小组接受政府有关部门的指导,对本企业职工（代表）大会负责。

三、推动集体企业多种形式改革

（七）集体企业转制,职工可以与原企业解除劳动关系,原企业可按工龄、贡献、技术等条件给予经济补偿。补偿可以现金支付,也可以资产支付。职工可用其补偿（现金或资产）投资入股,组建新的股份制、股份合作制企业。

（八）进行股份合作制改造的集体企业,职工可以其补偿（现金或资产）与个人新的投入共同组成职工个人股。职工个人股享有所有权,可以在企业内部转让,但企业不得退还其股份,职工也不得抽回股份。

（九）产品有市场,生产有效益,有一定数额净资产的集体企业,可直接进行有限责任公司改造。50人以内的,职工以投入的股份,作为公司的出资人,组建有限责任公司。50人以上,可以工会或其他适当形式代表职工个人股,再吸收企业外部股份,形成企业出资人,设立有限责任公司。

(十)规模较大,具备条件的大中型集体企业,在改为有限责任公司的基础上,根据国家有关规定,可整体进行股份有限公司改造;所属二级企业较多的集体企业,可以在二级企业经过转制,组成独立核算的法人实体的基础上,以资产为纽带,以重点企业为核心,内部成为母子公司体制,建立企业集团。符合大型企业集团标准的可享受给予国有大型企业集团的优惠政策。

(十一)鼓励社会法人及自然人整体买断集体企业,特别是严重亏损的企业。凡一次性买断集体企业的,根据具体情况,征得所有者同意,可适当优惠。允许从买断价格中抵扣所欠缴的基本养老保险费、医疗保险费、失业保险费、职工工资和离退休人员的医疗费、长病假人员补助费等。要按照"人随资产走"的原则,妥善安置原集体企业职工。

(十二)鼓励优秀企业收购或兼并集体企业。为大企业配套、具有优势互补、但因暂时某种障碍陷入困境的集体企业,可以整体出售或主动寻求兼并。资债相等,双方在妥善处理债权债务、安置职工的前提下,可"零"价出售。有净资产的集体企业,可将净资产全额投入到收购企业,成为股东,实现吸收股份式购并。

(十三)严重亏损,无力清偿到期债务的集体企业,要依照《中华人民共和国民事诉讼法》实行破产,破产资产变现,按法定程序安置职工,进入社会保障体系。再积极吸引社会法人和自然人收购破产企业,实行重组,设立新企业,吸收职工再就业。

(十四)银行借贷债务沉重,目前无力偿还,但还具有较好产品和市场的集体企业,可与债权银行协商,实行抵债返租。把企业的全部资产抵顶银行借款及利息,企业归银行所有,办理产权转移手续。原企业的职工或经营者再向银行整体租赁该企业,启动生产。银行以租赁费的形式逐年收回贷款后,再将企业返还原所有者。

(十五)由于债务沉重,无法转制的集团企业,商业银行同意,可采取剥离经营的方式,拿出企业有效资产,再由职工和社会投入,设立新的企业。原企业继续承担债务,用新企业的收益对银行偿债。

(十六)集体企业可利用企业的区位优势、劳动力优势、资源优势,积极寻求合作伙伴,采取租赁、委托、合资、合作等各种经营形式,启动生产,渡过难关。

四、各类集体企业改革的基本方向和重点

（十七）各级手工业合作联社要积极进行自身的改革，逐步实行政社分开，重新确定联社职能，壮大自身实力，加强资产监管，强化社务管理。条件成熟的地方，按市场要求和企业需要，联社可以过渡为企业自愿加入，自我服务和保护的同行业协会或自律性组织，充分发挥政府与集体企业之间的桥梁和纽带作用。

（十八）现仍具有一定经济实力，且在产品销售、经营指导、资金投入、政策扶持等对原属企业具有聚合力的联社，可在清查资产，合理界定确认产权的基础上，整体实行公司制改造，在更大范围内实现资产重组、联合兼并、优势互补、全面搞活。

（十九）无法摆脱困境恢复生产的联社集体企业，要加大出售力度。地方政府要认真研究联社集体企业，给予优惠政策，实现盘活资产重组再生。

（二十）以安排待业人员为主要任务的厂办集体企业，在继续吸纳下岗人员的同时，要加强与主办厂在产品、技术上的联系和交流，积极参与主办厂的改革，变原来行政隶属关系为密切的经济合作关系，成为主办厂的子公司或分公司。也可根据自身实际独立进入市场。主办厂要把所属集体企业纳入到整体改革中考虑。

（二十一）校办集体企业要认真贯彻执行省教委［1998］4 号文件精神，转制形成以股份合作制、有限责任公司为主。在明晰产权的基础上，实行校企分开，由行政隶属关系转为产权关系，学校可根据实际参股或控股。校办企业要转换企业经营机制进入市场。继续执行鼓励中小学勤工俭学的各项优惠政策，加快校办产业发展。

（二十二）区街集体企业要彻底实行政企分开，区政府的经济部门和街道办事处必须与企业脱钩。禁止任何部门以各种名义向区街集体企业收取管理费。街道集体企业可转制为面向社区服务的个体、私营企业或合伙企业。区属集体企业也要全面放开，多种形式转制。经营不善、无法存活的也要退出市场。

五、为集体企业改革创造宽松环境

（二十三）转制为股份合作制的集体企业，对重大事宜的表决方式，可采取一股一票和一人一票相结合的方式。原则上，凡有关资产运作事宜，采取一股一票。有关人事管理及其他事宜，采取一人一票。具体可由企业章程做出规定。

（二十四）转制集体企业必须按照国家有关政策，妥善安置离退休职工。从存量资产中划出一定比例，作为离退休职工的共有股职工的基本养老保险和基本医疗保险，也可作为离退休职工特殊困难补助费。

（二十五）转制集体企业要重视职工持股在企业制度建设中的重要作用,坚持职工持股。职工个人股,一般应采取认股和配股相结合的方式。职工的集资款及欠发工资,经本人同意可转为职工个人股份。企业可由职工(股东)大会根据实际情况确定认配股的比例。专利、专有技术持有者及技术骨干可以自己的技术入股。有特殊贡献者,可将企业净资产增值部分按一定比例作为股份予以奖励。

（二十六）鼓励转制集体企业的经营者及经营主体多持股,持大股。可以在企业股本总额中保留一定比例,或其他法人股转让给经营者。也可以经股东大会同意,根据经营业绩给经营者奖励公积金转赠股或设置期股,若干年内兑现。也可通过企业内部各种形式的转让,使经营者持大股。具体持股数额由股东大会确定。

（二十七）转制企业不能强迫职工入股。不能因职工不入股而降低劳动报酬、停发工资或硬性安排下岗,更不得以此为由解除与职工的劳动关系。

（二十八）由个人出资以集体名义注册的企业转制,在清产核资基础上,合理界定产权,保护各方利益。个人投资及收益为个人所有。企业执行国家对集体企业的政策及优惠而取得的收益为集体资产,归集体职工所有。

（二十九）集体企业破产,其依法取得的划拨土地使用权,应当由当地政府依法收回,采取拍卖或者招标方式出让,出让所得首先用于破产企业职工的安置;处置企业土地使用权所得不足以安置破产企业职工的,不足部分应当从处置其他破产财产所得中支付;自谋职业的,按当地企业职工上年平均工资收入的3倍,发放一次性安置费,不再保留集体职工身份。

（三十）集体企业资产整体出让,土地资产过户不视为交易,免收土地增值税、营业税等交易税金;原划拨土地改为出让的,在不改变用途的情况下,按标定地价的40%补交出让金。企业利用原有土地转产第三产业或变更土地用途的,应到土地行政管理部门补办土地出让手续,按规定补交土地出让金。对一次交纳土地出让金有困难的,可按年度交纳土地租金。

（三十一）债权银行、单位,应积极支持集体企业转制,允许新的企业重新办理其转制前的借贷、抵押手续。

（三十二）集体企业破产,人民法院裁定清算组提出的破产财产分配方案后,执行分配方案前,其他集体企业整体接收破产企业破产,承担分配方案确定清偿的破产企业债务、安置破产企业职工的,可以按国家有关规定,享受兼并企业的优惠政策。

（三十三）集体企业产权出售,必须进行资产评估,以评估价为基价,公开竞价处理。其收入应首先安置职工,补交企业应缴纳的基本养老保险、基本医疗保险和失业保险等,补发职工工资及工伤医疗费用。其次可根据具体情况,或做解除职工身份的经济补偿,或投入到新的企业作为股份。禁止将出售集体资产的收入划归国有。

(三十四)历史上集体企业占用的联社资金,应根据国家有关法规和政策,视占用资金的构成,商联社妥善解决,可做债权,也可做股权;无主资产及由于复杂原因难以觅主的资产,视为企业资产;企业中的国有资产应在产权界定、资产评估的基础上由企业租赁、买断或向社会公开出售。国有资产评估须到同级财政(国资)部门办理立项、确认手续;占用财政周转金,符合核销条件的,可以经由借款经办部门向财政部门申请核销。

(三十五)集体企业在坚持工资总额增长幅度低于本企业经济效益增长幅度和职工平均实际收入增长幅度低于劳动生产率增长幅度的前提下,可自主决定年度工资总额及分配计划;可自主决定机构设置和招工的条件、方式、数量及时间,报劳动部门备案;凡新安置待业人员(含富余职工)达到规定比例的,经劳动就业部门和税务机关核准,可享受劳动服务企业所得税减免政策。

(三十六)集体企业的基本养老保险金的收取比例,按吉政办发〔2001〕44号文件规定执行。已参加市县集体企业养老保险社会统筹的,按所在地政府规定的缴费比例提取;尚未参加统筹的集体企业,暂由企业负责按时足额发放离退休人员养老金;将缴费基数由工资总额和退休费总额的双基数,改为工资总额单基数;待时机成熟,按省政府统一部署纳入省级统筹,执行省级统筹的各项政策规定。凡是欠缴基本养老保险等社会保险费的集体企业,允许在转制后补缴欠费或以部分资产抵扣。

(三十七)由国有企业、单位选派到所属集体企业工作的人员,愿回主办单位的应予妥善安排。留在集体企业的应办理人事调动手续原身份不变。

(三十八)集体企业转制允许继续使用原企业名称;允许继续使用原企业的经营许可证和注册商标。

(三十九)集体企业转制涉及的各种收费,如资产评估费、土地评估费、审计费、公证费、验资费等,有关部门应适当收取;集体企业破产的清算费用,法院也应根据具体情况给予减缓;税务部门应收的各种税款,因企制宜,能减则减,能缓则缓,能免则免,努力为企业转制创造条件。

(四十)转制后的企业,必须改革用工制度、人事制度和收入分配制度,加强企业管理,形成企业发展的激励机制和约束机制,彻底转变经营机制。

(四十一)转制后的企业实行新的管理体制。企业内部建立规范的法人治理结构,明确股东大会、董事会、监事会的职责,形成高效、灵活的管理和决策机构;企业实行无上级经营,与原主管部门脱离行政隶属关系。

六、集体企业的产权界定、集体资产的监督保护

（四十二）集体企业在实施产权制度改革方案前,除在国家统计组织的集体企业清产核资中已经完成产权界定的企业外,必须实行清产核资产权界定。

（四十三）集体企业进行产权界定的目的是:划清集体企业原始投入及财产所有权的归属,规范不同产权主体的财产关系,推动集体企业进一步改革和发展。其工作内容包括:

1. 明确集体企业的各项财产所有权归属。

2. 明确国家投入、政策扶持等未明确的财产关系。

3. 明确集体企业与其他各类企业之间有争议的财产关系。

4. 明确集体企业之间及其对外投资举办的国内联营、合资、股份制企业之间有争议的财产关系。

（四十四）集体企业的产权界定由同级财政(国有资产)、经贸部门共同组织进行。集体企业产权界定按现行国家和省的政策执行。

（四十五）集体企业的集体资产出让,必须经职工(代表)大会通过,其中涉及联社资产的,必须经有关联社同意。集体资产出让的收益,归出让资产的集体企业及其职工收取。集体资产出让的有关文本文件报同级经贸委备案。

（四十六）各级经贸部门依照国家法律、法规和政策保护集体企业及职工的合法权益;掌握集体资产总量及变化情况,促进集体资产保值增值,负责对集体资产的产权登记;对集体资产所有权发生变更的情况进行监督检查,防止一切平调、侵吞集体资产的行为,保护集体企业和职工的合法权益不受侵犯。

（此件由中华全国手工业合作总社提供）

积极推进经济结构调整和
经济体制改革^①（节录）

（2002 年 3 月 5 日）

朱镕基

深化以国有企业改革为中心的各项改革。近几年，国有企业改革取得了很大进展，但是任务仍然相当艰巨，必须继续下大气力推进。一是切实加强现代企业制度建设。继续推行规范化的公司制改造，健全法人治理结构，真正转换经营机制。今年要重点检查上市公司建立现代企业制度的情况，找出存在问题，认真加以解决。强化企业内部改革，选择少量中央管理的大型企业和境外上市公司，进行收入分配制度改革试点，建立对企业经营者有效的激励和约束机制。推进企业会计制度与国际会计惯例相衔接。加强和改进企业质量、成本、营销管理。加快企业管理现代化、信息化建设。二是积极推进企业重组改组。尽快形成和发展一批具有国际竞争力的大公司和企业集团。继续采取多种形式放开搞活国有中小企业。在企业重组改组中，必须防止国有资产流失和逃废银行债务。三是继续有步骤地做好企业破产兼并工作。特别要注意按政策安置好职工，维护社会稳定。适当增加银行核销呆坏账准备金，主要用于重点行业和地区的企业破产兼并，特别是用于资源枯竭矿山和军工等特殊困难企业的关闭、破产。继续分离企业办社会的职能。

推进垄断行业改革。通过政企分开和企业重组，打破行业垄断，引入竞争机制。尽快实施电信、电力、民航管理体制改革，抓紧研究制定铁路管理体制改革方案。有关部门要加强对改革工作的指导，保证生产经营正常运行和队伍稳定。

坚持以公有制为主体、多种所有制经济共同发展的基本经济制度。积极探索公有制多种有效实现形式。继续发展混合所有制经济和集体经济，鼓励、支持和引导私营、个体经济健康发展。

其他各项改革，也要按照完善社会主义市场经济体制的要求积极推进。尽

---

① 这是朱镕基在第九届全国人民代表大会第五次会议上所作的政府工作报告第三部分。

快制定投融资体制改革方案,争取早日实施。继续深化收入分配制度和金融、财税、外贸、住房等方面的改革。

(选自《十五大以来重要文献选编(下)》,人民出版社
2003 年 9 月第 1 版,第 2272—2274 页)

进一步深化对公有制为主体、多种所有制经济共同发展这一基本经济制度含义的认识①

（2002 年 5 月 31 日）

江泽民

公有制为主体、多种所有制经济共同发展,是我国社会主义初级阶段的一项基本经济制度。通过实行这个基本经济制度,逐步消除由于所有制结构不合理对生产力发展造成的羁绊,大大解放和发展了生产力。实行这样的基本经济制度,是我们党对建设社会主义的长期实践的总结,必须坚定不移地加以坚持。要根据解放和发展生产力的要求,进一步深化对公有制为主体、多种所有制经济共同发展这一基本经济制度含义的认识,在实践中不断完善这一制度。

（选自《江泽民"5·31"重点讲话学习读本》,中共中央党校出版社 2002 年 6 月版,第 5 页）

---

① 这是江泽民在中央党校省部级干部进修班毕业典礼上的讲话节录。本文标题是编者所加的。

中共中央办公厅　国务院办公厅
关于在国有企业、集体企业及其控股
企业深入实行厂务公开制度的通知

（2002 年 6 月 3 日）

各省、自治区、直辖市党委和人民政府，中央和国家机关各部委，军委总政治部，各人民团体：

党的十五大以来，不少地方和企业在推行厂务公开方面积极实践，取得了明显成效和成功经验。为了更好地扩大基层民主、保证人民群众直接行使民主权利，实践江泽民同志"三个代表"重要思想，落实全心全意依靠工人阶级的指导方针，巩固、深化和规范厂务公开工作，促进企业的改革、发展和稳定，经党中央、国务院领导同志同意，现就在全国国有企业、集体企业及其控股企业深入实行厂务公开制度的有关问题通知如下：

一、厂务公开的重要意义、指导原则和总体要求

广大职工依照有关法律和规定参与企业的民主决策、民主管理、民主监督，是我国企业管理的重要特色和优势。党的十五大特别是十五届四中全会以来，一批企业通过实行厂务公开，加强了企业的管理和改革，完善了职工代表大会制度，促进了基层民主政治建设，提高了企业经济效益。实践证明，实行厂务公开是实践"三个代表"重要思想的具体体现，是进一步落实党的全心全意依靠工人阶级指导方针的有效途径；是加强企业管理，建立现代企业制度，依靠职工办好企业的内在要求；是搞好群众监督，促进党风廉政建设，加强企业党组织建设、领导班子建设的有力手段。实行厂务公开，对于推进基层民主政治建设，保障和落实职工当家作主的民主权利；维护职工合法权益，建立企业稳定协调的劳动关系；密切党与企业职工群众的关系，巩固党的阶级基础和执政地位；保护、调动和发挥广大职工的主人翁积极性，增强其责任感，促进企业的改革、发展和稳定，具有重要的意义和作用。

实行厂务公开的指导原则是：

——必须坚持以邓小平理论为指导，按照"三个代表"的要求，认真贯彻党的十五大和十五届四中、五中、六中全会精神，坚定不移地贯彻落实党的全心全意依靠工人阶级的指导方针。

——必须遵循国家法律、法规和党的方针政策，实事求是、注重实效、有利于改革发展稳定和保护商业秘密。

——必须坚持党委统一领导，党政共同负责，有关方面齐抓共管，动员职工广泛参与。

——必须与企业党的建设、领导班子建设、职工队伍建设结合起来，与建立现代企业制度结合起来。

实行厂务公开的总体要求是：

1. 国有企业、集体企业及其控股的企业都要实行厂务公开。目前还没有实行的单位应尽快实行；已经实行的，要进一步深化，逐步使其内容、程序、形式规范化、制度化。特别是生产经营困难的企业更应当实行厂务公开，动员和依靠职工群众与经营者共同把企业搞好。

2. 在厂务公开工作中，要切实做好企业领导人员和职工的思想工作。企业领导人员要提高认识，自觉地把厂务公开摆到重要工作位置，纳入现代企业管理的体制、机制和制度之中。要鼓励职工积极参与厂务公开活动，支持和监督企业经营者依法行使职权，认真行使当家作主的民主权利。要加强对职工代表的培训，不断提高他们参与民主决策、民主管理和民主监督的意识和能力。

3. 在厂务公开工作中，必须坚决防止和克服形式主义，保证公开的真实性，务求工作实效。要切实做到企业重大决策必须通过厂务公开听取职工意见，并提交职代会审议，未经职代会审议的不应实施；涉及职工切身利益的重大事项，更应向职工公开，职代会按照法律法规规定具有决定权和否决权，既未公开又未经职代会通过的有关决定视为无效；在国有和国有控股企业，经职代会民主评议和民主测评，大多数职工不拥护的企业领导人员，其上级管理部门应采取相应的组织措施；企业领导人员违反职代会决议和厂务公开的有关规定，导致矛盾激化，影响企业和社会稳定的，要实行责任追究。

二、厂务公开的主要内容

1. 企业重大决策问题。主要包括企业中长期发展规划,投资和生产经营重大决策方案,企业改革、改制方案,兼并、破产方案,重大技术改造方案,职工裁员、分流、安置方案等重大事项。

2. 企业生产经营管理方面的重要问题。主要包括年度生产经营目标及完成情况,财务预决算,企业担保,大额资金使用,工程建设项目的招投标,大宗物资采购供应,产品销售和盈亏情况,承包租赁合同执行情况,企业内部经济责任制落实情况,重要规章制度的制定等。

3. 涉及职工切身利益方面的问题。主要包括劳动法律法规的执行情况,集体合同、劳动合同的签订和履行,职工提薪晋级、工资奖金分配、奖罚与福利,职工养老、医疗、工伤、失业、生育等社会保障基金缴纳情况,职工招聘,专业技术职称的评聘,评优选先的条件、数量和结果,职工购房、售房的政策和住房公积金管理以及企业公积金和公益金的使用方案,安全生产和劳动保护措施,职工培训计划等。

4. 与企业领导班子建设和党风廉政建设密切相关的问题。主要包括民主评议企业领导人员情况,企业中层领导人员、重要岗位人员的选聘和任用情况,干部廉洁自律规定执行情况,企业业务招待费用使用情况,企业领导人员工资(年薪)、奖金、兼职、补贴、住房、用车、通讯工具使用情况,以及出国出境费用支出情况等。

厂务公开的内容应根据企业的实际情况有所侧重。既要公开有关政策依据和本单位的有关规定,又要公开具体内容、标准和承办部门;既要公开办事结果,又要公开办事程序;既要公开职工的意见和建议,又要公开职工意见和建议的处理情况,使厂务公开始终在职工的广泛参与和监督下进行。要密切结合企业改革和发展的实际,及时引导厂务公开不断向企业生产经营管理的深度和广度延伸,推动企业不断健全和完善管理制度、党风廉政建设制度和职工民主管理制度。

三、厂务公开的实现形式

厂务公开的主要载体是职工代表大会。要按照有关规定,认真落实职代会的各项职权。要通过实行厂务公开,进一步完善职代会民主评议企业领导人员制度,坚持集体合同草案提交职代会讨论通过,企业业务招待费使用情况、企业领导人员廉洁自律情况、集体合同履行情况等企业重要事项向职代会报告制度,国有及国有控股的公司制企业由职代会选举职工董事、职工监事制度等,不断充实和丰富职代会的内容,提高职代会的质量和实效,落实好职工群众的知情权、审议权、通过权、决定权和评议监督权,建立符合现代企业制度要求的民主管理制度。

在职代会闭会期间,要发挥职工代表团(组)长联席会议的作用。车间、班组的内部事务也要实行公开。应依照厂务公开的规定,制定车间、班组内部事务公开的实施办法。

厂务公开的日常形式还应包括厂务公开栏、厂情发布会、党政工联席会和企业内部信息网络、广播、电视、厂报、墙报等,并可根据实际情况不断创新。同时,在公开后应注意通过意见箱、接待日、职工座谈会、举报电话等形式,了解职工的反映,不断改进工作。

四、厂务公开的组织领导

各级党委、政府及有关部门和工会组织,要充分认识实行厂务公开的重要意义,切实把这项工作摆上重要议事日程,明确目标,落实责任,有组织、有计划、有步骤地推动厂务公开工作深入健康发展。各级纪检监察机关要加强对推行厂务公开工作的监督检查,对在厂务公开中暴露出来的违法违纪问题要严肃查处。各级党委组织部门要把推行厂务公开作为企业党建工作的重要内容,将实施情况作为考核企业领导班子和领导人员的重要依据,并与奖惩任免挂钩。各级经贸委要把推行厂务公开与加强企业管理和建立现代企业制度有机结合起来,切实加以推进。各级地方工会要积极主动地承担起推行厂务公开的日常工作,并以此促进企业民主管理和工会工作。

企业实行厂务公开要在企业党委领导下进行。企业行政是实行厂务公开的主体。企业要建立由党委、行政、纪委、工会负责人组成的厂务公开领导小组,负责制定厂务公开的实施意见,审定重大公开事项,指导协调有关部门研究解决实施中的问题,做好督导考核工作,建立责任制和责任追究制度。企业工会是厂务公开领导小组的工作机构,负责日常工作。

企业应成立由纪检、工会有关人员和职工代表组成的监督小组,负责监督检查厂务公开内容是否真实、全面,公开是否及时,程序是否符合规定,职工反映的意见是否得到落实,并组织职工对厂务公开工作进行评议和监督。要制定厂务公开的监督检查办法,形成制约和激励机制。

国有、集体及其控股企业以外的其他企业,可依照法律规定,采取与本单位相适应的形式实行厂务公开,推进民主管理工作。

　　本通知原则上适用于教育、科技、文化、卫生、体育等事业单位。

　　各地区、各单位要根据本通知的要求,结合各自的实际情况,制定具体的实施意见和办法。

中共中央办公厅
国务院办公厅

二○○二年六月三日
(此件由中共中央党史研究室提供)

中华人民共和国中小企业促进法

（2002 年 6 月 29 日第九届全国人民代表
大会常务委员会第二十八次会议通过）

目　　录

第一章　总则
第二章　资金支持
第三章　创业扶持
第四章　技术创新
第五章　市场开拓
第六章　社会服务
第七章　附则

第一章　总　　则

第一条　为了改善中小企业经营环境,促进中小企业健康发展,扩大城乡就业,发挥中小企业在国民经济和社会发展中的重要作用,制定本法。

第二条　本法所称中小企业,是指在中华人民共和国境内依法设立的有利于满足社会需要,增加就业,符合国家产业政策,生产经营规模属于中小型的各种所有制和各种形式的企业。

中小企业的划分标准由国务院负责企业工作的部门根据企业职工人数、销售额、资产总额等指标,结合行业特点制定,报国务院批准。

第三条　国家对中小企业实行积极扶持、加强引导、完善服务、依法规范、保障权益的方针,为中小企业创立和发展创造有利的环境。

第四条　国务院负责制定中小企业政策,对全国中小企业的发展进行统筹规划。

国务院负责企业工作的部门组织实施国家中小企业政策和规划,对全国中小企业工作进行综合协调、指导和服务。

国务院有关部门根据国家中小企业政策和统筹规划,在各自职责范围内对中小企业工作进行指导和服务。

县级以上地方各级人民政府及其所属的负责企业工作的部门和其他有关部门在各自职责范围内对本行政区域内的中小企业进行指导和服务。

第五条　国务院负责企业工作的部门根据国家产业政策,结合中小企业特点和发展状况,以制定中小企业发展产业指导目录等方式,确定扶持重点,引导鼓励中小企业发展。

第六条　国家保护中小企业及其出资人的合法投资,及因投资取得的合法收益。任何单位和个人不得侵犯中小企业财产及其合法收益。

任何单位不得违反法律、法规向中小企业收费和罚款,不得向中小企业摊派财物。中小企业对违反上述规定的行为有权拒绝和有权举报、控告。

第七条　行政管理部门应当维护中小企业的合法权益,保护其依法参与公平竞争与公平交易的权利,不得歧视,不得附加不平等的交易条件。

第八条　中小企业必须遵守国家劳动安全、职业卫生、社会保障、资源环保、质量、财政税收、金融等方面的法律、法规,依法经营管理,不得侵害职工合法权益,不得损害社会公共利益。

第九条　中小企业应当遵守职业道德,恪守诚实信用原则,努力提高业务水平,增强自我发展能力。

第二章　资金支持

第十条　中央财政预算应当设立中小企业科目,安排扶持中小企业发展专项资金。

地方人民政府应当根据实际情况为中小企业提供财政支持。

第十一条　国家扶持中小企业发展专项资金用于促进中小企业服务体系建设,开展支持中小企业的工作,补充中小企业发展基金和扶持中小企业发展的其他事项。

第十二条　国家设立中小企业发展基金。中小企业发展基金由下列资金组成:

(一)中央财政预算安排的扶持中小企业发展专项资金;

(二)基金收益;

(三)捐赠;

(四)其他资金。

国家通过税收政策,鼓励对中小企业发展基金的捐赠。

第十三条　国家中小企业发展基金用于下列扶持中小企业的事项:

(一)创业辅导和服务;

（二）支持建立中小企业信用担保体系；

（三）支持技术创新；

（四）鼓励专业化发展以及与大企业的协作配套；

（五）支持中小企业服务机构开展人员培训、信息咨询等项工作；

（六）支持中小企业开拓国际市场；

（七）支持中小企业实施清洁生产；

（八）其他事项。

中小企业发展基金的设立和使用管理办法由国务院另行规定。

第十四条　中国人民银行应当加强信贷政策指导，改善中小企业融资环境。

中国人民银行应当加强对中小金融机构的支持力度，鼓励商业银行调整信贷结构，加大对中小企业的信贷支持。

第十五条　各金融机构应当对中小企业提供金融支持，努力改进金融服务，转变服务作风，增强服务意识，提高服务质量。

各商业银行和信用社应当改善信贷管理，扩展服务领域，开发适应中小企业发展的金融产品，调整信贷结构，为中小企业提供信贷、结算、财务咨询、投资管理等方面的服务。

国家政策性金融机构应当在其业务经营范围内，采取多种形式，为中小企业提供金融服务。

第十六条　国家采取措施拓宽中小企业的直接融资渠道，积极引导中小企业创造条件，通过法律、行政法规允许的各种方式直接融资。

第十七条　国家通过税收政策鼓励各类依法设立的风险投资机构增加对中小企业的投资。

第十八条　国家推进中小企业信用制度建设，建立信用信息征集与评价体系，实现中小企业信用信息查询、交流和共享的社会化。

第十九条　县级以上人民政府和有关部门应当推进和组织建立中小企业信用担保体系，推动对中小企业的信用担保，为中小企业融资创造条件。

中小企业信用担保管理办法由国务院另行规定。

第二十条　国家鼓励各种担保机构为中小企业提供信用担保。

第二十一条　国家鼓励中小企业依法开展多种形式的互助性融资担保。

第三章　创业扶持

第二十二条　政府有关部门应当积极创造条件，提供必要的、相应的信息和咨询服务，在城乡建设规划中根据中小企业发展的需要，合理安排必要的场地和设施,支持创办中小企业。

失业人员、残疾人员创办中小企业的,所在地政府应当积极扶持,提供便利,加强指导。

政府有关部门应当采取措施,拓宽渠道,引导中小企业吸纳大中专学校毕业生就业。

第二十三条　国家在有关税收政策上支持和鼓励中小企业的创立和发展。

第二十四条　国家对失业人员创立的中小企业和当年吸纳失业人员达到国家规定比例的中小企业,符合国家支持和鼓励发展政策的高新技术中小企业,在少数民族地区、贫困地区创办的中小企业,安置残疾人员达到国家规定比例的中小企业,在一定期限内减征、免征所得税,实行税收优惠。

第二十五条　地方人民政府应当根据实际情况,为创业人员提供工商、财税、融资、劳动用工、社会保障等方面的政策咨询和信息服务。

第二十六条　企业登记机关应当依法定条件和法定程序办理中小企业设立登记手续,提高工作效率,方便登记者。不得在法律、行政法规规定之外设置企业登记的前置条件;不得在法律、行政法规规定的收费项目和收费标准之外,收取其他费用。

第二十七条　国家鼓励中小企业根据国家利用外资政策,引进国外资金、先进技术和管理经验,创办中外合资经营、中外合作经营企业。

第二十八条　国家鼓励个人或者法人依法以工业产权或者非专利技术等投资参与创办中小企业。

第四章　技术创新

第二十九条　国家制定政策,鼓励中小企业按照市场需要,开发新产品,采用先进的技术、生产工艺和设备,提高产品质量,实现技术进步。

中小企业技术创新项目以及为大企业产品配套的技术改造项目,可以享受贷款贴息政策。

第三十条　政府有关部门应当在规划、用地、财政等方面提供政策支持,推进建立各类技术服务机构,建立生产力促进中心和科技企业孵化基地,为中小企业提供技术信息、技术咨询和技术转让服务,为中小企业产品研制、技术开发提供服务,促进科技成果转化,实现企业技术、产品升级。

第三十一条　国家鼓励中小企业与研究机构、大专院校开展技术合作、开发与交流,促进科技成果产业化,积极发展科技型中小企业。

第五章　市场开拓

第三十二条　国家鼓励和支持大企业与中小企业建立以市场配置资源为基础的、稳定的原材料供应、生产、销售、技术开发和技术改造等方面的协作关系，带动和促进中小企业发展。

第三十三条　国家引导、推动并规范中小企业通过合并、收购等方式，进行资产重组，优化资源配置。

第三十四条　政府采购应当优先安排向中小企业购买商品或者服务。

第三十五条　政府有关部门和机构应当为中小企业提供指导和帮助，促进中小企业产品出口，推动对外经济技术合作与交流。

国家有关政策性金融机构应当通过开展进出口信贷、出口信用保险等业务，支持中小企业开拓国外市场。

第三十六条　国家制定政策，鼓励符合条件的中小企业到境外投资，参与国际贸易，开拓国际市场。

第三十七条　国家鼓励中小企业服务机构举办中小企业产品展览展销和信息咨询活动。

第六章　社会服务

第三十八条　国家鼓励社会各方面力量，建立健全中小企业服务体系，为中小企业提供服务。

第三十九条　政府根据实际需要扶持建立的中小企业服务机构，应当为中小企业提供优质服务。

中小企业服务机构应当充分利用计算机网络等先进技术手段，逐步建立健全向全社会开放的信息服务系统。

中小企业服务机构联系和引导各类社会中介机构为中小企业提供服务。

第四十条　国家鼓励各类社会中介机构为中小企业提供创业辅导、企业诊断、信息咨询、市场营销、投资融资、贷款担保、产权交易、技术支持、人才引进、人员培训、对外合作、展览展销和法律咨询等服务。

第四十一条　国家鼓励有关机构、大专院校培训中小企业经营管理及生产技术等方面的人员，提高中小企业营销、管理和技术水平。

第四十二条　行业的自律性组织应当积极为中小企业服务。

第四十三条　中小企业自我约束、自我服务的自律性组织，应当维护中小企业的合法权益，反映中小企业的建议和要求，为中小企业开拓市场、提高经营管理能力提供服务。

第七章　附　　则

第四十四条　省、自治区、直辖市可以根据本地区中小企业的情况,制定有关的实施办法。

第四十五条　本法自 2003 年 1 月 1 日起施行。

（选自国家经贸委中小企业司主编:《中小企业政策法规指导与实践》,工商出版社 2002 年 10 月版,第 1—5 页）

中华全国手工业合作总社
关于加快城镇集体经济
改革与发展的建议

（2002 年 6 月 24 日）

中共中央办公厅并呈江泽民总书记：

　　最近，江泽民总书记在中央党校省部级干部进修班毕业典礼上强调，公有制为主体、多种所有制经济共同发展，是我国社会主义初级阶段的一项基本经济制度。长期以来，集体经济作为公有制经济的重要组成部分，在国民经济中发挥了重要的作用。但是，在集体经济的发展中也存在一些问题亟待加以解决。现将我们关于城镇集体经济改革与发展的建议报告如下：

一、城镇集体经济在我国国民经济中具有重要的地位和作用

　　江泽民总书记在党的十五大报告中指出："集体所有制经济是公有制经济的重要组成部分。集体经济可以体现共同致富原则，可以广泛吸收社会分散资金，缓解就业压力，增加公共积累和国家税收。要支持、鼓励和帮助城乡多种形式集体经济的发展。这对发挥公有制经济的主体作用意义重大。"

　　正如江泽民总书记在报告中所指出的那样，城镇集体经济作为公有制经济的重要组成部分，多年来，在保障供给、繁荣市场、改善人民生活、服务工农业生产、增加税收、增加出口创汇、安置劳动就业和维护社会稳定等方面都发挥了重要的作用。从改革开放到九十年代初期，城镇集体经济发展迅速。1980 年城镇集体工业总产值 1128 亿元、从业人员 2424 万人、新安置劳动力 278 万人，1991年分别为 3315 亿元、3628 万人（人数达最多）和 272 万人。在整个八十年代和九十年代初，城镇集体经济占全国工业总产值的 15% 以上，城镇就业总人数的20% 以上，城镇新安置劳动力的 30% 以上。

　　目前，全国各类集体企业仍占有相当的比重。仅以集体工业企业为例，2000

年年销售额在 500 万元以上的集体工业企业总产值为 11007.85 亿元,占全国工业总产值的 14.54%;利税总额 890.17 亿元,占全国工业利税总额的 9.36%;出口交货值 1359.27 亿元. 占全国工业出口交货值的 9.33%;全国集体工业企业 37841 家,从业人员 863.26 万人。在上海市,全市国内生产总值为 4551.15 亿元,集体企业为 834.22 亿元,占 18.3%,工业、商业、建筑等各类集体企业有 35707 家,从业人员 103.75 万人,资产利税率国有企业为 4.96%,集体企业为 8.56%,集体企业比国有企业高 3.6%。在广东省,各类集体企业有 62600 多家,从业人员 317 万人,占全省从业人员总数的 34%,其生产总值占全省国内生产总值的 20.6%。

实践表明,集体经济是公有制经济的重要组成部分,是国民经济的一支重要力量,应当继续支持和鼓励集体经济的发展。

二、党的十五大报告的重要论述给城镇集体经济带来重大变化

江泽民总书记在党的十五大报告中指出"劳动者的劳动联合和劳动者的资本联合为主的集体经济,尤其要提倡和鼓励"。"要支持、鼓励和帮助城乡多种形式集体经济的发展。这对发挥公有制经济的主体作用意义重大。"这是江总书记对市场经济条件下集体经济的理论概括和科学总结。目前,城镇集体经济改革不断深入,传统的集体经济的实现形式发生了变革,多种实现形式正在快速发展。

大量的集体企业在改革中逐步走向产权主体多元化、实现形式多样化。城镇集体企业的产权主体从原来的企业劳动者的集体所有发展为以自然人持股的按份共有和共同共有,以及吸纳企业外部的个人或法人参股。产权结构单一的传统集体企业逐渐减少,产权主体多元化的企业快速增加。在改变传统的组织方式和经营方式过程中,集体企业采取了联合、兼并、租赁、承包、股份合作制、合作制和职工持股的股份制等多种实现形式,一些国有小企业和私人企业也逐渐向集体经济方向转变。

通过改革,城镇集体企业正在逐步实现"五个转变"和"四个创新",即:从传统的生产经营方式向社会化的经营方式转变;从传统的生产经营体制向资本经营体制转变;从传统的资本积累方式向资本集聚方式转变;从传统的集体企业制度向现代企业制度转变;从传统的管理体制向政企分开的管理体制转变。伴随着这些转变,城镇集体企业正在实现制度创新、结构创新、技术创新和管理创新。

现在,城镇集体企业正在向"产权明晰、责权明确、政企分开和管理科学"的现代企业制度迈进。以"劳动者的劳动联合和劳动者的资本联合"为主要特征的新型的集体企业迅速发展,体现了社会主义公有制的强大生命力。

三、城镇集体经济在改革中遇到的困难阻碍了其健康发展

党的十五大以来,虽然城镇集体经济取得了不小的成绩,对加速我国经济的发展和巩固公有制经济主体地位发挥了重要作用,但是,目前城镇集体经济在改革与发展中也存在许多困难,诸如集体企业自身资金缺乏、技术设备及管理相对落后、人才流失严重等等。在外部环境方面比较突出的问题是:

1. 有相当一部分同志对集体经济在国民经济中的地位作用认识不足。有些同志在指导思想和实际工作中,只强调国有经济的改革和个体私营经济的发展,而对于集体经济在历史上和现实中的重要作用缺乏认识。有的地方甚至出现歧视、排斥、否定集体经济的错误做法。在理论界,有人认为集体经济已经过时,有的把集体经济的所有制概念与具体实现形式混为一谈甚至对立起来。我们很难理解,江总书记在党的十五大报告中强调的集体所有制经济是公有制经济的重要组成部分等重要论述,到他们那里怎么能在这短短的几年里变成了过时的理论。

2. 城镇集体经济改革政策严重滞后。近几年,国家非常重视国有大中型企业的改革与脱困工作,采取多种政策措施,包括投以大量的资金用以加大改革力度,这是正确的、必要的,而对于同属于公有制经济重要组成部分的城镇集体经济的改革,则缺乏必要的宏观指导和政策支持,对于改革的一些配套措施如下岗职工安置、社会保障制度、资金支持等未能享受与国有企业相同的政策待遇。

3. 集体企业的合法权益得不到应有的保护。过去,就常有集体企业因改变隶属关系,其资产被无偿划转、平调等法律纠纷案件发生。近年来,在企业改制中,集体企业资产被划为国有、流入私人腰包、低价出售、强行吞并和被政府和有关部门非法挪用等问题时有发生,造成集体资产严重流失、经济实力严重削弱、产权纠纷日益增多。

这些问题的存在,影响了城镇集体经济改革与发展的进程,不利于社会的稳定,不利于集体所有制经济为国民经济和社会发展做更多的贡献。

四、关于加快城镇集体经济改革与发展的几点建议

为了促进城镇集体经济健康有序地发展,更好地发挥其在国民经济和社会

发展中的重要作用,现提出如下建议:

1. 建议在党的十六大报告中进一步明确集体经济的地位和作用,重申江泽民总书记在党的十五大报告中的论述。各级党和政府都应重视、关心集体经济的发展。继续提倡、鼓励和完善集体经济中"劳动者的劳动联合和劳动者的资本联合"的实现形式,并积极探索股份合作制、职工持股等行之有效的组织形式。要把发展集体经济提高到落实江泽民总书记"三个代表"重要思想、巩固执政党地位、坚持以公有制为主体的社会主义基本经济制度的高度来认识。

2. 建议中共中央和国务院召开会议,研究、解决集体经济发展中出现的新情况和新问题。按照与时俱进的指导思想,制定相应的政策和措施,指导改革,鼓励、支持和促进城镇集体经济的健康发展。国务院有关部门和各级政府应切实加强对集体经济的宏观指导和调查研究,及时处理集体经济发展中存在的问题。要把发展集体经济作为解决就业、实现社会稳定、促进共同富裕的重要途径。

3. 建议尽快修改《中华人民共和国城镇集体所有制企业条例》。作为城镇集体企业唯一的一部法规,《条例》颁布十年来对促进城镇集体经济改革与发展起到了很好的作用,但是,随着改革的不断深入,一些内容已不适用。建议尽快组织力量对《条例》进行必要的修改和补充,使其更好地发挥作用。

我们相信,在以江泽民同志为核心的党中央的正确领导下,在各级政府的大力支持和关心下,在城镇集体企业职工的共同努力下,城镇集体经济一定会在新的时期有更大的发展、更大的作为,为国民经济和社会发展作出新贡献。

（此件由中华全国手工业合作总社办公室提供）

贯彻"三个代表"思想 积极发展合作经济 促进经济社会全面发展①

（2002 年 7 月 5 日）

杨汝岱

在纪念国际合作社联盟第 80 届和联合国第 8 届国际合作社日之际，我很高兴参加由中国供销合作经济学会牵头，中国合作经济学会、中华全国手工业合作总社、中国工合国际委员会、中国农村合作经济管理学会共同举办的纪念国际合作社日促进合作经济发展座谈会。在此，我谨向全世界和全国各类合作社社员致以热烈的祝贺，向辛勤工作在第一线的合作社工作者致以诚挚的问候。下面，我就合作社的发展问题讲几点看法。

一、兴办合作社是世界经济发展的必然趋势

合作社是随着市场经济发展而出现的一种社会经济组织形式。早在 18 世纪末 19 世纪初，随着市场经济的发育，西方资本主义国家处于弱势地位的小生产者、雇工和低收入消费者，为了抵御工业资本和商业资本的盘剥，就开始联合起来，兴办合作社，迄今已有 100 多年的历史。进入 20 世纪以来，合作社发展的地域越来越广，涉及的领域越来越多。目前，合作社已遍及世界五大洲 160 多个国家和地区。在农业、工业、流通、金融、保险以及各种服务业都出现大量不同类型的合作社。合作社同人们生产生活息息相关，有的国家从小孩出生后的抚育到老人死亡殡葬，都有服务性的合作社。从农业劳动者参加的合作社来看，主要有两种类型。一种是按不同的专业组建的，多分布在人少地多的国家。西欧、北美许多国家 80% 以上的农场主都参加了不同类型的专业合作社。在西欧农产品市场上，合作社经销的产品占 60% 的份额。丹麦的奶制品，90% 由合作社经销。荷兰合作社销售的花卉、水果、蔬菜分别占市场份额的 95%、78%、70%。

---

① 这是全国政协副主席杨汝岱在纪念国际合作社日促进合作经济发展座谈会上的讲话。

美国由合作社加工的农产品占80%。另一种是按地域组建的,多分布在人多地少的国家。如日本的农业协同组合(简称农协),就属于这类合作社。在日本,几乎每个村都有农协,每个农户都参加农协,农协已成为农村的同义语。农协不仅为参加的农户提供农资供应、技术指导、产品销售等服务,还提供信贷、保险、医疗和其它综合性的服务,成为农户须臾难以离开的经济组织。不论哪个行业、哪种类型的合作社,其共同特点,一是以家庭经营为基础,合作社绝不侵占社员家庭财产;二是实行民主管理,入社自愿、退社自由,合作社管理人员由社员民主选举;三是对社员以服务为宗旨,不以盈利为目的。这些特点证明,合作社是人们自愿联合,通过共同所有和民主管理,满足社员共同的经济和社会需求的自治组织。它能够有效地抵御市场风险,维护社员的利益,因而具有旺盛的生命力和广泛的适应性,参加合作社的人员越来越多。目前,仅参加国际合作社联盟的就有94个国家的234个会员组织,参加各类合作社的社员达近8亿人。可以说,只要发展市场经济,只要存在弱势群体,这个群体就必然联合起来,兴办合作社,维护自身的利益。这是近百年来合作社不断发展壮大的深层原因,展示了合作社作为世界经济发展一个重要潮流的历史必然性。

二、我国合作经济的发展方兴未艾

我国市场经济发育滞后,合作社的产生和发展也相应滞后。在相当长一个时期,受左的思想影响,合作社的发展走了一段弯路。所谓弯路,主要是偏离合作社的原则,在农业合作组织中追逐"一大二公",集中过多,平均主义,严重挫伤了农民的积极性,阻碍了生产力的发展。手工业合作社、供销合作社、信用合作社也出现不同程度的官办倾向,没有完全体现合作社的性质。党的十一届三中全会以来,随着改革开放的深化和扩大,特别是社会主义市场经济体制的逐步建立,我国合作社事业进入了一个新的发展时期。各个地区、各个领域都出现一批新型的合作社。这些合作社适应市场经济的新体制,符合城乡居民的新要求,并日益同国际通行的合作社原则接轨,呈现出方兴未艾的发展势头。

广大农村在土地集体所有、家庭承包经营的基础上,分散经营与统一经营相结合的双层经营体制,作为我国农村的一项基本经济制度,正在不断完善。这种社区合作组织承担着对社员的生产服务、管理协调和资产积累的职能。有条件的地方,还担负组织资源开发、兴办集体企业,以增强为农户服务和发展基础设施的经济实力。同时,随着生产的发展和市场的拓展,在广大农村中涌现出一批新型的专业合作经济组织。据有关部门统计,全国出现各类专业合作经济组织上百万个,其中比较规范的有 14 万个。这些专业合作经济组织,以产品为纽带,由农民自愿参加,自主管理,自我服务,在信息、技术、购销、加工、储运等环节联合起来,办理单家独户"办"不了、社区经济"统"不了、地方政府"包"不了的事情,对帮助农民拓展产品销路,降低交易成本,提高经营效益,起到了重要的作用。据典型调查,生产同类农产品,参加专业合作社的农民比没有入社的农民,增收 20%—30%。实践证明,这类合作经济组织,是把千家万户农民与千变万化市场联结起来的有效形式,符合市场经济发展的要求,符合广大农民的愿望,有着强大的生命力和广阔的发展前景。

供销合作社通过深化改革,不断推进体制创新。近年来,供销合作社在中央、国务院两个 5 号文件指引下,围绕真正办成农民合作经济组织、构建符合市场经济要求的新体制,进行了富有成效的改革。通过产权多元化、社企分开等举措,建立了自主经营、自负盈亏的经营机制。目前,全系统有 40% 的企业实行了以股份制为主的现代企业制度。通过改革创新,开拓市场,保持了良好的经济运行态势,2001 年实现销售收入 3190 亿元,上缴国家财政 61 亿元,连续两年实现了扭亏增盈。供销合作社还利用自身优势,依托社有加工销售企业和农产品批发市场,积极发展农业产业化经营。全国供销合作社系统兴办有一定规模的龙头企业 283 个,各种专业合作社 17833 个,建立农产品批发市场 309 个,发展农产品商品基地 11259 个。通过"龙头企业 + 专业合作社(商品基地) + 农户"的形式,带动农户 1220 万户,帮助农民实现收入 262 亿元。近年来,信用合作社也加大了改革力度,通过小额信贷、联户担保等多种途径,增加对农业的资金投入。

许多城市涌现一批消费、住房、劳动服务、社区服务等多种类型的合作社。北京、上海等地供销合作社兴办的城市消费合作社,天津市总工会兴办的消费合作社办得都很好,深受广大城市居民欢迎。北京市一些居民为改善自身住房条件,兴办 42 家住房合作社,以个人投资为主,共同建房,目前已建成住房 200 多万平方米,为 3 万多户居民解决了住房困难。各种类型的合作经济组织,对帮助下岗工人扩大就业门路,改善城市居民生活条件,保持社会稳定,起到了重要的促进作用。

这些情况说明,合作社为稳定和完善以家庭承包经营为基础的农村双层经营体制作出了重要贡献,为推动农业产业化经营和助农增收作出了重要贡献,为推动经济发展,扩大社会就业作出了重要贡献,为社会主义精神文明建设,实践"三个代表"重要思想作出了重要贡献。随着我国社会主义市场经济体制的建立,无论在广阔的农村和众多的城市,无论在生产、流通、消费各个领域,发展合作事业都是大有可为的。合作事业的蓬勃发展,将是一个不以人的意志为转移的必然趋势和历史潮流。我们应该自觉地站在前列,正确引导,大力扶持,推动我国合作事业更快更好地发展。

三、按照"三个代表"要求,积极发展合作经济

随着新世纪的到来,我国进入了全面建设小康社会、加快推进社会主义现代化的发展阶段。在这个新的历史阶段中,要按照江总书记"三个代表"的要求,适应社会主义市场经济的发展,与时俱进,解放思想,积极推动我国合作经济的健康发展。

第一,充分认识发展合作经济的重要性和紧迫性。推进各类合作经济组织的发展,关键是解决好各级干部的认识问题。要充分认识到,随着我国社会主义市场经济体制的逐步建立,经济全球化的迅速进展,特别是我国加入世贸组织后,国内外市场竞争将更加激烈。这将为我国经济发展注入巨大的活力。同时,也不可避免地使市场竞争中处于弱势地位的群体受到冲击。尤其是我国2亿多小规模经营农户生产的产品,如何同发达国家大农场、大公司的产品相竞争相抗衡,不仅关系我国农业的发展前景,而且关系我国农民这个最大的人口群体的现实生活。从国际国内经验看,发展合作经济是在市场经济条件下,弱势群体联合起来进行自我保护、自我发展的有效形式,对经济发展和社会稳定具有不可替代的作用。农村在稳定家庭承包经营的基础上,发展多种形式的联合和合作,尤其是农产品销售、储藏、加工等环节的合作,是提高农产品市场竞争力和占有率的重要途径,是增加广大农民收入的有效举措。合作社又是一个大学校,是培养社员集体主义和民主精神,发扬团结互助的社会风尚的极好场所,是精神文明建设的重要基础阵地。我们一定要从"三个代表"的高度,重视和支持合作事业的发展。

第二,坚持合作经济发展的多样性。我国地域广阔,各地经济发展水平不同,城乡居民需求不同,一定要从实际出发,充分尊重群众的意愿,兴办多种类型的合作社,绝不能到处套用一种模式。从农村来看,在完善双层经营体制,发展社区综合性合作经济的同时,围绕专业性的商品生产,发展多种专业合作社,很受农民欢迎。有的专业合作社可以创办生产加工销售企业,有的成为农产品加工龙头企业与农户联结的纽带,把生产、加工、销售连成一体,实现贸工农一体化、产加销一条龙。一条龙联结一批专业农户,一条龙形成一项主导产业,一条龙一条龙地实现规模经营和集约经营,一条龙一条龙地采用现代设备和先进技术,这可能是我国农业实现专业化、社会化、现代化的重要形式。供销合作社、信

用合作社均应成为推进农村专业化、社会化、现代化的重要力量,作出更大的贡献。城市居民随着需求的多样化,在消费、住宅、信用、保险、医疗等方面合作的愿望越来越强烈,在这些领域应该发展多种多样的合作社。

第三,坚持合作社原则。合作社是社员自愿参加、自助自治的经济组织,必须坚持自愿互利和民有、民营、民管的原则。发展合作社要尊重社员的意愿,并切实维护社员经营自主权和财产所有权,不能强迫命令,更不能侵占社员财产。要通过典型示范,让社会大众看到合作社的好处,吸引更多的人参加合作社。合作社的管理人员要由社员民主选举产生,合作社的制度和章程,要由社员民主制订,任何人不能包办代替。各级党政领导对合作社应进行引导、支持和扶助,但要引导而不强制,支持而不干预,扶助而不包办。

第四,为合作经济发展营造良好环境。合作社是大有前途的事业,也是弱势群体参与的事业。它的发展需要有良好的社会经济环境。我国合作事业发展尚不普遍,一个重要原因就是适宜合作社发展的社会环境和政策环境尚不充分,特别是有关合作社的法制建设严重滞后。因此,要加快合作社立法,明确合作社的法律地位,规范合作社的行为,保护合作社的权益。同时,加强合作社理论研究,做好干部教育和培训工作,引导社会大众关心、参与、支持合作社的发展。各级政府应给予合作社更多的政策扶持,尤其在信贷、税收等方面给予优惠,并逐步探索合作社在信用、保险及其他领域开展业务。

同志们,在新世纪、新阶段,希望全社会都来关心和支持合作社的发展,使合作社在促进我国国民经济和社会发展中作出新的更大的贡献!

祝国际合作社日纪念活动圆满成功!

（此件由中华全国手工业合作总社办公室提供）

依法促进中小企业健康发展①

(2002 年 7 月 29 日)

李荣融

九届全国人大常委会第二十八次会议审议通过了《中华人民共和国中小企业促进法》(以下简称《中小企业促进法》),这是我国第一部关于中小企业专门法律,标志着我国促进中小企业发展开始走上规范化和法制化轨道,必将对我国各种所有制中小企业的创立和发展产生巨大的推动作用。

目前,我国在工商注册登记的中小企业已经超过 800 万家,占全国注册企业总数的 99%,其工业总产值、销售收入、实现利税、出口总额分别已占全国的60%、57%、40% 和 60% 左右;流通领域中小企业占全国零售网点的 90% 以上。中小企业还提供了大约 75% 的城镇就业机会,为吸纳就业作出了重要贡献。随着近几年来国有企业结构调整步伐加快,中小企业在确保国民经济稳定增长、缓解就业压力、拉动民间投资、优化经济结构、促进市场竞争、推进技术创新、促进市场繁荣、方便群众生活、保持社会稳定等方面的作用愈加重要。

但是,长期以来,由于中小企业在发展中缺乏专门的法律保障和扶持,也遇到了许多障碍和问题。主要是融资困难、技术设备落后、信息不畅、人才匮乏等。随着我国加入世界贸易组织,中小企业将面临更为激烈的市场竞争。这些问题制约了中小企业的健康发展,影响了它们潜力的充分发挥。日趋突出的就业矛盾也对政府促进中小企业发展提出了迫切的要求。《中小企业促进法》,正是适逢这种背景出台的,它以"改善中小企业经营环境,促进中小企业健康发展,扩大城乡就业,充分发挥中小企业在国民经济和社会发展中的重要作用"为立法宗旨,确立了中小企业在国民经济中的法律地位,明确了政府管理部门的职责,并将扶持和促进中小企业发展的主要政策上升到了法律的高度。

《中小企业促进法》将于 2003 年 1 月 1 日起实施。我们要把学好、贯彻实施好《中小企业促进法》作为实践"三个代表"重要思想的具体行动,把《中小企业

促进法》贯彻好、实施好,切实加强和改进中小企业工作,积极扶持和促进中小企业发展,维护中小企业合法权益,为中小企业发展创造一个良好的外部环境。《中小企业促进法》的实施,是一项艰巨而复杂的工作,需要精心组织,做好实施前的准备工作,以保证法律的顺利实施。

一、认真学习、宣传《中小企业促进法》,深刻领会其精神实质和主要内容。学习、宣传、普及《中小企业促进法》知识,是贯彻实施《中小企业促进法》的重要一环,应该引起各地区、各有关部门的重视。当前,各地区、各有关部门应从讲政治、保稳定、促发展的高度,认真学习《中小企业促进法》,深刻领会法律的精神实质,提高法律对推动中小企业健康发展重要意义的认识,形成全社会关注中小企业的氛围。要努力使各级政府、各类企业以及其他社会成员正确理解和掌握《中小企业促进法》的基本规定,使政府机构依法行政,创造和完善有利于中小企业健康发展环境;使广大中小企业能够自觉维护其合法权益,依法经营;使金融、咨询、投资、培训等社会服务机构树立为中小企业服务的意识。有关部门应按法律赋予的职责,采取多种形式,积极宣传《中小企业促进法》的意义和作用,使广大中小企业和社会各界尽快熟悉和了解《中小企业促进法》,增强法制观念,提高法律意识,自觉做到学法、懂法、守法,依法行政,依法促进中小企业健康发展。

二、抓紧研究制定《中小企业促进法》配套法规、政策文件。《中小企业促进法》以法律的形式规定了中小企业的权利和国家扶持中小企业、发展的制度措施,为全面推进中小企业的发展奠定了法律基础,但其中许多问题仍有待进一步作出具体化的规范,如中小企业的标准、中小企业发展基金的设立和使用管理办法、中小企业信用担保管理办法以及特定中小企业税收优惠办法等。这些法规和政策是落实《中小企业促进法》的关键。因此,应以《中小企业促进法》为依据,尽快制定配套的法规和政策,把《中小企业促进法》规定的各项法律制度落到实处,使我国中小企业立法形成一个科学、完备、有序的体系。同时,要抓紧清理和废止、修订与《中小企业促进法》的规定相抵触的法规、规章和规范性文件,各级经贸委要在学习、宣传和贯彻执行本法的同时,及时总结实践经验,提出富有成效的立法建议,配合国务院有关部门一起做好配套法规和政策的起草工作。

三、积极做好对中小企业的扶持、引导、服务工作。《中小企业促进法》借鉴国际通行做法和有益经验,在资金支持、创业扶持、技术创新、市场开拓、社会服务等方面作出了明确规定,从法律上有效地解决了中小企业发展面临的突出问题。为此,国家经贸委要积极会同国务院有关部门,根据国家对中小企业积极扶持、加强引导、完善服务、依法规范、保障权益的方针,积极做好对中小企业的扶持、引导、服务工作,努力为中小企业的创立和发展创造有利的环境。

一是要根据《中小企业促进法》的规定,积极解决扶持中小企业发展的资金来源,在中央财政预算中设立中小企业科目,安排中小企业发展的专项资金,设立中小企业发展基金,重点支持中小企业的创立、信用担保、技术创新、专业化协作与发展以及服务体系建设等。

二是要有效地解决中小企业融资难的问题,加强信贷政策指导,改进金融服务,调整信贷结构,采取多种形式为中小企业提供金融服务。

三是要进一步推进中小企业信用制度建设,推动和组织建立中小企业信用担保体系,结合部分省市中小企业社会化信用体系试点经验,研究制定推进中小企业信用制度和信用体系建设的实施意见。

四是要根据《中小企业促进法》的规定,建立和完善鼓励创业、支持技术创新和开拓市场的税收优惠政策和金融支持政策。

五是要继续推动中小企业社会化服务体系建设工作,鼓励社会各类中介服务组织为中小企业提供创业辅导、企业诊断、市场营销、投资融资、贷款担保、产权交易、技术支持、人员培训、对外合作、展览展销、法律咨询等服务。要在总结指导服务体系建设试点城市工作的基础上,结合法律规定,研究提出推动各类服务机构规范发展的政策。政府部门要切实转变工作作风和观念,转变职能,提高效率,牢固树立为中小企业服务的意识,引导中小企业依法建立资金管理、成本管理、质量管理、安全管理、合同管理、人力资源管理等企业内部管理制度,做到依法行使权利,履行义务,自觉遵守市场竞争规则,依法维护自身权益,使有法不依、违法经营的现象得到明显遏制,形成"外讲信用,依法经营;内讲制度,依法管理"的法制氛围,使其真正成为自主经营、自负盈亏、自我约束、自我发展的法人实体和竞争主体。

四、做好综合协调,共同为中小企业发展创造良好的环境。《中小企业促进法》规定,国务院负责企业工作的部门负责组织实施全国中小企业政策和规划,对全国中小企业工作进行综合协调、指导和服务。县级以上地方各级人民政府及其所属的负责企业工作的部门和其他有关部门在各自职责范围内对本行政区域内的中小企业进行指导和服务。这是对国家经贸委及地方各级经贸委所提出的要求,我们一定要立足经济发展的现实,因地制宜,切实做好协调、指导和服务工作。

市场经济发达国家,往往把政府对于市场经营主体的管理重点放在中小企业,这种管理主要体现在制定有关政策和指导、协调、监督特别是服务等方面。我国正在建立社会主义市场经济体制,在实现政企分开、放开搞活中小企业、企业依照市场规则运行的同时,各有关部门应当根据《中小企业促进法》的规定,切实履行好促进中小企业发展的重要职责。2000 年,国务院成立了由国家经贸委牵头,科技部、财政部、人民银行、税务总局等 12 个部门参加的全国推进中小企业发展工作领导小组,统筹规划、综合协调和决定中小企业工作中的重大问题,办事机构设在国家经贸委。为此,应在国务院领导下,充分发挥好领导小组在组织、协调以及处理中小企业工作中重大问题等方面的作用,加强部门间的工作协调与配合,调动各方面积极性,共同做好中小企业工作。同时,各地区要结合本地实际,加强领导,明确工作重点,积极、稳妥、有序地贯彻实施好《中小企业促进法》,依法推进中小企业的健康发展。

（此件原载《人民日报》2002 年 7 月 29 日）

集体经济改革发展亟待政策支持

（2002 年 9 月 6 日）

陈永杰[①]

作为公有制重要组成部分的城镇集体经济,长期以来在增加就业、扩大生产、活跃市场、出口创汇和提供税收等方面起着重要作用。90 年代中期以前,城镇集体经济一直是我国城镇中仅次于国有企业的第二大经济力量。90 年代中期以来,城镇集体经济处境艰难,作用与地位下降,近年更是大幅萎缩。对此,许多从事城镇集体经济工作的同志和有关专家呼吁,必须重视城镇集体经济问题,采取有力政策推进其改革与发展。

从 80 年代初到 90 年代初,城镇集体经济发展迅速,是国民经济的一支重要力量。其工业总产值,从业人员、新安置劳动力,1980 年分别为 1128 亿元、2424 万人和 278 万人,1991 年分别为 3315 亿元、3628 万人和 272 万人。在整个 80 年代和 90 年代初,城镇集体经济占全国工业总产值的 15% 以上,城镇就业总人数的 20% 以上,城镇每年新安置劳动力的 30% 以上,在城镇经济中的作用仅次于国有经济。

90 年代中期以后,城镇集体经济逐步下滑,就业人数年年下降。其从业人员,1995 年为 3147 万人,2000 年为 1447 万人,2001 年为 1291 万人,今年一季度又减少 194 万人。6 年多来共减少了 2000 多万人,每年减少 300 多万人。与 1991 年从业人数达到最多时的 3628 万人相比,总共减少了 2500 多万人,占城镇就业总人数的比例也由 21.4% 降为 5.4%。人员减少中,多半是因企业停产半停产、兼并破产或经营萎缩等导致失业,少部分是因企业改制而转移就业。过去,城镇集体经济年年大量吸纳劳动力,现在,年年大量排放劳动力。

当前城镇集体经济已陷入困境。(1)资产财务状况差。据财政部 1998 年清产核资统计,全国城镇集体工商企业共 31.3 万户,资产总额 18498.7 亿元,负债总额 14464.7 亿元,所有者权益 4034.4 亿元,平均负债率 78.2%,资产损失和资金挂账2557.1亿元,占所有者权益的63.4%。(2)职工收入普遍低下。据国家统计局统计,2001年城镇集体企业职工月均报酬为556元,是全国企业职工平均报酬的64%,其中农、工、商业中绝大多数行业的月均报酬低于500元;最低是林业,月均报酬不足300元。(3)离岗下岗职工生活艰难。2001年全国城镇集体企业在岗职工1150万人,离岗人员达506万人,占全国企业离岗总人数2100万人的25%,是国有企业离岗总人数1208万人的42%。离岗职工生活费每人月均不足66元,是全国企业离岗职工平均生活费的39%。最低是林业,年人均才33元,月均不足3元。因多数地区的集体企业没有建立再就业中心,地方政府也无相关政策,离岗者多数实为失业者,许多人已成为社会救济对象。(4)部分职工情绪不稳。面对困境,许多人深感无助和无望,一些人很有情绪,由此导致群体上访日益增多,有的甚至封桥堵路,影响社会稳定。

阻碍城镇集体经济发展的主要原因。就集体经济自身看:一是企业制度陈旧。大部分企业仍按传统的"二国营"方式管理与经营,很不适应市场经济发展要求;而建立现代企业制度的改革又障碍重重,举步维艰。二是企业素质低下。大多数是小型企业,设备技术落后,产品缺乏市场,职工素质较差,思想观念落后,管理水平低下。三是企业蛀虫蚕食。部分经营者内外、上下勾结,以各种手段转移、侵吞集体资产。有的利用企业改制之机,化公为私,将集体资产直接间接划到个人名下,将集体企业变为私营企业或个人控股的股份合作企业。集体资产正在不断地流失。

就集体经济外部看:一是缺乏政策支持。虽然中央发展集体经济的方针未变,党的十五大也再次提出"要支持、鼓励和帮助城乡多种形式集体经济的发展",但相当一段时期以来,实际支持和鼓励的政策很少。二是社会观念歧视。大部分地方和部门的领导只关注两头,一头是国有经济,另一头是外商和私营、个体经济,不注意集体经济。有的甚至主张搞"集退私进",让集体经济退出市场。三是侵权现象屡见。有关部门和主办扶持单位(多为国有企业)仍掌控着大部分集体企业的人事管理权,侵犯企业自主权,平调集体资产的现象经常发生。尤其是企业改制,大都必须按"上头"意图办,集体产权往往被否认、瓜分和侵占。

当前,城镇集体经济正面临历史转折关头。从落实"三个代表"重要思想,巩固和发展公有制经济,保持经济增长和社会稳定大局出发,必须进一步深化企业改革,加快结构调整,同时采取必要措施,支持、鼓励和帮助集体经济发展。为此,建议:

1. 重申发展集体经济的方针。坚持以公有制为主体和解决人口与就业压力,这些基本国情决定了必须继续支持集体经济发展。目前社会上有人提出"集退私进",许多从事集体经济工作的同志对此感到很担心。为消除人们顾虑,有必要重申支持和发展集体经济的方针,坚决反对"集退私进"的主张。

2. 制定专门的集体经济支持政策。有关部门要认真研究城镇集体经济面临的困难、问题、经验和教训,对改革实践中遇到的主要疑点难点问题给以明确回答,制定专门的配套性政策措施,为其改革和发展指出明确方向。同时,要加强政策指导工作。十年前国务院曾明确过城镇集体经济的政策管理部门,但至今并无机构实际承担这项工作。建议重新明确城镇集体经济政府管理部门,由其指导和监督国家有关方针政策和法律的执行。

3. 推进集体企业产权改革。传统集体经济模式必须彻底改革,最根本的是改革集体企业产权关系。要发展多种形式的集体经济,将改革传统集体所有制与发展新型合作经济结合起来,将"劳动者的劳动联合与劳动者的资本联合"结合起来,将财产共同共有与按份共有结合起来,允许各地根据实际大胆探索集体合作经济的多种产权实现形式。

4. 加强集体企业法律保护。各种经济成份里,在对集体经济管理中有法不依、执法不严、违法不究现象最为突出。解决这一问题,不仅要认真执行一般法律法规,还要真正执行《城镇集体企业条例》和《劳动就业服务企业管理规定》等专门法规,切实保护集体企业财产权、民主管理权、经营自主权和改制自决权。在行政执法和司法中,要采取措施解决集体企业法律纠纷中权大于法、势大于法和企业告状无门、矛盾久拖不决等问题,为其创造公平的法律环境。另外,《城镇集体企业条例》和《劳动就业服务企业管理规定》制定于90年代初,目前部分内容已不太适用,建议重新修订。合作经济是市场经济的重要经济组织形式,《合作社法》是市场经济国家的重要法律,我国也应加紧制定适合中国国情的《合作社法》。

5. 扩大集体经济舆论宣传。中央发展集体经济的方针要加大宣传,国家有关集体经济的法律政策要扩大传播,集体经济改革和发展的成功经验要有渠道交流,集体企业的法律保护要有舆论支持。做好这些工作,既需要宣传部门重视,将其列入宣传工作指导的一个内容;又需要舆论机构支持,将其列入日常新闻工作的一个关注点。

（选自国务院研究室送阅件第 1187 期）

中国人民银行关于进一步加强对有市场、有效益、有信用中小企业信贷支持的指导意见

(2002 年 9 月 6 日)

近几年,各家银行认真贯彻中央扩大内需的方针采取了一系列措施支持中小企业发展。1998 年、1999 年,中国人民银行先后印发了《关于进一步改善中小企业金融服务的意见》(银发〔1998〕278 号)以及《关于加强和改进对小企业金融服务的指导意见》(银发〔1999〕379 号),各商业银行进一步加强和改进了对中小企业金融服务,取得了积极的效果。但是,仍然有部分有市场、有效益、有信用的中小企业合理的资金需求没有得到满足,相当一部分中小企业反映贷款难。

中小企业贷款难的原因是多方面的:部分中小企业自身素质差、资本金不足、资信情况不透明;市场竞争加剧,直接融资渠道狭窄,社会信用环境差,社会中介服务体系不完善等是主要原因。从银行方面看,部分商业银行对中小企业贷款营销观念不强,在强化约束机制的同时缺乏激励机制,在机构设置、信用评级、贷款权限、内部管理等方面,不能完全适应中小企业对金融服务的需求。

解决中小企业贷款难,需要企业、银行、政府、全社会共同努力,需要采取综合措施。各商业银行要在坚持信贷原则的前提下,加大支持中小企业发展的力度。要充分认识发展中小企业对落实中央扩大内需、增加就业、保持社会稳定的重要意义,对产权明晰、管理规范、资产负债率低、有一定自有资本金、产品有订单、销售资金回笼好、无逃废债记录、不欠息、资信状况良好的有市场、有效益、有信用的中小企业,积极给予信贷支持,尽量满足这部分中小企业合理的流动资金需求。为此,提出以下意见:

一、按照国家的产业政策确定中小企业贷款投向

各商业银行对符合国家产业政策要求、有一定科技含量、有良好产业发展前

景、发展潜力较大的中小企业,优先给予信贷支持;对不符合国家产业政策要求的,要限制或禁止贷款,防止出现新的"小而全"、重复建设、产业结构趋同和资源浪费、环境污染;对低水平重复建设的固定资产投资项目,一律不得给予任何形式的信贷支持。

二、建立健全中小企业信贷服务的组织体系

各国有独资商业银行都要设立专门为中小企业服务的信贷部门,专门研究、制定和督促、落实支持中小企业发展的相关政策措施,明确提出支持中小企业发展的工作目标、实施步骤,并定期考核。总行、省分行以及各级分支行要按季编制信贷资金计划,基层营业机构要及时了解和掌握本地中小企业对贷款的需求情况,主动发现和培育中小企业客户,及时上报中小企业信贷计划,经批准后认真组织实施。

各股份制商业银行要把支持中小企业发展作为工作重点,结合本行实际,把培育和发展中小企业作为一项重要的发展策略,防止贷款过度向大企业、大客户集中而潜伏新的信贷风险;各城市商业银行要从各地经济发展的实际出发,立足地方、服务市民,以发展地方经济为己任,重点为地方中小企业服务;各城市信用社要根据自身经营特点,进一步提高对中小企业的服务水平。

三、进一步建立和完善适合中小企业特点的评级和授信制度

各商业银行要制定科学的、切合实际的中小企业信用评级制度,客观评定中小企业的信用等级。对中小企业特别是对小型企业的信用评级办法,要进一步加以改进,实事求是地界定中小企业的信用等级。

要建立和完善适合中小企业特点的授信制度,合理确定中小企业授信额度。对中小企业特别是小型企业的授信,在制度和标准上要有别于大企业,要符合不同地区的实际情况防止由于信贷授信不及时或标准过高而将大部分中小企业排斥在信贷支持对象之外。

四、适当下放中小企业流动资金贷款审批权限

各商业银行要根据不同地区的实际情况及各分支行信贷管理水平和风险控制能力,合理确定各级行的贷款审批权。对中小企业流动资金贷款的审批权,各

商业银行要实事求是地确定,在现有基础上,适当下放。要防止由于贷款审批权过度集中或审批环节过多,影响对有市场、有效益、有信用中小企业的及时信贷支持。

五、对符合条件的中小企业可以发放信用贷款

各商业银行对经贷款审查、评估,确认资信良好、确能偿还贷款的中小企业,尤其是对已经评定为本行优质客户的中小企业,可以发放信用贷款。各商业银行要提高对信贷风险的识别和管理能力,提高对企业还款能力的分析水平,防止过分依赖担保防范风险和回避责任的倾向,积极开拓信贷市场。

六、健全贷款营销的约束和激励机制

各商业银行要牢固树立资金营销的观念,坚持以利润为中心、以市场为导向,健全激励约束机制,实行全面考核,调动分支行行长及广大信贷工作人员的积极性。改进服务方式,积极创造条件实行客户经理制,科学合理地制定信贷人员发放、回收贷款的综合考核办法,鼓励信贷人员在提高贷款质量的前提下,积极发展新客户,增加新贷款;进一步完善不良贷款的责任追究制度,客观公正地考核评价信贷人员的工作绩效,不要提出诸如新增贷款不良率必须为零的不切实际的要求。

七、合理确定中小企业贷款期限和额度

各商业银行要根据各地中小企业的不同生产周期、市场特征及资金需求,合理确定贷款期限。要防止脱离中小企业的生产和流通实际需要,人为延长或缩短贷款期限,给中小企业增加利息负担和贷款困难。

各商业银行要从中小企业的实际出发,适应中小企业贷款额度小、频率高的特点,尽量满足其合理流动资金贷款需求,不得设置最低贷款额度限制

八、提高信贷工作效率

在保证贷款质量的前提下,各家银行要适当简化贷款手续,减少审批环节。对中小企业流动资金贷款申请,应在收到书面申请后 15 个工作日内给予答复,如延长答复时间,须说明理由。要努力提高信贷人员素质,加强对信贷人员的培训,提高信贷人员的服务水平和工作效率。

九、努力开展信贷创新

各商业银行要在注意防范和化解信贷风险的基础上,努力开展中小企业信贷创新。在报人民银行备案同意后,可以试办中小企业专利权质押贷款等信贷新业务;可以接受客户委托,对一些中小企业账户实行银行托管,对贷款的现金流,实行全过程监控,确保还款资金来源。

十、人民银行各分支行要加强对中小企业贷款的协调和监督

人民银行各分支行要把贯彻落实本指导意见作为一项重要工作来抓,确保本指导意见提出的各项措施落到实处。要主动关心地方经济发展,及时掌握中小企业发展状况,了解中小企业需求,协调和促进银企关系健康发展;要注意发挥银行信贷登记咨询系统的作用,改善中小企业信用环境;要加强与政府有关部门的沟通,拓宽中小企业融资渠道,协助完善中小企业担保体系,为中小企业发展创造良好的外部条件;要发挥好人民银行对中小金融机构再贷款的作用,督促中小金融机构将再贷款主要用于支持中小企业的发展。

请人民银行各分行、营业管理部将本文转发至辖区内各城市商业银行、城市信用社。

（此件由中国人民银行办公厅提供）

就业是民生之本[①]

（2002 年 9 月 12 日）

江泽民

　　这次全国再就业工作会议，是党中央、国务院决定召开的，十分重要。会议的主要任务是，研究和制定新形势下促进再就业的政策措施，讨论中共中央、国务院关于进一步做好下岗失业人员再就业工作的通知稿。下面，我讲三个问题。

一、充分认识就业再就业工作的极端重要性

　　就业问题，各国都有，可以说是一个世界性难题。无论是发达国家还是发展中国家，都很重视就业问题。许多国家都把失业率作为观察经济运行和社会动向的晴雨表，把增加就业和促进经济增长、抑制通货膨胀、实现国际收支平衡一起作为宏观调控的四大目标。我国有近十三亿人口，就业问题比任何一个国家都复杂，扩大就业的任务比任何一个国家都繁重。

　　就业是民生之本。就业工作，历来受到党和政府的高度重视。一九五〇年，毛泽东同志在党的七届三中全会上就把"认真地进行对于失业工人和失业知识分子的救济工作，有步骤地帮助失业者就业"[②]作为当时八项重点工作之一。一九七九年三月，邓小平同志指出："中国式的现代化，必须从中国的特点出发。比方说，现代化的生产只需要较少的人就够了，而我们人口这样多，怎样两方面兼顾？不统筹兼顾，我们就会长期面对着一个就业不充分的社会问题。"[③]改革开放二十多年来，为解决好就业问题，我们采取了一系列行之有效的政策措施。对于近些年来日益突出的国有企业下岗职工问题，中央多次研究决策，不断对下

① 这是江泽民在全国再就业工作会议上的讲话。
② 见毛泽东《为争取国家财政经济状况的基本好转而斗争》(《毛泽东文集》第 6 卷，人民出版社 1999 年版，第 71 页)。
③ 见邓小平《坚持四项基本原则》(《邓小平文选》第 2 卷，人民出版社 1994 年版，第 164 页)。

岗职工基本生活保障和再就业工作作出部署。一九九八年五月,中央专门召开国有企业下岗职工基本生活保障和再就业工作会议,出台了相关政策。总的看,我们在就业再就业工作方面,取得了显著成绩。

当前及今后一个较长时期内,我国就业形势仍十分严峻。我国就业方面的主要矛盾,是劳动者充分就业的需求与劳动力总量过大、素质不相适应之间的矛盾。这将是一个长期存在的问题。当前,主要表现在劳动力供求总量矛盾和就业结构性矛盾同时并存,城镇就业压力加大和农村富余劳动力向非农领域转移速度加快同时出现,新成长劳动力就业和失业人员再就业问题相互交织。焦点集中在下岗失业人员再就业上。这个问题已经成为一个带有全局性影响的重大经济和社会问题。

从总量看,"十五"期间每年城乡新增劳动力将升至峰值,加上现有城镇下岗失业人员等,每年城镇需要安排就业的人数达到二千二百多万。在现有经济结构状况下,按经济增长速度保持在百分之七左右,每年新增就业岗位七百万到八百万个,年度劳动力供大于求的缺口为一千四百万到一千五百万个,再加上农村还有一亿五千万富余劳动力,供大于求的矛盾十分尖锐。另一方面,就业结构性矛盾也十分突出。传统行业出现大批下岗失业人员,许多人再就业困难,而新兴的产业、行业和技术职业需要的素质较高的人员又供不应求。加入世界贸易组织后,国际经济波动和世界经济结构调整对我国的影响更加直接,不同地区、不同行业劳动力供求的不平衡性还会加剧,劳动力素质与岗位需求不适应的矛盾会更加突出。劳动力供求总量矛盾和就业结构性矛盾交织在一起,使就业问题的解决极为艰巨。

在下岗人员中,年龄偏大、就业技能单一、再就业面临特殊困难的群众为数不少。男性五十岁、女性四十岁以上的大龄人员和初中以下文化程度的人员,均占百分之四十左右。初级和无技术等级的人员约占百分之五十。城市贫困人口中相当一部分属于就业困难群众,其中主要是下岗失业人员和停产半停产企业职工等。这些就业困难群众的就业再就业问题,解决起来难度更大。

我国目前的就业压力,与西方发达国家的就业压力有着明显区别。西方国家的失业问题是在已经完成城市化的情况下发生的,主要受经济衰退和产业升级的影响。而我国城市化程度还不高,随着经济的发展和城镇化的推进,农村劳动力向非农转移的数量会越来越大。在城市下岗失业人员问题相当严重的情况下,大量农村富余劳动力进城务工,必然会使就业工作难度加大。

扩大就业,促进再就业,关系改革发展稳定的大局,关系人民生活水平的提高,关系国家的长治久安,不仅是重大的经济问题,也是重大的政治问题。就业问题解决得如何,是衡量一个执政党、一个政府的执政水平和治国水平的重要标志。在西方国家,就业问题一直是各政党竞选纲领的主要内容,是民众评价政府政绩的重要指标。我国是社会主义国家,我们党的宗旨是全心全意为人民服务,千方百计解决好群众的就业问题,就是为人民办实事,就是贯彻"三个代表"要求的重大实践。各级党委和政府一定要把就业再就业工作,始终作为关系改革发展稳定的大事,务必抓紧、抓实、抓好。

二、集中力量做好下岗失业人员再就业工作

当前,促进下岗失业人员再就业,存在一些亟待解决的问题。(一)下岗失业人员再就业难度越来越大。目前仍在再就业服务中心的下岗职工,大都属于就业困难群众,工作难度很大。下岗职工再就业率呈逐年下降趋势。(二)相当数量的下岗失业人员及其家庭生活十分困难。"三条保障线"所提供的毕竟只是一种低水平的保障,子女上学和生病就医等问题很难甚至无力解决。很多人上有老、下有小,生活负担很重。只有实现再就业,靠劳动收入的提高,才能从根本上解决问题。(三)协议期满下岗职工出再就业服务中心的问题日趋突出。目前仍在中心的下岗职工,百分之九十一集中在亏损和停产企业。大多数困难企业支付不了经济补偿金,不能偿还拖欠职工的工资、医药费和集资款等各种债务。要解决这个问题,除了从各方面筹集资金之外,最根本的是要促进再就业。否则,即使下岗职工出了中心,也仍然会面临严重的失业和生活困难问题。

国有企业下岗失业人员,为国家建设作出过贡献,理应得到国家和社会的关心和帮助。解决好他们的再就业问题,是整个就业工作的重中之重,是各级党委和政府以及全社会义不容辞的责任。如果这个问题解决不好,不仅会影响已经取得的改革成果的巩固,影响企业改革和经济结构调整工作的深入,还会影响社会的安定团结。各级党委和政府一定要下更大决心,花更大气力,采取更加有力的措施,切实做好再就业工作。各级领导干部在开展工作时,一定要注意分清轻重缓急,善于集中力量搞好当务之急。做好下岗失业人员的再就业工作,就是当前党和国家工作中一项重大而紧迫的当务之急。对此,全党同志必须有足够的认识,加紧工作,并有针对性地采取一些政策措施。

第一,要结合本地区经济社会发展的需要和下岗失业人员的特点,有组织地

开发一批适合下岗失业人员从事的就业岗位。要千方百计帮助下岗失业人员获得一份工作。社区就业潜力很大，应该把充分开发社区服务业的就业岗位作为一个重点。有关调查表明，目前我国城市中，至少有一千五百万个社区就业岗位可以开发。社区就业不仅门路广，而且门槛较低，不需要很高的文化和技能，也不需要很大的资金投入。社区就业对方便居民生活和提高居民生活质量有积极的意义。

第二，要有针对性地开展面向下岗失业人员的职业介绍和职业指导。解决就业困难群众的再就业问题，单靠一般性的职业介绍和职业指导是不行的，必须提供更有针对性的就业服务，进一步把工作做细做实。有些地方开展"一对一"服务，专人负责，跟踪到底，直到帮助下岗失业人员实现就业。有些地方为自谋职业人员开展工商、税务、劳动保障事务代理等一条龙服务，使下岗失业人员很快就能办完所有手续。有些地方的劳动力市场开设了为下岗失业人员服务的专门窗口。这些做法都值得推广。

第三，要充分重视职业培训在促进再就业中的重要作用。搞好职业培训，是实现再就业的重要条件。要提高再就业培训的针对性、实用性、有效性。适应就业市场的需求和变化，帮助下岗职工通过培训掌握再就业的技能和本领。要培训下岗职工学会创业，这样不仅自己可以实现就业，还能带动其他下岗失业人员就业。只要形成了一种以培训促进创业、以创业促进就业的良性机制，再辅之以鼓励自谋职业的优惠政策，路子就会越走越宽。

第四，要积极开展再就业援助。要鼓励和促进劳动者通过劳动力市场实现自主就业，同时对于年龄偏大、技能偏低、竞争能力较弱的劳动者，也应积极开展就业援助。政府的资金和政策要集中用于帮助最困难的群众实现再就业，政府开发的公益性就业岗位主要应用来安排他们，并采取提供就业援助、社会保险补贴和岗位补贴等更加优惠的扶持政策。对下岗失业人员的职业介绍和再就业培训等服务都要免费。下岗失业人员自谋职业、服务型企业批量招收下岗失业人员、国有企业通过主辅分离分流安置富余职工等，都应在税费政策上给予支持。

要继续巩固"两个确保"①，搞好下岗职工基本生活保障、失业保险和城市居民最低生活保障制度"三条保障线"的衔接，切实做到应保尽保。各级政府和企业要继续运用现有各类渠道筹措资金，加大对生活困难的下岗失业人员的扶持力度，确保他们的基本生活。

---

① "两个确保"，指确保企业离退休人员基本养老金按时足额发放、确保国有企业下岗职工基本生活。

三、全面做好扩大就业的各项工作

做好再就业工作,同做好整个就业工作是紧密联系的。我们党和政府在解决十几亿人口吃饭、几亿劳动力就业这个大问题上,进行了长期富有成效的探索,积累了丰富的经验。要结合新的情况,总结实践经验,借鉴国外的有益措施,逐步走出一条既能够充分促进就业、又能够保证经济持续快速健康发展的路子。从长远来看,我们要逐步加快培育和发展劳动力市场,完善就业服务体系,建立以劳动者自主就业为主导、以市场调节就业为基础、以政府促进就业为动力的就业机制。

做好当前和今后一个时期的就业再就业工作,要处理好以下五个方面的关系。

第一,要正确处理发展经济和扩大就业的关系,通过发展经济扩大就业,通过扩大就业推动经济发展,实现发展经济与扩大就业的良性互动。发展是硬道理。通过发展经济来扩大就业,是解决就业问题的根本途径。在研究经济社会发展规划时,要把就业问题作为重要内容统筹考虑。

第二,要正确处理经济结构调整和扩大就业的关系,使经济结构调整和劳动力结构调整协调推进。社会生产力水平的多层次性和所有制结构的多样性,是我国社会主义初级阶段的重要特征。因此,在提高产业科技含量的同时要重视发展劳动密集型产业,在增强国有经济竞争力的同时要加快发展多种所有制经济,在培育一批大型企业集团的同时要大力发展中小企业,充分发挥各种产业和企业在吸纳劳动力就业方面的作用。第三产业的就业增长弹性大,应该作为扩大就业的主攻方向。我国有丰富的旅游资源,应该充分利用,在提高经营管理水平和切实保护生态环境的条件下,积极发展旅游业,扩大就业。一些以资源开采为主的城市和地区,经过长期开采,资源已经枯竭,要按照市场的需求,结合本地的优势,有步骤地发展接续产业,进行整体性调整,重振经济。要努力开拓国际劳务市场,鼓励具有比较优势的产业和企业向境外发展,有组织地开展各类专业人员的劳务输出,带动就业增长。

第三,要正确处理深化改革和扩大就业的关系,坚持减员增效和促进再就业相结合、职工下岗分流和社会承受能力相适应的原则。要全面理解和正确贯彻鼓励兼并、规范破产、下岗分流、减员增效、实施再就业工程的方针,统筹考虑减员增效和促进再就业。企业职工下岗分流,要充分考虑财政、企业、职工和社会保障的承受能力,量力而行。国有企业要积极挖掘内部潜力,发展多种经营,改制分流,多渠道安置富余人员,能不推向社会的尽量不推向社会,更不能简单地向社会一推了之。实行企业关闭,要切实做好职工的安置工作。

第四,要正确处理城乡经济协调发展和扩大就业的关系,把引导农村富余劳动力转移和解决农业、农村、农民问题紧紧联系起来。在重点做好城镇下岗失业人员再就业工作的同时,要统筹兼顾城镇新增劳动力和农村富余劳动力的就业工作。通过发展农村经济,积极稳妥地推进小城镇建设,发展乡镇企业和服务业,为农村劳动力开辟更多生产门路和就业门路。对农民进城务工要公平对待、合理引导、完善管理、搞好服务,组织和引导农村富余劳动力有序流动,加强信息服务和职业培训,维护农民工的合法权益,促进农村富余劳动力向非农产业转移。

第五,要正确处理完善社会保障体系和扩大就业的关系,通过实行"两个确保"解决保障基本生活的当务之急,通过促进再就业解决下岗失业人员的根本出路,通过完善社会保障体系为深化改革和扩大就业提供保障。就业工作和社会保障,要整体部署、协调推进。要进一步完善社会保障体系,建立和完善"三条保障线",同时要建立健全养老保险和医疗保险,并逐步走上法制的轨道,为深化改革、促进发展、保持稳定提供重要保证。

为办好就业这件大事,国家该花的钱必须花。要精打细算,节省一切可以节省的资金,首先保证多用一些在就业和社会保障上。哪怕暂时少上几个项目,也要先保这件事。至于那些劳民伤财、沽名钓誉的"形象工程"和"标志性工程",绝对不能再搞了。要调整和优化财政支出结构,增加财政对就业的投入。西方发达国家很舍得在就业上花钱。欧盟成员国每年投入促进就业的资金平均占当年国内生产总值的百分之一左右。美国二〇〇二年度就业培训的财政预算为九十亿美元,比上年增加百分之三十。我国是世界上劳动人口最多的国家,就业任务繁重,财政再困难,也要拿出钱来支持就业。

各级党委和政府都要清醒地认识就业再就业工作的长期性、艰巨性、复杂性,坚决落实中央的方针政策。既要立足当前,明确工作重点,采取有效措施,集中人力、物力、财力,打好攻坚战,又要着眼长远,把就业再就业工作作为一项长期战略任务,制定中长期规划和政策,打好持久战。要加强统筹协调,发挥各方面的积极性,形成全社会共同参与、齐抓共管的局面。要定期分析情况、研究对策,及时解决突出问题,做到工作责任到位、政策落实到位、资金投入到位、措施保证到位。各级领导干部要满腔热情地为下岗失业人员排忧解难,确保再就业各项政策措施落实到他们身上。

强有力的思想政治工作,历来是我们党的重要政治优势。越是深化改革,越是遇到困难,越要加强思想政治工作。在复杂的改革和人员调整中,一点小乱子都不出是不可能的,关键是要把工作做在前面,出现不稳定的苗头及时加以化解,确保不出大乱子。要通过深入细致的思想政治工作,引导职工群众支持企业改革,自觉维护稳定。

（选自《江泽民文选》第三卷,人民出版社 2006 年第 1
版,第 504—513 页）

切实做好再就业和社会保障工作[①]（节录）

（2002 年 9 月 13 日）

朱镕基

　　党中央、国务院召开的这次全国再就业工作会议，是一次十分重要的会议。会议开始时，江泽民同志发表的重要讲话，从党和国家工作全局的战略高度，深刻指出了做好再就业工作的极端重要性，明确了在新的形势下进一步做好就业和再就业工作的指导思想、方针政策，为今后的工作指明了方向。与会同志讨论了《中共中央、国务院关于进一步做好下岗失业人员再就业工作的通知（讨论稿）》。这次会议对于全面推动就业和再就业工作，进一步巩固"两个确保"和完善社会保障体系，促进改革开放和经济发展，保持社会稳定，将起到重要的作用。下面，我根据会议讨论情况，讲几点意见。

一、正确认识和切实做好下岗失业人员再就业工作

　　总的说，既要充分肯定国有企业改革，特别是实施再就业工程以来所取得的成绩，也要足够估计当前再就业工作的迫切性和艰巨性。

　　进一步做好下岗失业人员再就业工作，是党中央、国务院从当前改革发展稳定大局出发作出的重要决策。当前，我国经济形势总的是好的，前进中的一个突出问题是下岗失业人员较多，影响企业和社会稳定的群体性事件有所增加。扩大就业，促进下岗失业人员再就业，是我们当前一项紧迫的重要任务，是贯彻"三个代表"要求的具体体现，关系人民群众的根本利益和国家的长治久安。这次会议，对新形势下促进下岗失业人员再就业，采取更加有力的政策措施，作出全面的工作部署，充分说明党中央、国务院对进一步做好就业和再就业工作的高度重视。

　　党中央、国务院一贯非常重视再就业工作。党的十四大明确提出建立社会主义市场经济体制的改革目标，加快推进国有企业改革以后，江泽民等中央领导

[①] 这是朱镕基在全国再就业工作会议上的讲话。

同志反复强调在深化改革中,一定要做好再就业工作。中央相继制定了一系列正确的方针、政策和措施。一九九三年,开始在三十个城市进行再就业工程的试点。一九九五年四月,国务院办公厅转发劳动部的报告,在全国普遍实施再就业工程。一九九七年一月,针对当时企业兼并破产增加、下岗职工增多的情况,国务院召开了全国国有企业职工再就业工作会议,提出国有企业兼并破产的关键和工作重点是下岗职工的再就业。一九九七年九月,江泽民同志在党的十五大报告中进一步明确指出,加快推进国有企业改革,必须"实行鼓励兼并、规范破产、下岗分流、减员增效和再就业工程,形成企业优胜劣汰的竞争机制"。一九九七年底的中央经济工作会议再次强调,坚定不移地走这条路子,是搞好国有企业的必由之路和根本措施,并提出成立再就业服务中心,保证下岗职工基本生活费,进行再就业培训,帮助他们逐步重新就业,绝不能把他们简单地推向社会,撒手不管。一九九八年五月,党中央、国务院召开国有企业下岗职工基本生活保障和再就业工作会议,确定按"三三制"原则筹集下岗职工基本生活保障资金,采取多渠道、多形式促进再就业,并规定在资金信贷、税负减免、工商登记和场地安排等方面,对下岗职工再就业给予扶持。这几年,国家还积极建立下岗职工基本生活保障、失业保险和城镇居民最低生活保障"三条保障线"以及养老、医疗保险制度。国家不断加强了对国有企业下岗职工基本生活保障和再就业方面的资金投入。一九九八年到二〇〇一年,通过"三三制"全国共筹集资金八百四十七亿元用于这两个方面,其中,中央财政投入四百三十四亿元,地方财政投入二百一十亿元。今年中央财政预算安排用于这两方面的资金达一百三十九亿元,是一九九八年的一点八三倍。这些方针和政策措施,有力地促进了国有企业改革和脱困三年目标的基本实现,推动了经济结构调整和产业升级,保证了绝大多数下岗职工的基本生活,并使大部分下岗职工通过多种途径实现了再就业,维护了社会稳定。实践充分证明,中央确定的方针和政策措施是完全正确的。如果没有及时采取这些方针政策,我国改革开放和现代化建设就不可能取得这么大的成就,也就不会有今天这样好的政治经济形势。对于这些年取得的成绩,必须给予充分肯定。

　　从近几年的实践看,解决下岗失业人员问题,不是钱多就什么都能做到,也不是钱少就什么都不能做。所谓的"买断工龄"是错误的,中央从来就没有这个提法,只是讲可以有偿解除劳动关系。下岗职工与企业的关系不是用钱就能够买断的。只要工作到家,花钱少也可以解决问题。在国有企业改革中,有些企业实行资产重组、主辅分离,把优良资产剥离出来上市,这个方向是正确的,实践证明也是成功的。截止今年八月底,境内上市公司达一千一百九十七家。一九九八年到二〇〇二年八月,通过境内证券市场共筹集资金四千九百一十五亿元;境外证券市场 H 股公司二十六家,累计筹资九十亿美元;红筹股公司十八家,累计筹资二百四十亿美元。上市公司筹集的大量资金,增强了企业自我发展能力,同时还上缴了一百四十九亿元资金,补充了社会保障基金。更为重要的是,有力地促进了企业经营机制的转换,增强了企业活力。在深化企业改革和调整结构中,一部分职工下岗分流,是难以完全避免的。要历史地和长远地看待这个问题,这是前进和发展中必然要付出的代价。如果国有企业不能把大量富余人员逐步减下来,就不可能增强竞争力。必须十分明确,中央确定的方针和政策措施,是搞好国有企业的根本出路。只有坚持改革,国有企业才有希望,也才能真正实现国家的现代化。从根本上说,只有深化改革,不断解放和发展生产力,才能创造出更多的就业岗位。

回顾这几年的再就业工作,看来有两方面需要改进。一是再就业政策力度、培训力度和宣传教育力度需要加大;二是"三条保障线"的衔接工作需要加强,不能脱节。必须认真总结经验,抓紧完善政策,大力改进工作,正确处理深化改革、调整结构和扩大就业的关系。既要坚持改革方向,又要过细地做好工作,在推进改革和结构调整中,积极促进再就业,努力保持社会稳定。

我们在肯定再就业工作成绩的同时,还要清醒看到进一步做好再就业工作的紧迫性和艰巨性。从目前看,多年积累下来的下岗失业人员还比较多。现在仍然没有再就业的下岗失业人员,相当一部分人年龄偏高、文化技术水平较低,再就业难度较大。他们曾经为国家做出过贡献,需要政府采取一些特殊的政策措施,给予必要的支持和帮助。从长期看,对我们这样一个有近十三亿人口的发展中国家来说,劳动力供过于求将是整个现代化进程中长期存在的客观现象。从根本上解决就业和再就业,是个难度很大的问题。特别是随着工业化、现代化进程加快,农村劳动力向非农产业转移日益增加,企业改革继续深化,结构调整不断推进,以及加入世贸组织后市场竞争加剧,就业和再就业压力还会加大。因此,我们必须要有充分的估计和准备,做出坚持不懈的努力。

总之,当前和今后一个时期,做好就业和再就业工作是我们一项极其重要的任务。各地区、各部门一定要按照江泽民同志重要讲话精神,提高认识,统一思想,明确任务,采取更加有力的措施,切实加大工作力度,把就业和再就业工作做得更好。

二、促进再就业需要把握好的几个问题

这次会议讨论的《通知》稿,在过去已有政策的基础上,进一步加大了对再就业的支持力度,各地区、各部门要认真贯彻落实。这里需要强调,做好下岗失业人员再就业工作,既要发挥政府的促进作用,也要发挥市场机制的调节作用。要注意把握好以下几个问题。

(一)必须坚持正确的就业方针。实行"劳动者自主择业、市场调节就业、政府促进就业",这是中央确定的正确方针,也是这次《通知》稿的一个重要精神,一定要认真贯彻执行。

我国劳动力总量大,整体素质较低,经济结构调整和技术进步对劳动力的要求越来越高,扩大就业,缓解劳动力供求的矛盾,是一个长期的战略任务。在这个过程中,政府在促进就业和再就业中的作用是很重要的,这方面必须十分明确。同时,也要认识到,在发展社会主义市场经济条件下,就业和再就业还是主要依靠市场调节,政府不能包办,实际上也包不下来。政府在促进就业和再就业中的作用主要是:制定就业规划,引导和调节劳动力供求;实施积极的就业政策,对特殊困难对象实施就业援助;健全劳动力市场体系,依法维护劳动力市场秩序;提供就业服务和完善社会保障等。这些都是政府需要做好的。但是,我们必须始终坚持充分发挥市场机制在就业和再就业中的主导性作用,或者说基础性作用。要把市场机制的调节作用和政府的促进作用很好地结合起来,这是解决我国就业和再就业问题的正确选择。这次,中央制定了进一步促进再就业的政策,对扩大就业,缓解目前就业压力过大的矛盾将起到重要作用,但绝不可忽视市场调节的作用,工作的着眼点和着力点还是要充分发挥市场机制的作用。

(二)必须明确再就业的主要方向。我们经济成长进入新阶段,正处在经济体制和经济增长方式根本性转变时期,增加劳动就业主要不是在工业领域,不在大企业,不在国有企业,而主要是在服务业,在中小企业,在集体经济和个体私营经济。工业领域总体上人员仍然过多,今后也不可能净增多少就业岗位。服务业能够提供大量就业岗位,而且长期以来发展滞后,需要加快发展。大企业资金技术密集,用人相对较少,而中小企业面宽量大,又多为劳动密集型,是扩大就业的主要方面。国有企业过去长期是城镇就业的主体,现在总体上人员还是太多,扩大就业主要依靠发展多种形式的城乡集体经济,进一步发展个体私营经济和混合所有制经济。以上几个方面,具有发展的广阔空间和吸纳就业的巨大潜力。把它们作为主要的就业方向,是继续调整产业结构、企业组织结构和所有制结构的内在要求,是经济结构战略性调整的重要内容。

　　国有企业减员增效工作还要继续进行,但方法要改进。减员增效要与促进再就业相结合,下岗分流的规模和进度要与社会承受能力相适应。国有大中型企业要充分挖掘内部潜力,通过主辅分离、辅业转制,开展多种经营等渠道,提供新的工作岗位。独立工矿区要尽可能利用现有土地资源和设施,大力发展第一产业和第三产业,尽可能多地安置下岗分流人员。上市公司精简人员,要首先安排到存续企业,不要简单地把他们推向社会。

　　大力发展灵活多样的就业方式,包括非全日制、非固定单位、临时性、季节性就业和钟点工,加强社区管理服务等。这对不同年龄、性别、文化技术水平的就业者都有适应性,是劳动者自主就业的好形式。在一些大中城市,钟点工就走进了寻常工薪家庭,既增加了就业岗位,又方便了城镇居民生活。灵活就业的方式,应当大力提倡。

　　从根本上转变就业观念,是扩大就业和再就业的关键所在。现在,很多下岗失业人员没有再就业,不完全是没有活干,也不是不会干,而主要是择业观念陈旧。这两年,一些城市提出,只要不挑不拣,下岗失业人员在四十八小时内就可以再就业,但有一些下岗失业人员横挑竖拣,结果是长期找不到工作。这其中可能有些具体原因,但主要是择业观念没有转变。要进一步采取多种形式,教育和引导下岗失业人员真正树立自主创业、灵活择业、竞争就业的新观念。这方面,要加大宣传工作力度,新闻和文艺工作者要深入到他们中间,了解他们的情况,描写他们的生活,多反映那些创业自强的感人事迹,在全社会进一步形成就业、择业和用工的新观念。

　　(三)必须全面贯彻中央的政策措施。为了进一步做好再就业工作,中央这次出台了一些新的支持再就业的政策措施。主要包括对下岗失业人员自谋职业,从事个体经营的,在一定期限内免征有关税费和提供小额贷款;对于服务型企业吸纳下岗失业人员的,区别不同情况在一定期限内分别减免有关税收和提供社会保险补贴;对国有大中型企业通过主辅分离分流安置富余人员,符合条件的,在一定期限内免征企业所得税等。这些政策措施,充分考虑了促进再就业的需要。与过去相比,扩大了范围,加大了扶持力度。同时要看到,这些政策措施在实际操作中比较复杂,需要积极、审慎、稳妥地实施,有些还需要通过在实践探索中总结经验,不断完善。因此,这次对有关减免税收的政策暂定执行到二〇〇五年底。规定这个期限,是为以后决策留下充分的余地和政策调整的空间。如果通过实践证明这些政策确实有效,今后还可以加大力度,扩大范围,延长期限。要充分考虑到在实施过程中可能遇到的新矛盾、新情况。各地区一定要按中央规定的政策界限和工作部署进行工作,避免随意性,不能一哄而起。也就是说,既要考虑到需要,又要考虑到可能;既要解决实际问题,又要防止出现偏差。这些政策都是要花钱的,只要一放松,超出了政策的范围,就是无底洞。中央财政和地方财政都要按照要求,切实调整支出结构,加大再就业资金支持力度。中央财政投入一定会增加的,地方也要相应增加资金。各地可根据中央精神,结合本地情况,制定具体实施办法和措施,但不得擅自扩大政策的适用范围,不能越权减免税。国务院有关部门要抓紧制定各项配套政策措施,争取尽早出台。

(四)必须继续加强再就业服务。要高度重视职业教育和再就业培训,把这项工作放到非常重要的地位。这既可以提高劳动力素质和技能,又可缓解就业压力。要根据劳动力市场变化、产业结构调整和企业增加品种、提高产品质量的需要,进一步增强培训的针对性、实用性和有效性。国内外实践证明,"订单式"培训可以密切劳动力供需关系,效果很好,值得借鉴。要努力为下岗失业人员再就业提供及时、便捷、周到的服务。公共职业介绍等机构对下岗失业人员,要实行求职登记、职业指导、职业介绍、培训申请、鉴定申报、档案管理、社会保险关系接续"一站式"服务。对自谋职业的,要简化开办手续,提高服务效率,有条件的应采取"一条龙"方式设立专门窗口,使他们一次就能办妥所有手续。要加快就业服务信息化建设,健全劳动力市场信息网及其公开发布系统,方便下岗失业人员和用人单位及时了解岗位供求信息。这些方面,有些国家做得比较好。我们许多地方也开展了"一站式"、"一条龙"就业服务,对促进就业和再就业发挥了很好作用,应当加以推广。

要继续整顿和规范劳动力市场秩序。当前,劳动力市场方面的问题不少。下岗失业人员的一些合法权益还得不到保障。必须依法加大整治力度,对非法职业中介和各类欺诈行为,要严厉打击;对企业招聘人员不签订劳动合同、滥用试用期、随意压低和克扣工资、拒缴社会保险费等违法违规行为,要加强劳动监察,严肃进行查处。

三、继续加强社会保障体系建设

既要贯彻落实这次会议精神,突出地重点抓好再就业工作,也要继续做好完善社会保障体系的工作。

(一)首先还是全面落实"两个确保"和城市"低保"。这几年,从中央到地方都加强了这方面的工作,取得了很大进展,群众总体上是比较满意的。从目前反映的情况看,不少地方和单位还存在"死角"。比较突出的,一是协议期满但未出中心的下岗职工,有些人不能继续领取基本生活费。二是未进中心的下岗职工,领不到基本生活费,有些人也未能进入"低保"。三是已出中心尚未实现再就业的下岗职工,没有得到应有的社会保障;已出中心并与企业解除劳动关系的部分人员社会保险接续难。四是企业新裁减人员,有些人生活没有着落。五是部分困难企业的在职职工,不能按时拿到工资,但又因拖欠的工资被计为"应得收入",而进入不了"低保"。这些方面的人数还不少。

以上五个方面的问题,前四个是中央的政策措施已明确,主要是由于资金不足和工作不到位造成的。解决这些问题,关键在于有关地方和企业要坚决按中央的要求办,扎扎实实做好工作。对协议期满暂时还难以出中心的下岗职工,要继续运用现有各种渠道筹措的资金保障其基本生活。对企业新裁减人员和出中心的下岗职工,要按规定及时提供失业保险,符合条件的纳入城市"低保"范围。对解除劳动关系的下岗职工,要按规定认真做好各项社会保险的接续工作。困难企业中在岗职工因工资拖欠而生活困难,符合城市"低保"条件的,也要纳入"低保"范围,这方面要抓紧制定具体实施办法。

切实做好城市"低保"工作,仍然是当前社会保障体系建设的一个重点。关键是要合理确定"低保"标准和应保对象的补助水平。标准太高,国家负担不起,也容易形成养懒汉机制,不利于促进就业。有些国家把社保、福利定得过高,背上了沉重包袱,现在都在纷纷进行调整。我们国家底子薄、人口多,社保标准绝对不能搞得太高。'否则,会影响企业和国家的发展。但是,标准太低,又难以保障困难群众的基本生活,这也不行。目前,在一些城市"低保"标准偏高或偏低这两种情况都存在,但主要是已定的标准在执行中问题不少。有些"低保"对象有一定劳动收入,但核实比较难,单位出假证明,个人瞒报,实际收入算得低,拿了"低保"补差后,出现吃"低保"比不吃"低保"的家庭收入高的现象。更多的是,"低保"对象拿到的"低保"补助金达不到标准。一种情况是,"虚拟收入"虽然不提了,但还是把"应得收入"算在内,七折八扣,"低保"补差没几个钱;还有一种情况是,"低保"资金不落实,资金不足就对扩大覆盖面后新增加的"低保"对象,一概降低补助水平。这些做法都是不对的。

现在看来,全国"低保"对象从去年初四百多万人增加到今年七月的一千九百三十多万人,一下子增加这么多人,需要进一步分析和搞清楚。这里有由于中央和地方资金投入增加较多,工作力度加大,使很多困难群众进入"低保"范围的原因,但是也可能存在不少水分。一方面,有没有不符合条件的人进入了"低保"范围;另一方面,"低保"对象是不是真正按标准保了。当然,可能还有一些符合"低保"条件的困难群众没有纳入"低保"范围。因此,各地区、各城市都要组织力量,由领导干部带头认真检查"低保"标准确定和执行的情况。要深入到企业、社区和困难居民家庭,认真调查研究,及时发现和解决各种问题。各地区都要根据每个城市的实际情况,合理确定"低保"标准和应保对象的补助水平,"低保"资金也一定要落实到位。宁可把标准定得低一点,但"低保"补助金一定要按应保对象的实际收入状况准确核定,不能随意七折八扣,补差过少;也要防止瞒报收入、补差过多的现象。同时,要对"低保"对象实行有进有出、补助水平有升有降的动态管理,努力做到不漏保、不错保、"应保尽保",务必把城市"低保"工作扎扎实实地做好。

(二)妥善解决生活困难较大的群众的实际问题。这个问题,在刚刚下发的中央文件中,已经作了明确规定。包括今年下半年普遍提高企业退休职工的基本养老金标准,对其中退休较早的老干部、老工人和军队转业干部等要重点倾斜;在提高企业退休人员基本养老金标准后,对生活仍有困难的老干部、老工人和军队转业干部,有关地方政府可结合本地实际制定相应的生活补助措施;适当提高在乡老复员军人的生活补助标准;对生活困难的建国初期参加革命的退休干部,由地方政府在现有政策基础上给予照顾,适当提高待遇标准;地方各级政府还必须认真解决农村教师、基层公务员等人员的工资拖欠问题,首先要做到不发生新的拖欠;对城镇中生活困难较大的家庭,要在就医、子女入学和住房等方面采取必要的措施予以扶助。这些是中央经过反复讨论作出的重要决策,对于完善社会保障体系,增加低收入居民收入,扩大消费需求,维护社会稳定,都有重要的意义。中央财政对此已经做了安排,该中央拿的钱,将肯定按时足额拨付到位;该地方拿的钱,地方财政要优先给予保证。各地区、各部门一定要按中央的决策办事,务必把好事办好,把党和政府对生活困难较大群众的关心落到实处。应当说,我们现有的经济实力和财力,是完全可以解决这些问题的。宁可少上几个项目,也要保证这方面的支出。绝不要去搞沽名钓誉、劳民伤财的"政绩工程"、"形象工程",要把钱花在困难群众身上。

(三)继续做好完善城镇社会保障体系试点工作。一年多来,辽宁全省和其他省、自治区部分试点城市按照建立完善的社会保障体系的要求,积极地推进各项试点工作,取得了明显进展,积累了一些经验。辽宁的试点实践证明,社保试点的方向是正确的,不要动摇,要坚定不移地进行下去。一定要按照中央的要求,进一步把试点的各项工作做好,为在全国完善城镇社会保障体系积累和探索完整的经验。包括完善城镇企业职工基本养老保险制度;按照要求调整个人账户规模,并做实个人账户,社会统筹基金与个人账户基金分开管理;推动国有企业下岗职工基本生活保障向失业保险和"低保"并轨;健全和完善城市居民最低生活保障制度;大力促进再就业等。要认真执行中央的有关政策,结合本地实际情况,积极探索,妥善解决试点中的问题。全省范围完善社会保障体系的试点,目前只在辽宁进行,待取得成熟的经验后再推广。

从根本上说,进一步做好再就业和社会保障工作,关键是加强领导,狠抓落实。各级党委和政府要把这项工作列入重要议事日程,一级抓一级,真正做到领导到位、工作到位、资金到位。要明确责任,加强检查,多方配合,形成合力。要认真总结和大力宣传推广再就业工作做得好的地方、行业、企业、社区的经验。这次会议上交流了不少好的经验,各有关方面要结合自己的实际,加以学习和借鉴。各级领导干部要进一步转变作风,扎扎实实工作,深入企业,深入社区,深入群众,及时发现新情况,解决新问题,总结新经验,推动全国再就业和社会保障工作更加扎实有效地进行。

同志们,让我们在以江泽民同志为核心的党中央领导下,高举邓小平理论伟大旗帜,按照"三个代表"要求,坚定信心,振奋精神,知难而进,以对党和人民高度负责的精神,切实做好再就业和社会保障工作,以实际行动迎接党的十六大召开。

(选自《十五大以来重要文献选编(下)》,人民出版社
2003 年 9 月第 1 版,第 2566—2571,2576—2581 页)

全面建设小康社会，开创中国特色
社会主义事业新局面①（节录）

（2002年11月8日）

江泽民

四、经济建设和经济体制改革

全面建设小康社会，最根本的是坚持以经济建设为中心，不断解放和发展社会生产力。根据世界经济科技发展新趋势和我国经济发展新阶段的要求，本世纪头二十年经济建设和改革的主要任务是，完善社会主义市场经济体制，推动经济结构战略性调整，基本实现工业化，大力推进信息化，加快建设现代化，保持国民经济持续快速健康发展，不断提高人民生活水平。前十年要全面完成"十五"计划和二〇一〇年的奋斗目标，使经济总量、综合国力和人民生活水平再上一个大台阶，为后十年的更大发展打好基础。

（一）走新型工业化道路，大力实施科教兴国战略和可持续发展战略。实现工业化仍然是我国现代化进程中艰巨的历史性任务。信息化是我国加快实现工业化和现代化的必然选择。坚持以信息化带动工业化，以工业化促进信息化，走出一条科技含量高、经济效益好、资源消耗低、环境污染少、人力资源优势得到充分发挥的新型工业化路子。

推进产业结构优化升级，形成以高新技术产业为先导、基础产业和制造业为支撑、服务业全面发展的产业格局。优先发展信息产业，在经济和社会领域广泛应用信息技术。积极发展对经济增长有突破性重大带动作用的高新技术产业。用高新技术和先进适用技术改造传统产业，大力振兴装备制造业。继续加强基础设施建设。加快发展现代服务业，提高第三产业在国民经济中的比重。正确处理发展高新技术产业和传统产业、资金技术密集型产业和劳动密集型产业、虚拟经济和实体经济的关系。

---

① 这是江泽民在中国共产党第十六次全国代表大会上的报告。

走新型工业化道路,必须发挥科学技术作为第一生产力的重要作用,注重依靠科技进步和提高劳动者素质,改善经济增长质量和效益。加强基础研究和高技术研究,推进关键技术创新和系统集成,实现技术跨越式发展。鼓励科技创新,在关键领域和若干科技发展前沿掌握核心技术和拥有一批自主知识产权。深化科技和教育体制改革,加强科技教育同经济的结合,完善科技服务体系,加速科技成果向现实生产力转化。推进国家创新体系建设。发挥风险投资的作用,形成促进科技创新和创业的资本运作和人才汇集机制。完善知识产权保护制度。必须把可持续发展放在十分突出的地位,坚持计划生育、保护环境和保护资源的基本国策。稳定低生育水平。合理开发和节约使用各种自然资源。抓紧解决部分地区水资源短缺问题,兴建南水北调工程。实施海洋开发,搞好国土资源综合整治。树立全民环保意识,搞好生态保护和建设。

(二)全面繁荣农村经济,加快城镇化进程。统筹城乡经济社会发展,建设现代农业,发展农村经济,增加农民收入,是全面建设小康社会的重大任务。加强农业基础地位,推进农业和农村经济结构调整,保护和提高粮食综合生产能力,健全农产品质量安全体系,增强农业的市场竞争力。积极推进农业产业化经营,提高农民进入市场的组织化程度和农业综合效益。发展农产品加工业,壮大县域经济。开拓农村市场,搞活农产品流通,健全农产品市场体系。

农村富余劳动力向非农产业和城镇转移,是工业化和现代化的必然趋势。要逐步提高城镇化水平,坚持大中小城市和小城镇协调发展,走中国特色的城镇化道路。发展小城镇要以现有的县城和有条件的建制镇为基础,科学规划,合理布局,同发展乡镇企业和农村服务业结合起来。消除不利于城镇化发展的体制和政策障碍,引导农村劳动力合理有序流动。

坚持党在农村的基本政策,长期稳定并不断完善以家庭承包经营为基础、统分结合的双层经营体制。有条件的地方可按照依法、自愿、有偿的原则进行土地承包经营权流转,逐步发展规模经营。尊重农户的市场主体地位,推动农村经营体制创新。增强集体经济实力。建立健全农业社会化服务体系。加大对农业的投入和支持,加快农业科技进步和农村基础设施建设。改善农村金融服务。继续推进农村税费改革,减轻农民负担,保护农民利益。

(三)积极推进西部大开发,促进区域经济协调发展。实施西部大开发战略,关系全国发展的大局,关系民族团结和边疆稳定。要打好基础,扎实推进,重点抓好基础设施和生态环境建设,争取十年内取得突破性进展。积极发展有特色的优势产业,推进重点地带开发。发展科技教育,培养和用好各类人才。国家要在投资项目、税收政策和财政转移支付等方面加大对西部地区的支持,逐步建立长期稳定的西部开发资金渠道。着力改善投资环境,引导外资和国内资本参与西部开发。西部地区要进一步解放思想,增强自我发展能力,在改革开放中走出一条加快发展的新路。

中部地区要加大结构调整力度,推进农业产业化,改造传统产业,培育新的经济增长点,加快工业化和城镇化进程。东部地区要加快产业结构升级,发展现代农业,发展高新技术产业和高附加值加工制造业,进一步发展外向型经济。鼓励经济特区和上海浦东新区在制度创新和扩大开放等方面走在前列。支持东北地区等老工业基地加快调整和改造,支持以资源开采为主的城市和地区发展接续产业,支持革命老区和少数民族地区加快发展,国家要加大对粮食主产区的扶持。加强东、中、西部经济交流和合作,实现优势互补和共同发展,形成若干各具特色的经济区和经济带。

(四)坚持和完善基本经济制度,深化国有资产管理体制改革。根据解放和发展生产力的要求,坚持和完善公有制为主体、多种所有制经济共同发展的基本经济制度。第一,必须毫不动摇地巩固和发展公有制经济。发展壮大国有经济,国有经济控制国民经济命脉,对于发挥社会主义制度的优越性,增强我国的经济实力、国防实力和民族凝聚力,具有关键性作用。集体经济是公有制经济的重要组成部分,对实现共同富裕具有重要作用。第二,必须毫不动摇地鼓励、支持和引导非公有制经济发展。个体、私营等各种形式的非公有制经济是社会主义市场经济的重要组成部分,对充分调动社会各方面的积极性、加快生产力发展具有重要作用。第三,坚持公有制为主体,促进非公有制经济发展,统一于社会主义现代化建设的进程中,不能把这两者对立起来。各种所有制经济完全可以在市场竞争中发挥各自优势,相互促进,共同发展。

继续调整国有经济的布局和结构,改革国有资产管理体制,是深化经济体制改革的重大任务。在坚持国家所有的前提下,充分发挥中央和地方两个积极性。国家要制定法律法规,建立中央政府和地方政府分别代表国家履行出资人职责,享有所有者权益,权利、义务和责任相统一,管资产和管人、管事相结合的国有资产管理体制。关系国民经济命脉和国家安全的大型国有企业、基础设施和重要自然资源等,由中央政府代表国家履行出资人职责。其他国有资产由地方政府代表国家履行出资人职责。中央政府和省、市(地)两级地方政府设立国有资产管理机构。继续探索有效的国有资产经营体制和方式。各级政府要严格执行国有资产管理法律法规,坚持政企分开,实行所有权和经营权分离,使企业自主经营、自负盈亏,实现国有资产保值增值。

国有企业是我国国民经济的支柱。要深化国有企业改革,进一步探索公有制特别是国有制的多种有效实现形式,大力推进企业的体制、技术和管理创新。除极少数必须由国家独资经营的企业外,积极推行股份制,发展混合所有制经济。实行投资主体多元化,重要的企业由国家控股。按照现代企业制度的要求,国有大中型企业继续实行规范的公司制改革,完善法人治理结构。推进垄断行业改革,积极引入竞争机制。通过市场和政策引导,发展具有国际竞争力的大公司大企业集团。进一步放开搞活国有中小企业。深化集体企业改革,继续支持和帮助多种形式的集体经济的发展。

充分发挥个体、私营等非公有制经济在促进经济增长、扩大就业和活跃市场等方面的重要作用。放宽国内民间资本的市场准入领域,在投融资、税收、土地使用和对外贸易等方面采取措施,实现公平竞争。依法加强监督和管理,促进非公有制经济健康发展。完善保护私人财产的法律制度。

(五)健全现代市场体系,加强和完善宏观调控。在更大程度上发挥市场在资源配置中的基础性作用,健全统一、开放、竞争、有序的现代市场体系。推进资本市场的改革开放和稳定发展。发展产权、土地、劳动力和技术等市场。创造各类市场主体平等使用生产要素的环境。深化流通体制改革,发展现代流通方式。整顿和规范市场经济秩序,健全现代市场经济的社会信用体系,打破行业垄断和地区封锁,促进商品和生产要素在全国市场自由流动。

完善政府的经济调节、市场监管、社会管理和公共服务的职能,减少和规范行政审批。要把促进经济增长,增加就业,稳定物价,保持国际收支平衡作为宏观调控的主要目标。扩大内需是我国经济发展长期的、基本的立足点。坚持扩大国内需求的方针,根据形势需要实施相应的宏观经济政策。调整投资和消费关系,逐步提高消费在国内生产总值中的比重。完善国家计划和财政政策、货币政策等相互配合的宏观调控体系,发挥经济杠杆的调节作用。深化财政、税收、金融和投融资体制改革。完善预算决策和管理制度,加强对财政收支的监督,强化税收征管。稳步推进利率市场化改革,优化金融资源配置,加强金融监管,防范和化解金融风险,使金融更好地为经济社会发展服务。

(六)深化分配制度改革,健全社会保障体系。理顺分配关系,事关广大群众的切身利益和积极性的发挥。调整和规范国家、企业和个人的分配关系。确立劳动、资本、技术和管理等生产要素按贡献参与分配的原则,完善按劳分配为主体、多种分配方式并存的分配制度。坚持效率优先、兼顾公平,既要提倡奉献精神,又要落实分配政策,既要反对平均主义,又要防止收入悬殊。初次分配注重效率,发挥市场的作用,鼓励一部分人通过诚实劳动、合法经营先富起来。再分配注重公平,加强政府对收入分配的调节职能,调节差距过大的收入。规范分配秩序,合理调节少数垄断性行业的过高收入,取缔非法收入。以共同富裕为目标,扩大中等收入者比重,提高低收入者收入水平。

建立健全同经济发展水平相适应的社会保障体系,是社会稳定和国家长治久安的重要保证。坚持社会统筹和个人账户相结合,完善城镇职工基本养老保险制度和基本医疗保险制度。健全失业保险制度和城市居民最低生活保障制度。多渠道筹集和积累社会保障基金。各地要根据实际情况合理确定社会保障的标准和水平。发展城乡社会救济和社会福利基金。有条件的地方,探索建立农村养老、医疗保险和最低生活保障制度。

(七)坚持"引进来"和"走出去"相结合,全面提高对外开放水平。适应经济全球化和加入世贸组织的新形势,在更大范围、更广领域和更高层次上参与国际经济技术合作和竞争,充分利用国际国内两个市场,优化资源配置,拓宽发展空间,以开放促改革促发展。

进一步扩大商品和服务贸易。实施市场多元化战略,发挥我国的比较优势,巩固传统市场,开拓新兴市场,努力扩大出口。坚持以质取胜,提高出口商品和服务的竞争力。优化进口结构,着重引进先进技术和关键设备。深化外经贸体制改革,推进外贸主体多元化,完善有关税收制度和贸易融资机制。

进一步吸引外商直接投资,提高利用外资的质量和水平。逐步推进服务领域开放。通过多种方式利用中长期国外投资,把利用外资与国内经济结构调整、国有企业改组改造结合起来,鼓励跨国公司投资农业、制造业和高新技术产业。大力引进海外各类专业人才和智力。改善投资环境,对外商投资实行国民待遇,提高法规和政策透明度。实施"走出去"战略是对外开放新阶段的重大举措。鼓励和支持有比较优势的各种所有制企业对外投资,劳动商品和劳务出口,形成一批有实力的跨国企业和著名品牌。积极参与区域经济交流和合作。在扩大对外开放中,要十分注意维护国家经济安全。

(八)千方百计扩大就业,不断改善人民生活。就业是民生之本。扩大就业是我国当前和今后长时期重大而艰巨的任务。国家实行促进就业的长期战略和政策。各级党委和政府必须把改善创业环境和增加就业岗位作为重要职责。广开就业门路,积极发展劳动密集型产业。对提供新就业岗位和吸纳下岗失业人员再就业的企业给予政策支持。引导全社会转变就业观念,推行灵活多样的就业形式,鼓励自谋职业和自主创业。完善就业培训和服务体系,提高劳动者就业技能。依法加强劳动用工管理,保障劳动者的合法权益。高度重视安全生产,保护国家财产和人民生命的安全。

发展经济的根本目的是提高全国人民的生活水平和质量。要随着经济发展不断增加城乡居民收入,拓宽消费领域,优化消费结构,满足人们多样化的物质文化需求。加强公共服务设施建设,改善生活环境,发展社区服务,方便群众生活。建立适应新形势要求的卫生服务体系和医疗保健体系,着力改善农村医疗卫生状况,提高城乡居民的医疗保健水平。发展残疾人事业。继续大力推进扶贫开发,巩固扶贫成果,尽快使尚未脱贫的农村人口解决温饱问题,并逐步过上小康生活。

胜利完成经济建设和经济体制改革的各项任务,对加快推进社会主义现代化具有决定性意义。只要全党和全国各族人民同心同德,艰苦奋斗,我们就一定能够建立完善的社会主义市场经济体制,在新世纪新阶段继续保持国民经济持续快速健康发展。

十、加强和改进党的建设(节录)

(五)切实做好基层党建工作,增强党的阶级基础和扩大党的群众基础。党的基层组织是党的全部工作和战斗力的基础,应该成为贯彻"三个代表"重要思想的组织者、推动者和实践者。要坚持围绕中心、服务大局,拓宽领域、强化功能,扩大党的工作的覆盖面,不断提高党的基层组织的凝聚力和战斗力。加强以村党组织为核心的村级组织配套建设,探索让干部经常受教育、使农民长期得实惠的有效途径。搞好国有企业和集体企业必须坚持全心全意依靠工人阶级,企业党组织要积极参与企业重大问题的决策,充分发挥政治核心作用。加强非公有制企业党的建设,企业党组织要贯彻党的方针政策,引导和监督企业遵守国家的法律法规,领导工会和共青团等群众组织,团结凝聚职工群众,维护各方的合法权益,促进企业健康发展。高度重视社区党的建设,以服务群众为重点,构建城市社区党建工作新格局。加大在社会团体和社会中介组织中建立党组织的工作力度。全面做好机关党建工作和学校、科研究所、文化团体等事业单位的党建工作。

(选自《十六大以来重要文献选编(上)》,中央文献出版社2005年2月第1版,第16—23页、40—41页)

与时俱进　开拓创新
努力开创城镇集体经济和联社工作新局面①

（2002 年 12 月 9 日）

陈士能

各位理事：

今天，我们在这里召开中华全国手工业合作总社五届四次理事会议。自 1999 年 12 月召开五届三次理事会以来，由于机构改革，已三年没有召开理事会。这次会议是在全党全国各族人民认真学习、贯彻、落实党的十六大精神的热潮中召开的。党的第十六次代表大会，是我们党在新世纪新阶段召开的一次具有划时代意义的大会。江泽民同志在会议上所作的重要报告全面科学地总结了十五大以来特别是十三届四中全会以来党领导人民推进中国特色社会主义伟大事业取得的基本经验，提出了新世纪新阶段全面建设小康社会，推进社会主义现代化建设的宏伟蓝图，确立了"三个代表"重要思想在我党的指导地位，对建设中国特色社会主义的经济、政治、文化和党的建设等各项工作作出了全面部署。回答了在新世纪新阶段我们党举什么旗、走什么路，实现什么目标的根本问题。江总书记的报告，是我们党领导全国人民建设小康社会，加快推进社会主义现代化建设的伟大行动纲领，是我们党在新世纪新阶段的伟大政治宣言，我们必须坚持长期学习、认真贯彻、落实在各项工作中。今天我们召开总社五届四次理事会的主要任务就是：深入学习、贯彻党的十六大精神，回顾、总结五届三次理事会以来总社、联社的工作，全面贯彻"三个代表"重要思想，研究 2003 年轻工集体经济和总社联社的工作，努力开创总社和联社工作的新局面，促进城镇集体经济的健康发展。下面我代表理事会作工作报告。

---

① 这是陈士能在中华全国手工业合作总社第五届第四次理事会上的工作报告。

一、五届三次理事会以来的工作情况

五届三次理事会议至今已有三年的时间。这三年中,正值国家机关机构改革,无论是总社还是各级联社,从机构到人员都发生了很大变化。但是在这三年当中,大家都从"保住机构,留住骨干,资产不流失、工作不放松"的原则出发作了大量的工作。一是积极研讨和宣传城镇集体经济在国民经济中的重要地位和作用,组织和指导城镇集体经济深化改革,为联社机构的稳定和联社工作的开展夯实基础;二是深化总社和各级联社的改革,取得法人地位,加强机构建设,积极开展社务活动;三是维护总社、联社资产,保存和强化联社经济基础;四是兴办总社、联社经济实体,增强经济实力,强化服务功能。总之,五届三次理事会议以来,总社和各级联社在机构改革中努力理顺各方面关系,坚定信心,克服困难,解放思想,转变观念,在改革中不断探索前进,为国家的经济发展、社会稳定,作出了积极的贡献。

(一)五届三次理事会以来总社所做的主要工作

近两年,总社的管理体制发生很大变化。在国家轻工业局撤销之后,总社抓紧进行事业法人登记工作,经中央机构编制委员会办公室批准,总社已在国家事业单位登记管理局注册登记为事业法人单位。总社的注册登记,确立了其自身的法律地位,结束了长期与政府部门合署办公的体制。与此同时,总社还加强了内部机构设置和规章制度建设,为独立开展各项活动奠定了基础。围绕着改革与发展,总社近两年的主要工作有:

1. 大力宣传集体经济的地位、作用,积极向有关部门提出加快集体经济改革与发展的建议

去年9月,正值《中华人民共和国城镇集体所有制企业条例》颁布十周年,我以总社主任的名义发表了题为《大力发展城镇集体经济》的文章。文章总结概括了十年来城镇集体经济改革取得的成果,指出改革中存在的主要问题,并就修改《条例》提出了建议。该文在《人民日报》、《经济日报》、《经济参考报》、《消费日报》等报纸刊登,同时,总社还就此内容向国务院法制办、国务院研究室、国家经贸委、全国人大法工委等有关部门作了书面报告。

今年5月,总社组织召开了"集体经济改革与发展座谈会",邀请了中央财经领导小组办公室、中央政策研究室、国务院研究室、国家经贸委、财政部、社科院经济所、中国合作经济学会、中国城镇集体经济研究会、中国工业合作经济学会、天津二轻集体工业联社、上海市工业合作经济研究所等单位有关部门的领导和同志,就集体经济的地位、作用、存在的主要问题、改革方向以及如何加快发展

等问题进行了座谈。大家一致认为,集体所有制经济是公有制经济的重要组成部分,是社会主义制度的重要经济基础,它有利于实现人民群众的共同富裕,是扩大劳动就业,保持社会稳定,繁荣城乡经济,增加财政收入的重要渠道。这无论在《宪法》还是在党的十五大报告中都有明确论述。但是,集体经济在市场经济条件下遇到了严重挑战,应当采取有力措施,加速集体企业的改革,实行体制与机制的创新,积极探索集体所有制的多种实现形式。

座谈会后,我们起草了《关于城镇集体经济改革与发展的建议》,报送中共中央办公厅并呈江泽民总书记。建议在党的十六大报告中进一步明确集体经济的地位和作用,各级领导要把发展城镇集体经济提高到落实江泽民总书记"三个代表"重要思想、坚持以公有制为主体的社会主义基本经济制度、保持社会稳定、实现共同富裕、巩固社会主义政权、提高党的执政地位和执政水平的高度来认识。并建议修改《中华人民共和国城镇集体所有制企业条例》,使其在指导企业改革与发展方面更好地发挥作用。

为了促进城镇集体经济的健康发展,让社会各界都来重视和关心城镇集体经济,去年,总社起草了"要重视和促进城镇集体经济健康发展"的建议,经总社法律顾问、全国人大常委王家福同志联系,有35名常委、委员签名,提交全国人大。该提案引起国务院有关领导重视并批转国家经贸委调查研究。

今年7月,总社还与中国供销合作经济学会、中国合作经济学会、中国工合国际委员会、中国农村合作经济管理学会在人民大会堂共同举办了"纪念国际合作社日,促进合作经济发展的座谈会"。当时我出国访问,由总社副主任杨志海同志参加并主持会议。这是近年来我国工业、农业、商业、供销、金融、信用、消费、住宅等与合作经济有关的行业围绕合作经济发展这一主题的首次大聚会。出席这次座谈会的领导层次较高、单位也较多。全国人大常委会副委员长姜春云到会,全国政协副主席杨汝岱发表了重要讲话,高度评价了合作经济的地位和作用,指出合作经济在我国的发展方兴未艾,要按照"三个代表"的要求、积极发展合作社经济。中央及国务院各有关部门的负责同志出席了会议。首都各大新闻媒体都对会议进行了报道。一些过去长期从事城镇集体经济工作的老领导,如我们的老部长杨波、季龙等同志,都以极高的热情出席了会议。都谈到合作经济是集体经济的主要实现形式,这一切都说明,集体经济、合作经济事业并不过时,上上下下,方方面面都在关心着它。

几年来,总社开展的各项活动,丰富了社务活动内容,增强了总社与各级联社的凝聚力,坚定了发展集体经济、搞好联社工作的信心,同时也是对"集体经济过时"、"集体经济消亡"错误论调的有力回答。

2. 抓好总社所属公司的建设,增强自身经济实力

近年来,总社按照"兴办经济实体,增强经济实力,强化服务功能"的办社方针,在总社直属公司资产重组方面做了大量的工作。总社先后收购了深圳兴华公司的部分股份,扩大了总社在深圳兴华公司的投资比重;组建成立了"中普科贸有限责任公司"和"中轻投资有限公司";并对总社所属公司的资产进行清理、重组、整合。

总社将原有的中华康普、中轻贸易、北京华信原材料和上海轻科等公司的资产整合到中普科贸有限责任公司,实现了人、财、物的统一。通过整合,现在的中普科贸公司,无论是规模、资产还是经济实力都加强了,已成为总社重要的经济基础。

3. 努力为各地联社服务,做好法律咨询和来信来访接待工作

为了帮助各地联社解决办公经费来源问题,总社主动与国家税务总局联系,经国家税务总局批准,对未纳入财政预算管理的轻工集体企业主管部门(包括各级联社),准许在所属集体企业税前列支提取管理费。解决了这些联社的经费来源。

针对各地在机构改革中联社机构不稳,资产流失严重的情况,总社去年初发出了"关于确保联社机构稳定,防止联社资产流失的紧急通知"。此文同时抄送各地政府、经贸委,对制止资产平调、稳定联社机构、稳定干部情绪起到了一定的作用。

总社还接待、处理了各地联社大量的来电、来信和来访,就机构问题、有关政策问题、会计业务问题、资产管理问题等进行了解答和说明,并将他们所需要的文件及时传真和邮寄。总社的工作人员耐心听取各地联社的情况反映,认真解答所提出的问题。

总社的法律咨询工作有所加强。总社专门聘请了几位国内知名的法律专家任法律顾问。几年来,他们对各地联社和集体企业以及职工的来信、来访反映的房屋产权纠纷问题、联社与企业资产划分归属问题、集体企业改制后如何保护职工合法权益问题、集体企业被拍卖后职工生活无着落问题以及离退休职工联名反映有些企业领导不正之风问题等等,都根据不同情况进行了处理。对比较重要的问题转到省市联社调查处理;对有些比较明确的问题能够解答的当即解答,并与有关部门联系帮助解决;对一些涉及政策问题,一时难以解决的,也做了说明解释工作,或提供一些政策法律依据、相关文件。

4. 积极开展社务活动,及时调查了解联社及集体企业问题

去年10月,总社参与组织召开了纪念《条例》十周年暨第十一次轻工集体

经济研讨会。认真回顾总结了十年来轻工集体经济改革和发展取得的成就,高度评价了《条例》的历史作用,研讨了在新形势下如何加快轻工集体企业改革,继续发挥好各级联社集体经济联合组织的作用。我在会上作了题为《落实"三个代表"要求,坚持改革创新,大力推进轻工集体经济发展》的报告。

去年 9 月,总社召开了全国联社办公室主任会议,及时了解各地联社机构改革情况、联社工作状况、干部的思想状况。会上,大家交流了改革经验,沟通了信息,相互启发,相互借鉴。会后,有些联社又组织人员到搞得较好的联社实地考察、参观学习。有效地促进了联社工作的开展。

去年 12 月,总社召开了全国联社财务工作会议,研讨了加强资产管理,提高资产运作能力,不断壮大实力的问题,同时提出了总社与各地联社、联社与联社、联社与企业互相参股,加强经济纽带联系的建议,得到与会代表的赞同。

为筹备召开五届四次理事会,今年 3 月和 7 月,总社分别在深圳市、吉林省延吉市召开了部分省市联社主任座谈会,9 月,在广西北海召开集体经济研讨会。在座谈会、研讨会上,大家都从理论与实践的结合上肯定了集体经济在国民经济中的地位和作用,介绍了深化城镇集体经济和联社改革的经验,提出了开好五届四次理事会的建议,充分表现了对发展城镇集体经济和联社工作的关心和信心。通过各项社务活动不仅及时了解了各地的情况也为各地联社的工作提供了交流、学习的机会。

另外,总社还加强了对中国工业合作经济学会工作的指导与协调,积极开展了集体经济改革与发展、集体资产产权制度改革、集体经济多种实现形式以及联合经济组织的建设与发展等方面的理论研究和学术探讨活动,取得了较好的效果。总社还以改组编委会,提高办刊质量等措施,加强了《中国集体经济》杂志的建设,还与上海工业合作经济研究所联合主办了《城镇合作经济信息》和中国合作经济网站,加强了城镇集体经济和联社的宣传阵地。

5. 加强财务管理和资产管理,维护总社权益

在财务方面,总社清理了几十年的老帐,理顺了总社对地方联社的借贷关系和总社对所办实体的投资关系。以国家最新的事业单位会计制度重新建帐,实行会计核算电算化,为资产管理上台阶打下技术基础。

在资产方面,用"经营目标责任制"的形式与总社全资、控股的公司签订了经营合同,明确了他们对总社资产保值增值的责任。同时,还加强了对总社债权的清理工作,通过资产运作和资产重组,收回了部分债权,增加了长期投资,有效地改变了总社的资产结构。

在物产方面,先后接管了雅宝路 7 号办公房、百万庄 21 号宿舍院房产的管

理。并在总社法律顾问组的协助下,通过查阅档案、走访当事人等,整理出总社办公楼的权属资料,为变更登记创造了条件。

6. 搞好国际交流与培训活动

去年,由总社组团、有各地联社参加的"中小企业经营管理培训班"赴法国进行了培训活动。先后有法国出口贸易促进会、法国中小企业发展银行、法国中小企业总协会等机构的有关人士就法国中小型企业基本情况、组织形式、法人治理结构和政策金融环境等内容进行了介绍,并参观了手工业企业,与有关专家和管理人员进行了座谈。通过培训,大家对法国中小企业的情况有了初步的了解,并在比较之中看到国内与国外在体制、机制及政策环境等方面的差异,开阔了我们的思路。

今年,总社又组团赴澳大利亚、新西兰考察了这两个国家中小企业方面在国民经济中的地位作用、组织机构及政策支持等方面的情况,对我们搞好集体经济,合作经济有很大启发。

(二)五届三次理事会以来各地联社所做的主要工作

五届三次理事会以来,各地各级联社的基本情况也发生了很大的变化。随着地方机构改革的深入,许多联社能够抓住机遇,推进了联社工作在新的历史条件下的改革与发展,开创城镇集体经济的新局面。三年来,各地联社认真落实"指导、维护、监督、协调、服务"的五项职能,在深化改革中,一是抓好联社自身的机构改革,二是全力指导所属集体企业的改革,不仅使联社机构得到了保留,壮大了实力,而且促进了集体经济的健康发展,确保了集体企业在我国国民经济中的重要地位。各地集体企业的改革取得的成就,凝聚着各地联社同志们辛勤工作的汗水。

1. 深化联社体制改革,加强联社组织建设。在深化改革和建立市场经济体制中,各地联社围绕改革和发展问题做了大量艰苦细致的工作:

首先,是稳住机构,加强联社的组织建设。在地方机构改革中,各地联社经过争取、协调,基本上都保留了联社机构。目前省级联社存在的模式大体有:一是联社与轻工行业管理办公室合署办公,多数联社的业务归属经贸委领导,例如辽宁、吉林、四川、河南、湖北、江西等相当多的省级联社。二是联社独立运作,如福建省、青海省。三是联社与二轻集团总公司(或控股公司)合署办公。例北京、天津、广西、湖南、浙江、广东、甘肃、海南等联社。其中,湖南、广东联社经多方争取,已于今年将联社由企业法人改为事业法人。

各地省级联社都在抓紧法人登记工作,取得了不同程度的进展。由于存在的形式不同,联社所取得的地位也不尽相同。一般与轻工行业管理办公室合署办公的联社,以及政府赋予独立行使职能的省级联社,他们取得了事业法人地位,或者正向这个方向努力;而与二轻集团总公司(或控股公司)合署办公的联社则根据自身和当地的不同情况取得了不同的法律地位,例如北京联社取得的是社团法人地位,而天津联社是事业性质,各市(地)联社的情况与省级联社有类似的地方。

其次,就是克服困难,解决了联社经费来源问题。在当前这种情况下联社的运转经费来源也发生了变化,由地方财政提供的事业经费越来越少,一部分联社已自收自支。尽管如此,许多联社千方百计地争取当地政府的重视和支持,争取联社干部参照公务员管理,进入财政统一预算或争取地方财政多给予补助经费,解决干部后顾之忧。

各地联社在稳定机构的基础上,都从理顺关系、健全机构、完善制度等方面加强了联社的组织建设。如上海工业合作联社在机构单列后,不仅调整、充实了联社理事会、监事会,还建立了联社党委、纪委、工会和团委,并加强相应机构的工作人员。建立健全了各项规章制度,规范了办事程序,提高了办事效率;福建省城镇集体经济联合社,在改革中实现了"政社分开",适时地调整了内设机构,设立了办公室、资产财务部、企业管理部、机关党委会(人事处)和老干办公室,明确各个部门的职能和分工;妥善地分流和安置了机关工作人员使机关干部由原来58人,精减到37人,并全部纳入省财政预算,为履行联合社的职能,更好地为企业服务、夯实了队伍基础。

2. 确保城镇集体企业资产保值增值,壮大了联社实力。按照总社第五次社员代表大会提出的"兴办经济实体,增强经济实力,强化服务功能"的联社改革方向,经过几年的努力,各地出现了一大批具有相当实力的联社。例如上海、浙江、杭州、长春、南京、青岛、武汉、厦门、广州等联社。

上海市工业合作联社投资的上海新工联实业总公司1998年规范改制为多元投资的有限责任公司,取得了较好的经营业绩。2001年与1998年相比,销售收入增加13.5%,利润增长23.8%,应收帐款下降48%,资产负债率从1997年的60.3%下降至2001年的47.5%,增强了联社的经济实力。去年他们又按照"产权制度多元化、生产要素股份化、经营者股份集中化、存量资产明晰化"的改革思路。对新工联再次进行产权制度的深入改革,成立了上海新工联(集团)有限公司,使资本积累和职工劳动积累,都成为新工联的股份。集团公司吸收新工联集团成员企业的职工自愿入股,同时以新工联建立以来的部分劳动积累按职工投入的一定比例配送股份,并成立了新工联职工持股会作为职工持股的载体。在改革中,他们兼顾了离退休职工的利益,划出一部分股权收入用于解决离退休员工的生活补贴。改革后,联社占新工联集团公司股份的 70%,职工占 25%,还有 5% 是总社的,这样就把公司和职工的切身利益联系到了一起,不仅壮大了公司实力,也有效地调动了方方面面的积极性。他们的改革为我们各级联社的自身改革探索了路子,这些经验是可以借鉴的。

广州市二轻集体企业联社按照建立现代企业制度的要求,整合自有物业、直属全资企业和投资在成员企业的资产,组建联社全资的穗联企业发展公司。联社主任郭兴瑜同志兼任公司的董事长、总经理,联社工作人员与公司员工合二为一,交叉承担联社社务和企业经营工作。经过几年努力,已进入了良性循环,每年有超过 500 万元的租金收入,人均年创利税 20 多万元。

广西盘活了房地产资源,加强了物业开发,不仅解决了联社的生存问题,而且取得丰厚的经济回报。

各地联社都在深化改革中保全和发展了集体经济实力。例如广东省依照股份合作制原则,进行了产权明晰化和人格化。从根本上制止了平调、流失集体资产的现象发生。广东省联社在 39 个市、县联社推广借鉴番禺经验,以投资为依据,结合返还改革成本等因素,将大集体资产明确到联社法人和企业法人名下,由法人实体范围内的劳动群众分享财产权。694 个联社成员企业实施了产权人格化,深化了改革,确保了集体企业的资产。

3. 加强了对集体企业改革的指导,强化了服务功能,紧密了联社与企业的关系。联社的基本功能就在于服务,在于"联"。三年多来各地联社克服种种困难,努力在"联"字上下工夫,积极指导基层联社和企业改革,为企业的健康发展服务。例如浙江省的金华市、绍兴市联社,他们既努力经营好联社自身资产,也"联"企业,有强烈的责任心和服务意识。广东省潮州市湘桥区二轻集体企业联社,面对困难毫不气馁,紧紧围绕区委、区政府"工业立区"的发展战略,坚持以服务为本,采取各种有效措施,指导企业改革,盘活存量资产,在改革中求稳定、保发展、增效益。经过几年努力,使系统内企业各项经济指标大幅上升,已使 8 家企业年工业产值超千万元,每年都较好地完成区政府下达的各项任务,同时通过多方协调使 4000 多名职工解决了社保费,2000 多名退休工人生活得到一定保证。联社在企业干群中树立了良好形象,也得到了区委、区政府的充分肯定。不仅把他们纳入编委定编,定为正科级单位由政府直接领导,而且赋予行政管理职能。

广东、广西、吉林、福建等省联社也都把工作重点放在指导基层联社的工作上来。省联社的同志深入所属的所有县级联社进行调查研究,取得了联社改革的第一手资料,做了大量工作,很有成效。

近年来,各地联社积极指导和促进集体企业采取联合、兼并、租赁、承包、股份合作制、合作制和多元投资的混合所有制等多种形式进行改革,同时采取一切可行措施妥善安置关、停、并、转后的下岗职工,促进了企业发展,受到了职工的欢迎。例如上海城镇工业联社经过三年来的组织实施,直属企业已经基本完成了"建立混合所有制经济结构"的改制工作,改制后10多家直属企业,经营状况发生了深刻变化。仅久禄企业发展有限公司一家,净资产已达1.2亿元,是改制前的4倍;职工800多人,比改制前增加300多名,帮助其他企业安置了富余员工,下岗职工。

武汉市联社在深入调研的基础上,指导企业开展技术创新和产业升级为核心的结构调整,引导企业开发项目、开发市场,推进企业"联大、靠大、做大",使联社经济的支撑点单一的状况有所改善,形成了一些新的经济增长点。联社所属的原五金工业公司通过改制组建了金盛集团,先后与武汉纺织学院和武汉城建学院合作,开发印染污水和城市污水治理项目,实现了跨越式的发展。东风电机公司依托黄石东贝集团发展制冷压缩机电机产品,各项指标创历史最好水平。

吉林省长春市联社也积极为破产企业的困难职工寻找安置的办法,取得了许多成功的经验。如帮助停产多年的长春市扑克牌厂职工找到新"家";长春热力集团兼并了扑克牌厂,解决了长期拖欠退休职工退休金的老大难问题。兼并完成后,该厂职工冒雨赶到长春市联社主任办公室送上一面"指导企业改革有良策,解决职工困难有真情"的锦旗。通过这一次企业兼并和职工安置,不仅解决了职工的后顾之忧,而且为长春市的社会稳定作出了贡献。

三年来各地联社的工作,取得了一定的成绩。但是,我们必须清醒地看到,传统集体企业的体制、机制和实现形式仍然跟不上市场经济发展的步伐,城镇集体企业的改革还有待于进一步深化。联社在新形势下的组织建设以及如何更好地发挥作用等问题还有待于进一步探索,而伴随改革进程出现的下岗职工安置、困难职工的生活保障及社会保障机制的建立以及集体资产的平调和流失问题,还仍然困扰着城镇集体经济的发展壮大;一些地方的领导在政策上对城镇集体经济的偏失以及目前舆论宣传对发展城镇集体经济的忽视等等,仍然制约和妨碍着联社和城镇集体经济的发展,这些都需要我们在今后的工作中共同努力,主动汇报、主动宣传,争取各级政府的支持,逐步解决多年来遗留下来的种种困难问题。

二、关于 2003 年的工作重点和思路

明年的工作思路是：高举邓小平理论的伟大旗帜，全面深入贯彻"三个代表"重要思想，坚持与时俱进，深化城镇集体经济和总社、联社的改革，加快职能转变，强化服务功能，增强经济实力，促进城镇集体经济和总社、联社的发展。主要抓好以下几项工作：

（一）树立信心，解放思想，转变观念，积极推进城镇集体经济的改革与发展

江泽民同志在十六大报告中明确指出："根据解放和发展生产力的要求，坚持和完善公有制为主体，多种所有制经济共同发展的基本经济制度"。"必须毫不动摇地巩固和发展公有制经济"，江总书记在报告中强调了"集体经济是公有制经济的重要组成部分，对实现共同富裕具有重要作用"，要"深化集体企业的改革，继续支持和帮助多种形式的集体经济的发展"。江总书记的重要论述是对历史和现实国情的总结和概括，反映了我国人民全面建设小康社会和加快推进社会主义现代化建设的客观要求，为我们集体经济的改革与发展指明了方向，给我们搞好总社和联社的工作增强了信心。几十年来我国城镇集体经济在整个国民经济中占有重要的地位，发挥了重要作用。它促进了国民经济的发展，为国家增加了财政收入，积累了建设资金，发展了外贸出口，安置了大量的就业人员，增加了群众的收入，提高了人民的生活，稳定了社会。当前我国已进入了社会主义现代化建设的新阶段，随着改革的深入和经济结构的调整，城镇集体经济会有更大程度的发展，这是因为：一是，我国将长期处于社会主义初级阶段，生产力还不够发达。城镇集体企业劳动密集型的多，能解决大量的劳动就业，能够生产满足人民生活需要的价廉物美的消费品。实践证明，城镇集体经济仍然适应当前我国生产力发展水平并对生产力发展起到积极的推动作用。二是，城镇集体经济的基本特征是民有、民营、民享以及民主管理，从根本上体现了劳动群众的利益。三是，城镇集体经济在长期发展中形成了自力更生、艰苦创业、互助合作、同甘共苦、共同富裕的优良传统，体现了我们时代的一种先进文化的发展方向。实际上，目前城镇集体经济也正在改革开放和建立市场经济的过程中得到不断发展。据国家统计局对年产品销售收入 500 万元以上的国有及非国有工业企业统计资料表明，仅全国轻工集体经济企业（含统计资料中的集体企业，股份合作企业、集体联营企业和国有与集体联营企业部分），2001 年末与 2000 年末相比，企业数增加 11876 个，增长 13.50%，工业总产值增长 11.6%，出口交货值增加 144亿多元，增长 25.5%，利税总额增长 9%，特别是本年应付工资总额增长

125.7%,就业人员增加 92250 多人。在我国的中西部地区。城镇集体经济也通过企业改革,制度创新和管理创新,出现了很好的发展势头。据青海省手工业联社的信息报导,今年 1—9 月份,全省城镇集体企业完成的工业产值比去年同期增长 18.86%;综合产销率增长 14.73 个百分点;产品销售收入增长 42.68%;企业亏损面下降 13.14 个百分点,亏损额下降 18.03%,利润总额增加近 300 万元,整体上实现了扭亏为盈;利税总额增长 84.44%。以上两组数据充分证明,集体所有制经济,在国民经济中仍然是非常重要、非常活跃,生命力很强的部分。那种在理论上淡化集体经济,在实践上不重视集体经济的观点和做法都是没有道理的。当然,从统计资料看,现在城镇集体企业的数量、就业人数与改革前相比,是减少了。但这并不是集体经济“过时”或应当“消亡”的佐证。数量的减少,有统计口径发生变化的原因,过去统计不管大小都算在内,现在是年产品销售额要在 500 万元以上的。集体企业的小企业多,这就去掉一大块;在改革中又改制了一部分,有许多已不统计在集体企业中;也有的因经营不善或产品没销路停产、转产或破产了。这都是企业减少的原因。在市场经济条件下,企业的数量本来就是一个变数,企业有生有死是正常的。这是市场经济规律所决定的。我们完全有理由坚信,集体所有制经济的发展,将有利于社会主义经济基础的巩固、有利于社会主义制度的巩固、有利于人民群众的共同富裕,防止两极分化、有利于巩固和提高我们党的执政地位和执政水平。我们搞联社工作的人更应当对此充满信心,积极关心、支持集体经济的发展。城镇集体经济是各级联社生存和发展的基础。集体经济不存在,联社就失去了工作的基础。“皮之不存,毛将焉附”?我们党和国家对发展集体经济一直是非常重视的,“毫不动摇”的。党的十五大如此,党的十六大还是如此。十六大规划了全面建设小康社会的奋斗目标。为实现这个宏伟目标,提出了本世纪头二十年经济建设和经济体制改革的主要任务。这些任务每一项都与城镇集体经济紧密相关。城镇集体经济是实现全面建设小康社会奋斗目标和社会主义现代化的重要力量。我们必须按照党的十六大的决议,坚定信心,认真工作,总结经验,研究理论,提出政策建议,协助国家有关部门以十六大的精神为指导;提出相应的方针、政策和措施,加快集体经济的改革与发展。

改革与创新是城镇集体经济克服各种困难,获得新生与发展的不竭动力。江泽民总书记在十六大报告中要求我们,要“深化集体企业改革,继续支持和帮助多种形式的集体经济的发展”。我们落实十六大精神,深化城镇集体经济改革,应当在以下几个方面有新的突破:一是,继续深化产权制度改革。凡是产权不清,出资人不到位的,要通过积极工作,明晰产权;二是要在努力探索集体经济的多种实现形式上下工夫,这是当前集体经济改革的重点之一。"集体经济"是一种所有制概念,它的实现形式应当是多种多样的,公司制、股份制、股份合作制,还有多种形式的合作经济,承包、租赁、委托经营、合伙等等形式都可以在实践中探索和总结。一些企业还要根据自己的情况积极寻求外资进行合作。三是,在明晰产权,确定了经营形式以后,要认真进行企业内部的机制改革,要进行用人、管理、分配方面的机制创新。特别在分配制度上,江总书记在十六大报告中指出,要"调整和规范国家、企业和个人的分配关系。确立劳动、资本、技术和管理等生产要素按贡献参与分配的原则,完善按劳分配为主体、多种分配方式并存的分配制度。坚持效率优先,兼顾公平、既要提倡奉献精神,又要落实分配政策,既要反对平均主义,又要防止收入悬殊"。理顺分配关系,是事关广大群众的切身利益和积极性发挥的重大问题,也是巩固体制改革成果,深化企业机制改革和创新的重要内容,一定要帮助企业搞好。四是,要逐步理顺和建立社会保障制度。江总书记在报告中指出:"建立健全同经济发展水平相适应的社会保障体系,是社会稳定和国家长治久安的重要保证。"传统的老集体企业都曾为国家经济发展做出过重要贡献。对其在职和已离退休职工实行社会劳动保险,理所当然。各级联社要在深化改革中,像广东省潮州市湘桥区联社那样,千方百计协调关系,使广大职工进入社保,解除后顾之忧。如此等等。

　　改革后的集体企业相对传统集体企业而言,至少有以下几个特征:一是在产权上进行了改革,做到"产权明晰、出资人到位";二是突破了封闭的、单一的集体资产所有制形式,实行开放、多元的投资方式,不仅吸收企业内的职工入股,也吸收外单位、国有甚至外资入股,形成了混合所有制经济;三是改变了过去上级委派的"一长制",进行民主选举和管理,实行从决策层到执行层和监督机制完善的新的法人治理结构,进行民主管理;四是改变了过去单一的集体经济实现形式,形成了有限责任公司、股份公司、股份合作制和在生产、经营中某些环节上的联合、合作和控股、承包、租赁等多种实现形式;五是改变了单一的按劳分配形式,实行以按劳分配为主体并按生产要素包括资金,技术和管理等参与分配的多种分配方式等等。这几年的改革实践中出现了许多含有集体经济某些性质特点的新的组织形式,现在有许多称之为私营企业的实际上它具有集体经济的性质和特点,我们不能简单地把他们排斥在集体经济范畴之外,也不能拒之我们联社门外。而应当根据他们的自愿和需要,把他们吸引过来,丰富城镇集体经济的内涵,扩大城镇集体经济的队伍。特别是一些由原来二轻企业改制的单位,不能改一个走一个,还应当把他们团结在我们的周围,热诚为他们服务,帮助他们解决实际问题。现在有些地方已经把联社成员扩大到一些含有集体经济成分的私营企业,这是对的。我们还要打破过去"二轻"的概念,跳出以前"轻工"的圈子,才能有更大的发展。

当前,我们还要抓住机遇,积极推进城镇集体企业的发展。近几年由于改革的深化和科学技术的发展,下岗职工再加上每年新增的劳动力,形成一个数目庞大的待业群体。待业人员的大量增加,已成为一个影响人民生活水平提高和社会安定的重大因素。党中央国务院对此十分重视,9月12日召开了全国再就业工作会议,江泽民总书记亲自出席会议并讲话,江总书记在讲话中强调指出"做好下岗失业人员的再就业工作,就是当前党和国家工作一项重大而迫切的当务之急","扩大就业,促进再就业,关系改革发展稳定的大局,关系人民生活水平的提高,关系党和国家长治久安,不仅是重大的经济问题,也是重大的政治问题"。要求各级领导增强责任感,坚持不懈地把这项工作长期抓下去。并且指出"要重视发展劳动密集型产业"、"加快发展多种所有制经济"安置就业,朱镕基总理在再就业工作会议闭幕会上特别强调要发展集体所有制经济,增加就业机会。江泽民同志在十六大报告中再次强调"就业是民生之本",是"我国当前和今后长时期重大而艰巨的任务,各级党委和政府,必须把改善创业环境和增加就业岗位作为重要职责",并且要"对提供就业岗位和吸纳下岗失业人员再就业的企业给予政策支持。"对此,我们各级联社也责无旁贷,况且我们有这方面的优势。安置下岗职工再就业,这既是我们贯彻"三个代表"重要思想,为党为人民尽责的本分,也是发展城镇集体经济的大好时机。发展城镇集体企业是容纳劳动力,安置就业,发展经济,提高和改善人民生活、实现共同富裕的重要渠道。实践证明,城镇集体企业在国家每一次经济转型或发展调整时期,往往都为吸纳社会劳动力做出很大贡献。仅以上海市为例,1958年,上海市为解放家庭妇女和安排社会失业人员,全市各区街道工厂、里弄生产组吸纳社会就业人员12万人;1979年知青回城,上海集体(合作)经济组织吸纳了21万多人。现在中央提出要把再就业工作作为重中之重,这是发展集体(合作)经济的大好时机,是集体经济大有作为的机遇期。我们必须抓住机遇,加快集体企业的发展。发展是硬道理,是执政兴国的第一要务,发展才能创造就业岗位和就业机会。

江总书记号召我们要"广开就业门路,积极发展劳动密集型产业"。城镇集体经济发展的潜力在哪里?不仅在加工业,还有服务业和社区经济。我们城镇集体经济的体制和结构,都要按照"与时俱进"不断创新的指导思想来调整和发展。我们要打破过去联社就是二轻,二轻就是加工工业的观念,主动深入到服务业和发展社区经济中去,人民生活需求是多种多样的,服务业是有广阔发展前景的。联社工作深入进去既服务了社会、服务了人民,也发展了自己,更能实现共同富裕的目标。

（二）积极探索总社、联社的改革和创新

总社、联社自成立以来基本上是与轻工主管部门合署办公,现在轻工行政主管部门已经撤销,总社和联社基本上已经没有行政职能。在这种形势下,总社、联社如何改、向何处发展? 这是大家都很关注的问题,应当提到议事日程上来认真考虑。现在许多联社之所以觉得无所适从,从根本上说是由于在市场经济条件下,联社的职能定位在发生变化,新的职能定位又没有完全明确所致。对总社和各级联社的发展,要有一个基本的框架思路:即各级联社仍然是集体所有制经济的联合组织,要继续贯彻落实"指导、维护、监督、协调、服务"的职能,积极"兴办经济实体,增加经济实力,强化服务功能",在深化改革中逐步做到淡化行政性,突出服务性和经济性。

首先,要保住机构,强化服务、增强实力。在机构改革中一定要保住联社的牌子。有了牌子,还要积极开展活动,使联社有活力,真正发挥作用。要上为政府排忧解难,以强烈的社会责任感和奉献精神,帮助政府解决好集体企业在改革中遇到的实际问题,为发展当地经济作出贡献。下为企业真心实意服务,服务的内容有进行政策指导、反映企业呼声、维护企业利益、提供法律咨询、开展理论研究、培养各类人才、开展国际交流等等,当前要指导集体企业搞好改制、改组、改造和创新等工作,帮助企业协调好各方面的关系。把上接政府下联企业的桥梁纽带作用发挥好,政府才能满意,企业才会欢迎,这就是"有为才能有位"的道理。无论是广州市、武汉市、长春市乃至河北省遵化县、广东省潮州市湘桥区等的经验都充分证明了这一点。与此同时,努力加强联社机构的组织建设,发挥联社自身的功能,积极开展各种有益活动,发挥好"联"的功能。当前县一级许多联社都是只留下牌子或不存在了,省市级联社一定要像吉林省、福建省联社那样,深入调查研究,加强与地、市、县政府的沟通,一定要把机构保留下来,把联社的资产保存下来,否则今后我们将要失去组织基础。

总社也好,各级联社也好,有了机构,有了牌子,要想有活力,发挥好为政府、为企业服务的作用,关键是要办好自身的经济实体,增强经济实力,这是发展壮大和搞好服务的经济基础。经济实体可以是联社自办的,也可以是联社与总社、联社与联社、联社与企业间的相互参股。不管是什么形式,都要以经济效益为中心,增强自身经济实力为目的。

二是,要从长远着眼,深入探索总社和各级联社的性质和定位问题。市场经济体制的确立和发展,将从根本上改变许多经济部门的结构和形态。各级联社也必须遵照改革创新、与时俱进的精神,不断探索其性质和定位问题。我认为联

社的性质应是上层建筑范畴,定位应是强化服务功能。从目前情况看,各地联社在登记法人时也不统一,有的是登记事业单位,有的是登记社团,有的还没有确立法人地位。这种状况正反映了当前联社变革的现实。对此,我认为是正常的,改革本来就没有现成的路子可走,只能是不断总结经验,不断开拓创新。我觉得已有的几种定位都从某一个角度反映了联社的性质。如果说我个人的意见,我觉得目前也不必强调划一,也不急于否定联社是集体经济联合组织,相反,应该通过互相股权置换、参股投资等方式加强经济纽带关系,强化经济联合的内容;有些地方还能争取到一些政府财政的支持,还给些编制和资金,政府又把一些职能委托给联社,能定为事业单位当然很好。有的政府虽然不给钱,又不给事业编制,但又想让联社发挥协调、组织、服务功能,登记为社团机构也是可以的。现在的各种协会,就是通过服务把企业组织起来,作为企业与政府的桥梁和纽带。经济上由收会费和办展览来创收。总之,联社的性质和定位,还要在改革实践中不断去探索、创新和总结。

三是,要积极探索联社新的经济联合组织形式。总社和各级联社都要适应市场经济体制建立和发展的要求,积极探索体制创新。从经济改革的发展趋势看,今后企业不再按所有制进行管理,而是按规模来划分。联社也应随着改革的深入不断发展。现在有些省、市已经总结了一些联社在新时期经济联合组织的实现形式。第一,立足于产权多元化的改革走势,联社成员不拘泥于单一的集体企业,而是面向多种所有制经济成分、向以集体经济控股的混合所有制经济的联合组织转变,寻求相似的组织特征,营造共同的利益支撑点,走出一条不同所有制经济成分互惠互利、共同富裕的新路。第二,不受行政隶属和产权纽带限制,侧重行业自律和政策、信息、技术和经济资源共享,实行全方位的利益整合,从而达到优势互补。我上面提到的潮州市湘桥区联社利用这种联合形式,已经成为粤东地区成员单位最多,所有制成分最广,经济发展最快的县级联合经济组织。希望全国各地联社都要不断总结改革实践中的经验,促进联社的改革与发展。

在促进城镇集体经济和各级联社改革与发展中我们要认真学习运用好《中华人民共和国中小企业促进法》。2002 年 6 月 29 日第九届全国人民代表大会常务委员会第二十八次会议通过的《中华人民共和国中小企业促进法》,是一部建国以来首次推出的促进中小企业发展的法律。该法律中规定的各项政策措施,都适用于我们城镇集体企业。我们应当认真学习,深入研究其中的各项内容,用足用好其中的政策来促进集体企业的发展。中小企业促进法中有关建立中小企业服务体系的规定,应当引起我们很好地重视和认真研究。中央财政把支持中小企业发展基金纳入财政预算,而这块资金很重要的是用来支持和发展中小企业服务机构的建立和发展。因此,建议大家研究联社和中小企业服务机构之间应是什么关系。现在有的省市的联社已经在探讨把联社与轻工中小企业服务机构能否结合起来的问题,我是赞同的。现在国家经贸委设有中小企业司,有的省市也可能有中小企业管理部门,但是市地和县一级可能都没有这个部门,如果能按中小企业促进法的要求,把为中小企业服务的职能与联社的职能进行整合,这既能解决经费问题,又能把机构保存下来,扩大和发展起来。

四是,在改革中强化服务功能。总社、各级联社,对城镇集体企业的服务应是主要的职能。首先是指导企业深化改革,进行体制和机制创新。协调政府各部门与企业、企业与企业之间的关系,为企业的生存和发展、改革创造一个良好环境。在这方面,各级联社都做了大量工作,取得了很好的成绩。其次是要通过认真调查研究,倾听和了解企业的呼声与需求,研究共性问题,向政府提出政策建议。例如当前职工下岗和最低生活保障金这样一些重大政策问题。最近朱镕基总理,就国务院研究室给他写的抚顺市集体企业职工下岗生活极端困难的报告,批示集体企业职工下岗也要实行最低生活保障金制度,而且要做到应保尽保。我们各级联社也应通过调查研究向当地政府反映一些类似的重大实际问题。争取政府的支持和帮助,促进集体经济的发展。与此同时,各级联社,要认真研究国家的产业政策、优惠政策、技改方向等,指导企业在国家产业政策范围内健康、快速发展,指导企业加快技术改造、调整产品结构,适应市场需求。

服务还包括信息服务,为企业提供有关法律、法规,产业发展、产品开发及生产中的新信息、新工艺、新技术、新装备和营销策略等方面的指导。还有人才培训问题。人才培训各级联社都要认真抓一下,不仅要培训干部,还要培训职工、培训下岗再就业人员,教会他们如何办企业,如何进入市场,如何运营资金发展自己等。

五是,在改革中加强国际合作活动。总社在20世纪80年代末90年代初,就与国际合作社联盟的工业、手工业和服务合作组织国际委员会(简称:西科帕)建立了联系,并于1993年参加了该组织,也参加了一些活动。后来,由于种种原因,交往基本处于中断状态。江泽民总书记在十六大报告中号召我们"坚持'引进来'和'走出去'相结合,全面提高对外开放水平"。这是在更大范围、更广领域和更高层次上参与国际技术合作和竞争,我们要充分利用国际国内两个市场、优化资源配置,拓宽发展空间,以开放促改革促发展的需要。我们应当在这方面,进行认真的探索。国际交往活动是总社和各级联社的职能之一,国务院能保留总社机构,与国际交往有直接关系。今后我们要进一步开阔视野,拓展思路,加强与国际合作经济的联系,把总社、各级联社和城镇集体经济纳入到国际大循环中去，认真学习借鉴他们的成功经验，推进自身的改革。同时通过交流促进经贸活动和企业合作，把"引进来"、"走出去"落到实处。

明年总社和联社的工作重点之一，就是要不断总结实践经验，认真研究总社和各级联社的自身改革和创新问题。

最后讲一下有关召开总社全国第六次职工（社员）代表大会的问题。总社第五次全国职工（社员）代表大会1997年12月召开，第六次代表大会由于机构改革等原因未能按时举行，我们将积极地做好各项准备工作，在适当的时候召开总社第六次代表大会。

由于改革的深化，社会主义市场经济体制的建立与发展，也由于总社、联社机构的变化和职能的转变，总社章程中的有些规定已不适应当前形势的需要，要不要进行修改，如何修改，需要听理事们的意见。但是作为理事会没有权利修改章程，只有代表大会才能修改。因此，我们理事会应该提出一些修改建议，为代表大会修改章程做准备，这也是做好第六次代表大会准备工作的内容之一。

同志们，党的十六大号召我们："发展要有新思路、改革要有新突破、开放要有新局面，各项工作要有新举措。"我们必须以落实"三个代表"重要思想为根本出发点，以与时俱进、开拓创新的饱满精神状态，紧紧团结在以胡锦涛同志为总书记的党中央周围，扎实工作，团结进取，为加快城镇集体经济的发展，为全面建设小康社会和推进社会主义现代化目标的实现不懈努力，作出我们应有的贡献。

（此件由中华全国手工业合作总社办公室提供）

扎实推进国有企业和集体企业党建工作①

（2002 年 12 月 16 日）

曾庆红

第二,适应改革发展稳定的新形势,扎实推进国有企业和集体企业党建工作。国有企业是我国国民经济的支柱,要毫不放松地抓好国有企业党建工作。要根据当前和今后一个时期国有企业改制、改组和进行结构调整的实际,适时调整企业党组织的设置,理顺隶属关系。继续推进"双向进入、交叉任职",进一步完善企业内部领导体制,完善企业重大问题决策程序,探索企业党组织充分发挥政治核心作用的有效途径。坚持全心全意依靠工人阶级的方针,充分发挥广大职工群众的积极性、主动性和创造性,团结带领广大职工群众完成企业改革发展稳定的各项任务。根据国有经济布局和结构调整的新实际,完善国有企业党建工作领导责任制。切实做好停产、关闭、破产企业和企业分流人员中的党建工作。企业党组织在实施停产、关闭、破产过程中要始终站在第一线,宣传党的方针政策,做好释疑解惑工作,充分发挥促进企业改革、保持企业稳定的作用。集体企业和国有企业性质相近,十六大明确规定集体企业党组织发挥政治核心作用。要按照十六大的有关规定,进一步搞好集体企业党的建设工作。

第三,加强非公有制企业、城市社区、社会团体和社会中介组织党的建设。加强非公有制企业党的建设,首先要进一步做好在符合条件的企业中组建党组织的工作,重点把那些企业规模较大、影响也较大的非公有制企业的党组织建立起来,提高党组织的组建率。十六大党章明确规定,非公有制经济组织中党的基层组织,贯彻党的方针政策,引导和监督企业遵守国家的法律法规,领导工会、共青团等群众组织,团结凝聚职工群众,维护各方的合法权益,促进企业健康发展。这一规定,第一次明确了党的基层组织在非公有制企业中的职责和任务,指明了企业党组织发挥作用的途径和方法。非公有制企业中已经建立的党组织,要按照党章的规定开展工作,发挥作用。目前尚不具备建立党组织条件的非公有制

---

① 这是中共中央政治局常委曾庆红在全国组织工作会议上的讲话节录。题目是编者加的。

企业,要通过在优秀员工中发展党员、加强对业主党员的教育管理、做好工会工作以及向非公有制企业选派党建工作指导员等办法,推动这部分非公有制企业的党建工作。

城市社区党的建设,要以服务群众为重点,突出社会关怀和利益协调功能,构建党建工作新格局,形成以社区党组织为核心的社区组织体系和资源共享、优势互补、共驻共建的协调机制。努力建设一支政治坚定、联系群众、熟悉社区建设和管理的高素质社区领导班子和社区工作者队伍。坚持以点带面、典型引路的方法,抓好社区党建示范区建设。

近年来,各类社会团体和社会中介组织发展迅速,党的建设不能忽视这块阵地。对所有的社团组织和中介组织,各级党组织都要注意掌握情况,加强引导和管理。都要开展党的工作,传递党的声音,保证它们方向正确、活动健康、事业有益。

在各类新的社会经济组织中开展党的工作。既要遵循党章、党内法规和制度规定,又要加强分类指导,探索灵活多样的模式,使这些领域的党组织既能独立负责地开展活动,又能得到上级党组织的有力领导和及时指导。

机关党建工作和学校、科研院所、文化团体等事业单位党的建设,是基层党建工作的重要组成部分。要高度重视,认真抓好,充分发挥党组织的战斗堡垒作用。

（选自《十六大以来重要文献选编（上）》,中央文献出版社2005年2月版,第104—105页）

关于审理与企业改制相关的民事纠纷案件若干问题的规定

（2003 年 1 月 3 日）

最高人民法院

为了正确审理与企业改制相关的民事纠纷案件,根据《中华人民共和国民法通则》、《中华人民共和国公司法》、《中华人民共和国全民所有制工业企业法》、《中华人民共和国合同法》、《中华人民共和国民事诉讼法》等法律、法规的规定,结合审判实践,制定本规定。

一、案件受理

第一条　人民法院受理以下平等民事主体间在企业产权制度改造中发生的民事纠纷案件:

（一）企业公司制改造中发生的民事纠纷;

（二）企业股份合作制改造中发生的民事纠纷;

（三）企业分立中发生的民事纠纷;

（四）企业债权转股权纠纷;

（五）企业出售合同纠纷;

（六）企业兼并合同纠纷;

（七）与企业改制相关的其他民事纠纷。

第二条　当事人起诉符合本规定第一条所列情形,并符合民事诉讼法第一百零八条规定的起诉条件的,人民法院应当予以受理。

第三条　政府主管部门在对企业国有资产进行行政性调整、划转过程中发生的纠纷,当事人向人民法院提起民事诉讼的,人民法院不予受理。

二、企业公司制改造

第四条　国有企业依公司法整体改造为国有独资有限责任公司的,原企业的债务,由改造后的有限责任公司承担。

　　第五条　企业通过增资扩股或者转让部分产权,实现他人对企业的参股,将企业整体改造为有限责任公司或者股份有限公司的,原企业债务由改造后的新设公司承担。

　　第六条　企业以其部分财产和相应债务与他人组建新公司,对所转移的债务债权人认可的,由新组建的公司承担民事责任,对所转移的债务未通知债权人或者虽通知债权人,而债权人不予认可的,由原企业承担民事责任。原企业无力偿还债务,债权人就此向新设公司主张债权的,新设公司在所接收的财产范围内与原企业承担连带民事责任。

　　第七条　企业以其优质财产与他人组建新公司,而将债务留在原企业,债权人以新设公司和原企业作为共同被告提起诉讼主张债权的,新设公司应当在所接收的财产范围内与原企业共同承担连带责任。

三、企业股份合作制改造

　　第八条　由企业职工买断企业产权,将原企业改造为股份合作制的,原企业的债务,由改造后的股份合作制企业承担。

　　第九条　企业向其职工转让部分产权,由企业与职工共同组建股份合作制企业的,原企业的债务由改造后的股份合作制企业承担。

　　第十条　企业通过其职工投资增资扩股,将原企业改造为股份合作制企业的,原企业的债务由改造后的股份合作制企业承担。

　　第十一条　企业在进行股份合作制改造时,参照公司法的有关规定,公告通知了债权人。企业股份合作制改造后,债权人就原企业资产管理人(出资人)隐瞒或者遗漏的债务起诉股份合作制企业的,如债权人在公告期内申报过该债权,股份合作制企业在承担民事责任后,可再向原企业资产管理人(出资人)追偿。如债权人在公告期内未申报过该债权,则股份合作制企业不承担民事责任,人民法院可告知债权人另行起诉原企业资产管理人(出资人)。

四、企业分立

　　第十二条　债权人向分立后的企业主张债权,企业分立时对原企业的债务承担有约定并经债权人认可的,按照当事人的约定处理;企业分立时对原企业债务承担没有约定或者约定不明,或者虽然有约定但债权人不予认可的,分立后的企业应当承担连带责任。

第十三条　分立的企业在承担连带责任后,各分立的企业间对原企业债务承担有约定的,按照约定处理;没有约定或者约定不明的,根据企业分立时的资产比例分担。

五、企业债权转股权

第十四条　债权人与债务人自愿达成债权转股权协议,且不违反法律和行政法规强制性规定的,人民法院在审理相关的民事纠纷案件中,应当确认债权转股权协议有效。

政策性债权转股权,按照国务院有关部门的规定处理。

第十五条　债务人以隐瞒企业资产或者虚列企业资产为手段,骗取债权人与其签订债权转股权协议,债权人在法定期间内行使撤销权的,人民法院应当予以支持。

债权转股权协议被撤销后,债权人有权要求债务人清偿债务。

第十六条　部分债权人进行债权转股权的行为,不影响其他债权人向债务人主张债权。

六、国有小型企业出售

第十七条　以协议转让形式出售企业,企业出售合同未经有审批权的地方人民政府或其授权的职能部门审批的,人民法院在审理相关的民事纠纷案件时,应当确认该企业出售合同不生效。

第十八条　企业出售中,当事人双方恶意串通,损害国家利益的,人民法院在审理相关的民事纠纷案件时,应当确认该企业出售行为无效。

第十九条　企业出售中,出卖人实施的行为具有合同法第五十四条规定的情形,买受人在法定期限内行使撤销权的,人民法院应当予以支持。

第二十条　企业出售合同约定的履行期限届满,一方当事人拒不履行合同,或者未完全履行合同义务,致使合同目的不能实现,对方当事人要求解除合同并要求赔偿损失的,人民法院应当予以支持。

第二十一条　企业出售合同约定的履行期限届满,一方当事人未完全履行合同义务,对方当事人要求继续履行合同并要求赔偿损失的,人民法院应当予以支持。双方当事人均未完全履行合同义务的,应当根据当事人的过错,确定各自应当承担的民事责任。

第二十二条　企业出售时,出卖人对所售企业的资产负债状况、损益状况等重大事项未履行如实告知义务,影响企业出售价格,买受人就此向人民法院起诉主张补偿的,人民法院应当予以支持。

第二十三条　企业出售合同被确认无效或者被撤销的,企业售出后买受人经营企业期间发生的经营盈亏,由买受人享有或者承担。

第二十四条　企业售出后,买受人将所购企业资产纳入本企业或者将所购企业变更为所属分支机构的,所购企业的债务,由买受人承担。但买卖双方另有约定,并经债权人认可的除外。

第二十五条　企业售出后,买受人将所购企业资产作价入股与他人重新组建新公司,所购企业法人予以注销的,对所购企业出售前的债务,买受人应当以其所有财产,包括在新组建公司中的股权承担民事责任。

第二十六条　企业售出后,买受人将所购企业重新注册为新的企业法人,所购企业法人被注销的,所购企业出售前的债务,应当由新注册的企业法人承担。但买卖双方另有约定,并经债权人认可的除外。

第二十七条　企业售出后,应当办理而未办理企业法人注销登记,债权人起诉该企业的,人民法院应当根据企业资产转让后的具体情况,告知债权人追加责任主体,并判令责任主体承担民事责任。

第二十八条　出售企业时,参照公司法的有关规定,出卖人公告通知了债权人。企业售出后,债权人就出卖人隐瞒或者遗漏的原企业债务起诉买受人的,如债权人在公告期内申报过该债权,买受人在承担民事责任后,可再行向出卖人追偿。如债权人在公告期内未申报过该债权,则买受人不承担民事责任。人民法院可告知债权人另行起诉出卖人。

第二十九条　出售企业的行为具有合同法第七十四条规定的情形,债权人在法定期限内行使撤销权的,人民法院应当予以支持。

七、企业兼并

第三十条　企业兼并协议自当事人签字盖章之日起生效。需经政府主管部门批准的,兼并协议自批准之日起生效;未经批准的,企业兼并协议不生效。但当事人在一审法庭辩论终结前补办报批手续的,人民法院应当确认该兼并协议有效。

第三十一条　企业吸收合并后,被兼并企业的债务应当由兼并方承担。

第三十二条　企业进行吸收合并时,参照公司法的有关规定,公告通知了债权人。企业吸收合并后,债权人就被兼并企业原资产管理人(出资人)隐瞒或者遗漏的企业债务起诉兼并方的,如债权人在公告期内申报过该笔债权,兼并方在承担民事责任后,可再行向被兼并企业原资产管理人(出资人)追偿。如债权人在公告期内未申报过该笔债权,则兼并方不承担民事责任。人民法院可告知债权人另行起诉被兼并企业原资产管理人(出资人)。

第三十三条　企业新设合并后,被兼并企业的债务由新设合并后的企业法人承担。

第三十四条　企业新设合并后,被兼并企业应当办理而未办理工商注销登记,债权人起诉被兼并企业的,人民法院应当根据企业兼并后的具体情况,告知债权人追加责任主体,并责令责任主体承担民事责任。

第三十五条　以收购方式实现对企业控股的,被控股企业的债务,仍由其自行承担。但因控股企业抽逃资金,逃避债务,致被控股企业无力偿还债务的,被股企业的债务则由控股企业承担。

八、附　则

第三十六条　本规定自二〇〇三年二月一日起施行。在本规定施行前,本院制定的有关企业改制方面的司法解释与本规定相抵触的,不再适用。

（选自《人民法庭实用手册》,人民法院出版社2004年8月版,第554—558页）

科学技术部　中国农业银行关于印发
《关于加强对科技型中小企业金融服务的
指导意见》的通知

（2003 年 1 月 7 日）

各省、自治区、直辖市、计划单列市、副省级城市科技厅（科委、科技局）、新疆生产建设兵团科委，各国家高新区管委会，中国农业银行各分行：

为促进科技创新与金融创新结合，加快科技创新和科技成果产业化，优化信贷结构和防范信贷风险，根据《中华人民共和国中小企业促进法》、中国人民银行《关于进一步加强对有市场、有效益、有信用中小企业信贷扶持的意见》（银发〔2002〕224 号）、中国农业银行《关于进一步加强和改善对中小企业金融服务的意见》（农银发〔2002〕131 号）以及科学技术部与中国农业银行签署的科技与金融合作协议，决定进一步加大对科技创新和科技成果产业化的扶持力度，加强对科技型中小企业的金融服务，共同扶持科技型中小企业发展，现将科学技术部、中国农业银行《关于加强对科技型中小企业金融服务的指导意见》印发给你们，请遵照执行。

关于加强对科技型中小企业
金融服务的指导意见

为加强科技与金融结合，推进科技创新与金融创新，中国农业银行与科学技术部签署了《科技与金融全面业务合作协议》，双方决定进一步加大对科技创新和科技成果产业化的扶持力度，加强对科技型中小企业的金融服务，共同扶持科技型中小企业发展。为进一步推进双方合作协议的全面贯彻落实，优化信贷结构和防范信贷风险，根据《中华人民共和国中小企业促进法》、中国人民银行《关于进一步加强对有市场、有效益、有信用中小企业信贷扶持的意见》（银发〔2002〕224 号）、农业银行《关于进一步加强和改善对中小企业金融

服务的意见》（农银发〔2002〕131 号）以及双方签署的合作协议,特提出以下指导意见:

一、依据国家产业政策,加大对科技型中小企业的扶持力度

近年来,我国科技型中小企业发展迅猛,已经成为全国高新技术产业发展的主体,为科技成果的产业化和国民经济的持续增长作出了积极贡献。另一方面,由于科技型中小企业规模一般较小,信用评级和落实担保较困难,普遍存在贷款难的问题,在相当程度上影响了科技成果产业化和企业的进一步发展。为此,加大对科技型中小企业的扶持力度,不仅有利于促进企业的健康发展,而且对提高我国中小企业的技术创新能力具有十分重要的意义。

科技型中小企业目前主要是指那些符合国家产业政策要求,科技含量高、创新性强、成长性好、有良好产业发展前景的中小企业,尤其是国家高新技术产业开发区（简称高新区）内,或在高新区外但经过省级以上科技部门认定的,从事电子与信息技术、生物工程和新医药技术、新材料及应用技术、先进制造技术、航空航天技术、海洋工程技术、核应用技术、新能源与高效节能技术、环境保护新技术、现代农业技术和其他在传统产业改造中从事新工艺、新技术研究、开发、应用的科技型中小企业。

依据中国农业银行与科学技术部全面业务合作协议的总体安排,双方将科技型中小企业作为重点扶持和服务的对象,以双方高层领导为核心,建立科技与金融全面业务合作推进委员会,负责双方合作业务的决策和协调,并成立专门的推进小组,切实加强对科技型中小企业的金融服务。对有市场、有效益、有信用的科技型中小企业,特别是那些担负国家各类科技计划项目、重大高新技术产业化项目、拥有自主知识产权以及科技成果商品化及产业化较成熟的中小企业,各级科技部门要积极予以政策上的倾斜和引导,促其尽快实现向规模化、规范化、国际化的转变;各级农业银行要积极予以信贷扶持,为其提供全方位、高效率的金融服务。

二、建立适应科技型中小企业发展特点的项目运作和政策体系

不断加强农业银行与科技部的密切合作,按年度制定扶持科技型中小企业的发展计划。双方每年第四季度共同组织安排下一年度的项目计划,根据计划筛选、确定下一年度扶持科技型中小企业的目标范围。各地科技部门和当地农业银行也可以因地制宜制定计划,确定支持范围。各级科技部门、各国家级高新技术产业开发区管委会,要与当地农行主动联系,密切配合,开展多种形式的推介、说明活动,将本地区技术含量高、市场前景广阔、信用好的科技型中小企业积

极向当地农行推荐,并协助农行对项目的技术情况进行评估和跟踪。在项目筛选过程中,银行要充分听取科技部门对企业的资信状况、赢利能力、技术水平和发展潜力等方面的意见,必要时聘请科技部门和中介评估机构等有关方面的专家组成咨询小组,界定中小企业的科技含量、市场前景和发展潜力,从中确定扶持科技型中小企业的目标范围。

农业银行将进一步研究改进科技型中小企业信用等级评定和授信标准。

农业银行可适度下放中小企业短期信用审批权限。对经济发达、信用环境好、科技型中小企业相对集中、信用担保体系比较完善的地区,经总行批准,可实行区域化的信贷政策,适当简化审批程序。对符合条件的优质科技型中小企业,可采取公开统一授信和可循环使用信用等方式;对符合条件、时效要求高的信用业务,可采用特别授信和特事特办方式;对符合条件的中小企业经有权审批行批准可以发放信用贷款。

对经各省科技部门认定,科技成果产业化程度高、市场前景广阔、信用记录良好的中小型高新技术企业的贷款,科技部门要努力给予贷款贴息等有效方式的支持;同时,对满足农业银行规定的,在办理银行承兑汇票和信用证业务时,可以根据农业银行相关规定适当减免保证金;在办理贷款业务时,可在人民银行规定的基准利率基础上,适当下浮。

三、积极开展金融创新,为科技型中小企业提供全方位金融服务

各级农业银行在扶持科技型中小企业的同时,要积极与各地高新区和科技园区开展多层次、全方位的合作,为其提供便捷、高效的金融产品和服务,引导其不断提高科技成果产业化的整体水平。各国家级高新区管委会要积极与地方农行开展各种形式的合作,支持农业银行在园区内设立支行,双方共同为园区内科技型中小企业的融资提供服务。

要开发适应科技型中小企业发展的金融产品。根据其需求,为其提供本外币存款、贷款、结算、结售汇、银行卡、代理保险、融资顾问等各项服务。

创新担保方式,解决科技型中小企业担保难的问题。对提供贷款担保存在困难的中小企业,可以由借款人提供符合担保规定的企业有效资产、个人财产以及保证担保组合,采取抵押、质押、保证的组合担保方式,尽量满足其贷款需求。对拥有自主知识产权的科技型中小企业,在经省级以上科技部门确认其技术专属权的,报经人民银行同意后,可以试办专利权质押贷款等新业务。

继续实施农业银行和科技型中小企业技术创新基金的贷、保、贴合作,在全国范围内动员适宜的科技型中小企业申报基金贴息和银行贷款支持。

四、提高对科技型中小企业金融服务的效率

各级农业银行对科技型中小企业流动资金贷款申请,从客户申请到受理不得超过1个工作日贷款答复一般不得超过14个工作日。针对科技型中小企业信用额度较小、资金使用频繁等特点,为提高中小企业金融服务效率,对区域经济和信用环境好、科技型中小企业较为集中、不良贷款比率低于10%的二级分行,经总行批准后,对AA级以上优质科技型中小企业信用业务可以采取有权审批行贷审会审议、行长审批确定其年度最高综合授信额度和担保方式,在授信额度和授信期限内发放短期贷款,可由经营行按照客户部门调查、信贷部门审查、行长审批的流程办理。

各级科技部门要积极会同各级农业银行对科技型中小企业提供高效、快捷的融资服务,缩短项目申请、技术评审、整理汇总推荐等中间过程,并及时将科技部门重点支持的好企业、好项目向农业银行推荐。

五、牢固树立风险防范意识,切实防范信贷风险

各级农业银行和各级科技部门在扶持科技型中小企业发展的同时,要牢固树立风险防范意识,切实防范信贷风险。

对不符合国家产业政策的中小企业,不予贷款支持。要防止在扶持科技型中小企业的过程中可能出现的重复建设、产业结构趋同和资源浪费、环境污染等现象。

要避免对科技型中小企业的盲目扶持。信贷扶持的对象,一定要有市场、有效益、有信用,具有较好的科技成果产业化前景。对于缺乏市场前景、效益不佳、信用不良的企业,即使具备一定的科技含量,也不应予以扶持。

科技部门和农业银行要针对科技型中小企业在融资工作中的各种需求和困难,及时调研、分析、总结,解放思想,勇于创新。积极探索从信贷机制创新和科技体制改革方面入手,深入推动科技型中小企业的融资体制改革。

对科技型中小企业的信贷扶持,要切实落实贷后监管,避免贷而不管,防止信贷资金被用作科技成果产业化以外的用途,同时要密切关注贷款企业的财务状况和产品的市场前景,遇有重大情况,及时采取补救措施,保证信贷资金的安全。

(此件由科技部办公厅档案处提供)

国家经济贸易委员会　国家发展
计划委员会　财政部　国家统计局
关于印发中小企业标准暂行规定的通知

（2003 年 2 月 19 日）

各省、自治区、直辖市、计划单列市及新疆生产建设兵团经贸委（经委）、计委、财政厅（局）、统计局，国务院各有关部门：

为贯彻实施《中华人民共和国中小企业促进法》，按照法律规定，国家经贸委、国家计委、财政部、国家统计局研究制订了《中小企业标准暂行规定》。经国务院同意，现印发给你们，请遵照执行。

《中小企业标准暂行规定》中的中小企业标准上限即为大企业标准的下限，国家统计部门据此制订大中小型企业的统计分类，并提供相应的统计数据；国务院有关部门据此进行相关数据分析，不再制订与《中小企业标准暂行规定》不一致的企业划分标准；对尚未确定企业划型标准的服务行业，有关部门将根据2003 年全国第三产业普查结果，共同提出企业划型标准。

中 小 企 业 标 准 暂 行 规 定

一、根据《中华人民共和国中小企业促进法》，制定本规定。

二、中小企业标准根据企业职工人数、销售额、资产总额等指标，结合行业特点制定。

三、本规定适用于工业，建筑业，交通运输和邮政业，批发和零售业，住宿和餐饮业。其中，工业包括采矿业、制造业、电力、燃气及水的生产和供应业。本标准以外其他行业的中小企业标准另行制定。

四、中小企业标准为：

工业，中小型企业须符合以下条件：职工人数 2000 人以下，或销售额 30000 万元以下，或资产总额为 40000 万元以下。其中，中型企业须同时满足职工人数 300 人及以上，销售额 3000 万元及以上，资产总额 4000 万元及以上；其余为小型企业。

建筑业,中小型企业须符合以下条件:职工人数 3000 人以下,或销售额 30000 万元以下,或资产总额 40000 万元以下。其中,中型企业须同时满足职工人数 600 人及以上,销售额 3000 万元及以上,资产总额 4000 万元及以上;其余为小型企业。

批发和零售业,零售业中小型企业须符合以下条件:职工人数 500 人以下,或销售额 15000 万元以下。其中,中型企业须同时满足职工人数 100 人及以上,销售额 1000 万元及以上;其余为小型企业。批发业中小型企业须符合以下条件:职工人数 200 人以下,或销售额 30000 万元以下。其中,中型企业须同时满足职工人数 100 人及以上,销售额 3000 万元及以上;其余为小型企业。

交通运输和邮政业,交通运输业中小型企业须符合以下条件:职工人数 3000 人以下,或销售额 30000 万元以下。其中,中型企业须同时满足职工人数 500 人及以上,销售额 3000 万元及以上;其余为小型企业。邮政业中小型企业须符合以下条件:职工人数 1000 人以下,或销售额 30000 万元以下。其中,中型企业须同时满足职工人数 400 人及以上,销售额 3000 万元及以上;其余为小型企业。

住宿和餐饮业,中小型企业须符合以下条件:职工人数 800 人以下,或销售额 15000 万元以下。其中,中型企业须同时满足职工人数 400 人及以上,销售额 3000 万元及以上;其余为小型企业。

五、本规定中,职工人数以现行统计制度中的年末从业人员数代替;工业企业的销售额以现行统计制度中的年产品销售收入代替;建筑业企业的销售额以现行统计制度中的年工程结算收入代替;批发和零售业以现行统计制度中的年销售额代替;交通运输和邮政业,住宿和餐饮业企业的销售额以现行统计制度中的年营业收入代替;资产总额以现行统计制度中的资产合计代替。

六、本规定适用于在中华人民共和国境内依法设立的各类所有制和各种组织形式的企业。

七、企业类型的确认以国家统计部门的法定统计数据为依据,不再沿用企业申请、政府审核的方式。

八、本标准自公布之日起施行,原国家经委等五部委 1988 年公布的《大中小型工业企业划分标准》及 1992 年公布的该标准的补充标准同时废止。

（选自中华人民共和国财政部制定《小企业会计制度》,中国财政经济出版社 2004 年 6 月版,第 196—198 页）

上海市人民政府经济体制改革办公室
对市政协十届一次会议第 0815 号提案的答复

（2003 年 5 月 16 日）

范大政、宋振东委员：

你们提出的《要把股份合作新型集体经济作为再就业的重要渠道》的提案受悉。现将办理情况答复如下：

你们提案中的建议非常好。合作经济因能增加就业，发挥一种社会稳定器的作用，而被世界各国所重视。就我国建设有中国特色社会主义的目标来看，股份合作新型集体经济更能体现"十六大"报告中关于"制定和贯彻党的方针政策，基本着眼点是要代表最广大人民的根本利益，正确反映和兼顾不同方面的群众利益，使全体人民朝着共同富裕的方向前进"的要求。

近年来，我市的股份合作新型集体经济发展非常快，为了适应改革的需要，经修订的《上海市股份合作制企业办法》已基本定稿，正由市政府法制办按程序审定发文。我们已把你们的一份提案转送给市法制办。集体经济是我国经济结构中的重要组成部分，在创造就业岗位、保持社会稳定方面发挥了十分重要的作用。上海市政府已经注意到了股份合作制企业在缓解就业压力方面的重要作用，在目前正在起草的《〈中小企业促进法〉上海市实施办法》中，已考虑到给予该类企业相关的优惠政策。我们将接受你们的建议，加大对股份合作新型集体经济的研究，不断规范和完善现有政策。

关于改制后的股份合作企业、有限责任公司等享受免"三税"政策问题，我们已与地税局进行了联系。财政部、国税总局在《关于企业所得税若干优惠政策的通知》（［1994］财税字第 001 号）及《财政部 国家税务总局关于下岗失业人员再就业有关税收政策问题的通知》（财税［2002］208 号）中已有政策规定。对改制后的股份合作企业、有限责任公司等企业，凡按上述文件规定安置本市失业人员，并达到国家规定比例的，均可给予三年内减免营业税和企业所得税的政策。具体可在向劳动部门办理认定手续后，向税务机关提出申请，即可办理有关的减免税手续。

关于发挥联社作用问题。我们认为,集体经济联合组织在上海集体经济发展过程中发挥了很大的作用,今后还将继续发挥作用。中国加入 WTO 以后,政府职能进一步转变,这给了各类非政府组织发挥作用的广阔空间。联社要在集体经济深化改革的基础上,不断拓展自己的服务职能和业务范围,发挥政府和集体企业间的纽带作用。为上海经济发展和社会稳定作出积极贡献。

关于培训及费用补贴问题。市劳动和社会保障局已经开展了针对下岗失业人员的创业、再就业技能培训。我们正与有关部门商讨,考虑从下岗失业人员培训专项经费中划出一定金额,专门用于培训合作经济人才,并根据实际,开设有关合作经济内容的专项培训。闸北区劳动局已在下岗失业人员的培训计划中增加了合作经济的课程。我们愿意协调工业合作联社配合参与培训工作。

上海市人民政府经济体制改革办公室

二〇〇三年五月十六日

附:

范大政、宋振东同志的提案《要把股份合作新型集体经济作为再就业的重要渠道》

当前,就业和再就业形势严峻。全国每年需要安排就业的劳动力约为 2200 万—2300 万人,其中再就业下岗失业人员达 1000 余万人。尤为严重的是近几年来,全国下岗人员的再就业率呈大幅度下降趋势,1998—2001 年,分别为 50%、42%、36% 和 30%。

合作经济是世界各国解决就业问题的一种有效途径。从当前世界各国的情况看,合作经济是在市场经济条件下弱势群体联合起来,进行自我保护、自我发展的有效形式,是国家增加就业,保持社会安定的稳定器。因此,各国对合作经济十分重视,并都有相应的扶持政策,以吸纳更多的失业人员。如西班牙政府对合作企业每年给予 20% 的办学经费资助,企业所得税比一般企业低 50%—17.5%;美国于 1934 年通过的《联邦信用社法》,对城乡信用合作社给予免税待遇。创建于 20 世纪 50 年代的西班牙蒙德拉贡联合公司,经过几十年的自身努力和政府扶持,从一家小小的合作社发展成为集金融、工业和流通于一身的著名大型合作制企业,吸纳了大批失业人员,成为合作企业的优秀典范。目前,合作社已遍及五大洲 160 多个国家和地区,参加国际合作社的社员有近 8 亿人。

上海出现的以股份合作为代表的新型集体经济在解决再就业方面发挥重要

作用。组建多种形式集体企业是国有大型企业实施主副分离,人员分流的成功经验。如宝钢集团企业开发总公司吸纳来自宝钢生活后勤服务部门的职工6000 余人,还每年接纳宝钢主体减员分流的人员,安置征地工5800 余人,家属工1900 余人。2001 年,公司在册员工13000 余人,销售额达到 65 亿元,利润1.98 亿元。上海高桥石化总公司安置大量从国有企业分流的富余人员和进厂的征地农民工、职工子女,创办了各种形式的集体企业。目前,集体企业职工8000 人,占公司总人数的43%;集体资产从初创时不足百万元,扩张到现在的 5亿元。股份合作企业具有较强的生命力。上海轻工系统的室内装饰公司的 3 家股份合作企业,2002 年 1—6 月,上交税金 71.9 万元,占全行业(28 家)的11.6%,销售收入占全行业的 19.1%,上岗人数占行业职工总数的64.8%,年利润72 万元。在闸北区接受的第一批 36 家放小企业中,大部分企业破产、关闭,许多员工下岗回家,而 3 家股份合作企业却至今发展较好,其中上海群众木器厂转制后年平均利税增长 12%,还在国外办了工厂。社区服务是发展股份合作企业增加就业岗位的新领域。隶属于三航局的原航福无线电元件总厂是为解决知青就业而建的生产电子元件的集体企业,当企业面临批租动迁,无处栖身的困境时,领导班子和留厂的 40 余名员工,在区领导和有关部门的支持下,办起了金色港湾老年公寓。全院共设 315 个床位,入住老人 270 余人,日托老人 20 余人,员工增至 80 多名。金色港湾老年公寓成为全市社会福利事业的一个亮点。

　　为把股份合作新型集体经济作为再就业的重要渠道,特对市政府提出以下建议:

　　1. 把发展股份合作新型集体经济作为再就业的重要渠道写入上海市政府的有关文件中去,并给予政策支持。贯彻“三个代表”重要思想,大力发展以股份合作为代表的劳动者的劳动联合与劳动者的资本联合为主(即“两个联合”)新型集体经济,消除“集体经济退出论”、“集体经济过时论”的影响,营造发展股份合作新型集体经济的良好氛围。

　　2. 尽快出台《上海市股份合作制企业办法》。随着市场经济的发展,1997年发布实施的《上海市股份合作制企业暂行办法》需要进行修改。市政府已酝酿了好几年,但修改的《上海市股份合作制企业办法》至今未出台。股份合作制企业迫切企盼这个《办法》早日颁布实施,以适应新形势的要求。希望市政府加大力度,敦促其迅速出台。

　　3. 给予改制后的股份合作企业、有限责任公司和职工持股公司享受免“三税”政策。这些企业在改制中为安置国有、集体企业富余职工、吸纳协保、失业、下岗人员方面做了很多工作。企业在改制中把原来要下岗的员工都吸纳进来,实际是把 4050 的就业问题解决在企业内部,为政府挑了重担。政府理应规定相应政策减轻其负担,让其享受新办企业的各种税收优惠政策。决不能因其为"老企业"而置之不理。如果这些企业不堪重负,最终的包袱还是得由政府承揽。

4. 发挥集体经济联合组织——联社的作用。目前,社会主义市场经济体制还不完善,企业需要解决的不少问题还无法从市场上得到解决。作为联合经济组织的联社,大多数与股份合作企业有历史渊源关系,可以协助政府为企业提供服务,进行指导,协助其解决经营活动中遇到的问题,包括政策信息、营销手段等。

5. 划拨经费,加强培训。市政府应在培养下岗人员技能的专项经费中,划出一定数额用于培训合作经济专门人才,使他们充实提高,以更好地对下岗、失业人员进行合作经济培训,传授合作经济知识,鼓励下岗人员自愿组织起来,通过互助合作,走共同富裕的道路。

(此件由上海市工业合作联社提供)

在全国联社系统资产管理经验
交流会上的讲话（节录）

（2003 年 8 月 12 日）

李玉娟①

同志们：

今天，我们在西宁市召开全国联社系统资产管理经验交流会，这是近十年来总社召开的一次全国范围内的联社资产管理经验交流会，也是继 2001 年 12 月广西会议以后的又一次财务工作会议。两年来，各级联社进一步深化改革，在加强资产的运营和管理、实现资产的保值增值、壮大自身实力等方面做了大量深入细致的工作，取得了很大的成绩，并积累了许多宝贵经验和先进做法。正是在这种情况下，总社在 2003 年工作安排中，决定召开全国联社系统的资产管理经验交流会。通过昨天一天的大会交流和今天的分组讨论，达到了交流经验，了解情况，沟通信息，相互启发，相互借鉴，增强做好资产管理工作信心的目的。下面，我就这次会议的主要内容做以下总结。

一、总社工作回顾

1. 大力宣传集体经济在国民经济中的作用，真实反映集体企业面临的困难，积极向有关部门提出加快集体经济改革与发展的建议（略）

2. 抓好总社所属公司的建设，增强自身经济实力

近年来，总社紧紧围绕"兴办经济实体，增强经济实力，强化服务功能"的办社方针，按照认真管好增量资产，努力盘活存量资产，争取激活固化资产的思路，在资产管理方面有了重大突破，由过去重视实物资产的管理向重视价值形态即资本管理的方向转变，建立起有效的总社资产监管、运营体系，最终实现将资产作为资本来运作、管理的目标。两年来，总社先后收购了深圳兴华公司和振华公

---

① 李玉娟时任中华全国手工业合作总社副主任。

司的部分股份,扩大了总社在深圳两公司的投资比重,达到总社资产向高科技和多元化领域进军的目的。从而实现总社资产的有效运行和保值增值,为今后总社壮大实力,打下了基础。

另外,在2000年和2001年组建成立了"中普科贸有限责任公司"和"中轻投资有限公司";并对原总社所属公司的资产进行清理、重组、整合。

2002年4月,总社将原有的中华康普、中轻贸易、北京华信原材料等公司的资产整合进入中普有限责任公司,实现了几个公司在人、财、物和业务上的全面统一。通过整合,现在的中普科贸有限责任公司,无论是资产规模、运营能力,还是经济实力上都大大加强,并成为总社实力的重要支柱。

几年来,总社资财部通过"经营目标责任制",对公司效益进行年度考核;通过每季度的财务分析,对公司资金营运进行过程监督;通过年终财务审计,对公司资本运作、财务成果的真实性进行结果检查,并取得了较好的效果。

3. 以市场经济模式盘活总社固化资产,为今后发展打造物质基础

资产是总社赖以生存和发展的根本,如何将沉淀多年的总社固化资产盘活,成为总社进行资产运作的主要工作。近几年来,总社加强了对历史债权的清理工作,针对各个联社和企业的具体情况,本着"尊重历史、实事求是、因地制宜、一事一议"的原则,采用多种方式,努力盘活总社存量资产。例如:2002年在对兴华公司进行股权收购的过程中,在地方联社的配合下,通过以债权抵购股款的方式,清理了历史债权103.17万元。2002年总社与河南省联社签订300万元债转股协议,将历史债权中的300万元转为持有河南省轻工资产经营有限公司20%的股份;2003年4月总社又与新疆轻工集体经济联社签订债转股协议,受让其持有的新疆轻联投资管理有限责任公司出资额为595万元的股权,将总社在新疆联社的全部债权595万元转为对新疆轻联投资公司的股份。另外,总社与辽宁省联社及抚顺市联社的联动债转股工作正在进行之中。通过上述资产运作,既在某种程度上帮助地方联社保全了资产,为固化多年的债权债务注入新的内涵和活力,同时也有效地改变了总社的资产结构,为进一步壮大总社实力留有了空间。当然,这种方式在运用的过程中,还有许多不完善的地方;还没有达到真正意义上的联合;用市场经济的手段,解决历史问题,努力争取双赢的意识还不是很强;……这些都还有待于在今后的运作当中加以完善和创新。

4. 努力为各地联社服务,做好法律咨询和来信来访接待工作(略)

5. 积极开展社务活动,及时调查了解联社及集体企业问题(略)

二、各地联社在资产管理和运营中取得的突出成绩

两年来,各级联社按照"集中有效资产、统一经营管理、理顺产权关系、立足保值增值、促进经济发展"的思路,在加强资产运营、明晰资产权属、探索发展集体经济的有效途径等方面,埋头苦干,大胆探索,积极寻求适应新时期联社生存与发展、改革与建设的新形式、新路子,取得了显著的成效,开拓了宽阔的空间。各级联社的财务人员为壮大自身实力做了大量的工作,付出了辛勤的汗水,积累了不少宝贵经验和先进做法,概括起来有以下几点:

1. 更新观念,转变职能,加强联社自身建设

随着市场经济的不断深入,以及政府机构改革的推进,联社"政社合一"的体制逐渐解体。面对新情况,各级联社立足自身实际,解放思想,更新观念,在联社功能的定位、职能的转变、组织的建设上大胆探索,进行了一系列有益的尝试。

广州市二轻集体企业联社1998年进行了一、二轻集团公司的重组,按照市政府的要求,联社由轻工集团代管,按联社章程运行。自此,联社几十年政社合一的格局被打破。随着经济体制的转型,联社的领导者及其管理人员认识到,联社没有自己的实业,经济基础不稳,不但难以服务维系企业,就连生存都是问题。鉴于此,广州市联社迅速从单纯的"行政人"角色转向既充当"服务人"、又充当"经济人"的双重角色,他们以政企分开为突破口,重点办好经济实体,不断增强联社实力;以转变职能为核心,做好集体企业转制的产权明晰工作。在统一了思想认识后,联社确立了调整布局、有进有退、标本兼治、优化结构以及进而有为、退而有序、抓大要强、放小要活的工作方针,在行使"指导、维护、监督、协调、服务"职能的同时,进入联社资产的经营。

南京市城镇集体企业联社在全市工业管理体制调整后,从原来的"政社合一"转变为"社企合一",工作的重心也从集体经济的管理者转移到经济活动上来,并逐步由经济联合组织向经济实体转变,强调市联社是联社资产的出资人,享有联社资产的经营权、管理权和受益权。他们本着求真务实的态度对联社章程进行了重大修改和完善,尤其对联社的性质、宗旨、基本任务、工作任务等内容都作了新的界定和表述。突出了市联社是联社资产的投资主体,是联社资产的产权代表,以股东的身份承担义务,履行权利和获取投资收益。同时,在章程中明确联社常务理事会是市联社的决策机构、权利机构,主要职权是对联社资产进

行经营决策,从而有利于联社资本运作的集中统一领导,把联社资产的经营管理工作真正落到实处。他们本着实事求是的原则,对成员单位进行了重大调整,撤销了一批专业联社。将市联社直接投资的全资企业,控股、参股的集体企业,以及占用市联社资产的企事业单位共73家作为联社的成员单位,从而使联社的经济联合组织性质得以真正体现。与此同时,适时地调整了领导机构和日常工作机构,本着精干高效的原则,将联社办公室、资产财务部、人事部与集团的有关职能部室合署办公,实现了真正意义上的"社企合一"。

　　2. 办好实体,提高效益,增强联社经济实力

　　在市场经济条件下,一切必须凭实力说话,联社的生存与发展,联社今后在成员单位中的地位和作用,其号召力、凝聚力、影响力等等,都取决于联社自身的经济实力。近年来,不少联社纷纷开展了兴办实体的工作,例如上海、长春、浙江、广州、武汉、新疆等联社,均取得了可喜的成绩,为联社新形式下的生存与发展、改革与建设打下了坚实的基础。

　　上海市工业合作联社投资的上海新工联实业总公司,1998年规范改制为多元投资的有限责任公司。2001年联社按照,"产权制度多元化、生产要素股份化、经营者股份集中化、存量资产明晰化"的思路,对新工联再次进行产权制度的深入改革,成立了上海新工联(集团)有限公司。作为市联社的经济实体,新工联按照市联社赋予的"投资、控股、管理、经营"的四大职能,以产业创新为重点稳健投资,不断寻求新的经济增长点,相继投资成立和扶持了一批新兴企业;以管理创新为重点,规范运作,初步建立了产权集中、分级管理的资产管理网络。在全国集体经济普遍处于低谷的困难情况下,新工联强化基础管理,稳步推进改革,加大调整力度,精心投资经营,为增强市联社的经济实力发挥了重要作用。

　　广州市二轻集体企业联社整合自有物业、直属全资企业和投资在成员企业的资产,组建成立联社全资的穗联企业发展公司,由联社主任亲自出任董事长、总经理,联社工作人员与公司员工合二为一,交叉承担联社社务和企业经营工作。经过几年的努力,已进入了良性循环,每年都有超过500万元的租金收入,人均年创税利20多万元,增强了联社的经济实力,为联社的生存打下了经济基础。

　　南京市城镇集体企业联社在原有三产企业基础上又新办了房产经营管理公司、国际贸易公司、资产经营公司等一批联社企业。目前,市联社出资1500万元与轻工集团、江苏雨润、浙江天安等7家知名企业组建南京润轻投资发展有限公司,注册资本2.5亿元,构建了联社新的发展平台。

3. 清产核资,加强管理,维护集体资产的完整

加强联社资产管理,保护联社资产完整,实现联社资产的保值增值,是各级联社的重要职责。近年来各级联社严格按照国家法律法规和政策办事,本着联社投资、联社所有的原则,通过清产核资、财产清查、清理债权债务工作,明晰产权,进一步理顺联社与企业的产权关系。

山西省阳城县城镇集体工业联合社结合清产核资,产权界定,摸清联社家底,先后对华都大酒店、华阳山滤料公司等 17 个单位的资产重新确认产权,依法理顺联社同企业的产权关系,颁发了产权证书,界定前联社资本金为 1779.52 万元,界定后为 4352.62 万元;对企业占用的联社资产,采用各种方法维护其完整性,想方设法管好用活,决不搞无偿占用;对企业历年拖欠联社的资金和联社借给企业的资金,根据实际情况转为联社资本金,既减轻了企业负担,同时避免了联社资产的流失。

广西梧州市联社对经核实界定、明晰确认后的联社资产,统一办理了公证。近几年来,梧州市联社采取不同的方法对联社资产加以管理,他们的做法是:对企业占用的联社资产,明确建立收取资金占用费制度,按比例收取资金占用费;对联社全资企业实行所有权与经营权分离式的资金租赁经营,收取租赁经营费;加强资产管理,对部分单位由于历史原因无偿占用联社物业的,在改制过程中,联社与企业签订三年的返还合同,返还前交租金给联社,并逐年提高租金额。

4. 加强对实体财务的管理,加大监管力度,确保联社资产保值增值

上海新工联(集团)有限公司是市联社直接投资的经济实体,几年来按照市联社赋予的"投资、控股、管理、经营"的四大职能,以财务管理为中心,各项管理工作正逐步走向制度化、规范化和科学化。新工联坚持"资产、效益两手抓,以人为本,以现金流量为中心,强化风险管理,加强财务监督"的管理思路,基本建立了适合企业经济运行的财务会计管理模式,即以增加现金流量为核心的全面预算管理体系;以规范财会行为为核心的财务会计管理体系;以强化风险意识为核心的财务监控体系;以提高工作效率为核心的会计信息网络体系;以提高素质为核心的结构优化体系。在具体工作中,一是执行财务主管人员垂直管理制度,逐步形成一只具有一定业务能力、忠于集体事业的财会队伍;二是改革分配制度,确保全面预算的完成,努力提高经济效益;三是全面推行会计电算化,规范基础核算,保证会计信息反馈的正确性和及时性;四是执行三项资产(应收款项、长期投资、存货)的动态监控管理,不断改善和提高资产运行质量;五是采用资产抵押、经济担保、投资集权管理,降低了经营风险。经过几年的努力,新工联的财务状况不断得到改善,经济效益稳中趋长,资产质量逐年提高,资产负债率逐

年下降,为联社资产的保值增值作出了贡献。

吉林省联社为杜绝直属企业经营联社资产过程中随意性较大的现象,有效化解联社资产的运营风险,对涉及联社经济命脉的重要资产不再搞委托经营,采取由省联社办公室直接经营、一体化管理的体制,实现了投资主体和经营主体的高度统一和联社资产运营效益的最大化,促进了联社资产的保值增值。通过实践吉林省联社总结出了几点体会:第一,领导重视是前提。对资产经营中重大问题的决定一律提交联社常务理事扩大会议(监事会监事列席)表决通过,形成会议纪要,与会人员签字后再行实施,从而保证了联社资产运作平稳有序地进行,没有出现大的震荡。第二,抓住产权是基础。联社要合理有效地运营必须首先抓住资产的产权,该主张权利的坚决主张权利,不留死角,消除隐患。第三,加强运营是关键。第四,壮大实力是目的。通过置换抵押、资产重组、债务重组和安置职工等措施,优先净化了联社资产,使联社良性资产的比例有了大幅度攀升,每年均可获得稳定的收益,为今后的发展积蓄了力量。

5. 深化改革,制度创新,探索集体经济多种有效实现形式

近年来,各级联社以企业产权制度改革为重点,积极稳妥地推进企业深化改革,在为企业改制中充分发挥联社的服务性功能,大胆利用不同形式和不同方法,不断探索与创新,形成了多种模式,使集体企业产权制度改革工作取得新的突破。

武汉市联社在企业改制中,注重维系联社与企业的资产纽带关系,积极探索联社与企业相互参股的运作模式,千方百计帮助企业筹集改制成本。在企业"两清一算"(清人头、清资产、测算改制成本)的基础上,根据企业的实际情况,武汉市联社对所属企业分别实行了整体出售、分拆出售、先租后售、合并和股份制改造、股份合作制等多种改制形式。在改制过程中,联社与企业注重多渠道筹集改制成本,用好政策,协调关系,盘活存量,集聚资金,确保了企业改制的顺利进行和联社资产的不流失。一是存量盘活调动一块;二是现有资产量化一块;三是公房置换增加一块;四是股权流动转让一块;五是靠大联大并购一块;六是引资发展壮大一块。同时,为了把企业的改革改制落实到转机建制、促进发展上,联社还指导企业改革产权制度,完善法人治理结构,按现代企业制度的要求组建新企业。通过改制,不仅实现了企业制度的创新,而且还理顺了资产关系,实现了减员减债增效,缓解了长期压在企业身上的沉重包袱,使改制后的企业得以轻装上阵。

上海市城镇工业合作联社结合直属企业经营管理现状,确立了"摸清家底、深化改革、改制重组、建立新机制"的指导思想,按照"调整、收缩、改革、发展"的

经营方针,围绕"规避风险、减少损失、理顺关系、保值增值"制定了整体改制方案,采用:第一,设立有限责任公司,规避市联社风险;第二,依法重组、新设公司、保护资产、安置人员;第三,职工出资入股、经营者持大股、建立混合所有制的经济结构、彻底转换经营机制的"三步走"方式,建立起与社会主义市场经济相适应的现代企业制度和"多元投资、效益挂钩、自主经营,自负盈亏"的新机制。改制后,直属企业内部经营机制发生了重大变革,企业在完善用人、财务、分配制度的同时,实行按岗设人、以绩定效,经过几年的努力,经营状况发生了深刻的变化,仅久禄企业发展有限公司一家,净资产已达数亿元,是改制前的数倍;职工总人数达 1000 余名,比改制前增加了一倍。经营项目由原来单一的房地产投资,扩展延伸到汽配生产、汽车修理、开设酒店旅馆、建筑设计、物业管理等多种经营,优化了资本结构和经济结构,使联社的资产质量得到极大的提高。

6. 加强指导,强化服务,密切联社与企业的关系

联社的基本功能就在于服务,在于"联"。近年来各地联社克服种种困难,努力在"联"上下工夫,积极指导基层联社和企业改革,为企业的健康发展提供服务。

广东、吉林、山西、新疆、福建等省区联社都把工作重点放在对基层联社的指导上。省联社的同志深入所属的所有县级联社进行调查研究,取得了联社改革的第一手资料,做了大量卓有成效的工作。

上海、武汉、广西等地联社积极指导和促进集体企业采取联合、兼并、租赁、承包、股份合作制、合作制和多元投资的混合所有制等形式进行改革,同时采取一切可行措施妥善安置关、停、并、转后的下岗职工,促进了企业的发展,受到了职工的欢迎。

通过经验介绍和交流,不难看出,近年来,各级联社在资产管理和运作上做了大量卓有成效的工作,为联社的生存和发展打下了坚实的经济基础。各级联社人员和财务人员都付出了辛勤的汗水,在此,我代表总社领导向你们表示由衷的感谢!

三、几点要求和建议

几年来各地联社的工作,取得了一定的成绩。但是,我们必须清醒地意识到,传统集体企业的体制、机制和实现形式仍然跟不上市场经济发展的步伐,城镇集体企业的改革还有待于进一步深化;联社在新形势下的组织建设,以及如何更好地发挥作用等问题还有待于进一步探索。下面,我就联社今后的工作谈几

点要求和建议,供大家参考:

1. 在机构改革的变动中确保资产不流失

前不久召开的两会,给我们传递出一个强烈的信息:为适应社会主义市场经济的需要,国家将要进行新一轮的机构改革。联社作为经济社会执行类的联合组织,在这次政府机构调整中势必受到波及和影响。

众所周知,联社是集体经济的联合组织,它有机构、人员和资产,其资产是联社内所有劳动者创造的,属于集体所有制性质,联社作为所有者代表,享有资产的所有者权益。维护集体经济合法权益,防止平调、吞并集体企业资产,是我们党和国家对发展集体经济始终如一的重要政策。然而多年以来,联社集体资产在各个时期、各种情况下、以各种形式被大量的侵占、平调、沉淀和流失,进而使联社赖以生存与发展的优势基础在不断地被削弱。自九十年代后期以来,我国集体经济大幅萎缩,据有关部门统计,截至2001年底,全国城镇集体企业户数已从1991年的338.2万户降到220.9万户,年均降幅超过10万户;从业人员已从1991年的3628万人降到1241万人,年均降幅超过200万人;占全国城镇就业总人数的比例由1991年的18.7%降至5.18%,年均降幅接近2%。

鉴于近年来,在机构调整和企业改制中出现的联社机构不稳定和集体资产流失的问题,总社于2001年2月16日,下发了《关于确保联社机构稳定、防止联社资产流失的紧急通知》,明确指出"当前有的地方在这次机构变动时,或将联社资产纳入地方财政;或无偿占用联社资产或改变合作范围等,这是不符合《条例》规定的。对已经发生这类情况的地方要及时向当地领导和政府反映,并要通过必要程序依法予以纠正,切实维护联社的合法权益,防止集体资产流失"。根据联社的历史和其特殊性,我们认为,不论机构如何变动,联社资产的属性、归属不能变。维护集体资产的合法权益,自始至终都是联社的重要职责。今后,各级联社依然要强化这一职责,理直气壮地依法保护集体资产的合法性和完整性,在新一轮的改革中仍然要坚持联社地位,确保联社资产不流失、不被平调;产权关系不明晰的应尽快明晰,无论联社的主管部门如何变化,企业的隶属关系如何变更,原有的资产关系决不能丢。

2. 继续推行联社兴办经济实体,不断壮大联社实力

各地的成功经验再次证明:实力是联社存在的基础,有实力就有地位,有实力联社才有生命力,才能不断发展壮大。联社要有效发挥为政府、为企业服务的作用,关键还得依靠办好经济实体,增强自身经济实力。联社的主要成员单位就是企业,企业是联社的组织基础,因此,只有企业发展壮大了,联社的地位才会巩固、实力才会壮大、作用才会体现、生存才会不成问题。

联社作为"经济人",管好用活社有资产,是最基本的也是最主要的责任。当前,联社加强资产管理的重点是:要在成员企业特别是改制企业中,明确社有资产所有者代表和非人格集体资产监管人的合法地位,行使所有者和监管人的职责。要结合实际,制定资产管理营运的办法和规则,抓住所有权,行使监督权,放开经营权,把握受益权。确保集体资产良性营运和保值增值。

要加大力度深化改革,本着"有进有退"、"有所为有所不为"、"不求所在但求所有"、"不问身份但求发展"的原则,继续推进以"出资主体明晰化、产权结构多元化、生产要素股份化和经营者股份集中化"为特征的二次改制,在努力探索集体经济的多种实现形式上狠下工夫,这是当前集体经济改革的重点之一。"集体经济"是一种所有制概念,它的实现形式应该是多种多样的,公司制、股份制、股份合作制,还有多种形式的合作经济,相互参股、债权转股权、委托经营等形式都可以在实践中探索和总结。

3. 积极探索总社与联社及成员企业间新的经济联合组织形式

随着改革、调整的深入,我们必须与时俱进,重新审视涉及联社及成员企业关系的相关问题。党的十六大报告指出"要深化集体企业改革,继续支持和帮助多种形式的集体经济的发展。"总社在五届四次理事会议强调,立足于产权多元化的改革走势,联社成员不拘泥于单一的集体企业,而是面向多种所有制经济成分,向以集体经济控股的混合所有制经济的联合组织转变。要寻求相似的组织特征,营造共同的利益支撑点,走出一条不同所有制成分互惠互利、共同富裕的新路。不受行政隶属和产权纽带限制,侧重行业自律和政策、信息、技术、经济资源共享,实行全方位的利益整合,从而达到优势互补。我们认为,与改革大潮同步,今后的联合经济组织,主要依靠资金、服务纽带维系。作为联合经济组织,资产既可以有集体的,与可以吸收国有的,甚至私营个体的,形成多员结构的混合所有制经济;既可以横向吸纳资金,也可以纵向搞经济联合,总社可以到各地投资,各地也可以到总社投资,各地联社之间也可以相互投资,从而形成以资产为纽带的多层面的联合体。

4. 做好各项服务工作,加强联社的凝聚力

中国加入 WTO 以后,政府职能进一步转变,这给了各类非政府组织发挥作用的广阔空间。总社和各级联社要继续贯彻落实"指导、维护、监督、协调、服务"的职能,积极"兴办经济实体,增加经济实力,强化服务功能"。

生命力来源于凝聚力,凝聚力来源于自身实力,要想有活力,发挥好为政府、为企业服务的作用,关键是要办好自身的经济实体,增强经济实力,有为才能有位,实力是发展壮大和搞好服务的经济基础。因此,总社和各级联社要在"强身

健体"上下工夫,深化自身改革,强化自身建设,壮大自身实力,扩大自身影响。同时,要采取得力措施,力求争取省、市、县三级联社体系健全、网络不断、"联"为一体、聚成一片。通过发展自身凝聚企业,为企业多办实事,不断提高总社和联社的知名度和凝聚力,进而巩固自身地位。

各级联社要在集体经济深化改革的基础上,积极探索社务服务的有效实现形式,不断拓展自己的服务职能和业务范围,发挥上接政府下联企业的桥梁纽带作用,传递政策导向,反映企业呼声,促进企业改革,维护企业利益。当前,要特别注意沟通企业与政府有关部门的联系,为企业改制、调整创造宽松的环境;加强对企业改制、产权制度改革等重点难点问题的分类指导,为企业排忧解难;抓好政策咨询和法律咨询,维护集体企业和职工的合法权益,为经济发展和社会稳定作出积极的贡献。

5. 加强联社财会队伍建设,做好生财、敛财、聚财工作

拥有一只现代化、高素质的理财队伍,是加强和改善联社财务管理工作的关键。因此,各级联社必须下大力气搞好财会队伍建设。我国加入世贸组织后,外部理财环境发生了重大变化。面对新形势,财务管理者应不断更新理财观念,加强有关法规、WTO规则、新财务制度等知识的学习,积极探索新形势下适合自身发展的新的理财模式,不断提高自身素质。各级联社在财务管理工作中要树立全新的理财观念,时刻保持理财理论的先进性和理财实践的超前性。要在内部管理中积极探索建立财务风险的防范机制、有效监督机制,彻底改观以往联社在财务管理中出现的资金散乱、监管乏力、信息失真的局面。要加快联社财务信息化建设,财务管理信息化,不但省去了传统的手工记帐、核算和分析数据的烦琐,促进了财务工作的标准化、规范化,而且能快速及时、准确无误地提供所需要的各种信息和数据,帮助管理人员提高财务管理的质量和水平。因此要加大对财务信息化建设的投入,促进联社在全面搞好会计核算电算化的基础上,努力朝着理财信息化的方向发展。

同志们,党的十六大为集体经济的发展,创造了宽松的环境,提供了难得的机遇。让我们紧密团结起来,按照十六大提出的"发展要有新思路、改革要有新突破、开放要有新局面、各项工作要有新举措"的要求,以"三个代表"重要思想为指导,励精图治,开拓进取,共创新时期联社改革和发展的新辉煌!

（原件存中华全国手工业合作总社资财部）

在部分省市联社主任座谈会上的讲话

（2003 年 8 月 17 日）

陈士能

同志们：

按照去年十二月总社召开的五届四次理事会的工作安排，今年要召开两个座谈会。一是，南方片的部分省市联社主任座谈会，今年四月中旬已在海南开过了。这次，召开的是北方片部分省市联社主任座谈会。这次座谈会讨论的内容，仍然是按照总社五届四次理事会议关于二〇〇三年工作重点的部署，主要研究各级联社的自身改革、建设和集体企业改革的问题。会议要研究的具体内容，前段已经通知了各单位，相信大家都已经做了充分的准备。

这次会议在新疆召开，一是新疆联社这几年在改革上有了新的发展，资产运作有新突破，实力正在增强，各项工作有新的进展；二是他们非常热情地邀请大家到新疆来看看。新疆是一个多民族聚居的地方，自然资源十分丰富，且不说蕴藏丰富的石油和即将东输的天然气，也不说雪白的棉花和遍地粮仓，仅就品味极好的葡萄和番茄，就能使你无限陶醉，新疆无限美好的自然风光也会使你流连忘返。因此，我们这一次来新疆，不光是一次工作上的研讨，也是在接受一次民族团结，热爱祖国的教育。自治区的领导对这次会议十分重视，今天自治区领导党委常委、政府副主席艾力更·依明巴海同志和自治区有关部门领导亲自参加会议，对我们的工作是很大的支持和鼓舞，让我们以热烈的掌声表示感谢！

今年十届全国人大会议之后，由于我又担任了全国人大常委、人大民族事务委员会副主任委员的职务，工作又增加了很多。从八月七日到十四日这次会之前我刚刚结束了在大连举办的全国民族自治地方人大干部的培训班，八月二十日之前，我又必须赶回北京参加全国人大常委会议和我们人大民委的会议，在人大常委会结束后，我将带队去西藏、四川就两地贯彻落实《民族区域自治法》进行执法调研。所以我是挤时间来参加这个会议的。

我为什么在这样仓促的时间内，还要往返好几千公里来参加这个会议呢？主要是因为，现在无论是城镇集体经济，还是各级联社自身，都处在改革的关键时期,遇到很多困难,同志们在各自的岗位上工作很艰苦,甚至有的已感疲惫。所以我要来看望大家,我们需要互相鼓励;二是今年春天,我国经历了突如其来的"非典"疫情袭击,"非典"期间,许多联社的领导和同志们,对总社的领导和同志们表示了很大关心,有的来函,有的来电询问情况表示慰问,我们很受感动,我们也给大家送去了慰问信,但我还想借此机会当面来看望和感谢大家。当然,还有很重要的一点是,我亲自与大家一起座谈,探讨在新世纪、新时期我国集体经济、集体企业和各级联社如何在深化改革、加强建设的基础上加快发展的问题。

在这个座谈会上,今天我先发个言,讲一些自己的看法和意见,与大家一起探讨与交流,供大家参考。我想说以下几个问题:

一、要加大宣传力度,充分肯定集体经济和集体企业在国民经济中的重要地位和作用

现在有的人甚至个别所谓理论家,提出集体经济已大量萎缩,集体经济已经不是先进生产力的代表,集体经济要消亡,不要再强调集体经济在国民经济中的重要地位和作用。有的省领导竟说,现在只有国有、私有之分,那还有集体之说;有的地方发文限时要集体企业改制,要集体资产退出;改制成功的集体企业的优秀典型在报刊、电台中也得不到宣传和弘扬,如此等等,对此,我是很有意见的。这些说法和作法违背了我国的宪法,违背了党的十五、十六大精神,脱离了中国的国情,也不符合国民经济发展的实际情况。《中华人民共和国宪法》明确规定"国家在社会主义初级阶段,坚持公有制为主体、多种所有制经济共同发展的基本经济制度","城镇中的手工业、工业、建筑业、运输业、商业、服务业等行业的各种形式合作经济都是社会主义劳动群众集体所有制经济。国家保护城乡集体经济组织的合法权利和利益,鼓励、指导和帮助集体经济的发展"。党的十五大报告指出"集体所有制经济是公有制的重要组成部分。集体经济可以体现共同致富原则,可以广泛吸收社会分散资金,缓解就业压力,增加公共积累和国家税收。要支持、鼓励和帮助城乡多种形式集体经济的发展。这对发挥公有制经济的主体作用意义重大。"党的十六大报告,再次强调:"坚持和完善公有制为主体、多种所有制经济共同发展的基本经济制度……集体经济是公有制经济的重要组成部分,对实现共同富裕具有重要作用"。要"深化集体企业改革,继续支持和帮助多种形式的集体经济的发展。"这些重要的论述,都充分证明,集体经济是社会主义制度的重要经济基础。要坚持社会主义制度,体现公有制为主体,就必须巩固和发展集体经济。大家在学习十六大报告时也一定注意到了,党的

十六大对集体经济的阐述言简意赅,对集体经济的地位、作用阐发的更深刻了。十五大提出:"集体经济可以体现共同致富原则",十六大则强调"对实现共同富裕具有重要作用"。这虽然只有几个字的差别,但我体会十六大的报告,更体现了集体经济在坚持和实现社会主义制度中的重要作用,更体现了共同致富这个社会主义制度本质的内涵,更体现了以人民利益为重和社会公平这个要点。邓小平同志曾经强调指出,社会主义要消灭两极分化,实现共同富裕。针对当前有的同志一提改革就是国有经济,一提发展就是个体、私营、非公有制经济,而忽视或否定集体经济的错误倾向,至少也是片面的,我认为国有、非公有都要改革都要发展,但不能偏废了集体经济,所以大家要特别注意十六大报告中对"两个毫不动摇"的论述。十六大报告强调"根据解放和发展生产力的要求,坚持和完善公有制为主体、多种所有制经济共同发展的基本经济制度。第一,必须毫不动摇地巩固和发展公有制经济……集体经济是公有制的重要组成部分,对实现共同富裕具有重要作用。第二,必须毫不动摇地鼓励、支持和引导非公有制经济发展"。这两个"毫不动摇"概括和强调了坚持和完善基本经济制度必须发展各种所有制经济,不能厚此薄彼,无论在态度上、政策上和各种实施措施上都要一视同仁。因此,十六大报告强调要把"坚持公有制为主体,促进非公有制经济发展,统一于社会主义现代化建设的进程中,不能把这两者对立起来。各种所有制经济完全可以在市场竞争中发挥各自优势,相互促进,共同发展。"那种讲改革就是国有经济,论发展就是非公有制经济,把集体经济忽视了的思想和作法是没有道理的,而且它已经或仍在导致集体经济生产力的下降甚至受到破坏。江泽民同志在1999年《纪念中国共产党成立七十八周年座谈会上的讲话》中曾明确指出:"正确处理公有制同非公有制的关系,既是一个重大经济问题,也是关系到党和国家命运的重大政治问题。"

　　从实际上看,现在集体经济在整个国民经济中仍具有十分重要的地位和作用。根据国家统计局资料,2002年全国工业增加值为31482亿元,比上年增长12.6%,集体企业增加值为2769亿元,同比增长8.6%,占全国工业增加值的8.8%。根据2002年各省区国民经济和社会发展统计公报透露,集体工业当年增长速度超过全国平均水平的有山西、江苏、辽宁、甘肃、河北等省,增速达10%以上,其中山西、江苏分别增长17.7%和12.2%,居全国集体工业增速之首。今年上半年全国规模以上工业企业完成工业增加值18362亿元,同比增长16.2%。其中集体工业完成增加值1280亿元,同比增长11.2%。集体经济在国民经济中的"国有、集体、非公有"三大支柱中,仍然在第二位。如果单从数字统计上看,集体企业的个数和从业人数的确比过去少了很多。但是少的原因一是由于统计口径发生了变化,企业的年销售额从 300 万元提到 500 万元,这就甩掉了一大批;二是在改革中集体经济改制为股份合作制、股份制或个人承包、租赁一批,有的地方不统计了;另外还关停并转了一批;等等。但这只是集体企业的变更,而不是所有制的消亡。实际上如果按 300 万元销售额以上来统计,我想仅论企业数,还是销售额总数都为翻番还多。如果再加上改制后的集体经济仍处于相对控股部分的应属集体企业来统计,这个总数就会更大了。

　　我们要把"集体经济"与集体企业区别开来。"集体经济"应当是所有制概念,我国《宪法》明确规定"中华人民共和国的社会主义经济制度的基础是生产资料的社会主义公有制,即全民所有制和劳动群众集体所有制",否定了它的存在,无疑会动摇社会主义制度本身,这是不能允许的,否定"集体经济"的言行是极端错误甚至是违法的。

　　而集体企业则是"集体经济"的实现形式,体现集体经济存在的是众多的、各种形式的集体所有制企业。我们必须看到,由于我们国家上世纪五十年代对农业、手工业和资本主义工商业进行了社会主义改造,当时的集体所有制经济是促进生产力发展的,但到了 1958 年以后,出现了一大二公过渡升级的问题,实行了资产归大堆,否定了劳动者对资产的所有权,再加上长期计划经济体制的束缚和影响,集体所有制企业的自身特点已经被泯灭殆尽,变成了"二国营"、"二全民"。这种状况必须彻底进行改革,改革得越快越好,越彻底越好。因此,我们不能同意"集体经济正在消亡"的论调,但必须果断地否定"二国营"的集体所有制企业模式和"二政府"的管理体制,努力探索集体经济的多种实现形式。我曾经说过"新型的集体经济"的概念,这是相对于传统的集体经济而言的,主要是指体现集体经济性质的多种实现形式。当前,我们应当对前段集体企业改革的状况进行总结。前一段改革,取得了很好的成绩,朱镕基总理在十届人大一次会议报告中肯定了"城乡集体经济得到新的发展"。但是,从目前上访中反映出来的问题看,有的地方和企业,在改革时,对职工利益考虑不够,甚至有的在改革中对集体资产实行了低价出售或无偿奉送的办法,使集体资产严重流失,集体企业没有了,但职工却没有很好安置,生活发生了困难,这里边肯定有不正常的问题;有的地方,只考虑了在职职工,而对离退休职工没有很好考虑,甚至还剥夺了离退休职工当年的投资收益,造成上访告状和社会的不稳定;有的地方,有优良资产的企业改革改制了,而亏损甚至资不抵债的企业,却没有动,职工既无工作更无工资收入,生活极端困难,如此等等,所有这些问题,作为各级联社和各级政府都不能不管不问,要把群众的利益,人民的生活,职工的困难时刻记在心上。落实"三个代表"重要思想,就要从每一件实事上体现出来。新一届党中央、国务院明确提出"群众利益无小事",我们应该在实践中去落实。因此,我请同志们做三件事,或者说我们一起做好这三件事,因为这事关重大,前面讲了很多意义、地位、作用,但最后是要落实,要求发展。一是,认真总结我们改革的成功经验,总结改革改制企业重获生机、壮大发展的典型,用以证明集体所有制企业改革改制以后,同样会有很好的发展前途,在国民经济中仍然处于重要地位,也用以相互学习、借鉴。我希望每个省、市、自治区和市地、县联社,都要认真总结一批这样的好典型,省一级的至少三、五个,总社将在你们总结的基础上,就可以有说服力的依据向上、向社会宣传集体经济不仅没有过时,而且还有着强大的生命力,在经济和社会发展中将起到不可替代的重要作用。同时,还要选一批在《中国集体经济》杂志和其他媒体上集中宣传。对这些好的典型除宣传他们以外,还要不断总结他们的新经验、新发展,并进一步指导、帮助其发展。二是,要总结集体企业在改革改制中存在的不足和教训。特别是对那些资产被少数人低价或无偿占有,而职工又没有得到很好安置的,对存在的问题能纠正的要采取措施及时纠正,对一时解决不了的,要及时向政府反映。我们联社重要的作用之一就是桥梁和纽带,你们要敢于代表职工向政府反映合理要求。江苏省泰兴市联社在这一点上就做得很好。1998 年在集体企业改制中,许多企业没有认真改革,而是把企业资产给了少数经营者,职工却没有安置好,后来他们根据 1996 年国家清产核资的文件规定和职工的强烈要求,在政府的帮助下,他们充分发挥党组织的作用,发挥党员的先锋模范作用,做深入的思想政治工作,大力宣传、弘扬奉献精神,最终又把资产归还了集体。在此基础上,他们对企业进行了深入改革,对职工置换了身份,对经营者既明确了责任,也明确了权和利,所以现在企业发展很快。

大家在思想上要明确,争取党和政府领导的支持,关键是要争取扶持政策,政策既是出路又是难以计数的资金。最近,总社办公室到国家发展改革委员会中小企业司去汇报工作,他们也想在明年重点研究集体企业的问题,要通过调研制定集体企业改革的政策。你们要重视这个信息,各地要积极跟上,下力量进行调查研究,根据实际情况,提出政策建议,报到总社办公室,汇总以后,我们再提供给国家发改委。前段,国家财政部科研所搞了一个《集体经济制度变革研究》的课题,总体上还算是不错的,他们为集体经济说了些话,但是,就企业改革成本这问题我们是有分歧的。他们提出了有关集体企业改革成本应由企业出,企业不够由联社出,财政不能负担的意见,我们是不同意的。我们认为国有企业改革成本企业和财政出了,职工的安置国家包了,是对的。但是,集体企业改革成本,企业应当出,联社从实际出发也可以给予帮助,例如亏损企业原来的借款已经没有可能收上来了,也不可能变股了,那就不再要了,这就是支持,如果再从联社现有资产去填,那就不行了。各地集体企业都给地方财政做过很大贡献,改革成本地方财政理应给予帮助,这就是一个大政策,如此等等,一些改革中的重大政策问题,你们一定要从实际出发,认真调查研究,及时向总社反映。三是,要继续深化集体企业的改革,积极探索集体经济的多种实现形式。集体企业的改革,必须抓住明晰产权这个中心,做到出资人到位。要建立与集体经济自身特性相适应的管理体制,实行自愿结合,自主经营,自负盈亏,自我发展及民主管理。创新用人机制和分配机制,做到用人自主,分配上按劳分配和各种生产要素参加分配相结合。在实现形式上要打破单一的、封闭的集体所有状态,吸收合作经济的优点,实行股份合作制、股份制、职工持股会形式的公司制以及租赁、承包等多种形式。要通过引进资金、技术、设备等多种途径与国有、外资、私营、个体等组成多元的、开放式的混合所有制经济。通过体制、机制、科技的创新使集体企业重获生机,再造辉煌!

现在集体经济在一部分领导思想上挂不上号,当然工作也就挂上号了,这其中的原因也是多种多样,有的是受到了舆论的误导,有的是因为年轻或缺乏实践对集体经济不了解,没认识,没感情,有的还是因为我们自己工作不到位,没有主动去宣传和向领导多汇报。在这个问题上,我们应当更多地作自我批评,检查我们的工作是否尽心尽力了。最近,上海市工业合作联社主任范大政同志写的《要把股份合作新型集体企业作为再就业的重要渠道》的政协提案就引起了市政府的重视,市政府有关部门专门听取意见并迅速给予书面答复。希望各地联社都要向当地政府和有关部门汇报联社和集体企业改革发展中的情况和存在的问题以及需要领导和有关部门帮助、支持解决的问题,最近,我与总社办研究起草了一个《关于贯彻落实"三个代表"重要思想,促进城镇集体经济健康发展的报告》准备送温家宝总理,今天分送大家,请在讨论时提出宝贵意见。

同志们,我们研究集体经济、集体企业的目的,在于要发展、壮大它,在于要进一步发挥它在国民经济中的地位和作用。我国现在仍处于社会主义初级阶段,这是一个相当长的历史时期。在这个历史时期中,集体经济仍然适合生产力发展的水平。我国人口多、底子薄,生产力相对落后,是一个发展中的社会主义国家。改革开放二十几年来,尽管我国取得了举世瞩目的发展成就,但是发展还很不平衡。一方面,高新技术,现代工业突飞猛进。一方面,又有大量的企业,在结构调整中被淘汰,大批工人下岗、需要再就业,再加上每年新进入就业市场的劳动力,这样每年要安排的劳动力为 2300 万人左右,这是一个十分实际而又压力很大的问题,它关系到社会的稳定和人民群众生活水平的提高,关系到小康社会目标的实现。党中央、国务院对此十分重视和关心。2002 年 9 月党中央专门召开了就业再就业工作会议，采取各种有力措施促进再就业工作。我们城镇集体企业几乎全是中小型企业，其中相当大的数量还是劳动密集型企业，历史上就是吸纳社会劳动力的重要渠道。近几年由于宏观政策、发展环境和企业自身的多种原因，不少企业停产、关闭，在某种程度上，已经由吸纳劳动力变为向社会吐故劳动力，大批工人下岗、失业。据国家工商管理总局的统计，从 1991 年到 2001 年末，全国城镇集体企业户数已从 338.2 万户降到 220.9 万户，年均减少 10 多万户；从业人数从 3628 万人，降到 1241 万人，年均减少 200 万人以上；2001 年全国城镇在岗职工平均工资为 10453 元，集体企业 6667 元，低于平均水平 40%；全国离岗职工年平均生活费 2020 元，集体企业仅为 789 元，低于平均水平 60%。集体企业许多职工离岗后因种种原因找不到工作，落入社会贫困线。我们不能坐视这种状况的发展。社会安定，国家兴旺，匹夫有责。我们必须加快集体企业的改革，要按新的体制、新的机制改造和发展集体企业，不仅要搞加工业，更要发展各种类型的中小企业和服务业，要向社区经济发展，使城镇、集体企业重新成为安排就业，实现共同富裕的重要渠道，为发展经济，提高人民生活水平做贡献。据统计，目前中小企业新增的就业岗位，占就业总数的 80% 以上。我们做好了这件事，不仅是为党中央、国务院分忧解难，为社会主义制度的巩固和发展作出了贡献，也是身体力行地贯彻落实了"三个代表"重要思想。

二、要积极推进总社和各级联社的改革

总社和各级联社是二十世纪五十年代由党中央、国务院和当地党委、政府批准成立的集体企业联合经济组织，一直履行着对所属城镇集体企业的指导、维护、协调、服务的职能，对城镇集体企业和集体经济的发展起了十分重要的作用。改革开放后的几次政府机构改革都仍然保留了这个机构和牌子，充分说明了它的作用和影响。总社和各级联社是集体经济的重要组成部分。我曾经说过，集体经济与联社是"皮和毛"的关系，"皮之不存，毛将焉附"？集体经济是联社生存和发展的基础。反过来，"毛"好了又可以保护"皮"健康与存在。联社搞好了，可以促进集体经济的发展。因此联社作为联合经济组织，必须在实践中改革创新、与时俱进，以促进集体经济的发展。

由于全国各地的经济发展和改革形势不同，目前联社在各地的性质和定位也不同，大体有以下几种情况，一是定为事业单位，这里分两种情况，有的给编制，财政也给经费；有的只给事业编制，自收自支；二是有的定为企业，多数以总

公司形式,经营联社资产,自收自支,公司和联社两块牌子,一套人马;三是定为社团机构,也经营联社的资产。不论如何定位,总体上看,省市一级的联社大部分都较好,也有自己的资产和公司,有一定经济实力,个别的差一些,困难多一些;市地级的联社有相当一部分有困难;县一级联社绝大部分状况堪忧,甚至有的连牌子也没有了。这种状况在一定程度上影响了集体企业的改革与发展,组织上的不健全和经济实力的匮乏,使联社指导工作没人力,为企业服务没实力。因此,我希望大家要振作精神,努力工作,充分发挥好联社在政府和企业中的桥梁纽带作用,深入实际调查研究指导好集体企业的改革,千方百计支持和帮助企业的发展,为政府排忧解难,为企业谋生存和发展。有为就才能有位。在这方面,我们有很多好的典型,如吉林省联社他们发扬"联"的传统,发挥"联"的优势,围绕"联"字做文章,面向全省,抓市带县,通过实地调研和书面调查,摸清情况和问题,掌握第一手材料,主动配合省政府八个部门制定了集体企业改革的有关政策,强化政策服务,通过贯彻政策和典型推动,加快了全省联社企业改革改制进程。他们与各地、州、县联社都建立了紧密的联系,利用简报的形式及时将全国的情况通报给下面,将下面的情况向上面汇报,得到大家的好评。省政府对他们很重视,给了事业编制,财政还给资金,他们也经营联社的资产,具有企业法人地位。年初,吉林省联社办公室还被评为省直机关精神文明建设先进处室。

刚才说的江苏省泰兴市联社是一个县级联社,其37家成员企业经济总量在1999年1.83亿的基础上,用不到三年的时间实现了"翻两番"的目标,去年已达7.5亿,今年有望突破10亿元。近几年,他们积极主动向地方党委、政府汇报工作,争取领导的支持,利用各种形式向联社企业展示联社的地位和作用,形成了全市联社是一家,办好联社为大家的共识。在此基础上与企业分别签订了联社资产保值增值责任书,保证了联社的收益。他们还打破行业、地区、所有制限制,把招商引资与企业改革有机地结合起来,大力发展多元投资主体,多种实现形式的混合经济,大力推进开放式改制,把一部分骨干企业做大做强,做出优势,形成联社的支柱企业。

总社和各级联社的定位,是个很重要的问题。长期以来,由于与政府轻工部门合署办公,并没有去认真研究它。实际上总社和各级联社与企业形成了一种多元的复杂关系,它既有行政主管部门的关系、集体资产出资人的关系,也有合作投资的股东关系。联社资产既有上交的互助合作事业基金、资金占用费,以及联社资金投入增值形成的,也有联社职工劳动积累形成的。但它又不是全部归联社工作人员所有的资产,而是归联社范围内劳动群众共同所有的资产。今天看起来,总的改革方向,应该是在市场经济条件下坚持"政社分开"的体制,使总社和各级联社真正成为新体制下的联合经济组织。总社应成为各地联社的联合体。各地联社应成为下级联社及企业的联合体。总社与各省市区联社的关系，主要体现在两方面，一是发挥好总社的联盟性功能，做好指导和服务；二是发挥好经济功能，作为自身存在发展和做好服务的基础，总社和各级联社的属性定位，是否可以考虑它的双重性，就是经济性和行业性。经济性就是它是集体企业联合经济组织；行业性就是它又是一个上联政府下联企业的纽带和桥梁，是一个中介组织。因此，它除了应当兴办经济实体，经营好自身的资产，使其得以保值增值以外，就是要充分发挥好对所属成员单位的指导、组织协调、服务纽带的职能和作用。总社也好，各级联社也好，可以有经济上的纽带关系，也可以是如同协会一样是行业指导、组织、协调、服务关系，也可以是两者兼有的关系。总社和各级联社的这种双重性决定了它指导、服务的群众性、广泛性和成员对象的灵活性。我这只是个不成熟的想法，请大家研究。但从当前来讲，我认为联社还是争取定为事业单位比较好，尽量争取政府给编制、给资金。因为，多数联社还承担着政府委托的职能，还在指导集体企业的改革，处理着一些长期以来和改革中的遗留问题。政府不给行政编制，给点事业编制，给点资金这是合情合理的。有些联社有较优良的资产，通过经营也能过得很好，在这种情况下政府委托一些事情，凡是能干的也要干好。但是从长远来说，还是要积极抓好联社自身的改革，增加自身的经济实力。总社第五次职工代表大会就明确提出"兴办经济实体，增强经济实力，强化服务功能"的指导思想和要求，我认为今天仍然适用。"人无远虑，必有近忧"，把联社自己的经济实力做强做大，是生存、发展的必要条件。只有增强了自身的经济实力，才能使联社生存好、发展好，也才能更好发挥联社"联"的作用，为企业服务好。

联社经济实力要增强，出路也在改革。首先总社和各级联社也要进行产权制度改革，这很重要。要把联社资产家底搞清，明晰产权，保证不流失。在此基础上，搞好内部和外部改革。联社资产也可以在政策范围内，经联社理事会决定，当地政府认同，一部分量化到经营者和特殊贡献的管理者，一部分量化到全体职工，一部分作为共同共有明确为已离退休职工的资产，其分红作为他们的生活补贴；将大头的另一部分作为联社共同共有的集体资产。对外可以实行上下左右的参股，把联社资产搞成开放型的混合所有制经济。在这方面，上海市工业合作联社已做了很好的尝试，值得我们学习和参考。

联社的机构要保留，服务对象也要拓展。我的观点是，无论政府机构如何改革，联社并不是政府机构，是集体企业联合经济组织，有自己的章程，其理事会、监事会成员都是经过民主选举的，有的还分别经过了各级编办、工商局或民政局的法人登记的,不应该简单的以行政手段来撤销。因此在政府机构改革中联社不能撤,牌子要保留。联社能独立存在更好,和某一个部门或单位合署办公也可以,但必须独立开展经济活动和社务工作。在贯彻《中华人民共和国中小企业促进法》中,有些地方正在筹划成立中小企业服务体系,我想我们应当积极参与这个工作,纳入政府有关部门指导下的中小企业服务体系中去。因为我们的服务对象主要是中小企业,我们联社的干部在为中小企业服务中有很好的经验,这些干部如果进到服务体系中去,既解决了他们的编制,解除了后顾之忧,也可以使政府不增加新的工作人员,是一举多得的事情。我们总社办在向国家发改委中小企业司汇报这个想法时,他们认为这是个很好的建议,是可行的,他们将认真研究。也希望你们在下面多做些工作。

联社今后的服务对象,要从发展了的现实出发,不能仅仅局限于单纯的集体企业,要以集体企业为主向包括各种形式的改制后的集体企业,甚至也可接受非公有制企业。我们总社的大牌就是"中华全国手工业合作总社"。在这一点上,国家发改委中小企业司也有同样主张,请你们在工作中注意探索和创新。总社和各级联社的管理也要加强。要贯彻自愿参加,自主经营,自负盈亏,自我发展的原则,按《宪法》规定"实行民主管理,依照法律规定选举和罢免管理人员,决定经济管理的重大问题"。

为加强联社自身建设,总社起草了一个《关于在机构改革中进一步加强联社建设的意见》。在这次会上也发给大家,征求意见。因为二〇〇一年发过一个总社的1号文件,强调的就是联社建设问题。现在又面临新的改革,一些地方的领导也有了新的变动。在这种情况下,你们看还有没有必要再发个文,同时请大家研究一下文中内容是否合适。

三、要切实维护联社资产的完整和统一性,确保资产不流失

各级联社的资产是联社范围内劳动群众共同所有的共有资产,受法律的保护,任何单位和个人,不得以任何理由或借口,平调、侵占或变相侵占联社资产。经营好联社资产,使其保值增值,是各级联社的重要工作之一,不负责任地使联社资产遭到流失,是失职行为。当前,有的地方,借改革之机,企业向联社追讨资产,企图将联社资产变为企业资产,这是错误的至少也是不妥当的。国家经贸委、财政部、国家税务总局1996年发的清产核资895号文件中第十一条规定"集体企业联合经济组织、社区经济组织,按照国家有关规定收缴的用于集体企业的

资金（如合作事业基金、统筹事业基金）其产权归联合经济组织、社区经济组织范围内的劳动群众集体所有"。中国轻工总会、中华全国手工业合作总社、国家税务总局1997年22号文件第三十七条第四款规定"用联社资金兴建的职工宿舍、房改回收的收入归联社集体所有，由联社管理与支配"。《中华人民共和国民法通则》规定集体所有财产，包括"集体经济组织的财产；集体所有的建筑物、水库、农田水利设施和教育、科学、文化、卫生、体育等设施以及集体所有的其他财产。集体所有的财产受法律保护，禁止任何组织或个人侵占、哄抢、私分、破坏或者非法查封、扣押、冻结、没收。"因此，联社资产不能流失，在联社存续期间联社资产有不可分割性，即使企业改革，改变隶属关系，联社资产也不能带走，企业隶属关系可以改变，联社资产的性质和归属都不能改变。因此，该文件第四十条还规定，凡"占用轻工集体企业事业单位及联社资产的，或集体企业改变隶属关系带走的联社资产，通过清产核资后，经双方协商，可以按以下办法处理：一、作为股份参与分配；二、实行集体与全民企业联营，按双方出资比例划分资产份额并相应取得收益；三、由联社和集体企业收取租金；四、限期归还，未归还部分应收取资金利息（利息不低于银行同期流动资金贷款利率）。"这是由集体资产性质决定的，这是有法律保障的，平调和侵占是违法的。况且，现在有的联社还有一部分职工要靠这些资产来生存。

为加强联社资产的管理监督，取得资产合法的法人地位，1997年中国轻工总会、总社和国家税务总局发的22号文，第41条要求"联社应建立、健全集体资产的经营管理机构"，"可以设立资产管理委员会，也可以设立集体资产经营公司（中心）报经批准后依法取得法人资格。"我认为这是维护联社资产统一性和完整性，保证资产不流失并加强监督的好办法。现在也有的提出设立基金会，有的提出要参照国有资产管理办法设立集体资产管理机构，这都可以试，可以闯，目的是使集体资产不流失，并能保值增值，使联社不断走向兴旺发达。总社和各级联社的理事会、监事会应当坚强有力，要充分发挥作用，认真检查、监督资产保值增值情况和财务执行情况，不能走形式、走过场。

同志们，我国的改革开放和社会主义现代化建设事业已经进入了新的发展阶段，我们面临的任务非常繁重而艰巨。让我们以邓小平理论和"三个代表"重要思想为指导，紧密团结在以胡锦涛同志为总书记的党中央周围，努力奋斗，开拓创新，积极进取，不断深化集体企业和联社的改革，为促进集体经济的发展作出新的贡献。

（此件由中华全国手工业合作总社办公室提供）

财政部　国家税务总局
关于企业改制重组若干契税政策的通知

（2003 年 8 月 20 日）

　　为了支持企业改革的逐步深化，加快建立现代企业制度，促进国民经济持续、健康发展，现就企业改制重组中涉及的若干契税政策通知如下：

一、企业公司制改造

　　非公司制企业，按照《中华人民共和国公司法》的规定，整体改建为有限责任公司（含国有独资公司）或股份有限公司，或者有限责任公司整体改建为股份有限公司的，对改建后的公司承受原企业土地、房屋权属，免征契税。

　　非公司制国有独资企业或国有独资有限责任公司，以其部分资产与他人组建新公司，且该国有独资企业（公司）在新设公司中所占股份超过 50% 的，对新设公司承受该国有独资企业（公司）的土地、房屋权属，免征契税。

二、企业股权重组

　　在股权转让中，单位、个人承受企业股权，企业土地、房屋权属不发生转移，不征收契税。

　　国有、集体企业实施"企业股份合作制改造"，由职工买断企业产权，或向其职工转让部分产权，或者通过其职工投资增资扩股，将原企业改造为股份合作制企业的，对改造后的股份合作制企业承受原企业的土地、房屋权属，免征契税。

三、企业合并

　　两个或两个以上的企业，依据法律规定、合同约定，合并改建为一个企业，对其合并后的企业承受原合并各方的土地、房屋权属，免征契税。

四、企业分立

企业依照法律规定、合同约定分设为两个或两个以上投资主体相同的企业，对派生方、新设方承受原企业土地、房屋权属，不征收契税。

五、企业出售

国有、集体企业出售，被出售企业法人予以注销，并且买受人妥善安置原企业 30% 以上职工的，对其承受所购企业的土地、房屋权属，减半征收契税；全部安置原企业职工的，免征契税。

六、企业关闭、破产

企业依照有关法律、法规的规定实施关闭、破产后，债权人（包括关闭、破产企业职工）承受关闭、破产企业土地、房屋权属以抵偿债务的，免征契税；对非债权人承受关闭、破产企业土地、房屋权属，凡妥善安置原企业 30% 以上职工的，减半征收契税；全部安置原企业职工的，免征契税。

七、其他

经国务院批准实施债权转股权的企业，对债权转股权后新设立的公司承受原企业的土地、房屋权属，免征契税。

政府主管部门对国有资产进行行政性调整和划转过程中发生的土地、房屋权属转移，不征收契税。

企业改制重组过程中，同一投资主体内部所属企业之间土地、房屋权属的无偿划转，不征收契税。

第五、六款所称"妥善安置原企业职工"，是指国有、集体企业买受人或关闭、破产企业的土地、房屋权属承受人，按照国家有关规定对原企业职工进行合理补偿，并与被安置职工签订服务年限不少于三年的劳动用工合同，以及按照《劳动法》落实相关政策。

本通知自 2003 年 10 月 1 日起至 2005 年 12 月 31 日止执行。

自本通知实施之日起，《财政部　国家税务总局关于企业改革中有关契税政策的通知》（财税〔2001〕161 号）停止执行。此前，按照财税〔2001〕161 号文件规定应缴纳契税而尚未缴纳的，经省、自治区、直辖市和计划单列市主管契税征管工作的财政部门或地方税务机关审核。凡符合本通知规定的，不再追缴，已经缴纳的,不予退还。

（选自财政部条法司编:《中华人民共和国财政法规汇编》2003 年 7 月—2003 年 12 月,上册,中国财政经济出版社 2004 年 6 月版,第 126—128 页）

关于贯彻落实"三个代表"重要思想
促进城镇集体经济健康持续发展的报告①

（2003 年 8 月 26 日）

尊敬的温家宝总理：

今年四月和八月，我们分别召开了"轻工集体企业与联社改革创新研讨会"和"部分省市联社主任座谈会"。会上，大家认真学习了十六大报告和胡锦涛总书记"在三个代表重要思想理论研讨会上的讲话"，并结合工作实际，对我国集体经济的地位、作用和现状进行了研究、分析。进一步认识到集体经济作为公有制经济的重要组成部分，长期以来在我国国民经济中发挥了重要的作用，在当前认真落实"三个代表"重要思想，全面建设小康社会的新时期和社会主义初级阶段相当长的一段时间内将继续发挥作用。同时大家也感到，当前在集体经济特别是城镇集体经济的改革与发展中还存在一些亟待解决的问题。现将有关情况汇报如下：

一、城镇集体经济在我国国民经济中具有重要的地位和作用

党中央国务院历来十分重视城镇集体经济的改革与发展。十五大报告指出："集体所有制经济是公有制经济的重要组成部分。集体经济可以体现共同致富原则，可以广泛吸收社会分散资金，缓解就业压力，增加公共积累和国家税收。要支持、鼓励和帮助城乡多种形式集体经济的发展。这对发挥公有制经济的主体作用意义重大。"

十六大报告再次强调"坚持和完善公有制为主体、多种所有制经济共同发展的基本经济制度。""集体经济是公有制经济的重要组成部分，对实现共同富裕具有重要作用。"要"深化集体企业改革，继续支持和帮助多种形式的集体经济的发展。"

---

① 这是陈士能向温家宝总理报送的报告。

城镇集体经济产生于上世纪五十年代,是我国国民经济的重要组成部分,为我国经济发展起了重要的作用。特别是从改革开放到九十年代初期,城镇集体经济发展迅速。1980年城镇集体经济从业人员2424万人、新安置劳动力278万人,1991年分别为3628万人(人数达最多)和272万人。在整个八十年代和九十年代初,城镇集体经济占全国工业总产值的15%以上,城镇就业总人数的20%以上,城镇新安置劳动力的30%以上。

虽然在经济体制改革中由于改革转制、统计口径变化(从年销售额300万元提高到500万元)等原因集体企业的数量在统计上有所减少,但仍占有相当的比重。以集体工业企业为例,据统计,2002年全国规模以上集体企业增加值为2769亿元,同比增长8.6%。今年上半年,集体工业企业增加值为1280亿元,同比增长11.2%。据上海统计,集体经济占上海经济总量22%,占新安置就业人数的70%,充分体现了集体经济在社会主义市场经济中的重要地位。

现在的城镇集体企业,多数已经突破了"二国营"的模式,从体制、机制、方式上都进行了改革,正如十届人大一次会议报告中指出的那样,五年来"城乡集体经济得到新的发展"。大量传统的城镇集体企业在改革中产权关系和产权主体逐步得到明晰。已从原来的企业劳动者单一的集体共有发展为按份所有和共同共有、产权结构单一的传统集体企业逐渐减少,集体经济的实现形式开始多样化。以"劳动者的劳动联合和劳动者的资本联合"为特征的股份合作制成为主要形式,合作制、股份制、公司制以及产权主体多元化的混合所有制新型企业也迅速发展。改制后的企业都重新焕发了生机,为经济发展作出了新的贡献。

二、城镇集体经济在改革与发展中困难重重

许多城镇集体企业自身包袱沉重、资金缺乏、改制成本不足、技术设备及管理相对落后、人才流失严重等等。在外部环境方面比较突出的问题是:

1. 对集体经济缺乏全面、正确的认识。有些领导同志对中央的一贯精神和十六大提出的两个"毫不动摇"理解片面、贯彻不力。对集体经济是公有制经济的重要组成部分认识不足,以至于导致了领导部门决策上的偏差和失误。在工作中,往往讲改革就是国有经济,论发展就是个体私营经济,对集体经济的地位和作用采取排斥和否定态度,如不加以纠正,"公有制为主体"就将成为一句空话。现在,相当多的城镇集体企业在改革中被一卖了之、一送了之,甚至有的地方提出集体经济要在改革中限期"退出"。集体资产被侵吞、被平调造成严重流失,大量的城镇集体企业职工下岗、失业,生活困难,成为社会不稳定的因素。

2. 国家对城镇集体企业改革发展缺乏连贯性的经济政策。在"紧缺经济"时期,国家对集体经济有诸多鼓励和优惠政策,促进了其快速发展,发挥了集体企业在保障社会供给和发展国民经济中的重要作用。如家用电器行业,塑料制品行业等都是集体企业投入大量集体资金发展起来的。目前,集体经济在发展中遇到的困难,其中没有明确的政策是一个重要原因。近几年,国家对城镇集体企业的改革政策支持不够,国家出台的各类所有制企业都可以享受的政策,在城镇集体企业中往往得不到落实,形成事实上的不平等。城镇集体企业在改革时遇到的一些重大问题,如下岗职工安置、基本养老保险和基本医疗保险、改革成本、资金支持等当前都没有明确的政策。《中华人民共和国城镇集体所有制企业条例》在颁布十多年间也从未做过修补和补充,某些条款已与新的情况不相适应,城镇集体企业改革"无法可依",企业职工上访信访事件不断,严重影响社会稳定和经济生活。

3. 城镇集体经济管理部门力量不足。多年来,城镇集体经济工作只在国家经贸委的某个处有一位同志兼管,力量极为不足。城镇集体经济出现大量政策性问题、社会问题难以研究,无法解决。在一部分地区,集体企业归属国资部门管理,不仅抹杀了集体经济的特点,而且集体经济实际上也排不上位置。

以上种种问题,严重影响了城镇集体经济改革与发展的进程,使集体经济的"公有制"地位越来越弱。

三、关于加快城镇集体经济改革与发展的几点建议

为了促进城镇集体经济健康、持续地发展,提出如下建议:

1. 采取切实措施,支持、鼓励集体经济的改革与发展,把它作为发展经济、安排就业、共同富裕的重要渠道。坚持和完善公有制为主体,多种所有制经济共同发展的基本经济制度,是我国宪法和党的十五大,十六大都已明确的大政方针。国务院有关部门应当把促进集体经济的改革与发展放在重要的工作日程上。当前改革和发展城镇集体经济,对落实"三个代表"重要思想,解决职工就业、保持社会稳定,实现共同富裕方面有十分重要的作用。城镇集体企业中几乎全部是中小企业,劳动密集型企业也占绝大多数,在历史上就是容纳社会劳动力、安排就业的重要渠道。就业和再就业,不仅是我国的长期战略和政策,更是当务之急的紧迫工作。发展多种形式的集体企业可以广开就业门路,创造更多的就业岗位,有利于社会的稳定和人民生活水平的提高。请国务院有关部门,能研究和制定促进城镇集体经济改革与发展的有关政策,加强对集体经济的宏观

管理和指导。

2. 稳定和加强各级城镇集体经济管理部门。建议国务院明确国家发展与改革委员会作为城镇集体经济的管理部门,建立办公室、配备必要人员,加强宏观政策指导、制定有关政策、指导深入改革、促进城镇集体经济健康持续发展。各地也应有相应的部门负责指导集体企业改革发展,按照集体经济的特点进行管理。同时,应继续发挥城镇集体经济联合组织——联社的作用。联社是二十世纪五十年代手工业改造时期成立的全国性集体经济联合组织,它不是政府机构。多年来,各级联社发挥对集体企业"指导、维护、协调、服务、监督"的职能,为集体经济的发展起了重要作用,对此要给予充分的肯定。在政府机构改革中,要继续保留联社,并鼓励和支持联社进行改革与创新,增强自身实力,拓宽服务领域,继续发挥政府和企业之间的桥梁与纽带作用。

3. 要加大对城镇集体经济改革发展的支持力度。建议国务院领导专题听取城镇集体经济有关情况汇报并召开一次专门会议,就城镇集体经济发展中出现的新情况和新问题进行研究并尽快制定促进集体经济改革的政策意见。鼓励企业在改革中的创新与探索。集体企业为我国经济发展作出过重要贡献,在当前改革中职工分流安置和社会保障应与国有企业一视同仁。对改革成本有困难的企业,地方财政应给予支持,应确保下岗职工的最低生活保障费。建议国家制定税收和低息贷款等优惠政策,促进传统城镇集体企业的深入改革和集体企业职工下岗再就业,创造不同所有制公平竞争的政策环境。建议尽快修改《中华人民共和国城镇集体所有制企业条例》,为城镇集体企业改革提供法律保证。要坚决制止侵占、平调、损害集体资产的行为。提倡和支持集体经济联合组织建立集体资产管理委员会或合作事业基金会,切实管理好集体企业职工多年创造的集体资产。同时要加强对集体经济的理论研究和舆论导向,为集体经济的改革与发展创造一个好的环境。

我们相信,在以胡锦涛同志为总书记的党中央和国务院的正确领导下,城镇集体经济必将在新时期得到更大的发展,为发挥公有制的主体作用,为全面实现小康社会奋斗目标和实现共同富裕作出新贡献。

中华全国手工业合作总社主任
陈士能上

（此件由中华全国手工业合作总社办公室提供）

中华全国手工业合作总社关于在机构改革中进一步加强联社建设的通知

(2003 年 8 月 28 日)

各省、市、自治区联社：

党的第十六次代表大会和十届全国人大一次会议之后，各地机构改革进一步深入，这是建立社会主义市场经济体制的需要，是社会主义制度自我完善和发展的需要，各地联社应自觉顾全大局，协助政府把机构改革工作搞好。

在政府机构改革中，中华全国手工业合作总社曾于 2001 年 2 月 16 日以总社〔2001〕1 号文件，强调了稳定联社机构、加强联社的改革和建设以及确保联社资产不流失的问题，在当时起了很好的作用。几年来，由于改革的深入、人事的变化，在这些关系联社生存发展的重大问题上，又产生一些新的情况和问题，有必要做一些新的重申和强调：

一、要继续稳定联社机构、发挥联社职能。各级城镇集体经济联社是五十年代经党中央、国务院和各级党委、政府批准成立的集体所有制经济联合组织。2000 年国家政府机构改革时，国家又以国办发〔2000〕81 号文在"撤销国家轻工业局"时，"保留中华全国手工业合作总社牌子"，为总社和全国各级联社工作的开展提供了组织保证。

在计划经济年代，联社一直与政府轻工企业管理部门合署办公，但它并不是政府机构。它主要执行着对集体企业"指导、维护、协调、服务、监督"的职能，发挥着政府与企业间的桥梁与纽带作用。多年来与政府部门一起为集体企业和国家经济的发展作出了重要贡献。

现在，有些地方的政府机构正在进行深入改革，联社原来挂靠或合署办公的单位或变更或撤销，但是，联社机构不能撤销，人员也要相对稳定，资产不能流失。

保留下来的联社最好能像上海市工业合作联社、上海市城镇工业合作联社、福建省城镇集体企业联合社、福州市城镇集体企业联合社、广西壮族自治区二轻城镇集体工业联合社、山西省城镇集体工业联合社等联社那样，联社机构独立设置。

由于现在联社在许多地方还不同程度地被政府委托一些职能,起着参谋助手作用。因此,确定为事业单位比较好。中华全国手工业合作总社就是经中编办批准的事业单位,财政给予拨款。全国如福建省、福州市、广西壮族自治区、武汉市、吉林省等很多联社也是这样做的。一些实力较强的联社有的也定为企业性质或社团法人,经营自己的优良资产,自收自支,但都还保留了联社的牌子。

当前,各级联社要与时俱进,勇于创新,认真研究联社自身的改革,发挥好联社职能。要淡化行政性,增强服务性和经济性。要认真研究在新形势下联社的定位和职能,研究联社与政府的关系、联社与集体企业的关系,研究联社如何拓展自己的服务对象,如何在贯彻落实《中华人民共和国城镇集体所有制企业条例》、《中华人民共和国中小企业促进法》中从组织建设、服务对象、服务手段等多方面、加强自身建设和做好协调服务工作,发挥好桥梁和纽带作用等等。

二、联社资产不能流失。联社资产受《中华人民共和国宪法》和《中华人民共和国城镇集体所有制企业条例》的保护,不仅不能流失,还要保值增值。任何借改革之机私分、平调、侵占或变相侵占集体资产的行为都是违法的。

联社资产在1996年以后的清产核资中基本都经过了核定,是联社共同共有的资产。其资产是统一的,不可分割的。目前,有的企业以改革为名,向联社讨要资产是不对的。

各级联社和直属企业也要深化改革。为加强对联社资产的管理监督,明晰产权和出资人,可以成立联社资产管理委员会或合作事业基金会,作为联社资产的法人代表。在资产改革中,要认真探索资产共同共有与按份所有的比例关系,探索通过资产量化来置换联社职工身份,将"企业人"变为"社会人"的作法。在这方面上海市工业合作联社等一些好的经验可以借鉴。

联社资产的改革也要走资产多元化的道路。可以实行各级联社上下左右参股,也可以与其它所有制企业甚至外资、合资企业合作经营,实行混合所有制。

各级联社要认真落实"兴办经济实体,增强经济实力,强化服务功能"的要求,通过经营好自身资产,提高生存发展和为政府、为企业服务的能力。

三、积极主动做好工作,争取当地党委、政府对联社工作的领导和支持。

联社工作上联政府,下联企业,是政府与企业间的桥梁与纽带,也是政府的参谋和助手。当前,政府机构深化改革,政府职能正在转变,联社将会受到政府的进一步重视。因此,我们要不断加强联社自身建设,提高素质,增强实力,让联社职工满意。同时要指导好集体企业的改革与发展,协助政府做好职工就业和社会稳定工作,为政府排忧解难,并且要经常主动向当地政府汇报工作,争取领导,要以优异的工作成绩,体现联社的作用和价值。

(原件存中华全国手工业合作总社办公室)

树立和落实科学发展观①

（2003 年 10 月 14 日）

胡锦涛

　　树立和落实全面发展、协调发展和可持续发展的科学发展观,对于我们更好地坚持发展才是硬道理的战略思想具有重大意义。树立和落实科学发展观,这是二十多年改革开放实践的经验总结,是战胜"非典"疫情给我们的重要启示,也是推进全面建设小康社会的迫切要求。实现全面建设小康社会的宏伟目标,就是要使经济更加发展、民主更加健全、科教更加进步、文化更加繁荣、社会更加和谐、人民生活更加殷实。要全面实现这个目标,必须促进社会主义物质文明、政治文明和精神文明协调发展,坚持在经济发展的基础上促进社会全面进步和人的全面发展,坚持在开发利用自然中实现人与自然的和谐相处,实现经济社会的可持续发展。这样的发展观符合社会发展的客观规律。生产力的发展是人类社会发展的最终决定力量。只有坚持以经济建设为中心,不断解放和发展生产力,才能为社会全面进步和人的全面发展奠定坚实的物质基础。同时,经济发展又是同政治发展、文化发展紧密联系的。从根本上说,经济发展决定政治发展和文化发展,但政治发展和文化发展也会反过来对经济发展产生作用,在一定条件下还可以产生决定性作用。树立和落实科学发展观,十分重要的一环就是要正确处理增长的数量和质量、速度和效益的关系。增长是发展的基础,没有经济的数量增长,没有物质财富的积累,就谈不上发展。但增长并不简单地等同于发展,如果单纯扩大数量,单纯追求速度,而不重视质量和效益,不重视经济、政治和文化的协调发展,不重视人与自然的和谐,就会出现增长失调、从而最终制约发展的局面。忽视社会主义民主法制建设,忽视社会主义精神文明建设,忽视各项社会事业的发展,忽视资源环境保护,经济建设是难以搞上去的,即使一时搞上去了最终也可能要付出沉重的代价。各级党委和政府一定要坚持科学发展观,不断探索促进全面发展、协

① 这是中共中央总书记胡锦涛在中共十六届三中全会第二次全体会议上讲话的一部分。

调发展和可持续发展的新思路新途径,进一步提高发展质量,实现更快更好的发展。

(选自《十六大以来重要文献选编(上)》,中央文献出版社 2005 年 2 月第 1 版,第 483—484 页)

中共中央关于完善社会主义市场经济体制若干问题的决定①（节录）

（2003 年 10 月 14 日）

为贯彻落实党的十六大提出的建成完善的社会主义市场经济体制和更具活力、更加开放的经济体系的战略部署，深化经济体制改革，促进经济社会全面发展，十六届中央委员会第三次全体会议讨论了关于完善社会主义市场经济体制的若干重大问题，并作出如下决定。

一、我国经济体制改革面临的形势和任务

（1）深化经济体制改革的重要性和紧迫性。十一届三中全会开始改革开放、十四大确定社会主义市场经济体制改革目标以及十四届三中全会作出相关决定以来，我国经济体制改革在理论和实践上取得重大进展。社会主义市场经济体制初步建立，公有制为主体、多种所有制经济共同发展的基本经济制度已经确立，全方位、宽领域、多层次的对外开放格局基本形成。改革的不断深化，极大地促进了社会生产力、综合国力和人民生活水平的提高，使我国经受住了国际经济金融动荡和国内严重自然灾害、重大疫情等严峻考验。同时也存在经济结构不合理、分配关系尚未理顺、农民收入增长缓慢、就业矛盾突出、资源环境压力加大、经济整体竞争力不强等问题，其重要原因是我国处于社会主义初级阶段，经济体制还不完善，生产力发展仍面临诸多体制性障碍。为适应经济全球化和科技进步加快的国际环境，适应全面建设小康社会的新形势，必须加快推进改革，进一步解放和发展生产力，为经济发展和社会全面进步注入强大动力。

（2）完善社会主义市场经济体制的目标和任务。按照统筹城乡发展、统筹区域发展、统筹经济社会发展、统筹人与自然和谐发展、统筹国内发展和对外开放的要求，更大程度地发挥市场在资源配置中的基础性作用，增强企业活力和竞争力，健全国家宏观调控，完善政府社会管理和公共服务职能，为全面建设小康

---

① 2003 年 10 月 14 日中国共产党第十六届中央委员会第三次全体会议通过。

社会提供强有力的体制保障。主要任务是：完善公有制为主体、多种所有制经济共同发展的基本经济制度；建立有利于逐步改变城乡二元经济结构的体制；形成促进区域经济协调发展的机制；建设统一开放竞争有序的现代市场体系；完善宏观调控体系、行政管理体制和经济法律制度；健全就业、收入分配和社会保障制度；建立促进经济社会可持续发展的机制。

（3）深化经济体制改革的指导思想和原则。以邓小平理论和"三个代表"重要思想为指导，贯彻党的基本路线、基本纲领、基本经验，全面落实十六大精神，解放思想、实事求是、与时俱进。坚持社会主义市场经济的改革方向，注重制度建设和体制创新。坚持尊重群众的首创精神，充分发挥中央和地方两个积极性。坚持正确处理改革发展稳定的关系，有重点、有步骤地推进改革。坚持统筹兼顾，协调好改革进程中的各种利益关系。坚持以人为本，树立全面、协调、可持续的发展观，促进经济社会和人的全面发展。

二、进一步巩固和发展公有制经济，鼓励、支持和引导非公有制经济发展

（4）推行公有制的多种有效实现形式。坚持公有制的主体地位，发挥国有经济的主导作用。积极推行公有制的多种有效实现形式，加快调整国有经济布局和结构。要适应经济市场化不断发展的趋势，进一步增强公有制经济的活力，大力发展国有资本、集体资本和非公有资本等参股的混合所有制经济，实现投资主体多元化，使股份制成为公有制的主要实现形式。需要由国有资本控股的企业，应区别不同情况实行绝对控股或相对控股。完善国有资本有进有退、合理流动的机制，进一步推动国有资本更多地投向关系国家安全和国民经济命脉的重要行业和关键领域，增强国有经济的控制力。其他行业和领域的国有企业，通过资产重组和结构调整，在市场公平竞争中优胜劣汰。发展具有国际竞争力的大公司大企业集团。继续放开搞活国有中小企业。以明晰产权为重点深化集体企业改革，发展多种形式的集体经济。

（5）大力发展和积极引导非公有制经济。个体、私营等非公有制经济是促进我国社会生产力发展的重要力量。清理和修订限制非公有制经济发展的法律法规和政策，消除体制性障碍。放宽市场准入，允许非公有资本进入法律法规未禁入的基础设施、公用事业及其他行业和领域。非公有制企业在投融资、税收、土地使用和对外贸易等方面，与其他企业享受同等待遇。支持非公有制中小企业的发展，鼓励有条件的企业做强做大。非公有制企业要依法经营，照章纳税，

保障职工合法权益。改进对非公有制企业的服务和监管。

（6）建立健全现代产权制度。产权是所有制的核心和主要内容,包括物权、债权、股权和知识产权等各类财产权。建立归属清晰、权责明确、保护严格、流转顺畅的现代产权制度,有利于维护公有财产权,巩固公有制经济的主体地位;有利于保护私有财产权,促进非公有制经济发展;有利于各类资本的流动和重组,推动混合所有制经济发展;有利于增强企业和公众创业创新的动力,形成良好的信用基础和市场秩序。这是完善基本经济制度的内在要求,是构建现代企业制度的重要基础。要依法保护各类产权,健全产权交易规则和监管制度,推动产权有序流转,保障所有市场主体的平等法律地位和发展权利。

（选自《十六大以来重要文献汇编（上）》,中央文献出版社 2005 年 2 月第 1 版,第 464—467 页）

完善社会主义市场经济体制的
纲领性文件（节录）

（2003 年 10 月）

温家宝

党的十六届三中全会讨论通过的《中共中央关于完善社会主义市场经济体制若干问题的决定》，贯彻"三个代表"重要思想和十六大精神，总结了 20 多年来改革开放的经验，在理论和实践的结合上有重大突破和创新，是指导我国经济体制改革的纲领性文件，对推进改革开放和现代化建设具有重大而深远的意义。

一、关于深化经济体制改革的重要性和紧迫性

党的十四大明确提出了建立社会主义市场经济体制的改革目标，十四届三中全会做出了《中共中央关于建立社会主义市场经济体制若干问题的决定》。10 年来，我国经济体制改革取得了重大进展，在理论上有一系列新的建树。我们提出公有制为主体、多种所有制经济共同发展，是我国社会主义初级阶段的一项基本经济制度，必须毫不动摇地巩固和发展公有制经济，必须毫不动摇地鼓励、支持和引导非公有制经济发展；提出公有制实现形式可以而且应当多样化，要从战略上调整国有经济布局；提出建立产权清晰、权责明确、政企分开、管理科学的现代企业制度；提出坚持和完善按劳分配为主体的多种分配方式，把按劳分配和按生产要素分配结合起来，确立劳动、资本、技术和管理等生产要素按贡献参与分配的原则；提出要发展资本市场、劳动力市场等生产要素市场，等等。理论的突破大大推动了改革的实践。国有企业改革取得重要进展，非公有制经济蓬勃发展，市场在资源配置中的基础性作用明显增强，社会保障制度初步形成，宏观调控体系进一步完善。总的看，社会主义市场经济体制初步建立，公有制为主体、多种所有制经济共同发展的基本经济制度已经确立，全方位、宽领域、多层次的对外开放格局基本形成。改革的不断深化极大地促进了社会生产力的解放和发展，我国的综合国力和人民生活水平显著提高，使我们经受住了国际经济金

融动荡和国内严重自然灾害、重大疫情等严峻考验。

同时也要看到,我国经济还存在经济结构不合理、分配关系尚未理顺、农民收入增长缓慢、就业矛盾突出、资源环境压力加大、经济整体竞争力不强等问题。其重要原因是我国处于社会主义初级阶段,经济体制还不完善,生产力发展仍面临诸多体制性障碍。突出表现在,城乡体制分割,产权制度不健全,国有企业建立现代企业制度和国有经济布局调整的任务还未完成,资本等要素市场发育滞后,市场秩序比较混乱,政府职能转变还不到位,社会管理和公共服务职能薄弱,科技、教育、文化、卫生和社会保障等方面的体制还不完善等。这些体制性问题的存在,不适应全面建设小康社会的新形势,也不适应经济全球化和科技进步加快的国际环境。

十六大提出,新世纪头 20 年,对我国来说,是一个必须紧紧抓住并且可以大有作为的重要战略机遇期,也是进一步深化改革和扩大开放的关键阶段。改革是发展的强大动力,只有加快推进改革,完善社会主义市场经济体制,才能进一步解放和发展生产力,才能不断增强国际竞争能力和抵御风险能力,才能完成全面建设小康社会的历史任务。

二、关于完善社会主义市场经济体制的目标、任务和指导思想

十六大提出全面建设小康社会的目标和建成完善的社会主义市场经济体制的要求,是深化改革的总方向和依据。《决定》重点就当前和今后一个时期需要解决的重要体制问题提出改革目标和任务,做出决策和部署。主要是按照统筹城乡发展、统筹区域发展、统筹经济社会发展、统筹人与自然和谐发展、统筹国内发展和对外开放的要求,更大程度地发挥市场在资源配置中的基础性作用,增强企业活力和竞争力,健全国家宏观调控,完善政府社会管理和公共服务职能,为全面建设小康社会提供强有力的体制保障。

"五个统筹"是总结改革开放 20 多年来的经验、适应新形势新任务提出来的,是针对我国经济社会发展中存在的突出问题提出来的,是我们这次确定改革目标的出发点和归宿。城乡关系和"三农"问题关系着现代化建设全局,必须从统筹城乡经济社会发展、逐步改变城乡二元经济结构的高度来推进涉及"三农"问题的各项改革,这是完善社会主义市场经济体制的迫切要求。促进区域经济协调发展,逐步扭转地区差距扩大的趋势,是全面建设小康社会的一项重大任务。社会发展是经济发展的重要目的和有力保障,改变目前社会发展和经济发

展不够协调的状况,必须加快推进社会领域的各项改革。经济的发展不能以牺牲资源、环境为代价,要为子孙后代着想,必须努力保持人与自然的和谐相处,这是实现可持续发展的必要条件。经济全球化深入发展,我国加入世界贸易组织,为我国的发展带来机遇和挑战,要求我们的经济体制必须适应这种新形势,协调好国内发展与对外开放的关系。按照"五个统筹"的要求提出改革目标,体现了经济社会和人的全面发展观,体现了改革发展稳定三者紧密结合、相互统一的战略思想,反映了我们党对发展社会主义市场经济规律的认识不断深化。

10 年来的实践充分证明,十四届三中全会决定提出的关于社会主义市场经济体制的基本内涵和框架是正确的。这次《决定》提出的目标和任务同 10 年前的决定是紧密衔接的,同时又根据 10 年来实践中提出的新问题,对改革的主要任务提出了新要求,包括完善公有制为主体、多种所有制经济共同发展的基本经济制度;建立有利于逐步改变城乡二元经济结构的体制;形成促进区域经济协调发展的机制;建设统一开放竞争有序的现代市场体系;完善宏观调控体系、行政管理体制和经济法律制度;健全就业、收入分配和社会保障制度;建立促进经济社会可持续发展的机制。

完善社会主义市场经济体制,必须有正确的指导思想。《决定》明确提出,要以邓小平理论和"三个代表"重要思想为指导,贯彻党的基本路线、基本纲领、基本经验,全面落实十六大精神,解放思想、实事求是、与时俱进。从改革的方向、原则、动力、目的、步骤等方面提出了改革必须做到"五个坚持":坚持社会主义市场经济的改革方向,注重制度建设和体制创新;坚持尊重群众的首创精神,充分发挥中央和地方两个积极性;坚持正确处理改革发展稳定的关系,有重点、有步骤地推进改革;坚持统筹兼顾,协调好改革进程中的各种利益关系;坚持以人为本,树立全面、协调、可持续的发展观,促进经济社会和人的全面发展。这"五个坚持"是按照"三个代表"重要思想的要求,总结了以往改革的成功经验,对确保今后改革顺利进行,具有重要的指导意义。

三、关于坚持和完善基本经济制度

《决定》就进一步巩固和发展公有制经济,鼓励、支持和引导非公有制经济发展做出了部署。强调要坚持公有制主体地位和发挥国有经济的主导作用,积极推行公有制的多种有效实现形式,加快调整国有经济布局和结构。提出"要适应经济市场化不断发展的趋势,进一步增强公有制经济的活力,大力发展国有资本、集体资本和非公有资本等参股的混合所有制经济,实现投资主体多元化,使股份制成为公有制的主要实现形式"。这是对改革实践经验的总结。十四届三中全会决定就提出,随着产权的流动和重组,财产混合所有的经济单位越来越多,将会形成新的财产所有结构。十五大提出,股份制是现代企业的一种资本组织形式,资本主义可以用,社会主义也可以用,国家和集体控股的股份制具有明显的公有性。十五届四中全会指出,国有大中型企业尤其是优势企业,宜于实行股份制的,要通过规范上市、中外合资和企业互相参股等形式,改为股份制企业,发展混合所有制经济。十六大提出,除极少数必须由国家独资经营的企业外,积极推行股份制,发展混合所有制经济。这些年来,混合所有制经济迅速发展,股份制在经济生活中发挥着越来越突出的作用,成为搞活国有企业的重要途径。《决定》关于公有制实现形式的论述,是对我们党以往有关论断的继承和发展,是探索公有制和市场经济相结合有效形式的成果,反映了我们对这个问题认识上的深化。

四、关于深化国有企业改革（略）

五、关于完善农村经济体制（略）

六、关于健全市场体系和改善宏观调控（略）

七、关于财税和金融体制改革（略）

八、关于深化涉外经济体制改革（略）

九、关于深化就业、分配体制改革和完善社会保障体系

就业是民生之本。《决定》要求把扩大就业放到经济社会发展更加突出的位置,实施积极的就业政策,努力改善创业和就业环境。坚持劳动者自主择业、市场调节就业和政府促进就业的方针。《决定》强调,改革发展和结构调整都要与扩大就业紧密结合。从扩大就业再就业的要求出发,要做到四个"注重",即在产业类型上,注重发展劳动密集型产业;在企业规模上,注重扶持中小企业;在经济类型上,注重发展非公有制经济;在就业方式上,注重采用灵活多样的形式。强调这四个"注重",有利于在推进改革和发展中充分发挥劳动力资源的优势,也有利于缓解就业压力。

收入分配制度改革,要有利于激发人们劳动和创业的积极性,形成促进经济发展的强大动力机制,又要有利于体现社会公平,保持社会稳定。《决定》强调要完善按劳分配为主体、多种分配方式并存的分配制度,坚持效率优先、兼顾公平,各种生产要素按贡献参与分配,同时提出要整顿和规范分配秩序,加大收入

分配调节力度,重视解决部分社会成员收入差距过分扩大问题。强调以共同富裕为目标,扩大中等收入者比重,提高低收入者收入水平,调节过高收入,取缔非法收入。

《决定》对完善社会保障体系提出了要求。强调要加快建设与我国经济发展水平相适应的社会保障体系。企业职工基本养老保险制度改革,坚持社会统筹与个人账户相结合,逐步做实个人账户。将城镇从业人员纳入基本养老保险。建立健全省级养老保险调剂基金,逐步提高社会统筹层次。要健全失业保险制度,实现国有企业下岗职工基本生活保障向失业保险并轨。继续改革城镇职工基本医疗保险制度,完善城市居民最低生活保障制度。采取多种方式包括依法划转部分国有资产充实社会保障基金。鼓励发展企业补充保险和商业保险。

十、关于深化社会领域的改革(略)
十一、关于行政管理体制改革和法制建设(略)

(选自《〈中共中央关于完善社会主义市场经济体制若干问题的决定〉辅导读本》,人民出版社 2003 年 10 月第 1 版,第 27—48 页)

鼓励支持引导中小企业健康发展①

（2003 年 11 月）

欧新黔

2003 年 6 月 29 日，是我国第一部关于中小企业的专门法律——《中华人民共和国中小企业促进法》颁布一周年纪念日。自《中小企业促进法》今年 1 月 1 日正式实施以来，各地区、各部门积极宣传贯彻《中小企业促进法》，对发展中小企业的重要性认识不断提高，支持中小企业发展的配套法规正在形成，有关政策措施不断细化并逐步得到落实，全社会关注并积极推进中小企业发展的氛围正在逐步形成。依法推进中小企业健康发展，已经成为促进我国经济快速增长，努力增加就业，保持社会稳定，推进现代化，实现全面建设小康社会目标的一项重要而艰巨的任务。

依法促进中小企业健康发展的良好氛围已经基本形成

按照《中小企业促进法》立法宗旨的要求，本着"积极扶持，加强引导，完善服务，依法规范，保障权益"的方针，各地区、各部门结合实际，创造条件，推进了《中小企业促进法》学习、宣传、贯彻、实施工作的顺利开展并取得了积极成效。

一是采取多种形式进行学习宣传和贯彻。《中小企业促进法》内容丰富，针对性强，为深刻领会法律的精神实质，各有关方面充分利用广播、电视、报刊、杂志等新闻媒体，采取报告会、座谈会、电视电话会、专题会及培训讲座等多种形式，推动学习宣传贯彻活动的深入开展。去年 12 月 16 日，原国家经贸委与全国人大财经委、法律委和法工委共同组织召开了贯彻实施《中小企业促进法》座谈会，进行推动和部署。不少省区市也通过不同形式进行宣传和贯彻，四川省、山西省分别召开有 300 多人参加的全省《中小企业促进法》贯彻实施动员大会或

---

① 这是国家发展和改革委员会副主任欧新黔纪念《中华人民共和国中小企业促进法》颁布一周年的文章。

报告会,浙江省印发各类宣传材料近 10000 份。为使学习宣传取得实效,一些地方还加大了学习、贯彻《中小企业促进法》的培训力度。去年底厦门市通过不同渠道共对 2000 多人进行了培训。

二是与法律相配套的文件和有关政策法规相继出台。作为《中小企业促进法》规定的 3 个重要配套文件之一的《中小企业标准暂行规定》已经国务院批准下发,使法律调整的对象得到进一步明确。陕西、江苏、广东、甘肃等地也结合实际,出台了贯彻《中小企业促进法》实施条例或指导意见。到目前为止,全国 31 个省自治区直辖市全部出台了以中小企业为主体的促进非公有制经济发展的政策,共计 86 件,其中地方人大通过的地方性法规 23 件,省委省政府发文 27 件,省政府发文 36 件。这些政策内容丰富,针对性强,覆盖面广,为中小企业发展创造了较为完备的政策和法律环境。

三是支持中小企业发展的工作体系基本形成。在 1998 年原国家经贸委设立中小企业司和 2000 年成立"全国推动中小企业发展工作领导小组"的基础上,今年国务院机构改革将这项职能转入新组建的国家发展与改革委员会,成立新的中小企业司,增加了职能,充实了人员,负责对全国中小企业和非国有经济发展的宏观管理和综合协调工作。各地也加强了对中小企业工作的组织领导,不少地方相继成立了以省市区领导为组长,经贸、财政、银行、工商等部门参加的中小企业工作领导小组,并建立了专门的中小企业管理机构,其中有 9 个省市成立中小企业局。全国横纵贯通的中小企业工作体系基本形成,为推进中小企业工作打下了好的基础。

四是出台了一些切实有效的政策措施。按照《中小企业促进法》规定,今年中央财政预算中专门安排了扶持中小企业发展的专项资金,用于支持中小企业发展。各有关部门相继出台了促进中小企业发展的政策措施,税收方面,对 379 家全国担保试点机构实行三年免征营业税的优惠政策;金融服务方面,加大了对中小企业信贷政策支持力度等。不少地方政府也采取多种措施支持中小企业发展,山东省出台配套的扶持措施共计 213 条,特别是一些地方加大了财政支持力度,江苏省财政用于担保资金达 3 亿元,广东省今后几年仅省财政用于中小企业和民营经济的资金近 20 亿元,深圳市安排的财政资金达 11 亿元。这些措施初步解决我国扶持中小企业发展的财政资金不足、使用分散、来源无保证问题,有力地促进了中小企业的发展。

进一步提高对加快中小企业发展的重要性和紧迫性认识

21世纪头20年,对我国来说,是一个必须紧紧抓住并且大有作为的重要战略机遇期,也是完善社会主义市场经济体制和扩大对外开放的关键时期。我国正处于并长期处于社会主义初级阶段,生产力水平还比较低,就业矛盾比较突出,市场经济体制还不完善,要实现全面建设小康社会的奋斗目标,就必须毫不动摇地鼓励、支持和引导中小企业的健康发展。

重要战略机遇期内中小企业的作用和地位不是降低了而是提高了。一是中小企业已经成为拉动我国经济持续快速增长的重要力量。按照新制定的中小企业标准,2001年我国17.13万户规模以上工业企业中,中小企业占99.14%。据测算,我国国内生产总值的50.5%、工业新增产值的76.6%、社会销售额的57.1%、税收的43.2%,出口总额的60%是由中小企业贡献的。特别是以劳动密集型产业为主体的中小企业仍有较大优势,成为我国经济发展新的增长点。二是中小企业是安置社会就业的主体。中小企业提供的就业已经占到全部企业的75%以上,近年来新增就业人口中绝大多数在中小企业中就业。特别是今年是大中专毕业生扩招后的第一年,就业矛盾更加突出,通过发展中小企业吸纳就业就显得更加重要。三是促进中小企业发展有利于推进社会主义市场经济体制的建立与完善。中小企业贴近市场,贴近用户,长期活跃在市场竞争最激烈的领域,与市场有天然的联系,是繁荣市场、搞活流通的主要力量。中小企业对市场反应敏捷,经营方式机动灵活,能满足多样化、个性化的市场需求,充分体现了市场对资源配置的基础性作用。改革开放的实践证明,哪些地区中小企业发展快,哪些地区市场就活跃,市场经济体制就完善。四是促进中小企业发展有利于推动我国经济结构的战略性调整。与大企业比,中小企业具有改革成本低、操作便利、新机制引入快等特点,成为国有经济结构调整的试验者和推动者,促进了各类所有制企业的沟通与融合,加快了多种经济成份协调发展的改革步伐。同时还促进了专业化分工和社会化协作的开展,为经济结构的战略性调整提供了运作条件。

加入世贸组织的新形势下中小企业面临的挑战不是小了而是加大了。随着加入世贸组织后国内市场国际化竞争加剧,产业结构调整和企业重组步伐加快,规模小、抗风险能力弱、量大面广的中小企业发展中面临的一些矛盾和问题就变得更加突出。一是管理体制尚未理顺,政出多门、政策分散问题没有根本解决,形成对中小企业工作的"掣肘"。二是有关中小企业的法律和政策体系尚不健全,在市场准入、土地征用、人才引进、信息获得等方面还存在诸多限制和歧视性政策。三是资金短缺,信用程度较低,中小企业贷款难、融资难的情况仍较严重。四是中小企业社会化服务体系发展缓慢,服务机构不健全,服务市场过度竞争与服务空白并存。五是技术装备落后,管理水平低,人才短缺,法制观念淡薄,整体素质不高。解决中小企业前进和发展中的这些问题,需要各有关方面的共同努力。

采取切实有效措施努力开创中小企业发展的新局面

《中小企业促进法》的颁布实施,给各类所有制的中小企业发展提供了难得的机遇,也为其发展提供了法律和制度保障。今后推动和指导中小企业工作,要以全面贯彻落实《中小企业促进法》为主线,把积极推进中小企业创立和发展的外部环境建设同加强企业自身竞争力建设结合起来,切实加强组织领导,加大协调、扶持和服务力度,力争在营造创业环境,推进投融资工程、完善信用担保体系、建立社会化服务体系、加强信用制度建设以及引导企业制度创新等方面取得实质性进展,促进中小企业创立和发展迈上新的台阶。

(一)继续做好《中小企业促进法》学习宣传贯彻工作,尽快出台与之相配套的文件。抓紧研究出台中小企业信用担保管理办法和中小企业发展基金的设立和使用管理办法等配套文件,研究落实法律中有关政府采购、风险投资、创业支持、技术创新、市场开拓等方面规定的具体措施。积极做好《中小企业标准暂行规定》实施工作,建立和完善中小企业统计体系。各地也要制定本地区贯彻《中小企业促进法》的具体实施办法。

(二)营造中小企业创业环境,激发创业活力。积极创造条件,为创业者提供场地和设备与"一站式"服务。鼓励中小企业专业化、系列化等产业集群基地的建设。同时组建创业辅导机构,加快创业辅导体系建设,力争用3年左右时间,形成功能较为齐全的中小企业创业辅导体系。

(三)进一步推进中小企业信用担保工作,突出抓好中小企业信用体系建设。重点推动国家、省级和部分地级城市建立为中小企业提供信用担保的机构,推动商业担保和企业互助担保,重点扶持一批经营业绩突出、管理规范的担保机构,加快组建中小企业信用再担保机构。抓紧提出担保机构风险控制和信用担保资金补偿机制政策,推动信用担保评估和行业自律制度建设,引导和规范信用与担保行业发展。研究制定推进中小企业信用制度和信用体系建设的实施意见,做好全国开展"诚信企业"活动组织工作,选择部分城市推动企业建立健全信用管理制度,加快建立信用信息征集与评价体系,逐步实现中小企业信用信息查询、交流和共享的社会化。

（四）大力推进中小企业融资支持工程,促进和拓宽多种形式的中小企业融资渠道。总结推广部分地区实施中小企业融资支持工程的经验,为中小企业融资建立"绿色通道"。选择有条件城市建立有市场、有效益、有信用的成长性企业库,为实施中小企业融资工程提供前提条件。加强和改善对中小企业的金融服务,鼓励各金融机构拓展服务领域,加大对中小企业的信贷支持力度。探索建立中小企业股权融资试点,拓宽中小企业直接融资渠道,鼓励符合条件的优强中小企业上市融资,逐步建立优强中小企业上市融资的育成制度。

（五）加快中小企业服务体系建设,构建多成份、多形式、多层次、全方位的中小企业服务网络。有针对性地研究提出中小企业服务体系建设的发展规划,总结推广试点经验,加快推进省及地市中小企业服务体系建设。坚持政府公共服务机构、专业服务机构和社会中介服务机构同步发展的方针,研究制定培育中小企业服务体系建设政策,加大对公益性服务机构的支持力度。建立中小企业管理咨询体系,培养中小企业管理咨询队伍,开展公共政策支持下的中小企业管理咨询服务试点。选择部分地区,开展职业培训和质量管理培训,引导中小企业提高管理水平。开发建设中小企业信息服务平台,完善国家级平台、通用数据库、平台共享应用软件开发建设,选择部分省市进行中小企业三级信息联动服务试点。开展对中小企业各类服务机构的轮训,提升其管理及服务能力。

（六）采取多种有效形式,提高中小企业经营管理者的综合素质和经营水平。各级政府部门要积极创造条件,通过现场交流、网上讨论、电视讲座、咨询诊断、案例分析等灵活多样的形式,开展适宜中小企业需要的创业培训、技能培训、学历培训、法律和标准培训等,要积极探索和总结各地成功的模式和方法,切实提高中小企业经营管理者的素质和能力。

（七）有效利用国际合作渠道,促进中小企业对外合作交流和开拓国际市场。积极推进 APEC 领域的中小企业交流与合作,继续做好中日、中德、中英等合作项目,有效利用国外政府和世行、亚行等国际合作组织资源,进一步拓展国际合作渠道。采取有效措施扶持有比较优势的出口型优强中小企业,为他们开拓国际市场提供信息、政策、手续等方面的帮助,提升他们参与国际竞争的能力。

（八）依法规范与调动政府和社会各有关方面积极性,为中小企业创立和发展创造有利的环境。各级政府部门要从保障就业,促进国企改革,推进工业化进程,提高人民生活水平的高度来认识发展中小企业的重要性,进一步提高和强化对中小企业的服务意识,帮助中小企业解决发展中的问题,努力做到依法行政,不干预企业正常的生产经营活动。要切实保护中小企业及出资人的合法权益,任何单位和个人不得侵犯中小企业财产及其合法收益,坚决制止向中小企业"吃、拿、卡、要"和乱收费、乱罚款、乱摊派等行为。同时,逐步消除中小企业发展的体制性障碍,放宽国内民间资本市场准入的领域,在投融资、税收、土地使用和对外贸易等方面采取措施,为中小企业创造公平竞争的市场环境。

指导和促进中小企业发展工作是一项系统工程,开创性强,涉及面广,影响大,问题复杂,需要政府及社会各方面共同努力。只要我们在以胡锦涛同志为总书记的党中央坚强领导下,全面贯彻党的十六大精神,认真实践"三个代表"重要思想,进一步解放思想,实事求是,与时俱进,开拓创新,就一定能够开创中小企业发展的新局面。

（选自《求是》2003 年第 21 期）

积极推行公有制的多种有效实现形式

（2003 年 11 月）

魏礼群[①]

党的十六届三中全会《决定》提出，要"坚持公有制的主体地位，发挥国有经济的主导作用。积极推行公有制的多种有效实现形式"。并且强调，要"使股份制成为公有制的主要实现形式"。这是我们党总结 25 年特别是近 10 年来经济体制改革实践经验作出的重大决策，是对公有制实现形式认识的又一重要发展。认真学习和贯彻这一决策，对于全面推进改革，完善社会主义市场经济体制，不断巩固和发展公有制经济，具有十分重要的意义。

公有制的实现形式可以而且应当多样化

公有制是社会主义经济制度的基础，是国家引导、推动经济和社会发展的基本力量，是实现最广大人民根本利益和共同富裕的根本保证。发展壮大国有经济，国有经济控制国民经济命脉，对于发挥社会主义制度优越性，增强我国的经济实力、国防实力和民族凝聚力，具有关键性作用。在发展社会主义市场经济的新形势下，必须毫不动摇地巩固和发展公有制经济，充分发挥国有经济的主导作用。而理论和实践都表明，推行公有制的多种有效实现形式，是坚持公有制主体地位和发挥国有经济主导作用的必然选择。

第一，从所有制与所有制实现形式的关系看，一种所有制可以有多种实现形式。所有制与所有制的实现形式是两个既相互联系、又不相同的概念。所有制是指对生产资料占有、使用、处置并获得收益等一系列经济权利和经济利益关系的总和，而所有制的实现形式则是指在一定的所有制前提下财产的组织形式和经营方式。所谓财产的组织形式，包括独资、合资和各类资本相互融合等形式，在企业形态上体现为业主制企业、合伙制企业和股份制企业等。所谓经营方式，包括经营资产的直接经营方式和经营资本的间接经营方式。对于经济利益主体

---

① 魏礼群时任国务院研究室主任。

而言,拥有经济权利重要,使经济权利得到实现更重要。在市场经济条件下,所有者既可以通过控制一定所有制赋予的全部权利来实现自己的利益,也可以通过权利的分割和部分权利的有偿转让来实现自己的利益。体现在所有制实现形式上,所有者控制全部权利,就形成了独资企业的资本组织形式和经营资产的直接经营方式;所有者有偿让渡了部分权利,比如经营权,就形成了股份制等资本组织形式和经营资本的间接经营方式。可见,相对于所有制,所有制实现形式具有相对独立性。同一种所有制可以有多种实现形式,不同所有制也可以采取同一种实现形式。比如在资本主义国家,有业主制、合伙制、有限责任公司、股份有限公司等多种资本组织形式和经营方式,但并没有改变资本主义私有制的实质。这一切都说明,公有制可以而且应该适应时代发展、经济环境变化和科学技术进步的新情况,采取多种有效实现形式,以促进自身发展和壮大。

第二,推行公有制多种有效实现形式,才能消除传统经济体制下公有制的弊端,促进生产力发展。在传统经济体制下,我国公有制实现形式单一。在资本组织形式上,追求"一大二公"、纯而又纯,国有制企业占绝大多数;在经营方式上,国有国营、政企不分,政府直接干预企业具体的生产经营活动。这样做的结果,造成了企业吃国家的"大锅饭",职工吃企业的"大锅饭",对投资经营成果和公有资产保值增值缺乏严格、有效的责任制,经营者和劳动者动力不足,企业效益低下,严重阻碍了公有制经济发展。历史的经验告诉我们,在我国社会主义初级阶段,社会生产力水平低而且发展不平衡,同时由于社会生产力水平的多层次性和所有制结构的多样性,公有制实现形式单一化的路子走不通,可以而且应当多样化,一切反映社会化大生产规律的组织形式和经营方式都可以大胆利用。只有通过推行公有制的多种实现形式,才能实现责权利相结合,形成有效的激励机制,调动企业经营管理者和职工的积极性、创造性,使公有资本发挥更大的作用,引导和促进社会生产力发展。

第三,实行社会主义市场经济,要求推行公有制多种有效实现形式。企业作为独立的市场主体参与竞争,是社会主义市场经济运行的必要前提。我国是社会主义国家,不能通过搞私有化培育市场主体、发展市场经济。广泛推行公有制的多种有效实现形式,大力发展混合所有制经济,实现投资主体多元化和利益多元化,使国有企业成为自主经营、自负盈亏、自我约束、自我发展的市场主体,才能顺应市场经济规律,形成企业优胜劣汰、管理者能上能下、人员能进能出、收入能增能减、技术不断创新、国有资产保值增值等机制,使公有制企业充满活力,在竞争中不断发展壮大。提出通过推行公有制的多种有效实现形式,实现公有制经济与市场经济的有效结合,是我们党在理论上和实践上的一个伟大创举。这不仅对公有制经济改革和发展具有重要的指导意义,也是对社会主义市场经济理论的重大贡献。

第四,实践证明,推行公有制多种有效实现形式是公有制经济发展壮大的必由之路。十五大以来,我们按照建立现代企业制度的改革方向,逐步对国有企业进行了股份制改造。据统计,截至 2002 年底,已有 3468 家重点企业完成了公司制改造,改制面接近 80%。近 5 年来,国有及国有控股企业在境内外新增上市公司 442 家,累计筹资 7436 亿元。改制企业积极吸纳非国有资本参股,投资主体呈现多元化,包括集体资本、中外私人资本等在内的非国有资本,占全部注册资本的比例已达 42%。企业法人治理结构逐步完善,大部分企业成立了股东会、董事会和监事会,有的企业还建立了独立董事制度,国有大中型企业经营机制发生了明显转变。国家在抓好国有重点企业改革的同时,继续采取改组、联合、兼并、租赁、承包经营、股份合作、出售等形式,放开搞活国有中小企业。改革促进企业生产经营状况明显改善,市场竞争力不断增强,大大推动了国有经济发展。2002 年底,国有及国有控股工业企业实现利润达到 2636 亿元,比 1997 年增长 2.3 倍。国有企业资产由 1997 年的 12.5 万亿元增加到 2002 年的 15.46 万亿元,增长 23.7%。在美国《财富》杂志年度世界 500 强企业评选中,1997 年中国内地只有 3 家入选,并且没有一家工业企业,2002 年则有 11 家企业入选。改革的实践说明,股份制等多种形式对公有制经济发展具有明显的推动作用。

努力使股份制成为公有制的主要实现形式

实行经济体制改革以来,我们对公有制多种实现形式进行了不懈的探索。早在改革开放初期,邓小平在谈到国有企业改革时,就提出了探索公有制新的实现形式的要求。他强调:"用多种形式把所有权和经营权分开,以调动企业积极性,这是改革的一个很重要的方面。这个问题在我们一些同志的思想上还没有解决,主要是受老框框的束缚。其实,许多经营形式,都属于发展社会生产力的手段、方法,既可为资本主义所用,也可为社会主义所用,谁用得好,就为谁服务。"(《邓小平文选》第 3 卷第 192 页)随着改革实践的发展,我们党对公有制多种有效实现形式特别是股份制的认识不断深化。党的十四届三中全会提出,随着产权的流动和重组,财产混合所有的经济单位越来越多,将会形成新的财产所有结构。党的十五大报告提出,公有制实现形式可以而且应当多样化,一切反映社会化生产规律的经营方式和组织形式都可以大胆利用;股份制是现代企业的一种资本组织形式,资本主义可以用,社会主义也可以用。党的十五届四中全会指出,国有大中型企业尤其是优势企业,宜于实行股份制的,要通过规范上市、中外合资和企业相互参股等,改为股份制企业,发展混合所有制经济。党的十六大报告提出,除极少数必须由国家独资经营的企业外,积极推行股份制,发展混合所有制经济。党的十六届三中全会《决定》进一步提出,"要适应经济市场化不断发展的趋势,进一步增强公有制经济的活力,大力发展国有资本、集体资本和非公有资本等参股的混合所有制经济,实现投资主体多元化,使股份制成为公有制的主要实现形式"。这是对我们党以往有关论断的继承和发展,是探索公有制和市场经济相结合的有效形式的重要成果,反映了我们对这个问题认识的进一步深化。

股份制是社会化大生产和市场经济发展到一定阶段的必然产物,是企业赢得市场竞争优势的一种有效组织形式和运营方式。马克思说过,股份企业"是发展现代社会生产力的强大杠杆","它们对国民经济的迅速增长的影响恐怕估价再高也不为过"。(《马克思恩格斯全集》第12卷,第609、610页)实行股份制有利于所有权和经营权分离,提高企业和资本的运作效率;有利于把分散的社会资本集中起来,迅速扩大企业的生产和经营规模;股份制企业的治理结构比较合理,既有利于保证经营者拥有充分的经营自主权,又有利于保证所有者对经营者实行有效监督,保证所有者的利益不受侵害。由于股份制具有多方面的优越性,现代大中型企业一般都采取了有限责任公司和股份有限公司的形式。如目前美国《财富》杂志所列世界500家最大工业企业中,绝大多数是职业经理管理控制的上市公司。股份制是现代企业的一种资本组织形式,在不同社会制度的国家都可以用。在资本主义国家,股份制企业主要是私人资本联合形成的。我国是社会主义国家,始终坚持公有制主体地位和发挥国有经济的主导作用,要适应经济社会化、市场化不断发展的趋势,积极推行股份制,鼓励各类资本交叉持股、相互融合,大力发展国有资本、集体资本和非公有资本等参股的混合所有制经济。

关于使股份制成为公有制的主要实现形式,可以作以下几点分析。

第一,推行股份制能够放大国有资本功能,增强国有经济的控制力、影响力和带动力。充分发挥国有经济的主导作用,是我国的社会主义性质决定的。国有经济在国民经济中的主导作用主要体现在控制力上。通过发展股份制,国有资本可以吸引和组织更多的社会资本,扩大国有资本支配范围,放大国有资本功能。据统计,到2002年底,3468家由重点企业改制形成的股份制企业,国家投入资本7710亿元,但全部注册资本却达到了13304亿元,国有资本支配范围扩大了将近一倍。在股份制企业中,国有资本控股可以采取两种形式:一种是绝对控股,即国有股占绝对多数,比如占50%以上;另一种是相对控股,国有股所占比重虽然低于50%,但却取得了对该公司的有效控制权。在股权高度分散的情况下,有时国有股占20%~30%甚至再低一些,就可以取得控制权。无论是绝对控股还是相对控股,国家实际上都掌握着公司的主要人事、收益分配和重大决策的控制权,用部分国有资本控制着企业全部资本的运用,起到了"四两拨千斤"的作用,从而可以有效地体现国家宏观政策导向,引导国民经济沿着良性轨道运行。

第二,推行股份制有利于国有资本流动重组,实现国有资产保值增值。股份制企业提供了一种明晰的财产组织形式,便于国有资本通过资本市场在不同行业和企业间流动。国有资本既可以通过股权转让,退出市场前景暗淡、资本回报率低的行业和经营管理不善的企业,避免国有资产闲置甚至像冰棍那样融化;也可以通过在资本市场上购买股票,或通过兼并、联合、资产重组等方式进入那些市场前景看好、利润丰厚的行业和经营管理较好的企业,"借鸡生蛋"、"搭车快行"。这样,就可以克服原来国有独资公司那种凝固的、僵化的资产结构,由经营资产过渡到经营资本,优化国有资本配置,提高国有资本运营效率,实现国有资产保值增值,并带动整个国民经济的发展。

第三,推行股份制有利于国有企业转换经营机制,成为独立的法人实体和真正的市场主体。社会主义市场经济体制的基本特点,是在国家宏观调控下发挥市场在资源配置中的基础性作用,要求国有企业成为适应市场经济发展要求的、自主经营的市场主体和法人实体,参与市场竞争,优胜劣汰。由单一国有资本组成的企业,经营责任不明确,权责利脱节,经营管理机制不活,缺乏有效监督和制约,效率和活力不足,难以成为真正的市场主体。通过对国有企业实行股份制改造,实现投资主体多元化,国有资产监督管理机构或授权投资机构代表国家拥有股权,依法派股东代表和董事进入企业,行使所有者职责。企业拥有包括股东投入资本和借贷形成的企业财产,实行所有权与经营权分离,自主经营,自负盈亏,对出资者承担资产保值增值责任,国家不再直接干预企业的生产经营。同时,在公司内部建立规范的法人治理结构,形成股东会、董事会、监事会和经营管理者之间各负其责、协调运转、有效制衡的关系。这样,既保证了国有资本所有者权益,又实现了政企分开,使企业真正实现经营机制转变,以市场主体身份参与竞争,实现国有资产保值增值,谋求企业不断发展。这些年的实践表明,股份制在经济生活中发挥越来越突出的作用,成为搞活搞好国有企业的重要途径。实行了规范化股份制改造的国有企业,经营机制都发生了脱胎换骨的变化,获得了良好的经济效益和快速发展。普遍推行股份制,大力发展混合所有制经济的地方,经济都快速发展,实力显著增强。这也充分说明,使股份制成为公有制的主要实现形式是一种正确的选择。

大力发展公有资本控股或参股的股份制经济

总的来看,经过不断深化改革,我国国有企业经营机制已经发生了重要转变,国有经济发展壮大。但是,目前还有一部分国有企业不适应发展市场经济的要求,经营机制不活,技术创新能力不强,债务和社会负担沉重,富余人员过多,经济效益不理想,生产经营困难。我们要按照十六届三中全会《决定》的要求,继续积极推进国有企业改革和发展。在改革过程中,要注意抓住以下几点。

第一,积极推行股份制,发展混合所有制经济。除极少数必须由国家独资经营的企业外,其他国有企业都应按照《决定》的要求,推进国有资本和其他各类所有制资本交叉持股、相互融合,实现投资主体多元化,推行股份制。

一是进一步对现有国有企业进行规范的股份制改造。目前,国有大中型企业改革存在两种情况。一种情况是,应该进行股份制改造而未改。对这类企业,要按照建立现代企业制度的要求,加快改革步伐,鼓励国有资本、集体资本和中外私人资本等参股,把它们改造成规范的现代股份制企业。第二种情况是,已经进行股份制改造但很不规范,特别是相当多的企业仍存在国有股过大的问题。据统计,2001年全国上市公司中第一大股东持股额占公司总股本超过50%的近900家,占全部上市公司总数的近80%。大股东中国有股东和法人股东占压倒多数,相当一部分法人股东也是国有资本控股的。这就说明我国上市公司的股权集中度很高,并且主要集中在国家和国有法人手中,因此难以形成真正规范的法人治理结构,难以实现企业经营机制的根本转变。对这类企业,要通过吸引社会资本、境外资本参股等途径,改变国有股权过于集中的状况,真正实现投资主体多元化,促进经营机制转换。进一步发展具有国际竞争力的、国有资本控股或参股的大公司、大企业集团。

二是国家今后新建企业,要注重采用股份制的资本组织形式和经营方式。国家投资新建企业,原则上都应采取股份制形式,除了国家出资外,要多方吸引社会投资,组成国有资本控股或和其他所有制资本共同参股的股份制企业。这方面,一些地方已经进行了探索。如上海、浙江近年来在基础设施和社会发展项目建设中吸引非公有资本参股,收到了明显的社会经济效果。最近,浙江为建设总投资118亿元的杭州湾大桥,组建了由国有资本、私人资本共同参股的股份公司,其中私人资本股份占50%以上,社会上反应也是积极的。要大力鼓励和支持这样的探索。

　　三是结合调整国有经济布局和结构,发展国有资本控股或参股的股份制企业。我国国有企业数量多、大小不一、类型各异,重要程度不同。要根据企业所处行业、在经济发展中的地位和经营状况,分别采取控股、参股形式进行重组改造。对关系国家安全和国民经济命脉的重要行业和关键领域,国有资本一般要保持控股;需要由国有资本控股的企业,可以区别不同情况,实行绝对控股或相对控股;进一步推动国有资本更多地投向关系国家安全和国民经济命脉的重要行业和关键领域。对其他行业和领域的企业,通过资产重组和结构调整,在市场公平竞争中优胜劣汰。要鼓励和引导非国有资本投资经营,形成国有资本、集体资本和非公有资本等多元投资的公司制企业,国家可以控股,也可以不控股。同时,要借鉴国际经验,探索国有资本对企业的多种控制方式。对国家投资的企业根据不同情况可以实行绝对控股,也可以实行相对控股,国家按公司法原则行使股权管理;还可以通过"黄金股"等特别股权制度安排,对企业作出的损害公众利益的决策具有一票否决权,但不直接参与和干预企业一般决策;此外,可以通过特许经营制度等委托经营方式进行控制,国家投资并控制主要的经营资产,特许和委托经营者按合同经营,提供服务。

　　第二,完善公司法人治理结构,转换企业经营机制。当前由于一些国有企业国有股过大现象比较普遍,虽已改为股份制的企业实际上国家仍然负有无限责任,企业治理结构不规范,经营机制没有发生实质性变化。此外,一些存续公司控制上市公司的模式,也存在着不少弊病。在实行股份制改革过程中,要按照"产权清晰、权责明确、政企分开、管理科学"的要求,在实现投资主体多元化的基础上,进一步明确出资人和经营者的权利、责任、义务,实行政企分开,使企业成为适应市场的法人实体和市场主体。规范公司股东会、董事会、监事会和经营管理者的权责,完善企业领导人员的聘任制度。股东会决定董事会和监事会成员,董事会选择经营管理者,经营管理者行使用人权,并形成权力机构、决策机构、监督机构和经营管理者之间各负其责、协调运转、有效制衡的机制。企业要面向市场,真正形成企业优胜劣汰、经营者能上能下、人员能进能出、收入能增能减、技术不断创新、国有资产保值增值等机制。

　　第三,建立健全现代产权制度,深化国有资产管理体制等方面改革。广泛推行股份制,发展混合所有制经济,要求加快推进经济体制其他方面的改革,与之相互促进、相互配合。一是建立健全现代产权制度。要依法保护各类产权,健全产权交易规则和监管制度,推动产权有序流转,保障所有市场主体的平等法律地位和发展权利。通过建立归属清楚、权责明确、保护严格、流转顺畅的现代产权制度,维护公有财产权,巩固公有制经济的主体地位,促进各类资本的流动和重组,推动股份制经济发展,加快国有经济布局和结构的调整优化。二是加快推进国有资产管理体制改革。坚持政企分开、政府公共管理职能和国有资产出资人职能分开。国有资产管理机构要依法履行好出资人职能,维护所有者权益,维护企业作为市场主体依法享有的各项权利,督促企业实现国有资产保值增值,防止国有资产流失。要探索国有资产监管和经营的有效形式,促进国有资本的优化配置。三是尽快培育形成现代市场体系。特别是要加快建立规范的资本市场和产权交易市场,以更好发挥市场在资源配置中的基础性作用,促进资本在不同所有制和不同地区、行业、企业之间的流动重组,提高资源的配置和利用效率。

除了对国有大中型企业实行规范的股份制改造外,还要用多种形式放开搞活国有中小企业。要以明晰产权为重点深化集体企业改革,发展多种形式的集体经济。

我们相信,积极推行公有制的多种有效实现形式,特别是大力发展公有资本控股或参股的股份制,公有制经济必将在改革中进一步发展壮大,国有经济的主导作用必将得到更好发挥,从而促进全面建设小康社会目标的实现。

（选自《求是》2003 年第 21 期）

对西班牙蒙德拉贡联合公司考察的情况①

（2003 年 12 月）

中国轻工业代表团

应西班牙蒙德拉贡联合公司（MCC）、奥地利奥中友协和意大利木业和家具工业联合会的邀请，陈士能同志率中国轻工业代表团一行 7 人于 12 月 6 日—17 日对上述三国进行了考察和访问。

考察西班牙蒙德拉贡联合公司的情况

1. 对西班牙蒙德拉贡合作经济有了进一步的认识

蒙德拉贡是一个镇子的名字，坐落在西班牙巴斯克地区的群山之中。这里的合作经济历经 40 多年近 50 年的发展，已由初始的一个合作社发展为拥有近 4.7 万人，127 个合作社并分属商业、工业和金融三个集团的联合公司，经营额已达 100 多亿美元，是西班牙十大企业之一，目前，在世界各地设有 40 家合作企业，在中国上海有汽车配件厂，在天津有大客车组装厂。海外工作人数已占总职工的 14%。蒙德拉贡联合公司的职工平均月收入 1300 欧元（西班牙全国年均每月 800 欧元），一年 14 个月工资，年总收入近 1.6 万欧元，在西班牙属上等水平，甚至比英、法某些地区还高。目前西班牙巴斯克地区议会已制定有《合作社法》。

蒙德拉贡合作社的建立和发展，得到了国家的支持和帮助。合作社初创时期，正值政府鼓励发展企业，此时，加入合作社的可从政府得到贴息贷款，这种贷款只贷给个人。工人在一个企业失业以后，还可以用获得的社会保障金投入到另一个企业作为启动金，从新就业。但是，政府的贷款只占到了合作社全部资金的 15%—20%。

在合作社的发展过程中，合作社在税收上也有与其他企业的不同之处。在西班牙企业的增值税是 16% 左右，合作社公司是 15%，合作社下属公司大部分

---

① 这是陈士能率中国轻工业代表团对西班牙、奥地利、意大利三国考察报告的一部分。

是9%。但是合作社要交纳20%的救济金。救济金归国家,但留在企业。这部分资金企业可以使用,但不能参与分配,当公司倒闭时,这些资金要上交国家。同时还要交10%发展教育基金,这部分资金合作社可以使用,用于教育培训和就业,也可以用于蒙德拉贡以外的地区或国外发展教育和培训。

从介绍的情况中,可以看到蒙德拉贡合作社的发展主要还是建立在自力更生的基础上,国家的扶持是次要的。

蒙德拉贡联合公司是由1956年成立的合作社逐渐发展起来的。合作社的发起源于一位神甫。1943年这位神甫在蒙德拉贡开办了一所技术学校。他所信奉的一个理念是"一个民族应开展的第一项事业就是教育和培训"。

多年来这所学校培训了许多合作社的专业人员和管理人员。1956年成立的蒙德拉贡第一个合作社的五位创始人都是这个学校培训出来的。

合作社的建立遵循的原则:

(1)坚持自由加入原则

凡是愿意接受并遵守合作社的内部宪章,能证明自己有能力胜任分配的工作的男性或女性,不分宗教和民族,都可以加入。

(2)坚持入社交纳启动资金的原则

加入合作社并成为社员的人,必须交纳启动资金。资金的数量相当于一个年龄较小的合格成员一年的收入。这是加入合作社的入门费,至今这笔启动资金已达1.2万—1.3万美元。但它只是在西班牙创造一个就业机会所需成本的10%。启动资金可以在24个月内交清。在合作社成员中,不论职务高低,也不管个人财产多少,所交纳的启动资金是完全一样的,一律平等。

启动资金是合作社股金的来源之一。另外两个来源,一是储备基金,每年利润的30%—70%都存在储备基金里,以此增加股本金;另一来源是合作社利润收入的资本化,这也能增加成员的启动资金数量。社员只有在退休时,才可以取出以上三项组成的个人启动资金总额。

(3)坚持民主的组织形式原则

在蒙德拉贡合作社,成员间在生存、占有和了解信息方面实现了基本平等。

合作社职工大会是最高决策机构,由所有成员组成。实行"一人一票制",每年至少开一次会,所有成员不仅有投票权利,而且有投票义务(没有正当理由不参加大会的成员将剥夺在下一次大会上的投票权),并在合作社管理的各个方面有发言权,包括:审议业务发展和管理;分配合作社的盈利或亏损;批准合作社的义务;加入合作社所需的最低资本;审批合作社的年度管理计划;决定长期发展的问题和影响蒙德拉贡集团的问题;选举并监督管理理事会;有权最终决定成员的接受、辞退、开除和重新接受;审批二级合作社加入或退出;决定合作社的兼并、收购和解体。

合作社职工大会选举 9—12 人为管理理事会成员,理事任期四年。管理理事会负责对合作社实行管理和指导。

管理理事会对合作社负责,行使下列权利:任命、监督和撤换经理和厂长;批准成员的加入和辞退;确定工作等级;提交年度报告和统计报表;向职工大会建议利润的分配方案;审批持续的财务经营计划和义务;审批管理计划等等。

合作社还设有社会理事会。这是一个由合作社成员选举产生的咨询机构。根据合作社大小,十名或更多的社员选举一名理事,社会理事会成员一般不超过五十名。该机构在不同机构间取得共识、实现平衡的过程中发挥了重要作用。它促进合作社成员与决策者之间明确迅速的交流反馈。如在人员雇用挑选、培训及提升制度、工资档次和数量的确定、健康保险(社会保障)、日程表等劳工关系方面为董事会提供咨询。

(4)坚持劳动者的主权和资本的辅助与从属特征原则

在蒙德拉贡合作社实行"以人为本",认为劳动者是改造自然、社会和人类自己的最主要因素。人民是第一和最主要的财富,劳动者在合作社机构中享有绝对的最高权利;劳动者在创造的财富分配中是最应该得到补偿的;在劳动报酬上坚持公平,报酬应与在资本积累过程中付出的努力相对应;报酬不直接与利润挂钩,分配有相应的控制机制;资本是一种工具从属于劳动者,是商业发展的必要条件。因此,他们抛弃对有收入工人实行合同制;资本的运作,从属于合作社的延续和发展,不应阻碍经常性的成员扩充及有关原则的正确运用。

这些原则,使蒙德拉贡合作社牢固地建在自愿、民主、民有、民享和群众性、自治性的基础之上,因此,有旺盛的生命力和持续发展、与时俱进的潜在动力。

从合作社成立到现在的蒙德拉贡联合公司,经过了三个发展阶段:

第一阶段是 1956 年至 1980 年,合作社迅速发展阶段。

这一段时间,由于全球经济的发展和西班牙的发展规划以及该计划在高度保护主义框架下的实施,西班牙经济持续发展。合作社也充分利用了这一优势,通过已有合作社的扩展、私营企业的转化和新成立等方式又成立了九十多个不同行业的合作社,实现了前所未有的扩展。1959 年在神甫的力主建议下还成立了吸引当地居民存款并用于在合作内部创造更多就业机会的劳动银行;成立为合作社成员提供退休和医疗保险的社会福利院。1974 年成立了技术研究中心,将最先进的技术转让给工业公司;1984 年又成立了旨在推广该合作社的准则和方法的管理和商务培训中心,每年都要接待成百上千的来访者。

在这一阶段,从1964年开始,陆续诞生了一些互助型的地区工业联合集团,到70年代末,93个工业合作社组成13个地区集团,在消费领域的十家小百货商店,也成立了行业内的联合组织。

第二阶段指的是八十年代,适应欧洲联盟的要求阶段。

在这一阶段中,1979年的第二次能源危机使西班牙的商业经济失业率达到20%,合作社也受到严峻考验。继而影响到资本货币行业。正是在这个考验面前合作社的工人不断参与经营管理的特性和利润持续返还给合作社的政策以及合作社内部团结一致的精神得到充分体现。合作社出现了第一次失业现象,当时在没有国家社会保障的情况下,合作社采取优先考虑就业机会而不是提供失业补贴的政策。采取灵活变更工作时间、根据合作社经济、财务状况调整工资水平,剩余劳动力在合作社间进行调配以及建立合作社之间的援助和一致性的机制等办法,使社员充分就业,有效克服了八十年代的危机。而在此时,巴斯克地区却失去了十多万个工作机会。

1984年合作社成立合作社大会,这是一个代表合作社的一般机构,也是一个完全有约束力的法律实体。与此同时蒙德拉贡合作集团也成立有行政管理权的联合理事会,协调集团的发展。1986年西班牙加入欧洲共同体,到1993年关税被完全取消,这意味着合作社将面临激烈的市场竞争,同时也将得到更多的机遇。在这种情况下,合作社的改革被提上日程。经过深入地辩论,逐步形成了统一认识:即建立在社会学基础上的地区性集团,最终将被更注重产品市场形势、加强行业组织、发展规模经济的新组织形式所取代。因此,1988年在一次有一百多位合作经理参加的题为"蒙德拉贡合作集团与欧洲共同体"大会上,得出的重要结论之一就是:市场的进一步扩大,需要更多高质量产品,这就要求深入的技术发展,要求在发展规模经济的基础上降低成本;会议明确提出了对已有合作集团进行重组的必要,要把权力从合作社向行业组织转移,给予公司管理层更多的决策权等等。这些想法被集中在一份题为"从社会学的尝试到商业化集团"的材料中,提交到1989年12月召开的第二次合作社大会上,这份文件指明了今后发展的道路。根据这份文件,两年后集团进行了改组,蒙德拉贡联合公司应运而生。

第三阶段,即九十年代,适应全球市场的要求。

1991年12月召开第三次合作社大会。373位代表多数赞成建立新的组织机构并同意采取三方面的行动:即统一战略管理;以产品、市场为基础的行业导向;最佳的商业和社会效益。从此后,商业活动被划分为金融、工业和商业三个集团,每个集团都在共同的战略基础上独立经营。根据市场的集中程度成立了九个业务部,管理21个行业分集团。联合公司将各业务部和分集团的纵向管理与中心部门促进公司政策的横向管理结合了起来。联合公司还负责管理公司基金。这些基金专为行业分集团建议的福利、教育、技术和国际化项目提供资金,使合作社能以一个形象和更强大的实力面对西班牙及国外的客户或商业集团。

蒙德拉贡联合公司认为,他们正面临着经济全球化的挑战,在新的形势下,合作公司仍然有它的优势。但是在激烈竞争面前,合作社的规模和实力越来越重要。因此,他们也在考虑如何获得外部资金,并解决他们坚持的资本从属性原则和提高获得资本能力的统一性。他们甚至正在成立一个官方报价公司以便为联合投资项目筹集资金。他们也正在为走向国际寻找更多合作伙伴等等。总之蒙德拉贡联合公司也有强烈的与时俱进意识。

2. 两点启示

参观考察蒙德拉贡联合公司的重要启示之一,就是合作制经济是实现扩大就业、组织群众参与、进行民主管理,实现社会公平和人民共同富裕的重要途径,要结合实际,大力发展。正如蒙德拉贡联合公司所介绍的,合作社的模式是提高人们参与意识的最佳途径。不过,仅发展手工业和类似个体经济的合作社是不会面临更多挑战和问题的。但是,在世界经济一体化不断发展的今天,市场竞争日趋激烈,从合作社走向公司化是提供技术水平先进的高档次产品和服务的必然要求。实现合作公司则要有更多条件:不仅要在工业发达的地区;要有个人荣誉感、渴望实现经济和社会独立、愿意付出特殊努力的人民;有分散的经营范围和对培训和教育的投入;更主要的是要有积极主动、愿意通过为社会服务、开创伟大事业而实现自我的领导队伍。在巴斯克地区合作社性质的企业有300余个,但真正形成了蒙德拉贡联合公司这种模式的,只独此一家。其余多是股份制性质,社员和经营者的股份占51%以上。因此,合作经济在我国社会主义初级阶段应大力发展。但是,也要从实际出发,在发展中不断探索。改造现有集体经济为合作经济是困难的。应该从新建、试点开始。它更适宜在区街中发展。目前,我们重点还是应从中国的实际情况出发,以扩大就业、保持社会稳定、实现人民群众共同富裕为目标,认真抓好现有传统集体经济的改制、改造,以股份制、股份合作制以及多元投资的混合所有制经济组织形式等多种形式,发展新型集体经济。以各级联社为基础发展跨所有制、跨行业甚至跨地区的联合经济。

启示之二是要发展教育和培训。合作社成员需要有较高的素质。不仅要有业务素质,更要有较好的思想品格素质。这有赖于教育和培训。蒙德拉贡对所有成员尤其是那些被选入社会机构的成员进行合作培训;对被任命到管理部门工作的成员进行专业培训;对年轻人进行培训,鼓励能巩固和发展合作社经验的新的合作者涌现。培训和教育已成为蒙德拉贡联合公司的十大原则之一,是它们巩固和发展的重要保障。他们也希望能把他们的成功经验推广到世界各地。访问中,我们初步与他们商讨过发展教育和培训问题,需要我们进一步做工作。

（原件存中华全国手工业合作总社国际合作部）

认真贯彻实施《中小企业促进法》
依法促进中小企业健康发展[①]

(2003 年 12 月 29 日)

马 凯

2004 年 1 月 1 日,是《中华人民共和国中小企业促进法》施行一周年纪念日。《中小企业促进法》是我国社会主义市场经济法律体系中的一部重要法律。它的颁布实施,标志着我国中小企业发展步入了法制化轨道,成为中小企业发展史上的一个重要里程碑。这里,我就《中小企业促进法》的贯彻实施情况和下一步打算谈几点意见。

一、《中小企业促进法》贯彻实施取得初步成效

一年来,各地区、各部门积极宣传贯彻《中小企业促进法》,制定配套法规和政策,依法开展工作,不断改善发展环境,对促进中小企业发展发挥了重要作用。

(一)依法促进中小企业健康发展的氛围初步形成

今年以来,全国人大和全国政协的领导多次对中小企业发展情况进行调研,召开各种形式的座谈会,研究中小企业发展中面临的问题,提出许多依法促进中小企业发展的政策建议。国务院有关部门按照各自工作职责,加强了对中小企业促进工作的组织领导和协调配合,采取积极有效措施,将法律规定的各项政策落到实处。各地党委、人大和政府高度重视法律的贯彻实施,并以此为契机,推动相关工作的开展。比如,四川省委、省政府主要领导对贯彻实施《中小企业促进法》做出专门批示,要求各部门从坚持走新型工业化道路、全面建设小康社会的高度,充分认识做好中小企业促进工作的重要性,依法推动中小企业发展。天津市人大常委会深入企业了解情况,研究提出贯彻实施《中小企业促进法》的意见,并在今年下半年开展了历时 3 个月的执法检查,有力地推动了《中小企业促

---

① 这是国家发展和改革委员会主任、全国推动中小企业发展工作领导小组组长马凯在《中华人民共和国中小企业促进法》施行一周年座谈会上的发言。

进法》的贯彻实施。

（二）有关配套法规和政策性文件陆续出台

今年2月，经国务院批准，原国家经贸委、原国家计委、财政部和国家统计局联合下发了《中小企业标准暂行规定》。《中小企业发展基金管理办法》和《中小企业信用担保管理办法》已形成初稿，目前正在修改完善中。各省（自治区、直辖市）按照《中小企业促进法》的规定，研究起草了有关实施办法，分别在政府职责、权益保障、财政支持、信用担保、鼓励创业以及服务体系建设等方面，提出了具体的细化内容，有的地区还研究制定了多项促进中小企业发展的配套政策。

（三）促进中小企业发展的工作机制基本建立

在今年国务院机构改革中，将原国家经贸委促进中小企业发展的职能划入新组建的国家发展改革委，理顺了关系，充实了人员。同时，国务院组建了新的"全国推动中小企业发展工作领导小组"，负责全国中小企业和非国有经济工作的统筹规划、组织领导和政策协调，组织实施《中小企业促进法》，并监督检查实施情况。各地区也加强了对中小企业工作的组织领导，不少地方相继成立了以政府主要领导任组长，发展改革、经贸、财政、银行、工商、中小企业局等部门参加的领导小组，并建立了专门的中小企业管理机构，全国已有11个省成立了中小企业局。各部门协调配合，共同推进中小企业发展的工作局面正在形成。

（四）中小企业发展的政策环境有所改善

主要表现在三个方面：

一是资金支持力度加大。按照《中小企业促进法》关于设立中小企业发展专项资金的规定，今年中央财政预算安排了中小企业专项启动资金，用于对中小企业服务机构开展培训、提供小企业信用服务和创业服务等方面的补助。绝大多数省区市也都不同程度地加大了对中小企业的扶持力度。比如，上海市今年安排了3.82亿元中小企业专项资金，支持信用担保、技改贴息、国际市场开拓等9个促进中小企业发展的项目。广东省5年安排20亿元财政资金，支持中小企业和民营经济的发展。这些措施，缓解了中小企业发展资金不足、使用分散、来源无保障的矛盾，促进了中小企业的健康发展。

二是信用担保体系逐步完善。据不完全统计，截至2003年6月底，全国已设立各类中小企业信用担保机构近1000家，共筹集担保资金287亿元；累计受保企业约5万户，累计担保总额约1200亿元；受保企业担保后从业人员增加58万人，新增销售收入1100多亿元，新增利税100多亿元。为进一步缓解中小企业融资难的问题，我委与国家开发银行合作，选择长春、太原、南昌等5个城市，充分利用开发银行的政策性资金，依托地方商业银行，开展了中小企业贷款试点工作。11 月,我委中小企业司与广东发展银行联合推出了中小企业融资发展计划,并选择北京、上海、广州、深圳等 10 个城市进行试点,广发行三年内将提供1000 亿元资金,专项用于中小企业和民营企业的贷款,这将有力地促进试点城市中小企业的发展。

三是服务体系建设取得成效。为中小企业提供职业培训、信用评价、创业代理等服务的机构进一步发展,工作全面展开。今年,我委组织各地区对 2.2 万个小企业经营者进行了工商管理基础知识等方面的培训,对北京等 5 个城市的4000 多户小企业开展了信用等级评价、信用信息征集,对上海、重庆等 6 个城市新创办的近万户小企业提供了创业代理服务。上述工作,在中小企业引起了较大的反响,收到了较好的效果。

二、贯彻实施《中小企业促进法》需要关注的几个问题

从一年来贯彻实施《中小企业促进法》的情况看,取得的成绩是主要的,但也存在一些问题,需要引起重视,认真加以解决。

一是《中小企业促进法》配套法规体系有待完善。一部法律的贯彻实施需要有一系列的配套法规和制度作保证,《中小企业促进法》的贯彻实施也需要与之配套的法规和政策支撑。作为配套文件之一的《中小企业标准暂行规定》已经国务院批准实施,效果是好的。《中小企业发展基金管理办法》、《中小企业信用担保管理办法》等其他配套性文件还需抓紧制定,早日出台。省级实施细则的制定工作也需加快进度,使促进中小企业发展的法律体系日臻完善。

二是依法行政的观念有待进一步加强。《中小企业促进法》是中小企业发展的根本大法,认真学习贯彻该法律,依法行政,是各级政府的重要职责。从《中小企业促进法》宣传贯彻情况看,大多数地方和部门在制定政策、提供服务等方面,能够按照法律规定开展工作。但还有一些单位对法律的学习贯彻力度不够,在解决中小企业发展中的一些具体问题时,习惯于运用行政手段,这种状况不符合市场经济的基本要求,也不利于引导中小企业健康发展。要建立依法行政、为各类所有制企业创造公平竞争环境的工作机制,增强贯彻实施法律的自觉性,确实使《中小企业促进法》成为推动中小企业工作、促进中小企业发展的有力保障。

三是对中小企业发展的政策扶持力度需要进一步加大。以财政手段支持中小企业发展是《中小企业促进法》的重要内容。法律中规定了中央财政要设立中小企业科目,建立中小企业发展基金,地方政府也应当根据实际情况,为中小

企业提供财政支持。一年来,各级财政对中小企业的发展给予了支持,效果是明显的,但与法律规定的要求和促进中小企业发展的需要相比还有一定差距。另外,法律规定对残疾、失业等人员创办中小企业,应给予一定的税收优惠,但有些优惠政策还没有完全落实。

四是中小企业融资难问题应着力解决。资金是中小企业发展的重要条件,融资难是目前制约中小企业发展的突出问题。为解决这一问题,《中小企业促进法》对商业银行加大贷款力度、建立和完善信用担保体系提出了明确要求。各地、各部门已经采取了一些措施,有了一些进展,但融资难问题仍然是阻碍中小企业快速发展的一个突出矛盾。要把解决中小企业融资难问题作为贯彻《中小企业促进法》的一项重要任务,采取有效措施,拓宽融资渠道,加快信用担保体系建设,为中小企业发展提供资金保障。

三、进一步贯彻实施《中小企业促进法》的建议

贯彻实施好《中小企业促进法》,首先要进一步提高对中小企业在国民经济和社会发展中的重要作用的认识。中小企业在经济社会发展中日益发挥着不可替代的功能和作用,是推动我国经济社会发展的重要力量。中小企业和民营经济的健康发展,对于吸纳新增就业人员、启动民间投资、优化经济结构、加快生产力发展、确保国民经济持续稳定增长,进一步坚持和完善社会主义初级阶段基本经济制度,具有十分重要的现实意义。按照国家统计局的普查结果,到2001年底,全国共有企业法人单位302.6万个(不计2377万个体工商户),其中1000人以下的中小企业占99.4%;在全国134.46万个(2002年数)工业企业法人中,按新的中小企业标准,大型企业1588个,中小企业占全部工业企业法人数的99.88%;中小企业创造的最终产品和服务的价值占全国国内生产总值的50%,中小企业提供的产品、技术和服务出口约占全国出口总额的60%,中小企业上交的税收占全国全部税收的43%;中小企业提供了75%的城镇就业岗位。中小企业和民营经济已成为我国新增就业的主体,据劳动和社会保障部2002年底对全国66个城市劳动力就业状况调查,目前,国有企业下岗失业人员中有65.2%在个体、私营企业中实现了再就业。特别是今年在安置普通高校毕业生的过程中,中小企业和民营经济发挥了重要作用。促进中小企业发展有利于推进社会主义市场经济体制的建立与完善,有利于推动我国经济结构的战略性调整。中小企业贴近市场,贴近用户,长期活跃在市场竞争最激烈的领域,与市场有天然的联系,是繁荣市场、搞活流通的主要力量。中小企业对市场反应敏捷,经营方

式机动灵活,能满足多样化、个性化的市场需求,充分体现了市场对资源配置的基础性作用。中小企业的发展,促进了各类所有制企业的沟通与融合,加快了多种经济成份协调发展的改革步伐。同时还促进了专业化分工和社会化协作的开展,为经济结构的战略性调整提供了运作条件。中小企业的健康发展,已经成为建立与完善社会主义市场经济体系的重要基础和前提,促进中小企业和非公有制经济的发展,是贯彻党的十六大、十六届三中全会精神和落实"三个代表"重要思想的具体体现。

根据国务院机构改革后的职能分工,国家发展改革委是国家宏观调控部门,肩负着对中小企业发展的宏观指导和扶持等方面的任务。组织贯彻《中小企业促进法》,鼓励支持引导中小企业健康发展,是我们义不容辞的职责。我们要在前一阶段工作的基础上,会同有关部门,继续围绕法律的贯彻实施,搞好宣传引导,健全配套法规,加强政策指导,完善服务体系,坚持制度创新,进一步做好中小企业发展的促进工作。

搞好宣传引导。《中小企业促进法》内容丰富、针对性强,对做好我国中小企业促进工作具有长期的指导意义。要采取切实有效措施,组织新闻媒体,加大宣传力度,普及法律知识,在全社会形成贯彻实施《中小企业促进法》的良好氛围。积极引导广大中小企业加强管理,依法经营,恪守诚信原则,努力提高经营管理水平,增强自我发展和市场竞争能力。

健全配套法规。我们将会同财政部、国务院法制办等有关部门,继续做好《中小企业发展基金管理办法》和《中小企业信用担保管理办法》的研究制定工作。目前这两个办法已有了初稿,下一步,我们要加快工作进度,认真修改完善,尽快上报国务院。按照《中小企业促进法》的要求,抓紧研究政府采购、风险投资、创业支持、技术创新、市场开拓、企业信用制度建设等方面的具体措施。积极做好《中小企业标准暂行规定》的实施工作,完善中小企业统计体系,逐步实行中小企业发展监测和对国民经济贡献的分析制度。各地中小企业管理部门要在本级政府的领导下,一方面,抓紧清理本地区现行有关中小企业的地方性法规和政策性文件,凡有悖于《中小企业促进法》的,应尽快提请人大和有关部门废止或修订。另一方面,要根据法律规定,结合本地实际,会同有关部门,抓紧研究制定本地区的具体实施办法和政策措施。

加强政策指导。我国幅员辽阔,且中小企业发展很不平衡。国家发展改革委将根据国家产业政策,结合全国中小企业发展现状及特点,抓紧制定中小企业发展产业指导目录,明确扶持重点,进行分类指导。各地中小企业管理部门也要结合本地实际,努力解决突出问题,积极、稳妥、有序地开展工作。积极营造有利于小企业创业的环境,将支持"创办小企业,开发新岗位"作为今后中小企业工作的一项重要内容,提供创业资助,推进创业辅导体系建设,降低创业成本,提高创业成功率。充分利用闲置的厂房、仓库、学校等场所,建立创业基地。

完善服务体系。一是转变政府职能,加强部门间的协调与配合,简化审批手续,减少行政性收费,完善公共服务功能,提高办事效率。二是积极推进中小企业信用担保体系建设,加快建立全国中小企业信用再担保机构,引导担保机构扩大资金规模,增强担保能力,建立符合市场竞争规则的运营机制。三是逐步扩大中小企业信用服务的试点范围,搞好信用等级评价和信用信息征集工作,建立中小企业信用档案,逐步实现中小企业信用信息查询、交换和共享的社会化。四是鼓励中小金融机构为中小企业提供金融服务,推动中小企业投资公司的设立与发展。积极探索中小企业股权融资的有效形式,拓宽直接融资渠道。五是构建多成份、多形式、多层次、全方位的中小企业服务网络。积极推进各类服务机构共同发展,加大对公益性服务机构的支持力度。培养中小企业管理咨询队伍。积极开展创业培训、职业培训和专业培训,提高中小企业经营管理者的综合素质和管理水平。加快中小企业信息化建设,增强"中国中小企业信息网"的系统功能和服务能力,改善企业的信息利用条件。六是加强国际间经济技术合作。积极推进 APEC 领域的中小企业交流与合作及 CEPA 协议的落实工作。继续做好中日、中德、中英等合作项目,有效利用国外政府和世行、亚行等国际组织提供的资金。鼓励中小企业"走出去",开展境外投资,参加国际展览和展销活动,努力开拓国际市场。

坚持制度创新。要按照十六届三中全会关于"建立归属清晰、权责明确、保护严格、流转顺畅的现代产权制度"的要求,继续采取多种形式,推进国有和集体中小企业产权制度改革,大力发展混合所有制企业。鼓励、支持和引导个体、私营等非公有制经济发展,抓紧研究出台《关于促进民营经济发展的若干意见》,为非公有制经济发展创造公平的市场环境。

为进一步推动《中小企业促进法》的贯彻实施,建议全国人大在明年适当时间,组织一次执法检查,促进法律全面有效实施。我委将在现有工作的基础上,认真履行《中小企业促进法》赋予的职责,自觉接受全国人大的指导,认真听取全国政协的意见和建议,与时俱进,扎实工作,努力开创促进中小企业发展工作的新局面。

（此件由国家发展和改革委员会政策研究室提供）

混合所有的股份制是公有制的主要实现形式

（2004 年 2 月 15 日）

郑新立[①]

党的十六届三中全会通过的《关于完善社会主义市场经济体制若干问题的决定》指出："要适应经济市场化不断发展的趋势，进一步增强公有制经济的活力，大力发展国有资本、集体资本和非公有资本等参股的混合所有制经济，实现投资主体多元化，使股份制成为公有制的主要实现形式。"这一重要决策，是对公有制经济实现形式在认识上的突破，是对社会主义市场经济改革理论的发展。认真学习、深入领会并贯彻落实这一重要决策，对深化国有企业改革，完善社会主义市场经济体制，进一步激发我国经济发展的强大活力，具有十分重要的意义。

提出混合所有的股份制是公有制的主要实现形式，是对我们党以往有关论断的继承和发展

股份制是伴随着社会化大生产的出现而产生和发展起来的。作为企业的资本组织形式，它对推动机器大工业和现代产业的发展，发挥了巨大的历史作用，并在实践中不断完善。在社会主义市场经济条件下，我们要发展社会化大生产，必须借助于股份制这种形式。当然，我们今天发展股份制经济，同发达市场经济国家具有不同的环境和条件。主要是经过新中国 50 多年的积累，形成了高达十几万亿元的全民所有的固定资产，其中经营性资产就达 7 万多亿元。这是几代人艰苦奋斗积累起来的共同财富，是全国人民共同利益之所在。此外，还有一批归集体所有的资产。对这些资产，必须严加保护，使之不断增值，决不能由任何个人侵占或任其流失。国有资本与集体资本、非公有资本相互参股，形成混合所有的股份制经济，这将是我国的股份制经济在股权结构上的一个重要特点。在运行机制上，我国的股份制经济将采用发达市场经济国家普遍运用的形式，从而

---

① 郑新立时任中共中央政策研究室副主任。

形成有利于生产力发展的社会经济机制。

改革以来,我们对混合所有的股份制经济进行了积极的探索,在理论和实践上不断创新。十六届三中全会《决定》中关于发展混合所有的股份制的论断,在继承我们党以往有关论断的基础上,又有了新的发展。早在 10 年前,党的十四届三中全会《关于建立社会主义市场经济若干问题的决定》就提出,随着产权的流动和重组,财产混合所有的经济单位越来越多,将会形成新的财产所有结构。党的十五大提出,股份制资本主义可以用,社会主义也可以用,国家和集体控股的股份制具有明显的公有性。党的十五届四中全会提出,国有大中型企业尤其是优势企业,宜于实行股份制的,要通过规范上市、中外合资和企业互相参股等形式,改为股份制企业,发展混合所有制经济。党的十六大提出,除极少数必须由国家独资经营的企业外,积极推行股份制,发展混合所有制经济。这次《决定》进一步明确提出大力发展混合所有制经济,使股份制成为公有制的主要实现形式,在理论上是一个新的突破,反映了我们党对公有制实现形式认识上的深化。

把混合所有的股份制作为公有制的主要实现形式,要求我们的绝大多数企业都要实现投资主体多元化,成为股份制企业。在同一企业里,既有国有股、集体股,又有个人股、外资股、法人股等等,各类所有制的资本具有平等的地位,按照股权的多少,享有不同的权益。国有资本可以控股,也可以参股,无论采取哪种形式,都是公有制的实现形式。也只有在产权多元化的基础上,才能建立股东会,成为企业的最高权力机构。由股东会产生董事会,作为企业的决策机构。由董事会聘任经营管理者,作为企业管理的执行机构。股东会、董事会和经营管理者三者之间形成制衡机制,才能建立起科学的公司治理结构,从而真正建立起现代企业制度。如果我们的多数国有企业都是国有独资或国有股一股独大,股东会和董事会也就没有存在的必要,权力制衡的公司治理结构也就不可能建立起来,因而也就不可能真正建立起现代企业制度。《决定》要求把混合所有的股份制作为公有制的主要实现形式,为国有企业建立现代企业制度铺平了道路。只有按照《决定》的要求去做,才能为国有企业建立现代企业制度提供前提条件。

提出混合所有的股份制是公有制的主要实现形式, 是对改革实践经验的科学总结

实行混合所有的股份制,有利于集中社会各个方面的资金,实现资本的集聚,满足大型工程和建设项目对巨额资金的需求;有利于所有权和经营权的分离,把经营管理能力强的人才选拔到企业领导岗位;有利于维护各方面的利益,

调动各方面特别是广大劳动者投资创业的积极性;有利于实现政企分开、政资分开,企业成为独立的市场竞争主体,政府职能主要转向公共服务和社会管理。正是由于混合所有的股份制所具有的这些优势,因此,它在许多地方特别是沿海发达地区得到迅速发展,成为当地经济发展中最具活力、发展最快的一部分,成为搞活国有经济的主要途径,在经济生活中发挥着越来越重要的作用。如浙江省,上个世纪90年代以来,以股份制为基础的混合所有制经济持续大幅度增长,年增长速度达到15%以上,目前混合所有制经济在全省国内生产总值中的比重已占60%以上,预计到2005年,将上升到70%以上。比较典型的公司产权结构,一般拥有公有股(包括国有股或集体股)、职工股和社会股(股票上市公司由股民持有的股份)这三个部分。在职工股中,又分为核心层、骨干层和一般职工持股。这样的股权结构,既能壮大公有资本,满足公共利益的需要;又能使企业具有稳定的职工队伍,形成较强的凝聚力;还能使企业具有集聚资本和接受股民监督的功能,有利于企业迅速做大做强。在实际生活中,各个企业由于成长历史、行业特点的不同,股权结构不尽相同。实践证明,实行这种混合所有制的企业,具有强大的生命力。国有企业按照这种产权结构进行调整和改革,能够迅速摆脱大锅饭和平均主义的弊端,显示出巨大活力。集体企业按照混合所有的股份制进行改制,能够有效摆脱乡村政权的干预,迅速做大做强;私营企业引入股份制,经营管理能够很快跳出家族式束缚,迅速提升到现代企业制度的水平。总之,国有企业、集体企业和私营企业都朝着混合所有的股份制的方向发展,大有殊途同归之势。可见,发展混合所有的股份制,符合社会主义市场经济条件下企业运营发展的客观规律,是一种行之有效、具有独特功能的产权组织形式。

应当看到,目前在国有企业中,有相当大一部分还没有完全认识到实行混合所有的股份制的优越性,许多企业虽然宣布建立了公司制,但距离规范的股份制的要求相差比较远。到2000年,我国拥有单一投资主体的国有独资工商企业14.5万户,占全部国有工商企业总户数的75.9%。在520户国家重点企业中,有430户进行了公司制改革,其中只有282户整体或部分改制为有限责任公司或股份有限公司,开始形成多元投资主体。即使在产权多元化的公司中,国有股绝对控股(股权占50%以上)的又占相当大比例。到2001年,全国3.2万户国有控股工商企业中,国有股占股本的比重平均为63%。截至2001年4月底,全国上市公司中第一大股东持股份额占公司总股本超过50%的有890户,占全部上市公司总数的79.2%。大股东中国家股东和法人股东占绝对多数,相当一部分法人股东也是由国家控股的。这种国有股一股独大的局面,不能形成各个股东之间以及股东会与董事会、董事会与经营层之间的制衡关系,往往出现企业由

"内部人控制"的局面,使中小股东利益受到损害。这种股权结构如果不能加以改变,就难以形成现代企业制度及其所要求的规范的公司治理结构。在这样的体制下,公司也就不可能健康发展。在一些老工业基地,国有企业比较集中,目前各种困难比较多,其主要原因是国有企业改制不彻底,许多公司是所谓的"翻牌"公司,企业的名称虽然换了,但产权结构和公司治理结构没有什么变化,企业的运行机制照旧,因此,原有的矛盾不但没有得到解决,反而越积越多,越积越大。现在已经到了必须认真对待、下决心改革的时候了。

正反两方面的经验表明,按照《决定》提出的混合所有的股份制的要求改革国有企业,真正实现投资主体多元化,是国有企业改革发展的正确选择,也是老工业基地走向振兴的正确途径。

提出混合所有的股份制是公有制的主要实现形式,是探索公有制和市场经济结合的有效形式的重要成果

公有制能不能与市场经济结合,这个问题从改革一开始就成为必须从理论和实践上回答的尖锐问题。国外不少人对我们的探索表示怀疑,甚至断言,市场经济只能建立在私有制的基础上,中国要搞市场经济,就只能全面实行私有化。经过20多年的改革,我们基本上确立了以公有制为主体、多种所有制经济共同发展的基本经济制度。党的十六大提出,必须毫不动摇地巩固和发展公有制经济,必须毫不动摇地鼓励、支持和引导非公有制经济发展。坚持社会主义初级阶段的基本经济制度,是建立和完善社会主义市场经济体制的基本要求。按照基本经济制度调整所有制结构,是改革的重要内容。实践证明,公有制经济与非公有制经济一样,都可以与市场经济紧密结合,这个结合点就是股份制。多种所有制经济通过股份制这种资本组织形式,有机地组合在一起,形成企业法人财产,既能发挥各自的优势,又能发挥整体功能,这就顺利地实现了公有制与市场经济的结合。这个难题的解决,使我们从根本上解决了改革以来始终被关注的一个重大问题,使改革的理论更彻底、更完善了。

我们的这一探索,是对马克思主义股份制理论的继承和发展。马克思、恩格斯生活的年代,资本主义股份制已经有了长足的发展,他们对股份制给予了积极评价。在分析资本主义股份制时,马克思指出,股份制是"在资本主义体系本身基础上对资本主义的私人产业的扬弃;它越是扩大,越是侵入新的生产部门,它就越会消灭私人产业"。(《马克思恩格斯全集》第20卷,第496页)马克思把合作工厂看作是对资本主义生产方式的积极扬弃,股份制是对资本主义生产方式

的消极扬弃。把股份制企业和合作工厂看作是"由资本主义生产方式转化为联合的生产方式的过渡形式"。(《马克思恩格斯全集》第25卷,第498页)当今的股份制比起100多年前有了很大的发展,我们完全可以利用它来为发展社会主义市场经济服务。应当看到,我们的股权拥有者,除了国有、集体单位以外,还有很大一部分是广大劳动者。劳动者持股比例和持股人数的增多,可以促使广大劳动者更加关心企业生产经营,激发他们的劳动热情,有利于增加人民收入,加快实现全面建设小康社会的目标。总之,发展混合所有的股份制,是实现公有制与市场经济相结合的必然要求和最佳选择。

认真学习和贯彻落实《决定》关于公有制实现形式的论断,对国有企业改革和发展必将产生重大而深远的影响

完善社会主义市场经济体制,实现公有制与市场经济的有机结合,关键在于使国有企业真正成为自主经营和具有发展活力的市场主体。经过多年的努力,我国国有企业管理体制和经营机制发生了很大变化,市场竞争力明显增强,但是一些深层次问题还没有完全解决,国有企业改革仍然是整个改革的中心环节。当前深化国有企业改革,要从调整股权结构、解决企业深层次矛盾入手,通过引进战略投资者,包括吸引本行业的优秀企业、民间资本、上下游企业资本等,加快企业重组,优化资本结构。目前我国的民营企业和国有企业中,都有一批办得很好的企业,应通过招标的形式,选择合作伙伴。要加强监管,避免企业重组过程中国有资产的流失。要鼓励外资企业特别是跨国公司参与国有企业的改组和改革。要把企业改组与技术改造、体制改革结合起来,只有在企业改制工作完成后,政府再酌情考虑给予投资政策支持。企业股权结构的设计要缜密细致,从实际出发,充分考虑各方面利益。涉及到减少用工人员,要妥善安排下岗人员的工作和生活。

公有制实现形式的转变,要求我们必须相应转变思想观念。不能认为只有传统体制下的国有独资企业才是公有制经济,应当看到,分布于各个企业中的国有资本都是公有经济,而且与前者相比,更有利于国有资本的增值;不能认为只有兴办为数众多的国有企业,才能保证国家宏观经济政策的贯彻落实,维护人民的利益,应当看到,由混合所有的股份制企业按照市场需求、依法经营,就是对国家宏观经济政策最好的贯彻落实,就是维护最广大人民的利益,也只有摆脱行政干预,企业才能真正独立经营,不断增强国际竞争能力。过去,我们常常把国有企业比作关在笼中的老虎。只有从资本结构上对企业进行脱胎换骨的改造,企

业才能转变机制,真正放虎归山,把国有企业中蕴藏的巨大潜力发挥出来。通过股份制改造,把我国现有 7 万多亿元的经营性国有资产全部盘活,使之像民营资本那样能够流动、变现、增值,那么,国有资本就将成为我国国民经济发展的强大推动力量,成为真正为全国人民谋利益的盈利手段,在全面建设小康社会和实现中华民族伟大复兴中发挥出不可替代的巨大作用。

（选自《上海集体经济》2004 年第 1 期）

吉林省人民政府关于加强城镇集体企业产权制度建设完善监督和保护机制的若干意见

(2004 年 2 月 25 日)

各市州、县(市、区)人民政府,省政府各厅委、各直属机构:

党的十六届三中全会审议通过的《中共中央关于完善社会主义市场经济体制若干问题的决定》明确提出:"以明晰产权为重点深化集体企业改革,发展多种形式的集体经济"。近几年来,随着社会主义市场经济的不断发展,全省城镇集体企业产权制度改革也在逐步深入。在今后一段时期内,建立归属清晰、权责明确、监管得力、保护严格、流转顺畅的现代产权制度将成为城镇集体企业深化改革的主要内容。为此,依据《中华人民共和国城镇集体所有制企业条例》及国家经贸委、财政部、国家税务总局制定的《城镇集体所有制企业、单位清产核资产权界定暂行办法》和《吉林省城镇集体所有制企业合法权益保护条例》等有关规定,提出如下意见:

一、依照国家有关法律、法规及政策严格界定集体企业产权

(一)集体企业的产权界定是指对集体企业的财产依法确认其所有权归属的法律行为。

(二)集体资产系指属于城镇集体企业本企业劳动者集体所有和集体经济联合组织所有的全部资产(包括被政府、主管部门、全民单位、其他单位、个人以各种形式占用的集体企业资产、集体企业在对外投资企业中按比例应有权益部分)。

(三)所有登记注册为集体所有制的各类城镇集体企业、单位和占有集体资产的部门、企业、单位以及将进行改制的集体企业,必须按国家有关规定进行清产核资,界定产权。

（四）集体企业产权界定，依据国家有关法律、法规，追溯企业成立以来的资金投入和资产积累过程，按照"谁投资，谁所有，谁受益"原则，本着尊重历史过程，考虑合作经济性质，宜粗不宜细，兼顾投资各方利益，公平公正、合情合理地界定企业财产所有权归属。

（五）国家对集体企业的投资及其收益形成的所有者权益，归国家所有。

（六）集体企业联合经济组织、社区经济组织对集体企业的投资及其收益形成的所有者权益，归该联合经济组织、社区经济组织范围内劳动者集体所有。集体企业职工劳动积累形成的所有者权益归本企业劳动者集体所有。

（七）各类企业、组织或其他法人、自然人对集体企业的投资及其收益形成的所有者权益，归投资的企业、组织或其他法人、自然人所有。

（八）职工个人在集体企业中的股金及其收益形成的所有者权益，归职工个人所有；难以明确投资主体的，暂归集体企业劳动者集体所有。

（九）集体企业在开办时筹集的各类资金收益形成的积累，除国家另有规定的外，凡事先与当事人有约定的，按其约定确定归属；没有约定的，原则上归集体企业劳动者集体所有；属于国有企业办集体企业的，本着扶持集体经济发展和维护各类投资者权益的原则，由双方按国家清产核资等有关规定协商解决。

（十）集体企业联合经济组织、社区经济组织按照国家有关规定收缴的用于集体企业的基金（如合作事业基金、统筹事业基金），归该联合经济组织、社区经济组织范围内劳动者集体所有。

（十一）集体企业购建的集体福利设施，其产权归集体企业所有。

（十二）集体企业接受资助和捐赠形成的所有者权益，归集体企业所有。

（十三）集体企业按照国家法律、法规等有关政策规定享受的优惠，包括以税还贷、税前还贷和各种减免税金所形成的所有者权益，1993年6月30日前形成的，其产权归劳动者集体所有；1993年7月1日后形成的，国家对其规定了专门用途的，从其规定，没有规定的，按集体企业各投资者出资比例确定产权归属。

（十四）政府和国有企业、事业单位为扶持集体经济发展或安置待业青年、国有企业富余人员及其他城镇人员就业而转让、拨给或投入集体企业的资产，凡明确是无偿转让或有偿转让但收取的转让费用（含实物）已达到其资产原有价值的，该资产及其收益形成的所有者权益，其产权归集体企业劳动者集体所有。

（十五）集体企业以借贷（含担保贷款）、租赁取得的资金、实物作为开办集体企业的投入，该投入及其收益形成的所有者权益，除债权方已承担连带责任且与债务方已签订协议按其协议执行外，其产权归集体企业劳动者集体所有。

二、加强城镇集体企业产权制度建设,完善监督和保护机制

(十六)集体企业职工(代表)大会是集体企业最高权力机构,是集体资产所有者代表,加强对集体资产的管理、监督和保护,是集体企业职工(代表)大会必须履行的权力和职责。其职责是:

1. 代表集体职工行使占有、使用、收益、处置集体资产的权利,促使集体资产保值增值。

2. 依法维护自身权益,防止集体资产流失。

3. 抵制任何单位和个人平调、挪用、变卖、哄抢、侵吞、私分集体资产的违法行为。

4. 对企业经营目标、对外投资、改制等重大资产处置方案进行审议批准。

5. 监督企业经营者依法运营集体资产。

(十七)集体企业的职工是集体资产的所有者,是集体企业的出资人。对集体资产运营享有知情权和质询权,通过职工(代表)大会享有决策权。

(十八)集体企业的厂长(经理)由职工(代表)大会确定聘用,是经营、保护集体资产的第一责任人,企业经营者在经营期内要加强对集体资产的管理,保证集体资产完整性,合理使用、有效经营,使之不断增值。其职责是:

1. 建立资产经营责任制,实行任期目标管理,承担资产保值增值责任。

2. 定期向职工(代表)大会报告集体资产管理和运营状况,接受质询。

3. 对企业改制、资产转让、对外投资、收益分配等涉及资产变动的重大事项,向职工(代表)大会提出方案,由职工(代表)大会审定确认后组织实施。

(十九)依据《中华人民共和国城镇集体所有制企业条例》,各级城镇集体企业综合指导部门,对本地区集体企业集体资产负有监督保护职责:贯彻执行国家、省关于集体企业集体资产的法律、法规和政策;制定区域性政策规定,监督集体资产依法运营;维护集体企业合法权益,防止、纠正侵犯集体资产行为,保护资产所有者的合法权益。

(二十)各级城镇集体企业综合指导部门对集体资产监督保护的具体职责是:

1. 分级负责集体企业的产权界定和产权登记工作,颁发《城镇集体资产产权登记证》,从法律上确认集体资产的所有权。中省直单位所属集体企业的产权界定和登记由省级部门负责。

2. 以产权登记为基础,建立数据库,掌握汇总本地区集体资产全面情况,推

进集体资产有序流转。

3. 建立集体资产年度审验制度,对集体企业的集体资产给予确认,颁发《城镇集体资产产权登记证》,并凭证书到工商部门办理集体企业登记。会同工商部门清理甄别"挂靠"集体企业。

4. 会同有关部门依法协调解决集体企业的产权纠纷。

5. 指导集体企业产权制度改革,对企业经营出售集体资产或企业改制时集体资产变动情况登记备案。对处置不当的集体资产,向有关部门提出质疑,责令其改正。

6. 指导、监督集体资产评估、界定、量化、转让、交易行业。

7. 指导企业集体资产经营管理,建立企业资产经营奖惩责任制。

三、规范集体资产转让行为,推动集体资产有序流转

(二十一)集体资产转让,是指按照国家和省的有关政策,经过清产核资产权界定和登记,对属本企业劳动者集体所有的资产,依法有偿变更、转移所有权的行为。包括企业根据经营发展需要,整体或部分转让集体资产;企业变更、终止等情况下资产处置;集体企业采取股份制、有限责任制、股份合作制、合资合作等各种形式改革时的资产变动。

(二十二)集体资产的转让必须有利于集体企业改革发展,建立现代企业制度;有利于盘活存量资产,实现资源优化配置;有利于经营战略调整和职工根本利益。集体资产转让应坚持自愿、平等、公开、公正、公平的原则;配套改革与激励发展相结合的原则;职工(代表)大会最终决定权的原则;等价有偿和协商一致的原则。

(二十三)转让程序:

1. 按照企业经营发展需要,由企业管理层提出资产转让预案。

2. 职工(代表)大会对转让预案进行审定、确认、批准。

3. 企业主管部门和同级集体经济综合部门收到企业报送的资产转让预案,对企业概况、转让理由、作价、付款方式、收入用途、债权债务处置方案、职工安置情况,受让方综合情况等进行全面了解并备案。在给予企业政策性指导的同时监督受让方依法履约。

4. 对转让资产进行评估和界定。转让资产的企业应持有同级集体经济综合部门颁发的《城镇集体资产产权登记证》。产权有争议的,由有关部门依法界定财产归属。

5. 评估结果由职工(代表)大会予以确认,并最终认定转让价格。

(二十四)产权界定与资产评估。集体资产转让应进行产权界定,产权界定要依照国家规定,由同级集体经济综合部门组织进行,中介组织资产评估结果不具有产权界定的效力。

集体资产转让必须进行资产评估,评估工作由具备法定资格的资产评估机构,遵循真实、可行、科学的原则,依照国家规定标准、程序、方法进行评定和估算。

(二十五)集体企业管理层收购本集体企业资产,必须严格遵守有关规定,经营者不得参与审计、评估、清产核资、底价确定、转让决策等重大事项,禁止自买自卖行为。收购资金的筹集要执行《贷款通则》规定,不得向本企业及关联企业借款,不得以这些企业资产作标的物为收购融资提供担保、抵押、贴现等。经营管理者对企业经营业绩下降负有过失责任的,不得参与收购。

(二十六)集体资产转让要进入产权交易市场,公开信息。集体资产转让应采取双方协议、竞价拍卖、招投标等法律规定的方式。付款方式原则上一次付清,一次付清有困难的,经职代会批准可分次付款,但首期付款不得低于30%,其余价款应当由受让方提供合法担保抵押,并在一年内付清。

(二十七)转让集体资产的价款主要用于企业发展或支付企业改革成本。改制企业要优先支付拖欠职工工资、医疗费、社会养老保险费、解除劳动关系补偿等关系职工切身利益事项。禁止任何部门、个人截留挪用,也不能等同国有资产处置上缴财政。

要防止借改制之机侵吞集体资产。对在集体资产评估、转让、交易、作价等过程中弄虚作假,造成集体资产流失的,要依法查处,并追究责任人员赔偿责任,构成犯罪的,由司法机关处理。

(原件存吉林省人民政府办公厅)

发展集体经济　实现共同富裕

（2004 年 3 月 1 日）

陈士能

　　集体经济与市场经济的有效结合,是实现劳动群众共同富裕的重要基础。集体经济从诞生之始,就具有市场经济的某些特质。在计划经济时期,集体经济主要靠自主经营、自我发展,为不断满足城乡市场的需求作出了贡献。改革开放以来,集体经济根据市场需要,率先在家用电器、塑料制品、室内装饰等行业迅猛发展,出现了一批知名企业集团,成为地方财政收入的支柱,尤其对广东、山东、江苏、浙江等沿海发达省份经济发展,起到了积极的推进作用。近些年来,集体企业积极探索改革和发展的途径,主动与市场接轨,构建与市场经济相应的体制和机制,取得了积极成果。从吉林省城镇集体工业联社的情况来看,2001 年联社系统有规模以上企业 21 户,其中大多数是通过企业改制后跻身其中的。吉林桦甸车桥总厂改为股份合作制的几年间,企业得到了长足的发展。2001 年实现产值 9700 万元,销售收入 5120 万元,税金 240 万元,利润 400 万元,分别是改制前的 6.4 倍、4.5 倍、2.3 倍、20 倍。改革后的上海城镇工业 2003 年 1 月至 9 月份工业总产值,同比增长 33.4%;销售产值同比增长 27.8%;产销率达 98.6%;完成出口交货值同比增长 14.2%。由此可见,在新时期,集体经济将同其他类型的经济统一于社会主义现代化建设的进程中,为实现劳动群众的共同富裕得到更快的发展。

　　集体经济的产权属性体现了所有者与劳动者的统一,是实现劳动群众共同富裕的内在动力。本来集体经济特别是城镇集体所有制企业是明晰产权边界的,其财产所有权限定在该集体经济组织的劳动群众范围内。近几年经过改革出现了许多新型集体企业,在产权构成上,既有劳动群众共有的,也有属于劳动者个人按股份所有的。劳动者对财产所有权的不同占有形式,进一步保障了个人的合法权益,增强了劳动群众共同富裕的内在动力。

　　集体经济的分配方式体现了效率与公平的统一,是实现劳动群众共同富裕的有效途径。党的十六届三中全会通过的《决定》提出,坚持效益优先、兼顾公平,各种生产要素按贡献参与分配。新型集体经济实行自主经营,自负盈亏,坚持把提高经济效益作为实现社会公平的基础。一方面集体经济有独立的资产、明确的产权,形成了自我发展的内在动力,能够坚持以提高经济效益为中心,不断创造共同富裕的物质基础。另一方面在集体经济组织中,由于劳动者与资产所有者的一致性,在制度上消除了不公正的根源。职工共同劳动,经济上实行民主管理,收益与风险由全体职工分享和承担,有利于实现社会主义公平和共同富裕。

集体经济将成为实现工业化、增强综合国力、促进职工致富的重要力量。党的十六大报告指出:"实现工业化仍然是我国现代化进程中艰巨的历史任务。"我国正处在工业化进程中期,面临工业化和信息化的双重任务。因此,要"坚持以信息化带动工业化,以工业化促进信息化"。推进工业化、信息化进程,必须"正确处理发展高新技术产业和传统产业、资金技术密集型产业和劳动密集型产业、虚拟经济和实体经济的关系"。实践证明,集体经济具有较好的兼容性,能在各种行业中发展。近几年,在国家政策的支持下,多渠道投资拉动经济增长的局面开始形成。国家统计局调查显示:2002 年全国民间投资共 17516 亿元,比 2001 年增长 22.4%,民间投资在社会总投资中的比重已接近 40%。在 2002 年的民间投资中,集体经济投资 5987 亿元,占民间投资总量的 34.2%。实践表明,集体经济能广泛吸纳社会资金,发展集体经济有利于促进工业化进程,增加劳动者个人的财富。在现代科学技术条件下,生产的自动化程度不断提高,生产分工更加细致,客观上要求较小规模的企业建立协作关系。集体经济既能适应较小规模的工场手工业生产,又能适应高度自动化、专业化的社会大生产。同时,在市场竞争中,技术更新、产品更新的速度逐步加快,客观上要求企业及时灵活地调整生产结构。集体企业独立自主性强,既有主动联结现代产业链,进行协作配套的能力,又有适时调整产品结构的机制。

集体经济是实现劳动群众就业、再就业的重要渠道,是不可缺少的社会稳定器。就业是民生之本。开辟多种渠道,调动各方面的积极性推进就业和再就业,是经济发展中必须解决的重大问题。据统计我国目前每年需要解决就业和再就业的劳动力约 2400 万,保障劳动者劳动的权利是劳动者实现共同富裕的基础。国际与国内的实践证明,大力发展新型集体经济是实现就业和再就业一条行之有效的重要途径。从国际合作社联盟 100 多年合作社运动的发展历史看,引导市场经济中处于弱势群体的劳动者组织合作企业,是解决社会就业、提高劳动者收入、保持社会稳定的成功经验。从我国解决就业的经验看,新中国成立以来至少有过两次发展各种形式的集体经济、吸纳大批劳动者就业的成功实践。一次是建国初为解决大批失业工人和社会闲散人员的就业问题,由劳动部门、工会、妇联等单位组织生产自救性的合作企业,为国民经济恢复作出了重要贡献。另一次是 1979 年前后为安置回城知青和职工子女就业,各行各业大力发展集体经济,在较短的时间内解决了当时就业难这个突出的社会矛盾。国家统计局的资料显示:仅轻工行业 2003 年 1 月至 7 月,全部国有和年销售额 500 万元以上工业企业从业人员,集体和股份合作制企业是 186.7 万多人,国有企业是 114.87 万多人,私营独资和私营合伙企业是 98.9 万多人,集体企业就业人数还是最多的。

集体经济又是加快城镇化进程的生力军,发展集体经济有利于统筹城乡经济的发展。积极稳妥地推进城镇化是实现经济结构优化和产业结构升级的重要途径,是促进国民经济良性循环和社会经济全面协调发展的战略举措。推进城镇化进程应当从我国的实际出发,应当走中国特色的城镇化建设之路,注重发挥集体经济的作用,加快小城镇建设。小城镇独特的优势在于适宜发展劳动密集型产业,这在很大程度上适应了我国劳动力丰富而资金短缺的国情,使劳动力资源优势在很大程度上转变为小城镇的优势。集体经济与劳动密集型产业有天然的联系,集体经济是小城镇建设的重要力量。

集体经济有利于促进全面建设小康社会宏伟目标的实现。集体经济量大面广,遍及城乡的农业、工业、商业、建筑业、服务业、运输业以及科教文卫等各个系统。当前,我们要以积极的热情、扎实的措施、得力的政策进一步改革和发展集体经济,使传统集体经济脱胎换骨,新型集体经济加快发展。首先是抓住明晰产权这个核心。应积极探索和完善股份合作制、股份制、职工持股公司制以及租赁、承包等多种形式。要通过引进资金、技术、设备等多种途径与国有、外资、私营、个体等组成多元的、开放的混合所有制经济。企业制度改革以后,要遵循集体经济的特点和公司制要求建立规范的法人治理结构,还应十分注意企业自身用人、管理、分配等内部机制的改革。其次,要对集体经济的改革与发展给予支持和扶植。一是要稳定联社机构,发挥联社作用。各级城镇集体工业联社,是城镇集体企业的经济联合组织。政府要帮助联社改革,赋予指导、管理职能,使联社更好地提供服务;二是政府要加强对新型集体经济的指导和政策支持,在信贷、税收、就业扶助和传统集体企业破产、职工安置等方面,享受国有企业一样的政策,为新型集体经济发展创造良好的社会环境;三是大力宣传带领劳动者共同富裕的典型,培养新型集体经济的带头人。

(选自《经济日报》2004 年 3 月 1 日第 6 版)

关于进一步深化集体经济改革的研究

（2004 年 3 月）

国家发展和改革委员会中小企业司课题组

党的十六大和十六届三中全会明确指出："集体经济是公有制经济的重要组成部分,对实现共同富裕具有重要作用"；"必须毫不动摇地巩固和发展公有制经济"；"继续支持和帮助多种形式集体经济的发展"；"以明晰产权为重点深化集体企业改革,发展多种形式的集体经济"。这些重要论述明确了新形势下我国集体经济的地位作用、改革发展方向以及我国对集体经济的方针政策。研究解决集体经济改革发展中的重大问题,需要认真总结集体经济的发展历程,分析当前存在的矛盾和问题,理清改革发展的思路和方向,把握发展规律,制定切实的政策措施,使集体经济在全面建设小康社会中发挥更大作用。

一、我国集体经济的发展历程及在国民经济中的地位作用

（一）我国集体经济的发展历程

我国集体经济源于合作经济,自 1918 年第一个消费合作社成立至今,已有 80 多年的历史了。建国以前,合作经济经历了一个传播发展阶段。新中国成立后,我国先发展合作经济,后演变为集体经济,走过一条曲折发展的历程。

1. 建国后合作经济兴起阶段。

建国初期,按中共七届二中全会和《中国人民政治协商会议共同纲领》确立的方向,在城乡首先发展供销合作社和消费合作社,逐步发展手工业合作社等。1953 年后我国开展"一化三改",在城乡开展合作化运动。在农村,首先建立互助组和初级农业社；在城镇,建立了手工业合作小组、手工业供销合作社和手工业生产合作社。小商小贩联合起来建立的合作小组、合作商店、供销合作社、信用合作社、消费合作社都得到很大发展。1955 年下半年,中国的合作社运动掀起高潮,先是在农业领域,后延伸到工业、商业、服务业、金融业、建筑业和交通运输业。合作社经济的兴起,使分散的个体经营转变为合作社的联合生产和经营,使孤立的财产个人所有变为合作社集体占有。

2. 合作经济向集体经济转化阶段。

1958 年,在"一大二公三纯"左的思想影响下,对合作经济开始上收、合并、升级、过渡。在农业,农业合作社由小社并大社,初级社升高级社,58 年建立政社合一的人民公社,剥夺农民在合作社中的财产权利,大刮"一平二调"的"共产风"。在工业,手工业合作小组升级为合作社,手工业合作社转厂过渡为国营工厂和合作工厂,1958 年全国 10 万个手工业合作社,530 万社员在转厂过渡中,由集体所有制转为全民所有制的人数占 70%。在商业、服务业,合作小组升级为合作商店,合作商店过渡为国营商业和供销社,1958 年全国共有 590 万合作商业员工过渡到国营商业和供销社,约占总数的 76.1%。供销合作社曾两度由集体所有制变为全民所有制的国营商业。"文化大革命"中,进一步搞上收、合并、升级、过渡,终止了职工入股分红。"左"的错误使生产关系超过了生产力发展水平,影响了国民经济发展。

3. 集体经济扩大发展阶段。

党的十一届三中全会以后,我国调整了集体经济的方针政策。《宪法》恢复了合作经济的法律地位,为集体经济深化改革指明了方向,并把集体经济作为社会主义公有制经济的基本形式。党和国家提出广开门路,安置就业,大力发展集体经济的方针,国家在政策上支持集体经济发展。各种行业、各种形式的集体经济获得扩大发展的机遇。原有各行业集体经济从变革经营机制入手,以市场为导向,放开搞活,恢复合作经济本来面貌,摆脱"二国营"模式,解放和发展了生产力。为支持农业发展、安置农民就业、促进农民致富,乡村集体企业迅猛发展。城镇中由各方面兴办的多种形式的集体经济,没有走"二国营"老路,以灵活自主的经营机制,在市场竞争中发展,安置大量的城镇待业人员和国有企业富余职工就业。这个时期,国有企业还缺乏活力,三资企业和私营企业尚未形成强势,集体经济显示活力,扩大发展,成为我国第二大经济力量。在一段时间里,集体工业总产值超过了国有经济。

4. 集体经济创新发展阶段。

党的十五大以后,我国加快所有制结构的战略调整,三资企业和个体私营经济形成强大的发展优势,集体经济进入制度变革、体制创新的转型发展阶段。城乡集体企业自 90 年代中期后逐渐失去政策优势,整体素质不适应市场竞争需要,安置就业功能逐年下降,发展不平衡。经营好的企业陆续转制,有的做大做强,走向良性发展轨道;有潜可挖的企业以改制重组、出售转让、承包租赁、托管经营、分块搞活,寻求合作等方式求生存求发展;一批企业已停业、歇业,有待破产清算。与此同时,以劳动者的劳动联合和劳动者的资本联合为主的多种形式的集体经济形成发展态势。农村专业合作经济组织蓬勃发展,为农户提供产、供、销服务的各类专业合作社有 14 万个,把千家万户的农民和千变万化的市场连接起来。供销社按市场经济要求办成农民的合作经济组织;农村信用社改革明确了方向,稳步开展;消费、服务、医疗、住宅合作社有了新发展。城乡集体企业在制度变革、体制创新中,有一大批企业改制为股份合作制企业和职工持股的股份制企业。还有部分企业尚未转制,按合作经济的方向,转换经营机制,变革经营方式,也保持了一定活力。

(二)我国集体经济的概念演变

我国集体经济概念的产生与发展是随着经济社会的变革实践而变化的,目前尚缺乏清晰的法律界定。传统的集体经济概念是在计划体制下形成的。改革开放以后,集体经济从经营机制变革向产权制度变革转化,尤其是十五大提出"两个联合"的理论概括,赋予了新形式下的集体经济新内涵。

1. 建国初期集体经济的基本概念。

1949 年 9 月政协通过的《共同纲领》规定:"要鼓励和扶助广大劳动人民根据自愿原则,发展合作事业,在城镇和乡村中组织供销社、消费合作社、信用合作社、生产合作社和运输合作社,在工厂、机关、学校中应尽先组织消费合作社。"

1950 年刘少奇主持起草了《合作社法》草案(未颁布),1951 年为中共中央起草了关于合作社问题的决议(草案)。主张发展合作社经济,明确了许多问题,并提出合作社的根本性质是劳动群众的集体经济组织;合作社的财产是劳动人民集体所有的财产。

1953 年毛泽东主持制定了过渡时期总路线,提出在"一化三改"中要"变农业和手工业的个体所有制为社会主义劳动群众集体所有制"。

1954 年我国第一部《宪法》明确:"合作社所有制,即劳动群众集体所有制";"合作社经济是劳动群众集体所有制的社会主义经济,或者劳动群众部分集体所有制的半社会主义经济。劳动群众部分集体所有制是组织个体农民、手工业者和其他个体劳动者走向劳动群众集体所有制的过渡形式"。"国家保护合作社的财产,鼓励、指导和帮助合作社经济的发展"。

2. 受"左"的影响之后的集体经济概念。

1955 年毛泽东在《关于农业合作社问题》的报告中认为,解决粮食供应和工业原料问题,最基本的出路是农业合作化,"苏联所走过的这一条道路(指全盘集体化)正是我们的榜样。"1955 年下半年我国农业合作化掀起高潮。毛泽东在《中国农村的社会主义高潮》一书按语中提出,"合作社保留了半公有制,到一定时候,人们要改变这种制度,使合作社成为生产资料完全公有化的集体经营的经济团体"。在 1958 年毛泽东主持中央政治局扩大会议讨论《中共中央关于在农村建立人民公社问题的决议》时指出,"人民公社的集体所有制中,已经包含若干全民所有制成份了,集体所有制要逐步向全民所有制过渡"。

1975 年《宪法》没有合作经济内容,只提集体所有制,规定我国生产资料所有制只有两种形式,一是全民所有制,二是劳动群众集体所有制;规定"农村人民公社是政社合一的组织","农村人民公社的集体所有制经济,一般实行三级所有,队为基础,即以生产队为基本核算单位的公社、生产大队和生产队三级所有"。《宪法》还提出:"国家可以依照法律规定的条件,对城乡土地和生产资料实行征购,征用或者收归国有"。这为上收平调集体财产提供了法律依据。

1978 年《宪法》坚持人民公社的三级集体所有,国家保障集体所有制经济巩固和发展的原则规定。

3. 改革开放以后的集体经济概念。

1982 年《宪法》对 1954 年、1975 年和 1978 年的《宪法》作了修订,规定"中华人民共和国的社会主义经济基础是生产资料的社会主义公有制,即全民所有制和劳动群众集体所有制";"农村人民公社、农业生产合作社和其他生产、供销、信用、消费等各种形式的合作经济,是社会主义劳动群众集体所有制经济","城镇中的手工业、工业、建筑业、运输业、商业、服务业等行业各种形式的合作经济,都是社会主义劳动群众集体所有制经济";"国家保护城乡集体经济组织的合法权利和利益,鼓励、指导和帮助集体经济的发展";"禁止任何组织或个人用任何手段侵占或者破坏国家和集体的财产"。这些条款反映了集体经济发展的规律,为集体经济改革发展提供了法律依据。

对 1982 年新《宪法》,1988 年、1993 年、1999 年分别进行修改。其中 1993 年的宪法修正案以"农村中的家庭联产承包为主的责任制"替代原条款中的"农村人民公社、农业生产合作社";1999 年的宪法修正案又将这一段修改为"农村集体经济组织实行家庭承包经营为基础、统分结合的双层经营体制"。1990 年《乡村集体所有制企业条例》,1991 年《城镇集体所有制企业条例》,1996 年《乡镇企业法》,这三个法律法规,分别对城乡集体所有制企业作了相关规定。党的十五大明确指出"劳动者的劳动联合和劳动者的资本联合为主的集体经济尤其要提倡和鼓励"。这是对我国集体经济内涵的重新认识,进一步明确了我国集体经济发展应该坚持的方向。

4. 新形势下集体经济的内涵。

党的十五大报告中提出"两个联合"的理论概括,对集体经济概念一是正本清源,二是注入了新的内涵,它是我国集体经济几十年改革发展实践的总结,是传统集体经济概念的创新。根据《宪法》确立的基本原则,总结群众改革创新的实践经验,借鉴国际通用原则,全面理解"两个联合"的丰富内涵,可将我国集体经济的内涵概括如下:

(1)集体经济是社会主义公有制经济的基本形式;(2)集体经济是劳动者劳动联合和劳动者资本联合为主的经济形式,劳动者共同劳动、共同出资、共享收益、共担风险;(3)集体经济组织的多数成员既是劳动者又是所有者,成员出资入股,享有所有者权益;(4)集体经济实行多种财产组织形式、多种联合方式、多种经营方式;(5)集体经济组织实行按劳分配与按生产要素分配相结合;(6)集体经济组织是自愿组合、自负盈亏、自主经营、自主管理的自治经济组织,是独立的市场竞争主体;(7)集体经济组织坚持自愿、互助、民主、平等的合作制原则;(8)国家鼓励、支持和帮助集体经济发展,保护集体所有财产,维护劳动者及所有者合法权益。

特别需要指出的是,集体经济的实现形式没有统一的模式。目前,集体经济多种实现形式主要表现在:一是以共同共有和按份共有相结合但以共有资产为主体的集体企业;二是以劳动者的"两个联合"为主要特征的股份合作制企业;三是以个人私有财产为基础(或主体)的合作制企业;四是有职工股份的有限责任公司或股份有限公司;五是由集体共有资产控股或参股的股份公司(包括上市公司)或企业集团。六是集体企业的联合经济组织——联社。

(三)集体经济在我国经济社会中的地位作用

长期以来,集体经济在我国经济社会中具有十分重要的地位,发挥着积极的作用。尤其是党的十一届三中全会以后,集体经济在改革开放的大环境下得到迅猛发展,日益成为我国国民经济的重要组成部分。

1. 集体经济是国民经济的重要组成部分。

在 1978 年的工业产值中,国有占 78%,集体占 22%。从 1994 年到 1996 年,集体工业总产值超过国有,在各种经济类型中居首位。1994 年集体工业总产值 31434 亿元,占 40.9%(已超过国有工业 26200 亿的总产值)。我国乡村集体企业对支持农业发展,安置农民就业,繁荣国民经济具有不可或缺的作用。1995 年共有乡镇企业 2203 万户,从业人员 1.28 亿人,年创增加值 14595 亿元,利税总额 4964 亿元。同时,具有多种组织形式的城镇集体经济,共有 100 万户,从业人员 3076 万人,职工占总数的 1/4,工业总产值和商品零售额占 1/4 到 1/3。城镇集体经济当时作为第二大经济力量,在发展生产、繁荣市场、扩大就业、出口创汇、增加税收、改善人民生活、促进社会安定等方面发挥着难以替代的积极作用。比如,天津市二轻集体企业在改革初期(90 年以前)上缴税金和出口创汇均达到 15 亿元；上海市的集体企业仅 1997 年就上缴税金 90 亿元。

2. 集体经济是吸纳就业和安置职工的重要途径。

在上个世纪的 70 年代末 80 年代初，我国有 1300 万的返城知青，城镇就业矛盾十分突出，京、津、沪三市均有 40 万的待业知青，成为当时影响社会稳定的大问题。党和国家把发展集体经济作为一项重要政策，提出广开门路、扩大就业、发展集体经济的方针，并在政策上给予支持，通过自下而上组织待业青年就业，缓解了就业矛盾，实现了社会稳定，使集体经济成为安置就业的主渠道。比如 1994 年，在天津市集体经济中有多种经营企业 9600 户，员工约 25 万人，安置富余职工近 20 万人；鞍钢厂办集体企业 20 年来共安置待业子女 18 万人，安置"两劳释放"人员 2100 人，残疾青年 4000 人。

3. 集体经济是经济结构调整和国企改革的试验田。

集体经济历来就是我国经济体制改革和经济结构调整的试验田。在 80 年代末 90 年代初，当国有企业包袱沉重、效益下降的矛盾日益凸现时，各地开始大力发展厂办集体企业，通过实行"一业为主、多种经营"，使其成为国有企业调整经济结构，安置富余职工的重要途径。冶金、电力、石油、化工、煤炭、机械、电子等行业的集体经济形成一定发展规模。宝钢集体所有的企业发展总公司为宝钢创一流现代企业做出了重要贡献，安置国有富余职工 6000 人，变"包袱"为财富，成为强化市场机制、进行制度创新的改革试验田。

4. 集体经济在新发展中依然发挥着积极的作用。

集体经济不仅曾在我国经济和社会发展中具有重要作用并做出过突出贡献，随着市场经济体制的逐步完善，集体经济在推行公有制多种有效实现形式中得到了新发展。（1）集体资产在逐步增加。统计显示，2003 年集体经济固定资产投资达 7807 亿元，比上年增长 30.4%。1998 年以来的三年间，规模以上集体企业减少了 5 万个，但平均每户企业资产却由 1867 万元增加到 2682 万元，增长了 43.7%。（2）发展速度依然较快。2003 年全国规模以上集体企业（含股份合作制）工业增加值 2787 亿元，比上年增长 11.5%；出口增长 30%，与上年持平，进口增长 39.7%，比上年增长 21.2 个百分点。（3）经济效益有所提高。集体企业 2003 年实现利润 480 亿元，增长了 31.4%。据四川省对轻工集体企业分析显示，自 1998 年改制后的三年间，亏损比重由 47% 下降到 22.4%，产销率由 95% 提高到 98.55%，利润总额由 1021 万元提高到 8774 万元。（4）依然是吸纳就业的主要渠道。尽管近年来城镇集体企业的从业人员在大幅减少，但到 2003 年三季度，城镇集体企业的从业人员仍有 1078 万人，占城镇就业总数的 74.6%。

二、当前集体经济面临的主要困难

二十多年来,集体经济的改革正在逐步得到深化,从转换经营机制和扩大企业自主权入手,通过实行经营方式变革和产权制度创新,探索出了集体经济的多种有效实现形式,并在建立现代企业制度方面取得一定成效。但是,集体经济的改革发展中还面临着一些深层次矛盾和问题,需要在今后引起关注并得到切实解决。

(一)对集体经济改革发展的认识尚不统一

1. 社会各界对发展集体经济的看法不一致。

我国进入社会主义市场经济后,集体经济发展遇到很多困难,一些人对集体经济认识出现分歧。有的认为,国有资产和集体资产都是国家的,应由政府和上级部门说了算,主张把集体资产合并到国有资产,实行国有和集体资产一并管理。也有人认为,集体经济已经失去相对优势,享受不了国有经济政策,又没有民营企业的活力,集体经济行将消亡,应自生自灭,不必加强管理。还有人认为,集体经济就是共同共有的大锅饭,集体资产越少越好,要像国有资产那样,从中小企业中退出。这些观点都是片面的,需要用十五大、十六大和十六届三中全会关于集体经济重要论述统一思想认识,加深对以两个联合为主的集体经济新概念的理解,进一步摆脱传统集体经济观念的束缚。

2. 改革主体对深化集体经济改革的认识尚不到位。

目前,大部分集体企业仍有一个上级单位或主管部门,他和企业有资产关系,也有行政和党务关系。有的上级单位和主管部门恐怕改革后失去控制权、决策权、收益权,往往对企业改革不支持。有的上级单位在自身改革中,考虑本单位利益多,考虑放活集体企业少,有的采取"甩包袱"、"收资产"、"一卖了之"的做法,不利于职工就业。一些地区的集体企业职工宁可在"二国营"的集体企业中没饭吃,也不愿意接受改制;担心改制后找不到工作,失去保障,认为改制就是政府为减轻负担不再管他们了。一些经济较发达的省份,职工对集体企业改制的观念已经发生转变,认识到产权模糊问题是困扰企业发展的根源,与其连年亏损,坐着等死,不如及早改制。浙江湖州市二轻集体企业在改革前,优势企业难以发展壮大,劣势企业资不抵债。为了盘活企业资产,妥善安置职工,二轻联社统一认识,加强宣传教育,转变职工观念,通过让民营企业购买集体和联社产权,让经营者和业务骨干持大股,新体制、新机制明晰了产权,极大地调动了广大职工积极性,使企业充满生机和活力。劣势企业在破产退出、民营企业购买后,也逐步妥善地安置了职工和处理了债权债务。

（二）集体企业的产权关系比较模糊

1. 产权模糊是阻碍集体经济发展的主要制约因素。

集体经济发展陷入困境，根本原因在于其产权关系模糊，所有者不明确，不到位。表面上，企业职工人人都是所有者，但人人又不实际拥有企业财产权益；人人应该对企业资产增值负责，但人人又实际负不起责任。所以，集体资产被平调、被侵占，多数职工并不十分关心。集体资产的占有、使用、收益和处分，在一定程度上还是上级主管部门说了算，上级行使所有权，厂长、经理行使经营权和管理权，而一旦需要承担风险责任时，谁都没有份。这是集体企业搞不活，集体经济后期出现萎缩的关键原因。

2. 集体企业的产权模糊问题并非与生俱来。

在 50 年代合作化运动初期建立的各种形式的合作社，产权基本清晰，合作社资产由社员出资，资产同个人联系，实行按劳分配与按股分红相结合，劳动者的积极性比较高，生产有相当的发展。合作化后期认为入股分红是私有制，"半社会主义"的合作制要向完全社会主义过渡，实行财产归堆，搞上收、合并、升级、过渡，让劳动者放弃私有产权，不再入股分红。这样，保留个人财产权利的合作社集体占有变为劳动群众共同共有了，企业财产变成共同制以后，为集体向全民过渡做好了制度准备。

3. 有关法律法规未对集体企业的产权进行清晰界定。

1990 年《乡村集体所有制企业条例》将乡村集体企业财产界定为"举办该企业的乡或村范围的全体农民集体所有"，"由乡或村民大会或代表农民的集体经济组织行使企业财产的所有权"。1991 年《城镇集体所有制企业条例》将城镇集体企业财产界定为"劳动群众集体所有，并划分为三种情况，一是本企业劳动群众集体所有，二是集体企业联合经济组织范围内劳动群众集体所有，三是投资主体多元化企业中，本企业和联合经济组织范围内劳动群众集体所有财产应不低于 51％"。这里所称"劳动群众集体所有"也是集体共有的含义，并强调共有资产必须占主体地位。两个"条例"都带有明显的计划体制痕迹。1992 年《关于经济类型划分的暂行规定》指出"集体经济是指生产资料归公民集体所有的一种经济类型，是社会主义公有制经济组成部分，包括城乡所有使用集体投资举办的企业，以及部分个人通过集资自愿放弃所有权并依法经工商行政管理机关认定为集体所有制的企业"。这个定义强调：集体企业不能拥有职工个人的财产权益。改革开放以后新办集体企业在清产核资界定产权后，只是解决了产权归属问题，并没有解决产权主体和责任主体问题。由此可见，现行的法律法规，并未对集体企业的产权进行清晰界定，因而使集体企业的产权比较模糊。

(三)深化集体企业改革的相关政策不完善

近几年,由于深化集体企业改革的相关配套政策不完善,造成了企业面临着改制缺乏政策指导、改制程序不规范、改制后无法顺利变更法人等突出困难,主要表现在以下三方面:

1. 现有的集体企业改革政策相对滞后。

由于集体企业改制政策相对滞后,造成了企业改制中政府部门对企业法定代表人任意指派,不考虑职代会民主意见等情况时有发生。《城镇集体所有制企业条例》的许多条款已不适应现实情况要求,如"投资主体多元化的集体企业,其中国家投资达到一定比例的,其厂长(经理)可以由上级管理机构按照国家有关规定任免",这在实践中经常被钻法律的空子。1999年中国企业家调查系统统计,集体企业法定代表人60.9%由主管部门任命。不少地方出现了不经过职工代表大会同意就随意更换企业领导人,有的甚至利用掌握的人事权,强制免去坚持带领职工实行企业改制的厂长、经理,另行派人取而代之,并在工商局办理该企业法定代表人的变更登记,明目张胆地侵犯集体企业财产权、经营权和职工民主管理权。有的地方政府越俎代庖,侵犯集体企业改制的自主权。未经职代会讨论决定,就任意处置集体企业资产,甚至将集体企业产权转让收入纳入地方财政的经常性开支。

2. 有关集体资产处置的政策尚不完善。

由于改制政策不到位,导致部分政府部门在未获职代会批准的情况下,就直接控制和处置集体企业资产。调查显示,轻工集体企业在清产核资中发现有18.55亿元的集体资产被上级单位平调。一些地区对1998年全国城镇集体企业清产核资产权界定结果不认可,规定不经政府或主管部门重新界定和批准就不能进行改制。有些地区规定集体资产归国资部门管理,国有控股公司统一管理集体企业及其经营决策和改制,一些由原工业局改组的控股集团公司,过去有政府授予的管理职能,改为企业后,又以资产重组,优化资源配置等名目,把集体资产转化为它们控制的资产而实际占有;以"主管部门"、"主办单位"或"挂靠单位"身份扶办过集体企业的单位,往往认为自己是集体企业的上级,是集体资产的所有者,当然有权取得集体资产。一部分城镇集体企业的财产所有权、支配权实际上掌握在企业主管部门、主办单位手中,变成部门所有制企业,由此引发了不少纠纷。

3. 集体企业改制后变更登记的措施不健全。

政府及相关部门和机构对集体企业的许多行政审批制度不尽合理。根据现行法律法规,集体企业在进行企业改制、年检、工商注册、税务登记以及破产关闭等行政审批程序时,当前都遇到了许多不尽合理的束缚和制约。集体企业改制后,到工商局进行企业注册变更登记是法定程序。但是变更登记又有规定,需要上级"主办单位"、"挂靠单位"或者"主管部门"盖章同意。而一般效益好的企业,"主管部门"、"主办单位"或"挂靠单位"都抓在手里不放,想把他们当成单位或者机关的小金库,制约其改制。现实中改制比较容易的集体企业往往又是资不抵债的企业。同时,在行政审批中的层层"搭车"现象也比较严重。

(四)集体企业的职工生活缺乏保障

在我国经济发展进程中,集体经济与国有经济从不同侧面都曾经做出过巨大贡献,但是现有的许多政策制度仅适用于国有企业,集体企业享受不到同等待遇。尤其在安置职工方面就存在着不同的法律依据,致使集体企业在改革改制、职工身份置换和职工生活保障等方面面临亟待解决的突出问题。

1. 集体企业的下岗失业人员多且再就业难度大。

2001 年,全国城镇集体企业离岗人员 506.53 万人,占全国企业离岗总人数的 1/4,相当于国有企业离岗总人数 1208 万人的 42%。集体企业下岗失业人员生活普遍十分艰难。2001 年全国城镇集体企业离岗职工人均生活费 789 元,月均不足 66 元,是全国所有企业离岗职工平均生活费的 39%。以辽宁省国有企业兴办的集体企业为例,在 2002 年的 1433 户厂办集体企业中,离岗及下岗职工人数为 36.4 万人,占职工总数的 67.9%。离退休职工 11.6 万人,占在岗职工(17.2 万人)的 67.4%,特困职工高达 4.8 万人。由于厂办集体企业多为服务型、配套型企业,职工普遍素质较低,技能单一,加之培训不够,离岗后重新就业机会少,社会就业压力非常大。

2. 集体企业的职工保障缺乏国家政策支持。

集体企业改制必须解决置换职工身份、安置企业职工等问题。而对于职工社会保险基金,置换身份经济补偿金,下岗职工一次性安置补偿费用等诸多焦点问题,集体企业均没有相应的法律依据。在辽宁省的 1433 户厂办集体企业中,共有职工 65.2 万名(含离退休职工 11.6 万人),未参加养老保险的 28.5 万人,占 43.7%;未参加失业保险的 35.3 万人,占 54.1%;未参加医疗保险的 59.2 万人,占 90.8%。拖欠职工工资 1 年以上的厂办集体企业有 703 户,有的甚至拖欠 3、5 年不等。再如,本溪煤矿集团破产时,3.6 万名全民职工按破产政策得到了安置,但 1.8 万名集体职工却因为没有政策依据,只能纳入低保,生活保障问题突出。

3. 集体企业的职工上访呈逐年增长趋势。

仍以辽宁省的厂办集体企业为例,近年来,厂办集体企业职工上访不断,并有逐年增长趋势。特别是国家为解决国有企业困难、保障国有企业下岗职工基本生活等出台了一系列政策,这些都在集体企业中产生了强烈反响。集体企业职工经常到政府或有关部门反映他们在生产、生活方面存在的困难,并经常是群体上访,在一定程度上影响了社会稳定。在东北老工业集中的地区,这方面的问题更加突出。

(五)部分困难集体企业无力支付改革成本

集体企业的改革成本较高,在一定程度上阻碍了困难集体企业的进一步改革。集体企业的改革成本主要包括以下几部分:

1. 集体企业改制的各程序中所需费用。

集体企业改革、改制的程序复杂,按规定必须经过清产核资、资产评估、产权界定、产权登记、产权交易、工商注册变更登记等主要程序,各程序均需交纳相应费用,包括资产评估费、验资费、交易费、查名费、注册与变更登记费等,企业改制通常需要数万元的直接费用。

2. 集体企业安置职工和离退休人员所需费用。

企业改制需要一部分富余人员退出,有的是一次性安置,有的是内退和提前退休,安置费用必须解决。有的改制企业要对职工进行身份置换,也需要给予一定的经济补偿。国有企业在终止原有劳动合同、置换职工身份时,通常参照1994年10月国家出台的《关于在若干城市试行国有企业破产有关问题的规定》,其中规定对职工的一次性安置费,原则上按照破产企业所在地职工上年平均工资收入的3倍发放。而对于集体企业职工身份置换则无明确规定,许多集体企业改制只能由其自己予以解决。另外,集体企业改革必须支付包括离退休和内退人员在内的生活费、养老费、失业保险费和医疗费等费用。

3. 集体企业须承担的大量债务。

参加1998年清产核资的城镇集体企业有31.3万户,资产总额18498.7亿元,负债总额14464.7亿元,所有者权益4034.4亿元,资产负债率78.2%;资产损失和资金挂账2557.1亿元,占所有者权益的63.4%。可见,许多集体企业都是债务负担沉重。一些企业长期拖欠职工工资、医疗费、集资款,欠缴职工养老、医疗、失业保险金,有的连离退休人员的生活保障费用也无力支付;尤其是一些濒临破产企业,除了内部拖欠以外,还有大量外债(债权人有银行、企事业单位和个体经营者)、欠息和欠税,对这些企业确实无力自主偿还。

三、以明晰产权为重点深化集体经济改革

党的十六届三中全会提出,必须加快推进集体经济改革,进一步解放和发展

生产力,进一步增强集体经济活力,大力发展国有资本、集体资本和非公有资本等参股的混合所有制经济,以明晰产权为重点深化集体经济改革,发展多种形式的集体经济。当前,深化集体经济改革已迫在眉睫,各地必须从本地实际出发,积极探索集体经济的多种有效实现形式,逐步建立起"归属清晰、权责明确、保护严格、流转顺畅"的集体企业现代产权制度。

(一)进一步深化集体经济改革已迫在眉睫

1. 深化集体经济改革是维护社会稳定的迫切需要。

从上个世纪90年代中期开始,许多集体企业处于停产、半停产状态,大批职工离岗失业。国家自1997年开始实施兼并破产政策以来,使国企职工得到妥善安置,与此同时,集体企业却无法得到相应的政策支持,使许多集体职工下岗失业后的生活和社会保障有相当一部分被悬空。

2001年全国城镇集体企业离岗人员500多万,占全国企业离岗职工总数的1/4,人均生活费月均不足66元,占全国离岗职工平均生活费的39%。沈阳市700户厂办集体中共有9万名职工,其中有5.4万人离岗。鞍钢厂办集体企业有14万职工,其中有10.5万人离岗。抚顺矿务局2002年在册职工5.7万人,其中有4.9万人下岗失业,得到安置的仅670人,另有1400人进入最低保障,剩余的4.7万人至今无法进入低保。在黑龙江省117万厂办集体职工中,有66万人未参加社会养老保险,占总数的56.4%,有25.1万名退休职工未享受养老保险待遇,占退休职工总数的44.5%。辽宁厂办集体企业欠缴各种保险费8.2亿元,其中鞍钢厂办集体就欠缴保险费1.88亿元。

目前,城镇集体企业还涉及1500多万人的就业安置、权益维护、失业救济、基本生活保障等至关重要的问题,许多企业在改制中仍面临着职工下岗失业和再就业安置等矛盾和困难。集体企业在历史上同国有企业一样对国家经济建设和社会稳定做出过贡献,现在却无法与国企职工享受同等待遇。这些问题不及时加以解决,必将给社会稳定带来极大隐患。深化集体经济改革,妥善处理涉及职工就业和安置等利益的根本问题,这是当前维护社会稳定的重要选择。

2. 深化集体经济改革是对党和国家大政方针的贯彻落实。

我国实行的是以公有制为主体、多种所有制经济共同发展的基本经济制度。十六大报告提出,"必须毫不动摇地巩固和发展公有制经济","集体经济是公有制经济的重要组成部分,对实现共同富裕具有重要作用","深化集体企业改革,继续支持和帮助多种形式的集体经济的发展"。党的十六届三中全会进一步提出,"大力发展国有资本,集体资本和非公有资本等参股的混合所有制经济","以明晰产权为重点深化集体企业改革,发展多种形式的集体经济"。党的十六大和十六届三中全会明确了现阶段我国集体经济的地位作用、改革发展方向、党和国家对集体经济的方针政策。

消除观念和体制性障碍,把党和国家有关集体经济发展的大政方针落到实处,这需要进一步以"三个代表"重要思想统一认识,创新集体经济发展观念,把握集体经济发展规律,明确改革发展的方向和途径。统一思想,就是要用符合市场经济要求的集体经济新内涵、新机制、新制度取代计划体制下形成的传统集体经济观念和"二国营"模式;需要用《宪法》、十五大、十六大和十六届三中全会精神,纠正歧视和忽视集体经济的思想和做法;需要牢固树立科学发展观,努力实现五个统筹发展。当前必须以深化集体企业改革为切入点,促进多种形式集体经济发展,妥善解决职工群众的就业安置、所有者权益和基本生活保障问题。

3. 进一步深化集体经济改革是完善社会主义市场经济体制的重要内容。

社会主义市场经济是市场机制与公有制为主体、多种所有制并存的市场经济,完善社会主义市场经济体制,首要任务就是完善公有制为主体、多种所有制经济共同发展的基本经济制度。实现这个目标,必须坚持公有制的主体地位,毫不动摇地巩固和发展公有制经济;必须坚持所有制的多元化,坚持公有制实现形式的多元化;必须坚持国有企业投资主体多元化,使国有资本有进有退,合理流动。要实现这个目标,就离不开集体经济的进一步巩固和发展,使之成为公有制经济的重要组成部分;离不开集体经济的制度创新,使之产权归属清晰,权益和责任明确,产权主体人格化,投资主体多元化;离不开多种形式的集体经济发展,以适应多层次社会需求,多层次生产力发展需要,充分体现劳动者的劳动联合与劳动者的资本联合。

完善基本经济制度的关键环节是建立"归属清晰、权责明确、保护严格、流转顺畅"的现代产权制度,它是构建现代企业制度的基础,是完善基本经济制度的内在要求。虽然集体企业的产权制度改革已有所突破,但离建立现代产权制度还有很大差距,还面临着许多不适应的矛盾。要使集体企业适应我国全面建设小康社会的新形势需要,就必须加快推进改革,明确改革的方向、方式和途径,解放和发展生产力,通过变革集体企业的体制和机制,使其在市场竞争中更具有活力和效率。

4. 发展多种形式集体经济是树立和落实科学发展观的具体体现。

党的十六届三中全会提出五个统筹发展,并将其作为完善社会主义市场经济体制的根本目标。党中央提出树立和落实科学发展观,其核心可概括为实现我国经济社会的全面发展、协调发展和可持续发展,并把满足人民群众日益增长的物质文化需要作为发展的出发点和落脚点。研究集体经济的发展历程、地位作用、发展规律、深层次矛盾和问题,进一步深化集体经济改革,发展多种形式集体经济,有利于解决我国经济社会统筹发展中的五个问题。

第一,有利于拓宽农民增收的渠道。农民增收是当前经济社会发展中的重大问题。中共中央、国务院出台了《关于促进农民增加收入的若干政策意见》,提出对那些为农民提供信息、培训、新产品开发、技术创新、市场营销等服务的各类专业合作经济组织和农村信用社深化改革给予财政、税收、金融等方面支持,全国人大现正着手研究起草《农民合作经济组织法》;提出将乡村集体经济作为拓宽农民增收的渠道,农村集体企业要改制成为股份制和股份合作制企业,鼓励有条件的乡镇企业建立现代企业制度,要求尽快制定乡镇企业改革发展的指导性意见。

第二,有利于扩大城乡人员的就业。就业和再就业是我国经济社会发展中的突出问题。集体经济在安置待业青年、下岗失业人员等方面发挥过积极的作用。当前在政府的引导和支持下,鼓励发展合作经济,按照自愿、互助、民主、平等的原则,以联合的优势使弱势群体脱贫致富。针对就业是脱贫致富的根本,一些省市通过创办合作经济组织,使一批人员就业,为弱势群体改变竞争地位起到了积极的作用。要统一思想、法律保障、制定政策和采取切实措施,把发展新型合作经济作为下岗失业人员再就业和脱贫致富的重要渠道。

第三,有利于缓解收入分配不公的矛盾。目前我国收入分配不公的矛盾日益显现。参照国际标准,2001 年我国农村有 9000 万人、城镇有 2500 万人列入低收入群体(含城镇集体企业离岗的 500 万人),从业集体职工占低收入人群的 7.7%。可见,城镇低收入群体中有相当部分是城镇集体企业的职工。要缓解收入分配中出现的两极分化,根本途径就是发展中小企业,发展多种形式的集体经济,通过拓宽就业渠道来扩大就业。随着改革步伐的加快,必须切实解决城镇职工离岗失业和离退休人员缺乏基本生活保障等问题。按照"效率优先、兼顾公平"的原则,努力解决关系群众根本利益的大事已刻不容缓。

第四,有利于劳动群众走向共同富裕。集体经济对实现共同富裕具有重要作用。小平理论指出,"社会主义本质,是解放生产力,发展生产力,消灭剥削,消除两极分化,最终达到共同富裕"。发展多种形式的集体经济,促进不同层次生产力的发展,将为劳动群众实现共同富裕奠定坚实的物质基础。在新世纪新阶段,实现全民奔小康的目标,需要发展多种形式的以民为本、以人为本的集体经济。以"两个联合"为主的集体经济新内涵决定,把劳动、资本、知识融合在一起的集体经济是劳动群众走向共同富裕的制度保证,也是广大人民群众的愿望,代表了人民群众的根本利益。

第五,有利于促进区域经济协调发展。党中央国务院提出实施西部大开发、振兴东北等老工业基地的战略决策。实施这个重大战略决策也涉及到集体经济的改革发展,西部集体经济有待进一步发展;振兴东北就必须推进大型国有企业的改革,而东北国企在主辅分离过程中,剥离厂办集体企业将是改革的难点。这涉及几百万人的就业安置和基本生活保障。所以说,进一步深化厂办集体经济改革,发展多种形式的集体经济,是振兴东北等老工业基地的迫切需要。

(二)明晰产权是深化集体经济改革的首要任务

从现实情况看,产权模糊制约了集体经济的健康、持续和快速发展。理顺产权关系,又是有效建立现代企业制度的关键性环节,是实现权责明确、政企分开和科学管理的前提、基础和必要条件。所以,深化集体经济改革的重点和首要任务,就是要明晰并理顺产权关系。

1. 明确产权的基础是产权界定。

产权界定是对集体资产依法确认其所有权归属的法律行为。1996年国家对城镇集体企业进行清产核资后,有关部门联合制定了产权界定暂行规定,使集体企业的产权界定有了法律政策依据。由于体制和认识等方面原因,产权界定工作还存在不足之处,执行中有与改革改制脱节的情况。产权界定是责权利的再调整,必须严肃认真,依法规政策办事。企业在实行转制、出售、兼并、合并、分立等产权变更时,必须按国家法规进行产权界定;已按国家法规界定的产权,不可随意更改;对有争议的产权要协商解决,建立处理产权纠纷的工作机制。产权界定要和改制中明晰产权、确立出资人结合起来进行,着眼于企业长远发展和建立现代产权制度。

在产权界定中,涉及集体企业的投资积累与劳动积累的确认与划分。投资积累指的是集体资产中有包括国有资产在内的多种投资人的出资及其收益。劳动积累指的是集体企业职工在国家政策扶持下,通过自身辛勤劳动而创造的积累,是集体企业劳动群众共同共有的资产。劳动积累形成的资产包括集体企业无明确投资主体或投资主体权益之外的资产,不包括投资人投资及投资增值形成的积累。在集体企业改革改制过程中,有些企业确认与划分劳动积累所占比例偏低,不同程度地存在着劳动群众集体权益被上级单位侵占的现象。要公平公正地解决这些问题,防止以上压下。坚持平等协商,合理划分投资积累和劳动积累比例。

产权界定要贯彻"谁投资谁所有、谁积累谁所有"的原则,充分肯定集体企业劳动群众创造的价值及对企业成长做出的贡献,保障集体企业劳动群众和集体企业投资人的权益。

2. 明晰产权的关键环节是所有权的确认和行使。

集体资产在明晰产权归属时必须确立所有权人,即明确集体资产的所有者。所有人属于法人或自然人,他就是出资人。集体资产的所有者是劳动群众集体时,就应由职工或成员(代表)大会行使所有权。

对不同层次的集体资产所有权,一般按下列情况予以确认和行使:一是界定为本企业劳动群众集体所有的资产,应由企业职工(代表)大会行使集体资产所有权,确立集体资产的管理者、经营者和出资人。现在有些地方明确由企业工会(具有社团法人资格)代行投资主体职能;有些规模较小的企业,经职工大会做出决议后,也可委托厂长(经理)作为出资人代表,代行投资主体职能。二是界定为联合经济组织范围内劳动群众集体所有的资产,一般由联合经济组织范围内的职工或成员(代表)大会行使集体资产所有权,联合经济组织是集体资产的管理者,作为出资人行使投资主体职能。三是界定为社区经济组织范围内劳动群众集体所有的资产,一般由社区经济范围内职工或成员(代表)大会行使所有权,社区建立的集体资产管理委员会(或集体资产管理中心)是社区经济组织范围内劳动群众集体所有资产的管理者,可作为出资人,行使投资主体职能,但集体资产管理委员会(或集体资产管理中心)必须具备法人资格。四是界定为企业集团范围内劳动群众集团所有的资产,由集团范围内职工或成员(代表)大会行使所有权,集团建立的集团资产管理中心或集体资产管理委员会,以及集体资产管理协会是集体资产的管理者,可作为出资人,行使投资主体职能。

3. 集体资产量化是集体资产改革的关键步骤。

集体资产的量化是指集体资产在集体企业劳动者内部的量化。通过集体产权的量化,可实现产权主体人格化,明确企业所有权、经营权和收益权归属,消除产权模糊的弊端,激发企业经营活力。

资产量化是劳动积累向劳动者的返还。应依据企业在不同时期的资产状况,把劳动积累形成的资产合理量化给职工,并与职工在企业的岗位责任、工作年限、贡献大小挂钩。坚持公平、公正、公开原则。企业对退休、离休、下岗及内退人员的相关权益必须给予保障。向职工量化集体共有产权,是集体企业改制的一个重要环节,应着眼于建立现代产权制度。量化的比例、方式(指量化所有权还是量化收益权)应由企业自主决定,要制定量化方案,并经职工(代表)大会审议通过后施行。量化要与职工入股相结合,有利于增强职工风险意识,强化出资人地位。

资产量化一般是与集体企业的改革改制相结合。由于集体企业形式多样,历史形成较复杂,不应对所有企业实行"一刀切"。对渐近式改革的企业,可通过对资产清查核实,将资产落到具有社团法人资格的集体资产管理委员会或职工持股会,然后再改组为股份合作制企业、有限责任公司或股份公司。集体资产管理委员会或职工持股会行使出资人权利,代管集体资产,并不是集体资产的真正出资人。企业依此思路将逐步建立现代企业制度,实行股东大会、董事会下的厂长经理负责制,完善企业治理结构,实现投资主体多元化。对于企业内部仍保留的部分集体资产,可通过二次改制再逐步予以解决。

(三)在明晰产权基础上促进集体企业建立现代企业制度

集体企业的改革方向是建立产权清晰、权责明确、政企分开、管理科学的现代企业制度。当前,集体企业要按照建立现代企业制度的要求进行规范,使其逐步成为面向市场、自主经营、自负盈亏、有竞争力的市场主体。

1. 明确权责,改革和完善企业财产组织形式。

明晰产权归属的目的就是明确权益和责任。传统集体企业的财产组织形式表现为产权不明晰,职工虽然是主人却不享受所有者权益,也不承担风险责任。要实现明确权责的目标,就必须改革和完善企业的财产组织形式。

集体企业组织形式的选择和创新,应该从本行业、本地区、本企业实际出发,坚持生产力标准,什么形式有利于发展,有利于充分调动企业经营者、管理者和劳动者积极性,有利于提高企业活力和竞争能力,就采取什么形式。现有集体企业在清晰界定产权、理顺产权关系的前提下,根据行业和企业具体情况,除少数企业可以通过出售形式转让给国有企业或转制为个体和私营企业外,大部分集体企业可以采用多种形式,如收购、兼并、分块搞活、合资合作、存量折股增量扩股等,改组改造为多种形式的股份制企业(包括有限责任公司和股份有限公司)。除股份制外,现代合作制也是集体企业的财产组织形式之一。目前以劳动者资本联合为主的供销、信用、住宅、医疗、消费等合作经济组织正在蓬勃发展。股份合作制也是城乡集体企业进行制度创新的重要形式之一,体现了劳动者的劳动联合和劳动者的资本联合,许多正按现代企业制度进行调整和规范,以推进股份合作制企业的改革和发展。虽然许多企业已进行了产权制度改革,但体制和观念有待于进一步创新,治理结构也还不尽完善,建立现代企业制度,就必须解决已改制企业的进一步深化改革问题。

2. 政企分开,理顺集体企业与上级单位的关系。

"二国营"模式的核心是政企不分,企业和上级单位形成依赖关系和附属地位,上级单位可任免企业负责人,侵犯企业自主权,平调集体资产,并承担企业的连带经济责任。要实现政企分开,就必须理顺企业与上级单位关系。

政企分开主要通过以下五方面来实现。一是通过理顺产权关系,实行政企分开、政资分开,割断政府部门干预集体企业经营的资产纽带。明确政府主管部门对企业的指导与服务关系,原有投资关系的要通过产权转让、资产出售等终止投资关系。二是通过理顺产权关系,调整资产结构,转变集体企业与上级单位的"婆婆"体制,建立以资产为纽带的责权利关系。以资产关系确立管人、管事、管资产的具体关系,多投多管,少投少管,不投不管。三是集体企业与联合经济组织按自愿、互助、联合、民主的原则确立双方的责权利关系。联合经济以服务为宗旨,依法合理地处置联社集体资产,在服务中促进集体经济发展。四是把改革改制的决策权交给企业和职工。集体企业的改革改制方案经职代会审议通过后,只要符合国家法律和政策,民主程序健全,上级单位和政府部门就不应再进行干预和审批,要变行政审批制为备案审核制。联合经济组织、集团公司与集体企业有投资关系的,可以出资人的身份参与企业改革改制的决策,没有协议的则无权干预企业的决策。五是已经清产核资产权界定的,要确保产权界定的有效性。没有界定产权归属的,任何部门、单位和个人不得随意上收、平调、侵占集体企业资产。

3. 保护严格,建立集体资产监督管理体系。

保护严格,是指各类产权、各种形式产权一律受法律保护。集体资产在建立现代企业制度中,必然建立起运营与监管服务机制,明确集体资产的所有者(所有权人)、经营者、管理者和监督者,并以法律明确各自的职责与权益,各司其职,各负其责。集体资产主要包括:本企业范围内劳动群众集体所有资产;社区范围内劳动群众集体所有资产;联合经济组织或集团公司范围内劳动群众集体所有资产;合作社所有资产。

建立现代企业制度,集体资产的产权主体必须符合法律规范。所有者是法人或自然人的可作为出资人成为投资主体。所有者是一个群体的,需由成员(代表)大会确立或建立一个负责管理集体资产的组织,该组织可以是合作化的企业,可以是联合经济组织,还可以是集体资产管理委员会、集体资产管理中心、集体资产协会或职工持股会等。资产所有人有权决定资产的经营、使用、投资方向、产权变更的投资收益处置等。

保护严格并管理科学,就须建立集体资产运营与监督管理机制。包括建立规章制度,明确所有者、经营者、管理者、使用者、监督者的责、权、利关系,保护集体资产,维护所有者合法权益,实行民主管理、民主决策、民主监督。政府主管部门不是集体资产的所有者,不是出资人,也不能代行集体资产投资主体职能,主要应是依法监管集体资产,制定政策法规,协调处理纠纷等。政府部门可把监管职能交给集体经济协会或集体资产监管委员会,建立起集体资产由政府、社会和群众共同监督的体系。

4. 优化股权结构,促进产权主体多元化。

优化股权结构,主要是要实现集体资产的产权多元化,通过产权制度改革,通过体现职工共同利益使企业真正"被激活",真正把劳动者、经营者、管理者和专业技术人员的积极性调动起来。

首先,建立职工持股制度是方向。在现代市场经济条件下,这是具有竞争力企业所追求的共同目标。针对有些企业在改革中出现的"一股独大"、"一股独尊"的现象,要积极规范和引导,明确产权改革方向,鼓励和支持通过职工持股来实行劳动者的资本联合。让广大职工包括劳动者、经营者、管理者和专业技术人员持股,是使产权主体多元化、逐步建立现代企业制度的基本途径。

其次,提倡经营者持大股。在充分承认劳动者、经营者、管理者和技术人员不同作用和贡献的前提下,保持职工持股的差异性,解决平均持股的弊端。一个好的制度、管理、技术等都是靠人来实现和完成的。一些改制企业把人力资本和货币资本共同融入产权,以拉开职工持股的档次;还有一些企业实行了经营者持大股、经营群体控股的做法,使经营者持大股与职工持股相结合,较好地发挥了现代企业制度权责明确的激励和约束机制。

再次,优化股权结构,建立股权流动机制,促进投资主体多元化。改革初期主要是追求股权设置与管理的稳定化,这在一定程度上弱化了股权的流动与重组。建立现代企业制度,企业就是要克服封闭性,拓展股权流动的渠道,逐步实现科学管理。比如,退休员工依然持有企业内部股份,将不利于企业发展;新吸纳骨干员工若不持有企业股权,则必然影响企业经营管理的活力。

四、深化集体经济改革的政策建议

当前应贯彻落实十五大、十六大和十六届三中全会精神,统一思想认识,形成促进集体经济改革发展的良好环境。本次政府机构以后,国家明确了国家发展改革委员会指导集体经济的宏观管理职能。针对各地促进集体经济改革发展任务重的实际情况,建议国家发改委作为全国集体经济的综合指导部门,加强组织协调,尽快完善相关的政策措施,促进集体经济在新时期有新发展。

(一)尽快研究制定全国深化集体经济改革的指导意见

集体经济在东、中、西部的发展很不平衡。大部分地区的集体经济处于观念更新、体制创新、制度变革、多形式多层次搞活的状况,有一批企业已通过做大做强进入了现代企业行列,更多的则正处于改、转、租、卖的转型阶段,也有一批企业陷入了发展困境。国家发展改革委作为全国集体经济的宏观管理部门,鉴于当前集体经济改革发展政策的滞后,应抓紧把《宪法》、十六大和十六届三中全会确定的各项方针政策具体化:

1. 尽快研究制定《进一步深化集体经济改革的指导意见》。针对集体经济的发展现状、深层次矛盾和凸现问题,政府主管部门应抓紧研究起草全国性的《进一步深化集体经济改革的指导意见》,明确改革方向、目标和途径;从稳定大局出发,切实解决职工就业、生活保障等问题;推动其逐步建立现代企业制度。

2. 制定指导股份合作制企业和国有中小企业改革的相关政策。通过制定全国《促进股份合作制企业发展的指导意见》等政策措施,规范股份合作制和中小企业改革,鼓励和支持以股份制、股份合作制、合作制以及国有、集体、非公有资本等参股的混合所有制经济发展,促进多种形式的集体经济健康快速发展。

(二) 以厂办集体企业改革为突破口进一步深化改革

厂办集体企业的改革关系到东北等老工业基地的振兴,并在一定程度上直接影响到老工业基地的经济结构调整、国企主辅分离、安置富余职工和社会稳定等问题,深化厂办集体企业改革亟须解决以下政策问题:

1. 允许对厂办集体企业占有的国有资产实行无偿划拨并进行处置。为促进集体经济发展,维护社会稳定,在政策上应允许将厂办集体占用主体厂的厂房、设备和土地使用权无偿划拨给该企业,允许厂办集体企业对其进行处置并用于支付改革成本,以解决面临的生产经营和职工安置等困难。

2. 允许厂办集体企业随同主体厂一并破产。凡是主办厂已纳入国家政策性破产计划的,其所属符合破产条件的厂办集体企业可一并破产,在职工经济补偿、核销呆坏帐准备金、破产企业受偿顺序等方面与国企享受同等待遇。

3. 允许厂办集体企业享受国家有关政策。应允许厂办集体企业享受八部委联合下发的《关于国有大中型企业主辅分离辅业改制分流安置富余人员的实施办法》(国经贸企改〔2002〕859 号)所规定的各项政策,加快主办厂和所办集体企业的改制改组。

4. 比照国企的并轨政策妥善安置厂办集体企业离岗职工。对因长期停产而离岗的厂办集体企业职工,依法解除劳动关系后应给予经济补偿,补偿标准可比照国企并轨试点的政策执行,费用由国家、地方和企业共同承担。

5. 在目前低保标准的基础上适当提高集体企业退休人员的补助标准。对长期因关停无经营活动,未参加基本养老保险社会统筹,且无力缴纳基本养老保险的厂办集体企业退休人员,建议在目前最保标准的基础上,适当提高救助标准,妥善解决这部分职工的基本生活保障。

6. 允许厂办集体企业的离岗职工享受国家再就业优惠政策。建议放宽国家再就业优惠政策的对象和范围,将厂办集体企业的离岗职工纳入再就业扶持对象,在就业培训、经营场所、税费减免和小额贷款等方面,享受与国有企业下岗失业人员同样的就业扶持政策。

(三)加强研究立法以促进集体经济的多种形式发展

1. 加快合作经济研究和立法进程。目前,《农民合作经济组织法》已列入了全国人大立法计划。当前大量集体经济发展为合作经济,但城乡合作经济至今无法律地位,也无法在工商部门注册。所以应进行深入调查和专题研究,借鉴国外150多个国家和地区已制定的合作经济法,适时起草我国的《合作经济法》,通过法律来规范合作经济的组织行为,保护合作经济的合法权益,促进各类合作经济健康快速发展。

2. 修改完善《乡村集体所有制企业条例》和《城镇集体所有制企业条例》。颁布于1990年和1991年的这两个条例,产生在我国确立社会主义市场经济体制之前,许多内容已不适应当前的发展状况。比如:设立、变更集体企业必须由政府主管部门审批;企业税后留利60%不得用于分配;投资主体多元化的城镇集体企业中,集体资产必须占51%以上;投资主体多元化的城镇集体企业,国家投资达到一定比例的,上级可以任免集体企业厂长经理等。建议结合集体经济发展的实际,适时对两个条例予以修改完善。

3. 起草制定《城乡集体资产监督管理办法》。目前,城乡集体企业发展中存在着资产流失的现象,加之在企业改制中对集体资产的处置也缺乏法律规定和法律保障。为加强对集体资产的监督管理,建立起草制定《城乡集体资产监督管理办法》,确立集体资产出资人;规范集体资产的产权转让与变更;建立集体资产的运营与监督管理机制,使集体资产的所有者、经营者、管理者、监督者到位,各司其职,各负其责,促进集体企业建立现代产权制度。

（此件由国家发展和改革委员会中小企业司提供）

全国人大第十届第二次会议修订的《中华人民共和国宪法》关于集体经济有关法律条款

（2004 年 3 月 14 日）

第六条　中华人民共和国的社会主义经济制度的基础是生产资料的社会主义公有制,即全民所有制和劳动群众集体所有制。社会主义公有制消灭人剥削人的制度,实行各尽所能、按劳分配的原则。

国家在社会主义初级阶段,坚持公有制为主体、多种所有制经济共同发展的基本经济制度,坚持按劳分配为主体、多种分配方式并存的分配制度。

第七条　国有经济,即社会主义全民所有制经济,是国民经济中的主导力量。国家保障国有经济的巩固和发展。

第八条　农村集体经济组织实行家庭承包经营为基础、统分结合的双层经营体制。农村中的生产、供销、信用、消费等各种形式的合作经济,是社会主义劳动群众集体所有制经济。参加农村集体经济组织的劳动者,有权在法律规定的范围内经营自留地、自留山、家庭副业和饲养自留畜。

城镇中的手工业、工业、建筑业、运输业、商业、服务业等行业的各种形式的合作经济,都是社会主义劳动群众集体所有制经济。

国家保护城乡集体经济组织的合法的权利和利益,鼓励、指导和帮助集体经济的发展。

第九条　矿藏、水流、森林、山岭、草原、荒地、滩涂等自然资源,都属于国家所有,即全民所有;由法律规定属于集体所有的森林和山岭、草原、荒地、滩涂除外。

国家保障自然资源的合理利用,保护珍贵的动物和植物。禁止任何组织或者个人用任何手段侵占或者破坏自然资源。

第十条　城市的土地属于国家所有。

农村和城市郊区的土地,除由法律规定属于国家所有的以外,属于集体所有;宅基地和自留地、自留山,也属于集体所有。

第十二条　社会主义的公共财产神圣不可侵犯。

国家保护社会主义的公共财产。禁止任何组织或者个人用任何手段侵占或者破坏国家的和集体的财产。

第十七条　集体经济组织在遵守有关法律的前提下,有独立进行经济活动的自主权。

集体经济组织实行民主管理,依照法律规定选举和罢免管理人员,决定经营管理的重大问题。

（摘自《中华人民共和国宪法》,中国民主法制出版社,2004 年 3 月版）

福建省人民政府关于深化产权制度改革大力发展混合所有制经济的若干意见(试行)

(2004 年 4 月 8 日)

各市、县(区)人民政府,省政府各组成部门、各直属机构,各大企业,各高等院校:

为贯彻落实党的十六届三中全会精神,进一步推进企业产权制度改革,大力发展混合所有制经济,现结合我省实际,提出如下意见:

一、明确改革目标,实现产权制度改革新突破

(一)总体要求。以党的十六届三中全会精神和"三个代表"重要思想为指导,按照建立"归属清晰、权责明确、保护严格、流转顺畅"的现代产权制度的要求,以企业产权制度改革为核心,进一步调整优化国有资产布局和结构,理顺国有、集体企业产权关系和资产管理体制,改善非公有制企业产权结构,拓宽民间资本投资领域,大力发展国有资本、集体资本和非公有资本等参股的混合所有制经济。加快产权市场建设,健全产权交易规则和监管制度,依法保障所有市场主体的平等法律地位和发展权利,努力实现产权制度改革新突破。

(二)目标任务。用 2 至 3 年时间,完成六个方面的任务:1. 建立健全国有资产管理监督体制,各领域经营性国有资产基本纳入监管体系,进一步完善出资人制度和授权经营方式,加强国有资本经营预算管理、业绩考核、激励和约束机制等制度建设;2. 完成省属各行业国有企业股份制改制和产权制度改革,国有资本有进有退、合理流动的机制基本形成,与产权制度改革密切相关的新型劳动关系和社会保障制度全面建立;3. 城镇集体企业的产权归属基本明晰,省、市、县集体资产管理体制基本理顺;4. 省级党政机关与所办(属)企业或经济实体全部脱钩,公用事业领域经营性资产市场化改革取得实质性进展;5. 省内区域性产权市场培育形成,并与全国性产权市场联网运行,产权交易从以实物资产为主逐步向股权、债权和知识产权等各类财产权拓展;6. 清理、修订、完善政策法规,消除体制性障碍,充分保障所有市场主体的合法权益。

二、建立健全国有资本出资人制度，完善监督管理体制

（三）建立健全国有资本出资人制度。按照中央统一部署组建省、市两级国有资产监督管理机构，代表国家对本级国有资产履行出资人职责。明确界定出资人与企业法人在资产占有权、使用权、处分权和收益分配权等方面的关系，尽快制定和完善国有资产监督管理的各项规章制度。

（四）建立国有资本经营预算制度。妥善处理财政公共预算与国有资本经营预算的关系。按照新的国有资产管理体制和《预算法》规定，建立国有资本经营预算制度。2004 年在部分省属企业中试行国有资本经营预算管理，2005 年在省市两级试编国有资本经营预算，逐步构建国有资本经营预算框架，科学界定国有资本预算收支范围。将国有资产收益、融资收入、上年预算收支结余、其他收入和财政公共预算拨入的专项资金等纳入国有资本经营预算收入范围，主要用于国有资产营运支出、投资支出、融资还本付息支出、补充"国有企业改制和破产准备金"等其他支出，以及按国家规定用于社会保障支出等。积极探索和改革财政预算资金支持产业发展的方式和方法。

（五）完善企业经营业绩考核体系。建立健全对包括出资人在内的国有资产管理、监督、营运各责任主体的工作报告、业绩评价以及与之相联系的奖惩制度、国有资产流失责任追究制度等企业经营业绩考核体系。继续完善授权经营公司的保值增值考核、经营者年薪制等办法。积极探索有利于职业经理人队伍形成、管理层及员工持股等激励机制。

（六）完善国有资产授权经营办法。根据"业务相关、适度规模"的原则，整合现有授权经营公司。改变按行业或成建制转制单位逐一授权的做法，使授权经营公司真正成为以资本运作和股权管理为主，具有资本规模和竞争优势的企业。通过重组整合，使国有资产逐步集中于关键领域、重要行业和优势产业，基本纳入授权监管范围。

（七）完善公司法人治理结构。按照现代企业制度要求，规范公司股东会、董事会、监事会和经营管理者的权责。大型公司董事会可根据实际需要设立战略、提名、薪酬和考核等专门委员会；国有控股的上市公司要按照有关规定建立健全独立董事制度；国有独资和国有控股的非上市公司要减少董事会成员在经理层的兼职，逐步建立有效的外部董事制度。建立外派监事会制度，努力形成权责统一、运转协调、有效制衡的法人治理结构。按照党管干部和市场化选聘企业经营者相结合的原则，推进董事会、监事会、经营班子的选聘工作。

（八）加强对国有资产的监管。根据《企业国有资产管理监督暂行条例》的规定，建立新型国有资产监管体系。各级国有资产管理监督机构代表本级政府向其所出资企业派出监事会或监事会成员，依法对所出资企业的经营和财务进行监督，对资产经营主体提供的有关统计数据和分析报告的真实性、完整性和准确性进行审查和评价。国有及国有控股公司应当加强内部监督和风险控制，严格实行企业重大决策失误责任追究制度，依照国家有关规定，建立健全财务、审计和职工民主监督制度，并定期向国有资产管理监督机构报告财务状况、生产经营状况和国有资产保值增值状况。

三、深化国有企业改革，推进企业制度创新

（九）加快大中型企业股份制改制步伐。全省国有大中型企业要在 2 年内完成规范的公司制改革。当前要重点推进省属企业改制改组工作，通过吸收投资、转让股（产）权、债权转股权、经营者和职工持股等方式，实现投资主体多元化；进一步推动国有资本从一般竞争性领域和劣势企业中退出，逐步投向关键领域、重要行业和优势产业；除国家规定的专营企业和国有资产授权经营公司实行国有独资，自然垄断企业、资源性重点企业及少数骨干企业实行国有控股外，其他企业中的国有资本逐步退为参股或全部退出，在市场公平竞争中优胜劣汰。

（十）统筹企业改革成本。省、市国有资产监督管理机构和授权经营公司可以根据实际需要，在本级国有资产和授权经营资产中统筹企业改革成本，主要用于职工经济补偿、离退休职工预留费用及解决历史遗留问题等的支出。企业改制时，要通过各种有效形式盘活存量资产，积极追讨债权，多渠道筹措改革资金。对改制企业无力支付按规定应预留的离退休人员各项费用的，允许三年内由同级国有资产监督管理机构和授权经营公司从本级国有资本经营收入中分期缴纳。今后部门需出台增加企业改革成本的政策措施的，应报省政府批准。

（十一）妥善处理企业资产和债务。企业改制应按规定程序做好资产和债权债务的评估和处置工作。改制前企业资产已评估的，有效期可延长一年，经审计调整后可作为改制资产；企业改制过程中资产损失的核销应严格按有关规定执行。资产已损失但企业难以取得核销所要求的有关证明的，可凭能证明损失确已发生的相关材料报批处理。其中属于应收款项的，实行账销案存，继续保留追索权。企业改制后收回已核销的应收款项，应上缴原国有资本持有单位。

（十二）建立适应现代产权制度的新型劳动关系。企业改制应依法规范劳动关系，按照《福建省劳动合同管理规定》和有关政策，规范用工制度，推行全员

劳动合同制。执行(或参照执行)机关事业单位工资制度的改制企业,其距法定退休年龄不足5年(含5年)且工作年限满20年,或工作年限满30年的职工,经本人申请、单位批准,可实行"内部退养"。"内部退养"人员应以在职同类同档人员工资总额为基数缴纳养老保险费。其"内部退养"期间的退养费由本单位负责发放,达到法定退休年龄并办理退休手续后,养老金由机关事业社保经办机构支付。

(十三)完善养老保险和医疗保险制度。省属企业改制前已参加机关事业单位养老保险的人员,改制后可继续执行机关事业养老保险制度。单位和个人应以工资总额为基数缴纳养老保险费,工资总额低于本人档案工资的,以档案工资为基数缴纳养老保险费。解除劳动合同后自谋职业的人员,可在机关事业社保机构委托的养老保险代办窗口接续养老保险,其中改制前已参加机关事业单位养老保险统筹的人员,凡按机关事业单位工资标准缴纳养老保险费的,经机关事业社保经办机构认定,可继续执行机关事业单位养老保险制度。自愿改为执行企业基本养老保险制度的,其基本养老保险仍由原社保经办机构办理,对其改革前在机关事业社保机构的缴费年限(含视同缴费年限),由社保经办机构实行一次性补贴。

改制前已参加基本医疗保险的企业,继续在原医保经办机构参保。未参加医疗保险的企业,按当地政府有关规定参加基本医疗保险。改制后自谋职业的职工,可到原医保经办机构个人缴费窗口按有关规定标准缴费续保。

(十四)全面实行企业退休人员社会化管理。国有企业改制后,原企业内部退养人员可移交当地社保经办机构代管,退休职工全部移交属地社区管理。离休干部、退休干部、企业厅级退休干部仍由原单位管理;若原单位不存在或改制为非国有控股的,由原单位的主管部门管理;主管部门撤销、合并的,则按企业隶属关系由同级政府指定相应部门管理。各级政府要加大对退休人员社会化管理服务工作的支持和投入。

(十五)推进公用行业市场化改革。对公用事业领域可引入竞争机制的行业和企业,要加快改革步伐,促进公用行业非经营性资产转化为经营性资产,实行市场化运作。公用行业企业可通过股份制改制、出让经营权、委托经营等多种形式引入社会资本,放开搞活;鼓励采用BOT、TOT等形式引进资金,但不得承诺固定回报;按照集约化、规模化发展的方向,充分发挥大中型公用行业企业的规模优势,开展跨地区、跨行业、跨所有制经营。除国家明确规定外,今后各级政府原则上不在公用行业中新设事业机构。改制为企业的原公用事业单位,不再承担行政职能。

（十六）全面启动党政机关与所办（属）企业脱钩工作。省政府成立专门机构负责省级党政机关、事业单位所办的企业以及挂靠的经济实体的清理脱钩工作，用 2 年左右的时间对省级党政机关事业单位经营性资产进行清产核资，逐步纳入授权监管范围，真正实现政企分开。

四、明晰集体企业产权关系，理顺集体资产管理体制

（十七）进一步明晰城镇集体企业产权归属。城镇集体企业在按国家规定完成清产核资、产权界定的基础上，按照"谁投资、谁所有"的原则，进一步划清现有资产的归属，规范不同产权主体的财产关系。各级城镇集体工业联合社（以下简称联社）和直属企业可以发起成立不同形式的联社集体资产管理机构，作为联社资产的法人代表，行使出资人权利，逐步建立和完善集体资产出资人制度。

（十八）多形式推进集体企业产权制度改革。按照建立现代企业制度的目标，推进集体企业产权制度改革。企业可根据自身实际，自主选择采取企业职工持股、股份合作制、公司制、出售、关闭、破产或合资合作等方式改制。鼓励社会法人及自然人购买集体企业资产，鼓励职工用解除原劳动关系的补偿金和个人资本投资入股组建新的股份制企业，鼓励支持经营者、技术人员和业务骨干多持股、持大股。

（十九）理顺集体企业职工劳动关系。鼓励集体企业建立新型劳动合同关系。集体企业在依法解除职工劳动关系时，可用其存量资产作为职工的经济补偿金。本着"以集体企业资产解决集体企业问题"的原则，对集体企业在改革中涉及的劳动关系调整、资产评估、债权债务处理、企业资产及土地使用权处置等，可参照建筑集体企业改革的相关政策执行。

（二十）加强集体资产监督管理。集体企业的改革工作由各级联社负责，省联社要加强指导和监督。各级联社要继续履行对城镇集体企业"指导、维护、协调、服务、监督"职责，加强资产监管，促进集体资产保值增值，防止侵吞集体资产的行为，保护集体企业和职工的合法权益不受侵犯。

五、大力发展非公有制经济，增强企业创业创新动力

（二十一）放宽投资领域。除国家明确限制的投资领域外，所有竞争性领域和对外开放的领域，都要以对国有资本同等的条件对非公有制投资主体开放。降低民间资本进入金融、保险、教育、医疗、中介、邮电通信、公共信息网络等领域的门槛；取消对民间资本投资交通、能源、水务、环保、市政建设和公益性项目的

不合理政策限制；建立和完善投资促进机制，通过政府补贴、特许经营、优先分红等措施，降低民间资本投资基础性、公益性领域的风险。

（二十二）允许注册资本分期到位。新成立的企业注册资本（金）可以分 3 年到位。冠省名的，首期到资额不低于 100 万元，其他的不低于 10 万元。以高新技术成果出资入股，作价总金额可占注册资本的 40%。

（二十三）简化审批手续。除国家法律、法规和国务院决定规定的事项继续执行前置审批外，其余事项试行"后置管理"的登记注册办法。加快电子政务建设步伐，尽快实现企业网上申报、审批、年检和备案。对工商部门评定的信用等级为绿牌的企业，实行两年一次年检。

（二十四）推进制度创新和管理创新。鼓励非公有制企业建立现代企业制度。符合条件的个体工商户要及时规范登记为私营企业，具备一定规模和素质的企业要积极改组为股份公司，其他企业要着重改进内部组织结构和管理结构，逐步实现所有权和经营权分离。鼓励非公有制企业通过相互参股、职工持股、参与国有、集体企业资产重组和产权改革等多种形式，建立多元和开放的产权结构，促进混合所有制经济发展。帮助非公有制企业加强基础管理和提高质量管理能力，在企业中广泛推行 ISO9000 质量体系认证，有条件的企业推行 ISO14000 环境管理体系认证。

（二十五）建立中小企业信用担保体系。按照《中小企业促进法》的要求和国家有关部署，积极探索建立适合市场需要和我省特点的中小企业信用担保体系，稳妥地推进省、市、县三级担保体系建设。支持国有资本以股份制形式参与建立担保机构，鼓励具备条件的非公有制企业成立担保机构和开展担保业务，鼓励发展企业互助担保和商业担保业务。政府资助或参与建设的信用担保机构必须政企分开，实行市场化运作，不能从事财政信用业务。对不以营利为目的的中小企业信用担保和再担保机构从事担保业务的收入，按照国办发〔2000〕59 号文件有关规定，三年内免征营业税。

（二十六）拓展融资渠道。支持民间资本入股各类金融机构。各类金融机构要改善对非公有制企业的金融服务，开发适合非公有制企业特点的融资项目。积极试行非全额担保贷款，扩大票据融资业务和对优强企业的授信服务；制定、完善中小企业土地、厂房权属及权属转让的管理政策和制度，允许以承包林地经营权作为贷款抵押，切实解决影响企业抵押能力的历史遗留问题和政策不配套问题；支持符合条件的企业上市融资和发行债券，鼓励非公有制企业独资或参股组建投资公司或风险投资公司；推广仓储保全业务、应收账款质押业务、出口退税账户托管贷款、保理业务、信用贷款与抵押贷款组合等各种适合非公有制企业的贷款方式。

（二十七）支持企业做强做优。省里每两年开展一次非公有制企业百强评选活动并进行宣传表彰,营造有利于非公有制企业发展的良好社会氛围。对于主业突出、竞争力强、带动作用大的非公有制企业,在资金、用地、进出口等方面给予更大的支持。企业通过非营利性社会团体、国家机关用于教育、民政、扶贫、救济、救灾、"希望工程"、"光彩事业"等社会公益性事业的捐款,经有权机关认定,准予税前扣除。

六、加强产权市场建设,促进产权有序流转

（二十八）建立统一、开放、规范、高效的产权交易市场。加快对全省现有企业产权、技术产权等产权交易机构的有效整合,将有形资产、无形资产等各类资产的交易纳入产权市场。以实现信息发布、交易程序、交易规则、过程监管"四统一"为目标,构筑全省产权共同市场,并与全国重要产权交易市场联网运行。产权交易机构和产权经纪机构要各司其责,促进产权交易市场协调运转。加快产权经纪人队伍和产权经纪机构的培育和发展。省产权交易机构主管部门要积极开展经纪人培训工作,提高从业人员的业务素质和执业水平。产权经纪机构要严格执行市场准入制度,完善等级评定和优胜劣汰机制。

（二十九）严格执行产权交易进入市场制度。重申国有、集体资产除经同级政府或国有资产监管机构批准的定向交易外,都必须进入产权交易市场采用公开招标、拍卖等竞价方式进行交易。鼓励民营、外资等非公有制经济的产权进场交易,促进产权竞争,激活产权市场,使产权市场成为各类市场主体有序竞争、资本流动、资产重组、扩张发展的平台。

（三十）提升产权市场服务功能。实行非上市股份制公司股权集中登记托管和挂牌交易。产权交易机构要积极为股东提供股权查询、冻结、质押登记、过户登记、代理分红派息、融资扩股等服务;积极开展股权质押试点,为企业开辟实现权益性融资的渠道;发挥产权市场在招商引资、风险投资中的导向作用,使之成为招商引资的窗口;积极探索特许经营权、预期收益权、知识产权、债权等权益通过产权市场进行交易的实现途径;引导各类基金和投资机构进入产权市场,催生混合所有制经济实体,促进社会上分散、沉淀的货币向资本转化。

（三十一）加强产权市场的监管。建立产权交易的自查和抽查复查制度,各级政府或国有资产监管部门每年都要对国有、集体产权进场交易的情况进行专项检查。建立产权交易违规违纪举报制度,制定对违反市场规则的单位及责任

人进行责任追究的办法,严肃查处交易活动中的违规违纪行为,使产权市场成为廉政建设的窗口。完善《福建省产权交易管理办法》,制定和出台《福建省产权交易管理办法》实施细则、《福建省产权经纪人管理办法》等规章制度。建立产权市场自我监督、自我约束的机制,强化行业自律性。

七、完善政策法规,切实保障市场主体的合法权益

(三十二)抓紧清理有关政策法规。各级各部门要抓紧清理现行有关产权的规定,凡不利于保护各类市场主体的合法权益,不利于各类市场主体平等竞争,不利于调动产权主体积极性的规定,要及时修改或者废止。各地区、各部门法制工作机构具体负责清理工作,清理工作要在 2004 年底前全部完成,并向社会公布清理结果。今后凡出台涉及私有财产及其运用的政策规章应邀请法律专家参与制定或进行咨询。各级政府和有关部门作出的可能对当地各类市场主体的产权产生重大影响的决策事项,决策机关应当举行听证。

(三十三)注重保护知识产权。加快培育具有自主知识产权的名牌产品,鼓励企业、高校、科研机构及其相关人员进行专利申请、商标注册、软件著作权登记,取得自主知识产权。完善我省著名商标的认定和保护制度,引导企业加快国际认证步伐。建立健全组织和个人以知识产权作价出资入股,以知识产权作为要素参与收益分配的制度。

(三十四)加强对各类市场主体的保护。任何组织和个人在我省境内投资的资产、收益等财产权利以及其他合法权益均受法律保护,任何组织或个人不得非法占有或实施其他侵害行为。未经法定程序,任何单位不得查封、扣留、冻结、没收或侵占、哄抢、破坏企业的财产。行政机关及其工作人员应当严格依法行政,其行政行为应当符合法定职权和法定程序,切实维护各类产权主体的合法权益。

(三十五)严格依法行政。各级政府要加快职能转变,变政府的产权代理为产权界定和产权保护,充分尊重各类产权主体自主决策、自由交易的权利。有关部门应设立企业维权投诉中心,负责受理各类企业特别是非公有制企业合法权益受害事件投诉,组织各类企业参加政府部门行风评议。对侵害各类产权主体合法权益的行为要坚决予以纠正。各级经济综合部门要加强与司法机关的沟通与联系,及时了解经济管理和司法实践中涉及产权的信息以及案件,便于进一步做好产权保护工作。

(原件存福建省人民政府办公厅)

财政部关于印发《小企业会计制度》的通知

(2004 年 4 月 27 日)

各省、自治区、直辖市、计划单列市财政厅(局),新疆生产建设兵团财务局,国务院有关部委、有关直属机构,有关中央管理企业:

为建立健全国家统一的会计制度,规范小企业的会计核算,现将《小企业会计制度》印发给你们,于 2005 年 1 月 1 日起在小企业范围内执行。执行中有何问题,请及时反馈我部。

附:

小企业会计制度

一、总说明

(一)为了规范小企业的会计核算,提高会计信息质量,根据《中华人民共和国会计法》、《企业财务会计报告条例》及其他有关法律和法规,制定本制度。

(二)本制度适用于在中华人民共和国境内设立的不对外筹集资金、经营规模较小的企业。

本制度中所称"不对外筹集资金、经营规模较小的企业",是指不公开发行股票或债券,符合原国家经济贸易委员会、原国家发展计划委员会、财政部、国家统计局 2003 年制定的《中小企业标准暂行规定》(国经贸中小企[2003]143 号)中界定的小企业,不包括以个人独资及合伙形式设立的小企业。

(三)符合本制度规定的小企业可以按照本制度进行核算,也可以选择执行《企业会计制度》。

1. 按照本制度进行核算的小企业,不能在执行本制度的同时,选择执行《企业会计制度》的有关规定;选择执行《企业会计制度》的小企业,不能在执行《企业会计制度》的同时,选择执行本制度的有关规定。

2. 集团公司内部母子公司分属不同规模的情况下,为统一会计政策及合并报表等目的,集团内小企业应执行《企业会计制度》。

3. 按照本制度进行核算的小企业,如果需要公开发行股票或债券等,应转为执行《企业会计制度》;如果因经营规模的变化导致连续三年不符合小企业标准的,应转为执行《企业会计制度》。

(四)小企业可以根据有关会计法律、法规和本制度的规定,在不违反本制度规定的前提下,结合本企业的实际情况,制定适合于本企业的具体会计核算办法。

(五)小企业应当根据会计业务的需要设置会计机构,或者在有关机构中设置会计人员并指定会计主管人员;不具备设置条件的,应当委托经批准设立从事会计代理记账业务的中介机构代理记账。

(六)小企业填制会计凭证、登记会计账簿、管理会计档案等,应按照《会计基础工作规范》和《会计档案管理办法》的规定执行。

(七)小企业的会计核算应当以持续、正常的生产经营活动为前提。会计核算应当划分会计期间,分期结算账目,会计期末编制财务会计报告。

本制度所称的会计期间分为年度和月度,年度和月度均按公历起讫日期确定。会计期末,是指月末和年末。

(八)小企业的会计核算以人民币为记账本位币。

业务收支以人民币以外的货币为主的小企业,可以选定其中一种货币作为记账本位币,但编报的财务会计报告应当折算为人民币。

小企业发生外币业务时,应当将有关外币金额折合为记账本位币金额记账。除另有规定外,所有与外币业务有关的账户,应当采用业务发生时的汇率或业务发生当期期初的汇率折合。

期末,小企业的各种外币账户的外币余额应当按照期末汇率折合为记账本位币。

(九)小企业的会计记账采用借贷记账法。

(十)小企业会计记录的文字应当使用中文。在民族自治地方,会计记录可以同时使用当地通用的一种民族文字。

(十一)小企业在会计核算时,应当遵循以下基本原则:

1. 小企业的会计核算应当以实际发生的交易或事项为依据,如实反映其财务状况和经营成果。

2. 小企业应当按照交易或事项的经济实质进行会计核算,而不应仅以法律形式作为会计核算的依据。

3. 小企业提供的会计信息应当能够满足会计信息使用者的需要。

4. 小企业的会计核算方法前后各期应当保持一致,不得随意变更。如有必要变更,应将变更的内容和理由、变更的累积影响数,或累积影响数不能合理确定的理由等,在会计报表附注中予以说明。

5. 小企业的会计核算应当按照规定的会计处理方法进行,会计指标应当口径一致、相互可比。

6. 小企业的会计核算应当及时进行,不得提前或延后。

7. 小企业的会计核算和编制的财务会计报告应当清晰明了,便于理解和运用。

8. 小企业的会计核算应当以权责发生制为基础。凡在当期已经实现的收入和已经发生或应当负担的费用,不论款项是否收付,都应作为当期的收入和费用;凡是不属于当期的收入和费用,即使款项已在当期收付,也不应作为当期的收入和费用。

9. 小企业在进行会计核算时,收入与其成本、费用应当相互配比,同一会计期间内的各项收入与其相关的成本、费用,应当在该会计期间内确认。

10. 小企业的各项资产在取得时应当按照实际成本计量。其后,各项资产账面价值的调整,应按照本制度的规定执行。除法律、法规和国家统一会计制度另有规定外,企业不得自行调整其账面价值。

11. 小企业的会计核算应当合理划分收益性支出与资本性支出的界限。凡支出的效益仅及于本年度(或一个营业周期)的,应当作为收益性支出;凡支出的效益及于几个会计年度(或几个营业周期)的,应当作为资本性支出。

12. 小企业在进行会计核算时,应当遵循谨慎性原则。

13. 小企业的会计核算应当遵循重要性原则,在会计核算过程中对交易或事项应当区别其重要性程度,采用不同的核算方法。

(十二)小企业如发生非货币性交易,应按以下原则处理:

1. 以换出资产的账面价值,加上应支付的相关税费,作为换入资产的入账价值。

2. 非货币性交易中如果发生补价,应区别不同情况处理:

(1)支付补价的小企业,应以换出资产的账面价值加上补价和应支付的相关税费,作为换入资产的入账价值。

(2)收到补价的小企业,应按以下公式确定换入资产的入账价值和应确认的损益:

换入资产入账价值=换出资产账面价值-(补价÷换出资产公允价值)×换出资产账面价值-(补价÷换出资产公允价值)×应交的税金及教育费附加+应支付的相关税费

应确认的损益 = 补价 × [1 − (换出资产账面价值 + 应交的税金及教育费附加) ÷ 换出资产公允价值]

3. 在非货币性交易中,如果同时换入多项资产,应按换入各项资产的公允价值占换入资产公允价值总额的比例,对换出资产的账面价值总额和应支付的相关税费等进行分配,以确定各项换入资产的入账价值。

(十三)小企业如发生债务重组事项,应按以下规定处理:

1. 以低于债务账面价值的现金清偿某项债务的,债务人应将重组债务的账面价值与支付的现金之间的差额,确认为资本公积;债权人应将重组债权的账面价值与收到的现金之间的差额,确认为当期损失。

2. 以非现金资产清偿债务的,债务人应将重组债务的账面价值与转让的非现金资产账面价值和相关税费之和的差额,确认为资本公积或当期损失;债权人应将重组债权的账面价值作为受让的非现金资产的入账价值。

如果债务人以多项非现金资产清偿债务的,债权人应按取得的各项非现金资产的公允价值占非现金资产公允价值总额的比例,对重组应收债权的账面价值和应支付的相关税费之和进行分配,按分配后的价值作为各项非现金资产的入账价值。

3. 以债务转为资本的,债务人应将重组债务的账面价值与债权人因放弃债权而享有的股权的账面价值之间的差额确认为资本公积;债权人应将重组债权的账面价值作为受让的股权的入账价值。

4. 以修改其他债务条件进行债务重组的,应分别情况处理:

(1)作为债务人,如果重组债务的账面价值大于将来应付金额,应将重组债务的账面价值减记至将来应付金额,减记的金额确认为资本公积;如果重组债务的账面价值等于或小于将来应付金额,则不作账务处理。

(2)作为债权人,如果重组债权的账面价值大于将来应收金额,应将重组债权的账面价值减记至将来应收金额,减记的金额确认为当期损失;如果重组债权的账面余额等于或小于将来应收金额,则不作账务处理。

(十四)本制度中所称的账面余额,是指某科目的账面实际余额,不扣除作为该科目的备抵项目(如坏账准备等);账面价值,是指某科目的账面余额减去相关的备抵项目后的金额。

(十五)小企业应按本制度的规定,设置和使用会计科目:

1. 在不影响对外提供统一财务会计报告的前提下,可以根据实际情况自行增设或减少某些会计科目。

2. 明细科目的设置,除本制度已有规定外,在不违反本制度统一要求的前提下,可以根据需要自行确定。

　　3. 本制度统一规定会计科目的编号,以便于编制会计凭证,登记账簿,查阅账目,实行会计电算化。企业不应随意打乱重编。某些会计科目之间留有空号,供增设会计科目之用。

　　(十六)小企业年度财务会计报告,除应当包括本制度规定的基本会计报表外,还应提供会计报表附注的内容。本制度中规定的基本会计报表是指资产负债表和利润表。企业也可以根据需要编制现金流量表。

　　小企业应按照本制度规定,对外提供真实、完整的财务会计报告。企业不得违反规定,随意改变财务会计报告的编制基础、编制依据、编制原则和方法,不得随意改变本制度规定的财务会计报告有关数据的会计口径。

　　(十七)执行本制度的小企业,转为执行《企业会计制度》时,应按会计政策及其变更的相关规定进行处理。

　　　　　　　　　　(选自中华人民共和国财政部制定《小企业会计制
　　度》,中国财政经济出版社2004年6月版,第1—6页)

把科学发展观贯穿于发展的整个过程[①]（节录）

（2004年5月5日）

胡锦涛

二、坚持走新型工业化道路，努力实现速度与结构、质量、效益相统一

实现经济的持续快速协调健康发展和社会全面进步，必须把工作的重点放到优化经济结构、提高经济增长的质量和效益上来，切实改变高投入、高消耗、高污染、低效率的增长方式，努力走出一条科技含量高、经济效益好、资源消耗低、环境污染少、人力资源优势得到充分发挥的新路子。

要抓住新一轮世界产业分工调整重组的重大机遇，主动承接国际产业转移，努力在国际分工中赢得有利位置，同时要立足本地实际，充分利用自身优势和现有基础，推动产业结构优化升级，形成具有本地特色和竞争力的产业结构。要积极发展资金技术密集型产业，提高生产技术水平和效率，同时又要积极发展劳动密集型产业，充分利用劳动力资源丰富和人工成本较低的比较优势。要培育和发展一批核心竞争力强、拥有自主知识产权和知名品牌的大公司大企业集团，提高企业的国际竞争力，同时又要重视形成一批小而强、小而精、小而专的小企业群，发挥中小企业在活跃城乡经济、扩大就业、满足群众需要等方面的作用。

要全面认识当前的经济形势，既要看到我国经济保持了良好的发展势头，又要看到在发展进程中也出现了一些必须引起我们高度重视并抓紧解决的突出矛盾和问题。当前，最突出的问题是固定资产投资增长过快、规模过大，特别是一些行业投资增长过猛。如果这个问题不能得到及时、有效、妥善的解决，就会助长信贷规模过度扩张，加剧煤电油运的紧张，拉动生产资料价格上

[①] 这是胡锦涛在江苏考察工作结束时讲话的主要部分。

涨,加大通货膨胀的压力,同时也会占用大量耕地、削弱粮食生产能力。如果任其发展下去,我们面临的资源和环境问题将会更加突出,经济结构不合理的矛盾将会更为尖锐,而且将会出现大量生产能力过剩的局面,最终势必造成经济的大起大落。中央已经对解决当前经济发展中存在的突出问题作出了部署,大家一定要把思想统一到中央的决策部署上来,增强大局意识和责任意识,坚决维护中央宏观调控的统一性、权威性、有效性。要积极采取措施,坚决控制盲目投资和低水平重复建设的项目,有效遏制固定资产投资过快增长的势头。总之,我们既要把各方面加快发展的积极性保护好、发挥好,又要把这种积极性引导到深化改革、优化结构、提高效益上来,保持经济平稳协调较快发展。

当今世界,科学技术正在酝酿着新的重大突破,一场新的科技革命和产业革命正在孕育之中。能否抓住机遇,大力推进科技进步和创新,直接关系全面建设小康社会、加快社会主义现代化的进程。为此,必须大力增强科技自主创新能力,选择一些有基础、有优势、有条件、对经济社会发展有重大意义的方向和领域进行攻关,尽快掌握一批核心技术,拥有一批自主知识产权;必须加快科技成果向现实生产力的转化,大力发展高新技术产业,用高新技术和先进适用技术改造提升传统产业,提高产品的科技含量和质量档次;必须促进科技力量整合,打破部门分割,强化组织协调,实现产学研相结合,形成推动科技进步和创新的强大合力;必须充分发挥企业在科技进步和创新中的重要作用,使之真正成为进行技术创新和科技成果转化的主体。推动科技进步和创新,关键在人才。要认真实施人才强国战略,善于在创新实践中识别人才、培育人才、凝聚人才,努力形成人才辈出、人尽其才的新局面。

东部地区要增强服务全国的大局意识,加强与其他地区的经济技术交流和合作,积极参与实施西部大开发战略和东北地区等老工业基地振兴战略,加强对西部欠发达地区的对口支援工作,为促进东中西部协调发展多作贡献。

三、坚持深化改革、扩大开放,为加快发展提供强大动力

改革开放是强国之路。经过二十五年来的实践,我们大家对这一点都有了十分深刻的认识。没有改革开放,就没有我国社会生产力的巨大发展,就没有综合国力的显著提高,就没有人民生活的不断改善。要全面落实科学发展观,胜利实现全面建设小康社会的宏伟目标,最根本的是要靠深化改革、靠体制创新,以改革的新突破、开放的新局面来赢得各项事业的新发展。

现在,我国社会主义市场经济体制已经初步建立,全方位、宽领域、多层次的对外开放格局已经基本形成,但改革开放的任务还远远没有完成。深化改革必然会触及经济社会生活中的深层次矛盾和问题。我们要认真贯彻党的十六大和十六届三中全会精神,按照建成完善的社会主义市场经济体制和更具活力、更加开放的经济体系的要求,打好深化改革的攻坚战,进一步消除经济发展和社会进步的体制性障碍。在统筹推进各项改革时,要重点抓好以下工作。

要坚持和完善公有制为主体、多种所有制经济共同发展的基本经济制度,进一步开创各种所有制经济共同发展的新局面。要加快调整国有经济的布局和结构,积极实施股份制,大力发展混合所有制经济,深化国有企业改革,完善公司法人治理结构,推动国有资本向优势产业、优质企业集中,不断发展壮大国有经济。要完善国有资产管理体制,认真落实地方政府代表国家履行出资人职责的规定,积极探索国有资产监管和经营的有效形式,确保国有资产保值增值。要鼓励、支持和引导非公有制经济发展,进一步改善非公有制经济发展的政策和法制环境,落实放宽市场准入、促进企业平等竞争的政策措施,充分发挥个体、私营等非公有制经济在促进经济增长,扩大就业和活跃市场等方面的作用。要通过深化改革,推动各种所有制经济在市场竞争中发挥各自优势,相互促进,共同发展。

要深化行政管理体制改革,进一步转变政府职能。这是建设完善的社会主义市场经济体制的必然要求,也是提高行政效率、降低行政成本、更好地为社会和群众服务的必然要求。要继续推进政府机构改革,按照精简、统一、效能的原则和决策、执行、监督相协调的要求,调整机构,裁减富余人员,减轻群众负担。要完善政府的经济调节、市场监管、社会管理和公共服务的职能,坚持依法行政,转变工作作风,加快形成行为规范、运转协调、公正透明、廉洁高效的行政管理体制,建设服务型政府。

要坚持"引进来"和"走出去"相结合,不断提高对外开放的水平。要继续坚定不移地实施对外开放的基本国策,下大气力提高对外开放的水平。一方面,要大力提高"引进来"的水平,引进资金、技术、人才,都要把着眼点放在提高经济增长的质量和效益上,放在增强产业和产品的国际竞争力上;另一方面,要加快"走出去"的步伐,鼓励有条件的企业到境外投资办厂,更加积极地参与国际经济技术合作和竞争,进一步拓展发展空间,增强发展后劲。要按照统筹国内发展和对外开放的要求,密切关注国际经济形势的发展变化,善于利用可以为我所用的各种机遇,积极应对可能给我国发展带来风险的挑战,努力做到趋利避害。要加快熟悉和掌握世贸组织规则和其他国际经济法规、惯例,善于运用法律等手段有效保障我国的经济权益和安全。

（选自《十六大以来重要文献选编（中）》,中央文献出版社2006年4月版,第64—68页）

中华全国手工业合作总社关于依法管好联社资产维护合法权益的紧急通知

(2004 年 6 月 28 日)

各省、市、自治区联社:

最近,一些地方联社反映,有的地方以"清理资产"、"资产重组"、"资产统一经营管理"、"国有资产清理登记"等名义,将联社资产强行收缴、划归国有,或交地方财政"托管",造成联社不能自主处置资产,侵犯了联社合法权益。为防止联社资产被平调、侵占,保证联社资产的独立完整,维护集体资产的合法权益,各地联社要积极采取措施做好以下工作:

一、依法维护联社合法权益,独立地管好联社资产

党中央、国务院历来十分重视集体经济的发展,十分重视集体经济合法权益的保护。《中华人民共和国宪法》规定:"国家保护城乡集体经济组织的合法的权利和利益,鼓励、指导和帮助集体经济的发展"、"禁止任何组织或者个人用任何手段侵占或者破坏国家的和集体的财产"。

《中华人民共和国城镇集体所有制企业条例》规定:"集体企业的联合经济组织的投资,归该联合经济组织范围内的劳动群众所有"、"集体企业在国家法律、法规的规定范围内……对其全部财产享有占有、使用、收益和处分的权利,拒绝任何形式的平调;自主安排生产、经营、服务活动"、"集体企业的财产及其合法权益受国家法律保护,不受侵犯"。

党的十六大明确指出:"集体经济是公有制的重要组成部分,对实现共同富裕具有重要作用。"党的十六届三中全会《决定》还特别强调要"坚持公有制的主体地位","以明晰产权为重点深化集体企业改革,发展多种形式的集体经济。"

党和国家的政策、法律、法规确立了集体经济和集体经济组织的地位和作用,保障了联社和企业集体财产不可侵犯。因此,遇有侵占、平调集体资产的情况,各地联社要运用法律武器,维护自身的合法权益,主动向政府领导汇报,在当地政府支持下,联社独立地管好联社资产,实现保值增值,为促进集体经济发展

做出新贡献。

二、发挥联社作用，维护合法权益

总社和各级联社是独立的法人单位，其资产性质是集体所有，资产的变更要经联社范围内全体职工的同意，或联社职工代表大会通过，任何单位和个人不得以行政命令手段随意将其处置。已被平调侵占的联社资产，要依法纠正，维护联社集体资产的合法权益。

各地如有发生侵犯联社合法权益的事件，除要及时向当地党委和政府反映外，要逐级上报省市联社和总社，共同做好协调工作。各级联社要切实做好为下一级联社的服务工作，协助解决有关问题，努力维护联社资产的完整，实现联社资产的保全。

三、各级联社要深化联社产权制度改革，切实加强资产管理和运营

加快联社产权制度改革势在必行。各级联社要按照党的十六届三中全会精神，以明晰产权为重点，深化联社产权制度改革。要逐步实行联社间参股、职工持股的股份制、股份合作制，发展国有资本、集体资本和非公有资本等参股的混合所有制经济，建立起现代产权制度，使联社融资制度开放化、产权主体多元化。各级联社都要努力办好经济实体，搞好资产的管理和运营，增强经济实力，提高自我生存发展和为企业服务的能力。

四、各级联社要认真履行职能，努力为政府和企业排忧解难

中华全国手工业合作总社和各级联社是五十年代由党中央、国务院和各地党委、政府批准建立的集体经济联合组织，具有"指导、维护、协调、监督、服务"的职能。几十年来，为发展国民经济、保障社会供给、增加出口创汇和财政收入、扩大社会就业、实现共同富裕等作出过重要贡献。在改革开放的新形势下，联社依然在宣传贯彻落实党和国家对集体经济的方针政策和法律法规、指导集体企业改革和发展、保持社会稳定、管好用好联合经济组织的资产和独立开展社务活动等方面发挥着重要作用。各级联社要进一步加强自身建设，完善职工代表大会制度，充分发挥理事会、监事会职权，正常开展联社社务活动，要把改革中遇到

的机构、编制、资金等方面的实际问题,及时向当地政府反映,求得支持和解决,同时要更新观念,与时俱进,进一步发挥政府与企业间的桥梁和纽带作用。要上为政府排忧解难,下为企业服务。积极推动集体企业深化改革,创造集体经济的多种实现形式,促进集体经济的发展,为当地增加财政收入,安置职工就业,保持社会稳定做贡献,以实际行动迎接中华全国手工业合作总社第六次代表大会的召开。

（原件存中华全国手工业合作总社办公室）

关于修改《天津市人民政府实施〈中华人民共和国城镇集体所有制企业条例〉细则》的决定

(2004 年 6 月 30 日天津市人民政府第 77 号令)

《关于修改天津市实施〈中华人民共和国城镇集体所有制企业条例〉细则的决定》已于 2004 年 6 月 4 日经市人民政府第 28 次常务会议通过,现予公布,自 2004 年 7 月 1 日起施行。

市长　戴相龙
2004 年 6 月 30 日

市人民政府决定对《天津市实施〈中华人民共和国城镇集体所有制企业条例〉细则》(1994 年市人民政府令 15 号)作如下修改:

一、将第九条第一项修改为:"(一)集体企业无法继续经营而申请解散的,须由集体企业决定并提出申请,按照有关程序,向工商行政管理局部门申请注销登记,上级部门不得借故强令关闭集体企业、平调集体企业财产。"

二、将第九条第三项修改为:"(三)清算组对终止集体企业剩余财产的清算和善后处理工作方案及结果,报该集体企业的主管单位备案。"

三、将第九条第(二)项、第十条第(二)项、第十条第(十一)项、第十条第(十二)项、第二十八条中的"集体企业主管部门"修改为"集体企业的主管单位"。

四、将第十条第(五)项修改为:"(五)进出口权集体企业有权依照国家规定,自主决定其产品的出口形式,选择外贸代理企业从事出口业务;有权参与同外商谈判,从事来料加工、来件组装和产品出口;在境外投资、承揽工程、进行技术合作、提供劳务、开办企业;进口自用设备和物资。"

五、将第十条(十)项中第 1 项修改为:"1. 集体企业根据生产经营需要,可自行指定用工计划,自主决定招工的时间、条件、方式和数量,不受本市城镇区划限制。"

六、将第十一条修改为："集体企业必须承担《条例》第二十二条规定的义务：贯彻执行党和国家方针、政策；接受政府及其有关部门监督、检查；按规定向主管单位、统计部门及有关部门提供财务或经营情况的统计资料。"

七、将第三十一条删除。

有关条款序号和个别文字作相应调整和修改。

本决定自 2004 年 7 月 1 日起施行。

《天津市实施〈中华人民共和国城镇集体所有制企业条例〉细则》根据本决定作相应的修正，重新公布。

《天津市实施〈中华人民共和国城镇集体所有制企业条例〉细则》

（1994 年 1 月 15 日市人民政府发布，2004 年 6 月 30 日根据市人民政府《关于修改天津市实施〈中华人民共和国城镇集体所有制企业条例〉细则的决定》修订公布）

第一章　总　则

第一条　为贯彻执行《中华人民共和国城镇集体所有制企业条例》（以下简称《条例》），促进本市城镇集体所有制经济的巩固和发展，适应社会主义市场经济体制，增强企业活力，根据有关法律、法规规定，结合本市实际情况，制定本细则。

第二条　本细则适用于本市行政区划内城镇的各种行业、各种组织形式的集体所有制企业（以下简称集体企业），但乡村农民在城镇举办的集体企业除外。

第三条　市人民政府鼓励和扶持城镇集体经济的发展，支持集体企业平等地参与市场竞争。

第四条　集体企业的财产属于本企业的劳动群众集体所有，集体企业的职工是集体企业的主人，依照法律、法规和集体企业章程行使管理集体企业的权利。

第五条　集体企业建立适应社会主义市场经济体制的经营机制，按照《条例》第五条规定的基本原则，推行股份（金）合作制，提倡由职工自愿组合、自筹资金合作创办集体企业。具备条件的可实行有限责任公司制和股份有限公司制。

第六条　集体企业按《中华人民共和国工会法》建立健全工会组织。集体企业工会依法独立自主开展工作,主要负责组织职工参加民主管理和民主监督、维护职工的合法权益。

第二章　集体企业的设立、变更和终止

第七条　设立集体企业按照法律、法规等有关规定,由主办单位直接向工商行政管理部门申请,经工商行政管理部门核准登记,领取营业执照。

第八条　集体企业的合并、分立应当遵照自愿平等的原则。

(一)合并、分立应由集体企业按照集体企业章程自主决定,由工商行政管理部门依法核准或者变更登记,政府及主管部门不得以行政手段强行干预。

(二)联营和投资单位从集体企业撤回投资的,财产处理和盈亏责任按国家法律、法规和双方签订的合同办理。

第九条　集体企业终止:

(一)集体企业无法继续经营而申请解散的,须由集体企业决定并提出申请,按照有关程序,向工商行政管理部门申请注销登记,上级部门不得借故强令关闭集体企业、平调集体企业财产。

(二)集体企业终止,依照国家有关规定清算集体企业财产。财产清算组由集体企业的主管单位、集体企业法定代表人、工会主席、职工代表、联营或投资单位的代表等组成,根据需要吸收司法、劳动、工商、税务等部门参加。清算组负责清产核资、清理债权债务等项工作。

清算后的剩余财产,按照投资者出资比例或合同、章程的规定进行分配。属于集体资本分得的财产,专款专用,用于该集体企业职工待业救济、养老救济、就业安置和职工培训等费用。职工自谋生路不需主管部门安置工作的,可依照有关办法将剩余财产按份分给职工个人。

(三)清算组对终止集体企业剩余财产的清算和善后处理工作方案及结果,报该集体企业的主管单位备案。

第三章　集体企业的权利和义务

第十条　集体企业在国家法律、法规规定的范围内享有下列权利:

(一)财产所有权

集体企业对其全部财产享有占有、使用、收益和处分的权利。

集体企业的财产受国家法律保护、不受侵犯。任何侵吞、挪用、破坏集体企业财产的行为均属违法行为,集体企业有权予以抵制并索赔损失。

集体企业有权拒绝任何组织、任何形式的平调。已发生的平调,应限期归还资产所有者。

（二）生产经营决策权

1. 集体企业以市场为导向,可自主安排生产、经营、服务活动,在国家政策允许范围内,可自行调整生产经营范围和方式,但应向工商行政管理部门申请核准登记。

2. 集体企业可自主制定集体企业生产经营计划和中长期发展规划,报集体企业的主管单位备案。

3. 各级人民政府及其主管部门不得向集体企业下达指令性计划和生产经营任务。

4. 集体企业可自主决定集体企业合并、分立、终止,但应向集体企业的主管单位备案。

（三）产品及劳务定价权

集体企业对其产品和对外提供加工、维修、技术协作等劳务可自行定价。除国家规定由物价部门和有关主管部门控制的价格外,其他任何部门均无权对集体企业产品定价。

（四）采购及销售权

集体企业可根据生产经营需要,自行采购和销售产（商）品;有权拒绝任何部门、单位指定的销售渠道。

（五）进出口权

集体企业有权依照国家规定,自主决定其产品的出口形式,选择外贸代理企业从事进出口业务;有权参与同外商谈判,从事来料加工、来件组装和产品出口;在境外投资、承揽工程、进行技术合作、提供劳务、开办企业;进口自用设备和物资。

（六）投资决策权

集体企业可自主支配使用其资金,决定集体企业的投资方向,安排技改技措项目,购置无形资产,向其他企业、事业单位投资,持有其他企业的股份。

（七）资金筹措权

集体企业有权向专业银行及城市信用社申请贷款,可吸收职工和外单位及个人集资入股。

（八）联营、兼并权

1. 集体企业根据需要可与外单位联营合作。

2. 按照有关规定和自愿有偿原则,可以兼并其他企业。

3. 按照国家规定自愿组建,参加和退出集体企业联合经济组织和企业集团。

（九）管理决策权

依照国家规定有权确定适合本集体企业特点的资产经营形式和经济责任制形式,制定集体企业经营管理的规章制度。

（十）劳动用工权

1. 集体企业根据生产经营需要,可自行制定用工计划,自主决定招工的时间、条件、方式和数量,不受本市城镇区划限制。

2. 集体企业可自主确定用工形式。集体企业录用的正式职工,享有《条例》第二十五条规定的权利,履行第二十六条规定的义务。

3. 集体企业根据需要可招聘临时工、季节工和补差职工从业,实行合同化管理,约定其在集体企业的权利义务关系。

4. 在集体企业工作的国有企业、事业单位的职工,仍保留其在原单位的全民所有制职工身份和待遇。其在集体企业的责、权、利根据集体企业实际,由集体企业和派出单位协商决定。

5. 集体企业有权拒绝上级或有关部门向集体企业强行安置职工。

（十一）人事管理权

1. 集体企业按照章程选举、罢免厂长（经理）或董事会成员,报集体企业的主管单位备案。

2. 集体企业依照章程决定集体企业内部机构设置、集体企业人员编制、聘任或解聘各级管理人员。

3. 依照法律、法规和集体企业章程,奖励和处罚职工,解除劳动合同。辞退、开除职工,应报集体企业的主管单位备案。

4. 在国家规定范围内,集体企业有权引进或聘用专业技术人员;有权决定本集体企业专业技术职务的设置;决定专业技术人员的福利待遇。

（十二）分配自主权

集体企业实行以按劳分配为主、按股分红为辅的分配制度。

1. 集体企业有权选择适合本集体企业特点的工资制度和具体分配形式。

集体企业内部分配坚持按劳分配的原则,使职工的劳动报酬与劳动成果、岗位技能挂钩。

2. 职工的工资、奖金在成本列支。集体企业按照工资总额增长幅度低于实现利税增长幅度、职工工资收入增长幅度低于集体企业劳动生产率(按净产值计算)增长幅度的原则,自主确定工资总额,具体办法由集体企业根据实际情况决定,并征得主管部门和税务机关同意。集体企业在规定范围提取的工资、奖金由集体企业自主分配。

3. 集体企业有权制定职工晋级增薪、降级减薪和对有特殊贡献职工实行晋级、奖励的办法。除法律、法规规定的外,集体企业有权拒绝任何部门和单位提出的由集体企业对职工发放奖金和晋级增薪的要求。

4. 集体企业的工资总额不再进行审批,但应向集体企业的主管单位和所在劳动部门备案,并应领取工资总额使用手册。

5. 集体企业可按年度从工资总额的新增部分中提取10%作为集体企业工资储备基金,由集体企业自主支配使用。工资储备基金累计达到本集体企业一年工资总额的不再提取,提取的工资储备基金不得重复列支。

6. 集体企业有权制定税后净利润的分配比例和使用办法。

(十三)享受优惠政策权

集体企业生产、经营国家鼓励和扶持的产(商)品,享有与国有企业同等的优惠待遇。

集体企业承担安置城镇待业人员、残疾人员、国有和集体企业富余职工的,有权享受国家有关优惠政策。

(十四)拒绝摊派权

集体企业有权拒绝任何部门和单位向集体企业摊派人力、物力、财力。除法律和国务院另有规定外,集体企业有权抵制任何部门和单位对集体企业进行检查、评比、评优、达标、升级、鉴定、考试、考核。

集体企业有权向政府及有关部门控告、检举、揭发摊派行为,并要求做出处理。

第十一条　集体企业必须承担《条例》第二十二条规定的义务;贯彻执行党和国家方针、政策;接受政府及其有关部门监督、检查;按规定向主管单位、统计部门及有关部门提供财务或经营情况的统计资料。

第四章　集体企业的民主管理

第十二条　集体企业应建立、健全职工(代表)大会制度。

(一)职工(代表)大会的组织原则是民主集中制。召开职工(代表)大会,必须有三分之二以上的职工(代表)出席。职工(代表)大会进行选举和作出决议决定必须经全体职工(代表)半数以上通过。

（二）遇有重大事项有三分之一以上职工（代表）或厂长（经理）的提议，可临时召开职工（代表）大会。

（三）职工（代表）大会代表应由工人、科技人员、管理人员和集体企业的党、政、工、青、妇各方面代表组成。

（四）职工（代表）大会代表的产生，应以车间或班组为单位，由职工直接选举或协商推选产生，职工代表不低于职工人数的10%。

（五）职工代表实行任期制，任期与厂长（经理）相同，可连选连任。集体企业人员变化较大时，可改选或增补。职工代表对选举单位的职工负责。选举单位的职工有权监督或者撤换本选举单位的职工代表。职工代表依法行使民主权利，任何组织和个人不得压制、阻挠和打击报复。

（六）集体企业的职工（代表）大会，可设立常设机构，负责职工（代表）大会闭会期间的工作。常设机构的人员组成、产生方式、职权范围及名称，由集体企业职工（代表）大会规定，并报上级主管部门备案。集体企业工会可兼作职工（代表）大会常设机构的工作机构。不设常设机构的集体企业，由职工（代表）大会决定，可由工会或职工民主管理小组负责处理职工（代表）大会闭会期间的日常工作。

（七）职工（代表）大会应按年度对集体企业工作和领导干部进行民主评议实行监督。对做出突出贡献的给予奖励，对严重失职的给予处罚。

第十三条　职工（代表）大会决定集体企业经营管理的重大问题主要包括：决定集体企业合并、分立、歇业、解散、改变所有制性质和财产所有权；决定集体企业经营组织形式的重大变更；审议决定集体企业的中长期发展规划、年度生产经营计划和固定资产投资方案；决定集体企业年度财务预算、决算方案和利润分配方案。

第十四条　集体企业厂长（经理）选举、招聘的办法：

（一）选举、招聘按照民主集中制的原则，实行民主选举、平等竞争，公开招聘。

（二）选举、招聘的程序：

1. 建立选举、招聘的组织；

2. 制定选举、招聘的实施方案（经职工代表大会通过）；

3. 民主评议和民意测验，产生候选人；

4. 召开职工（代表）大会听取候选人治厂方案和施政演说；

5. 召开职工（代表）大会进行选举；

6. 选举结果报上级主管部门备案。

（三）选举和招聘的方式。选举可采用差额选举，也可采用等额选举方式。

（四）40 人以下的集体企业或由劳动群众合作创办的集体企业，选举、招聘的程序及办法可以从简。

（五）在本集体企业职工中无法选举产生符合条件的厂长（经理）的集体企业，经职工（代表）大会决定，可申请上级主管部门推荐厂长（经理）。

（六）推荐的厂长（经理）须经职工（代表）大会讨论通过，任期由职工（代表）大会决定。

第十五条　集体企业实行厂长（经理）负责制，厂长（经理）对集体企业职工（代表）大会负责，是集体企业的法定代表人。

（一）集体企业实行厂长（经理）任期目标责任制和任期期末审计制。

（二）厂长（经理）每届任期 3—5 年，可以连选连任。在任职期间，主管部门不得随意调动。因经营管理不善，给集体企业造成损失，或因其他原因不称职时，经职工（代表）大会讨论，可予罢免或解职。

（三）厂长（经理）按《条例》行使职权，履行职责。

（四）厂长（经理）必须执行职工（代表）大会决议，并组织实施。厂长（经理）对职工（代表）大会决议有不同意见，有权向职工（代表）大会提出复议，复议决定厂长（经理）必须执行。

（五）厂长（经理）在任职期间，有权向职工（代表）大会申请辞职，经大会同意，接受审计后方可离职，并按国家法律、法规和集体企业规章承担相应的法律责任。在职工（代表）大会未作出决定前，不得擅自离职。

第五章　资产管理和盈亏责任

第十六条　集体企业依照《条例》第六条有关规定和国家财务会计法规，清理评估资产、界定产权、划分归属。

（一）集体企业的公共积累归本集体企业劳动群众集体所有。

（二）集体企业联合经济组织的投资归该联合经济组织范围内的劳动群众集体所有。

（三）扶持单位借给集体企业的资金，凡没有约定有偿或无偿借用关系的，应约定借用关系。

（四）扶持单位借给集体企业使用的设备、设施、工具等生产资料，凡无偿借用的，应保护其完整性，产权归扶持单位所有；凡有偿借用的，按经营租赁处理，合理支付租赁费，一般收取相当于折旧费的租金，资产归扶持单位所有；凡作价卖给集体企业的，应合理作价，一次付清，资产归集体企业所有；凡实行融资租赁的,由双方签订合同,分期支付融资租赁费,待最后一笔租赁费交完后,资产由扶持单位所有转归集体企业所有。

(五)扶持单位对集体企业的扶持资金也可以作为投资或向集体企业参股,按投资比例与集体企业共享利益、共担风险。

(六)清理评估资产,资产盘亏、盘盈、报废、毁损按财务制度规定列入营业外收支。固定资产重估增值计入资本公积金。

(七)国家为扶持集体企业发展,对集体企业实行减免税及税前还贷形成的资产归本集体企业劳动群众集体所有。新的免税资金计入集体企业盈余公积金。

第十七条　集体企业依据国家财务会计法规,建立、健全资产经营管理制度;合理筹集资金,建立资本金制度,实行资本保全;对集体企业资产定期清查审计,建立资产负债和损益考核制度。

第十八条　集体企业以其全部财产独立承担民事责任。全部财产包括:固定资产、流动资产、对外投资、无形资产、递延资产和其他资产。集体企业对其法定代表人和其他工作人员,以法人名义从事的经营活动,承担民事责任。

第十九条　集体企业应依照国家财务会计法规,加强经济核算,如实反映集体企业经营成果,准确核算成本和费用。以不提或少提折旧费、少计成本或挂帐不摊等手段,造成利润虚增或者虚盈实亏的,必须限期纠正,主管领导及直接责任人员按规定承担相应责任。

第二十条　厂长(经理)对集体企业盈亏负有直接责任。职工按照内部经济责任制对集体企业盈亏负有相应责任。

(一)在规定期限内,实现扭亏增盈目标的集体企业,连续3年增产增收、资产增值的集体企业,职工(代表)大会或上级主管部门可作出决定,对厂长(经理)或厂级领导给予奖励。

(二)集体企业由于经营管理不善造成经营性亏损的,厂长(经理)、其他厂级领导和职工各自承担相应的责任。属于一年经营亏损的,厂长(经理)、其他厂级领导和直接责任人员不得领取奖金;亏损严重的,根据责任大小,相应降低厂长(经理)、其他厂级领导和职工的工资。集体企业连续两年亏损且亏损额继续增加的,集体企业不发奖金,根据责任大小,适当降低厂长(经理)、其他厂级领导和职工的工资。

第二十一条　实行承包经营责任制的集体企业,承包合同必须同时规定负盈与负亏的责权利关系。建立风险抵押制度,实行先审计后兑现,凡完不成责任目标的,必须按规定给予经营者或有关责任人员以经济处罚,除减发工资、奖金外,还应扣减风险抵押金。经营者提前终止承包(或厂长、经理自动辞职)必须经职工(代表)大会决定,离职前必须接受审计,并承担履约责任。

实行租赁经营责任制的集体企业,承租方在租赁期内达不到租赁合同规定所应交的租金时,应按合同规定,以风险押金或担保财产抵补欠交的租金。

第二十二条　投资者(职工)以其出资比例或合同、章程规定分担风险和亏损责任的,集体企业经营亏损,先按国家规定以下年度利润弥补,可延续五年弥补,仍不能弥补亏损的,以下年税后利润弥补。严重亏损无法继续经营的,先以集体企业盈余公积金弥补亏损,不足弥补,以实收资本金弥补,投资者按出资(股金)比例分担亏损,偿还债务。

职工违反集体企业规章,给集体企业生产、财产、信誉造成损失的,按照集体企业章程的规定给予行政和经济处罚。

第二十三条　集体企业的投资者(所有者)对投入资本以及形成的资本公积金,盈余公积金和未分配利润,享有权益。投资者(所有者)在集体企业未弥补亏损前不得分配利润(或进行股金分红)。集体企业盈利按约定顺序和比例本着"同股同利"的原则进行分利(或分红)。

第二十四条　集体企业可以从实际出发,自主决定盈余分配。集体企业税后利润在扣除被没收财物损失,违反税法规定支付的滞纳金、罚款和弥补集体企业以前年度亏损以后的净利润按下列办法分配:

1. 提取10%的法定盈余公积金,用于弥补以后年度可能发生的亏损或转增资本(股本)。凡没有集体积累的集体企业或集体积累不划转资本金经营的,可提一定比例的任意公积金,用于发展生产,扩大集体积累。

2. 提取的公益金,用于本集体企业职工集体福利设施支出。

3. 自愿参加联合经济组织的可按约定提取15%的互助合作基金。主要用于联合经济组织范围内生产经营服务项目投资;支持成员单位生产经营借款,资助受灾、特困企业拨款;兴办科研、教育及集体福利事业。

投资主体多元化集体企业,一般不提取互助合作基金,按原约定必须提交的,按约定执行。

第六章　集体企业和政府的关系

第二十五条　政府依法对集体企业实行监督、管理、协调、服务。

市、区(县)人民政府应当把发展集体经济纳入国民经济和社会发展计划,制定政策、规章和指导性规划;培育完善市场;建立、健全社会保障和社会服务体系;为集体企业提供良好的经济发展和社会环境。

第二十六条　市集体经济主管机构是本市城镇集体企业的综合指导部门。主要职责是:集体经济政策指导;推动集体经济的改革;协调重大问题;监督检查集体经济政策、法规的执行情况;维护集体企业合法权益。

区、县人民政府根据城镇集体经济发展需要,设立或确定本区(县)城镇集体企业的综合指导部门,职责任务由各区、县人民政府根据《条例》第五十二条规定的基本原则和本细则作出具体规定。

第二十七条　市和区县人民政府的综合经济部门、专业经济或行业管理部门、社会职能部门,按政府赋予的职责权限依法对集体企业进行监督、管理,提供服务。

第二十八条　集体企业的主管单位或主办单位必须尊重集体企业的权利,对集体企业实行以市场为导向,宏观管理、微观放活的管理体制。

第七章　附　则

第二十九条　集体企业实行股份(金)合作制的实施办法,另行制定。

第三十条　城镇中的文化、教育、卫生、科研等集体所有制事业单位贯彻《条例》,参照本细则执行。

第三十一条　本细则自 2004 年 7 月 1 日起施行。

(此件由天津市城市集体经济联合会提供)

城镇集体经济深化改革研究（节录）

（2004 年 7 月）

中国工业合作经济学会"城镇集体经济深化改革研究"课题组

    集体所有制经济在我国已有半个多世纪的发展历史。它在我国国民经济中的地位和作用无论过去和现在都是十分重要的，为我国现代化建设和社会经济协调发展，为实现共同富裕等方面，都作出了重大贡献，已成为我国社会主义公有制经济的重要组成部分。在社会主义市场经济不断发展的新的历史时期，集体所有制经济在深化改革中发生了巨大而深刻的变化，产权结构、劳动力结构、企业组织结构、集体经济实现形式、企业管理模式等方面，进行了一系列创新。实践证明，集体所有制经济并未过时，仍将以其旺盛的生命力，继续获得更大的发展，作出新的贡献。同时也必须正视，当前集体所有制经济在改革与发展中面临着一些困难和问题，对这些困难和问题，要从坚持公有制经济巩固和发展的原则出发，立足于长远，着眼于当前，坚持科学发展观，用改革发展的办法认真研究解决。本课题遵照党的十六大和十六届三中全会精神，通过对马克思等革命导师创立发展的集体所有制经济理论的研读，党中央一系列相关的重要论述和我国城镇集体所有制经济五十多年来发展历史的回顾，对当前我国城镇集体经济的地位、作用及其现状和面临的主要问题作出分析，提出深化改革促进发展的主要举措。

一、集体所有制经济理论的产生、变化和发展（略）

二、我国城镇集体所有制经济的形成与发展

（一）城镇集体所有制经济的形成。（略）

（二）城镇集体所有制经济制度的演变过程。（略）

（三）城镇集体所有制经济的贡献。

由于城镇集体所有制经济具有：企业数量巨大，分布广泛，产业相对集中；企业规模小，多为中小型企业；绝大多数为劳动密集型的加工制造企业，容纳劳动

力多;市场适应性较强等特点。经过半个多世纪的发展,城镇集体所有制经济在我国国民经济和社会发展中已经占有重要地位。多年来,城镇集体所有制经济在保障供给、繁荣市场、改善人民生活、服务工农业生产、增加税收、扩大出口创汇、安置劳动就业和维护社会稳定等方面,都发挥了重要的作用。

1. 发展壮大了社会主义公有制经济。1998 年末,全国集体工业总产值达到 13180 亿元,占全国工业总产值的 19%;以城镇集体工业骨干力量的轻工集体经济为例,1997 年全国轻工集体企业共有 4.01 万个,职工 380.5 万人,完成工业总产值 2267 亿元,分别占轻工系统企业总数、职工总数、工业总产值的 76.5%、43.9% 和 38.4%。据 2001 年《中国统计年鉴》仅对规模以上 31018 个集体工业企业的统计(还有大量中小集体企业未在此统计数字之内),工业总产值为 14886.3 亿元,占全国工业总产值的 15.7%;其中集体企业同比增长 10.8%,股份合作制企业增长 13.4%,增长速度居国有、股份制、外资等各类企业之首,城镇集体经济已成为我国社会主义公有制的重要组成部分。

2. 为增加市场有效供给、活跃经济、满足人民生活需要起了重要作用。城镇集体工业企业绝大多数都是生产人民生活必需品,产品涉及群众日常生活的各个方面。自改革开放至 2000 年的 22 年间,仅轻工集体企业就为社会提供日用消费品 19221 亿元(企业销售收入)。城镇集体企业点多面广,经营灵活,与群众的生产、生活密切联系,在日用品生产、销售、服务等方面具有明显的优势和重要的作用。

3. 扩大就业,容纳了城镇大量劳动力。1979—1990 年的 12 年间,全国城镇就业人数 9300 万人,其中在城镇集体企业就业的就占 30%;1990 年在城镇新就业的人员中,安置到城镇集体企业单位的就达 235 万人,占 29.9%。1990 年与 1979 年相比,集体职工增长 56%,增加 1275 万人。特别是在就业问题成为社会、政治问题的知青返城时期,1978 年 500 万知青返城,给城镇造成巨大的就业压力,1978—1982 年 5 年间,全国各行各业大力发展集体经济,城镇集体企业达到 11.6 万个,增加 15%,安置了就业人员 1237.9 万人。用发展集体经济的办法,有效地缓解了就业压力,维护了社会的安定团结。

4. 形成了一批名牌产品和以名牌产品为龙头的著名企业集团。20 世纪 90 年代以来,集体经济在改革开放中通过市场竞争,结构调整,优化资源配置,形成了一大批具有较强竞争力的名牌产品,如"海尔"、"荣事达"、"春兰"、"澳柯玛"家用电器;"金狮"、"雪豹"、"兽王"皮革制品;"三鹿"奶粉、"万家乐"燃气具、"生力"体育健身器械、"奥妮"化妆品、"东宝"药品等等,并以这些名牌产品为龙头,形成了一大批经济实力雄厚的大型集体企业和企业集团,如青岛海尔集团公司、荣事达集团公司、石家庄三鹿乳业集团、通化东宝药业股份有限公司、浙江生力集团、兽王集团公司、广东万家乐燃气具有限公司,四川天歌股份有限公司,重庆奥妮化妆品有限公司等。这些大型集体企业已成为行业的排头兵和经济发展的骨干力量。同时,这些大型企业集团以大带小、以强带弱,通过联合兼并、法人承包、产权转让等举措,优化资源配置,使一大批"小、穷、亏"集体企业逐步摆脱困境。

5. 增加了国家财政收入,扩大了出口创汇。1978—2000 年的 22 年间,仅轻工集体企业实现利税总额 1461. 8 亿元,其中上缴国家财政收入 1116. 3 亿元,占利税总额的 76. 4% 。据 2001 年统计,3. 1 万个规模以上集体工业企业,集体资产总额达 8013. 59 亿元,工业增加值 2615. 54 亿元,占全国总数的 9. 05% ;销售税金及附加 75. 69 亿元,应缴增值税 287. 82 亿元,资金利税率为 9. 37% ,比全国平均数 7. 99% 高出 1. 38 个百分点,比国有及国有控股企业 6. 88% 高出 2. 49 个百分点。1997 年全国独立核算国有工业企业与集体工业企业经济效益比较,每占用 100 元固定资产所实现的产值,国有企业仅为 72. 6 元,而集体企业达到 256 元,国有企业仅为集体企业的 28% ;每百元固定资产所创造的利润,集体企业为 15. 4 元,国有企业仅为 7. 58 元,国有企业比集体企业低 51% 。对比分析显示:集体所有制工业企业的经济效益是比较高的。1979—1998 年 20 年间,轻工集体企业出口轻工产品创汇 2667. 14 亿美元,占外贸轻工产品出口额的 19. 55% 。

6. 率先实行改革,为推动城镇经济体制改革起了重要的作用。改革之初,城镇集体企业实行由统负盈亏改为自负盈亏,率先进行承包责任制改革试点,打破"大锅饭",克服平均主义,按照"企业自己管,盈亏自己负,干部自己选,工人自己招,工资自己定"的原则,进行人事制度和分配制度等各项改革,调动了职工的生产积极性和创造性,使企业面貌发生了新的变化。随着改革的全面开展,进行股份合作制、租赁制的试点,初步尝试了集体企业产权制度的改革。试点企业在清产核资、明晰产权的基础上,按照自愿、量力、适度的原则,组织企业职工入股,实行奖金自筹,股权平等,风险共担,同股同息。这些做法,尽管存在许多不足,但为国有企业和以后集体企业产权制度改革探索了有益的经验。

可见,我国国民经济持续发展离不开集体经济的发展,坚持社会主义初级阶段基本经济制度、完善社会主义市场经济体制离不开集体经济的发展,劳动者实现小康和共同富裕更离不开坚持和发展集体经济。

三、我国城镇集体所有制经济的改革现状与问题

（一）传统集体所有制经济改革的必要性

1. 改革传统的集体经济制度是建立和完善社会主义市场经济体制的需要。建立和完善社会主义市场经济体制的首要任务是：完善公有制为主体、多种所有制经济共同发展的基本经济制度。实现这个目标，必须坚持公有制的主体地位，毫不动摇地巩固和发展公有制经济；必须积极推行公有制的多种有效实现形式，进一步增强公有制经济的活力；必须大力发展国有资本、集体资本和非公有资本等参股的混合所有制经济，实现投资主体多元化。集体经济是公有制经济的重要组成部分，要实现这个目标需要集体经济的进一步巩固和发展；需要集体经济进行制度创新，建立起"归属清晰、责权明确、保护严格、流转顺畅"的现代产权制度，进而建立现代企业制度，推动多种形式集体经济的发展，以适应多层次社会需求、多层次生产力发展需要。

2. 改革传统的集体经济制度是适应我国全面建设小康社会新形势的需要。集体经济在我国经济社会发展的历程中，发挥了重要作用。在实现全面建设小康社会的目标中，集体经济仍是一支不可忽视的重要力量，要继续发挥这个作用，传统的集体经济必须加快推进改革，通过改革集体企业的体制、机制，使之在市场竞争中更具有活力和效率。

3. 改革传统的集体经济制度是集体经济自身发展的需要。长期以来，传统集体企业沿用国有企业模式管理，政企不分，企业成为政府部门的附属物，失去应有的经营管理自主权和资产的独立地位；企业产权关系不清，归属不明，出资人空缺；产权主体单一，即财产归劳动群众集体所有，排斥了职工个人财产所有权，封闭凝固，排斥了社会法人、自然人的投资参股；企业资产不能按市场机制合理流动和配置；企业组织形式单一；机制滞呆，缺乏激励和约束机制，后劲乏力，这些弊端与市场经济的要求已严重不适应，制约着集体经济的发展，是企业生产经营陷入困境的重要原因。因此，集体经济要发展，传统的集体企业必须以明晰产权为重点进行深化改革，从根本上建立起适应市场经济运行机制，恢复企业内部的活力和动力。

（二）新时期城镇集体所有制经济改革的实践和带来的新变化

20世纪90年代以来，随着经济体制改革的逐步深入，城镇集体经济加快了以明晰产权为重点的改革步伐，并朝着投资主体多元化等多种实现形式的方向迈进，促进了集体经济的新发展，改革与发展取得明显的效果。（1）城镇集体经济制度、体制发生了深刻的变化。大量的传统集体企业通过产权制度改革，产权

主体逐步得到明晰。传统企业单一的产权结构逐步向产权主体多元化转变;传统单一的企业组织形式逐步向多种实现形式转变;传统的生产经营方式向社会化经营方式转变;传统的生产经营体制向资本经营体制转变;传统的企业积累方式向资本集聚方式转变;传统的企业产权制度逐步向现代产权制度转变;传统的企业制度逐步向现代企业制度转变;传统的分配方式向以按劳分配为主、多种生产要素相结合的分配方式转变;传统的管理体制向政企分开的管理体制转变。(2)投资主体多元化的企业迅速发展。改制以来,传统集体企业(主要是轻工集体企业)大量减少,多元投资主体企业却迅速发展,1998 年与 1996 年相比,平均年增长 70%;据 2000 年统计,一百多个县以上集体企业中改制为股份合作制、有限责任公司的占企业总数的 78%,还有的组建企业集团,以实施联合、兼并、租赁、承包、中外合资、出售、合伙、私营、公有民营等。(3)经济效益明显提高,企业发展速度加快。2002 年全国规模以上集体(含股份合作制)工业企业实现总产值 13644 亿元,占全国工业总产值的比重为 12.4%,与 2000 年相比,虽然比重有所下降,但其发展速度加快了 2.2 个百分点,达到 12.7%。企业集体资产逐渐增加,经济实力增强。据国家统计局资料显示,2000 年与 1998 年相比,规模以上集体企业虽然大幅减少,而平均每户企业的资产由 1867 万元增加到 2682 万元,增长了 43.7%。企业的经济效益大幅提高。根据四川省政府轻工行业办公室对全省轻工集体企业改制前后主要经济指标变化对比情况所作的分析显示,改制前后的 1998 年与 2003 年 6 月相比,集体企业减少 86%(603 个),但亏损企业的比重大幅下降,由改制前的 47% 下降到改制后的 22.4%;企业亏损额由原来的 1.9 亿元减少到 581 万元;产品产销率由 95% 提高到 98.55%;利税总额由 1021 万元增加到 8774 万元;利润由 - 14293 万元增加到 3804 万元。(4)集体经济仍是城镇就业的一个主渠道。在 20 世纪 80 年代和 90 年代初,集体企业就业人数占城镇就业总人数的 20% 以上,占城镇安置总劳动力的 30% 以上;尽管近年来城镇集体企业的就业人员大幅减少,但到 2003 年三季度末,它的就业人员仍有 1078 万人,与国有单位一起就业人员达到 8139 万人,占城镇全部就业人员 10904 万人的 74.6%;轻工行业 2003 年 1—7 月,集体和股份合作制企业就业人员为 186.7 万多人,国有企业为 114.87 万多人,私营企业和合伙企业为 98.9 万多人,集体企业就业人数是最多的。这表明集体经济仍然是城镇就业的主要渠道之一。(5)多种形式的新型集体经济组织不断涌现。主要有:国有、集体小企业改制为股份合作制企业。在国有大中型企业实行主辅分离中,兴办一批新型集体经济组织,有的设置集体资产管理中心,支持职工个人出资,建立新型集体经济组织。如宝钢集团组织的企业开发总公司已有各类产业单位 140

多家,总资产达 45 亿元,现有的 13000 余名在册人员中,除少数是向社会招聘的高学历人才外,大都是宝钢建设和改革中的征地工、分流人员和家属工;2001 年公司实现销售收入 65 亿元,利润 1.98 亿元。科技人员"下海"自筹资金,带着一批科研成果,创办一大批采用股份合作制形式的科技企业。如上海市至 1998 年底,全市兴办的这类科技企业已达 752 户,共有职工 15320 人,销售总额为 19.6 亿元,实现利润 1.7 亿元,人均创利 1.1 万元,人均利税水准高于民营科技型的集体、私营企业。这表明,兴办新型集体经济组织,既开辟了安置职工就业的渠道,保持社会稳定,又为地方增加财政收入作出贡献。

(三)当前城镇集体所有制经济改革与发展中存在的主要问题及原因分析

1. 城镇集体经济改革中企业存在的主要问题。党的十四届三中全会以来,城镇集体经济改革与发展取得了很大的成绩,但是,目前城镇集体经济在改革发展中也存在着许多亟待解决的问题和困难,这些问题主要有:(1)相当部分集体企业改制和发展步履艰难,改革改制进程滞后,集体经济处于萎缩状态,企业和从业人员大幅度减少;(2)相当部分集体企业产权关系尚未理顺,共同共有的集体资产出资人尚未到位,产权多元化结构进展缓慢;(3)企业改制不规范,改制企业的法人治理结构不完善,股权结构不合理;(4)集体资产经营监督不力,流失严重,企业和职工合法权益得不到应有的保护;(5)不少改制企业的职工劳动关系未变更,职工变更劳动关系得不到经济补偿金,离岗、下岗职工生活困难。

2. 存在问题主要原因分析。当前城镇集体经济改革发展存在的问题其原因是多方面的,有企业自身的原因,也有企业外部的原因。

企业内部原因:

(1)集体企业历史负担沉重。设备陈旧,缺乏技术和人才,产品老化,竞争能力差,经营不景气,加上改制成本高,许多困难企业难以进行改制;无资金投入扩大再生产,制约了企业发展。

(2)企业产权关系比较复杂,界定集体资产的产权主体难度较大。由于城镇集体企业形成于不同历史时期,资产来源比较复杂,产权关系模糊;职工构成也比较复杂,人员变动大,加上政策法规不够明确,因此,集体企业在产权界定中,对投资积累与劳动积累的确认与划分,集体资产产权主体的界定比较困难。

企业外部原因:

(1)认识上的偏差。党的十五大、十六大都充分肯定集体经济的地位作用,提出深化集体企业改革的要求,但在落实中,思想认识不一,有的认为国有经济要从一般竞争领域退出,集体经济也要限时"退出";有的认为集体企业产权制度改革,要以集体资产退出为主线,把集体共同共有资产"分光"、"卖光";有的认为集体经济代表落后生产力,在市场经济中必然"消亡",等等。由于认识上的偏差,在实际工作中对集体经济改革发展不重视,不支持,甚至对其加以歧视或排斥。

(2)国家有关集体经济的政策和法律、法规滞后。《中华人民共和国城镇集体企业条例》(简称《条例》)已颁布十多年,而集体企业改革的实践出现了许多新的情况,突破了《条例》的规定,但至今尚未作修改,国家也没有新制定城镇集体经济法律、法规。国家体改委1997年发布的《关于发展城市股份合作制企业的指导意见》的有关内容,也已滞后于股份合作制企业改革的实践。近几年来有的地方陆续出台了一些集体企业改革、改制的文件,但由于近十多年来没有全国性统一的集体企业改革发展的政策法规,集体企业改革发展缺乏政策指导,改制无法可依,很不规范,有的改制后无法顺利变更法人等。集体企业改革在界定企业集体资产产权主体,确立出资人时也因法规不完善带来了困难。1996年国家对城镇集体企业、单位进行清产核资,有关部委联合制定了城镇集体所有制企业、单位产权界定暂行办法和具体规定,对集体企业、单位资产中属于国家、集体、个人及各类经济组织的财产产权界定有了法规政策依据,而对于劳动群众集体所有的资产产权主体,以及企业成员边界未作出具体规定。由于集体共同共有资产的出资人至今未能到位,没有合法的地位,对外投资时得不到法律支持;集体共同共有资产常被有关部门误认为是"模糊资产"、"无主资产";在企业改制中,以"公有资产"为名把这部分资产收归上级主管部门,划归国有资产;有的把全部共同共有资产分到个人作为明晰产权的目标,造成集体资产严重流失,企业和劳动者的合法权益得不到保护。对符合集体经济特点和市场经济要求的新型集体企业也缺乏法律支持。

(3)政策上的差异和不落实。①城镇集体企业运行政策环境不如国有企业、私营企业宽松。突出表现在:一是许多地区集体企业改制成本无国家政策支持。为了解决国有企业的困难和国有企业职工基本生活保障等问题,国家出台了一系列政策法规,而集体企业没有相应的政策法规,不能享受国有企业的政策。如国有企业职工下岗分流,国家给予基本生活费,财政、社保、企业三家抬,集体企业职工下岗分流,仅企业一家抬;国有企业职工改变劳动关系,国家给予经济补偿,允许用现金或国有净资产置换身份,不足部分国家兜底,而集体企业国家不兜底。由于集体企业改制成本无人帮助承担,职工基本生活无保障,制约了集体企业深化改革,已成为影响稳定的社会问题。二是集体企业破产兼并无优惠政策。国有企业破产依据的是《中华人民共和国企业破产法(试行)》《国务院关于在若干城市试行国有企业破产有关问题的通知》《兼并破产和职工再就业有关问题的补充通知》，以及最高人民法院的相关司法解释。而集体企业破产只能依据 1991 年 4 月 9 日第七届全国人民代表大会第四次会议通过的《中华人民共和国民事诉讼法》第十九章"企业法人破产还债程序"。其主要的政策性差异是：国有企业破产时资产变现首先用于安置职工，集体企业破产资产变现的清偿首先用于归还债务；国有企业破产职工安置费由财政部门兜底，集体企业破产财政部门不负责兜底；国有企业依据"关于停产整顿、被兼并、解散和破产企业贷款停减缓利息处理问题的通知"等规定，在被兼并时银行债务可享受停息挂账、还本免息等优惠，集体企业不能享受。三是集体企业在产业准入、融资信贷、股票上市等方面不能享受与国有企业同等政策；在不少私营经济开发区，私营企业可按带征税规定，即将营业税、所得税、个人调节税等合并以固定税率纳税，而集体、股份合作制企业则不能执行。这种不平等政策阻碍了传统集体企业的改革和新型集体经济组织的发展。②《中小企业促进法》及其相关配套政策所规定的各类所有制中小企业平等对待的政策，在实际执行中集体企业难以落实，形成事实上的不平等。

(4)集体经济的管理体制不健全，政府主管部门、管理人员力量薄弱，宏观指导乏力。集体企业联合经济组织，有的法人地位不明确；有的被撤销；有的成为"空壳"机构；有的经济实力不强，服务功能难以体现，今后的改革方向也不明确。

(5)政府部门、上级主管部门仍套用国有企业模式管理集体企业。政企不分，企业仍是政府主管部门的附属物，集体企业缺乏应有的自主权，企业改革改制的形式、集体资产的处置，按国有企业实施，政府主管部门或国有资产管理部门说了算，不经企业职工(代表)大会讨论决定，侵犯了集体企业的自主权，随意平调集体资产等。

四、对城镇集体所有制经济的再认识与改革发展的思路

(一)对集体所有制经济内涵和特征的再认识

我国对集体经济概念的认识是随着经济社会变革而变化的。党的七届二中全会和我国第一部《宪法》都肯定：劳动群众集体所有制与合作社所有制的同一性。合作社成员拥有自己的作为生产要素的财产权权益，是劳动者作为出资人的联合。20 世纪 50 年代后期，在文件、词典、教科书中集体经济概念表述为：集

体经济是以社会主义劳动群众所有制为基础的经济,与国营经济同属于社会主义公有制经济;集体经济的生产资料和劳动产品由集体的劳动者共同占有。这里排除了劳动者个人所有的财产权,也否定了集体经济与合作经济所具有的同一性。改革开放以来,随着集体经济多种实现形式的出现,推动了集体经济理论的创新。党的十五大报告提出:"劳动者的劳动联合和劳动者的资本联合为主的集体经济,尤其要提倡和鼓励"(简称"劳动者两个联合")。这一论述,又一次肯定了在集体经济中劳动者可以拥有个人产权。党的十六大提出:"继续支持和帮助多种形式的集体经济的发展",明确了集体经济可以而且应当有多种实现形式。这些论述,是对我国集体经济概念的重新认识和创新,进一步明确了我国集体经济发展应坚持的方向。最近十届全国人大二次会议通过的宪法修正案继续明确规定,城镇中的"各种形式的合作经济,都是社会主义劳动群众集体所有制经济",再次肯定了集体经济与合作经济的同一性。

我们认为:从宽泛的意义上说,集体经济也可称为民众或公众经济,是民办、民营、民有、民享经济,它存在于国有与私有(个体)经济之间;存在于合作制、公司制企业、社区、社团和城市、农村等各个领域。根据我国《宪法》确定的基本原则,党的十五大和十六大对集体经济的论述,结合群众改革创新的实践经验,我国新时期集体经济的内涵可作以下概括:集体经济是生产资料属于一定范围内劳动者(成员)按份共有和共同共有的社会主义公有制经济的基本形式,它有多种实现形式。以"劳动者的劳动联合和劳动者的资本联合为主的"新型集体经济组织,兼容合作制与公司制的特点。

1. 集体经济组织的产权制度。(1)产权归属清晰。集体经济组织有明晰的产权边界,其集体财产所有权归属于劳动者在共同劳动基础上的按份所有和共同所有。劳动者可以个人持股,以自然人为股东;劳动者也可以共同共有,以法人持股成为产权主体。共有资产的所有者限定在特定集体经济组织的成员范围内。集体共有资产劳动者对共有财产享有权利,承担义务。(2)权责明确,职工对企业拥有控制权。职工主要通过控股和企业章程规定取得对企业的控制权,不同企业可以分别采用绝对控股或相对控股形式;劳动者可以大股东的身份,参与企业决策和管理,选择经营者,选择适当的治理结构和决策方式。(3)资金流动顺畅,企业产权主体多元化,社会融资渠道开放化。企业除内部职工入股外,还可以吸纳企业外部自然人、法人,包括国有资本,形成产权主体多元化、融资机制开放的混合所有制。目前的股份合作企业和职工持股公司的股本结构,一般以劳动者出资为主,同时吸纳企业外部的私人资本、国有资本,拓展了社会融资渠道,改变了过去集体企业发展仅仅依靠"自我积累"封闭的营运轨迹。这种兼容国有、私有的混合所有制,为集体经济发展提供了更广阔的平台。

2. **集体经济组织的分配形式。**实行"劳动分红",企业形成劳动与其他生产要素共享利益的分配制度。在企业中,劳动者可以生产要素和资本要素入股,共享企业收益。合作社有"惠顾"原则,规定社员按贡献参与分配。股份合作制企业、职工持股公司劳动者可按生产要素的差异折股,设置岗位股、经营者期股等。这是在市场经济条件下,合作制"惠顾"原则以股权化实施的一种新形式。集体经济组织的企业职工参与分配的途径有两条:(1)按照职工在企业中的劳动贡献获取的工资收入,这是按劳分配的形式;(2)按股分红,按照"同股同利"的原则保证企业外部出资人与职工股东平等的权利,而职工以生产要素折股的部分分红,实际上是按劳分配。劳动与资本共享利益分配制度可以极大地调动劳动者的积极性。

3. **集体经济组织有多种实现形式。**公有制实现形式多样化是我国公有制理论的新突破,从近年来全国城镇集体企业改革的实践来看,单一集体所有的企业越来越少,集体经济实现形式出现多样化,主要有:新型的合作制企业、股份合作制企业、职工持股的有限公司和股份公司等。这些组织形式的共同点是:通过企业产权制度改革,产权归属清晰;推行职工持股制,确立职工个人所有权;以集体资本为主,国有资本、非公有资本组合的混合所有制企业,产权结构多元化。

4. **集体经济组织具有"五性"特点。**(1)群众性。集体经济组织是劳动者为了保护自己的共同利益,实现共同富裕,按照自愿互利的原则,共同出资组织起来成为"手拉手,一起干"的群众性经济组织。它具有合作性和互助性。(2)民主性。集体经济组织的职工既是劳动者,又是出资者,职工(成员)共同制定章程,规定治理结构,参加民主管理,成员的权利和义务是平等的,职工(代表)大会或者股东大会是企业的最高权力机构,劳动者一般通过出资或按照章程取得对企业控制权,采用"一股一票"或"一人一票"的形式决策。(3)共有性。集体经济组织的集体资产是劳动者在共同劳动基础上形成的共有资产。共有资产在共同共有关系存续期间不可擅自分割。共有资产用于集体事业的发展和职工(成员)的共同富裕。(4)兼容性。集体经济组织可以兼容合作制与公司制的特点,融合劳动与资本要素;采用合作制、股份合作制、公司制等作为企业的基本组织形式,形成一种以员工持股为特征的集体资本、国有资本、私人资本合作共赢的混合所有制经济。(5)灵活性。集体经济组织一般集聚在竞争领域,在市场经济的"夹缝"中生长,需要因时因地创造它的新形式,以适应市场经济和社会发展的需要,凸显集体经济强大的生命力。

5. 集体经济组织是自愿组合、自主经营、自负盈亏、自主管理的自治经济组织,是独立的市场竞争主体。

(二)进一步深化城镇集体所有制经济改革发展的思路和途径

新时期城镇集体经济深化改革与发展总的思路是:以邓小平理论和"三个代表"重要思想为指导,贯彻落实党的十六大和十六届三中全会精神,坚持科学发展观,解放思想、实事求是、与时俱进,从集体经济实际出发,进行制度改革、体制创新。深化集体企业改革,以明晰产权归属为重点,建立现代产权制度,做到产权归属清晰、员工权责明确、资产保护严格、股份流动顺畅,进而建立起与市场经济体制相适应的现代企业制度;大力发展以职工持股为主要特征的集体经济多种有效实现形式;企业改制要与调整结构、改造技术、改进管理、改善环境相结合。加快集体经济发展,为实现共同富裕,保持经济与社会统筹协调发展,全面建设小康社会作出新的贡献。

深化城镇集体企业改革和发展多种形式集体经济的途径是:

1. 以明晰产权归属为重点,加快传统集体企业改革。通过制度改革创新,使传统的集体企业摆脱"二国营"模式,发展为新型的集体经济组织。(1)明确界定企业的产权关系,确立出资人。依据"谁投资、谁所有、谁受益"与"谁积累、谁所有"相结合的界定原则,明晰产权主体。界定为企业劳动群众集体所有的资产,由企业职工(代表)大会行使集体资产所有权,确立集体资产的管理者、经营者和出资人代表。具有法人资格的企业工会、职工持股会都可作为出资人代表,代行投资主体职能。集体企业在产权制度改革时,也可以把劳动积累形成的部分资产,按照职工的岗位责任、工作年限、贡献大小量化给职工,并与职工入股相结合,量化的比例、方式应由企业自主决定。在资产量化时,对离休、退休、下岗和内退人员的相关利益必须给予保障。(2)改革和完善企业财产组织形式。从本地区、本企业的实际出发选择和创新集体企业的组织形式。要坚持生产力标准,选择有利于充分调动企业经营者、管理者和劳动者的积极性;有利于提高企业活力和增加竞争能力的组织形式。从目前实际情况看,除少数企业可以通过出售转让外,还可以采取员工集体收购、兼并、分块搞活、合资合作、存量折股增量扩股、引进外资等,改造成为股份合作制企业和股份制企业。(3)把企业改革与加强企业管理结合起来。企业改制后继续推进内部经营机制转换,真正建立起富有活力和效率的内部管理制度。在推进投资主体多元化的基础上完善内部治理机制,加强企业法人治理结构建设,促进投资者、经营者各尽其责、协调运转;要建立对企业经营者的激励和约束机制,探索多种有效的分配方式;要把企业改制同技术创新结合起来,努力提高企业科学管理水平。(4)对长期亏损、资不抵债、扭亏无望的城镇集体企业,实施关闭歇业,做好职工的分流安置工作。

2. 进一步调整和规范股份合作制企业,使其真正成为以劳动者"两个联合"为主的新型集体经济组织。股份合作制企业是中小企业进行制度创新的重要形式之一,体现了劳动者的劳动联合和劳动者的资本联合。股份合作制的推行,在摆脱企业经营困难,解决职工就业等方面起了积极作用。但早期股份合作制企业在体制上存有许多缺陷,如强调"人人持股"、"平均持股",导致新的大锅饭,忽视对企业经营者的激励机制,影响了经营者的积极性;企业决策采取"一人一票"制,忽视治理权与管理的分离,既影响企业决策效率,又提高企业运营成本;企业股权结构封闭性、内部化,忽视企业从实际出发,设职工个人股与外部法人、自然人股的灵活性,影响了外部资金的投入,也影响了职工股权转让;在股权设置上强调设置集体股,没有确定这部分共有资产的法律地位,没规定其所有者、收益者及其用途等,职工身份也没有改变等。因此,股份合作制企业需要按照建立现代企业制度的要求进行调整和规范,推进其继续发展。(1)调整企业股权结构。股份合作制企业具有"两个联合"的特征,实行"职工持股"制度,但职工持股不等于"人人持股"、"平均持股";企业的治理结构以职工取得对企业控制权为特征;在决策上可以采取"一人一票"和"一股一票"相结合的形式;鉴于职工所承担的责任和作出的贡献不同,持股必然要拉开差距;经营者群体可以逐步相对持大股,鼓励企业股权内部流动,可以通过把部分集体股和联社股转让给经营者群体和企业劳动者,扩大职工持股比例,同时可以吸纳企业外自然人、法人资金入股。(2)切实转变职工身份。改变企业的用工机制,推进劳动关系市场化,按照市场化的法则,重新处理原有股份合作制企业的职工身份,给予职工一定的经济补偿。(3)进一步转换企业经营机制,加强企业管理,使企业真正成为自主经营、自负盈亏、自我发展、自我约束的生产经营实体和市场的主体。

3. 大力发展集体资本控股或参股的混合所有制企业,发展壮大集体经济。在国民经济结构调整中,本着有所为有所不为、有进有退的原则,对集体企业和联社的集体资产进行调整重组,通过多种形式和渠道吸纳非公有资本进入,同时集体资本也可以通过多种形式和渠道参股国有企业和私有企业、外资企业,形成不同性质资本相互参股组成的股份制企业。

4. 通过多渠道组织广大劳动者,积极探索和创新集体经济的多种实现形式,走共同出资,共同劳动,共享利益,共担风险的道路。尤其是要在都市型企业、劳动密集型企业、社区服务企业、小型科技企业,以及国有大型企业主辅分离的服务企业中大力发展多种形式的新型集体经济。

5. 积极发展多种形式的公众持股基金组织,壮大集体经济。

五、促进我国城镇集体所有制经济深化改革与发展的若干建议

我国是社会主义国家,实行的是公有制为主体、多种所有制经济共同发展的基本经济制度。党的十六大报告明确指出:"必须毫不动摇地巩固和发展公有制经济"。"集体经济是公有制经济的重要组成部分,对实现共同富裕具有重要作用"。"深化集体企业改革,继续支持和帮助多种形式的集体经济的发展"。党的十六届三中全会进一步明确指出:"以明晰产权为重点深化集体企业改革,发展多种形式的集体经济"。党中央的重要决策充分肯定了新形势下我国集体经济的地位作用,明确了改革的方向,以及党和国家对集体经济的方针政策。发展多种形式集体经济,是巩固和发展公有制经济的需要,它有利于扩大城镇居民就业,有利于劳动群众走向共同富裕、有利于增加公共积累和税收,有利于促进区域经济的协调发展,有利于社会的稳定,是树立和落实科学发展观的具体体现,也是全面建设小康社会的一项重要战略措施。因此,当前应当抓紧把《宪法》、党的十六大和十六届三中全会确定的方针政策具体化,并落到实处,为城镇集体企业深化改革,发展多种形式集体经济,创造良好的外部环境。

(一)加快制定城镇集体所有制经济深化改革与发展的相关政策

1. 尽快研究制定全国性《进一步深化城镇集体经济改革的指导意见》。为了指导和帮助各类城镇集体企业(包括厂办集体企业、国有中小企业转制为集体企业)进一步深化改革,鼓励和支持集体经济的多种有效实现形式的发展,建议国家发展改革委员会和有关部门尽快制定全国性《进一步深化城镇集体经济改革的指导意见》,其内容包括:明确集体企业改革的方向、目标和途径,推动集体企业逐步建立现代企业制度;大力发展劳动者"两个联合"为主的多种形式集体经济;改革的政策措施要从稳定大局出发,切实解决职工就业、生活保障问题,保护企业的自主权和集体资产所有者的合法权益。

2. 抓紧制定《促进股份合作制企业发展的指导意见》。股份合作制企业是我国改革中群众创造的新事物,是中小企业制度创新的有效形式,也是集体、国有企业改制的重要途径,目前在城乡大量存在。建议有关部门制定全国性的《促进股份合作制企业发展的指导意见》,以进一步指导和规范股份合作制企业新发展。

（二）加快集体经济立法，以法律保障多种形式集体经济的健康发展

1. 修改和完善《城镇集体企业条例》。作为城镇集体企业惟一的一部法规，该条例自1992年实施以来，对促进城镇集体经济改革与发展起到了很好的作用，但是，一些条款已不适应当前新的形势和城镇集体企业改革与发展的现状，例如：对集体企业的界定和投资主体、职工出资要素、企业的组织形式、企业变更的审批、企业资产的管理和监督等条款的内容都需要加以修改补充。建议立法部门结合城镇集体经济发展的实际，适时对《条例》予以修改和完善。

2. 加快合作经济组织的立法进程。改革开放以来，合作经济组织迅速发展，但城乡合作社至今没有明确法律地位，无法在工商部门注册。建议有关部门依据《宪法》的有关规定，进行深入调查和专题研究，借鉴国外已制定合作经济法的国家和地区的经验，起草我国《合作经济组织法》，通过法律来规范合作经济组织的行为，保护合作经济组织的合法权益，以促进各类合作经济的快速健康发展。

3. 尽快制定《集体资产监督管理条例》或《集体资产监督管理办法》。多年来，集体企业在改革发展中存在着集体资产被平调、侵占的现象，加之在企业改制中对集体资产的处置又缺乏法律规定和法律保障，使集体资产严重流失。建议国务院有关部门尽快制定《集体资产监督管理条例》或《集体资产监督管理办法》，确立集体资产的出资人；规范集体资产的产权转让与变更，建立集体资产的运营与监督管理机制，健全规章制度，实行民主监督，维护所有者权益，使集体资产的所有者、经营者、管理者和监督者到位，各司其职，各负其责，促进集体企业建立现代产权制度。

4. 制定《职工持股会管理办法》或《职工持股公司管理规定》。职工持股是改革的必然趋势，国外企业普遍存在。我国有关部门规定，公司职工持股会不具有法人资格，不能进行本公司以外的其他投资活动，只能成为本公司内部职工股的管理组织。这种规定有悖于党的十六届三中全会关于建立现代产权制度和"各类资本的流动和重组，推动混合所有制经济发展"的要求。应当制定《职工持股会管理办法》或《职工持股公司管理规定》，确立职工持股会的合法地位，使职工持股（会）公司规范运行。

（三）改善集体企业改革改制的政策环境

1. 采取切实措施解决集体企业改制成本的支付。

（1）集体企业改制应按规定支付拖欠职工的工资、生活费、医疗费、集资款、企业欠缴的养老、医疗、失业等社会保障费用以及欠缴的职工住房公积金。这些

费用应在企业产权界定前由企业出资各方共同承担。

（2）集体企业改制在依法解除职工劳动关系时，应比照国有企业的政策给予经济补偿金。经济补偿金按照不低于同一地区国有企业职工的补偿标准发放。经济补偿金可以采用现金方式支付，职工被新企业重新录用时，经济补偿金也可以作为个人在新企业的股权或债权。经济补偿在原改制企业的资产处置时优先支付。

（3）集体企业改制成本由企业、联社、各地政府共同承担。职工安置费用，原则上由改制企业自身资产解决，若企业存在缺口，不足部分应允许从土地转让收益中按一定程序纳入改制成本。若仍有不足，则由财政予以支持，负责兜底解决集体企业职工安置费用。这是因为，长期以来集体企业创造的纯收入，大多通过各种税费形式上缴国家财政，构成国家财政预算收入的组成部分；集体企业还安排了大量人员就业。集体企业同国有企业一样对国家经济建设和社会稳定作出过积极贡献，现在集体企业改制，职工应当与国有企业职工享受同等政策待遇。

（4）允许长期亏损、资不抵债的集体企业，按照《破产法》规定依法实施破产，享受与国有企业同等政策待遇。银行债务较多但尚有发展潜力的集体企业应本着既有利于困难企业减轻债务负担，又有利于银行减少呆账、坏账的原则，允许改制集体企业的银行债务可以享受免息或打折还本等政策。

2. 允许各类集体企业在新时期的各项政策应与国有企业、三资企业、私营企业享受同等待遇，公平竞争。对职工持股企业给予信贷、税收扶持；消除集体企业在产业准入、融资信贷、股票上市等方面的体制和政策障碍。

3. 对深化改革的股份合作制企业应给予政策支持。股份合作制企业职工未改变原来身份，未得到经济补偿的，在深化改革时，应改变身份，同时给予经济补偿，经济补偿标准应不低于同一地区国有企业职工的补偿标准；对股份合作制企业深化改革后仍然保持"职工持股"的企业，允许其享受政府有关部门制定的私人企业在开发区的优惠政策以及街道合办企业的税收政策。

4. 适当提高集体企业退休人员低保的补助标准。对长期因关停无经济活动，未参加基本养老保险社会统筹，且无力缴纳基本养老保险统筹费的集体企业退休人员，建议在目前低保标准的基础上，适当提高救助标准，妥善解决这部分职工的基本生活保障。

5. 放宽再就业优惠政策对象及范围。允许集体企业离岗职工享受国有企业离岗职工再就业优惠政策，在就业培训、经营场所、税费减免和小额贷款等方面，享受与国有企业下岗失业人员同样的就业扶持政策。

6. 鼓励和支持设立城镇集体经济改革发展基金。建议各地政府要结合《中小企业促进法》的实施,在扶持中小企业创业发展基金中划出一部分专项资金用于对职工持股企业的支持。国家也要鼓励有条件的联社和企业,利用共有资产设立发展基金。其功能是用于发展生产,提高职工福利(包括退休职工的养老保险补充),激励人才,开展培训,合作互助等。这样有利于维护全体劳动者的利益,也能成为新老职工股权转让的蓄水池。

(四)加强对集体经济宏观管理和政策指导,形成政府、联社、学会、企业互动的指导管理体系

我国城镇集体经济大都是中小企业,点多面广,形式多样,产权归属不同。当前集体企业深化改革和新型集体经济的发展急需社会和政府的指导与帮助。建议国家发展改革委员会作为集体经济管理指导的主管部门,适时为集体经济的改革与发展制定经济政策和发展规划,实行宏观管理与政策指导;改善政府部门对集体企业的服务体系,创造集体经济在市场运行中良好的政策、法律环境。

要积极指导和支持联社的改革创新,充分发挥联社的作用。中华全国手工业合作总社和各级联社组织,自20世纪50年代建立以来,对促进全国手工业社会主义改造和城镇集体经济改革与发展,以及保持社会稳定等方面作出了重要的贡献。在新的历史时期,总社、联社通过改革创新,必将具有更广阔的发展空间,发挥更好的作用。充分发挥总社、联社等联合经济组织的作用,赋予其职能,给予其支持,使其成为我国城镇集体经济组织的指导者和服务者。联合经济组织是企业之间联合、合作、谋求共同发展的客观要求,也是市场经济体制下中小企业维护共同利益的重要形式。鉴于各地情况不一,联社改革的模式要从当前实际出发,政府应支持联社走行政支持事业单位、协会、企业联合体等多种途径来实施,帮助联社成为新型集体经济的宣传者,中小企业合作互助的组织者,成为政府联系企业的桥梁和纽带,为集体经济组织和中小企业发展提供指导与服务。

要充分发挥合作经济学会及各类集体(合作)经济研究机构的作用,积极开展理论和政策研究,为企业提供咨询服务,逐步形成一个适应市场经济需要的集体经济互动指导管理体系。

(五)建立集体资产监管组织,加强集体资产的监督管理

建立现代产权制度是完善社会主义基本经济制度的内在要求,是构成现代企业制度的重要基础。在建立现代产权制度中,凡是有共同共有集体资产的企业或组织都应建立集体资产运营与监督管理机制,明确集体资产的所有者、经营者、管理者和监督者,并以法律规章明确各自的职责与权益。按法律规定,所有

者必须是法人或自然人,才可以作为出资人,成为投资主体。所有者是一个群体,但不具备法人资格的,不能作为投资主体。因此,有集体资产的企业、组织需要由成员(代表)大会作出决议,确立或建立一个负责管理集体资产的组织,负责集体资产管理,行使出资人职能,但它必须是登记注册的法人。鉴于集体资产具有多层次的特性,有按份共有的集体资产,有共同共有的集体资产。共同共有的集体资产,有本企业范围内劳动群众共同共有的集体资产,有社区范围内劳动群众共同共有的集体资产,还有联合经济组织或集团公司范围内劳动群众共同共有的集体资产,等等。从集体资产的分布来看,一个载体中的集体资产可能由多个集体经济组织的资产共同构成;一个集体经济组织的集体资产可能分布在若干个不同的经济运行载体中。所以对不同范围、不同层次的集体资产应实行分层管理和分别管理。按份所有的集体资产由于所有者分散,可以采取托管的方式,由专业机构管理;共同共有的集体资产,可以由共同共有人成员大会确定或建立一个集体资产管理组织进行管理。企业内劳动群众的共同共有集体资产可以采取设立基金会,也可以由工会作为出资人代表进行管理,或设立职工持股会作为出资人代表进行管理;联合经济组织范围内的集体资产可以采取设立集体资产管理中心、集体资产协会,或由联合经济组织自身,或由集体资产管理公司代表出资人进行管理;成员单位的共同共有集体资产,也可以委托给联合经济组织管理。

(六)尊重集体企业改制自主权,切实保护企业和职工的合法权益

《城镇集体企业条例》明确规定,职工(代表)大会是集体企业的权力机构,由其决定企业经营管理的重大问题。集体企业的改革改制理应由职工(代表)大会讨论决定,但目前"二国营"管理模式仍制约着集体企业改革改制。因此,要推进政企分开,理顺集体企业与政府主管部门的关系,真正把改革改制的决策权交给企业和职工。集体企业改革改制的方案经职工(代表)大会审议通过后,只要符合国家法律和政策,民主程序健全,按照《行政许可法》,主管单位和政府部门就不应再进行干预和审批。企业已经清产核资界定产权,要确保产权界定的有效性。没有界定产权归属的,任何部门、单位和个人不得随意上收、平调、侵占集体企业资产。

(七)端正舆论导向,大力宣传集体所有制经济

正确的舆论导向是集体企业改革创新和集体经济发展的重要保障。因此必须坚持与时俱进,不断加强对集体经济的理论创新和媒体宣传,用正确的舆论引导集体经济的深化改革和健康发展。要大力宣传党和国家对集体经济重大方针、政策、法律、法规和理论;宣传集体经济在新时期的重要地位和作用;宣传以

明晰产权为重点深化集体企业改革;宣传股份合作制、职工持股公司等集体经济多种实现形式;宣传勇于探索新型集体经济的成功企业经验和经营者的开拓创新精神,弘扬他们为实现劳动者共同富裕所作出的无私奉献精神。

（选自《经济研究参考》2005 年 1 月 9 日出版第 3 期,
第 23—43 页）

根据中国的特点发展集体经济

——学习邓小平同志关于集体经济重要论述的体会

（2004 年 8 月 17 日）

陈士能

邓小平同志从我国的基本国情出发,对集体所有制经济的改革和发展作出过许多极为重要的论述。这些重要论述是邓小平理论的有机组成部分,是在新的历史条件下,对马列主义、毛泽东思想关于集体经济理论的新贡献,也是我们促进集体经济改革发展,夺取改革开放和现代化建设胜利的强大思想理论武器。

从国情出发坚持和发展集体所有制经济

新中国成立不久,我们党对农业、手工业和资本主义工商业进行了社会主义改造,引导和支持发展合作、集体经济,取得了成功。1980 年邓小平同志在《社会主义首先要发展生产力》一文中回顾这段历史时说:"我们长期允许手工业的个体经济存在,根据自愿的原则,其中大部分组织成合作社,实行集体所有制。由于我们是根据中国自己的特点采用这些方式的,所以几乎没有发生曲折,生产没有下降还不断上升,没有失业,社会产品是丰富的。后来,在一九五八年,我们犯了错误,搞大跃进,开始不尊重经济规律了,这就使生产下降了。"邓小平同志的这些话肯定了我们党对农业、手工业和资本主义工商业的社会主义改造,是从中国的国情和特点出发并且是卓有成效的。我国的集体经济起步好,并没有照抄照搬前苏联集体化的做法。对此,邓小平同志也作过明确的论述,他说:"中国的社会主义道路与苏联不完全一样,一开始就有区别,中国建国以来就有自己的特点。……搞社会主义改造,非常顺利,整个国民经济没有受任何影响。"可惜的是,上世纪 50 年代后期我们对国情的认识出现了错误。在所有制结构上,产权清晰的合作社被改造成"财产归大堆"的"二国营",私营经济被限制,实际上是被取消,结果是单一的公有制形式背离了我国多层次生产力发展的要求。在集体企业中,财产"归大堆",职工端起"铁饭碗",吃上"大锅饭",企业也失去了独立经营的自主权,成了政府的附属物。集体经济走过了一条曲折的道路。

怎样从国情出发,认识我国基本经济制度和集体经济发展的经验教训?1984 年邓小平同志提出建设中国特色社会主义的著名论断,他说,"中国搞资本主义不行,必须搞社会主义","社会主义必须是有中国特色的社会主义"。1987年在草拟党的十三大大纲中提出,拟以社会主义初级阶段作为立论的根据。邓小平同志亲笔批示,"这个设计好"。他说,"我们党的十三大要阐述中国社会主义处在一个什么阶段,就是处在初级阶段,是社会主义的初级阶段。"社会主义初级阶段是我国最大的国情。它要求我们坚持公有制为主体,多种所有制共同发展的基本经济制度,在理论和思想上避免"左"右两种倾向。

1982 年我国《宪法》规定"社会主义制度是中华人民共和国的根本制度"、"我国社会主义经济制度的基础是生产资料的社会主义公有制,即全民所有制和劳动群众的集体所有制"。"国家在社会主义初级阶段,坚持公有制为主体,多种所有制经济共同发展的基本经济制度",而且还规定"国家实行社会主义市场经济"。党和国家一直坚持和贯彻这些重要思想和重大国策。1993 年 11 月十四届三中全会《中共中央关于建立市场经济体制问题的决定》指出,"公有制的主体地位主要体现在国家和集体所有的资产在社会总资产中占优势,国有经济控制国民经济的命脉及其对经济发展的主导作用等方面。"党的十五大报告指出,"公有制经济不仅包括国有经济和集体经济,还包括混合所有制经济中国有和集体成分","要支持、鼓励和帮助城乡多种形式集体经济的发展,这对发挥公有制经济的主体作用意义重大"。十六届三中全会通过的《决定》在坚持基本经济制度的前提下,规定了集体经济改革的方向,"以明晰产权为重点深化集体企业改革,发展多种形式的集体经济","大力发展国有资本、集体资本和非公有制资本等参股的混合所有制经济实现投资主体多元化,使股份制成为公有制的主要实现形式"。

根据小平同志提出一切从社会主义初级阶段的实际出发的要求,我们坚持公有制为主体,发展集体经济,在实践中注意要把握两个方面:首先,坚持社会主义方向,坚持公有制的主体地位,必须充分肯定集体经济的地位和作用,保持国有经济和集体经济在国民经济发展中量和质的优势,否则难以保证公有制对国民经济的控制力。其次,坚持集体经济必须推进集体企业改革,创造与生产力多层次和人们认识水平相适应的多种实现形式。

要在市场经济条件下发展集体经济

社会主义市场经济体制的建立和完善拓展了集体经济的内涵和实现形式，劳动者劳动联合与劳动者资本联合为特征的新型集体经济显示了强大的生命力和广阔的发展前景。过去，在计划经济条件下，国家对集体企业参照国营企业管理，任命厂长，调动资产，集体企业的人、财、物、供、产、销都纳入国家计划统一安排，劳动者失去了对企业的控制权和劳动要素参与分配的自主权。在"左"的思想影响下，集体经济被界定为"劳动者放弃个人所有权"的经济形式，实际上是国家以行政手段取消劳动者个人产权。随着我国经济体制从计划经济走向市场经济的转变，集体经济"二国营"模式与管理体制已经成为束缚企业生产力发展劳动者积极性的桎梏。许多集体企业按照小平理论解放思想，大胆实践，以明晰产权为重点，推进体制创新。改革中涌现的新型集体经济是劳动者为了实现共同富裕，共同出资、共同劳动、共享收益、共担风险真正民有民营的经济形式。它坚持合作制的原则，融合公司制的规则。新型集体经济在改革中脱颖而出。与传统集体经济相比，新型集体经济有产权明晰、出资人到位；政企分开、责权明确，企业成为独立市场法人主体；自愿组合、机制灵活、管理科学等特点。集体经济实现形式当前有新组建的合作制，也有改制而来的股份合作制、公司制、企业集团、中外合资等；还有租赁、承包、托管的集体企业。也有集体资本与国有、非公有资本互相参股的混合所有制企业。在这些新型企业中产权关系明晰，资本与劳动要素优化配置，形成了劳动者以个人股、共有股、岗位股参与分配的激励和约束机制；企业制度与技术创新结合，优化产业和产品结构，提高了企业的经济效益和发展后劲。改革开放以来，轻工集体企业不仅造就了一批像海尔、荣事达、春兰、东宝药业、三鹿乳业等知名企业，近几年又产生一批如山西运城制版有限公司、上海华生化工有限公司、上海市海欣股份公司等年销售额在 10 亿元以上的大企业。同时，各地的轻工集体经济还打破了传统的产业界限，结合自身条件和市场需求，发展了一批为汽车、电子、建筑配套的企业，逐步走上规模化、集约化、多元化、国际化发展的新路子。

发展集体经济是劳动者共同富裕的道路

1985 年 8 月，邓小平同志在会见一位非洲国家元首的谈话时说："社会主义有两个非常重要的方面，一是以公有制为主体，二是不搞两极分化"，否则社会主义制度就会失去经济基础，失去人民群众。中国人民的共富裕是小平同志的心愿。早在 1980 年 5 月，他就十分明确地指出："农村政策放宽以后，一些适宜搞包产到户的地方搞了包产到户,效果很好,变化很快。……有的同志担心,这样搞会不会影响集体经济。我看这种担心是不必要的。我们总的方向是发展集体经济"。以后,邓小平曾在视察江苏等地回北京后的谈话中说,"江苏从一九七七年到去年六年时间,工农业总产值翻了一番。照这样下去,再过六年,到一九八八年可以再翻一番。我问江苏同志,你们的路子是怎么走的?他们说,主要是两条。一条是依靠了上海的技术力量,还有一条是发展了集体所有制,也就是发展了中小企业。"党的十六大坚持邓小平理论,指出:"集体经济是公有制经济的重要组成部分,对实现共同富裕具有重要作用。"

小平同志的思想为我国广大农民发展集体经济实现共同富裕提供了强大的动力。现在农村中比较规范的各类合作经济组织已达 10 多万个,呈普遍发展之势。乡、镇、村以集体资产与社员个人资产组合,大力发展新型集体经济,不仅社员收入与生活水平有很大提高,集体资产增值为村里的公共事业与广大社员的福利提供了有力的经济支持。江苏省华西村党委书记吴仁宝带领村民积极发展村集体经济,从 1995 年至今 8 年间,他把自己 3000 万元奖金留给村里,用来发展集体经济,现在村民们有了私家车,住上了别墅;杭州萧山航民实业集团将村集体资产与职工个人资产组合成新的股权结构既调动了职工的积极性,又促进了农民走共同富裕道路。2001 年全村人均收入 2.2 万元成为浙江省的首富村。

小平同志的思想也一直指导着城镇集体经济的发展,指导着劳动者实现就业和共同富裕。1979 年 10 月,邓小平在省、市、自治区第一书记座谈会上的讲话中突出强调:"现在北京、天津、上海搞集体所有制,解决就业问题,还不是经济的办法?这是用经济政策来解决政治问题。解决这类问题,要想得宽一点,政策上应该灵活一点。"事隔一年之后的 1980 年 12 月,邓小平同志在中央工作会议上的讲话中,再次强调指出:"继续广开门路,主要通过集体经济和个体劳动的多种形式,尽可能多地安排待业人员"。此后,党中央和国务院先后发出一系列重要指示,采取多种渠道,广开门路的方针,要求各地各行业大力兴办城镇集体经济,扩大就业,取得了很好的效果。从 1978 年到 1982 年 5 年间,城镇集体企业共安置了就业人员 1237.9 万人,占同时城镇安置就业人数的 32.3%,1978 年底,全国城镇集体工业共有 10.1 万个,职工 1215 万人,当年实现工业总产值 602.5 亿元;到 1982 年企业增至 11.6 万个,职工增至 1533 万人,产值增至 838.5 亿元。现今集体所有制经济仍然在国民经济中发挥着重要作用,据 2000 年上海市统计数据反映,在都市型工业中,集体、合作企业占 40.9%,23% 以上的从业人员安排在集体、合作企业中,集体、合作企业以占 12.3% 的资产创造了 16.3% 的利润和 15.6% 的税金,资产运行的效率是很高的。

　　改革开放的实践证明：发展集体经济是劳动者实现共同富裕的主要路径。在股份合作、职工持股企业中劳动者为了实现共同富裕，共同出资，共同劳动形成一种共有关系，企业中员工既是劳动者又是出资者，员工（成员）之间享有平等的权利和义务。集体共有资产的归属有明确的员工（成员）边界，可以按份共有，也可以共同共有。集体共有资产采用基金会、持股会等法人形式成为企业出资人，员工（成员）具有所有、占有、处置、收益的权利。集体共有资产具有五个功能：一是建立有集体经济特点的员工养老补充的保障功能；二是形成对经营者和企业优秀专用人才的激励功能；三是提高员工共同利益，实现共同富裕的共享功能；四是培养集体合作经济的专用人才的教育功能；五是抵御风险，加强企业间互助合作的发展功能。这样的产权安排为企业增强在市场经济中的生存力，为职工依靠自己劳动创造财富的积极性提供了原动力。

（选自《光明日报》2004 年 8 月 17 日）

总结经验，发扬成绩，
进一步做好就业再就业工作^①（节录）

（2004 年 9 月 3 日）

黄　菊

　　我们要充分认识解决我国就业问题的长期性、艰巨性和复杂性，从实践"三个代表"重要思想、坚持执政为民的高度，树立和落实科学发展观，增强紧迫感和责任感，继续把就业再就业工作摆在党和政府工作的突出重要位置，下更大的决心，花更大的力气，采取更加有力的措施，继续扎扎实实做好就业再就业工作。

　　（一）大力发展多种所有制经济和劳动密集型产业，千方百计增加就业岗位。要根据我国国情，确立有利于扩大就业的经济增长方式，推进经济结构战略性调整，增强经济增长对就业的拉动力。一是在产业类型上，注重发展劳动密集型产业。第三产业特别是服务业吸纳就业能力强，发展相对滞后，潜力很大，尤其要进一步加快发展。要贯彻落实国务院关于鼓励服务业发展的政策措施，努力扩大服务业吸纳就业的能力，既要积极发展餐饮、商贸、旅游等传统行业，又要大力推进教育文化、体育、信息服务等新兴行业。要进一步整合社区服务资源，加快发展社区服务业，开发适合就业困难群体就业的公益性岗位。二是在经济类型上，注重发展非公有制经济。进一步落实和完善促进非公有制经济发展的政策措施，打破市场垄断，简化审批手续，放宽投资领域，拓宽融资渠道，努力营造有利于非公有制经济发展的制度和政策环境。三是在企业规模上，注重发展中小企业。通过完善政策，加大扶持力度，进一步发挥小企业在发展经济、改善生活、扩大就业等方面的重要作用。四是在就业方式上，注重鼓励灵活就业。非全日制、临时性、季节性、弹性工作等灵活就业形式，对转移农村富余劳动力，实现下岗失业人员再就业等方面具有不可低估的作用，要认真总结经验，大力推广劳务派遣、再就业基地和社区组织就业等模式，加快完善和更好地实施与灵活就

---

①　这是中共中央政治局常委、国务院副总理黄菊在全国再就业工作表彰大会上的讲话。

业相适应的劳动就业和社会保险政策,使更多的人通过灵活多样的方式走上就业岗位。

(二)继续抓好政策落实,重点做好困难地区、困难行业和困难群体的再就业工作。今年上半年,就业再就业工作进展比较顺利,进度与任务比较协调,总的态势是好的。但也要看到,各地工作进展不平衡,政策层面和操作层面的难点问题仍然存在,困难地区、困难行业、困难群体的再就业问题有的显得更加突出。要根据当前就业再就业工作的实际,切实加强以下几方面的工作:一是要加大再就业资金投入,确保再就业政策落实。今年,中央财政增加了再就业资金投入,并已落实到位。各地也要加大资金配套投入,管好用好再就业资金,更好地发挥促进就业再就业的作用。在明年的资金安排上,要统筹考虑,加大投入,并形成制度性安排。要进一步抓好政策落实,有针对性地解决目前工作存在的难点和重点问题,特别是解决好政策操作层面上的问题。比如,针对小额贷款落实难的问题,通过加强创业培训和建立信用社区,进一步简化发放程序和手续,更好地支持劳动者自主创业;针对主辅分离落实难的问题,重点解决好改组中资产转移、处理劳动关系和对兴办实体予以扶持等问题,企业组织分流人员进行培训时,可以探索运用失业保险金给予支持的办法。二是重点帮助困难群体实现再就业。在过去两年中,有条件的下岗失业人员已经实现了再就业,没有就业的人员再就业难度更大,更加需要政府的帮助。要大力开发公益性就业岗位,切实落实扶持政策,依托街道社区劳动保障工作平台,逐步推进再就业援助制度化、长期化,帮助困难对象实现再就业。三是加强分类指导,统筹兼顾,重点做好困难地区、困难行业的再就业工作。老工业基地、资源枯竭城市和一些困难行业,由于失业人员积累多,就业门路窄,失业周期长,再就业问题尤为突出。要继续加大对这些地区和行业的支持力度,在推进西部大开发和振兴东北地区等老工业基地中,把促进下岗失业人员再就业作为一项重要任务,通过发展接续产业和特色产业,加强劳务输出等途径,进一步拓宽就业渠道。

(三)强化就业服务,大力开展职业培训。在再就业政策落实和工作推进中,要使就业服务发挥出更大作用。要加快建立和完善公共就业服务体系,推进就业服务的专业化、制度化和社会化。充分利用社会资源,拓展服务功能,改进服务方式,推行个性服务、贴心服务、诚信服务。要把加强人力资源能力建设、增强劳动者就业和创业能力作为一项战略任务来部署、来落实。各地都要普遍推行政府再就业培训补贴与再就业效果挂钩的工作机制,建立创业培训与小额担保贷款政策相结合的工作模式,增强再就业培训和创业培训的针对性、实效性;

加强对新成长劳动力、农村富余劳动力的职业培训,提升他们的就业能力;抓紧实施"国家高技能人才培训工程"和"三年五十万新技师培训计划"。要通过加强培训,逐步改变劳动者素质与经济发展、就业需求不相适应的状况,促进经济发展和就业扩大。

（四）统筹兼顾城乡就业,做好大学生就业和农村劳动力转移就业工作。今年高校毕业生就业压力进一步增大,要按照国务院的部署,努力做好他们的就业工作。各地区各部门要把高校毕业生就业纳入就业总体规划,发挥就业信息的引导作用,建立以市场为导向的就业机制;要组织高校毕业生开展职业资格培训和创业培训,积极开展见习活动,提升职业能力和创业能力,支持高校毕业生自主创业和灵活就业;要加强对大学毕业生的就业指导,强化就业服务,引导大学毕业生转变就业观念,鼓励他们到基层和艰苦地区工作;要加大对高等教育事业发展规模、专业设置和就业状况的统筹调整力度,进一步深化改革,努力形成教育发展与就业、经济发展相互促进的局面。同时,要统筹做好城乡劳动力就业工作,继续促进农村劳动力转移就业。要按照"公平对待,合理引导,完善管理,搞好服务"的原则,实行政府搭台、市场推动、信息引导、规范服务,加强输出地与输入地、用人单位与培训机构的协调配合,大力发展有组织的劳务输出,开展农村劳动力技能培训,促进农村劳动力跨地区就业和有效配置;进一步改善农民进城务工环境,着重解决好拖欠克扣工资、劳动环境差、职业病和工伤事故频发等突出问题,切实维护农民工合法权益;重点做好贫困县农村劳动力职业培训和转移就业工作。

（五）注意把握改革调整的力度和节奏,切实做好失业调控工作。保持就业形势的基本平稳,还需要注意减少失业,进行必要的失业调控。要抓紧制订和组织实施失业调控工作的方案,采取有效措施,防止失业过于集中,把失业率控制在社会可承受的限度之内。要完善政策,加大对国有大中型企业主辅分离、辅业改制的支持力度,利用企业非主业资产、闲置资产和关闭破产企业的有效资产,创造新的就业岗位,安置下岗分流的职工,尽量避免把企业富余人员大量推向社会。把握好国有企业关闭破产、改组改制、经济性裁员以及并轨工作的步骤,与促进再就业工作紧密结合,有效控制失业过量,缩短失业周期。

（六）抓紧解决历史遗留问题,探索建立促进就业的长效机制。一方面,再用两至三年的时间,抓紧解决转轨时期的历史遗留问题。要注意积极稳妥、分类指导、区别推进,实现下岗职工基本生活保障制度向失业保险制度并轨。尚未完成并轨的省份,要结合本地区实际,进一步摸清情况,研究制定人员分流、资金安排等方案和政策措施,作出三年内逐步完成并轨的具体工作计划。在并轨过程中,要把再就业工作贯穿始终,加强社会保险关系的接续。劳动保障、财政等有关部门要对各地并轨工作分别加以指导。对于集体企业职工的社会保障和享受再就业政策以及关闭破产企业职工安置等问题,要在抓紧研究妥善解决东北地区厂办大集体企业人员有关问题实施办法的同时,鼓励其他地区因地制宜,探索有效的解决办法。另一方面,要在此基础上,着手考虑长远性、机制性和制度性问题,力争在三至五年的时间内,探索建立促进就业的长效机制。要对现行就业政策进行认真总结和评估,进一步研究政策的延伸拓展问题,逐步形成具有普惠性和长效性、与社会主义市场经济体制相适应的就业政策体系。对那些市场经济国家惯用,对促进社会其他群体就业有重要意义的政策,要拓宽适用范围;对那些市场经济国家不常用,但适合中国国情,对解决特殊困难群体就业有特殊意义的政策,要完善操作办法;对那些主要用于解决转轨时期遗留问题的特殊政策,要注意范围和期限。要鼓励东部沿海地区先行探索,自费改革,逐步形成城乡一体的就业体制和政策。要按照依法治国、依法行政的总体要求,认真总结就业再就业工作的实践和研究成果,立即着手开展立法调研,加快就业立法工作步伐,形成主要运用市场机制和经济、法律手段解决就业和再就业问题的长效机制。

最后,在做好各项就业工作的同时,进一步做好社会保障工作。要继续做好下岗职工基本生活保障和企业离退休人员基本养老金的按时足额发放工作,认真搞好“三条保障线”的衔接。要努力完善城镇职工基本养老保险制度、基本医疗保险制度和失业保险制度,扩大各项社会保险的覆盖面。要积极稳妥地推进完善城镇社会保障体系试点工作。认真总结辽宁省社保试点的经验做法,完善政策措施,做好黑龙江、吉林两省扩大试点的工作。要特别重视社会保险政策与就业政策的衔接配套,形成社会保障和就业再就业相互促进的良性机制。合理确定各项社会保障的标准,使其既能满足基本生活的需要,又有利于促进就业再就业。充分发挥失业保险对再就业的重要促进作用,有条件的地区可积极探索失业保险基金向“三个方面延伸”的办法,将失业保险基金更大范围地用于促进再就业,配合国有企业实施主辅分离辅业改制分流安置富余人员,以及下岗职工基本生活保障的社保援助。

三、进一步加强就业再就业工作的组织领导。

促进就业,任重道远。各级领导和广大干部要按照中央的要求和部署,把就业再就业工作放在更加突出的位置,进一步加强领导,认真履行职责,加大工作力度,创新工作思路,抓好政策落实,富有成效地把这项工作不断推向前进。

第一，提高认识，加强领导。党中央、国务院关于做好就业再就业工作的方针政策已经确定，各项任务已经明确，解决就业再就业问题，责任在地方，工作也主要靠地方。各级党委、政府要进一步提高做好就业再就业工作重要意义的认识，按照以人为本、全面协调可持续的科学发展观的要求，真正把这项工作作为一项重大的经济任务和政治任务抓紧抓好。党委、政府主要领导要经常听取劳动保障部门的工作汇报，帮助解决实际困难，支持他们做好工作。各有关部门要密切协作，相互配合，形成合力，共同做好就业再就业工作。继续发挥各级工会、共青团、妇联等群众组织和各民主党派、工商联的作用，动员社会各方面力量，关心支持就业再就业工作。

第二，因地制宜，开拓创新。我国经济发展不平衡，各地区之间差异大，必须坚持一切从实际出发，将认真贯彻中央的决策部署与本地实际结合起来，抓住影响当地就业再就业工作的突出矛盾和问题，研究新思路，探索新办法，开辟新途径。要及时发现和总结当地就业再就业工作中创造的成功经验和做法，大力宣传推广。

第三，转变作风，求真务实。就业再就业工作直接面对群众、面对职工、面对企业，直接关系到群众的切身利益。各级政府和劳动保障等部门的工作作风事关党同人民群众的血肉联系，事关各级政府的形象。各级领导要大兴求真务实之风，深入基层，深入群众，深入实际，加强调查研究，掌握新情况，研究新对策，解决新问题，帮助群众特别是下岗失业人员排忧解难。要努力提高政府工作人员的政治素质和业务素质，建设一支廉洁高效的干部队伍，提高工作水平，满腔热情地做好就业再就业工作。

第四，抓紧当前，谋划长远。今年还有三个月，时间紧迫，任务繁重。各地区各部门要抓紧工作，确保完成全年新增就业岗位九百万个、下岗失业人员再就业五百万人、"四〇五〇"人员①再就业一百万人、城镇登记失业率控制在百分之四点七的目标任务，并且为明年的工作打下良好基础。同时，现在就要开始考虑明年的工作规划，在工作目标、资金投入等方面作出统筹安排。要结合制订"十一五"规划，从更长远的角度出发考虑就业再就业工作，确定工作任务和重点，在完善政策机制、加强法制建设等方面早作安排，争取主动。

做好今年和今后一个时期的就业再就业工作意义重大。让我们在以胡锦涛

---

① "四〇五〇"人员，指女性年满四十周岁以上，男性年满五十周岁以上具有劳动能力和就业愿望的下岗失业人员。

同志为总书记的党中央领导下,高举邓小平理论和"三个代表"重要思想伟大旗帜,以科学发展观统领就业再就业工作,坚定信心,开拓创新,扎实推进,努力开创就业再就业工作新局面,为维护改革发展稳定大局、实现全面建设小康社会宏伟目标作出新的更大贡献!

（选自《十六大以来重要文献选编（中）》,中央文献出版社2006年4月版,第210—217页）

财政部、国家发展改革委
关于印发《中小企业发展专项资金管理
暂行办法》的通知

(2004 年 10 月 14 日)

各省、自治区、直辖市、计划单列市财政厅(局)、发改委(计委)、经委(经贸委)、中小企业局(厅、办),新疆生产建设兵团财务局:

为了促进中小企业发展,规范中小企业发展专项资金的管理行为,我们制定了《中小企业发展专项资金管理暂行办法》。现印发给你们,请遵照执行。执行中有何问题,请及时向我们反映。

附:

中小企业发展专项资金管理暂行办法

第一章 总 则

第一条 为了促进中小企业发展,规范中小企业发展专项资金的管理,根据《中华人民共和国预算法》和财政预算管理的有关规定,制定本办法。

第二条 中小企业发展专项资金(以下简称专项资金)是根据《中华人民共和国中小企业促进法》,由中央财政预算安排主要用于支持中小企业专业化发展、与大企业协作配套、技术创新、新产品开发、新技术推广等方面的专项资金(不含科技型中小企业技术创新基金)。

第三条 中小企业的划分标准,按照原国家经贸委、原国家发展计划委员会、财政部、国家统计局联合下发的《中小企业标准暂行规定》(国经贸中小企[2003]143 号)执行。

第四条 专项资金的管理和使用应当符合国家宏观经济政策、产业政策和区域发展政策,坚持公开、公正、公平的原则,确保专项资金的规范、安全和高效使用。

第五条　财政部负责专项资金的预算管理、项目资金分配和资金拨付,并对资金的使用情况进行监督检查。

国家发展和改革委员会负责确定专项资金的年度支持方向和支持重点,会同财政部对申报的项目进行审核,并对项目实施情况进行监督检查。

第二章　支持方式及额度

第六条　专项资金的支持方式采用无偿资助或贷款贴息方式。企业以自有资金为主投资的项目,一般采取无偿资助方式。企业以银行贷款为主投资的项目,一般采取贷款贴息方式。

申请专项资金的项目可选择其中一种支持方式,不得同时以两种方式申请专项资金。

第七条　专项资金无偿资助的额度,每个项目一般控制在 200 万元以内。无偿资助的额度不超过企业自有资金的投入额度。

专项资金贷款贴息的额度,根据项目贷款额度及人民银行公布的同期贷款利率确定。每个项目的贴息期限一般不超过 2 年,贴息额度最多不超过 150 万元。

第八条　已通过其他渠道获取财政资金支持的项目,专项资金不再予以支持。

第三章　项目资金的申请

第九条　申请专项资金的中小企业必须同时具备下列资格条件:

(一)企业法人治理结构规范。

(二)财务管理制度健全。

(三)经济效益良好。

(四)会计信用和纳税信用良好。

第十条　申请专项资金的中小企业应同时提供下列资料:

(一)企业法人执照副本及章程(复印件)。

(二)企业生产经营情况。包括经营范围、主要产品、生产技术、职工人数等。

(三)经会计师事务所审计的上一年度会计报表和审计报告(复印件)。

(四)项目可行性研究报告(复印件)。

(五)环保部门出具的环保评价意见。

（六）其他需提供的资料。

第十一条　申请无偿资助方式支持的,除提供第十条所要求的资料外,还需提供已落实或已投入项目建设的自有资金有效凭证(复印件)。

申请贷款贴息方式支持的,除提供第十条所要求的资料外,还需提供项目贷款合同(复印件)。

第四章　项目资金的申报、审核及审批

第十二条　各省、自治区、直辖市及计划单列市财政部门和同级中小企业管理部门(简称省级财政部门和省级中小企业管理部门,下同)负责本地区项目资金的申请审核工作。

第十三条　省级中小企业管理部门应会同同级财政部门在本地区范围内公开组织项目资金的申请工作,并对申请企业的资格条件及相关资料进行审核。

第十四条　省级中小企业管理部门应会同同级财政部门建立专家评审制度,组织相关技术、财务、市场等方面的专家,依据本办法第三章的规定和当年度专项资金的支持方向和支持重点,对申请项目进行评审。

第十五条　省级财政部门应会同同级中小企业管理部门依据专家评审意见确定申报的项目,并在规定的时间内,将《中小企业发展专项资金申请书》、专家评审意见底稿和项目资金申请报告报送财政部、国家发展和改革委员会。

申报专项资金的项目应按照项目的重要性排列顺序。

第十六条　国家发展和改革委员会会同财政部对各地上报的申请报告及项目情况进行审核,并提出项目计划。

第十七条　财政部根据审核后的项目计划,确定项目资金支持方式,审定资金使用计划,将项目支出预算指标下达到省级财政部门,并根据预算规定及时拨付专项资金。

第十八条　企业收到的无偿资助项目专项资金,计入资本公积,由全体股东共享。收到的项目银行贷款财政贴息资金,冲减财务费用。

第五章　监督检查

第十九条　省级财政部门负责对专项资金的使用情况进行管理和监督;省级中小企业管理部门负责对项目实施情况进行管理和监督。财政部驻各地财政监察专员办事处,对专项资金的拨付使用情况及项目实施情况进行不定期的监督检查。

第二十条　项目单位应在项目建成后1个月内向省级财政部门和同级中小

企业管理部门报送项目建设情况及专项资金的使用情况；省级财政部门应会同同级中小企业管理部门于项目建成后 2 个月内向财政部、国家发展和改革委员会报送项目完成情况及专项资金使用情况的总结报告。

第二十一条　对弄虚作假骗取专项资金、不按规定用途使用专项资金的项目，财政部将收回全部资金。项目因故中止（不可抗力因素除外），财政部将收回全部专项资金。

第二十二条　省级财政部门应会同同级中小企业管理部门每年对本地区中小企业使用专项资金的总体情况和项目建设情况进行总结，并于年度终了 1 个月内上报财政部、国家发展和改革委员会。

第六章　附　则

第二十三条　省级财政部门和中小企业管理部门可根据本地实际情况，比照本办法制定具体的实施办法。

第二十四条　本办法由财政部会同国家发展和改革委员会负责解释。

第二十五条　本办法自发布之日起施行。

附：中小企业发展专项资金申请书（略）

（选自《中华人民共和国财政法规汇编》编委会编著：《中华人民共和国财政法规汇编》2004 年 7—12 月卷，中国经济出版社 2005 年 5 月版，第 675—680 页）

关于对我省集体企业改革情况的视察报告

(2004 年 10 月 15 日)

广东省政协委员第三视察团

广东省黄华华省长对视察报告作出批示:"此调查报告提出的问题值得我们高度重视。请宁丰同志协调省经贸委的有关部门研究和吸纳报告所提建议。"

我省二轻、集体商业经济起源于建国初期的合作化运动,是在城镇各类合作社社员共同出资、联合劳动的基础上,依靠自力更生、合作互助逐步繁衍起来的。历经五十多年的发展,已经成为集体经济的重要组成部分,在发展生产、活跃流通、保障供给、安排就业、拓宽税源等方面,曾经作出重要的贡献。然而,经过改革开放,在市场经济的洗礼下,我省集体企业究竟发展得怎么样?有些什么问题?今后该怎样进一步发展?根据省政协主席会议的工作部署,以省政协副主席王兆林为顾问,经济委员会主任纪力清为团长,省政协常委麦智南、省政协副秘书长李振华为副团长的省政协第三视察团一行 21 人,于 2004 年 7 月 27 日至 29 日,赴省直有关单位和广州市,就这一问题进行了专题视察。视察团认真听取了省二轻联社、省集体商业联合会和广州市经贸委等有关单位的情况介绍,并到一些企业进行了实地考察。现将视察情况报告如下:

一、基本情况和改革走向

近十年来,随着我国社会主义市场经济体制的确立,我省二轻、集体商业系统集体经济在管理体制、产权制度、经营机制等方面暴露出不少的缺陷,结构不合理的矛盾日渐激化,整体发展由盛转衰。针对存在问题,这部分企业也作了很多努力,进行了一定的改革,经历了艰困的发展过程。从目前情况看,除部分改革搞得比较好的企业外,部分城镇工业合作组织仍处于艰难的重组过程,大部分城镇商业合作组织则积重难返、日渐式微。

前一段,我省二轻、集体商业系统集体经济改革和发展的做法主要是:

（一）理顺组织体制，重塑社会化服务体系。上世纪 90 年代以来，随着原行政主管部门的退出，我省二轻、集体商业系统的管理体系和营运体系趋于解体，集体企业改革失去指导、经营欠缺依托，在相当程度上造成了发展的滞后。有鉴于此，我省部分市县在政府的重视和支持下，重新明确了联社的定位，并以联社为核心，将集体企业联合起来，再塑社会化的经营和服务体系，对集体经济的恢复和发展起到一定的作用。如潮州市湘桥区设立统管城镇集体工业企业的综合社，形成了集体企业管理的协同优势和集体资产营运的聚合优势，近年来培植育出 3 家富有市场竞争力的集团式企业，带活了 50 多家穷亏集体企业，从而使该区成为粤东地区集体工业企业数量最多、规划最大、活力最强的楷模。

（二）创新企业制度，加快向混合经济融合。近年来，随着各地推进公有制企业改制力度加大，我省集体企业单一所有制的门槛被打破，部分企业逐步向多种经济成份并存的混合型经济融合。主要取向有三，一是与公司制接轨，通过吸收其它所有制经济成分，实现股权的多元化；二是公转民营，主要是通过产权让渡，使自然人成为企业的产权主体；三是公有民营，量大面广的集体小穷亏企业，在不具备改制条件之前，通过租赁或承包的方式，交由民资民企经营。全省二轻系统 3700 多家企业，2003 年完成公司制改造的占 21.5%，实现公转民营的占 27%，实行公有民营的占 33.42%。改革成功的那部分企业，一般都取得明显的效果。广州市华成电器股份有限公司，原为广州机电集团属下多年亏损的集体企业，2003 年实施资产重组，将 81% 的股权转让给民营企业。企业改制后，重签劳动合同吸纳了原有的全体员工，一次性缴足基本医疗保险将企业退休人员移交社区管理，确保了改革和稳定并行不悖；实现了资本扩张，满足了扩大再生产的资金需求，并投资数千万元在广州民营科技园创立新的发展基地；引入了民营企业紧贴市场的经营机制，大大提高了营运效率。今年上半年，该公司销售收入同比增长 50%，预计在三至五年内，年销售收入将由 2000 多万元猛增至 3 亿元。

（三）明晰共有产权，力促所有者主体就位。我省二轻、商业联合会系统企业在上世纪六十年代，迫于"割资本主义尾巴"，社员原始股金普遍被返还，由此出资人虚位，企业劳动者权益形若虚设。为力促所有者主体重新就位，我省部分集体企业近年来始由推行股份合作制，进而实施购买、配送结合的企业集体股权转让，加大了人格化共有产权的力度。以全省城镇工业合作组织为例，2000 年以前实施股份合作制改造，将 13.33% 的集体股权置换到职工名下；近几年来，股权置换主体发生了新的变化，企业劳动者多采取变更劳动关系领取经济补偿金的形式，完成由共有者变为劳动者的确位，32% 的集体股权由企业经营班子或外部法人受让,使之成为企业的所有者主体。上述改革虽然形式各异,但根治了集体企业出资人不明晰的顽症,对确保企业所有者主体管理到位起到积极的作用。广州穗宝家具装饰厂是我省二轻系统较早试行产权人格化的企业之一,1992年实施股份合作制改造,将共同共有的集体产权,改组为集体股占48.1%,职工个人股占51.9%;2001年再次实施产权重组,将企业集体股权,全部置换到员工名下。产权制度改革,极大调动了员工当家作主的积极性,十年来生产一直保持较快发展,成为我省家具行业集体企业的排头兵。

(四)推进结构调整,放开搞活中小企业。我省集体企业量大面广、基础薄弱,企业老、职工老、产品老和生产规模小的问题相当突出。为遏制近年来集体经济连年萎缩的走势,各地采取积极措施,狠抓集体企业的结构调整,抓大放小,扶优限劣,妥善解决集体劣势企业退出以及职工安置问题,如广州市采取财政借支的形式,帮助集体穷亏企业解决退休职工参加医疗保险问题;拨出1.4亿元专款,支持万宝集团公司解决9100多名职工的分流和安置;通过托管的形式,从国资收益中拿出一定费用,扶持集体企业的结构调整;准予集体所有制的广州铝加工厂比照国有企业的政策,完成该厂近3亿元的债转股,等等。由于政府重视和支持,广州市市属工业系统180多户集体企业,目前已经有90多户实施了调整和整合,一批企业集团重新崛起,相当部分小企业通过改革获得了新生。

二、目前存在的主要困难和问题

我省对集体企业改革发展做了不少有效的工作,但与形势发展要求衡量仍存在不足。目前存在的主要困难和问题有:

(一)归口管理缺位。1995年省级党政机构改革以来,我省一直未能明确二轻、集体商业系统集体企业的主管部门,而原行业主管部门却相继退出政府系列。这种归口管理的缺位,造成有关集体企业的改革和发展长期无人问津,缺乏指导、协调和推进。据反映,近十年来,我省没有出台过有关城镇集体经济改革和发展的政策和意见。

(二)体制创新滞后。由于归口管理缺位,我省对集体企业改革、发展的政策指导力度明显不够。目前我省集体企业体制创新普遍滞后,所有者主体不明晰成为制约企业活力的瓶颈。全省二轻系统因出资人缺位,经营者行为缺乏有效约束,近十年来酿成集体资产净损失达36亿元。而我省二轻系统当前要推进产权制度改革,逐步将范围共有转变为自然人所有,亟待政府在政策层面上提出规范意见,解决界定和返还员工劳动创造积累的难题。

（三）资产权益模糊。集体企业特别是传统的合作制企业，虽然出资人不明晰，但特定范围内劳动者共同共有的属性是明确的。但是，我省不少地方随意扩大这种范围共有的外延，以统一公有资产经营为名，将集体资产划归国有资产经营公司管理，平调侵占集体资财，损害集体企业合法权益。据全省城镇合作工业组织统计，最近三年各地通过划转管理关系，平调、侵占集体资财12亿元。

（四）竞争欠缺平等。我省二轻、集体商业属于公有制经济，但享受有关政策明显有别于国有经济，在市场竞争中处于弱势位置。例如企业改制，国有企业可以减免土地变现或改变使用性质所需的各种税费，而集体企业却寸步难行。国有企业倒闭可以进入破产清算程序，优先支付职工安置费用，而我省二轻系统近年来停业的1200多家企业，清算中优先支付职工安置费用的仅占13%。国有企业下岗的员工再就业，吸纳单位可以享受减免税优惠，集体企业却被挡在门槛之外，等等。

（五）各类人才匮乏。随着员工年龄老化，能工巧匠人亡艺绝，再加上企业经营普遍不善、待遇低，造成人才外流，目前我省集体企业人才匮乏的问题十分突出。据1997年统计，全省二轻系统在职职工年均年龄达41.7岁，具有大专以上学历和中级以上专业职称的人才比重仅为3%。由于人力资源素质下降，严重制约经营管理观念创新和技术进步，导致企业陷入恶性循环。

三、加快改革和发展的几点建议

党的十六大明确指出："集体经济是公有制经济的重要组成部分，对实现共同富裕具有重要作用。"十六届三中全会进一步强调，"要以明晰产权为重点深化集体企业改革，发展多种形式的集体经济"。为进一步加快我省二轻、集体商业经济改革和发展的步伐，视察团提出如下几点建议：

（一）进一步明确归口管理部门，加强对我省集体企业改革和发展的分类指导。建议参照深圳市的做法，明确省中小企业局为二轻和集体商业企业的归口管理部门，负责指导、协调、维护和服务，与此同时，鼓励和支持集体企业联合经济组织的发展，维护其在合作组织中的重要地位，充分发挥其辅助管理和服务的作用。

（二）制定推进我省集体企业产权制度改革的指导意见。建议由省经贸委中小企业局牵头组织调研，拟定指导意见，以突破瓶颈加快我省二轻和集体商业企业产权制度改革；明确省中小企业局负责二轻和集体商业企业维权工作，协调解决权属争议，纠正平调和侵权行为，维护集体经济的合法权益。

（三）统一有关政策规定，为集体企业提供与国有企业平等竞争的平台。特别是在企业解困卸负、企业改制和资产变现、劣势企业退出、破产歇业、富余人员分流、离退休职工保障、下岗失业人员再就业等方面，要为集体企业创造公平竞争的环境。

（四）解除所有制门槛，加大对原由行政机关转制的省属企业的扶持和支持。建议由省经贸委牵头，会同省各有关部门，专题听取改制单位的汇报，解决省属集体企业存在的困难和问题，为省属集体企业创造与国有企业平等竞争的环境。

（此件由广东省二轻集体企业联社提供）

黄菊副总理致中华全国手工业合作
总社第六次代表大会的信

（2004 年 10 月 28 日）

中华全国手工业合作总社第六次代表大会：

欣闻中华全国手工业合作总社第六次代表大会今天召开，谨向大会表示热烈祝贺！并向与会代表表示诚挚的问候！

改革开放以来，我国集体企业深化改革，加快改制，调整结构，集体经济取得很大发展，为繁荣市场、扩大出口、增加财政收入、发展地方经济，以及促进就业等，发挥了重要作用。党的十五大、十六大对集体经济的地位和作用给予了充分肯定。

中华全国手工业合作总社走过了近五十年的历程。五十年来，总社和各级联社通过自己辛勤劳动和不懈努力，为集体经济的发展做出了重要贡献。希望你们以邓小平理论和"三个代表"重要思想为指导，认真贯彻十六大及十六届四中全会精神，在各级党和政府领导下，充分发挥联社作为政府与企业间桥梁纽带的作用，积极推进总社和各级联社的改革、创新，加强自身建设，使各级联社成为政府部门的好帮手，为发展集体经济做出新的贡献。

祝大会圆满成功！

黄 菊

二○○四年十月二十八日

（原件存中国轻工业联合会办公室文电档案处）

顾秀莲副委员长给总社
"六代会"的贺信

（2004 年 10 月 29 日）

各位代表、同志们：

正值全国人民深入贯彻党的十六大和十六届三中、四中全会精神，全面建设小康社会之际，中华全国手工业合作总社第六次代表大会在北京隆重召开。我代表中华全国妇女联合会对大会表示热烈的祝贺！向出席大会的各位代表，并通过你们向全国集体经济战线广大干部和职工群众表示亲切的问候！向受到表彰的全国集体经济先进联社和联社先进工作者表示敬意！

集体经济是我国国民经济的重要组成部分。多年来，集体经济为巩固社会主义公有制、推进社会主义建设事业做出了巨大贡献。在建立和完善社会主义市场经济体制的进程中，我国集体企业深化改革，积极探索公有制新的实现形式，大力发展以劳动者的劳动联合和劳动者的资本联合为主的新型集体经济，充分调动广大劳动者的积极性和创造性，促进了集体经济的持续、稳定和健康发展。在轻工集体经济的改革发展中，女职工发挥了积极作用。她们更新观念，积极投身于企业改革改制，参与企业管理和经营，涌现了一批开拓创新的女先进工作者和女优秀经营管理者，为集体经济的改革发展做出了重大贡献。

党的十六届四中全会做出了加强党的执政能力建设和重大战略部署，这对于进一步巩固党的执政地位，实现全面建设小康社会的宏伟目标，开创中国特色社会主义事业新局面，具有十分重大的现实意义和深远的历史意义。为深入贯彻党的十六届四中全会精神，全国妇女提出了加强妇联组织能力建设的要求，向广大妇女发出了在全面建设小康社会的进程中"创造新岗位，创造新业绩、创造新生活"的号召。希望总社和各级联社与各级妇联组织一起，把"三创"活动作为新世纪、新阶段妇女工作的主线，进一步动员和引导广大妇女紧跟时代步伐，挖掘智慧潜能，激发创造能力，在全面建设小康社会、构建社会主义和谐社会的伟大事业中再建新功、再创新业。

预祝大会圆满成功！

顾秀莲

二〇〇四年十月二十九日

（原件存中国轻工业联合会办公室文电档案处）

在中华全国手工业合作总社第六次代表大会上的讲话[①]

（2004 年 11 月 1 日）

曾培炎

各位代表,同志们:

大家好! 今天,中华全国手工业合作总社第六次代表大会在北京隆重召开。这次会议将总结交流第五次代表大会 7 年以来全国手工业合作社系统改革发展的经验,共商轻工集体企业改革开放和创新发展的大计。这是全国轻工集体经济领域职工政治生活中的一件大事。我代表党中央、国务院对大会的召开表示衷心的祝贺! 向受到表彰的全国集体经济先进联社和先进工作者表示诚挚的敬意! 向全国轻工集体经济战线广大干部职工致以亲切的问候!

中华全国手工业合作总社成立 47 年来,在社会主义革命和建设的各个历史时期,始终认真贯彻落实党和国家的方针政策,在实行手工业合作化、帮助城镇集体经济发展、促进集体企业改革和发展等方面,做了大量工作,为繁荣城乡市场、发展地方经济、增加财政收入、扩大出口创汇、安排劳动就业、保持社会稳定,做出了重要贡献。特别是改革开放以来,总社、各级联社和企业广大干部职工与时俱进,积极进取,在深化改革、扩大开放、调整结构、开拓市场等方面,取得了很大成绩,为发展社会主义市场经济做出了新的贡献。目前,仅规模以上轻工集体企业职工就有 190 万人,2003 年实现销售收入 3700 多亿元,利润 160 亿元。加上众多规模以下的中小企业,各种形式的轻工集体企业、合作企业十分活跃,在国民经济和社会发展中发挥着重要作用。

党的十五大明确指出:公有制为主体、多种所有制共同发展,是我国社会主义初级阶段的一项基本制度。公有制经济不仅包括国有经济和集体经济,还包括混合所有制经济中的国有成分和集体成分。集体经济可以体现共同致富原则,可以广泛吸收社会分散资金,缓解就业压力,增加公共积累和国家税收。要

---

① 曾培炎时任中共中央政治局委员、国务院副总理。

支持、鼓励和帮助城乡多种形式集体经济的发展。党的十六大进一步指出：坚持和完善的基本经济制度，必须毫不动摇地巩固和发展公有制经济，必须毫不动摇地鼓励、支持和引导非公有制经济发展。集体经济是公有制的重要组成部分，对实现共同富裕具有重要作用。深化集体企业改革，继续支持和帮助多种形式的集体经济的发展。党的十六届三中全会要求：大力发展国有资本、集体资本和非公有资本等参股的混合所有制经济，实现投资主体多元化，使股份制成为公有制的主要实现形式。以明晰产权为重点深化集体企业改革，发展多种形式的集体经济。我国宪法也明确规定，农村、城镇各种形式的合作经济，都是社会主义劳动群众集体所有制经济。国家保护城乡集体经济组织的合法的权利和利益，鼓励、指导和帮助集体经济的发展。这些都充分肯定了集体经济的地位和作用，为集体企业改革和发展指明了方向。

当前我国经济形势良好，宏观调控已见成效，改革开放继续推进，人民生活不断改善，社会环境保持稳定。全国手工业合作社系统广大干部职工，要抓住机遇，开拓创新，高举邓小平理论和"三个代表"重要思想伟大旗帜，全面贯彻党的十六大和十六届三中、四中全会精神，认真落实科学发展观。坚持以发展为主题，以经济结构调整为主线，以改革开放和科技进步为动力，不断发展生产力，不断扩大就业，不断改善群众生活，努力走出一条具有中国特色的手工业合作组织发展的新路子。在此，我提出以下几点希望和要求：

第一，深化体制改革，增强企业活力。要按照完善社会主义市场经济体制的要求，结合轻工业、手工业行业的实际，深化集体企业改革，推进制度创新。做好企业改组改制的指导工作，积极发展新型集体经济和合作组织，探索采取社区合作、股份合作、员工持股、公司制等多种形式，把集体经济办成劳动群众互助合作、共同富裕的组织，把合作企业办成市场运行的主体。

第二，推进技术创新，提高企业素质。要按照走新型工业化道路的要求，加快企业技术改造，加强信息化建设和人力资源开发，节约成本，降低消耗，提高劳动生产率，增强企业综合素质。从本行业中小企业比较多的特点出发，面向市场需求，大力发展"名、优、新、特"产品，注重发展协作配套产品，不断提高企业竞争能力。鼓励和支持有条件的企业做强做大。

第三，加强企业管理，维护职工权益。要全心全意依靠职工群众，积极探索新型集体经济条件下加强职工民主管理的有效途径，切实维护职工群众的各项合法权益。把推进改革、改组、改造与加强管理紧密结合起来，建立健全必要的管理制度，不断提高企业生产经营的管理水平，提高经济效益。

第四，借鉴国际经验，扩大对外开放。当今世界，合作化运动发展十分普遍。

国际合作社联盟已有 206 个合作组织,社员人数达到 7.8 亿人。中华全国手工业合作总社也是国际合作社联盟工业手工业合作组织的成员。要加强与各国手工业合作组织的联系和交流,研究借鉴国际合作化运动的有益做法,借鉴欧美一些发达国家手工业繁荣发展的成功经验。支持和帮助企业"引进来、走出去",积极吸收国外先进技术和管理经验,发挥我国传统优势,再创手工业产品经贸和文化交流的辉煌。

在新的形势下,全国手工业合作总社和各级联社要进一步加强自身建设,加强政策法规研究,充分发挥"指导、维护、监督、协调、服务"的职能,发挥好政府与企业间纽带和桥梁的作用,使各级手工业合作社成为党和国家方针政策的宣传者,成为中小企业合作互助的组织者,成为广大职工群众利益的维护者。各级政府有关部门要加强对集体经济与合作经济的支持和帮助,加强对各级手工业合作社与企业改革发展的指导和服务,为发展新型集体经济创造良好环境。

我相信,在以胡锦涛同志为总书记的党中央的正确领导下,在各方面的热情关心和支持下,在广大干部职工的共同努力下,中华全国手工业合作总社和各级联社一定能够承前启后,继往开来,为全面建设小康社会做出新的更大的贡献!

预祝中华全国手工业合作总社第六次代表大会圆满成功。谢谢大家!

(原件存中国轻工业联合会办公室文电档案处)

坚持科学发展观　深化产权制度改革
全面推进集体经济的创新与发展[①]

（2004 年 11 月 1 日）

陈士能

各位代表、同志们：

中华全国手工业合作总社第五次代表大会以来，我国的经济社会发展和各项改革都取得了举世瞩目的成就，总社和各级联社也发生了深刻的变化。在全国人民热烈庆祝中华人民共和国成立 55 周年、隆重纪念改革开放总设计师邓小平同志诞辰 100 周年、贯彻落实党的十六届四中全会精神的时候，今天，我们在这里召开中华全国手工业合作总社第六次代表大会，这是总社进入新世纪后的第一个盛会，也是总社承前启后、继往开来的一次重要会议。

下面，我代表中华全国手工业合作总社第五届理事会，向大会作工作报告，请各位代表审议。

一、"五代会"以来轻工集体经济和各级联社改革发展的主要成就与工作回顾

（一）"五代会"以来轻工集体经济和各级联社在改革与发展中发生了重大变化

自 1997 年"五代会"以来，全国轻工集体企业和各级联社，认真贯彻落实党的十五大、十六大和十六届三中、四中全会精神，紧紧抓住发展这个第一要务，继续突破"观念陈旧，体制落后"两大障碍，以改革为动力，以稳定为前提，克服种种困难，大力推进企业改制和资产重组，依靠科技进步，强化内部管理，调整经济结构，扩大对外开放，加快"两个根本性转变"，使轻工集体经济得到了新发展，出现了新变化。

---

① 这是陈士能在中华全国手工业合作总社第六次代表大会上的工作报告。

1. 轻工集体经济在轻工公有制经济中占有重要位置,经济运行质量进一步提高。"五代会"以来,全国轻工集体企业按照"以公有制为主体、多种所有制经济共同发展"的要求,加快改革改制步伐,不断进行着改组、改造和优胜劣汰。一部分在"二国营"模式下严重亏损、资不抵债、难以生存的企业,已被市场淘汰,而许多企业抓住改革机遇,充分利用有效资产,进行产权制度改革,扩大名优产品生产,加强企业管理,获得了新生,迅速发展,使轻工集体经济在全国轻工公有制经济成份中占有重要地位。一大批改制成功的集体企业成为行业排头兵,对发挥公有制经济主导作用起着举足轻重的作用。据统计资料表明:轻工集体经济总量占全国工业集体经济的三分之一,是全国城镇集体经济的重要力量。年销售额500万元以上企业轻工集体资本贡献率在"五代会"以后平均年增长近10%。2003年,在全国轻工行业中,年销售额500万元以上的国有控股企业有8260个,占企业总数的13.5%,而规模以上轻工集体、股份合作企业有9869户,占轻工企业总数的16.16%,实现销售收入3733.49亿元,占轻工行业总销售额13.4%,实现利润158.23亿元,占12.6%。总资产贡献率为14.22%,比轻工行业平均贡献率高4.62个百分点;比轻工行业国有企业平均贡献率多出9.25个百分点。事实证明,城镇集体经济是国民经济发展不可缺少的重要力量,是公有制经济的生力军,对于巩固我国基本经济制度具有重要作用。

2. 产业结构调整,产品结构优化,技术创新能力增强。轻工集体企业在深化改革中,打破了以加工业为主和小商品生产的格局,加快了结构调整步伐。一是在产业结构上,由第二产业向第三产业延伸。如北京市手工业合作联社、广西联社、上海城镇联社、兰州市联社、福建省泉州市联社等一大批联社,发挥自己的"地段优势",采取"退二进三"和"优二进三"的办法,搞活了企业,增强了自身实力。此外,轻工集体企业还利用自身的优势,发展了一批餐饮、商贸、旅游、房地产、科技开发、教育、咨询服务等第三产业,为优化产业结构,促进经济社会全面协调发展做出了贡献。二是在产品结构上,依靠科技进步,向高新技术方向发展,使家用电器、塑料制品、皮革及皮革制品、室内装饰等行业出现了一批知名企业集团,形成了一批新的支柱行业和产品。多年来集体企业不仅造就了一批像海尔、荣事达、春兰、东宝药业、三鹿乳业等知名企业,近几年又发展了一批如青岛澳柯玛、江门金羚集团、江苏波司登、河北雪驰羽绒制品集团、上海新工联集团、上海华生化工有限公司、山西运城制版有限公司等年销售额在10亿元以上的大企业。这些企业基本上都是集科研、设计、生产、销售、出口为一体的具有高新技术和名牌产品的企业。三是在产业链的延伸上,各地的轻工集体经济打破了传统的行业界限,结合自身条件和市场需求,发展了一批为汽车、电子、建筑配套的企业,逐步走上规模化、集约化、多元化、国际化发展的新路子。吉林省长春市、湖北省武汉市和十堰市等地的轻工集体企业,抓住当地汽车产业发展的机遇,进行配套生产。上海市协力卷簧厂、景德镇陶瓷厂等企业为"神舟五号"宇宙飞船上天做出了贡献;上海城镇工业合作联社下设的上海康阔光通信技术有限公司,以熔融拉锥技术生产的光纤分路器,填补了国内空白,在世界上处于领先地位。

3. 企业改革不断深入,多种形式的新型集体经济大量涌现。轻工集体企业实行股份合作制改造起步较早,并逐步以股份合作制、股份制和有限责任公司为主要形式进行改革转制。不少企业利用有效资产,吸收职工入股,以劳动者的劳动联合和劳动者的资本联合,在企业产权制度创新上实现了新的突破。同时,这些企业吸纳外来资本,与国内外企业合资合作,大力发展多元投资的混合经济,使各类新型集体经济大量涌现。改革使企业增强了活力,加快了发展。上海市工业合作联社在产权制度改革上,为全国树立了典范。2001 年,他们改制组建了上海新工联(集团)有限公司,在公司产权中,联社股权占 34%,职工持股会占33%,经营者群体占 8%,为离退休职工保留股权 10%,吸纳重庆联社股权10%、总社中普科贸公司股权 5%,改变了集体资产"共同共有"又"谁也没有"的状况,实现了产权结构多元化、投资主体人格化。经营中按联社赋予的"投资、控股、管理、经营"的四大职能,相继投资扶持了一批新兴企业,建立了资产管理网络,使企业得到了快速发展。到 2003 年末,上海新工联集团销售收入达到 10.15 亿元,实现利润 3761 万元,比上年提高了 15.3% 和 22% 。又如,山西运城制版集团,前身是生产工艺美术品的小厂,1984 年转为制版企业,1997 年改制为有限责任公司,其股权结构为:企业集体股 30%、主要经营者股 30%、职工和中层干部股 20%、企业外部(包括市联社)股 20%,实现了产权明晰的混合所有制。改制给主要经营者带来压力、给职工带来动力、给企业带来活力,企业得到快速发展。集团现有总资产 18 亿元,负债率 30%,生产能力和规模居世界同行业之首,国内市场占有率 70% 以上。

4. 发挥了社会稳定器的作用,为改革发展做出了新的贡献。社会稳定是改革发展的前提。"五代会"以来,全国轻工集体企业在改革转制中,从改革发展的大局出发,主动分流安置老职工,吸纳有知识、有技能、年纪轻的新职工,充分发挥了在社会就业、再就业中"蓄水池"和"稳定器"的作用。据国家统计局的资料显示,2003 年规模以上轻工集体企业(包括集体企业、股份合作、集体联营三种形式)有从业人员 189.34 万人,占轻工行业从业人数的 13.6% 。轻工集体企业中小企业多,据我们典型调查,年销售额 500 万元以上的企业人数只占集体企业总人数的四分之一左右,如果把年销售额 500 万以下的企业人数加上,至少有上千万人,再加上股份制、有限责任公司和混合所有制中含有集体经济成分的企业,人数会更多。同时不能忽视的是,改制后的企业,除在册职工以外,多数都用了一部分不在册的协议工、农民工。山西省晋城市东方玻璃制品有限公司改制后,在册职工和退休职工 700 人,用了协议工、农民工 500 人。他们正在建一条新的生产线,完工后还可以再用 500 多人。山西省大同市联社在企业改革改制中,安排了 3310 名下岗职工再就业。三鹿乳业集团安置下岗职工 7000 多人,带动城乡从业人员 30 多万人。这对社会稳定是个很大的贡献。长春市扑克牌厂停产多年,职工开不出工资,曾三次进京上访,市联社积极帮助他们寻找伙伴,实施兼并成功后,职工们高兴地送给市联社一面锦旗,上面绣着"指导企业改革有良策,解决职工困难有真情"。另外,在企业改制过程中,各地联社从实际出发,充分发挥联社职能作用,指导企业改革,帮助解决企业改制中失业、下岗、分流职工的"三险一金",并在安置下岗职工再就业方面做了大量工作,为社会稳定做出了积极贡献。事实充分说明,各种类型的集体企业仍然是安排社会劳动力就业和再就业的主要渠道之一,是不可缺少的社会稳定器,是实现共同富裕,全面建设小康社会的重要力量。

5. 在政府机构改革中,联社定位和职能发生了重大变化。1997 年以来,政府机构改革步伐明显加快,轻工行业行政管理部门相继改革或撤销,联社依附行政机构的状况发生了很大变化。大部分联社机构保留下来,并实现了政社分开,联社开始独立开展社务和经济活动,联社的职能作用日益显现。一是在机构定位上出现了多样化。有的定为事业单位,有的定为社团组织,有的定为企业法人。多种形式的定位,为联社的生存发展和充分发挥职能作用提供了广阔空间。总社一直被国家定为财政拨款的事业单位,2001 年在国家事业单位登记管理局注册登记为事业法人。目前,全国有 42 个省、自治区、直辖市、计划单列市、副省级省会市联社进行了法人单位登记。其中,登记为事业法人的有 27 个,企业法人的有 12 个,社团法人的有 3 个。吉林、山西、福建等省联社充分发挥"联"的作用,积极为基层联社做工作。吉林、山西省等从省到市和县基本上都保留了联社机构。这两个省的联社大部分定为财政拨款的事业单位。辽宁、贵州、广西、湖南、广东、天津、福建、上海等省市联社还先后召开了新一届职工代表大会,选举产生了新的领导机构,调整充实了理事会、监事会组成人员。许多联社还建立和充实了职能部门,建立健全了各项规章制度,规范了办事程序,联社自身建设迈出可喜步伐。二是在运行方式上,联社建立了以服务为核心的工作机制,服务功能明显增强。在改革中,各级联社主动转变观念,转变职能,淡化行政性,强化服务性。把"领导"变为"指导","管理"变为"服务",从"主管部门"转换成有资产纽带关系的"合作伙伴",逐步把"行政管理部门"转变为以服务为主的行业指导机构。总社加强法律咨询工作,聘请了几位国内知名的法律专家组成了总社法律顾问组,积极为总社和各级联社及集体企业提供法律咨询服务,在维护集体资产完整性和合法权益方面发挥了重要作用。各地联社也加强了为成员企业的服务。上海市生产服务合作联社审时度势,不断扩大自己的成员单位,其成员从单一合作社组织向各类经济组织转变;工作方式从行政领导向主动服务型转变。他们认真指导成员单位落实党和政府的方针政策和重大战略部署,经常组织一些讲座、咨询活动,邀请学者作专题报告,每年对经营管理人员进行继续教育和管理培训活动。自"五代会"以来,联社系统已有近2000人参加了培训,1000多人参加了联社组织的学习考察活动,使干部职工开阔了眼界,拓宽了思路,促进了工作。浙江、北京、广州、沈阳等联社都分别拿出资金帮助企业发展和为困难职工排忧解难。三是在工作重心上,联社的资产管理和经营工作摆到了突出位置,经济实力明显增强。各地联社抓住全国开展集体企业清产核资的机遇,按照"尊重历史、面对现实、依法划分、合理确认"的原则,普遍开展了理顺产权关系,明确产权归属的工作。在此基础上,有的联社制定或修订了集体资产管理办法,有的联社建立了资产管理委员会、资产经营公司等,为集体资产的保值增值发挥了重要作用。

在多年的工作中,涌现了一批先进联社和联社先进工作者,这次大会将对他们进行表彰。在此,我代表中华全国手工业合作总社对他们表示热烈祝贺!希望这些先进单位和个人再接再厉,取得更大成绩。

(二)七年来总社和联社所做的主要工作

"五代会"以来,总社和各级联社面对经济体制改革的新形势,紧紧围绕促进轻工集体经济改革与发展的目标,加强联社建设,进行了大量的、卓有成效的工作。回顾总社和联社的工作,有以下几个主要方面:

1. 发挥总社、联社作用,积极争取党和政府的支持。

近几年,总社以高度的责任感,多方面向党中央、国务院反映情况、提出建议,积极促进城镇集体经济发展。2001年,在全国人大会议期间,总社起草了《要重视和促进城镇集体经济健康发展》的建议,时任全国人大常委和总社法律顾问的王家福同志联系35名人大常委、委员签名,提交全国人大,引起国家经贸委等部门领导的重视。党的十六大召开前夕,我们多次与中央有关部门领导和十六大报告起草人员沟通,向中共中央办公厅和江泽民总书记呈报了《关于城镇集体经济改革与发展的建议》。党的十六大报告,对集体经济在新时期的地位、作用和发展方向做了精辟论述。党的十六届三中全会前夕,我们又向温家宝总理呈报了《关于贯彻落实三个代表重要思想,促进城镇集体经济健康发展的报告》,总理对《报告》非常重视,在许多处都划了杠,并把报告批给了黄菊、曾培炎副总理和华建敏国务委员以及国家发改委领导。党的十六届三中全会通过的《决定》提出了"以明晰产权为重点深化集体企业改革,发展多种形式的集体经济"的要求,为全国集体经济的改革发展指明了方向。2004 年初,在参加全国人大会议讨论《政府工作报告》期间,我们又给总理写信提出《关于在 2004 年〈政府工作报告〉中增加集体经济内容的建议》,《政府工作报告》明确提出了"继续推进集体企业改革,发展多种形式的集体经济"的工作要求。总社及时有效地向党和政府提出改革、发展集体经济的建议,引起了党中央、国务院领导的重视,进一步确立了集体经济在新时期的地位和作用。

各地联社在争取党委和政府支持方面也都做了大量工作。上海市政协常委、工业合作联社主任范大政同志,在 2003 年上海市政协十届一次会议上与有关部门领导联名向大会提交了《要把股份合作新型集体经济作为再就业的重要渠道》的提案,引起了大会和政府的重视,市政府在提案答复中,对集体经济和联社的作用等问题给予了充分肯定。山西省联社也积极向省人大代表和政协委员反映情况、提出建议,有 20 名人大代表和政协委员在"两会"期间分别联名写了发展集体经济特别是因地制宜保护和发展手工业的建议和提案,引起了政府重视。近几年来,湖北、湖南、宁夏、福建、吉林、武汉等省市联社都积极争取以政府名义下发了关于促进集体企业改革发展的有关规定,不少省市还出台了集体企业改革资产处置意见、下岗职工基本生活保障和再就业工作等方面的相关规定,为推动集体经济改革发展赢得了政策支持。总社曾两次向各地转发了吉林省和福建省政府有关集体企业改革和深化产权制度改革的文件,起到了很好的示范和促进作用。

2. 开展城镇集体经济的调研与宣传,营造有利于集体经济改革发展的环境。

2001 年 9 月,在《中华人民共和国城镇集体所有制企业条例》颁布十周年之际,总社发表了《大力发展城镇集体经济》的署名纪念文章,充分肯定了十年来城镇集体经济改革取得的成果。该文相继在《人民日报》、《经济日报》、《经济参考报》、《消费日报》等报纸刊登。2002 年 7 月,总社与中国供销合作经济学会、中国合作经济学会、中国工合国际委员会、中国农村合作经济管理学会在人民大会堂共同举办了"纪念国际合作社日,促进合作经济发展座谈会",全国人大副委员长姜春云到会,全国政协副主席杨汝岱发表讲话,国务院有关部门和全国工业、农业、商业、供销、金融、信用、消费、住宅等合作经济组织负责人出席了会议，首都各大新闻媒体对会议进行了报道，扩大了集体经济的影响。2004 年 3 月总社又在《经济日报》发表了《发展集体经济，实现共同富裕》的署名文章，充分宣传了集体经济的地位和作用。去年以来国家发改委和财政部有关部门主持的集体经济改革与发展的专题研究报告，总社积极地组织参与了座谈，提出了意见。七年来，各地联社也做了大量的宣传工作，不少联社领导、中层干部在地区性、全国性理论研讨会议、工作交流会议和报纸杂志上发表了有关集体经济改革发展的论文、报告等，总社的《中国集体经济》杂志和上海、吉林、浙江、广东、福建、山西、天津、甘肃等地方的集体经济通讯刊物定期与各地交流。这些宣传活动，对营造有利于集体经济改革与发展的环境，起到了积极作用。

　　为了及时沟通情况，总结经验，发现问题，制定措施，促进联社和轻工集体经济改革发展，"五代会"以来，各级联社采取不同方式，进行了大量的调查研究工作。总社办公室牵头开展了集体经济深化改革的专题研究，形成了《轻工集体企业产权制度与发展研究》的课题报告。为配合财政部科研所完成"集体经济制度变革研究"的课题，总社在 10 个省市联社开展调研，并提出了"关于集体企业改革成本支付相关问题的意见"。总社还分别在深圳、延吉、海口、乌鲁木齐、北京等地召开了联社主任座谈会、改革与创新研讨会、集体经济制度变革课题座谈会；召开部分理事、老同志、专家参加的联社工作座谈会，并邀请中央和国家有关部门的领导、有关学会、地方联社领导出席，就集体经济改革与发展中的重大问题进行专题研讨。通过这些活动，有力地鼓励了各地联社同志理直气壮地抓好轻工集体经济和联社的改革创新，为集体经济兴旺发达做出了新贡献。

　　3. 强化指导服务职能，推动轻工集体企业改革与发展。

　　"五代会"以来，总社和各地联社采取政策指导、典型引路、会议推动、解决基层实际困难等多种形式推动集体企业改革和发展，并帮助基层联社和企业解决编制、机构、经费、历史负债、改制成本等实际问题，增强了企业领导工作信心，加快了企业改制步伐。目前，各省、市轻工集体企业改制面已达 80% 以上，促进了集体经济的发展。江苏省泰兴市联社指导和扶持 37 家成员企业改革，从 1999 年到 2002 年三年时间使 1.83 亿的经济总量翻了两番，达到 7.5 亿，2003 年突破了 10 亿元大关。武汉市工业合作联社所属的东风电机公司，是一个长年停产的特困企业。在联社指导和帮助下，企业进行了改制，由 130 多名与老企业解除劳动关系的职工，自行投资入股成立了创兴电器电机制造有限公司。新企业租赁老企业场地和设备，生产微型电机。自 2001 年 3 月正式运行以来，取得了明显经济效益，总资产由新企业成立之初的 100 万元增至 990.26 万元，人均年收入突破 1.2 万元。目前,生产任务一直处于饱和状态,产销和实现利税都增长 2 位数以上,是历史最好水平。广西梧州市联社采取股份合作制、公司制、兼并重组、终止关闭等不同形式与措施,使 51 户直属企业全部完成改制,2300 名职工顺利转换了身份,800 人获得经济补偿后自谋职业,全系统销售收入、上交税金、实现利润和出口交货值大幅增长,联社也被市政府定为有行政和行业管理职能的全额拨款事业单位,市长评价说"联社的领导班子是团结、务实的,联社的干部是努力工作的,二轻系统在这样严峻的市场环境下,仍保持稳步增长的势头,确实不易,如果其他部门和单位跟联社一样,我们政府的工作就好做得多了,我们就放心了"。浙江省湖州市手工业联社,在改革中主动替政府分忧,为企业解难,不仅使优势企业得到发展,而且通过"联动解困"的办法,使 30 多户特困企业破产歇业、8000 多名职工得到妥善安置,保持了社会稳定,促进了改革与发展,被市政府定为全额拨款的事业单位。"有为才能有位"在许多联社得到明显体现。

4. 加强集体资产的监督管理,维护集体经济组织的合法权益。

近几年来,总社和各地联社把加强集体资产监督管理,维护集体资产的完整性和合法权益作为重要工作来抓。1998 年,总社下发了《关于进一步做好全国各级联社清产核资工作的通知》,制定了《轻工集体资产评估规范》,召开了全国联社财务工作会议和全国联社系统资产管理经验交流会,组织专人深入到河南、山西、天津、内蒙等 10 个省、市、自治区联社,复查了 10 年来各地归还总社借款情况,在此基础上出台了《总社借款转投资实施办法》和《总社借款核销实施办法》等措施,依照这些"实施办法",总社与河南、吉林、新疆等联社先后签订了 1000 多万元的债转股协议,既盘活了总社多年固化的债权,又帮助地方联社保全了资产。总社先后下发了《关于加强联社建设,深化联社改革,防止联社资产流失的通知》和《关于确保联社机构稳定,防止联社资产流失的紧急通知》。最近有些地方以改革安置联社人员和公有资产统一管理、统一经营、统一分配为由,收交和平调、侵占联社资产,将联社资产收归国有资产管理部门统一经营和"托管",严重侵害了集体经济组织的资产所有权,违背了《宪法》和党的十五大、十六大精神。据此,总社又及时下发了《关于依法管好联社资产,维护合法权益的紧急通知》的 2004 年 7 号文件。这些工作对维护集体资产,探索债股权益,提高资产运作能力,强化监督管理,推动产权制度改革提供了有力的支持和指导。

各地联社在企业改革转制中,以不同方式置换联社资产。有的收回兼并重组企业中的联社资产,有的在企业改制中把收回联社资产与转为股份结合起来,有的结合企业实际留在企业有偿使用等等,既支持了企业改制,又维护了自身合法权益。各地联社还通过行政协调和法律诉讼等措施，追索收回了一批被平调、被侵占的联社资产。广西自治区二轻联社曾有一部分房产被外单位无偿占用14年之久，严重影响该联社综合大楼开发，二轻联社领导多次向自治区领导和有关部门申诉，经过五年的努力，最后通过法律裁决终结胜诉，维护了联社的资产所有权。

5. 深化总社、联社改革，加强自身建设。

一是稳定联社机构。"五代会"以后，总社和各地联社把保留、稳定联社机构作为重点工作来抓。总社下发了《关于加强中华全国手工业合作总社建设的通知》，明确了总社三部一室的组织机构和各部室的职责，以便地方联社参照，更好地开展工作。总社还先后印发了《关于机构改革中进一步加强联社建设的意见》、《关于确保联社机构稳定，加强联社建设，防止联社资产流失》等文件，同时抄送各地政府。总社各位领导还利用到各地调研或参加会议的机会，主动与地方党委和政府的领导沟通，交换意见，对各地党委和政府关心、重视联社工作，保证联社机构稳定起到了促进作用。

二是加强资产管理和经营。近年来，总社和各地联社紧紧围绕"五代会"确定的"兴办经济实体，增强经济实力，强化服务功能"的办社方针和联社工作新思路，注重在办好经济实体上下工夫。总社在资产运作上，由过去重视实物资产运作向重视资本运营的方向转变，先后收购了深圳兴华公司和振华公司部分股份，扩大了总社在这两家公司的投资比重；将原有的中华康普、中轻贸易、北京华信原材料和上海轻科等公司的资产整合到中普科贸有限公司，并对原各公司19个投资合作项目进行清理。经过几年的运作，现在的中普公司无论是资产规模、运营能力，都比过去有了大的发展，已成为总社的重要经济支柱。

多数地方联社通过置换企业中的联社资产，对直属企业资产进行运作，开发新项目、兴办经济实体、投资入股等，盘活了联社资产，收到较好的效益，增强了生存能力，拓展了发展空间。浙江省联社实行联社投资的集团公司制，到2003年末，集团公司有所有者权益12.29亿元，实现利润7535万元，比上年增长15.91%，今年他们又斥巨资收购了仪征市的民营企业莱茵达置业有限公司51%的股权，拓展了开发房地产的新路。上海、浙江、北京、新疆、武汉、南京和浙江省湖州、绍兴市等许多省市联社都具有了较强的经济实力。总社与上海、重庆、河南、新疆、辽宁以及抚顺、沈阳等省市联社还进行了互相参股，进一步发挥了"联"字作用，扩大了"联"的效果。

三是积极开展社务活动。"五代会"以来，为了适应行政机构和经济管理体制深化改革的新形势，适应轻工集体经济改革和发展的新情况，履行好"指导、维护、监督、协调、服务"的职能,总社坚持每年召开一次理事会,不仅认真总结了年度工作,交流了各地经验,而且根据党和国家有关要求和经济发展趋势,对下年度工作提出了指导性意见。总社坚持主任办公会制度,及时研究、决定重要事务。总社还组织召开了两次全国联社办公室主任会议,协调组织了 6 次全国城市轻工集体经济研讨会,推动了总社和各地联社工作健康发展。

总社加强了与中国工业合作经济学会、上海市工业合作经济研究所的合作,联办了《城镇合作经济信息》和中国合作经济网站,联合开展了集体经济改革与发展、集体企业产权制度改革、集体经济多种实现形式等方面的课题研究和学术探讨活动。总社还每年组织各地联社领导出国考察,进行国际交流与培训,对开阔思路、借鉴国外经验,推动自身工作起到了积极的作用。

近年来,各地联社之间往来活动增多。全国城市轻工集体经济研讨会,已召开了十三次;京津沪渝联社联席会、东北三省联社联席会、西北五省省会城市联社联席会等都主动开展工作交流和理论研讨;中西部地区联社还赴沿海地区学习考察,不少沿海发达地区联社也赴西部地区寻找商机和合作。积极的社务活动,对推动全国各地联社和集体企业改革发展起了较好的促进作用。

各位代表、同志们,"五代会"以来的七年,大家历尽艰难,努力奋斗,取得了来之不易的成绩。回顾过去的工作,我们深深体会到:紧紧依靠党中央、国务院和各地党委、政府领导,认真学习、宣传和用好、用活、用足党的方针政策,争取各方面的理解与支持是搞好集体经济和联社工作的根本;深化改革、转变职能、增强实力,有为才能有位是联社生存和发展的关键;发扬自强不息、无私奉献、艰苦奋斗的精神和作风,是做好联社工作的保证。我们应当充分肯定成绩,同时也要看到面临的许多困难和问题。一是不少老轻工集体企业由于历史包袱沉重,改革改制成本匮乏,改革难以进行,职工生活十分困难;二是一些领导和部门对集体经济地位、作用认识不清,对集体资产缺乏维护意识,任意平调的情况时有发生;三是集体企业改革改制缺乏明确具体的政策指导和法律支持;四是联社工作发展不平衡,有的联社名存实亡,有的至今没有明确定位,法律上主体地位没有落实,工作人员工资费用难以解决,为企业服务的能力薄弱等等。这些困难和问题不同程度地影响了集体经济的改革与发展,需要我们在今后的工作中加以重视和解决。

二、今后的工作思路和主要任务

今后五年至十年,是我国完善社会主义市场经济体制、全面建设小康社会、实现社会主义现代化的重要机遇期。新时期新阶段总社和联社的总体工作思路是：以邓小平理论和"三个代表"重要思想为指导，深入贯彻落实《宪法》和党的十六大、十六届三中、四中全会精神，坚持科学发展观，以明晰产权为重点，深化集体企业改革，发展多种形式的新型集体经济，巩固公有制主体地位；积极探索和推进总社、各级联社的改革，增强经济实力，强化服务功能，为实现全社会的共同富裕和全面建设小康社会的目标做出贡献。

根据总体工作思路，今后我们的主要工作任务是：

（一）坚持科学发展观，坚定搞好集体经济改革发展的信心

党的十六届三中全会《决定》指出："坚持以人为本，树立全面、协调、可持续的发展观，促进经济社会和人的全面发展。"科学发展观的提出，总结了我国20多年来改革开放和现代化建设的成功经验，也吸取了世界上其他国家在发展进程中的经验教训，是党和国家在新时期新阶段的重大战略思想，也是我们坚持和发展集体经济的重要理论武器，对我们改革和发展城镇集体经济有着重大的现实意义和深远的历史意义。

1. 要树立以人为本的思想，促进经济社会和人的全面发展。科学发展观的核心是以人为本，是要以实现人的全面发展为目标，从人民群众的根本利益出发谋发展、促发展，不断满足人民群众日益增长的物质文化需要，切实保障人民群众的经济、政治和文化权益，让发展的成果惠及全体人民。集体企业职工虽然多年来为国家经济发展作出过重大贡献，但是在改革开放和市场经济条件下，由于企业自身体制和机制方面的弊端，以及客观上的一些制约，使不少企业失去了市场竞争的优势，不少职工陷入困难境地，他们在市场经济中处于弱势地位。关注他们的问题，积极改变他们的现状，保障劳动者利益，创造劳动者全面发展的机会，共同走进小康社会，应是我们各级联社的重大责任。党的十六届四中全会要求提高党的执政能力，"立党为公"、"执政为民"。"情为民所系，利为民所谋"，非常形象、深刻地体现了党和政府一切从人民利益出发，全心全意为人民服务的拳拳之心。我们面对集体企业和职工的现状，贯彻落实科学发展观，首先要抓住和体现"以人为本"这个核心，这应当是我们一切工作的出发点和归宿。

2. 要树立发展是第一要务的观念，用发展解决改革中的矛盾和问题。发展是社会进步、人民富裕的基础。改革中遇到的问题和困难只能通过发展的途径来解决。但这个发展，不仅仅是指经济增长的单项突破，更不仅仅是指GDP的增长速度，而是要正确处理经济增长的数量和质量、速度和效益的关系，是经济政治文化相协调的发展，是经济效益、社会效益和生态效益相统一的可持续发展，是人类发展、经济增长、社会进步、环境和谐的系统集成。在经济发展中要切

实注意:第一,要把发展与创新经济体制、完善经营机制、提高经济运行质量结合起来;第二,要把实现科学技术现代化与发展劳动密集型企业结合起来,彻底摒弃"二国营"模式,大力发展新型集体经济;第三,要把集体经济发展与技术创新、结构优化结合起来;第四,要把发展经济、提高效益与环境保护、社会进步结合起来,不能以牺牲环境来获取眼前利益;第五,要把经济发展与健全劳动保障机制、人力资源开发机制、实现人本价值结合起来;第六,要把经济发展与互助合作、实现劳动者的共同富裕结合起来。我们要以科学发展观为指导,把集体经济的改革发展统一到社会主义现代化建设的进程之中,努力实现好、维护好、发展好职工的经济利益、政治利益和文化利益。

3. 要树立正确的发展思路,在发展多种所有制经济中,坚定发展集体经济的信心,巩固公有制的主体地位。党的十六大明确提出要坚持两个"毫不动摇","第一,必须毫不动摇地巩固和发展公有制经济"。"第二,必须毫不动摇地鼓励、支持和引导非公有制经济发展"。我们必须深刻领会党中央的这两个"毫不动摇"含义;不能偏废,否则是不全面的。我们要在坚持公有制为主体的同时,努力促进非公有制经济的发展,使各种所有制经济在市场经济竞争中发挥各自优势,互相促进,共同发展。但是,目前集体企业及其职工无论在知识结构、资金和技术技能方面都是社会的弱势群体,在经济收入、政策扶持、社会公平等诸多方面都处在弱势地位。我们必须重新认识和挖掘集体经济在促进经济发展和解决弱势群体就业方面的潜能,从深化改革和技术创新入手,激活集体企业的体制和机制,大力发展新型的集体经济。

首先,发展集体经济符合我国社会主义初级阶段和人口多、生产力发展水平比较低、发展不平衡的国情。深化集体企业改革,大力发展新型集体经济可以充分利用和发掘现有渠道安置就业、促进不同层次生产力的发展,有利于统筹和协调解决经济社会发展出现的就业形势严峻、贫富差距扩大、社会保障不完善等问题,增强劳动群众共同富裕和全面发展的物质基础。集体经济与国有经济相比,对市场适应能力更强;与非公有制经济相比,集体经济能较好地克服现实经济发展中雇佣关系导致的劳资冲突与纠纷,更好地维护劳动者的利益。新型集体经济的发展能够为广大劳动群众改善生产、生活条件,促进经济社会的均衡协调发展,起到不可替代的作用。从长远的所有制结构看,国有资本将越来越多地投入国家安全和关系到国计民生的重点行业和关键领域,非公有制经济也必然走向多种形式的联合与重组,集体经济必然以多种实现形式处于公有制更为突出的主体地位。其次,集体经济是实现社会主义工业化的重要力量,发展集体经济有利于信息化、现代化过程中的配套、服务和满足社会多方面的需要,有利于通过对社会经济资源的优化配置,适应不同层次生产力的发展需要,使相对薄弱的地方和弱势的群体能够参与现代化建设,让多方面积极性得到发挥。第三,集体经济是实现社会主义城镇化的生力军。发展集体经济有利于统筹城乡经济的发展,有利于农村富余劳动力的转移,有利于发展小城镇战略的实施,有利于实现产业结构和经济结构调整、优化和升级。曾以"苏南模式"闻名的江苏省苏南,经济快速发展、小城镇建设日新月异的秘诀之一就是大力发展了集体经济。事实将证明,发展集体经济,促进小城镇建设,必将使劳动密集型产业独特的优势得以发挥,使劳动力资源优势在很大程度上转变为小城镇的优势和经济优势。

(二) 贯彻《宪法》精神,用法律武器保障和促进集体经济改革发展

《宪法》是治国安邦的根本大法,是党执政兴国、团结带领全国各族人民建设中国特色社会主义的法制保证。十届人大二次会议修订的《宪法》体现了党的主张和人民意志的统一,体现了十六大的精神和"三个代表"的重要思想。这部《宪法》再次肯定了集体经济的地位和作用,体现了党和国家一贯实行的"鼓励、指导和帮助集体经济的发展"方针。我们要以《宪法》为武器,保护和促进集体经济的改革发展。

1. 要宣传《宪法》,确保集体经济的主体地位。《宪法》规定:"社会主义制度是中华人民共和国的根本制度","中华人民共和国的社会主义经济制度的基础是生产资料的社会主义公有制,即全民所有制和劳动群众集体所有制";"国家在社会主义初级阶段,坚持公有制为主体、多种所有制经济共同发展的基本经济制度";"城镇中的手工业、工业、建筑业、运输业、商业、服务业等行业的各种形式的合作经济,都是社会主义劳动群众集体所有制经济"。这些规定体现了集体经济在我国社会主义基本经济制度中的主体地位、集体经济与各种所有制经济关系,以及集体经济存在于各行各业的现实。在社会主义现代化进程中,决不应忽视集体经济,要像重视和发展其他所有制经济一样,重视集体经济的改革与发展,确保公有制的主体地位。离开了公有制的主体地位,就动摇了社会主义的经济基础,那种认为"集体经济过时"、"集体资本退出"的观点是与《宪法》精神不相符的。总社和各级联社要坚定不移地坚持社会主义方向,维护公有制经济的主体地位,尤其要在集体企业改制中积极探索集体经济的多种有效实现形式,支持各种形式新型集体经济的发展。我们要以自己的智慧和劳动,让越来越多的部门和同志看到,只要在改制中摆脱"二国营"模式和管理体制,集体经济绝不是"消亡",而是一定能创造出一条劳动者共同致富的新途径。

2. 要保护集体经济组织和劳动者的合法权益。《宪法》明确规定:"国家保护城乡集体经济组织的合法的权利和利益"。总社和各级联社要增强宪政意

识,理直气壮地维护自身和成员单位的基本权利。一是资产所有权,即联社和企业对自有资产的占有、使用和处分的权利,这种权利具有排他性,本集体经济组织以外的单位和个人无权以任何方式平调、瓜分和侵占其资产;二是自主经营权,即联社和企业是独立的市场主体,自主开展经济活动,经营不受该组织以外任何组织个人的非法干预;三是民主管理权,即联社和企业按照法律和《章程》的规定进行民主管理,要建立健全职工(成员或股东)大会或代表大会制度,企业和联社的最高权力机构是由员工(成员或股东)民主推选的代表大会(或股东代表大会),企业和联社的重大事项由员工(成员或股东)共同决策,企业和联社的集体资产由员工(成员或股东)共同监管;四是合法收益权,即联社和企业集体资产收益和劳动者的收益必须得以保障,联社资产可以通过运作获得合理的收益,劳动者可以通过按劳动分配和各种生产要素参与分配获得合法收益。

在企业改制过程中,总社和各级联社要依法维护集体资产的所有权,确保集体资产的完整性,既要防止集体资产以改革名义流入个人口袋,又要防止把集体资产作为"无主财产",被收归国有或套用国有资产管理的办法,重走"二国营"的老路。各级联社享有对联社资产的所有权、支配权、处置权和收益权。要加强对联社资产的监督管理,联社资产不得分解外流。我们联社工作人员、全体成员单位和广大员工要做集体资产的"保护神",使集体资产成为集体经济组织劳动者共同富裕的经济支柱。

3. 要充分用足用活现有政策并从实际出发制定和完善指导、支持集体经济改革发展的政策法规。为促进企业的公平竞争和经济发展,国家已经打破所有制的界限,按企业规模出台了一些促进中小企业发展的政策,对中小企业可以涉足的领域、贷款、进出口和企业经营管理等方面有许多新的规定。我们要努力融入到中小企业阵营中去,以自己的优势,用足用活各项政策,促进自身的发展。

《中华人民共和国城镇集体所有制企业条例》颁布已十年多了,它对促进集体经济的发展起到了重要作用。但随着我国社会主义市场经济体制的确立,《条例》的不少内容滞后于企业改革的实践,需要进一步完善。有些联社已经提出了一些修改意见。在今年召开的全国人大十届二次会议上,总社主任以人大常委的身份联系了一部分人大代表向大会提出了修改《条例》的建议。另外,集体企业的改革与发展以及各地出现的股份合作、职工持股等集体经济的新形式也迫切需要国家政策法规的支持。

贯彻《宪法》精神,当务之急是要促进国家和各地区、各部门修改和完善原有的法规,制定新的细则和具体政策,为集体经济改革发展创造一个良好的法律环境。今年6月天津市政府以政府77号令公布了《关于修改天津市人民政府实施〈中华人民共和国城镇集体所有制企业条例〉细则的决定》。各地联社都要协助政府出台一些促进集体经济发展的法规。

目前,总社一方面在努力呼吁政府出台集体经济改革发展的全国性指导意见,另一方面总社也在考虑制定全国联社系统集体企业改革发展的指导意见,以促进城镇集体经济的改革与发展。上海市工业合作联社去年已经出台了《进一步推进集体企业产权制度改革的指导意见》,这是可以借鉴的。这个问题还需要大家共同努力,各地应结合地方实际来推动这项工作,使我们的工作有法可依,更有成效。

(三)坚持产权制度和企业制度创新,大力发展新型集体经济

党的十六届三中全会强调要"以明晰产权为重点深化集体企业改革,发展多种形式的集体经济",我们要按照这个根本方向,加快传统集体经济深化改革的步伐,积极发展新型集体经济。总结多年实践经验,新型集体经济有以下特点:一是在产权制度上,新型集体经济建立了"产权清晰,权责明确,保护严格,流转顺畅"的新型产权制度;二是在组织形式上实现了自愿组合,民主管理,互助互利;三是在管理上作到了政企分开,管理科学;四是在实现形式上多种多样。

我们要加大力度推进新型集体经济的形成与发展。

1. 要以产权制度改革为核心,在明晰产权上下工夫。要以积极的热情、扎实的措施、得力的政策、按照市场经济的要求进一步推进企业改制,通过明晰产权,创新产权制度,使"两个联合"为主要特征的新型集体经济加快发展。

2. 要因企制宜,实现集体经济的多种有效形式。集体经济实现形式必须多种多样。目前看,无论是现有的城镇集体企业,还是改制后组建的股份合作制、有限责任公司、股份公司企业,还是混合所有制企业中的集体经济成份,以及承包、租赁、托管集体资产等等都可以是集体经济的实现形式。而"民营"并不是一种所有制概念,它是相对国营而言的一种经营方式。用"民营"替代"集体",或者把"民营"与"私有"等同都是不对的,"民营"企业中有不少集体所有制企业,是公有制的重要组成部分。在这些根本概念上我们要分清,不能混淆。目前,集体经济多种实现形式主要表现在:一是以共同共有和按份共有相结合,但以集体共有为主的集体企业;二是以劳动者的"两个联合"为主要特征的股份合作制企业;三是以劳动者个人资产为基础的合作制企业;四是由职工控股的有限责任公司或股份有限公司;五是由集体资本控制或参股的混合所有制企业;六是部分集体企业的联合经济组织等等。我们应因地因企制宜大胆创新,努力创造集体经济新的多种实现形式。必须强调的是,在企业改革中不能搞一种模式,改制方案要经过职工代表大会(或职工大会)通过。不要以鼓励"经营者持大股"

为名,剥夺职工参股的权力,只要职工有要求、有能力,应当提倡和鼓励职工持股。在新组建混合所有制企业中,不要把联社资产排斥在外。在改革改制中要特别关注和帮助那些特困企业,对极端困难、救助无望的企业,要进行关闭破产。要积极争取政府扶持,依法依规处置企业集体资产和联社资产,多方筹集改制成本促进改革。破产后能重新组织就业的,尽量组织就业。同时要努力落实职工社保、医保和最低生活保障金,保障他们的基本生活需要,防止简单的"关厂走人",把应该承担的责任推向社会,造成新的不稳定因素。

3. 把企业改制与管理创新结合起来,不断提高企业素质。要十分注意企业自身用人、管理、分配等内部机制的改革和创新。要按《公司法》完善法人治理结构,同时完善劳动合同制,建立符合市场经济要求的新型劳动关系和各种生产要素参与分配的新型分配制度。要强化企业的财务管理、质量管理和安全管理,健全各个工作环节的责任制。

4. 鼓励和支持设立集体(合作)经济发展基金。结合《中小企业促进法》的实施,各地联社可向政府和有关部门争取一部分扶持中小企业创业发展的专项基金,用于对轻工集体企业的支持。有条件的联社和企业也可利用共有资产设立基金会。这个基金会的功能是发展集体经济,激励人才,开展培训,合作互助等。这有利于维护全体劳动者的利益,并成为企业产权制度创新和促进集体经济发展的一个重要举措。

(四)坚持走新型工业化道路,推进技术创新和产业升级

新型工业化的基本要求,是以信息化带动工业化,以工业化促进信息化,实现技术创新,使经济发展立足在技术含量高、经济效益好、资源耗用低、环境污染少、人力资源优势得到充分发挥的基础之上。目前,轻工集体企业信息化程度较低,技术创新能力比较薄弱,实现新型工业化的任务繁重。因此,我们要按照科学发展观的要求因地制宜地调整经济结构,狠抓技术创新,努力实现技术创新和产业升级。

1. 要按照新型工业化的要求提高企业素质。城镇集体企业的规模、实力参差不齐,走新型工业化的道路要从自身实际出发。首先,有条件的企业要加强信息化建设,大力开展企业信息化培训工作,强化全员信息化素质教育,合理规划信息化进程。按管理信息化的要求调整企业的组织结构,优化企业的决策机制,把信息化建设与管理创新、流程再造、生产现代化结合起来。其次,所有企业都要创造条件面向市场加强企业的科技开发工作,培育企业的核心竞争力,向着专、强、精的方向发展。

2. 要面向市场发展"名、优、新、特"产品。围绕市场发展产品,是提高企业

竞争力的关键。我们要坚持实施名牌战略,进一步采取有效措施,推动企业发展"名、优、新、特"产品,提高企业在市场上的竞争力。要根据国家产业发展政策,从企业的资金、技术、管理能力和市场需求出发,联强靠大,引进项目,通过技术改造壮大集体经济的实力。

3. 要实施产业优化组合。要按照"提升传统产业、培育新兴产业、发展第三产业"的思路,处理好技术资金密集型与劳动密集型的关系,用先进适用技术改造传统产业,提高传统产业的效益。要培植一批骨干企业、大型集团和科技型企业,使优势企业和先进适用技术成为企业经济发展的主导力量。要大力发展第三产业,充分利用企业的地理优势,抓好产业转换、土地开发,抓好物业租赁和物业管理,最大限度地挖掘存量资产的潜能。同时,要在房地产业、社区服务业和第三产业等新兴产业中拓展集体经济的发展空间,努力实现经济效益和安排职工就业最大化。

(五)不断创新工作思路,推动总社和各地联社的改革发展

随着经济体制改革的深入,政府管理经济的职能正在发生根本性转变,集体经济管理模式也正在发生新的变化。总社和联社的职能定位、运行方式和工作重心等方面也正在随之改变。因此,我们必须从战略上考虑总社和联社的改革和发展,积极推进总社和联社工作的创新,使各级联社成为集体企业改革发展的指导和组织者、集体资产的管理和维护者、集体经济政策制定的建议和协调者、中小企业合作互助的组织和参与者;为政府部门当好助手,成为政府与企业间的纽带和桥梁;为新型集体经济组织和中小企业之间互助合作提供指导、培训和服务。具体要求是:

1. 要在总社和联社组织机构的定位上进行创新。几年来,各地联社在改革中形成了各种定位方式,逐步理顺了联社与政府、联社与成员企业之间的关系,促进了成员企业的改革和发展。从目前实际出发,我们首先还是强调应将联社定位为政府拨款的事业单位。联社虽然是集体企业的联合经济组织,但它同时也是一个行业管理和指导机构,承担着政府委托的行业管理职能,是政府与企业间的纽带和桥梁,是当地集体企业改革与发展的组织指导者,将其定位为事业单位,有利于联社职能的发挥,有利于为政府排忧,为企业解难。定为事业单位的联社,除了履行好政府赋予的工作职能外,还要运营好自身资产,可以将其资产投入到单独成立的资产经营公司或其他形式的运营机构,实现联社的行业管理职能与资产经营职能适当分开。二是定位为政府补贴的社团法人单位。登记为社团法人的联社,承担政府赋予的职能并有政府拨款或补贴,不仅是现实需要,而且也有国际先例。实行这样定位的联社,要承担行业管理职能,扩大成员范围,使联社成为行业的利益代表和服务机构,构建联社与成员单位新型的行业纽带关系。三是资产优良、能自立的联社也可以定位为企业法人单位。这样的联社要履行好资产所有者职能,通过控股、参股等多种形式,搞活经营,增强经济实力;同时要在发扬传统和接受政府委托的基础上,对成员单位提供指导服务。四是联社与政府部门合署办公。这样的联社要在政府机构中设置专门管理集体(合作)经济组织的部门,指导本地区集体经济的健康发展,为中小企业,尤其是为新型集体经济组织提供服务。必须强调的是,改革中不论联社机构如何定位,都要保留联社的机构和牌子,都要维护成员单位独立自主的法人权利,都要发挥联社"联"的功能,努力体现联社的职能作用。

2. 要在总社和联社组织的成员结构上进行创新。总社和各级联社是集体经济的联合组织,对促进集体经济的改革发展有着十分重要的作用。在新形势下,总社和各级联社要打破"二轻"系统和所有制界限,扩展成员结构,拓宽联合范围。一方面在成员单位的构成上,不仅有现有的城镇集体企业,还要积极吸纳含有集体资产参股、职工持股、产权主体多元化的经济组织,使总社和联社成为新的集体经济联合组织;另一方面要冲破行政隶属关系和资产纽带关系的限制,欢迎各行各业承认我们《章程》的企业以及其他集体经济组织加入联社;再一方面,原来的成员单位,经改制后,即使不再属于集体企业,只要愿意,也可继续留在联社;新成立的合作经济组织,只要承认《章程》,也可吸收到联社中来,使总社和联社成为按《章程》约束的全国性、集体性、互利性、民主性、自律性的行业组织。

3. 要在总社和联社的职能和运行方式上进行创新。近几年,总社和各地联社在实际工作中,努力转变观念,积极探索职能和运行方式的创新,并在实践中取得了成效。总社和联社既有管理职能,又有经济职能。其管理职能主要体现为对成员企业的"指导、维护、监督、协调、服务";其经济职能主要体现在行使联社集体资产所有者的权利,通过"投资、管理、经营"实现保值增值。今后,总社和各地联社不仅要坚持以服务为核心的工作机制,指导成员企业深化改革、加快发展,而且要加强资产管理和经营,加大资产市场化运作的力度,实行管理职能与经济职能的有效结合。第一,要明确总社和联社是其集体资产所有者代表,在市场运行中可以不同形式的出资人身份作为产权主体。各级联社要认真履行"监督"职能,在改革中确保集体资产不流失。有的地方联社成立了集体资产监督管理委员会,制定了集体资产监督管理办法,值得借鉴和推广。第二,要改进总社和联社的工作方式,强化服务性、经济性,淡化行政性。第三,要建立符合集体经济联合组织特点的治理结构和工作制度。总社和联社要坚持民主办社的原则,健全社务工作的各项制度,尤其要坚持和完善职工(成员)代表大会制度和《联社理事会、监事会会议制度》,充分发挥代表大会最高权力机构和各位理事、监事在总社和联社工作中的作用,建立健全多层次的《联社办公室主任联席会议制度》,积极开展社务活动。同时要加强联社自身的建设,建立健全各项内部规章制度和管理办法,加强思想政治建设和廉政建设,把联社办成成员单位拥护、内部充满生机和活力的联合经济组织。第四,要进一步发挥总社和联社的优势,大力开展各种形式的经济合作。各级联社上下左右的互相参股,发展更大范围的股份合作,这不仅有利于经济的发展,而且更有利于维护资产的安全和完整,不断提高联社资产质量和收益水平。总社将进一步加强与国际合作经济组织的联系,充分利用国际合作经济组织的资源,促进总社和各地联社经济的发展。

4. 要在总社和联社工作思路上进行创新。今后要把工作重心从管企业转移到服务于企业和管理资产上来,坚持把促进成员单位的共同发展和提高联社资产的营运效率作为主要工作目标。一方面,总社和各级联社要重点抓好服务协调工作,坚持做好集体经济的理论探讨和调研工作,继续与中国工业合作经济学会、上海工业合作经济研究所等载体一起开展各种形式理论研讨和调查研究;继续办好《中国集体经济》杂志、中国合作经济网站及各地有关集体经济和联社工作的刊物,组织理论研讨骨干进行专题研究、撰写课题报告。在理论研讨和深入调研的基础上,要积极向各级政府反映情况,提出政策建议,协调解决集体企业改革发展面临的一些困难和问题,为集体企业营造良好的外部环境。另一方面,总社和各级联社作为资产所有者代表,要认真行使出资人职责,加强资产管理、监督和经营,防止资产流失。要积极探索总社和联社组织的产权制度改革,逐步将各级联社机构自营积累和劳动积累的资产实行人格化管理。鼓励各地联社相互参股,组建多元投资主体的联社资产营运机构,促进联社自身的改革发展,提高管理效力、服务能力和经济实力。

5. 要在总社和联社工作队伍建设上创新。人才是强国之本,也是总社、联社事业兴盛之本。人才匮乏,已是从总社到各级联社存在的共性问题,要把这个问题当作大事来抓。首先,要加强各级联社领导班子建设。联社领导要心系集体经济事业,心系集体企业职工,要有甘于奉献的精神,排除各种困难,把联社事业搞好。事实证明,联社工作搞得好的,都有一个好的班子,特别是一个好的带头人。"事在人为,业在人创,路在人走",有为就能有位。经过调整、充实,要形成结构合理的领导班子。要有一定数量年轻有为干部的储备。其次,要抓好联社工作人员队伍建设。要采取有效措施稳定联社工作人员队伍,用好用活联社组织的现有人才。同时要改善用人环境,创新用人机制,使人才进得来、用得好、留得住、提得高,鼓励各类人才在联社事业中有所作为,要为联社事业的兴盛提供强有力的人才支持。其三,各级联社工作人员要增强法制观念,在依法办事、大胆工作的基础上,注意自我保护,提高防范和化解风险的意识和能力。其四,要加强联社的理论研究工作的人才队伍建设。总社将支持上海工业合作联社办好工业合作经济研究所,总社将在各地联社组织中聘任一部分热心集体经济和联社工作事业的同志为研究员,每年拨出一定的课题经费,支持他们就集体经济和联社工作的一些重要问题进行课题研究。各级联社还要坚持以人为本,积极开展对职工的培训、考评工作,以全面提高职工队伍整体素质。

各位代表,我们正处在完善社会主义市场经济体制、全面建设小康社会的新的历史发展时期,我们将迎来新的发展机遇。让我们在邓小平理论和"三个代表"重要思想的指引下,紧密团结在以胡锦涛同志为总书记的党中央周围,坚定信心,振奋精神,求真务实,与时俱进,按照科学发展观的要求,全面推进集体经济的改革和发展,为实现共同富裕和我国社会主义现代化建设事业做出新的贡献!

（原件存中国轻工业联合会办公室文电档案处）

集体经济：社会协调发展的重要力量

（2004 年 11 月）

陈士能

随着社会主义市场经济体制的建立与完善，我国的集体经济突破了原有体制的束缚，创造了劳动者的劳动联合与劳动者的资本联合为主（以下简称"两个联合"）的新型发展模式。集体经济的发展对于坚持我国社会主义初级阶段的基本经济制度，推动生产力的快速发展和产业结构的战略性调整，实现国民经济协调、持续、健康发展发挥了重要的作用。

集体经济是劳动者互助合作实现小康的有效途径。在改革开放中发展起来的新型集体经济，不仅坚持了生产资料在一定范围内属于劳动者共有的本质特征，而且还与时俱进创新了实现模式。新型的集体经济组织的基本特征为：一是实现了自愿联合。集体经济组织由劳动群众自愿联合组成，为保护自己的利益，实现共同愿望，共同出资，共同劳动，具有"人合"和"资合"特征。二是实现了民主管理。集体经济组织成员共同制定章程，规定企业的治理结构、成员的权利和义务、财产的保护和分享等。职工大会或者股东大会是企业的最高权力机构，劳动者对企业有控制权，以员工（股东）代表身份参与决策，在各自岗位上参与管理。三是实现了资产共有。集体资产是一种劳动者在共同劳动基础上形成的共有资产。在共有关系存续期间，共有资产不可擅自分割，劳动者有使用、处置和收益权。四是实现了利益共享。集体经济组织中以劳动要素差异折股，实现与资本要素优化配置，劳动者通过"劳动分红"、"岗位股"等形式共享企业收益，形成劳动与资本共享利润的激励约束机制。五是实现了自主经营。集体经济组织自主经营、自负盈亏，是独立的经济实体与市场主体，依法取得法人地位，彻底改变了附属于行政机关的地位。六是实现了形式的多样化。集体经济组织可以兼容合作制与公司制的特点，采用合作制、股份合作制、公司制等作为企业组织形式，形成一种以员工有控制权为特征的集体资本、国有资本、私人资本合作共赢的混合所有制经济。

一定范围内生产资料的共同占有，决定了在"两个联合"新型集体经济组织中必然实行劳动、资本、技术和管理等生产要素按贡献参与分配的制度。在这些集体企业里,职工参与分配的途径主要有三条:一是职工在企业中的工资收入,以及以劳动要素折股部分获取的分红都是按劳分配的形式。二是按股分红,职工个人出资部分的收益是按资分配。三是集体经济组织设立的互助合作基金还为劳动者共同富裕提供经济基础。主要表现为:第一是建立有集体经济特点的员工养老补充的保障功能;第二是形成对经营者和企业优秀专门人才的激励功能;第三是提高员工共同利益,实现共同富裕的共享功能;第四是培养集体合作经济的专门人才的教育功能;第五是抵御风险,加强企业间互助合作的发展功能。这种以按劳分配为主体、多种分配方式并存的分配制度,提高了劳动参与分配的地位和比例,极大地调动了劳动者的积极性,可以成为解决目前我国出现的部分社会成员收入差距过大问题的重要对策。

集体经济是劳动者实现就业,保持社会稳定和经济社会协调发展的重要支柱。新中国成立以来,我国有过两次大的发展各种形式的集体经济吸纳大批劳动者就业的成功实践。一次是建国初为解决大批失业工人和社会闲散人员的就业问题,由劳动部门、工会、妇联等单位组织生产自救性的合作企业,为国民经济恢复作出了重要贡献。另一次是1978年大批知青返城,安排劳动力就业成为当时突出的政治和社会问题。党和政府及时采取多种措施,广开门路,各地各行业大力兴办各类城镇集体经济。从1978—1982年的5年间,城镇集体企业共安置就业人员1237.9万人,占当时城镇安置就业人数的32.3%。

在市场经济条件下,充分挖掘集体经济对促进弱势群众就业的潜能,并予以积极提倡和扶持,可以为解决就业和再就业开辟新的路径。上海女子实验函授进修学院是由上海市妇联一位退休干部发起创办的,她们在对妇女开展职业培训的同时组织下岗女工创办合作社。近10年来,为7000名上海下岗女工和内蒙古、江西等贫困地区的农村妇女进行了服装裁剪与设计、家政服务等20多种实用技术免费培训。学院引导上海的学员自愿结合,先后成立4个绒线编织和制衣合作社,"手拉手,一起干",实行社员民主管理和公开、公平、公正的原则,取得很好的效果,受到国际合作组织的充分肯定。此外,对于解决残疾特殊人群的就业问题,集体经济组织承担了其他经济形式无法比拟的重任。2001年全国集体所有制收养性福利事业单位达34871个,占全国该类单位总数的89.91%;集体单位人员117085人,占59.6%。在社会福利企业中,集体企业为29811个,占全国的78.49%,安置职工1276329人,占79.84%。集体经济为缓解困难群众的贫困状况,维护社会稳定,促进经济增长作出了特殊贡献。

发展集体经济还为大型国有企业实行主辅分离,增强主业竞争力,安置富余人员发挥了重要作用。如宝钢集团以集体资本和国有资本组建的企业开发总公司已有各类产业单位 140 多家,总资产达 45 亿元。现有的 13000 余名在册人员中,大都是宝钢建设和改革中的征地工、分流人员和家属工。2001 年,企业开发总公司实现销售收入 65 亿元,利润 1.98 亿元。又如高桥石化总公司以征地农民工、职工子女、分流的富余人员为主体,创办厂各种形式的集体企业。他们组建集体资产投资管理中心,进行职工持股和经营者岗位激励股的产权制度新探索。目前企业中集体职工 8000 人,集体资产从初创时不足百万元,增加到现在的 5 亿元。

集体经济是推动国民经济结构调整和城镇化建设的重要力量。集体经济量大面广,遍及城乡的农业、工业、商业、建筑业、服务业、运输业以及科教文卫等各个系统。从城镇集体经济的现状看,我国城镇集体经济的总量和贡献在国民经济协调发展中举足轻重。

一是城镇集体经济是我国小企业发展的主力队伍。据全国第三次工业普查数据显示:集体企业占小企业总数的 20.1%,而其所创造的产值却占小企业总产值的 51%,起着主导作用,资产贡献率高于其他企业。另据统计,虽然集体资本在全国工业企业总资本中所占比例不大,仅有 6%,而创造的工业总产值却占总数的 20.2%,产品销售收入占总数的 15.3%,利润占总数的 13.7%,利税占总数的 12.2%。

二是轻工集体经济在全国工业集体经济中已是“三分天下有其一”。轻工集体资本分布面越来越广,近年来集体资本贡献率平均年增 10% 以上。2001 年全国轻工行业规模以上企业中有集体资本 649 亿元,其中集体企业 302 亿元,而分布在股份合作、集体联营、私营、公司制、中外合资等混合所有制企业中的集体资本 309 亿元。按照集体资本参股、控股企业中集体资本的贡献率推算,创造工业总产值 4802.9 亿元、产品销售收入 4611.5 亿元、利润 190 亿元、利税 374.4 亿元,与 1998 年全国轻工行业集体企业的同类经济指标相比,分别提高 40.2%、28.6%、48.9%、39.3%。

三是轻工集体经济造就了一批知名企业,已形成为大工业配套的产业链。有通过改制不断壮大的海尔、春兰、东宝药业、三鹿乳业等上市公司,有山西运城制版、上海新工联集团等先进典型企业,还有一批为汽车、电子、建筑配套的企业。如上海协力卷簧厂承担“神舟五号”的部件加工,为飞船上天作出贡献;下岗职工创办的武汉创兴电器电机制造公司积极主动为国内压缩机生产集团公司配套,不断开发新产品,形成产业链,不少知名家电产品都用上了他们生产的配套电机。

　　四是轻工行业新型集体经济迅速崛起。近年来所谓的"二国营"企业已经基本改制完成,股份合作、职工持股企业凸显生命活力。2001 年我国规模以上集体(含股份合作制)工业企业总产值为 14886.3 亿元,占全国工业总产值的15.7%,其中股份合作制企业比上年增长 13.4%,居国有、集体、股份制、外资等各类企业之首。

　　五是城镇集体经济是都市型工业的骨干力量,资产运行的效率是很高的。据 2000 年上海市统计资料反映,集体、合作企业占都市型工业企业 40.9%,23% 以上的从业人员安排在集体、合作企业中,集体、合作企业以占总数 12.3% 的资产创造了 16.3% 的利润和 15.6% 的税金。

　　以"两个联合"为基本特征的集体经济已经成为我国社会经济协调发展的重要力量,成为一种有着新鲜活力的企业制度安排,在改革开放中显示了其强盛的生命力。我们要采取更加有力的政策与措施,大胆地创新它的实现形式,使集体经济在社会主义市场经济条件下获得更快更大的发展。

　　首先,要明确政府对集体经济宏观管理和指导的部门,形成政府、联社、企业互动的指导管理体系。我国城镇集体经济大都是中小企业,它点多面广,形式多样,产权归属不同。当前国务院企业管理部门、国家发改委中小企业管理部门、财政部有关部门正在研究集体经济的改革发展问题,适时为集体经济的改革与发展制定政策和发展规划,实行有效的宏观管理与政策指导,从而为集体经济在市场运行中创造良好的政策法律环境。

　　其次,政府部门要发挥集体合作经济联合组织的作用,使之成为集体经济的领头人。中华全国手工业合作总社和地方各级联社组织,在长达半个世纪的历史进程中,对促进全国手工业社会主义改造和城镇集体经济的改革与发展,以及保持社会稳定等方面作出了重要的贡献。今后我们要借鉴英国、加拿大、西班牙、日本等国政府依托合作社协会管理,推动合作社运动的成功经验,在市场经济条件下,充分发挥中华全国手工业合作总社、全国供销合作总社的作用,赋予其职能,给予其支持。还要充分发挥经济学会及经济研究机构的作用,积极开展理论和政策研究,为新型集体经济组织和中小企业之间互助合作提供指导、培训与服务,逐步形成一个适应市场经济需要的社会服务体系。

　　再次,要尽快制定全国性的深化城镇集体经济改革的指导意见,指导和帮助各类城镇集体企业进一步深化改革,鼓励和支持集体经济的多种有效实现形式的发展。国家有关部门应明确改革的指导思想和目标,要求城镇集体企业在深化改革中做到:以明晰产权为重点,形成职工有控制权的产权制度;转变企业制度,发展产权主体多元的混合所有制企业;建立员工持股制度,探索经营者和员工以劳动要素差异持股分享企业收益的多种形式，以及自愿建立合作互助基金，形成集体经济稳定发展和共同富裕的互助合作机制。

第四，要加快立法工作，以法律保障集体经济的改革和发展。在全国范围内应有一部统一的合作经济组织法，从而进一步规范与指导股份合作制企业深化改革和发展。我们还要学习借鉴国外职工持股制度的有关法规，总结我国职工持股的经验教训，着手研究制定职工参与企业管理的规定，使集体企业改制做到公开、公平、公正，坚持社会主义初级阶段的基本经济制度，建设中国特色社会主义。

（选自《求是》2004 年第 21 期，第 35—37 页）

关于修改《中华全国手工业合作总社章程》的说明①

（2004 年 11 月 1 日）

潘蓓蕾

各位代表：

我受大会主席团的委托，向大会作关于修改《中华全国手工业合作总社章程》（以下简称《章程》）的说明。

现行的《章程》是 1997 年全国轻工集体企业第五届职工（社员）代表大会（以下简称"五代会"）通过的。"五代会"通过的《章程》根据党的十五大精神和《中华人民共和国城镇集体所有制企业条例》，对原章程的一些重要条目进行了修改。实践证明"五代会"通过的《章程》适应了当时我国轻工集体经济改革和发展的需要，对维护各级联社及成员企业的合法权益、加强各级联社建设、增强各级联社自身实力与活力、保障集体资产的完整和促进各级联社的改革发展起到了积极作用。但是七年来，随着社会主义市场经济的发展，改革不断深入，我国加入 WTO 以后，国际国内形势均发生了很大变化。党的十六大提出了全面建设小康社会，开创中国特色社会主义事业新局面的要求和目标，强调"必须毫不动摇地巩固和发展公有制经济"；"集体经济是公有制经济的重要组成部分，对实现共同富裕具有重要作用"；"深化集体企业改革，继续支持和帮助多种形式集体经济的发展"。党的十六届三中全会又通过了《中共中央关于完善社会主义市场经济体制若干问题的决定》，提出"以明晰产权为重点深化集体企业改革，发展多种形式的集体经济。"同时要求建立"归属清晰、权责明确、保护严格、流转顺畅"的现代产权制度。全国人大十届二次会议通过的《中华人民共和国宪法修正案》增加了"三个代表"重要思想的内容；继续肯定了"国家保护城乡集体经济组织的合法权益和利益，鼓励、指导和帮助集体经济的发展。"的法律表述。七年来，总社、联社和企业的体制和机制也在逐步深化改革中发生了重大变

---

① 这是潘蓓蕾在中华全国手工业合作总社第六次代表大会所做的报告。

化。这一切都对现行《章程》的修改提出了客观要求,并提供了重要的理论依据。因此,这次对《章程》的修改,主要是以现行的《章程》为基础,依据形势的变化和新时期的要求对其做进一步的调整、补充和完善。

这次提请大会审议的《章程》,是以邓小平理论和"三个代表"重要思想为指导,全面贯彻党的十六大和十六届三中全会精神,以完善社会主义市场经济体制为方向,以《中华人民共和国宪法》和《中华人民共和国城镇集体所有制企业条例》为法律依据,坚持科学发展观,与时俱进,在1997年"五代会"通过的《章程》的基础上,认真汲取总社、各级联社和全国城镇集体企业改革和发展的实践经验,以及各地联社修订章程的新成果后形成的。在修改过程中,召开了部分省市联社主任座谈会,广泛听取了各方面的意见,几易其稿,成稿后又征求了总社法律顾问和有关同志的意见,经反复讨论修改后完成。修改后的《章程》共八章四十条。

一、关于总则

(一)总社是国际合作社联盟工业手工业合作社委员会(西科帕)的成员单位。为扩大对外宣传与交往,新修订的《章程》在第二条中增加了总社的英文名称;在第七条中增加了西科帕组织的英文缩写名称。

(二)为明确总社及其所属联社的性质特点,在第二条中对联社的基本类型作了表述,以区别于供销合作联社等其他性质的联社;"各类城镇集体工业联社、手工业合作联社和其他集体经济组织"包含了轻工、二轻、轻纺、城镇集体工业联社、手工业、工业合作联社和生产服务合作联社等集体经济联合组织。同时,根据总社的职能任务,应是各级联社及其他成员单位的指导和服务机构,即将"领导"改为"指导"。

(三)为了全面贯彻党的十六大、十六届三中全会和新《宪法》的精神,适应完善社会主义市场经济体制的要求,新修订的《章程》将第三条总社的宗旨增加了"三个代表"重要思想、坚持科学发展观的内容,同时将原稿"适应建立社会主义市场经济的需要"改为"按照完善社会主义市场经济和全面建设小康社会的要求",体现了鲜明的时代特色,更加充实、凝练。

(四)新修订的《章程》第四条是在原第六条的基础上,借鉴国际合作社原则,并结合实际充实内容后形成的:"总社实行自愿、自主、合作、互利、民主、平等的原则",较原条目更加全面。

(五)新修订的《章程》第五条在原第四条基础上进行了修改。考虑到第二章专述工作任务,因此将原基本任务调整充实内容后改为职能;根据机构改革后总社和联社工作重心转移的需要,增加了搞好资产运营的内容,并同时做好联系政府与城镇集体企业的桥梁和纽带。

(六)新修订的《章程》第六条:"总社及其各级联社依法具有独立的法人地位,是本级社资产所有者代表……",强调了总社及其各级联社作为本级社资产所有者代表的法律地位,以利于推进总社及其各级联社集体资产的管理和运营,管住所有权,放活经营权,维护集体资产的合法权益。

二、关于工作任务

新修订的《章程》第九条将原第九条第一款和第二款的内容合并为第一款,将原第八款和第九款的内容合并为第七款,内容更加简明扼要。新第三款对原第四款有关指导成员单位深化改革的内容,按照十六届三中全会的精神进行了修改,强调要"以明晰产权为重点深化改革,建立现代产权制度和现代企业制度,发展多种形式的集体经济"。为适应促进新型集体经济发展的需要,新第七款增加了发展"由集体资本参股的混合所有制企业"的内容。新第八款将原第十二款有关总社资产和直属单位管理的内容作了重新表述,突出了"管理运营总社资产,行使出资人职能"。

三、关于成员单位

(一)新修订的《章程》第十条对原《章程》第十条的联社范围根据实际情况作了进一步扩展,增加了"计划单列市、副省级省会市"的联社,这些联社仍然是各自省联社的成员。同时也将总社成员单位的表述扩展为"其他集体经济联合组织以及跨地区、跨行业的具有集体经济性质的较大企业"。

(二)新修订的《章程》第十二条第七款,考虑到今后总社和联社加强对成员单位服务的趋势,增加了服务费项目,以适应情况变化。

四、关于总社全国代表大会

上次大会的名称为"全国轻工集体企业第五届职工(社员)代表大会",这次大会筹备期间,经过征求各地联社的意见,结合机构改革后的实际情况,大家同意将这次大会的名称确定为"中华全国手工业合作总社第六次代表大会",据此将原《章程》中的"全国职工(社员)代表大会"改为"总社全国代表大会"。

五、关于理事会

针对原《章程》对常务理事会的职权表述不够充分和实际工作的需要,新修订的《章程》增加了第二十二条"常务理事会的职权"。同时将原《章程》第二十二条中关于召开理事会议和常务理事会议的一同表述改为分开表述。根据工作需要,将常务理事会全体会议每年举行一次,改为"每年举行一至二次"。

六、关于资财管理

(一)新修订的《章程》第三十三条是在原第三十条的基础上修改的。将"总社及成员单位资财"改为"总社及各级联社资财",将"对其享有"改为对"本级社资财享有"表述更为准确、恰当。

(二)新修订的《章程》第三十五条"总社资金来源"对原三十二条第一款、第五款进行合并,并增加了服务费项目,理由同新第十二条第七款。

(三)新修订的《章程》第三十七条,对原第三十四条根据有利于实际工作需要的原则进行了适当的修改。

七、关于附则

考虑到总社《章程》对各级联社的指导性和示范性,同时各地又有许多实际情况,因此,在第八章附则中又新增加了第四十条"各级联社可参照本章程,因地制宜制定本级联社章程。"

此外,新修订的《章程》根据简明扼要的原则和实际工作需要,还对一些条目、文字作了小的调整、改动,不再赘述。

各位代表,以上就是关于这次修改《章程》的简要说明,请大家结合新修订的《章程》予以审议。

谢谢大家!

(原件存中国轻工业联合会办公室文电档案处)

关注城镇集体经济

——访中国轻工业联合会会长陈士能

（2004 年 11 月 1 日）

人民日报记者 彭嘉陵

相隔 7 年之后，中华全国手工业合作总社第六次代表大会将于 11 月初在北京召开。为何在这个时期召开？轻工集体经济目前是什么状况，今后将如何发展？记录带着疑问，采访了中国轻工业联合会会长、中华全国手工业合作总社主任陈士能。

记者：中华全国手工业合作总社第六次代表大会为什么现在召开？会议主题是什么？

陈士能：总社成立于 1957 年，是广大中小集体企业的联合经济组织。最近几年来，城镇集体企业按照党的十五大、十六大和十六届三中全会精神，正在深化改革，多种形式的新型集体经济不断涌现和发展。但是，企业在改制中也遇到了许多新问题、新矛盾，社会上也出现了一些对集体经济的模糊认识。一些地方和部门对集体经济的地位和作用认识不清，在改革发展上只强调国有经济和非公经济，不提或很少提集体经济，集体企业改制缺乏具体的政策指导和法律支持；一些领导和部门对集体资产缺乏维护意识，任意平调集体资产，使集体企业职工遭受损失；不少集体老企业由于历史包袱重，改革改制成本高，改革难以进行，职工生活十分困难。

我们希望通过这次代表大会，引起各方面关注集体经济在改制中的这些问题。与时俱进地认识集体经济新的内涵特征，澄清、解决一些理论上、政策上的问题，理清集体经济的发展思路，使集体经济充分体现出公有制的重要组成部分，并为巩固公有制的主体地位作出新贡献。

记者：轻工集体经济目前是个什么状况？

陈士能：轻工集体经济多年来为国家建设、社会稳定作出了重大贡献，就业人数最多时高达 3600 多万人。2003 年，年销售额 500 万元以上的集体企业约有 1 万户，吸纳近 200 万职工就业，实现销售收入 3700 多亿元。加上年销售额

500万元以下的集体企业,有10万多户,职工近2000万人。

这些年来,轻工集体经济在稳定发展传统产业的同时,发展了一批餐饮、商贸、旅游、房地产、科技开发、教育、咨询服务等第三产业;在产品结构上,依靠科技进步,发展高新技术,在家电、塑料制品、皮革及制品、羽绒服装、室内装饰等,造就了海尔、荣事达、波司登、东宝药业、三鹿乳业等一批知名企业集团。

记者:今后城镇集体经济应该如何发展?

陈士能:实际上,党中央早就为我们发展集体经济指明了方向。党的十五大充分肯定了"劳动者的劳动联合和劳动者的资本联合为主"的新型集体经济,十六大强调我国实行"以公有制为主体、多种所有制经济共同发展的基本经济制度","集体经济是公有制经济的重要组成部分,对实现共同富裕具有重要作用。"十六届三中全会更加明确要求"以明晰产权为重点深化集体企业改革,发展多种形式的集体经济"。

今后,我们将坚持企业深化改革和制度创新,大力发展新型集体经济。按照"提升传统产业、培育新兴产业,发展第三产业"的思路,使集体经济得到可持续发展。推进集体经济技术创新和产业升级,促使其尽快走上新型工业化道路。

要继续深化改革。轻工集体企业改制较早,上世纪80年代开始就实行股份合作制,近年来,"二国营"经营模式的集体企业已基本改制完成,以股份合作制、股份制、合作制和有限责任公司为主要形式吸收职工入股,实行劳动者的劳动联合和资本联合,同时吸纳企业外部资本,发展多元投资的混合所有制经济。

记者:您说的新型集体经济有哪些实现形式?

陈士能:目前我国集体经济的主要实现形式有以下六种:一、以共同共有和按份共有相结合,以集体资产共有为主的城镇集体企业;二、以劳动者"两个联合"为特征的股份合作制企业;三、以劳动者个人财产出资组建的合作制企业;四、有职工持股并有控制权的有限责任公司、股份有限公司和企业集团;五、由集体资本控制或参股的混合所有制企业;六、集体企业联合经济组织等。

我认为,新型集体经济组织的特征是:在产权制度上,劳动者有个人所有权和共同所有权,适应"产权清晰,权责明确,保护严格,流转顺畅"的现代产权制度的要求,在企业制度上,政企分开实行自愿组合,民主管理和科学管理;在分配制度上,实行按劳分配为主与各种生产要素参与分配相结合;在实现形式上多种多样。

记者:企业改制中如何保障职工利益?

陈士能:在企业改革改制中,既要建立对经营者的激励和制约机制,又不能以鼓励"经营者持大股"为名,剥夺联社和职工股的权利。在职工有要求、有能力出资的基础上,应当提倡和鼓励职工持股。改革中,要特别关注和帮助那些特困企业,积极争取政府扶持,依法依规处置企业集体资产和联社资产,多方筹集改制成本。要落实职工社保、医保和最低生活保障金,保障他们的基本生活需要,防止简单的"关厂走人",不应把责任推向社会,造成新的不稳定因素。

（选自《人民日报》2004 年 11 月 1 日）

中华全国手工业合作总社章程

(2004 年 11 月 3 日总社"六代会"通过)

第一章　总　则

第一条　根据《中华人民共和国宪法》、《中华人民共和国城镇集体所有制企业条例》制定本章程。

第二条　中华全国手工业合作总社(以下简称总社。英文名称:All China Federation of Handicraft Industrial Cooperatives)是在党中央、国务院的领导下,由各类城镇集体工业联社、手工业合作联社和其他集体经济组织组成的全国性的联合经济组织,是各级联社及其他成员单位的指导和服务机构。

第三条　总社的宗旨是:以邓小平理论和"三个代表"重要思想为指导,坚持党的基本路线,坚持科学发展观,贯彻党和国家支持、鼓励和帮助集体经济发展的方针、政策,按照完善社会主义市场经济体制和全面建设小康社会的要求,指导成员单位和集体企业,深化改革,发展多种形式的集体经济,互助合作,实现劳动者的共同富裕。

第四条　总社实行自愿、自主、合作、互利、民主、平等的原则。

第五条　总社的职能是"指导、维护、监督、协调、服务",搞好资产运营,增强经济实力,强化服务功能,成为联系政府与企业的桥梁和纽带。

第六条　总社及其各级联社依法具有独立的法人地位,是本级社资产所有者代表,其合法权益受国家法律保护。

第七条　总社加入国际合作社联盟工业手工业合作社委员会(CICOPA),为其成员单位。

第八条　总社社址设在北京。

第二章　工作任务

第九条　总社的工作任务:

(一)宣传、贯彻、落实党和国家对集体经济的法律、法规、方针、政策;开展调查研究,组织理论研讨,向政府反映情况,提出政策性建议;接受政府委托,参与制定有关城镇集体经济的政策法规;制定总社的有关规章、制度,并督促实施。

(二)维护成员单位和企业的合法权益,提供法律、政策咨询服务。

(三)指导成员单位和企业以明晰产权为重点深化改革,建立现代产权制度和现代企业制度,发展多种形式的集体经济。

(四)指导成员单位和企业按照社会主义市场经济的要求,调整结构,推进技术进步,提供营销、技术、信息、教育、资金融通、咨询等各项服务。

(五)指导成员单位和企业加强精神文明建设,开展思想政治工作、普法宣传教育、职工文化教育和职工技术培训,提高职工队伍和领导班子素质。

(六)指导成员单位和企业加强集体资产经营管理工作,依法监督保护集体资产的完整性,实现集体资产的保值增值。

(七)独立开展社务活动,指导各级联社加强组织建设,组织交流联社工作经验;协调各联社之间、企业之间开展跨地区互助合作,发展新型合作经济组织和由集体资本参股的混合所有制企业,促进各地区集体经济和联社工作发展。

(八)管理运营总社资产,行使出资人职能,办好直属企业、事业单位,增强经济实力。

(九)代表成员单位参加有关国际团体,开展国际经济合作和学术交流活动;接受捐赠、资助。

第三章　成员单位

第十条　凡承认并遵守本章程的省、自治区、直辖市、计划单列市、副省级省会市的各类城镇集体工业联社、手工业合作联社、生产服务合作联社可申请加入总社,其他集体经济联合组织以及跨地区的具有集体经济性质的较大企业,也可申请加入总社,均须由理事会批准为成员单位。

第十一条　成员单位的权利:

(一)选派代表出席总社全国代表大会;

(二)参加总社组织的国内和国际有关活动;

(三)享受总社提供的服务;

(四)向总社提出需要协助解决的有关问题;

(五)参与总社的管理,对总社工作进行监督;

(六)申请退社。

第十二条　成员单位的义务:

(一)遵守总社章程;

(二)执行总社决议;

（三）完成总社布置的工作,按规定提供各项计划、方案、报告和统计资料;

（四）向总社报告工作,反映集体企业和职工的意见、要求;

（五）维护总社组织整体利益,支持总社工作;

（六）接受总社工作指导和监督;

（七）按规定缴纳互助合作事业基金、管理费或服务费。

第四章　总社全国代表大会

第十三条　总社全国代表大会是总社的最高权力机构。

第十四条　总社全国代表大会的职权:

（一）审议和批准总社理事会的工作报告;

（二）审议和批准总社监事会的工作报告;

（三）审议和批准总社财务工作报告;

（四）审议通过代表大会的决议;

（五）制定和修改总社章程;

（六）选举和免除总社理事会理事、监事会监事;

（七）讨论和决定其他重大问题。

第十五条　总社全国代表大会的代表由总社成员单位选举或推荐产生,每届任期五年。总社全国代表大会代表的名额和产生办法由总社理事会或常务理事会确定。

第十六条　总社全国代表大会每五年举行一次,必要时,由理事会决定可提前或延期召开。

第十七条　总社全国代表大会必须有三分之二以上的代表出席方可召开,做出的决议必须有出席会议全体代表超过半数通过方可生效。

第十八条　总社全国代表大会召开时,由大会主席团主持会议,大会主席团由上届理事会或常务理事会在出席会议代表中推举产生。

第五章　理事会

第十九条　理事会是总社全国代表大会闭幕期间的执行机构。对总社全国代表大会负责。

理事会理事由总社全国代表大会选举产生,每届任期五年。

理事会全体会议每年举行一次,必要时,由常务理事会决定可提前或延期召开。理事会由常务理事会召集,会议须有三分之二以上理事出席方可召开,会议决议须有出席理事过半数通过方可生效。

第二十条　理事会的职权：

（一）组织召开总社全国代表大会，执行大会决议，并向大会报告工作；

（二）组织实施本章程第九条的各项工作任务，指导成员单位开展工作；

（三）选举产生常务理事；

（四）总社全国代表大会授予的其他职权。

第二十一条　理事会设常务理事会，主持理事会工作。

常务理事会全体会议每年举行一至二次，必要时，可提前或延期召开。由理事会主任或受主任委托的副主任召集会议，须有三分之二以上常务理事出席方可召开，会议决议须有出席常务理事过半数通过方可生效。

第二十二条　常务理事会的职权：

（一）负责召集理事会全体会议，并向理事会报告工作；

（二）执行理事会的决议；

（三）决定总社内部管理制度，审定总社资财管理制度、办法；

（四）决定总社内部办事机构的设置；

（五）理事会授予的其他职权。

第二十三条　理事会设主任一人，副主任若干人；主任、副主任由常务理事会在常务理事中推举产生。

总社实行理事会主任负责制，理事会主任为总社的法定代表人，主持工作。日常工作的重大事项通过主任办公会决定。

第二十四条　理事会组成人员实行单位替补制。理事会主任、副主任、常务理事、理事因工作调动或其他原因不能正常履行其所担负的职责时，可由其所在理事单位提名，经理事会确认后，予以更换或增补。

第二十五条　理事会可设名誉主任、名誉理事和顾问，由理事会聘请德高望重、长期从事集体经济工作及与集体经济工作有关部门的领导同志担任。

第二十六条　理事会根据工作需要设置办事机构，统一处理总社的日常工作，管理总社的资财和直属企业、事业单位。

第六章　监事会

第二十七条　监事会是总社的监察机构，对总社全国代表大会负责。

第二十八条　监事会的职权：

（一）监督和检查理事会对国家有关法律、法规、政策，以及总社《章程》、总社全国代表大会决议的执行情况；

（二）检查理事会工作情况和财务收支情况；

（三）向理事会提出改进工作的建议；

（四）向总社全国代表大会报告监察工作；

（五）派员列席理事会和常务理事会。

第二十九条　监事会监事由总社全国代表大会选举产生，每届任期五年。

监事会设主任一人，副主任若干人。由监事会在监事中推举产生。

监事会组成人员实行单位替补制。监事会主任、副主任、监事因工作调动或其他原因不能正常履行其所担负的职责时，可由其所在监事单位提名，经监事会确认后，予以更换或增补。

总社理事会理事不能兼任监事。

第三十条　监事会每年召开一次会议，必要时，可召开临时会议，由监事会主任或受主任委托的副主任召集，监事会会议须有三分之二以上监事出席方可开会，会议决议须有半数以上出席监事通过方可生效。监事会对理事会的重大决议如有不同意见，可以要求理事会召开会议复议。

第三十一条　监事会根据工作需要设立办事机构，负责处理监事会日常工作。

第七章　资财管理

第三十二条　总社积累的资财和在直属企业、事业单位或非直属企业、事业单位的投资及其收益，以及借给成员单位的资金，均属总社资财。

第三十三条　总社及其各级联社资财受国家法律保护，总社及其各级联社对本级社资财享有全部占有、使用、收益和处分的权利。

第三十四条　总社资财要独立建账，加强财务管理和资产运营，有偿使用。

第三十五条　总社资金来源：

（一）成员单位按规定缴纳的互助合作事业基金、管理费或服务费；

（二）总社的历年积累及借款单位归还的借款；

（三）总社直属企业、事业单位缴纳的利润、基金和管理费；

（四）总社投资收益和借款单位缴纳的资金占用费；

（五）政府及其他社会团体的资助；

（六）其他收入。

第三十六条　总社资金的用途：

（一）社务活动开支；

（二）兴办总社直属的企业、事业单位；

（三）在总社组织范围内发展生产、开展教育培训、咨询服务和举办集体福

利事业,以及成员单位遭受重大灾害等特殊情况的资助;

(四)其他支出。

第三十七条　总社资财管理部门要向总社主任办公会和常务理事会报告工作。总社资财管理制度、办法由常务理事会审定;总社财务收支预算、决算,由总社主任办公会讨论研究决定,并向常务理事会报告。

第八章　附　则

第三十八条　本章程经中华全国手工业合作总社第六次代表大会通过后生效。

第三十九条　本章程的解释权属于总社理事会。

第四十条　各级联社可参照本章程,因地制宜制定本级联社章程。

（原件存中国轻工业联合会办公室文电档案处）

集体经济占轻工经济重要位置

（2004 年 11 月 4 日）

光明日报

本报北京 11 月 3 日电 记者何平 从正在此间召开的中华全国手工业合作总社第六次代表大会上获悉,轻工集体经济在全国轻工公有制经济成份中占有重要地位。一大批改制成功的集体企业成为行业排头兵,对发挥公有制经济主导作用起着举足轻重的作用。

轻工集体企业在深化改革中,打破了以加工业为主和小商品生产的格局,加快了结构调整步伐;企业改革不断深入,多种形式的新型集体经济大量涌现;发挥了社会稳定器的作用,为改革发展作出了新的贡献。

统计资料显示,目前轻工集体经济总量已占全国工业集体经济的三分之一,是全国城镇集体经济的重要力量。去年,在全国轻工行业中,年销售额 500 万元以上的国有控股企业有 8260 个,占企业总数的 13.5%,而该规模以上轻工集体企业和股份合作企业有 9869 户,占轻工企业总数的 16.16%,实现销售收入 3733.49 亿元,占轻工行业总销售额的 13.4%;实现利润 158.23 亿元,占 12.6%。总资产贡献率为 14.22%,比轻工行业平均贡献率高 4.62 个百分点;比轻工行业国有企业平均贡献率多出 9.25 个百分点。

中国轻工业联合会会长、中华全国手工业合作总社主任陈士能表示,城镇集体经济是国民经济发展不可缺少的重要力量,是公有制经济的生力军,对于巩固我国基本经济制度具有重要作用。

（选自《光明日报》,2004 年 11 月 4 日）

温家宝总理在振兴东北地区等老工业基地工作座谈会上的讲话（节录）

（2004 年 11 月 15 日）

（四）加快体制机制创新，用改革的方法解决发展中的矛盾和问题

从根本上说，振兴老工业基地是新旧经济体制转换的过程。东北三省国有企业比重大、老企业多，必须着力推进体制创新和机制创新。

这里，我主要讲进一步调整和完善所有制结构问题。要坚决贯彻"两个毫不动摇"。坚持公有制为主体毫不动摇，就是要着眼于通过深化改革促进公有制经济发展，增强国有企业和公有制经济的活力。一是加快国有企业股份制改造，推行投资主体多元化，着力发展国有资本、集体资本和非公有资本相互参股的混合所有制经济；加快建立现代企业制度，完善公司治理结构，切实转换经营机制。二是继续推进国有经济布局的战略性调整，推动国有资本向关系国民经济命脉的重要行业、关键领域和优势产业集中。国务院有关部门要继续支持东北地区对长期亏损、资不抵债、扭亏无望的企业和资源枯竭矿山企业搞好兼并破产。三是主要运用市场手段，推动钢铁、汽车、石化和重型装备制造等重点行业重组，加快具有国际竞争力的大公司和大企业集团建设。四是积极解决国有企业遗留问题，加快减轻企业历史负担。继续搞好主辅分离、辅业改制，分流安置富余人员工作。以东北地区中央企业为重点，尽快启动第二批中央企业分离办社会职能试点工作。国有企业不良贷款的处置，可结合国有商业银行的改制上市等改革一并考虑。要在控制道德风险的原则下，兼顾企业与银行的利益，分类逐步消化。五是以明晰产权为重点，推进集体企业改革。有关部门要抓紧协调政策，提出妥善解决厂办大集体问题的具体方案，并在特别困难的资源枯竭城市先行试点，积累经验。六是按照中央要求，在建立省级国有资产管理机构的基础上，做好地（市）级机构的组建。深化国有企业改革是一项十分复杂和艰巨的任务，要坚持改革方向，加强工作指导，按照国家的有关规定规范企业改制，重视解决出现的新情况、新问题。

鼓励、支持和引导个体、私营等非公有制经济发展，充分发挥他们在调整结构、发展经济、增加就业中的重要作用。这方面,也要毫不动摇。国务院最近将出台鼓励、支持和引导非公有制经济发展的指导性文件,切实解决非公有制企业发展中遇到的困难和问题,主要是为非公有制经济发展创造平等竞争、一视同仁的政策法制环境和市场环境;包括放宽非公有资本进入基础设施、垄断性公用事业以及法律法规没有禁止的其他行业和领域;鼓励民间资本参与国有、集体企业改制和重组;加大金融支持,拓宽融资渠道;健全社会服务体系等。非公有制企业也要根据发展的需要,加强现代企业制度建设,加快结构调整和企业技术改造。鼓励有条件的企业做强做大,全面提高自身素质和竞争力。同时,要依法加强监管,要求非公有制企业依法经营,认真执行国家产业政策、土地政策和环保、质量等市场准入标准,引导和促进非公有制经济健康发展。

加快转变政府职能。进一步推进政企分开,深化投资、财税、金融等领域改革,更大程度地发挥市场配置资源的基础性作用。政府要着力抓住抓好大事,放开放活微观经济活动,真正把政府管理经济的职能转到主要为市场主体服务和创造良好发展环境上来。

（此件由中共中央党史研究室机要档案处提供）

不断提高构建社会主义和谐
社会的能力^①（节录）

（2005 年 2 月 25 日）

曾庆红

　　第四，要正确认识和把握好构建社会主义和谐社会同坚持"四个尊重"方针的关系。社会主义和谐社会，是全社会一切积极因素得到最广泛最充分调动的社会。构建社会主义和谐社会，必须全面贯彻尊重劳动、尊重知识、尊重人才、尊重创造的方针，发挥各方面的积极性、主动性、创造性，不断增强全社会的创造活力。胡锦涛同志在研讨班开班式讲话中对这个问题作了深刻阐述，强调要形成与社会主义初级阶段基本经济制度相适应的思想观念和创业机制，营造鼓励人们干事业、支持人们干成事业的社会氛围；强调要在全党全社会大力弘扬解放思想、实事求是、与时俱进、开拓创新的精神，大力营造鼓励创造、尊重创造、保护创造的良好社会氛围，支持人们进行理论创新、制度创新和其他各方面的创新，使我国经济社会发展始终充满蓬勃的创造活力。这就启迪我们，提高构建社会主义和谐社会的能力，就一定要引导全党全社会坚定不移地贯彻十六大精神，把十六大提出的关于"发展要有新思路，改革要有新突破，开放要有新局面，各项工作要有新举措"的要求真正落到实处，全面体现在构建社会主义和谐社会的各个领域、各个方面。

　　"四个尊重"所强调的主要是活力问题、效率问题，归根到底是发展问题。贯彻"四个尊重"方针，构建社会主义和谐社会，就是要通过激发活力、提高效率来进一步促进发展。只有实现又快又好的发展，不断增强综合国力，党执政兴国才有稳固根基，解决社会矛盾和问题才有雄厚基础，满足人民群众日益增长的物质文化需要才有现实可能，构建社会主义和谐社会才有根本前提。因此，我们既要充分发挥包括知识分子在内的工人阶级、广大农民群众推动经济社会发展根本力量的作用，又要鼓励和支持其他社会阶层人员为经济社会发展积极贡献力

---

① 这是曾庆红在省部级主要领导干部提高构建社会主义和谐社会能力专题研讨班结业式上的讲话。

量;既要保护发达地区、优势产业和先富群体的发展活力,又要高度重视和关心欠发达地区、比较困难的行业和群众;既要毫不动摇地巩固和发展公有制经济,发展壮大国有经济,又要毫不动摇地鼓励、支持和引导非公有制经济的发展。要通过制定和完善一系列体现"四个尊重"的政策措施,把全社会、全民族的创造活力凝聚到党和国家各项事业中来。

联系实际贯彻落实好"四个尊重"的方针,要求各级党委和政府在构建社会主义和谐社会的实践中,既要重视解决好收入分配问题,又要重视解决好劳动关系、劳资关系方面的问题。比如,在经济全球化趋势深入发展的新形势下,各地注意保持我国劳动力价格低廉的竞争优势是必要的,但决不能因此而人为压低职工工资,损害职工群众的利益。又比如,在加快推进工业化、城镇化的新形势下,全社会都要牢固树立善待进城务工人员、关爱进城务工人员的观念,从促进劳动关系、劳资关系和谐的高度,切实关心进城务工人员的生产和生活条件,切实维护好他们的合法权益。

第五,要正确认识和把握好构建社会主义和谐社会同坚持走新型工业化道路的关系。十六大要求在全面建设小康社会的进程中,切实改变高投入、高消耗、高污染、低效率的增长方式,努力走出一条科技含量高、经济效益好、资源消耗低、环境污染少、人力资源优势得到充分发挥的新型工业化路子。这个路子实质上就是一条超越旧式工业化道路的和平发展、和谐发展的路子。新型工业化道路,新就新在一个"和"字上,我们对外是和平发展,而不是靠武力扩张去掠夺别国资源;对内是和谐发展,而不是靠拼资源消耗去搞掠夺式经营。坚持走新型工业化道路,是实现经济持续快速协调健康发展和社会全面进步、构建社会主义和谐社会的必然选择。

坚持走新型工业化道路,既要在"科技含量高、经济效益好、资源消耗低、环境污染少"上下工夫,又要在"人力资源优势得到充分发挥"上做文章,实现经济增长与就业增长相统一,产业政策与就业政策相协调。我国新型工业化道路的一个鲜明特点,构建我国社会主义和谐社会的一个重要任务,就是要使人力资源优势得到充分发挥。我国是一个人口大国,人力资源十分丰富,在当前加快工业化、城镇化和现代化进程中,劳动力供求总量矛盾与结构性矛盾并存,城镇就业压力加大与农村富余劳动力转移速度加快同时出现,新增劳动力的就业与失业人员再就业问题相互交织,因而,就业压力相当大,解决就业矛盾的任务相当繁重。这个基本国情要求我们一定要把扩大就业作为推动经济社会协调发展、构建社会主义和谐社会的重要调控目标,作为各级政府政绩考核的重要内容。要把控制失业和增加就业纳入国民经济和社会发展规划,在制定产业政策时一定要同时考虑相应的就业政策。具体来说,在产业类型上,既要积极发展资金技术密集型产业,又要注重发展劳动密集型产业。在企业规模上,既要重视培育和发展一批核心竞争力强、拥有自主知识产权和知名品牌的大公司大企业集团,又要注重发挥中小企业在活跃城乡经济、扩大就业、满足群众需要等方面的作用。在经济类型上,既要巩固和发展公有制经济,又要注重发挥非公有制经济在解决就业问题上的积极作用。在就业方式上,既要加强政府对就业的指导和服务,又要注重采取灵活多样的就业方式,走政府抓培训促创业、以创业促就业的路子。要千方百计解决好农村富余劳动力、城镇就业困难人群的就业问题,特别是要着力解决好大学毕业生就业难的问题。总之,要坚持把培育经济增长点同拓展社会就业面有机结合起来,既通过促进经济发展来扩大就业,又通过扩大就业来促进经济发展。

（选自《十六大以来重要文献选编（中）》,中央文献出版社 2006 年 4 月第 1 版,第 732—734 页）

科学技术部、财政部关于印发《科技型中小企业技术创新基金项目管理暂行办法》的通知

（2005 年 3 月 2 日）

各省、自治区、直辖市、计划单列市、新疆生产建设兵团科技厅（委、局）、财政厅（局）：

为进一步规范和加强科技型中小企业技术创新基金的管理，支持科技型中小企业的技术创新，提高自主创新能力，我们制定了《科技型中小企业技术创新基金项目管理暂行办法》。现印发给你们，请遵照执行。

科技型中小企业技术创新基金项目管理暂行办法

第一章 总 则

第一条 为保证科技型中小企业技术创新基金（以下简称"创新基金"）管理工作的顺利开展，根据《中华人民共和国中小企业促进法》、《国务院办公厅转发科学技术部、财政部关于科技型中小企业技术创新基金的暂行规定的通知》（国办发[1999]47 号）等，制定本办法。

第二条 科学技术部是创新基金的主管部门，财政部是创新基金的监管部门。科学技术部科技型中小企业技术创新基金管理中心（以下简称"管理中心"）负责具体管理工作。

第三条 创新基金的使用和管理遵守国家有关法律、行政法规和相关规章制度，遵循诚实申请、公正受理、科学管理、择优支持、公开透明、专款专用的原则。

第二章 支持条件、范围与支持方式

第四条 申请创新基金支持的项目需符合以下条件：

（一）符合国家产业、技术政策；

（二）技术含量较高，技术创新性较强；

（三）项目产品有较大的市场容量、较强的市场竞争力；

（四）无知识产权纠纷。

第五条　承担项目的企业应具备以下条件：

（一）在中国境内注册，具有独立企业法人资格；

（二）主要从事高新技术产品的研制、开发、生产和服务业务；

（三）企业管理层有较高经营管理水平，有较强的市场开拓能力；

（四）职工人数不超过 500 人，具有大专以上学历的科技人员占职工总数的比例不低于 30%，直接从事研究开发的科技人员占职工总数的比例不低于 10%；

（五）有良好的经营业绩，资产负债率合理；每年用于高新技术产品研究开发的经费不低于销售额的 5%；

（六）有健全的财务管理机构，有严格的财务管理制度和合格的财务人员。

第六条　创新基金以贷款贴息、无偿资助和资本金投入的方式支持科技型中小企业的技术创新活动。

（一）贷款贴息。

1. 主要用于支持产品具有一定水平、规模和效益，银行已经贷款或有贷款意向的项目；

2. 项目新增投资在 3000 万元以下，资金来源基本确定，投资结构合理，项目实施周期不超过 3 年；

3. 创新基金贴息总额一般不超过 100 万元，个别重大项目不超过 200 万元。

（二）无偿资助。

1. 主要用于科技型中小企业技术创新活动中新技术、新产品研究开发及中试放大等阶段的必要补助；

2. 项目新增投资一般在 1000 万元以下，资金来源基本确定，投资结构合理，项目实施周期不超过 2 年；

3. 企业需有与申请创新基金资助数额等额以上的自有资金匹配；

4. 创新基金资助数额一般不超过 100 万元，个别重大项目不超过 200 万元。

（三）资本金投入具体办法另行制定。

第七条　在同一年度内，一个企业只能申请一个项目和一种支持方式。申请企业应根据项目所处的阶段，选择一种相应的支持方式。

第三章　项目申请与受理

第八条　科学技术部每年年初制定并发布年度《科技型中小企业技术创新基金若干重点项目指南》,明确创新基金项目年度重点支持范围。

第九条　科技型中小企业申请创新基金,应按管理中心发布的《科技型中小企业技术创新基金项目申请须知》准备和提供相应的申请材料。

第十条　企业提交的创新基金申请材料必须真实可靠,并经项目推荐单位推荐。推荐单位是指熟悉企业及项目情况的当地省级科技主管部门。推荐单位出具推荐意见之前应征求省级财政部门对项目的意见,并将推荐项目名单抄送省级财政部门备案。

第十一条　项目推荐单位和管理中心要采取公开方式受理申请,并提出审查意见。受理审查内容包括:资格审查、形式审查、内容审查。受理审查合格后,管理中心将组织有关机构和专家进行立项审查。对受理审查不合格的项目,管理中心自收到项目申请材料之日起三十日内在创新基金网站上发出《不受理通知书》。

第四章　项目立项审查

第十二条　立项审查方式包括专家评审、专家咨询、科技评估等。由管理中心根据项目特点选择相应的立项审查方式。

对技术、产品相近的项目采取专家评审的方式。对跨学科、跨领域、创新性强、技术集成、技术领域分布相对分散的个性化项目,可委托科技评估机构评估。

第十三条　创新基金项目评审专家,包括技术、经济、财务、市场和企业管理等方面的专家,由管理中心聘任或认可,并进入创新基金评审专家库。专家应具备以下条件:

(一)具有对国家和企业负责的态度,有良好的职业道德,能坚持独立、客观、公正原则;

(二)对审查项目所属的技术领域有较丰富的专业知识和实践经验,对该技术领域的发展和所涉及经济领域、市场状况有较深的了解,具有权威性;

(三)一般应具有高级专业技术职务,年龄一般在60岁以下。

第十四条　承担创新基金项目立项评估工作的评估机构须在经科学技术部和财政部认定的评估机构中选择。评估机构应具备以下条件:

(一)具有独立企业或事业法人资格,并在有关管理部门注册、登记;

(二)有相应的专业技术人员和管理人员;

（三）评估机构应从事过评估或科技咨询等工作，并具有一定经验；

（四）有良好的业绩和信誉；

（五）经过相关专业培训。

第十五条 专家应依据评审、评估工作规范和审查标准，对申请项目进行全面的审查，并提出有针对性的审查意见。在审查过程中，专家可通过管理中心要求申请企业补充有关材料或进一步说明情况，但不得与申请企业及有关人员直接联系。必要时管理中心可委托专家组到申请企业进行审查。

第十六条 为保证创新基金项目立项审查的公正性，审查工作实行回避制度。属下列情况之一时，专家应当回避：

（一）审查专家所在企业的申请项目；

（二）专家家庭成员或近亲属为所审项目申请企业的负责人；

（三）有利益关系或直接隶属关系。

第十七条 评估机构和专家对所审项目的技术、经济秘密和审查结论意见负有保密责任和义务。管理中心尊重评估机构和专家的审查结论意见并给予保密。

第十八条 管理中心根据评估机构的工作质量及行为规范情况，对评估机构实行动态管理和科技信用评价管理。管理中心于每年底向科学技术部、财政部报告有关情况并提出调整意见。

第十九条 管理中心根据项目申请资料和立项审查结论意见提出创新基金立项建议，报科学技术部、财政部审批。科学技术部、财政部可对项目进行复审。

第二十条 经科学技术部、财政部批准的项目，应在创新基金网站以及相关新闻媒体上发布立项项目公告。公告发布之日起2周内为立项项目异议期。

第二十一条 创新基金项目实行合同管理。管理中心在异议期满后应与立项项目承担企业、推荐单位签订合同，确定项目各项技术经济指标、阶段考核目标以及完成期限等条款，同时将合同抄送项目所在地省级财政部门。对于有重大异议的项目，管理中心暂不签订合同，并对项目进行复议。需撤销项目时须报科学技术部和财政部同意后执行。

第二十二条 立项审查未通过或未获科学技术部、财政部批准的项目，管理中心将在创新基金网站上发出《不立项通知书》。不立项项目的申请企业当年不得再次申报项目。

第五章 项目监督管理及验收

第二十三条 省级科技主管部门负责本地区项目的日常监督管理和验收工

作;省级财政部门负责对本地区创新基金的运作和使用进行监督、检查,并参与项目的验收工作;管理中心依据本办法负责制订《创新基金项目监督管理和验收工作规范》,并组织实施项目监督管理和验收工作,分析总结项目执行情况。

第二十四条 项目监督管理主要内容包括:

(一)项目资金到位与使用情况;

(二)合同计划进度执行情况;

(三)项目达到的技术、经济、质量指标情况;

(四)项目存在的主要问题和解决措施。

第二十五条 项目监督管理的主要方式:

(一)项目承担企业定期填报监理信息调查表(半年报、年报)。

(二)省级科技主管部门应实地检查项目执行情况,并提出监理意见;省级财政部门应定期抽查项目执行情况,并对创新基金使用管理情况提出报告。

(三)管理中心根据需要,对部分项目进行实地检查。

第二十六条 管理中心根据企业定期报表、地方监理意见、实地检查等,提出项目执行情况分析报告,并报科学技术部、财政部。

第二十七条 项目承担企业因客观原因需对合同目标调整时,应提出书面申请,经管理中心批准后执行;在合同执行过程中发生重大违约事件的,管理中心可按合同终止执行项目,并采取相应处理措施。

第二十八条 项目验收工作原则上在合同到期后一年内完成。需要提前或延期验收的项目,企业应提出申请报管理中心批准后执行。

第二十九条 创新基金项目验收的主要内容包括:

(一)合同计划进度执行情况;

(二)项目经济、技术指标完成情况;

(三)创新基金项目研究开发取得的成果情况;

(四)资金落实与使用情况;

(五)项目实施前后企业的整体发展变化情况。

第三十条 一般项目由省级科技主管部门组织验收;100万元以上的项目由管理中心组织验收。管理中心依据《创新基金项目监督管理和验收工作规范》,对项目进行综合评价并分别做出验收合格、验收基本合格、验收不合格的结论意见,报科学技术部、财政部。

第六章　附　则

第三十一条 本办法自发布之日起施行,创新基金有关规定与本办法相抵触的,按本办法执行。科学技术部、财政部《关于印发〈科技型中小企业技术创新基金项目实施方案(试行)〉的通知》(国科发计字〔1999〕260号)同时废止。

第三十二条　本办法由科学技术部会同财政部负责解释。

（选自《中华人民共和国财政法规汇编》编委会编:《中华人民共和国财政法规汇编》,2005年1—6月卷下册,中国民主法制出版社2005年9月版,第810—817页）

"组织起来、切实维权"大调研总报告摘要

（2005 年 3 月）

全总大调研综合协调组①

为贯彻胡锦涛同志在中纪委第三次全体会议上提出的"大力弘扬求真务实精神、大兴求真务实之风"的重要讲话精神，落实王兆国同志的重要指示精神，根据工会十四大提出的今后五年工会工作的目标任务和全总十四届三次主席团（扩大）会议确定的"组织起来、切实维权"的工作重点，全总于 2004 年在全会开展了"组织起来、切实维权"重点工作大调研。现将大调研总报告摘要如下：

一、近年来工会工作的突出成绩和主要经验

进入新世纪新阶段，尤其是中国工会十四大召开以来，工会工作面临一系列大好机遇和有利条件，各级工会组织全面履行各项社会职能，突出维护职能，工作全面开展，取得显著成绩。

（一）牢牢把握我国工人运动的主题，团结动员广大职工积极投身全面建设小康社会的伟大实践。各级工会紧紧围绕发展这个党执政兴国的第一要务，广泛开展劳动竞赛、合理化建议、技术革新、技术协作、发明创造等多种形式的职工经济技术创新活动，取得了明确的经济效益和社会效益。

（二）紧紧围绕增强党的阶级基础、扩大党的群众基础、巩固党的执政地位，切实加强工会基层组织建议。各级工会针对工会组建工作面临的新形势，大力推建基层工会组织建设，充分发挥基层工会作用。到 2004 年 9 月底，全国基层工会已增至 102 万个，覆盖法人单位 193.5 万个，工会会员人数达 13694.9 万人。

（三）着眼于维护职工队伍和社会政治稳定，积极参与协调劳动关系。全总和地方、产业工会大力参与协调劳动关系，努力从宏观上、源头上维护职工合法权益，积极参与《工会法》等法律法规的制定和修改，配合全国人大常委会开展

---

① "全总"即全国总工会。

《工会法》执法大检查;建立多层次的工会与政府联席(联系)会议制度和劳动关系三方协商会议制度;大力推行区域性、行业性集体合同,积极推动建立工资集体协商制度;加快建立劳动法律监督、区域性劳动争议调解和职工(工会)法律援助和服务机构,为维护职工队伍和社会政治稳定做出了积极贡献。

(四)履行好基本职责,切实为职工办实事、好事。各地工会抓住职工最关心的就业、分配、保障、困难救助等问题,积极协助党政为职工排忧解难。截至2003年底,全国县级以上工会兴办的职业介绍机构累计为204.9万下岗失业职工介绍了新岗位,兴办的职业培训机构累计培训下岗失业职工514.7万人次;积极协助政府部门解决拖欠职工尤其是进城务工人员工资问题,取得明显成效;工会帮扶救助困难职工和困难劳模工作有重大进展;全国开办职工互助合作保险的各级工会组织已有2.1万个,参加人员2181.3万人,享受到保险待遇的职工累计达413.4万人。

(五)积极应对复杂的国际工运局势,进一步加强工会国际工作。全总进一步明确工会国际工作指导思想和原则,完善工会国际工作方针,提出工会国际工作目标任务和具体措施,巩固与周边国家工会及发展中国家工会的传统友谊,加快与大国工会、国际工会组织发展关系的步伐,在配合国家总体外交和重大政治斗争中,发挥了工会民间外交的独特作用。

(六)适应新形势、新任务对工会工作的新要求,大力加强工会思想、组织、作风建议。各级工会坚持以邓小平理论、"三个代表"重要思想和科学发展观指导工会工作,不断提高思想认识;大力加强工会领导班子和干部队伍建设,优化干部队伍结构;广大工会干部深入基层调研,积极反映真实情况,切实帮助职工解决困难,工作作风有很大转变。

在近几年的工作实践中,各级工会积极探索,积累了一些宝贵经验:一是始终坚持认真贯彻党的路线、方针、政策和新形势下党中央关于工人阶级和工会工作的重要指示精神,紧紧围绕全党全国工作大局开展工作,充分体现工会组织的特色和优势,切实在改革、发展、稳定中发挥作用。二是始终坚持主动争取各级党委、人大和政府的重视支持,加强与社会各界的联系合作,积极营造有利于工会工作的良好环境,努力推进工会工作的社会化,不断扩大工会的社会影响。三是始终坚持从党的要求、职工的愿望和工会面临的新情况新问题出发,突出工作重点,调整工作布局,加强工作针对性,以重点带全面,推动工会整体工作上水平。四是始终坚持依法履行好基础职责,积极协调劳动关系,竭诚为职工群众说话办事、排忧解难,以实际行动密切党与职工群众的血肉联系,维护职工队伍和社会政治稳定。五是始终坚持尊重广大职工和工会干部的首创精神,不断从基层的实践和创新中总结经验、吸取营养,挖掘提炼、推广典型,为工运事业的发展提供不竭的动力。六是始终坚持大力弘扬求真务实精神,把继承传统与开拓创新相结合,加强调查研究和理论政策研究,推动工会理论创新、体制创新和工作创新。

二、当前工会工作面临的新情况新问题

国内外形势的发展变化,给工会工作带来大量新情况新问题,工会工作面临严峻挑战。

(一)社会主义市场经济体制的建立和完善,国际局势的发展变化,使工会工作面临复杂局面。

我国正处在完善社会主义市场经济体制新的历史阶段,产业结构、所有制结构和企业组织形态、经营方式发生极为深刻的变化。公有制经济比重继续下降,非公有制经济迅速发展,出现了混合所有制企业越来越多、股份制企业越来越多、非公有制企业越来越多、国有独资企业越来越少的“三多一少”的局面,经济主体多元化的格局加速形成。社会群体分化现象明显,新的社会阶层产生;职工逐步从“单位人”变为“社会人”;各种社会组织大量产生,职工群众利益诉求渠道多样化;社会利益矛盾大量出现,群体性事件不断增多。一些企业尤其是非公有制企业通过延长劳动时间、提高劳动强度、削减工资收入和福利保险、减少劳动安全卫生投入,来降低生产成本,甚至有个别企业严重违反《劳动法》,导致劳动争议案件频发,劳动关系矛盾日益突出。

(二)我国经济的发展、社会生活的变化,给职工队伍带来深刻影响。

职工总量继续扩大。2003年我国职工总数达到2.17亿人,较1999年增加1517万人,增长8%。农村劳动力加速向城镇转移,对工会组织建设、发展会员的工作提出新的要求。职工分布发生变化。非公有制单位职工大量增加,公有制企业职工比重下降,第二、三产业和新兴产业职工显著增加,第一产业和传统产业职工比重相对减少。职工的产业、行业、企业差异进一步突出。职工内部分化现象严重。不同利益群体产生,开始形成普通职工、专业技术人员、经营管理人员、国家公务员、下岗失业职工(困难职工)和进城务工人员等群体。职工职业稳定性下降。职工与用人单位间的劳动关系市场化、契约化程度显著提高,非正规部门就业和非正规就业的职工数量日增,就业短期化现象突出。职工思想日益活跃。职工利益的获得与实现越来越依赖社会和市场,职工自主意识、权利意识、个人意识和民主意识等明显增强,与单位间的“亲和力”下降。

职工队伍的重大变化,亟需工会工作在思路、目标、对象、领域、内容、方式等方面做出必要的调整和改进。

(三)落实"组织起来、切实维权",当前还存在一些突出的问题。

1. 工会组织建设的体制和机制与职工队伍和企业状况的迅速发展变化不相适应。一是国有、集体企业改制重组过程中工会组织削弱和会员流失问题严重。工会组织数和会员人数急剧减少。在国有、集体企业改制重组、精简机构过程中,不少工会机构被削减,工会工作受到冲击。二是在非公有制经济单位和进城务工人员中组建工会难度很大。目前全国近一亿进城务工人员中,被组织到工会中来的不足3500万。三是工会组织领导体制仍待健全完善。产业工会组织覆盖不到位、组织体制不健全;部分国有大企业集团公司没有建立集团公司工会组织,与上下级工会联系中断;会员会籍管理模式不适应职工流动性增大、职业身份变化快的情况等。四是部分县级工会和乡镇(街道)、社区(村)、开发区工会力量薄弱、经费无保证的现象较普遍。相当数量的县级工会编制、经费不足,影响工会工作开展,作用难以发挥。

2. 工会履行维护职责的能力和手段与党的要求和职工维护自身合法权益的迫切需要不相适应。一是部分职工的就业与再就业权利未很好实现,一些国有、集体企业改制重组后职工大量下岗失业,下岗失业职工尤其是"4050"人员再就业仍十分困难,再就业率逐年下降;很多集体所有制企业下岗职工未享受到再就业的优惠政策;大量非公有制企业不与职工签订劳动合同,劳动合同短期化现象严重,职工就业很不稳定。二是部分职工的收入分配权益被严重侵犯。企业拖欠职工工资问题严重;一些企业改制中,对职工的经济补偿标准很低甚至不按规定支付,拖欠职工的工资、医药费、集资款等债务没有很好清偿;大量企业没有正常的工资增长机制,很多非公有制企业支付职工实际工资甚至低于当地最低工资标准;困难职工的数量呈缓慢增长的态势。三是相当数量职工的社会保障权益未得到很好落实。社会保障覆盖面低,大量进城务工人员和灵活就业职工尚未被社会保险制度覆盖;一些企业未能解决好分流职工的社会保障接续问题,一些下岗职工基本生活得不到保障;绝大多数非公有制企业没有为职工缴纳养老、医疗、工伤、失业、生育等社会保险费。四是职工劳动安全卫生问题仍然严重。重大、特大事故呈高发态势,职工伤亡数量很大。个别私营企业为获取高额利润,强令工人冒险作业;有的企业发生安全事故后不支付或少支付工伤治疗费,不按法律规定支付工伤赔偿费。五是职工民主权利甚至人身权利受到侵犯。一些国有、集体企业改制不规范,改制方案不经过职代会审议或仅走形式,职工群众知情权、参与权、监督权被剥夺,民主权利受到严重侵犯。

职工合法权益保障中存在的问题,一定程度上反映了工会组织维权能力和手段上的不足:一是工会维权制还存在不足。劳动关系三方协商机制主体缺位、代表性不强;集体合同履约率不高;职代会等职工民主管理制度与现代企业制度要求不相衔接,流于形式。二是现行企业工会组织领导体制需要完善。一些公有制企业工会主席没有正确处理好企业整体利益、长远利益与职工具体利益、眼前利益的关系;一些非公有制企业工会负责人的利益受制于企业主,很难做到努力维护职工合法权益。三是工会开展宣传教育、提高职工素质的工作仍然不够。职工文化知识水平和职业技术技能还不能适应市场经济和现代化建设要求。四是外部因素的影响。维护职工合法权益的相关法律法规体系不够健全;一些地方的党政领导干部把创造良好的投资环境与工会维护职工合法权益对立起来,把吸引外来投资与组建工会对立起来;个别地方政府和企业把改革成本转嫁到职工头上,由职工群众来承担。

3. 工会工作机制和活动方式与工会肩负的责任和承担的任务不相适应。工会机关化、行政化问题未有效解决。一些工会领导机关仍习惯于用传统的工作方法开展工作,工作中的形式主义没有得到彻底改变,工会工作的群众化、民主化、社会化进展缓慢,一些工会领导机关工作满足于工会内部循环,突出特色抓品牌不够,突出重点抓实效不足,与社会有关方面沟通交流少,借助社会力量开展工作少,工会工作社会认可度有待提高。

4. 工会干部素质和能力与加强党的执政能力建设、构建社会主义和谐社会对工会工作提出的新要求不相适应。一些工会干部深入实际调查研究少,进取意识不强,工作惰性较重,个别工会干部思维方式陈旧,创新意识不够。工会干部能力结构不尽合理,应对复杂局面,协调劳动关系,依法维权的能力则显得明显不足。工会干部的选拔任用、激励约束机制不健全,调动干部积极性、创造性的途径、办法不多。

三、各级工会在工作中特别是在"组织起来、切实维权"上的创新与发展

面对困难和挑战,各级工会大力推动"组织起来、切实维权",形成了不少好的经验做法。

团结动员广大职工为实现全面建设小康社会宏伟目标建功立业。大力开展"创建学习型组织、争做知识型职工"活动,倡导终身学习、全程学习、团队学习的新理念,实施"职工技能振兴计划",不断创新提高职工素质的新办法;在国家

重点工程和重点项目建设上开展劳动竞赛,组织开展全国及行业性职工职业技能大赛,开展评选创新示范岗和创新能手活动,深化职工经济技术创新工程;深入开展宣传学习许振超、李斌等新时代产业工人楷模的活动,弘扬新时代知识型工人的时代风尚。

最广泛地把广大职工组织到工会中来。各级工会按照全总提出的工作要求,加快工会组建、吸引职工入会,大胆探索非公有制经济单位和进城务工人员工会组建工作,在工会组建模式和吸纳职工入会上,进行了一系列有效探索。完善乡镇(街道)、村(社区)、企业工会小三级组织网络,推动建立区域性集群产业工会或行业工会,不断扩大工会的覆盖面。

切实维护职工群众的合法权益。试行区域性职代会制度,建立协调劳动关系三方会议制度;推行由上级工会参与基层维权工作的办法,为基层工会撑腰;探索设立企业工会干部保护基金,给予工会干部经济补偿,努力实现工会干部职业化、社会化。对拖欠工资企业进行重点监控,与有关部门开展联合执法监督;设立进城务工人员合法权益保障服务站,建立外出务工人员服务机构和专门的社会法律维权机构,为职工提供法律援助;普遍建立困难职工帮扶中心,实现从生活救助向政策、就业、助学、医疗、法律等帮扶的拓展;通过开展职工医疗互助、开办会员优惠医院等,解决职工实际困难。

大力加强工会自身建设。各级工会按照全总提出的把工会领导干部培养成为"三家",提高工会组织"五种能力"的要求,有计划地培养工会干部,改革干部任用、考核、激励、实践制度,改善干部队伍结构,提高干部队伍整体水平;试行基层工会主席直接民主选举,实行工会干部聘用制,拓宽选拔干部的渠道;建立工会干部的激励机制,制定工会工作的科学评价标准,努力提高工会为职工群众服务的水平。

四、进一步加强和改进新形势下工会工作的思路与对策

实践表明,"组织起来、切实维权"工作方针,精辟概括了新形势下党对工会工作的要求、职工群众对工会组织的期望和工会必须承担的政治责任,必须正确认识、认真贯彻、长期坚持,努力做到在以胡锦涛同志为总书记的党中央领导下,高举邓小平理论和"三个代表"重要思想伟大旗帜,以全面建设小康社会为主题,以巩固党执政的阶级基础为主线,以表达和维护职工合法权益为重点,以理论、体制、工作创新为动力,按照"组织起来、切实维权"的工作方针,广泛组织职工、深入动员职工、真心依靠职工、热忱服务职工,为建设中国特色社会主义事业

作出新的更大的贡献。

进一步加强和改进新形势下的工会工作,应重点从以下几个方面着手:

(一)适应经济结构、产业结构调整和所有制结构变化,切实加强改制企业工会工作,努力维护改制企业职工的合法权益。各级工会应主动参与企业改制工作,自始至终参与企业改制的全过程。要坚持改制方案必须经职代会审议,职工安置方案必须经职代会审议通过。要纠正企业改制中撤并工会组织的现象,理顺改制后工会隶属关系。

(二)适应非公有制企业职工不断增加,大量进城务工人员维权需求日益增强的新情况,大力加强非公有制企业工会组建工作,努力维护非公有制企业职工和进城务工人员的合法权益。要进一步完善非公有制企业工会组建工作的手段和方法,建立有利于组建工会和会员发展的制度与办法,积极引导职工参与工会组建工作;要加强调查研究,摸清职工和企业情况,分类推进建会;要依法规范工会组建工作,切实发挥基层工会作用。

(三)适应构建社会主义和谐社会的要求,大力加强宏观参与,积极推动协调劳动关系的机制和手段的创新和发展,更好地表达和维护职工合法权益。各级工会要积极参与社会经济政策和有关法律法规及改革政策措施的制定,积极参与执法监督;产业(行业)工会、"小三级"工会和大型企事业单位工会要把工作重点放在协调产业、企业劳动关系上;要推动建立区域性职代会制度,推动国有、集体及其控股企业建立职工董事、监事制度;深化厂务公开、民主评议企业领导人制度;建立健全劳动法律监督、劳动争议调解组织;建设和完善"职工之家",创新"双爱双评"活动,实现维护职工合法权益和企业发展"互利双赢"。

(四)适应社会生活和社会结构不断变化,困难职工群体继续扩大的趋势,积极完善困难职工帮扶体系,以加强困难职工帮扶中心建设为载体,努力提高帮扶困难职工工作的实效性。建立从全总到省、市、县(乡镇、街道、社区)工会、企业工会的帮扶网络,完善帮扶体系和工作制度;培养高素质、专业化的帮扶干部队伍,提高工会帮扶工作能力;积极争取党政重视支持,重点打造解决职工就业难、就医难、子女就学难等工会工作品牌,扩大工会帮扶工作的社会影响。

(五)适应产业结构调整和政府机构改革,理顺产业工会组织,健全产业工会组织体系,充分发挥产业工会作用。省级产业工会要根据政府机构改革后的不同情况,进行适当调整,疏通产业工会工作上下联系的渠道,建立覆盖全部基层工会的产业工会组织;健全和完善城市产业工会体系,发挥城市产业工会的功能;建立县(区)以下行业工会组织,在同级党组织和上级工会领导下开展工作;研究解决跨地区、跨行业企业集团的工会组织体系问题。

　　（六）适应完善社会主义市场经济体制给工会职能任务带来的变化，改进工会工作机制和活动方式，加强工会干部队伍建设，努力提高服务大局、服务职工的能力和水平。进一步加强工会与社会有关方面的联系和沟通，摆脱工会工作内部循环的局限，动员社会力量参与开展工会工作，提高工会工作的社会影响力；加强调查研究，提高工会领导机关科学决策、民主决策的水平。

　　（七）适应日益复杂多变的国际工运形势，进一步深入研究各种国际因素对我国职工和工会的影响，加强工会国际工作，维护国家根本利益。坚持和完善新形势下工会国际工作的指导思想，坚持"独立自主、广泛联系、加强合作、增进友谊"的工作方针，积极应对各种挑战，做好工会国际工作。

（选自《中国工运》2005 年第 3 期，第 15—18 页）

应大力支持新型集体经济的发展

（2005 年 5 月 27 日）

上海市政协

上海市政协常委、上海市集体经济研究会会长范大政反映，相对国有企业改革和民营企业发展的万众瞩目，集体企业似乎低调许多。实际上，近些年来，在改革开放政策指引下，集体企业采取多种形式进行改革，新型的集体企业不断涌现，已经改变了过去"街道办小厂"的传统模式。范大政认为，新型集体经济对实现共同富裕，特别是对巩固公有制主体地位具有重要作用。

范大政说，新型集体企业的突出特点就是实现了"两个联合"，即劳动者的劳动联合与劳动者的资本联合。新型集体企业实行的是共同劳动、互助合作的生产方式；同时，企业鼓励劳动者投资入股，享有对企业资产的所有权，使职工既是企业的劳动者，又是企业的所有者。新型集体企业一般有三个共同点：1. 企业产权明晰；2. 推行职工持股制，确立职工个人股权；3. 产权结构多元化。

新型集体企业目前主要有以下七种模式：1. 国有、集体小企业职工出资或采用存量资产返回等形式，确立职工个人股权，改制为股份合作制企业。这类企业以合作制为基础，吸纳公司制的治理方法，有较强的适应性。根据上海市的调查，这类企业改制后，经营规模有所扩大，企业净资产有所增加，自我活力有所增强，自我发展有了后劲。职工收入一般达到上海市的平均水平，有些企业职工分红收益已超过原始投资；2. 国有大中型企业实行主辅分离后，兴办的新型集体企业。这些企业集体资产由职工安置费、劳动关系改变后的经济补偿费和征地农民工的补偿费等构成；3. 为安置知识青年、富余人员而创办的职工持股公司。这类企业由职工出资，国有企业扶持而建立起来，通过改制和产权界定后，归还国有企业的资产，确立职工个人股权，形成新的集体企业；4. 由科技人员自筹资金，带着一批科研成果"下海"，创建的股份合作制形式的企业；5. 破产企业自救，由职工骨干出资组建的股份制企业；6. 联合经济组织、社区及经营者创办的混合所有制企业。这类企业是各类联社、社区出资，支持企业改制或有经营才能的人员创办的混合所有制企业；7. 下岗职工创办的合作社。

　　范大政认为,新型集体经济是社会主义公有制的重要组成部分,是促进经济和社会协调发展的重要力量。大力发展新型集体经济有利于实现效率与公平的统一。但新型集体经济的进一步发展需要政府的大力支持。为此建议:

　　一、适时修改、补充和完善《中华人民共和国城镇集体所有制企业条例》,制定《合作经济组织法》和《促进股份合作制企业发展的指导意见》。产生于 20 世纪 80 年代的股份合作制企业是我国改革开放中群众创造的新事物,是新型集体经济的有效载体,已遍布于我国的城乡。大批股份合作制企业正翘首期盼这一指导意见的出台,希望能得到政府的政策支持。

　　二、加强对新型集体经济的宣传。当前,有些人认为集体经济就是"二国营",应予取消。有些人提出"集退民进",用民营经济取代集体经济。还有些人主张经营者控股,把集体企业改为合伙企业或私有企业。这些主张都不利于新型集体经济的发展。没有集体经济尤其是股份合作等多种形式的新型集体经济,就没有公有制的主体地位,更难有公有制在国民经济中的优势。要宣传发展新型集体经济符合"可持续发展"的要求,是实现共同富裕、全面建设小康社会的重要途径,是劳动者实现就业、保持社会稳定的重要措施。

　　　　　　　　　　(选自政协全国委员会办公厅《政协信息》,2005 年第 78 期)

在实践中坚持和完善我国基本经济制度

（2005 年 8 月 8 日）

国务院研究室课题组

今年 2 月，国务院制定颁布了《关于鼓励支持和引导个体私营等非公有制经济发展的若干意见》以下简称（若干意见）这是一个重要的指导性文件，符合党的十五大、十六大和宪法修正案的精神，反映了我国社会主义初级阶段基本经济制度的内在要求。贯彻落实好这个文件，必须对我国基本经济制度特别是对非公有制经济有一个正确认识。

公有制为主体、多种所有制经济共同发展的基本经济制度是重大的理论和实践创新

公有制为主体、多种所有制经济共同发展，是我国社会主义初级阶段的基本经济制度，这一制度的确立，是由社会主义的性质和初级阶段的国情决定的。我国是社会主义国家，必须坚持把公有制作为社会主义经济制度的基础。我国正处于并将长期处于社会主义初级阶段，整体生产力水平比较低，需要在公有制为主体的条件下，发展多种所有制经济。一切符合"三个有利于"的所有制形式，都可以而且应该用来为社会主义服务，都应该大力鼓励和支持其发展。

确立公有制为主体，多种所有制经济共同发展的基本经济制度，是我们党以邓小平理论和"三个代表"重要思想为指导，坚持解放思想、实事求是，在理论和实践的重大创新。基本经济制度问题，实质上就是所有制结构问题，改革开放以来，我们党围绕完善社会主义初级阶段的所有制结构进行了不懈探索，对基本经济制度特别是对发展非公有制经济的认识逐步深化。党的十一届三中全会提出非公有制经济是社会主义经济的必要补充。党的十四届三中全会进一步指出，必须坚持以公有制为主体，多种经济成分共同发展的方针。党的十五大明确提出："公有制为主体、多种所有制经济共同发展，是我国社会主义初级阶段的一项基本经济制度。"党的十六大进一步强调，要"根据解放和发展生产力的要求，坚持和完善公有制为主体，多种所有制经济共同发展的基本经济制度"。党的

十六届三中全会指出:"进一步巩固和发展公有制经济,鼓励、支持和引导非公有制经济发展。"把公有制为主体、多种所有制经济共同发展确立为我国社会主义初级阶段的基本经济制度,是我们党对建设社会主义长期实践经验的总结,既坚持与继承了马克思主义基本原理,又是对马克思主义所有制理论的创新发展。坚持和完善这一基本经济制度,对于建立完善的社会主义市场经济体制,促进生产力发展,全面建设小康社会,加快推进社会主义现代化,具有十分重要的现实意义和深远的历史意义。

坚持和完善基本经济制度,必须按照党的十六大和十六届三中、四中全会的要求,毫不动摇地巩固和发展公有制经济、发挥国有经济的主导作用,毫不动摇地鼓励支持和引导个体、私营等非公有制经济发展,把坚持公有制为主体,促进非公有制经济发展统一于社会主义现代化建设的进程中,使各种所有制经济在市场竞争中发挥各自优势,相互促进,共同发展。

如何巩固和发展公有制经济

毫不动摇地巩固和发展公有制经济,是坚持和完善基本经济制度的一个重要方面。公有制是社会主义经济制度的基础。国有经济控制国民经济命脉,对于发挥社会主义制度的优越性,增强我国的经济实力、国防实力和民族凝聚力具有关键性作用,要继续发展壮大。集体经济是公有制经济的重要组成部分,对于逐步实现共同富裕具有重要作用,要继续大力发展。

巩固和发展公有制经济,必须全面认识公有制经济的含义。公有制经济不仅包括国有经济和集体经济,还包括混合所有制经济中的国有成分和集体成分。公有制的主体地位主要体现在公有资产在社会总资产中占优势。国有经济控制国民经济命脉,对经济发展起主导作用。公有资产占优势,要有量的优势,更要注重质的提高。国有经济起主导作用,主要体现在控制力上。只要坚持公有制为主体,控制国民经济命脉,国有经济的控制力和竞争力得到增强,国有经济比重减少一些是不会影响我国社会主义性质的。

巩固和发展公有制经济,还必须明确公有制和公有制有效实现形式之间的关系。所有制和所有制实现形式是两个既相联系又不相同的概念。所有制是指对生产资料占有、使用、处置并获得收益的一系列经济权利和利益关系的总和,而所有制实现形式则是指在一定所有制前提下财产的组织形式和经营方式等。相对于所有制,所有制实现形式具有相对独立性。同一种所有制可以有多种实现形式,不同所有制也可以采取同一种实现形式。进一步巩固和发展公有制经济,就要适应时代发展、经济环境变化和科学技术进步的新情况,积极推行公有制的多种有效实现形式。股份制是社会化大生产发展到一定阶段的必然产物,是企业赢得市场竞争优势的一种有效组织形式和运营方式,资本主义可以用,社会主义也可以用。当前,要大力发展国有资本、集体资本和非公有资本等参股的混合所有制经济,实现投资主体多元化,使股份制成为公有制的主要实现形式,进一步增强公有制经济的活力。需要由国有资本控股的企业,应区别不同情况,实行绝对控股或相对控股。进一步完善国有资本有进有退,合理流动的机制,进一步推动国有资本更多地投向关系国家安全和国民经济命脉的重要行业和关键领域,增强国有经济的控制力。其他行业和领域的国有企业,通过资产重组和结构调整,在市场公平竞争中优胜劣汰。要建立健全国有资产管理和监督体制,按照现代企业制度的要求,继续对国有大中型企业实行规范的公司制改革,完善法人治理结构,发展具有国际竞争力的大公司、大企业集团。继续采取多种形式放开搞活国有中小企业。以明晰产权为重点,继续深化集体企业改革,发展多种形式的集体经济。

党的十五大以来,我国加大了国有经济布局战略性调整的力度,把国有资本更多地集中于关系国民经济命脉和国家安全的重要行业和关键领域,国有企业改革步伐加快。虽然公有制企业数量有所减少,公有制资产比重有所降低,但公有制资产的总量不断增加,质量显著提高,国有经济的控制力进一步增强。我国国有及国有控股企业的资产总额 2004 年末比 1997 年增长 71.9%,达到 10.16 万亿元;实现利润增长 11.4 倍,达到 53.12 亿元。国有经济对国家财政的贡献率仍然达 50% 左右。在关系国民经济命脉和国家安全的重要行业和关键领域,国有及国有控股企业的销售收入仍占优势比重,在军工、石油、电力、民航、电信等行业占 90% 以上。在铁路、煤炭等行业占 80% 以上。事实雄辩地说明,深化国有企业改革,从战略上调整国有经济布局和结构,是促进而不是阻碍了公有制经济的发展,是增强而不是削弱了国有经济的控制力,是巩固而不是动摇了公有制的主体地位。

为什么要鼓励、支持和引导非公有制经济发展

坚持和完善基本经济制度的另一个重要方面,是毫不动摇地鼓励,支持和引导非公有制经济发展。在我国社会主义初级阶段,发展个体、私营等非公有制经济,具有客观必然性。解决十几亿人的吃饭问题、就业问题以及增加收入、改善生活问题,光靠国家和国有企业是难以做到的,必须发展各种所有制经济。发展

非公有制经济,有利于调动人民群众和社会各方面的积极性,促进国民经济快速发展;有利于扩大就业,维护社会稳定;有利于推动新兴产业和行业的发展,促进产业结构的优化和升级;有利于调整和优化所有制结构,推行公有制的多种有效实现形式;有利于促进市场竞争,增进国民经济的活力。同时,非公有制经济还在方便人民生活、增加财税收入、引进和吸收先进技术与管理经验、促进国际经济合作等方面发挥着重要作用。因此,鼓励、支持和引导非公有制经济发展,符合我国国情和人民群众的根本利益,决不是权宜之计,必须长期坚持,毫不动摇。

在传统计划经济体制下,脱离社会主义初级阶段的实际,排斥、限制和打击非公有制经济,严重阻碍了社会生产力的发展。党的十一届三中全会以来,我们党认真总结以往在所有制问题上的经验教训,重新认识和明确了非公有制经济的地位和作用,把它从作为公有制经济有益的、必要的补充到明确为社会主义市场经济的重要组成部分,并制定了一系列鼓励、支持非公有制经济发展的政策。1982 年宪法颁布实施以来,根据形势发展的需要,对宪法中关于非公有制经济的规定先后进行了三次修改。2004 年十届全国人大二次会议通过的宪法修正案明确规定:"国家保护个体经济、私营经济等非公有制经济的合法的权利和利益。国家鼓励、支持和引导非公有制经济的发展,并对非公有制经济依法实施监督和管理。"这就为非公有制经济发展提供了法律依据和保障。党和国家发展非公有制经济的方针政策和法律规定,是对马克思主义所有制理论的创新与发展,是对我国国情和社会主义经济建设规律认识的深化,是在新的历史时期把马克思主义基本原理同中国具体实际相结合的重要成果。

改革开放以来特别是上个世纪 90 年代以来,我国个体、私营等非公有制经济快速发展,已成长为我国生产力发展的一支生力军。目前全国经济增量的一半以上来自非公有制经济,城镇新增就业岗位 90% 以上是个体、私营等非公有制企业提供的。事实证明,正是由于全面落实了基本经济制度,在继续发展公有制经济的同时,积极鼓励、支持和引导非公制经济发展,才有了 20 多年来国民经济持续快速发展、综合国力不断增强、人民生活水平显著提高的大好局面。当前,我国非公有制经济的发展仍然存在着一些体制性、政策性制约因素。促进非公有制经济发展,要进一步解放思想、更新观念,充分认识发展非公有制经济对发展社会主义市场经济的重要作用。要完善法律法规,切实保护私有财产权,支持非公有制企业发展,鼓励有条件的企业做强做大。在投融资、税收、土地使用和对外贸易等方面,要使非公有制企业与其他企业享受同等待遇,实现平等竞争。同时,要改进非公有制企业的服务和监管。非公有制企业也要规范经营行为,努力提高自身素质,走上良性发展的轨道。

积极推动各种所有制经济相互促进、共同发展

积极推动各种所有制经济相互促进、共同发展，是坚持和完善我国社会主义初级阶段基本经济制度的一项重要任务。党的十六大报告指出："坚持公有制为主体，促进非公有制经济发展，统一于社会主义现代化建设的进程中，不能把这两者对立起来。各种所有制经济完全可以在市场竞争中发挥各自优势，相互促进，共同发展。"这一重要论述深刻揭示了公有制经济和非公有制经济之间的内在联系，指出了二者相互统一、相互促进的性质和结合途径。在社会主义市场经济条件下，公有制经济与非公有制经济不是相互对立、此消彼长的，二者的发展都有利于促进生产力发展、增强国家综合实力和加快实现全体人民的共同富裕。我们要通过深化改革，努力创造条件，走出一条使各种所有制经济发挥各自优势，相互促进、共同发展的新路子。

努力促进公有制经济与非公有制经济在社会化大生产中充分发挥各自优势。公有制经济和非公有制经济各有其优势。一般来说，国有企业规模较大，实力较强，生产技术水平较高，但还有不少尚未实现经营机制的根本转换；非公有制企业大部分是中小企业，有的技术水平还比较低，但生产经营比较灵活，要通过加强分工合作，充分发挥公有制经济和非公有制经济各自的优势，实现互利共赢，国有企业应在技术进步、产品质量和产业结构升级等方面起带头与引导作用。要通过与非公有制企业的合作，形成合理的协作体系，集中资金和技术力量搞好关键部件和环节的生产，加强产品创新、技术创新、管理创新，增强企业竞争能力。一些非公有制企业要主动参与国有大企业的生产体系，通过与国有企业的合理分工合作，促进自身生产技术和管理水平的提高，节约产品开发费用，获得更好的经济效益。

大力推进公有制经济与非公有制经济在更广泛的领域公平竞争、共同发展。随着国有经济布局战略性调整的不断推进和非公有制经济的快速发展，目前在大多数行业已经形成了各种所有制经济共同发展的格局。今后将进一步放宽非公有制经济的市场准入，允许非公有资本依法进入电力、电信、铁路、民航、石油等垄断性行业和领域。这不仅为非公有制经济开辟了新的更大的发展空间，同时通过各种所有制经济的平等竞争，也将为这些行业的发展注入活力，增强这些行业和领域的经济实力与有效供给能力，使各种所有制经济相互竞争、共同发展的领域更加广泛。

积极推动公有制经济与非公有制经济在实现形势上的相互渗透、相互融合。

随着我国改革的不断深化和社会化大生产的不断发展,公有制和非公有制企业相互参股、相互融合,你中有我,我中有你的混合所有制经济将大量出现,传统意义上的公有制企业会越来越少,非公有制企业也会越来越社会化。股份制作为现代企业的一种资本组织形式,越来越成为大中型企业普遍采取的企业组织形式。要顺应企业组织制度变革的大趋势,进一步推动公有制企业和非公有制企业之间的相互参股融合。鼓励非公资本参股公有制企业,促进公有制企业转变经营机制、增强活力。公有资本也可以参股非公有制企业,一方面利用后者的机制优势,保证公有资本保值增值;另一方面充分发挥公有制经济的优势,增强非公有制企业的经济实力和公信力。

我国正处于并将长期处于社会主义初级阶段。我们一定要把认识统一到党的十五大、十六大和十六届三中、四中全会精神上来,统一到宪法修正案的要求上来,与时俱进,勇于探索,在实践中坚持和完善基本经济制度,认真贯彻落实国务院《若干意见》,促进我国社会生产力进一步发展,把建设中国特色社会主义的伟大事业不断推向前进。

（选自《人民日报》2005 年 8 月 8 日第九版）

中华全国手工业合作总社　中国工业合作经济学会关于对《中华人民共和国物权法（草案）》的修改建议

（2005 年 8 月 15 日）

全国人大常委会法制工作委员会：

　　《物权法》旨在调整平等主体之间因物的归属和利用而产生的财产关系，对于明确和维护物权主体之一的集体所有财产权，保障集体经济健康发展，具有重要作用。中华全国手工业合作总社成立近五十年，现为事业单位，对城镇集体经济和各级联社履行"指导、维护、协调、监督、服务"的职能。中国工业合作经济学会是研究工业合作经济理论和实际问题的国家学术团体。我们就《物权法（草案）》关于城镇集体所有条款提出具体的修改意见和建议，请予以充分考虑。

　　现将我们对《中华人民共和国物权法（草案）》的修改建议附后。

附：

对《中华人民共和国物权法（草案）》的修改建议

　　《物权法》是我国民法的重要组成部分，旨在调整平等主体之间因物的归属和利用而产生的财产关系。这就应该对物权主体，即国家、集体和私人所有物权，平等作出规定。《物权法（草案）》全文公布，向社会广泛征集意见，受到社会各界的欢迎与关注。

　　建国后，我国城镇集体经济在五十年的实践中，特别是在改革开放中，遇到了这样或那样的问题，亟需相关的法律作保障，处理实际问题，促其健康发展。鉴于城镇集体量大面广，为此，我们建议在《物权法（草案）》中，对城镇集体所有的不动产、动产物权作出全面的、明确的规定。现对《物权法（草案）》有关条款提出具体修改建议如下：

　　第二条：

原文:本法调整平等主体之间因物的归属和利用而产生的财产关系。

为使国家所有、集体所有、私人所有的财产权实现平等保护,应增加"保护国家所有、集体所有、私人所有的合法财产权不受侵犯"。

建议修改为:本法调整平等主体之间因物的归属和利用而产生的财产关系,保护国家所有、集体所有、私人所有的合法财产权不受侵犯。

第四十九条:

原文:为了公共利益的需要,县级以上人民政府依照法律规定的权限和程序,可以征收、征用单位、个人的不动产或者动产,但应当按国家规定给予补偿;没有国家规定的,应当给予合理补偿。

对"公共利益"应该作出明确的界定。实践中,没有严格的标准,容易造成对"公共利益"的滥用。在城镇发展中,打着"公共利益"的旗号强征强迁集体企业不动产的事屡见不鲜。建议对"公共利益"作出明确的定义,规定那些是"公共利益"需要,那些是商业需要。

对"合理补偿",应该作出明确的规定。实践中,没有可衡量的标准,往往损害所有者合法权益。建议将"没有国家规定的,应当给予合理补偿。"修改为:"没有国家规定的,由有资质的中介机构作出评估按市场价给予合理补偿。"

(第六十八条也有上述问题,应同样作出规定)

第五十条:

原文:国家维护公有制为主体、多种所有制经济共同发展的基本经济制度。

"维护……制度",显得力度不够,应将"维护"改为"实行"或"坚持"为更好。

建议修改为:国家坚持公有制为主体、多种所有制经济共同发展的基本经济制度。

第五十九条:

原文:集体所有的不动产和动产包括:

(一)法律规定属于集体所有的土地和森林、山岭、草原、荒地、滩涂;

(二)集体所有的建筑物、生产设施、农田水利设施;

(三)集体所有的教育、科学、文化、卫生、体育等设施;

(四)集体所有的其他不动产和动产。

这一条应明确涵盖"城乡"集体经济。同时应在"生产"后面增加"经营",将"科学"改为"科研",增加"生活"、"福利"的设施内容和"执行国家优惠政策形成的集体所有的不动产和动产"的内容。

建议修改为:城乡集体所有的不动产和动产包括:

（一）法律规定属于集体所有的土地和森林、山岭、草原、荒地、滩涂；

（二）集体所有的建筑物、生产经营设施、农田水利设施；

（三）集体所有的教育、科研、文化、卫生、体育、生活、福利等设施；

（四）执行国家优惠政策形成的集体所有的不动产和动产；

（五）集体所有的其他不动产和动产。

第六十条：

原文：城镇集体所有的不动产和动产，属于劳动群众集体所有。

鉴于"城镇集体"是一定范围内劳动群众所有的公有制经济，"城镇集体"的组织为数众多，每一个"城镇集体"组织都有特定的所有权人；原文中"劳动群众"没有限定范围，容易产生疑义，致使城镇集体财产被平调和侵吞，合法权益难以维护，目前城镇集体经济组织，深化改革出现多种实现形式，其财产既有职工劳动积累、职工投资，也有法人投资、社会自然人投资等形成的，包括了按份共有和共同共有部分。因此，应与第六十一条相适应，限定范围。同时增加具体条款，明确城镇集体经济组织成员（代表）会议对重大物权管理事项的决定权。

建议修改为：城镇集体所有的不动产和动产，属于本集体的劳动群众和成员集体所有。并依照下列规定行使所有权：

（一）属于城镇集体经济组织所有的，由城镇集体经济组织或者职工（成员）代表集体行使所有权；

（二）由两个以上城镇集体经济组织或者与国有、非公有经济混合组成的经济实体，由成员代表集体行使所有权；

（三）属于城镇联合经济组织所有的，由联合经济组织代表集体行使所有权；

（四）属于区域联合经济组织所有的，由该区域联合经济组织代表集体行使所有权。

下列事项应当依法经本集体经济组织职工（成员）会议讨论决定：

（一）集体经济组织法定代表人的产生；

（二）集体经济组织经营方案；

（三）集体所有的不动产和动产的抵押、租赁、转让、处分等重大事项；

（四）对集体所有的不动产和动产的监督办法；

（五）法律规定的其他事项。

第六十四条：

原文：集体经济组织或者村民委员会的管理人作出的决定侵害集体成员合法权益的，该集体成员可以请求人民法院予以撤销。

村民会议通过的决定侵害集体成员合法权益的,该集体成员可以请求人民法院予以撤销。

这条中所称的"集体经济组织"应涵盖城镇和农村集体经济组织两个方面,她们的合法权益都应当受到法律保护;损害集体经济权益的不仅是其集体经济组织本身,还有集体经济组织的上级或其他管理部门。

建议修改为:城乡集体经济组织或者村民委员会的管理人以及集体经济组织的上级、其他管理部门作出的决定侵害集体成员合法权益的,该集体成员可以请求人民法院予以撤销。

城乡集体经济组织成员(代表)会议、村民会议通过的决定侵害集体成员合法权益的,该集体成员可以请求人民法院予以撤销。

第六十五条:

同第六十四条一样,增加"城乡"两个字。

建议修改为:城乡集体经济组织、村民委员会应当依照法律、行政法规、章程、村规民约向本集体的成员定期公布集体财产的状况。

第七十一条:

原文:违反国家规定,以无偿或者以低价折股、低价出售等手段将国有财产、集体财产转让,造成国有财产、集体财产流失的,应当依法承担民事责任和行政责任;构成犯罪的,依法追究刑事责任。

鉴于不少地区存在行政侵权的问题,集体所有的财产被无偿平调、侵吞的现象时有发生,为有效保护集体经济的合法权益,应对第七十一条的内容进行补充完善。

建议修改为:违反国家规定,以无偿或者以低价折股、低价出售等手段将国有财产、集体财产转让,或无偿平调、占有、侵吞国有财产、集体财产,造成国有财产、集体财产流失及其合法权益受到侵害的,应当依法承担民事责任和行政责任;构成犯罪的,依法追究刑事责任。

第一百零七条:

原文:因共有的不动产或者动产产生的债权债务,在对外关系上,共有人享有连带债权,承担连带债务,但法律另有规定或者第三人知道共有人不具备有连带债权债务关系的除外;在共有人内部关系上,除共有人另有约定外,按份共有人按照其份额享有债权,承担债务;共同共有人共同享有债权,承担债务。偿还债务超过自己应当承担份额的按份共有人,有权向其他共有人追偿。

在这一条中,规定"在对外关系上,共有人享有连带债权,承担连带债务……",建议增加"有限的"三个字,成为"承担有限的连带债务"。在这一条中,有的用"共有人",有的用"共同共有人",建议进行统一,并对文字结构适当调整,把"共同共有人共同享有债权,承担债务。"放在头一句。

建议修改为:共同共有人共同享有债权,承担债务。因共同共有的不动产或者动产产生的债权债务,在对外关系上,共同共有人享有连带债权,承担有限的连带债务,但法律另有规定或者第三人知道共同共有人不具备有连带债权债务关系的除外;在共同共有人内部关系上,除共同共有人另有约定外,按份共有人按照其份额享有债权,承担债务,偿还债务超过自己应当承担份额的按份共有人,有权向其他共同共有人追偿。

第二百零六条:

原文:下列财产不得抵押:

(一)土地所有权;

(二)耕地、宅基地、自留地、自留山等集体所有的土地使用权,但法律规定可以抵押的除外;

(三)学校、幼儿院、医院等以公益为目的的事业单位、社会团体的教育设施、医疗卫生设施和其他社会公益设施;

(四)所有权、使用权不明或者有争议的财产;

(五)依法被查封、扣押、监管的财产;

(六)法律、行政法规规定不得抵押的其他财产。

鉴于在企业改制中,有的经营者为实现持大股,以企业不动产向银行抵押贷款,用于个人购买股份,造成国有或集体资产流失,建议增加一款,即:不属于抵押人所有的财产。

附则第二百六十六条:

原文:本法下列用语的含义:(一)"私人",包括……(略)。(二)"业主的建筑物区分所有权",指……(略)。(三)"孳息"包括……(略)。(四)"用益物权",指……(略)。(五)"地役权",指……(略)。(六)"担保物权",指……(略)。(七)"占有",指……(略)。

这条中,应在"私人"后面增加"集体"用语,建议是:"集体"包括:劳动群众通过投入财物或各种生产要素组织起来的经济组织;劳动者的资本联合和劳动联合的经济组织;城镇和乡村中各种形式的合作经济组织;国有资本、集体资本、非公有资本组成的并且以集体资本相对控股的股份制、公司制的经济组织等等。

(此件由中华全国手工业合作总社办公室提供)

巩固公有制经济主体地位
促进集体经济改革与发展①

（2005 年 9 月 8 日）

林炎志

各位代表、同志们：

　　吉林省手工业合作联社第七次代表大会今天开幕了。借此机会，让我代表中共吉林省委、吉林省人民政府，对大会的召开表示热烈的祝贺！ 向在座的各位代表并通过你们向全省轻工集体经济战线的广大干部和职工表示亲切的问候！ 对亲临大会指导的中华全国手工业合作总社的领导和各位来宾表示热烈的欢迎和诚挚的谢意！

　　自吉林省手工业合作联社第六届代表大会召开以来的八年间，我省各级联社认真贯彻落实党和国家发展集体经济的方针政策，以改革为动力，以稳定为前提，紧紧抓住发展这个第一要务，使轻工集体经济得到了新的发展，出现了新的变化。2004 年，全省轻工集体企业完成工业总产值 19.19 亿元，实现销售收入 15.84 亿元，实现利税 1.67 亿元，为国家和地方财政做出了积极的贡献。应当说，轻工集体企业仍然是我省轻工公有制经济中的重要力量。八年来，全省轻工集体企业改革改制的步伐明显加快，技术创新、产业调整得到进一步加强。通过积极努力，一些企业已经走上规模化、集约化、多元化、国际化发展的新路子，有的成为了行业的排头兵。吉林省联社工作也取得了可喜的成绩，2004 年 11 月总社召开"六代会"时被评为"全国集体经济先进联社"。这些成绩的取得确实是难能可贵的。但是，我们也应当清醒地看到，轻工集体经济"总量不大，结构不优，效益不佳"的问题尚未得到解决，联社工作还有不少需要加强的地方。借此机会，我讲以下四个问题，供同志们参考。

---

① 这是中共吉林省委副书记林炎志在吉林省手工业合作联社第七次代表大会上的讲话。

一、积极发展集体经济是党和国家的一贯方针

集体经济是公有制经济的重要组成部分,是社会主义制度的重要经济基础,积极发展集体经济是党和国家的一贯方针。《中华人民共和国宪法》、党的十五大报告、十六大报告和十六届三中全会《决定》对集体经济在我国社会主义基本经济制度中的主体地位、重要作用以及集体经济与各种所有制经济的关系都做出了许多重要的规定和论述。对此,我不做更多的重复。这里,我想强调两个问题:一是两个"毫不动摇"不能偏废。党的十六大明确提出要坚持两个"毫不动摇","第一,必须毫不动摇地巩固和发展公有制经济";"第二,必须毫不动摇地鼓励、支持和引导非公有制经济发展"。我们必须深刻领会党中央这两个"毫不动摇"的含义,不能偏废,不能只强调一个而忽视另一个,那样是不全面的;二是公有制经济和非公有制经济两者不能对立起来。坚持公有制经济主体地位,促进非公有制经济发展,统一于社会主义现代化建设的进程中,不能把两者对立起来,用其中的一个代替另一个。各种所有制经济是完全可以在市场竞争中发挥各自优势,相互促进,共同发展的。

二、以产权制度改革为核心,深化轻工集体企业改革

传统集体企业必须改革。只有深化改革才能有出路,才能适应市场经济需要。那么,传统集体企业怎么改革呢? 突破口就是实行产权制度改革,以产权制度改革为核心,通过明晰产权,创新产权制度,实现企业资本人格化,投资主体多元化。要按照完善社会主义市场经济体制的要求,结合轻工业、手工业行业的实际,深化集体企业改革,推进制度创新。做好企业改组改制的指导工作,积极发展新型集体经济和合作组织,探索采取社区合作、股份合作、员工持股、公司制等多种形式,把集体经济办成劳动群众互助合作、共同富裕的组织,把合作企业办成市场运行的主体。通过深化改革,建立"归属清晰、权责明确、保护严格、流转顺畅"的现代产权制度,实现规范的法人治理,向现代企业制度靠拢,最终促进城镇集体经济的创新与发展。

三、走新型工业化道路,推进技术进步和产业调整

新型工业化的基本要求,是以信息化带动工业化,以工业化促进信息化,实现技术创新,使经济发展立足在科技含量高、经济效益好、资源耗用低、环境污染小、人力资源优势得到充分发挥的基础之上。目前,轻工集体企业信息化程度较低,技术创新能力比较薄弱,实现新型工业化的任务繁重。因此,要按照科学发

展观的要求,因地制宜地调整经济和产业结构,狠抓技术创新,用先进适用技术改造提升传统产业,努力实现技术创新和产业升级。要从轻工业、手工业中小企业比较多的特点出发,面向市场需求,大力发展"名、优、新、特"产品,注重发展协作配套产品,不断提高企业竞争能力。鼓励和支持有条件的企业做强做大,壮大集体经济的实力。当前,全面建设小康社会、振兴东北老工业基地、国企改革都给集体企业和联社发展创造了有利条件,要抓住有利时机,选准发展方向,谋划上项目,寻求新的经济增长点,加快发展步伐。2005 年是推进吉林老工业基地振兴的关键之年。全省经济工作会议提出了吉林经济要由。"快走"变为"快跑"的要求,集体经济和联社工作要紧紧围绕这条主线,组织企业走出去,引进来,敢于承接先进地区转移的技术、资金、项目,虚心学习先进地区企业管理经验和经营理念,积极探索新型集体经济条件下加强职工民主管理的有效途径,不断提高企业生产经营的管理水平,提高经济效益。

四、为集体经济和联社发展创造良好的外部环境

各级联社要进一步加强自身建设,加强政策法规研究,充分发挥"指导、维护、监督、协调、服务"的职能,当好政府的好帮手,努力使自己成为党和国家方针政策的宣传者,成为中小企业合作互助的组织者,成为广大职工群众利益的维护者。各级政府和有关部门要提高对发展集体经济和做好联社工作重要意义的认识,认真贯彻执行党和国家有关集体经济的方针政策,切实加强对各级联社与企业改革发展的指导和服务,稳定联社机构,加强领导力量,充实工作人员,在人员编制和开支经费等方面给予必要的支持,为发展新型集体经济创造良好环境。

最后,希望全体代表利用这次大会的机会,认真研究和探讨发展我省新型集体经济的思路和具体措施,集思广益,把大会开好,为振兴吉林做出应有的贡献。

(选自《中国集体经济》杂志 2005 年第 11 期,第 2—3 页)

与时俱进　开拓创新
切实加强联社的改革和建设①

（2005 年 9 月 8 日）

杨志海

各位领导、各位代表：

　　吉林省手工业合作联社第七次代表大会今天召开，我受陈士能主任的委托代表中华全国手工业合作总社来参加这次盛会，非常高兴。首先向大会致以热烈地祝贺，并向全省联社系统的干部、职工和长期从事集体经济工作的老同志致以亲切地问候和崇高地致意！

　　吉林省联社在省委、省政府的领导下，在各级联社的支持下，多年来，在集体经济的改革和发展、维护集体资产保证其合法权益、在不断深化联社改革实行政社分开、在积极转变联社职能强化对企业的服务、在探索集体经济的多种实现形式等诸多方面，都为全国各级联社起到了示范作用，是全国联社的一面旗帜，曾多次受到总社领导的表扬和肯定。

　　今天，省委、省人大、省政府、省政协的领导和有关方面的同志，亲临大会指导，林炎志同志又做了重要讲话。这充分说明，吉林省委、省政府对集体经济和联社工作的重视和支持，我代表全国总社向吉林省委、省政府、省人大、省政协以及参加会议的老同志表示衷心地感谢！借此机会。我想从以下几个角度谈一点意见供大家参考。

一、要正确评价城镇集体经济在我国经济社会中的地位和作用

　　几十年来，城镇集体经济在发展经济、保障供给、繁荣市场、改善人民生活、服务工农业生产、增加税收、扩大出口创汇、安置劳动就业和维护社会稳定等方

---

① 这是杨志海在吉林省手工业合作联社第七次代表大会上的讲话。

面都做出了突出贡献。城镇集体经济是我国社会主义公有制的重要组成部分，长期以来，它为壮大社会主义公有制经济一直起着"增容器"的作用。1978 年在我国工业总产值中，国有占 78%，集体占 22%，从 1994 年到 1996 年，集体工业总产值超过国有，在各种经济类型中居首位。据 2001 年《中国统计年鉴》，仅对规模以上 31018 个集体工业企业的统计，工业总产值为 14886.3 亿元，占全国工业总产值的 15.7%；其中，集体企业同比增长 10.8%，股份合作制企业增长 13.4%。增长速度居国有、股份制、外资等各类企业之首。城镇集体工业企业生产的产品大都是日常生活用品，与人民生活息息相关，为增加供给、活跃经济，满足城乡人民生活需要发挥了重要作用。自改革开放至 2000 年的 22 年间，仅全国轻工集体企业就为社会提供日用消费品 19221 亿元（企业销售收入）。建国后，国家用发展集体经济的办法，有效地缓解了就业压力。据资料显示，2003 年规模以上轻工集体企业（包括集体企业、股份合作制、集体联营三种）有从业人员 189.34 万人，占轻工行业从业人数的 13.6%。如果把年销售额 500 万元以下的企业人数加上，至少有上千万人，再加上股份制、有限责任公司和混合所有制中含有集体经济成分的企业，人数会更多。多年来，集体经济通过市场竞争，结构调整，优化资源配置，形成了一批具有较强市场竞争力的名牌企业，比如"海尔"、"荣事达"、"三鹿"、"万家乐"等，吉林省的"东宝"药业、"喜丰"农膜也都榜上有名，这些大型企业和企业集团已成为行业的排头兵和地方经济发展的骨干力量。集体经济在增加国家税收，扩大出口创汇方面也做出了重要贡献。1979 年至 1998 年这 20 年间，全国轻工集体企业出口轻工产品 2667.14 亿美元，占外贸轻工产品出口额的 19.55%。我国实行经济体制改革以来，集体企业率先实行改革，进行承包责任制、股份合作制、租赁制试点等等，初步尝试了集体企业产权制度的改革，为公有制企业产权制度改革探索了有益的经验。

二、树立科学发展观，坚定发展多种形式新型集体经济的信念

城镇集体经济和联社的历史贡献功不可没，现实作用无可替代。这一点我们必须充分认识到，但是我们也应该看到，当前集体经济和联社的改革发展面临着十分严峻的形势，就其困难来讲，比国有企业还要难，存在着许多亟待解决的困难和问题。在深化经济体制改革，不断完善社会主义市场经济体制的今天我们的责任就更加重大。党的十六届三中全会明确指出："以明晰产权为重点深化集体企业改革，发展多种形式的集体经济"。这里边我们一定要转变观念，克

服过去"老二轻""老集体"这个观念,同时又要坚定信心,毫不动摇地推进集体经济的改革和发展,努力探索集体经济的多种实现形式,积极发展新型集体企业。我们要把党中央的精神和各地的实践紧密结合起来,积极推进集体企业产权制度改革,切实建立"归属清晰、权责明确、保护严格、流转顺畅"的现代企业制度。要因地制宜、因企制宜,推进劳动者的劳动联合和劳动者的资本联合及劳动者的各种生产要素的联合,采取多种有效实现形式,使职工成为自己企业的所有者、生产者和经营者。用朱镕基同志的话讲,就是:一定要把我们的企业办成职工社员的企业,以充分激励城镇集体企业在市场竞争中的活力。按照党的十六届三中、四中全会的要求,坚持以人为本,树立全面、协调、可持续的科学发展观,真正把经济增长方式建立在依靠科技进步和提高劳动者素质的基础上,全面提高城镇集体企业的整体素质,加快新型工业化发展步伐,为发挥社会主义制度优越性,全面建设小康社会做出新贡献。

三、开拓创新,切实加强联社的改革和建设

随着改革的不断深入,政府管理经济的职能正在发生着变化,联社的职能定位、运行方式和工作重点等方面也正在随之改变。联社要与时俱进,开拓创新,适应改革发展的需要,这样才能生存和发展。创新主要体现在几个方面:一是在组织机构的定位上进行创新,逐步理顺联社与政府、联社与成员企业之间的关系,促进成员企业的改革和发展;二是在联社成员结构上进行创新,打破"轻工行业"这个界限,突破"老二轻"这个观念,扩大成员结构,拓展联合范围,不管它是轻工、还是重工,只要那里有联社的经济参与,它就可以成为我们的成员单位;三是在联社的职能和运行方式上进行创新,坚持以服务为核心的工作机制,指导成员企业深化改革,加快发展,加强资产管理和经营,加大资产市场化运作的力度,实行管理职能与经济职能的有效结合;四是在联社工作思路上进行创新,把工作重心从管企业转移到服务于企业和管理资产上来,坚持把促进成员单位的共同发展和提高联社资产的营运效率作为主要工作目标;五是在联社工作队伍建设上创新,稳定联社工作人员队伍,改善用人环境,创新用人机制,全面提高职工整体素质。在新的历史时期,总社、联社作为新型集体经济联合组织,是我国城镇集体经济的组织者和服务者。联社通过改革创新,必将具有更广阔的发展空间。各级联社要在当地政府的领导下,稳定机构和人员,按照"指导、维护、监督、协调、服务"的职能要求,积极开展活动,发挥政府与企业间的桥梁纽带作用,真正成为政府部门的好帮手,企业的贴心人。

四、积极主动向政府汇报，争取政府的支持，创造有利于企业改革与发展的环境

国有企业的改革要争取政府的支持，集体企业的改革更要有政府的支持。集体企业改革的难度、成本要比国有企业还大，我们的同志常常谈政府不支持、不关心，我觉得很重要一个原因是我们跟政府汇报不够。我觉得要叫领导重视，我们必须重视领导，主动地跟领导汇报。我们集体工业企业点多面广，行业跨度很大，大多数集体企业规模都小、资金薄弱、技术设备条件差、信息又不灵。因此，它就需要有政府支持、需要有法律保护、需要有产业引导、监督管理等一系列措施，这样才能为我们创造良好的外部环境。与国有企业相比，集体企业改革改制缺乏政策支持，对职工心理冲击很大，联社要把"以人为本"作为工作的出发点和落脚点，关心职工生活，积极采取各种措施，努力协调争取为群众解决一些实际问题，多办一些实事、好事，使大家共同富裕起来。

（选自《中国集体经济》杂志 2005 年第 11 期，第 4—5 页）

用体制、法制、机制解决集体经济的问题①

（2005 年 9 月 20 日）

蒋正华

集体经济我接触得很少，今天从大家的报告材料中学习了很多东西。集体经济很重要，当前我们正在制订"十一五"规划，新世纪的发展中我们碰到了很多新的问题、新的情况。全国人大正在对几项非常重要的法律进行审议和修改，其中包括《物权法》，下星期吴邦国委员长要召开征询意见的会议，我们已经通过社会上征集到了各方面的反映，最近还在进一步对修改《公司法》等很多有关法律进行深入的研究。这时召开论坛来讨论研究集体经济的理论和实践问题很及时。这是第一次举办这样的讨论会，很重要。集体经济对国家经济发展是非常必要的、非常重要的一部分，主要有五个方面的贡献：

第一个方面贡献：在国家的经济发展、经济增长中的贡献。刚才有许多同志讲了数据。关于集体经济的数据统计，我看到和听到几种不同的说法。有不同的统计方法，刚才讲到了占 22% 这样一个比例，是我听到过的数据里面比较低的。集体经济对于国家经济增长的贡献作用确实不容忽视。

第二个方面的贡献：是对就业的贡献。中国人口多，土地少，资源相对缺乏，这是小平同志非常精确地总结的我国基本国情。每年新增劳动力一千多万，还有一亿多富余劳动力，促进就业是个大问题。

这两方面的作用，我们可以从最近几年江苏经济的快速发展得到证明。江苏经济的快速发展是和八九十年代集体经济的比较强大有着非常密切的关系。

第三个方面的贡献：是在促进和推动运用社会资金方面的贡献。小平同志在八十年代就很精辟地指出金融是现代经济的核心，但是我们国家的融资很长时间以来一直是以间接融资为主，直接融资的作用非常弱，很突出的一点可以从股市的表现来看，和我国经济发展的态势是完全不相称。这一点突出地反映了我们国家直接融资作用的薄弱，这方面还有很多具体的表现。集体经济的发展

---

① 这是全国人大副委员长蒋正华在 2005 年中国集体经济高层论坛上的讲话。

在可以促进融资方式的转变,充分发挥社会融资的作用方面,可以起到很大的作用。

第四个方面的贡献:集体经济在促进收入分配更加合理方面可以作出很大的贡献。我们知道,近代资本主义的发展在很多方面吸收了马克思主义的很多思想。资本主义的发展在十九世纪到二十世纪碰到了很大的问题,特别是二十世纪初期资本主义已经发展到全球性的危机,看看罗斯福新政就可以明白。罗斯福新政是资本主义怎样吸收马克思主义思想的一个非常突出的表现,其中就包括职工持股以及集体经济、合作经济的发展等,这些措施使得现在有些发达资本主义国家中产阶层大量增加。中产阶层在社会中的收入和地位不断地增强,这是和集体经济、合作经济的发展有很大的关系,所以说集体经济、合作经济在这方面可以发挥很好的作用。

第五个方面的贡献:可以在促进"三农"问题解决方面发挥很好的作用。重视"三农"问题是中央多次强调的,如果没有"三农"问题的解决,没有农村实现全面小康,中国的全面小康是不可能实现的。我最近看了很多的农村,全国很多农场都是亏损的,但是黑龙江的农场发展得很好。大家有机会去看看黑龙江的农场,它实现了大规模的现代化的生产。农村、农业的根本出路还是现代化的生产、高科技的应用以及实现工业化的生产,今年下半年国务院在农村消费市场环境的建设上等许多方面有很重大的投入,这些都和合作经济的发展有很大的关系。所以我说,至少在我的概念中这五方面,集体经济、合作经济对我们国家的发展都是可以做出重要贡献的方面。但是,集体经济、合作经济的发展还有很多问题,在理论上恐怕也还有许多问题值得我们深入研究。包括我们今天讨论的新型集体经济,在马克思的论述中没有讲到,我们过去讲集体经济把政企混淆了、所有制概念混淆了,马克思在论述农村从个体的经济制度过渡到集体的经济制度,并没有讲国家所有制,而且他特别强调一定要保留农村的继承权。一定要保留农民的所有权,马克思讲集体经济、合作经济时根本没有讲政府或国家在集体经济中要有财产的所有权。我们现在要研究怎么样更好地规范符合马克思主义原来意义上的集体经济或者合作经济。马克思曾多次讲了集体经济和合作经济,在很多地方都是作为一个同义词来运用的。我感到我们在理论上要进一步探讨,要发挥规范的符合马克思主义原本意义上的集体经济或合作经济。

我们在实践上也还有很多问题值得研究的。我国集体经济最根本上存在两个问题,一个是明晰产权,另一个是科学管理。产权不光是指所有权,产权的涵义包括了所有权的问题,也包括了财产权象政企分开等问题,还包括了所有权和经营权分开的问题,在许多合作制企业中把这两者完全混淆起来了,身为一个董事长,你可以拥有财产的所有权,但是不能直接代替总经理去处置公司的财产。这两个是完全不同的概念,这些方面也和科学管理有密切关系,中小企业在这些方面还有很多工作要做。今天我们召开这个论坛很有意义,通过各方面进行研讨把一些认识明确一下,把我们研究的问题条理化一下,把我们要解决的问题,特别是在政府层面上要解决的、从法制层面上要解决的问题归纳起来。所有问题的解决无非是三制,一个是体制,一个是法制,再一个是机制。体制是解决整个集体经济所有制各主体关系等一系列体制的问题;法制来解决一些已经成熟的问题,已经达成一致的问题,怎么样通过法制让它更加规范,更加成为更加有约束力的引导合作经济更好发展的这样一些制度;机制是从企业运作微观层面来说的,企业管理、市场运作等与我国的市场机制完善有关。

今天是第一次论坛,我们还需要更多的讨论和研究,同时也需要更多的实践。集体经济是公有制经济的重要组成部分,而且是很有生命力的一部分,我相信,集体经济、合作经济在今后一定会得到更快的发展。

（此件由中华全国手工业合作总社办公室提供）

推进集体经济改革创新
巩固公有制的主体地位①

（2005 年 9 月 20 日）

陈士能

我国实行的是公有制为主体、多种所有制经济共同发展的社会主义基本经济制度。集体经济是我国公有制经济的重要组成部分。推进集体经济的改革与创新，对于扩大公有制经济的控制力、增强公有制经济的主体地位有着深远而重大的意义。随着社会主义市场经济体制的建立和完善，集体经济在改革实践中的新发展，在理论创新上的新成就，需要我们很好去总结和宣传。在此，我就新形势下集体经济改革发展的问题发表一点浅见，真诚地希望国家有关部门的领导、经济界、理论界的专家、学者和在集体经济实践中有丰富经验的人士给予指导并共同探讨，为我国集体经济在新时期新阶段的发展创造良好的环境。

一、正确认识集体经济在我国社会主义建设进程中的作用

我国的社会主义事业，是 1949 年建国后在经济技术十分落后的基础上起步的。发展集体经济符合我国的社会性质和人口多、底子薄的国情。集体经济作为社会主义公有制的重要组成部分，在我国社会主义经济建设中，发挥了重要作用。

1. 集体经济是建立我国社会主义制度的重要经济基础

建国前夕，毛主席在党的七届二中全会上提出了新中国社会主义建设的各项方针，其中对发展集体经济的重要性作了精辟的论述，他指出"合作社是以私有制为基础的在无产阶级领导的国家政权管理之下的劳动人民群众的集体经济组织。"并指出"单有国营经济而没有合作社经济，我们就不可能领导劳动人民的个体经济逐步地走向集体化，就不可能由新民主主义社会发展到将来的社会

---

① 　这是陈士能在 2005 年中国集体经济高层论坛上的主题报告。

主义社会,就不可能巩固无产阶级在国家政权中的领导权。谁要是忽视或轻视了这一点,谁也就要犯绝大的错误。"毛主席的这一论断,至今仍有重要的现实意义。新中国成立之初,为了把生产资料的私有制改造成为社会主义的生产资料公有制,同时医治战争创伤,恢复国民经济,建立我国社会主义制度的经济基础,国家对农业、手工业和资本主义工商业进行了社会主义改造,在城镇组织了手工业生产合作社及实行公私合营,在农村组织了农业生产合作社。到1956年底通过合作化改造,中国集体所有制经济基本形成。尽管在三大改造时期,也出现过急过粗现象,但整体来说,还是比较顺利地实现了我国社会的深刻变革,保证了社会主义经济基础的建立,促进了工农业和整个国民经济的发展。1957年全国有手工业合作社10.64万个,491.9万人。组织起来的手工业合作社社员劳动生产率比个体手工业户高85%,显示了"组织起来"促进生产力发展的优越性。"一五"期间,集体工业经济年均增长率达到13.76%,到1957年集体工业总量137.6亿元,占全国工业的19.55%。六十年代,由于"左"的思潮和"文化大革命"影响,集体工业缓慢发展,占全国工业总量的比重一直在10%左右徘徊,粉碎"四人帮"后的1977年,集体工业总量742.9亿元,占全国工业的19.92%,改革开放二十年后的1998年,集体工业总量13179.7亿元,占全国工业的19.41%。从全国来看,集体经济改革发展为多种实现形式,2004年经济总量约占全国总量的22%,可见集体经济在国民经济中一直占有重要的地位。实践证明,集体经济是建立和支撑我国以公有制为主体的基本经济制度的重要力量。

　　2. 集体经济是满足城乡市场需求的生力军

　　集体经济有着自愿组合、自筹资金、自主经营、自负盈亏、民主管理、按劳分配、入股分红的特点。长期以来,特别是在国民经济困难的年代里,集体经济发挥自身机制灵活的优势,在促进工农业生产、扩大出口创汇、满足人民生产生活需要等方面,发挥了积极作用。但在发展中,由于受到"一大二公"、"升级过渡"、大跃进等极"左"思潮的严重影响,其发展受到严重挫折。集体企业生产曾一度萎缩,引起市场供应紧张。在计划经济时期,虽然城镇集体企业生产的产品种类繁多,而纳入国家和地方计划的产品很少,原材料供应缺口大,产品以自销为主,但由于集体企业经营机制灵活,有较大的自主权,所以在艰难的环境下仍能较好地适应社会需要,为繁荣经济,活跃市场作出了贡献。尤其是轻工集体企业的生产与群众生活息息相关,涉及老百姓衣、食、住、行、用等方方面面,有几十个行业的上万种产品。发展到今天,随着集体企业的开拓创新和对高新技术的开发应用,家用电器、塑料制品、五金制品、皮革制品、羽绒制品、文体用品、室内装饰、家具、玩具、灯具等一批新的支柱行业和产品得到了较快发展。同时,发展了一批餐饮、商贸、旅游、房地产、科技开发、教育、咨询服务等第三产业,为改善人民生活、提升人民生活质量、促进国民经济协调发展、做出了重要贡献。不少集体企业已成为县域经济的支柱,为增加地方财政收入、加快城镇化建设、促进地方经济发展做出了显著贡献。

3. 集体经济是改革开放实践的重要主体

党的十一届三中全会以后,集体经济在全国较早实行改革,并得到了较快发展。1992年,邓小平同志在审阅党的十四大报告时说:"过去我讲过,农业要有两个飞跃,一个是废除人民公社,搞承包责任制,再一个是将来走到新的集体化。社会主义要以公有制为主体,农村的集体所有制也是公有制的范畴,农村经济最终还是要实现集体化、集约化。"可见,在社会主义特定历史阶段,坚持以公有制为主体,多种所有制共同发展,是建设中国特色社会主义市场经济体制的需要和必然结果。而集体经济在整个社会主义阶段将长期存在,这是符合马克思科学社会主义基本理论的。在农村改革中,废除了人民公社政社合一体制,推行以家庭联产承包为基础、统分结合的双层经营体制,农民的生产积极性被充分调动起来,粮食生产稳步增长,农村经济发展很快,一部分农民先富裕起来,带动广大农民走共同富裕道路。乡镇集体企业异军突起,同时涌现出各种类型新的合作经济组织,推进了农业产业化进程。当年闻名中外的大寨村,在土地承包到户后,坚持统分结合的双层经营体制,坚持发展集体经济,农民走上了致富的道路。同样,还有山西阳城的皇城村、河南的南街村、江苏的华西村等,都是新时期农村集体经济发展的典范。

农村改革引入城市,起步最早的是集体企业。上世纪七十年代末和八十年代初,许多城市的集体企业开始改革试点,变统负盈亏为自负盈亏,通过推行承包经营责任制、股份合作制以及租赁制等多种形式,收到很好的效果。随着改革的不断深入,集体经济原有的"自愿组合、自筹资金、自主经营、自负盈亏"的特点逐步得到恢复。1992年,国务院颁布的《城镇集体所有制企业条例》实施后,促进了集体经济的改革发展,原来被称为"二国营"的传统集体企业大部分进行了改制,股份合作、职工持股企业凸现出新的活力。正如邓小平同志所说:"因为我们在改革中坚持了两条,一条是公有制经济始终占主体地位,一条是发展经济要走共同富裕的道路,始终避免两极分化,……归根到底,是要有力地发展生产力,加强公有制经济"。例如广州市穗宝床垫有限公司最初只是一家几十名职工的小型集体企业,实行股份合作制改造后,职工持股超过50%,逐步发展成全国同行业知名企业,今年被命名为中国名牌产品。改革开放以来,集体企业积极引入现代管理机制,推进技术改造、自主创新的调整结构,造就了一批知名企业。如山西运城制版(集团)股份有限公司,原是一个不足百人的工艺美术小厂,经过改革发展,现在已成为拥有国内外 54 个分(子)公司、1 万多名职工、资产总额达 18 亿元、年销售收入超 10 亿元、居世界同行业前列的现代化企业。再如,海尔集团在 1984 年还是一家销售收入仅 300 多万元、年亏损 147 万元的濒临倒闭的集体企业。经过二十年来的改革发展、对外开放、技术创新和加强管理,已经向全球的用户提供了数亿台的家用电器产品,累计为国家上缴约 136 亿元的税金。2004 年上缴约 20 亿税金,平均每天上缴 550 万元;营业额突破 1016 亿元,在我国家电行业中排名第一,成为向世界 500 强进军的跨国企业集团。此外还有通过集体企业改制发展起来的春兰、东宝药业、三鹿乳业、宝硕集团等上市公司;职工控股的上海华生化工有限公司、上海新工联集团有限公司,也是通过改制发展成资产规模过 10 亿元的集体企业。据统计显示,1978 年以来,我国国民经济以平均 9.4% 的速度增长,GDP 总量从 3000 多亿元增至 2004 年的 13 万多亿元,其中集体经济创造的增加值从 1000 多亿元发展到 3 万多亿元,增长了 30 多倍。可见,集体企业的改革、改制、改造、发展,促进了集体经济有力地发展,加强了公有制经济的主体地位。

4. 集体经济是社会稳定和协调发展的积极力量

集体经济量大面广,遍及城乡的农业、工业、商业、建筑业、服务业、运输业以及科教文卫等各个行业,是保持经济社会持续稳定发展的重要力量。一是城镇集体企业为扩大就业保持社会稳定做出了突出贡献。从我国解决就业的经验看,新中国成立以来有过多次通过发展各种形式的集体经济,吸纳大批劳动者就业的成功实践。如建国初解决大批失业工人的就业问题;60 年代对组织社会闲散人员的上岗就业;70 年代末安置回城知青和职工子女就业以及近几年下岗职工再就业。都是各级党委、政府发动各行各业组织生产自救,大力发展集体经济,较好地解决了"就业难"的突出社会矛盾,为国民经济恢复、发展和提高人民生活做出了重要贡献。例如上海华生化工有限公司是当时由 9 个人、3 口缸、6 根棒、2000 元起家吸纳待业青年组成的合作企业。经过二十余年艰苦创业,发展成为净资产 10 亿元、年销售收入 15 亿元、利税近 5 亿元的大企业。统计资料显示,从 1978 年到 1982 年 5 年间,全国城镇集体企业共安置了就业人员 1237.9 万人,为城镇安置就业人数的 32.3%。当时邓小平曾经赞扬:"这是用经济政策来解决政治问题。"近几年,集体经济虽然处于改革和调整中,但在安排就业方面仍发挥了重要作用。据统计资料显示,2003 年年销售额 500 万以上的轻工集体企业(仅包括集体企业、股份合作制、集体联营三种形式)有从业人员 189.34

万人,占轻工行业从业人数的 13.6% 。轻工集体企业中小企业多,据我们典型调查,年销售额 500 万元以上的企业人数只占集体企业总人数的四分之一左右,如果按全口径计算,再加上股份制、有限责任公司和混合所有制中含有集体经济成分的企业,其就业人数会比现有的统计数字大得多。同时不能忽视的是,改制后的企业,除在册职工以外,还用了一部分不在册的协议工、农民工。如山西省晋城市东方玻璃制品有限公司改制后,在册职工和退休职工 700 人,用了协议工、农民工 500 人。三鹿乳业集团在岗职工 7000 多人,带动城乡从业人员 30 多万人。事实证明,在我国面临新生劳动力和下岗职工再就业巨大压力的新形势下,发展集体经济仍然是缓解就业压力的重要渠道。

二是集体经济对我国的经济发展有明显的积极作用。相关研究提供的数据表明,集体经济促进了国民经济的发展。1986—1995 年间,集体工业对整个工业增长的贡献率大体保持在 37% 的水平。近几年,民间投资对国家经济的拉动是很明显的。2002 年全国民间投资共 17516 亿元,其中集体经济投资 5987 亿元,占民间投资总量的 34.2% 。从 1981 年到 2002 年,民间投资对经济增长的贡献率基本呈上升态势。2002 年 GDP 增长 8% ,民间投资拉动 2.4 个百分点,高于往年。2003 年,集体经济固定资产投资达到 8009.3 亿元,比上年增长 33.8% ,高于社会平均增长水平的 6.1 个百分点。同时,集体经济使劳动密集型产业独特的优势得以发挥,使劳动者的积极性得到充分调动,这是劳动力资源优势转变为促进经济发展的不可忽视的动力。

三是集体经济对巩固公有制经济的主体地位具有重要作用。集体经济在维护公有制经济主体地位中,至少发挥了两大作用。其一,在国有经济调整结构过程中,集体经济填补了国有经济从竞争领域退出的部分份额,巩固了公有制经济的主体地位。据有关研究资料显示,2003 年全国经济总量 11 万亿,国有 4 万亿、集体 3 万亿、其它 4 万亿,国有经济的规模已收缩到全国经济总量的 50% 以下,但由于集体经济仍保持了一定的规模,从而保证了公有制经济在我国社会经济结构中仍占主体地位。其二,集体经济积极向多方面渗透,不断增强公有制经济的控制力。目前,集体资本的分布不仅在现有城镇集体企业中,而且大量进入到混合所有制企业中。这有利于从整体上提高集体经济对国民经济协调发展的贡献。从全国轻工行业看,轻工集体经济总量在全国工业集体经济中"三分天下"有其一,成为全国城镇集体经济的骨干力量。据轻工行业 2003 年底规模以上企业分析:集体资本 464 亿元,其中在集体企业中 215.1 亿元,占集体资本总数 46.4% ;在股份合作、集体联营企业中 21.8 亿元,在其他联营企业、有限公司、股份公司、私营、港澳台、外商等企业中集体资本合计 227.1 亿元,分布在集体企业之外的集体资本占总数的53.6%。据2002年统计,在拥有集体资产的4221家企业中,登记为有限责任公司、中外合资、联营企业、股份合作企业的有1383家,拥有110.2亿元的资产。可见,集体资本由集体企业绝对控制发展成分布面越来越宽,这有利于增强公有制经济的控制力。

5. 集体经济是促进全面建设小康社会进程的重要因素

全面建设小康社会,是惠及十几亿人口的宏伟目标。集体经济作为公有制的重要组成部分,在全面建设小康社会实现共同富裕的进程中,对我国经济可持续发展和社会和谐发展起着重要作用。

近些年来,我国农村的新型集体经济呈现旺盛的发展势头。许多乡村以集体资产与社员个人资产组合,大力发展多种形式的集体经济,不仅社员收入与生活水平有很大提高,集体资产的增值也为村里的公共事业与广大社员的福利提供了有力的经济支持。江苏省华西村积极发展村集体经济,坚持走共同富裕之路,全村现有集体资产40多亿元,人人都过上了富裕生活,村民们有了自己的轿车,还住上了别墅,2003年全村销售收入达到105亿元。新型集体企业杭州萧山航民实业集团,将村集体资产与职工个人资产组合成新的股权结构,既调动了职工的积极性,又促进了农民走共同富裕道路。2001年全村人均收入2.2万元,成为浙江省的首富村。

城镇集体企业在改革中,安置了大量劳动力就业,使劳动者有了工作岗位和稳定增长的收入。按国家规定加入社会保障,解决职工后顾之忧,在企业建立了劳动、资本等各种生产要素共享利益的制度,融合了合作制和公司制的一些做法,为促进劳动群众劳有所得、老有所养、共同富裕发挥了积极作用。如上海新工联(集团)有限公司在改制中,除了留出相当比例的共同共有股份和一部分经营者股份外,按自愿原则将职工改变原固定工身份获得的补偿金转为企业股份,并将部分劳动积累按职工投入比例,以股权形式配送给在职职工,组建职工持股会;同时将部分劳动积累以股权方式划拨给退休职工管理委员会,作为离退休职工的共有资产,其收益专项用于改善离退休职工的福利或帮困需要。这种注重效率与公平的分配制度,增强了公司的活力。近几年,该公司年均销售收入达到9亿元、利润3000多万元,职工收入年均递增10%。可见,集体经济在全面建设小康社会实现共同富裕的进程中起着主要的作用。

二、在社会主义市场经济中发展新型集体经济

新型集体经济是相对传统集体经济而言的,其内涵,既有产权的明晰,更是

指集体经济多种新的实现形式。我国的集体经济经历了从计划经济向市场经济的转轨,一些传统的集体企业通过改革改制,明晰产权,建立现代企业制度,成为新型的集体经济组织,展现出新的活力。新型集体经济发展的现实,使我们对社会主义市场经济条件下集体经济的改革发展问题,有了新的认识。

1. 党和国家的支持是新型集体经济发展最重要的保证

我国的集体经济是在党和政府的高度重视及鼓励、支持下发展起来的。我国《宪法》对集体经济的地位和作用给予了充分肯定,并制定了支持、鼓励和帮助集体经济发展的大政方针。在不同的时期,党和政府还针对集体经济发展中出现的一些问题,还制定了具体的政策和行政法规。

改革开放以来,在建立社会主义市场经济体制过程中,党和国家始终重视和支持集体经济,对集体经济的改革发展的实践经验及理论创新给予了多方面的肯定和支持,其中有三个方面的意义是极其深远的。

一是党的十五大对新型集体经济的内涵进行了精辟阐述。党的十五大强调"公有制为主体、多种所有制经济共同发展,是我国社会主义初级阶段的一项基本经济制度","集体所有制经济是公有制经济的重要组成部分",并对社会主义市场经济条件下的集体经济内涵进行了精辟阐述:第一,"公有制经济不仅包括国有经济和集体经济,还包括混合所有制经济中的国有成份和集体成份。"这里所讲的混合所有制经济中的集体成份,是一个创新的概念,是对改革中出现的集体经济新的实现形式的肯定。第二,"集体经济可以体现共同富裕原则,可以广泛吸收社会分散资金,缓解就业压力,增加公共积累和国家税收。要支持、鼓励和帮助城镇多种形式集体经济的发展,这对发挥公有制经济的主体作用意义重大。"这里既肯定了集体经济在实现共同富裕等方面的重要作用,又强调了要发展"多种形式集体经济"。我们认为"多种形式",体现了新型集体经济的重要特征。党的十五大把发展"多种形式集体经济"提升到"发挥公有制经济的主体作用"上来要求,是对新型集体经济在市场经济中的地位作用的明确肯定。第三,"劳动者的劳动联合和劳动者的资本联合为主的集体经济,尤其要提倡和鼓励。"这就确立了劳动、资本和各种生产要素在集体经济中的个人所有地位,是对新型集体经济内涵的高度概括,也是对新形势下集体经济改革发展的正确指向。

二是党的十六大和十六届三中全会指明了集体经济改革发展的方向。党的十六大和十六届三中全会,对新形势下集体经济的改革发展问题提出了方向性的要求。(1)"集体经济是公有制经济的重要组成部分,对实现共同富裕具有重要作用。"这是对集体经济在新形势下重要作用的再次强调。市场经济不是万能的,市场经济容易产生贫富差距拉大的负面效应。因此集体经济应当在市场经济中，充分发挥其促进共同富裕的作用，这是党和国家所期待的。（2）"深化集体企业改革，继续支持和帮助多种形式的集体经济的发展。"这是要求集体企业必须坚持走改革之路，并通过改革发展成为多种形式的新型集体经济。（3）"以明晰产权为重点深化集体企业改革，发展多种形式的集体经济。"这是对集体企业改革的根本要求，即：集体企业改革的方向是明晰产权，改革的目的不是要把集体经济"改掉"，而是要发展多种形式的集体经济。

三是党和国家领导人对新型集体经济的发展给予了明确的支持。去年十一月，中华全国手工业合作总社召开第六次代表大会。这次会议是促进新型集体经济发展的一次盛会。党中央、国务院对这次会议和集体经济改革发展十分重视和关心。中共中央政治局常委、国务院副总理黄菊同志专门给大会致信；中共中央政治局委员、国务院副总理曾培炎同志亲临大会，并作了重要讲话。他们代表党中央、国务院充分肯定了集体经济在我国基本经济制度中的地位和作用，充分肯定了集体经济对我国国民经济和社会发展做出的重大贡献，充分肯定了总社和各级联社为集体经济的发展做出的重要贡献；为集体经济和联社的改革发展指明了方向；殷切希望总社和各级联社在各级党和政府的领导下，通过自身的改革与创新，成为政府部门的好帮手，为发展新型集体经济做出新的贡献。他们要求各级政府有关部门要加强对集体经济的支持与帮助，加强对各级联社与企业改革发展的指导和服务，为发展新型集体经济创造良好的环境。

去年，十届人大二次会议修改通过的《宪法》和党的十六大文件中都重申和规定了："中华人民共和国的社会主义经济制度的基础是生产资料的社会主义公有制，即全民所有制和劳动群众集体所有制"。对集体经济的地位、作用再次给予了充分肯定，也为市场经济条件下集体经济改革发展提供了理论和法律的支持。因此，可以肯定地说，在市场经济迅速发展的新形势下党和国家的支持是新型集体经济发展最重要的保证，落实党和国家的大政方针，新型集体经济将会得到进一步的发展。

2. 新型集体经济成为公有制与市场经济相结合的有效形式

新型集体经济是在我国的计划经济体制向市场经济体制的转轨过程中产生和发展起来的，它与传统集体经济相比至少有四个比较突出的特点：第一，企业是独立的市场主体，不再是政府的附庸；第二，在联合的基础上确立了劳动者的个人所有权，实行"个人所有，集体占有"，劳动群众对企业有控制权，是企业的主人；第三，建立了以劳动合同为基础的新型劳动关系，企业与职工不是雇佣关系，人与人的关系是平等合作关系；第四，实行按劳分配与生产要素分配并存的多种分配制度,劳动群众在取得工资性收入的同时,还可以取得劳动分红、股金分红等生产要素分配的收益。这种新型的集体经济适应社会主义市场经济体制的需要,体现了公有制经济与市场机制的有效结合。

一是新型集体经济的发展符合社会主义生产力和生产关系的变化要求。生产的社会化和公有制为主体、多种所有制经济共同发展,是社会主义生产力和生产关系的变化要求。社会主义市场经济是适应这种变化要求的资源配置方式。新型集体经济是在市场机制作用下产生和发展起来的,它把单个的资源(人力、资本、技术等各种生产要素)组合起来,既在生产力的发展上体现了生产社会化的要求,又在生产关系的变化上体现了公有制的特点。一方面,集体资本参股控股的新型集体经济组织的共同共有财产具有直接的公有性质;另一方面,在新型集体经济组织中,由于所有权和经营权是分离的,劳动者个人投入的资金转换成了集体经济组织的财产,劳动者集体是企业生产资料的共同共有者。在社会主义初级阶段,这种转变是向联合生产方式的转化,符合生产社会化的要求,适应生产力的发展;同时也是公有制的新的实现形式,与社会主义生产关系变化方向相一致。

二是新型集体经济的发展符合市场机制的内在要求。社会主义市场经济,是市场经济同社会主义制度相结合的经济运行方式,是在公有制为主体、多种经济成份并存的所有制结构基础之上的市场经济。这种市场经济赖以存在的基础是社会主义的基本经济制度,同时它作为市场经济,要以市场作为主要手段配置资源,由市场机制调节经济运行。新型集体经济是公有制经济,而这种公有制经济有明晰的产权边界,它的产权主体是市场经济中特定的利益群体,它同其他利益主体的关系是市场化的关系,因而有追求资源配置合理性和资源利用充分性的内在机制,容易与市场经济融合。

三是新型集体经济的发展符合社会主义实现共同富裕的要求。在社会主义市场经济条件下,由多种经济成份、多种资本的融合形成混合所有制经济,能提高创造社会财富的效率,为实现共同富裕提供物质基础。新型集体经济实际上也是一种集体资本控股或劳动群众有控制权的混合所有制经济。新型集体经济具有把劳动群众的个人资本融合为公有资本的功能,可以把个人资本组织到全面建设小康社会的进程中,使劳动群众在现代化建设的成果中得到实惠,向着共同富裕的目标迈进。在这个过程中,实际上是使劳动者占有一定的生产资料和资本,成为有产者。使劳动者与生产资料、生产资本结合起来,劳动群众既能取得工资收入,又可通过财产和股权取得资本收入,有利于实现劳动群众的共同富裕。

　　四是新型集体经济的发展有利于实现党和国家在新时期的战略目标。我们党和国家在新时期的战略目标是：发展社会主义市场经济、社会主义民主政治、社会主义先进文化和构建社会主义和谐社会。"四位一体"的战略目标要求我们，必须坚持"两个毫不动摇"，这是毋庸置疑的。但是，由于我国仍处于社会主义初级阶段，特别是经济体制转轨还需要一个过程，市场经济体制还不完善，我国经济和社会发展中还有许多新矛盾、新问题。化解这些矛盾和问题，促进经济和社会良性发展，是对我们党的执政能力的一个严峻考验，也直接关系到党和国家在新时期的战略目标能否顺利实现。因此，我们必须坚持科学发展观，努力构建和谐社会。当前有两个问题应当引起我们的高度关注：一是社会群体之间贫富差距拉大。据有关资料披露，收入最高的10%家庭财产总额占城镇居民全部财产的比重约50%，而收入最低的10%家庭财产总额，占城镇居民全部财产的比重仅为1%。社会财产呈现向少数人集中的趋势。二是部分私营企业主通过超经济手段致富。据全国总工会的调查，私营企业中工人劳动超过法定工时的占51%。有的地方私营企业中，50%的工人收入低于最低工资标准。一些私营企业老板不为工人提供劳动保险和福利，甚至设置许多非法残酷的制度条款克扣工人收入，劳资矛盾突出。事实说明，经济和社会的协调发展，应当包括各种所有制经济的协调发展。如果只热衷于非公有制经济，忽视公有制经济，经济和社会不可能协调发展，社会难以和谐，甚至还会危及社会的稳定和政权的巩固。

　　实现经济社会持续稳定协调发展，构建社会主义和谐社会，巩固党的执政基础，关键是要处理好公平与效率的关系。坚持效率与公平的统一，是社会主义市场经济的本质要求。新型集体经济实行自主经营，自负盈亏，坚持把提高经济效益作为实现社会公平的基础。一方面，新型集体经济有独立的资产、明确的产权，形成了自我发展的内在动力，能够坚持以提高经济效益为中心，不断创造共同富裕的物质基础。另一方面，在新型集体经济组织中，由于劳动者与资产所有者的一致性，在制度上消除了不公正的根源。职工共同劳动，经济上实行民主管理，收益与风险由全体职工分享和共担，职工既有民主管理的权利和参加劳动按劳分配的权力，又有入股分红享受资产收益的权利，职工的劳动积极性和创造性得到最大发挥，有利于实现社会公平和共同富裕，推进小康社会进程。

　　3. 新型集体经济是对传统集体经济的扬弃和提升

　　经过多年的改革探索，传统集体企业发展成多种形式的新型集体经济，这是必然趋势。新型集体经济的发展为传统集体经济的改革拓展了思路，这些思路是多方面的，其内容实质和表现形式要从三个方面来认识。

　　（1）新型集体经济在联合的基础上确立了劳动者的个人所有权。这是对单一公有制理论的实质性突破。我国传统集体企业在上世纪五十年代后期以后，改变了原有的产权制度，实行财产"归大堆"、"统收统支、统负盈亏"的政策，只认可共同所有，排斥个人所有。后来，就连在合作化时期集资入股的集体企业，也把股金退给职工。企业招工进厂的职工，没有"带来"资产，职工离开企业也不能"带走"资产，职工与集体资产没有了联系。在这种产权制度下，集体资产按照"二国营"模式运行，集体资产支配权事实上很难落实到"劳动者集体"手里。因此，这种传统的集体企业缺乏了活力。

传统集体经济框架排斥个人所有权，这不符合马克思主义关于社会主义所有制思想的真实含义。马克思在《资本论》中有这样的论述：我们要建立的公有制是"在协作和对土地及靠劳动本身生产的生产资料的共同占有的基础上，重新建立个人所有制。"马克思的观点表明，社会主义并不排斥劳动者个人所有制。当然，这里讲的劳动者的个人所有制不同于个体户劳动者，而是生产资料共同占有，即"联合起来的社会个人的所有制。"这正是我们的集体所有制意义上的共同占有。

新型集体经济实行"共同共有与按份共有相结合"及"个人所有，集体占有"的产权制度，其财产在价值形态上可以量化到劳动者个人，但在实物形态上不由个人支配，而由集体占有和支配。这就是在共同占有基础上，重建劳动者个人所有制，将企业共同共有与劳动者按份共有结合起来。这样的产权制度使所有者真正到位，解决了传统集体企业终极产权不到位的问题。

（2）新型集体经济是民有民营民享的公有制经济。集体经济是公有制经济，但这种公有制经济不同于国有经济，它的资本来源于劳动群众，是一定范围内劳动群众民有民营民享的公有制经济。新型集体经济确立了"民本经济"的观念，这是对官本经济理论的实质性突破。是恢复了集体经济的本来面貌。

我国的传统集体经济原本是民本经济，但在"一大二公三纯"思想主导下，逐渐失去了民本的特色。政府用管理国有经济的模式管理集体经济，经营活动由政府决定，经营者由政府调配，企业用工由政府安排，集体经济成为了"二国营"，成为了官本经济。

新型集体经济突出了集体经济"民本"的特点。首先，在产权上由劳动者的投资为主体，实行"民有"，体现了劳动者的劳动联合和资本联合。其次，在经济形式上实行"民营"，根据国家法律法规和企业章程确定经营者的产生方式和人选，自主决定企业的用工制度，自主开展经营活动。第三，在内部管理上实行"民主"，劳动者通过股东会或职工代表大会参与企业管理，通过直接持股和间接持股等形式，行使股东权利及其它民主权利，参与企业的决策活动。第四，在经济利益上实行"民享",职工在根据按劳分配的原则取得工资性收入的同时,还可以根据自己对企业的投资享有资本性收入,对企业的经营成果也享有终极所有权。第五,在经营风险上实行"民担",劳动群众与企业的其他投资者一样,以自己对企业的出资额承担企业出现的经营风险。这种民本经济可以激发劳动者的创新精神,可以使各种生产要素的活力迸发出来,可以创造财富的源泉充分涌流出来。

（3）新型集体经济有多种实现形式。传统的集体经济存在于产权结构单一的集体企业中。在这几年的改革发展中,集体经济打破了只存在传统集体企业中的局限,开始向其他经济组织延伸、渗透,因而在传统集体企业萎缩的同时,新型集体经济的存在形式在多样化中有所发展。据资料反映,经济发展较快的浙江省,大力发展股份经济,促进了国有、集体经济与其他所有制经济的融合,集体经济不断向混合经济中渗透和发展。2001年,全省分散在集体企业以外的集体资产有145亿元,占集体资产总量的50%,比1988年增加23个百分点。事实说明,改革促进了新型集体企业不断发展,各种形式的集体企业不断涌现。从全国集体企业改革的实践来看,新型集体经济出现了以下几种实现形式:新型的合作制企业;股份合作制企业;职工持股的有限责任公司;其他经济组织中的集体经济成份;相互参股的联合经济组织等。集体经济的这些实现形式,做到了产权明晰,并且确立了职工个人财产所有权,拓展了集体经济生存和发展的空间。

三、发展新型集体经济需要营造良好的环境

我国将进入"十一五"规划发展的新时期,这是新型集体经济进一步发展的良好机遇。但不可否认,集体经济的改革发展还面临着许多困难和问题。一是有些人对集体经济的发展前景产生疑虑,有的甚至提出了集体经济已"过时"、应"退出"、"消亡"等等。一些同志,把经营方式与所有制混淆起来,把"民营"和"私营、个体"等同起来,只谈发展私营、个体,不讲发展集体经济;二是有的人从现行固定的统计数字上,断言集体经济大量"萎缩"。实际上,年销售500万元以下的集体企业大量存在,混合所有制企业中的集体经济成分也很多;三是集体经济改革发展缺乏具体政策,所谓面向不分所有制的中小企业改革发展政策,在集体企业得不到贯彻落实,同时也缺乏更完善的法律支持,如此等等。因此,为集体经济的改革发展营造良好的社会环境,是一项十分迫切而重要的任务。为此,我们提出以下建设性意见:

1. 尽快出台全国性《深化城镇集体经济改革的指导意见》

为了指导和帮助各类城镇集体企业进一步深化改革,鼓励和支持"两个联合"为特征的新型集体经济的发展,建议国家发改委等有关部门尽快制定全国性《深化城镇集体经济改革的指导意见》,明确深化城镇集体企业改革的指导思想、基本原则和主要措施。指导城镇集体企业深化改革要做到"一个明晰、两个转变、两个建立":一是以明晰产权为重点,形成职工有控制权的产权制度。二是转变企业制度,转变职工劳动关系,给予经济补偿,发展产权主体多元化的混合所有制企业。三是建立员工持股制度,探索劳动、资本和其他要素按照贡献共享企业收益的分配形式;引导劳动者自愿建立互助合作基金,形成集体经济稳定发展和劳动者共同富裕的合作机制。集体企业改制可以由企业选择采用合作制、股份合作、公司制、企业集团等组织形式。要改善政府部门对集体企业的服务体系,努力优化改制企业运行环境。

2. 加快立法工作,以法律保障集体经济改革和多种形式发展

最近,正在全国征求意见的《物权法(草案)》吸纳了不少建议,对集体所有资产的归属、管理、收益、保护作了规定,这有利于维护集体经济组织的合法权益,但还要进一步修改完善,以利于解决和规范集体企业改革发展中的新问题。要修改和完善《中华人民共和国城镇集体所有制企业条例》。作为城镇集体企业唯一的一部法规,《条例》自 1992 年实施以来,对促进城镇集体经济改革与发展起到了很好的作用,但是,随着改革的不断深入,社会主义市场体制的完善和经济发展,有一些条款已不适应当前新的形势和城镇集体企业改革与发展的现状,必须抓紧进行修改、补充和完善。《条例》中对集体企业的界定,集体资产归属、管理、收益,劳动者股份、企业治理结构等内容都需要加以修改补充。在今年十届人大三次会议上,我与 36 名代表提出的修订《中华人民共和国城镇集体所有制企业条例》的建议,已经由全国人大转到国家发改委。发改委已明确表示,《条例》"随着社会发展和社会主义市场经济体制改革的逐步深化,许多内容已不适应当前集体经济发展的实际,非常有必要对其进行修改和完善"。希望国务院法制办等有关部门能抓紧组织实施。合作经济是集体经济的组成部分和实现形式,要加快合作经济组织的立法进程。建议有关部门进行深入调查和专题研究,尽快制定《促进股份合作制企业改革发展的具体办法》、《职工持股会管理办法》或《职工持股制度管理规定》等规范性规章,以进一步指导和规范职工持股的发展,实现国有、集体、个人各类资本的流动和重组,推动混合所有制经济发展。

3. 改善改制企业的政策环境

要关注集体企业改制及职工安置工作,注重研究筹集企业改制成本资金。

各地政府、联社和企业应共同承担集体企业改制成本。要统筹解决拖欠职工的工资、生活费、医疗费、集资款、企业欠缴的养老、医疗、失业等社会保障费用以及欠缴的职工住房公积金等问题。企业解决职工安置费用存在缺口，不足部分应参照国有企业以企业有效资产或从土地转让收益中按一定程序纳入改制成本，若仍有不足，则由财政予以支持，负责兜底解决集体企业职工安置费用。经营好的集体企业可以在集体资产中划出部分作为企业退休职工补充养老保障费用。改制中允许长期亏损、资不抵债的集体企业，按照《破产法》规定依法实施破产，享受相关政策；对集体企业应一视同仁地落实《中小企业促进法》和各项政策；在"十一五"规划中要积极倡导在国有、集体企业改制中大力发展新型集体经济，使集体经济在国民经济产业结构调整中发挥更加重要的作用。

4. 大力宣传"两个联合"为特征的新型集体经济

加强对新型集体经济的宣传，有利于营造集体经济改革发展的良好氛围。当前，要着力宣传以"两个联合"为主要特征的新型集体经济。一要宣传发展新型集体经济是坚持公有制主体地位的要求，是推动经济社会协调可持续发展，构建和谐社会的重要力量；二要宣传发展新型集体经济是实现共同富裕，全面建设小康社会的重要载体；三要宣传发展新型集体经济，是劳动者实现就业，保持社会稳定的重要措施；四要积极倡导与时俱进的科学态度，大胆地进行集体企业的改革创新，推动新型集体经济蓬勃发展。建议政府部门牵头组织工业、农业、供销合作经济组织，依托专业学会、社会科学研究部门以及大专院校的专家学者和实践工作者开展"发展新型集体经济与建设中国特色社会主义"的课题研究。研究"两个联合"是市场经济条件下集体经济的新内涵，是对马克思主义有关集体经济理论的传承创新；研究"两个联合"是落实科学发展观、执政为民、建设和谐社会的重要力量；研究"两个联合"是劳动者"手拉手"，通过自己劳动，实现共同富裕的有效途径；研究"两个联合"是集体经济组织建立现代产权制度，实现产权主体多元，产权结构开放，劳动者取得控制权组建混合所有制经济的重要形式。

5. 加强对新型集体经济的宏观管理和政策指导，建立为新型集体经济服务的体系

新型集体经济的多种组织形式，十分需要社会和政府的指导与帮助。国务院有关部门要加强力量指导集体经济深化改革，建议国家发改委适时制定意见，实行宏观管理与政策指导，为新型集体经济在市场运行中营造良好的社会环境。

五十多年来，集体企业联合经济组织（联社）为我国集体经济发展做出了重要贡献，今后还将继续发挥重要作用。建议政府部门要发挥集体经济联合组织

"好帮手"的作用,建立和完善政府部门对新型集体经济的指导服务体系。要充分发挥学术团体及各类集体经济研究机构的作用,积极开展理论和政策研究,为新型集体经济和中小企业改革与发展提供指导、培训与服务。通过多方面的努力,营造良好的社会环境,切实推进新型集体经济有一个较快的发展。

我国正处在完善社会主义市场经济体制和进入"十一五"规划发展的新时期。我真诚地希望,社会各界为我国集体经济的改革发展建言献策,共同努力,营造良好的环境,推动新型集体经济发展,为坚持公有制经济的主体地位,巩固我国社会主义的基本经济制度,做出不懈的努力。为全面建设小康社会,实现共同富裕,构建社会主义和谐社会做出不懈的努力!

（此件由中华全国手工业合作总社办公室提供）

新型集体经济浅议①

（2005 年 9 月 20 日）

魏立昌

新型集体经济是伴随着我国建立和完善社会主义市场经济体制新形势下而产生的,它符合中国的国情,适应社会主义初级阶段生产力发展的要求,是社会主义市场经济的重要组成部分。大力发展新型集体经济是时代的要求,我们要在理论和实践上对其进行深入研究与大胆探索,以促进新型集体经济健康发展。

一、新型集体经济的内涵和基本特征

顾名思义,新型集体经济是相对传统集体经济而言的。在计划经济时期,传统集体经济具有"二国营"的性质和特征,财产归大堆,废除职工个人所有权,企业发展缺乏内在动力。而新型集体经济则是以劳动者的劳动联合与劳动者的资本联合相结合为基础的新型经济形式,由这种经济形式构成的组织属于现代企业的范畴,是社会主义公有制经济的重要组成部分。

（一）新型集体经济的特点

事物所具有的特点是事物内在的属性。新型集体经济的主要特点是:(1)继承性。如同事物产生和发展的一般性规律,新型集体经济的产生也不是孤立的,它的主体是由集体企业和国有企业转制形成的,其形成过程既是对公有制的继承,又是对束缚生产力发展的旧体制的否定。(2)广泛性。新型集体经济既有集体、国有企业转制而来的,也有社会各方出资组合而成的,同时还有社区组织起来的或下岗失业职工合资创办的。近些年农村中新出现的产销合作组织也属于新型集体经济范畴。目前,新型集体经济已涉及各行各业、各经济领域,遍布全国城乡各地。(3)多样性。过去,集体经济是清一色的"二国营"模式,而新型集体经济则无统一模式。新型集体经济企业类型是

---

① 这是中华全国手工业合作总社副主任,吉林省经贸委主任、吉林省手工业联社主任魏立昌在 2005 年中国集体经济高层论坛上的发言。

多样性的,企业可根据自身情况分别采取股份合作制、合作制、有限责任制、股份制、租赁制、合资合作制等各种形式。(4)社会性。资本及积累全部归本企业劳动者集体所有是传统集体经济的基本制度。新型集体企业打破了资本封闭性的壁垒,不但资本明晰到劳动者个人,而且还可以向社会招股,吸纳社会资本进入企业,发展混合所有制经济。(5)自主性。传统集体经济是政府部门的附属物,行政主管部门是企业生产经营的指挥者,企业失去了生产经营的主体地位。新型集体经济实行政企分开,企业是自主经营、自负盈亏、自我约束、自我发展的生产经营实体和市场竞争的主体。在企业管理体制和经营机制上,新型集体经济自主决定产权结构、生产经营方式,自主选择企业经营者,自主确定用人、用工、劳资制度,实行按劳分配与按生产要素分配相结合的分配制度,从而使企业增强了活力,提高了市场竞争能力。(6)创新性。创新是企业的灵魂,而传统集体经济则是几十年一贯制。新型集体经济以市场为导向,以全新的经营理念和思维方式组织企业进行生产经营活动,在融资、投资改造、产品开发、工艺技术、物资采购、商品营销等再生产环节上不断创新。创新是企业生命的源泉,只有不断创新才能使企业得以生存和发展。作为市场竞争主体的新型集体经济,客观上存在自我创新的内在动力,这一点是与传统集体经济截然不同的。(7)多变性。新型集体经济是社会主义市场经济体制建设过程中出现的新事物,按照事物产生发展的一般规律,它必然呈现出多变性。此时是新型集体企业彼时则不是,此时不是新型集体企业彼时则是的情况是会经常发生的。随着企业改革改制的演进,新型集体企业不断产生。同时,随着企业的发展变化,一些新型集体企业又转化成其他类型企业。例如:为便于经营决策,解决新的"大锅饭"问题,将企业资本集中到经营者手中;增资扩股,大量社会资本进入企业,本企业劳动者资本由主导地位转为从属地位;随着劳动力的流动,本企业劳动者中的绝大多数人不是本企业资本的所有者;竞争中失利的新型集体企业产权整体出售后转为非公有制企业,等等。与此同时,非公有制企业出于生存和发展需要,实行员工持股制度,转化为新型集体企业的情况也不断出现。

(二)新型集体经济的基本特征

特征是事物外在的表现形式。新型集体经济的基本特征是:(1)自愿组合。新型集体经济组织由劳动群众自愿组合而成,劳动群众为维护自己的劳动权利,为了实现共同利益,实行共同出资,共同劳动,具有劳动联合与资本联合相结合的特征。(2)产权清晰。新型集体经济组织进行了产权制度改革,建立了现代产权制度,成为产权清晰,权责明确的法人实体和市场竞争主体。(3)自主经营。新型集体经济组织实行政企分开、自主经营、自负盈亏,彻底改变了政府行政部门附属物的地位。(4)民主管理。新型集体经济组织成员共同制定章程,共同规定企业的治理结构、成员的权利和义务、财产的保护措施和盈余分配等基本制度。股东大会是企业的最高权力机构,职工大会参与企业的管理,劳动者对企业有控制权,在各自岗位上参与企业管理。(5)利益共享。新型集体经济组织盈余分配实行劳动分红与生产要素分红相结合的分配制度,按劳动者的劳动差异、责任大小,通过劳动分红、岗位期股等形式共享企业盈余,形成劳动与生产要素共享利益的激励机制。(6)形式多种。新型集体经济融合了合作制、股份制与公司制的特征,有多种实现形式,形成一种以劳动者有控制权为基本特征的各类资本合作的混合所有制经济。(7)人际和谐。人际关系的和谐融洽是建设和谐社会的重要基础,而"手拉手,一起干"的新型集体经济生产关系则是营造这种和谐氛围的有效载体,这种生产关系吸引着劳动者集合到一起,组成人与人和谐相处的生产组织。(8)注重企业文化建设。传统集体经济推着干,走着看,忽视企业文化建设。新型集体经济做到了企业发展与文化建设同行,把文化建设作为增强企业核心竞争力的重要内容来抓。

二、新型集体经济的产权制度

产权是所有制的核心和主要内容。新型集体经济经过对传统的产权制度改革,建立"归属清晰、权责明确、保护严格、流转顺畅"的现代产权制度,从而建立起适应市场经济的运行机制,恢复了企业内部的活力和动力。

(一)资本人格化

传统集体经济产权主体模糊不清,名为劳动群众集体所有,实为劳动群众虚有,谁也没有。由于产权主体虚设,不能体现职工当家作主的地位,无法有效保护集体资产的安全完整,造成集体资产不断损失、流失,严重影响了集体经济发展。新型集体经济本着有利于企业发展,有利于激发企业经营者、管理者和普通职工工作积极性的原则,按照职工代表大会通过的改制方案,对传统集体经济的产权制度进行了改革,实行企业资本个性化、人格化。一方面将职工劳动积累形成的企业净资产按职工在企业中的不同岗位、工龄、贡献大小及对企业发展所起的不同作用,以股份形式量化给职工个人所有,同时给企业离退休人员留出一块集体共有股,形成新型集体企业共同共有和按份共有的资产。另一方面积极推行增资配股,吸收职工普遍投资入股,开辟企业资金来源,使集体企业改制为股份合作制企业、公司制企业或合作制企业。通过改革改制,使集体企业职工成为企业的股东,并以企业所有者身份对企业资产享有权利,承担义务,同企业共享利益、共担风险,从而建立起产权清晰、责权明确的现代产权制度。如吉林省白山市喜丰塑料股份有限公司是 1992 年在集体企业基础上改组成立的,经过十多年时间,公司发展成有 12 个分厂的企业集团。公司本部资产 3.62 亿元,净资产 1.44 亿元。2003 年 8 月,公司本部对净资产中属于集体共有积累 5584 万元进行量化。参加量化的在册职工 1016 人、离退休人员 212 人。量化结果:10%、计 558 万元作为离退休人员集体共有养老股;18.93%、计 1057 万元作为在册职工解除劳动关系经济补偿;23.24%、计 1298 万元量化给法定代表人;16.28%、计 909 万元量化给高级管理人员;5.84%、计 326 万元量化给中层管理人员;1.79%、计 100 万元量化给班长、机台长;0.41%、计 23 万元量化给获各种荣誉称号人员;1.29%、计 72 万元量化给有专业技术职称人员;22.22%、计 1241 万元按在职职工厂龄量化。职工所得量化资产一律转作个人股,可以继承转让。

(二)资本动态化

新型集体经济资本来源多渠道,资本总量在生产经营过程中呈动态变化趋势,资本规模不断扩大。新型集体企业资本增加的主渠道是:(1)盈余分配增加资本。企业盈余分配时,按一定比率提取法定盈余公积、公益金和股东会确定的任意盈余公积,再留出抵御后期经营风险的未分配利润,其余部分用作股东分红和劳动分红。对于股东分红和劳动分红,一部分以现金方式支付给受益人,另一部分以股票分红方式转为受益人在本企业的资本,使企业资本总量增加。(2)公积金转增股本。企业公积金由逐年提取的盈余公积和经营中形成的资本公积组成,当公积金达到注册资本一定比例时,可不再提取盈余公积,并可根据股东会决议,按照资本分配与劳动分配相结合的原则,将公积金的一部分转为股东及员工在本企业的资本。(3)员工及外部投资入股。新型集体企业根据生产经营需要,经股东会决定,可以在企业内部广泛吸纳员工投资入股,扩大企业内部按份所有的集体资本;可以面向社会适度招股,发展混合所有制经济。这是新型集体企业资本总量增加的一条重要渠道。(4)兼并收购企业增加资本总量。经过数年的发展,一批新型集体企业在市场经济中站稳了脚跟。这些企业为谋求更大发展,不断进行资本扩张,积极兼并和收购社会上的企业,兼并、收购的对象包括国有中小企业、集体企业在内的各类企业。通过兼并、收购,使新型集体企业资本规模迅速扩大,有些企业已发展成跨地区、跨行业的产业集团。

(三)资本逐利化

追逐利润是资本固有的属性。但是,传统集体经济的资本却失去其应有的作用,资本的性质被扭曲,资本经营运作无法进行。在出资人缺位的传统集体企业中,由于经营者随意支配、滥用企业资本而形成资本恶性循环,造成企业亏损,以致资不抵债的情况是司空见惯的,而又不去追究什么责任。对于新型集体经济而言,"资本追逐利润"毋庸置疑。新型集体经济是以盈利为目的的市场竞争主体,客观上要求它必须履行企业出资人的意愿,获取丰厚的利润回报是企业资本所有者最基本的要求。因此,能否实现利润最大化、理想化是出资人投资前首先要考虑的问题,出资人投资后必然要对受资企业施加监管。传统集体经济向新型集体经济转化的过程,也正是"资本追逐利润"这一性质还原的过程。

(四)资本多元化

传统集体企业财产属于本企业职工共同所有,企业资本是封闭性的,完全靠企业内部积累。资本构成单一不但使企业资金普遍紧缺,缺乏自我改造和自我发展能力,还形成制约机制缺失的弊端,带来的是企业管理不善,科学决策能力差,经济效益低。新型集体经济打破了资本封闭性的壁垒,普遍实行资本结构多元化,发展混合所有制经济。企业不仅可以吸收内部员工投资,也可以吸收包括国企在内的社会法人和自然人投资,还可以吸收外商投资,扩大资金来源,增强企业经济实力和自我发展能力。企业资本结构多元化发展,形成各方出资人共同对投资负责的制约机制,有利于企业决策的民主化和科学化,减少投资的盲目性,提高资金的利用率和经济效益。实行投资主体多元化,促使新型集体经济按照现代企业制度的要求,建立科学的管理体制和经营机制,使企业更加适应市场经济的要求。

(五)资本维权化

传统集体经济产权主体虚设,致使其合法权益难以保障,出自企业内部和来自企业外部的侵权行为屡禁不止,造成企业财产大量损失、流失,使企业生存受到严重威胁。新型集体经济有明确的出资人,资本所有者即企业所有者到位,所有者必然会要求企业建立严格的财产保护制度和监督机制,形成强烈的维权意识。从而在源头上消除了企业内部的以权谋私、假公济私、贪污挥霍、侵占公物等损害企业所有者权益现象的发生。同时,有效抵制了来自企业外部的行政干预、摊派平调、侵占勒索等侵权行为。资本必然要维护其权益,资本维权化避免了企业财产损失、流失,有效维护了企业及企业资本所有者的合法权益。

三、新型集体经济的组织形式

积极探索集体经济的多种实现形式,大力发展新型集体经济,是集体企业改革的基本方向。需要指出的是,新型集体经济的组织形式没有统一的模式。目

前,新型集体经济从其资产组织形式而言主要表现在:

一是股份合作制

股份合作制经济是按照合作制的原则,吸收股份制的某些做法,实行劳动者的劳动联合与劳动者的资本联合相结合的一种新型集体经济。股份合作制企业大都是在集体资产量化、配股或职工集资购买企业的基础上产生的。实行股份合作制,是实现劳动者与生产资料直接结合、劳动者利益与企业利益紧密联系的有效组织形式。股份合作制经济是公有制与个人所有制的统一。职工按持有的股份对企业净资产拥有所有权,这部分属于个人所有;对于联合起来的资产共同享有占有权、支配权和使用权,对离退休人员集体共有股和留存不予量化的集体共有股、对分配中提留的公共积累和未分配利润,又是共同所有,即公有。因此,股份合作制经济较好地实现了公有制与个人所有制的统一,它能够调动劳动者的积极性,促进集体经济发展,是集体经济的有效实现形式。股份合作制经济作为一种新型集体经济,它具有明显的特征:在生产关系上实行劳动联合与资本联合相结合,员工享有平等权利;产权结构上实行集体共有与员工个人所有相结合;盈余分配上实行按劳分配与按资分配相结合;管理上实行民主决策。

二是有限责任制、股份有限制

初次改制或再次改制的集体企业,都应从企业的实际出发,选择适宜的改制形式。如果是为了推进企业的资本联合,股东数量有限,可选择有限责任公司形式;如果想通过吸收与本企业在经济技术上有密切联系的企事业单位投资来加强合作,则可选择定向募集的有限责任公司形式;对于规模较大,经济实力较强,经营管理水平较高的企业改制,可选择股份有限公司形式;希望通过向社会招股扩大企业规模,提高企业的知名度,可选择上市的股份有限公司形式。

三是企业集团

有条件的集体企业可组建以资产为纽带的企业集团,使成员单位通过缔结资产纽带关系,实行集约化经营。组建企业集团,可采取核心企业向成员企业投资,取得成员企业的股权,实行控股或参股;吸收成员企业投资入股,加强资本的联结;实行企业兼并、收购,集中企业的资产;成员企业相互持股,实行资本联合等多种形式。以资产为纽带发展企业集团的优越性是:有利于企业集团的巩固,成员企业间相互支持,密切合作,共同发展;有利于全面规划,实现资产最佳配置,调整产品结构,实行专业化协作,发挥群体优势;有利于联合开发新成员,应用新技术,加快技术改造,提高竞争能力;有利于从粗放型经营向集约型经营转变,提高经济增长质量和经济效益。

四是合作制

合作制经济组织是适应商品经济发展,劳动群众为维护自身利益,按照自愿互利原则联合组织起来的生产、商贸、运输、劳服等单位。合作制经济是以劳动者个人所有制为基础的新型集体经济,它在所有制上,保留劳动者个人所有权,而不是财产归大堆;在生产经营上,实行共同劳动,统一经营,具有合作性、联合性,不同于个体经济和私营经济;在盈余分配上,按生产要素进行分配,不完全是按资分配。合作制是劳动者自愿组合、互助合作、共同经营、共享成果的经济组织形式,在生产经营上实行自筹资金、自管企业、自选厂长、自负盈亏、自定分配,完全具有合作社的特征。合作制经济组织的最大优势是劳动者与企业资产直接结合,员工的利益与企业利益密切相连,因而能够极大地调动劳动者的积极性。

五是职工持股的有限责任公司

在资本结构多元的集体企业中,有些企业还建立了职工持股会制度。这些企业将员工个人股、离退休人员共有股、留存集体股合为一方,由职工持股会作为出资人代表行使股东权利。职工持股会作为一方出资者,按投入企业的资本额享有所有者的资产受益、重大决策和选择管理者等权利,并以出资额为限对企业承担责任。职工持股会一般不具有法人资格,大都委托企业工会组织管理。但随着市场经济的发展,职工持股会不具有法人资格的情况要改变。

新型集体经济是一种新生事物,它的产生和发展是一个自然的历史过程,是不依人的主观意志为转移的。新型集体经济是我国公有制经济的重要组成部分,是推动国民经济发展的重要力量,是构建和谐社会、全面建设小康社会的积极因素,它有着广阔的发展前景。我们要贯彻党的十六大和十六届三中全会精神,深化集体企业产权制度改革,创新思维,勇于实践,努力探索集体经济多种实现形式,积极推进各种形式新型集体经济的发展。

(此件由中华全国手工业合作总社办公室提供)

发展城镇集体经济　构建社会主义和谐社会①

（2005 年 9 月 20 日）

李荣钢

城镇集体经济是我国社会主义公有制经济的重要组成部分。长期以来，城镇集体经济为巩固我国社会主义基本经济制度，发展社会生产力，改善人民生活，繁荣城乡市场做出了重大贡献；在积累建设资金，扩大出口创汇、增加地方财政收入、安排劳动就业和促进社会稳定等方面，发挥了不可替代的重要作用。新世纪、新阶段，城镇集体经济在完善社会主义市场经济中仍继续发挥重要作用，为实现劳动者的共同富裕，建立和谐社会，完成全面建设小康社会的宏伟目标做出积极的贡献。近年来，有些同志对城镇集体经济在新时期的地位、作用产生了一些模糊认识，有的同志只讲国有经济和非公有经济发展，忽视了集体经济的主体地位，这样就不利于统筹协调发展和构建和谐社会。重视城镇集体经济的发展，充分发挥城镇集体经济巩固社会主义公有制、发展生产力、扩大就业、促进稳定、实现共同富裕的积极作用，是构建社会主义和谐社会、全面建设小康社会的需要。

一、支持、鼓励和帮助城镇集体经济发展，是党和国家的一贯方针和长期国策

（一）国家的法律法规是城镇集体经济长期发展的坚实基础。我国《宪法》规定："城镇中的手工业、工业、建筑业、运输业、商业、服务业等行业的各种形式的合作经济，都是社会主义劳动群众集体所有制经济。国家保护城乡集体经济组织的合法的权利和利益，鼓励、指导和帮助集体经济的发展。"这一基本原则，从建国初期的第一部宪法到 2004 年十届全国人大二次会议通过的新的宪法修

---

① 这是中华全国手工业合作总社副主任、山西省城镇集体工业联合社主任李荣钢在 2005 年中国集体经济高层论坛上的书面发言。

正案,从未有过改变。1991年国务院颁布的《中华人民共和国城镇集体所有制企业条例》也明确规定:"城镇集体所有制经济是我国社会主义公有制经济的一个基本组成部分,国家鼓励和扶持城镇集体所有制经济的发展。"即将出台的《物权法》,也明确了城镇集体所有权。国家的法律法规充分肯定了城镇集体经济的法律地位,表明了支持和鼓励集体经济发展是我国的长期国策。

(二)党的方针政策是城镇集体经济长期发展的根本指针。我国的城镇集体经济是在手工业合作社的基础上发展起来的,从一开始起步到逐步发展壮大,始终得到党和政府的坚强领导和积极支持。早在中国革命胜利前夕,毛泽东同志就在党的七届二中全会上指出"必须组织生产的、消费的和信用的合作社,和中央、省、市、县、区的合作社的领导机关。这种合作社是以私有制为基础的在无产阶级领导的国家政权管理下的劳动人民群众的集体经济组织。"建国以后,城镇集体经济在党的方针政策指引下得到蓬勃发展。刘少奇同志曾亲自执笔起草了《中华人民共和国合作社法(草案)》。1961年中央工作会议通过的《关于城乡手工业若干政策问题的规定(试行草案)》(简称"手工业三十五条"),明确提出"全国的手工业,在整个社会主义阶段应该有三种所有制:全民所有制,集体所有制,社会主义经济领导下的个体所有制。在这三种所有制当中,集体所有制是主要的"。即使在"文革"十年动乱期间,国家仍对城镇集体经济的发展给予了许多具体的政策支持。改革开放以来,党的历次代表大会都明确集体经济改革发展的方针。党的十五大报告中指出:"要支持、鼓励和帮助城乡各种形式集体经济的发展,这对于发挥公有制经济的主体作用意义重大。"党的十六大报告强调:"集体经济是公有制经济的重要组成部分,对实现共同富裕具有重要作用";"深化集体企业改革,继续支持和帮助多种形式集体经济的发展"。党的十六届三中全会指出:"以明晰产权为重点深化集体企业改革,发展多种形式的集体经济。"

与此同时,党和国家历届领导人也非常关心和支持城镇集体经济的发展,朱德、薄一波、刘少奇、周恩来、邓小平、彭真、陈毅、贺龙、李先念、谭震林、聂荣臻、江泽民、王震、朱镕基等领导同志曾先后莅临全国总社代表大会指导;李鹏、薄一波、吴邦国曾发来贺信。充分体现了党中央和国务院的高度重视。在全国总社第六次代表大会期间,中共中央政治局常委、国务院副总理黄菊同志向大会致信,中共中央政治局常委、国务院副总理曾培炎同志到会作重要讲话。他们代表党中央、国务院充分肯定了集体经济的重要地位和总社、各级联社五十年来做出的贡献;殷切希望总社和各级联社要成为政府的好帮手。集体经济战线的广大干部职工深受鼓舞,更加坚定了加快集体经济改革发展的信心。

二、城镇集体经济在历史上做出重要贡献，在新时期构建和谐社会、全面建设小康社会中继续发挥积极作用

（一）集体（合作）经济早在革命战争年代就做出重要贡献。我国集体经济最早可以追溯到上世纪三四十年代土地革命时期、抗日战争时期和解放战争时期革命根据地组织的各类合作社。仅晋察冀边区 1945 年就有 7410 个合作社，112.93 万人。1947 年春季太行区政府组织合作社开展"百日纺织运动"，有 70 万妇女参加，解决了全区 500 万人用布还有余。这些集体经济性质的合作社组织，为抵抗国民党及日寇的军事"围剿"和经济封锁、满足军需、保障革命战争的进行、改善军民生活做出了历史性贡献。

（二）城镇集体经济为建立社会主义公有制和国家的工业体系做出重大贡献。新中国成立初期，为了把生产资料的私有制改造成为社会主义的生产资料公有制，建设社会主义基本经济制度，恢复国民经济，国家在对农业和资本主义工商业进行社会主义改造的同时，也对城镇手工业进行了社会主义改造，通过组建手工业合作社，构建了城镇集体经济，成为社会主义公有制经济的重要组成部分。1957 年山西省有手工业合作组织 3124 个，在支农服务、为大工业配套、满足城乡人民生产生活需要等方面发挥了积极作用。在 1958 年"大跃进"形势下，出现了全面过渡和下放的高潮，当年山西手工业系统集体所有制合作社过渡为全民所有制地方工业、划归商业部门和下放人民公社的共约 1870 个（此外 1978 年还有 270 个地处农村县属城镇手工业合作组织被下放给人民公社）。这些企业日后成为国有企业和乡镇企业的重要力量。如原来不到百人的太原冶炼社转为地方国营太原电解铜厂后，迅速发展成为职工达三四千人、产值超亿元的大企业。在其他地方也是一样，如"全国四大名社"之一、以"三把榔头起家"的上海铁床生产合作社转为地方国营上海自行车厂后，很快就发展成为年产 60 万辆凤凰牌自行车的名牌企业。城镇集体经济为建立社会主义公有制和国家的工业体系做出了重大贡献。

（三）城镇集体经济为发展生产、繁荣市场、满足人民生活需要做出了积极贡献。城镇集体企业生产的产品都是与人民生活息息相关的生活必需品、服务"三农"和出口创汇产品以及为大工业配套的产品。如山西城镇集体企业的生产范围，就涉及工艺美术、塑料制品、皮毛皮革、服装鞋帽、五金制品、不锈钢制品、家用电器、印刷制版、日用杂品、文体用品、包装装潢、竹藤棕草、陶瓷、造纸、家具、玩具、食品饮料、纺织、机电、机械制造及冶金、化工、建材、煤炭开采、非金

属矿产品等 20 多个行业的 1.2 万种产品。为保障市场供给、出口创汇、促进国民经济发展和保持社会稳定做出了重要贡献。即使是在文革动乱期间，这些城镇集体企业也以其灵活的机制和"前店后厂"的优势，坚持生产，努力保障市场供给。山西城镇集体企业素有为农业服务的传统，从 1950 年到 1974 年，把一半以上的力量放在为农业生产服务方面，担负着全省中小型农具的生产，承担着 70% 的农机、农副产品加工机械生产任务和 100% 的修理任务，许多产品还销往华北各地，久负盛名。

（四）城镇集体经济在改革中不断发展，成为发展生产力、促进社会和谐、全面建设小康社会的生力军。改革开放以后，为了摆脱计划经济时期"二国营"体制的束缚，城镇集体企业始终站在改革的前列。山西太谷县玛钢厂是全国最早实行股份合作制的企业之一。广大城镇集体企业因地制宜、因企制宜，逐步推进承包经营责任制、厂长负责制、股份合作制、租赁制、组建企业集团等多种形式的深化改革，恢复了集体企业特有的"自力更生、自主经营、自筹资金、自负盈亏"的特点，焕发了集体经济新的活力。集体企业在改革中创造的许多新形式、新经验被国有企业借鉴。特别是党的十五大以后，以"劳动者的劳动联合和劳动者的资本联合为主"的新型集体经济得到长足发展。党的十六大以后，城镇集体企业在以明晰产权为重点的深化改革中更具活力，在发展多元投资的混合所有制经济中拓展了更为广阔的空间。新型城镇集体企业以深化改革为契机，不断加强企业基础管理，多渠道吸纳社会资金，推进技术改造和创新，以高新技术改造传统产业，促进产业和产品结构调整，使集体企业的整体素质和市场竞争力得到很大提高。近年来，山西省城镇集体工业联合社以集体资产为纽带，推进全系统集体企业的改革和重组，实施"543111"工程（培育 50 强企业、40 个名牌产品、30 强县城联社；10 强直属单位、百名优秀管理干部和千名生产经营业务能手），一批优势企业脱颖而出。山西运城制版（集团）股份有限公司，原是一个不足百人的工艺美术小厂，在深化改革的同时不断调整产品结构，瞄准世界先进水平推进技术创新，现已发展成为拥有国内外 54 个分（子）公司、1 万多名职工、资产总额达 18 亿元、年销售收入超 10 亿元、居世界同行业第一的现代化企业。濒临倒闭的大同树脂厂改制为华昌化工有限公司，通过产权量化、多方引资技改，一跃成为产值超亿元的优势企业。此外还有销售收入逾 2 亿、利税 8000 万的盂县石店煤矿；销售收入 3 亿元、创汇 3410 万美元的榆次远大线材有限公司；中国汽车工业最大的变速箱壳体生产基地——山西华恩机械制造有限公司；列全国粉末冶金行业十强的山西东睦华晟、山西金宇粉末冶金有限公司；国内唯一生产冷拔电梯 T 型钢导轨的企业榆次华益型钢实业有限公司；产品出口亚欧十几个国家的祁县光盛玻璃有限公司;华北最大的位居全国前三位的壶关化工集团公司;以及由十个医疗单位组成的大同二轻现代医疗集团等。经过改革发展,新型集体企业焕发出前所未有的活力,在建立和完善社会主义市场经济体制、全面建设小康社会中发挥着重要作用。

城镇集体企业及其联合经济组织在改革发展中,充分体现了自力更生、艰苦奋斗的优良传统和民主管理、共同富裕的先进文化理念。如运城制版公司在改制的股权设置中,保证了企业集体股和职工股占控股地位,强化了职工对企业的控制权。大同市城联社把企业改革与安排就业、确保稳定结合起来,实施六大"民心工程",不仅使职工收入增长了30%,还使3310名职工实现了再就业,妥善解决了"下岗多、上访多、闹事多"的三多现象。临汾市城联社则通过开发7个市场安排了1100多名下岗职工。晋城市城联社发扬"互助合作"光荣传统,利用煤矿企业优势联合重组,启动了系统内"一矿带一厂"解困工程。壶关县城联社以优势企业壶关化工厂为龙头,把系统内十几户企业捆绑在一起重组成壶化集团,城联社集体资产比改制前增加了一倍,城联社系统在县域经济发展和财政增收方面形成了"三分天下有其一"的经济格局。这些事实充分说明,城镇集体经济在改革发展中,弘扬互助合作、共同富裕的先进理念,发挥了社会"稳定器"的积极作用,是构建和谐社会的重要力量。

三、重视城镇集体经济的发展,是构建社会主义和谐社会的需要

目前,仍有一些同志在对集体经济的认识上出现了偏差:有的错误地把集体和国有混为一谈,认为集体经济也应从竞争性领域退出;有的认为集体经济过时了;有的只承认农村有集体经济,对城镇里是否有集体经济持怀疑态度;有的基层部门和领导在布置工作时只讲促进国有和非公有经济发展,避而不谈集体经济,忽视了集体经济作为公有制经济重要组成部分的主体地位,导致在社会经济、生活中产生轻视集体经济的看法,也挫伤了从事集体经济事业的干部职工的积极性。

我国实行的是公有制为主体,多种所有制经济共同发展的基本经济制度。支持和鼓励集体经济的发展是长期国策。首先,集体经济是公有制中不可或缺的重要组成部分,否定集体经济,势必动摇我国的社会主义基本经济制度。其次,农村集体经济涵盖了近10亿农民,加之城镇中几千万集体职工,任何人都不能忽视他们的存在和权益。第三,社会主义初级阶段是一个相当长的历史时期,

要构建和谐社会、实现全面建设小康社会的宏伟目标,必须调动全社会的积极力量,只重视国有经济和非公有制经济发展,忽视在公有制经济中占很重要位置的集体经济的发展,会造成社会的严重不和谐和不稳定。第四,城镇集体经济经过三十年的改革发展,已赋予传统集体经济以新的内涵,"以劳动者的劳动联合和劳动者的资本联合为主"已成为新型集体经济的主要形式,并呈现出蓬勃发展的良好态势。同时,城镇集体企业经过三十年的改革,虽然在一些地方总数有所减少(其中也有统计口径变化的原因),但整体质量却明显提高。以山西省城联社系统为例,在全省城镇集体企业数最多的 1985 年有企业 1704 个,年产值为17.46 亿元,到 2004 年城镇集体企业数虽降为 1021 个,减少 40.1%,但年产值却达到 54.51 亿元,增长了 212.2%;其他主要经济指标也创历史最高。事实证明,城镇集体经济不仅不像有些同志错误地判断"萎缩了",而是壮大了,而且随着集体资产更多地融入混合所有制企业中,在更广的范围内增强了公有制经济的控制力。因此,城镇集体经济在社会主义初级阶段将长期存在,并会长足发展,为构建和谐社会、实现全面建设小康社会的宏伟目标做出新贡献。重视城镇集体经济的发展,是构建社会主义和谐社会的需要。

《中共中央关于加强党的执政能力建设的决定》指出:"要注重社会公平,合理调整国民收入分配格局,切实采取有力措施解决地区之间和部分社会成员收入差距过大的问题,逐步实现全体人民共同富裕。"胡锦涛总书记在山西考察时强调:"建设社会主义和谐社会,根本目的就是要为我国经济社会发展、群众安居乐业、国家长治久安创造良好的社会环境。要做好关心群众生产生活的工作,千方百计扩大就业,完善社会保障体系,搞好安全生产,保持社会稳定,切实把最广大人民的利益实现好、维护好、发展好,充分调动人民群众维护和促进改革发展稳定大局的积极性和主动性。"从经济社会发展的现实趋势分析,劳动就业问题在我国是一个久已存在的社会问题。公平是和谐的先决条件,就业是民生之本、安国之策,是构建和谐社会的重要因素。城镇集体经济从手工业合作化开始,历来就是把劳动群众组织起来,扩大就业,自力更生、发展生产、保持社会稳定、实现劳动者共同富裕的重要途径。从建国初期把分散的手工业者组织起来的手工业合作化运动,到上个世纪七十年代末期组织、吸纳返城知青等城镇待业人员实现就业,城镇集体企业都发挥了不可替代的"稳定器"和"蓄水池"的积极作用,促进了整个社会的稳定。这些企业、职工在历史上曾做出过重大贡献,在新时期的改革中暂时处于弱势地位,许多企业职工工资很低,许多职工下岗、失业,相当一部分职工实际收入在最低生活保障线以下,再一次为改革牺牲个人利益。构建和谐社会的一个重要方面就是"公平正义",建立公平机制是实现和谐社会的必要条件。没有公平,各类社会群体的心理就不会平衡,人民就不会满意、社会就不会安宁。如果我们忽视这一点,不关心这些历史上做出贡献的职工的疾苦,就明显有失社会公平、社会和谐。这些都亟待政府给予政策支持,帮助集体企业在改革中突围,走出困境,逐步恢复其吸纳就业的功能和活力。

随着社会主义市场经济的确立,国企改革和经济结构调整不断深化,下岗职工、内退职工纷纷流向社会;农村剩余劳动力大量涌入城市;扩招后的高校、中等学校毕业生不包分配,这些都加剧了我国原本就很突出的就业矛盾,都将对社会就业、再就业乃至社会稳定形成很大的压力,迫切需要充分调动一切积极因素,统筹协调予以化解。城镇集体企业及其联合经济组织在这方面有传统、有方法、有经验,应该充分发挥其积极作用。把社会弱势群体"组织起来",走"合作"道路,实际是市场经济内在的一种自发要求。现在浙江农村的专业合作经济组织,再一次风起云涌、蓬勃发展起来,并且出台了相关条例予以法律保护。这种新型集体经济形式的兴起,已昭示了一种明显的发展趋势,必将带动城镇集体(合作)经济的发展。有可能会再现建国初期农村与城镇合作经济组织竞相发展的类似趋势。从国际合作社联盟100多年合作社运动的发展历史看,引导市场经济中处于弱势群体的劳动者组织合作企业,是解决社会就业、提高劳动者收入、保持社会稳定的成功经验。仅据1999年已加入国际合作社联盟的合作组织统计,社员人数达7.8亿人。国际合作社的典范西班牙的蒙德拉贡联合公司有100个合作制企业,在西班牙大公司中排第15位,就是在国家优惠政策扶持下发展起来的。即使在经济发达的欧、美、日等国,合作经济也十分发达。欧共体的有些国家在解决就业的实践中发现,组织职工持股合作企业比个人独资创业的成功率要大的多。世界各国均把合作经济组织作为解决社会就业、实现共同富裕的重要渠道,并在政策(如税收)等方面给予倾斜支持。我国作为人口居世界第一的大国,而且又迫切需要找到一条有效解决就业问题的途径,借鉴世界已有的成功经验,加强对合作经济这一重要资源的充分利用,利国利民,势在必行。况且,中华全国手工业合作总社和中华全国供销合作总社都是国际合作社联盟的成员单位,省市县各级联社的基本框架都存在,水到渠成。在新时期新阶段,更应充分发挥集体企业联合经济组织的作用,改造和组建新的集体(合作)经济组织,带领广大劳动者实现共同富裕,为扩大就业、繁荣经济、促进社会稳定、构建和谐社会做出新的贡献。因此,重视城镇集体经济的发展是构建社会主义和谐社会的需要。

四、加强法制建设，完善管理体制，促进城镇集体经济健康发展

《中共中央关于完善社会主义市场经济体制若干问题的决定》中强调，"按照依法治国的基本方略，着眼于确立制度、规范权责、保障权益、加强经济立法"。我国的《宪法》已明确了集体经济的法律地位；即将出台的《物权法》也明确了城镇集体所有权。《中华人民共和国城镇集体所有制企业条例》1991年颁布以来，为城镇集体企业依法治企和改革发展发挥了重要作用，但十几年来，随着改革不断深入，《条例》中的许多规定已不适应时代的要求，国家应尽快组织修订。同时各级城联社也要依法治社，依法维护城联社的集体资产并搞好管理和运营。过去，各级联社曾积累了大量的资产，以山西省各级城联社为例，截至1985年停收合作事业基金为止，各级城联社投入成员企业的城联社基金共4.07亿元（占当时成员企业固定和流动资产合计16.43亿元的四分之一），这些资产对成员企业的发展曾经发挥过重大作用，但已在互助合作中沉淀于成员单位之中，大部分都成为账面资产。总结过去的经验教训，主要是重管理、轻运营，重投入、轻效益，未能充分发挥其滚动增值、流动发展的应有效能。党的十六届三中全会提出要建立"归属清晰，权责明确，保护严格，流转顺畅"的现代产权制度，为各级城联社集体资产的监管与运营指明了方向。在产权制度改革中，应依法明晰、保护城联社资产，建立资产监管运营机构，实行所有权和经营权的分离。通过深化改革，采取有效方式盘活各级城联社资产，搞好资产监管和运营，不断壮大集体资产的实力，逐步恢复其互助合作的本质功能。

要加强和完善集体资产监管体制。公有制是我国社会主义的经济基础。为加强对公有制中的国有资产的监督管理，国家专门成立了国有资产监管机构，而同属公有制的全国集体经济的资产总量非常巨大，却没有一个相应的部门负责进行监管。许多地方将城镇集体资产的监管不是放在国资序列就是放在中小企业序列，前者是性质不同，后者是规模和资产性质不同，从理论到实践上都不合适。建立和完善社会主义市场经济体制，不仅首先要把公有制中的国有资产监督管理好，也应同时把公有制中的集体资产监督管理好。因此，应当尽快建立和理顺全国集体资产监督管理体制。建议比照国有资产监督管理体制，在国家成立集体资产监管机构，分设城镇集体资产和农村集体资产监管机构，各省、市、县也建立同样机构，加强对集体资产的监督和管理，确保集体资产安全、流转顺畅、保值增值，促进集体企业的改革发展。同时要加强对全国城镇集体经济改革发展的指导，尽快出台加快城镇集体经济改革发展的指导意见，使城镇集体经济在

更加宽松的环境中健康发展,为构建和谐社会、全面建设小康社会做出新的更大的贡献。

综上所述,城镇集体经济是社会主义公有制的重要组成部分,在社会主义时期将长期存在。城镇集体经济在历史上做出积极贡献,在新时期继续发挥重要作用。发展城镇集体经济是构建社会主义和谐社会的需要。只要我们始终坚持邓小平理论和"三个代表"重要思想,深入贯彻和落实科学发展观,坚持社会主义基本经济制度,坚持统筹协调、和谐发展,就一定能加快全面建设小康社会的步伐,实现劳动者的共同富裕。

(此件由中华全国手工业合作总社办公室提供)

集体经济的改革与发展应引起全社会关注

（2005 年 9 月 26 日）

中国改革报记者 李树直

在建国以来首次举办的中国集体经济高层论坛上，许多与会专家学者呼吁，集体经济是我国公有制经济的重要组成部分，推进集体经济的改革与创新，对于扩大公有制经济的控制力、增强公有制经济的主体地位有着深远而重大的意义。全社会都应该关注集体经济的改革与发展。

这次由中华全国手工业合作总社主办的"2005 中国集体经济高层论坛"，是 9 月 20 日在全国人大常委会办公厅会议中心举行的。全国人大常委会副委员长蒋正华，中央和国家有关部门的领导，国家经济研究机构、大专院校、学术团体的专家学者以及各地集体经济战线的实际工作者代表百余人参加了论坛。

集体经济在我国社会主义建设中的重要作用不可替代

与会人士普遍认为，集体经济是我国社会主义公有制的重要组成部分，在我国社会主义经济建设中发挥了不可替代的作用。

与会人士指出，党的十一届三中全会以后，集体经济在全国较早实行改革，并得到了较快发展。通过推选承包经营责任制、厂长负责制、股份合作制、租赁制，推进了多种形式的改革。特别是 1992 年，国务院颁布的《城镇集体所有制企业条例》实施后，促进了集体经济的改革发展，原来被称为"二国营"的传统集体企业许多都进行了改制，股份合作、职工持股企业等凸现出新的活力。统计显示，1978 年以来，我国国民经济以平均 9.4% 的速度增长，GDP 总量从 3000 多亿元增至 2003 年的 11 万多亿元，其中集体经济创造的增加值从 1000 多亿元发展到 3 万多亿元，增长了 30 倍左右。

与会人士还认为，集体经济量大面广，遍及城乡的农业、工业、商业、建筑业、服务业、运输业以及科教文卫等各个行业，是保持经济社会持续稳定发展的重要力量。首先，城镇集体企业为扩大就业保持社会稳定做出了突出贡献。近几年，集体经济虽然处于改革和调整中，但在安排就业方面仍发挥了重要作用。目前，我国面临新生劳动力和下岗职工再就业巨大压力,发展集体经济仍然是缓解就业压力的重要渠道。

其次,相关研究提供的数据表明,集体经济的发展有利于促进国民经济的发展。1986—1995年间,集体工业对整个工业增长的贡献率大体保持在37%的水平。近几年,投资对经济的拉动也很明显。2002年全国民间投资共17516亿元,其中集体经济投资5987亿元,占民间投资总量的34.2%。从1981年到2002年,民间投资对经济增长的贡献率基本呈上升态势。2002年GDP增长8%,民间投资拉动2.4个百分点,高于往年。2003年,集体经济固定资产投资达到8009.3亿元,比上年增长33.8%,高于社会平均增长水平的6.1个百分点。

有专家认为,集体经济对巩固公有制经济的主体地位具有重要作用。他们指出,近几年,国有经济的规模已收缩到全国经济总量的50%以下,但由于集体经济仍保持了一定的规模,从而保证了公有制经济在我国社会经济结构中占主体地位。同时,集体经济积极向多方面渗透,不断增强公有制经济的控制力。目前,集体资本的分布不仅在现有城镇集体企业中,而且大量转入到混合所有制企业中,这有利于增强公有制经济的控制力。

有的代表提出,集体经济作为公有制的重要组成部分,在全面建设小康社会的进程中,对我国经济可持续发展和社会和谐发展的起着重要作用。近些年来,城镇集体企业在改革中,建立劳动、资本和各种要素共享利益的制度,融合了合作制和公司制的一些做法,建立了注重效率与公平的分配制度,为促进劳动群众共同富裕发挥积极作用。

集体经济面临的问题严峻

许多与会代表对集体经济面临的问题反映强烈。他们认为,随着我国社会主义市场经济体制的建立和逐步完善,集体经济在改革与发展中有了新的发展,但面临着的矛盾和问题也十分突出。一是社会上对集体经济在认识上有误区,有人提出了集体经济"过时论"、"消亡论",有些地方和部门对集体经济的地位和作用认识不清,在改革发展上只强调国有经济和非公有制经济,忽略集体经济。集体企业改革改制缺乏具体的政策指导和法律支持;二是不少老企业由于历史包袱沉重,改革改制成本匮乏,难以推进,职工生活十分困难;三是一些领导和部门对集体资产缺乏维护意识,平调集体资产的情况时有发生;四是集体经济在改革的实践中,有了一些新的发展和创新,特别是集体经济的实现形式有了许多的新的变化,多种形式集体经济的发展呈现一些新的特点。但由于种种原因,集体经济的实践发展和理论创新还没有引起应有的关注。这些困难和问题不同程度地影响了集体经济的改革与发展。专家学者们呼吁,要对集体经济的实践发展和理论创新给予高度关注,努力形成有利于集体经济改革发展的社会氛围。

营造发展集体经济的良好环境

有专家提出,我国将进入"十一五"规划发展的新时期,这是集体经济进一步发展的良好机遇。为集体经济的改革发展营造良好的社会环境,是一项十分迫切而重要的任务。为此,专家学者提出了一系列建设性意见,主要有:

一是尽快出台全国性《深化城镇集体经济改革的指导意见》。

为了指导和帮助各类城镇集体企业进一步深化改革,鼓励和支持"两个联合"为特征的新型集体经济的发展,建议国家有关部门尽快制定全国性《深化城镇集体经济改革的指导意见》,明确深化城镇集体企业改革的指导思想、基本原则和主要措施,努力优化改制企业运行环境。

二是加快立法工作,以法律保障集体经济改革和多种形式发展。

有专家指出,最近,正在全国征求意见的《物权法》(草案)第三稿对集体所有资产的归属、管理、收益、保护作了规定,这有利于维护集体经济组织的合法权益,但还要进一步修改完善,以利于解决和规范集体企业改革发展中的新问题。要修改和完善《中华人民共和国城镇集体所有制企业条例》。作为城镇集体企业惟一的一部法规,《条例》对促进城镇集体经济改革与发展起到了很好的作用。但是,一些条款已不适应当前新的形势和城镇集体企业改革与发展的现状,必须抓紧进行修改、补充和完善。合作经济是集体经济的组成部分和实现形式,要加快合作经济组织的立法进程。建议有关部门进行深入调查和专题研究,制定我国《合作经济组织法》;制定《促进股份合作制企业改革发展的具体办法》、《职工持股会管理办法》或《职工持股制度管理规定》,以进一步指导和规范职工持股的发展,实现国有、集体、个人各类资本的流动和重组,推动混合所有制经济发展。

三是改善改制企业的政策环境。要关注集体企业改制及职工安置工作,注意研究筹集体企业改制成本资金的问题。建议各地政府对改制后实行"两个联合"的新型集体经济组织要区别情况给予政策扶植,应与国有企业、三资企业、私营企业享受同等政策待遇。国家还应制定政策,在"十一五"规划中积极倡导在国有、集体企业改制中大力发展新型集体经济,使集体经济在国民经济产业结构调整中发挥更加重要的作用。

　　四是大力宣传"两个联合"为特征的新型集体经济。建议政府部门牵头组织工业、农业、供销合作经济组织,依托专业学会、社会科学研究部门以及大专院校的专家学者和实践工作者开展"发展新型集体经济与建设中国特色社会主义"的课题研究。研究"两个联合"是市场经济条件下集体经济的新内涵,是对马克思主义有关集体经济理论的传承创新;研究"两个联合"是落实科学发展观、执政为民、建设和谐社会的重要力量;研究"两个联合"是劳动者"手拉手",通过自己劳动,实现共同富裕的有效路径;研究"两个联合"是集体经济组织建立现代产权制度,实现产权主体多元,产权结构开放,劳动者取得控制权组建混合所有制经济的重要形式。

　　五是加强对新型集体经济的宏观管理和政策指导,建立为新型集体经济服务的体系。新型集体经济的多种组织形式,十分需要社会和政府的指导与帮助。建议国务院有关部门要加强力量指导集体经济深化改革,建议国家发改委适时制定意见,实行宏观管理与政策指导,为新型集体经济在市场运行中营造良好的社会环境。

　　建议政府部门要发挥集体(合作)经济联合组织"好帮手"的作用,建立和完善政府部门对新型集体经济的指导服务体系。要充分发挥合作经济学会及各类集体(合作)经济研究机构的作用,积极开展理论和政策研究,为新型集体经济和中小企业改革与发展提供指导、培训与服务。通过多方面的努力,营造良好的社会环境,切实推进新型集体经济有一个较快的发展。

　　出席论坛的还有,求是杂志社社长吴恒权、国务院发展研究中心主任王梦奎、中共吉林省委副书记林炎志、全国人大常委会法工委副主任王胜明、中华全国手工业合作总社主任陈士能等。

（选自《中国改革报》2005 年 9 月 26 日,第 5 版）

改革的目的不是把集体经济"改掉"

（2005 年 9 月 26 日）

北京日报记者　李　志

　　围绕集体经济在我国当前经济社会中的地位和改革发展趋势,针对关于集体经济发展"过时论"、"消亡论"等一些误识,近日参加由中华全国手工业合作总社举办的"2005 中国集体经济高层论坛"的政府官员、专家学者认为,集体经济并没有过时,改革的目的不是把集体经济"改掉",而是要使其进一步发展。

　　专家们概括了集体经济四个比较突出的特点:企业是独立的市场主体,不再是政府的"附庸";在联合的基础上确立了劳动者的个人所有权,实行"个人所有,集体占有",劳动群众对企业有控制权;建立了以劳动合同为基础的新型劳动关系;实行按劳分配与生产要素分配并存的多种分配制度。这种新型的集体经济适应了社会主义市场经济体制的需要,已成为公有制与市场经济相结合的有效形式。

（选自《北京日报》2005 年 9 月 26 日,第 6 版）

坚持深化改革,增强发展活力①

(2005 年 10 月 11 日)

胡锦涛

　　改革是促进经济社会发展的强大动力。没有改革,就没有今天发展的大好局面。不失时机地推进改革,既是形成更具活力更加开放的体制机制、从根本上解决制约我国生产力发展诸多矛盾和问题的必由之路,也是适应日趋激烈的国际经济技术竞争的迫切需要。要坚持解放思想、实事求是,敢于攻坚、锐意进取,坚持社会主义市场经济的改革方向,加大改革力度,着重推进体制创新,争取在一些关键领域和重要环节上取得突破,为经济社会发展提供强大动力和体制保证。

　　要坚持和完善公有制为主体、多种所有制经济共同发展的基本经济制度,进一步完善社会主义市场经济体制。继续深化国有企业改革,推进国有经济布局和结构调整,增强国有经济控制力,发挥主导作用。加快建立国有资本经营预算制度,完善国有资产监督管理体制,实现国有资产在流动中增值,防止国有资产流失。鼓励、支持、引导非公有制经济发展,加强和改进对非公有制企业的服务和监管,把中央的有关政策措施落到实处。要深化行政管理体制改革,推进政企分开、政资分开、政事分开、政府与市场中介组织分开,减少和规范行政审批,继续转变政府职能,推动各级政府坚持科学决策、依法行政,履行好经济调节、市场监管、社会管理、公共服务的职能,提高行政效率,降低行政成本,建设法治政府和服务型政府。要深化财税体制改革,合理界定各级政府的事权,加快公共财政体系建设,实行有利于促进增长方式转变、科技进步、能源资源节约的财税制度。要加快金融体制改革,建立现代金融企业制度,提高金融业的核心竞争力,发展多层次的资本市场,完善金融监管体制,有效防范和化解金融风险,确保金融安全。要深化投资体制改革,规范政府投资行为,提高投资效益。要推进现代市场体系建设,进一步打破行政性垄断和地区

---

① 这是胡锦涛在中共十六届五中全会第二次全体会议上所作《努力实现"十一五"时期发展目标,推动经济社会又快又好发展》的讲话中第二部分节录。

封锁,加快建设社会信用体系,健全全国统一开放、竞争有序的市场体系。改革要充分考虑各方面群众的切身利益和社会承受能力,重要领域的改革要坚持先试点后推广,改革方案要尽可能考虑周全,各项措施要协调配套。要引导群众正确认识改革发展中利益格局的变化,把竞争压力转化为奋发有为的动力,自觉维护安定团结的大局。

（选自《十六大以来重要文献选编（中）》,中央文献出版社 2006 年 4 月第 1 版,第 1096—1097 页）

深化体制改革和提高对外开放水平①

——中共中央关于制定国民经济和社会发展 第十一个五年规划的建议(节录)

(2005 年 10 月 11 日)

(21)完善落实科学发展观的体制保障。我国正处于改革的攻坚阶段,必须以更大决心加快推进改革,使关系经济社会发展全局的重大体制改革取得突破性进展。以转变政府职能和深化企业、财税、金融等改革为重点,加快完善社会主义市场经济体制,形成有利于转变经济增长方式、促进全面协调可持续发展的机制。进一步扩大对外开放,以开放促改革、促发展。加强改革开放的总体指导和统筹协调,注重把行之有效的改革开放措施规范化、制度化和法制化。

(22)着力推进行政管理体制改革。加快行政管理体制改革,是全面深化改革和提高对外开放水平的关键。继续推进政企分开、政资分开、政事分开、政府与市场中介组织分开,减少和规范行政审批。各级政府要加强社会管理和公共服务职能,不得直接干预企业经营活动。深化政府机构改革,优化组织结构,减少行政层级,理顺职责分工,推进电子政务,提高行政效率,降低行政成本。分类推进事业单位改革。深化投资体制改革,完善投资核准和备案制度,规范政府投资行为,健全政府投资决策责任制度。加快建设法治政府,全面推进依法行政,健全科学民主决策机制和行政监督机制。

(23)坚持和完善基本经济制度。坚持公有制为主体、多种所有制经济共同发展。加大国有经济布局和结构调整力度,进一步推动国有资本向关系国家安全和国民经济命脉的重要行业和关键领域集中,增强国有经济控制力,发挥主导作用。加快国有大型企业股份制改革,完善公司治理结构。深化垄断行业改革,放宽市场准入,实现投资主体和产权多元化。加快建立国有资本经营预算制度,建立健全金融资产、非经营性资产、自然资源资产等监管体制,防止国有资产流

---

① 这是中共中央关于制定国民经济和社会发展第十一个五年规划的建议中第七部分。

失。继续深化集体企业改革,发展多种形式的集体经济。大力发展个体、私营等非公有制经济,鼓励和支持非公有制经济参与国有企业改革,进入金融服务、公用事业、基础设施等领域。引导个体、私营企业制度创新,加强和改进对非公有制企业的服务和监管。各类企业都要切实维护职工合法权益。

(24)推进财政税收体制改革。合理界定各级政府的事权,调整和规范中央与地方、地方各级政府间的收支关系,建立健全与事权相匹配的财税体制。调整财政支出结构,加快公共财政体系建设。完善中央和省级政府的财政转移支付制度,理顺省级以下财政管理体制,有条件的地方可实行省级直接对县的管理体制。继续深化部门预算、国库集中收付、政府采购和收支两条线管理制度改革。实行有利于增长方式转变、科技进步和能源资源节约的财税制度。完善增值税制度,实现增值税转型。统一各类企业税收制度。实行综合和分类相结合的个人所得税制度。调整和完善资源税,实施燃油税,稳步推行物业税。规范土地出让收入管理办法。

(25)加快金融体制改革。推进国有金融企业的股份制改造,深化政策性银行改革,稳步发展多种所有制的中小金融企业。完善金融机构的公司治理结构,加强内控机制建设,提高金融企业的资产质量、盈利能力和服务水平。稳步推进金融业综合经营试点。积极发展股票、债券等资本市场,加强基础性制度建设,建立多层次市场体系,完善市场功能,提高直接融资比重。稳步发展货币市场、保险市场和期货市场。健全金融市场的登记、托管、交易、清算系统。完善金融监管体制,强化资本充足率约束,防范和化解金融风险。规范金融机构市场退出机制,建立相应的存款保险、投资者保护和保险保障制度。稳步推进利率市场化改革,完善有管理的浮动汇率制度,逐步实现人民币资本项目可兑换。维护金融稳定和金融安全。

(26)推进现代市场体系建设。进一步打破行政性垄断和地区封锁,健全全国统一开放市场,推行现代流通方式。继续发展土地、技术和劳动力等要素市场,规范发展各类中介组织,完善商品和要素价格形成机制。进一步整顿和规范市场秩序,坚决打击制假售假、商业欺诈、偷逃骗税和侵犯知识产权行为。以完善信贷、纳税、合同履约、产品质量的信用记录为重点,加快建设社会信用体系,健全失信惩戒制度。

(27)加快转变对外贸易增长方式。积极发展对外贸易,优化进出口商品结构,着力提高对外贸易的质量和效益。扩大具有自主知识产权、自主品牌的商品出口,控制高能耗、高污染产品出口,鼓励进口先进技术设备和国内短缺资源,完善大宗商品进出口协调机制。继续发展加工贸易,着重提高产业层次和加工深度,增强国内配套能力,促进国内产业升级。大力发展服务贸易,不断提高层次和水平。完善公平贸易政策,健全外贸运行监控体系,增强处置贸易争端能力,维护企业合法权益和国家利益。积极参与多边贸易谈判;推动区域和双边经济合作,促进全球贸易和投资自由化便利化。

(28)实施互利共赢的开放战略。深化涉外经济体制改革,完善促进生产要素跨境流动和优化配置的体制和政策。继续积极有效利用外资,切实提高利用外资的质量,加强对外资的产业和区域投向引导,促进国内产业优化升级。着重引进先进技术、管理经验和高素质人才,做好引进技术的消化吸收和创新提高。继续开放服务市场,有序承接国际现代服务业转移。吸引外资能力较强的地区和开发区,要注重提高生产制造层次,并积极向研究开发、现代流通等领域拓展,充分发挥集聚和带动效应。支持有条件的企业"走出去",按照国际通行规则到境外投资,鼓励境外工程承包和劳务输出,扩大互利合作和共同开发。完善对境外投资的协调机制和风险管理,加强对海外国有资产的监管。积极发展与周边国家的经济技术合作。在扩大对外开放中,切实维护国家经济安全。

(选自《十六大以来重要文献选编(中)》,中央文献出
版社 2006 年 4 月第 1 版,第 1074—1075 页)

国务院关于进一步加强就业
再就业工作的通知

（2005 年 11 月 4 日）

各省、自治区、直辖市人民政府,国务院各部委、各直属机构:

就业是民生之本,也是构建社会主义和谐社会的重要内容。党中央、国务院高度重视就业再就业工作,2002 年下发了《关于进一步做好下岗失业人员再就业工作的通知》(中发[2002]12 号),重点围绕解决国有企业下岗失业人员再就业问题,制定了积极的就业政策,连续 3 年召开全国性会议,对就业再就业工作进行部署。各地区和有关部门认真贯彻,各社会团体积极发挥作用,使各项就业再就业扶持政策得到较好落实,市场导向就业机制进一步完善,就业总量有较大增加,一大批下岗失业人员实现了再就业,对促进经济发展、深化国有企业改革、维护社会稳定产生了积极影响。但是必须看到,我国劳动力供大于求的基本格局在相当长时期内不会改变。今后几年,就业再就业工作的重点仍是解决体制转轨遗留的下岗失业人员再就业问题和重组改制关闭破产企业职工安置问题。同时,也要继续做好高校毕业生、进城务工农村劳动者和被征地农民等的就业再就业工作。为进一步做好就业再就业工作,现就有关问题通知如下:

一、进一步明确目标任务,多渠道开发就业岗位

（一）就业再就业工作的指导思想是:按照科学发展观和构建社会主义和谐社会的要求,落实"十一五"时期国民经济和社会发展规划,将扩大就业摆在经济社会发展更加突出的位置,进一步贯彻落实"劳动者自主择业、市场调节就业和政府促进就业"的方针,在重点解决好体制转轨遗留的再就业问题的同时,努力做好城镇新增劳动力就业和农村富余劳动力转移就业工作,有步骤地统筹城乡就业和提高劳动者素质,探索建立市场经济条件下促进就业的长效机制。

（二）就业再就业工作的主要任务是:基本解决体制转轨遗留的下岗失业问题,重点做好国有企业下岗失业人员、集体企业下岗职工、国有企业关闭破产需要安置人员的再就业工作,巩固再就业工作成果,增强就业稳定性;努力做好城

镇新增劳动力的就业工作,积极推动高校毕业生就业工作,在开发就业岗位的同时,大力提升劳动者职业技能和创业能力;改善农村劳动者进城就业环境,积极推进城乡统筹就业;加强失业调控,将城镇登记失业人数控制在合理范围内,减少长期失业人员数量;加快就业法制建设,逐步建立就业与社会保障工作的联动机制。

(三)围绕经济发展多渠道开发就业岗位,千方百计扩大就业。

1. 坚持在发展中解决就业问题,努力实现促进经济增长与扩大就业的良性互动。把深化改革、促进发展、调整结构与扩大就业有机结合起来,在制定涉及全局的经济社会政策和确定重大建设项目时,要把扩大就业作为重要因素考虑,在注重提高竞争力的同时,确立有利于扩大就业的经济结构和增长模式,及时分析国内外经济形势变化对就业的影响,积极采取相应对策。

2. 全面落实鼓励、支持和引导个体、私营等非公有制经济发展的方针政策,认真贯彻执行国家关于发展第三产业和服务业的政策措施,在推动第三产业和多种所有制经济发展中广开就业门路。

3. 注重发展具有比较优势的劳动密集型行业和中小企业,增加就业容量。对就业容量大且有市场需求的行业,制定相应的鼓励增加就业的扶持政策。

4. 推进跨地区的劳务协作和对外劳务输出。鼓励资源开采型城市和独立工矿区按市场需求发展接续产业,引导劳动力转移就业。

5. 鼓励劳动者通过多种形式实现就业,加快完善和实施与灵活就业相适应的劳动关系、工资支付和社会保险等政策,为灵活就业人员提供帮助和服务。

6. 坚持城乡经济协调发展,调整农村经济结构,加快小城镇建设,引导和组织农村劳动力向非农产业转移和向城市有序流动。

二、进一步完善和落实再就业政策,促进下岗失业人员再就业

(四)对有劳动能力和就业愿望的国有企业下岗失业人员,国有企业关闭破产需要安置的人员,国有企业所办集体企业(以下简称厂办大集体企业)下岗职工,享受城市居民最低生活保障且失业1年以上的城镇其他登记失业人员,发放《再就业优惠证》,提供相应的政策扶持:

1. 鼓励自谋职业和自主创业。

对持《再就业优惠证》人员从事个体经营的(国家限制的行业除外),在规定限额内依次减免营业税、城市维护建设税、教育费附加和个人所得税;并免收属

于管理类、登记类和证照类的各项行政事业性收费,期限最长不超过 3 年。对 2005 年底前核准减免税费但未到期的人员,在剩余期限内按此政策执行。

地方各级人民政府和有关部门要进一步统筹解决好自谋职业和自主创业人员的经营场地问题。

对持《再就业优惠证》人员和城镇复员转业退役军人从事个体经营自筹资金不足的,可提供小额担保贷款,贷款额度一般掌握在 2 万元左右,贷款期限最长不超过 2 年,到期确需延长的,可展期 1 次。对合伙经营和组织起来就业的,可根据人数和经营项目扩大贷款规模。对利用上述两类贷款从事微利项目的,由中央财政据实全额贴息(展期不贴息),具体项目由各省、自治区、直辖市人民政府结合实际确定,并报财政部、劳动保障部、人民银行备案。对其他城镇登记失业人员申请小额担保贷款并从事微利项目的,由财政给予 50% 的贴息(中央财政和地方财政各承担 25%)。

2. 鼓励企业吸纳就业。

对商贸企业、服务型企业(国家限制的行业除外)、劳动就业服务企业中的加工型企业和街道社区具有加工性质的小型企业实体,在新增加的岗位中,当年新招用持《再就业优惠证》人员,与其签订 1 年以上期限劳动合同并缴纳社会保险费的,按实际招用人数,在相应期限内定额依次减免营业税、城市维护建设税、教育费附加和企业所得税,期限最长不超过 3 年。对 2005 年底前核准减免税但未到期的企业,在剩余期限内仍按原方式继续享受减免税政策。

同时,对上述企业中的商贸企业、服务型企业,在相应期限内给予社会保险补贴,期限最长不超过 3 年。社会保险补贴标准按企业应为所招人员缴纳的养老、医疗和失业保险费计算,个人应缴纳的养老、医疗和失业保险费仍由本人负担。对 2005 年底前核准社会保险补贴但未到期的企业,在剩余期限内按此政策执行。

对符合贷款条件的劳动密集型小企业,在新增加的岗位中,新招用持《再就业优惠证》人员达到企业现有在职职工总数 30% 以上,并与其签订 1 年以上期限劳动合同的,根据实际招用人数,合理确定贷款额度,最高不超过人民币 100 万元。财政贴息、经办银行的手续费补助、呆坏账损失补助等按照已经明确的有关规定执行。

3. 提高灵活就业人员的稳定性。

对持《再就业优惠证》的"4050"人员(即女 40 周岁以上,男 50 周岁以上。计算年龄的截止时间由各地确定,最晚至 2007 年底)灵活就业后,申报就业并参加社会保险的,给予一定数额的社会保险补贴,期限最长不超过 3 年。

（五）对持《再就业优惠证》的就业困难对象（包括：国有企业下岗失业人员、厂办大集体企业下岗职工和国有企业关闭破产需要安置人员中的"4050"人员；享受城市居民最低生活保障、就业确有困难的长期失业人员），可作为就业援助的重点，提供相应的政策扶持：

1. 政府投资开发的公益性岗位要优先安排就业困难对象。在公益性岗位安排就业困难对象，并与其签订 1 年以上期限劳动合同的，按实际招用的人数，在相应期限内给予社会保险补贴。社会保险补贴标准按单位应为所招人员缴纳的养老、医疗和失业保险费计算。上述"4050"人员在公益性岗位工作超过 3 年的，社会保险补贴期限可相应延长（超过 3 年的社会保险补贴所需资金由地方财政解决）。对 2005 年底前核准社会保险补贴但未到期的，按此政策执行。

2. 各地可根据实际对就业困难对象在公益性岗位工作的提供适当的岗位补贴，补贴标准由当地政府确定，所需资金由地方财政解决。

（六）各地应按照属地管理原则，进一步做好辖区内中央管理企业下岗失业人员的再就业工作。将这些企业的下岗失业人员纳入当地的再就业工作规划，统筹安排落实。对中央管理企业的下岗失业人员，要及时核发《再就业优惠证》，落实再就业政策，所需资金由地方财政统筹解决。

（七）切实加强《再就业优惠证》发放和使用的管理。严格《再就业优惠证》审核发放程序，防止发生弄虚作假，欺骗冒领等行为。对出租、转让和伪造《再就业优惠证》的，要依法严肃处理。各有关部门要加强沟通协调，建立下岗失业人员再就业信息交换和协查制度，在提供政策扶持后，要及时在《再就业优惠证》上进行标注，对已办理退休手续的应及时收回《再就业优惠证》。《再就业优惠证》在核发证件的本省（区、市）范围内适用，具体办法由省级人民政府制定。

（八）各地可根据本地实际，将上述政策（不含税收政策）的适用范围扩大到城镇其他集体企业下岗职工，所需资金由地方财政解决。

三、促进城乡统筹就业，改进就业服务，强化职业培训

（九）建立覆盖城乡的就业管理服务组织体系，统筹管理城乡劳动力资源和就业工作。统筹做好下岗失业人员再就业与城镇新成长劳动者的就业工作，认真落实高校毕业生和复员转业退役军人就业的有关政策，加强相关的就业服务和职业培训。改善农民进城就业环境，取消农村劳动力进城和跨地区就业的限制，完善农村劳动者进城务工和跨地区就业合法权益保障的政策措施。在有条件的地区开展城乡一体化劳动力市场的试点工作。

（十）完善公共就业服务制度。按照制度化、专业化、社会化的要求，全面推进"以人为本"的就业服务，提高公共就业服务的质量和效率。对持《再就业优惠证》人员、城镇其他登记失业人员，以及进城登记求职的农村劳动者，公共就业服务机构要提供免费的职业介绍服务。发展和规范各种专业性职业中介机构和劳务派遣、职业咨询指导、就业信息服务等社会化服务组织，鼓励社会各类职业中介机构为城乡劳动者提供诚信、有效的就业服务。要完善职业介绍补贴政策，建立与服务成效挂钩的机制，对提供免费职业介绍服务的各类职业中介机构给予补贴。

（十一）加强劳动力市场信息系统建设。按照"金保工程"建设总体要求，对劳动力市场信息系统建设进行统一规划，整体推进。围绕就业工作的主要任务和服务对象的需求，优化业务流程，逐步实现就业服务和失业保险业务的全程信息化。实现各级公共就业服务机构的信息联网，定期分析和发布职业供求和工资水平信息，完善网上职业介绍功能，为求职者和用人单位提供方便快捷的信息服务，提高劳动力市场供求匹配效率。

（十二）加强街道（乡镇）社区劳动保障工作平台建设，充分发挥其在促进就业再就业和退休人员社会化管理服务方面的基础作用。依托街道（乡镇）社区劳动保障工作平台建立再就业援助制度，对就业困难对象实施重点帮助，提供有针对性的就业服务和公益性岗位援助。街道和乡镇负责劳动保障事务的机构，要进一步完善服务功能，健全工作手段，加强基础管理。继续加强社区劳动保障工作队伍建设，强化业务培训，提高工作质量，落实工作经费。

总结部分地区创建信用社区的经验，结合个人信用制度的建立，探索建立信用社区、创业培训与小额担保贷款联动机制，为下岗失业人员自谋职业和自主创业创造条件。

（十三）广泛发动全社会教育培训资源，为城乡劳动者开展多层次、多形式的职业培训，并积极推行创业培训，提高劳动者就业能力和创业能力。对持《再就业优惠证》人员、城镇其他登记失业人员，以及进城务工的农村劳动者，提供一次性职业培训补贴。要通过资质认定，确定一批培训质量高、就业效果好的教育培训机构作为定点机构。完善培训补贴与培训质量、促进就业效果挂钩机制，引导各类教育培训机构针对市场需求，积极开展定向培训。动员全社会力量，加快培养适应企业需要的高技能人才。

充分发挥创业带动就业的倍增效应。对有创业愿望和具备创业条件的城乡劳动者开展创业培训，并提供开业指导、项目开发、小额担保贷款、跟踪扶持等"一条龙"服务，为创业培训结业者提供小额担保贷款资金扶持，努力做好后续服务。

　　大力开展职业培训,提升进城务工农村劳动者的就业能力。根据他们的特点和就业需求,开展有较强针对性、实用性的培训并提供职业技能鉴定服务。充分利用电视远程培训等手段,将技能知识和就业信息送到农户。在吸纳进城务工农村劳动者较多的重点行业和组织劳务输出的贫困地区,组织实施国家培训项目。

　　有关被征地农民的培训和就业服务,由各地统筹考虑,所需资金与征地费用统筹安排。

　　(十四)加强职业技能实训和技能鉴定服务工作。在有条件的地区建设公共实训基地,面向社会开展职业技能操作训练和职业技能鉴定服务。逐步开展专项职业能力考核,为开发就业岗位,提高劳动者就业能力提供公共服务。为参加职业培训的下岗失业人员提供职业技能鉴定服务,对持《再就业优惠证》人员通过初次技能鉴定(限国家规定实行就业准入制度的指定工种)、生活确有困难的,可申领一次性职业技能鉴定补贴,所需资金由地方财政解决。

四、开展失业调控,加强就业管理

　　(十五)建立失业预警机制,制定预案和相应措施,综合运用法律的、经济的和必要的行政手段,对失业进行调控,缓解失业引发的各种矛盾。对因国内国际经济形势发生重大变化直接影响就业的行业和企业,以及失业问题突出的困难地区、困难行业,要及时采取专项政策措施,努力减少失业,保持就业局势稳定。

　　(十六)继续鼓励国有大中型企业进行主辅分离、辅业改制,充分利用原企业的非主业资产、闲置资产和关闭破产企业的有效资产,改制创办面向市场、独立核算、自负盈亏的法人经济实体(国家限制的行业除外),分流安置企业富余人员。对于产权明晰并逐步实现产权多元化、吸纳原企业富余人员达到30%以上,并与其变更或签订新的劳动合同的,经有关部门认定、税务部门审核,3年内免征企业所得税。

　　(十七)稳步推进国有企业重组改制和关闭破产工作,严格审核并监督落实职工安置方案,规范企业操作行为,维护职工合法权益。国有企业实施重组改制和关闭破产,职工安置方案须经企业职工代表大会或职工大会讨论通过,凡职工安置方案和社会保障办法不明确、资金不落实的企业,不得进入重组改制和破产程序。要指导企业在关闭破产准备阶段通过多种有效形式,深入宣传政策,使职工了解政策内容和操作程序。要切实加强对企业关闭破产过程中职工安置工作的监督指导。关闭破产终结后,要及时做好职工分流安置和社会保障工作,妥善处理遗留问题。

(十八)规范企业裁员行为。切实加强对企业裁员的指导。对于企业成规模裁减人员的,裁员方案要经企业职工代表大会讨论。企业一次性裁员超过一定数量和比例的,要事前向当地政府报告。凡不能依法支付解除劳动合同的经济补偿金并妥善解决拖欠职工债务的,不得裁减人员。

(十九)深化劳动力市场制度改革,打破劳动力市场城乡、地区的分割。规范劳动力市场秩序,切实维护城乡劳动者合法权益。定期开展劳动力市场清理整顿活动,加强对各类职业中介行为的监管,严厉打击劳动力市场中的违法乱纪行为,规范劳动者求职、用人单位招用和职业中介行为。建立劳务派遣行政许可制度,规范劳务派遣行为。充实劳动保障执法监察队伍,加大执法监察力度,严格禁止和坚决纠正超时工作、不签订劳动合同、故意压低和拖欠工资、不按规定缴纳社会保险费和随意裁员等行为。

(二十)完善就业和失业统计制度。加强失业登记统计工作,建立劳动力调查制度,定期开展全国城镇劳动力调查,准确掌握全国劳动力市场供求变化。

(二十一)加快推进就业工作法制建设。认真总结就业再就业的工作经验,抓紧研究制定促进就业的法律法规,明确和强化行之有效的政策措施,为形成市场经济条件下解决就业问题的长效机制奠定基础。

五、进一步完善社会保障制度,建立与促进就业的联动机制

(二十二)建立就业与失业保险、城市居民最低生活保障工作的联动机制。切实保障享受失业保险和城市居民最低生活保障人员的基本生活,进一步完善失业保险金和城市居民最低生活保障金的申领办法,结合其求职和参加职业培训的情况完善申领条件,健全促进就业的激励约束机制,促进和帮助享受失业保险和城市居民最低生活保障的人员尽快实现就业,并妥善处理好其就业后的生活保障和社会保险问题。要合理确定失业保险和城市居民最低生活保障水平,拉开最低工资标准、失业保险金标准、城市居民最低生活保障标准之间的距离,分清层次,相互衔接,形成合理配套的标准体系,既要切实保障困难群体的基本生活,更要有利于调动有劳动能力人员就业的积极性。

(二十三)进一步加强对失业人员和城市居民最低生活保障对象的基础管理。充分发挥街道(乡镇)社区劳动保障工作平台的职能作用,加强劳动保障、

民政等部门的沟通合作,及时掌握失业人员和城市居民最低生活保障对象的就业及收入状况,实施有针对性的帮助和服务。

(二十四)妥善处理并轨遗留问题。从2006年起,企业新裁减人员通过劳动力市场实现再就业,没有实现再就业的,按规定享受失业保险及城市居民最低生活保障待遇。各地要继续采取有效措施,妥善解决并轨人员在再就业、社会保险关系接续、劳动关系处理等方面的遗留问题。

(二十五)进一步发挥失业保险制度促进再就业的功能。东部地区在认真分析失业保险基金收支、结余状况,统筹考虑地方财政就业再就业资金安排的前提下,可以结合本地实际进行适当扩大失业保险基金支出范围试点,具体办法由劳动保障部、财政部制定。

(二十六)进一步完善社会保险制度。继续加强社会保险扩面征缴工作,切实做好下岗失业人员再就业后的社会保险关系接续工作,将更多的劳动者纳入到社会保险制度的覆盖范围。要逐步统一城镇个体工商户、灵活就业人员参加养老保险的政策,改进基本养老金计发办法,强化缴费与待遇挂钩的激励约束机制,形成促进就业与完善社会保险制度的良性互动。积极创造条件为进城务工农村劳动者提供必要的社会保障。

六、继续加强组织领导,动员全社会力量广泛参与就业再就业工作

(二十七)各级人民政府和各有关部门要继续巩固和强化就业再就业工作目标责任制。继续把新增就业人员和控制失业率纳入国民经济和社会发展宏观调控指标。把解决体制转轨遗留的下岗失业问题、促进城镇新增劳动力就业、推进城乡统筹就业、加强失业调控和实现就业与社会保障制度的联动机制作为主要目标任务,层层分解,并纳入政绩考核的重要内容,定期进行督促检查。

(二十八)各级人民政府和各有关部门要进一步加强对就业再就业工作的领导和统筹协调。适应新的形势任务要求,国务院决定将再就业工作部际联席会议制度调整为就业工作部际联席会议制度,地方各级人民政府也要对联席会议制度作相应调整,形成统一领导、分工协作的工作机制。在各级人民政府的直接领导下,联席会议各成员单位要认真履行职责,加强协调配合,共同做好就业再就业工作。

(二十九)各级人民政府要根据就业形势变化和就业工作需要,积极调整财政支出结构,加大资金投入,将促进就业再就业资金列入财政预算。对中西部地

区和老工业基地,中央财政继续通过专项转移支付的方式给予适当补助,主要用于职业介绍补贴、职业培训补贴、社会保险补贴、小额担保贷款贴息。此外,各级财政还要合理安排用于劳动力市场、街道(乡镇)社区劳动保障工作平台建设等经费。要切实加强对就业再就业资金拨付使用的监督检查,专款专用,提高资金使用效率。

(三十)充分发挥各民主党派、工商联,以及工会、共青团、妇联等人民团体在协助政府制定政策,团结各方积极参与,以及宣传动员、社会监督,帮助群众创业就业等方面的积极作用。对他们组织各类培训、开展多种形式服务和提高创业就业服务能力给予支持,形成全社会共同参与,齐心协力做好就业再就业工作的局面。

(三十一)各新闻单位要继续通过广播、电视、报刊、互联网等多种形式把就业再就业政策宣传到群众、企业和基层单位。继续树立和宣传劳动者自谋职业、自主创业和企业积极吸纳就业、基层单位切实落实政策的先进典型,引导广大劳动者转变就业观念,营造全社会支持和帮助就业再就业工作的良好气氛。要进一步加强基层组织建设,加大思想政治工作力度,依托企业、街道(乡镇)社区等基层组织和单位,通过耐心细致的思想政治工作和舆论宣传,引导广大下岗失业人员在国家政策扶持和社会帮助下,依靠自身努力实现再就业。

(三十二)上述有关扶持政策自 2006 年起开始执行,政策审批的截止时间暂定到 2008 年底。在政策执行过程中,如果国家对税收制度进行改革,有关税收政策按新的税收政策执行。

各地区、各有关部门要结合本地实际,抓紧研究制定贯彻本《通知》的具体办法和实施细则,确保本《通知》精神落到实处。在不涉及税收政策、不影响中央非税收入、不增加中央财政补助的前提下,还可制定有利于本地扩大城乡就业的其他政策。

中华人民共和国国务院

二〇〇五年十一月四日

(此件由中共中央党史研究室机要档案处提供)

国务院关于同意东北地区厂办大集体
改革试点工作指导意见的批复

（2005 年 11 月 6 日）

财政部、国资委、劳动保障部：

你们《关于妥善解决东北地区厂办大集体问题的请示》（财企〔2005〕122号）收悉。现批复如下：

一、原则同意你们上报的《东北地区厂办大集体改革试点工作指导意见》，请认真组织实施。

二、东北地区厂办大集体改革，要按照先行试点、总结经验、逐步推开的原则，首先选择部分城市和中央企业进行试点，取得经验后再全面推开。

三、试点工作的主要责任在地方。试点城市人民政府要制订具体试点方案，并负责组织实施，要采取强有力的措施，周密安排，在确保稳定的前提下，积极稳妥地推进试点工作。省级人民政府要切实负起责任，加强指导和协调。

四、成立由财政部、国资委、劳动保障部、振兴东北办负责同志组成的领导小组，负责试点的组织协调工作。

中华人民共和国国务院
二○○五年十一月六日

附：

财 政 部 　 国资委 　 劳动保障部
东北地区厂办大集体改革试点工作指导意见

二十世纪七八十年代，为安置回城知识青年和国有企业职工子女就业，一些国有企业批准并资助兴办了一批劳动服务公司或其他形式工商登记注册的集体所有制企业，即厂办大集体企业（简称厂办大集体）。厂办大集体依附于主办国有企业从事生产经营活动，向主办国有企业提供配套产品或劳务服务。厂办大集体曾经为发展经济和安置社会就业发挥了重要作用,但随着社会主义市场经济体制的逐步建立和国有企业改革的不断深化,这些企业规模小、冗员多、产权不清、机制不活、管理不善、市场竞争力弱等问题日益突出,大量企业停产和职工失业,已经成为制约国有企业改革发展和影响社会稳定的重要因素。在东北地区先行选择部分城市和中央企业进行试点,妥善解决东北地区厂办大集体问题,是实施东北等老工业基地振兴战略,进一步减轻国有企业负担,促进经济发展和维护社会稳定的一项重要举措。为积极稳妥地推进这项改革,现就试点工作提出以下意见:

一、总体目标和基本原则

(一)总体目标:通过制度创新、体制创新和机制创新,使厂办大集体与主办国有企业彻底分离,成为产权清晰、自负盈亏的法人实体和市场主体,切实减轻主办国有企业负担,为进一步深化国有企业改革创造条件。在试点的基础上,争取用3年左右的时间,妥善解决东北地区厂办大集体问题,并适时在全国推开。

(二)基本原则:坚持从厂办大集体实际出发,着力解决当前存在的主要矛盾和重点问题,不纠缠历史旧账;坚持分类指导,用改革的办法,充分借鉴国有企业改革政策,通过重组改制等多种途径分类解决职工安置等问题;坚持统筹兼顾各方面的承受能力,由企业、地方财政和中央财政共同分担改革成本。

二、改革方式

(三)对能够重组改制的厂办大集体,可按照《中华人民共和国公司法》和原国家经贸委等八部委《关于国有大中型企业主辅分离辅业改制分流安置富余人员的实施办法》(国经贸企改〔2002〕859号)等有关法律法规和政策规定,采取多种方式,重组改制为产权清晰、面向市场、独立核算、自负盈亏的法人实体。

(四)对不具备重组改制条件或亏损严重、资不抵债、不能清偿到期债务的厂办大集体,可实施关闭或依法破产。

三、有关资产和债权债务处理

(五)厂办大集体长期使用的主办国有企业的固定资产可实行无偿划拨,用于厂办大集体企业安置职工所需的费用。

(六)厂办大集体使用的主办国有企业的行政划拨土地,应依法办理土地划转手续。不改变土地用途的,经所在地县级以上人民政府批准,可继续以划拨方式使用土地,并办理土地变更登记;改变土地用途的,如改变后的用途符合《划拨用地目录》(国土资源部令第9号)的,可继续以划拨方式使用,不符合的,应依法办理土地有偿使用手续,并允许将土地出让收益用于支付改制成本。

（七）厂办大集体与主办国有企业之间在规定的时间内发生的债权、债务可进行轧差处理。轧差后主办国有企业欠厂办大集体的债务,由主办国有企业予以偿还;轧差后厂办大集体欠主办国有企业的债务,在厂办大集体净资产不足以安置职工时,由主办国有企业予以豁免,并按规定程序报批后冲减国有权益。

（八）厂办大集体拖欠的金融债务,依据《国务院关于在国有中小企业和集体企业改制过程中加强金融债权管理的通知》(国发明电[1998]4 号)的有关规定处理。

（九）厂办大集体的历史欠税,统一执行国家处理东北地区企业历史欠税的有关政策。对改制过程中发生的资产置换以及土地、房产、车辆过户等各项税费,可按现行有关规定给予减免。

（十）厂办大集体拖欠职工的债务,要按照实事求是的原则,依法予以合理认定,并制定债务清偿计划,通过资产变现等多种方式积极筹集资金予以偿还。

四、职工安置和劳动关系处理

（十一）厂办大集体改制、关闭或破产的,要与在职集体职工解除劳动关系,并依法支付经济补偿金。经济补偿金标准按照原劳动部《违反和解除劳动合同的经济补偿办法》(劳部发[1994]481 号)有关规定执行。

（十二）厂办大集体可用净资产支付解除在职集体职工劳动关系的经济补偿金。净资产如有剩余,剩余部分作为主办国有企业持有改制企业的股权,也可向改制企业的员工或外部投资者转让,转让收益归主办国有企业所有。

（十三）厂办大集体净资产不足以支付解除在职集体职工劳动关系经济补偿金的,差额部分所需资金由主办国有企业、地方财政和中央财政共同承担。其中,对地方国有企业兴办的厂办大集体,中央财政补助 30% ;对中央企业及中央下放地方的煤炭、有色、军工企业兴办的厂办大集体,中央财政将根据企业效益等具体情况确定补助比例,原则上不超过 50% 。

（十四）关闭、破产厂办大集体职工按规定领取经济补偿金。经批准,可将关闭、破产厂办大集体使用的主办国有企业的土地使用权转让(法律限制转让的除外)收益用于安置职工。

（十五）对距法定退休年龄不足 5 年(含 5 年)或工龄已满 30 年、再就业有困难的厂办大集体在职集体职工,可实行企业内部退养,发放基本生活费,并按规定继续为其缴纳社会保险费,达到退休年龄时正式办理退休手续。具体办法由地方人民政府、主办国有企业和厂办大集体协商确定。

（十六）对再就业有困难且接近内部退养年龄的厂办大集体在职集体职工，在解除劳动关系时，经企业与职工协商一致，可以签订社会保险缴费协议，由企业为职工缴纳基本养老保险费和基本医疗保险费，不支付经济补偿金或生活补助费。缴费方式、缴费期限及具体人员范围等由当地人民政府确定。

（十七）对在主办国有企业工作10年以上、已经与主办国有企业形成事实劳动关系的厂办大集体在职集体职工，主办国有企业要与其进行协商，依法与其签订劳动合同，或按照厂办大集体在职集体职工的安置政策予以安置。

（十八）对在厂办大集体工作或服务的主办国有企业职工，已与厂办大集体签订劳动合同的，可执行厂办大集体在职集体职工的安置政策；未与厂办大集体签订劳动合同的，由主办国有企业妥善安置。

五、社会保障政策

（十九）厂办大集体职工解除劳动关系领取经济补偿金以后，按国家规定接续各项社会保险关系。符合条件的，享受相应的社会保险待遇。

（二十）厂办大集体与职工解除劳动关系前，欠缴的各项社会保险费用，应足额补缴。个人欠缴部分由个人补齐；企业欠缴部分，经有关部门认定后，可制定补缴计划，分期补缴，但企业缴费划入职工个人账户部分和职工个人缴费部分应一次性补齐。关闭、破产的厂办大集体确实无法通过资产变现补缴的社会保险欠费，除企业缴费中应划入职工养老保险个人账户部分外，可按有关规定报经批准后核销。

（二十一）未参加基本养老保险统筹，经认定已无生产经营能力、确实无力缴纳基本养老保险费的厂办大集体，不再纳入养老保险统筹范围，其已退休人员由民政部门按企业所在地城市居民最低生活保障标准按月发放生活费。

（二十二）厂办大集体的困难职工，凡符合城市居民最低生活保障条件的，应按规定纳入最低生活保障范围，切实做到应保尽保。

（二十三）与厂办大集体解除劳动关系人员的再就业扶持政策，按国家有关规定执行。

六、组织实施

（二十四）试点工作根据自愿的原则进行，拟申请试点的城市和中央企业要做出确保稳定的承诺，并制订切实可行的试点方案和维护社会稳定的措施。城市试点方案经省级人民政府审核后报送国资委、财政部、劳动保障部联合审批；中央企业的试点方案由中央企业与地方人民政府协商制订，报送国资委、财政部、劳动保障部联合审批。

（二十五）被批准试点的城市人民政府和中央企业要加强对试点工作的组织领导，成立由部门领导同志牵头负责的试点工作领导小组，明确职责分工，采取强有力的措施，周密安排，在确保稳定的前提下，积极稳妥地推进试点工作。东北三省人民政府要切实负起责任，加强指导和协调。

（选自国务院《公报》2006 年第 1 号，第 26 页）

国务院关于完善企业职工
基本养老保险制度的决定

（2005 年 12 月 3 日）

各省、自治区、直辖市人民政府，国务院各部委、各直属机构：

近年来，各地区和有关部门按照党中央、国务院关于完善企业职工基本养老保险制度的部署和要求，以确保企业离退休人员基本养老金按时足额发放为中心，努力扩大基本养老保险覆盖范围，切实加强基本养老保险基金征缴，积极推进企业退休人员社会化管理服务，各项工作取得明显成效，为促进改革、发展和维护社会稳定发挥了重要作用。但是，随着人口老龄化、就业方式多样化和城市化的发展，现行企业职工基本养老保险制度还存在个人账户没有做实、计发办法不尽合理、覆盖范围不够广泛等不适应的问题，需要加以改革和完善。为此，在充分调查研究和总结东北三省完善城镇社会保障体系试点经验的基础上，国务院对完善企业职工基本养老保险制度作出如下决定：

一、完善企业职工基本养老保险制度的指导思想和主要任务

以邓小平理论和"三个代表"重要思想为指导，认真贯彻党的十六大和十六届三中、四中、五中全会精神，按照落实科学发展观和构建社会主义和谐社会的要求，统筹考虑当前和长远的关系，坚持覆盖广泛、水平适当、结构合理、基金平衡的原则，完善政策，健全机制，加强管理，建立起适合我国国情，实现可持续发展的基本养老保险制度。主要任务是：确保基本养老金按时足额发放，保障离退休人员基本生活；逐步做实个人账户，完善社会统筹与个人账户相结合的基本制度；统一城镇个体工商户和灵活就业人员参保缴费政策，扩大覆盖范围；改革基本养老金计发办法，建立参保缴费的激励约束机制；根据经济发展水平和各方面承受能力，合理确定基本养老金水平；建立多层次养老保险体系，划清中央与地方、政府与企业及个人的责任；加强基本养老保险基金征缴和监管，完善多渠道筹资机制；进一步做好退休人员社会化管理工作，提高服务水平。

二、确保基本养老金按时足额发放

要继续把确保企业离退休人员基本养老金按时足额发放作为首要任务,进一步完善各项政策和工作机制,确保离退休人员基本养老金按时足额发放,不得发生新的基本养老金拖欠,切实保障离退休人员的合法权益。对过去拖欠的基本养老金,各地要根据《中共中央办公厅　国务院办公厅关于进一步做好补发拖欠基本养老金和企业调整工资工作的通知》要求,认真加以解决。

三、扩大基本养老保险覆盖范围

城镇各类企业职工、个体工商户和灵活就业人员都要参加企业职工基本养老保险。当前及今后一个时期,要以非公有制企业、城镇个体工商户和灵活就业人员参保工作为重点,扩大基本养老保险覆盖范围。要进一步落实国家有关社会保险补贴政策,帮助就业困难人员参保缴费。城镇个体工商户和灵活就业人员参加基本养老保险的缴费基数为当地上年度在岗职工平均工资,缴费比例为20%,其中8%记入个人账户,退休后按企业职工基本养老金计发办法计发基本养老金。

四、逐步做实个人账户

做实个人账户,积累基本养老保险基金,是应对人口老龄化的重要举措,也是实现企业职工基本养老保险制度可持续发展的重要保证。要继续抓好东北三省做实个人账户试点工作,抓紧研究制订其他地区扩大做实个人账户试点的具体方案,报国务院批准后实施。国家制订个人账户基金管理和投资运营办法,实现保值增值。

五、加强基本养老保险基金征缴与监管

要全面落实《社会保险费征缴暂行条例》的各项规定,严格执行社会保险登记和缴费申报制度,强化社会保险稽核和劳动保障监察执法工作,努力提高征缴率。凡是参加企业职工基本养老保险的单位和个人,都必须按时足额缴纳基本养老保险费;对拒缴、瞒报少缴基本养老保险费的,要依法处理;对欠缴基本养老保险费的,要采取各种措施,加大追缴力度,确保基本养老保险基金应收尽收。各地要按照建立公共财政的要求,积极调整财政支出结构,加大对社会保障的资

金投入。

基本养老保险基金要纳入财政专户,实行收支两条线管理,严禁挤占挪用。要制定和完善社会保险基金监督管理的法律法规,实现依法监督。各省、自治区、直辖市人民政府要完善工作机制,保证基金监管制度的顺利实施。要继续发挥审计监督、社会监督和舆论监督的作用,共同维护基金安全。

六、改革基本养老金计发办法

为与做实个人账户相衔接,从 2006 年 1 月 1 日起,个人账户的规模统一由本人缴费工资的 11% 调整为 8%,全部由个人缴费形成,单位缴费不再划入个人账户。同时,进一步完善鼓励职工参保缴费的激励约束机制,相应调整基本养老金计发办法。

《国务院关于建立统一的企业职工基本养老保险制度的决定》(国发[1997]26 号)实施后参加工作、缴费年限(含视同缴费年限,下同)累计满 15 年的人员,退休后按月发给基本养老金。基本养老金由基础养老金和个人账户养老金组成。退休时的基础养老金月标准以当地上年度在岗职工月平均工资和本人指数化月平均缴费工资的平均值为基数,缴费每满 1 年发给 1%。个人账户养老金月标准为个人账户储存额除以计发月数,计发月数根据职工退休时城镇人口平均预期寿命、本人退休年龄、利息等因素确定。(详见附件)

国发[1997]26 号文件实施前参加工作,本决定实施后退休且缴费年限累计满 15 年的人员,在发给基础养老金和个人账户养老金的基础上,再发给过渡性养老金。各省、自治区、直辖市人民政府要按照待遇水平合理衔接、新老政策平稳过渡的原则,在认真测算的基础上,制订具体的过渡办法,并报劳动保障部、财政部备案。

本决定实施后到达退休年龄但缴费年限累计不满 15 年的人员,不发给基础养老金;个人账户储存额一次性支付给本人,终止基本养老保险关系。

本决定实施前已经离退休的人员,仍按国家原来的规定发给基本养老金,同时执行基本养老金调整办法。

七、建立基本养老金正常调整机制

根据职工工资和物价变动等情况,国务院适时调整企业退休人员基本养老金水平,调整幅度为省、自治区、直辖市当地企业在岗职工平均工资年增长率的一定比例。各地根据本地实际情况提出具体调整方案,报劳动保障部、财政部审批后实施。

八、加快提高统筹层次

进一步加强省级基金预算管理,明确省、市、县各级人民政府的责任,建立健全省级基金调剂制度,加大基金调剂力度。在完善市级统筹的基础上,尽快提高统筹层次,实现省级统筹,为构建全国统一的劳动力市场和促进人员合理流动创造条件。

九、发展企业年金

为建立多层次的养老保险体系,增强企业的人才竞争能力,更好地保障企业职工退休后的生活,具备条件的企业可为职工建立企业年金。企业年金基金实行完全积累,采取市场化的方式进行管理和运营。要切实做好企业年金基金监管工作,实现规范运作,切实维护企业和职工的利益。

十、做好退休人员社会化管理服务工作

要按照建立独立于企业事业单位之外社会保障体系的要求,继续做好企业退休人员社会化管理工作。要加强街道、社区劳动保障工作平台建设,加快公共老年服务设施和服务网络建设,条件具备的地方,可开展老年护理服务,兴建退休人员公寓,为退休人员提供更多更好的服务,不断提高退休人员的生活质量。

十一、不断提高社会保险管理服务水平

要高度重视社会保险经办能力建设,加快社会保障信息服务网络建设步伐,建立高效运转的经办管理服务体系,把社会保险的政策落到实处。各级社会保险经办机构要完善管理制度,制定技术标准,规范业务流程,实现规范化、信息化和专业化管理。同时,要加强人员培训,提高政治和业务素质,不断提高工作效率和服务质量。

完善企业职工基本养老保险制度是构建社会主义和谐社会的重要内容,事关改革发展稳定的大局。各地区和有关部门要高度重视,加强领导,精心组织实施,研究制订具体的实施意见和办法,并报劳动保障部备案。劳动保障部要会同

有关部门加强指导和监督检查,及时研究解决工作中遇到的问题,确保本决定的贯彻实施。

　　本决定自发布之日起实施,已有规定与本决定不一致的,按本决定执行。

中华人民共和国国务院

二〇〇五年十二月三日

　　　　　　　　　　　　（选自《国务院公报》2006 年第 3 号第 6 页）

发展新型集体经济研究

（2005 年 12 月 15 日）

上海市集体经济研究会课题组

近几年来，随着我国经济体制深化改革和社会主义市场经济的发展，城乡涌现出大批新型集体经济。大力发展新型集体经济已成为当前集体经济的理论工作者和实际工作者关心的热点问题。发展新型集体经济有很多问题需要在理论上深入研究和探讨。本课题就新型集体经济产生的必然性、新型集体经济在经济社会发展中的作用、扶持新型集体经济的政策等问题，从理论与实践的结合上进行研究。

新型集体经济产生的必然性

一、新型集体经济是对传统集体经济改革的产物

长期以来，我国集体企业划归各级行政部门进行管理。有些行政部门混淆了国家所有制和集体所有制的界限，用管理国有企业的办法管理集体企业，使集体企业蜕变为"二国营"，扼杀了集体企业在经济上的独立性，经营上的灵活性，管理上的民主性，使集体企业丧失其特征，失去其活力。

近些年来，在党和国家改革开放政策的指引下，为按照集体经济的性质和特点办好集体企业，破除"二国营"模式，解除长期加在集体企业身上的枷锁，充分发挥集体企业自身的优势，企业进行多方面改革。

（一）实行政企职责分开

多年来，我国对集体企业实行政企不分，由行政主管部门直接参与企业生产经营的管理体制，不仅对集体企业干预过多，严重束缚企业的手脚，而且也造成政府行政部门"种了别人的田，荒了自己的地"，影响政府职责的行使。根据《中华人民共和国城镇集体所有制企业条例》的规定，对集体经济的管理体制进行改革，实行政企职责分开。政府的主要职责是，负责城镇集体经济的宏观指导和管理，制定城镇集体经济发展的政策和法律法规，协调和解决城镇集体经济发展

中的重大问题,保障城镇集体经济的健康发展。而集体企业的主要职责是,在国家宏观管理指导下,根据市场和社会的需要,自行发展商品生产,扩大商品经营,开展社会服务,创造财富,增加积累,提高经济效益,繁荣社会主义经济。实行政企职责分开,既有利于维护集体企业的自主权,增强企业活力,又有利于国家加强宏观管理,保障集体经济健康发展。

(二)改革集体企业产权制度

长期来,在"左"的思想影响下,对集体企业实行统收统支、统负盈亏的管理制度,使企业产权主体模糊不清。由于产权主体模糊不清,给企业的改革和发展带来严重的阻碍和困难。在经济体制改革中,集体企业着重改革了企业的产权制度,通过清理资产,界定产权,职工投资入股,确立职工个人所有权,明晰了企业产权主体。这不仅为企业深化改革奠定了基础,也有利于发挥职工的主人翁精神,调动职工的积极性,促进集体经济的发展。

(三)转换集体企业经营机制

集体企业转换经营机制的要求是,使企业成为自主经营的经济实体,成为市场的主体。为此,在经济体制改革中,把集体企业推向市场。而市场机制的核心是竞争,竞争的法则是优胜劣汰,有竞争能力者存,无竞争能力者亡。把集体企业推向市场,就是给企业压力和动力,促使企业转换经营机制,生产按市场需求安排,产品按市场变化转换,经营按市场趋势应变。这样,就能提高企业适应市场变化的能力和竞争能力,企业就有旺盛的生命力。

(四)改革集体企业的分配制度

多年来,集体企业在分配制度上存在平均主义,干多干少一个样,干好干坏一个样,严重挫伤了职工的生产积极性。近些年来,为了克服平均主义,建立激励职工的分配机制,改革了集体企业的分配制度,在"效率优先,兼顾公平"的原则下,企业自行制定各种奖励制度,建立多劳多得的激励机制。通过改革,建立起适合集体企业性质和特点的分配制度,搞活了企业内部的分配,调动了职工的生产积极性。

在上述经济体制改革中,集体企业组织形式不断创新,产生了大批新型集体经济。新型集体经济有多种实现形式,主要有:(1)实行共同共有和按份共有相结合,以共同共有为主的集体企业;(2)以劳动者的"两个联合"为特征的股份合作制企业;(3)以劳动者个人资产为基础的合作制企业;(4)由职工参股的有限责任公司;(5)由集体资本控股或参股的混合所有制企业。这些新型集体经济是劳动者的劳动联合和劳动者的资本联合相结合的经济,同传统集体经济相比,它的基本特征是:(1)建立起产权清晰、权责明确的产权制度;(2)发展混合所有制经济,实现产权结构多元化;(3)为适应市场经济要求,企业成为独立的经济实体和市场主体;(4)建立法人治理结构,实行科学管理;(5)实行按劳分配与按资分红相结合,建立劳动和资本共享利益的分配制度。正因为新型集体经济具有这些基本特征,它具有旺盛的生命力,有着广阔发展前途。目前,全市仅股份合作制企业就有11500家,从业人员28.8万人,注册资本金96.5亿元,其中国有集体投资占13.1%,职工个人投资占60.4%,其他经济组织投资占26.5%。随着新型集体经济的发展,它必将成为公有制经济的坚实支柱。

二、发展新型集体经济是市场经济发展的必然趋势

当前,我国随着经济体制深化改革,已由计划经济体制转变为社会主义市场经济体制,发挥市场经济对资源配置的基础性作用,为生产力的迅速发展注入巨大活力。但是,市场经济存在着你死我活的激烈竞争,竞争的结果优胜劣汰,它在促进生产力发展的同时,也带来城乡之间、地域之间、不同群体之间的收入差距。近几年来,随着收入差距的拉大,产生了两个低收入群体:一是低收入的农民;另一个是低收入的城市居民。如何改善低收入农民和低收入职工的生产和生活条件,不仅关系到我国经济社会的协调发展,而且关系到国家的长治久安。解决这一问题的根本途径,是引导和扶持广大劳动群众发展合作经济。合作经济是弱势群体自愿联合、互助合作的经济组织,通过发展合作经济,可以有效地促使低收入群体联合起来,自我发展,自我服务,自我救助,依靠自己的力量,改变不利的处境,创造共同富裕的生活。这是我国广大劳动群众实现共同富裕的必由之路。

由此可见,只要发展市场经济,只要存在弱势群体,就必然涌现维护弱势群体利益,为弱势群体服务的合作经济。这是近几年新型集体经济迅速发展的基本原因,也是不以人们意志为转移的发展趋势。

从农村来看,当前涌现的大批新型合作经济,基本上分为两种类型:一种是专业合作经济,一种是社区股份合作制经济,这是农村集体经济新的实现形式。

1. 专业合作经济。它是农村新型合作经济的典型形式。我国农村自上世纪80年代初,普遍实行家庭联产承包责任制以后,极大地调动了农民的生产积极性,有力地促进了农村经济的迅速发展,农民收入有了新的增长,农民生活有了明显改善,农村面貌发生了很大变化。但是亿万农户分散的家庭经营,在生产、加工、储运、销售、科技推广等方面遇到很多困难,阻碍了农村生产力进一步提高,而靠农户家庭经营难以克服这些困难。在这种情况下,很多地方的农民在

坚持家庭联产承包经营的前提下,按产品、行业或按再生产过程中某些环节,由农民自愿联合,组建专业合作社,实行互助合作、发挥所长,共同发展生产和经营。专业合作经济主要有三种模式:第一种是以能人为核心,联合一些专业农户,每户投资入股,组成紧密型的股份合作的经营组织;第二种以有一定规模,并有较好加工和销售条件的企业为龙头,按自愿原则,把周围同行业的专业大户联合起来,组成一个集生产、加工、销售于一体的联合体;第三种从政府业务部门中剥离出部分专业人员或以原乡镇企业技术推广机构为载体,组成为农户生产提供产前、产中和产后服务为主的经济组织。

据农业部统计,截至 2003 年底,全国农村建立专业合作社有 15.27 万个。其中种植业 6.09 万个,占总数 39.9%;养殖业 4.1 万个,占 26.9%;加工运输业 2.8 万个,占 18.4%;其他 2.27 万个,占 14.9%。各地实践证明,发展专业合作经济是农业组织形式和经营机制的重大变革,是适应社会主义市场经济发展的必然选择。

2. 社区股份合作制经济。社区股份合作制经济主要有两种组织形式:一是将集体土地与村集体经营性资产一起折股量化,明确每个社员的股份,经营收益按股分红。二是将农民土地承包经营权股权化。它的主要特点将原社区集体经济组织发包给农户的承包地经营权作股,组建新的股份合作组织,对入股土地实行统一规划、开发和经营。实行土地经营权入股,独立核算,按股分红。实行社区股份合作制经济,既是对土地制度的创新,又是经营体制的创新。这是近年来农民在实践中创造的一种新型合作经济组织。

新型集体经济在经济社会发展中的作用

一、发展新型集体经济是坚持基本经济制度的要求

江泽民同志在党的十五大报告中提出:"公有制为主体、多种所有制经济共同发展;是我国社会主义初级阶段的一项基本经济制度"。实行这一基本经济制度,是由我国社会主义制度和现阶段生产力发展水平决定的。首先,我国是社会主义国家,必须坚持公有制作为社会主义制度的经济基础。其次,由于我国当前生产力水平比较低,而且发展不平衡,决定了我国不能实行单一的公有制经济,必须坚持在公有制经济为主体的前提下,鼓励和引导个体、私营等非公有制经济发展。公有制经济包括两个基本部分:一是国有经济,一是集体经济,两者在国民经济中共同组成主体地位。因此,发展新型集体经济就成为坚持以公有

制为主体的基本经济制度的要求。

（一）发展新型集体经济才能加强和巩固公有制经济的主体地位

党的十五大指出："公有制的主体地位主要体现在：公有资产在社会总资产中占优势；国有经济控制国民经济命脉，对经济发展起主导作用。"在公有制经济中，由于国有经济分布过广，资源配置不尽合理，必须从战略上调整国有经济的布局。随着国家对国有经济的调整，国有经济将集中力量发展关系国民经济命脉的重要产业和骨干企业，对一些竞争性行业将逐步退出，它的阵地将会缩小，在国民经济中的比重将下降。据统计，1978 年至 1988 年，在全国工业总产值结构中，国有工业由 77.6% 下降到 25.35%。面对国有经济在国民经济比重趋于下降的趋势，只有发展新型集体经济，才能保持公有资产在社会总资产中占优势，巩固公有制经济在国民经济中的主体地位。没有新型集体经济的发展，就没有公有资产在社会总资产的优势，公有制经济就失去了在国民经济中的主体地位。

（二）发展新型集体经济才能巩固社会主义经济制度

社会主义制度是以公有制为基础，这是社会主义区别于资本主义的主要标志。我国现在处在社会主义初级阶段，在国民经济中存在着多种所有制经济，但公有制经济决定了我国社会主义性质。新型集体经济是我国社会主义制度的重要经济支柱，发展新型集体经济，社会主义经济制度才能巩固。

（三）发展新型集体经济有利于国家对市场经济进行宏观调控

我国现在实行的是社会主义市场经济体制。市场经济对社会经济的调节具有更大的灵活性和高效性，但它也存在着自发性、盲目性，对社会经济带来冲击。如何加强宏观调控，限制市场经济的盲目性，避免市场经济对社会经济带来的冲击，使社会经济更富有活力，是我国政府需要重视的，而要做到这一点，是以公有制的主体地位为前提、为保证的。发展新型集体经济，加强公有制经济在国民经济中的主体地位，我国政府可有效地进行宏观调控，使市场经济既有竞争而又有序的进行，保证国民经济平稳、快速发展。

二、新型集体经济是推动国民经济快速持续发展，全面建设小康社会的重要力量

集体经济是公有制经济的重要组成部分，在国民经济中处于主体地位。发展新型集体经济是推动国民经济快速持续发展，全面建设小康社会的重要力量。

(一)新型集体经济适应我国生产力发展的要求

当前我国生产力还不够发达,而且发展很不平衡。生产力水平多层次性是我国的一个重要国情。新型集体企业是适应我国生产力发展水平,容纳不同层次生产力的组织形式,它的企业规模可大可小,企业组织形式可以多种多样;它既可容纳手工劳动和半机械化的生产力,也可容纳机械化和自动化的先进生产力。正因为新型集体企业对生产力兼容性很大,它能够促进社会生产力发展,成为推动国民经济迅速发展的重要力量。

(二)新型集体企业的劳动者同企业资产直接结合,能够极大地调动劳动者的生产积极性

新型集体企业的最大优势,实行劳动联合和资本联合相结合,既实行共同劳动,互助合作,又允许职工投资入股,享有企业资产的所有权,使职工既是劳动者,又是所有者,把职工的利益和企业的利益紧密联系在一起,能够极大地调动劳动者的积极性,促进社会生产力发展。

(三)发展新型集体经济能够利用民间财力和物力,向生产的广度和深度进军

社会主义建设事业是亿万群众的事业,只有依靠广大群众的积极性和创造性,社会主义建设事业才能蓬勃发展。发展新型集体经济,可以把民间经济力量调动起来,利用民间的财力和物力,广开生产门路,向生产的广度和深度进军,推动社会主义建设事业快速发展。

正因为新型集体企业具有这些特点和优势,发展新型集体经济就成为推动我国国民经济快速持续发展,全面建设小康社会的重要力量。

三、发展新型集体经济是实现共同富裕的根本途径

江泽民同志在党的十六大报告中提出:"集体经济是公有制经济的重要组成部分,对实现共同富裕具有重要作用。"社会主义本质是实现共同富裕,而发展新型集体经济则是实现共同富裕的根本途径。

(一)新型集体经济的共有性是劳动者实现共同富裕的基础

新型集体经济的特点是坚持企业资产共有性,这种共有性是劳动者为了共同目标,共同出资,共同劳动形成一种共有关系,这与私人企业中雇佣关系是根本不同的。在集体企业中,职工既是劳动者又是出资者,改变了劳资的对立,职工之间享有平等权利,这是企业劳动者实现共同富裕的基础。

新型集体经济的共有性建立在产权主体清晰的基础上,改变了过去集体资

产名为职工所有,实际职工"空有"的状况。改革开放以来出现的股份合作、员工持股企业中,劳动者出资以自然人身份成为企业股东;集体资产可以按份共有,也可以共同共有,全体职工享有所有、占有、处置、收益的权利,劳动者是企业真正的主人。这样的产权制度,为职工发挥主人翁精神,提高劳动积极性提供了原动力。

新型集体经济的集体资产属于职工共同所有,在企业存续期间是不可分割的;集体资产按照企业宗旨,用于集体合作事业发展和职工素质、生活质量的提高,有利劳动者互助合作,实现共同富裕。

(二)新型集体经济倡导共享利益是劳动者共同富裕的保证

改革开放以来,股份合作和职工持股企业将劳动者的劳动积累返还给职工,以劳动要素差异折股,形成劳动与资本共享利益的制度,这是新型集体经济的又一重要特征。

在私人企业中一般是"资本剥削劳动",而在集体制企业中一般是"资本从属劳动"。"惠顾"即合作社社员按贡献参与分配,是国际合作社联盟坚持的重要分配原则。我国早期合作社实行劳动分红,职工以劳动贡献分享企业收益,成为有集体经济特色分配制度。但在"一大二公"的"左"的影响下,劳动分红被取消,剥夺了劳动者以劳动分享企业收益的权利。现今的股份合作和职工持股企业中,劳动者根据劳动贡献获取劳动积累的返回,按劳动要素的差异折股,为经营者设置岗位股,形成劳动和资本要素共享收益的企业分配制度。职工参与分配的途径有两条:一是按照职工在企业中的劳动贡献获取的工资收入,这是按劳分配的形式;二是按股分红,职工出资部分是按资分配。劳动与资本共享利益的分配制度,极大地调动了劳动者积极性。

劳动与资本要素共享利益的制度融合了合作制和公司制的一些做法。目前国外流行的员工持股制度也倡导共享利益的理念,我国一些有远见的企业也在实行这样的制度。这有利于改变目前我国贫富悬殊的情况,保证经济社会协调健康发展。有的专家认为造成我国贫富悬殊扩大最根本的原因在于国民收入分配中通过劳动报酬分配的社会财富比例过小。从当前中国的实际情况来看,要提高劳动在分配中的比重,以体现对劳动和劳动者的尊重。因为劳动是价值的源泉,一切资产的增值都是劳动者的劳动创造的。实行劳动与资本共享利益制度,增加劳动者的收入,是劳动者实现共同富裕的保证。

(三)发展新型集体经济是劳动者稳定就业实现共同富裕的有效途径

保障劳动者劳动的权利是劳动者实现共同富裕的前提。劳动者只有实现了就业,才能摆脱贫困,走向共同富裕。我国目前需要解决再就业的下岗失业人员达 1000 余万人,加上城镇新增劳动力,合计每年要安排就业的劳动力约 2200 万至 2300 万人,就业形势十分严峻。我国的历史经验证明,发展集体经济是解决就业行之有效的途径。

新中国成立以来有过两次通过发展各种形式的集体经济,吸纳大批劳动者就业的成功实践。一次是建国初为解决大批失业工人和社会闲散人员的就业;另一次是 1979 年前后为安置回城知青和职工子女就业。政府支持劳动者组织生产自救性的合作企业,各行各业大力发展集体经济,在较短的时间内解决了当时的"就业难"。改革开放以来,集体经济的发展为扩大就业,稳定社会做出的贡献是功不可没的。一是国有大型企业实行主辅分离,兴办集体企业,开辟了安置职工的主渠道,对提高主业效益,保持社会稳定,增加地方财政收入做出贡献。二是上海都市型工业集体企业成为安排劳动就业的亮点。据 2000 年上海市统计数据显示:在都市型工业中集体企业占 40% 以上,23% 以上的从业人员安排在集体企业中。三是改制的股份合作、职工持股公司不仅安排了原来职工,提高了收益,还为社会创造了就业岗位。因此,有些专家说:"政府花钱买岗位,不如花钱支持集体经济的发展。"

目前,有的部门在制定就业方针与政策时,却"遗忘"了集体经济。我们认为在市场经济条件下,要认真地总结历史经验,从舆论和政策上大力支持、帮助新型集体经济的发展,推动劳动者依靠自身力量,组织起来实现就业,劳动者才能走上共同富裕的道路。

四、新型集体经济是构建社会主义和谐社会的重要载体

构建社会主义和谐社会是我们党在新的历史时期,根据我国国情和社会发展的情况作出的重大举措。新型集体经济是我国社会经济结构的重要组成部分,是构建社会主义和谐社会的重要载体。

构建社会主义和谐社会,要求在经济上全面协调发展;在分配上公平、公正;在政治上发扬民主,人人平等。发展新型集体经济符合这些要求,为构建社会主义和谐社会创造了条件。

(一)发展新型集体经济优化了我国产业结构

新型集体企业在产业结构上由第二产业向第三产业延伸,利用自身的优势,发展了一大批餐饮、商贸、旅游、房地产、科技开发、咨询服务等第三产业,为第一、第二产业提供服务,优化了我国产业结构,促进经济社会全面协调发展。

（二）新型集体经济实行按劳分配为主体、多种分配方式并存的分配制度

新型集体企业确立生产要素按贡献参与分配的原则，放手让一切劳动、知识、技术、管理和资本的活力竞相迸发，让一切创造社会财富的源泉充分涌流，以造福于人民。同时，坚持"效率优先、兼顾公平"的原则，既要反对平均主义，鼓励一部分人通过诚实劳动、合法经营先富起来，又要防止收入悬殊，取缔非法收入，提高低收入者的收入水平，让改革成果惠及全体人民，以保障社会公平和稳定。

（三）新型集体企业实行的基本原则是：互助合作、民主管理、人人平等

所谓互助合作，就是自愿组合，自筹资金，自负盈亏，实行互惠互利，利益共享，风险共担。所谓民主管理，就是在生产经营上职工享有管理权，凡是企业重大生产经营问题，由职工（股东）大会讨论决定。所谓人人平等，就是在企业内部各就其岗，各司其职，各守其责，各享其成，人与人之间在人格、权利、机会等方面享有平等权利，任何人不得享有特权。集体企业实行这些基本原则，能够做到职工之间互惠互利，和谐相处，休戚与共，风雨同舟，形成"我为人人，人人为我"的社会氛围，这对构建社会主义和谐社会具有重要意义。

五、扶持新型集体经济发展的建议

党的十五大、十六大以及十六届三中、四中全会充分肯定了集体经济在国民经济中的地位和作用，提出要坚持科学发展观，加强党的执政能力建设，保持经济社会协调可持续发展，努力构建社会主义和谐社会。改革开放以来，出现的"劳动者的劳动联合与劳动者的资本联合为主"的新型集体经济，是社会主义公有制经济的重要组成部分，对实现共同富裕具有重要作用。发展新型集体经济是构建社会主义和谐社会的重要力量，也是组织下岗职工实现就业和保持社会稳定的重要途径。

然而，当前社会上对集体经济的认识存在一些误区：一是认为集体经济是"财产归大堆"，发展集体经济必须废除劳动者个人所有权；二是认为集体经济是在计划经济条件下形成的，是"二国营"，在市场经济发展中，已走向"消亡"；三是认为劳动群众集体所有财产是"无主财产"，在改制中"集体资产要从企业中退出"。于是，一些地方和部门要求集体企业限时改制，实行"集退民进"（实际是私有化）影响了集体企业深化改革和新型集体经济的发展。因此，更好地贯彻落实党的十五、十六大以及十六届三中、四中全会精神，按照《宪法》、《城镇

集体所有制企业条例》规定,坚持公有制为主体,维护集体经济在国民经济中的主体地位,破除认识上的误区,从政策法规上创造良好环境,以利于新型集体经济健康发展,已成为当前的一项十分迫切而重要的任务。为此建议:

(一)开展发展新型集体经济理论研究,加大宣传新型集体经济的力度

建议由上海市政府发展研究中心牵头,依托上海市工业合作联社、上海市供销合作总社、上海市集体经济研究会等有关部门,组织专家学者和实际工作者开展发展新型集体经济的理论研究。着重研究新型集体经济产生的历史背景,新型集体经济的内涵和基本特征、新型集体经济在经济社会发展中的作用,新型集体经济的组织形式、扶持新型集体经济发展的政策等,用理论研究的成果,指导发展新型集体经济的实践。

当前政府和媒体应该加强对新型集体经济的宣传。一要宣传发展新型集体经济是坚持公有制主体地位的要求,是全面建设小康社会,构建社会主义和谐社会的重要力量;二要宣传发展新型集体经济是实现共同富裕必由之路;三要宣传发展新型集体经济,是劳动者实现就业,保持社会稳定的重要措施;四要积极倡导与时俱进的科学态度,大胆地进行集体企业的改革创新,推动新型集体经济蓬勃发展。

(二)积极倡导在国有、集体企业改制中大力发展新型集体经济

近些年来,在上海市委和市政府支持、帮助下,集体企业不断深化改革,勇于创新,逐步摆脱"二国营"模式,开辟多种途径,推动新型集体经济的发展。一是在深化集体企业改革中发展新型集体经济;二是国有大中型企业在主辅分离中发展新型集体经济;三是在开拓社区服务中发展新型集体经济;四是兴建都市型工业中发展新型集体经济;五是组建劳动密集型企业中发展新型集体经济;六是在组织农民专业合作社中发展新型集体经济。实践证明,集体企业大胆进行改革和创新,不断开拓新途径,新型集体经济有着广阔发展天地。

(三)加强对新型集体经济的宏观管理和政策指导,建立为新型集体经济服务的体系

在我国,任何一种经济形式的发展壮大,都离不开国家政府的扶持。同样,新型集体经济的发展,也需要国家和各级地方政府的扶持和指导。建议国家发改委中小企业部门开展集体经济深化改革的研究,适时制定集体经济深化改革指导意见,修改现有的政策法规,加强宏观管理与政策指导,为新型集体经济的发展营造良好的社会环境。

建立和完善对新型集体经济的服务体系。我们可以学习、借鉴西方发达国家的政府通过合作社协会等组织,实行对合作企业管理与服务的经验,加强对新型集体经济的指导与帮助。要发挥集体企业联合组织的作用,给予支持,对新型集体企业进行跟踪服务,使之成为政府的"好帮手"。要充分发挥合作经济学会及各类集体(合作)经济研究机构的作用,积极开展理论和政策研究,为新型集体经济改革与发展提供指导、培训与服务。

(四)加强立法工作,以法律保障新型集体经济的健康发展

新型集体经济组织中的集体财产归劳动者和成员共同所有,由劳动者选举产生权力机构行使所有者权利,集体财产的功能是发展生产,提高职工福利(包括退休职工的养老保险补充),激励人才,开展培训,合作互助等。在深化企业改革时,集体资产可以作为支付改制成本的来源,可以设立基金,也可以由工会作为出资人,作为企业的法人股东。要适时修改和完善《中华人民共和国城镇集体所有制企业条例》,制定我国《合作经济组织法》,以维护集体企业合法权益,促进集体经济快速健康发展。上海大批股份合作制企业正翘首期盼市《促进股份合作制企业发展指导意见》尽快出台,以利于上海股份合作制健康发展。国家政府对发展新型集体经济要给予强有力的政策和法规的支持。可参照国外对合作制、员工持股企业的相关办法,在金融信贷、税收、创业扶持等方面制定专项政策进行扶持;凡是私人企业、街道创办企业、安置下岗就业人员企业以及民政部门登记的非营利组织等享有的优惠政策,集体经济组织也应享受。

（此件由上海市工业合作经济研究所提供）

在中华全国手工业合作总社六届二次理事会上的工作报告（节录）

（2006 年 1 月 16 日）

陈士能

一、2005 年主要工作回顾

2005 年是我国全面完成"十五"计划的最后一年，也是我们总社系统全面贯彻落实"六代会"精神的第一年。一年来，总社在中轻联、总社党委的领导下，以城镇集体经济改革发展对巩固、提高党的执政地位重要作用为重点，认真开展了保持共产党员先进性教育活动，大大激发了党员干部的责任感和工作积极性。在总社主任办公会领导下，认真落实总社"六代会"提出的各项任务，紧密围绕总社、各级联社和城镇集体经济改革、发展的新情况、新问题，进行研究，开展工作，对重点工作逐项抓落实，努力为基层服务，取得了明显效果。

（一）贯彻落实"六代会"精神，推动了联社工作的开展

总社"六代会"闭幕之后，我们以正式文件的形式，及时向国务院和国资委汇报了"六代会"情况。对总社的报告，国务院办公厅及时给予了复函，对如何贯彻落实党中央、国务院领导讲话和修改《条例》问题给予了明确指示。

在十届三次全国人大会议召开之前，我们对《政府工作报告》（草稿）提出了应重视集体经济的建议。温家宝总理立即批转给有关领导，在《政府工作报告》中明确提出了"要深化集体企业改革，推动多种形式的集体经济发展"的内容。中共中央关于制定国民经济和社会发展第十一个五年规划的建议（初稿），在征求意见中，我们向党中央、国务院领导也提出了应增加集体经济内容的建议，温家宝总理在收到建议的当天就作出批示，在党的十六届五中全会通过的《建议》中，再次明确指出："要深化集体经济改革，发展多种形式的集体经济"。这不仅为集体经济改革发展指明了方向，而且进一步确立了集体经济在我国"十一五"期间的地位、作用。

为了使各省市党委和政府领导重视、支持联社工作和集体经济的改革发展，

我们主动与各地党政领导及时进行沟通。2005年,总社领导先后出席了上海市生产服务联社,湖南、浙江、吉林省联社及部分县市级联社代表大会,与当地省市领导当面交换了意见,希望当地领导继续重视支持联社和城镇集体经济的改革发展,起到了很好的作用。"六代会"后,我代表总社逐一给各省、自治区、直辖市党政主要领导写信,介绍总社"六代会"情况,提出请他们要继续重视、支持集体经济工作的建议。各省市主要领导在回电回信中,都明确表示要积极支持和解决联社及集体经济改革发展和遇到的问题,并亲自过问了当地联社工作情况和集体经济发展情况。例如,广东省黄华华省长,在由省二轻联社参与、以省政协办公厅名义上报省委、省政府的《关于对我省集体企业改革情况的视察报告》上做了重要批示,责成主管副省长协调有关部门研究和吸纳报告所提的建议并抓好落实,有力地推动了广东省集体经济和联社的改革与发展。

为了帮助各地联社贯彻落实好总社"六代会"精神,总社及时向各地联社印发了中央领导的指示和大会工作报告等全部会议文件,对传达贯彻"六代会"精神,提出了明确的要求,保证了各省市联社能及时、全面地进行传达贯彻,并为各级联社向当地党委和政府及主管领导进行汇报、争取工作支持,结合自身实际安排好联社工作创造了条件。随后,总社办公室下发了《关于报送总社"六代会"精神贯彻情况的通知》,并通过召开全国联社办公室主任会议、总社二次常务理事会、座谈会、深入地方调研等形式,了解各级联社活动情况。从总社收集到的情况看,各级联社通过贯彻落实总社"六代会"精神,较好地推动了联社工作的开展。全国许多联社采取召开领导班子会议、机关干部大会、基层联社领导会、理事会、年度工作会以及转发文件等方式,传达贯彻总社"六代会"精神。例如,上海市工业合作联社、上海城镇联社、天津城市集体经济联合会等单位分别采取召开党代会、理事(扩大)会、会员年会等形式对总社"六代会"精神进行传达贯彻。上海市生产服务联社,天津、湖南、浙江、吉林联社还召开了联社代表大会,在贯彻总社"六代会"精神的同时,调整充实了联社领导班子,对联社工作全面做出部署。许多联社还采用多种宣传形式,利用多媒体、简报、专刊、网站、光盘、板报、图片等,宣传总社"六代会"盛况和先进地区的工作经验。贵州省联社和贵阳市联社,认真向领导汇报总社"六代会"精神,引起省市领导的重视与支持,重新调配了联社领导,联社定为省市直属事业单位。河北省联社前些年只有几名退休同志维持工作,在贯彻总社"六代会"精神中,一批联社老领导联合给省领导写信,季允石省长做出重要批示,为省联社定性定编,使省联社无编制、无机构、无经费的状况,有望得到解决。

　　山西省联社领导向省委、省政府主要领导汇报后,省领导对联社工作给予了充分肯定,张宝顺省长在《政府工作报告》中明确提出要"以明晰产权为重点,继续推进集体企业股份制改革","城镇集体企业全部纳入养老保险统筹范围",并列入省政府对省联社的分解目标责任中。同时,省发改委把集体经济改革纳入全省经济体制改革的总体工作之中,提出要统一组织对各类未改制集体企业进行产权界定,明确产权主体。鼓励集体企业通过吸纳社会资金入股、在政策范围内给职工部分量化资产等多种途径进行公司制改造;允许困难集体企业用产权、股权转让收益一次性安置职工,支持特殊困难集体企业依法申请破产。四川省联社,在政府机构改革中是否独立保留的问题多年没有解决,刘志藩主任在汇报总社"六代会"精神和省联社改革问题后,引起省领导高度重视,省领导带领有关部门召开了现场办公会,不仅保留住了联社独立的地位,而且维护了联社资产的合法权益,增强了联社领导成员的凝聚力,为联社发展提供了组织保证。山西省晋城市联社、海南省三亚市联社近三十年来没有召开过联社代表大会,在贯彻总社"六代会"精神中,在省联社和当地市委、市政府的支持下,他们成功地召开了联社代表大会,为发挥联社作用,加快集体经济改革发展打下了基础。广西梧州市联社在贯彻总社"六代会"精神中,隆重地举办了建社50周年庆祝活动,市委、市政府和有关部门领导、联社历届的老领导和劳模、先进代表、所属单位干部职工及离退休职工代表500人出席了社庆活动,《梧州日报》进行了专题报道,不但在当地产生了较好的影响,而且增强了联社的向心力和凝聚力。

　　在落实总社"六代会"精神中,许多联社结合自身实际制定了年度工作计划,抓好落实,推动了联社工作迈上新台阶。北京、吉林、广东、青海和武汉、江门、呼伦贝尔等省市联社,把组织力量,深入基层调研,推动企业深化改革、促进新型集体经济发展,搞好联社定位,实现联社工作创新等列入重点工作来抓。如吉林省联社抽调人员组成工作组,深入全省9个市(州)40个县(市、区)及三十几户企业宣讲总社"六代会"精神,开展调研活动,进一步摸清了各级联社状况和企业的主要问题,为争取政策、资金支持作好了准备。省联社抓紧进行了产权界定,将联社集体资产存量移交直属公司经营管理,将联社的管理职能与资产经营职能适当分开,实现了联社职能的创新。山东省联社、福建省漳州市联社积极探索把联社工作与行业协会结合起来,扩大联社的服务对象和范围,进一步发挥了联社在促进骨干行业和重点产品发展的重要作用。

(二)开展理论研讨、扩大对外宣传,推动集体经济的深化改革

　　随着社会主义市场经济体制的不断完善,积极开展集体经济的理论研讨,进

一步统一认识,指导实践,是总社的一项重要工作。去年8月,总社协助京、津、沪、渝等联社在山西太原市组织召开了全国城镇集体经济第十四次研讨会,总社几位领导出席了会议,并带头发言,研讨会开得很成功,交流了各地的新鲜经验,从理论与实践的结合上,对集体经济的改革发展进行了有益的探讨。

2005年9月20日,总社举办了"2005中国集体经济高层论坛"。这次论坛无论是从有关领导出席并发表的重要讲话来看,还是从中央有关部门、研究机构、大专院校、新闻媒体以及地方领导出席论坛和发表论文来看,都把有关集体经济的理论研讨推向了一个新的阶段。论坛为认识新型集体经济、推动新型集体经济的发展,营造了良好的社会舆论,对着力抓好集体经济深化改革起到了推动作用。高层论坛之后,吉林省委办公厅、财经办、省城区集体经济办公室、手工业合作联社、供销合作社组成集体经济联合调研组,深入调研并与省委党校、吉林大学的专家学者就城镇集体经济进行了座谈,向省委上报了《关于我省集体经济现状及未来发展的初步调研》的报告,提出了成立"集体经济指导委员会"的建议,省委领导高度重视,批示同意成立"集体经济指导委员会"。目前,集体经济指导委员会筹备工作正在积极进行当中。

为了扩大总社"六代会"的社会影响,进一步促进新型集体经济发展,论坛之后开展了多种形式的宣传活动。总社组织力量编印了大会会刊,制作了大会光盘赠送各地联社、各有关部门和单位,一方面激励联社和集体企业代表的荣誉感,另一方面争取在工作上、舆论上相互支持,已收到了良好效果。总社副主任、上海市工业合作联社主任范大政同志作为上海市政协常委,撰写了《发展新型集体经济的探讨》的文章,对新型集体经济的内涵和基本特征、主要模式以及亟需国家宏观指导和政策支持等,阐明了观点,提出了建议,得到了上海市政协和全国政协的重视。上海市政协主办的《建言》第9期刊发了这篇文章。在全国政协副主席以上领导和中央领导阅读的内部刊物《政协信息》第78期上也整理编发了这篇文章。山西省联社在开好基层联社领导会议的同时,将总社"六代会"主要文件及高层论坛的主要观点分别编印了《山西城联信息》专刊,一方面下发基层联社学习,一方面分送省、市、县党委、人大、政府、政协、纪委等五大领导班子。《中国集体经济》杂志社为加强领导,扩大宣传,组建了由地方联社参加的理事会,组织记者深入各省市对40多个市县联社和集体企业进行了专访,发表了60多篇报道文章。贵阳市联社将订阅的《中国集体经济》杂志分别赠送市20多个有关部门。上海、天津、吉林、山东、山西、浙江、福建、广东、甘肃等联社自办的通讯刊物,也加大了宣传力度。这些活动既扩大了社会影响,又将联社和集体经济改革发展情况及时反映到上级党委和政府,引起领导关注与重视。

（三）积极参与国家有关法律法规的修订，建立健全总社有关管理制度

2005年国家《物权法》（草案）讨论和征求修改意见过程中，总社和各级联社发挥了积极作用。在人大常委会分组审议中，我以我国《宪法》和党的十五大、十六大和十六届三中全会《决定》为依据，围绕集体经济在国民经济中的地位、作用和改革发展的方向，对《物权法》（草案）提出了修改意见，引起全国人大常委会领导高度重视。不仅在大会简报上进行了刊登，还在会后人大法工委召开的座谈会上，再次听取了我们就城镇集体经济状况、集体所有权以及不动产方面的有关问题提出的修改建议，此后在十届全国人大常委会第十六次会议审议的《物权法》（草案）三审稿中已多处吸收了我们的意见。在《物权法》（草案）向全社会公开征求意见过程中，各地许多联社紧紧围绕城镇集体所有权问题，组织力量，专门研究，采取不同方式汇总意见，分别向全国人大、当地人大有关部门和总社报送了《物权法》（草案）修改建议。在广泛听取各地联社意见基础上，总社和中国工业合作经济学会共同向全国人大法工委提出了《物权法》（草案）的修改意见。武汉市联社提出的修改建议，被湖北省人大作为当地收集的重要意见汇总上报到全国人大常委会。

在2005年3月份的全国人大会议召开期间，我与36名人大代表联名提出的《关于修订〈中华人民共和国城镇集体所有制企业条例〉议案》，受到大会和有关部门的重视，国家发改委在对提案的回复中，表示了对《条例》进行修改工作的重视和支持。为此总社成立了专门的工作小组，组织总社和部分联社有关人员，做了大量的工作。起草完成了《条例》建议修改稿，已印发给大家，请大家讨论提出宝贵意见。同时还提交一个《联社集体资产监督管理暂行办法》，也要由会议审议通过，会后正式下发贯彻实行。总社还起草了《总社工作规则》，对领导职责、工作管理制度做出了明确的规定，为实现总社工作的有章可循、规范操作奠定了基础。

（四）认真抓好直属公司管理，积极开展国际交流活动

根据总社六届一次理事会关于"加强自身建设，努力壮大自身实力"的要求，一年来，强化了对总社重大投资项目的管理，先后召开了四个控股公司的董事长、总经理座谈会，研究和推动优化股权结构、完善公司法人治理结构及加强公司内部管理工作；组织召开了抚顺新恒泰公司股东会，形成了利用公司所处的商业老街的地理优势开发公司地产、壮大公司实力的意见；参加了河南轻工资产经营公司股东会，听取了公司一年来经营工作的汇报，研究了在河南省机构改革中，公司股权结构的一些问题；对深圳振华公司实施了改制，总社增持了公司的

股份;此外,总社还批准了中轻投资公司增持上海中轻原材料有限公司股份和中普公司对海南椰林庄园有限公司的增资扩股计划,制订并实施了雅宝路房产的增收方案以及《中国集体经济》杂志社逐步市场化的改革方案。这些工作的开展,保证了总社经济实体的正常运营和发展。

为了了解国际市场行情和轻工业经济发展趋势,促进集体经济发展,与经济全球一体化相适应,去年10月底至11月初,总社组成了17人的国外考察团,对俄罗斯和北欧的手工业、中小企业及轻工业产品市场进行了考察。与相关组织和政府进行了交流,沟通了情况,宣传了自己,了解了有关政策和国外市场情况,探讨了合作的意向。与此同时,总社恢复"国际合作社联盟"成员的工作也正在进行,这将有利于总社参与国际合作社联盟的有关活动和工作。

总之,一年来总社做了大量的工作,使总社"六代会"确定的整体工作思路和主要工作任务,正在逐步得到落实。这是各位理事和各级联社共同努力的结果,在此,对大家表示衷心的感谢。

但是我们应清醒地看到,当前我们的工作任务依然艰巨。具体表现在:一是,总社和联社的自身改革尚需深化,有的联社仍没有定位,也没有法人地位,如何进行体制、机制的改革、创新亟待研究推进;二是,在有的地方发生了侵占、平调集体资产的现象;三是,有关新型集体经济的理论研究和宣传有待深化,宣传力度有待加大;四是,总社和各级联社后继乏人状况亟待解决等等,这都是我们在今后工作中要努力去解决的问题。

二、2006年的主要工作任务

2006年是实施"十一五"规划的开局之年。党的十六届五中全会通过的"十一五规划建议",把坚持科学发展观、构建和谐社会,建立自主创新型、资源节约型、环境友好型国家列为重要的、长期的发展目标,更为集体经济的改革发展提供了广阔的空间和良好的环境。因此,我们要审时度势,把握机遇,求真务实,开拓创新,努力做好新一年的总社和联社工作。

2006年总社和联社工作的总体要求是:以邓小平理论和"三个代表"重要思想为指导,坚持以科学发展观统领工作全局,认真贯彻党的十六大和十六届五中全会精神,把各级联社和城镇集体经济的改革发展融入到国民经济和社会发展的整体工作中去,继续落实总社"六代会"的工作部署,进一步加快调整经济结构,转变经济增长方式;增强创新能力,提高经济运行质量和效益;强化服务功能,抓好城镇集体经济的深化改革;加强总社和各级联社的自身建设,增强经济实力,积极发展新型集体经济,使总社、联社和集体经济在"十一五"期间的发展开好局、起好步,为坚持科学发展观、实现共同富裕、构建和谐社会、建设创新型国家做出新贡献。

围绕总社**"调整、创新、服务、发展"**的总体要求,今年要重点抓好以下几项工作:

(一)认真学习和贯彻落实党的十六届五中全会精神,以科学发展观为指导,推动城镇集体经济的创新发展

党的十六届五中全会通过的《中共中央制定国民经济和社会发展第十一个五年规划的建议》,是我国社会主义现代化建设进入重要战略机遇期,发展国民经济和社会事业的纲领性文件。认真学习领会和深入贯彻《建议》的精神,并认真做好城镇集体经济和企业的"十一五"发展规划,是我们各级联社和企业的责任。学习贯彻五中全会精神和《建议》要求,要与实际相结合,把发展城镇集体经济放到国民经济的大局中来考虑,把发展轻工城镇集体经济放到全国城镇集体经济发展的全局中来考虑,力争把精神吃透,把实事做好。

(1)要充分认识和发挥集体经济在以科学发展观为指导、构建和谐社会、建设创新型国家中的地位和作用

《建议》中重申,在社会主义初级阶段实行以公有制为主体、多种所有制经济共同发展的基本经济制度。以科学发展观为指导、构建和谐社会,就是要求国有、集体、非公有多种所有制经济协调发展,这样才能保证社会主义经济和社会事业快速、稳定、持续的发展。集体经济作为公有制经济的重要组成部分,在几十年的发展过程中,历史功绩不可磨灭。今天,在坚持科学发展观、构建和谐社会、建设创新型国家中,经过深化改革的新型集体经济,仍然可以、仍然应该、仍然需要在繁荣市场、扩大出口、增加财政收入、发展地方经济、促进劳动就业、实现共同富裕和建设节约型社会和环境友好型社会、实现循环经济等方面发挥积极的作用。

(2)要充分发挥总社和各级联社的职能作用和指导服务功能,积极推进城镇集体经济的改革与发展

《建议》中提出,要"深化集体经济改革,发展多种形式的集体经济",这为集体经济的改革发展指明了方向。

各级联社首先要着力抓好直属企业的改革。要以明晰产权为重点,深化企业改革,积极建立现代产权制度和现代企业制度。在这方面,上海工业合作联社的经验和做法值得借鉴。他们将联社出资的上海新工联总公司,经过明晰产权,建立了以联社资金、职工持股会(代表职工股东)、退委会(代表离退休干部集体

持股)和总社中普公司、重庆集体工业联社共同投资持股的集团公司,实行了以按劳分配为主、各种要素按贡献参与分配的分配制度。改革后的公司,有效地调动了各方面的积极性,生产经营发展,经济效益提高,职工收入每年以10%的幅度增加。实践证明,联社企业改革只要逐步做到产权明晰到位,职工身份转换到位,法人治理结构、机制创新到位,就会焕发新的青春和活力。各地联社都要在"办好经济实体"上下工夫,要以增强实力来提高服务功能,打好生存发展基础,切实干出效果,扩大社会影响。

联社和企业的改革,要加快探索联社与总社、联社与联社、联社企业与各种所有制企业的上下左右的投资与参股,努力实现投资主体多元化,发展混合所有制经济和多种形式的新型集体经济。

各级联社现在虽然不再直接参与企业的经营管理,但是还要积极发挥联社的指导与服务功能,在指导企业深化改革的基础上,按科学发展观的要求,通过政策引导和工作指导,使企业逐步向创新型、节约型、环保型、质量效益型方向转变。

一是要用科学发展观调整发展思路。粗放型的发展模式是制约集体经济实现又快又好发展的症结所在,加快转变经济增长方式,是我们坚持科学发展观的重要举措。总社和各级联社要适应建设节约型社会、发展循环经济的趋势,用改革的办法、创新的机制和灵活的方式,加快转变落后、粗放、高耗能、高污染、低效益的生产方式,培育企业的核心竞争力。要加大力度实施经济转型,处理好技术、资金密集型与劳动密集型的关系,从城镇集体企业实际出发,在提升产业技术水平的同时,高度重视和发展劳动密集型产业,用先进适用技术改造传统产业,提高传统产业的产品质量和经济效益。

二是要坚持技术创新,着力增强集体经济持续发展的能力。产业升级和技术创新是集体经济结构调整的主题和方向,是我们面临的一项长期任务。总社和各级联社要认真学习和贯彻落实全国科技大会的精神,把增强成员企业技术创新能力作为调整经济结构、转变经济增长方式的中心环节来抓;通过多种途径提高技术创新的能力,努力提升企业持续发展的能力。

第一,要强化企业在技术创新中的主体地位。技术创新,尤其是自主创新是企业持续发展的决定性因素。集体经济的持续发展,应当建立在提高技术创新能力的基础上。因此,要建立以市场为导向、企业为主体、产学研相结合的技术创新体系,加快建设素质优良的科技人才队伍,建立健全有利于自主创新的机制。总社和各级联社要加强成员企业的科技开发工作,重点建设好骨干企业的技术创新中心,培育企业的核心竞争力,所有企业都要朝着这个方向发展。

第二,要开展多种形式的技术创新。《建议》中指出,要"发挥各类企业特别是中小企业的创新活力,鼓励技术创新和发明创造"。集体经济组织大多数是中小企业,努力改变在技术、资金、人才等方面的弱势地位,必须采取多种方式推进技术创新。总社和联社要以自主创新与消化吸收创新相结合、自主创牌与加工配套相结合、自主发展与联合重组相结合等方式,增强成员企业的技术创新能力,充分利用社会资源发展自己。青岛海尔集团原是一个很不景气的集体小企业,1984 年还亏损 147 万元,他们通过改革、不断地进行技术创新和产品开发,已经成为一个国内外闻名的大型家电集团,其品牌已成为世界名牌。集体企业的技术创新,既要依靠自己的力量,也要善于借用外部力量。浙江省绍兴市联社的直属企业积极主动与大专院校和科研单位联合,利用别人家的人才和技术,提升自己产品的技术含量。他们生产的羽毛球、气枪全部出口,150 吨和 200 吨的大型起重机也在有关科研单位技术支持下,向着高端产品冲刺。企业和产品的技术改造和技术创新,不仅使他们 600 多名在职职工和 600 多名退休人员的工作和生活得到保证,每年还有可观的利润收入。

轻工行业企业的创新还有很大潜力,要努力去挖掘。例如塑料制品。我国水资源十分短缺,但是在一些农区、农业干旱缺水地区,农业灌溉浪费水的情况十分严重。塑料制品行业应当认真研究技术含量高、质量好、适合利用、价格比较低的喷灌、滴灌节水系统,这既是节水的重要措施,又是对"三农"的支援,我们要下力量去引导开发。目前在许多集体企业的生产过程中,资源、能源消耗是很高的。采用和开发新技术,提升传统产业、产品的工艺和生产管理水平,提高产品质量与效益,显得尤为重要和迫切。

各级联社和企业都应特别重视发动全体职工参与实用技术的创新和应用,把创新意识、创新思维和企业管理、机制与制度创新结合起来,把创新变为群众的自觉行动。

第三,要优化经济结构,发展循环经济。调整经济结构,实现产品和技术、管理升级,是集体经济持续发展的一条主线。目前,不少集体企业处于产业链的低端,产品的技术含量低,资源耗费大,经济效益不高,必须加快结构调整步伐。在结构调整中,一要依法淘汰落后工艺技术,关闭破坏资源、污染环境和不具备安全生产条件的企业。二要定准方向,找准位置,发挥城镇集体中小企业多、劳动密集企业多的特点,在建立循环经济过程中,充分发挥为大企业配套,能充分利用资源、能源和资源回收再生的优良传统,积极促进循环经济的实现。应当强调的是,今天讲的配套和利用大工业余料加工,已经不是简单意义上的配套与加工,它是在利用新设备、新技术基础上的精、新、优综合利用。小不等于差,集体不等于落后。我们完全可以把小企业办成高、精、专企业,把边角余料生产成新颖的优质产品。这既节约了资源,减少了浪费,也减少了环境污染。目前,轻工系统已经成立了第一个废旧家电回收拆卸基地。各种废品物资的回收与利用等非常适合集体企业的发展,这既能扩大就业,又能增加职工收入,值得我们重视。各级联社还要努力向新兴行业拓展。要重视发展社区服务业等三产业,充分利用企业的地理优势,最大限度地挖掘存量资产的潜能,开辟更多的创收渠道。

(二)积极参与城镇集体经济法规和政策的完善、制定工作,为集体经济的改革发展创造良好环境

联社是集体企业改革发展的指导和组织者、集体资产的管理和维护者、集体经济政策制定的建议和协调者、中小企业合作互助的组织和参与者。为集体经济营造良好的发展环境,是总社和各级联社的重要职责。改善集体经济的发展环境,需要进行长期的、多方面的艰苦努力,2006年要重点做好以下几项工作:

一是向国务院有关部门报送《城镇集体所有制企业条例》修改建议稿。《条例》颁布已十年多了,它对促进集体经济的发展起到了重要作用。但随着我国社会主义市场经济体制的确立,《条例》的不少内容已滞后于企业改革发展的实践,需要进一步修改完善。2005年,总社和各地联社采取多种方式,对《条例》修改问题进行了多次调研和讨论,形成了比较完整的修改意见,在这次理事会讨论通过后,总社将积极与国务院有关部门沟通,尽快将我们的修改建议呈报到有关部门,努力促成《条例》修改工作纳入国务院立法计划。

二是积极促进制定《推进集体经济改革发展的指导意见》。出台有关集体经济改革发展的全国性指导意见,是实践的需要,联社系统有很高的呼声,总社也一直在努力做这方面的工作。国家发改委中小企业司2005年就有制定《集体经济改革发展指导意见》的计划,但由于人手少和其他条件的限制等原因,至今没有出台。此前他们在给我去年人代会上提出的"大力发展集体经济建议"的回函中,再次提到要制定《集体经济改革发展指导意见》的问题。因此,总社要进一步做好各方面的工作,努力促成有关集体经济改革发展的全国性指导意见出台。同时,总社也将进行深入调研,组织力量起草全国联社系统集体企业改革发展的指导意见。这个指导意见应当包括集体企业改革发展的总体要求、企业改革的主要原则和政策意见等内容,为全国性《指导意见》的出台提供基础材料。

三是加大力度用足用好现有的法律法规和政策。首先,要进一步宣传和贯彻《宪法》精神,切实保护集体经济组织的合法权益。其次,深入贯彻《中小企业促进法》,用好国家和地方有关促进中小企业发展的有关政策。联社系统的成员企业大多数是中小企业,把集体企业融入到中小企业阵营中去,是适应市场经济管理体制的需要,也符合联社成员企业的实际。第三,要把各地推进集体企业改制的政策措施落实到位。近些年来,国家有关部门和一些地方为了推进集体企业的改制,出台了一些政策,为促进新型集体经济的发展起到了积极作用,各地联社要加强指导和协调,为成员企业改革发展争取政策、用好政策服好务。去年11月6日,国务院又批准了东北地区厂办集体改革试点工作指导意见,其中有许多优惠政策,我们要认真学习研究,能借鉴运用的尽量争取应用。

四是加强集体经济的理论研讨和舆论宣传工作。《中国集体经济》杂志是总社主办的反映我国城镇集体经济改革发展的经济类刊物,要以改革创新的精神进一步办好,2006年重点加强杂志社理事会的建设,通过理事会工作,加强杂志社与各地联社和集体企业的联系,不断增强杂志的社会影响力。同时要继续发挥中国工业合作经济学会、中国合作经济网站的作用,构建集体经济理论和政策研究、信息交流的平台。我们将再次组织专家、学者和实际工作者开展专题调研活动,对集体经济改革发展进行深入研究,还要继续办好全国城镇集体经济第十五次研讨会。要加强集体经济理论研究队伍建设,继续发挥总社特约研究员的作用。要抓好重点专题研究,围绕集体经济的自主创新问题开展调研,努力探索集体经济在现代社会经济结构中的发展途径。

(三)坚持改革创新,着力加强总社和各地联社的自身建设

2006年,我国将着力推进关键领域里的改革,其中行政管理体制的改革将取得实质性的进展。随着这些改革的深入进行,总社和联社在政府与企业之间的桥梁纽带作用、制定集体经济政策中的建议及协调作用、对集体资产的监管作用等等,显得更为突出,我们面临着新的拓展机遇。我们要认清这个趋势,坚定信心、扎实工作,强化社务管理和资产管理,切实推进联社的自身建设。

围绕总社和联社的自身建设,总社"六代会"提出了"五个创新"的要求,我们要继续落实这些要求,积极探索联社的运行机制,努力推进联社的改革与发展。当前,要突出抓好以下几项工作:

一是充分发挥总社理事的作用。作为总社理事,请大家首先要带头做好所在单位的工作,在增强实力、加强自身建设、为成员单位服务、推动联社、部门和集体经济改革发展中做出成绩,创造经验,发挥典范作用,这就是对总社工作的最大支持。同时,要关心总社的建设与发展,对总社确定的工作要积极支持,抓

好落实。对事关总社改革发展的重大问题,要主动提出建议,为总社和各级联社的建设与创新不断做出新的贡献。

二是确立联社的主体和法人地位。在前些年的机构改革中,我们重点强调稳定联社机构,保留联社牌子,这是当时加强联社自身建设的需要。但是,如果我们现在还是停留在保留机构、保留牌子上,而不明确自身的主体地位和法人地位,则很可能难以为继。因此,确立主体地位,进行联社法人登记,是在新形势下加强联社自身建设第一位的任务。确立联社的主体地位,要重点做好三个方面的工作。第一,机构定性。目前联社机构定性有四种形式,即行政机构、事业单位、企业法人、社团组织。不论采取哪种方式,机构定性一定要做到位,特别是在人员编制、机构设置、经费来源、社会保障等方面要抓好落实,并完成必要的登记手续,真正使联社成为一个有主体地位的社会组织或工作机构。第二,职责定位。联社职责定位的重点,是要明确联社在政府与成员单位、成员企业间的沟通、协调和政策建议职能,明确联社对成员单位、成员企业的指导和服务职能,明确联社对集体资产的维护、监督和管理职能。第三,理顺体制。联社的管理体制,现在有几种情况,有的是直属政府管理,有的是由政府所属部门(如经贸委、发改委等)管理,有的是由国资委代管,有的还没有明确主管部门。没有明确主管部门的联社,要积极主动做好理顺体制的工作。

三是强化以服务为核心的工作机制。联社的职能作用主要是通过对成员单位的指导和服务来实现。在新的形势下,联社要努力转变工作方式,积极探索和不断完善适应新形势的工作机制,通过指导与服务搞好企业改革,为企业排忧解难,成为政府部门的好帮手,通过服务来凝聚企业。首先,要健全调研机制,为企业提供政策性服务。要把定期调研和专题调研结合起来。在定期调研方面,要对成员企业的经济工作、文化建设等方面的情况进行必要的了解,并在调研的基础上,总结经验、分析问题、提出工作意见。在专题调研方面,要根据企业改革和发展面临的突出问题,进行不定期的集中调研,及时向有关部门反映情况,提出意见和建议。其次,要健全协调机制,为集体经济改革发展提供有效的服务。要主动帮助企业协调各方关系,帮助解决具体问题。第三,要健全帮促机制,为企业提供指导性服务。要坚持把帮助和促进企业的改革和发展放在突出位置,引导企业搞好经济转型,促进企业的发展。

四是健全管理职能与经济职能协调运行的工作格局。将管理职能与经济职能有机结合起来,实现两大职能的协调运行,是总社和各地联社的重要任务。围绕这项重要任务,第一,要协调好联社内部的组织关系,明确联社职能活动的着力点。随着改革的深入,联社的内部组织关系,开始由单一行政纽带关系转变为多元化复合关系。对成员单位中的传统集体企业,联社受政府委托,可继续行使管理职能;对经过企业改制组建的新企业,联社通过参股与其建立资产纽带关系,可对这些企业经营活动进行监督和协调服务;对与联社原有的成员单位有收购兼并、项目合作等经济关联的企业,联社以间接或直接形式进行参股、合作的,可在平等自愿基础上吸收他们为新成员单位。第二,要维系联社的组织特性,认真履行联社的管理职能。面向成员单位,为成员单位说话、办事、谋利益,是联社的根本职责。各地联社要转移重心,强化服务,从传统的行政化管理中走出来,把工作重心放在协调服务上,为企业办实事,促进企业的经济发展和联社资产的保值增值。第三,要适应市场经济的需要,不断强化联社的经济职能。随着企业改革改制的深入进行,以明晰产权为基础的法人财产权制度,成为新形势下联社内部经济关系的基础。这次会议将讨论《联社集体资产监督管理办法》。这个《办法》审议通过后,要认真贯彻执行,特别是在企业改制中,涉及到企业占用联社资产的处置,要按规范的程序进行,防止联社资产流失。对于改制后联社有股份的新企业,联社可以派人参加企业董事会、监事会,保持与企业的经济纽带关系,体现联社对资产的管理和经营职能。同时,联社要依法行使资产所有者代表职能,管理和经营好联社资产,积极探索建立合作事业基金组织,不断壮大经济实力,努力增强服务能力。

五是加强总社和联社的人才队伍建设。联社系统的人才在数量、素质和结构上还不能满足发展的需要,尤其是高素质的人才和年轻人才十分短缺,注重吸引人才、集聚人才、用好人才、加强人才队伍建设是当务之急。总社和各级联社务必从关系联社事业长远发展的高度来认识和抓好人才工作。要注重用好用活现有人才,把握选用人才的时机,善于在人的才能上升阶段委以重任。要实施引才引智工程,积极引进联社急需的各类人才,并把引进与使用有机结合起来,杜绝人才资源的浪费。要改革用人机制,积极推行聘任制和岗位管理制度,实行竞争上岗、合同管理的人事制度,做到人员能进能出、职务能上能下、待遇能高能低。要改善用人环境,尊重人才价值,健全激励机制,实行向优秀人才和关键岗位倾斜的分配制度,为各类人才提供干事业、出成果、增才干、谋发展的良好环境。

要综合利用好相关的人力资源。总社将探索与中国工业合作协会、中国工业合作经济学会的协调,合力开展活动,搞好课题研究,扩大社会宣传。各地有条件的联社也应这样做。

各位理事、监事,我们面临的任务是艰巨和繁重的,我们要深入贯彻党的十六大和十六届五中全会、中央经济工作会议和全国科技大会的精神,继续落实总社"六代会"的要求,扎扎实实地向既定目标迈进。要在以胡锦涛同志为总书记的党中央领导下,以邓小平理论和"三个代表"重要思想为指导,坚定信心,振奋精神,求真务实,开拓创新,为开创"十一五"时期总社、联社工作的新局面做出新的贡献!

（此件由中华全国手工业合作总社办公室提供）

财政部、国家税务总局
关于下岗失业人员再就业有关税收政策
问题的通知

（2006 年 1 月 23 日）

各省、自治区、直辖市、计划单列市财政厅（局）、国家税务局、地方税务局，新疆生产建设兵团财务局：

为促进下岗失业人员再就业工作，根据《国务院关于进一步加强就业再就业工作的通知》（国发〔2005〕36 号）精神，经国务院同意，现就下岗失业人员再就业有关税收政策问题通知如下：

一、对商贸企业、服务型企业（除广告业、房屋中介、典当、桑拿、按摩、氧吧外）、劳动就业服务企业中的加工型企业和街道社区具有加工性质的小型企业实体，在新增加的岗位中，当年新招用持《再就业优惠证》人员，与其签订 1 年以上期限劳动合同并依法缴纳社会保险费的，按实际招用人数予以定额依次扣减营业税、城市维护建设税、教育费附加和企业所得税优惠。定额标准为每人每年 4000 元，可上下浮动 20%，由各省、自治区、直辖市人民政府根据本地区实际情况在此幅度内确定具体定额标准，并报财政部和国家税务总局备案。

按上述标准计算的税收扣减额应在企业当年实际应缴纳的营业税、城市维护建设税、教育费附加和企业所得税税额中扣减，当年扣减不足的，不得结转下年使用。

对 2005 年底前核准享受再就业减免税政策的企业，在剩余期限内仍按原优惠方式继续享受减免税政策至期满。

二、对持《再就业优惠证》人员从事个体经营的（除建筑业、娱乐业以及销售不动产、转让土地使用权、广告业、房屋中介、桑拿、按摩、网吧、氧吧外），按每户每年 8000 元为限额依次扣减其当年实际应缴纳的营业税、城市维护建设税、教育费附加和个人所得税。纳税人年度应缴纳税款小于上述扣减限额的以其实际缴纳的税款为限；大于上述扣减限额为限。

对 2005 年底前核准享受再就业减免税优惠的个体经营人员,从 2006 年 1 月 1 日起按上述政策规定执行,原政策优惠规定停止执行。

三、对国有大中型企业通过主辅分离和辅业改制分流安置本企业富余人员兴办的经济实体(从事金融保险业、邮电通讯业、娱乐业以及销售不动产、转让土地使用权,服务型企业中的广告业、桑拿、按摩、氧吧,建筑业中从事工程总承包的除外),凡符合以下条件的,经有关部门认定,税务机关审核,3 年内免征企业所得税。

1. 利用原企业的非主业资产、闲置资产或关闭破产企业的有效资产;

2. 独立核算、产权清晰并逐步实行产权主体多元化;

3. 吸纳原企业富余人员达到本企业职工总数 30% 以上(含 30%),从事工程总承包以外的建筑企业吸纳原企业富余人员达到本企业职工总数 70% 以上(含 70%);

4. 与安置的职工变更或签订新的劳动合同。

四、本通知所称的下岗失业人员是指:

1. 国有企业下岗失业人员;

2. 国有企业关闭破产需要安置的人员;

3. 国有企业所办集体企业(即厂办大集体企业)下岗职工;

4. 享受最低生活保障且失业 1 年以上的城镇其他登记失业人员。

五、本通知所称的国有企业所办集体企业(即厂办大集体企业)是指 20 世纪 70、80 年代,由国有企业批准或资助兴办的,以安置回城知识青年和国有企业职工子女就业为目的,主要向主办国有企业提供配套产品或劳务服务,在工商行政机关登记注册为集体所有制的企业。

厂办大集体企业下岗职工包括在国有企业混岗工作的集体企业下岗职工。对特别困难的厂办大集体企业关闭或依法破产需要安置的人员,有条件的地区也可纳入《再就业优惠证》发放范围,具体办法由省级人民政府制定。

本通知所称的服务型企业是指从事现行营业税"服务业"税目规定经营活动的企业。

六、上述优惠政策审批期限为 2006 年 1 月 1 日至 2008 年 12 月 31 日。税收优惠政策在 2008 年底之前执行未到期的,可继续享受至 3 年期满为止。此前规定与本通知不一致的,以本通知为准。如果企业既适用本通知规定的优惠政策,又适用其他扶持就业的优惠政策,企业可选择适用最优惠的政策,但不能累加执行。

国家今后对税收制度进行改革,有关税收优惠政策按新的税收规定执行。

请遵照执行。

（选自《中华人民共和国财政法规汇编》编委会编:《中华人民共和国财政法规汇编》2006 年 1—6 月卷,上册,中国民主法制出版社 2006 年 11 月版,第 77—79 页）

中华全国手工业合作总社关于印发
《联社集体资产监督管理暂行办法》的通知

（2006 年 1 月 24 日）

各省、市、自治区联社：

　　《联社集体资产监督管理暂行办法》已经2006 年 1 月 16 日的总社六届二次理事会讨论通过，现印发给你们，请贯彻执行。执行中，遇有重大问题，请及时向总社资财管理部反馈。

附：
联社集体资产监督管理暂行办法

　　第一条　　为了加强联社集体资产的监督管理，建立与社会主义市场经济相适应的联社资产监督管理体制，实现联社集体资产保值增值，促进集体经济的发展，依据《中华人民共和国集体所有制企业条例》、国家经济贸易委员会、财政部、国家税务总局制定的《城镇集体所有制企业、单位清产核资产权界定暂行办法》，国家税务总局、中华全国手工合作总社制定的《轻工业企业集体资产管理暂行规定》等国家法律法规和政策规定，以及《中华全国手工业合作总社章程》，制定本办法。

　　第二条　　中华全国手工业合作总社（以下简称"总社"）及各地联社本部的集体资产、总社及各地联社全资、控股、参股企业中的联社集体资产，以及其他企、事业单位占用的总社及各地联社集体资产的监督管理，适用本办法。

　　第三条　　本办法所称联社集体资产，是指总社及各级联社拥有或控制的各种形式的资产及其他权益，包括：

　　（一）联社所拥有的各类资产；

　　（二）联社所投资的企业、事业单位（包括科研机构、学校、医院、福利设施等）中属于联社的权益；

　　（三）留存于企业和事业单位中的不折股净资产、账销案存资产、提留资产

以及未经评估或未入账的土地使用权等属于联社的集体资产;

(四)企业改变隶属关系,以及合资、组建企业集团所带走的联社资产及其权益;

(五)国家法律、法规规定的因享受政策优惠和接受社会、政府捐赠及扶助等方式获得的属于联社的权益;

(六)其他依法应属于联社所有的权益。

第四条 联社的集体资产属本级社范围内的劳动群众集体所有,不可分割,并由联社组织独立支配,任何部门、单位和个人不得用任何形式平调、侵吞、占用,以确保联社集体资产的完整性。

第五条 总社和各级联社是本级社集体资产所有权代表和管理者,履行出资人职责,依法享有对联社集体资产占有、使用、收益和处置的权利,其合法权益受国家法律保护。

第六条 集体企、事业单位依法撤销、解散,其经清算后的剩余财产由其所属联社托管或归集,作为职工安置费用和改革发展基金,专款专用,不得挪作他用。

第七条 总社和各级联社根据实际情况和管理需要,可直接运营管理联社集体资产;也可以单独设立集体资产运营机构,并授权其管理、运营联社集体资产;还可以授权其他经济组织运营联社集体资产。

第八条 联社管理集体资产的主要职责是:

(一)联社应加强对本级联社拥有的有形和无形资产的监督管理,确保产权归属清晰、权责明确、保护严格、流转顺畅。抵制各种形式的平调、侵占、挪用联社集体资产的行为,并有权依法对被平调、侵占、挪用的联社集体资产进行追索;

(二)决定联社集体资产的运营体制和方式,制定本级联社集体资产运营规则、处置办法和产权制度改革方案,促进联社集体资产保值增值,防止资产流失;

(三)依照国家法律法规,履行出资人职责,维护所有者权益;

(四)批准成立联社集体资产运营机构;

(五)审议、决定联社的对外投资和股权转让事项;

(六)任免全资企业的主要经营者;推荐、管理、调整向投资企业派出的董事、监事人选,并制定相应的管理办法;

(七)根据权利、义务和责任相统一,管资产和管人、管事相结合的原则,对全资企业主要经营者和派出的董事、监事工作业绩提出奖惩方案;

(八)履行联社集体资产出资人的其他职责;

(九)对占用的上级联社资产负有保全责任;

（十）做好本级联社集体资产的统计报表工作,并报上一级联社备案;

（十一）本着厉行节约、量入为出的原则从事各项经营活动,杜绝各种形式的浪费。

第九条　联社集体资产运营机构的主要职责是:

（一）对联社集体资产承担保值增值责任;

（二）执行联社集体资产管理决定、决议、规定等,接受联社的监督;

（三）根据联社授权对有关全资、控股、参股企业行使出资人权利,按出资额承担相应义务;

（四）按规定向联社报送会计报表,报告联社集体资产运营情况,以及重大决策的执行情况;

（五）行使联社授予的其他职责。

第十条　联社向所出资企业选派的董事、监事等出资人代表的主要职责:

（一）依法维护联社利益,接受联社的监督管理;

（二）重大事项应向联社及时请示、报告,并按照联社的意见行使表决、质询、监察等项权利,保证联社的利益不被侵害;

（三）每年定期向联社报告所在企业的经营情况;

（四）恪尽职守,勤勉务实,忠实履行出资人代表职责。

第十一条　联社所投资企业依法自主经营,努力提高经济效益,对其经营管理的联社集体资产承担保值增值责任,不得损害联社集体资产所有者的合法权益;企业处置联社集体资产、使用联社资产进行抵押或对外提供担保须经联社批准。

第十二条　有联社借款或投资的企业,进行拍卖或兼并时,属于联社的资产,由联社收回;一时还不了的,可签订协议,定期归还,在还款期间,要向联社缴纳资金占用费。

第十三条　联社对债权要定期核对,按时清收;对于历史上借给下级联社及企业的资财处置,要报经借出联社批准,借入单位不得私自冲销。

第十四条　联社集体资产产权可以出售、转让。出售固定资产、转让债权、股权或其他财产权,必须由相关组织或机构对其进行清理、审计,并委托有法定资格的资产评估机构进行评估,评估结果须经联社或联社集体资产经营机构认定。出售、转让过程中,要合理确定底价,按照公开、公平、公正的原则,通过市场机制进行竞价,防止暗箱操作。

第十五条　联社投资企业中的集体资产向企业经营者转让必须严格按照有关规定履行审批程序,转让方案由联社投资企业股东会、董事会、联社或授权的联社集体资产运营机构负责制定,或由其委托的中介机构制定;拟购买联社集体资产的经营者不得参与转让联社集体资产的决策等重大事项,严禁自卖自买联社集体资产。经营者收购联社集体资产,不得向包括本企业在内的联社所出资的企业借款,也不得以这些企业的资产为购买者提供借款担保。对企业资产损失负有责任的经营者不得参与收购本企业联社集体资产。

第十六条　联社要加强对改制企业中的联社集体资产的管理。企业改制中,未折股的联社集体资产由本级联社收回或有偿转让,或在改制后的企业中转为股份;改制企业剥离、核销(账销案存)不良资产必须按正常程序履行审核、报批等手续,防止联社集体资产流失。处置、剥离、核销联社集体资产的收益归本级联社所有。

第十七条　积极推进联社产权制度改革。各地联社及其资产运营机构可以采取相互参股、引资参股、个人投资入股等方式,优化联社的资本结构,实现投资主体多元化。联社机构在改革中,可以依据有关法律、法规和政策,采取多种形式推进内部产权制度改革。但由财政列支的联社工作人员,不得持有联社股份。

第十八条　建立健全联社集体资产监督管理制约机制。各级联社要健全联社资产管理机构,配备专门管理人员,单独立账,强化管理,尤其要加强对资产处置和大额资金使用的监督管理,明确联社资金收支的审批权限,定期进行资产清理和资产状况分析,坚持对联社集体资产经营者实行任期责任审计和离任审计,确保资产安全有效运营。

第十九条　联社集体资产实行民主管理。联社常务理事会是联社代表大会闭会期间的议事决策机构,联社集体资产管理的重大问题由常务理事会讨论决定。联社主任办公会负责研究决定联社集体资产管理的日常事项。联社的年度财务收支计划、资产流动方案等重要事项,须经联社主任办公会讨论通过。

第二十条　建立健全联社财务预、决算制度。联社资产管理部门每年要编制财务预算计划和决算报告,并提交主任办公会审议。

第二十一条　各级联社要认真做好联社集体资产产权界定、产权登记及清产核资、资产评估、资产统计、综合评价等基础管理工作,维护联社合法权益。

第二十二条　联社集体资产应按规定履行产权登记手续,产权登记的主要内容为:

(一)机构名称、住所、法定代表人;

(二)资产、负债及所有者权益;

(三)资产分类、分布情况;

(四)投资及股权比例情况;

（五）其他。

第二十三条　《集体资产产权登记证》是产权登记的重要文件，任何单位和个人不得伪造、涂改、私自出借；若借阅、抄录、携带、复制产权登记档案，应当按照规定的权限和程序办理。

第二十四条　各级联社自主运营、管理本级联社集体资产，上级社对下级社的联社集体资产管理负有指导、协调及监督的责任。

第二十五条　各地联社可依据本办法制定相应的管理细则。

第二十六条　本办法经总社理事会讨论通过后实施。

第二十七条　本办法由中华全国手工业合作总社负责解释。

（此件由中华全国手工业合作总社资产财务部提供）

中华人民共和国国民经济和社会发展
第十一个五年规划纲要（节录）

（2006 年 3 月 14 日第十届全国人民代表大会第四次会议批准）

第二章　全面贯彻落实科学发展观

"十一五"时期促进国民经济持续快速协调健康发展和社会全面进步，要以邓小平理论和"三个代表"重要思想为指导，以科学发展观统领经济社会发展全局。坚持发展是硬道理，坚持抓好发展这个党执政兴国的第一要务，坚持以经济建设为中心，坚持用发展和改革的办法解决前进中的问题。发展必须是科学发展，要坚持以人为本，转变发展观念、创新发展模式、提高发展质量，落实"五个统筹"，把经济社会发展切实转入全面协调可持续发展的轨道。要坚持以下原则：

——必须保持经济平稳较快发展。要进一步扩大国内需求，调整投资和消费的关系，合理控制投资规模，增强消费对经济增长的拉动作用。正确把握经济发展趋势的变化，保持社会供求总量基本平衡，避免经济大起大落，实现又快又好发展。

——必须加快转变经济增长方式。要把节约资源作为基本国策，发展循环经济，保护生态环境，加快建设资源节约型、环境友好型社会，促进经济发展与人口、资源、环境相协调。推进国民经济和社会信息化，切实走新型工业化道路，坚持节约发展、清洁发展、安全发展，实现可持续发展。

——必须提高自主创新能力。要深入实施科教兴国战略和人才强国战略，把增强自主创新能力作为科学技术发展的战略基点和调整产业结构、转变增长方式的中心环节，大力提高原始创新能力、集成创新能力和引进消化吸收再创新能力。

——必须促进城乡区域协调发展。要从社会主义现代化建设全局出发，统筹城乡区域发展。坚持把解决好"三农"问题作为重中之重，实行工业反哺农业、城市支持农村,推进社会主义新农村建设,促进城镇化健康发展。落实区域发展总体战略,形成东中西优势互补、良性互动的区域协调发展机制。

——必须加强和谐社会建设。要按照以人为本的要求,从解决关系人民群众切身利益的现实问题入手,更加注重经济社会协调发展,千方百计扩大就业,加快发展社会事业,促进人的全面发展;更加注重社会公平,使全体人民共享改革发展成果;更加注重民主法制建设,正确处理改革发展稳定的关系,保持社会安定团结。

——必须不断深化改革开放。要坚持社会主义市场经济的改革方向,完善现代企业制度和现代产权制度,建立反映市场供求状况和资源稀缺程度的价格形成机制,更大程度地发挥市场在资源配置中的基础性作用,提高资源配置效率,切实转变政府职能,健全国家宏观调控体系。统筹国内发展和对外开放,不断提高对外开放水平,增强在扩大开放条件下促进发展的能力。

根据上述指导思想和原则,针对发展中的突出矛盾和问题,要进一步调整推动发展的思路,转变推动发展的方式,明确推动发展的政策导向。

——立足扩大国内需求推动发展,把扩大国内需求特别是消费需求作为基本立足点,促使经济增长由主要依靠投资和出口拉动向消费与投资、内需与外需协调拉动转变。

——立足优化产业结构推动发展,把调整经济结构作为主线,促使经济增长由主要依靠工业带动和数量扩张带动向三次产业协同带动和结构优化升级带动转变。

——立足节约资源保护环境推动发展,把促进经济增长方式根本转变作为着力点,促使经济增长由主要依靠增加资源投入带动向主要依靠提高资源利用效率带动转变。

——立足增强自主创新能力推动发展,把增强自主创新能力作为国家战略,促使经济增长由主要依靠资金和物质要素投入带动向主要依靠科技进步和人力资本带动转变。

——立足深化改革开放推动发展,把改革开放作为动力,促使经济增长由某些领域相当程度上依靠行政干预推动向在国家宏观调控下更大程度发挥市场配置资源基础性作用转变。

——立足以人为本推动发展,把提高人民生活水平作为根本出发点和落脚点,促使发展由偏重于增加物质财富向更加注重促进人的全面发展和经济社会的协调发展转变。

第八篇　深化体制改革

以转变政府职能和深化企业、财税、金融等改革为重点，加快完善社会主义市场经济体制，形成有利于转变经济增长方式、促进全面协调可持续发展的机制。

第三十一章　坚持和完善基本经济制度

坚持公有制为主体、多种所有制经济共同发展的基本经济制度。毫不动摇地巩固和发展公有制经济，毫不动摇地鼓励、支持和引导个体、私营等非公有制经济发展。

第一节　深化国有企业改革

推动国有资本向关系国家安全和国民经济命脉的重要行业和关键领域集中，优化国有经济布局，增强国有经济控制力、影响力和带动力，发挥主导作用。完善国有资本有进有退、合理流动的机制，加快国有大型企业股份制改革，除极少数必须由国家独资经营的企业外，绝大多数国有大型企业改制为多元股东的公司。改善国有企业股本结构，发展混合所有制经济，实现投资主体和产权多元化，建立和完善现代企业制度，形成有效的公司法人治理结构，增强企业活力。发展具有较强竞争力的大公司大企业集团。全心全意依靠职工群众，探索现代企业制度下职工民主管理的有效途径。继续深化集体企业改革，发展多种形式的集体经济。

第二节　健全国有资产监管体制

制定完善经营性国有资产监管体制的法律及配套行政法规，建立健全国有资本经营预算、企业经营业绩考核和企业重大决策失误追究等制度，落实监管责任，实现国有资产保值增值。建立健全国有金融资产、非经营性资产和自然资源资产等监管体制，防止国有资产流失。

第三节　深化垄断行业改革

坚持政企分开、放宽准入、引入竞争、依法监管，推进垄断行业管理体制和产权制度改革。按照形成综合运输体系的要求，推进交通运输业管理体制改革。积极稳妥地推进铁路体制改革，加快铁路投融资体制改革。深化电力体制改革，巩固厂网分开，加快主辅分开，稳步推进输配分开和区域电力市场建设。深化石油、电信、民航、邮政、烟草、盐业和市政公用事业改革,推进国有资产重组,形成竞争性市场格局,建立现代企业制度。

第四节　鼓励非公有制经济发展

大力发展个体、私营等非公有制经济。进一步消除制约非公有制经济发展的体制性障碍和政策性因素,进一步落实鼓励、支持和引导非公有制经济发展的政策措施。允许非公有制经济进入法律法规未禁止的行业和领域,鼓励和支持非公有制经济参与国有企业改革,进入金融服务、公用事业、基础设施等领域。完善金融、税收、信用担保、技术创新等方面的政策,改善行政执法和司法环境,加强和改进对非公有制企业的服务和监管。

（选自《中华人民共和国国民经济和社会发展第十一个五年规划纲要》,人民出版社 2006 年 3 月版,第 8—59 页）

关于制定《物权法》时明确集体所有权的议案[①]

（2006 年 3 月）

陈士能 等

一、案由

全国人大常委会正在讨论制定的《物权法》是一部十分重要的法律,它的主旨是调整平等主体之间因物的归属和利用而产生的财产关系,明确物的归属,保护自然人、法人的物权,充分发挥物的效用,维护社会主义市场经济秩序,维护国家基本经济制度。全国人民期盼着这部重要法律的出台。为制定好《物权法》,促其早日出台,我们提出在制定《物权法》时应明确集体所有权的议案。

二、案据

集体经济是社会主义经济基础、社会主义初级阶段基本经济制度的重要内容,是实现共同富裕,促进社会稳定,构建和谐社会的重要力量,起草《物权法》过程中对集体经济应充分重视,在《物权法》中对集体所有权应有明确的规定和体现。

1.《物权法》对集体经济的规定要贯彻和符合党的十五大、十六大、十六届三中、四中、五中全会精神和《中华人民共和国宪法》规定。

集体经济无论过去和现在,在国民经济中都有重要地位和作用。党的十五大明确指出"以公有制为主体,多种所有制经济共同发展,是我国社会主义初级阶段的一项基本经济制度","集体所有制经济是公有制的重要组成部分","公有制不仅包括国有经济和集体经济,还包括混合所有制经济中的国有成分和集体成分","集体经济可以体现共同富裕原则,可以广泛吸收社会分散资金、缓解就业压力、增加公共积累和国家税收,要支持、鼓励和帮助城镇多种形式集体经济的发展,这对发挥公有制经济的主体作用意义重大"。并且还强调指出"劳动

---

① 这是陈士能等 31 名全国人大代表对十届全国人大第四次会议所提的议案。

者的劳动联合和劳动者的资本联合为主的集体经济尤其要提倡和鼓励"。党的十六大和十六届三中、五中全会都提出要"以明晰产权为重点深化集体企业改革,发展多种形式的集体经济",并要求发展国有资本、集体资本和非公有资本等参股的混合所有制经济,实现投资主体多元化,使股份制成为公有制的主要实现形式。

《中华人民共和国宪法》也明确规定"中华人民共和国的社会主义经济制度的基础是生产资料的社会主义公有制,即全民所有制和劳动群众集体所有制","国家在社会主义初级阶段,坚持公有制为主体,多种所有制经济共同发展的基本经济制度,"并且规定"农村中的生产、供销、信用、消费等各种形式的合作经济,是社会主义劳动群众集体所有制经济","城镇中的手工业、工业、建筑业、运输业、商业、服务业等行业的各种形式的合作经济,都是社会主义劳动群众集体所有制经济","国家保护城乡集体经济的合法权利和利益,鼓励、指导和帮助集体经济的发展","禁止任何组织和个人用任何手段侵占或者破坏国家的和集体的财产"。

所有这一切不仅明确指出了社会主义市场经济条件下"集体经济"在国民经济中的地位、作用,指明了集体经济改革发展的方向,也为我们制定《物权法》明确了指导思想和其应有的法律地位。

在当今的社会和经济生活中,集体所有制经济仍然是不可忽视的力量。去年十二月由国务院第一次全国经济普查领导小组办公室和国家统计局公布的全国经济普查主要数据公报表明,集体经济仍然是公有制的重要组成部分:全国企业法人325万个,集体企业34.3万个,占10.5%,如果加上改革中出现的股份合作制企业10.7万个,集体联营企业0.6万个,共计45.6万个,占全国企业总数的14%。从事第二、第三产业各种形式集体企业就业人员1626.48万人,占7.5%。全国第二、第三产业企业法人单位实收资本总额18.2万亿元,集体经济投入资本1.4万亿元,占7.69%(以上不含集体经济投入在其他类型企业中的资本)。虽然由于种种原因,集体所有制经济的比重不大,但绝对值还不小,它与国有经济一起体现着"公有制的主体地位",并将为全面实现小康社会目标和实现共同富裕,保持社会稳定,构建和谐社会发挥重要作用。

2.《物权法》中要体现:

第一,集体所有权应和国家所有权、私人所有权一样,平等列入《物权法》;第二,对集体所有权要从法律上严格保护,任何单位和个人,不得以任何形式侵占、平调和破坏集体资产;第三,农村集体经济和城镇集体经济都是社会主义集体经济,要同等对待。城镇集体所有权和农村集体所有权在《物权法》中应同样有明确规定。

三、方案

对《物权法》(草案)中,有关城镇集体经济规定的几点具体意见:

1.《物权法》(草案)明确"坚持公有制为主体,多种所有制经济共同发展的基本经济制度"是完全必要的。同时应增加:"公有制包括全民所有和集体所有"。

2. 草案第 59 条,把三次审议中的"集体财产"内容删掉了是不应该的。鉴于不少地区存在行政侵权问题,集体所有的财产被无偿平调、侵占的现象时有发生,为有效保护集体财产的合法权益,对这条内容建议作如下修改:"违犯国家规定,以无偿或以低价折股、低价出售等手段将国有财产、集体财产转让或无偿平调、占有、侵吞国有财产、集体财产,造成国有财产、集体财产流失及其合法权益受到侵害的,应当依法承担相应法律责任。"

3. 草案第 60 条,应明确涵盖城镇集体经济,同时应在"生产"后面加"经营",将"科学"改"科研",增加"生活、福利"的设施和"执行国家优惠政策形成的集体所有的不动产和动产"的内容。建议最后修改为:"城乡集体所有的不动产和动产包括:(一)法律规定属于集体所有的土地和森林、山岭、草原、荒地、滩涂;(二)集体所有的建筑物、生产经营设施;(三)集体所有的教育、科研、文化、卫生、体育、生活、福利等设施;(四)执行国家优惠政策形成的集体所有的不动产和动产;(五)集体所有的其他不动产和动产"。

4. 集体所有的动产和不动产,归该集体组织范围内的劳动群众和成员集体所有。集体所有包括共同共有和按份共有。

因此,《物权法》第 61 条:"城镇集体所有的不动产和动产的归属,适用有关法律、行政法规的规定"。应修改为"城镇集体所有的不动产和动产,属于该集体组织范围内的劳动群众和成员集体所有。按份共有的部分属于个人或法人所有,归集体占有和共同使用。"

《宪法》规定"集体经济组织实行民主管理,依照法律规定选举和罢免管理人员,决定经管管理的重大问题"。因此,草案第 61 条应增加下列内容"并按照下列规定行使所有权:(一)属于城镇集体经济组织所有的,由城镇集体经济组织或职工(成员)代表集体行使所有权;(二)由两个以上城镇集体经济组成或者与国有、非公有经济混合组成的经济实体,由成员代表集体行使所有权;(三)属于城镇联合经济组织所有的,由联合经济组织代表集体行使所有权;(四)属于区域联合经济组织所有的,由该区域联合经济组织代表集体行使所有权。

下列事项应当依法经本集体经济组织职工(成员)会议讨论决定:(一)集体经济组织法定代表人的产生;(二)集体经济组织经营方案;(三)集体所有的不动产和动产的抵押、租赁、转让、处分等重大事项;(四)对集体所有的不动产和动产的监督办法;(五)法律规定的其他事项"。

5. 草案第 65 条,建议修改为"城乡集体经济组织或者村民委员会的管理人以及集体经济组织的上级、其他管理部门作出的决定侵害集体成员合法权益的,该集体成员可以征求人民法院予以撤销。城乡集体经济组织成员(代表)会议、村民会议通过的决定侵害集体成员合法权益的,该集体成员可以请求人民法院予以撤销。"这是因为侵害城乡集体经济组织合法权益的不仅可以来自内部管理人员,也可以来自上级或其他管理部门。

6. 草案第 66 条与 65 条一样,也要加"城乡"两个字。

7. 草案第 106 条建议增加"有限的"三个字,并把"共有人"和"共同共有人"统一起来,对文字结构做适当调整,把"共同共有人共同享有债权,承担债务"放到第一句,修改为"共同共有人共同享有债权,承担债务。因共同共有的不动产或者动产产生的债权债务,在对外关系上,共同共有人享有连带债权,承担有限的连带债务……"。

8. 草案第 270 条,建议在私人后面增加"集体"用语。"集体"包括城乡劳动群众通过投入财物或其他生产要素组织起来的经济组织;劳动者的劳动联合和劳动者的资本联合的经济组织;城镇和乡村中各种形式的合作经济组织;国有资本、集体资本、非公有资本参股组成的并由集体资本控股或相对控股的股份制、公司制的经济组织。

四、一条工作建议

鉴于集体经济在国民经济中的重要地位和作用以及目前集体经济的实际状况,特建议:

由全国人大法律委或法工委牵头,组织中华全国手工业合作总社等有关部门,对城镇集体所有制经济进行调研,为制定好《物权法》提供实践基础。

(此件由全国人大办公厅提供)

在全国联社办公室主任暨中国合作经济网通讯员会议上的讲话

（2006 年 5 月 16 日）

潘蓓蕾

同志们:大家好!

今天我们相聚在这里,召开全国联社办公室主任暨中国合作经济网通讯员会议。这是总社的一次重要会议,主要任务是,交流总社和各地联社贯彻落实总社第六次代表大会精神和 2006 年上半年工作情况,研究和落实加强中国合作经济网的建设,进一步推进总社、各级联社和城镇集体经济的改革发展。为了开好这次会议,上海市城镇工业合作联社的领导和同志们给予了大力的支持,进行了认真地筹备,各地的同志在工作的繁忙中远道而来参加会议。为此,我代表中国轻工业联合会和中华全国手工业合作总社,对与会人员表示热烈地欢迎和亲切地慰问! 对上海市城镇工业合作联社的领导和同志们表示诚挚的感谢!

我在几十年的工作经历中,除了在省政府工作的几年外,一直在轻工战线,看到了集体经济在发展过程中的曲折和艰难,尤其是 90 年到轻工业部,主管了八九年的总社工作,有三个体会是比较深刻的:①从事集体经济工作的同志对事业十分执着,并可以用"战斗的友谊"来形容其紧密团结精神;②为了让各级领导和相关部门了解集体经济、支持集体经济,做了大量艰苦细致的工作;③随着改革的深入和经济的发展,集体经济在新形势下,有许多课题需要我们去探讨,有许多工作需要我们锲而不舍地、并富有创意地去做。做好各级联社的工作,充分发挥联社办公室的作用,开展形式多样的宣传工作,对于推进城镇集体经济改革发展至关重要。

这里,我向大家简述一下总社和联社近年开展的一些活动:我们成功地召开了总社第六次代表大会,得到了党中央和国务院领导及有关部门的高度重视,中共中央政治局常委、国务院副总理黄菊同志向大会致信,中共中央政治局委员、国务院副总理曾培炎同志到会讲话,对总社和各级联社的工作以及集体经济在国民经济中的地位作用,给予了充分肯定,对集体经济改革发展作出了重要指示,使大家明确了发展方向,坚定了创新发展的信心;在总社主任办公会领导下,从总社到各级联社都认真抓好总社六代会的贯彻落实,各项工作有序推进,取得了较好的成效。大会之后,各地联社主动向省市领导汇报总社六代会精神,争取工作上的支持,如河北省、贵州省、四川省等许多联社的机构、编制、经费和集体企业改革中的问题都引起了领导的重视并着手加以解决;上海市在干部调配中,对城镇工业合作联社和上海市工业合作联社充实了领导干部,加强了联社领导力量;山西省政府以文件形式明确规定了国有企业改革的一些政策在集体企业也同样适用,如此等等。可见总社"六代会"的召开,对集体经济的改革与发展起到了很好地推动作用;总社举办的 2005 中国集体经济高层论坛,得到了党和国家有关部门领导的重视和支持。全国人大副委员长蒋正华出席了论坛并发表了重要讲话,国务院发展研究中心、全国人大常委会法工委、国资委等有关部门领导和有关研究机构、大专院校的同志出席了论坛,许多重要媒体进行了报道或发表了文章,把集体经济的理论研讨推向了新的阶段。吉林省委副书记林炎志同志出席论坛、发表了论文,回去以后,还批示组建了全省"集体经济指导委员会"。上海市工业合作联社与上海市政协有关部门和集体经济研究会也联合举办了集体经济论坛。贵州省联社对全省集体经济现状进行了深入调查研究,以翔实的资料向省委、省政府提出了改革发展集体经济的建议,受到领导的重视。所有这一切,都是总社和各级联社贯彻"六代会"精神,开展相关活动的结果。希望各级联社继续开展有效的活动,不断取得新的成果。

下面,我向大家通报总社今年以来开展的重点工作情况,并对下半年工作讲几点意见和要求。

一、总社开展的重点工作情况

2006 年是我国实施"十一五"规划的起步、开局之年。党的十六届五中全会通过的"十一五规划建议",把坚持科学发展观,构建和谐社会,建设自主创新型和环境友好型国家列为重点发展目标,这就为集体经济的改革发展提供了广阔的空间和良好的机遇。总社一月中旬召开了六届二次理事会,对 2006 年总社工作作出了部署,明确提出了以科学发展观统领工作全局,认真贯彻党的十六大、十六届五中全会精神,把各级联社和城镇集体经济改革发展融入到国民经济和社会发展的整体工作中去,进一步加快调整结构,增强自主创新能力,转变经济增长方式,提高经济运行质量和效益,继续深化集体经济改革,发展新型集体经济的总体工作要求。为了使理事会确定的工作任务落到实处,总社主任办公会将全年工作细分了18项具体工作,并明确责任分头抓好落实,现将其中重点工作的进展情况向大家进行通报。

1. 主动配合全国人大有关部门开展专题调研,为《物权法》(草案)明确城镇集体所有权提出了积极建议

《物权法》是一部明确物的归属、保护物权、充分发挥物的效用、维护社会主义市场经济秩序、维护国家基本经济制度和人民群众切身利益的民事基本法律。《物权法》(草案)已经全国人大常委会四次讨论,由于涉及面广、情况比较复杂,至今尚未通过。其中关于集体所有权的问题也还没有做出恰当而明确的规定。对此,总社很重视,总社和各级联社做了大量工作。一是在今年全国人大十届四次会议上,陈士能主任联系部分人大代表向大会提出了《关于制定〈物权法〉时明确集体所有权的议案》,这个议案当时就转给了全国人大常委会法工委。各地联社也以不同形式向当地人大或全国人大提出了相关建议;二是陈士能主任建议全国人大有关部门的同志深入各地就集体经济进行调研,得到了全国人大法律委、人大常委会法工委领导的赞同。2006年3月28日,全国人大法律委主任杨景宇、全国人大常委会法工委主任胡康生等领导率队亲自到上海召开了座谈会,听取集体经济战线同志们的意见;三是二月中旬总社办公室以[2006]2号文向部分省市联社下发了"关于配合全国人大有关部门对《物权法》(草案)有关问题的开展调研工作的通知",吉林、山西、广东、江苏省和上海市等许多家联社认真做好准备工作;四是总社委派人员参加了全国人大法律委员会在上海召开的座谈会,亲自听取了全国人大法律委领导和上海市供销合作社、上海市工业合作联社、城镇集体联社、生产服务联社、集体经济研究会、工业合作经济研究所等单位结合当地的实际情况阐述的观点。大家一致认为(一)当前城镇集体企业大量存在,《物权法》应该对集体所有权作出直接明确的规定;(二)在多年的发展中并经过上世纪九十年代中期的清产核资,集体产权的边界是清楚的,它是归本集体经济组织成员集体所有的;(三)与国有资产一样,不能因为集体资产没有量化到个人,而断言其产权不明晰;(四)集体资产归本集体经济组织成员集体所有并不影响资产的重组和流动,不影响建立现代产权制度;(五)集体资产应当按集体经济组织《章程》规定行使所有权,实行民主管理;(六)集体经济应继续深化改革,建立起共同共有与按份共有相结合的产权明晰的现代产权制度。这些意见,在《物权法》(草案)修改中,会起到一定参考作用。

2. 为起草好《关于促进城镇集体经济改革发展指导意见》，开展了一系列活动

制定全国性的《关于促进城镇集体经济改革发展指导意见》，是各级联社和广大集体企业的强烈呼声，是总社"六代会"确定的一项重要工作。这项工作涉及面广、政策性强、任务很艰巨。为了做好这项工作，今年以来，总社组织有关人员开展了一系列工作，一是重新修订了起草工作方案，把它列入了总社今年的重要工作，并作为总社特约研究员的一项重要研究任务；二是已组织总社特约研究员对相关内容进行了反复讨论，初步草拟了主要内容提纲；三是主动与国家发改委有关部门进行了沟通，得到了他们的赞同和工作指导；四是已组织有关人员分头进行了起草工作；五是陈士能主任将以适当的形式向国务院领导汇报这项工作，争取领导支持。在这次会议上，也想认真听听各级联社对起草好《指导意见》的建议，希望大家从客观实际出发，对《指导意见》的有关具体内容提出意见，同时提供你们当地已出台的有关集体经济改革发展的政策性规定，以便吸收一些好的做法，共同做好这项工作，为联社和集体企业的改革发展提供有效的服务。

3. 印发执行《联社集体资产监督管理暂行办法》，收到初步效果

总社理事会讨论通过的《联社集体资产监督管理暂行办法》下发以后，各省、市、自治区联社普遍转发各地联社贯彻执行，有的还制定了《联社集体资产监督管理实施细则》，使联社集体资产的监督管理实现了有章可循。浙江省手工业合作社联合社在贯彻落实中，结合本省情况起草了《浙江省手工业合作社联合社集体资产监督管理实施细则》（审议稿），并邀请省政府专业部门和多家权威机构对《实施细则》进行了论证，总社领导和资财管理部门的同志参加了论证，目前《实施细则》已获浙江省联社理事会通过。上海市工业合作联社邀请中国工业合作经济学会、上海集体经济研究所、上海经济技术学会发展咨询联合事务所和总社办等单位，对上海工业合作联社几年来的产权改革实践进行了回顾总结，对下一步深化改革提出了方案和措施，将会有效地提高集体资产运营质量和实行有效地监管。4月底，他们制定的《联社集体资产监督管理实施细则（试行）》，已经联社理事会审议通过，会后以正式文件下发执行。总社《暂行办法》和省市联社《实施细则》的贯彻执行，对于维护联社资产的合法权益，实现联社资产的保值增值，促进多种形式集体经济的发展，必将起到重要的作用。

4. 抓好总社直属单位资产运作，取得了新成效

一是总社对所属房产实行整体出租，提高了经济效益。总社对雅宝路办公

用房经过清理整合,对外实现了整体出租,租金年收益比过去提高了三倍左右,同时也为这部分资产进一步的经营运作打下了良好的基础。二是资产经营公司的筹建工作正在抓紧进行。为使现有资本存量合理流动、优化配置,提高资源配置效率,按总社主任办公会决定总社资产经营公司筹备工作已进入可行性论证阶段。它的顺利实施,将促成总社现有资产的运营向稳健开拓型转变,向资本增值最大化方向发展,对提高总社综合实力,增强总社凝聚力将发挥重要作用。三是对总社投资公司加强了考核管理工作。为了加强总社对投资公司的管理,调动经营者的积极性,提高总社投资效益,总社资产财务部门本着易于操作、经济效益考核为主的原则,四月中旬起草了《总社投资公司经营者薪酬考核管理意见(办法)》,这个《意见》正在审定之中,它的贯彻执行,将会对下属各投资公司经营者薪酬管理起到规范作用,对社有资产的良好运营也将产生一定的推动作用。

5. 加强舆论阵地建设,总社"一刊一网"机构改革出现新局面

《中国集体经济》杂志、中国合作经济网是总社主办的全国性集体经济舆论阵地,对于宣传贯彻党和国家发展集体经济的大政方针、营造良好的社会氛围、传达总社的指示精神、总结推广城镇集体经济改革发展的经验、维护集体资产权益、开展理论研究与创新、推动新型集体经济的发展具有重要作用。为了充分发挥"一刊一网"的作用,总社从管理机构入手,改革"一刊一网"的领导体制和管理模式,出现了可喜的局面。《中国集体经济》杂志已经开办20年了,在全国总社系统和城镇集体经济战线有很大的影响力。为了进一步办好这个刊物,杂志社进行了大胆地改革尝试,经过一年的筹备,组建了《中国集体经济》理事会。3月下旬在昆明召开了第一次理事会。这次会议得到了众多联社和企业的大力支持,80多家联社和企业的120多名代表出席了会议,选举产生了杂志社首届理事会,实现了杂志社领导体制的重大变革。新成立的理事会,聘请总社3名领导担任名誉理事长,选举产生了29名理事会理事和10名常务理事,确定了17家联社为杂志社特约常务理事单位,一举改变了过去靠杂志社人员孤军作战的状况,形成了依靠各地联社群策群力办好杂志的新局面。中国合作经济网建网以来,以集体经济为重点,做了大量的信息交流工作,在这次会议上还将宣布总社"关于在吉林省联社设立通讯联络站和聘任首批通讯员的决定",这对扩大信息队伍,利用现代通讯工具提升宣传能力,服务集体经济发展,将发挥重要作用。这方面的情况,世成副主任将作专题的工作报告。这项工作也是本次会议的一个主要内容。

除此之外,总社还在加强自身建设上开展了相关的工作。

二、下半年需要做好的重点工作及要求

总社和各级联社上半年做了大量的工作,取得了很好的成效,但是下半年的工作任务仍然很艰巨。对于 2006 年工作,陈士能主任在总社六届二次理事会通过的工作报告中已经明确做出了部署,总社和各级联社要全面贯彻落实。在此,我对下一步需要做好的重点工作提出几点意见和要求。

1. 要把对《物权法》(草案)提出修改意见作为大事来抓

在《物权法》中,将物权的主体,即国家、集体、私人所有权平等做出规定,直接地明确城镇集体所有权的归属,对于依法维护城镇集体经济合法权益至关重要。为此,总社和各级联社要为城镇集体所有权写入《物权法》,并在《物权法》中直接对城镇集体所有权的归属做出明确的规定而积极地提出建议。各级联社要组织专门的力量,认真研究《物权法》(草案),围绕明确城镇集体所有权,向当地和全国人大有关部门继续提出《物权法》(草案)修改建议。要以当地和联社所属集体企业的实际情况及党和国家的一贯方针政策,阐述集体企业大量存在和其重要作用,说明《物权法》规定集体所有权的必要性;用事实说明集体产权是归本集体经济组织成员集体所有的,集体产权与其他集体经济组织、与国有、私人所有权的边界是清楚的;联合经济组织按章程规定是可以行使所有权的;《物权法》要像对待国有企业一样,对集体财产侵权行为做出追究责任的规定。对《物权法》(草案),年底全国人大常委会将继续进行审议。希望各级联社积极行动,为《物权法》确定好城镇集体所有权做出不懈地努力。

2. 要加快起草《关于促进城镇集体经济改革发展指导意见》的步伐

起草《关于促进城镇集体经济改革发展指导意见》是总社今年确定的工作任务,必须保证完成。希望大家在这次会上,对《指导意见》有关内容提出具体建议,有文字材料和当地相关政策规定的,请提供给总社办公室。总社和各级联社要相互支持,共同努力,抓紧完成《指导意见》的起草、审定工作,为城镇集体经济的改革发展提供有效的服务。

3. 要对《联社集体资产监督管理暂行办法》贯彻执行情况进行跟踪服务

《联社集体资产监督管理暂行办法》是总社近几年来印发的一个重要文件。这个《办法》的贯彻落实,对于维护联社和集体企业的合法权益,推动集体经济的改革发展具有重要的作用。总社有关部门要采取多种形式,了解《联社集体资产监督管理暂行办法》贯彻执行情况,对于执行《联社集体资产监督管理暂行办法》取得的成效要大力宣扬,对于出现的新情况和新问题要及时进行研究,采

取措施加以解决。各级联社要结合当地的实际情况,提出落实《联社集体资产监督管理暂行办法》的具体意见或实施细则,依此保证联社和集体企业健康发展。

4. 继续加强集体经济的理论研究,大力宣传集体经济在新时期的重要地位和作用

集体经济在我国经济发展中的历史地位和作用是毋庸置疑的。但对集体经济在市场经济体制下和现代化建设新时期的地位和作用,当前却有不同认识,有人说集体经济已经过时,有人说要让其自行消亡,有人甚至限期要把集体经济通过改革全部退出,等等。我们认为,我国将长期实行社会主义制度,将长期实行以公有制为主体,多种所有制共同发展的基本经济制度。集体经济作为公有制的重要组成部分绝不会、也不应该消亡,否则公有制的主体地位将会动摇。从我国的国情来看,我国生产力发展水平较低而且发展很不平衡,我国有十分丰富的劳动力资源,就业和再就业是关系人民生活和社会安定的重大问题。集体经济作为一种所有制形态,不仅是客观存在的,而且是符合我国国情的,党中央已经确定了建立和谐社会,全面实现小康社会的目标。传统集体经济在经过改革以后,将成为产权更加明晰、责权更加明确、管理更加科学的新型集体经济。经过技术改造和体制与机制创新,它也完全可以走上现代工业化的道路,这已经被上海华生化工股份公司、山西运城制版股份公司、上海新工联(集团)公司等企业的发展所证实。因此,发展新型集体经济,对发展国民经济、增加财政收入,特别是吸纳劳动力就业,增加群众收入,实现共同富裕,构建和谐社会,仍然有十分重要的作用。在这个问题上,希望大家认真总结当地集体企业改革成功的先进典型,大力宣传共同富裕的必要性和重要性,大力宣传发展集体经济在新形势下的重要作用,为新型集体经济的发展鸣锣开道。今年七月初将在内蒙古召开城镇集体经济研讨会,希望大家能从理论与实践的结合上拿出有理有据、有说服力的论文。

今天到会的都是联社办公室的主任和中国合作经济网的通讯员,你们是联社的中坚力量,希望你们充分发挥自己的作用。让我们共同努力,为推进总社、联社和城镇集体经济的改革发展,为和谐社会的建立作出我们应有的贡献。

(此件由中华全国手工业合作总社办公室提供)

跨越时空、跨越省市，服务改革、服务企业①

（2006 年 5 月 16 日）

王世成

各位同仁、各位朋友：大家上午好！

我们这次会议恰逢近日中央、国务院两办印发《2006—2020 年国家信息化发展战略》。认真学习，使我们更加深了对信息化发展趋势的认识，自进入 21 世纪，信息化对经济社会发展的影响更加深刻。广泛应用、高度渗透的信息技术正孕育着新的重大突破。信息资源日益成为重要生产要素、无形资产和社会财富。信息网络更加普及并日趋融合。信息化与经济全球化相互交织，推动着全球产业分工深化和经济结构调整，重塑着全球经济竞争格局。为搞好中国合作经济网提供了宏观而难得的引导，也更增强了我们致力搞好网站的责任和信心。

大家知道，中国合作经济网站，是由中华全国手工业合作总社办公室、上海市工业合作联社、上海市集体经济研究会、上海市工业合作经济研究所合办的全国性专业网站。这个网络是在 2000 年总社办公室与上海市工业合作经济研究所合作主办《城镇合作经济信息》的基础上建立起来的，从 2001 年 5 月正式开通计起，至今已五周岁了。屈指可数，劳效相随。在这里，我首先对全国联社办公室主任暨中国合作经济网通讯员会议的成功召开表示热烈的祝贺，更要对为"中国合作经济网"付出辛勤努力的各位办公室主任和通讯员表示诚挚的欢迎和由衷的谢意！同时，对积极创办和大力支持网站工作的上海市工业合作联社、上海市工业合作经济研究所的同志们表示衷心的感谢！

五年来，中国合作经济网站坚持"适时启动、不断完善、服务改革、服务企业"的建设原则，将《城镇合作经济信息》、《合作经济调研》、《上海集体经济》等电子版刊物纳入信息化建设全局统筹运作，现在，已初步形成"一网三刊"的信息服务框架。并与《中国集体经济》杂志形成有效互补和互动。回顾五年，通过这一服务体系，架起了集体企业与政府部门之间的桥梁，织就了企业职工和专家

---

① 这是中国轻工业联合会副会长、中华全国手工业合作总社副主任王世成在全国联社办公室主任暨中国合作经济网通讯员会议上的讲话。

学者的纽带,使之成为集体企业的经营管理、科技创新、改革改制、经验交流的重要渠道,成为理论研究、政策咨询、国际交流的窗口,成为政府决策部门的好参谋,成为集体企业和职工的好朋友。中国合作经济网逐步成为大力促进和发展集体经济的一张"跨越时空、跨越省市,服务改革、服务企业"且具有张力的网。

刚才,潘部长结合总社工作做了重要讲话。下面我仅就网络的建设功能特点和下一步工作谈点意见,供大家商榷:

一、中国合作经济网的建设特点和基本功能

中国合作经济网建设始终坚持"小投入、快发展、边建设、边应用",成效是显著的。

1. 中国合作经济网的创建和特点

中国合作经济网建设的历史应该追溯到 1997 年。这一年 8 月召开的党的十五大在所有制理论上有重大突破。当时,中央高层领导同志对"集体经济"讲了 5 句话,一是集体经济是公有制的重要组成部分;二是集体经济要长期存在和大力发展;三是集体经济不是一种低级形式,也不是一种过渡经济;四是要大胆探索、积极创造集体经济的多种实现形式;五是要使集体经济成为社会主义市场经济的真正能自主经营的独立法人,还要参与国际竞争和发展。这预示着集体经济将进入一个新的历史发展阶段。同时,集体企业改革经过多年的探索,也逐步走向现代企业制度。这一新情况、新方向和新发展,作为主体地位的集体经济渴望着新型理论的出现;作为公有制的集体企业渴望着更多政策信息的交流。于是,上海市工业合作经济研究所创办的《城镇集体经济信息》应运而生。1998年 1 月,《城镇集体经济信息》改名为《城镇合作经济信息》。2000 年 7 月,在总社和上海市联社领导的重视和关心下,《城镇合作经济信息》改由中华全国手工业合作总社办公室、上海市工业合作经济研究所、上海市集体经济研究会合办。在《城镇合作经济信息》"创办、改名、合办"的基础上,2001 年"中国合作经济网"应运而生。网站初创时,由总社办公室指导,由上海市工业合作经济研究所负责具体运行。运行两年后,进行了网站的升级扩容,由拨号上网到 ADSL 宽带上网,通信速率提高到 512K。内容从总社系统拓展为中国农业合作经济、工合国际等方面。2005 年的中国合作经济网页全面改版,标志着中国合作经济网进入了新的历史阶段。

中国合作经济网的五年建设路,是在各级领导、方方面面的关心、帮助和支

持下,取得健康快速发展的。现在,中国合作经济网站同其他同类网站相比,具有"投入少、发展快"的特点,这里除了领导重视、网站人员积极努力工作等因素外,中国合作经济网最重要的特点在于两个"适":适应需求、适度超前。

所谓适应需求。体现在中国合作经济网的每一次扩容、升级、改版,都是由需求带动的。中国合作经济网的建设始终跟着集体经济发展的需求走、跟着集体企业应用的需求走、跟着对集体经济改革的感悟和思考走。

所谓适度超前。要注意中国合作经济网在适应需求的前提下努力做到适度超前,在各级联社、集体经济研究部门中,中国合作经济网发布的信息和成果都是开创性地走在全国前列,并带动了之后的应用浪潮。

2. 中国合作经济网网站功能

五年来,中国合作经济网主要宣传党的集体经济的方针、政策和法规,报道国内外集体经济的工作动态,介绍集体企业改革、改制经验,交流集体企业现代管理方法;反映集体企业和集体职工呼声,坚持为中国集体经济事业服务,为全国各级联社和集体企业服务,为社会上愿意了解、关注集体经济管理、改革、发展的群体服务。网站的内容具有"三性",即:集体经济理论信息的专业性、集体经济改革发展的指导性、集体经济政策法规的权威性。网站的功能是"两个服务",即:

一是积极为集体企业改革改制提供咨询服务。

适时开辟合作经济热线栏目。为了解答读者提出的企业改革中的难点、疑点问题,网站开辟了合作经济热线栏目。该栏目以问答的方式,对怎样处置集体企业存量资产、集体企业破产、集体企业如何处理与国有扶办单位的关系、职工持股、经营者持股、劳动用工制度、公司治理结构等问题,逐一予以回答,受到读者的欢迎。努力解疑释虑,提供政策咨询,为各类企业设计改制方案。近年来,各地在改革中遇到许多具体情况,诸如集体企业改革改制时,联社在企业中的资产如何处置,集体资产和职工权益的维护等。河南安阳、广东省经贸委等都曾来电询问。网站编辑部想方设法帮助查文件、找资料,尽可能为有关省市的同志解决一些难题。还先后为北京焦化厂下属集体企业、宝钢国际经济贸易总公司等单位提供咨询服务。为上海新工联实业公司、轻联贸易公司、冰熊电气公司等单位设计整套改制方案,其中上海新工联成为全国联社系统改制的成功典型,冰熊电气公司成为上海轻工小企业改革典型,并在上海教育电视台、《中国集体经济》、《组织人事报》作经验介绍。

积极为总社系统集体企业提供改革改制咨询服务。2001 年 11 月,湖南安江塑料厂 3 位同志来我站咨询集体资产管理有关问题,中国合作经济网有关部门工作人员给予答疑,并被法院完全采信,此举也受到了湖南省联社的肯定。2002 年 6 月,网站为宁夏集体联社提供"离退休职工在企业产权制度改革中存量资产处置"的咨询服务。近年来网站还接待了湖北松滋县、西安金花羊毛衫城等单位专程到上海咨询集体企业改制及集体资产产权等问题。五年来,据不完全统计,先后有上百家集体企业来信、来人到中国合作经济网站咨询有关改革、改制政策。中国合作经济网,不仅做到网上资源共享,而且登门咨询、提供有价值的资料也分文不取。

二是为集体经济信息交流和理论创新搭建平台,提供服务。

五年来网站先后编纂的《城镇合作经济信息》、《上海集体经济》等电子版刊物和"总社动态"、"总社系统"等专栏,及时反映中华全国手工业合作总社的重大活动和最新动态,及时介绍总社"六代会"动态和成果,编辑"中国集体经济高层论坛综述",刊登《物权法》草案讨论中政府部门、专家学者以及各地联社的意见和建议,报道各地联社成功的经验,为上海市联社、吉林省联社设计并建立网页,与山东、山西联社网页链接,使网站成为总社和各地联社信息交流的平台。参加网站的省、地、县联社有近百个,覆盖全国大部分省、自治区、直辖市。网站还汇集了国家和地方有关集体(合作)经济的主要法律法规和具体政策,介绍国内外合作经济组织的成功经验和新的发展,开辟企业实例栏目,策划企业的改革方案设计和实务操作程序,宣传网络成员单位的企业形象和经济活动,提供各类网上服务等等。

3. 中国合作经济网的发展目标

网站的发展目标是:联社离不开、企业很需要、社会有影响。五年中,中国合作经济网面向全国,让国内外集体经济的专家学者走进我们的网站:一年一度的集体经济论坛,为集体经济的发展出谋划策;平等对话、友好探讨,让集体经济吸纳并借鉴着"方方面面的经验",也让全国关注着集体经济;国际交流,让世界共享中国的合作经济理论和经验体会。网站的"合作经济调研"栏目等,为全国有志于集体(合作)经济理论和实践研究的组织和有关人员搭建了一个交流的平台。几年来,《合作经济调研》先后刊登了近百篇文章,为推动集体经济的理论研究和指导集体企业的改革发挥了积极作用。不少地方和企业的同志说,通过中国合作经济网,我们的企业领导可以方便地浏览、查询、直接利用资源,相对规范地进行集体企业的改革和改制工作,也可以通过网络学习先进企业的经验。同时,中国合作经济网给集体企业职工提供了网上学习和开展活动的环境和条件,职工可以从网上获取知识并提升处理信息的能力,从而为职工成为高素质人才奠定基础。对管理人员而言,信息化管理方式不仅大大提高了工作效率,并且为他们及时了解、掌握集体经济的政策和动态情况创造了条件。对专家学者和政府部门而言，中国合作经济网是全面客观了解全国、本地区集体经济现状的平台，通过各类数据分析，能够更好地为理论探讨和领导决策提供依据。应该说，网站服务可圈可点的事例还有不少，在这里就不一一列举了。然而，要想完全达到目标要求尚需不懈努力，任重道远。讨论时请大家评说并欢迎提出好的建议和意见。

二、对中国合作经济网站建设提出几点希望

五年来，网站得到了有关部门及广大集体经济工作者的好评和厚爱。2002年4月，中国合作经济网组织召开了网站和《城镇合作经济信息》通联工作会议。总社领导和全国18个省、市、县联社领导及有关人员参加了会议，与会者到浦东新区进行学习考察，交流了信息和经验，并在此基础上建立了由省、市、县联社推荐组成的通讯员队伍；吉林省联社建立了通讯站，从而构建了信息情况互动链，增加了信息源，为提高网站的质量和互动，打下了扎实基础。

中国合作经济网是总社和各地联社实现信息社会化的新举措，我们必须搞好网站建设，与时俱进，不断开拓，提高质量，办出特色。为此，我对中国合作经济网站建设提出几点希望：

1. 增强办好中国合作经济网的使命感，为我国集体经济改革发展着力打造好信息平台

当前正处在信息时代、网络时代。网站作为中国合作经济的窗口和宣传载体，必须要增强使命感，千方百计地办好办出特色。我们的目标就是，把网站建设成为总社及各地联社、集体企业和国内外集体经济、合作经济资源共享的平台，成为会聚集体经济、合作经济专家、学者和实践工作者的人才库，成为让世界和全国了解中国城镇集体经济的窗口。回顾服务历程，网站在大力宣传党和国家重视集体经济的大政方针、及时报道总社工作和重要活动、着力宣传城镇集体经济的性质和特点、总结交流各级联社和集体企业改革成果、积极开展集体理论的探索、抨击对集体资产的侵权行为、维护集体所有权的合法权益、推动城镇集体工业的发展等方面发布了大量信息，发挥了桥梁纽带作用。今后，我们还要坚定不移地围绕集体经济改革发展这个中心，突出主旋律，充分发挥网络的优势，快速、准确的传递集体经济信息，及时反映党中央有关集体经济改革发展的指导思想，及时发布领导的重要讲话，及时报道总社和各地联社的重大活动，及时总结各地联社成功的经验，及时介绍有关集体经济的政策法规和理论成果，成为集

体经济改革发展的平台。

2. 建立总社和省、地、县联社的专门网页,使网站真正成为总社和各地联社信息交流互动的便捷通道

为了更好地面向社会,为各级党政领导决策咨询提供更广泛的快捷、便利的服务,我们要在总社、上海市工业合作联社、吉林省联社的基础上,再增设其他省、地、县联社的专门网页。先覆盖各省、直辖市、自治区联社一级,再逐步扩大到地、县级联社。省、直辖市、自治区联社凡是没有网站的要建立起来,并链接中国合作经济网的系统网页上。今后只要打开中国合作经济网,不仅能看到总社的情况,也能看到各地联社的情况,使网站真正成为总社和各地联社信息交流互动、便捷的渠道。应该看到,不断提高总社和各级联社的信息化建设水平是时代的要求,更是创新工作的需要。

3. 做好网站信息的日常更新与维护,规范网上发布的信息内容

网站的最大特点是内容总是不断变化、更新,这也正是办好网站的难点和关键,应该把网站的更新和维护落到实处。为了提高中国合作经济网的技术含量,以适应各用户的需要,2005 年 9 月网站请专业人员协助进行了全面改版,提升了网站的技术含量,更新网站数据库结构,实现动态与静态发布的有效结合,提高了用户访问的速度和加强检索功能。今后在这方面还需要与时俱进,不断开拓,使我们的网站工作再上新台阶。中国合作经济网站作为各地联社和中国合作经济系统的数据库、信息库、知识库和方法库,网站发布的信息应当具有指导性、资料性、前瞻性。我们网站发布的信息内容主要有总社动态、近期消息、合作经济热线、课题报告、咨询顾问、企业实例、城镇合作经济信息、合作经济调研等,日常更新与维护都要落实到人。所有在网上发布的信息,都必须由专人负责审批。为进一步办好中国合作经济网站,最近经各主办单位同意,设立了网站编辑部,并制定了一套编辑程序和网站内容的更新、上传流程,这很好,要坚持执行。同时,应注意加强与中国轻工业信息网的链接和互动。

4. 加强通讯员队伍建设,为集体经济改革创新培育人才

2002 年 4 月,中国合作经济网召开了通联工作会议,并建立了通讯员队伍。今天我们给部分通讯员发了聘书,这个队伍还要继续扩大,做出成绩的要进行表彰。各级联社的办公室主任要重视通讯员队伍的建设。我们的办公室主任,不少本人就是网站通讯员。通讯员要热爱集体经济事业,要加强自身学习,认真学习邓小平理论和"三个代表"的重要思想,与时俱进地科学认识集体经济,探索和促进集体经济改革发展;要认真钻研经济理论,尤其是集体合作经济理论、新型集体经济的丰富内涵和法律知识,要结合各级联社和各集体企业的改革发展

实际,研究新情况,提出解决问题的新建议;要关心时事和国家大事,积极敏感捕捉、及时报道联社和集体企业新近发生的重要事情;要敢于写、善于写,要善于挖掘和发现,在习以为常的事情中发现闪光点和新闻点,在平凡的人和事中捕捉到值得一写的东西;要有重点报道联社改革、服务和集体企业的经营、管理方面的工作。

总之,我认为办好网站,增强责任感和使命感是前提;互动交流和海量信息是基础;经常更新和形成特色是关键;有效服务和扩大影响是目的;团队素质和创新意识是保证。

同志们、朋友们,集体经济事业是伟大而光荣的事业,其持续发展有助于促进和谐社会的建设。我相信:伴随着我们共同事业的进一步发展,中国合作经济网将会在大家的精心呵护下不断完善、不断提高,创出网站点击率和知名度的新高。

（此件由中华全国手工业合作总社办公室提供）

中共吉林省委　吉林省人民政府
关于成立吉林省集体、合作经济
指导委员会的通知

（2006 年 7 月 3 日）

各市、州党委和人民政府,省委各部、委,省政府各厅、委和各直属机构,各人民团体:

　　为充分发挥集体、合作经济在发展吉林省国民经济中的重要作用,加快集体、合作经济的改革发展步伐,省委、省政府决定成立吉林省集体、合作经济指导委员会,中心任务是指导集体经济改革改制,促进多种形式的集体、合作经济的健康发展。现将委员会组成人员名单通知如下:

　　主　　　任:林炎志　省委副书记

　　　　　　　牛海军　副省长

　　副 主 任:刘利华　省委副秘书长

　　　　　　　骆德春　省政府副秘书长

　　　　　　　魏立昌　省经委主任、省手工业合作联社主任

　　秘 书 长:魏立昌(兼)

　　副秘书长:李来华　省经委副主任

　　　　　　　姚忠龙　省手工业合作联社副主任

　　成　　　员:崔　征　省委财经办副主任

　　　　　　　谭志安　省人大财经委副主任委员

　　　　　　　刘　雷　省政协经科委副主任

　　　　　　　张永田　省财政厅副厅长

　　　　　　　崔力夫　省劳动保障厅副厅长

　　　　　　　辛国仁　省国税局副局长

　　　　　　　于海军　省地税局副局长

　　　　　　　于收成　省工商局副局长

　　　　　　　王青逯　省教育厅副厅长

李元才　省中小企业局副局长

彭志国　省供销社监事会主任

高福波　省农村信用联社副主任

　　委员会下设办公室,与省经委城区集体经济办公室合署办公,负责日常工作。

　　办公室主任:陈戈兵(兼)省经委城区集体经济办公室主任

　　副主任:李凤(兼)省经委城区集体经济办公室副主任

（此件由吉林省手工业合作联社提供）

吉林省集体、合作经济指导委员会工作方案

（2006 年 8 月 29 日）

吉林省集体、合作经济指导委员会是在省委、省政府领导下，由省直各部门联合组成的全省集体、合作经济宏观指导、协调、服务工作机构。为使委员会工作规范有序进行，制定工作方案如下：

一、工作原则

（一）统筹规划、整体推进的原则。在实际工作中，委员会按照统筹规划、整体推进的原则开展工作，处理好微观与宏观、局部与全局的关系，工作侧重点放在解决障碍集体、合作经济改革发展的普遍性矛盾和共性问题上，保持委员会总体工作任务的宏观性与全局性。

（二）求真务实、讲求实效的原则。委员会各项工作任务的确定，各项政策意见的提出要紧密联系企业实际，坚持一切从实际出发，把解决企业的实际问题作为工作的出发点。始终保持实事求是、求真务实、讲求实效的工作作风，切实解决企业深层次矛盾。

二、工作任务

委员会的工作任务是以"三个代表"重要思想为指导，全面落实科学发展观，按照建立和不断完善社会主义市场经济体制，构建社会主义和谐社会，全面实现小康社会的要求，指导全省集体、合作经济沿着中国特色的社会主义道路健康发展。委员会的中心任务是指导集体经济改革改制，促进新型集体经济、合作经济发展。委员会的具体工作任务是：

（一）推进集体经济改革进程。传统集体经济是在长期的计划经济条件下产生和发展起来的，已不能适应社会主义市场经济体制的要求，必须进行彻底改革。近十年来，在各级政府的领导下，一些企业通过改革改制重获生机，全省集体经济改革取得很大成绩。但从全局看，仍有许多矛盾和问题没有得到解决，影响了全省集体经济改革和发展的进程。根据这种情况，委员会将重点抓好以下

几方面工作:

1. 研究解决集体企业改制成本来源问题。集体企业改制成本主要包括:(1)补发历史陈欠工资;(2)退还职工集资款;(3)支付已发生的职工大病医疗费等大额职工福利费;(4)补交陈欠职工社会养老保险费;(5)补发陈欠退休人员养老金和下岗职工生活费;(6)支付解除职工劳动关系经济补偿金。目前全省大多数集体企业处于资不抵债、长期"双停"状态,不改制没有出路,改制又没有成本。解决集体企业改制成本的问题,直接关系到广大集体企业职工切身利益,是委员会工作的重中之重。

2. 协调解决集体企业历史债务问题。债务问题是制约集体经济改革发展的一大难题。委员会要把协调解决集体企业历史债务问题作为一项主要工作来抓,积极协调金融部门对集体企业历史贷款给予减免照顾,为集体企业改革改制创造条件。

3. 尽快解决集体企业职工养老保险问题。全省集体企业长期停产放假的较多,社保费用支付能力较弱,职工养老保险落实情况存在许多问题。这些问题不仅制约了集体企业改制,还给社会带来不稳定因素。对此,委员会将动员各种社会力量,协调各方面关系,化解各种矛盾,采取有效措施,努力解决集体企业职工养老保障问题。

4. 合理解决集体企业产权归属问题。目前,集体企业产权归属不清、经济关系不明的问题仍然存在,厂办、校办集体企业、行政、事业单位附属集体企业与主办单位之间产权归属不清、经济关系不明的问题比较普遍。这种现象属于体制性矛盾,是深层次的问题,合理解决这个问题是集体企业改制的前提条件。委员会要以明晰产权为重点,指导集体企业清产核资,界定产权归属、划清产权边界,从法律上理顺集体企业经济关系,为集体企业改制提供条件。

5. 指导集体企业进行产权制度改革。产权是企业的核心,传统集体经济产权归属不清,制约了企业发展。委员会将指导集体企业以产权制度改革为突破,进行改革改制,通过产权制度改革,建立起"归属清晰、权责明确、保护严格、流转顺畅"的现代产权制度,从而使集体企业融入社会主义市场经济体系。

6. 引导集体经济实施企业调整战略。积极引导社会生产力投向,实现社会经济资源优化配置,是社会主义市场经济体制对政府的要求。按照这一要求,委员会将引导集体经济实施企业调整战略,一要引导企业进行联合、兼并、转换生产经营方向,发展优势产业、优势行业;二要指导那些生存无望、应予淘汰的企业通过破产、关闭、出售等途径平稳退出市场。

（二）加快多种形式的集体、合作经济发展步伐。以劳动者的劳动联合与劳动者的资本联合相结合为基本特征的新型集体经济，是集体经济向社会主义市场经济过渡的一种有效形式，促进新型集体、合作经济的健康发展是委员会的中心任务。委员会将指导集体、合作经济做好以下方面工作：

1. 建立和完善现代企业制度。在这方面对企业的指导工作主要包括：（1）合理设置企业股权，提高资本质量，充实资本数量，扩大资本规模。优化企业资本结构，实现资本多元化、社会化；（2）规范企业法人治理结构，建立健全股东会、董事会、监事会和职工代表大会制度，形成权力机构、监督机构和经营者之间的制衡机制；（3）完善企业分配制度，以共同富裕为目的，坚持按劳分配与按资分配相结合，以按劳分配为主，各种生产要素按贡献参与分配的制度，正确处理分配与企业积累的关系；（4）维护企业所有者和劳动者合法权益，保护小股东利益，正确处理企业所有者、经营者、劳动者三者利益关系，贯彻落实劳动和社会保障制度，形成和谐的企业内部生产关系；（5）指导企业树立诚实守信的经营理念，提高企业的商业信誉。

2. 调整产品结构、提高产品档次。委员会要指导企业以市场为导向进行产品结构调整，提高产品档次和质量，加强企业管理，降低成本，增强产品竞争力，占领市场。在指导集体、合作经济进行产品结构调整过程中，委员会积极协调各有关方面给予企业必要的资金、技术、市场信息等方面的支持。

3. 把优势产业、行业做强做大。委员会将采取抓重点带全局的策略，把做强做大集体、合作经济优势产业、优势行业作为一项主要工作任务来抓。集体、合作经济是一个跨产业、多行业、分布广泛的经济领域，由于经济现象的地域性和行业性，使一些集体、合作企业居于优势产业、优势行业位置。委员会要下工夫指导这些企业做强做大，使其形成气候，形成产业链。

4. 建立可持续发展的长效机制。保持集体、合作经济的稳定发展，必须建立可持续发展的长效机制。（1）指导企业在充分论证、科学决策的基础上，有计划的进行基本建设和更新改造，实现产品升级换代；（2）指导企业广泛应用新技术，加强技术改造，提高产品开发能力，建立技术创新和产品创新机制；（3）指导企业加强生态环境保护，改善生产作业环境，完善安全生产和劳动保护设施。

5. 培育新的就业岗位。委员会在指导集体、合作经济改革发展过程中，注重培育和发展一批投资相对较小、见效快、对从业人员劳动技能要求不是很高的劳动密集型企业，提供更多的就业岗位，广招下岗失业人员再就业，缓解社会就业压力。支持和鼓励各种社会力量集资创办各种形式的集体、合作企业。

三、工作方法

根据委员会机构组成情况和工作服务对象,委员会应采取的工作方法是:

(一)实行分工负责制。委员会实行主任领导下的分工负责制。委员会将一个时期总体任务进行分解落实,并根据各组成部门的职能和作用对其分配具体工作任务,落实到人。各组成部门都要设立相应的组织领导机构,配备专职或兼职工作人员,正常开展工作。

(二)采取提案议案制。委员会各组成部门要以社会实践为基础,积极构思关于解决集体经济改革改制中的问题和促进集体、合作经济发展的策略和设想,并及时向委员会提案。委员会认为有必要进行展开讨论的提案,即召集各组成部门进行议案,经过联合议案充分论证后,作出相应决策。为保证提案的质量,必要时可抽调人员组成联合专案工作组,深入基层调研,完成提案起草工作。

(三)发挥政策先导作用。集体企业改革改制一直缺少全国或全省的统一政策,部门及各地制定的政策很少,可操作性不强,在很大程度上影响了集体经济改革进程。委员会要把发挥政策先导作用,推动集体、合作经济改革发展作为一种基本工作方法。深入社会实践,广泛开展调查研究,及时了解和掌握集体、合作经济改革发展动向,深度分析集体、合作经济发展中存在的矛盾和问题,提出解决问题的政策意见,为省委、省政府制定集体、合作经济改革发展政策提供可靠依据。

(四)开展检查督导工作。集体、合作经济改革发展一要有政策,二要使各项政策得到贯彻落实。委员会将组织人力、组成工作组定期下到基层,对各地贯彻落实省委、省政府制定的集体、合作经济政策情况进行检查督导。同时,还要对企业执行国家产业政策,特别是执行《公司法》、《劳动法》以及社会保障政策、制度落实情况进行检查督导,以促进集体、合作经济健康发展。

(五)重视理论指导作用。集体、合作经济理论问题至关重要。集体、合作经济改革发展不但要有实践基础,还要有理论支撑。委员会要从生产关系入手,对新形势下集体、合作经济基础理论进行研究。同时,还要组织经济理论界的专家、学者进行广泛深入研讨,弄清什么是集体、合作经济,及其在社会主义市场经济中的地位和作用,用以指导社会实践。

（此件由吉林省手工业合作联社提供）

齐心协力　加快我省集体经济
改革与发展进程①

（2006 年 8 月 29 日）

林炎志

同志们：

经省委、省政府批准，今天我们在这里召开吉林省集体、合作经济指导委员会成立大会。全国人大常委、中国轻工业联合会会长、中华全国手工业合作总社主任陈士能同志今天也光临大会并将发表讲话，我谨代表中共吉林省委、吉林省人民政府对陈部长的光临表示衷心地感谢！

集体经济与国有经济同属于公有制经济，是国民经济的重要组成部分。在我国，集体经济主要包括城镇集体经济和农村集体经济。近年来，我省集体经济在改革开放的进程中，不断探索新的发展方式和途径，取得了一定成绩，但也存在着许多困难和问题。我们成立集体、合作经济指导委员会就是要整合省直各部门和全社会的力量，进一步推动集体经济的改革和发展，更好地发挥集体、合作经济的特殊作用，促进吉林经济更快更好地发展。借此机会，我讲以下几点意见，请同志们讨论。

一、充分认识集体经济的地位作用

集体经济为我国的经济建设和社会发展做出了重要贡献，集体经济的建立过程，在我国是一场社会革命，文化革命，曾经深刻地、广泛地影响了几亿群众的思想文化，推动中国社会进行了大幅度地跨进。给中国共产党迅速建立、深入巩固的政权提供了微观组织基础和巨大的经济资源，立下了汗马功劳。我们可以用三句话来概括它的重要性，即：历史贡献功不可没，现实作用不可替代，未来发展影响命运。《宪法》对集体经济的地位作用作出了许多重要的规定，党的十五

---

① 这是林炎志在吉林省集体、合作经济指导委员会成立大会上的讲话。

大、十六大和十六届三中全会对集体经济的巩固发展和深化改革也作出了许多重要的论述。

集体经济的地位作用起码可以归纳为三点：

第一，集体经济是适应社会主义初级阶段生产力发展水平的一种公有制形式。发展集体经济是我国基本国情的需要。集体经济中劳动密集型企业多，规模可大可小，利于创业，便于就业，在很多领域适合发展。集体主义劳动，集体智慧是重要的生产力。

第二，集体经济是把公有制与市场经济相结合的有效形式。新型集体企业建立了现代企业制度，尊重了资本，更尊重了劳动；注重了效率，更注重了公平。新型集体经济属公有制而且比国有经济更适应市场经济。新型集体经济属民营经济而且比私有经济更适应社会主义，利于共同富裕。

第三，发展集体经济是巩固和完善我国基本经济制度的需要。坚持公有制为主体、多种所有制经济共同发展是我国的基本经济制度。社会性是人类的本质之一。纵观人类社会发展史，集体性、集体主义肯定是发展方向，是历史必由之路。社会主义市场经济为集体经济的发展开辟了新的空间，提出了新的要求。集体经济在社会主义市场经济体制的最终实现中承担着特殊重要的历史使命。

二、成立吉林省集体、合作经济指导委员会的目的意义

吉林省集体、合作经济指导委员会主要功能是推动工作、政策指导和理论研究，既有务实，也有务虚。

集体、合作经济指导委员会要维护我省已有的集体资产。

公有制是我国社会主义的经济基础。为加强国有资产的监管，国家专门成立了国有资产监管机构，加大监管力度。而同属公有制的集体资产虽然总量较大，但在实际工作过程中却监管乏力。长期以来，平调、侵占、挪用集体资产的事时有发生，至今仍不断出现把集体资产认为是"地方国有"或"无主资产"而被平调、被代管、被瓜分和流失。集体企业利益受到侵害，企业劳动者失去所有权，企业丧失生产经营自主权，严重影响了集体经济的发展。党的十六届三中全会决定指出"以明晰产权为重点深化集体企业改革，发展多种形式的集体经济"。但是到目前为止，集体企业的清产核资主要还停留在划清国有、集体或其他投资人的资产范围，对集体资产的最终归属仍不明确，主体仍然缺位，这是集体企业改革难以深入的关键所在。集体、合作经济指导委员会就是要通过工作指导，充分发挥集体经济联合组织的作用，加强对集体资产的监督和管理，采取有效方式盘

活集体资产,壮大集体资产实力,确保集体资产安全、流转顺畅和保值增值。

集体、合作经济指导委员会要为了发展而进行探索。

近些年,加快国有企业改革和发展民营企业的呼声很高,而集体经济则处于一种功能被弱化、作用被淡化、思想认识和工作布局上被边缘化的状态。外部无人问津,内部声音很弱。在理论学术界,集体经济过时论、退出论、消亡论此起彼伏。集体经济处于被冷落、被遗忘的角落。集体职工成为弱势群体。上个世纪五十年代中前期组建起来的一些集体企业,都是职工拿钱、拿物(工具、设备)入股,按照"自愿组合、自筹资金、自主管理、自负盈亏"的原则进行生产经营的。依靠自己艰苦奋斗的劳动完成了原始积累。这些企业是带有着明显的市场经济特征的。只是后来受计划经济的影响,一味地追求所有制的"一大二公三纯",把职工入的股份又返还了回去,或者搞财产归大堆,这时便出现了所谓的"二国营"。"二国营"式的集体经济确实难以适应市场经济的发展要求,因此必须进行改革。近些年来涌现出来的"两个联合"为主的新型集体企业建立了现代企业制度,呈现出了很强劲的生命力,具有广阔的发展空间。我们搞的市场经济是社会主义市场经济,是共产党执政的、以公有制为基础的市场经济。公有制为主体、公有制的控制力,一是体现在"质"上,二是体现在"量"上。没有一定的"量",最后"质"就要发生变化。大力发展集体经济和合作经济,有利于巩固公有制的主体地位,有利于提升公有制的控制力,促进社会主义市场经济的健康发展。

党的十六大明确提出"必须毫不动摇地巩固和发展公有制","必须毫不动摇地鼓励、支持和引导非公有制经济发展"。我们必须深刻领会党中央的这两个"毫不动摇"含义,不能偏废,不能只强调一个而忽视另一个,那样是不全面的,也不能把两者对立起来,用其中的一个代替另一个。各种所有制经济是完全可以在市场竞争中发挥各自优势,互相促进,共同发展的。集体经济要争取在全民创业事业中大显身手,依靠集体主义劳动,集体智慧进行原始积累。集体经济要争取在工业制造业、建筑业、商业中开辟新的空间,创造新的经验。集体经济要争取把劳动密集型企业优势与资金密集型、技术密集型企业的优势结合起来,把企业不断做大做强。指导委员会要积极发现、总结、推广集体经济的新发展、新典型、新经验,要积极发现新问题、新障碍,提出意见,推进改革。

上个世纪五十年代,全国供销总社和中华全国手工业合作总社负责全国的集体经济,取得了社会主义改造和建设的历史性成就。现在全国各地还有一批懂集体经济、热爱集体经济的队伍,这是宝贵财富。我们省把发展集体经济的职能放在省经委。多年来,在省委、省政府的正确领导下,省经委在指导促进集体经济改革发展方面做了大量有成效的工作。据省经委的同志讲,目前成立集体、合作经济指导委员会在全国各省、市、自治区还是第一家。我们要在原有工作的基础上,通过这个委员会的工作,为吉林集体经济的发展探索一条路子。

集体、合作经济指导委员会要在法制建设上下工夫。

社会主义市场经济日常循环的秩序依靠法治。我国现在的市场经济法律体系几乎全部是从资本主义国家移植过来的。资本主义制度中有一些关于合作经济的法律规制,但缺少集体经济的内容。并且从本质上讲,私有制的社会制度不可能产生有利于公有制经济自发发展的法制。近二十几年的改革开放实践,给我们促进集体经济法制建设提供了大量案例。集体、合作经济指导委员会要把法制建设作为自己重大的历史使命。这在社会主义发展史上、在市场经济发展史上是前无古人的,是极其迫切,极其光荣,极其重要的。

三、我省集体经济改革发展中存在的主要问题

去年 10 月份,省委办公厅牵头,省委财经办、省经委、省手工业合作联社、省供销社等有关部门参加组成了吉林省集体经济改革发展现状调研组。根据调研情况来看,几年来我省在促进集体经济改革发展方面做了许多工作,取得了一定成绩。一是领导较重视。政府办公会、省级领导的专项调研、分管部门的年度工作会议都把大力发展集体经济作为重要内容,及时掌握情况,分析存在问题,明确工作思路。二是机构较完善。目前我省发展城乡集体经济有三支队伍:省手工业合作联社,省供销合作社和省农村信用社。省手工业合作联社这支队伍在历次机构改革中都被保留下来,目前依然是正厅级建制,财政全额拨款的事业单位。省供销社是 1949 年 6 月建立的,目前依然有一整套自上而下的供销网络,并且有了大力发展农村新型合作经济组织的职能。省农村信用联社 2004 年成立,目的是"面向三农,服务三农",特别是为农村集体经济的成长提供金融支持。三是真抓实干。对我省城镇集体企业进行了全面的清产核资、产权界定、重估价值、核实资金、产权登记等工作,并积极探索集体企业改制之路,使集体企业改革工作得到进一步深入。四是政策推动。先后下发了两个促进吉林省城镇集体企业发展的文件,并把一些改革发展比较好的典型经验编辑成册,在全省进行宣传。

但是也还存在不少问题。主要表现为:一是生产形势不乐观。我省城区集体企业生产前景好的为数不多,70%—80% 的企业处于勉强维持生产、停产、半停产状态。二是职工生活困难多。目前我省城区集体企业在册职工人数与退休

职工人数基本持平,在册职工中大部分下岗,在岗的职工是少数。我省厂办大集体有 1500 户,职工 23.7 万人,其中下岗 18 万人。由于困难职工人多面广,困难长时期得不到解决,引发一系列的社会问题,严重影响了社会稳定。三是社会保障能力弱。我省城区集体企业历史上税负很重,企业盈余的绝大部分都以各种税收、交费形式上缴财政,没给职工留下后续养老基金。税制改革以后,大多数集体企业陷入困境,无力承担社保费用。自 1987 年实行统筹养老保险制度以来,我省城区集体企业中有 1/3 的企业未参保,1/3 的企业只交了最初几年的保费就没了下文,只有不足 1/3 的企业不欠保费或欠保费不是很大。四是管理体制不顺畅。传统集体企业体制不顺,机制不活,长期由政府主管部门或主办单位操纵,等政企分开时,企业已是元气耗尽,积重难返。五是改制成本缺口大。我省城区集体企业多数是负债超过总资产,没有净资产,已经是资不抵债,改制成本缺口很大。六是产权归属不明晰。传统的集体企业财产归大堆,名为“人人所有”,实为“人人所无”。厂办大集体企业的产权关系更为模糊,与主办厂你中有我,我中有你,究竟是谁的,很难说清楚。许多厂办大集体企业最初的土地、厂房、设备等都是以主办厂名义投入的,经过多年生产经营中的相互渗透和连体周转,到现在具体的归属已不明晰。产权不清晰难以调动职工改革的积极性,阻碍了企业深化改革、加快发展的进程。解决这些问题,一是要靠继续深化改革,二是要靠市场经济的发展,三是离不开政府的推动。

全面建设小康社会、振兴东北老工业基地、国企改革都给集体企业改革发展创造了有利条件。我们要以邓小平理论、“三个代表”重要思想和科学发展观为指导,坚定信心,抓住机遇,继续深化集体企业改革,从根本上消除传统观念、体制和机制上的障碍,实现企业制度创新、技术创新和管理创新,建立现代企业制度和产权制度,大力发展以劳动者的劳动联合和劳动者的资本联合为主的多种形式的集体经济,充分发挥集体、合作经济在促进吉林经济更快更好地发展中的特殊作用。

当前和今后一个时期委员会要侧重抓好以下几方面的工作:一是抓紧进行厂办大集体改革试点工作,取得经验后尽快铺开,争取用二到三年时间完成全省厂办大集体改革工作;二是搞好全省集体、合作经济发展现状调查,此项工作由省经委牵头,委员会的各组成部门和各地要给予大力支持和配合;三是结合实际制定加快集体、合作经济改革发展的政策法规;四是恢复吉林省集体经济研究会的活动,多出研究成果,用以指导集体、合作经济改革发展的实践。结合《物权法》面向全社会征求意见,以委员会或研究会的名义向全国人大常委会提出明确集体资产物权主体、保护集体资产合法权益的建议。

今天这个会议以后,省经委要把委员会的日常工作抓在手上,各地、各部门要搞好配合,尽快开创全省集体、合作经济改革发展的新局面,为振兴吉林、全面建设小康社会、构建社会主义和谐社会做出新贡献。

（此件由吉林省手工业合作联社提供）

在吉林省集体、合作经济指导委员会
成立大会上的讲话

（2006 年 8 月 29 日）

陈士能

同志们：

今天，我应邀出席吉林省集体、合作经济指导委员会成立大会，感到非常高兴。首先，我对吉林省委、省政府对我的邀请表示衷心的感谢！在此，我代表中国轻工业联合会、中华全国手工业合作总社，对吉林省集体合作经济指导委员会的成立表示热烈地祝贺！对吉林省委、省政府的各位领导以及指导委员会中各有关部门的同志们表示诚挚地问候！

吉林省集体、合作经济指导委员会的成立，其意义非常深远。刚才，炎志副书记代表省委、省政府做了重要讲话。他结合吉林省的实际，阐述了集体经济的地位作用，明确了成立省集体、合作经济指导委员会的目的意义，指出了全省集体经济改革发展中的主要问题和下一步的工作思路。我认为，他的讲话非常好。表明了吉林省委、省政府对发展集体、合作经济的高度重视和大力支持，这是对广大集体经济工作者的鞭策和鼓舞。借此机会，我讲几点意见。

一、吉林省成立集体、合作经济指导委员会意义重大

吉林省委、省政府统揽全局，在贯彻落实科学发展观，向全面实现小康社会宏伟目标、构建和谐社会的进程中，做出决定，成立全省集体、合作经济指导委员会。这是吉林省经济管理体制改革和对集体经济领导方式的一个创新。其意义非同寻常。这不仅对吉林省的国民经济和社会发展有重大意义，对吉林省集体、合作经济有重大意义，而且对全国各地集体、合作经济也有重大意义，是坚持巩固社会主义基本经济制度的重要举措。这在全国开了一个好头，起到了重要的示范和带头作用。建立一个宏观管理服务机构，对集体经济改革发展实施统筹规划、政策指导、工作推动、服务基层，不仅会有效地改变各行各业对集体经济分

头管理、各行其是的状况,而且在委员会的指导下,可以整合各方面的资源和力量,发挥各部门的作用,有针对性地制定政策措施,保障集体、合作经济深化改革、健康发展。这对于落实科学发展观,推动经济社会协调发展,实现共同富裕,构建和谐社会具有重要的战略意义。所以,我们大家都有责任,关心、支持吉林省集体、合作经济指导委员会的工作,不断总结经验,并在全国宣传推广。

二、要高度重视发展集体经济的重大作用

从新中国成立,到 1956 年底社会主义改造基本完成,我国集体所有制经济已成为国民经济体系中一个重要组成部分,在国民经济中一直占有重要的地位。虽然在计划经济时期受"左"的思想影响,出现了"二国营"管理模式,但是,由于集体企业具有"自愿组合、自筹资金、自主经营、自负盈亏、民主管理、按劳分配、入股分红"的自身特点,即使在计划经济体制下,也是经常处在"资金自己筹,原料自己找,市场自己开拓"的状况,它与市场经济有天然的联系。因此,改革开放以来,众多的集体企业经过深化改革,摆脱了"二国营"的束缚,成为多种形式的新型集体经济,重现了生机与活力,在促进国民经济发展,实现共同富裕,构建和谐社会中发挥着应有的作用。

1. 发展集体经济对于巩固我国基本经济制度具有重要作用。

我国实行的是公有制为主体、多种所有制共同发展的社会主义基本经济制度。集体经济是我国公有制经济的重要组成部分,是广泛吸纳社会闲散资金,缓解就业压力,增加公共积累和国家税收,实现共同富裕的重要载体。这在我国《宪法》、党的十五大、十六大、十六届三中、四中、五中全会和《政府工作报告》中都有明确的阐述。目前,我国集体经济已改革发展为多种实现形式,2004年经济总量约占全国总量的 22%。从最近公布的全国经济普查结果看,全国第二、三产业 325 万个企业,其中,国有企业、国有联营企业、国有独资公司共19.2 万个,占 5.9%;集体企业 34.3 万个,集体联营企业 0.6 万个,股份合作企业 10.7 万个,三类合计 45.6 万个,占总数的 14%;全国第二、三产业 325万个企业的实收资本总额 18.2 万亿元,其中国家投入的资本 8.7 万亿元,占48.1%,集体投入的资本 1.4 万亿元,占 7.9%,国有、集体共占 56%。另据有关资料显示,2004 年我国国内生产总值为 13.6 万亿,国有 6 万亿,集体 3 万亿,其他 4 万亿。集体经济成了一个重要的砝码,国有经济和集体经济之和,保证了公有制经济的主体地位。事实证明,集体经济是公有制经济控制力的不可缺少的组成部分。

2. 发展集体经济是安置劳动力就业、实现共同富裕、构建和谐社会的重要途径。

集体企业多为中小企业、劳动密集型企业,量大面广,涉及各行各业,在我国几次就业压力较大的时期,集体企业为扩大就业作出了重要的贡献。如建国初恢复国民经济解决大批失业工人的就业;50 年代末 60 年代初组织社会闲散人员的上岗就业;70 年代末安置回城知青和职工子女就业以及近几年下岗职工再就业等等,各级党委、政府把大力发展集体经济作为安置就业、保持社会稳定的一项重要举措,收到了显著的效果。从 1978 年到 1982 年 5 年间,全国城镇集体企业共安置了就业人员 1237.9 万人,为城镇安置就业人数的 32.3%。当时邓小平同志曾经赞扬:"这是用经济政策来解决政治问题。"1996 年全国集体企业就业人数达 3600 多万人。近些年来,集体经济改革转制,多种所有制经济共同发展,集体经济的就业人数虽有下降,但其数量仍不可忽视。从最近公布的全国经济普查结果看,2004 年末,在工业企业中,集体职工(包括集体企业、股份合作企业、集体联营企业——下同)957.3 万人;在建筑业企业中,集体职工 434.23 万人;在批零贸易企业中,集体职工 175.6 万人;在住宿餐饮业企业中,集体职工 42.3 万人。上述 4 个行业,集体职工 1609.43 万人,占 4 个行业职工总数的 11.3%。如果再加上股份制、有限责任公司和混合所有制中有集体经济成分的企业,就业人数会更多。许多城镇集体企业,对拉动社会劳动力就业发挥着重要作用。如三鹿乳业集团在岗职工 7000 多人,带动城乡从业人员 30 多万人。我在山西省晋城市调研时看到,晋城市玻璃制品厂和啤酒厂都有几百名社会用工,吸纳了许多农村劳动力。事实证明,大力改革发展城镇集体企业,使劳动者有了工作岗位和稳定增长的收入,在改革中建立了劳动、资本相结合的分配制度,按国家规定加入社会保障,对劳有所得、老有所养、共同富裕、构建和谐社会,都具有重要作用。

3. 发展集体经济有利于聚积社会资金促进经济发展,满足人民日益增长的物质文化需求。

发挥市场配置资源的基础作用,促进经济社会协调发展,是党和政府的重要方针。近些年,民间投资对国家经济的发展是有贡献的。具有关课题研究资料显示,2002 年全国民间投资共 17516 亿元,其中集体经济投资 5987 亿元,占民间投资总量的 34.2%,2002 年 GDP 增长 8%,民间投资拉动 2.4 个百分点,高于往年。2003 年集体经济固定资产投资达到 8009 亿元,比上年增长 33.8%,高于社会平均增长水平的 6.1 个百分点。城镇集体企业涉及几十个行业、上万种产品,关系老百姓衣、食、住、行、用等方方面面,同时也为大工业和房地产开发、汽车制造、通讯设施等新兴行业配套、为三农服务。随着企业的开拓创新和对高新技术的开发应用,家用电器、塑料制品、五金制品、皮革制品、文体用品、室内装饰、家具、玩具、灯具等一批新的支柱行业和产品得到了较快发展。同时,一批餐饮、商贸、旅游、房地产、科技开发、教育、咨询服务等第三产业也相继发展起来,不仅促进了区域经济发展,扩大了出口、增加了国家积累,而且为改善人民生活,提升人民物质文化生活质量,做出了重要贡献。

三、以科学发展观统领集体经济改革发展

我国已进入现代化建设的新时期,这为新型集体经济加快发展创造良好的机遇。但不可否认,集体经济的改革发展还面临着许多问题和困难。一是在统计上,由于国家统计口径的变化,由统计乡镇以上的所有工业企业,变到年销售额300万元以上工业企业,再变到现在的年销售额500万元以上工业企业。这样的统计变化,使众多的小型集体企业成为统计以外的企业,大量的就业人员、销售收入和利税也不能进入统计口径。据我们统计分析,在集体企业中,年销售额500万以上的企业大约只占现有集体企业的15%。再加上许多企业改制为股份合作制企业、联营企业和有限责任公司、股份有限公司等形式,显示的集体企业和职工数量大量减少,在社会上产生了集体经济萎缩的负面影响;二是在企业登记上,有关部门不准改制和新办企业登记为集体企业,限制了集体企业的发展;三是有的地方领导同志没有集体经济的概念,论改革,只讲"国有",谈发展大讲"非公",甚至把"民营"这个企业经营方式与集体经济这个所有制概念混淆起来,在发展"民营"的口号下,大力发展"私营、个体",主张集体企业和集体资产限期退出,一律转制为私营企业或个体户,使集体企业不少职工失去工作岗位,流向社会;四是在管理上,政府主管部门投入力量不足,目前,国家发展和改革委员会有中小企业司,内设的非国有经济处只有几名同志,抓好集体经济力不从心。过去管集体经济的部门在改革中退出政府序列,各地已没有统一管理的部门,集体企业的问题很难集中反映到国务院和当地政府及时加以解决;五是法规保障明显滞后。近些年来,国家对国有企业和非公有制经济改革发展出台了一系列政策,城镇集体经济改革发展成为被遗忘的角落。《中华人民共和国城镇集体所有制企业条例》自1992年实施,至今已有14年,对促进城镇集体经济改革发展起到了很好的作用,但有些条款已不适应新的形势和城镇集体企业改革发展的现状,因此推进集体经济改革发展的任务十分艰巨。产生这些问题的原因,一是与国家有关部门不重视,缺乏对集体经济在新形势下地位作用的认识

有关,与没有把党和国家的大政方针及时变为可操作的具体政策有关。企业是很实际的,既然非公企业有扶持政策,他们就很自然地发展私营个体企业。二是国家在机构设置上,只设置了国有资产的监督管理部门,没有设置集体资产的监督管理部门,因此在改革改制中,大量集体资产流失,既得不到制止,也没人负责。吉林省委、省政府对这些问题能有清醒的认识,成立了集体、合作经济指导委员会,把集体经济纳入经济社会的整体规划,各成员部门齐心协力,从多方面推动集体经济的改革发展,一定会为全省国民经济迈上新台阶,加快小康社会建设,构建和谐社会做出积极的贡献。在此,我提几条具体建议:

1. 要把集体企业的改革发展作为重点工作来抓

党中央、国务院做出了振兴东北老工业基地的战略决策,吉林省又是国有企业主辅分离的改革试点省。要抓住这个机遇。要全面理解和贯彻落实党中央"必须毫不动摇地巩固和发展公有制经济"、"必须毫不动摇地鼓励、支持和引导非公有制经济发展"和"坚持公有制为主体,促进非公有制经济发展,统一于社会主义现代化建设的进程中,不能把这两者对立起来"的战略部署,调动一切可以调动的积极因素,利用一切可以利用的渠道,用改革创新的方法,改革传统集体企业,发展多种形式的新型集体企业。传统集体企业点多面广,企业资产、职工情况、经营状况各有不同。要组织力量深入开展调查研究,针对企业的不同情况,分别制定相应措施,加快企业改革发展步伐。吉林省手工业合作联社在这方面已经做了大量、卓有成效的工作,要继续把工作抓紧抓实。发展才是硬道理。要坚持改革发展并重的原则。在改革上,要按照现代产权制度和现代企业制度的要求,积极发展以"两个联合"为主要特征的多种新型集体企业,在企业股份制改造中,使职工建立新的劳动关系,实行按劳分配和各种生产要素分配相结合的分配制度,不断增强企业的活力,同时使职工享受到改革的成果,实现共同富裕。在发展上,要有新思路,抓住产业和产品结构调整这个关键,以市场为导向,以技术改造和技术创新为推动力,发展名、优、特、新和高附加值产品,促使企业做大、做强,提高企业和产品在市场中的竞争力,为全省经济社会发展做出新的贡献。这有利于"三个代表"重要思想的贯彻落实,有利于坚持和巩固社会主义制度。无数企业的改革发展成就已经证明,传统集体企业经过改革完全可以焕发新的生机。你们省的白山市喜峰塑料股份公司就是一个改革成功的典型。上海市工业合作联社的新工联集团公司,经过五年不断深入的产权制度改革,已经成为年销售额 10 亿以上、极具发展潜力的股份制企业。上海华生化工有限公司,十几年前还是一个 3 口缸、6 根棒、9 个人的小集体企业,经过多次体制、机制创新和技术改造与市场催化,现在已经是个年销售额 20 多亿的企业。山西省运城制版股份公司,也是一个由工艺美术小企业经过十几年改革发展,至今已成为在世界同行业中名列前茅的企业,在国外有十个分公司。如此等等,所有这些都给我们一个启示,不改革、不发展,没有出路,改革发展才有光明前途。

2. 要为集体经济改革发展提供和争取法规保障

制定和完善相应法律、法规和政策,是集体经济深化改革、健康发展的根本保证。最近,总社组织有关人员起草了《关于促进城镇集体经济改革发展的指导意见》(内部讨论稿),已经印发各省级联社征求意见。前几年,吉林省政府九个部门出台了集体经济改革发展的有关政策规定,在全国引起很大反响。现在,吉林省集体合作经济指导委员会成立,希望根据新的形势和集体企业深化改革、不断发展的需要,能进一步制定鼓励、支持集体经济改革发展的政策规定,特别是你们正在搞国有企业主辅分离试点,对试点中的政策,希望能适用于城镇集体企业,以推动全省集体、合作经济的健康发展。

今年8月22日召开的全国人大常委会议,对《物权法》(草案)进行了第五稿审议。明年全国人大会议有可能审议通过、颁布实施。这次审议《物权法》(草案)第五稿与第一稿相比,已有很大进步。全国人大常委会对《物权法》的制定是十分重视和细致的,也十分慎重,不仅在人大常委中经过了五次审议,还在全社会中征求意见。全国人大法律委和人大常委会法工委领导,还亲自到上海对集体经济问题专门进行了调研,听取了方方面面的意见,也与总社的同志开了座谈会,我们有些意见已经被吸收到《物权法》(草案)中,但是我觉得有些地方还没有完全达到我们的希望。因此,在常委会上,我再次就集体所有权和集体资产的维护等重大问题提出了修改意见。第五稿审议后,起草委员会还要根据大家提出的意见进行修改。吉林省集体、合作经济指导委员会也可以在征求社会各有关单位和个人对《物权法》(草案)修改意见的基础上,以指导委员会的名义,围绕明确、行使、维护集体所有权提出具体的修改建议,报总社或直接报全国人大法律委。《物权法》经全国人大会议通过后,要认真贯彻执行,用法律武器维护集体资产的所有权、收益权、分配权和处置权,杜绝对集体资产的侵占和平调。

3. 要充分发挥集体企业联合经济组织的作用

手工业合作联社、供销合作总社、金融信用社(现在城市中的商业发展银行)与城乡集体企业有密切关系。联社等集体经济联合组织首先要搞好自己的定位,上为政府分忧,下为企业解难,坚持"有为才能有位"的指导思想和工作方法,积极进行联社的改革与创新,努力推动集体、合作经济深化改革,健康发展。政府也要关心联社等集体联合经济组织的工作,帮助解决他们工作生活中的实际问题,使联社真正成为政府的好帮手,在履行"指导、维护、协调、监督、服务"的职能中,搞好资产运作,扩展服务空间,为加快集体经济改革发展,保持社会稳定,构建和谐社会做出积极的贡献。

4. 要从理论与实践的结合上探索新型集体经济发展的新路子

要认真总结和大力宣扬集体企业改革发展取得的成果和经验。吉林省将恢复集体经济研究会的做法很好,有这样一个载体和一批人员,对集体经济开展课题研究和理论创新,并用于指导集体经济改革发展的实践,很有必要。总社发挥中国工业合作经济学会和特约研究员的作用,已经在理论研究上有了很好的效果。上海市工业合作联社在资金和人力上扶持上海集体经济研究会,不仅在上海集体经济改革发展中起了重要作用,许多研究成果和他们办的刊物,对全国集体经济都产生了重要的指导作用。最近,他们又对已退休的、71 岁的王翠玉女士为培训下岗和城郊妇女再就业举办的上海市女子实验函授进修学院和三个由妇女组织的手工业合作社,进行了调查总结,写出了很好的调查报告,这些自愿组合、自筹资金、艰苦创业、开辟就业渠道的典型的精神是很有启发意义的。这样的实证研究,将会推动理论研究的深入发展。我希望吉林省手工业联社、集体经济研究会和中国工业合作经济网站吉林省联社分站,联合经济研究机构、高等院校的专家学者和实际工作者、新闻媒体开展集体、合作经济论坛和理论研讨活动,从理论与实践的结合上探索集体经济改革发展的方向,为新型集体经济提供理论依据,促进新型集体经济健康发展,为全面落实科学发展观,巩固我国社会主义的基本经济制度,加快经济社会发展和小康社会建设,构建和谐社会做出更大的贡献!

谢谢大家!

（此件由中华全国手工业合作总社办公室提供）

夯实基础　更新理念
抓住机遇　再塑辉煌①（节录）

（2006 年 9 月 5 日）

李玉娟

一、总社近年来主要工作的回顾（略）

二、配合《联社集体资产监督管理暂行办法》的颁布，各地联社在集体资产管理、保全和有效运营上取得了一定成绩

（一）《联社集体资产监督管理暂行办法》得到了各地联社的贯彻落实

《联社集体资产监督管理暂行办法》下发以后，各省、市、自治区联社普遍转发至各级基层联社，使联社集体资产的监督管理工作做到了有章可循。浙江省手工业合作社联合社在贯彻落实中，结合本省情况起草了《浙江省手工业合作社联合社集体资产监督管理实施细则》，并邀请省政府专业部门和多家权威机构进行了论证，总社领导和资财部的同志参加了论证，目前《实施细则》已获浙江省联社理事会通过。上海市工业合作联社邀请中国工业合作经济学会、上海集体经济研究所、上海经济技术学会发展咨询联合事务所和总社办等单位，对上海工业合作联社几年来的产权改革实践进行了回顾总结，对下一步的深化改革提出了方案和措施，这将有效地提高集体资产运营质量和监管、保全的力度。四月底，他们制定的《联社集体资产监督管理实施细则（试行）》，已经联社理事会审议通过，现已正式下发执行。总社《联社集体资产监督管理暂行办法》和省市联社《实施细则》的贯彻执行，对于维护联社资产的合法权益，实现联社资产的保值增值，促进多种形式集体经济的发展，必将起到重要的政策保障作用。

---

① 这是李玉娟在全国联社系统财务工作会议上的讲话。

（二）在努力维护集体资产权益、有效运作联社资产方面取得了成绩，积累了经验

四川联社近两年来，在事实并不太复杂的联社资产的归属问题上竟经历了五次审计，这再一次说明了维护联社集体资产产权任务的艰巨性和复杂性。他们在国有资产清产核资开始后，以尊重历史，合理归属为原则，不失时机地也进行了对集体资产的清产核资工作，但却随后招来了对联社资产定性问题的种种质疑；他们不畏挫折，以坚定的信念和有效的工作，依靠组织，据理力争，最终让人们看到了事实的真相，维护了联社资产的权属关系，也为今后此类问题的解决提供了一定的经验。

武汉联社在对集体企业进行的改制工作中，以制度、原则为保障，使资产保全问题的责任得到了明确和落实。在企业改制成本的筹集上，他们动脑筋，想办法，在确保企业改制工作的顺利进行的同时，联社资产的完整不但没有受影响，还使其自身的资源与条件实现了优化合理的配置和使用。

（三）联社内部的财务基础管理工作开始得到了重视和加强

山西联社通过加强和完善联社机关单位的内部控制制度，适应了形势发展及工作的需要，使财务基础管理工作迈上了新的台阶。在阻塞漏洞，消除隐患的同时，他们得到了遵守规则带来的保障及和谐，也体会到了管理工作的加强同样能产生效益的哲理。

此外，为更好地服务于集体、合作经济的改革事业，吉林省委、省政府成立了《吉林省集体合作经济指导委员会》，这是吉林省经济管理体制改革和对集体经济领导方式上的一个创新，这将在稳固机构和职能作用的发挥上对发展集体、合作经济及联社事业给予一定的组织保障，也体现出了省一级政府部门高瞻远瞩，顺应规律，以科学的发展观引领经济工作健康、全面发展的决心和胆识。

三、下一步的工作任务

（一）加强对集体经济存在的必然性和必要性的认识，增强做好财务管理工作的信心

党的"十五大"对社会主义市场经济条件下的集体经济内涵进行了精辟的阐述：第一，"公有制经济不仅包括国有经济和集体经济，还包括混合所有制经济中的国有成分和集体成分"。这里所讲的混合所有制经济中的集体成分，是一个创新的概念，是对改革中出现的集体经济新的实现形式的肯定。第二，"集体经济可以体现共同富裕原则，可以广泛吸收社会分散资金，缓解就业压力，增加公共积累和国家税收。要支持、鼓励和帮助城镇多种形式集体经济的发展,这对发展公有制经济的主体作用意义重大"。第三,"劳动者的劳动联合和劳动者的资本联合为主的集体经济,尤其要提倡和鼓励。"党的"十六大"和"十六届三中全会"对新形势下集体经济的改革发展问题提出了方向性的要求,特别指明:要"深化集体企业改革,继续支持和帮助多种形式的集体经济的发展",还要"以明晰产权为重点深化集体企业改革"。根据上面的内容可明确地得出结论:集体企业改革的方向是明晰产权,改革的目的不是要把集体企业"改掉",而是要发展多种形式的集体经济。

全国人大常委会副委员长蒋正华同志去年九月在北京举办的"2005 中国集体经济高层论坛"上的演讲中提道:"集体经济是公有制经济的重要组成部分,而且是很有生命力的一部分,我相信,集体经济、合作经济在今后一定会得到更快的发展";中共吉林省委副书记、经济学家林炎志同志认为:"集体经济具有国有经济和个体私营经济所不具有的特殊优势,在发展国民经济、体现政权性质、实现共同富裕等方面大有可为"。

在地方上,联社工作也日益得到各级政府的重视和支持。湖南省副省长郑茂清同志去年六月在出席湖南社省联社第六次代表大会上,就旗帜鲜明地指出:"要在机构改革和企业改制过程中,切实加强对集体资产的监督和管理,既要防止集体资产以改革名义流入个人口袋,又要防止把集体资产作为'无主资产'被收归国有或套用国有资产管理的办法,重走'二国营'的老路。各级联社及联社成员单位要做集体资产的'保护神',使集体资产成为集体经济组织劳动者共同富裕的经济支柱"。

总之,全社会对集体经济重要作用的重新认识,使一些对城镇集体经济在新时期的地位作用产生的模糊、错误的观念逐渐得到澄清和纠正,目前良好的政策环境,为集体经济的健康发展提供了前所未有的机遇和条件。

(二)要继续深入贯彻《联社集体资产监督管理暂行办法》

浙江、上海等地联社已结合自身情况,先行制定出具体适用的资产管理办法实施细则。还没有落实此项工作的联社要尽快制定出适合各地情况,能在管好、用好联社集体资产方面真正地发挥作用的具体意见和办法。

联社资产管理是一项政策性很强的工作,《联社集体资产监督管理暂行办法》正是指导这项工作的政策依据,结合目前的形势,很好地领会贯彻《联社集体资产监督管理暂行办法》,还会对解决联社资产管理中遇到的保全和安全有效运营等问题起到一定作用。

目前,确有一些地方或部门,他们置法律、公理于不顾,为了获得非分的利益,总想利用各种手段把联社集体资产收于自己名下。广西柳州联社不久前就遇到了联社资产被市财政强行划拨的事情;黑龙江省联社就省二轻职工大学以国有资产名义带走联社集体资产,造成集体资产流失的问题,自去年就通过多方的努力、斡旋,要求省政府协调有关部门,将该资产还回省二轻联社,但直到今天仍然没有结果。上述事实告诫我们,对联社集体经济存在的合法性这样一个看似简单的问题,认识上的偏差导致了地区间对联社集体经济认同度的不同。所以,我们既不要为在集体资产产权维护上取得的一些成绩沾沾自喜,更不能因暂时的挫折而丢掉信念,我们不仅要对这项工作的长期性、复杂性以至反复性给予充分的认识和警惕,还要探讨有效运用有关的政策和法律法规解决这些问题的途径和办法。

联社资产运营工作一定要在科学、民主的决策基础上进行,对来之不易积累起来的联社资产实施经营运作,要具备风险意识,要建立起相应的防范机制,确保联社资产的安全及保值增值目标的实现。

(三)进一步加强财务基础管理工作

各联社及所属企业要在涉及会计机构、人员的设置及管理,会计人员职业道德,会计控制与监督,会计核算全过程的工作规范性等方面,结合自身的情况找出基础管理工作中的薄弱环节,有针对性地加以整改、完善;近期,还要在全系统着重落实做好以下工作:第一,建立健全内部会计控制机制,保证会计信息的真实可靠、保护资产的安全完整、保障有关法律、法规及各项制度的贯彻执行;第二,摸清家底,盘准、盘实联社现有的各类资产,为以后的集体资产产权登记工作奠定基础,在有争议资产的清查中,要不遗余力地查清查实,要整理利用好有关的史料档案,搞清楚其形成的时间及过程,在有理有据的基础上为问题的最终解决积聚条件;第三,存在财政资金和集体资产"两本账"情况的联社,要尽快理顺关系,避免由于会计核算上的不规范,使集体资产造成损失。

(四)加强财务专业队伍建设,培养德才兼备的事业接班人

随着时间的推移和机构的不断调整,熟悉联社集体资产的产生、历史发展以及资产积累过程的同志越来越少,受以前多年来不利大环境的影响,一些联社机构在组织与人员的稳定上受到了一定的冲击,使包括财务工作在内的许多专业工作岗位后继乏人,通过老同志的传、帮、带,培养了解联社历史、熟悉联社工作特点、能应对联社资财管理业务,且具备较高专业素养的后继新人,已是迫在眉睫。

应通过组织多种形式的学习进一步提升财务人员的素质。要通过理论学习,不断提高政治素质;通过业务学习,不断提高专业素质;通过知识面的扩充,

不断提高综合素质；要了解掌握会计、财税等方面的政策法规，及时地用新知识、新政策、新方法充实头脑。此次会后我们要召开中国总会计师协会轻工分会成立大会，目的就是广泛联系、组织行业系统内的财务管理人员，在专业培训、业务咨询及理论研讨等方面为其提供更多学习和交流的机会，让理论能更快更好地指导、服务于我们的具体工作，最终实现提升总体财务管理水平的目的。

为适应经济全球化和科技进步日趋加快的国际环境，适应全面建设小康社会的新形势，必须加快推进改革，注重制度建设和体制创新、坚持以人为本，树立全面、协调、可持续的科学的发展观，以更好地推动经济社会的发展及和谐社会的构建。原有的强调稳定的、静态的、保守的传统财务观念中，有的需要更新，有的需要修正，还有的需要充实。我认为，联社及联社企业应适应形势的发展和需要，尽快领会并树立起大财务观念、经济增加值观念、战略观念、全面预算观念、资本经营观念、市场竞争观念，风险观念以及复合型人才观念等现代财务观念，为我们的财务工作在指导理论与实践方法上的推陈出新奠定基础。

我们要树立人才是第一资源的观念。江泽民同志曾经说过："世间万物，人是最宝贵的，人力资源是第一资源。实现经济和社会发展，关键都在人"。

要发展联社经济，就要求我们不仅要善于开发培养人才，更要懂得如何把握、留住人才。要对包括财务人员在内的专业经济技术人员做到培训有道、激励有术、选拔有方、任用得法，这样才能让已走过五十多年风雨历程的联社事业后继有人。

（此件由中华全国手工业合作总社资产财务部提供）

曾培炎副总理在全国中小企业工作座谈会上的讲话

（2006 年 9 月 14 日）

中小企业是国民经济的重要组成部分。我国的中小企业大部分属于非公有制经济。党中央、国务院高度重视中小企业和非公有制经济发展。党的十六大明确指出，必须毫不动摇地巩固和发展公有制经济，毫不动摇地鼓励、支持和引导非公有制经济发展；进一步放开搞活国有中小企业；充分发挥个体、私营等非公有制经济在促进经济增长、扩大就业和活跃市场等方面的重要作用。国务院颁布了《关于鼓励支持和引导个体私营等非公有制经济发展的若干意见》（国发〔2005〕3 号），要求积极采取措施促进非公有制经济加快发展。十届全国人大四次会议通过的《国民经济和社会发展第十一个五年规划纲要》提出，要实施中小企业成长工程，推动中小企业提高整体素质和市场竞争力。今天召开这个座谈会，主要是总结"十五"期间中小企业改革发展的成绩和经验，研究部署"十一五"促进中小企业发展的任务。会上，国家发展改革委负责同志就中小企业成长工程有关工作做了说明，一些地区和其他部门的负责同志发了言。下面，我讲几点意见：

一、充分肯定"十五"期间中小企业发展取得的成绩

中小企业是一个富有活力的经济群体。从全球范围来看，中小企业是一些国家和地区创造经济奇迹的重要因素，在繁荣经济、增加就业、推动创新、催生产业等方面，发挥着越来越重要的作用，成为推动经济社会发展的重要力量。因此，无论是发达国家还是发展中国家，都十分重视中小企业的发展，在美国、日本、德国等经济强国，都有一批竞争力很强的中小企业，很多大型企业、跨国公司也是从中小企业发展起来的。

改革开放以来，我国中小企业迅速成长。"十五"时期，国家明确了促进中小企业发展的方针政策，放宽了市场准入，加大了政策支持，完善了社会服务，改进了监督管理。在中央一系列政策措施指导下，地方各级政府相继出台了许多

具体措施和配套办法,做了大量行之有效的工作。在市场机制和政府支持的共同作用下,中小企业数量迅速增加,素质不断提高,活力明显增强,发展上了一个新台阶。主要表现在:

——中小企业对经济增长的贡献越来越大。过去五年,国民经济年均增长9.5%,而规模以上中小工业企业增加值年均增长28%左右。目前,中小企业创造的最终产品和服务价值相当于国内生产总值的60%左右,缴税额为国家税收总额的50%左右。在广东、浙江等沿海地区,中小企业发展呈现出增长快、后劲足的良好态势。在中西部地区,一些中小企业在县域经济中发挥着重要作用。

——中小企业成为扩大就业的主渠道。中小企业多属于劳动密集型产业,而且就业方式灵活,为缓解就业压力发挥了积极作用。目前,中小企业提供了75%以上的城镇就业岗位。国有企业下岗失业人员大多在中小企业实现了再就业。农民工相当大一部分在中小企业务工。中小企业也开始成为一些高校毕业生就业的重要渠道。

——中小企业是技术创新的生力军。目前,我国65%的发明专利、80%以上的新产品开发,是由中小企业完成的。无论是在电子信息、生物医药、新材料等高新技术领域,还是在信息咨询、创意设计、现代物流等新兴服务业,中小企业的创新都十分活跃。一些知名企业都是依靠技术创新从小到大、迅速成长起来的。

——中小企业促进了经济结构调整和优化。不少中小企业已经从早期的加工、建筑、运输、商贸等领域,向基础设施、机电制造、新兴服务、高新技术等领域拓展,实现了产业结构的升级。部分中小企业在"专、精、特、新"方面迈出了步伐,积极与大企业协作配套,优化了企业组织结构。有些地区中小企业形成了产业集群,为全国结构调整作出了贡献。

——中小企业在改革开放中的作用日益增强。中小企业的发展,既是改革开放的重要成果,又是改革开放的重要力量。量大面广的中小企业参与竞争,营造了充满活力的市场环境,促进了市场配置资源基础性作用的发挥。近年来,中小企业进出口贸易迅速发展,一批有实力的企业已经走出国门。

在肯定成绩的同时,应该清醒地看到,中小企业在发展中还存在一些困难和问题。其中,既有创业难、发展难的问题,又有总体素质较低、增长方式粗放、结构不合理的问题。一是竞争力不强。一些中小企业过度依靠低价竞争,一味拼价格、拼劳力、拼资源、拼土地、拼环境,企业技术和管理水平低,难以在市场竞争中取胜。二是特色不鲜明。一些企业小而全、小而弱,产品结构雷同,主业不突出。在协作配套生产、劳动密集型产业、服务业等可以发挥特色的领域,中小企业发展不足;在资源开采、原材料生产等产业集中度要求较高的领域,小企业过多。三是发展不可持续。一些企业资源利用率低、环境污染重、安全隐患多。2004年,中小工矿企业共发生安全事故9800多起,死亡11000多人,分别占全国工矿企业的67%、68%。四是市场行为不规范。一些企业依法经营、诚实守信意识淡薄,知识产权观念不强、保护不力,侵犯职工合法权益的现象时有发生。五是政策环境不完善。创业门槛高,市场准入和退出机制不健全,资金融通难,社会化服务滞后,等等。对此,我们要高度重视,采取针对性措施,认真加以解决。

二、促进中小企业切实转入科学发展轨道

当前,国内外形势给中小企业发展提供了良好的机遇。经济平稳较快发展,工业化、城镇化持续推进,国家提出扩大消费、提高消费比重,为中小企业发展提供了广阔的市场;社会主义市场经济体系不断完善,支持政策逐步健全,为中小企业改革和发展提供了有利的环境。经济全球化趋势深入发展,科技进步日新月异,世界产业结构加快调整,为中小企业在开放中发展提供了很好的机会。

同时也要看到,中小企业发展也面临着挑战。国内外市场竞争日趋激烈,使中小企业面临的压力加大。技术进步和产业升级加快,对中小企业科技创新提出了更高的要求。深入实施可持续发展战略,节约资源、保护环境、履行社会责任,需要更多地考虑完全成本,中小企业在生产经营上的优势会发生一些变化。

在新的形势下,促进中小企业又快又好发展,要坚持以邓小平理论和"三个代表"重要思想为指导,全面贯彻落实科学发展观,按照构建社会主义和谐社会的要求,着力转变企业增长方式,着力提高企业自主创新能力,着力完善企业发展的外部环境,全面提高中小企业整体素质和市场竞争力。在具体工作中,应注意把握以下几个原则:

一是从主要依靠数量扩张转变为更加注重质量提高。从发达国家所走过的道路来看,中小企业都有一个从数量扩张到质量提升的阶段。二战以前,日本企业素质不高,"东洋货"不耐用,名声不好。但后来,日本企业素质有了很大提高。到今天,不仅形成了一些举世闻名的跨国公司,还有一批竞争力很强的中小企业。瑞士在上个世纪初手工作坊式的企业较多,造成垃圾遍地、污水横流。而经过治理,现在其中小企业都有很强的技术实力,环境也变得异常优美。我国沿海地区的发展过程也说明了这一点。如浙江温州一些中小企业,过去假冒伪劣成风,现在发展比较规范,在国内外市场竞争中取得了较好的业绩。目前,我国

中小企业数量和规模不小,已经到了以提高素质为主的发展阶段。正确处理数量与质量的关系,既要抓住机遇,促进中小企业加快发展;又要提升水平,引导企业依靠质量求生存,依靠管理求效益,依靠创新求发展。还要从东、中、西部地区的实际出发,提出有所不同的要求。

二是从主要依靠粗放型增长转变为更加注重可持续发展。节约资源、保护环境是我们必须长期坚持的基本国策。长期以来,一些中小企业特别是"五小"、"十五小"企业,生产工艺设备简陋,劳动保护措施缺乏,不仅浪费了大量资源,而且污染了周围环境,甚至发生安全事故,给人民群众生命财产带来很大损失。中小企业要进一步发展,必须彻底摒弃高消耗、高污染的生产方式,结合自身实际采取有效措施,努力提高资源利用率,加强环境治理,改善安全生产条件,走清洁发展、节约发展、安全发展和可持续发展的道路。

三是从主要依靠企业单干转变为更加注重协作配合。中小企业不能因小而散、因小而乱,必须有序发展。在这方面,我们已经有了一些经验教训。如在外贸出口中,许多企业一哄而上,压价竞争,损失很大,甚至引起反倾销。提高中小企业发展水平,要把引导企业加强协作放到重要位置,从中小企业自身特点出发,更好地体现行业特色和地域特色,更多地发展专业化分工。如围绕主导产业发展配套生产,围绕特色产品发展一条龙服务,围绕新兴产业发展创新型企业等。要遵循市场经济规律,加强规划和政策引导,促进中小企业深化分工协作,培育产业集群,形成发展合力,提升竞争能力。

四是从单纯追求经济效益转变为更加注重提高经济效益与履行社会责任相结合。中小企业要追求效益、追求利润,但同时必须遵纪守法、讲求诚信、履行社会责任。企业要有精神、有文化,对产品负责、对员工负责、对市场负责、对社会负责。面对国内外市场竞争,要引导中小企业加强管理,节约成本,不断提高经济效益。同时,要督促中小企业严格执行劳动保护、最低工资、社会保障等国家法律法规和制度,规范企业劳动关系;鼓励企业在生产发展的基础上提高职工收入,加强职工业务和技术培训。中小企业文化建设也要提上议事日程。要引导企业加强精神文明建设,努力塑造和谐向上、积极进取的企业精神,调动和发挥职工群众的主动性和创造性。

为促进中小企业快速健康发展,国家制定了中长期发展规划,有关部门起草了关于实施中小企业成长工程的若干意见。要按照提高整体素质和竞争力的要求,进一步完善"十一五"中小企业发展的目标。一是提高水平。今后五年,要发展一批管理和技术达到或接近国际先进水平的企业,培育一批科技含量高、拥有自主知识产权的产品,形成一批特色明显、结构优化、体系完整的中小企业集群。二是扩大就业。五年内中小企业新增城镇就业和吸纳农村转移劳动力达到新水平。三是节约环保。中小企业单位生产总值能耗降低、主要污染物排放量减少以及单位增加值用水量节约等指标,都应达到全国平均水平,这是必须完成的约束性指标。四是规范发展。企业的社会责任得到履行,诚信水平明显提高,精神文明建设不断加强。

三、进一步明确中小企业发展的方向

"十一五"时期,实施中小企业成长工程,要贯彻落实国家发展规划和产业政策,结合各地实际,加快调整结构,着力自主创新,完善体制机制,发挥特色、扬长避短、转变方式、提高素质,合理确定中小企业发展的方向。

(一)引导中小企业走"专、精、特、新"的发展路子。从国内外的经验看,中小企业要想在激烈的市场竞争中取得优势,不能四面出击、战线拉得太长,而必须坚持"小而专、小而精、小而特、小而新"的方针,走与大企业和相关企业协作配套的发展路子。这是现代市场经济的一个客观规律。它有利于中小企业降低生产成本,提高经营效率,集中精力提高产品质量和技术含量。日本、欧洲等发达国家的许多中小企业,专门生产某一系列甚至某一方面的零部件和配套产品,做得深,做得精,做得新,在本国乃至国际市场上有很强的竞争力。要鼓励和支持中小企业与大企业和相关企业建立稳定的原材料、零部件供应及技术进步等方面的协作关系,形成较强的生产配套能力,提升企业发展水平。

(二)支持中小企业发展劳动密集型产业。我国人口多、就业压力大,调整和优化产业结构,必须大力发展劳动密集型产业。在这方面,中小企业有优势,社会有需求,国家政策有优惠。要进一步采取有效措施,鼓励中小企业在农副产品加工、轻工家电、纺织服装、机电装配等工业领域吸收更多的劳动力就业;鼓励中小企业发展劳动密集型的服务业,如商业零售、餐饮服务、社区服务、旅游服务以及文化娱乐、体育健身等;鼓励个体、私营等非公有制经济实行钟点工、定期合同工等多种灵活的就业方式。

(三)鼓励中小企业进入现代服务业、装备制造业和高新技术产业。这是产业结构调整的重要任务,也是中小企业创新发展的重要方面。服务、装备和技术是相互支撑的,现代服务业、装备制造业、高新技术产业在很大程度上共生、共荣、共衰。美国硅谷地区高新技术产业发达,得益于配套完善的现代服务业以及分工协作的装备制造业。要积极支持中小企业发展现代服务业,创造条件进入现代物流、信息服务、金融服务、工程咨询、会计评估、创意设计、会展经济等领

域;运用现代信息技术、现代经营方式和新型业态,改造和提升传统服务业。中小企业"船小好掉头"、用工灵活,拥有一项专利、一种特长,就会形成一个新的经济增长点。要发挥中小企业在这方面的优势,鼓励其进入高新技术产业和装备制造业领域求得发展。

(四)积极发展中小企业集群。产业集群、"企业扎堆",具有分工协作细、聚集效应强、资源共享程度高的特点,有利于完善配套、降低成本、提高效益,有利于形成特色、创造品牌,有利于发展循环经济,是现代企业特别是中小企业发展的一种有效形式。这在国际国内都不乏成功的范例。改革开放以来,我国广东、江苏、浙江等地在市场竞争中已经出现了一些产业集群,形成了一批配套成龙的中小企业。要从实际出发,因势利导,科学规划,在有条件的地区促进产业集群的形成,提高中小企业发展的效率和水平。

(五)增强中小企业自主创新能力。企业是自主创新的主体。与大企业相比,中小企业在创新方面有着数量多、效率高、周期短、成本低等优势,更具有创新精神和活力。据测算,20世纪全球约60%的重大创新都来源于中小企业。如直升飞机、空调、催化炼油等重要产品或工艺,都是由中小企业发明的。微软、英特尔等在世界信息产业领域举足轻重的跨国公司,几十年前都是小企业,依靠发明计算机微处理器、操作系统等创新技术而迅速发展起来。我国的华为公司因为拥有自主创新的核心技术,在较短的时间内就从一个很小的企业发展成为一家跨国公司。因此,要加快建立以企业为主体、市场为导向、产学研相结合的中小企业技术创新体系,鼓励中小企业增加研发投入,提高研发能力;支持中小企业运用现代信息技术,提高运营效率和增强市场开拓能力。目前,我国许多中小企业产品本身很有实力,但在开拓市场时主要依靠贴牌生产,掌握不了发展的主动权。要引导中小企业实施品牌战略,培育自己的品牌、自己的商标,把附加值做高,把企业做大。

(六)促进中小企业深化改革开放。一是推进改革创新。中小企业进一步发展,必须完善体制机制,优化管理方式,建立现代企业制度。要积极引导中小企业深化改革,从自身实际出发,健全经营机制,增强企业活力。探索适合中小企业的组织形式,引导具备条件的企业适时推进股份制、公司制改造,形成科学的治理结构。一些中小企业可以通过兼并、收购、联合等方式,逐步壮大实力,发展成为大企业、大公司。二是扩大对外开放。我国中小企业队伍不小,在满足国内需求的同时,开拓国际市场大有可为。要引导中小企业转变外贸增长方式,加快加工贸易转型升级,提高出口产品的档次和技术含量。鼓励企业更多地引进先进技术、关键设备,积极承接国际服务业外包转移,提高利用外资质量。鼓励中小企业到境外投资兴业,发展产品加工、输出劳务、建立营销网点、开展合作研发。加强与外国政府和国际组织的交流,积极探索国际合作的新途径、新机制,办好中国国际中小企业博览会,为中小企业扩大开放搭建平台。

四、加强对中小企业的政策支持和服务

中小企业与大企业相比,在市场、融资、人才、管理等方面都处于弱势地位。特别是在创业发展的初期,中小企业遇到的困难往往是难以想象的。促进中小企业又快又好地发展,必须在充分发挥市场机制作用的基础上,加大政府支持、引导和服务的力度。

首先,加强组织领导和政策协调。促进中小企业发展,关键要狠抓落实。各级政府尤其是地方政府要转变过去那种只关心大型企业的工作方式,把中小企业发展工作摆上重要议事日程。全国推动中小企业发展工作领导小组要发挥作用,国家发展改革委要牵好头,财税、科技、商务、国土、金融、统计等各有关部门密切协作,共同做好中小企业发展工作。要创新工作方法,深入调查研究,制定更加切合实际的政策措施,为中小企业提供更多务实有效的服务。当前,要根据中小企业促进法、国务院文件和国家"十一五"规划纲要的要求,抓紧制定相关配套法规和政策。

第二,放宽和规范中小企业市场准入。这是当前各方面比较关心的问题。要贯彻平等准入、公平待遇的原则,继续清理和修订有关法规、规章和政策性规定,扩大包括非公有制经济在内的中小企业市场准入领域。改善创业环境,鼓励个人和法人依据国家政策法规创业发展,投资、投劳建立中小企业。加快垄断行业改革,明确市场准入标准,搞好企业资质管理,引导社会资本规范进入。鼓励、支持和引导中小企业参与国有企业改革,进入金融服务、公用事业、基础设施等领域。一些重要的矿产资源开采领域,允许中小企业、社会资金以资本的形式进入。

第三,着力缓解中小企业融资难的问题。中小企业经营风险较大、贷款成本较高,融资难的问题十分突出,必须高度重视、认真解决。要深化金融体制改革,建立和完善银行体系,发展一些适应中小企业贷款特点的金融组织。引导和鼓励金融机构改进金融服务,创新金融产品,调整信贷结构,增加对中小企业的贷款。健全中小企业信用担保体系,推进中小企业信用制度建设,提升中小企业信用等级,为中小企业贷款融资提供方便。健全和完善多层次资本市场体系,办好证券市场上的中小企业板块,扩大中小企业直接融资渠道。特别是要加快健全

中小企业创业（风险）投资机制，疏通风险资本的进入和退出渠道，鼓励和支持中小企业创新发展。各地可从实际出发，完善中小企业发展基金，设立创业投资引导资金。

第四，健全中小企业社会化服务体系。要按照市场化、专业化、社会化的发展方向以及"政府支持中介、中介服务企业"的方式，为中小企业提供更多更好的服务。健全中小企业服务机构，发展为中小企业服务的中介组织，转变服务观念，开拓服务渠道，提高服务能力，完善服务功能，搞好管理咨询、技术支持、人才培育、国际合作、市场营销等方面的服务。推进有关行业协会改革，加强行业自律。尽快建立中小企业监测体系，及时发布有关中小企业发展的产业政策、发展规划、投资重点和市场需求等方面的信息，引导中小企业持续健康发展。

第五，加大技术创新和人才开发支持力度。要按照国家中长期科技发展规划的要求，针对制约我国中小企业技术创新的突出问题，抓紧制定促进中小企业技术创新的政策措施。充分发挥公共财政的引导作用，培育一批公共技术平台，健全技术服务网络，为中小企业技术创新提供综合服务。完善知识产权保护体系，提高中小企业创业创新的积极性。重视中小企业人才队伍建设，完善人事管理、职称评定和政府奖励等方面的政策措施，加强对中小企业人才培训的支持。

第六，在加强服务的同时做好管理工作。要针对中小企业的特点，把服务与监管结合起来，加强和改进政府监管。坚持依法行政，加强对中小企业安全生产、环保卫生、资源开采、土地使用以及在维护职工各项权益等方面的监管，深入整顿和规范市场经济秩序，严肃查处假冒伪劣、盗版侵权、商业欺诈、偷税漏税等违法违规行为。加强监管队伍建设，整合监管力量，实行联合执法，避免影响企业正常生产经营活动。引导中小企业学习和采用国内外先进的管理理念、方法和手段，夯实管理基础，推进管理创新，全面提高企业素质。

实施中小企业成长工程，是促进中小企业发展的一项重要任务。请国家发展改革委会同有关部门认真研究吸收有关意见和建议，深入研究制定具有操作性的政策措施，抓紧出台实施有关文件。各地区、各部门以及广大中小企业要进一步积极行动起来，认真贯彻党中央、国务院关于促进中小企业发展的方针政策，扎实推进各项任务，确保取得工作实效。

（此件由中共中央党史研究室机要档案处提供）

中共中央关于构建社会主义和谐社会
若干重大问题的决定（节录）

（2006 年 10 月 11 日中国共产党第十六届中央委员会
第六次全体会议通过）

二、构建社会主义和谐社会的指导思想、目标任务和原则

我们要构建的社会主义和谐社会，是在中国特色社会主义道路上，中国共产党领导全体人民共同建设、共同享有的和谐社会。必须坚持以马克思列宁主义、毛泽东思想、邓小平理论和"三个代表"重要思想为指导，坚持党的基本路线、基本纲领、基本经验，坚持以科学发展观统领经济社会发展全局，按照民主法治、公平正义、诚信友爱、充满活力、安定有序、人与自然和谐相处的总要求，以解决人民群众最关心、最直接、最现实的利益问题为重点，着力发展社会事业、促进社会公平正义、建设和谐文化、完善社会管理、增强社会创造活力，走共同富裕道路，推动社会建设与经济建设、政治建设、文化建设协调发展。

到二○二○年，构建社会主义和谐社会的目标和主要任务是：社会主义民主法制更加完善，依法治国基本方略得到全面落实，人民的权益得到切实尊重和保障；城乡、区域发展差距扩大的趋势逐步扭转，合理有序的收入分配格局基本形成，家庭财产普遍增加，人民过上更加富足的生活；社会就业比较充分，覆盖城乡居民的社会保障体系基本建立；基本公共服务体系更加完备，政府管理和服务水平有较大提高；全民族的思想道德素质、科学文化素质和健康素质明显提高，良好道德风尚、和谐人际关系进一步形成；全社会创造活力显著增强，创新型国家基本建成；社会管理体系更加完善，社会秩序良好；资源利用效率显著提高，生态环境明显好转；实现全面建设惠及十几亿人口的更高水平的小康社会的目标，努力形成全体人民各尽其能、各得其所而又和谐相处的局面。

构建社会主义和谐社会，要遵循以下原则。

——必须坚持以人为本。始终把最广大人民的根本利益作为党和国家一切工作的出发点和落脚点，实现好、维护好、发展好最广大人民的根本利益，不断满

足人民日益增长的物质文化需要,做到发展为了人民、发展依靠人民、发展成果由人民共享,促进人的全面发展。

——必须坚持科学发展。切实抓好发展这个党执政兴国的第一要务,统筹城乡发展,统筹区域发展,统筹经济社会发展,统筹人与自然和谐发展,统筹国内发展和对外开放,转变增长方式,提高发展质量,推进节约发展、清洁发展、安全发展,实现经济社会全面协调可持续发展。

——必须坚持改革开放。坚持社会主义市场经济的改革方向,适应社会发展要求,推进经济体制、政治体制、文化体制、社会体制改革和创新,进一步扩大对外开放,提高改革决策的科学性、改革措施的协调性,建立健全充满活力、富有效率、更加开放的体制机制。

——必须坚持民主法治。加强社会主义民主政治建设,发展社会主义民主,实施依法治国基本方略,建设社会主义法治国家,树立社会主义法治理念,增强全社会法律意识,推进国家经济、政治、文化、社会生活法制化、规范化,逐步形成社会公平保障体系,促进社会公平正义。

——必须坚持正确处理改革发展稳定的关系。把改革的力度、发展的速度和社会可承受的程度统一起来,维护社会安定团结,以改革促进和谐、以发展巩固和谐、以稳定保障和谐,确保人民安居乐业、社会安定有序、国家长治久安。

——必须坚持在党的领导下全社会共同建设。坚持科学执政、民主执政、依法执政,发挥党的领导核心作用,维护人民群众的主体地位,团结一切可以团结的力量,调动一切积极因素,形成促进和谐人人有责、和谐社会人人共享的生动局面。

三、坚持协调发展,加强社会事业建设

(三)实施积极的就业政策,发展和谐劳动关系。把扩大就业作为经济社会发展和调整经济结构的重要目标,实现经济发展和扩大就业良性互动。大力发展劳动密集型产业、服务业、非公有制经济、中小企业,多渠道、多方式增加就业岗位。实行促进就业的财税金融政策,积极支持自主创业、自谋职业。健全面向全体劳动者的职业技能培训制度,加强创业培训和再就业培训。深化户籍、劳动就业等制度改革,逐步形成城乡统一的人才市场和劳动力市场,完善人员流动政策,规范发展就业服务机构。强化政府促进就业职能,统筹做好城镇新增劳动力就业、农村富余劳动力转移就业、下岗失业人员再就业工作,加强大学毕业生、退役军人就业指导和服务。扩大再就业政策扶持范围,健全再就业援助制度,着力帮助零就业家庭和就业困难人员就业。完善劳动关系协调机制,全面实行劳动

合同制度和集体协商制度,确保工资按时足额发放。严格执行国家劳动标准,加强劳动保护,健全劳动保障监察体制和劳动争议调处仲裁机制,维护劳动者特别是农民工合法权益。

四、加强制度建设,保障社会公平正义

社会公平正义是社会和谐的基本条件,制度是社会公平正义的根本保证。必须加紧建设对保障社会公平正义具有重大作用的制度,保障人民在政治、经济、文化、社会等方面的权利和利益,引导公民依法行使权利、履行义务。

(五)**完善收入分配制度,规范收入分配秩序**。坚持按劳分配为主体、多种分配方式并存的分配制度,加强收入分配宏观调节,在经济发展的基础上,更加注重社会公平,着力提高低收入者收入水平,逐步扩大中等收入者比重,有效调节过高收入,坚决取缔非法收入,促进共同富裕。通过扩大就业、建立农民增收减负长效机制、健全最低工资制度、完善工资正常增长机制、逐步提高社会保障标准等举措,提高低收入者收入水平。完善劳动、资本、技术、管理等生产要素按贡献参与分配制度。健全国家统一的职务与级别相结合的公务员工资制度,规范地区津贴补贴标准,完善艰苦边远地区津贴制度。加快事业单位改革,实行符合事业单位特点的收入分配制度。加强企业工资分配调控和指导,发挥工资指导线、劳动力市场价位、行业人工成本信息对工资水平的引导作用。规范国有企业经营管理者收入,确定管理者与职工收入合理比例。加快垄断行业改革,调整国家和企业分配关系,完善并严格实行工资总额控制制度。建立健全国有资本经营预算制度,保障所有者权益。实行综合与分类相结合的个人所得税制度,加强征管和调节。

(六)**完善社会保障制度,保障群众基本生活**。适应人口老龄化、城镇化、就业方式多样化,逐步建立社会保险、社会救助、社会福利、慈善事业相衔接的覆盖城乡居民的社会保障体系。多渠道筹集社会保障基金,加强基金监管,保证社会保险基金保值增值。完善企业职工基本养老保险制度,强化保险基金统筹部分征缴,逐步做实个人账户,积极推进省级统筹,条件具备时实行基本养老金基础部分全国统筹。加快机关事业单位养老保险制度改革。逐步建立农村最低生活保障制度,有条件的地方探索建立多种形式的农村养老保险制度。完善城镇职工基本医疗保险,建立以大病统筹为主的城镇居民医疗保险,发展社会医疗救助。加快推进新型农村合作医疗。推进失业、工伤、生育保险制度建设。加快建立适应农民工特点的社会保障制度。加强对困难群众的救助,完善城市低保、农

村五保供养、特困户救助、灾民救助、城市生活无着的流浪乞讨人员救助等制度。完善优抚安置政策。发展以扶老、助残、救孤、济困为重点的社会福利。发扬人道主义精神,发展残疾人事业,保障残疾人合法权益。发展老龄事业,开展多种形式的老龄服务。发展慈善事业,完善社会捐赠免税减税政策,增强全社会慈善意识。发挥商业保险在健全社会保障体系中的重要作用。拓宽资金筹集渠道,加快廉租住房建设,规范和加强经济适用房建设,逐步解决城镇低收入家庭住房困难。

五、建设和谐文化,巩固社会和谐的思想道德基础

建设和谐文化,是构建社会主义和谐社会的重要任务。社会主义核心价值体系是建设和谐文化的根本。必须坚持马克思主义在意识形态领域的指导地位,牢牢把握社会主义先进文化的前进方向,弘扬民族优秀文化传统,借鉴人类有益文明成果,倡导和谐理念,培育和谐精神,进一步形成全社会共同的理想信念和道德规范,打牢全党全国各族人民团结奋斗的思想道德基础。

(一)建设社会主义核心价值体系,形成全民族奋发向上的精神力量和团结和睦的精神纽带。马克思主义指导思想,中国特色社会主义共同理想,以爱国主义为核心的民族精神和以改革创新为核心的时代精神,社会主义荣辱观,构成社会主义核心价值体系的基本内容。坚持把社会主义核心价值体系融入国民教育和精神文明建设全过程、贯穿现代化建设各方面。坚持用马克思主义中国化的最新成果武装全党、教育人民,用民族精神和时代精神凝聚力量、激发活力,倡导爱国主义、集体主义、社会主义思想,加强理想信念教育,加强国情和形势政策教育,不断增强对中国共产党领导、社会主义制度、改革开放事业、全面建设小康社会目标的信念和信心。加强马克思主义理论研究和建设,增强党的思想理论工作的创造力、说服力、感召力。坚持以社会主义核心价值体系引领社会思潮,尊重差异,包容多样,最大限度地形成社会思想共识。

(二)树立社会主义荣辱观,培育文明道德风尚。坚持依法治国与以德治国相结合,树立以"八荣八耻"为主要内容的社会主义荣辱观,倡导爱国、敬业、诚信、友善等道德规范,开展社会公德、职业道德、家庭美德教育,加强青少年思想道德建设,在全社会形成知荣辱、讲正气、促和谐的风尚,形成男女平等、尊老爱幼、扶贫济困、礼让宽容的人际关系。普及科学知识,弘扬科学精神,养成健康文明的生活方式。发扬艰苦奋斗精神,提倡勤俭节约,反对拜金主义、享乐主义、极端个人主义。弘扬我国传统文化中有利于社会和谐的内容,形成符合传统美德

和时代精神的道德规范和行为规范。加强政务诚信、商务诚信、社会诚信建设，增强全社会诚实守信意识。

（三）**坚持正确导向，营造积极健康的思想舆论氛围**。正确的思想舆论导向是促进社会和谐的重要因素。新闻出版、广播影视、文学艺术、社会科学，要坚持正确导向，唱响主旋律，为改革发展稳定营造良好思想舆论氛围。新闻媒体要增强社会责任感，宣传党的主张，弘扬社会正气，通达社情民意，引导社会热点，疏导公众情绪，搞好舆论监督。健全突发事件新闻报道机制，及时发布准确信息。加强对互联网等的应用和管理，理顺管理体制，倡导文明办网、文明上网，使各类新兴媒体成为促进社会和谐的重要阵地。哲学社会科学要坚持以马克思主义为指导，以重大现实问题研究为主攻方向，发挥认识世界、传承文明、创新理论、咨政育人、服务社会的作用。文学艺术要弘扬真善美，创作生产更多陶冶情操、愉悦身心的优秀作品，丰富群众文化生活。坚持不懈地开展"扫黄打非"。

（四）**广泛开展和谐创建活动，形成人人促进和谐的局面**。着眼于增强公民、企业、各种组织的社会责任，把和谐社区、和谐家庭等和谐创建活动同群众性精神文明创建活动结合起来，突出思想教育内涵，广泛吸引群众参与，推动形成我为人人、人人为我的社会氛围。以相互关爱、服务社会为主题，深入开展城乡社会志愿服务活动，建立与政府服务、市场服务相衔接的社会志愿服务体系。注重促进人的心理和谐，加强人文关怀和心理疏导，引导人们正确对待自己、他人和社会，正确对待困难、挫折和荣誉。加强心理健康教育和保健，健全心理咨询网络，塑造自尊自信、理性平和、积极向上的社会心态。

（选自《中共中央关于构建社会主义和谐社会若干重
大问题的决定》，人民出版社 2006 年 10 月版，第 1—25 页）

国务院批转劳动和社会保障事业发展
"十一五"规划纲要的通知

（2006 年 10 月 13 日）

各省、自治区、直辖市人民政府，国务院各部委、各直属机构：

国务院同意劳动保障部、发展改革委制定的《劳动和社会保障事业发展"十一五"规划纲要（2006 年—2010 年）》，现转发给你们，请认真贯彻执行。

中华人民共和国国务院
二〇〇六年十月十三日

劳动和社会保障事业发展"十一五"规划纲要
（2006 年—2010 年）（节录）

序　言

21 世纪头 20 年，我国步入全面建设小康社会、构建社会主义和谐社会、加快推进社会主义现代化新的发展阶段，这一时期是我国经济社会发展向第三步战略目标迈进的关键时期。在这一关键时期，提高劳动者整体素质和就业能力，提高就业质量，稳定就业形势，完善社会保障体系，和谐劳动关系，是促进我国经济社会又快又好发展，向实现社会主义现代化目标稳步迈进的基本条件，也是我国深化经济体制改革，保持社会稳定和国家长治久安的重要任务。按照落实科学发展观的要求，我国将更加关注经济社会的协调发展，劳动和社会保障工作作为构建社会主义和谐社会的重要保障，在保障劳动者基本生活、维护社会稳定和促进经济发展方面将发挥越来越重要的作用。

根据《中华人民共和国国民经济和社会发展第十一个五年规划纲要》，制定《劳动和社会保障事业发展"十一五"规划纲要（2006 年—2010 年）》（以下简称《纲要》），对"十一五"时期扩大就业、健全社会保障体系、调节劳动关系、维护劳动者权益等作出部署，是提高人民生活水平，推进社会主义和谐社会建设的重要举措,对进一步发挥劳动保障事业在国民经济和社会发展中的作用,推进劳动保障事业的全面协调可持续发展,进而推动国家"十一五"规划目标的全面实现具有十分重要的意义。

本《纲要》规划期为 2006 年—2010 年。

一、"十五"时期主要成就及基本经验(略)

二、"十一五"时期面临的形势

"十一五"时期是我国全面建设小康社会,加快推进社会主义现代化建设的关键时期。在这一时期,劳动保障事业发展既面临着难得的机遇,也面临着严峻的挑战。按照落实科学发展观和构建社会主义和谐社会的要求,我国将更加注重经济社会协调发展,劳动保障工作作为构建和谐社会的重要内容和着力点,在保障劳动者基本生活、维护社会稳定、推动深化改革和促进经济发展等方面将发挥越来越重要的作用。同时,社会主义市场经济体制的不断完善,国民经济的持续快速增长,将为劳动保障事业可持续发展提供强大的内在动力和坚实的经济基础,创造更为有利的条件。但我们也要清醒地看到,在今后一个时期,随着经济形势、社会结构的不断变化,各种社会问题和矛盾不断增多并趋于复杂化、多样化,劳动保障事业发展将面临着许多困难和问题,主要反映在:

(一)就业形势依然严峻。我国人口多,就业压力大,未来五年甚至更长一个时期,劳动力供大于求的矛盾仍将存在。到 2010 年,我国劳动力总量将达到8.3 亿人,城镇新增劳动力供给 5000 万人,而从需求情况看,劳动力就业岗位预计只能新增 4000 万个,劳动力供求缺口 1000 万左右。体制转轨时期遗留的国有、集体企业下岗失业人员再就业问题尚未全部解决,国有企业重组改制和关闭破产过程中职工分流安置的任务繁重,部分困难地区、困难行业和困难群体的就业问题仍然存在。高校毕业生等新成长劳动力就业问题、农村劳动力转移就业问题和被征地农民就业问题凸显出来。劳动者整体技能水平偏低,高技能人才严重缺乏,与加快经济增长方式转变,推进产业结构优化升级的要求不相适应。

(二)社会保障制度亟待完善。我国已进入老龄化社会,养老保险、医疗保险等社会保障基金承载着巨大支付压力。退休人员逐年递增,养老保险个人账户没有做实。企业退休人员基本养老金水平与机关事业单位退休人员退休费水平形成差距,成为影响社会稳定的因素。部分城镇居民医疗保障缺乏制度安排。失业保险促进就业的功能尚未得到充分发挥。安全生产的严峻形势对工伤保险提出了更高的要求。城镇个体劳动者和灵活就业人员、农民工、被征地农民、农村务农人员的社会保障问题突出。社会保险统筹层次不高,部分流动就业人员的保险关系难以转移。这些问题成为全社会关注的焦点,必须引起高度重视。

(三)劳动关系中的矛盾日益突出。随着城镇化、工业化和经济结构调整进程加快,以及经济成分多元化和就业形式多样化,劳动关系将更趋复杂化,协调好利益关系的难度进一步加大。国有企业历史遗留的劳动关系问题亟待解决。工资分配关系不合理、分配秩序不规范的矛盾日益尖锐,适应市场经济要求的企业工资决定机制不健全,部分企业普通职工工资增长缓慢。用人单位安排劳动者超时加班、拖欠和克扣劳动者工资等侵害劳动者合法权益现象比较严重。劳动争议继续呈大幅度上升趋势,劳动争议预防和处理工作仍将面临相当大的压力。

三、"十一五"时期指导思想和基本原则

(一)指导思想

"十一五"期间,劳动保障事业发展要以邓小平理论和"三个代表"重要思想为指导,以科学发展观为统领,着眼于国民经济和社会发展全局,从维护劳动者切身利益入手,将劳动保障事业纳入法制化、科学化轨道,逐步形成扩大就业与改善劳动关系、完善社会保障体系有机联系和相互促进的劳动保障工作新机制,为构建社会主义和谐社会、实现全面建设小康社会的奋斗目标作出新贡献。

(二)基本原则

1. 坚持以人为本,切实维护劳动者合法权益。始终把维护人民群众的根本利益作为工作的出发点和落脚点。在作出决策、制定和实施政策的过程中,从解决人民群众最关心、最直接、最现实的利益问题入手,妥善处理不同利益群体关系,关心和帮助困难群体的生活,千方百计扩大就业,加快完善社会保障体系,努力维护劳动者的合法权益,合理调节收入分配,使广大劳动者享受改革发展的成果,积极促进社会和谐稳定。

2. 坚持统筹兼顾,促进协调发展。从我国基本国情出发,与国民经济和社会发展相适应,统筹考虑城乡各类劳动者需求,协调推进就业、社会保障和劳动关系调整等劳动保障各项事业的发展。在增加就业总量的同时,更加注重提高就业质量;在扩大社会保险覆盖面的同时,更加注重完善制度体系;在全面维护劳动者合法权益的同时,更加注重各类社会群体利益关系的协调平衡;在推进各项制度改革的同时,更加注重法制、规划统计、信息网络、监督、管理和服务体系等基础建设,促进劳动保障事业全面协调可持续发展。

3. 坚持深化改革,创新工作机制。用改革的思路、改革的办法解决劳动保障工作中的深层次矛盾,消除影响劳动保障事业发展的制度性障碍,注重把改革的力度、发展的速度和社会可承受的程度协调起来,每项重要改革方案的制订和实施,都必须充分考虑是否符合大多数人的利益,考虑国家财政、企业和群众的承受能力以及对社会各方面的影响,正确处理好改革、发展、稳定的关系。积极探索建立劳动保障工作的新机制,在工作目标的确定上,要立足当前,着眼长远,实现劳动保障事业的可持续发展;在工作重心的把握上,要在解决当前突出矛盾的同时,更加注重探索建立长效机制;在工作方式的改进上,更加注重制度完善、机制创新和管理能力提升,坚持典型引路、区域协调、分类指导等行之有效的工作方法。

四、"十一五"时期发展目标和主要任务

(一)发展目标

"十一五"期间,劳动保障事业发展的主要目标是:建立健全与国民经济和社会发展相适应的比较完善的劳动保障制度及运行机制,逐步实现就业比较充分,收入分配比较合理,劳动关系基本和谐稳定,社会保障体系比较完善,管理服务规范高效的发展目标。

1. 就业持续增长。把扩大就业摆在经济社会发展更加突出的位置,继续实施积极的就业政策,在重点解决体制转轨遗留的下岗失业人员再就业问题的同时,努力做好城镇新增劳动力就业和农村富余劳动力转移就业工作,探索建立社会主义市场经济条件下促进就业的长效机制,积极推进城乡统筹就业,逐步建立城乡统一的劳动力市场和公平竞争的就业制度。广开就业门路,增加就业岗位,改善就业结构,提高就业质量。加强失业调控,保持就业形势稳定。"十一五"期间,全国城镇实现新增就业 4500 万人,城镇登记失业率控制在 5% 以内,转移农业劳动力 4500 万人。

2. 劳动者素质不断提高。形成面向市场、运行有序、管理高效、覆盖城乡的职业培训和技能人才评价制度与政策体系,进一步加大对各类劳动者的培训力度,基本建立起规模宏大、专业齐全、梯次合理的技能劳动者队伍。到"十一五"期末,全国技能劳动者总量达到 1.1 亿人,其中,技师和高级技师占技能劳动者总量的 5%,高级工占 20%。

3. 社会保障体系比较完善。建立健全社会保障制度和管理服务体系,实现资金来源多渠道、保障方式多层次、管理服务社会化。进一步扩大社会保障覆盖

范围,基本实现城镇各类就业人员平等享有社会保障。健全农村社会保障制度。到"十一五"期末,城镇基本养老、基本医疗、失业、工伤和生育保险参保人数分别达到 2.23 亿人、3 亿人、1.2 亿人、1.4 亿人和 8000 万人以上,参加农村社会养老保险和企业年金的人数逐步增长。

4. 劳动关系基本保持和谐稳定。劳动关系调整机制进一步完善,逐步实现劳动关系调整的法制化。劳动合同制度普遍实行,集体合同制度继续推进,协调劳动关系三方机制逐步健全,劳动争议处理体制改革取得明显进展。企业工资收入分配秩序比较规范,职工工资水平稳步增长。

5. 劳动保障法制比较健全。加快建立健全劳动保障法律法规体系,进一步完善劳动保障依法行政的制度,基本形成覆盖城乡的劳动保障监察执法网络;通过强化普法工作,使广大劳动者和用人单位的维权意识和守法意识明显增强。

(二)主要任务

1. 实施促进就业的长期战略和政策,千方百计扩大就业。

(1)实施发展经济与促进就业并举的战略,确立有利于扩大就业的经济增长方式。推进经济结构调整,鼓励、支持和引导个体、私营等非公有制经济发展,积极发展就业容量大的劳动密集型产业、服务业和各类所有制的中小企业,改善就业结构,扩大就业容量。加强地区间的协作,推行培训、就业、维权三位一体的工作模式,搞好劳务输出工作,引导和组织农业劳动力向非农产业和城镇有序转移。

(2)继续实施积极的就业政策,促进下岗失业人员再就业。创造良好的就业和创业环境,妥善解决体制转轨遗留的下岗失业人员再就业问题,重点做好国有和集体企业下岗职工、国有企业关闭破产需要安置人员的再就业。引导劳动者转变就业观念,促进多种形式就业,鼓励劳动者自谋职业和自主创业。通过扶持政策引导,鼓励企业吸纳下岗失业人员再就业。加大公益性岗位开发力度,全面落实各项扶持政策,提高就业稳定性。建立就业与失业保险、城市居民最低生活保障工作联动机制,促进和帮助下岗失业人员尽快实现再就业。

(3)不断完善市场就业机制,促进城乡统筹就业。建立城乡统一、平等竞争的劳动力市场,逐步消除就业歧视。取消农村劳动力进城和跨地区就业的限制,改善农民工进城就业环境。积极推进新成长劳动力特别是高校毕业生就业。加强劳动力市场建设,规范劳动者求职、用人单位招聘和职业中介行为。建立覆盖各类失业人员的失业登记制度,加强对登记失业的高校毕业生的服务和管理,完善用人单位招聘人员录用备案制度和就业登记制度。加强对各类职业中介行为的监管,维护劳动力市场秩序。

（4）建立制度化、专业化、社会化的公共就业服务体系。完善覆盖城乡劳动者的就业管理服务组织体系，建立健全县乡公共就业服务网络，强化政府促进就业的公共服务职能，完善公共就业服务制度。以城市为中心逐步实施公共就业服务统筹管理，完善服务手段，开发服务项目，拓展服务功能，为城乡各类劳动者提供有效服务。完善对困难地区、困难行业和困难群体的就业援助制度。支持并规范发展各类专业性职业中介机构和劳务派遣、职业咨询指导、就业信息服务等社会化服务组织。逐步建立政府购买就业服务成果的机制，充分发挥社会各类就业服务机构的作用。

（5）加强失业调控。妥善安置关闭破产和重组改制国有企业的分流职工；鼓励国有大中型企业通过主辅分离辅业改制分流安置富余人员；规范企业裁员行为，加强对正常生产经营企业裁员的指导；建立失业预警机制，制订预案和相应措施，对失业进行有效调控，减少长期失业人员数量，保持就业形势稳定。

（6）完善境外就业管理体制，健全外国人在我国就业管理制度。建立境外就业突发事件协调处理工作机制，保护境外就业人员合法权益。加强对境外就业中介机构的监管，规范对境外就业人员的服务。加大开拓境外就业市场力度，扩大境外就业规模。加强对外国人在中国就业的管理。

2. 大力发展职业教育和培训，加快提高劳动者技能素质。（略）

3. 加快完善社会保障体系，增强社会保障能力。

（1）完善各项社会保障制度。根据我国现阶段经济社会发展水平，综合考虑不同地区、不同人群之间收入水平差异以及用人单位和个人的实际承受能力，以保障人民群众基本生活和基本医疗需求为重点，进一步完善城镇基本养老和基本医疗、失业、工伤、生育保险制度，认真解决农民工和被征地农民的社会保障问题，研究探索并积极稳妥地推进农村社会养老保险工作。

养老保险。继续确保基本养老金按时足额发放。积极推广东北三省完善城镇社会保障体系试点经验，统一城镇个体工商户和灵活就业人员参保缴费政策，将非公有制企业、城镇个体工商户和灵活就业人员纳入城镇基本养老保险覆盖范围；逐步做实基本养老保险个人账户，改革基本养老金计发办法，建立基本养老金正常调整机制，缩小企业退休人员养老金水平与机关事业单位退休人员退休费水平的差距。鼓励有条件的企业建立企业年金，初步形成基本养老保险、企业年金和个人储蓄养老保险相结合的多层次养老保险体系。推进机关、事业单位养老保险制度改革，实现机关、事业单位与企业养老保险制度的合理衔接。

医疗保险。不断完善城镇基本医疗保障政策和管理，建立健全运行保障机制，加快城镇医疗救助制度建设，进一步规范补充医疗保险，构建以基本医疗保障为主体,以保障大病风险为重点,兼顾多层次需求的医疗保障体系,逐步扩大基本医疗保障覆盖范围。

失业保险。进一步完善失业保险金申领办法,结合失业人员求职和参加职业培训的情况完善申领条件,建立失业保险与促进就业联动机制。积极推动东部地区适当扩大失业保险基金支出范围试点,进一步发挥失业保险制度促进再就业功能。研究灵活就业人员的失业保险问题,做出相应的制度安排。

工伤保险。进一步完善工伤保险政策和标准体系,继续推进各类企业、有雇工的个体工商户参加工伤保险,组织实施事业单位、社会团体和民办非企业单位参加工伤保险,完善工伤认定制度和劳动能力鉴定制度,积极探索工伤补偿与工伤预防、工伤康复相结合的有效途径,建立起预防工伤事故的有效机制,逐步建立适合我国国情的工伤康复制度。

生育保险。进一步扩大生育保险覆盖范围,建立健全生育保险医疗服务管理体系和费用结算办法。

农村社会保险。按照城乡统筹发展的要求,探索建立与农村经济发展水平相适应、与其他保障措施相配套的农村社会养老保险制度。采取适合不同群体特点和需求的方式,着力推进被征地农民社会保险工作,优先解决农民工工伤保险和大病医疗保障问题,抓紧研究低费率、广覆盖、可转移,与现行养老保险制度衔接的农民工养老保险办法。基本建立新型农村合作医疗制度。

提高社会保险统筹层次,不断增强统筹调剂的能力。积极创造条件,基本实现基本养老保险省级统筹;逐步推进失业保险市(地)级统筹;建立和完善工伤保险储备金制度。

(2)多渠道筹措社会保险资金。(略)

(3)积极稳妥地探索社会保障基金运营和监督管理机制。(略)

(4)完善参保人员社会保险关系转移、衔接的政策措施。(略)

(5)建立健全社会化管理服务体系。(略)

4. 健全劳动关系调整机制,创建和谐劳动关系。(略)

5. 加强劳动保障法制建设,坚持依法行政。(略)

五、“十一五”时期保障措施(略)

(此件由中共中央党史研究室机要档案处提供)

在四川省工业合作联社第四次代表大会上的讲话（节录）

（2006 年 11 月 7 日）

陈士能

一、要正确认识联社和集体经济在构建和谐社会中的作用

我国实行的是以公有制为主体、多种所有制经济共同发展的社会主义基本经济制度。集体经济是我国公有制经济的重要组成部分。坚持公有制经济的主体地位，积极发展集体经济，是党和国家的一贯方针。我国《宪法》和党的十五大、十六大、十六届三中、四中、五中全会对集体经济都做出了重要的论述。刚刚闭幕的党的十六届六中全会，作出了《关于构建社会主义和谐社会若干重大问题的决定》，这是对构建社会主义和谐社会具有指导意义的纲领性文件，我们必须深刻领会，全面贯彻落实。构建社会主义和谐社会与大力发展集体经济有着密切的联系。《决定》提出了到 2020 年构建和谐社会的九大目标任务、六项原则，部署了今后一个时期五个方面的工作，包括协调发展、制度建设、和谐文化、完善社会管理、和平发展，这为我们加快集体经济改革发展进一步指明了方向。我们要充分认识到：第一，要大力发展社会生产力，创造雄厚的社会物质基础。这个发展要科学发展，统筹发展，坚持以人为本，实现人与人、人与社会、人与自然协调发展，可持续发展。多种形式的集体经济是社会主义公有制的重要组成部分，是发展国民经济、全面建设小康社会不可缺少的一支重要力量；第二，构建和谐社会，要实施积极的就业政策，大力创造工作岗位。就业是民生之本，集体经济的众多企业过去、现在和将来都是大量安置社会就业的重要途径，是落实六中全会"大力发展劳动密集型产业、服务业、非公有制经济、中小企业、多渠道、多方式增加就业岗位"的重要措施之一；第三，构建和谐社会要完善社会分配制度，规范收入分配秩序，坚持按劳分配为主体、多种分配方式并存的分配制度，消除贫困，缩小贫富差距，实现共同富裕，防止两极分化。这正是集体经济共同劳动、互助合作的基本宗旨；第四，构建和

谐社会必须进一步健全社会主义民主和法制,使人民的权益得到切实的尊重和保障。这也是集体经济的基本原则。集体企业的四自方针(即自愿组合、自筹资金、自主经营、自负盈亏)以及民主管理、民主选举、集体决策是集体经济的优良传统。新型集体企业职工将成为企业真正的主人。作为社会细胞的企业实现了民主,就为社会的民主法制奠定了基础;第五,构建和谐社会要建设和谐文化,巩固和谐的社会道德基础。社会主义核心价值体系,就包括了中国特色社会主义的共同理想、爱国主义、集体主义。集体经济核心的价值观念就是提倡互助合作、弘扬集体主义,坚持平等劳动,民主协商。集体精神正是和谐文化、和谐道德的体现;第六,构建和谐社会要激发社会活力,充分发挥人民群众的首创精神,形成万众一心、共创伟业的生动局面,建设创新型国家。多种形式的集体经济正是自力更生、顽强拼搏、团结协作、艰苦创业、和谐创业的有效形式。因此,可以说,重视和大力发展集体经济,对于巩固我国基本经济制度,构建社会主义和谐社会具有十分重要的作用。

二、以科学发展观统揽全局,大力发展新型集体经济,为壮大公有制经济、构建和谐社会做出新贡献

以明晰产权为重点,深化集体企业改革,发展多种形式的集体经济,是党和国家的明确要求。党的十六届五中全会提出,要坚定不移地以科学发展观统领经济社会发展全局,坚持以人为本,转变发展观念、创新发展模式、提高发展质量,把经济社会发展切实转入全面协调可持续发展的轨道。党的十六届六中全会为集体经济发展进一步指明方向。我们要认真贯彻落实党的十六届五中、六中全会精神,按照新时期、新形势、新任务,与时俱进,推动集体经济的改革发展。一是要大力推动集体企业调整产品结构和组织结构,以名、优、新产品为龙头,发展特色经济;二是依靠科技加快技术进步、技术创新,提升企业创新能力、竞争能力;三是尊重劳动、尊重知识、尊重人才、尊重创新,实施人才战略,提升集体企业整体素质;四是继续深化改革,大力发展"两个联合"为主的多种形式的新型集体经济。在明晰产权的基础上,吸纳社会法人、自然人、企业职工的股本,大力发展集体和职工持股的混合所有制经济;五是进一步发挥"联"字作用,拓宽联合范围,实施跨企业、跨行业、跨地区的重组,发展区域经济实施整体搞活;六是坚持民本经济本色,坚持科学决策、民主决策,兼顾效率公平,坚持艰苦奋斗,实现共同富裕,加快小康社会建设、为构建社会主义和谐社会做出新贡献。

三、要创新工作思路，努力开创联社新局面

我国正处在完善社会主义市场经济体制和进入"十一五"规划发展的新时期。要按"指导、协调、维护、监督、服务"的要求，与时俱进，开创工作新局面。一要转变观念，积极探索联社职能和运行方式的创新，坚持以服务为核心的工作机制，指导成员企业深化改革，加快发展，上为政府分忧，下为企业解难，做政府的好帮手。同时要努力扩展服务范围和服务对象，吸收新的联社成员单位，不断壮大联社队伍，为四川经济社会协调发展做出新的贡献。二要坚持和完善职工代表大会制度和企业民主管理制度，建立健全联社理事会和监事会工作机制，重大问题实行民主决策，保证职工和出资人的合法权益，解决职工后顾之忧，保证集体企业健康发展。三要做好清产核资和产权界定工作，明确产权归属，为联社发展奠定坚实的经济基础。四要加强资产管理，加大资产市场化运作力度，实行管理职能与经济职能的有效结合。千方百计寻求发展机遇，下力量办好实体，不断提高经济效益，增强实力，为联社的发展、为集体企业服务提供物质条件，不断开创联社工作新局面。

（此件由中华全国手工业合作总社办公室提供）

补遗文献

BUYIWENXIAN

毛泽东对手工业工作的指示①

（1956 年 3 月 4 日）

1. 手工业合作社的积累。按成本计算，利润率 7.5% 不算低，纯利润 1 亿 4 千万元，积累 2 亿 4 千万元，纳税 1 亿 2 千万元，税收占利润的 46%，很好。合作社本身也有积累。

2. 手工业合作社的名称改为工艺合作社，没有必要。名称可暂时不作变更。手工业改造的目标要明确，不要与其他工业混淆。目前，手工业半机械化、机械化的程度还不高，只占人数的 1.97%，占产值的 7.6%。待手工业半机械化、机械化达到一定程度时再改为好。如山东潍坊市半机械化、机械化已达到 30%，现在就可以改，再叫手工业就不适当了。

3. 手工业合作社的产品要讲质量。合作社生产的砖、瓦数量很大，但质量不好，价钱太贵，建筑部门对你们有意见。

4. 手工业领导机构，要把手工业管理局（科）和生产联社分别清楚。全国 2100 多个县市还有 880 个没有建立机构，就是有五分之二没有机构。机构是要建立的，生产联社的人，吃合作社的饭，国家不出钱。县以下只有手工业，县工业科或工商科不管手工业，管什么？

5. 1956 年手工业合作社、组产值为 79 亿元，这还不够完全。你们应当把全部手工业的 117 亿元都管起来。归你们改造的 785 万人要管，不归你们改造的如渔业、盐业、农民兼营部分你们也要汇总。这样手工业就全面了。你们还要负责调查，全国手工业在历史上哪一年的产量最高或是产值最大，并且把它定下来。象农业上的粮食一样，历史上的最高年产量为 280 亿斤。没有比较，看不出发展进度。

6. 农业和手工业分别建社问题。跨社，这个办法很好。

7. 手工业合作社条例是需要的，是法律问题。财产关系，属于民法。起草后要报人大常委会通过。

---

① 1956 年 3 月 4 日毛泽东在国务院有关部门汇报手工业工作情况时，作了 24 点指示，本书第一卷收入了 11 点，这是其余 13 点。

8. 你们提出对手工业纺织业提高专业、紧缩兼业、淘汰土纺土织的方针很好。要这样办。纺纱织布多霸一点在国家手里，国有化多一点大有好处，轻工业赚钱又多又快，好办重工业。农业合作社搞"万事不求人"，这点就要它求人。何叔衡同志的家里我去过的，男耕女织，喂猪养鸡，全家生产，自给自足，既不雇人，也无剥削，真是"万事不求人"。

9. 对手工业中完全丧失劳动力并依靠雇工生活的人，手工业合作社没力量养起来，那只能社会救济。

10. 有些地方供销社包销竹子，不让手工业合作社直接购料，霸得很。

11. 手工业合作社直接采购原料，推销产品的办法，是合理的。这些就是陈云同志的那些办法，国务院作过决定的。

12. 关于手工业合作组织加强领导、增派领导干部问题。糟糕，我要你们汇报工作，你们将了我一军。

13. 国拨物资作价问题，合作社集体所有制转为全民所有制的方针问题，是陈伯达提出来的。国家将替旧机器和多余厂房，采取租赁给合作社（和合作社合营的办法）的意见，这些都是重大的政策性的问题。今天把这一问题提出来了，你们和陈云、陈伯达继续研究。

此外，毛泽东在谈到国拨物资拨给手工业合作社要合理作价问题时，还就合作社的所有制问题说：待合作社有了基础，国家就要多收税，原料还要加价。那时合作社就在形式上是集体所有，在实质上应该成为全民所有。好象续范亭的战一师和决死队在形式上是山西省的新军，但实质上就是八路军，一定要照八路军的制度办事，党派二波（薄一波、罗贵波）到战一师、决死队工作的目的就在于此。

（选自顾龙生：《毛泽东经济年谱》，中共中央党校出版社，1993 年 3 月版，第 372—374 页）

邓小平关于集体经济工作的论述（节录）

（1979 年 10 月—1990 年 3 月）

政治工作要落实到经济上面，政治问题要从经济的角度来解决。比如落实政策问题，就业问题，上山下乡知识青年回城市问题，这些都是社会、政治问题，主要还是从经济角度来解决。经济不发展，这些问题永远不能解决。所谓政策，也主要是经济方面的政策。现在北京、天津、上海搞集体所有制，解决就业问题，还不是经济的办法？这是用经济政策来解决政治问题。解决这类问题，要想得宽一点，政策上应该灵活一点。总之，要用经济办法解决政治问题、社会问题。要广开门路，多想办法，千方百计，解决问题。我们定下了一个雄心壮志，定下了一个奋斗目标，就要去实现，不能讲空话。还是以前的老话，经济工作要越做越细。

（选自《邓小平文选》第二卷，人民出版社 1994 年 10 月版，第 195—196 页）

说市场经济只存在于资本主义社会，只有资本主义的市场经济，这肯定是不正确的。社会主义为什么不可以搞市场经济，这个不能说是资本主义。我们是计划经济为主，也结合市场经济，但这是社会主义的市场经济。虽然方法上基本上和资本主义社会的相似，但也有不同，是全民所有制之间的关系，当然也有同集体所有制之间的关系，也有同外国资本主义的关系，但是归根到底是社会主义的，是社会主义社会的。市场经济不能说只是资本主义的。市场经济，在封建社会时期就有了萌芽。社会主义也可以搞市场经济。同样地，学习资本主义国家的某些好东西，包括经营管理方法，也不等于实行资本主义。这是社会主义利用这种方法来发展社会生产力。把这当作方法，不会影响整个社会主义，不会重新回到资本主义。

（选自《邓小平文选》第二卷，人民出版社 1994 年 10 月版，第 232 页）

在搞社会主义方面,毛泽东主席的最大功劳是将马克思列宁主义的普遍真理同中国革命的具体实践结合起来。我们最成功的是社会主义改造。那时,在改造农业方面我们提倡建立互助组和小型合作社,规模比较小,分配也合理,所以粮食生产得到增长,农民积极性高。对资本主义工商业,我们采取赎买政策,一方面把它们改造成公有制,另一方面也没有损害国民经济的发展。我们长期允许手工业的个体经济存在,根据自愿的原则,其中大部分组织成合作社,实行集体所有制。由于我们是根据中国自己的特点采用这些方式的,所以几乎没有发生曲折,生产没有下降还不断上升,没有失业,社会产品是丰富的。后来,在一九五八年,我们犯了错误,搞大跃进,开始不尊重经济规律了,这就使生产下降了。以后经过三年的调整,发生了变化,又较好地发展起来。但接着又搞文化大革命,这是一场灾难,经济方面完全乱了。所以我们现在搞四个现代化,不得不进行几年的调整。总之,我们现在强调要按经济规律办事。

（选自《邓小平文选》第二卷,人民出版社 1994 年 10 月版,第 313—314 页）

继续广开门路,主要通过集体经济和个体劳动的多种形式,尽可能多地安排待业人员。要切实保障集体劳动者和个体劳动者的合理利益,同时加强工商业管理工作,防止非法活动。

（选自《邓小平文选》第二卷,人民出版社 1994 年 10 月版,第 362—363 页）

江苏从一九七七年到去年六年时间,工农业总产值翻了一番。照这样下去,再过六年,到一九八八年可以再翻一番。我问江苏的同志,你们的路子是怎么走的? 他们说,主要是两条。一条是依靠了上海的技术力量,还有一条是发展了集体所有制,也就是发展了中小企业。江苏吸收了不少上海的退休老工人。这些老工人有本事,请来工作所费不多,只是给点工资,解决点房子,就很乐意干,在生产上发挥了很好的作用。江苏多年来是比较重视知识、重视知识分子的作用的,对知识分子使用得比较得当。现在江苏几个城市有些技术不低于上海。

（选自《邓小平文选》第三卷,人民出版社 1993 年 10 月版,第 25 页）

在改革中坚持社会主义方向,这是一个很重要的问题。我们要实现工业、农业、国防和科技现代化,但在四个现代化前面有"社会主义"四个字,叫"社会主义四个现代化"。我们现在讲的对内搞活经济、对外开放是在坚持社会主义原则下开展的。社会主义有两个非常重要的方面,一是以公有制为主体,二是不搞两极分化。公有制包括全民所有制和集体所有制,现在占整个经济的百分之九十以上。同时,发展一点个体经济,吸收外国的资金和技术,欢迎中外合资合作,甚至欢迎外国独资到中国办工厂,这些都是对社会主义经济的补充。一个三资企业办起来,工人可以拿到工资,国家可以得到税收,合资合作的企业收入还有一部分归社会主义所有。更重要的是从这些企业中,我们可以学到一些好的管理经验和先进的技术,用于发展社会主义经济。这样做不会也不可能破坏社会主义经济。我们倒是觉得现在外国投资太少,还不能满足我们的需要。至于不搞两极分化,我们在制定和执行政策时注意到了这一点。如果导致两极分化,改革就算失败了。会不会产生新的资产阶级?个别资产阶级分子可能会出现,但不会形成一个资产阶级。总之,我们的改革,坚持公有制为主体,又注意不导致两极分化,过去四年我们就是按照这个方向走的,这就是坚持社会主义。

（选自《邓小平文选》第三卷,人民出版社 1993 年 10 月版,第 138—139 页）

在改革中,我们始终坚持两条根本原则,一是以社会主义公有制经济为主体,一是共同富裕。有计划地利用外资,发展一部分个体经济,都是服从于发展社会主义经济这个总要求的。鼓励一部分地区、一部分人先富裕起来,也正是为了带动越来越多的人富裕起来,达到共同富裕的目的。总的说来,除了个别例外,全国人民的生活,都有了不同程度的改善。当然,在改革过程中,难免带来某些消极的东西。只要我们正视这些东西,采取针对性的坚决步骤,问题是不难解决的。

（选自《邓小平文选》第三卷,人民出版社 1993 年 10 月版,第 142 页）

社会主义和市场经济之间不存在根本矛盾。问题是用什么方法才能更有力地发展社会生产力。我们过去一直搞计划经济,但多年的实践证明,在某种意义上说,只搞计划经济会束缚生产力的发展。把计划经济和市场经济结合起来,就更能解放生产力,加速经济发展。

三中全会以来,我们一直强调坚持四项基本原则,其中最重要的一条是坚持社会主义制度。而要坚持社会主义制度,最根本的是要发展社会生产力,这个问题长期以来我们并没有解决好。社会主义优越性最终要体现在生产力能够更好地发展上。多年的经验表明,要发展生产力,靠过去的经济体制不能解决问题。所以,我们吸收资本主义中一些有用的方法来发展生产力。现在看得很清楚,实行对外开放政策,搞计划经济和市场经济相结合,进行一系列的体制改革,这个路子是对的。这样做是否违反社会主义的原则呢?没有。因为我们在改革中坚持了两条,一条是公有制经济始终占主体地位,一条是发展经济要走共同富裕的道路,始终避免两极分化。我们吸收外资,允许个体经济发展,不会影响以公有制经济为主体这一基本点。相反地,吸收外资也好,允许个体经济的存在和发展也好,归根到底,是要更有力地发展生产力,加强公有制经济。只要我国经济中公有制占主体地位,就可以避免两极分化。当然,一部分地区、一部分人可以先富起来,带动和帮助其他地区、其他的人,逐步达到共同富裕。我相信,随着经济的发展,随着科学文化和教育水平的提高,随着民主和法制建设的加强,目前社会上那些消极的现象也必然会逐步减少并最终消除。总之,我国当前压倒一切的任务就是一心一意地搞四化建设。我们发挥社会主义固有的特点,也采用资本主义的一些方法(是当作方法来用的),目的就是要加速发展生产力。在这个过程中出现了一些消极的东西,但更重要的是,搞这些改革,走这样的路,已经给我们带来了可喜的结果。中国不走这条路,就没有别的路可走。只有这条路才是通往富裕和繁荣之路。

(选自《邓小平文选》第三卷,人民出版社 1993 年 10 月
版,第 148—150 页)

中国社会主义农业的改革和发展,从长远的观点看,要有两个飞跃。第一个飞跃,是废除人民公社,实行家庭联产承包为主的责任制。这是一个很大的前进,要长期坚持不变。第二个飞跃,是适应科学种田和生产社会化的需要,发展适度规模经营,发展集体经济。这是又一个很大的前进,当然这是很长的过程。乡镇企业很重要,要发展,要提高。农业问题要始终抓得很紧。农村富起来容易,贫困下去也容易,地一耕不好农业就完了。

(选自《邓小平文选》第三卷,人民出版社 1993 年 10 月
版,第 355 页)

关于建国以来党的若干历史
问题的决议（节录）

（1981 年 6 月 27 日）

历史证明，党提出的过渡时期总路线是完全正确的。

（12）在过渡时期中，我们党创造性地开辟了一条适合中国特点的社会主义改造的道路。对资本主义工商业，我们创造了委托加工、计划订货、统购包销、委托经销代销、公私合营、全行业公私合营等一系列从低级到高级的国家资本主义的过渡形式，最后实现了马克思和列宁曾经设想过的对资产阶级的和平赎买。对个体农业，我们遵循自愿互利、典型示范和国家帮助的原则，创造了从临时互助组和常年互助组，发展到半社会主义性质的初级农业生产合作社，再发展到社会主义性质的高级农业生产合作社的过渡形式。对于个体手工业的改造，也采取了类似的方法。在改造过程中，国家资本主义经济和合作经济表现了明显的优越性。到一九五六年，全国绝大部分地区基本上完成了对生产资料私有制的社会主义改造。这项工作中也有缺点和偏差。在一九五五年夏季以后，农业合作化以及对手工业和个体商业的改造要求过急，工作过粗，改变过快，形式也过于简单划一，以致在长期间遗留了一些问题。一九五六年资本主义工商业改造基本完成以后，对于一部分原工商业者的使用和处理也不很适当。但整个来说，在一个几亿人口的大国中比较顺利地实现了如此复杂、困难和深刻的社会变革，促进了工农业和整个国民经济的发展，这的确是伟大的历史性胜利。

（选自中共中央文献研究室编：《关于建国以来党的若干历史问题的决议注释本》，人民出版社 1985 年 9 月第 1 版，第 17—18 页）

加快手工业改造的得失

（1991 年 5 月）

薄一波

对手工业的社会主义改造，在建国头 6 年，是从供销入手，稳步前进的。但是，从 1955 年冬季开始，改造步伐急剧加快了。加快改造的决策，还导致了手工业合作化后不久又出现一个向全民所有制过渡的新阶段。弄清加快手工业改造的得失，对于总结我国社会主义改造的历史经验，加深对社会主义初级阶段党的基本路线的理解，无疑是有益的。

建国以后，我对手工业有比较多的接触。1956 年初，毛主席关于加快手工业改造的决策，在"34 个部委汇报"中听取手工业管理局负责人汇报时集中地系统地讲过一次，很能代表他对手工业社会主义改造的思想。现在我结合自己了解的情况，对加快手工业改造的得失问题作些回顾。

（一）我国手工业的特征及其在国民经济中的地位

对手工业社会主义改造的得失，不仅取决于对整个私有制经济进行社会主义改造的指导思想是否正确，而且还取决于具体决策是否从手工业的特点出发，是否对手工业在我国国民经济中的地位有一个恰如其分的认识。因此，探索加快手工业改造的得失，先要弄清楚手工业的特征和在整个国民经济、社会发展中的地位问题。

手工业，简单地说，就是主要依靠手工劳动、使用简单工具的小规模工业和服务业。我国解放初期的手工业，就其与农业分离的程度来说，大体有四种类型：一是从属于农业的自然经济形态的家庭手工业，如自制农具、衣服等；二是农家兼营的商品性手工业；三是独立经营的个体手工业；四是雇工经营的工场手工业。按照党和政府的有关规定，作为三大改造之一的手工业社会主义改造的对象，主要是第三类，即个体手工业，但也包括着第二类中以经营商品性手工业为主的兼业户和第四类中雇工不足 4 人（学徒不算雇工）、本人参加劳动而且是手工劳动出身的工场主。至于第一类和第二类中以农为主的兼业户，都归入农业社会主义改造的范围。第四类中雇工超过 4 人的工场主，一般归入私营工商业社会主义改造的范围。

个体手工业同个体农业比较,就其生产关系和经营方式来说,有一些基本的共同点。这主要是:(1)都是分散的、小规模的个体经济。据 1952 年对 16 个城市的调查,城市个体手工业户平均每户劳动力不到 3 人,农村大多只有 1 人。1954 年调查,城市户均 2 至 2.5 人,城市绝大部分 1 户 1 人。从布点方面来说,农村手工业往往比农业更分散,如有些农村甚至十里八里还找不到一个木工或裁缝。(2)个体手工业者和个体农户中的中农贫农一样,既是劳动者,又是私有者,他们都自食其力,不剥削别人,而且都程度不同地遭受地主、资本家的剥削,包括商业资本和高利贷的剥削。(3)生产不稳定,容易发生两极分化。农业有季节性,不少手工作业受农业季节性影响,也时断时续。以铁匠作业为例,通常是:"三月(农历)菜花黄,铁匠称霸王",过了"小满",就是"苦五、绝六、淡七月",过了七月,又进入了"八活、九金、十银"的旺季。个体经济本来是脆弱的。由于天灾、人祸、市场竞争和生产季节性影响,使个体手工业者同个体农民一样,很容易发生两极分化。这些基本的共同点说明,个体手工业和个体农业一样,采用合作化方式进行社会主义改造是可行的。

个体手工业不同于个体农业的特点主要是:

1. 没有多少生产资料,资本有机构成比农业还低。个体农民种地,一般需要土地、耕畜、农具等生产资料,而个体手工业者却只需要简单的工具。据 1953 年对北京、武汉、广州、重庆等城市 86811 户个体手工业户调查,平均每户资金 851 元(新币,下同),而其中 90% 以上的户,资金不过 300 元左右。在这些资金里,家具工具占 50% 以上。一部分手工业者基本没有生产资料,主要凭手艺吃饭。因此,手工业者常把自己的双手比喻成"十亩良田"。所谓"手艺手艺,无本生利",说的也是这个意思。

2. 个体手工业经济是小商品经济,它的生产活动离不开市场,通过原料供应和产品销售同其他经济和消费者有不可分割的联系。供销关系一断,生产就无法进行。这一点,同个体农业主要是自给自足的自然经济显著不同。

3. 行业众多,经营灵活。在分工不发达的古代,人们就通称手工业为"百工",随着分工的发展,今天手工行业就更多了。按其产品用途来划分,大部分属消费品手工业,一部分为生产资料手工业(如采矿、烘炉冶炼、建筑、农具和车辆制造等),另一部分为服务业(如农具和黑白铁修理、交通运输、理发等)。与农业基本上只能布局在农村不同,同一行业的手工业,往往城乡兼有。据 1954 年统计,按全国商品性手工业总产值计算,城市和农村的比例为 42.9:57.1。由于行业多,规模小,兼跨城乡,因此经营方式十分灵活,有的坐店设厂,有的走街串巷,许多手工业者常常频繁往返于城乡。有些加工性的手工业户,则通过传统的"领原料、交成品"的方法,成为资本主义工业的有机组成部分,同城市现代工业联成一体。例如建国初期,上海有一家行销全国的毛巾工厂,它自己有一套整染设备,但织机却只有四十几台,它的生产基础是上海县和川沙县的几千户手工作坊、个体手工业者或兼业农户。它通过"发原料、收成品"的方式,同分散在城乡的手工业者联系起来。北京市著名的戴月轩、老胡开文毛笔店,自己都不制造毛笔,他们的毛笔都是广大分散的手工业者用领来的原料按照严格的规格质量代为加工的。

4. 技术传授主要采用师傅带徒弟的方式。由于市场竞争,手工业者时刻面临着失业的威胁,因此,手工业技术是不轻易传人的。传统的传授方式是拜师学艺。某些"绝招"还有传子不传女的陈规陋习。

上述特点要求,手工业合作化必须同农业合作化有明显的区别。

我国在世界历史上是手工业最为发达的国家之一。《诗经》上记载的 8 大类 29 种乐器,是约 2500 年前的手工业产品。史载,我国秦汉以前,就能用手工冶炼金、银、铜、铁、铅、锡、水银等 7 种金属;掌握炒钢法炼熟铁的技术,比欧洲早1900 多年。著称于世的三大发明——指南针、火药、印刷术,震撼中世纪欧亚两洲的丝绸织品,宏伟的万里长城,瑰丽的敦煌艺术,郑和下西洋的大型航船,都出自我们祖先的一双手。我国古代的手工业者为创造灿烂的中华文化作出了重大贡献。

由于我国发展现代工业起步晚,建国后,手工业生产在全国经济中仍占相当大的比重。1951 年 11 月,我代中央起草的一个电报中提到,手工业产值约占工农业总产值的 15%—20%,农民所需要的工业品(包括生活和生产资料在内)中,手工业品占 80% 左右。据 1952 年的统计,全国农业产值、现代工业产值、手工业产值在工农业总产值中所占的比重,分别为 50.5、28.3 和 21.2。现在,手工业产值在工农业总产值中的比重显著降低了,但对人民生活和工农业生产仍起着有力的补充作用。工艺手工业品更是换取外汇的重要来源。随着现代工业的发展,会有越来越多的手工业被淘汰,但是任何时候都不可能完全淘汰。因为我国是人多耕地少的大国,资金短缺,经济技术发展很不平衡,在相当时期内都将是最先进技术、一般先进技术、中间适用技术和落后技术同时并存,电子化、机械化和手工操作同时并存。在一个相当长的时期内,手工业都将是消灭不了的。某些特种工艺只适用于手工作业,强用机械代替将失去它的特色。由于手工业是一个劳动力高度密集而资本有机构成特别低的经济群体,在大力发展现代工业的同时,在一些地区一些领域适当发展手工业,对于解决就业这个难题也是有利的。据十几年前的材料,靠大工业解决就业问题,每吸收一个工人,国家大约要投资一万多元。而相比之下,手工业多吸收一个人就业所需要的资金要少得多。正如朱德同志 1957 年在中华全国手工业第一次代表大会的祝词中指出的:"手工业不仅过去和现在,而且在今后很长时期中,都将是国营工业不可缺少的助手。"(《朱德选集》,第 363 页)弄清我国手工业的特点和社会地位,对于我们反思加快手工业改造的得失甚为有益。

(二)建国头六年手工业改造的进程

我国个体手工业的社会主义改造,要走合作化的道路,这是党的七届二中全会就定了下来的。毛主席在全会的报告中明确指出:"占国民经济总产值百分之九十的分散的个体农业经济和手工业经济,是可能和必须谨慎地、逐步而又积极地引导它们向着现代化和集体化的方向发展的。"(《毛泽东选集》合订本,第1322 页)

经过 12 年的战争,1949 年的全国手工业生产比战前降低 40%。国民经济恢复时期,手工业的改造是围绕着扶助手工业者医治战争中受到的创伤,恢复和发展手工业生产这个目标进行的。

早在革命战争时期,各革命根据地就有通过组织起来发展手工业生产的经验。例如:陕甘宁边区 1941 年就建立了大大小小 100 多个手工业工场和合作社。山东解放区 1941 年建立了近百个供销形式的合作社,到 1946 年这种手工业供销合作社已发展到 8000 多个。建国前后,少奇同志集中研究了这些历史经验,对恢复时期手工业合作事业提出了一些重要的思想。1949 年 5 月,他提出,对手工业合作从供销入手,先办"手工业供销合作社。为手工业者收购原料,推销出口产品","办广大群众需要的、容易办的合作社"。

1950 年 7 月,中财委召开了中华全国合作工作者第一次代表会议。提交会议讨论的《中华人民共和国合作社法(草案)》,是由我主持起草的。报送中央审阅时,少奇同志改写了总则的第一、二、三条,明确规定在市民和工人中组织消费合作社,农民中组织供销合作社,城乡独立生产的手工业者和家庭手工业者组织手工业生产合作社。组织手工业生产合作社的目的,是"联合起来,凑合股金,建立自己商业的和生产的组织,去推销自己的手工业产品,并购买原料和其它生产资料","避免商人的中间剥削,提高产品的数量和质量"。少奇同志和朱德同志都到会讲话。少奇同志强调:"手工业合作应从生产中最困难的供销环节入手,保持原有的生产方式不变,尽量不采取开设工厂的方式。"朱德同志强调先不要改变所有制形式。

1952 年 8 月,全国合作社联合总社召开了第二次全国手工业生产合作会议,着重总结组织和管理合作社的经验,强调组织一个,巩固一个。

根据中央指示,恢复时期的手工业合作事业,一方面,在一些同国民经济关系最密切并有发展前途的行业中,选择觉悟较高又具有代表性的手工业劳动者,重点试办合作社;另一方面,对一般个体手工业者,从他们最困难的供销上给予帮助,采取从供销入手,组织加工定货,给予银行贷款等措施,支持和帮助他们恢复和发展生产,进行生产自救。建国之初,全国个体手工业从业人员为585万人(另有农民兼营性手工业者1200万)。恢复时期的三年,经过重点试办,手工业合作组织由300多个发展到2700多个,社(组)员人数从8万多人增加到25万多人。这为手工业生产的迅速恢复和发展,为进一步组织起来,打下了基础。

1953年,我国进入国民经济建设的第一个五年计划时期,党中央正式提出了党在过渡时期的总路线。11月20日至12月17日,全国合作总社召开了第三次全国手工业生产合作会议。朱德同志代表党中央到会作了题为《把手工业者组织起来,走社会主义道路》的讲话。他主张,把个体手工业者组织起来,应该从实际出发,采取灵活多样的形式,由小到大,由低级到高级,绝对不要规定一个格式。会议提出:手工业合作组织必须根据生产需要和手工劳动群众的觉悟程度,采用群众所能接受的形式,由群众自愿地组织起来,坚持"积极领导,稳步前进"的方针。

会议总结了建国以来试办手工业合作组织的经验,明确提出了三种组织形式:第一种是手工业生产小组。这是组织手工业者的低级形式,也是手工业者最容易接受的组织形式。它的特点是,原有的生产关系没有改变,仍然是分散生产,只是从供销方面把手工业者组织起来。第二种是手工业供销生产合作社。这种形式,是对手工业者进行社会主义改造的过渡形式。它的特点是,生产资料仍为私有,一般也是分散生产,也是在供销环节上组织起来,但它已在有些生产环节上开始集中生产,并开始购置公有的生产工具。因而这种形式比前一种具有更多的社会主义性质。第三种是手工业生产合作社。这是手工业社会主义改造的高级形式,也是主要形式。它的特点是,生产由分散变为集中,分配实行按劳分配。它根据生产资料公有程度的不同,分为完全社会主义性质的和半社会主义性质的。会议认为,从经济上讲,对手工业的社会主义改造,只有达到完全社会主义性质,即生产资料全部公有了,才算完成。

少奇同志两次听取了会议的汇报,就手工业合作化的一系列问题发表了意见。关于组织形式,他说:"组织起来,经手工业生产小组、供销性的手工业生产合作社,而后成为手工业合作社,这是一般的规律,但各种形式不一定都经过。""把手工业生产合作社收归国有是一个原则的问题,不准随便这样做,不要随便把好的合作社收归国有。"农村手工业的合作化,"不能照土地改革那样搞,而是要逐年逐步地搞。""原来同手工业资本家实行联营的部分手工业者要求分化改组,走合作化道路",可以"适当地做,但不要搞得太急、太激烈,应该注意不引起社会的损失"。

1954 年 11 月,国务院成立了手工业管理局。12 月,召开了第四次全国手工业生产合作会议,朱德同志代表党中央作了《要把手工业生产合作社办好》的讲话。陈云同志也到会讲话,指出:"对手工业合作社生产的发展,要加以管理和控制。""手工业合作化宁可慢一点,使天下不乱。如果搞得太快了,就会出毛病。"(《陈云文选》一九四九————一九五六年,第 269、270 页)由于大规模经济建设的开展,加以对主要农产品和某些工业品实行统购统销、统购包销,手工业的原料供应遇到了困难,个体手工业者困难尤大。会议确定 1955 年手工业社会主义改造的中心任务是:继续摸清主要行业的基本情况,整顿、巩固、提高现有合作组织,在此基础上,从供销入手适当发展新社。1955 年 5 月,中央在批转会议报告时指出,对手工业供产销和手工业改造,要同时考虑,要贯彻"统筹兼顾,全面安排,积极领导,稳步前进"的方针。

到 1955 年上半年,手工业合作组织已发展到近 5 万个,人数近 150 万人。应该说,这个发展速度已经不慢了。

(三) 加快改造带来的曲折

1955 年下半年,在批判"小脚女人走路"的冲击下,农业合作化一马当先,随后党中央召开了工作会议,对把资本主义工商业的社会主义改造引向高潮作了部署。在这种形势下,手工业改造的步伐也急剧加快了。

11 月 24 日,陈云同志向有关部门打招呼:"手工业改造不能搞得太慢了","如果手工业这方面的改造速度慢了,那就赶不上了。"

12 月 5 日,中央召开座谈会,由少奇同志传达毛主席的指示,要求各条战线批判"右倾保守"思想,加快社会主义改造与社会主义建设的步伐。同时,批评手工业社会主义改造"不积极,太慢了"。少奇同志要求手工业合作化到 1957 年达到 70% 到 80%。

12 月 20 日,少奇同志听取手工业管理局负责人的汇报,提出:手工业改造不应比农业慢。与其怕背供销包袱,还不如把供销包袱全部背起来好搞些。他要求手工业合作化在 1956、1957 两年搞完,说"时间拉长了,问题反多"。

根据中央指示,中央手工业管理局和中华全国手工业合作总社于 12 月 21 日到 28 日,召开了第五次全国手工业生产合作会议,着重批判怕背供销包袱而不敢加快手工业合作化步伐的"右倾保守"思想。后来,中央在批转第五次手工业生产合作会议报告的批语中指出："加快手工业合作化的发展速度,是当前一项迫切的任务。"

毛主席于 1956 年初发表的《中国农村的社会主义高潮》一书的序言,也提出了加快手工业改造的速度问题。1956 年 3 月 4 日,他在听取手工业管理局负责人汇报(即 34 个部委汇报之一)时说:"个体手工业社会主义改造的速度,我觉得慢了一点。今年一月省市书记会议的时候,我就说过有点慢。1955 年以前只组织了 200 万人,今年头两个月就发展 300 万人,今年基本上可以搞完。这很好。"

就这样,在紧接农业和资本主义工商业改造的高潮之后,又掀起了手工业改造的高潮。到 1956 年 6 月底,组织起来的手工业者,已占手工业者总数的 90%。同年底,全国组织起来的手工业合作社(组),经过调整为 9.91 万个,社(组)员达到 509.1 万人,占全部手工业从业人员的 92%。至此,手工业由个体经济到集体经济的转变基本完成。新成立的手工业合作社,有一小部分是经过生产小组的过渡形式发展起来的,大部分则是改造高潮中直接组织的。

《中共中央关于建国以来党的若干历史问题的决议》指出:"在一九五五年夏季以后,农业合作化以及对手工业和个体商业的改造要求过急,工作过粗,改变过快,形式也过于简单划一,以致在长期间遗留了一些问题。"这四"过"的缺点,在手工业改造高潮中的主要表现是:生产上盲目集中,组织形式上一律合作,管理上统一核算。据当时统计,石家庄市将 88 个社合并为 31 个社,其中人数最多的社社员达 1400 人。广东省有的综合社包括 14 个行业,有的跨地区的社纵横达 60 华里。四川省眉山县五金社把 13 个乡的烘炉、制秤、自行车、钟表修理等行业组织在一起,发一次工资骑自行车要走 7 天。上海修理自行车行业原有 1808 个服务点,改造高潮一开始,就撤掉 450 个。沈阳北市区原有 103 户个体服装店,改造高潮时组成一个缝纫合作社,只设 10 个门市部。有些特种手工艺,比如雕刻也组成合作社,每礼拜开一次会,进货是统一的,销路也是统一的。

盲目集中,一律合作,统一核算,带来了一系列问题。(1)群众不方便了;(2)原来分散经营的供销关系割断了,因为等待生产合作社的统一经营,原个体手工户不接受零散定货,而合作社的统一经营一时又建立不起来,致使生产停顿;(3)吃"大锅饭",出"大路货",产品品种减少,质量降低,某些传统名牌产品失去了原有传统风格;(4)合作化后,不管师傅和徒弟大家都是社员,原有的师徒关系淡薄了甚至割断了,这对技术传授是不利的;(5)由于盲目集中,缺乏厂房和生活服务设施,一时造成混乱,使手工业者本来就不多的财产受到损失。

这些问题的发生,除了在指导思想上对整个社会主义改造有些急于求成、盲目求纯的缺点以外,显然同忽视手工业的特点也是密切相关的。我们的社会主义改造,是对生产资料私有制的社会主义改造。如果说,农业合作化高潮追求千篇一律的高级的农业生产合作化形式,是为了消灭小块土地私有制的话,那么,在手工业方面过分追求高级形式的手工业生产合作社,就是没有必要的。因为如前所述,大部分个体手工业者凭手艺吃饭,没有多少生产资料,而且有些行业只适宜分散生产、独立经营,不适宜于集中。

由于在改造高潮中集中合并过多,使一些产品减少,留了很多"空白点",于是自发的手工工场和手工业户乘虚而入,应运而生。据统计,上海市 1956 年底手工业自发户达到 4236 户,从业人员 14773 人,从事 90 多种行业的生产。引起社会关注的所谓"地下工厂"问题,实际上绝大部分是自发的手工业个体户和手工工场。他们主要进行小商品和特殊产品的生产,保持手工业经营灵活、经常变化的特点,因此产品供不应求,经营的效益也比较好。这种现象的出现,也从另一方面说明,保持某些手工业的分散经营是社会的需要,是群众的要求。过分集中,一律合作,是不符合社会需要和群众要求的。

应该指出,党中央从发动手工业改造高潮开始,就估计到可能会出现一些问题,因此,一边发动改造高潮,一边提醒下边注意防止发生这些问题。

少奇同志 1955 年 12 月听取汇报,在批评对手工业改造不积极的同时,强调"对集中还是分散要小心。集中生产与分散生产(家庭生产)是个重要问题,应很好研究"。"分散的、个人的、修修补补的、磨剪刀的、修农具的,无论如何不能搞掉。零星的不能减少,而且要加多。分散流动,生产上门是个好特点,要维持,要保持。""花色品种要注意。……搞社会主义,不能把这些东西搞掉,要把手工业品搞得更复杂,更多样,好的发扬提高。"1956 年 1 月 10 日,他在接见南斯拉夫新闻工作者代表团时又指出:"特种手工艺品不组织合并,怕合并以后,将来人民会感到不方便,特种手工业品质量会下降。"

周总理 1956 年 2 月 8 日,在国务院第 24 次全体会议讨论私营工商业和手工业的社会主义改造工作时指出:"不要光看到热火朝天的一面。热火朝天很好,但应小心谨慎。要多和快,还要好和省,要有利于提高劳动效率。现在有点急躁的苗头,这需要注意。社会主义积极性不可损害,但超过现实可能和没有根据的事,不要乱提,不要乱加快,否则就很危险。"(《周恩来选集》下卷,第 190 页)在他主持下,国务院于 2 月 11 日公布了《关于目前私营工商业和手工业的社会主义改造中若干事项的决定》,规定所有手工业合作社在批准成立后,一律照旧经营,半年不动。并规定参加合作社的手工业户,必须保持他们原有的供销关系,不要过早、过急地集中生产和统一经营。

　　毛主席 3 月 4 日听取手工业管理局负责人汇报（34 个部委汇报之一）时，听说修理和服务行业集中生产，撤点过多，群众不满意，说："这就糟糕！""提醒你们，手工业中许多好东西，不要搞掉了。王麻子、张小泉的剪刀一万年也不要搞掉。我们民族好的东西，搞掉了的，一定要来一个恢复，而且要搞得更好一些。"听说北京东来顺的涮羊肉已失去原有的特色时，毛主席说："'社会主义'的羊肉应该比'资本主义'的羊肉更好吃"。谈到对集中过多问题怎么办时，他还说："天下大势，分久必合，合久必分。"

　　陈云同志针对手工业改造中盲目合并的问题，于 1956 年 1 月、3 月、6 月多次发表意见。1 月 25 日他在第六次最高国务会议发言时，指出部分手工业要长期保留单独经营方式。3 月 30 日，他在全国工商业者家属和女工商业者代表会议上的讲话中说："有些工厂和商店并得对，应该并。但也有很多是并得不对的，其中数量最大的是手工业。"这样做的原因，一是认识上有问题，认为集中是高级，而单干是低级，难以到社会主义。更重要的一点，是我们做管理工作的人，只考虑管理工作的方便，强调合在一起容易管理，而没有考虑应不应该合，能不能合。"并错了怎么办呢？要分开来，退回去。"（《陈云文选》一九四九——一九五六年，第 296、297 页）

　　朱德同志对手工业的社会主义改造，一直主张稳步前进。对如何解决加快改造带来的问题，也曾多次发表过意见。1957 年 4 月他外出视察归来后，还向党中央和毛主席写过专题报告。

　　少奇同志、周总理在八大的报告和陈云同志在八大的发言，都批评了手工业改造中的盲目集中合并。陈云同志肯定绝大部分服务行业和许多制造行业不应该合并。为了克服由于盲目合并、盲目实行统一计算盈亏而带来的产品单一化、服务质量下降的缺点，他提出必须把许多大合作社改变为小合作社，由全社统一计算盈亏改变为各合作小组或各户自负盈亏。

　　根据党中央的指示精神，各地为纠正手工业改造高潮中出现的一些缺点作出了努力。盲目集中合并起来组成的手工业合作社，很大一部分改成了合作小组。通过调整体制，还对手工业合作组织的供产销实行按行业归口管理，生产任务比较饱满，一改过去生产时断时续的处境。经过这些工作，使走上合作化道路的手工业者心情舒畅，劳动热情提高了。因此，1956、1957 年内，虽然手工业产品的质量有所降低，花色品种有所减少，但生产有较大幅度的提高。1956 年，手工业合作社（组）产值 76 亿元，提前一年完成"一五"计划指标。人均年产值 1702 元，比 1955 年提高 33.5%。新社员同入社前比较，老社员同 1955 年比较，90% 增加了收入，劳动条件亦有较大的改善。

　　手工业的社会主义改造,不能只到合作化就算完,而要继续过渡到全民所有制,这是发动改造高潮时就确定了的。1956 年 3 月 5 日,毛主席在听取中央手工业管理局汇报时指出:"手工业要向半机械化、机械化方向发展"。"机械化的速度越快,你们手工业合作社的寿命就越短。你们的'国家'越缩小,我们的事业就越好办了。你们努力快一些机械化,多交一些给国家吧!"他肯定"国家将替换下来的机器和公私合营并厂后多余的机器、厂房,低价拨给合作社,很好。'将欲取之,必先与之'。待合作社的基础大了,国家就要多收税,原料还要加价。那时合作社在形式上是集体所有,在实际上成了全民所有"。

　　毛主席这些话,鼓励手工业合作社向半机械化、机械化方向发展,有其必要之处。但从今天看来,有几点未能经得住历史的检验。第一,没有指出在我国条件下手工业机械化的艰巨性和某些行业长期保留手工业操作的必要性。同时,支持将国营或公私合营企业更新下来的旧机器(大多是"电老虎"、"煤老虎")廉价卖给手工业合作社使用,也不可取。因为这样做,单从合作社来说,可能提高了劳动生产率,但从全社会来说,却是能源的浪费。第二,认为合作社这种集体所有制形式只能同手工操作相联系,似乎一旦合作社实现了机械化就应当交给国家,成为全民所有,这缺乏科学依据,实际上是把手工业由集体所有制变为全民所有制所需要的条件看得过于简单了,这样做对发展生产和方便人民生活也未必有利。毛主席这段话的核心在"将欲取之"的"取"字,好像我们搞手工业合作化,帮助手工业合作社实现机械化,目的就是为了把它取过来。在毛主席的这段话和少奇同志 1955 年底说的不要怕背供销包袱的那段话的精神的影响和推动下,手工业在合作化之后紧接着又出现了一个向全民所有制过渡的新阶段。

　　就在手工业合作化高潮时,有些地方已出现了向新成立的手工业合作社平调的苗头,挖走合作社中的能工巧匠,某些管理部门把自己归口管理的手工业合作社视为自己的企业。

　　1957 年 3 月 21 日到 4 月 25 日,中央手工业管理局召开了社会主义改造座谈会。关于向全民所有制过渡问题,会议提出,经省市自治区批准,选个别有条件的手工业合作社进行试点。中央于 9 月 1 日批转了这个报告。

　　1958 年 3 月召开的成都会议,明确提出了中央工业和地方工业同业同时并举的方针,并要求五年到七年内地方工业产值赶上和超过农业产值。会议通过的《关于发展地方工业问题的意见》中指出:"手工业合作社在条件成熟的时候,可以转为县的手工业联合社经营的合作工厂,取消分红制,改用工资制"。这以后,许多地方出现手工业合作社转厂过渡的热潮。到 6 月底止,已转厂 12500 个,职工约 80 万人。河南省新乡市、广东省佛山市、江苏省淮阴县等,已经基本转完。

1958 年 7 月 25 日到 8 月 4 日,中华全国合作总社召开省市自治区联社主任会议,集中研究了向全民所有制过渡的问题。会议向党中央、毛主席作的报告中认为:"我国手工业社会主义改造已经发展到向全民所有制过渡的新阶段","党中央在 1955 年底就已经指出了这个发展方向"。合作经济是"过渡性"的经济,"从个体经济到合作社所有制过渡,再从集体所有制向全民所有制过渡,是社会主义经济发展必然的发展规律"。过渡形式有两种:一是过渡到联社经营的合作工厂;二是直接转变为地方国营工厂。由于联社的财权已经完全归地方党政机关掌握,因此"合作工厂实际上也是全民所有制性质的"。这个报告经中央批发后,全国城乡出现升级过渡高潮。到 1959 年 5 月止,全国 10 万多个手工业合作社、500 多万社员中,已经过渡为地方国营工厂的占 37.8%,转为合作工厂的占 13.6%,转为人民公社工厂的占 35.3%,继续保留合作社形式的只占 13.3%。

手工业合作社转为地方国营工厂,虽然促进了地方工业产值的增长,有些地方还为后来的"五小工业"(小钢铁、小化肥、小煤窑、小机械等)和乡镇企业打下了基础。但从总体上说,这个过渡是不成功的。它是在一种超越生产力发展水平,以为生产关系越高级就越能促进生产力发展的不正确理论指导下形成的社会变革。它把本来是独立核算、自负盈亏的手工业者或手工业合作组织中的绝大部分纳入吃"大锅饭"、端"铁饭碗"的体系,在经济困难时期,更成为国家的一个包袱。在农村里,手工业合作社的这个过渡后来实际上变成了人民公社化运动的一部分。这一步骤对社会生产力的发展,总的说,没有起到促进作用。

1961 年 6 月 19 日,党中央发出《关于城乡手工业若干政策问题的规定(试行草案)》(即手工业四十条),在"调整、巩固、充实、提高"方针指导下,初步总结了手工业社会主义改造的历史经验,着手对从合作化到转厂过渡中一些不妥当的作法进行纠正。《草案》规定:"我国手工业,在整个社会主义阶段应该有三种所有制:全民所有制、集体所有制、社会主义经济领导下的个体所有制。在三种形式中,集体所有制是主要的。""集体所有制手工业组织形式,有手工业合作社、手工业合作小组、手工业合作工厂;城市有人民公社的社办工业,分社的工业和手工业;农村有人民公社社办工业、社社联营工业和生产大队、生产队的手工业生产小组。不论采取何种形式,原则上都要实行入社自愿、退社自由、经济发展、自负盈亏,反对不讲经济原则的'吃大锅饭'的做法,反对依赖国家包下来的'铁饭碗'的思想"。据 1962 年 10 月 20 日全国手工业合作总社报告,各地根据 1961 年手工业四十条的规定,初步调整了手工业的所有制关系。到 1962 年 6 月底止,全国参加手工业合作组织的(包括手工业合作社、手工业供销生产社、手工业合作生产小组、合作工厂)有 302 万人;由手工业部门管理和领导的全民所有制企业有 50 万人。此外,有个体手工业者 100 万人。中央在转发这个报告的批语中指出:"原来由集体所有制的手工业合作社转为全民所有制企业,转得不合适的,应当在精简多余人员后,再退回集体所有制手工业合作社。"

(四) 用发展的观点看得失

我国广大手工业者在旧社会,除在极小的范围内能够自产自销以外,大多要依靠资本主义企业或中间商人借给资金、供应原料、推销产品。他们中间的多数人生活贫困,疾病伤亡没有保险。他们的生产多数是落后的,时刻面临被淘汰、被资本家吞并的危险,他们中也不可避免地会出现"富一家、倒四邻"的现象。为了保障本行业或行业成员的利益,为着保护自己辛苦学来的手艺不轻易传给别人,在手工业者中间保存着浓厚的封建行会习气,某些地方还有封建行会组织。建国后,党和政府按照社会主义原则对手工业的生产关系进行改造,引导手工业者走合作化的道路,无疑是正确的。国民经济恢复时期,从供销入手,重点试办,由供销合作社取代资本家,去给个体手工业者"发原料,收成品",有力地医治了他们在战争中受到的创伤,促进了手工业生产的恢复。1953 年以后,提出"积极领导,稳步前进"的方针,发展多种形式的合作,并对手工业的供销关系实行"统筹兼顾,全面安排",从而使手工业成为大工业的有力助手。这六年改造工作的指导思想基本上是正确的,具体决策基本上也是从手工业实际出发的,因而做出了好的成绩。

1955 年冬天开始,手工业改造出现的急于求成,盲目集中,以及后来的向全民所有制过渡,无疑是工作中的一些失误。这些失误,不仅使我们在前进的道路上发生了本来可以避免的某些曲折,贻误了时间,而且长期遗留了一些不利于生产力发展的问题(例如某些特种手工技术失传等)。但是,应当肯定:这些失误或迟或早地作了纠正。在高潮中,正是对盲目集中、统一核算等现象纠正及时,才保障了 1956 年和 1957 年手工业生产的持续发展。

认识来源于实践。认识从来就很少是直线发展的。通过对正确和错误、成功和失误的反复比较,从而得到正确认识,无疑也是一项重要收获和宝贵财富。十一届三中全会以后,我们党认识到我国现在还处于社会主义初级阶段,提出在坚持以公有制为主体的前提下实行多种经济成分长期并存,使我们对社会主义所有制结构的认识发生了一个飞跃。这一重大认识成果的取得,是同总结包括手工业改造在内的社会主义改造的历史经验分不开的。这个认识的飞跃,也为正确看待我国的手工业问题,奠定了理论基础。因此,我认为,回顾我国加快手工业改造的得失,不能孤立地只看一时一事,要用历史的观点、发展的观点去看,才能看得比较清楚,比较准确。通过回顾和总结,只要我们认真吸取历史教训,沿着党所指引的社会主义初级阶段的基本路线稳步前进,今后不再出现反复折腾、大起大落,这就是最大的"得"。

(五)对三大改造高潮的几点看法

我从本书第 15 篇开始,分别对个体农业、资本主义工商业和个体手工业改造高潮的形成、发展和问题作了回顾。现在综合起来,对三大改造高潮谈以下几点看法。

1. 过渡时期的总路线要求,在一个相当长的时间内,逐步实现国家的社会主义工业化,并逐步实现对农业、手工业和对资本主义工商业的社会主义改造。"相当长的时间"多长? 1953 年 12 月制发的总路线学习和宣传提纲规定,从1953 年算起,大约是三个五年计划,即 15 年左右。1955 年夏季以前,生产资料私有制社会主义改造的步伐,基本上是按照这一要求逐步推进的。但是,从1955 年夏季开始,以批判"小脚女人走路"为先导,农业社会主义改造一马当先,带动了资本主义工商业和手工业改造高潮,结果,大体只用一年的时间,就完成了本来需要 12 年左右(从 1956 年算起)才能完成的任务。在那一年左右的时间里,财经各部门的负责同志,尽管大家都努力工作,紧跟形势,紧跟党中央,然而由于一个高潮接着一个高潮,总有一种跟不上的感觉。由于"要求过急","改变过快",不仅必然带来了"工作过粗","形式过于简单划一","长时间遗留了一些问题",而且使农民和手工业者"个体生产的积极性"未能得到充分发挥,资本主义工商业"有利于国计民生的方面",未能继续加以利用,这对社会生产力的发展未必有利。毛主席曾经指出:土改后,农民的生产积极性,表现在两个方面:一方面是集体生产的积极性,一方面是个体生产的积极性。手工业者的生产积极性,无疑也有这两个方面。到 1955 年时,农民、手工业者由于土改和民主改革焕发出来的个体生产的积极性,都还远没有发挥出来。今天看来,如果 1955、1956 年时,对农业、手工业社会主义改造不搞得那么急促,而是进一步发挥两种积极性,以后,随着生产力与生产关系矛盾的发展,逐步推进合作化的进程,那样对生产力的发展可能会更有利些,后来的合作化事业也可能不会出现那么多的曲折。从建国前开始,毛主席对资本主义工商业,就既看到其有利于国计民生的方面,又充分估计其不利于国计民生的方面,党的利用、限制、改造政策就是建立在这种科学分析基础之上的。经过"五反",对"五毒"行为的打击,为进一步利用其有利于国计民生方面提供了条件。今天看来,对其有利于国计民生方面多利用几年是否会更好些? 也是值得我们研究的。

2. 在社会主义改造问题上,我们党是注意从我国实际情况出发的。对资本主义工商业,我们不是把资本家赶走,而是采用委托加工、计划订货、统购包销、委托经销代销、单个企业公私合营、全行业公私合营等一系列从初级到高级的国家资本主义形式,最后实现马克思和列宁曾经设想过的对资产阶级的和平赎买。对个体农业,创造了从临时互助组和常年互助组,发展到半社会主义性质的初级农业生产合作社,再发展到社会主义性质的高级农业生产合作社的过渡形式。对手工业的改造,则是从供销人手,多种形式,稳步前进。这些大都是我们自己的创造,来源于我们自己的实践,自己的国情。然而,对国情的认识,是一个长期的、不断发展的过程。1955 年时,我们对我国生产力落后虽有一定认识,但是,认识还不深刻,以致在社会主义改造高潮中,提出了一些离开生产力的实际状况而谈生产关系的先进性的要求。从社会主义改造高潮到人民公社化,从反右派斗争扩大化到"文化大革命",经过长时间的曲折,我们才懂得,我国现在还处于社会主义初级阶段,需要在坚持公有制为主体的前提下发展多种经济成份。十一届三中全会以后,包括发展多种经济成份在内的一系列改革开放的政策的提出,标志着我们党对我国国情的认识又深化了一大步。

3. 50 年代,我们对社会主义经济的认识,只认识到社会主义经济是计划经济,而计划经济的标志就是国家直接下达指令性指标;商品经济被认为是与社会主义经济不相容的东西。正是基于这样的认识,我们在发动三大改造高潮的时候,批判"四大自由"(实即批判商品经济),并认为连"小自由"都要搞掉;在社会主义改造完成以后,就建立了一套实际上是严格限制价值规律发生作用的高度集中的经济体制。当时对社会主义经济作这样简单的理解是不奇怪的。因为当时我们看到的社会主义经济的唯一榜样(苏联模式)就是这样。马克思主义的书本也是这样写的。在马克思、恩格斯著作里,商品经济被认为是同私有制一道存在的。他们设想,一旦消灭私有制,商品生产也将消亡,个人劳动将直接成为社会总劳动的一部分,每个经济单位和劳动者都接受社会统一计划的直接支配,无须著名的"价值"插手其间。列宁早期完全接受马克思、恩格斯的设想,认为"社会主义就是消灭商品经济……只要仍然有交换,那谈什么社会主义是可笑的"(《列宁全集》第 1 版,第 15 卷第 112 页),他想象中的社会主义,就是一个大"辛迪加"(联合公司),全体居民都是这个"辛迪加"的雇员(《列宁全集》第 1版,第 25 卷第 456 页),因此无需商品交换。1921 年开始,实行新经济政策,恢复和发展"商品流转",也不意味着他改变了"社会主义就是消灭商品经济"的观点,因为他并不认为新经济政策是社会主义政策,而认为是向资本主义的"暂时退却"。斯大林早年也认为"实现社会主义就要消灭商品生产,就要废除货币经济"(《斯大林全集》第 1 卷,第 199 页)。经过长时间的挫折和探索,直到1951

年他才承认:消费品是商品,买卖和交换是集体农庄唯一能够接受的与城市进行经济联系的形式。斯大林的《苏联社会主义经济问题》一书,我们当时认为是社会主义经济理论的最新成果。因此,在社会主义改造高潮中,我们受到苏联那套高度集中的经济体制模式的很大影响,是顺理成章的,是很难避免的。我们所以发动社会主义改造高潮,重要目的之一,就是想要以最快的速度把全部农业、全部手工业、全部工商业都纳入直接的计划经济轨道。三大改造完成以后,发觉统得太死,不行,着手改进体制。可惜,被反右派斗争打断了。到1958年,曾一度提出过是否消灭商品生产的问题。经过严重的挫折和长期的反复思考、探索,直到1984年的十二届三中全会通过《中共中央关于经济体制改革的决定》,才认识到社会主义经济是有计划的商品经济,不能把商品经济和社会主义割裂开来,从而使我们对社会主义经济及其管理体制的认识发生了重大的飞跃。

4. 回顾这些历史,我们看到,三大改造高潮的发动,由于认识上的问题,有其难于避免的原因。三大改造要求过急,虽带来了这样那样的缺点,但是在短时间内,进行如此巨大的社会变革,没有引起大的社会动荡。我国的工农业生产当时没有受到大妨碍,而且得到发展,不像别的国家那样,一场农业集体化,要连续减产许多年。这确实是一个奇迹。这说明在这个历史阶段中,党中央和毛主席作出的"一化"、"三改"的决策是正确的,取得的胜利是辉煌的。党在群众中有着崇高的威望,党指引的社会主义方向代表了广大人民群众的根本利益,党的思想政治工作发挥了强大的威力。三大改造高潮中发生的一些失误,虽然带来了一定的损失,但毕竟是次要的,它同这场伟大的社会变革所取得的伟大历史功绩——在中国确立了崭新的社会主义经济制度,开创了中国人民全面建设社会主义的新时代,是绝不能相提并论的。而且经过对正反两方面经验的总结,使我们在十一届三中全会以后找到了建设有中国特色的社会主义的正确道路,这也是重要的收获。因此,用历史的观点、发展的观点看得失,不仅适用于手工业改造高潮,而且也适用于整个社会主义改造高潮,适用于整个社会主义改造全过程。那种由于今天实行改革开放,发展多种经济成份,发展商品经济,就否定历史,否定当年社会主义改造的必要性的观点,是没有根据的、站不住脚的。

(选自薄一波《若干重大决策与事件的回顾》上卷,中

共中央党校出版社1991年5月版,第438—465页)

九十年代改革和建设的主要任务①（节录）

（1992 年 10 月 12 日）

江泽民

我们要在九十年代把有中国特色社会主义的伟大事业推向前进,最根本的是坚持党的基本路线,加快改革开放,集中精力把经济建设搞上去。同时,要围绕经济建设这个中心,加强社会主义民主法制和精神文明建设,促进社会全面进步。

我国近代的历史和当今世界的现实都清楚表明,经济落后就会非常被动,就会受制于人。当前国际竞争的实质是以经济和科技实力为基础的综合国力较量。世界上许多国家特别是我们周边的一些国家和地区都在加快发展。如果我国经济发展慢了,社会主义制度的巩固和国家的长治久安都会遇到极大困难。所以,我国经济能不能加快发展,不仅是重大的经济问题,而且是重大的政治问题。

九十年代我国经济的发展速度,原定为国民生产总值平均每年增长百分之六,现在从国际国内形势的发展情况来看,可以更快一些。根据初步测算,增长百分之八到九是可能的,我们应该向这个目标前进。在提高质量、优化结构、增进效益的基础上努力实现这样的发展速度,到本世纪末我国国民经济整体素质和综合国力将迈上一个新的台阶。国民生产总值将超过原定比一九八〇年翻两番的要求。主要工农业产品产量显著增加。产业结构和地区经济布局比较合理。科学技术和管理水平有较大提高,一批骨干企业接近或达到国际先进水平。人民生活由温饱进入小康。建议国务院对"八五"计划做出必要的调整,并着手研究制订"九五"计划。

当前,要紧紧抓住有利时机,加快发展,有条件能搞快一些的就快一些,只要是质量高、效益好、适应国内外市场需求变化的,就应当鼓励发展。要坚持从实际出发,注意量力而行,搞好综合平衡,不要一讲加快发展,就一哄而起,走到过

---

① 这是江泽民在中国共产党第十四次全国代表大会上报告第二部分节录。

去那种忽视效益,片面追求产值,争相攀比,盲目上新项目,一味扩大基建规模的老路上去。要真抓实干,大胆而又细致地工作,齐心协力办好几件大事,走出一条既有较高速度又有较好效益的国民经济发展路子。

加快我国经济发展,必须进一步解放思想,加快改革开放的步伐,不要被一些姓"社"姓"资"的抽象争论束缚自己的思想和手脚。社会主义要赢得同资本主义相比较的优势,必须大胆吸收和借鉴世界各国包括资本主义发达国家的一切反映现代社会化生产和商品经济一般规律的先进经营方式和管理方法。国外的资金、资源、技术、人才以及作为有益补充的私营经济,都应当而且能够为社会主义所利用。政权在人民手中,又有强大的公有制经济,这样做不会损害社会主义,只会有利于社会主义的发展。

我国经济体制改革确定什么样的目标模式,是关系整个社会主义现代化建设全局的一个重大问题。这个问题的核心,是正确认识和处理计划与市场的关系。传统的观念认为,市场经济是资本主义特有的东西,计划经济才是社会主义经济的基本特征。十一届三中全会以来,随着改革的深入,我们逐步摆脱这种观念,形成新的认识,对推动改革和发展起了重要作用。十二大提出计划经济为主,市场调节为辅;十二届三中全会指出商品经济是社会经济发展不可逾越的阶段,我国社会主义经济是公有制基础上的有计划商品经济;十三大提出社会主义有计划商品经济的体制应该是计划与市场内在统一的体制;十三届四中全会后,提出建立适应有计划商品经济发展的计划经济与市场调节相结合的经济体制和运行机制。特别是邓小平同志今年初重要谈话进一步指出,计划经济不等于社会主义,资本主义也有计划;市场经济不等于资本主义,社会主义也有市场。计划和市场都是经济手段。计划多一点还是市场多一点,不是社会主义与资本主义的本质区别。这个精辟论断,从根本上解除了把计划经济和市场经济看作属于社会基本制度范畴的思想束缚,使我们在计划与市场关系问题上的认识有了新的重大突破。改革开放十多年来,市场范围逐步扩大,大多数商品的价格已经放开,计划直接管理的领域显著缩小,市场对经济活动调节的作用大大增强。实践表明,市场作用发挥比较充分的地方,经济活力就比较强,发展态势也比较好。我国经济要优化结构,提高效益,加快发展,参与国际竞争,就必须继续强化市场机制的作用。实践的发展和认识的深化,要求我们明确提出,我国经济体制改革的目标是建立社会主义市场经济体制,以利于进一步解放和发展生产力。

我们要建立的社会主义市场经济体制,就是要使市场在社会主义国家宏观调控下对资源配置起基础性作用,使经济活动遵循价值规律的要求,适应供求关系的变化;通过价格杠杆和竞争机制的功能,把资源配置到效益较好的环节中去,并给企业以压力和动力,实现优胜劣汰;运用市场对各种经济信号反应比较灵敏的优点,促进生产和需求的及时协调。同时也要看到市场有其自身的弱点和消极方面,必须加强和改善国家对经济的宏观调控。我们要大力发展全国的统一市场,进一步扩大市场的作用,并依据客观规律的要求,运用好经济政策、经济法规、计划指导和必要的行政管理,引导市场健康发展。

社会主义市场经济体制是同社会主义基本制度结合在一起的。在所有制结构上,以公有制包括全民所有制和集体所有制经济为主体,个体经济、私营经济、外资经济为补充,多种经济成分长期共同发展,不同经济成分还可以自愿实行多种形式的联合经营。国有企业、集体企业和其他企业都进入市场,通过平等竞争发挥国有企业的主导作用。在分配制度上,以按劳分配为主体,其他分配方式为补充,兼顾效率与公平。运用包括市场在内的各种调节手段,既鼓励先进,促进效率,合理拉开收入差距,又防止两极分化,逐步实现共同富裕。在宏观调控上,我们社会主义国家能够把人民的当前利益与长远利益、局部利益与整体利益结合起来,更好地发挥计划和市场两种手段的长处。国家计划是宏观调控的重要手段之一。要更新计划观念,改进计划方法,重点是合理确定国民经济和社会发展的战略目标,搞好经济发展预测、总量调控、重大结构与生产力布局规划,集中必要的财力物力进行重点建设,综合运用经济杠杆,促进经济更好更快地发展。

建立和完善社会主义市场经济体制,是一个长期发展的过程,是一项艰巨复杂的社会系统工程。既要做持久的努力,又要有紧迫感;既要坚定方向,又要从实际出发,区别不同情况,积极推进。在建立社会主义市场经济体制的过程中,计划与市场两种手段相结合的范围、程度和形式,在不同时期、不同领域和不同地区可以有所不同。要大胆探索,敢于试验,及时总结经验,促进体制转换的健康进行。建立社会主义市场经济体制,涉及到我国经济基础和上层建筑的许多领域,需要有一系列相应的体制改革和政策调整,必须抓紧制定总体规划,有计划、有步骤地实施。我们相信,社会主义条件下的市场经济,应当也完全可能比资本主义条件下的市场经济运转得更好。

(选自《江泽民文选》第一卷,人民出版社 2006 年 8 月版,第 224—228 页)

我们必须坚定不移地发展社会主义市场经济①

（1993 年 12 月 26 日）

江泽民

毛泽东思想是随着时代发展而发展的科学。邓小平同志建设有中国特色社会主义理论，继承、丰富和发展了毛泽东思想，把毛泽东思想推进到新的高度。坚持沿着这个理论指引的方向阔步前进，经过一代一代人的奋斗，我们就一定能够把中国建设成为富强民主文明的社会主义现代化国家。今后无论发生什么情况，我们都要坚定不移地贯彻执行党的基本路线，一百年不动摇。我们要结合改革和建设的发展任务，结合变化着的客观实际，努力学好马列主义、毛泽东思想，中心内容是学好邓小平同志建设有中国特色社会主义理论，用以武装全党同志和全国人民的思想，用以指导党和国家的各项工作。当前，国际国内形势为我们的发展提供了不可多得的有利时机。我们要抓住机遇，加快改革步伐，扩大对外开放，加强和改善宏观调控，保持国民经济持续、快速、健康发展。在实现社会主义现代化的整个过程中，我们都要始终遵循党的基本理论和基本路线，牢牢把握经济建设这个中心，努力发展社会主义市场经济，发展社会主义民主政治，发展社会主义精神文明，不断地把全面建设有中国特色社会主义的伟大事业推向前进。

我们必须坚定不移地发展社会主义市场经济，推动我国社会生产力迅速发展。党的十四大确定，在九十年代，我们要初步建立起社会主义市场经济体制，实现达到小康水平的第二步发展目标。这就是说，我们在改革和发展两个方面，都要上个新台阶。发展是硬道理。改革和发展是统一的，改革的目的就是促进发展。党的十四届三中全会通过的《关于建立社会主义市场经济体制若干问题的决定》，根据邓小平同志建设有中国特色社会主义理论和党的十四大精神，总结了十五年来改革开放的探索成果和实践经验，设计了建立社会主义市场经济体制的蓝图，是我们深化经济体制改革的行动纲领。社会主义市场经济体制是

---

① 这是江泽民在毛泽东诞辰一百周年纪念大会上的讲话节录。题目是编者加的。

同社会主义基本制度结合在一起的。建立社会主义市场经济体制,就是要使市场在国家宏观调控下对资源配置起基础性作用。它在所有制结构上、分配制度上、宏观调控上具有鲜明的社会主义特征,因而也具有资本主义不可能有的优势。我们既要坚持和发扬自己的优势,重视自己创造的经验,又要结合中国实际,积极吸收和借鉴西方发达国家利用市场促进社会生产力发展的有益经验,使社会主义制度的优越性和市场在资源配置中的长处都得到充分发挥。我们发展社会主义市场经济的基本目标和任务,就是要使国民经济保持旺盛的生机、活力和后劲,保持经济结构、产业结构的合理和协调,保持积极的发展速度和良好的经济效益的统一,保持生产效率和分配公平的正确结合,同时要保证农业基础地位不断得到巩固,保证国有大中型企业在市场中的竞争能力和在经济发展中的主导作用不断得到加强,保证公有制经济的主体地位和其他经济成分积极发挥其补充作用,保证在生产发展的基础上人民生活日益改善和最终实现共同富裕。我们相信,有人民的全力支持,有党的正确领导,只要我们善于在实践中不断总结经验,就一定能够成功地建立和完善社会主义市场经济体制,一定能够通过这种新的经济体制促进我国社会生产力的不断提高,胜利地到达现代化的彼岸。

（选自《江泽民文选》第一卷,人民出版社 2006 年 8 月版,第 354—356 页）

加快改革 在本世纪末初步
建立起社会主义市场经济体制①（节录）

（1995 年 12 月 19 日）

李铁映

关于集中力量抓好大企业和国有小企业进一步放开放活。

"抓大放小"的国有企业改革战略，是今年政府工作报告中正式提出来的。党的十四届五中全会和中央经济工作会对此战略进一步作了肯定。今年的改革实践也证明，抓住重点，分类指导的战略决策是正确的。

据统计，我国国有企业共有 216 万个，把这么多国有企业都直接由国家抓起来难度太大，要选择一批在国民经济中具有骨干作用的大中型企业，通过改革、改组、改造和提高管理水平，使之成为适应国内外市场环境的大公司、大集团，并有效地带动一大批小型企业健康发展。要加大国有小型企业的改革力度，对具备条件的小型企业，要建立和形成为大企业配套服务、从事专业化生产经营的企业群体。对一般小型企业，要进一步放开、放活。特别是县属企业，可以放得更开一些。

当前，国有小企业的放开放活工作中也存在一些问题，各方面有些不同的意见和认识。这里，应强调以下几点：一是国有小企业改革一定要坚持多种形式并举，而不能采取简单划一的办法，搞一风吹。要区别不同情况，采取改组、联合、兼并、股份合作制、租赁、承包经营和出售等形式，加快改革改组的步伐。二是要坚持国有小企业改革、改组的正确方向。国有小企业经过改革、改组后，绝大部分仍应是不同组织形式的国有经济或者集体经济，出售给私营或个体经济的应是少数。特别要鼓励改组为集体经济性质的股份合作制。必须明确，集体经济不是公有制经济中的低级形式或过渡形式，而是要积极支持、大力发展的公有制经济的重要形式。各级体改部门要抓住机遇，认真研究比较规范、科学、有效的

---

① 这是中共中央政治局委员、国务委员、国家体改委主任李铁映在全国经济体制改革工作会议上的讲话节录。

股份合作制的具体组织形式,及时总结经验,积极探索市场经济条件下公有制的多种有效实现形式。三是要防止国有资产的流失。要制定具体办法,严格进行评估,有秩序地进行。四是要尽快制定颁布《股份合作制企业暂行条例》和租赁、拍卖等有关法规,用法律法规的手段保证改革、改组工作的顺利完成。

（此件由中共中央党史研究室机要档案处提供）

典型材料

DIANXINGCAILIAO

实施资本运营战略 以高科技带动发展

（2004 年 11 月）

山西运城制版（集团）股份有限公司

山西运城制版（集团）股份有限公司，多年来坚持以高科技为先导，实施资本运营战略，努力创建世界一流企业，实现了规模、速度、效益持续高速增长。目前在国内外拥有 54 个分（子）公司，国内分布在广东东莞、上海、大连、青岛、天津、昆明、江苏、浙江等 18 个省市；国外 10 个分公司分别设在越南、泰国、菲律宾、墨西哥、孟加拉、印尼、埃及等国。制版集团注册资本为 4.9 亿元，股权结构为：企业集体股 30%、法人代表（董事长）股 20%、总经理、副总经理股 10%、中层干部股 10%、职工股 10%，市联社占有一定的股权。制版集团现有员工 1 万余名，资产总额 18 亿元，资产负债率 30%；拥有电子雕刻机 285 台，形成年产标准凹版 60 万支的生产能力，生产规模及生产能力均居世界同行业之首，产品覆盖国内除西藏外所有省市，国内市场占有率达 70% 以上。2003 年，完成工业总产值 12 亿元，销售收入 10 亿元，实现利税 2.4 亿元，实现利润 1.9 亿元。

一、高科技的产品是激活资本、积聚资本的前提和基础

山西运城制版（集团）股份有限公司的前身是运城地区工艺美术厂，是集体所有制企业，当时有职工 89 人，固定资产 32 万元，主要生产围屏、二门柜等中低档工艺美术品，是微利企业。1981 年转产塑料彩印，投资 37 万元购置吹塑机、四色六色印制机，从事印刷生产，开始小版生产。1984 年底完成工业总产值 442.3 万元，实现利润 51.8 万元。

靠手工作坊式的工艺美术、拼版彩印产品，维持我们的生计还可以，但要从根本上扭转微利保本的局面，实现企业的全面振兴，创建一流企业，是根本行不通的。1984 年底，我们对国内软包装工业发展趋势、凹印制版工业的现状和前景进行市场调查，发现我国的制版技术非常落后，但市场需求旺盛；尽管不少大企业和专业印刷厂正在大量引进凹印设备，而多数却不注重制版工业的配套发展，高档的印刷版辊仍然依赖国外制版。这项产品确属高新技术、高附加值，虽

然投资较大,但有巨大的市场潜力。当时,我们确立了一个指导思想,就是树立超前意识,发扬敢为人先的精神,引进具有世界先进水平的设备,以高科技的产品占领市场的制高点,以高科技带动发展,走引进、创新、发展之路。认准的事情,我们就咬住不放,迎难而上,一抓到底。经过一番充分准备和艰苦努力,冒着较大风险,高息高额贷款 350 万元,引进西德产 K303 电子雕刻机、399 电子扫描分色机、日本产制凹版专用电镀生产线、美国派克公司生产的显影机、密度仪等具有世界先进水平的制版生产线。到 1986 年,发展成为国内惟一的专业性凹印制版厂,成为全国同期引进制版设备中进度最快、投资最少、版辊质量最高、效益最好的项目,在市场竞争中初露锋芒。短短几个月,便吸引了全国大部分用户,业务量成倍增长;三年就还清全部贷款。

经过二期、三期大规模的引进以及无数次的配套改造,集团公司已拥有日本、美国、瑞士、德国等六个国家的先进设备,规模位居世界第一,效益位居全国 500 佳。在引进和筹建分厂过程中,我们始终坚持高起点、高水平。在设备的选型上,做到了瞄准世界先进水平,一步到位;七个分厂都实现了以计算机替代手工拼版,完成了无软片雕刻等具有世界最先进水平的新工艺、新技术的消化、吸收和推广。1996 年,我们对加长版、烟版等特种版的开发研究和 1997 年开发的压纹版,始终把着眼点放在世界最先进技术的定位上。可以说,目前世界上有什么样先进的凹印制版设备,我们运城制版集团就有;世界上有什么样先进的制版技术,我们运城制版集团就有;而且国外没有的技术,我们通过实践也能研制出来。可以自豪地讲,运城制版集团已具有世界上最先进的制版技术。

我们制版集团的发展说明,只有依托高科技的产品,辅之以高效的资本运作,才会有资本增值的最大化。

二、积极而稳妥的扩张是资本扩充收益的有效途径

我们"制版人"的观点是:不知足者常乐。我们靠着永不满足的奋斗精神,不断引进、不断扩张、不断创新、不断发展,这是我们制版集团快速壮大、资本快速膨胀的根本原因。

到 1991 年底,我们固定资产已增至 6000 多万元,形成年产凹版两万支的生产能力,成为全国制版业中一支新兴的主力军。面对大好形势,我们没有自满,经过认真、全面的市场调查和预测,看清了潜在的危机与不利因素。其一,国内凹印工业的快速发展,特别是沿海地区新的凹印企业的不断出现,用版量在直线

上升,而制版企业的发展速度慢于凹印企业的发展速度;其二,运城制版厂地处偏僻,受地理位置、交通运输等因素的限制,在生产周期、交货时间等方面已不能满足用户的需求;其三,由于激烈竞争,进而形成新的市场分割。在这种情况下,我们审时度势,果断地实施了资本输出,走出运城,向外扩张,在全国设点筹建分厂,抢占市场。在地委、行署和各级领导的支持下,于1992年在广东省东莞市筹建东莞运城制版有限公司,投资总额6700万元,我方控股60%;1993年在上海筹建上海运城制版有限公司,投资总额6100万元,我方控股70%;同年又在大连市金州区筹建大连运城制版有限公司,投资总额4680万元,我方控股60%。我们在三个分厂设备引进中,实行了统一谈判、统一引进的办法,受到外商的高度重视,并给予优惠价格,引进设备比其它厂便宜50%左右,相差一半。由于我们抓住了时机,选准了位置,较好地遏制了全国各地盲目上马的势头,获得了较好的经济效益。1996年,全集团公司实现利税9000多万元。

在市场激烈竞争条件下,我们深深感到要想成为竞争的强者,立于不败之地,就必须实施资本运营战略,不断扩大规模经营,以强大实力压倒竞争对手,控制市场。1997年4月份,经省政府批准,组建山西运城制版(集团)股份有限公司。为满足国内制版市场的需求,我们又在广东东莞市筹办了第二分厂,在云南昆明、江苏扬中采取控股联营的办法,组建了两个分厂。运城老厂又与德国萨瓦莱斯制版有限公司合资,组建了运城萨瓦莱斯有限公司,开发生产压纹版。2002年,我们集团又跨出国门,在国外设立了分公司,实施资本输出,占领国外市场。到2003年底,集团已拥有分公司44个,其中国外分公司10个,控制了全国70%以上的市场。

国外有关资料表明,国外50%以上的企业在收购兼并企业、资本运作过程中,因盲目决策而导致全军覆没;国内有关资料也表明,国内部分企业盲目收购兼并企业和向外扩张,最终拖垮了自己。我们制版集团在筹建分厂、资本运作过程中,始终坚持大胆、积极、稳妥的原则,科学决策,量力而行,即每年的投资额不能超过前三年的利润总额,使投资风险降到最低程度,确保了资本的安全、高效运作。

2003年,我们实施了"一扩、一升、两跨越"战略,"一扩"就是在现有经济总量的基础上,三年翻一番;"一升"就是产品升级换代;"两跨越"就是跨国、跨行业经营。目前,产品除凹印版、压纹版外,又开发了模具、压铸镁、铝复合热传输材料等新产品。

三、科学的竞争机制是资本高效运营的内在动力

市场经济是竞争经济,没有竞争能力的企业是没有希望的企业。我们"制版人"敢于竞争、喜欢竞争,而且善于竞争,在集团内部形成了一套对外对内的竞争机制,为资本的高效运营提供了强大的推动力。

《孙子兵法》说得好:知己知彼,百战不殆。在实践中我们体会到:知彼容易知己难;知己知彼,难在知己,贵在知己,方能百战不殆。在对外竞争中,我们正确认识自己,集中力量把自己企业的事情办好,不是采用其他卑劣手段参与竞争,而是靠高科技的产品、一流的管理、过硬的质量、雄厚的经济实力参与竞争,以绝对的优势征服对手,从而控制市场。1985年与我公司同期引进制版设备的几家企业,生产经营很不景气,就连外商投资的两个制版厂也沦为竞争的失败者,已加盟我集团,联合经营。

对外竞争首先建立在内部竞争的基础上。我们在各分公司内部建立竞争机制,实行竞争上岗、无情淘汰。允许各车间、科室在全厂范围内为本部门组织人员;允许每个职工选择单位、选择岗位,合理流动;允许各基层单位将不适合的人员交厂部,由厂部培训后分配力所能及的工作;对个别素质差、不求上进的人则促其调离。我们还定期对每个员工的工作情况,分产量、质量、工期定额、原材料消耗进行排队、公布,对于连续三次排在最后一名的,限期调离。形成人人参与竞争、事事体现竞争、时时存在竞争。在集团内部各分公司之间也开展竞争,我们在广东东莞设立二、三公司,上海设立二公司,江苏设立扬中公司,就是为了使分公司之间开展竞争,谁的产品质量过硬,谁的优质服务过硬,谁的管理水平过硬,谁就将占领市场。我们制版集团就是在竞争中连连获胜,在竞争中提高市场占有率,在竞争中使高科技产品发挥高效益,在竞争中使资本收益、膨胀。

四、非常的营销策略是资本收益的重要手段

我们制版集团一个非常的营销策略是真诚地为用户提供全方位的优质服务。"用户至上"、"用户就是上帝"已不再是一般口号,而是我们行动的指南。谁得罪了用户,就处罚谁,直至开除。我们在同行业首创对重点用户实行版辊质量保险。明确规定:凡我公司所制版辊出现质量问题,立即退还用户交付的制版费用,以最快的速度免费返修或重修,并负责赔偿用户因版辊质量问题保险造成500元至15000元以内的经济损失。我们实行质量保险,虽然要承担较大的风险,并且会造成一定的损失,但却赢得了市场竞争中绝对优势,连香港和外国老板对我们的经营之道都赞叹不已。多年来,我们分别在北京、上海、西安、成都、

天津等地设立制版业务办事处,为用户就近办理接洽业务,业务员分片包干为用户上门服务,解决稿件设计等方面的难题。对特殊用户,采取飞机空运的方式发版,保证了用户在交货时间上的要求。为了加快稿件传递速度,我们出资1000万元,在各办事处安装扫描仪、打样机和MAC机,各办事处全部上互联网,现在集团公司各企业之间、各办事处之间已形成庞大的网络,这是其它厂家无法比拟的。灵活的营销策略,使我们制版集团的知名度大大提高,制版业务量成倍增长,经济效益突飞猛进。

五、高素质的人才是资本快速膨胀的根本保证

在市场经济条件下,企业的竞争归根结底是人才的竞争,资本的高效运作,更离不开高素质的人才。我们在实施资本运营过程中,大批量引进人才,着力在塑造"制版人"、提高整体素质上下工夫。一是加强领导班子建设,形成了一心为公、廉洁奉公、团结拼搏、开拓进取的领导集体。"公生明、廉生威"是我们集团领导的座右铭。在引进谈判中,多次拒收礼金,坚持压低设备价格,如引进一台电子雕刻机,其它厂需74万元,而我们只需28万元,先后为企业节约资金六七千万元。我们就是靠这种精神,艰苦创业,集腋成裘。二是造就一支政治素质和业务素质过硬的职工队伍。从1985年开始,我们坚持在运城地区进行严格的正规培训,并无情淘汰不能胜任工作的人员,形成了我们人才方面的绝对优势。在用人上,不讲情面,书记、专员说情也不行,送礼更不行。正如外界群众传说:制版厂招工是六亲不认。目前全公司拥有大专毕业生人数占员工总数的70%以上,北大、清华、交大等名牌院校毕业生都有,还有十多位研究生。我们就是这样不拘一格选人才,不断为企业注入生机和活力,不断使资本增值、收益。

我们制版集团,在省、市联社的正确领导下,将继续实施资本运营战略,不断引进、创新和扩张,实施产品升级换代,在巩固国内市场的基础上,扩大国外市场;在开发制版系列产品基础上,搞好跨行业产品开发和市场占领,努力创建世界一流水平的现代化企业。

努力办好女子平民教育与姐妹
手工编织合作社

（2005 年 12 月）

上海市女子实验函授进修学院

（一）

随着国家产业结构的不断调整，在城市，大批职工下岗，其中女性占 70% 左右。在农村，因低效的农业生产，大批男性离乡背井外出打工，走不出去的广大农村妇女，终日耕耘在收益不大的土地上，出现农村妇女贫困化、边缘化。

对上述这种现状，我们在党的"三个代表"重要思想指导下，按照陶行知平民教育思想开办的上海市女子实验函授进修学院，建院十一年多来，先后做了两件事：

第一件事：发扬陶行知先生的"捧着一颗心来，不带半根草去"的奉献精神，通过学院创办者和她的合作伙伴，十一年如一日，不计报酬、不计时间所积累的学院女子平民教育基金和千方百计争取国内外一些社会团体、爱心人士提供的资助款，以及近年来政府劳动部门的一些培训补贴，从 1994 年 6 月到 2005 年 10 月，已为上海下岗女工、外来媳妇、进城女性务工人员、郊区农村女性富余劳动力和全国贫困地区的困难女性，先后进行了一万五千多人次、20 多种专业、全免费的实用技术培训，解决了不少上海下岗女工再就业和内蒙、江西等贫困地区困难女性脱贫致富的问题。

第二件事：在中国国际工合委员会和上海市集体经济研究会关心帮助指导下，我院自 2001 年春天起，先后组织了 9 个以绒线编织、抽纱刺绣、丝网花艺术为主要内容的手工编织姐妹合作社，开展了无需多大投资的家庭加工业，为我院的上海下岗女工学员、外来媳妇学员、上海农村离地女农民学员开辟了一条就业的道路，走上了一条"努力干、一起干，团结合作、共同富裕"的发展道路。

（二）

回顾我院开展女子平民教育十一年的历史，主要是通过传播知识和各类实用技术培训,帮助了一大批城乡贫困女性,走上了上岗就业和脱贫致富的道路。进入 21 世纪以来,我院进一步自筹资金,开设了适合女性心灵手巧特点的,又便于开展家庭加工业的绒线编织、抽纱布艺刺绣穿珠、丝网花艺术等新型服饰专业,使上海的一些下岗女工、外来媳妇及郊县离地女农民学员,不出家门就能学习掌握编织毛衣(围巾)、穿珠珠包、做丝网花工艺品以及服装定制等家庭加工技艺,不仅增加了经济收入,而且使她们有了一种自立自强、当家作主的美好感受,陶冶了情操、平衡了心态。

但随着时间的推移,我们深深感到,这种分散的、个体的劳作,毕竟势单力薄。尤其是处于信息时代和市场经济背景下,如果不把这种个人的努力,与学员群体的团队力量结合起来,就难以持久。虽然她们也可常来求助于我们学院的帮助,学院也曾尽自己最大的努力,为她们找来了一批又一批订单,落实了一个又一个加工单位,但也困难重重,步履艰难。

2001 年春,中国国际工合组织来沪与我院联合举办了《怎样组织合作社》的培训,上海市集体经济研究会有关领导亲临指导,使我院在女子平民教育发展的重要关头,有了"柳暗花明又一村"的拓展,带来了新的生机,取得了新的突破,主要表现在:

第一,经过"怎样组织合作社"的培训,使一大群经过我院绒线编织——抽纱布艺刺绣——丝网花艺术等一系列新型专业培训的学员,在合作社组织原则的指导下,自下而上集合和组织起来,并经过不断调整和组合,到 2005 年 10 月止,形成 9 个姐妹手工编织合作社,她们是:

1. 五角场欣星姐妹手工编织合作社;

2. 宝山通一姐妹手工编织合作社;

3. 光启路乐帮联合姐妹手工编织合作社;

4. 翔殷路四姐妹手工编织合作社;

5. 横沙岛巾帼姐妹手工编织合作社;

6. 泥城镇新泐(lè 乐)村姐妹手工编织合作社;

7. 石湖荡镇新中村姐妹手工编织合作社;

8. 祝桥镇卫民村姐妹手工编织合作社;

9. 惠南镇惠南姐妹合作社。

这 9 个合作社的组成人员,少则四五人,多则三四十人到上百人,虽然前进中有不少困难,但大家均能风雨同舟,体现了一种"努力干、一起干,团结合作、共同富裕"的工合精神和团队力量。

第二,这 9 个姐妹合作社先后成立后,她们通过集体的团队力量,努力拓宽市场渠道,多方争取加工订单,使合作社内的每家每户的家庭加工业,都不同程度地开展了起来,达到了增加收入,脱贫致富的目的。如已有二年半历史的宝山通一姐妹手工编织合作社,她们以自产自销为主,承接来料加工为辅,一方面积极开拓市场,参加各种展览会,扩大销售渠道;另一方面多渠道寻找外加工单子,只要听到与编织有关的消息,她们就会马上主动与对方(厂方、企业)联系。在大家的共同努力下,社员们的经济收入逐年提高。与此同时,她们还通过技术开发,研制了具有自身特色的各类时尚珠珠包,使该合作社成了宝山地区小有名气的礼品加工基地。

横沙岛巾帼编织合作社,是我院最早组织成立的姐妹手工编织合作社。四年来,该社的编织加工任务不断扩大,已由建社初期只为200公里之外的一个单位来料加工,到2004年,发展到为上海恒源祥——中华老字号绒线店在内的几十家单位来样加工,随着编织合作社加工效益的提高,大大增加了横沙岛农民姐妹的经济收入。

2005年下半年成立的祝桥镇卫民村姐妹手工编织合作社,在刚刚成立一个多月的时间里,她们就想方设法,承接来料加工500余件,使该社离地女农民人均收入增加232.44元。

第三,这些姐妹合作社,在多方面争取加工订单的同时,也在开始摸索以自己高雅的设计和作品,去主动开拓自己的产品市场。如翔殷路四姐妹合作社的四个学员(社员),她们自己设计创作出人见人爱的高雅作品,通过亲朋好友的传播;获得了海外一批又一批的加工订单,得到了可观的报酬和经济收入,她们感叹地说:"打开国际市场,还要靠创作。"惠南镇惠南姐妹合作社刚刚成立的头二三天时间里,社员们就加班加点承接完成了送往意大利Maisa Bellisario基金会的20条粉红色抽纱围巾,得到了意大利外国朋友的好评,扩大了国际影响,为今后打开国内外市场带来了好兆头。擅长于制作水晶艺术品和绒线手工编织工艺品的乐帮联合姐妹合作社,一年多来,她们制作的成品,已先后为中国国际工合委员会、香港汇丰银行、上海市慈善基金会,以及意大利妇女基金会所看好。

第四,一批好的经营者脱颖而出。姐妹合作社发展过程中,实行民主选举带头人。实践证明,由广大社员民主推选出来的各个合作社的社长,都是好样的,都是真正的发展集体经济的带头人。如五角场欣星姐妹手工编织合作社社长是一位双腿残疾人。她为了带领大家办好合作社,长年累月摇着轮椅到处奔走,承揽业务,推销产品,克服了许多常人难以克服的各种困难。即使在和她一起的发起人,因种种原因离她而去之时,她也没有泄气,而是重新组合合作社的领导核心,持之以恒地坚持下来,并带领大家以"高工价做,低工价也做"的艰难历程,使合作社社员的经济得益,从原来人均月收入只有几十元,发展到现在人均月收入三四百元。宝山通一姐妹合作社社长,自合作社成立二年半来,带领大家千辛万苦开拓市场,开发新技术,研制新产品,而且身先士卒,常常通宵达旦,对新技术进行研制和试制,然后组织社员技术培训,让每个社员都能领会新工艺,掌握新技术,从而保证了新产品的质量和合作社的社会信誉。2005 年元月,她被上海市人民政府光荣地表彰命名为上海市促进就业先进个人。

(三)

在探索实践女子平民教育与引导学员组织姐妹合作社、开展家庭加工业有机合作的四年多时间里,我们感触最深的,也是最值得回味和深思的有如下四点:

第一,这是一种责任,也是一种理想。

所谓责任,就是面对广大弱势妇女群体“就业难”的现状,在经过我院自行投资,独立设置的绒线编织等专业知识培训基础上,引导学员组织姐妹合作社,开展以绒线编织、抽纱布艺刺绣、丝网花艺术为主要内容的家庭加工业,实际上是为她们多开辟一条就业的道路。使她们得到了一条不出家门就可就业的途径。虽然一开始收入不一定会很高,但却是一条增加经济收入的门路。横沙岛巾帼姐妹手工编织合作社社长说得好:“我们横沙岛巾帼姐妹编织合作社成立以来,合作社社员虽然没有赚到成千上万的钱,但却解决了她们家庭日常开支和支付孩子每学期学杂费的实际问题。”

所谓理想,就是面对当前全球经济一体化,中国社会转型,处于弱势地位的群体,唯有组织起来,走一条“努力干、一起干,团结合作、共同富裕”的发展道路,才能取得“人人是主人,个个是老板”的主人翁地位,才能抵御风险,主宰自己的命运。乐帮联合姐妹编织合作社的一位社员深有体会地说:“在外单位工作,是人家雇佣我劳动,我拿人家工资,是一种雇佣关系。而在我们合作社,大家相聚在一起,互相帮助,互相交流,互相支撑,有种回到家的亲近感和人人平等的亲和力。现在,我有事(有了加工任务)当然会过来,无事也想来走走,因为这里就像是我的家。”我们共产党人追求的就是这种“人人平等、个个富裕”、“没有剥削,没有压迫”、“人人为我,我为人人”的理想社会。70 年前的路易·艾黎,也是为了实现这一崇高理想,远离自己的祖国,漂洋过海跑到苦难深重的中国,通过组织工业合作社,帮助中国的劳动者联合起来,打击日本侵略者,使他们的生活得到了救济和保障。

第二,在市场经济条件下,我院在指导学员组织姐妹合作社,在开展家庭加工业和经营管理过程中,坚持社会主义方向,经济上严格遵守按劳(件)取酬的原则,管理人员必要的管理费(如交通费、误餐费、误工费),允许从每个社员按劳(件)取酬的加工费中提取,但不得超过5%—10%。在政治上,严格实行社员自主自治自控,坚持实行社员民主决策制度和财务公开制度。如翔殷路四姐妹手工编织合作社,她们两年的实践,就是群策群力取得成效的有力证明。她们用集体智慧研制出最佳作品,通过她们的亲朋好友,打进国际市场;有了订单后,她们四人又群策群力,用四人集资起来的共同资金,有的在上海买原材料,进行打样出样,制作工艺图纸;有的出差到外地购买物美价廉的批量原材料,为开展加工任务做好一切准备;然后她们四人就天天相聚在一起,以工艺图纸为标准,按质按量按时完成任务;最后四人共同清账结算,除去原来她们四人共同提供的流动资金及一切花费,大家按劳(件)取酬,去年一年她们四人,都取得了一笔丰厚的经济收入。

第三,在市场经济条件下,针对合作社人员队伍可变性大的特点,一定要贯彻"社员入社自由,退社自由"的原则。同时还应允许合作社社员可以兼任其他工作,以便她们多渠道地发展自己。这主要出于来自如下二个方面的实际情况:

一是有少数个别能力强、技术精、财力足的社员或负责人,一旦发觉集体经济性质的合作社不能达到她原定的个人致富的目标时,她就会"一心二用",另寻出路、自主创业。如有此情况发生,合作社应允许她们离开,让她们去走以营利为目标的私营中小企业发展道路。事实上,在当前我国处于多种经济成分的社会环境下,我们学院在开展各类专业培训的开学第一课,就开门见山地指引她们结业后走三条路:第一,由学院推荐上岗,但要求学员做到客随主便,使自己努力适应客观环境,而不能企求客观环境来适应自己;第二,自主创业做小老板,这就要求这些学员不怕风险,并要具有一定的财力、实力;第三,大家组织起来,成立合作社,走一条"努力干、一起干,团结合作、共同富裕"的道路,人人是主人,个个是老板,人人为我,我为人人,这是我们学院所要重点扶助的。

二是目前姐妹合作社还处于开创起步阶段,加工任务时有时无。在此种情况下,一些技术精湛的合作社社员、合作社骨干,不时地被上海的一些高级绒线店、服饰公司(如意大利织锦罗服饰有限公司、香港"名线"高级绒线店),用高薪临时聘用,月薪高达二三千元。虽然她们对合作社仍是爱心有加,但在这些高级绒线店聘用她们的时候,对合作社只能投入部分精力。我们对此应予理解,因为这也是让我们学员展示才华,步入白领女性阶层的一个难得机会。

第四,鉴于合作社是集体经济性质的劳动者合作的劳动组织,因此引导社员民主选举2—3个具有奉献精神,善于开拓市场,技术业务过硬的优秀骨干任合作社正副社长,分别担任行政主管,技术把关,开发市场等方面工作,是重中之重,关键的关键。从我院经过不断发展调整而坚持下来的9个姐妹合作社情况来看,如果说她们成功,就在于她们有这三方面的骨干力量,形成"三驾马车"合理组合领导核心,带领大家在集体经济的道路上奔驰。

第五,在合作社运动发展过程中,上级党政机关和妇联组织的重视、关心、支持是至关重要的。前述的9个姐妹合作社,之所以能够得到发展和坚持,是与有关区、街道、乡镇党政领导和妇联组织的重视、关心、支持分不开的。如在2005年上半年先后成立起来的南汇区惠南姐妹合作社、祝桥卫民村姐妹合作社、泥城新涉村姐妹合作社,都是在上海市南汇区妇女联合会和这三个镇、村的各级党政领导、妇联组织重视关怀和大力支持下成立和发展起来的。但是"关心"不等于"管辖","支持"不等于"控制",更不能从"政绩工程"出发,任意摆布和塑造合作社,使其逐渐失去自主权和财务权。有的合作社,已经变为有关部门第三产业,逐步失去了原来的本色而退出姐妹合作社行列。

要解决这个带有普遍性的问题,一方面要积极争取有关党政领导的重视和支持,扶助弱势群体走共同富裕的合作社道路。另一方面就合作社内部来讲,一定要教育和引导社员立足于自主创业,学会当家作主。

有 为 才 能 有 位

（2006 年 8 月）

福建省南平市延平区二轻工业总会、联社

　　陈士能主任在中华全国手工业合作总社第六次代表大会的工作报告中指出："'事在人为，业在人创，路在人走'。有为就能有位。"这句话真是说到了点子上。人们常说，我们二轻是属鸡的，要自己四处觅食。企业的供、产、销，乃至企业改革和职工安置的优惠政策，都要靠自己去争取，去奔走，否则天上不会掉下馅饼，"好事"不会自己找上门来。我们延平区二轻工业总会和二轻联社对此深有体会。这几年，我们正是依靠自己的努力，在抓好企业改革、维护社会稳定、服务企业和职工群众方面做了大量工作，得到了区委区政府和上级主管部门的充分肯定，也得到了所属企业和职工群众的依赖与拥护。在政府机构改革中，二轻总会和二轻联社不但没有被撤销、被合并，二轻总会还从总支单位升格为党委单位。2006 年，二轻总会已连续两届被延平区委评为"区直机关创建党建工作先进单位"，被区委、区政府评为"综治工作优胜单位"、"安全生产工作先进单位"；二轻党委被区委授予"先进基层党组织"、"企业思想政治工作创新奖"；二轻联社已注册登记为事业法人，2005 年被福建省城镇集体工业联合社授予"福建省城镇集体工业系统先进单位"。区联社主任也于 2004 年被评为"全国联社先进工作者"，并代表南平市二轻系统赴京出席了中华全国手工业合作总社第六次代表大会。

为企业改革争取优惠政策

　　这几年，我们根据延平区委、区政府的部署，在抓生产、抓项目的同时，重点抓改革、抓稳定。改革的形式有：实行股份合作制；退二进三、易地改造；减员分流、减负增效；整体出售、彻底改制；资产变现，所得资金用于安置职工；由民营企业兼并集体企业等多种形式，我们因企制宜、一厂一策，不搞一刀切。不论实行何种改革形式，都要求做到"两个到位"，即产权制度改革到位、建立新型的职工劳动关系到位。因此，首先必须解决资金问题——与职工解除原有的劳动关系需要资金,安置离退休人员和内部退养人员需要资金,清理债权债务也需要资金。但二轻集体企业多数底子薄、基础差,在市场竞争中处于劣势,很多企业长期处于停产半停产状态,早已负债累累,根本没有能力筹集改革所需的资金。企业惟一值钱的资产是土地,但出让土地,又受到南平市关于"市区两桥以内严控进行经营性土地开发"规定的制约,一时改革寸步难行。针对这一问题,我们向区政府呈报了二轻集体企业改革整体方案,该方案得到区政府的肯定和支持,同时又向市政府提出了关于给予部分特困集体企业自主开发土地或统一收储,以解决职工安置问题的建议。这个建议引起了市领导的高度重视。市政府与市人大有关部门专门为此组成了一个调研组,到延平区二轻系统进行调研,随后,市政府召开市长办公会议,研究延平区二轻集体企业改革问题,并形成了一个会议纪要,对我区二轻集体企业的改革及土地利用等问题给予政策支持,特许几家位于市区范围内的二轻企业可以进行土地开发,并将出让土地的净收益作为市政府对延平区二轻系统企业的改革补贴。这样,我系统的机修厂、雨具厂等一直未能解决的土地开发问题终于得到了解决,职工安置所需资金也有了着落。其他二轻集体企业的改革工作也得到了市、区政府的有力支持。全系统集体企业25家,已完成改革改制18家,占72%,较好地完成了区委区政府交给我们的任务。

做好稳定工作,保一方平安

这次进行的改革,是一次经济结构的大调整、劳动关系的大变革,涉及到每个干部职工的切身利益,各种历史问题和深层次的矛盾都暴露出来,职工上访现象也骤然增多,集体上访事件也不断发生,严重地影响了政府和有关部门的日常工作。面对这种情况,我们不退缩、不逃避,而以高度负责的精神,艰苦细致地做好职工思想工作,尽可能化解各种矛盾。我们根据不同企业、不同上访群体所提出的不同问题,分别采取四种不同的对策,妥善处理职工集体上访事件:一是引导、组织上访职工选出代表,变"群体上访"为"派代表上访",以免影响政府及有关部门的正常工作。二是采取召开座谈会、对话会的方式,以平等、友好的姿态,与上访职工坦诚相见,互相交流看法,并一起探讨解决问题的办法。三是针对上访职工提出的问题,深入企业调查研究,变职工"上访"为领导"下访"。四是对于一些我们自身无法解决的问题,及时向政府及有关部门反映,请求他们帮助协调解决。我们千方百计做好稳定工作,既保障企业改革顺利进行,又为政府分忧,减轻政府和有关部门的压力,还解决了职工的实际问题。我们的工作得到了上级领导的高度赞许和职工的理解,二轻工业总会和二轻联社的重要性也在此彰显了出来。二轻总会曾被安排在全区社会稳定形势分析会上作大会发言,介绍做好稳定工作的经验做法,联社主任还被市委市政府评为"信访工作先进工作者"。

强化服务功能,为企业和职工多办实事

淡化行政性、突出经济性、强化服务性,是联社改革的方向。人们都说,妇联是妇女的"娘家",工会女工委员会是女职工的"娘家"。联社作为集体企业的联合经济组织,也应成为集体企业及其职工的"娘家",为集体企业说话办事,为集体企业职工撑腰。尤其是在集体企业进行改革改制的关键时刻,联社更应挺身而出,坚决维护企业及职工的合法权益,防止集体资产流失,保证职工得到妥善安置。这几年我们正是本着这个宗旨,在大力推进企业改革的同时,处处注意维护企业及职工的合法权益,正确处理改革发展稳定关系,尽心尽力帮助企业及职工群众解决各种困难问题,做到改革、维权、服务"三兼顾"。如我们帮助企业处理历史债务,就是一个很受企业欢迎的做法。我区大部分二轻企业债务多、历史包袱沉重,有的已严重资不抵债,即使把厂房土地都拿去变卖,也不够偿还所欠债务,职工无法安置,改革也就无法进行。因此,处理债务问题,是企业改革的一大难题。如南平市机修厂、电扇厂、电器厂等七家企业,均欠有各家银行贷款,特别是工商银行欠款最多,企业所有房产证及土地证都抵押于银行,厂房土地无法转让,改革寸步难行。为了解决这一问题,我们首先从解决工行债务入手,多次与工行及中国华融资产管理公司福州办事处协商解决办法,最后终于达成了一致意见,采取由二轻联社对上述七家企业债权进行捆绑收购,所欠工行贷款本息由联社与该办事处商订还款办法,解决了2000多万元的债务,使这些企业从沉重的"债务链"中解脱出来,取回了原抵押在银行的房产证、土地证等抵押物权证件,为企业进行改制、资产处置和职工安置创造了条件。这些企业都很感谢二轻总会和二轻联社帮助他们解决了多年未能解决的一大难题。采取这种解决办法,盘活了联社集体资产,还清了企业和联社的银行欠款。对企业改革和发展生产发挥了重要作用,企业高兴地说二轻联社真正起到了协调、服务的作用。

我们本着"以人为本"的精神,尽可能为职工群众解决一些实际困难和问题。如帮助南平市第二皮革厂、线厂职工解决跨进社保门槛问题,帮助南平市塑胶包装厂、电器厂、二塑厂等七家企业职工解决医保问题,帮助十几年前就已实施破产的南平市第三塑料厂、民用五金厂职工解决社保、医保遗留问题,等等。上述这些问题,都是比较棘手的问题,解决的难度很大。但我们坚信"精诚所

至,金石为开"的道理,不辞辛劳地奔走于企业、政府和有关部门之间,终于得到政府和有关部门的理解与支持,使这些棘手的问题最终得到妥善解决,受到职工群众的一致好评。通过帮助企业和职工群众排忧解难,让群众感受到了党和政府对他们的关心与爱护,使消极因素转化为积极因素,增进联社组织的凝聚力与亲和力。今后,我们二轻总会和二轻联社要把各项工作做得更好,为我市我区的经济发展和社会进步作出更大贡献。

主辅分离 服务主业

（2006 年 11 月）

宝钢集团企业开发总公司

宝钢集团企业开发总公司是 1986 年 9 月,在改革开放的大潮中,宝钢对生活后勤和生产服务实行社会化协作和专业化管理,在全国大型国有企业中率先实行主辅分离新建的集体企业。20 年来,在不断地接收主体分流人员,确保主体稳定的同时,发扬艰苦创业精神,不断开拓新项目,扩大新业务,努力创造更多的就业岗位,取得了良好的社会效益和企业经济效益,综合实力逐年增强,走出了一条"创业—就业—创业"的良性循环之路,成为一个主要为钢铁生产主体服务和废弃资源综合开发利用的专业化公司。创造了令人自豪而又辉煌的经营业绩,也为宝钢进入世界 500 强贡献了力量。

一、开发总公司成立 20 年来实现的三大变化

变化之一：功能定位实现提升

20 年前,成立开发总公司的目的是为了摒弃原大型国企办社会,影响主业竞争力的传统做法,精干主体、做强主体、为主业配套。开始时仍依附于主业生存。20 年后的今天,开发总公司在服务宝钢主体的功能定位基础上,大力发展生产服务集成和资源综合利用两大新兴产业,功能定位已经实现提升。

变化之二：经济实力快速增长

20 年前,尽管有原宝钢总厂的大力支持,但创业之初各方面条件都非常艰苦,生存是第一要务。经过 20 年的发展,开发总公司的经济实力有了持续快速的增长,销售收入从 2003 年起,连续 3 年突破百亿元大关,2005 年达到 149.8 亿元;利润总额从 2003 年起,连续 3 年超过 3 亿元,2005 年达到 3.72 亿元。到 2006 年 8 月末,开发总公司总资产近 90 亿元,净资产总额 39 亿元,成为了一个具有较强实力的企业。如今,"做精做强,实现持续、稳定、健康发展"是我们的

第一要务。

变化之三：企业形象显著提高

20 年前，有许多人对开发总公司的前途表示怀疑，甚至戏称是"大兴公司"。经过 20 年的奋斗，今天，开发总公司在宝山区纳税企业中名列前茅；不仅拥有 3 家上海市高新技术企业，取得了 11 项上海市高新技术转化成果，而且参与了部分产品国家标准的制定，取得了 2 个国家级工种职业技能鉴定资格，还向其它钢铁企业有偿转让了我们的知识产权。经中国人民银行上海分行授权的上海新世纪投资有限公司评定，开发总公司的资信等级连续多年被评为 AA 级。连续 13 年被评为上海市"重合同、守信用"单位，合同信用等级为 AAA 级。

二、开发总公司 20 年发展的四大特点

1. 灵活

作为一个主辅分离的企业，职工人数多但工作岗位和符合就业条件的人数少，所从事的业务多但拳头产品和效益好的企业少，需要改善提高的多但可利用和分配的资源少等矛盾一直是制约开发总公司发展的瓶颈。要化解所处的困境，除了依靠宝钢主体的支持外，更要依靠自己在夹缝中求生存的能力和水平。墨守成规、守株待兔肯定不行。为此，开发总公司始终注重在体制、机制和收入分配的搞活上下工夫，努力使之与市场竞争需求相适应，这是开发总公司实现持续快速增长的动力源泉。

2. 和谐

作为一个以服务业为主的企业，不断保持和提高员工满意度，构建和谐的企业氛围非常重要。20 年来，基于服从宝钢主体体制的改革和开发总公司自我发展的需求，开发总公司历经了数次重大变革。比如，在占有和使用宝钢主体资源方面，从无偿化过渡到有偿化，并逐步过渡到市场化；再如，在收入分配、劳动用工等方面所进行的改革。始终坚持妥善处理不同利益群体的不同需求，特别重视特殊困难群体，努力构建和谐、稳定的企业氛围，这是开发总公司实现持续快速增长的可靠保障。

3. 多元

作为一个劳动密集型为主的企业，效益不高，如果安于这种状况，那只能暂时维系温饱，甚至被淘汰。为了把开发总公司的经济效益搞上去，就必须善于抓机遇、拓业务，增资源、抢市场。20 年来，开发总公司在原有业务的基础上，积极

在横向多元化和纵向拉长产业链上发展。做别人不愿做、不想做、不肯做、不能做的事,努力占领市场先机:从回收工业垃圾、备件修复到矿渣微粉、磁性材料;从家政服务、保洁保安到高新技术成果转化;从典当、保险、仓储到物流业、房地产业以及钢铁贸易和钢材深加工等。做好他人不轻易做的事,努力树立品牌,在多元产业上异军突起,是开发总公司实现持续快速增长的有力支撑。

4. 传承

作为一个立志高远的企业,开发总公司成立后的 20 年间,一代又一代的创业者们始终坚持传承和发扬前辈们所留下的服务宝钢、艰苦奋斗、开拓务实、自强不息的理念。这些是开发总公司实现持续快速增长的宝贵精神财富,更是开发总公司 20 年来从立企到兴企、并走向强企的关键所在。

三、开发总公司 20 年实践的五条基本经验

回顾开发总公司走过的 20 年风雨历程,在前进的道路上有过失意和无奈,但更多的是历经艰辛换来的成功和喜悦。20 年的发展实践证明:

1. 宝钢集团的正确领导、大力扶持和方方面面的理解、帮助是开发总公司健康稳定发展的基础

抚今追昔,饮水思源。开发总公司经过 20 年的发展,能取得今天这样的成就,最应感念的是宝钢集团多年来对开发总公司始终如一的倾心扶持和指导。

二十年前宝钢领导班子高瞻远瞩、果断决策,催生了开发总公司这一举国首创的国有大型企业主辅分离的新生儿。在开发总公司艰苦的创业阶段,是宝钢主体给了必需的人力、物力和财力的支持。在开发总公司的各项工作初有起色之时,宝钢的老领导用"十五的月亮有我的一半,也有你的一半"来肯定开发总公司的价值和地位,激励员工百尺竿头更进一步。当开发总公司发展到一定规模时,是宝钢领导高屋建瓴地要求开发总公司应该拥有自我造血、自我循环的能力。当发展遇到困难的时候,是宝钢领导不仅在精神上给予理解,给予鼓劲,而且在资源上给予补偿,业务上给予扶持。当工作取得了一定成绩的时候,集团公司在开发总公司召开了"观念与创新"研讨会。及时推广开发总公司的做法和经验,这些给予了全体员工极大的鼓励和鞭策。应当铭记,正是宝钢的全力支持,才有开发总公司美好的今天。2006 年 3 月,在开发总公司第三次党代会上,宝钢领导用"开发总公司为宝钢的发展作出了巨大的贡献"这样高度的评价,让开发总公司员工共同分享了宝钢的荣耀,全体开发人无不为之感动和振奋。大家深深明白,开发总公司是月亮,宝钢主体是太阳,今天所拥有的一切光辉,都源

自于太阳的光芒！

2. 解放思想、转变观念是开发总公司健康稳定发展的前提

观念就是财富，思路决定出路。20 年来，为提高开发总公司的能力和品牌知名度，实现持续发展，全体员工认真学习邓小平理论、"三个代表"重要思想和科学发展观，不停顿地解放思想、转变观念。创业之初，以稳定职工队伍、提高企业生存能力为重点，先后提出了"服务第一、开发第二"、"服务第一、经营开发是为了更好地服务"；当开发总公司的发展具备一定实力之后，把注意力转移到开发总公司的市场开拓和品牌建设上，先后提出了"争创最佳协力单位，争创最佳服务品牌"和"创一流协力企业，创一流服务水平"；依据形势发展的要求和开发总公司自身发展的需要，提出了"盯着宝钢想，跟着宝钢走，跳出宝钢跑"的工作思路。开发总公司 20 年的发展实践证明，解放思想、转变观念是开发总公司健康稳定发展的重要前提。

3. 人力资源是开发总公司健康稳定发展的第一资源

人才是企业发展最为宝贵的财富。开发总公司成立之后，始终肩负着一项特殊的使命，那就是安置好宝钢征地工、宝钢主体生产和技术骨干的家属及宝钢主体分离人员等。20 年来，共接收安置了宝钢三期征地工 5800 余人、家属工 2000 人、宝钢主体富余人员 8500 余人次。为增加工作岗位解决就业矛盾，推动开发总公司的经济发展，一方面，不拘一格、大胆启用懂经营、擅开拓的领军人才，在市场经济的海浪里淘金；另一方面，大力引进、培养经营、管理和技能三类人才。从 1999 年开始，先后举办了 8 期中青年干部培训班，有 91% 的学员培训后得到了提拔使用。从 2004 年起，实施了三年人才发展规划。目前，人才总量达到 3962 人，人才密度达到 37.0；技术业务人才总数达到 1797 人、高技能人才总数达到 926 人。2005 年，开辟了技术、管理人才成长"双通道"，已完成了两批"三师"（首席师、主任师、区域师）评聘工作，12 人被聘为主任工程（管理）师、54 人被聘为区域工程（管理）师；制定了首席工程（管理）师、主任工程（管理）师、区域工程（管理）师待遇及激励办法。

4. 苦练内功是开发总公司健康稳定发展的保证

"竞争在市场，竞争力在现场"。经过 20 年的探索和实践，开发总公司以"全面提高现场管理水平，提升市场综合竞争力，实现现场管理与钢铁主业'一体化'管理要求相匹配、相协调"为愿景，从生产和经营管理中的薄弱环节入手，认真组织开展质量、环境、安全等综合管理体系贯标认证工作，16 家二级单位通过了认证；建立健全各类管理规章制度等 157 项。通过开展"学股份、抓对标、争创最佳协力单位"、班组建设、自主管理等活动，不断促进开发总公司的基础管理由粗放型向精细化转变,这是开发总公司健康稳定发展的有力保证。

5. 党组织发挥政治优势是开发总公司健康稳定发展的有力保障

加强党组织建设,始终保持党的先进性,增强党组织的创造力、凝聚力和战斗力,是企业党组织充分发挥政治核心作用、更好地服务于企业发展的根本要求。20年来,开发总公司各级党组织,坚持"围绕中心,服务群众,维护大局"的指导思想,按照"围绕中心做工作,进入管理起作用"的工作思路,以"凝聚力工程"为总抓手,积极探索企业党组织发挥政治核心作用的内容、方法和途径,通过建立健全党建工作长效机制,扎实推进党的思想建设、组织建设、作风建设和反腐倡廉工作。先后开展了创建"四好"领导班子活动,党员"三高一流"活动、先进性教育活动和党员"登高计划"等活动,使各级党委的政治核心作用和党支部的战斗堡垒作用不断加强,党员队伍素质得到不断提高。各级党组织充分发挥工会、共青团等群众组织的作用,不断加强和谐企业建设,从而调动各方面的积极性,所有这些为开发总公司健康稳定发展提供了重要的思想组织保证和人力资源保障。

党委政府重视　政策推动有力
促进集体经济改革发展

（2006 年 12 月）

吉林省手工业合作联社

几年来,吉林省委、省政府站在全局和战略的高度,以邓小平理论和"三个代表"重要思想为指导,以科学发展观统领集体经济工作,有力地推动了全省集体经济改革与发展,总体工作取得了阶段性成果。

一、加强领导,摆上日程

党的十六大报告指出:"集体经济是公有制的重要组成部分,对实现共同富裕具有重要作用"、"深化集体企业改革,继续支持和帮助多种形式的集体经济的发展"。大力发展集体经济是贯彻落实十六大精神的具体措施。吉林省正是在这一思想指导下开展工作的。省政府办公会、省级领导的专项调研、分管部门的年度工作会议都把大力发展集体经济作为重要内容,及时掌握情况,分析存在的问题,明确工作路数。仅 2004 年至 2006 年,围绕发展集体经济问题,正省级领导开展专项调研 1 次,副省级领导开展专项调研 5 次,省级领导批示的专项调研报告、工作报告 10 次,省委、省人大、省政府、省政协的领导同志先后听取省手工业联社、省供销社、省农村信用社的工作汇报有 10 次之多。省级领导参加各集体经济管理部门召开的全省会议,并在会议上讲话,对集体经济改革发展作出指示,指明工作方向。

二、健全机构,凝聚队伍

1. 加强集体经济行业管理、指导部门。整个集体经济分为城镇集体经济和农村集体经济两大方面。按产业及行业划分,我省集体经济的行业管理、指导有五大部门。在城镇集体经济方面:一是吉林省经济委员会。按照省政府机构改革的"三定"方案,我省城镇集体经济工作职能放在省经委,负责全省城镇集体经济改革发展的综合性工作。省经委内设省城区集体经济办公室，负责办理城镇集体经济方面的日常工作；二是吉林省手工业联社。这支队伍在历次机构改革中都被保留下来，目前依然是正厅级建制财政全额拨款的事业单位。在农村集体经济方面：一是吉林省农业委员会。2004 年 5 月，在省政府机构改革时，对全省乡镇企业指导服务、综合协调、宏观调控的职能放在省农委，保留省乡镇企业管理局牌子；二是吉林省供销合作社。我省供销社是1949 年 6 月成立的，无论是在改革开放前的计划经济时期，还是在改革开放后的市场经济时期，对城乡集体经济的发展都起过积极的作用。目前，我省依然有一整套自上而下的农村供销网络，这个网络还有一项全新的职能，那就是大力发展农村新型微观合作经济组织；三是吉林省农村信用社。我省农村信用社是 2004 年成立的，成立的目的就是"面向三农，服务三农"，特别是为农村集体经济的成长提供金融支持。成立当年，我省农信社的支农贷款就占到了全省狭义支农贷款的 97%，被农民群众亲切地称为"农民自己的银行"。

2. 创新集体经济领导方式。为充分发挥集体、合作经济在发展吉林省国民经济中的重要作用，加快集体、合作经济的改革发展步伐，吉林省委、省政府决定成立吉林省集体、合作经济指导委员会。2006 年 8 月 29 日，吉林省集体、合作经济指导委员会正式成立，同时召开了第一次全体会议。委员会主任分别由省委副书记林炎志、省政府副省长牛海军担任；副主任分别由省委副秘书长刘利华、省政府副秘书长骆德春、省政府副秘书长、省经委主任、省手工业合作联社主任魏立昌担任；秘书长由魏立昌兼任。委员会成员由省委财经办、省人大财经委、省政协经科委、省财政厅、省劳动保障厅、省国税局、省地税局、省工商局、省教育厅、省中小企业局、省供销合作社、省农村信用联社等部门组成。委员会下设办公室，与省经委城区集体经济办公室合署办公，负责日常工作。委员会的中心任务是指导集体经济改革改制，促进新型集体、合作经济发展。具体工作任务分为两大方面：一方面是解决集体企业改制难点问题，推进集体经济改革进程。主要是研究解决集体企业改制成本、历史债务、产权归属等问题，指导集体企业进行产权制度改革和引导集体经济实施企业调整战略；另一方面是加快多种形式的集体、合作经济发展步伐。主要是指导改制后的集体、合作企业建立和完善现代企业制度，调整产品结构，做强做大优势产业、行业，建立可持续发展长效机制和开发、培育新的就业岗位。

三、政策推动,突破难点

1. 政府重视,制定政策。几年来,吉林省委、省政府和各级地方政府根据城镇集体经济的实际情况,通过制定政策来推动城镇集体企业改革发展。制定的政策主要有:2001 年 11 月,省经济贸易委员会、省财政厅、省手工业合作联社等九部门,联合制定《吉林省城镇集体企业深化改革制度创新促进发展的政策意见》(吉经贸集体联字〔2001〕1127 号);2004 年 11 月,省政府制定《关于加强城镇集体企业产权制度建设完善监督和保护机制的若干意见》(吉林政发〔2004〕8号);2006 年 3 月,省国有企业改革领导小组制定《吉林省厂办大集体改革试点工作实施意见》(吉国企改〔2006〕2 号)、《吉林省厂办大集体改革试点工作方案》(吉国企改〔2006〕3 号);2006 年 10 月,省政府办公厅转发省劳动保障厅、省民政厅、省财政厅等五部门联合制定《关于未参加基本养老保险城镇集体企业退休人员发放生活费工作意见(试行)》(吉政办发〔2006〕33 号)。长春市、通化市、白山市等地方政府都出台了一系列有关城镇集体经济改革政策,有力地推动了当地城镇集体企业改革发展。

2. 着力解决企业改制中的重点、难点问题。一是化解历史上的金融债务。一些集体企业通过政府和主管部门做协调工作,争取到金融部门的豁免照顾,以偿还本金 8% 至 15% 的不同比例化解掉历史贷款旧账,为企业改制创造了先决条件;二是解决土地出让金问题。省里九部门联合制定的政策意见中规定:集体企业破产,其依法取得的划拨土地使用权,应当由当地政府依法收回,采取拍卖或者招标方式出让,出让所得首先用于破产企业职工的安置;集体企业原划拨土地改为出让的,在不改变用途的情况下,按标定地价的 40% 补交出让金。一些集体企业利用这一政策解决了改制成本来源问题;三是理顺职工劳动关系。集体企业职工解除劳动关系后,如能被改制后企业录用为员工,需要重新签订劳动合同。针对不同情况,改制成本有多种支付形式,有的是现金支付,有的是债转股加现金配股后,变为改制企业的个人记名股份。改制后企业不以入股与否作为重新录用原职工为员工的条件。

3. 协调解决社保问题。主要采取了五种办法:其一是适当减免陈欠保费,余欠部分一次补齐;其二是陈欠保费挂账,新账不欠;其三是新达到法定退休年龄的职工,如果所在企业欠费,可按人单独办理,企业负责补交分摊到其个人的欠费即可正常享受养老金;其四是有的市县对欠费或未参保的集体企业已退休人员,给予减半补交保费即可正常享受养老金的照顾;其五是未参保集体企业退休人员发给生活费。省劳动保障厅、省民政厅、省财政厅等五部门联合制定的工作意见中规定:未参加基本养老保险的城镇集体企业在 2006 年 12 月 31 日前达到法定退休年龄,并办理了退休手续,未享受任何养老保险待遇的人员,按当地城市低保标准发放生活费。

四、形式多样,深化改革

近几年来,全省集体企业改革呈现出多样化发展趋势,具体可以概括为"七个一批"。一是分立经营,精干一批。就是进行资产重组、将企业一分为二,集中有效资产于其一,分立经营,卸掉包袱,从而促使企业加快发展;二是改制退出,激活一批。就是将集体企业的净资产出售给企业的管理层或量化给全体职工,退出共同共有的集体资本,实现企业性质从传统集体经济到多种形式集体经济的转变;三是出售变现,活化一批。就是将陷入困境企业的有效资产,通过招商引资出售变现,用于安置职工,使死企业复活,实现存量资产的活化;四是依法破产,淘汰一批。依据国家产业政策,对经营管理不善、严重资不抵债、产品落后、污染严重的企业依法破产,借以核销债务,调整企业组织结构和资本结构;五是先租后售,启动一批。就是将企业的可利用资产先行租给承租方,对于双方争议较大的资产留归原企业,承租方租用有效资产进行自主经营,定期支付一定数量的租金,待条件成熟时由承租方将企业购买;六是租赁经营,搞活一些。就是将停产企业生产场地、厂房、机器设备等生产资料整体租给承租方,承租方以另注册的企业名称自主经营,租金可根据租用资产价值、录用出租方企业职工多少等因素确定。原则上要求承租方尽可能多录用出租方企业职工;七是用足政策,减负一批。就是企业用足、用活、用好政策,抓住机遇,积极协调,争取金融部门的支持,采取"少还多免"、"打包回购"等方式核销银行贷款历史旧账,卸掉企业大部分债务包袱,减轻企业负担,从而解决了集体企业改制成本来源问题。

五、加大措施,促进发展

多年来,在省委、省政府的正确领导下,省经委在促进集体经济改革发展方面做了大量工作,取得了令人满意的成绩。概括起来,就是"五抓":一是抓普查。我省专门出台了《吉林省城镇集体企业清产核资实施办法》,利用三年多的时间,对我省城镇集体企业进行了全面的清产核资、产权界定、重估价值、核实资金、产权登记等工作;二是抓改制。从 1997 年开始,在国家没有集体企业改制相关政策的情况下,我省就着手探索集体企业改制之路。到 2000 年集体企业改革工作全面展开。省委、省政府和长春市政府都相继出台了关于集体企业改制的政策性文件,省直有关部门先后召开两次城镇集体企业改革工作动员大会和多次集体企业改革座谈会,使集体企业改革工作得到进一步深入。到 2004 年底,全省完成改制的城镇集体企业 4802 户。其中改为股份制和股份合作制企业 1049 户,有限责任制企业 1010 户,出售 128 户,兼并 237 户,其他形式 2378 户;三是抓发展。改革是为了寻求更大发展,我省在抓好集体企业改革的同时,把发展作为一项主要工作来抓。仅在 2005 年内,省里有关部门就两次召开集体企业改革、发展座谈会和经验交流会,下发了两个促进吉林省城镇集体企业发展的政策文件,并把一些改革发展比较好的典型企业经验编辑成册,在全省进行宣传;四是抓稳定。针对集体企业上访较多的特点,省政府有关部门深入到基层和重点企业进行政策上的宣传,对职工上访提出来的问题进行解答,帮助企业解决了一些实际困难。2005 年初,针对集体企业反映比较突出的社会保险问题,省政府决定集体企业职工养老保险费计费基数剔除离退休人员养老金,由原来的县、市统筹改为省级统筹,有效解除了集体企业职工的后顾之忧;五是抓试点。2005 年上半年,省政府有关部门对全省厂办大集体进行了全面调查,摸清了情况,为制定厂办大集体改革政策做好了前期准备工作。2006 年初,吉林省厂办大集体改革试点工作开始启动,列入试点的有长春、四平、白山3 个城市,涉及厂办大集体企业 1051 户,在册职工和离退休人员 42.8 万人。目前,吉林省厂办大集体改革试点工作正在稳步进行。计划从 2006 年至2008 年底,在试点的基础上,争取用三年的时间,基本完成吉林省厂办大集体改革任务。

最近几年,全省手工业合作联社系统改革的推进速度较快,已改制企业发展前景看好,呈持续攀升态势。根据调研所掌握的情况,截至 2006 年末,在全省联社系统 680 户企业中,已完成改制企业有 520 户,改制面为 76.5%。其中,改制为股份合作企业 102 户、有限责任公司 212 户、股份有限公司 48 户、私营企业104 户、其他类型 54 户。这些企业改制后,经过几年的磨合、充实、调整,向现代企业迈进的步伐开始加快。其主要标志可归纳为七点:一是资产实在且质量不断提升,确有与所有者权益相匹配的净资产,初步达到"有其股有其产"的水平。这一点至关重要,它是现代企业最为基本的要求;二是所有者到位,资本结构趋向合理并且向社会延伸、呈现多元化态势;三是股东会、董事会、监事会三会制度健全;四是实行全新的用工制度和工资制度,合理有效的利用经济资源,人尽其才、物尽其用;五是以人为本,员工利益有保障,工资、保费不拖欠,努力改善劳动作业环境;六是盈余分配由即得型向创业型转化,企业积累速度增大;七是加大投资改革力度,企业生产规模扩大,适应市场能力增强。从调研统计资料上看,全省联社系统规模以上企业有 50 户,这些企业无一不是通过改革改制而发展起来的,甚至是经过了数次改制。这 50 户企业 2006 年实现销售收入 29.97 亿元,占全省联社系统的 96% 。其中,销售收入超亿元的企业有 5 户,最大一户为 7.1 亿元。目前,改制后的联社企业整体运营状况良好,生产发展势头强劲。

锲而不舍　争取支持
努力开创联社工作新局面

（2006 年 12 月）

山西省城镇集体工业联合社

"有为才有位"是我们联社工作者的一句口头禅。但真正要做到"有为"才"有位"，需要我们联社工作者，特别是联社领导要有坚定的信念和不屈不挠的工作精神。

近年来，山西省城联社的工作一直是在积极争取各级党委、政府的支持下不断开拓工作新局面的。2000 年机构改革时，我们认真调研了各地联社的改革情况，结合实际，确定了自身的定位目标，通过积极努力，得到省委、省政府及有关部门的支持，争取到了省城镇集体工业联合社（以下简称省联社）独立设置为事业单位，编制 34 人，并及时进行了事业法人登记。全省 11 个市联社、107 个县联社也与省城联社一样在机构改革中保留了下来，保证了整个联社系统的健全与稳定，在促进全省 1021 个成员集体企业的改革和发展中发挥了重要作用，增强了联社的凝聚力，近四年，全系统主要经济指标连创历史新高。2006 年与 2002 年相比工业销售值增长 83.78%，工业增加值增长 157%，利税增长 4.7 倍，特别是效益由亏损 0.28 亿元到实现利润 7.29 亿元，实现了质的飞跃。我们的主要做法是：

一、积极协调、大力宣传、联社地位明显提升

省联社过去一直与二轻管理机构合署办公，二轻总会撤销后，独立设置初期，社会各界对联社还不熟悉，包括政府发文件、会议通知等也时有时无。为此，我们与有关领导和部门反复协调，理顺隶属关系，恢复了省联社在政府直属事业单位中的地位。与此同时，我们利用一切可以利用的场合、媒介，大力宣传省联社。我们开办了《山西城联信息》专刊，每期都发送到省、市、县党委和政府有关部门及各级联社。利用召开"两会"之际，在党报上整版刊登宣传联社的资料，

发到每个代表手中。每逢领导对联社系统工作有新指示、联社有重要活动、会议、成员企业有新的改革经验时,我们就及时在山西信息、晋政信息、山西日报、山西经济报、山西电视台上进行宣传。省委办的《山西信息》、省政府办的《晋政信息》是各级领导阅看的重要内部信息资料,机构改革前几乎没有刊登过我系统的消息,新一届联社领导非常重视这项工作,责成综合处加大宣传力度。现在,省联社提供的信息已常被这两个内部刊物采用,在全国总社办的《中国集体经济》、《消费日报》上,山西各级联社的文章、信息也频频显现。同时,近年来我们积极争取全国总社领导到山西视察指导工作,积极邀请兄弟省市联社的领导来山西考察指导工作。经过全方位、多途径的不懈努力,山西省联社的知名度不断提升,受到了各级党委、政府和有关部门的重视。

二、抓住机遇,争取支持,收到明显效果

2005年初,省政府启动了新一轮省直国企的改革工作。我们积极争取分管省长的支持,将我社2户直属国企纳入了省属特困国企中。在得知省长带领省政府领导和各有关部门赴有关厅局调研、现场办公时,联社领导主动找有关部门领导协调,将我社纳入了参加汇报的单位之中,同时递交了包括促进城镇集体经济改革和发展工艺美术的详细汇报材料。省长在听取汇报时,非常重视我社系统内国企和城镇集体企业的改革和发展,作了三项重要指示。会后省政府印发了"专题会议纪要",其中专题对省城联社直属国企改革和全省城镇集体经济的改革和发展提出了具体要求。(一)关于改革方向。由于省联社所属国有企业属于一般竞争性领域,按照这一轮国有企业改革"发展壮大一批、转制搞活一批、关闭破产一批"的思路,对省联社2户国有企业要进一步完善细化方案,抓紧做好关闭破产工作。(二)关于城镇集体经济改革。省联社要切实抓好对直属集体企业的改革改制和全省城镇集体企业的改革发展工作。主要是加强对集体资产的监督管理,加快集体企业产权、股权多元化改革,积极发展多种形式的集体经济;要以明晰产权为核心,大力推进各类集体企业重组改制;在改革中要允许困难集体企业用产权、股权和土地转让收益一次性安置职工;要进一步完善集体资产管理运营机制,着手对城镇集体经济改革发展政策进行调研。在调查研究的基础上,抓紧推进城镇集体企业的改革工作。(三)关于发展要求。省联社要配合全省产业结构调整,大力发展旅游商品、积极开发具有山西地方特色的传统手工业、工艺美术品。在省"十一五"规划纲要中已明确提出"发展传统手工业、民间工艺美术等特色旅游商品,不断推出地方艺术精品"的规划和要求,

要制定产业规划、对策和措施,促进具有地方特色的旅游商品、传统手工业和民间手工艺品的发展。

由于我们主动汇报、上报有关材料,得到了省政府对联社和城镇集体经济改革发展的高度重视和政策支持。如:省政府在2006年下发的《贯彻国务院关于进一步加强就业再就业工作的通知的实施意见》首次明确了城镇集体企业下岗职工可以同国企职工一样享受同样的就业再就业政策,领取到《再就业优惠证》。

三、采取多种形式提出建议,使城镇集体经济纳入全省整体规划

2006年"两会"召开之前,省联社主动向省委、省政府打报告、提建议,联社领导还亲自找到负责起草全省"十一五"规划的有关部门、执笔人,对城镇集体经济改革发展的目标措施和需要解决的问题提出建议,争取将城镇集体经济改革发展纳入全省"十一五"规划的总盘子,取得了很好的效果。

省委关于"十一五"规划的建议提出了:"继续深化集体企业改革,发展多种形式的集体经济。"在山西省人大会议上省政府《关于山西省国民经济和社会发展第十一个五年规划纲要的报告》中指出:"加强对集体资产的监督管理,加快集体企业产权、股权多元化改革,发展多种形式的集体经济。""大力发展旅游工艺品和纪念品的设计生产和销售"。"注重发展一批与大型企业配套的中小企业和就业容量大的劳动密集型企业。"

山西省人大会议通过的《山西省国民经济和社会发展第十一个五年规划纲要》中着重强调:"深化集体经济改革,以明晰产权为核心,大力推进各类集体企业重组改制。统一组织对城镇联社集体、乡镇集体、供销社集体等企业的产权界定,鼓励集体企业进行公司化改革,支持特殊困难集体企业依法申请破产。允许困难集体企业用产权、股权和土地转让收益一次性安置职工。加强对集体资产的监督管理,完善集体资产管理运营机制。""发展传统手工业、民间工艺美术等特色旅游商品,不断推出地方艺术精品。"

为振兴我省传统手工业和工艺美术行业,早在去年初我们就向省委、省政府呈报了《关于发展传统手工业、工艺美术行业的报告》;在"两会"期间动员系统内外的"两会"代表提交提案和建议。同时我们积极筹备、恢复省工艺美术协会的活动,邀请省人大常务副主任纪馨芳担任该协会的名誉理事长。在2005年10月杭州召开的"第六届中国工艺美术大师作品暨工艺美术精品博览会"上,李

铁映副委员长向纪馨芳副主任颁发了聘书。我们还抓住我省参展团在这次会展上取得良好成绩的机遇,再次向省领导呈送了《关于山西省城联社组团参加全国第六届中国工艺美术大师精品博览会载誉归来的报告》,提出了结合我省旅游产业发展传统手工业和工艺美术行业的建议,受到领导的高度重视。于幼军省长批示:"主要抓形成规模和产业化、市场化,形成好的体制机制。"靳善忠副省长批示:"想法甚好,请城联社全力推进,具体需要政府支持的事宜,另报。"纪馨芳副主任批示:"你们这次参加博览会组织得好,收益大,祝贺你们的成功。幼军省长高度重视我省工艺美术业的发展,所作的批示很重要,希望你们能认真贯彻,抓住机遇,把需要各方面支持的意见细化,使之得到解决,把协会办得更好,促进我省工艺美术事业发展到一个新的水平。"可以说经过近几年来的不懈努力工作,主动争取,我们想争取的改革和发展方面几项大的政策,都得到了省委、省人大、省政府的重视和支持。

四、努力为基层服务,增强联社凝聚力

在省城联社自身地位巩固、经济实力进一步增强的基础上,从去年下半年开始,我们又把工作重心转移到为市、县联社服务上来。我们在培育50强企业、40个名优品牌、30强县城联社、10强直属单位初见成效的基础上,又调研确定了扶持11个特困县联社的目标,并提出了具体的实施办法。省、市、县联社,在加强自身建设的同时一级帮一级。大同、忻州、朔州、晋中、阳泉、吕梁、运城等市联社帮助许多县级联社,争取到当地财政经费的支持或差额补贴。

全省各级联社积极为成员单位提供政策、信息和协调服务,帮助企业解决改革发展中遇到的困难,增强了联社对企业的凝聚力。晋城市联社争取市委、市政府支持,出台了《关于进一步深化全市城镇集体企业改革的实施意见》,使集体企业可以享受国企改革的有关政策,对于改制成本不足的企业,财政给予"兜底"解决。临汾市联社实施了领导干部责任区划分和工作目标责任制,将指导、服务基层联社和成员企业的工作细化,专门成立了重点工作攻坚领导组,设立了8个小分队,将全年工作量化到人,采取绩效挂钩的奖惩激励机制,有效提升了服务质量和水平。临汾侯马市联社努力寻求新的职能,成立了室内装饰协会,定编为事业单位,积极争取到了每年11万元的财政补贴,同时还成立家具、印刷协会,强化了行业指导功能,为联社的发展开辟了新的道路。运城河津市联社在争取到财政全额事业单位的基础上,又争取政府支持批准河津市联社为行政执法单位,并恢复原来的行政职能,联社挂上了行政执法单位的牌子,并给联社干部

颁发了行政执法证书,使联社的地位、权利进一步得到巩固和提升。晋城市城区联社 2005 年重点抓了城区制鞋厂、服装厂的底商住宅楼和华鑫市场扩建等项目建设开发,累计完成投资近 4600 万元,新增营业面积 8000 平方米。营业面积达 65000 平方米,年收入 1261 余万元。一些联社还积极利用改革重组的契机,充分发挥联社互助合作优良传统,以强带弱走出困境。如长治市印刷厂累计欠发职工工资 150 多万元,欠交养老金 100 多万元,由长治壶化集团(壶关县联社)对该厂实施整体兼并后,印刷厂 160 多名职工全部上岗就业,月工资从过去的 300 元提高到 900 元以上。长治潞丰炉业公司则将一部分家用炉配套产品转给本系统停产企业灯具公司生产,使企业重现生机。长治齿科材料公司今年计划新上 80 吨造牙粉新项目,但缺少工房,而相邻单位油漆厂是本系统停产企业,既有闲置厂房又有锅炉设备,联社牵线两家达成了联营协议,实现了"双赢"。

近年来,山西省各级联社坚决贯彻落实党的十五大、十六大和全国总社"六代会"精神,坚持发展集体经济和弘扬联社互助合作精神不动摇,积极发挥"指导、维护、监督、协调、服务"作用,主动争取各级党委政府的支持,努力做政府部门的好帮手,以"有为"争得"有位",促进了全省城镇集体经济的改革发展。

天津城市集体经济的创新发展

（2006 年 12 月）

天津市城市集体经济联合会

随着天津经济和社会的巨大变革，天津市一代一代集体经济的崛起，显示了其顽强的生命力。五十年来，它为天津的经济社会发展和改革开放发挥了重要作用。当前，面对全面建设小康、构建和谐社会的宏伟目标，天津城市集体经济顺应时代要求，抓住发展机遇，创新发展模式，继续在发展中创新，在创新中发展。

在曲折发展中显示了旺盛的生命力

天津城市集体经济从无到有、由小变大，走过了一个曲折发展的历程，成为社会主义公有制经济的一个重要组成部分。

在国民经济恢复和"一五"计划时期，天津第一代集体经济——合作社经济诞生并进入起步阶段。1949 年，天津建立了 300 家消费合作社，55 万社员集资入股参加了合作社；建立了地毯、棉织、缝纫等行业 10 个手工业生产合作社。"一五"计划时期，经过手工业合作化，天津第一代集体经济实现了生产资料私人占有向劳动群众集体占有的历史性变革，到 1957 年底，天津城市集体职工 180824 人，占全市职工总数的 21%，集体工业产值占全市工业总产值的 11.8%。

从 1958 年"大跃进"开始，经过"文化大革命"，到 1978 年党的十一届三中全会召开之前，天津城市集体经济经历了曲折发展阶段，逐步形成了"二国营"模式，失去了集体经济应有的活力。但是，社会经济发展和群众生活需要使集体经济仍在不断发展。到 1978 年底，天津城市集体职工已有 49 万人，占全市职工总数的 22.6%，其中，集体工业企业 2237 个，职工 33 万人，集体工业产值占全市工业总产值的 14.3%；集体商业商品零售额占全市社会商品零售总额的 27.5%。

党的十一届三中全会以后，天津城市集体经济获得了历史性的大发展。

1979 年,面对 40 万"知青返城"带来的压力,市委、市政府号召全市人民动员起来,广开门路,大力发展集体经济,安置待业青年就业。1982 年市政府建立城市集体经济办公室,负责调查研究,制定政策,协调关系,指导服务,促进多种形式集体经济发展。在短期内形成了多渠道、多形式、多行业发展集体经济的格局,有区街企业、劳服企业、民营科技企业、校办企业、民政福利企业、厂办集体企业(指工商企业兴办的集体企业)、社会办集体企业(指机关团体和事业单位办的集体企业)、多种经营企业(为安置国有富余职工兴办的集体企业)、职工消费合作社、城市信用合作社等多种组织形式,涉足工业、商业、运输、建筑、文教和金融等行业。当时,新办集体经济从业人员高达 25 万人,累计安置待业青年近 40 万人。

1985 年天津实施机构改革后,城市集体经济办公室改建为天津市生产服务合作联社,与市发展集体经济领导小组办公室合署办公,为天津新兴集体企业提供生产、销售、技术、融资、管理等项服务。天津按行业归口管理的"大集体"企业和供销合作社,积极摆脱"二国营"模式,恢复集体经济本来面目,以多种形式放开搞活。

1990 年,市政府恢复城市集体经济办公室,1991 年,市政府制定《城市集体企业股份合作经营暂行规定》,在全国率先推行股份合作制改革。1994 年市政府以 15 号令发布天津市实施《中华人民共和国城镇集体所有制企业条例》细则,扩大集体企业自主权,鼓励企业转换经营机制、深化产权制度改革,适应市场经济体制,以多种形式发展。上世纪九十年代初,天津城镇集体职工最高时达到 72 万人,占全市职工总数的 25%,集体工业总产值占全市工业总产值的 14.3%,集体商业服务业零售额占全市社会商品零售总额的 26.8%。在改革开放的前十一年,仅天津二轻集体企业出口创汇就达到 15.3 亿美元。

1995 年市政府制定《天津城镇企业股份合作制试行办法》。集体企业改革步伐加快,到 1996 年底,天津城市集体企业已组建 5 个企业集团,500 户企业实行股份合作制,124 家企业按有限责任公司改制,5500 户小企业实行承包经营、租赁经营和公有民营,由于改变统计方法(小规模企业不作统计,股份经济单列统计),传统集体企业改一个少一个,三资企业和私营经济逐步形成发展态势。导致集体企业骤减,职工人数大幅下滑。到 1996 年底,天津城镇集体职工仍有 60 余万人,集体工业产值占全市工业总产值的 11.4%,社会商品零售额占全市社会商品零售总额的 21.2%;集体企业所得税占全部企业所得税的 44%,远高于国有和其他企业所得税。

在向市场经济体制转型中创新发展模式

党的十五大以后，我国加快所有制结构的战略调整，加快向市场经济体制转型，集体经济进入制度变革、体制创新的转型发展阶段。

1997年初市政府就提出《关于城市集体企业深化改革加快发展若干问题的意见》，要求城市集体经济按照集体经济特点，积极建立现代企业制度，使企业成为自主经营、自负盈亏、自我发展、自我约束的法人实体和市场竞争主体；理顺产权关系，加强集体资产管理；放宽政策，理顺管理体制，为集体经济改革发展提供了良好的外部环境。1997年1月，市政府又决定在天津城市集体经济中实施第二次创业，以新观念、新思路、新举措实现发展规模的扩张和发展质量的飞跃。

1998年，天津市13个委办局联合制定进一步放开搞活国有小企业的实施意见，经市政府有关领导同意，市政府集体经济办公室制定了天津市区街集体资产管理暂行办法，规范出售集体企业和集体资产行为，通过改、转、租、卖和关停并转，加大资产重组的力度，盘活存量，扩大增量，培植壮大了一批骨干企业，激活了一批小企业，关闭出售了一批难以维持生计的困难集体企业。到1999年，城市集体企业已组建了10个企业集团，650家企业实行股份合作制，500家企业按有限责任公司改组，5万名集体职工成为股东，350家企业实行兼并，出售或转为私营，6500家企业实行承包、租赁经营和公有民营；集体资产运营、管理、监督、服务体制基本确立。

第二次创业使集体经济产生了深刻变化。传统封闭的生产经营方式向社会化生产经营方式转变；传统生产经营体制向资本经营体制转变；传统资本积累方式向资本集聚方式转变；传统单一的集体共有的产权制度开始向产权清晰、形式多样的现代产权制度转变；传统的以行政为主的管理体制开始向以资产为纽带、政企分开的管理体制转变。

在第二次创业中，城市集体经济实施了结构创新，促使第二产业"调高"，第三产业"调强"；实施了技术创新"引进拉动"、"调整驱动"和"人才带动"加快技术创新步伐，促进了产学研的联合；实施了制度创新，建立出资人体制，扩大职工入股，健全激励约束机制，加快建立现代企业制度；实施了管理创新，使传统"管人"、"管钱"、"要数"、"要税"的管理转变到以人为本、提高人的素质、提高资产经营绩效、提高经济运行质量、提高社会效益的管理上来；这使城市集体经济在市场竞争中保持了生机和活力。

由于宏观政策环境的变化，集体经济在调整中固本，城市集体经济数量减少、总量扩大、运行质量明显提高。1999年底，城市集体企业（不含归口各工业集团公司管理的"大集体")尚有 12065 户,职工 28 万多人,安置富余和下岗职工近 20 万,生产经营总值 365.7 亿元,实现利税 26.8 亿元,总资产 291 亿元,净资产为 103.5 亿元。

在新世纪,融入多种所有制经济成分共同发展之中

党的十五大、十六大对集体经济的方针政策十分明确。"集体经济是公有制经济的重要组成部分,对实现共同富裕具有重要作用";"必须毫不动摇地巩固和发展公有制经济";"要支持、鼓励和帮助城乡多种形式集体经济的发展";"劳动者的劳动联合和劳动者的资本联合为主的集体经济,尤其要提倡和鼓励";"以明晰产权为重点深化集体企业改革,发展多种形式的集体经济"。

由于法制、体制、政策和舆论导向滞后,集体经济出现萎缩趋势,社会上出现了集体经济"消亡论"、集体资产"退出论"的误导,有的坚持传统集体经济观念不变,认为只要有个人股权就不是公有制,有的实行"一卖了之",有的搞新形式的"上收平调",集体财产和集体职工权益不断地受到伤害。在 2000 年市政府机构改革中,天津撤销了市政府城市集体经济办公室,集体经济融入各种所有制经济共同发展、竞相发展之中,面临着改制、撤销、合并、出售、重组的历史性选择。新世纪,天津集体经济进入了历史转折和发展阶段。

2001 年,市经委决定重组天津市城市集体经济联合会,列入天津中小企业服务体系,协助政府为城市集体经济提供改革、管理、政策、法律、信息、人才等项服务,协助政府监管集体资产,发挥桥梁纽带和帮手、助手作用。2002 年 11 月联合会召开第二届会员代表大会,二届理事会以联合的优势、创新的理念、自律的机制、诚信的作风,为天津中小企业和集体经济服务。

针对社会上流行"集体经济将在改制中自行消亡"的误导,按照党的十六大和十六届三中全会指出的以明晰产权为重点深化集体企业改革,发展多种形式的集体经济,大力发展国有资本、集体资本和非公等参股的混合所有制经济,实现投资主体多元化,使股份制成为公有制的主要实现形式的方针,联合会积极参与研讨,多次发表论文,探索新时期集体经济发展规律,分析集体经济发展方向和途径,努力消除"退出论"、"消亡论"的负面影响;积极宣传创新传统集体经济观念的必要性,提出"理顺产权关系"、"明晰集体产权"、"优化股权结构"、"加强集体资产监管、维护职工权益"的基本思路,阐明在新体制下新型集体经济的多种实现形式和基本特征。促进集体经济融入多种所有制经济共同发展,竞相发展,共同促进。

面对机构撤并、人心浮动的窘境,面对处于困境和创新中的集体经济,联合会以支持、促进中小企业和集体经济改革发展为使命,确立"想会员之所想,急企业之所难"的服务理念,确立做"会员之家、企业之友"的服务方向,确立"热诚、有效、卓越"的服务方针;努力帮助集体企业解决改革发展中问题,积极维护企业和职工合法权益。联合会建立了8个服务平台。利用《情况反映》使下情上报、上情下达;参与全国集体经济深化改革调研,起草研究报告,完成《世界合作集体经济情况和发展趋势》调研课题;编印《中小企业和集体经济适用法律法规政策汇编》(每年编印一册),建立集体经济政策法律咨询服务热线;汇集集体经济改革改制经验,制定自律性改制示范文本,免费为集体企业提供改制咨询服务;深入研究集体资产界定、运营、量化、监管问题;深入研究集体企业建立现代产权制度、实施公司法、加强股权管理问题;为中小企业开展培训、管理咨询、市场开拓、资源整合服务;创建《集体经济通讯》(后更名为《联合与创新》,2007年改版为《天津中小企业》);创建《联合与创新》网,系统宣传集体经济改革、创新、政策、法规。

传统集体企业改革创新的步伐越快,按现行方法统计的集体企业的数量就越来越少。第一次经济普查公报显示:2004年底,天津集体企业法人单位只有12000户,集体职工仅有35.7万人。同年6月,市政府以77号令发布关于修改《天津市实施〈中华人民共和国城镇集体所有制企业条例〉细则》的决定。决定中的七项修改,均体现扩大企业自主权,缩减管理部门权力,有利于企业成为市场竞争主体。市政府77号令是新时期天津城镇集体经济改革发展的综合性法规,具有现实的指导意义。

城市集体经济融入中小企业管理服务体系后,改制企业有的成为私营,有的成为民有民营,有的成为多元投资主体的混合所有制企业。目前,天津多种形式的集体经济包括以下组成部分:(1)部分企业实行集体所有制,以灵活自主的经营管理机制继续发展;缺少改制成本的集体企业,创造条件,尽快改制;进行资产重组,寻求新的发展。(2)以劳动者的劳动联合和劳动者资本联合为主的股份合作制企业。(3)以集体资产为投资主体的有限责任公司和股份有限公司。(4)以集体资产和职工股权为主体的有限责任公司和股份有限公司。(5)以职工股权为主体的有限责任公司和股份有限公司。在国有企业主辅分离、辅业剥离改制中,有一批企业实行这种组织形式,并获得较快较好的发展。(6)天津职工消费合作社适应现代市场经济要求,实行有限责任公司,获得又好又快的发展。(7)集体企业联合经济组织。(8)以联社集体资产投资创办的有限责任公司和股份有限公司。

　　城市集体经济融入各种经济成分共同发展以后,创新发展模式,形成了一批集团化企业,如三源电力集团、山华集团、天马集团、郁美净集团、炼达集团、联华集团;涌现了"津工超市"、"精华石化"、"津滨石化"、"华益物业""东方制鞋"、"精英达塑料"、"油田运输"等一批骨干企业;涌现了"天立独流老醋"、"大桥道食品"、"鸿起顺餐饮"、"老美华鞋业"、"山华运业"、"万荣化工"等一批经营有特色、品牌知名度很高的企业。天津城市集体经济在转变增长方式、组织形式、运行体制的同时,优化了经济结构,增强了经济实力,提高了经济效益,提升了整体素质。天津大港区是我国的石油化工基地之一,中石油、中石化等中央驻津企业兴办的城市集体经济拥有独立核算企业 264 家,资产总额 104.13 亿元,从业人员达到 2.57 万人,经济总量占区属经济的"半壁江山",对繁荣经济、扩大就业、增加税收、促进社会和谐等方面都做出了重要贡献。随着驻区企业主辅分离、辅业剥离改制的不断深化,大港区的城市集体经济还将扩大发展,呈现良好势头。

　　2007 年,天津市人民政府以津政发[2007]97 号文件批转市国资委《关于深化我市城镇集体企业改革指导意见》,指导意见明确提出:要以企业发展和社会和谐稳定为基本出发点,以明晰产权为重点,加快推进城镇集体企业产权制度改革;指导意见要求各级人民政府和有关部门要大力宣传党和国家鼓励、支持和帮助集体经济、合作经济发展的方针政策与法律法规,宣传集体经济、合作经济对坚持社会主义基本经济制度、推进共同富裕、构建和谐社会的重要意义和作用,宣传集体经济改革发展中的先进典型,营造集体经济、合作经济发展的良好氛围。新时期、新阶段,天津的城市集体经济顺应大势,把握趋势,发挥优势,正在融入多种所有制经济成分共同发展之中,并不断地创新发展模式,转变发展方式,提高发展质量,为天津全面建设小康社会、创建和谐社会做出新的贡献。

转变观念准确定位　转变职能强化服务
积极作为科学发展

（2006 年 12 月）

四川省工业合作联社

四川省工业合作联社自 2004 年按照四川省委、省政府的要求,独立开展社务活动。短短三年时间,在总社鼎力支持和指导下,凭着敢为人先,敢于拼搏的勇气和超前谋划的胆略,三年跨出两大步:2004 年至 2005 年,在历经 5 次审计、界定后,圆满完成总社要求:确保了资产不损失,牌子不遗失,阵地不丢失,人员不流失。成功召开全省第四次代表大会,探索出一条适合四川省实际的联社工作路子。

一、以转变观念,找准定位为契机,探索联社生存的支撑点

要在新时期、新阶段又好又快地发展集体经济,首先要解决好认识问题。十多年来,轻工行业管理机构几经变动直至撤销,在跌宕起伏的形势下,在如何正确把握集体经济改革发展的趋势、如何深化联社自身的管理体制改革、如何保持各级联社机构的稳定、如何依法保护好用好联社资产、如何建立和稳定各级联社的基本工作队伍、如何转变观念和改革工作方法等一系列重大问题上,我们认真学习领会总社和四川省委、省政府在不同时期总的改革思路和精神,积极开展各种形式的讨论,逐步认清了形势,转变了观念,统一了认识,为管理体制调整后独立开展社务活动打下了思想基础。我们认识到,随着政府职能的转变,集体经济的管理模式也正在发生新的变化。改革的深入,也给我们带来新的拓展机遇,作为集体经济的联合组织,必须顺势而为,开拓创新,主动当好集体企业改革发展的指导者、集体资产的管理和维护者、集体经济政策制订的建议者、中小企业互助合作的组织者,为政府部门当好帮手,真正成为政府与企业间的纽带和桥梁。明确了定位,找准了目标,更加坚定了我们新一代联社人搞好集体经济改革发展的信心。

二、以转变职能,强化服务为突破口,探索联社发展的支柱点

强化服务功能,坚持科学发展观,深化集体经济改革,加快发展新型集体经济,是我们落实总社"六代会"精神重中之重的工作任务,也是体现联社存在价值的出发点和落脚点。一年来,我们围绕服务基层,大力开展调查研究,有力地推动了全省联社工作的健康发展。

1. 健全调研机制,深入基层第一线,为各级联社和企业提供政策服务。

为全面、迅速、准确了解各级联社在改革发展中遇到的新情况、新问题,我们要求机关中层以上干部每年安排三分之一以上时间深入基层调查研究,以增进省、市、县联社内部工作交流。2006年2季度,由省联社主任刘志藩同志、顾问李发祥同志分别带队,采取"抓市带县,分片集中,突出重点,点面结合"的办法,深入全省12个市县(区),行程上万公里,对各级联社机构、人员、经费、资产现状和企业经济状况进行全面调查,并完成分析、汇总工作,直接掌握联社改革和建设、集体经济创新与发展、企业改革改制的第一手资料,为指导基层联社事业发展定位提供可靠依据。同时,联社还采取分片召开基层联社主任和企业法人代表座谈会的方式,在成都、乐山、巴中等地就新时期集体经济实现方式、各级联社自身建设及集体企业深化改革与创新等问题进行深入探讨,各市、县(区)联社的负责同志和企业代表结合当地实际情况,提出了很多有价值的建议意见,通过学习交流,统一了思想,开拓了视野,提高了认识,坚定了信心。更重要的是以此解决了以往省不指导市、市不指导县、县不指导企业的各自为阵、互不往来、自生自灭的不良现象,逐步建立起省市县三级联社相互联动的良性循环工作运行机制。

联社众多的成员单位,是联社发展的重要基础。一年来,我们把对成员单位的支持、指导、服务作为工作重点,积极发挥联社作用,为基层联社排忧解难,努力维护企业和职工的合法权益,为企业的改革发展提供全方位的政策咨询、法律咨询和指导服务。为帮助基层联社做好法人登记,省联社下发了《关于做好联社法人登记维护联社合法权益的通知》,为确保联社资产保值增值不流失,省联社拟定《四川省工业合作联社集体资产监督管理暂行办法》等文件,为深化集体企业改革发挥了重要作用。

2. 强化协调作用,为各级联社和企业提供有效性服务。

联社以健全协调机制,强化协调作用,主动帮助基层联社和企业协调各方关系,帮助解决具体问题为己任,集中精力抓难点、解难事。一是帮助基层联社在

政府机构改革中,积极寻求新的定位,并根据自身的实际情况,界定自己的组织形式与法人架构。宜宾市联社在政府机关机构改革时,因未及时与市编办和市经委衔接,被予以撤销处置。我们得知这一情况后,立即前往宜宾进行协调处理,首先召开联社工作人员座谈会,了解他们的想法和愿望,通过座谈我们了解到,所有工作人员均愿意留在联社继续工作,为宜宾集体经济的改革发展做贡献。其次,我们反复与市经委有关领导、原市轻工局有关领导交换意见,强调联社存在的必要性和重要性,在取得一致意见后,立即与市编办负责同志联系沟通,并将市编办主任、市经委有关领导、市联社有关人员约请到一起召开现场办公会。会上省联社通过详细介绍省联社管理体制调整情况,宣传集体经济的重要作用以及新型集体经济所拥有的生命力,市编办主任当场拍板表示改变原先的决定,一定帮助市联社争取到合法定位,目前此问题正在解决之中。乐山市联社在省联社的多次过问、帮助之下,正根据自身实际办理联社社团法人登记。二是积极协调,指导企业改革。四川省塑料厂,有职工近千人。原系省联社独资企业,于1984年下放泸州市管理。因严重资不抵债,濒临倒闭。为解决该厂改制问题,省联社多次与泸州市政府衔接,希望将该厂纳入市国企改革计划一并实施。经过反复接触、反复磋商,在联社同意承担改革成本的前提下,市政府同意该厂参照国企改革的政策实施解体。同时,我们还争取到东方资产管理公司的支持,引进了投资商。最终做到,市政府未出一分钱,近千人的企业顺利实施解体。工商银行收回2200余万元贷款本息,省联社最大限度减少损失,职工得到妥善安置,实现了政府满意,银行满意,省、市联社满意,企业满意,职工满意的多赢局面。

3. 发挥帮促作用,为各级联社和企业提供指导性服务。

按照总社要求,我们始终把坚持帮助和促进企业的改革和发展放在突出位置,引导企业搞好经济转型,促进企业的发展。过去的一年里,我们采取"抓两头,促中间"的办法,积极推进集体经济的发展,通江县地处川东北秦巴山区,是国家扶贫开发重点县和温家宝总理保持共产党员先进性教育活动联系点。该县工业基础薄弱,去年省联社将该县作定点帮促县和重点联系点,迅速建立了联系机制,具体落实了帮促项目和措施。使通江联社在与省联社中断近20年联系后,又找到了"娘家",省联社踏实的工作作风,真抓实干的工作态度,赢得了县委、县政府的称赞,也引起了县委县政府对县联社工作的关注和重视。县政府去年数次召集县劳动保障、税务、工商、财政、国土、民政、城建等部门召开专题会议和现场办公会解决县集体企业职工社保统筹、土地出让、特困家庭低保补助等多年困扰企业发展的突出问题。县政府的信任和支持、企业的理解和拥护、省联社的帮促,使得通江县联社的工作迈上新台阶。目前,县政府已决定扩大县联社管理职能,不但管理集体企业,还要吸纳其他经济成分成员。

大竹县长期以来一直是四川省集体经济发展较好的重点县。县委、县政府对集体企业的改革发展一直给予高度重视。去年4月,省联社到该县调研时发现,很多企业地处县城优越位置,商业价值较高,但是由于受区域影响,企业发展规模受到制约,针对此状况,省联社及时向县政府建议,希望政府能在其苎麻园区中增设集体工业园区,采用换笼养鸟的方式给企业以支持。此建议得到县委、县政府的及时采纳。目前,大竹县工业经济发展的支柱企业,俗称大竹"四小龙"的川东电缆厂、大竹县工具厂、大竹县轴承厂、大竹县汽车配件厂均已准备迁入园区,以扩大生产规模和生产能力。川东电缆厂2006年实现产值2.2亿元,搬进园区扩大规模后预计产值将达到5亿元,二期工程结束后产值将达到10亿元。目前,省联社拟将大竹县集体工业发展模式向全省推广,并将组织各市、县(区)联社和企业到该县学习。

4. 强化监管,盘活资产,寻找新的经济增长点,以增强实力来提高联社的服务能力。

新的历史时期,联社作为集体资产的管理和维护者,必须坚持"兴办经济实体,增强经济实力,强化服务功能"的办社方针,联社作为联合经济组织,有实力才能有位置,有影响。对此,省联社给予高度重视,一是建立了强有力的集体资产监管和运营体系,在成员企业中,明确了联社作为联社资产所有者和集体资产监管人的合法地位,行使所有者和监管人的职责。并且结合四川实际,制订了资产监管的办法,抓住所有权、行使监督权、放开经营权、把住收益权。二是抓好资本运营,推动资本大幅增值。我们抓住各种有利时机,充分发挥地理优势,抓好土地开发,提升楼盘价值;抓好物业租赁和物业管理,最大限度地挖掘存量资产的潜能,确保联社收入稳步增长。三是抓好对外投资,寻找新的增长点。近年来,联社采取兼并、控股的办法收购改制企业,成立资产经营公司、成立物业管理公司,以此增强联社实力,提升联社服务功能,活跃各项社务活动,拓展发展空间。

三、以狠抓落实、强力造势为切入点,探索联社健康发展的着力点

在总社"六代会"上,党和国家领导人给大会的贺信及在大会上的重要讲话,使我们深受鼓舞,坚定了加快集体经济发展的信心。陈士能主任的工作报告

全面总结了总社"五代会"以来的成就,部署了新时期新阶段联社工作任务,为我们指明了改革发展的方向。我们以全面贯彻落实总社"六代会"精神为切入点,在全省强力宣传新型集体经济。

1. 以召开四川省工业合作联社第四次代表大会为切入点,为集体经济强力造势。

总社"六代会"的精神不仅激发我们搞好联社工作的斗志,大会的盛况、领导的讲话,也深深感染了四川省委、省政府领导,坚定了他们支持四川集体经济改革发展的信心,在听取联社领导关于总社"六代会"精神的汇报和关于召开四川省工业合作联社第四次代表大会建议意见后,当即指示联社要将总社会议精神和中央领导讲话及时传达下去,并同意召开省"四代会",以全面贯彻落实总社"六代会"精神。为确保省"四代会"能于 2006 年 11 月高规格、高质量、高效率召开,省联社一是利用去年 2 季度调研机会,深入各市、县(区)听取基层联社和企业的心声及建议。二是及时向总社和省委省政府领导汇报调研情况和大会筹备情况,争取他们的支持。去年 6 月调研结束后,联社立即向省委分管领导甘道明副书记作了专题汇报,甘副书记对联社深入基层、深入实际开展调研表示赞赏,希望联社高举集体经济大旗,为工业强省作贡献,并爽快同意届时一定出席大会并作讲话,并要求联社一定要加倍努力工作,以取得总社领导的支持。9 月省联社主任刘志藩、顾问李发祥、老领导夏素琴等同志一行又专程前往北京,向总社陈士能主任等领导作会议筹备工作汇报并诚邀总社领导能出席会议,我们的工作得到士能主任的赞许,并欣然接受省联社的邀请,允诺一定到会并作讲话。

三是隆重召开四川省工业合作联社第四次代表大会,圆满完成大会各项议程,社会反响强烈。经过近一年的精心准备,省"四代会"于 2006 年 11 月 6 日至 8 日在成都隆重召开,出席会议并作重要讲话的有中华全国手工业合作总社主任陈士能同志、四川省委副书记甘道明同志、全国人大常委徐荣凯同志;到会指导的领导还有总社副主任李玉娟同志、国务院国资委监事会主席钱桂敬同志、总社办公室副主任王福岭同志以及四川省级有关部门的负责同志;联社一到三届老领导和老同志代表也出席了会议。吉林、上海、山西、重庆等省市联社发来贺信和贺电。11 月 6 日《四川日报》整版刊发联社宣传内容,会议期间省内各大报刊、电视台、新闻网站对大会进行了宣传报道,《四川日报》在头版显著位置作了《新型集体经济重振河山》的专题报道,为中断 16 年后召开的全省集体经济盛会摇旗呐喊。我们还制作了光盘,广为赠送,宣传集体经济,让领导讲话深入人心。会后,集中一个月的时间,省联社深入各市、县(区)联社和集体企业及有关部门强力宣传"四代会"精神,取得很好效果。各市、县(区)联社及其政府主管部门均认为:会议开得及时,开得成功,纷纷表示:没想到总社如此高度评价四川省联社所开展的各项工作;没想到省委、省政府如此重视集体经济;没想到"四代会"能引起如此之大的社会反响;没想到省联社一班人如此能战斗。泸州市委有关领导在听取市联社参加省"四代会"情况汇报后,当即责成市经委成立集体企业改制指导组,统一协调指导市属集体工业企业的改制改革。达州市经委领导参会后,立即召开委务会,安排布置市联社进行法人登记及各县级联社恢复健全工作。

2. 以与省人事厅联合表彰四川省集体经济先进集体、先进个人为切入点,扩大联社社会影响。

1991 年后,省联社一直未对全省集体经济战线上的先进集体、先进个人进行表彰,基层联社和企业十几年来默默无闻地辛勤耕耘,辛苦工作,为四川集体经济的改革发展做贡献,为弘扬先进,省联社决定在"四代会"上表彰一批先进集体和先进个人,为增加表彰分量,加大表彰力度,增强联社凝聚力和向心力,我们多次到省人事厅汇报,求得他们的理解和支持,反复的汇报、数次的登门,得到了省人事厅以及省政领导的支持,省联社与省人事厅联合对全省集体经济先进集体和先进个人进行了表彰。受表彰的先进集体和先进个人备受感动,更坚定了大家珍惜荣誉、勤奋工作、开拓创新的信心。

3. 以开展公益事业为切入点,扩大联社社会影响。

四川省工业合作联社自 50 年代成立以来,一直与政府轻工主管部门合署办公。社会对联社知之甚少,尤其是近年来,由于机构变化、人员变化,尤其是一大批年青干部进入各级领导机构,他们对集体经济应有的地位、作用不甚了解,在某种程度上影响了联社工作的开展。对此,省联社,抓住一切机会,向地方政府宣传联社的性质、职能和作用,宣传发展集体经济的重大意义,争取各级领导的理解和支持。同时,联社还花大力气在公益事业上做文章,扩大联社社会影响。我们通过向通江县政府、县联社赠送工作用车、食盐、缝纫设备等,让革命老区感受到联社的温暖和深情厚意,也让通江县政府感受到联社的实力和作用。我们通过主动与省民政部门、受灾县区、贫困山区等有关部门联系,主动捐助衣物、捐助资金,让省级有关部门、地方政府知晓联社的存在和价值。

回顾联社工作和所走过的路,我们深刻体会到:争取党委政府的支持是联社生存和发展的前提;转变职能,有为有位,是联社生存和发展的根本;抓好联社自身建设,增强经济实力是联社生存和发展的基础;坚强、团结的班子,务实、奋进的团队是联社生存和发展的保证;与时俱进、开拓创新是联社生存和发展的灵魂;宽松的政策环境是联社生存和发展的关键。

积极开展新型集体经济的理论研究
为城镇集体经济改革发展服务

（2006 年 12 月）

上海市工业合作经济研究所

上海市工业合作经济研究所建立于 1986 年,是隶属于上海市工业合作联社的软科学研究机构,也是上海市集体经济研究会的骨干单位。20 多年来,研究所的成长发展与中华全国手工业合作总社、上海市工业合作联社的关怀指导、悉心培育,与社会各界专家学者及科研院所的通力合作、研讨交流,与上海市集体经济研究会的融为一体及全体同仁的辛勤耕耘、忠诚事业是分不开的。

在改革开放的风云变幻中,研究所 20 年如一日坚持不懈地研究宣传集体经济,参与研究、制定国家和上海市有关集体经济政策、发展战略,为集体企业提供咨询服务,推动集体企业深化改革,发挥集体经济在建设中国特色社会主义事业中的重要作用,取得了可喜的成绩。执着和努力,终于使研究所从地方联社的政策研究部门发展成为全国唯一的集体经济专业研究机构,先后被命名为全国城镇集体工业先进单位、全国轻工业系统先进集体,三次被授予上海市文明单位称号。

自总社“五代会”以来,我们在对集体经济探索和理论研究中不断创新,提升学术水平,完成课题报告和重要文章 50 篇,受到政府部门和理论界的重视和肯定。

一、基础研究:探求新型集体经济的本质特征

我们开展马克思主义的集体经济理论研究,从理论创新的视角,目的是为市场经济中多种形式的集体经济发展探求科学的理论基础。

长期以来,我国受“一大二公”左的思想影响,集体经济逐步走上“二国营”的发展模式,成为束缚多种形式集体经济发展的思想和体制障碍。近年来,我们从理论渊源上研究马克思主义者对集体经济的重要论述,依靠长期从事集体经

济研究的专家,通过对马克思、恩格斯、列宁、毛泽东等关于集体、合作经济主要论述的研究,深刻理会革命导师对集体经济内涵、特征和实现形式的主要观点,先后撰写了《关于集体经济的几个问题》、《发展新型集体经济的探讨》等一批论文。通过学习研究,使我们认识到马克思是在研究巴黎公社失败原因时,提出公有制形式——"集体所有制"的第一人,并告诉人们:集体经济的发展不能剥夺劳动者的个人所有权,不能用行政命令的手段,要采用经济方式来实现。马克思在研究俄国公社时,提出以公社集体土地和农民个人生产资料,组织合作生产,集体劳动、集体经营等过渡和发展集体经济的具体构想。恩格斯、列宁发展了马克思关于集体经济的思想和实践。中国共产党领导的20世纪50年代初期我国农业和手工业改造中,大力发展多种形式的合作经济和集体经济,取得了很大的成功。以后农村的"人民公社"和城镇的"二国营"企业,虽然在计划经济条件下曾经发挥了重要作用,但是一些集体经济的性质特征被扭曲,在社会主义市场经济发展中失去了应有的活力。

研究集体企业的变化,必须重新思考在市场经济条件下的集体经济内涵、特征和实现形式。改革开放以来,我国集体企业通过"放权"、承包、租赁等形式扩大企业经营自主权,随着经济体制转轨,企业采用股份合作、职工持股、公司制等组织形式,逐步成为独立的市场主体。城镇集体经济的实现形式从单一的"二国营"模式转变为"劳动者的劳动联合和劳动者的资本联合为主"的多种形式。党中央对集体经济的改革发展作出了一系列重要指示,但有些地方一些部门把"二国营"集体企业减少,看作集体经济"过时、消亡",把集体企业限时"退出"作为改制的目标。因此,我们认为落实党和国家对集体经济的方针政策,促进集体经济发展,首先就要重新思考在市场经济条件下的集体经济内涵、特征和实现形式。我们与中华全国手工业合作总社办公室、上海市工业合作联社立项的课题《轻工集体企业产权制度改革与创新的研究》、组织专家研究撰写《中国集体经济的理性分析》,深入研究我国经济发展环境的转轨转型对集体经济的影响,分析集体企业产权制度、利益机制、组织形式发生的变化。我们提出在市场经济体制中,集体经济是劳动者个人所有和集体所有相结合的经济成分,根据两者结合程度的不同,可以分为雏形、典型、变异等三种形态;集体经济组织中建立劳动者取得控制权的产权制度,形成劳动与资本共享的资源配置和利益分配机制,采用合作制、股份合作制、公司制和其他混合所有制企业的组织形式。

这些研究成果,力求准确、全面、完整地认识马克思主义的集体经济理论;并吸收现代企业制度和产权制度的新成果,从集体经济的理论创新视角,提出了市场经济中多种形式集体经济发展的理论,并在相关的会议和刊物上发表,得到很好的反应。

二、实证研究：探求新型集体经济发展的有效路径

突破"二国营"束缚，走出集体经济多种发展的道路，是各级联社和广大企业十分关注、积极探索的课题。实践是常青的，理论研究紧密结合实际，主动开展实证研究，总结集体经济改革发展的成功经验和失败教训，不仅为新型集体经济发展探索了有效路径，而且能保持理论研究的勃勃生机。

1. 深入研究股份合作制企业深化改革

上世纪 90 年代，作为我国公有制经济一种新的实现形式的股份合作制企业，在各地大量涌现。上海从 1986 年起试点，90 年代逐步推广，特别是 1997 年党的十五大以后，部分国有小企业和许多集体企业先后改制或组建为股份合作制企业。我们对股份合作制企业进行跟踪研究，先后与上海市社会科学界联合会、复旦大学经济学院、上海市促进小企业发展协调办公室立项，深入城镇基层企业和农民专业合作社，对民营科技股份合作企业、城镇国有、集体改制企业及市郊农村进行调查，解剖麻雀，总结经验，找出问题，提出建议。完成了《民营科技企业实现股份合作制实证研究》、《共享利益论》和《上海股份合作制企业深化改革研究报告》等研究成果，为政府有关部门的决策提供参考，有的被国家发改委课题选用。

2. 深入研究职工持股原则，推动员工有控制权、多元混合的公司制企业改革

我们协助上海市人民政府发展研究中心的专家，对上海新工联集团有限公司的产权制度改革的基本思路和政策、法规，建立职工持股的有限责任公司等进行可行性分析研究；借鉴安徽合肥、江苏南京等兄弟省市集体资产产权管理的经验，提出了改革思路和实施方案。从 2000 年至 2001 年，先后走访了上海市有关部门，起草"上海新工联实业有限公司产权制度改革实施方案"供改制领导小组选择，形成了"上海新工联(集团)有限公司职工持股会筹建方案"等 7 份新工联产权制度改革规范文件，较好地选择了企业组织形式，适当地处理在职与离退休人员之间、上下之间、经营者与一般职工之间的利益关系，保证了改制顺利进行。在改革实践中，新工联建设成联社控股，职工持股、多元混合的公司制企业，成为全国联社投资企业产权制度改革的先行者。还为上海日立股份有限公司部分职工出资设立的冰雄机械电气有限公司设计改制方案，该企业成为上海轻工系统国有企业改制的典型并在上海教育频道介绍。

3. 深入研究拓展集体经济领域,总结国有企业主辅分离的成功典型

我们在研究中,不仅仅局限于传统集体企业,而是放开视野,拓展领域,寻找改革的成功典型并进行宣传推广。宝钢集团企业开发总公司是国有大中型企业实行主辅分离,兴办新型集体经济组织的典型。1986 年,宝钢为了对生活后勤和生产服务实行社会化协作、专业化管理,率先在全国大型国有企业中进行主辅分离工作,成立了宝钢企业开发总公司。20 年来,开发总公司为和谐宝钢的构建起到了不可替代的作用,共接收安置了宝钢三期征地工 5800 余人、家属工2000 人、宝钢主体富余人员 8500 余人次。开发总公司的经济实力有了持续快速的增长,销售收入从 2003 年起,连续 3 年突破百亿元大关,2005 年达到 149.8亿元;利润总额从 2003 年起,连续 3 年超过 3 亿元,2005 年达到 3.72 亿元。到2006 年 8 月末,开发总公司总资产近 90 亿元,净资产总额 39 亿元,成为了一个具有较强实力的企业。我们及时进行调研、总结、采用多种形式进行宣传推广。

4. 深入研究借鉴农民合作社做法,倡导发展城市社区合作经济

我们积极宣传和总结上海市女子实验函授进修学院组织姐妹手工编织合作社的做法,介绍组建合作社的原则,共同座谈弱势妇女参与经济,走共同富裕道路的体会和经验。该院为上海下岗女工和全国部分贫困地区的困难女性,先后进行了 1.2 万多人次的、20 多种专业的全免费的实用技术培训,到 2005 年 10月,由该院学员自觉组织起来的姐妹手工编织合作社共有 9 个。这些合作社在前进中风雨同舟,体现了一种"努力干、一起干,团结合作、共同富裕"的工合精神和团队力量。去年我们还与上海市小企业办共同完成促进上海城乡发展合作经济,实现就业和社区和谐的研究课题,得到新闻媒体的重视和报道。

我们组织有关领导和专家撰写的新型集体、合作经济研究论文多次被《解放日报》、《文汇报》、《中国改革报》等报纸杂志和内参刊登,其中范大政同志发表的《发展新型集体经济的探讨》论文被上海市政协内刊《建言》刊登,并被全国政协内参选用;洪远朋等同志撰写的《共享利益论》获国家教育部颁发的第四届中国高校人文社会科学研究著作三等奖;姚康镛同志撰写的《新型集体经济是劳动者共同致富的台阶》一文获上海市第八届哲学社会科学二等奖;部分论文还先后被上海市社会科学界联合会学术年会等评为优秀论文。

三、政策研究:探求新型集体经济发展的法律保障

集体财产是集体经济生存发展的物质基础。改革开放以来,尤其是进行公司制改革中,认为集体财产不能落实到自然人,是"无主财产",社会上出现了集

体财产在改革中要"退出"、"分光",或以"无主财产"划归国有的想法和现象。以产权制度为核心,深化集体企业改革,发展多种形式集体经济,如何正确界定集体财产的归属,依法行使和保护集体所有权,成为绕不过的瓶颈。我们结合这一实际,从以下几个方面进行探索研究,为新型集体经济发展探求法律保障。

1. 专题研究集体财产来源、变化和构成,明确劳动者是本集体财产的终极所有者

在《中华人民共和国物权法》起草中,我们配合总社对城镇集体资产的归属和保护问题开展研究,直接参加座谈会或整理企业意见,向全国人大反映。我们对上海城镇集体资产的来源与构成进行了专题研究,发展的历史证实,上海城镇集体企业资产是在个体手工业合作化的基础上,在国家的扶持下,依靠自己有限资金(股金),通过共同劳动不断积累形成的。具体有4种类型:一是20世纪50年代初合作社创建时期形成的集体资产。合作社的资金由股金和入社费、生产资料按规定折价为集体资产和国家政策扶持形成的集体资产等三部分组成。二是街道工业组织的集体资产。白手起家的街道工业,凭借劳动者自己带来的板凳、缝纫机等简单手工工具,租借街道提供的简陋房屋,利用社会废旧资源,加工小商品。三是国有扶办集体企业的资产。为安置回沪知青和社会待业青年而扶办的集体企业和合作社,用劳动积累还清初创的借、贷款等,形成了企业劳动群众的集体资产。四是联合经济组织——联社集体资产。由自营收入、下级社(包括专业联社)上交的资产、下属企业上交的利润和收取的资金占用费组成。城镇集体资产的构成和沿革显示:劳动者是本集体财产的终极所有者,有占有、使用、收益和处置的权利。

2. 专题研究集体财产的特征,正确行使和保护集体财产所有权

在研究中,我们认为集体所有财产是企业职工和出资人共同所有的财产,集体所有财产是集体经济存在和发展的基础。一般在企业存续期间不可分割,职工个人不能"分光",政府部门不能"平调"。在合作社、股份合作制、职工持股有限责任公司中,企业产权制度以集体所有和职工个人所有相结合为特征,按企业章程规定,职工个人自愿出资持股,实行劳动者的劳动联合与劳动者的资本联合,职工(成员)大会是行使和保护集体所有权的决策机构。我们还从世界合作经济发展的研究中看到,合作社是自治组织,由社员控制,社员共同所有和个人所有财产都由社员行使权利,并依法得到保护,任何部门和个人都不得侵犯。这是合作经济的一个基本原则。

3. 专题研究集体财产的管理,为建立健全集体财产运行和监督制度服务

加强对集体资产的管理,是摆在我们面前的一项迫切而重要的任务。我们

在研究中发现,在深化集体经济改革中,出现了令人匪夷所思的情况:一是集体资产被平调时有发生。有些地区和部门的领导无视法律法规,平调集体资产,严重影响集体经济的生存和发展。二是集体资产流失情况严重。有些地区和部门的领导把集体经济改革的方向引导到实行"民营化",即私有化上去,使集体资产落入少数私人手里,严重影响集体经济生存和发展。为此,我们在研究的同时,提出建议,加强对集体资产的管理,建立集体资产的运行机构和监督制度,根据国家法律法规,在有关政府部门的指导帮助下,由本集体建立集体财产运行机构和监督制度的构想。

这些年来,我们还应邀为全国总社和上海、浙江省联社资产管理办法的制定提供咨询意见,为吉林、湖南、湖北、西安等地联社和企业提供集体资产管理等方面的咨询服务,受到广泛的好评。

四、积极构筑平台:为新型集体经济宣传、交流、互动服务

在实践中,我们积极构筑平台,组织各方力量为推动新型集体经济献计献策。首先,办好"一网三刊",即 1997 年以来与中华全国手工业合作总社办公室、上海市集体经济研究会合办的中国合作经济网、《上海集体经济》、《城镇合作经济信息》和《合作经济调研》,构筑集体经济平台,实现信息资源共享,山西、山东等 10 多个联社网页与网站建立了链接。其次,利用上海市社会科学界联合会学术年会的平台,多次开展征文,组织大专院校、科研院所的专家学者和实际工作者撰写有关集体经济创新观点、质量较高的论文;与上海集体经济研究会、上海民建等合作举办了"05'发展新型集体经济专家论坛"、"上海集体经济改革发展论坛"和"上海集体经济创新发展论坛"等多次研讨活动,把新型集体经济的研究引向深入,使论坛的组织形式和发言内容都有所创新,提高了学术研究水平。

多年的实践告诉我们,开展新型集体经济的理论研究,构建推动新型集体经济发展宣传、交流、互动的平台,需要坚持"两个理念":一是坚定不移地宣传集体经济的地位作用和改革方向的理念;二是坚持发扬锲而不舍精神和忠诚于集体事业的理念。为了适应形势和任务的需要,我们十分注重提高员工的素质。一是坚持学习制度,定期组织员工进行政治学习和业务学习,提高员工的工作水平。二是创造条件提供培训机会,使员工的业务水平上一个新台阶。三是提倡一岗多能,使员工适应一人多岗,力求使每个员工都成为多面手。

改革创新激发活力　加快发展增强实力

（2006 年 12 月）

绍兴市手工业联社

　　绍兴市手工业联社曾经有过历史的辉煌,也经历过企业体制转变期间的低谷,近几年来又依靠改革创新迈开了加快发展的步伐,各项工作取得了新的成绩,得到了市委、市政府领导的肯定,也受到了全国总社和省联社的表扬。2004 年被全国总社、全国总工会授予"全国集体经济先进联社"称号;2005 年被省联社、省总工会授予"全省集体经济先进联社"称号;最近又被国家人事部、中国轻工业联合会、中华全国手工业合作总社授予"全国轻工行业先进集体"称号。回顾历史,总结近几年来的工作情况,我们有以下几点工作体会。

　　1. 改革创新是推进联社发展的强大动力。改革开放以来,随着经济体制改革的不断深入,绍兴市手工业联社从成员企业到联社自身,都发生了新的变化,特别是上世纪九十年代后期和新千年之初,这种变化尤为突出。概括起来说就是"三改一不变"。三改是:改变了联社与成员企业的资产关系。当时下属成员企业大部分进行了产权制度改革,根据市政府的要求,联社集体资产最大限度地从成员企业中退出,成员企业变为完全的资产所有者和经营者;改变了联社的经费来源方式。原来联社经费的主要来源是成员企业缴纳管理费和资金占用费,联社集体资产退出后,成员企业已不再向联社缴纳各种费用,联社经费来源主要靠自身创收;改变了联社机关的性质。2001 年,市政府对工业经济主管部门进行了机构改革,市手工业联社机关由原来的事业单位改变为企业性质,机关干部转变为职工身份。一个不变是:市手工业联社(二轻集团公司)受市政府委托,继续承担对企业的行政管理职能和社会责任。

　　面对上述这些变化,绍兴市手工业联社不断改革创新,积极探索新的路子,谋求新的发展,激发了联社开展各项工作的新的动力。一是改革联社运作机制。联社由事业单位改变为企业性质以后,工作模式也必须改变。我们进一步理顺联社与二轻集团公司的资产关系,建立企业化经营模式,重点搞好联社资本运作。同时,按照精简、高效、务实的原则,重新调整部室设置,人员配备重点突出联社资产的保值增值和对成员企业的管理服务,各部室负责人竞聘上岗。二是发展多种形式的新型集体经济组织。通过盘活资产、打破所有制界限、重组企业、新办经济实体等途径,目前有各种新型集体经济组织36家,企业个数比2002年底增加了24家。三是转变工作理念。在管理职能上,把原来对企业的行政管理转变为服务帮助;在服务对象上,把原来单一为二轻集体企业服务转变为向多种形式集体经济和多种所有制企业服务;在工作方式上,把原来的"企业要我办事"转变为"我要为企业办事"。按照这一理念,建立企业联系制度,每人联系一家企业,将企业的各项工作完成情况与联社工作人员的年终考评奖罚挂钩,促使全体人员重服务、办实事。四是以行业管理逐步代替行政管理。经市政府同意,我们建立了绍兴市轻工企业协会,目前的联社成员企业同时也是协会的会员企业。今后,凡是全国总社和省联社布置的任务,主要以联社名义贯彻落实;凡是政府部门交办的事项,主要通过行业协会来组织实施。经过一段时间的运作完善,逐步淡化行政管理概念、强化行业管理作用,联社与轻工企业协会将充分发挥企业与政府之间的桥梁纽带作用。实践证明,联社工作只有与时俱进,改革创新,才能不断提供强大的动力,打开新局面。

2. 服务企业是开展联社工作的根本宗旨。我们以服务企业为根本宗旨,真心实意为企业办实事、办好事,从而增强了联社的凝聚力,扩大了联社影响,提升了联社的地位。一是帮助企业发展生产。绍兴市二轻系统有28家企业停产歇业,2001年全系统年产销规模减少到3亿元左右。为改变这一状况,我们把帮助企业抓好生产发展作为第一要务,竭尽全力扩大产销规模。近10年累计完成工业现价产值55.27亿元、销售收入49.70亿元、上缴税金1.55亿元、实现利润1.34亿元、固定资产折旧1.50亿元。这几项主要经济指标基本上每年保持20%左右的增长速度。二是建设二轻工业基地集聚企业。2004年底,市手工业联社在袍江新区征地263亩,统一规划设计,统一施工建设,创建二轻工业基地。2005年6月开工奠基以来,已有86000多平方米厂房的建设工程通过综合验收,5家企业已搬入新厂区投入正常生产,一个崭新的二轻工业基地呈现在人们面前。这为集聚企业、推进技术创新、开发高档次产品搭建了新的平台,为实现又好又快的持续发展创造了有利条件。三是广泛开展招商引资。经过多年的牵线联系和服务帮助,将德国西门子公司的全资企业欧司朗公司总投资1.3亿美元的环保电子节能灯生产项目引进到绍兴袍江新区落户。这个项目从洽谈引进到征用土地、规划设计、建成投产,市手工业联社抽调专门人员组成工作班子给予全程服务帮助,受到了外商的信任和好评。目前项目建设进展顺利,计划在两年半时间内建成投产,产品全部销往国际市场,年销售收入可达到 50 亿元人民币。联社在注重引进外资的同时积极扩大产品出口,帮助企业扩大了销售渠道。四是为企业提供无偿服务。按照全国总社和省联社的要求,我们跳出"二轻"的圈子,打破所有制界限,面向各种新型集体经济组织,不计报酬,主动服务。凡各种经贸展销活动,都由联社组织企业参展,不摊派任何费用;每年组织企业到北京、上海、西安等地与大专院校和科研单位举办科技联姻活动,帮助企业加快技术进步,等等。通过各种服务,大大增强了联社的凝聚力和向心力。

3. 稳定社会是履行联社职能的时代要求。绍兴市手工业联社把抓发展作为第一要务的同时,把抓稳定作为第一责任。目前全系统有 5000 多名在岗职工、4300 多名下岗分流人员、3500 多名退休职工、35 名企业军转干部。做好这些人员的基本生活保障工作,营造良好的稳定环境,这是构建社会主义和谐社会的时代要求,也是履行联社职能的重大责任。这几年来,我们始终不忘企业职工,认真负起社会责任,努力克服困难,化解各种矛盾。一是搞好下岗分流人员的基本生活保障。建立职工再就业服务中心,帮助下岗职工开辟就业渠道,尽最大努力搞好再就业工作。同时对达到退休年龄的下岗人员,帮助他们办理退休手续,认真处理各种遗留问题。二是搞好特困职工救助工作。建立了 100 多户特困职工档案,每年在重大节日期间上门慰问,对患重病和子女上学有困难的人员,广泛开展助医助学活动。2002 年以来共支付各类慰问金和救助金 150 多万元。三是做好企业军转干部工作。严格执行中央有关政策,对在岗的企业军转干部全年收入低于社平工资的补足到社平工资,对下岗自谋职业的企业军转干部按政府规定发给基本生活费。四是认真处理职工来信来访。帮助解决各种困难,注重为职工排忧解难。五是切实开展社会公益活动。按照市委、市政府的要求,先后与 3 个农村、3 个街道居委会结对帮扶,为社会公益事业和慈善基金捐款,6 年累计捐款和帮扶资金达 150 万元。

4. 创收增效是联社发挥职能作用的基本保证。绍兴市手工业联社目前既无财政拨款,又不收取企业费用,完全依靠自身的创收增效来更好地开展工作。一是兴办实业创收。近几年,先后新办了绍兴市二轻经济发展公司、绍兴市二轻外贸公司、绍兴市中谷糖业公司、绍兴市环亚涉外经济服务公司等经济实体,力保每年有一定的经济效益。二是运作资产保收。利用联社有限资金,通过收购停产歇业企业的厂房场地或临街店面,以租赁或出让的形式,获取资产运作效益,实现联社资产保值增值。三是节流开源增收。联社机关实行严格的财务管理制度,尽量节约各种费用开支,每年适当增加积累,用于扩大再生产。我们联社虽然人员较少,但必须每年创利600万元左右。这样,才能维持日常经费需要,才能为企业花钱办事,才能搞好企业困难职工的生活保障。几年来,我们坚持一手抓企业发展,一手抓自身创收。实践证明,搞好自身创收是联社的立足之本。只有经济实力增强了,才能办好各项事情。

大事记

DASHIJI

1996 年

1 月 5 日至 7 日　国务院研究室牵头,国家经贸委、劳动部、国内贸易部、中国轻工总会和国务院发展战略研究中心等六部委在北京联合召开全国城镇集体(合作)经济改革与发展高级研讨会。国务院副总理吴邦国对会议作了重要指示。他指出:集体经济是公有制经济的重要组成部分,对于发展生产,繁荣市场,扩大就业,提高人民生活水平,保持社会稳定,起着重要作用。我们既要抓好国有企业,发挥国有经济的主导作用,同时,又要大力发展集体经济。只有国有经济和集体经济都发展上去了,公有制经济才能从根本上得到巩固,国民经济的进一步繁荣也才会有基础。他还指出:城镇集体经济有广阔的发展前途,但也面临不少困难。国家要帮助解决困难,继续支持城镇集体经济的发展。城镇集体企业本身也要深化改革,努力实现经济增长方式的转变,加快结构调整,加强企业内部管理,提高经济效益。六部委的领导出席了会议并作了重要讲话。国务院研究室副主任徐荣凯在开幕时作了题为《适应新形势的要求,大力推进城镇集体经济的改革与发展》的讲话。国家体改委副主任洪虎应邀出席了会议并作了题为《充分运用市场机制,大力发展集体经济》的发言。国家经贸委副主任陈清泰在会议闭幕时作了题为《解放思想,大胆实践,搞好城镇集体经济》的总结讲话。会议就城镇集体经济改革与发展的若干重大问题进行了广泛而深入的研讨,在诸多方面形成共识,并提出了若干政策建议。

1 月 21 日　中华全国手工业合作总社(以下简称"总社")在北京召开第四届理事会第五次会议。82 名理事和理事单位代表出席了会议。会议重点研究了如何贯彻落实党的十四届五中全会关于"大力发展集体经济"的方针,深化改革,加快轻工集体经济发展。

2 月 27 日　国务院研究室《决策参考》,刊登了国务院副总理李岚清对国务院研究室副主任徐荣凯根据调查研究和六部委会议所写的《发展集体经济是一项大政策》一文的批示:"荣凯同志:这是一个重要命题,希望继续结合实践的经验深入跟踪研究下去(特别是流通领域小企业很多,如何搞好是个大问题)"。

2 月 27 日　国家科委、国家国有资产管理局印发关于《集体科技企业产权界定若干问题的暂行规定》的通知,对集体科技企业范围、产权界定的原则,以及企业发展中形成的资产归属划分等作出了规定。《规定》确定了集体科技企业产权界定的原则是"谁投资、谁拥有","鼓励改革,支持创业"。

3 月 5 日　国务院总理李鹏在第八届全国人大第四次会议上所作的《关于国民经济和社会发展"九五"计划和 2010 年远景目标纲要的报告》中指出:经过

十七年的改革,以公有制为主体、多种经济成分共同发展的格局已经形成。他还指出:从一些地方的实践看,国有小企业经过改革改组,绝大部分仍然是国有经济或者集体经济,即不同形式的公有经济,出售给私营企业或个人的是少数。并强调:城乡集体经济是公有制经济的重要组成部分,要积极推进集体企业的改革与发展。

3月17日　第八届全国人民代表大会第四次会议关于国民经济和社会发展"九五"计划和2010年远景目标纲要及关于《纲要》报告的决议指出:"要以企业改革为中心积极推进经济体制改革。要从实际出发,进一步解放思想,勇于实践,积极探索,加快建立现代企业制度。""要积极推进集体企业的改革与发展,不断壮大集体经济"。

3月27日　国务委员兼国家经济体制改革委员会主任李铁映在长沙市召开的全国部分省市小企业改革座谈会上作题为《解放思想,大胆探索,进一步放开放活小企业》的讲话。强调大力发展集体经济的重要意义,指出股份合作制是放开放活小企业的一种重要形式。

4月5日　国家经贸委印发陈清泰在全国城镇集体(合作)经济改革与发展高级研讨会上所作题为《解放思想,大胆实践,搞好城镇集体经济》的总结讲话,要求各地政府和有关部门认真组织学习,结合实际,研究提出推动城镇集体经济改革与发展的政策措施。

4月7日　财政部、国家税务总局下发《关于促进企业技术进步有关财务税收问题的通知》。对企业技术开发费用投入、产学研合作、技术成果转让、设备更新等方面的技术进步在财务、税收政策上给予优惠作出规定,并明确有关规定适用于国有、集体工业企业,于1996年1月1日起执行。

4月14日至17日　国家体改委政策法规司、财政部世行司、中国(海南)改革与发展研究院和美国利达国际有限公司在海口市举办职工持股及股份合作国际研讨会。出席会议的有法国、日本、瑞士、西班牙等国及中国的专家学者60多人。会议就企业职工持股有关问题进行理论探讨,交流到会各国的实践经验。国家体改委副主任洪虎在会上作了题为《关于发展股份合作制的几个问题》的发言。

4月23日　中国轻工总会在厦门市召开学习北京一轻综合配套改革经验现场交流会,国务院副总理吴邦国发来贺电。中国轻工总会会长于珍在会上作题为《深化改革,加快结构调整,促进轻工业发展》的讲话。他强调:要深化集体企业改革,加快结构调整,加强集体资产运营和管理。

5月14日　中国轻工总会、中华全国手工业合作总社下发关于转发厦门二轻集体企业联社《学习北京一轻经验,推进综合配套改革壮大集体经济实力》的通知。《通知》总结厦门二轻配套改革的经验,要求各地轻工主管部门、联社和企业认真学习,并根据自身特点争取和创造良好的政策环境,大胆探索适应自身的改革途径。

6月26日　国家经贸委办公厅转发《中共甘肃省委、甘肃省人民政府关于"九五"期间进一步加快发展全省城镇集体经济若干政策的决定》,提供各地经贸委、国务院有关部门研究制定推动城镇集体经济改革与发展的政策措施参考。

7月9日　国务院办公厅发出《关于在全国城镇集体企业、单位开展清产核资工作的通知》,对全国城镇集体企业、单位开展清产核资工作的目的、范围、内容、任务和组织领导做了总体部署。

8月14日　财政部、国家经贸委、国家税务总局印发《城镇集体所有制企业、单位清产核资试点方案》的通知,对清产核资的任务、目标,试点范围、试点工作任务、内容、要求、时间、步骤和组织领导等提出了具体要求。

8月14日　财政部、国家经贸委、国家税务总局印发《城镇集体所有制企业、单位清产核资暂行办法》的通知,对企业资产清查、价值评估、产权界定、资金核实、产权登记、建章建制及法律责任等作出具体规定。

8月15日至17日　国家经贸委在福州市召开全国放开搞活小企业工作座谈会。国家经贸委副主任陈清泰在会上作了题为《解放思想,大胆实践,进一步搞活小企业》的讲话。会议讨论了国家经贸委《关于放开搞活国有小型企业的意见》和《集体所有制企业清产核资中产权界定的暂行规定》。有16个省、单位在大会上交流了经验。

8月28日　财政部印发《城镇集体所有制企业、单位清产核资资产价值重估实施细则》的通知,就集体企业固定资产价值重估范围、重估方法、组织领导、具体实施工作要求等方面作出规定。

8月29日　财政部、国家经贸委、国家税务总局、国家工商局印发《关于开展城镇集体所有制企业、单位户数清理工作的通知》,对集体企业、单位户数清理的工作范围、划分标准、工作内容、工作组织和时间安排等作出规定。

9月25日至27日　中华全国手工业合作总社、中国工业合作经济学会联合在北京召开纪念手工业社会主义改造基本完成四十周年暨城镇集体工业经济研讨会。各省市联社负责人、学会理事以及国家有关部门代表共90多人出席会议。国务院副总理吴邦国发来贺信。他在贺信中指出:集体经济是我国社会主义公有制经济的重要组成部分,国有和集体经济共同构成国民经济的主体,集体经济的发展关系到社会主义公有制主体地位的巩固。又指出:城镇集体经济是城镇经济中仅次于国有经济的第二大经济力量。各级政府和有关部门要继续重视和关心城镇集体经济,切实帮助城镇集体企业解决面临的困难和问题,积极创造条件促进城镇集体工业发展。城镇集体工业自身也要不断深化改革,努力实现经济增长方式的转变,加大结构调整力度,加快技术改造和技术进步,加强企业内部管理,提高经济效益。同时,要加强联社工作,建立健全相适应的管理体系和管理机构,更好地为基层企业服务。李铁映、张劲夫、马文瑞、袁宝华等领导同志为大会题词,国家经贸委主任王忠禹出席会议并讲话。中国轻工总会副会长杨志海在会上作了题为《适应新形势要求,加快轻工集体经济的改革与发展》的报告,中国工业合作经济学会会长季龙作了题为《重温手工业社会主义改造历史经验,促进集体工业持续健康发展》的报告。10月30日中国轻工总会、中华全国手工业合作总社转发了吴邦国的贺信和王忠禹的讲话,要求各地轻工业主管部门、联社认真学习,结合本地实际贯彻落实。并根据贺信和讲话的精神提出加强四个方面工作:一要进一步提高对集体经济地位和作用的认识;二要深化集体企业改革;三要加快技术进步和人才开发;四要继续深化联社改革,加强联社建设。

9月26日　中国轻工总会、中华全国手工业合作总社下发《关于做好轻工集体企业、单位清产核资工作的通知》。《通知》根据国家有关清产核资规定,对轻工集体企业、单位清产核资工作提出具体要求,并决定成立轻工集体企业清产核资领导小组,加强对轻工系统集体企业清产核资工作的领导。

10月8日至10日　全国大中城市轻工集体经济第七次研讨会在成都市召开。出席会议的有19个城市二轻(轻工)集体联社的领导和代表共35名。会议着重研讨了深化联社和集体企业改革等议题。国务院研究室副主任徐荣凯出席会议并讲话。

10月29日　第八届全国人民代表大会常务委员会第二十二次会议通过,以中华人民共和国主席令(第76号)发布《中华人民共和国乡镇企业法》,于1997年1月1日起施行。

10月31日　国务院总理李鹏接见轻工劳动模范并讲话。他指出:轻工业生产增加值大约占到全国工业生产增加值的近三分之一;轻工集体经济工业生产增加值大约占到全国城镇集体工业生产增加值的三分之一;轻工业出口额大约占到全国出口总额的三分之一;轻工业实现税利大约占到全国工业实现税利总额的三分之一。轻工行业为国家和人民做出了很大贡献。

11月28日　江西省人民政府下发《关于加快发展城镇集体工业的决定》,决定把城镇集体工业作为加速全省经济发展的新增长点来抓,以进一步明晰企业产权关系、推行股份合作制为重点推进集体企业改革,加快"小、穷、亏"企业改革,推行企业的公司化改造,加强集体资产经营管理,加速转换企业经营机制;通过调整结构,增强地区集体工业整体实力;在税收、融资等方面予以政策扶持;加强领导,完善宏观管理体系。

12月27日 国家经贸委、财政部、国家税务总局印发《城镇集体所有制企业、单位清产核资产权界定暂行办法》的通知,明确规定产权界定工作要本着"依法确认、尊重历史、宽严适度、有利监管"的原则,既要体现"谁投资、谁所有、谁受益",又要保证集体企业的合作经济性质,并对集体企业不同投资主体的投资及其收益形成的所有者权益、享受国家规定的优惠政策形成的所有者权益,其产权归属作出规定。

12月28日 财政部、国家经贸委、国家税务总局印发《城镇集体企业、单位清产核资产权界定工作的具体规定》的通知,对集体企业产权界定的任务、工作方法等作出具体规定。

12月31日 国家税务总局、财政部、国家经贸委印发《城镇集体企业、单位清产核资资金核实具体规定》的通知、《城镇集体所有制企业、单位清产核资财务处理暂行办法》的通知,就集体企业、单位清产核资的资金核实工作任务、组织实施、基本要求、基本程序,以及清产核资中有关的财务处理等作出具体规定。

1997 年

1月17日 中共中央总书记江泽民在中国共产党第十五次全国代表大会文件起草组会议上的讲话中指出:公有制为主体、多种所有制经济共同发展,是我国社会主义初级阶段的一项基本经济制度,通过改革不断完善和发展这项制度,是经济体制改革的一项重大任务。他还指出:在新形势下,要全面认识公有制经济的含义。从资产总量上看,公有制经济不仅包括传统意义上的国有经济和集体经济,同时应该包括混合经济中的国有成分和集体所有制成分。从资产形态上看,公有制不仅包括单一形态的国有经济和集体经济,同时应该包括国有成分和集体所有制成分可以对其资产进行控制的股份制经济和股份合作制经济。并指出:股份合作制是一种新的公有性所有制。目前,我国城乡广泛出现了劳动者的劳动联合和资本联合为主的股份合作制经济,这是我国经济发展实践中出现的新事物,应该以积极态度予以支持。股份合作制不是私有制,是一种新出现的所有制形式,具有明显的社会性、公有性。要鼓励个别资本通过股份合作制实现投资社会化。这对整个生产力的发展是有利的。

1月17日 天津市人民政府下发批转市集体经济办《关于城市集体企业深

化改革加快发展若干问题的意见》的通知,对如何深化集体企业改革,加快集体经济发展提出要求,并作出有关政策支持的规定。

1月19日　中华全国手工业合作总社在北京召开第四届理事会第六次会议,理事和代表80人出席了会议。总社主任于珍主持会议,副主任傅立民作工作报告。增补中国轻工总会副会长杨志海、朱焘、步正发为总社副主任。

1月28日　财政部、国家经贸委、国家税务总局印发《1997年城镇集体所有制企业清产核资扩大试点工作安排意见》的通知,对1997年扩大城镇集体企业清产核资试点工作的范围、时间安排和步骤、工作要求等有关问题作出规定。

1月30日　财政部清产核资办公室下发《关于城镇集体所有制企业、单位户数清理工作的有关规定的通知》,对城镇集体企业、单位户数清理问题作出补充规定。

3月1日　国务院总理李鹏在第八届全国人大第五次会议上所作的《政府工作报告》中指出:以公有制为主体,多种经济成分共同发展,是我们必须长期坚持的基本方针。公有制经济包括国有经济和集体经济,在搞好国有企业改革和发展的同时,要积极发展多种形式的城乡集体经济。

3月25日　国家经贸委、财政部、国家税务总局下发《城镇集体所有制企业、单位清产核资集体资产产权登记暂行办法》的通知,就各类城镇集体企业、单位在完成清产核资、产权界定和资金核实各项工作后,办理产权登记手续作出具体规定。

4月3日　国家经贸委下发《关于做好城镇集体所有制企业单位清产核资工作的通知》,对各地如何做好城镇集体企业、单位清产核资工作提出要求。

4月8日　中国轻工总会、中华全国手工业合作总社下发《关于加快轻工国有小企业、集体企业改革与发展的若干意见》,提出放开搞活轻工国有小企业、集体企业的指导思想、总体要求和基本思路,以及重点做好的几项工作。要求各地加大推进多种形式股份合作制、结构调整力度,改制重组一批企业,对企业全面实施"三改一加强"。

4月8日至11日　1997年全国城镇集体企业清产核资工作会议在北京召开,统一部署1997年进一步扩大试点工作,并研究相关政策。国家经贸委副主任陈清泰,财政部副部长、国家国有资产管理局局长张佑才,财政部副部长张志刚、国家税务总局总经济师李永贵在会上先后讲话,财政部部长刘仲藜在会议结束时作了总结性讲话。

4月14日　中国轻工总会、中华全国手工业合作总社、国家税务总局印发《轻工业企业集体资产管理暂行规定》的通知,对轻工集体企业和各级联社的集体资产产权归属界定、产权转让、集体资产的监督管理作出规定。

4月15日 中国轻工总会、中华全国手工业合作总社印发《全国各级轻工业集体企业联合经济组织清产核资暂行方案》的通知,要求各级轻工集体企业联合经济组织(联社)按照清产核资有关规定,全面开展联合经济组织的清产核资工作,摸清家底、界定产权、划分归属、加强管理,使联社资产保值增值。

5月17日 上海市人民政府印发《关于发布上海市股份合作制企业暂行办法的通知》。

5月20日 国务院颁布《传统工艺美术保护条例》,对加强保护传统工艺美术品种和技艺,以及扶持、促进传统工美艺术事业的发展作出了规定。

5月29日 劳动部、国家国有资产管理局、国家税务总局下发《关于颁布劳动就业服务企业产权界定规定的通知》,对劳动服务企业资产来源及形成的收益归属;税收优惠政策所形成的资产归属等作出具体规定。

6月5日 中国轻工总会下发《关于重点支持200家轻工集体大中型企业的通知》,对北京百花集团公司等200家轻工集体大中型企业作出重点支持的4点决定:一是中国轻工总会和行业协会对这些企业和它们所在的省、自治区、直辖市轻工业主管部门建立联系制度,了解情况和问题,加强对其改革与发展的指导;二是总会在安排技改基建项目、新产品开发项目等方面给这些企业以优先考虑;三是总会积极向国家和有关部门反映情况,争取有关政策支持;四是各级轻工业主管部门帮助企业争取地方政府的支持,并给以改革与发展的政策。

6月16日 经国务院领导同意,国家体制改革委员会印发《关于发展城市股份合作制企业的指导意见的通知》,要求各地体改委遵照执行。《指导意见》总结了城市股份合作制企业的试点经验,明确了实践中提出的股份合作制企业的股权设置、管理体制、如何处理好按劳分配与按股分红的关系等问题,引导、促进股份合作制企业健康发展。为此,8月7日《人民日报》刊登了评论员文章《引导股份合作制企业健康发展》。

6月28日 财政部清产核资办公室、中国轻工总会、中华全国手工业合作总社联合下发《关于对全国各级轻工业集体企业联合经济组织开展清产核资工作有关问题的通知》,明确轻工联社的清产核资工作属于全国城镇集体企业清产核工作的一个组成部分。对轻工集体企业联合经济组织清产核资中有关工作组织和领导等问题作出明确规定。

7月16日 国务院发出《关于建立统一的企业职工基本养老保险制度的决定》,要求到本世纪末,基本建立起适应社会主义市场经济体制要求,适用城镇各类企业职工和个体劳动者,资金来源多渠道、保障方式多层次、社会统筹与个人账户相结合、权利与义务相对应、管理服务社会化的养老保险体系。

8月8日　财政部清产核资办公室印发《城镇集体企业清产核资工作有关问题解答》的通知,就城镇集体企业清产核资试点工作组织实施中提出的关于各种"挂靠"集体企业、进行改制的集体企业如何进行清产核资等有关问题作出解答。

9月2日　国务院发出《关于在全国建立城市居民最低生活保障制度的通知》。《通知》强调:妥善解决城市贫困人口的生活困难问题是当前我国经济和社会发展中的一个重要任务,要把建立城市居民最低生活保障制度当作一项重要工作抓紧抓好。要合理确定保障对象范围和保障标准;认真落实最低生活保障资金。

9月10日　财政部、国家经贸委、国家税务总局、中国人民银行、国家国有资产管理局下发《关于城镇集体企业清产核资工作有关政策规定》,对集体企业清产核资工作中涉及的有关政策作出进一步明确规定。

9月12日　中共中央总书记江泽民在中国共产党第十五次全国代表大会上的报告中指出:公有制为主体、多种所有制经济共同发展,是我国社会主义初级阶段的一项基本经济制度。他还指出:公有制经济不仅包括国有经济和集体经济,还包括混合所有制经济中的国有成分和集体成分。公有制经济的主体地位主要体现在:公有资产在社会总资产中占优势;国有经济控制国民经济命脉,对经济发展起主导作用。并指出:集体所有制经济是公有制经济的重要组成部分。集体经济可以体现共同致富原则,可以广泛吸收社会分散资金,缓解就业压力,增加公共积累和国家税收。要支持、鼓励和帮助城乡多种形式集体经济的发展。这对发挥公有制经济的主体作用意义重大。又指出:公有制实现形式可以而且应当多样化。一切反映社会化生产规律的经营方式和组织形式都可以大胆利用。要努力寻找能够极大促进生产力发展的公有制实现形式。他强调:目前城乡大量出现的多种多样的股份合作制经济,是改革中的新事物,要支持和引导,不断总结经验,使之逐步完善。劳动者的劳动联合和劳动者的资本联合为主的集体经济,尤其要提倡和鼓励。

9月14日至29日　中华全国手工业合作总社副主任张铁诚一行四人赴瑞士日内瓦参加国际合作社联盟工业、手工业和生产服务者合作社组织(CICO-PA)代表大会。

9月27日至29日　中国轻工总会在北京召开授予中国工艺美术大师称号大会,在会上108位同志被授予中国工艺美术大师称号。28日国务院总理李鹏在中南海接见了中国轻工总会授予称号的108位中国工艺美术大师。

10月15日 财政部清产核资办公室印发《城镇集体企业清产核资工作有关问题解答(第二期)》的通知,就城镇集体企业经产权界定后又出现纠纷的如何处理、如何把握清产核资政策文件相互衔接、国有企业举办集体企业所投入资金和实物如何界定产权等等问题作出解答。

10月27日至31日 中华全国手工业合作总社在北京召开全国轻工集体企业第五届职工(社员)代表大会,参加会议代表500多人。总社第四届理事会主任于珍作了题为《认真贯彻落实党的十五大精神,把轻工集体经济的改革与发展全面推向新世纪》的工作报告。大会选举了第五届理事会和监事会,选出理事会理事77人,于珍为理事会主任,傅立民、潘蓓蕾、杨志海、朱焘、步正发、张铁诚为副主任。选出监事会监事12人,张善梅为监事会主任,李玉娟、刘东生为副主任。大会修改了《总社章程》,表彰先进联社和先进工作者,并交流了经验。

10月27日 国务院副总理朱镕基在中南海接见全国轻工集体企业第五届职工(社员)代表大会全体代表,并作重要讲话。他指出,轻工集体企业是我国国民经济的重要组成部分,在历史上曾经起过很大的作用,在今后我国走向现代化的进程中也一定会发挥更大的作用。他强调,搞好轻工集体企业,一是要坚决实行政企分开,各级政府要致力于减轻企业的负担;二是要把轻工集体企业当成社员或者职工自己的企业来办;三是要进一步在生产经营管理上下工夫,面向市场,适应市场,切实把轻工产品的质量、品种搞上去。他表示相信轻工集体企业只要扎扎实实地按党中央、国务院的方针抓下去一定能在三年内摆脱困境,实现全行业振兴。国务院副总理吴邦国给大会发来贺信。

10月28日 财政部清产核资办公室印发《部分省市城镇集体企业清产核资产权界定座谈会会议纪要》的通知,明确城镇集体企业清产核资、产权界定工作中提出的有关问题。

11月3日至5日 全国城镇集体经济研究会在武汉召开全国城镇集体经济97年研讨会。会议主要研讨如何贯彻落实党的十五大精神,促进全国集体经济改革和发展的措施。

11月11日 国务委员兼国家经济体制改革委员会主任李铁映在10月中下旬和11月初先后赴安徽、四川、河北三省等10个地市考察中小企业时提出了需要注意的几个问题:一要结合学习贯彻十五大精神,积极研究改革的新形势,出现的新情况和新问题;二要区别资产存量调整的两种形式;三要严格禁止将公有资产无偿分给职工,这是个原则问题;四要在资本增量上作文章,通过改制使新的资本、技术、管理等要素进入企业,形成新的生产力;五搞股份制、股份合作制必须强调自愿、自担风险的原则;六要重视研究职工持股会问题;七要加强规范和引导工作;八企业改制必须与转换经营机制、技术改造、产品结构调整、加强管理结合起来;九要防止"一刀切",用下指标、压进度的办法搞企业改制。

11 月 15 日　湖南省人民政府下发《关于加快城镇集体工业企业发展若干政策的通知》,对城镇集体工业企业加快发展给予有关鼓励和扶持政策作出规定。

11 月 28 日　中共湖北省委、省政府下发《关于加快发展全省城镇集体工业的决定》,对加快城镇集体企业改革与发展提出明确要求,决定在财政和信贷等方面给予鼓励和支持。

12 月 2 日　纪念路易·艾黎合作事业基金会和中国工合国际委员会联合举办了"路易·艾黎工合思想研讨会"。纪念路易·艾黎合作事业基金会主席杨波在开幕词中强调"发扬'工合'精神,把'工合'事情办好"。中国工合国际委员会主席王厚德、副主席爱泼斯坦、何光在会上分别讲话。

12 月 3 日　冶金部向财政部清产核资办公室报送直属单位举办的集体企业户数清理结果的函。汇总冶金部直属企事业单位 172 户中 77 户举办了集体企业,占总户数的 45.35% ,95 户没有举办集体企业,占 54.65%;集体企业户数共 812 户,其中钢铁生产企业和施工企业举办的集体企业最多,达 548 户,占总户数的 67.40% 。

12 月 9 日　中共中央总书记江泽民在中央经济工作会议上讲话中指出:国有企业改革必须按照"三个有利于"的标准,坚持解放思想,实事求是,勇于实践,大胆试验的原则,积极探索促进生产力发展的公有制实现形式,包括股份制和股份合作制改造。这是一个长期探索的过程,是一项政策性很强的工作。在改革过程中,一方面,要克服畏难情绪,知难而上,敢于突破,勇于创新。另一方面,要防止刮风。各地要从实际出发,尊重经济规律,尊重群众意愿。不能囿于一种方式,搞形式主义;不能用行政办法搞强迫命令;更不能急于求成,一哄而起,搞一刀切。要正确引导,积极探索,及时总结经验,逐步完善,使国有企业改革健康发展。

12 月　由中华全国手工业合作总社、中共中央党史研究室合编,中共党史出版社出版的《中国手工业合作化和城镇集体工业的发展》第三卷(上下册)党史资料丛书出版。

12 月　中国轻工总会集体经济部、中国轻工业发展研究中心联合组成的课题组完成了《贯彻十五大精神,积极推进轻工集体经济增长方式转变》的课题研究。课题总报告分析了轻工集体企业转变经济增长方式的紧迫性及条件;提出转变经济增长方式的基本思路;转变经济增长方式的主要途径与相关政策措施;

介绍国外经济增长方式的探索。

1998 年

1月6日 中国轻工总会会长、中华全国手工业合作总社主任于珍在全国轻工业工作会议上的讲话中指出:要大力开拓适宜集体经济发展的领域,要加强集体资产的管理,搞好清产核资,要保持联社机构稳定,加强联社建设,要积极争取在一些经济政策和改革政策上对集体企业实行一视同仁。

1月8日 财政部、国家经贸委、国家税务总局发出《关于一九九八年在全国全面开展城镇集体企业清产核资工作的通知》,对全面清产核资工作的组织领导、工作范围、工作任务及安排等问题提出要求。

2月17日 财政部、国家经贸委、国家税务总局联合召开全国城镇集体企业清产核资工作电视电话会议,总结清产核资试点工作经验,部署1998年全国全面铺开城镇集体企业清产核资工作。国务院副总理吴邦国出席会议并讲话。他在讲话中指出:集体所有制经济是公有制经济的重要组成部分,在国民经济中起着重要作用。……在深化国有企业改革的同时,各级政府要进一步关心、支持和帮助集体企业,加快城镇集体经济的改革和发展,这些都将为今后经济发展注入新的活力。并指出:国务院决定在全国范围内全面开展城镇集体企业清产核资工作,是进一步推动集体经济发展的重要举措。这有助于集体企业的改革与发展,有助于整个公有制经济的巩固与提高,将对我国经济生活产生积极和长远的影响。财政部部长刘仲藜在会上对1998年清产核资工作做了具体部署。

2月23日 煤炭工业部办公厅下发《关于印发1998年煤炭集体企业清产核资实施方案的通知》,对煤炭集体企业清产核资的范围、任务、内容、步骤、时点、组织领导等作出安排。

3月5日 国务院总理李鹏在第九届全国人大第一次会议上所作的《政府工作报告》中指出:积极稳妥地进行股份制和股份合作制改革。对具备条件的大中型企业实行规范的公司制,根据市场情况,允许一些企业上市发行股票。企业改制要真正转变经营机制,实现政企分开,明确国家和企业的权利和责任,完善内部管理制度,加强所有者对经营者的约束和激励,防止国有资产流失。国有小企业量大面广,就业人数很多,在国民经济中占有重要地位,要采取改组、联合、兼并、租赁、承包经营和股份合作制、出售等形式,加快放开搞活的步伐,要把经营自主权真正放给企业,实行自负盈亏,使小企业能够更加灵活地适应市场。要根据不同情况,选择适当的改革形式,不要盲目追求进度。实行股份合作制要尊重职工意愿,不能强迫入股,也要防止股权集中在少数人手里。他还指出:继续调整和完善所有制结构,在推进国有经济改革和发展的同时,积极发展城乡多种形式的集体经济,继续鼓励和引导个体、私营等非公有制经济共同发展。

3月6日　财政部、国家经贸委、国家税务总局、国家工商行政管理局下发《关于在全国开展城镇集体企业、单位清产核资工作的公告》,就1998年全面开展城镇集体企业、单位清产核资工作的有关问题提出具体要求。

3月17日　中国轻工总会、中华全国手工业合作总社召开直属集体企、事业单位清产核资工作会议,传达贯彻全国集体企业清产核资工作电视电话会议精神,对总会、总社直属集体企、事业单位的清产核资工作进行动员和安排。总会副会长、总社副主任步正发在会上作了讲话。

3月24日　财政部、国家工商行政管理局、国家经贸委、国家税务总局印发《清理甄别"挂靠"集体企业工作的意见》的通知,明确各种"挂靠"在有关主管部门、企业、社会团体的集体企业都要纳入清理范围,并对清理甄别的内容、方法、组织实施、工作纪律等作出规定。

3月25日　第九届全国人大第一次会议审议通过国务院机构改革方案,撤销中国轻工总会,设置国家轻工业局。4月8日国家轻工业局正式挂牌。陈士能任国家轻工业局局长(正部长级)。杨志海、潘蓓蕾、朱焘任国家轻工业局副局长(副部长级)。

4月8日　《经济日报》报道了财政部清产核资办公室对城镇集体企业清产核资过程中企业产权如何界定问题的解释。

4月17日　国家税务总局印发《关于城镇集体所有制企业、单位清产核资若干税收财务处理规定的通知》,对集体企业清产核资中税收、财务处理审批权限;"挂靠"的集体企业清产核资有关税收、财务处理;各种资产损失挂帐、损失核销;一次性进成本的固定资产价值重估等问题处理作出规定。

5月14日　中共中央总书记江泽民在中共中央、国务院召开的国有企业下岗职工基本生活保障和再就业工作会议上指出:大力扶植和支持中小企业的发展,对解决下岗职工再就业、缓解就业压力,具有大企业不可替代的作用。搞活中小企业,要从实际出发,采取多种形式。党的十五大提出了改组、联合、兼并、租赁、承包经营和股份合作制、出售等多种形式,不能简单地一卖了之。必须充分考虑职工的利益,考虑职工的就业,要防止国有资产流失,防止逃废银行债务。他还指出:中小企业,只要能对当地就业发挥重要作用,即使在经济效益方面是微利的,也应加以支持和保护,要研究采取一些优惠政策,帮助它们克服困难,引导它们健康发展。

5月16日　国务院总理朱镕基在中共中央、国务院召开的国有企业下岗职工基本生活保障和再就业工作会议上指出：要充分发挥职工下岗分流、减员增效对国民经济发展的积极作用，就必须保障下岗职工的基本生活。在下岗职工没有找到新的工作以前，这是最重要的一个环节。他还指出：要积极拓宽就业渠道。在这个方面，视野要更开阔一些，办法要更多一些，政策要更灵活一些。要在高度重视和大力发展新兴产业和高技术产业的同时，充分考虑我国劳动力资源丰富的国情，因地制宜发展劳动密集型的产业。第三产业特别是其中的服务业就业领域非常广阔。他强调：要在抓好国有大型企业和企业集团的同时，重视发展中小企业、大力发展城乡集体经济、个体经济和私营经济。要进一步改革就业制度和就业方式，广泛推行阶段性就业，……各级政府和有关部门都要大力促进再就业，积极为自谋职业、合伙就业者提供必要的政策支持和良好的社会环境。

6月5日　国务院发出《关于在国有中小企业和集体企业改制过程中加强金融债权管理的通知》，要求国有中小企业和集体企业改制工作，要严格执行国家有关法律、政策的规定，企业在改制过程中，不论采取何种方法进行改制，都必须充分尊重金融机构保全金融债权的意见，依法落实金融债权。6月9日中国人民银行转发此文件，要求各级各类银行在积极参与企业改制过程中，依法维护金融债权安全，切实保护金融机构合法权益，防范金融风险。

6月9日　中共中央、国务院发出《关于切实做好国有企业下岗职工基本生活保障和再就业工作的通知》，对各级党委政府和有关部门做好下岗职工基本生活保障和再就业工作提出要求，明确城镇集体企业下岗职工基本生活保障和再就业工作，由各省、自治区、直辖市党委和人民政府根据本地区的实际情况研究制定具体办法。

6月16日　国家轻工业局局长陈士能在轻工业经济形势座谈会上的讲话指出：总社是轻工集体企业的联合经济组织，承担着为轻工集体企业做好"指导、维护、监督、协调、服务"等任务。在多年的改革实践中，形成了兴办经济实体、增强经济实力、强化服务功能的发展思路，在轻工业特别是轻工集体经济的改革与发展中发挥了不可或缺的重要作用。我们将继续支持总社依法开展社务活动和经济活动，不断发展壮大总社经济实力，使之在引导和促进轻工集体经济改革与发展中发挥更大的作用。

6月28日　国家税务总局下发《城镇集体所有制企业、单位清产核资资金核实操作规程》的通知，就城镇集体企业清产核资中资金核实的任务、基本原则、组织实施等作出规定。

6月29日　国家轻工业局、中华全国手工业合作总社下发《关于进一步做好全国各级联社清产核资工作的通知》,对各级联社进一步做好自身资财的清产核资工作有关问题提出要求。

7月8日　湖北省人民政府发布《湖北省城镇集体工业企业资产管理办法》,就城镇集体企业、企业联合经济组织如何界定产权归属、产权登记、资产管理、有关法律责任等作出规定。

8月6日　国务院发出《关于实行企业职工基本养老保险省级统筹和行业统筹移交地方管理有关问题的通知》。明确规定企业职工基本养老保险实行省级统筹,国有企业、集体企业、外商投资企业、私营企业等城镇各类企业及职工,城镇个体经济组织及其从业人员纳入省级统筹范围,并要求做到按期完成基本养老保险行业统筹移交地方管理;加强领导,严格纪律,确保按时足额发放企业离退休人员基本养老金。

9月4日　财政部清产核资办公室印发《城镇集体企业清产核资工作有关问题解答(第三期)》的通知,就如何处理经过清理甄别为私营或个人合伙企业所享受的集体企业政策形成的资产;如何界定工会、联社等组织管理的资产,对集体企业占用或使用的土地在清产核资中如何处理等等问题作出回答。

9月9日至12日　全国城市轻工集体经济研讨会第八次会议在兰州市召开。到会代表共49人。会议着重就联社和集体企业生存、改革与发展问题,从理论和实践相结合上进行了研讨。中华全国手工业合作总社副主任张铁诚等出席了会议并讲话。

9月16日　国家经贸委召开全国中小企业工作座谈会,国家经贸委副主任陈清泰在会上作了题为《重视中小企业的改革与发展》的讲话。

9月21日　财政部下发《关于做好日常清产核资工作有关问题的通知》,就集体企业、单位开展日常清产核资工作的有关问题作出规定。

9月30日　财政部、国家经贸委、国家税务总局印发《全国城镇集体企业清产核资工作考核办法》的通知,就城镇集体企业清产核资工作考核的范围、组织、方法及基本条件作出规定。

11月26日　中国人民银行、国家经贸委、财政部、国家税务总局、国家工商行政管理局等五部门联合下发《关于认真落实〈国务院关于在国有中小企业和集体企业改制过程中加强金融债权管理〉的通知》,就国有中小企业和集体企业改制过程中如何加强金融债权管理的有关问题作出规定。

11月27日　国务院副总理李岚清在国务院召开的城镇职工医疗保险制度改革工作会议上作了题为《改革城镇职工医疗保险制度建立健全社会保障体系》的讲话,明确指出:这次改革实行"低水平,广覆盖"的原则,就是要保障城镇各类所有制单位的广大职工的基本医疗需求。这对体现社会公平和维护社会稳定,将发挥重要作用。因此,加快城镇职工医疗保险制度改革,不仅是一个经济问题,而且是一个重要的社会问题和政治问题。

12月7日 中共中央总书记江泽民在中央经济工作会议上的讲话中指出:继续贯彻抓大放小的方针,在发展大企业大集团的同时,高度重视发展小企业,采取更加有效的政策措施,为各种所有制小企业特别是高新技术企业的成长创造必要的条件。要进一步放开搞活国有小企业。国有小企业的改革,不能囿于一种形式,更不能"一卖了之",坚决制止国有资产流失和逃废金融机构债务。

12月14日 国务院发出《关于建立城镇职工基本医疗保险制度的决定》。《决定》就城镇职工医疗保险制度如何进行改革作出规定,明确要求城镇所有用人单位,包括企业(国有企业、集体企业、外商投资企业、私营企业等)、机关、事业单位、社会团体、民办非企业单位及其职工,都要参加基本医疗保险。

12月18日 中共中央总书记江泽民在纪念党的十一届三中全会召开二十周年大会上的讲话中指出:我国是社会主义国家,必须坚持公有制为主体。同时,必须坚持多种所有制经济共同发展,积极鼓励和引导非公有制经济健康发展。不能只强调前者而不讲后者,也不能只强调后者而不讲前者,否则都会脱离社会主义初级阶段的实际,都不利于生产力的发展。公有制是我国社会主义经济制度的基础,非公有制经济是我国社会主义市场经济的重要组成部分。离开公有制为主体,就不成其为社会主义经济。发展充满活力的社会主义市场经济,既要努力增强公有制经济的实力,又要充分发挥非公有制经济的积极作用。

12月31日 广东省第九届人民代表大会常务委员会第七次会议通过《广东省股份合作企业条例》。

1999 年

1月10日 中华全国手工业合作总社召开常务理事会议通报:按照《总社章程》规定,经通讯方式征求理事意见,同意更换陈士能为总社主任,于珍、傅立民为总社名誉理事。

1月11日 中华全国手工业合作总社在浙江省温州市召开第五届理事会第二次会议。67名理事和代表出席了会议,总社主任陈士能在会上作了题为《深化联社改革,加强联社建设,放开搞活企业,壮大经济实力,努力开创轻工集体经济工作的新局面》的工作报告。会议对总社和各级联社改革和建设提出了明确的要求。总社要明确法人性质,加大独立开展经济和社务活动的力度,并筹建总社资产经营机构,加快资产运营,壮大经济实力,强化服务功能,拓展服务内容和服务对象。会议还根据《总社章程》规定和部分理事单位的申请,调整了部分理事,交流了各地联社加强自身建设、管理运作联社资产的经验。

1月26日　《中国改革报》报道,国家经贸委提出集体企业改革七条新思路,主要内容是:建立"产权清晰、权责明确、政企分开、管理科学"的现代企业制度;采取多种形式转换企业经营机制;打破"二国营"模式,建立适应社会主义市场经济的城镇集体经济新模式;把理顺产权关系作为深化改革,建立现代企业制度的一项基础工作;扭转政府部门干预城镇集体企业生产经营、平调企业资产的局面;把企业改革、改组、改造结合起来;对集体企业发展提供必要的信贷支持。

2月3日　国务院办公厅发出《关于进一步做好国有企业下岗职工基本生活保障和企业离退休人员养老金发放工作有关问题的通知》。《通知》明确规定:要抓紧将失业保险覆盖范围扩大到城镇各种所有制的企事业单位及其职工。强调要切实把集体企业、外商投资企业、私营企业等非国有企业和城镇个体经济组织及其从业人员,纳入基本养老保险覆盖范围。

3月5日　国务院总理朱镕基在第九届全国人大第二次会议上所作的《政府工作报告》中指出:在推进国有企业改革的同时,大力发展多种形式的城乡集体经济,不断巩固公有制的主体地位。要采取积极的政策措施,鼓励、支持和引导个体经济、私营经济等非公有制经济的健康发展,充分发挥它们对满足居民多样化需要,增加就业,促进国民经济发展的重要作用。并指出:要按照国际通行的做法,扩大养老保险覆盖面,国有企业、城镇集体企业、私营企业、外商投资企业都要参加养老保险。要努力提高收缴率。完善养老金省级统筹制度,加强养老金管理。

3月6日　中共江苏省委、江苏省人民政府下发《关于进一步加快全省小企业改革与发展的意见的通知》,对全省小企业改革与发展提出总体要求,小企业进行结构调整和资产重组、技术创新等给予税收、融资方面的有关政策支持。

3月11日　国家轻工业局下发《关于促进轻工中小企业、集体企业加快改革与发展的意见》,提出促进轻工中小企业、集体企业加快改革与发展的总体要求、应做好的主要工作、用好各项扶持政策,以及加强对企业改革与发展的组织领导等。

3月15日　第九届全国人大第二次会议通过的《中华人民共和国宪法》第六条规定:"中华人民共和国的社会主义经济制度的基础是生产资料的社会主义公有制,即全民所有制和劳动群众集体所有制。""国家在社会主义初级阶段,坚持公有制为主体、多种所有制经济共同发展的基本经济制度,坚持按劳分配为主体、多种分配方式并存的分配制度。"第八条规定:"城镇中的手工业、工业、建筑业、运输业、商业、服务业等行业的各种形式的合作经济,都是社会主义劳动群众集体所有制经济。"第十二条规定:"社会主义的公共财产神圣不可侵犯。""国家保护社会主义的公共财产。禁止任何组织或者个人用任何手段侵占或者破坏国家和集体的财产。"第十七条规定:"集体经济组织在遵守有关法律的前提下,有独立进行经济活动的自主权。""集体经济组织实行民主管理,依照法律规定选举和罢免管理人员,决定经济管理的重大问题"。

3月29日　中华全国手工业合作总社下发《关于加强联社建设,深化联社改革,防止联社资产流失的通知》,要求各级联社明确法人性质,进行法人登记;逐步做到政社分开,扩大联社的服务对象和服务面;依法维护集体资产的合法权益,切实保障联社资产的完整性和有效性。

3月30日　国务院办公厅转发科技部等部门《关于促进科技成果转化若干规定》的通知,对集体性质高新技术企业历史遗留的产权关系问题、业务骨干参股等问题作出明确规定。

5月21日　国务院办公厅转发科技部、财政部《关于科技型中小企业技术创新基金的暂行规定》的通知。《规定》对创新基金的来源、支持的项目、支持的方式、主管部门、监管部门、项目立项程序等作出规定。

6月4日　国务院副总理李岚清、吴邦国听取了财政部、国家经贸委、国家税务总局关于全国城镇集体企业清产核资工作的汇报,并对进一步促进城镇集体企业改革与发展作了指示。

6月4日　北京市人民政府办公厅转发市体改委《关于进一步加快本市城镇集体企业改革若干意见》的通知,就集体企业改革制定了有关政策措施。

6月14日　国家经贸委下发《关于建立中小企业信用担保体系试点的指导意见的通知》,就中小企业信用担保体系试点的指导原则、体系的建立、资金来源和管理、担保机构形式、担保对象和种类等作出规定。

6月17日　国家轻工业局、中华全国手工业合作总社下发关于印发《中华全国手工业合作总社借款转投资实施办法》和《中华全国手工业合作总社借款核销实施办法》的通知。要求各级联社本着实事求是、互惠互利的原则,按照这两个《办法》分类做好总社借款的处理工作。

6月28日　中共中央总书记江泽民在庆祝建党78周年座谈会上讲话中指出:正确认识和坚持公有制为主体、多种所有制经济共同发展的基本经济制度,正确认识和处理公有制经济同非公有制经济的关系,既是一个重大经济问题,也是关系党和国家前途命运的重大政治问题。

8月3日　国家轻工业局、中华全国手工业合作总社下发《关于加强中华全国手工业合作总社建设的通知》,决定加强总社机构建设,内设机构为一室三部,即总社办公室、资产财务部、国际合作部、人事部。要求各级联社根据本地实际情况加强自身建设。

8月4日　福建省人民政府下发《关于做好城镇集体企业下岗职工基本生活保障和再就业工作的通知》,明确做好城镇集体企业下岗职工基本生活保障和再就业工作与做好国有企业下岗职工再就业工作一样,都是关系到职工群众的切身利益,关系到改革成败、经济发展、社会稳定和国家长治久安的头等大事,各级党委、政府要切实加强集体企业下岗职工再就业工作的领导,同级的国有企业下岗职工基本生活保障和再就业工作小组及办公室,要统筹负责集体企业下岗职工再就业工作的指导和组织协调,确保工作的顺利进行。

9月16日至18日　全国城市轻工集体经济研讨会第九次会议在贵阳市召开。到会代表共50人。这次研讨会以邓小平理论和十五大精神为指导,就联社和集体经济的生存、改革与发展中面临的紧迫和热点问题进行深入的研讨。

9月22日　中国共产党第十五届四中全会通过《中共中央关于国有企业改革和发展若干重大问题的决定》。《决定》指出:"以公有制为主体,多种所有制经济共同发展。调整和完善所有制结构,积极探索公有制多种实现形式,增强国有经济在国民经济中的控制力,促进各种所有制经济公平竞争和共同发展。""重视发挥各种所有制中小企业在活跃城乡经济、满足社会多方面需要、吸收劳动力就业、开发新产品、促进国民经济发展等方面的重要作用。培育中小企业服务体系,为中小企业提供信息咨询、市场开拓、筹资融资、贷款担保、技术支持、人才培训等服务"。

10月12日　第五届亚太地区政府合作社部长会议在北京召开。国务院总理朱镕基在人民大会堂会见出席的各国代表时指出:合作事业是崇高的事业,是为大众谋利益的事业,合作经济所特有的优越性,对市场经济的发展有着显著的补充和支持作用。

10月20日　北京市人民政颁布《北京市城镇企业实行股份合作制办法》,对股份合作制企业的设立、股权设置、组织机构、收益分配、变更与结算等作出规定。

11月15日　中共中央总书记江泽民在中央经济工作会议上的讲话中指出:各级政府要大力开展就业工作,积极发展多种所有制经济,扶持中小企业,鼓励兴办第三产业,把发展劳动密集型和技术密集型产业结合起来,创造更多就业岗位。加强职业培训,尽力帮助需要就业的失业者获得工作机会。并强调:建立和完善社会保障体系,是建立社会主义市场经济体制的重要内容,是顺利推进企业改革和结构调整的必要条件。

2000 年

3 月 5 日 国务院总理朱镕基在第九届全国人大第三次会议上作的《政府工作报告》中指出：积极探索公有制的多种有效实现形式。强调：加快中小企业服务体系建设。坚持公有制经济为主体，鼓励和引导个体、私营等非公有制经济健康发展。

3 月 23 日至 25 日 国家轻工业局在浙江省温州市召开了全国轻工中小企业工作研讨会。国家轻工业局局长陈士能在会上讲话强调：要进一步解放思想，坚定信心，增强紧迫感，加快中小企业改革的步伐，加快调整和改造的步伐，尽快形成具有自身特色的竞争优势。

3 月 29 日 国家税务总局下发《关于企业改组改制过程中个人所得的量化资产征收个人所得税问题的通知》，明确：根据国家有关规定，允许集体所有制企业在改制为股份合作制时可以将有关资产量化给职工个人。对职工个人以股份形式取得的量化资产征收个人所得税问题作出了具体规定。

4 月 由国家轻工业局、中华全国手工业合作总社国史研究领导小组组织，季龙主编的《新中国集体工业的五十年》(1949—1999) 内部出版。

5 月 28 日 国务院发出《关于切实做好企业离退休人员基本养老金按时足额发放和国有企业下岗职工基本生活保障工作的通知》。《通知》要求今年内，各地要积极扩大社会保险覆盖面，将外商投资企业、港澳台商投资企业、集体企业、城镇私营企业及事业单位，按规定全部纳入覆盖范围。城镇集体企业已参加社会保险的离退休人员和下岗职工，按规定享受社会保险待遇；未参加社会保险而又停产多年的，其退休人员和下岗职工直接纳入城市居民最低生活保障范围，按规定享受最低生活保障待遇。对转制和被兼并企业的职工，社会保险经办机构要及时为其接续社会保险关系。对破产企业和与原单位解除劳动关系的职工，重新就业后由用人单位和个人按规定继续缴纳社会保险费。

6 月 28 日至 29 日 中国工业合作经济学会第三次会员大会暨 2000 年学术研讨会在北京召开。国家轻工业局局长、中华全国手工业合作总社主任陈士能到会并作了题为《承前启后、继往开来、开创中国工业合作经济学会工作的新局面》的讲话。学会第二届理事会会长季龙作了题为《加强理论研究和学术交流，促进集体工业的健康发展》的工作报告。国家轻工业局副局长、中华全国手工业合作总社副主任杨志海作了题为《适应新形势、开辟新思路 加强学会工作，为推进集体工业发展作出新贡献》的讲话。会议选举杨波、徐运北、曾宪林、于珍、陈士能、陈清泰、季龙、谢华等8位领导担任学会名誉会长。选举杨志海为学会第三届理事会会长,凌晋良等13人为副会长。选举理事116人,常务理事34人。

7月19日 国家经贸委印发《关于加强中小企业技术创新服务体系建设的意见的通知》,要求各地经贸委按照国家经贸委统一部署,结合本地实际,建立中小企业技术创新服务机构,并明确规定技术服务创新机构的主要工作任务。

8月2日 黑龙江省人民政府印发《关于支持中小企业改革与发展若干规定的通知》,就中小企业如何深化改革,及对改革中有关政策问题作出规定。

8月24日 国务院办公厅发出《关于转发国家经贸委〈关于鼓励和促进中小企业发展的若干政策意见〉的通知》,要求各地区、各部门进一步转变观念,提高认识,采取有效措施,加大对中小企业特别是高新技术类以及能增加产品品种、提高产品质量,填补市场空白的中小企业的扶持力度,促进中小企业健康发展。

10月9日 国务院总理朱镕基在党的十五届五中全会上作《关于制定国民经济和社会发展第十个五年计划建议的说明》时指出:要坚持公有制为主体、多种所有制经济共同发展的基本经济制度。所有制结构的多样性是由生产力水平的多层次性所要求的。只有坚持这样多样性,继续调整完善所有制结构,才能适应和促进社会生产力的发展。又指出:要通过发展经济,尤其是发展劳动密集型产业,积极发展集体企业和个体私营企业,提供更多的就业岗位。

10月11日 党的十五届五中全会通过了《中共中央关于制定国民经济和社会发展第十个五年计划的建议》。《建议》指出:"社会生产力水平的多层次性和所有制结构的多样性,是我国社会主义初级阶段的重要特征。公有制为主体、多种所有制经济共同发展是我国的基本经济制度,非公有制经济是社会主义市场经济的重要组成部分。要适应社会生产力发展的要求,继续调整和完善所有制结构。要为各类企业发展创造平等竞争的环境,支持、鼓励和引导私营、个体企业尤其是科技型中小企业健康发展。""要继续保持经济较快增长,进一步发展劳动密集型产业,积极发展集体企业和个体私营企业,以提供更多的就业岗位"。

11月6日 劳动和社会保障部印发《进一步深化企业内部分配制度改革指导意见》的通知,就如何建立企业内部工资分配的激烈和约束机制、职工与经营者持股比例、生产要素入股分配等作出规定。

12月16日 中华全国手工业总社办公室、上海市工业合作联社、上海市工业合作经济研究所联合课题组承担的中国轻工业软科学研究项目《轻工集体企业产权制度改革与创新的研究》完成,在上海召开成果鉴定会。该课题报告阐述了轻工集体企业产权制度的沿革和启示;近十年轻工集体企业产权制度改革与创新的探索;轻工集体企业产权制度改革与创新的构想;提出改善集体企业宏观环境的若干政策建议。

2001 年

2 月 16 日　中华全国手工业合作总社下发《关于确保联社机构稳定、防止联社资产流失的紧急通知》,要求各级联社在政府机构改革中,深化自身改革,确保机构稳定,加强联社资产管理。

2 月 28 日　陈士能在中国轻工业联合会干部大会上宣告国家轻工业局撤销,中国轻工业联合会成立。联合会会长陈士能,副会长杨志海、潘蓓蕾、张善梅、王世成(兼秘书长)。根据国务院规定:保留中华全国手工业合作总社牌子,与中国轻工业联合会合署办公。重组后的中国轻工业联合会是轻工业全国性综合性的、具有服务和管理职能的工业性中介组织。中国轻工业联合会内设机构:办公室、综合业务部、人事教育部(党群工作部)、国际合作部、资产财务部。

3 月　王家福、曾宪林等 33 位全国人大代表向第九届全国人大第四次会议提交了"关于重视和促进城镇集体经济发展"的议案。

3 月 5 日　国务院总理朱镕基在第九届全国人大第四次会议上作的《关于国民经济和社会发展第十个五年计划纲要的报告》中强调:继续调整和完善所有制结构。坚持以公有制经济为主体,发挥国有经济主导作用,发展多种形式的集体经济,支持、鼓励和引导私营、个体经济健康发展。并指出:千方百计扩大就业。"十五"期间扩大就业的任务十分繁重。在保持较快经济增长的同时,要重视发展有比较优势的劳动密集型产业,特别是发展就业容量大的服务业,积极发展集体企业和私营、个体企业,努力增加就业岗位,拓宽就业渠道。加强社区建设,扩大社区服务。发展灵活多样的就业形式。

3 月 15 日　第九届全国人大第四次会议批准的《中华人民共和国国民经济和社会发展第十个五年计划纲要》中指出:"要坚持公有制为主体、多种所有制经济共同发展的基本经济制度。积极探索各种有效方式,有进有退,有所为有所不为,加快国有经济布局的战略性调整。发挥国有经济在国民经济中的主导作用,发展多种形式的集体经济,支持、鼓励和引导私营、个体企业健康发展。""取消一切限制企业和社会投资的不合理规定,在市场准入、土地使用、信贷、税收、上市融资、进出口等多方面,对不同所有制企业实行同等待遇"。

3 月 29 日　中华全国手工业合作总社印发《中华全国手工业合作总社三定

《方案》的通知。三定方案明确总社的性质、职能,总社内设机构为一室(办公室)三部(人事教育部、国际合作部、资产财务部)。

5月11日至12日 中国工艺美术学会第二届全国会员代表大会在北京召开。全国27个省市的国家级、省级工艺美术大师、教授、专家、科研生产者、设计工作者、企业家及管理工作者180余名代表参加了会议。大会通过了第一届理事会工作报告、财务报告和新章程,选举产生了第二届全国理事会、常务理事会。傅立民当选为新一届理事会理事长。

7月1日 中共中央总书记江泽民在庆祝中国共产党成立八十周年大会上发表讲话中指出:我们要在党的基本理论、基本路线、基本纲领的指引下,继续坚持和完善公有制为主体、多种所有制经济共同发展的基本经济制度,坚持和完善社会主义市场经济体制,坚持和完善按劳分配为主体的多种分配方式,坚持和完善对外开放;……通过坚持不懈努力,不断完善社会主义的生产关系和上层建筑,不断为生产力的解放和发展打开更广阔的通途。

8月27日 中华全国手工业合作总社正式登记成为事业法人单位。其宗旨和业务范围是:指导手工业合作,促进集体经济发展;手工业合作调查研究与政策建议、成员单位合法权益维护、联社工作协调;相关业务培训;国际交流与咨询服务。法定代表人陈士能。

9月13日至14日 中国工业合作经济学会、纪念路易·艾黎合作事业基金会、中国轻工企业投资发展协会在北京联合召开了"城镇集体(合作)经济改革与发展高级研讨会"。出席会议的有三个主办单位的领导,中共中央政策研究室、国务院研究室、国家经贸委中小企业司等部门的有关同志及部分省市从事集体经济工作的同志和专家、教授共50人。会议以江泽民同志"七一"重要讲话为指导,就当前城镇集体经济的现状、发展前景、改革创新、集体企业的法律保障和政策支持以及加强对集体经济工作的领导等问题,进行了深入的研讨,并针对当前城镇集体经济在改革与发展中出现的新情况、新问题,提出了若干意见和建议。

9月21日 中华全国手工业合作总社下发《关于中华全国手工业合作总社正式登记为事业法人单位的通知》,要求各地联社根据本地实际情况,妥善解决好联社的法人注册登记问题,完善城镇集体经济的组织管理机构。

10月15日至17日 全国城市轻工集体经济研讨会组委会、中国工业合作经济学会在浙江省舟山市举办了纪念《中华人民共和国城镇集体所有制企业条例》颁布十周年暨全国城市轻工集体经济第十一次研讨会。会议以"三个代表"重要思想为指导,从理论与实践的结合上研讨轻工集体经济和联社的改革与创新。到会的有学会和省市联社的有关领导共 83 人。中华全国手工业合作总社主任陈士能出席会议并作了题为《落实"三个代表"要求,坚持改革创新,大力推进轻工集体经济发展》的讲话。

10 月 27 日　第九届全国人大常委会第二十四次会议作出《关于修改〈中华人民共和国工会法〉的决定》,修订后的《工会法》第三十六条规定:"集体企业的工会委员会,应当支持和组织职工参加民主管理和民主监督,维护职工选举和罢免管理人员、决定经营管理的重大问题的权力"。

11 月 12 日　国务院办公厅发出《关于进一步加强城市居民最低生活保障工作的通知》。《通知》强调要把企业改组改制和产业结构调整过程中出现特殊困难人群,特别是中央、省属企业和城镇集体企业的特困职工家庭,以及下岗职工基本生活保障向失业保险并轨中新出现的需要最低生活保障人员,作为工作重点,及时纳入最低生活保障范围。

11 月 12 日　山西省人民政府下发《关于推进中小企业发展的若干意见》,对中小企业进行结构调整、产权制度创新、科技进步等予以财税、融资政策支持,并要求建立中小企业信用担保机构,健全社会化服务体系。

2002 年

1 月　由中国合作经济学会、中华全国手工业合作总社办公室、上海市工业合作联社、上海市集体经济研究会、上海市工业作合作经济研究所联合创办,上海市工业合作经济研究所承办的中国合作经济网在上海市正式建立并首次开通。网站为合作经济、集体经济组织提供宣传和信息服务,介绍我国合作经济、集体经济改革成果、理论研究、科技进步、经营管理经验,以及开展政策咨询、交流工作动态等。

1 月 26 日　中华全国手工业合作总社转发吉林省经济贸易委员会等 9 个部门《关于印发吉林省城镇集体企业深化改革制度创新促进发展的政策意见的通知》,要求各地联社结合本地的实际,借鉴吉林省城镇集体企业深化改革与发展的政策,提出集体企业改革发展规划和政策建议,并主动向领导汇报,以供当地政府主管部门决策参考。

1 月 26 日　《中国改革报》社在北京召开集体企业改制研讨会,主要讨论当前我国集体企业改革进展情况、存在问题和发展前景,包括集体企业产权界定、集体企业改制与法人治理结构、企业改制与社会保障、地方政府在集体企业改制中的作用等。中共中央政策研究室、国务院体改办、国家经贸委等部门有关同志和专家、学者,以及部分省、市集体企业的同志共 80 余人参加了会议。

3月5日　国务院总理朱镕基在第九届全国人大第五次会议上所作的《政府工作报告》中强调指出：坚持以公有制为主体、多种所有制经济共同发展的基本经济制度。积极探索公有制多种有效实现形式。继续发展混合所有制经济和集体经济，鼓励、支持和引导私营、个体经济健康发展。

5月31日　中共中央总书记江泽民在中央党校省部级干部进修班毕业典礼上的讲话中指出：公有制为主体、多种所有制经济共同发展，是我国社会主义初级阶段的一项基本经济制度。通过实行这个基本经济制度，逐步消除由于所有制结构不合理对生产力发展造成的羁绊，大大解放和发展了生产力。实行这样的基本经济制度，是我们党对建设社会主义的长期实践的总结，必须坚定不移地加以坚持。要根据解放和发展生产力的要求，进一步深化对公有制为主体、多种所有制经济共同发展这一基本经济制度含义的认识，在实践中不断完善这一制度。

6月3日　中共中央办公厅、国务院办公厅发出《关于在国有企业、集体企业及其控股企业深入实行厂务公开制度的通知》，就厂务公开总体要求、主要内容、实现形式、组织领导等作出规定，要求各地区、各单位结合实际情况制定具体实施意见和办法。

6月29日　中华人民共和国第九届全国人大常委会第二十八次会议通过《中华人民共和国中小企业促进法》，并由江泽民主席签署中华人民共和国主席令（第69号）发布，自2003年1月1日起施行。《中小企业促进法》共分7章45条，对中小企业的范围、管理、资金支持、创业扶持、技术创新、市场开拓、社会服务等方面作出了规定。

7月5日　中国合作经济学会、中国供销合作经济学会、中华全国手工业合作总社、中国工合国际委员会、中国农村经济管理学会在北京人民大会堂联合召开座谈会，隆重纪念国际合作社联盟第80届和联合国第8届国际合作社日，中华全国手工业合作总社副主任、中国工业合作经济学会会长杨志海主持会议。中共中央政治局委员、全国人大常委会副委员长姜春云出席会议，全国政协副主席杨汝岱出席会议并作了《贯彻"三个代表"思想，积极发展合作经济，促进经济社会全面发展》的讲话。出席会议的还有中共中央政策研究室、国务院研究室、国务院发展研究中心、农业部、中国人民银行、中华全国总工会、国际合作社联盟等部门的有关人员共80余人。

9月12日　中共中央总书记江泽民在全国再就业工作会议上作了《全党全社会共同努力，进一步做好就业和再就业工作》的讲话。他在讲话中指出：扩大就业，促进再就业，关系改革发展稳定的大局，关系人民生活水平的提高，关系国家的长治久安,不仅是重大的经济问题,也是重大的政治问题。就业问题解决得如何,是衡量一个执政党、一个政府的执政水平和治国水平的重要标志。他还指出:我国是社会主义国家,我们党的宗旨是全心全意为人民服务,千方百计解决好群众的就业问题,就是为人民办实事,就是贯彻"三个代表"要求的重大实践。各级党委和政府一定要把就业再就业工作,始终作为关系改革发展稳定的大事,务必抓紧,抓实、抓好。

9 月 13 日　国务院总理朱镕基在全国再就业工作会议上作了《切实做好再就业和社会保障工作》的讲话。他在讲话中指出:我国经济成长进入新阶段,正处在经济体制和经济增长方式根本转变时期,增加劳动就业主要不是在工业领域,不在大企业,不在国有企业,而主要是在服务业,在中小企业,在集体经济和个体私营经济。工业领域总体上人员仍然过多,今后也不可能净增多少就业岗位。服务业能够提供大量就业岗位,而且长期以来发展滞后,需要加快发展。大企业资金密集,用人相对较少,而中小企业面宽量大,又是多为劳动密集型,是扩大就业的主要方面。国有企业过去长期是城镇就业的主体,现在总体上人员太多,扩大就业主要依靠发展多种形式的城乡集体经济,进一步发展个体私营经济和混合所有制经济。以上几个方面,具有发展的广阔空间和吸纳就业的巨大潜力。把它们作为主要的就业方向,是继续调整产品结构、企业组织结构和所有制结构的内在要求,是经济结构战略性调整的重要内容。

9 月 24 日至 25 日　中国工业合作经济学会、全国城市集体经济研讨会组委会在广西北海市联合召开全国轻工集体经济研讨会第十二次会议。到会代表 75 人,会议就以产权制度为重点的集体企业改革,加快集体经济的发展与创新,以及加强联社建设等主题进行交流和探讨。中国工业合作经济学会会长杨志海出席会议并作讲话。

11 月 8 日　中共中央总书记江泽民在党的十六大报告中指出:根据解放和发展生产力的要求,坚持和完善公有制为主体、多种所有制经济共同发展的基本经济制度。并指出:集体经济是公有制经济的重要组成部分,对实现共同富裕具有重要作用。强调:深化集体企业改革,继续支持和帮助多种形式的集体经济的发展。

12 月 1 日　国家经贸委主任李荣融在全国经贸工作会议上作的报告中指出:集体经济是公有制经济的重要组成部分。巩固和发展公有制经济,必须促进集体经济发展。要按照建立现代企业制度的方向,深化集体企业改革,明晰产权,建立出资人制度,提高管理水平,促进集体经济更好发展。

12 月 16 日　中共中央政治局常委曾庆红在全国组织工作会议上的讲话中

指出:适应改革发展稳定的新形势,扎实推进国有企业和集体企业党建工作。国有企业是我国国民经济的支柱,要毫不放松地抓好国有企业党建工作。他还指出:集体企业和国有企业性质相近,十六大明确规定集体企业党组织发挥政治核心作用。要按照十六大的有关规定,进一步搞好集体企业党的建设工作。

2003 年

1月3日　最高人民法院公布《关于审理与企业改制相关的民事纠纷案件若干问题的规定》(2002 年 12 月 3 日最高人民法院审判委员会第 1259 次会议通过),对企业公司制改造、企业股份合作制改造、企业分立、企业债权转股权、国有小型企业出售、企业兼并等民事纠纷案件受理作出规定,并明确本规定自2003 年 2 月 1 日起施行。

2月19日　国家经济贸易委员会、国家发展改革委员会、财政部、国家统计局印发《中小企业标准暂行规定的通知》,对中小型企业划分的标准作出规定。

3月5日　国务院总理朱镕基在第十届全国人大第一次会议上所作的《政府工作报告》中指出:五年来,所有制结构进一步调整和完善。公有制经济在调整和改革中发展壮大,探索公有制多种实现形式取得成效。还指出:城乡集体经济得到新的发展,股份制经济不断扩大。《报告》在提出今年政府工作的建议中强调:坚持和完善以公有制为主体、多种所有制经济共同发展的基本经济制度,毫不动摇地巩固和发展公有制经济,毫不动摇地鼓励、支持和引导个体、私营等非公有制经济发展。并指出:支持各类所有制中小企业特别是科技型和劳动密集型企业的发展。……广辟就业门路,积极发展劳动密集型产业,充分发挥第三产业、中小企业和个体私营经济在扩大就业方面的重要作用。还指出:完善城镇企业职工基本养老、医疗保险制度,继续扩大各项社会保险覆盖面。

3月10日　第十届全国人大第一次会议通过关于国务院机构改革方案的决定,批准设立国务院国有资产监督管理委员会。中华全国手工业合作总社转为国务院国有资产监督管理委员会管理的事业单位。

4月16日至17日　中国工业合作经济学会、中华全国手工业合作总社办公室在海口市联合召开了"轻工集体企业、联社改革与创新研讨会"。总社、学会领导以及省市联社的负责同志共 30 多人出席了会议。会议围绕联社改革与创新、联社的集体资产问题、集体企业深化改革问题进行深入的研讨,并交流了各地实践的成功经验。总社副主任、学会会长杨志海在会上作了讲话。

8月12日至15日　中华全国手工业合作总社在青海省西宁市召开全国联社系统资产管理经验交流会。会议重点研究联社改革、资产管理和运营问题。

全国 36 个省市(县)联社和联社企业的代表共 60 多人参加了会议。总社副主任李玉娟作了题为《励精图治,开拓进取,共创联社改革与发展的新辉煌》的大会总结。

8 月 20 日　财政部、国家税务总局下发《关于企业改制重组若干契税政策的通知》,就企业公司制改造、企业股权重组、企业合并、分立、出售、关闭、破产等涉及的若干契税政策作出规定。

8 月 28 日　中华全国手工业合作总社下发《关于在机构改革中进一步加强联社建设的通知》,要求各地联社在政府机构深化改革中,联社机构不能撤销,人员也要相对稳定,资产不能流失;联社也要深化改革,加强对资产的管理监督,明晰产权,搞好资产运营,提高为企业服务的能力。

10 月 14 日　党的十六届三中全会通过的《中共中央关于完善社会主义市场经济体制若干问题的决定》中指出:"坚持公有制的主体地位,发挥国有经济的主导作用。积极推行公有制的多种有效实现形式,加快调整国有经济布局和结构。要适应经济市场化不断发展的趋势,进一步增强公有制经济的活力,大力发展国有资本、集体资本和非公有资本等参股的混合所有制经济,实现投资主体多元化,使股份制成为公有制的主要实现形式。""以明晰产权为重点深化集体企业改革,发展多种形式的集体经济"。

12 月 6 日至 17 日　应西班牙蒙德拉贡联合公司(MCC)、奥地利奥中友协和意大利木业与家具工业联合会的邀请,中国轻工业联合会会长、中华全国手工业合作总社主任陈士能率中国轻工业代表团一行 7 人对上述三国进行考察和访问,对西班牙蒙德拉贡合作经济作了重点考察。

12 月 29 日　国家发展和改革委员会主任、全国中小企业发展工作领导小组组长马凯在《中华人民共和国中小企业促进法》施行一周年座谈会上作了题为《认真贯彻实施〈中小企业促进法〉依法促进中小企业健康发展》的发言。

2004 年

1 月 7 日至 8 日　中华全国手工业合作总社在西安市召开第五届理事会第五次会议。64 名理事出席了会议。会议重点研究如何促进城镇集体企业和各级联社深化改革与发展。总社主任陈士能在会上作了《以"三个代表"重要思想为指导促进城镇集体经济的改革与发展》的工作报告。

2 月 25 日　吉林省人民政府下发《关于加强城镇集体企业产权制度建设完善监督和保护机制的若干意见》。对依法界定城镇集体企业产权;加强集体产权建设,完善监督和保护机制;规范集体资产转让行为作出了具体规定。

2月18日　国家发展和改革委员会中小企业司主持召开了促进集体经济发展小型座谈会。会议就促进集体经济发展的相关政策措施进行探讨,并对中小企业课题组提出的《关于进一步深化集体经济改革的研究》报告进行讨论,作出鉴定意见。《研究报告》阐述了我国集体经济的发展历程及在国民经济中的地位作用;当前面临的主要问题;提出了以明晰和理顺产权关系为重点进一步深化改革的措施和政策建议。

3月1日　《经济日报》刊登了陈士能《发展集体经济实现共同富裕》的文章。《中国集体经济》杂志第三期全文转载。

3月5日　国务院总理温家宝在第十届全国人大第二次会议上作的《政府工作报告》中指出:大力发展混合所有制经济,逐步使股份制成为公有制的主要实现形式。并指出:继续推进集体企业改革,发展多种形式的集体经济。

3月6日　国家发展和改革委员会主任马凯在第十届全国人大第二次会议上作《关于2003年国民经济和社会发展计划执行情况与2004年国民经济和社会发展计划草案的报告》时指出:要抓住当前经济增长较快、财政状况较好、环境比较宽松的有利时机,有重点、有步骤地推进一些重要领域的改革。要发展多种形式的集体经济。积极推进国有企业规范的股份制改造,大力发展国有资本、集体资本、非公有资本相互参股的混合所有制经济。

3月14日　第十届全国人大第二次会议通过了《中华人民共和国宪法修正案》(修正文本)。《宪法》(修正文本)第六条规定"中华人民共和国的社会主义经济制度的基础是生产资料的社会主义公有制,即全民所有制和劳动群众集体所有制。""国家在社会主义初级阶段,坚持公有制为主体、多种所有制经济共同发展的基本经济制度,坚持按劳分配为主体、多种分配方式并存的分配制度。"第八条规定"城镇中的手工业、工业、建筑业、运输业、商业、服务业等行业的各种形式的合作经济,都是社会主义劳动群众集体所有制经济。""国家保护城乡集体经济组织的合法的权利和利益,鼓励、指导和帮助集体经济的发展"。

4月8日　福建省人民政府下发《关于深化产权制度改革、大力发展混合所有制经济的若干意见(试行)的通知》,明确提出:要进一步明晰城镇集体企业产权归属;多形式推进集体企业产权制度改革;理顺集体企业职工劳动关系;加强集体资产监督管理。

5月5日　中共中央总书记胡锦涛在江苏考察工作时指出:要坚持和完善公有制为主体、多种所有制经济共同发展的基本经济制度,进一步开创各种所有制经济共同发展的新局面。又指出:要通过深化改革,推动各种所有制经济在市场竞争中发挥各自优势,相互促进,共同发展。

6月28日 中华全国手工业合作总社下发《关于依法管好联社资产,维护合法权益的紧急通知》,要求各地联社采取措施做好工作,防止联社资产被平调、侵占,保证联社资产的独立完整,维护集体资产合法权益。

7月10日 由中国工业合作经济学会组织的《城镇集体经济深化改革研究》的课题报告经专家咨询会论证,进一步修改完稿。该《研究报告》阐述了集体经济理论的产生、变化和发展;城镇集体经济的形成与发展;城镇集体经济的改革现状与问题;提出对城镇集体经济的再认识和改革发展思路;深化改革发展的若干建议,共五部分组成。《经济研究参考》杂志2005年3G-1期全文刊登。

8月17日 《光明日报》刊登了陈士能《根据中国的特点发展集体经济——学习邓小平关于集体经济重要论述的体会》的文章。

9月3日 国务院副总理黄菊在全国再就业工作表彰大会上的讲话中指出:大力发展多种所有制经济和劳动密集型产业,千方百计地增加就业岗位。并指出:对于集体企业职工的社会保障和享受再就业政策以及关闭破产企业职工安置等问题,要在抓紧研究妥善解决东北地区厂办大集体企业人员有关问题实施办法的同时,鼓励其他地区因地制宜,探讨有效的解决办法。

9月19日 中共中央总书记胡锦涛在党的十六届四中全会第三次全体会议上的讲话中指出:要大力发展资金技术密集型产业,提高技术水平和效率,培育新的经济增长点,同时又要重视用高新技术和先进适用技术改造提升传统产业,提高产品的科技含量和质量档次,还要积极发展劳动密集型产业,充分利用我国劳动力资源丰富和人工成本较低的比较优势,要培育和发展一批竞争力强、拥有自主知识产权和著名品牌的大公司、大企业集团,提高企业的国际竞争力,同时又要重视形成一批小而强、小而精、小而专的中小企业群,发挥它们在活跃城乡经济、扩大就业、满足群众需要等方面的作用。

9月19日 党的十六届四中全会通过了《中共中央关于加强党的执政能力建设的决定》。《决定》中指出:"正确处理坚持公有制为主体和促进非公有制经济发展的关系,毫不动摇地巩固和发展公有制经济、发挥国有经济的主导作用,毫不动摇地鼓励、支持和引导个体、私营等非公有制经济发展,使两者在社会主义现代化建设进程中相互促进、共同发展"。

10月14日 财政部、国家发展和改革委员会下发《关于印发〈中小企业发展专项资金管理暂行办法〉的通知》,就中小企业发展专项基金的支持方式及额度、项目申请手续、审核审批、监督检查等作出规定。

10月15日 广东省政协委员第三视察团在7月27日至29日对该省集体

企业改革和发展情况进行视察后写出了《关于对我省集体企业改革情况的视察报告》。《报告》阐述了广东省二轻系统集体企业改革情况及改制中存在的主要问题,并提出四项解决建议。11 月 11 日黄华华省长对视察报告作出批示:"此调查报告提出的问题值得我们高度重视。请宁丰同志协调省经贸委等有关部门研究和吸纳报告所提建议,并抓好落实"。

11 月 1 日至 3 日　中华全国手工业合作总社在北京京西宾馆召开第六次代表大会。来自全国各地 459 名正式代表和 33 名特邀代表出席会议。中共中央政治局常委、国务院副总理黄菊发来贺信;中共中央政治局委员、国务院副总理曾培炎亲临大会作重要讲话。他们充分肯定了集体经济地位和重要作用;充分肯定了总社和各级联社近五十年来为集体经济的发展做出的重大贡献;对总社和联社的工作提出了殷切的希望和要求。全国人大副委员长蒋正华,全国政协副主席王忠禹、白立忱出席大会。总社主任陈士能在会上作了题为《坚持科学发展观,深化产权制度改革,全面推进集体经济的创新与发展》的工作报告。总社副主任潘蓓蕾、李玉娟分别向大会作了《关于修改中华全国手工业合作总社章程的说明》、《中华全国手工业合作总社财务工作报告》。大会民主选举产生了总社第六届理事会、监事会。陈士能为理事会主任,杨志海、潘蓓蕾、王世成、李玉娟、刘金良、范大政、魏立昌、李荣钢为理事会副主任。陶小年为监事会主任,林小冲为监事会副主任。张铁诚、吕坚东为总社顾问。大会还讨论通过了修改的《总社章程》;交流了轻工集体经济发展和联社工作经验。总社与中华全国总工会联合表彰了 66 个全国集体经济先进联社,305 名全国联社先进工作者。

11 月 1 日　《求是》杂志 2004 第 21 期刊登了总社主任陈士能《集体经济:社会主义协调发展的重要力量》的文章。

11 月 15 日　国务院总理温家宝在辽宁省沈阳市召开的振兴东北地区等老工业基地工作座谈会上的讲话中指出:要以明晰产权为重点,推进集体企业改革。有关部门要抓紧协调政策,提出妥善解决厂办大集体问题的具体方案,并在特别困难的资源枯竭城市先行试点,积累经验。他还指出:鼓励民间资本参与国有、集体企业改制和重组。

11 月 15 日　中国轻工业联合会、中华全国手工业合作总社发出《关于印发〈中国轻工业联合会、中华全国手工业合作总社内设机构及主要职能调整意见〉的通知》,明确总社内设机构有总社办公室,与中国轻工业联合会内设机构合署的有资产财务部、国际合作部、人事教育部、党委办公室、纪检监察室、信息统计部等。

2005 年

2月25日　中共中央政治局常委曾庆红在省部级主要领导干部提高构建社会主义和谐社会能力专题研讨班结业式上的讲话中指出：要把控制失业和增加就业纳入国民经济和社会发展规划，在制定产业政策时一定要同时考虑相应的就业政策。具体来说，在产业类型上，既要积极发展资金技术密集型产业，又要注重发展劳动密集型产业。在企业规模上，既要重视培育和发展一批核心竞争力强、拥有自主知识产权和知名品牌的大公司大企业集团，又要注重发挥中小企业在活跃城乡经济、扩大就业、满足群众需要等方面的作用。在经济类型上，既要巩固和发展公有制经济，又要注重发挥非公有制经济在解决就业问题上的积极作用。在就业方式上，既要加强政府对就业的指导服务，又要注重采取灵活多样的就业方式，走政府抓培训促创业，以创业促就业的路子。

3月5日　国务院总理温家宝在第十届全国人大第三次会议上所作的《政府工作报告》中指出：要深化集体企业改革，推动多种形式的集体经济发展。他还指出：进一步做好就业和社会保障工作，提高人民生活水平。继续实行积极的就业政策。认真落实各项扶持再就业的政策措施，并把实施范围扩大到集体企业下岗职工。

7月12日　全国人大常委会办公厅发出关于公布《中华人民共和国物权法（草案）》征求意见的通知，向社会广泛征求对《物权法》（草案）意见。

8月15日　中华全国手工业合作总社、中国工业合作经济学会向全国人大常务会法制工作委员会报送《关于对〈中华人民共和国物权法（草案）〉的修改建议》，主要是建议增加有关城镇集体经济财产所有权范围、归属和保护方面的内容。

8月8日　《人民日报》理论专版刊登了国务院研究室课题组撰写的《在实践中坚持和完善我国基本经济制度》一文。

8月17日　全国城镇集体经济第十四次研讨会暨全国城镇集体经济改革发展座谈会在太原召开。到会代表共130余人。会议重点研究发展新型集体经济和联社深化改革问题。中华全国手工业合作总社主任陈士能出席了会议。

9月20日　由中华全国手工业合作总社主办，中国工业合作经济学会、中国集体经济杂志社、中国合作经济网协办的"2005中国集体经济高层论坛"在北京举行。全国人大副委员长蒋正华出席论坛并发表演讲。全国人大常委、总社主任陈士能作主题演讲。会议就集体经济在我国经济社会中的地位、作用以及深化产权制度改革、集体经济联合组织的定位等方面进行了深入研讨。

10 月 11 日　中共中央总书记胡锦涛在党的十六届五中全会第二次全体会议上讲话中指出：要坚持和完善公有制为主体、多种所有制共同发展的基本经济制度，进一步完善社会主义市场经济体制。并指出：要正确处理改革发展稳定的关系，坚持把不断改善人民生活作为处理改革发展稳定关系的重要结合点，把改革的力度、发展的速度和社会可承受的程度统一起来，坚持在社会稳定中推进改革发展、通过改革发展促进社会稳定。

10 月 11 日　中国共产党第十六届五中全会通过的《中共中央关于制定国家经济和社会发展第十一个五年规划的建议》中指出："坚持和完善基本经济制度。坚持公有制为主体、多种所有制经济共同发展。""继续深化集体企业改革，发展多种形式的集体经济。""各类企业都要切实维护职工合法权益"。

11 月 4 日　国务院发出《关于进一步加强就业再就业工作的通知》，对进一步做好就业再就业工作有关问题提出要求。《通知》指出：就业再就业的主要任务是：基本解决体制转轨遗留的下岗失业问题，重点做好国有企业下岗失业人员、集体企业下岗职工、国有企业关闭破产需要安置人员的再就业工作，巩固再就业工作成果，增强就业稳定性。

11 月 6 日　国务院对财政部、国资委、劳动和保障部上报的《关于妥善解决东北地区厂办大集体问题的请示》(附：东北地区厂办大集体改革试点工作指导〈意见〉)作出《关于同意东北地区厂办大集体改革试点工作指导意见的批复》。

12 月 3 日　国务院发出《关于完善企业职工基本养老保险制度的决定》，强调：城镇各类企业职工、个体工商户和灵活就业人员都要参加企业职工基本养老保险。

2006 年

1 月 16 日　中华全国手工业合作总社第六届理事会第二次会议在北京召开，总社主任陈士能在会上作了工作报告。会议要求各地联社贯彻落实党的十六届五中全会、全国经济工作会议和全国科技大会精神，围绕"调整、创新、服务、发展"的总体要求和总社 2006 年重点工作任务结合当地的实际情况，制订好工作计划，抓好落实。

1 月 24 日　中华全国手工业合作总社印发《联社集体资产监督管理暂行办法》的通知，对联社资产如何加强管理、监督，搞好运营作出规定。

3 月　全国人大常委、总社主任陈士能和胡贤生等 31 位人大代表向第十届全国人大第四次会议提交了"关于制定《物权法》时明确集体所有权的议案"。

3 月 5 日　国务院总理温家宝在第十届全国人大第四次会议上作的《政府

工作报告》中指出:推进集体企业改革和发展。认真落实鼓励、支持和引导非公有制经济发展的政策措施,进一步为各类所有制企业创造公平竞争的法治环境、政策环境和市场环境。他还指出:继续实施积极的就业政策,千方百计扩大就业。进一步解决体制转轨遗留的下岗失业人员再就业问题和重组改制、关闭破产企业的职工安置问题。国有企业下岗失业人员再就业扶持政策再延长三年,并根据各地实际将适用范围逐步扩大到城镇集体企业下岗职工。

3月14日 第十届全国人大第四次会议批准的《中华人民共和国国民经济和社会发展第十一个五年(2006—2010年)规划纲要》中指出:"坚持公有制为主体、多种所有制经济共同发展的基本经济制度。""改善国有企业股本结构,发展混合所有制经济,实现投资主体和产权多元化,建立和完善现代企业制度,形成有效的公司法人治理结构,增强企业活力。""全心全意依靠职工群众,探索现代企业制度下职工民主管理的有效途径。继续深化集体企业改革,发展多种形式的集体经济"。

5月19日 中华全国手工业合作总社重新恢复为国际合作社联盟工业、手工业和生产服务者合作社组织(CICOPA)的成员地位。8月1日总社国际合作部、总社办公室与CICOPA秘书长布鲁诺·罗兰兹会谈时,对罗兰兹来访表示欢迎,并感谢他对总社重新恢复为CICOPA成员所给予的支持帮助。

6月20日至22日 全国城镇集体经济第十五次研讨会在内蒙古自治区呼伦贝尔市召开。各地联社和集体企业的代表近100人参加了会议。会议就深入贯彻党的十六大和十六届五中全会精神,全面落实科学发展观,落实总社"六代会"精神,对各地联社和城镇集体经济在"十一五"期间改革发展的关键和突出问题进行了研讨。

7月3日 中共吉林省委、吉林省人民政府下发《关于成立吉林省集体、合作经济指导委员会的通知》,明确成立集体、合作经济指导委员会的目的和任务及委员会的人员组成。省委副书记林炎志、省政府副省长牛海军任委员会主任。8月29日吉林省集体、合作经济指导委员会召开成立大会,省委副书记林炎志到会作了"齐心协力,加快我省集体经济改革与发展进程"的讲话,全国人大常委、中国轻工业联合会会长、中华全国手工业合作总社主任陈士能出席会议并讲话。

7月22日 中国工业合作经济学会、中华全国手工业合作总社办公室、上海市集体经济研究会、上海经济技术社会发展咨询联合事务所联合组成课题组承担的《上海新工联(集团)有限公司产权制度改革与实践》课题在上海举行课题论证会,通过论证。

7月28日　浙江省第十届人民代表大会常务委员会第二十六次会议通过《浙江省促进中小企业发展条例》。《条例》从八个方面对如何扶持促进中小企业发展作出了明确规定。该《条例》自2006年11月1日起施行。

8月27日　第十届全国人民代表大会常务委员会第二十三次会议通过《中华人民共和国企业破产法》,是日以中华人民共和国主席令(第五十四号)公布,该《破产法》自2007年6月1日起施行。

9月14日　国务院副总理曾培炎在全国中小企业工作座谈会上作了讲话。他在讲话中充分肯定"十五"期间中小企业发展取得的成绩,同时也指出中小企业在发展中存在一些困难和问题。进一步明确中小企业发展方向,要求中小企业科学发展,提出对中小企业加强政策支持和服务的六项具体任务。

10月11日　中国共产党第十六届六中全会通过的《中共中央关于构建社会主义和谐社会若干重大问题的决定》中指出:"实施积极的就业政策,发展和谐劳动关系。把扩大就业作为经济社会发展和调整结构的重要目标,实现经济社会发展和扩大就业良性互动。大力发展劳动密集型产业、服务业、非公有制经济、中小企业、多渠道、多方式增加就业岗位。""坚持按劳分配为主体、多种分配方式并存的分配制度。""完善劳动、资本、技术、管理等生产要素按贡献参与分配制度"。

10月13日　国务院发出《批转劳动和社会保障事业发展"十一五"规划纲要的通知》。《纲要》在"十一五"时期发展主要任务中指出:"实施发展经济与促进就业并举的战略,确立有利于扩大就业的经济增长方式。推进经济结构调整,鼓励、支持和引导个体、私营等非公有制经济发展,积极发展就业容量大的劳动密集型产业、服务业和各类所有制的中小企业,改善就业结构,扩大就业容量。""妥善解决体制转轨遗留的下岗失业人员再就业问题,重点做好国有和集体企业下岗职工、国有企业关闭破产需要安置人员的再就业"。

11月14日　全国人大法律委主任杨景宇,副主任胡康生等6位领导,与全国人大常委、中华全国手工业合作总社主任陈士能以及吉林、上海、天津联社等有关人员就《物权法》中有关城镇集体所有权归属和保护的条款进行座谈,并取得共识。

12月14日　中国轻工业联合会副会长、中华全国手工业合作总社副主任杨志海会见了以阮轩合副主席为团长的越南合作社联盟代表团。双方就共同关心的互助合作项目、合作社情况和合作社机构职能等问题进行了交流。阮轩合代表越南合作社联盟邀请杨志海在2007年适当的时候赴越南考察、访问。

统 计 表

TONGJIBIAO

关于统计资料的说明

一、本资料主要来源为国家统计局、海关总署有关统计资料及中国轻工业联合会信息统计部统计资料。

二、本资料反映1996—2006年全国工业及其集体工业和全国轻工行业及其集体工业的企业数、工业总产值、工业增加值、资产、负债、利税、利润、职工人数等主要经济指标，以及全国和轻工行业主要商品及轻工集体工业相关行业主要商品海关出口情况。

三、本资料内容分为两个方面：工业主要经济指标和海关出口情况。

1. 全国工业和轻工行业及集体工业企业单位数（表1-1）

2. 全国工业和轻工行业及集体工业总产值（表1-2）

3. 全国工业和轻工行业及集体工业增加值（表1-3）

4. 全国工业和轻工行业及集体工业资产总计（表1-4）

5. 全国工业和轻工行业及集体工业负债合计（表1-5）

6. 全国工业和轻工行业及集体工业利税总额（表1-6）

7. 全国工业和轻工行业及集体工业利润总额（表1-7）

8. 全国工业和轻工行业及集体工业职工年平均人数（表1-8）

9. 全国和轻工行业及其集体工业相关行业主要商品海关出口总值（表2）

四、本资料中各表的统计口径、统计范围及相关说明等均在各表表末列有相关注释。

五、关于"全国集体工业"整体情况。

由于现行统计资料缺乏多种形式城镇集体工业企业资料，仅据2004年全国第一次经济普查资料：

1. 企业数：全部工业企业137.53万个，其中集体企业14.18万个，股份合作企业5.0万个，集体联营企业0.29万个，集体与国有联营企业0.11万个，集体小计19.58万个，占全部工业企业数的14.23%。

2. 从业人员：全部工业9303.94万人，其中集体企业688.08万人，股份合作企业205.61万人，集体联营企业14.00万人，集体与国有联营企业9.9万人，集体小计917.59万人，占全部工业人数的9.86%。

3. 实收资本：全部工业 70572.26 亿元，其中集体资本 2849.18 亿元，占全部工业实收资本的 4.04%。

集体资本在各类所有制企业中分布情况：

国有企业实收资本 11816.21 亿元，其中集体资本 31.83 亿元，占 0.3%；

有限责任公司实收资本 16372.25 亿元，其中集体资本 473.09 亿元，占 2.89%；

股份有限公司实收资本 5985.37 亿元，其中集体资本 196.16 亿元，占 3.27%；

私营企业实收资本 11849.11 亿元，其中集体资本 125.77 亿元，占 1.06%；

港、澳、台投资企业实收资本 8131.38 亿元，其中集体资本 169.49 亿元，占 2.1%；

外商投资企业实收资本 13060.70 亿元，其中集体资本 157.96 亿元，占 1.2%。

上述六类企业中集体资本共为 1154.3 亿元，占全部集体资本的 40.52%，再加上股份合作和联营企业，集体资本近一半在注册为"集体企业"之外。

4. 集体资本创造的国内生产总值（工业增加值）测算：

全部工业企业：54805.1 亿元。

其中：集体企业 2877.4 亿元，股份合作企业 1043.4 亿元，小计 3920.8 亿元，占全部工业的 7.15%。

按集体资本占其他所有制企业实收资本比例测算的工业增加值：

国有及国有控股企业 23213 亿元，其中按集体资本比例（0.3%）测算为 69.63 亿元；

股份制企业 24054.1 亿元，其中按集体资本比例（3%）测算为 721.62 亿元；

私营企业 8290.0 亿元，其中按集体资本比例（1%）测算为 87.87 亿元；

外商及港、澳、台投资企业 15240.5 亿元，其中按集体资本比例（1.5%）测算为 228.61 亿元。

集体资本在上述企业中所创造的工业增加值为 1107.73 亿元。

集体资本创造的工业增加值测算为 3920.8 + 1107.73 = 5028.53 亿元，占全部工业企业增加值的 9.17%。

六、由于从 1993 年"公司法"实施后，企业改制和新办必须按公司法注册登记。城镇集体经济经过改革发展，到 2006 年底，企业改制面已达 70%，整体来说，体制、机制转换，结构调整，质量提升，多种形式集体经济、合作经济大量发展，更加适应市场经济。但现有的统计资料未能将各种实现形式的集体企业充分反映出来,只反映出年销售额 500 万元以上工商登记注册为"集体企业"的数字。因此,本统计资料的数字是不完整的。事实上,城镇集体工业的实际数字和集体工业在国民经济中的作用要比本表反映的数字大得多。

全国工业和轻工行业及集体工业企业

单位数（1996年—2006年）

表1-1

年份	全国工业企业数			全国轻工行业企业数			轻工行业占全国工业比重	
	合计（万个）	集体工业（万个）	集体占合计比重（%）	合计（万个）	集体工业（万个）	集体占合计比重（%）	合计（%）	集体工业（%）
1996	50.64	35.20	69.50	17.30	11.71	67.67	34.16	33.26
1997	46.85	31.94	68.18	15.87	10.47	65.96	33.88	32.77
1998	16.51	4.77	28.92	5.43	1.48	27.32	32.90	31.08
1999	16.20	4.26	26.28	5.28	1.30	24.67	32.61	30.61
2000	16.29	3.78	23.23	5.25	1.15	21.84	32.25	30.33
2001	17.13	3.10	18.11	5.53	0.93	16.85	32.30	30.04
2002	18.16	2.75	15.13	5.87	0.81	13.82	32.32	29.52
2003	19.62	2.25	11.46	6.15	0.62	10.01	31.35	27.40
2004	27.65	1.81	6.54	8.11	0.39	4.75	29.32	21.28
2005	27.18	1.59	5.86	8.10	0.34	4.20	29.81	21.35
2006	30.20	1.42	4.70	8.96	0.28	3.13	29.66	19.76

注：1. 本表统计口径："全国工业"指我国境内（除港、澳、台）的全部工业；"全国轻工行业"指在《国民经济行业分类》标准中由轻工部门归口管理的相关工业行业（包括按轻重工业两大部类划分的轻工业中，除烟草、纺织、服装、印刷、医药、电子等行业之外的各类轻工行业，以及重工业中的塑料薄膜、塑料板管材、塑料零件和轻工专用设备等重工行业）。

2. 本表统计范围：1997年以前按隶属关系划分，1996年和1997年统计范围为乡及乡以上独立核算工业企业；1998年及以后年份改变为按企业规模划分，1998年—2003年统计范围为规模以上（即全部国有和年产品销售收入500万元及以上非国有）工业企业；2004年为全国第一次经济普查规模以上工业企业；2005年和2006年统计范围为规模以上（即全部国有和年主营业务收入500万元及以上非国有）工业法人企业。

3. 本表中的"集体工业"是指按企业登记注册类型（或所有制形式）划分为"集体企业"的工业（不包括"股份合作企业"和"集体联营企业"）。

全国工业和轻工行业及集体工业

表1-2　　　　　总产值(1996年—2006年)

年份	全国工业总产值[当年价]			全国轻工行业总产值[当年价]			轻工行业占全国工业比重	
	合计 (亿元)	集体工业 (亿元)	集体占 合计比重 (%)	合计 (亿元)	集体工业 (亿元)	集体占 合计比重 (%)	合计 (%)	集体工业 (%)
1996	62740	19086	30.42	15391	5788	37.60	24.53	30.32
1997	68353	19772	28.93	16679	6086	36.49	24.40	30.78
1998	67737	13180	19.46	16393	4042	24.66	24.20	30.67
1999	72707	12414	17.07	17126	3863	22.55	23.56	31.12
2000	85674	11908	13.90	19256	3700	19.21	22.48	31.07
2001	95449	10053	10.53	21525	3045	14.15	22.55	30.29
2002	110776	9619	8.68	24691	3063	12.41	22.29	31.84
2003	142271	9458	6.65	29830	2764	9.27	20.97	29.23
2004	201722	7865	3.90	38616	2156	5.58	19.14	27.41
2005	251620	8615	3.42	47885	2203	4.60	19.03	25.57
2006	316589	9175	2.90	58936	2060	3.50	18.62	22.46

注:本表统计口径、统计范围以及相关说明均同"表1-1"。

全国工业和轻工行业及集体工业
增加值（1996 年—2006 年）

表 1 – 3

年份	全国工业增加值［当年价］			全国轻工行业增加值［当年价］			轻工行业占全国工业比重	
	合计（亿元）	集体工业（亿元）	集体占合计比重（%）	合计（亿元）	集体工业（亿元）	集体占合计比重（%）	合计（%）	集体工业（%）
1996	18026	5163	28.64	3910	1551	39.66	21.69	30.04
1997	19835	5256	26.50	4291	1618	37.71	21.63	30.79
1998	19422	3302	17.00	4045	985	24.35	20.83	29.83
1999	21565	3171	14.70	4396	964	21.92	20.39	30.40
2000	25395	3072	12.10	5027	944	18.78	19.79	30.73
2001	28329	2616	9.23	5653	796	14.08	19.95	30.43
2002	32995	2553	7.74	6590	775	11.76	19.97	30.36
2003	41990	2552	6.08	7949	706	8.88	18.93	27.68
2004	54805	2877	5.25	10311	550	5.34	—	—
2005	72187	2493	3.45	13248	590	4.45	18.35	23.67
2006	91076	2640	2.90	16508	540	3.27	18.13	20.47

注:1. 本表统计口径、统计范围及"集体工业"相关说明均同"表 1 – 1"。

2. 本表中 2004 年的全国工业增加值摘自《中国统计年鉴（2005）》,为年度快报数。

全国工业和轻工行业及集体工业

表 1 - 4　　**资产总计**（1996 年—2006 年）

年份	全国工业资产总计			全国轻工行业企业数			轻工行业占全国工业比重	
	合计 （亿元）	集体工业 （亿元）	集体占 合计比重 （％）	合计 （亿元）	集体工业 （亿元）	集体占 合计比重 （％）	合计 （％）	集体工业 （％）
1996	90016	15696	17. 44	17214	4506	26. 18	19. 12	28. 71
1997	103439	16559	16. 01	19085	4713	24. 69	18. 45	28. 46
1998	108822	11276	10. 36	19122	3073	16. 07	17. 57	27. 25
1999	116969	10502	8. 98	19688	2893	14. 69	16. 83	27. 55
2000	126211	9631	7. 63	20706	2647	12. 78	16. 41	27. 48
2001	135403	8014	5. 92	22056	796	3. 61	16. 29	9. 93
2002	146218	7346	5. 02	23978	2023	8. 43	16. 40	27. 53
2003	168808	6902	4. 09	26802	1729	6. 45	15. 88	25. 05
2004	215358	5285	2. 45	32701	1321	4. 04	15. 18	24. 99
2005	244784	5382	2. 20	36653	1294	3. 53	14. 97	24. 05
2006	291215	5504	1. 89	42630	1211	2. 84	14. 64	22. 00

注：本表统计口径、统计范围以及相关说明均同"表 1 - 1"。

全国工业和轻工行业及集体工业

表 1 - 5 　　　负债合计（1996 年—2006 年）

年份	全国工业负债合计			全国轻工行业负债合计			轻工行业占全国工业比重	
	合计（亿元）	集体工业（亿元）	集体占合计比重（%）	合计（亿元）	集体工业（亿元）	集体占合计比重（%）	合计（%）	集体工业（%）
1996	58343	11212	19. 22	11890	3219	27. 07	20. 38	28. 71
1997	66810	11730	17. 56	13056	3330	25. 50	19. 54	28. 39
1998	69364	7696	11. 10	12655	2076	16. 40	18. 24	26. 97
1999	72323	6996	9. 67	12774	1912	14. 96	17. 66	27. 32
2000	76744	6317	8. 23	13165	1705	12. 95	17. 15	26. 98
2001	79843	5148	6. 45	13407	1342	10. 01	16. 79	26. 06
2002	85857	4668	5. 44	14337	1253	8. 74	16. 70	26. 84
2003	99528	4242	4. 26	15809	1059	6. 70	15. 88	24. 96
2004	124847	3280	2. 63	19448	778	4. 00	15. 58	23. 71
2005	141510	3150	2. 23	21179	722	3. 41	14. 97	22. 93
2006	167322	3148	1. 88	24378	680	2. 79	14. 57	21. 61

注：本表统计口径、统计范围以及相关说明均同"表 1 - 1"。

全国工业和轻工行业及集体工业

表 1 – 6 利税总额(1996 年—2006 年)

年份	全国工业利税总额			全国轻工行业利税总额			轻工行业占全国工业比重	
	合计 (亿元)	集体工业 (亿元)	集体占 合计比重 (%)	合计 (亿元)	集体工业 (亿元)	集体占 合计比重 (%)	合计 (%)	集体工业 (%)
1996	5147	1125	21.85	858	335	39.07	16.68	29.81
1997	5740	1188	20.70	972	359	36.99	16.93	30.24
1998	5522	878	15.91	956	269	28.11	17.31	30.60
1999	6702	874	13.04	1154	267	23.13	17.23	30.55
2000	9513	890	9.36	1462	268	18.34	15.37	30.12
2001	10305	751	7.28	1663	219	13.17	16.13	29.17
2002	12022	759	6.31	1959	217	11.07	16.30	28.58
2003	15874	788	4.97	2371	192	8.11	14.93	24.40
2004	21458	695	3.24	2886	155	5.38	13.45	22.36
2005	26321	834	3.17	3832	166	4.33	14.56	19.92
2006	33958	897	2.64	4874	159	3.27	14.35	17.77

注:1. 本表统计口径、统计范围以及相关说明均同"表 1 – 1"。

2. 本表的"利税总额"是指主营业务(或产品销售收入)税金及附加、利润总额、应交增值税三项之和。

全国工业和轻工行业及集体工业
利润总额（1996 年—2006 年）

表 1-7

年份	全国工业利润总额			全国轻工行业利润总额			轻工行业占全国工业比重	
	合计（亿元）	集体工业（亿元）	集体占合计比重（%）	合计（亿元）	集体工业（亿元）	集体占合计比重（%）	合计（%）	集体工业（%）
1996	1490	435	29.22	213	136	63.70	14.32	31.22
1997	1703	458	26.91	255	145	56.99	14.97	31.71
1998	1458	395	27.08	246	128	52.04	16.86	32.41
1999	2288	415	18.15	416	133	32.01	18.20	32.09
2000	4393	451	10.27	640	139	21.79	14.57	30.91
2001	4733	387	8.18	761	116	15.23	16.08	29.96
2002	5784	415	7.18	987	120	12.16	17.06	28.91
2003	8337	450	5.39	1296	109	8.43	15.55	24.30
2004	11929	395	3.31	1623	90	5.57	13.60	22.86
2005	14803	485	3.28	2192	94	4.31	14.81	19.49
2006	19504	529	2.71	2844	91	3.21	14.58	17.23

注：本表统计口径、统计范围以及相关说明均同"表 1-1"。

全国工业和轻工行业及集体工业

表 1 – 8 年平均人数(1996 年—2006 年)

年份	全国工业全部从业人员(职工)年平均人数			全国轻工行业全部从业人员(职工)年平均人数			轻工行业占全国工业比重	
	合计 (万人)	集体工业 (万人)	集体占合计比重 (%)	合计 (万人)	集体工业 (万人)	集体占合计比重 (%)	合计 (%)	集体工业 (%)
1996	8187	2913	35.58	1844	823.0	44.63	22.52	28.25
1997	7873	2673	33.95	1782	754.9	42.36	22.64	28.24
1998	6196	1154	18.62	1333	317.5	23.82	21.51	27.52
1999	5805	1004	17.30	1269	280.0	22.07	21.85	27.89
2000	5559	863	15.53	1242	239.0	19.25	22.34	27.69
2001	5441	672	12.35	1259	183.8	14.59	23.15	27.35
2002	5521	586	10.62	1331	159.8	12.01	24.11	27.26
2003	5749	480	8.35	1411	120.5	8.54	24.55	25.10
2004	6622	335	5.06	1652	74.4	4.50	24.95	22.20
2005	6896	307	4.45	1752	67.4	3.85	25.41	21.97
2006	7358	267	3.62	1884	55.6	2.95	25.60	20.85

注:1. 本表统计口径、统计范围以及相关说明均同"表 1 – 1"。

2. 本表中"年平均人数"指标的统计口径:1996 年—1998 年指全部职工,1999 年—2006 年指全部从业人员。

全国和轻工行业及其集体工业相关行业主要商品海关出口总值(1996 年—2006 年)

表 2

年份	全国海关出口总值（亿美元）	全国轻工行业主要商品海关出口总值（亿美元）	轻工行业出口占全国出口比重（%）	全国轻工行业出口总值中	
				集体工业 11 个相关行业主要商品出口值（亿美元）	11 个行业出口值占轻工行业出口总值比重（%）
1996	1510.5	445.7	29.51	358.7	80.48
1997	1827.9	533.4	29.18	437.2	81.96
1998	1837.1	549.6	29.92	452.9	82.40
1999	1949.3	584.1	29.96	482.5	82.60
2000	2492.0	708.6	28.44	580.4	81.91
2001	2661.0	745.0	28.00	616.7	82.78
2002	3256.0	908.9	27.91	760.9	83.72
2003	4382.3	1131.3	25.81	943.7	83.42
2004	5933.3	1576.7	26.57	1186.6	75.26
2005	7619.5	1941.3	25.48	1473.1	75.88
2006	9690.8	2279.7	23.52	1744.5	76.52

注:1. 本表统计口径:"全国海关"为中华人民共和国海关总署统计口径;"全国轻工行业主要商品"是指在《中华人民共和国海关统计商品目录》中可划分在轻工归口管理行业的轻工商品;"全国轻工集体工业 11 个相关行业主要商品"是指原以集体企业为主出口的皮革毛皮及其制品、木竹藤棕草制品、家具、文教体育用品、工艺美术品、塑料制品、五金制品、家用电器、照明器具、衡器和日用杂品 11 个轻工大类商品。

2. 本表统计范围是从中华人民共和国海关关境实际出口的货物。

3. 本表的全国统计数据中均未包括香港、澳门特别行政区和台湾省数据。

后 记

　　《中国手工业合作化和城镇集体工业的发展》是一部多卷本历史资料丛书,现已出版第四卷。这些历史资料,比较全面系统地反映了中国手工业合作化和城镇集体工业发展的历程,从一个侧面反映了在中国共产党领导下,探索建设有中国特色社会主义道路的艰辛历程及其经验教训。

　　党的十七大作出了高举中国特色社会主义伟大旗帜,为夺取全面建设小康社会新胜利而奋斗的重大战略部署,提出要完善基本经济制度,健全现代市场体系,坚持科学发展观,促进国民经济又好又快发展,强调指出"推进集体企业改革,发展多种形式的集体经济、合作经济",城镇集体工业正在按照十七大精神,深化改革,继续发展。我们热切期待更多的志士同仁关心、支持城镇集体工业的改革与发展,把反映新时期城镇集体经济改革与发展的历史画卷资料这项具有重要意义的工作延续下去,继往开来,做出更好的成绩。

　　为了把书编好,我们尽了最大努力,限于水平,不足和疏漏在所难免,恳祈广大读者,特别是关心、支持城镇集体工业发展的各级领导、主管部门及有关研究工作者批评指正。

《中国手工业合作化和城镇集体工业的发展》编委会

2008 年 5 月

中华全国手工业合作总社和中共中央党史研究室共同编写《中国手工业合作化和城镇集体工业的发展》一书，图为第四卷编委会和编辑部全体成员合影